JN496547

미쉬킨의 화폐와 금융

제10판

Frederic S. Mishkin 지음

정지만 · 이상규 · 이명훈 옮김

미쉬킨의 화폐와 금융 제10판

The Economics of Money, Banking, and Financial Markets 10th Edition

1쇄 발행 | 2013년 1월 10일

지은이 | Frederic S. Mishkin
옮긴이 | 정지만 · 이상규 · 이명훈
발행인 | 유재성
발행처 | (주)피어슨에듀케이션코리아
등 록 | 제13-579호(1999. 3. 31.)

판매처 | 교보문고
전 화 | (02)3156-3681(주문 및 고객지원)
팩 스 | (0502)987-5725
웹사이트 | www.kyobobook.co.kr

ISBN | 978-89-450-1095-7

값 37,000원

Authorized translation from the English language edition, entitled THE ECONOMICS OF MONEY, BANKING AND FINANCIAL MARKETS GLOBAL EDITION, 10th Edition by MISHKIN, FREDERIC S, published by Pearson Education Limited, Copyright © 2013
All rights reserved. No part of this book may be reproduced or transmitted in any form or by any means, electronic or mechanical, including photocopying, recording or by any information storage retrieval system, without permission from Pearson Education, Inc.
Korean language edition published by PEARSON EDUCATION KOREA, Copyright © 2013

이 도서의 한국어판 번역출판권은 Pearson Education, Inc.와의 계약을 통해 (주)피어슨에듀케이션코리아에 있습니다.
신 저작권법에 의해 한국 내에서 보호를 받는 저작물이므로 무단전재와 무단복제를 금합니다.

역자 서문

오늘날 화폐와 금융 관련 현상은 거의 매일 신문과 방송의 주요 뉴스거리가 되고 있으며, 사람들의 경제활동에 커다란 영향을 미치고 있다. 더욱이 글로벌화에 따라 세계 경제의 상호의존성이 점차 심화되면서 전 세계의 구석구석에서 일어나는 화폐와 금융 현상은 즉각적으로 우리 경제 전체뿐만 아니라 개별 경제 주체에도 직간접적인 영향을 미치고 있다. 이에 따라 글로벌 시각에서 국내외의 화폐와 금융 현상을 보다 체계적으로 명확히 이해해야 할 필요성이 점차 커지고 있다.

이러한 요구에 가장 잘 부합하는 『미쉬킨의 화폐와 금융(The Economics of Money, Banking, and Financial Markets)』은 글로벌 관점에서 화폐와 금융 분야의 기초 지식과 현실 경험을 가장 알기 쉽고 체계적으로 정리한 역작이다. 이 책은 기본적인 경제원리를 통합적으로 사용하는 분석 방법을 제시함으로써 화폐와 이자율에 관한 기초개념에서부터 금융시장, 외환시장, 금융기관 경영, 통화정책의 역할 등에 관해 이해를 넓히고 체계적으로 사고할 수 있도록 해주며, 또한 다양한 사례를 통해 화폐와 금융 이론이 국내외 현실 경제에 어떻게 적용되는지를 구체적으로 보여준다. 특히 최근에 발생한 글로벌 금융위기로 인해 금융시스템의 구조와 중앙은행의 역할이 크게 바뀌었기 때문에 이를 반영해 새로운 장의 추가 및 기존 장의 개정 등 교과서의 거의 모든 부분이 수정됐다. 바로 이러한 이유들로 인해 이 책은 전 세계적으로 가장 널리 읽히는 화폐와 금융 교과서로서 독보적인 자리매김을 하고 있다.

역자들이 새로 번역한 『미쉬킨의 화폐와 금융』 제10판은 화폐와 금융을 배우려는 학생은 물론 일상의 현장에서 금융 문제를 접하게 되는 일반인과 금융 관련 전문가들에게도 기초 이론을 쉽게 이해하고 실천적으로 현실에 적용하기 위한 소중한 노하우를 제공하고 있다. 더욱이 선진국은 물론 세계 각국이 현실에서 겪은 많은 성공 사례와 실패 경험들에 대한 알기 쉽고 명쾌한 설명을 통해 여러분도 화폐와 금융 현상에 대한 분석과 응용 능력을 터득할 수 있을 것으로 믿는다. 아무쪼록 이 번역서를 통해 보다 많은 학생들과 일반 독자들이 화폐와 금융 현상에 대한 이해의 폭을 넓힐 수 있는 계기가 되기 바란다.

끝으로 이 번역서의 기획에서 출판에 이르기까지 아낌없이 지원해주신 피어슨코리아의 유재성 대표, 오주영 대리께 감사드리고, 그 밖에도 박민정님 등 도움을 주신 출판사의 여러 관계자들에게도 감사의 마음을 전한다. 앞으로도 역자들은 이 번역서의 개선을 위해 독자들의 의견을 적극적으로 반영해나갈 것임을 다짐하며, 많은 격려와 성원을 부탁드린다.

2012년 12월
역자 일동

정지만 (상명대학교 금융경제학과 교수, jmjung@smu.ac.kr)
이상규 (경희대학교 경영학부 교수, sklee@khu.ac.kr)
이명훈 (명지대학교 경제학과 교수, yimh@mju.ac.kr)

저자 서문

특징

이 책은 대폭적인 개정을 해왔으나, 과거 9번의 개정판이 화폐와 금융에 관한 베스트셀러가 되도록 한 기본적인 내용을 유지하고 있다.

- 몇 가지 기본적인 경제원리를 통합적으로 사용하는 분석 방법을 도입함으로써 금융시장의 구조, 외환시장, 금융기관 경영, 통화정책의 역할에 관해 학생들이 조직적으로 사고할 수 있도록 했다.
- 학생들이 학습 내용을 쉽게 이해하도록 모형의 단계적인 전개 방식(최고의 경제학원론 교과서들이 따르는 접근방법)을 채택했다.
- 전체적으로 국제적인 관점에서 통일적으로 서술했다.
- 화폐이론의 최근 발전을 빠짐없이 다루었다.
- 금융기사 읽기를 장려하기 위해 [금융뉴스]와 같은 특별한 내용을 포함했다.
- 경제이론이 현실 경제에 어떻게 적용되는지 보여줌으로써 학생들의 관심을 증대시키기 위해 많은 [응용] 항목과 특정 주제에 대한 설명을 통해 응용 위주의 관점을 강조했다.

제10판의 새로운 내용

가능한 한 모든 데이터를 2011년까지 업데이트한 것 외에 각 장마다 중요한 새로운 내용을 추가했다.

경영대학을 위한 판

『미쉬킨의 화폐와 금융』의 2가지 판을 계속 제공할 수 있어서 기쁘다. 2가지 판은 모든 교수님들이 가르치길 원하는 핵심 장들을 포함하고 있지만, 『미쉬킨의 화폐와 금융』의 경영대학을 위한 판은 금융에 더 많은 초점을 맞추거나 화폐이론을 다루지 않으려는 교수들을 위해 편제됐다. 경영대학을 위한 판에는 비은행금융과 파생금융상품을 다루는 장뿐만 아니라 금융산업에 있어서 이해관계의 상충을 다루는 장들도 포함돼 있다. 이 판은 또한 *IS*곡선, 통화정책과 총수요곡선, 통화정책에 있어서 기대의 역할을 다루는 장들을 제외시켰다. 강좌에서 화폐이론의 비중을 줄이려는 교수님에게는 『미쉬킨의 화폐와 금융』의 경영대학을 위한 판이 보다 적합할 것이다.

화폐이론과 통화정책을 심도 있게 다루려는 교수님들을 위해 『미쉬킨의 화폐와 금융』 제10판은 화폐이론의 모든 장들이 포함돼 있다. 이러한 교수님들은 시간 부족으로 금융과 금융제도의 장들을 모두 다루기 어렵다. 이를 위해 제10판에서는 비은행금융, 파생금융상품, 이해관계의 상충을 다루는 장들이 제외됐다. www.pearsonglobaleditions.com/mishkin에 있는 Companion Web Site는 누락된 장들을 제공하고 이들 내용을 다루고자 하는 교수님들이 사용할 수 있게 해준다.

수정된 제9장 선진국의 금융위기

이 책의 이전 판에는 최근까지 금융위기에 관해 신설된 장이 포함됐다. 그러나 이전 판은 글로벌 금융위기가 끝나기 전에 집필됐다. 금융위기 후 몇 년간의 통찰에 의해 이 장은 상당히 개선됐다. 즉 이 장을 완전히 재구성해 더욱 일관성 있는 설명을 시도했으며, 그림자 금융시스템의 인출사태와 같은 새로운 절을 추가했다. 또한 부채담보부 증권(CDO), 아일랜드와 금융위기, 연준은 주택가격 버블에 대한 책임이 있는가에 관한 글상자들을 신설했다. 이 장의 내용은 학생들에게 계속 흥미로울 것이다. 실제로 제9장을 가르쳤을 때, 학생들은 30년 이상 동안 저자가 가르쳤던 어떤 분야보다도 이 내용에 관한 강의에 보다 적극적으로 참여했다.

신설된 제10장 신흥국의 금융위기

신설된 이 장은 최근 외국에 시장을 개방한 국가의 경기변동에 대해 상세히 분석한다. 이 장에서 다룬 첫 번째 사례는 1997~1998년에 발생한 한국의 위기이다. 이 사례는 금융의 자유화와 세계화의 잘못된 운영 때문에 발생하는 금융위기의 첫 번째 경로를 보여준다. 두 번째 사례로 2001~2002년의 아르헨티나의 위기를 살펴본다. 이 위기는 심각한 재정적자라는 두 번째 경로를 통해 촉발됐다.

수정된 제14장 중앙은행 : 글로벌 관점

카이로에 있는 아메리칸 대학의 Monal Abdel-Baki는 유럽중앙은행(ECB)의 역할 및 구조와 체제전환국 및 신흥국의 중앙은행에 대해 광범위하게 다루면서 이 장의 수정에 기여했다.

책 전반에서 글로벌 금융위기에 관해 신설된 흥미로운 내용

2007~2009년의 글로벌 금융위기의 결과 금융시스템의 구조와 중앙은행의 운영방식이 변했다. 이러한 변화로 인해 교과서 전반에 걸쳐 많은 새로운 절, 응용, 글상자가 추가됐다.

- 아일랜드와 2007~2009년 금융위기에 관한 글상자의 신설(제9장)
- 연준은 주택가격 버블에 대한 책임이 있는가에 관한 [Fed의 심층분석]의 신설(제9장)
- 한국의 1997~1998년 위기에 관한 절의 신설(제10장)
- 아르헨티나의 2001~2002년 금융위기에 관한 절의 신설(제10장)
- 아이슬란드의 2008년 금융위기에 관한 글상자의 신설(제10장)
- 도드-프랭크(Dodd-Frank) 법과 향후 규제에 관한 절의 신설(제12장)
- 글로벌 금융위기 이후 바젤협약이 나가야 할 방향에 관한 글상자의 신설(제12장)
- 2007~2009년 금융위기 동안 화폐공급에 관한 절의 신설(제15장)
- 비전통적 통화정책 수단에 관한 절의 신설(제16장)
- 양적 완화와 신용완화에 관한 절의 신설(제16장)
- 글로벌 금융위기 동안에 연방준비제도의 대출에 관한 [Fed의 심층분석]의 신설(제16장)
- 글로벌 금융위기의 통화정책에 대한 교훈에 관한 절의 신설(제17장)
- 2009년의 재정부양책에 관한 [응용]의 신설(제21장)
- 2007~2009년 금융위기 초기의 통화정책의 독립적 완화에 관한 [응용]의 신설(제22장)
- 음의 공급 및 수요충격과 2007~2009년의 금융위기에 관한 [응용]의 신설(제23장)
- 영국과 2007~2009년의 금융위기에 관한 [응용]의 신설(제23장)
- 중국과 2007~2009년의 금융위기에 관한 [응용]의 신설(제23장)
- 글로벌 금융위기에 대한 대응 — 양적 완화에 관한 [응용]의 신설(제24장)
- 오바마 정부의 재정부양책에 대한 개입주의자와 비개입주의자의 논쟁에 관한 글상

자의 신설(제24장)

금융시장, 금융기관 및 통화정책에 관해 추가로 신설된 내용

글로벌 금융위기와 직접 관련이 없는 금융시장과 금융기관의 변화도 최근에 있었다. 이 책에 최신의 내용을 담기 위해 다음의 사항을 추가했다.

- 효율적 시장가설은 왜 금융시장이 효율적이라는 것을 시사하지 않는가에 관한 절의 신설(제7장)
- 부채담보부 증권(CDO)에 관한 글상자의 신설(제9장)
- 도드-프랭크 법과 이해관계의 상충에 관한 절의 신설(제12장)
- 지준예금에 이자를 지급하는 새로운 통화정책 수단에 관한 절의 신설(제16장)
- 버냉키 의장과 인플레이션 타겟팅에 관한 [Fed의 심층분석]의 개정(제17장)
- 정책 트릴레마에 관한 절의 신설(제19장)
- 짐바브웨의 하이퍼인플레이션에 관한 [응용]의 신설(제20장)
- '대인플레이션'에 관한 [응용]의 신설(제24장)
- 스위스에서 통화량 타게팅의 종말에 관한 글상자의 신설(제25장)
- 정치적 경기변동과 리처드 닉슨에 관한 글상자의 신설(제25장)
- 3가지 유가충격의 사례에 관한 [응용]의 신설(제25장)
- 인플레이션에 매파적인 폴 볼커(Paul Volcker)의 임명에 관한 [Fed의 심층분석]의 신설(제25장)

화폐이론에 대한 동태적인 접근

이전 판에서는 *IS-LM* 모형과 총수요(*AD*)와 총공급(*AS*)의 정태모형을 사용했다. 화폐이론을 논의하기 위해 사용한 정태적 *AD-AS* 곡선의 그래프에서는 물가가 수직축에 놓였다. 이러한 정태적 *AD-AS* 모형은 현대적 화폐이론의 모든 것이라 할 수 있는 인플레이션과 국민소득 간의 동태적 상호작용을 포착하지 못했기 때문에, 수년간 정태모형으로 강의하는 데 어려움을 겪었다. 제10판에서는 인플레이션과 국민소득 간의 상호작용에 초점을 맞춘 동태적 *AD-AS* 모형을 제시하기 위해 제21~25장을 전면적으로 개편했다. 동태적 *AD-AS* 곡선의 그래프에서는 인플레이션이 수직축에 놓인다.

제21~23장에서는 동태적 *AD-AS* 모형을 단계적으로 발전시켰다.

- 제21장에서는 *AD-AS* 모형의 첫 단계인 *IS*곡선을 제시한다.
- 제22장에서는 통화당국이 어떻게 통화정책(*MP*)곡선을 통해 실질이자율을 조정하는지 설명한다. *MP*곡선은 인플레이션과 실질이자율의 관계를 규정한다. *MP*곡선을 이용해 동태적 총수요곡선을 도출할 수 있다.
- 제23장에서는 장 · 단기 총공급곡선을 도출하여 총수요곡선과 함께 동태적 *AD-AS* 모형을 완성한다. 동태적 *AD-AS* 모형은 미국과 외국의 경기변동을 분석하는 다양한 응용에서 사용될 수 있다.

동태적 *AD-AS* 모형은 제24~25장에서 현대적 화폐이론을 다루는 데 사용될 수 있다.

- 제24장에서는 통화정책이론을 살펴보고 통화당국이 인플레이션과 국민소득을 안정시키기 위해 어떻게 경제충격에 대응하는가를 학습한다.
- 제25장에서는 통화정책에 있어서 기대의 역할을 살펴보고 루카스의 비판, 준칙 대 재량의 논쟁, 바람직한 정책성과에 있어서 신뢰성의 역할과 같은 이슈를 논의한다.

또한 화폐수요, 화폐수량설 및 인플레이션 간의 연계성을 강조하면서 제20장이 더 동태적이 되도록 개정했다.

금융과 화폐이론의 연계성

글로벌 금융위기의 여파로 인해 화폐이론은 비평가들에 의해 무능하다는 도전을 받았다. 왜냐하면 과거에 화폐이론은 경기변동에 있어서 금융의 역할을 크게 부여하지 않았기 때문이다. 이에 대응하여 경제학자들은 최근의 연구에서 금융과 경기변동의 연계성에 초점을 맞추기 시작했다. 그러나 이러한 시도가 아직 교과서들에 반영되지 않았다. 이 책은 최초로 총수요와 총공급 모형에 직접적으로 금융을 도입함으로써, 내가 아는 한 화폐이론의 비평가들에 의해 제기된 도전에 대응한 첫 번째 시도이다. 정보의 비대칭성 문제로 금융시장이 효율적으로 작동하는 것을 막는 장애물인 금융마찰은 이 개념이 처음 논의될 때 총수요에 영향을 미치는 주요 요인으로 취급됐다. 따라서 글로벌 금융위기 동안 발생한 것처럼 금융마찰 증가의 영향은 총수요와 총공급 모형으로 쉽게 분석될 수 있다. 금융과 화폐이론의 연계성을 강조함으로써 이 책은 총수요와 총공급 모형의 현실성을 크게 높였으며 이 책의 화폐이론 부분에서 분석의 적절성을 증대시켰다.

연습문제와 응용문제

학생들은 직접 해봐야 잘 배울 수 있기 때문에 각 장에 연습문제의 수를 많이 늘렸다. 또한 '응용문제'라는 제목으로 새로운 형태의 문제들을 추가했다. 이들 응용문제는 벤틀리 대학(Bentley University)의 아론 잭슨(Aaron Jackson)이 만들었는데, 매우 분석적이고 응용된 것이어서 학생들은 교과서의 경제적 개념을 직접적으로 적용해볼 수 있다.

웹에 수록된 장과 웹에 수록된 부록

이 책의 Companion Web Site인 www.pearsonglobaleditions.com/mishkin은 추가적인 내용을 담은 필수적인 자료의 원천이다.

『미쉬킨의 화폐와 금융』 제10판의 Web Chapters and Appendices는 다음과 같은 경영대학 판의 독자적인 장들과 *IS-LM* 모형에 관한 장을 포함하고 있다.

Web Chapter 1 : Nonbank Finance
Web Chapter 2 : Financial Derivatives
Web Chapter 3 : Conflicts of Interest in the Financial Industry
Web Chapter 4 : The *ISLM* Model

웹에 수록된 부록은 다음을 포함하고 있다.

Chapter 4 : Measuring Interest-Rate Risk: Duration
Chapter 5 : Models of Asset Pricing
Chapter 5 : Applying the Asser Market Approach to a Commodity Market: The Case of Gold
Chapter 5 : Loanable Funds Framework
Chapter 7 : Evidence on the Efficient Market Hypothesis
Chapter 11 : Duration Gap Analysis
Chapter 11 : Measuring Bank Performance
Chapter 12 : The Savings and Loan Crisis and Its Aftermath
Chapter 12 : Banking Crises Throughout the World
Chapter 15 : The Fed's Balance Sheet and the Monetary Base
Chapter 15 : The M2 Money Multiplier
Chapter 15 : Explaining the Behavior of the Currency Ratio

Chapter 17 : Monetary Targeting
Chapter 20 : The Baumol-Tobin and Tobin Mean Variance Models of the Demand for Money
Chapter 20 : Empirical Evidence on the Demand for Money
Chapter 23 : The Effects of Macroeconomic Shocks on Asset Prices
Chapter 23 : Aggregate Demand and Supply: A Numerical Example
Chapter 23 : The Algebra of the Aggregate Demand and Supply Model
Chapter 23 : The Taylor Principle and Inflation Stability
Chapter 26 : Evaluating Empirical Evidence: The Debate Over the Importance of Money in Economic Fluctuations

교수님들은 교과서의 내용을 보완하기 위해 강의실에서 이러한 웹 장과 웹 부록을 사용할 수 있으며, 화폐와 금융 분야에 관한 많은 지식을 얻고자 하는 학생들에게 이 부록을 추천할 수 있다.

융통성과 모듈성

이전 판들을 교과서로 채택한 교수, 감수자, 설문 응답자는 이 교과서의 융통성과 모듈성에 대한 지속적인 찬사를 보내고 있다. 즉 다루어야 할 장과 강의의 순서를 자유롭게 선택할 수 있다. 가르치는 방법은 교수님들의 수만큼이나 많기 때문에 융통성과 모듈성은 특히 화폐와 금융 과정에서 중요하다. 교수님들의 다양한 요구를 충족시키기 위해 이 책은 다음과 같은 융통성을 갖고 있다.

- 핵심 장에서는 이 책 전체에서 사용되는 기본 분석을 제공하고 있다. 그리고 교수님들은 선호에 따라 기타의 장이나 절들을 다루거나 또는 생략할 수 있다. 예를 들어 제2장에서는 금융시스템과 거래비용, 역선택, 도덕적 위험과 같은 기본 개념을 소개하고 있다. 교수님들은 제2장을 다룬 후 금융구조에 관한 보다 자세한 내용을 가르치기 위해 제8장을 다루거나, 제8장을 생략하고 나머지 내용에 대해 가르칠 순서를 다양하게 선택할 수 있다.
- 교수님들은 제21장과 제22장의 *IS*곡선, *MP*곡선, *AD*곡선을 자세히 전개하지 않고도 화폐이론의 가장 중요한 이슈를 다룰 수 있다. 화폐이론을 완전히 다루려는 교수님들은 제21장과 제22장을 사용하면 된다.

- 학생들에게 통화정책의 이론적 근거를 이해시키기 위해 제4부 중앙은행과 통화정책의 수행 전에 제6부 화폐이론을 먼저 쉽게 가르칠 수 있다.
- 제26장 통화정책의 파급경로는 통화정책을 논의하는 제4부나 총수요의 개념을 제시하는 제21장이나 제23장과 함께 다양한 시점에서 다뤄질 수 있다.
- 몇몇 장에 포함된 국제경제에 관한 절과 외환시장 및 국제통화시스템에 관한 별도의 장을 통해 교과서 내용의 국제화가 포괄적으로 이루어지고 있으나 이것 역시 신축적이다. 국제경제에 관한 부분을 모두 가르치는 교수님들도 많지만 그렇지 않은 교수님들도 있다. 국제경제에 관한 주제에 별로 주안점을 두고 싶지 않은 교수님들은 외환시장에 관한 제18장, 국제금융시스템과 통화정책에 관한 제19장을 생략할 수 있다. 몇몇 장에 포함된 국제경제에 관한 절은 독립적인 내용이기 때문에 생략해도 교과서의 흐름에는 별 지장이 없을 것이다.

이 책이 다양한 목적의 강의 교재로 어떻게 사용될 수 있는지를 예시하기 위해 학기용 과목에서 다룰 내용을 제시해본다. 이 책이 여러분의 강의에 어떻게 사용될 수 있는지에 관한 보다 자세한 정보는 교수용 매뉴얼에 들어 있다.

- 일반적인 화폐와 금융 과목 : 제1~5장, 제11~14장, 제16장, 제17장, 제23~24장, 나머지 13개의 장에서 6개의 장을 선택
- 국제경제를 강조하는 일반적인 화폐와 금융 과목 : 제1~5장, 제11~14장, 제16~19장, 제23~24장, 나머지 10개의 장에서 4개의 장을 선택
- 금융시장과 금융제도 과목 : 제1~13장, 나머지 13개의 장에서 7개의 장을 선택
- 화폐이론과 통화정책 과목 : 제1~5장, 제14~17장, 제19장, 제20~25장, 나머지 11개의 장에서 4개의 장을 선택

교육 목적의 보조도구

이론과 그 응용을 가르치는 데 있어서 교과서는 동기를 부여하는 확고한 도구가 돼야 한다. 이러한 목적을 위해 교과서의 내용을 이해하기 쉽게 해주는 다양한 교육 목적의 내용을 포함시켰다.

1. **PREVIEW(개관)** : 각 장에 처음에 나오는 개관은 다루려는 내용, 특정 주제가 중요한 이유, 이 책의 다른 주제와의 연관성을 설명한다.

2. **응용** : 50개가 넘는 응용은 교과서에서 설명한 이론이 여러 중요한 현실 상황을 설명하는 데 어떻게 사용될 수 있는지 예시한다.
3. **금융뉴스** : 신문에 매일 보도되는 관련 기사와 자료를 소개하고 이를 어떻게 읽어야 하는지 설명한다.
4. **Fed 심층분석** : 연방준비제도의 운영과 구조에서 무엇이 중요한지 알게 해준다.
5. **글로벌** : 국제금융에 초점을 맞춘 흥미로운 내용을 담고 있다.
6. **FYI** : 극적인 역사적 사건, 흥미로운 아이디어, 주제와 관련된 흥미로운 사실 등을 조명한다.
7. **요약표** : 내용을 복습하는 데 유용한 학습 보조도구를 제공한다.
8. **중요한 문구** : 고딕체로 나타내어 나중에 쉽게 찾아볼 수 있게 한다.
9. **그래프** : 150개가 넘는 그래프는 표시된 변수들의 상호관계와 분석의 원리를 명확히 이해하는 데 도움을 준다.
10. **요약** : 각 장의 끝부분에서 중요한 요점을 정리한다.
11. **주요용어** : 중요한 단어나 문구로서 해당 페이지와 함께 각 장의 끝부분에 수록되어 있다. 처음 정의될 경우는 본문에 진한 글자로 표시한다.
12. **연습문제와 응용문제** : 600문항이 넘는 연습문제는 학생들이 경제학의 개념을 응용하여 특정 주제를 학습할 수 있게 해준다.
13. **웹 연습문제** : 온라인에서 정보를 수집하거나 심도 있는 학습 경험을 쌓기 위해 온라인상의 자료를 이용할 것을 장려한다.
14. **웹 자료** : 많은 표와 차트를 만들기 위해 이용된 통계자료의 출처가 되는 웹사이트 주소를 표시한다.
15. **참고 웹사이트** : 본문의 내용을 보완하는 정보나 자료를 제공하기 위해 해당 웹사이트를 제시한다.

프레드릭 미쉬킨(Frederic S. Mishkin)

저자 소개

미쉬킨(Frederic S. Mishkin) 교수는 컬럼비아 대학 경영대학원의 알프레드 러너(Alfred Lerner) 금융과 금융기관 석좌 교수이며, National Bureau of Economic Research의 부연구위원, U.S. Monetary Policy Forum의 공동편집위원, Squam Lake Working Group on Financial Reform의 회원, Eastern Economics Association의 회장이다. 그는 1976년에 MIT에서 박사학위를 받은 후 시카고 대학, 노스웨스턴 대학, 프린스턴 대학, 컬럼비아 대학에서 가르쳤다. 그는 중국 인민대학으로부터 명예교수직을 받았으며, 1994~1997년에는 뉴욕 연방준비은행의 부총재 겸 조사국장과 연방준비제도의 연방공개시장위원회 부연구위원을 역임했다. 그는 또한 2006년 9월부터 2008월 8월까지 연방준비제도 이사회의 이사를 역임했다.

미쉬킨 교수의 연구는 통화정책과 통화정책이 금융시장 및 거시경제에 미치는 영향에 초점을 맞추고 있다. 그는 『Policy and Practice』(Addison Wesley, 2012), 『Financial Markets and Institutions』제7판(Prentice Hall, 2012), 『Monetary Policy Strategy』(MIT Press, 2007), 『The Next Great Globalization: How Disadvantaged Nations Can Harness Their Financial Systems to Get Rich』(Princeton University Press, 2006), 『Inflation Targeting: Lessons from the International Experience』(Princeton University Press, 1999), 『Money, Interest, and Inflation』(Edward Elgar, 1993), 『A Rational Expectations Approach to Macroeconomics: Testing Policy Ineffectiveness and Efficient Markets Models』(University of Chicago Press, 1983)를 포함한 20권 이상의 책을 저술했다. 또한 그의 200편이 넘는 논문들은 *American Economic Review*, *Journal of Political Economy*, *Econometrica*, *Quarterly Journal of Economics*, *Journal of Finance*, *Journal of Monetary Economics*와 같은 주요 학술지에 게재됐다.

미쉬킨 교수는 *American Economic Review*의 편집위원으로 활동했으며, *Journal of Business and Economic Statistics*, *Journal of Applied Econometrics*, *Journal of Economic Perspectives* 및 *Journal of Money, Credit and Banking*의 부편집위원장을 역임했다. 그는 또한 뉴욕 연방준비은행의 *Economic Policy Review*의 편집위원장으로 활동했다. 그는 현재 *Journal of International Money and Finance*, *International Finance*, *Finance India*, *Review of Development Finance*, *Emerging Markets, Finance and Trade* 등 5개의 학술지의 부편집위원장 또는 편집위원이다. 그는 연방준비제도 이사회, 세계은행, IMF, 그리고 전 세계의 많은 중앙은행의 자문위원으로 활동했다. 그는 또한 한국의 금융감독원 국제자문위원회의 위원과 한국은행 금융경제연구원의 자문위원으로도 활동했으며, 미국 연방예금보험공사 은행연구센터의 선임위원과 뉴욕 연방준비은행 경제자문패널의 자문위원으로 봉사했다.

요약 차례

차례

PART 1

서론

위기와 대응 : 글로벌 금융위기와 그의 여파

2007년 8월 금융시장에 문제가 생기기 시작하여 그 후 2년 동안 세계경제는 1930년대의 대공황 이후 가장 심각한 글로벌 금융위기를 경험했다. 주택가격이 급락하고 주식시장이 붕괴됐으며 실업은 치솟았고 기업과 가계는 대출을 받을 수 없었다. 미국의 중앙은행인 연방준비제도(연준)는 이자율을 낮추고 신용시장에 개입하여 대규모의 유동성을 공급했을 뿐만 아니라 연방정부는 7,000억 달러의 부실 금융기관에 대한 구제금융과 1조 달러의 막대한 재정부양책 시행에 들어갔다. 그러나 금융시스템을 안정시키고 경기를 부양하는 이러한 공격적인 조치에도 불구하고 위기 후 4년 동안 미국 경제는 여전히 9% 이상의 실업을 보였고 많은 가정이 주택을 잃었으며 전 세계적으로 많은 정부의 재정 상태는 엉망이 됐다.

글로벌 금융위기와 그의 여파는 경제적 복지에 있어서 은행과 금융시스템의 중요성과 화폐의 중요한 역할을 일깨워줬다. 이 책의 제1부는 화폐와 금융에 관한 서론을 제공한다. 제1장에서는 이 책의 전반적인 체계를 요약하고 화폐와 금융을 공부하는 것이 왜 그렇게 가치 있는 일인가를 설명한다. 제2장에서는 금융시스템을 개관하고, 제3장에서는 화폐의 정의와 그 측정 방법에 대해 논의한다.

1 화폐와 금융을 왜 공부하는가?

PREVIEW

저녁 뉴스에서 연방준비제도(연준)가 페더럴펀드 이자율을 0.5% 포인트 인상한다는 소식을 들었다고 해보자. 여러분이 멋진 새 스포츠카를 구입하고자 대출을 신청한다면 페더럴펀드 이자율의 인상은 자동차 대출 이자율에 어떤 영향을 미칠 것인가? 페더럴펀드 이자율의 인상은 장래 주택을 구입하는 데 유리할 것인가, 불리할 것인가? 또한 페더럴펀드 이자율의 인상으로 여러분은 내년에 직장을 구하기가 더 쉬워질 것인가, 더 어려워질 것인가?

이 책은 이러한 질문과 여타 관련된 질문에 대해 답하려고 한다. 즉 이 책은 금융시장(채권 · 주식 · 외환시장)과 금융기관(은행, 보험회사, 뮤추얼펀드, 기타 금융기관)이 어떻게 작동되는지 살펴보고, 경제에 있어서 화폐의 역할을 탐구하고자 한다. 금융시장과 금융기관은 여러분의 일상생활에 영향을 미칠 뿐만 아니라 경제에 유통되는 수조 달러의 자금순환과도 관련돼 있다. 이러한 자금순환은 다시 기업의 이윤, 재화 및 서비스의 생산, 외국의 경제적 복지에 영향을 미친다. 금융시장, 금융시스템, 화폐에 일어나는 일들은 정치인에게 주된 관심사가 되고 있으며, 선거에도 중요한 영향을 미칠 수 있다. 화폐와 금융에 관한 공부는 여러분이 현존하는 많은 이슈를 이해하도록 도와줄 것이다. 이 장에서는 이러한 이슈들의 개략적인 내용과 중요성을 살펴봄으로써 이 책의 로드맵을 제공하고자 한다.

1 금융시장을 왜 공부하는가?

이 책의 제2부는 **금융시장**(financial market)에 초점을 맞추고 있다. 금융시장은 자금을 여유가 있는 사람으로부터 부족한 사람에게 전달한다. 채권시장, 주식시장과 같은 금융시장은 자금을 생산적으로 사용하지 않는 사람으로부터 생산적으로 사용하는 사람에게 전달함으로써 경제의 효율성을 증진시키는 데 중요한 역할을 한다. 금융시장이 제 기능을 다하면 높은 경제성장을 이룰 수 있는 반면, 금융시장이 제 기능을 못하면 국가를 절망적인 가난에 빠뜨릴 수 있다. 금융시장의 활동은 개인의 재산, 기업과 소비자의 행위, 경제의 경기변동적 성과에도 직접 영향을 미친다.

1.1 채권시장과 이자율

금융수단(financial instrument)이라고도 불리는 **증권**(security)은 발행자의 미래 소득이나 **자산**(asset, 금융청구권 또는 소유권이 있는 재산)에 대한 청구권이다. **채권**(bond)은 특정 기간 동안 주기적으로 이자를 지급하기로 약속한 채무증서이다.[1] 채권시장은 기업이나 정부에게 경제활동에 필요한 자금을 조달해주고 이자율을 결정하는 시장이므로 경제활동에 있어 특히 중요하다. **이자율**(interest rate, 금리라고도 함)은 차입비용, 즉 자금 차입에 대해 지급하는 가격이다(보통 차입금 100달러에 대해 몇 달러의 이자가 지급되는지를 나타낸다는 의미에서 연 %로 표시한다). 경제에는 모기지 이자율, 자동차 대출 이자율, 채권 이자율 등 다양한 종류의 이자율이 존재한다.

이자율은 여러 가지 면에서 중요하다. 개인의 경우 이자율이 높으면 자금조달 비용이 올라가기 때문에 주택이나 자동차를 구입하기가 어려워진다. 반면 높은 이자율은 저축으로 얻을 수 있는 이자소득을 늘려주므로 저축을 촉진시킨다. 일반적으로 이자율은 소비자의 지출과 저축 행위뿐만 아니라 기업의 투자 결정에 영향을 미치기 때문에 경제의 전반적인 건전성에 영향을 미친다. 예를 들어 이자율이 높다면 기업은 많은 일자리를 제공할 수 있는 새 공장의 건설을 연기할 것이다.

이자율의 변동은 개인, 금융시스템, 기업, 경제 전반에 중요한 영향을 미치기 때문에 과거 30년간 이자율의 변동폭이 컸던 이유를 설명하는 것이 중요하다. 예를 들어 3개월 만기 재무부 단기증권의 이자율은 1981년에 16% 이상으로 치솟았다. 그러나 이 이자율은 1992년 말과 1993년에 3%로 하락했으며 1990년대 중 · 후반에는 다시 5% 이상으로 상승했다. 그 후 2004년에는 1%로 떨어졌다가 2007년까지 5%로 올랐으며 2008~2011년 중에는 거의 0%로 하락했다.

여러 종류의 이자율은 같은 방향으로 움직이는 경향이 있기 때문에 흔히 모든 이자율을 합쳐서 '유일한' 이자율('the' interest rate)이 존재하는 것으로 가정한다. 그러나 [그림 1]과 같이 몇몇 채권 이자율은 상당히 다른 값을 보이고 있다. 예들 들어 3개월 만기 재무부 단기증권 이자율은 다른 두 이자율보다 변동이 심하며 평균적으로 더 낮은 수준이다. Baa(중간 등급) 회사채 이자율은 평균적으로 다른 이자율보다 높다. 그리고 회사채 이자율과 다른 이자율 간의 스프레드는 1970년대에 더욱 커졌다가 1990년대에는 좁아

1) 이 책에서 사용하는 채권은 학계에서 일반적으로 사용하는 넓은 의미의 정의이다. 이 정의에 따르면 채권은 단기 채무증서와 장기 채무증서를 포함한다. 그러나 금융시장의 실무자들이 사용하는 채권이라는 용어는 회사채나 재무부 장기채권과 같은 특정의 장기 채무증서만을 가리킨다.

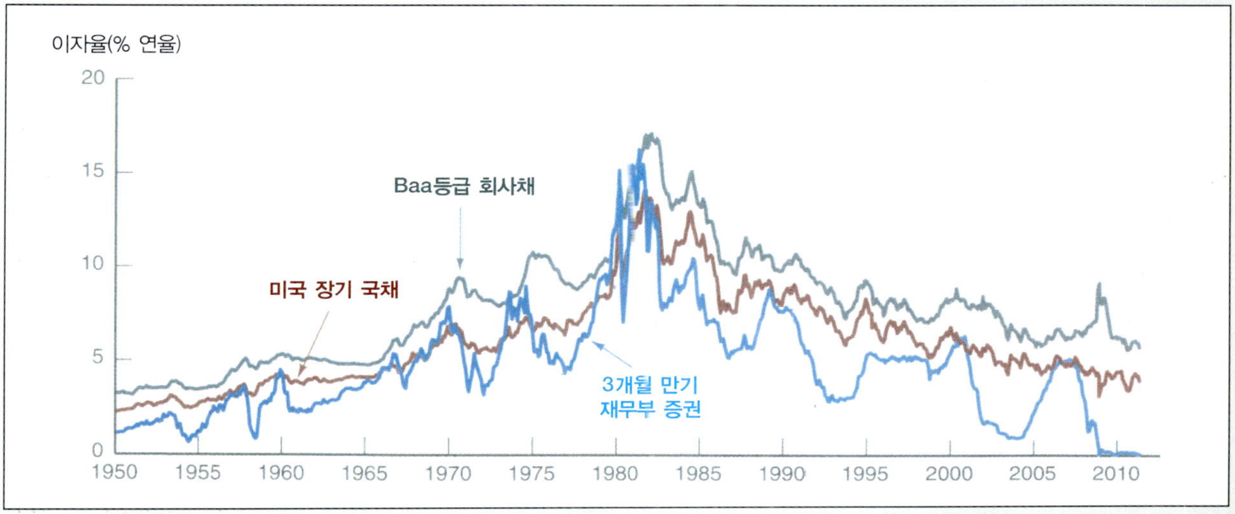

그림 1 주요 채권 이자율, 1950~2011년
상이한 이자율들은 같은 방향으로 움직이는 경향이 있지만, 종종 상당히 다른 행태를 보임으로써 이자율 스프레드도 변동한다.
자료 : Federal Reserve Bulletin; www.federalreserve.gov/releases/H15/data.htm

졌고 2000년대 초에는 커졌다. 그 이후 다시 좁아졌고 2007년 여름부터는 크게 벌어졌다가, 2009년 말까지 좁혀져갔다.

제2장에서는 채권시장의 역할을 살펴볼 것이다. 제4~6장에서는 이자율이 무엇이고 통상적으로 이자율이 어떻게 움직이며, 여러 채권의 이자율이 왜 서로 다른지 살펴보고자 한다.

1.2 주식시장

일반적으로 **주식**(stock)이라 부르는 **보통주**(common stock)는 기업의 소유권에 대한 지분을 나타낸다. 주식은 기업의 이윤과 자산에 대한 청구권을 표시하는 증권이다. 주식을 발행하여 민간에게 판매하는 것은 기업활동에 필요한 자금을 조달하는 방법 중 하나다. 주식시장은 거의 모든 국가에서 가장 주목받는 금융시장이다(가끔 주식시장을 단순히 '시장'(the market)이라고 부르는 것도 이 때문이다). 주식시장에서 주가의 극심한 변동은 항상 저녁 뉴스의 주요 기사가 된다. 사람들은 가끔 주식시장이 어디로 움직이는지 심사숙고하며 '대박'(big killing)을 터뜨린 경우 매우 흥분하지만, 커다란 손실을 볼 경우에는 매우 실망한다. 주식시장에 쏟아지는 관심은 단순한 사실 하나로 가장 잘 설명할 수 있다. 즉 주식시장은 사람들이 돈을 빨리 벌거나 잃을 수 있는 시장이다.

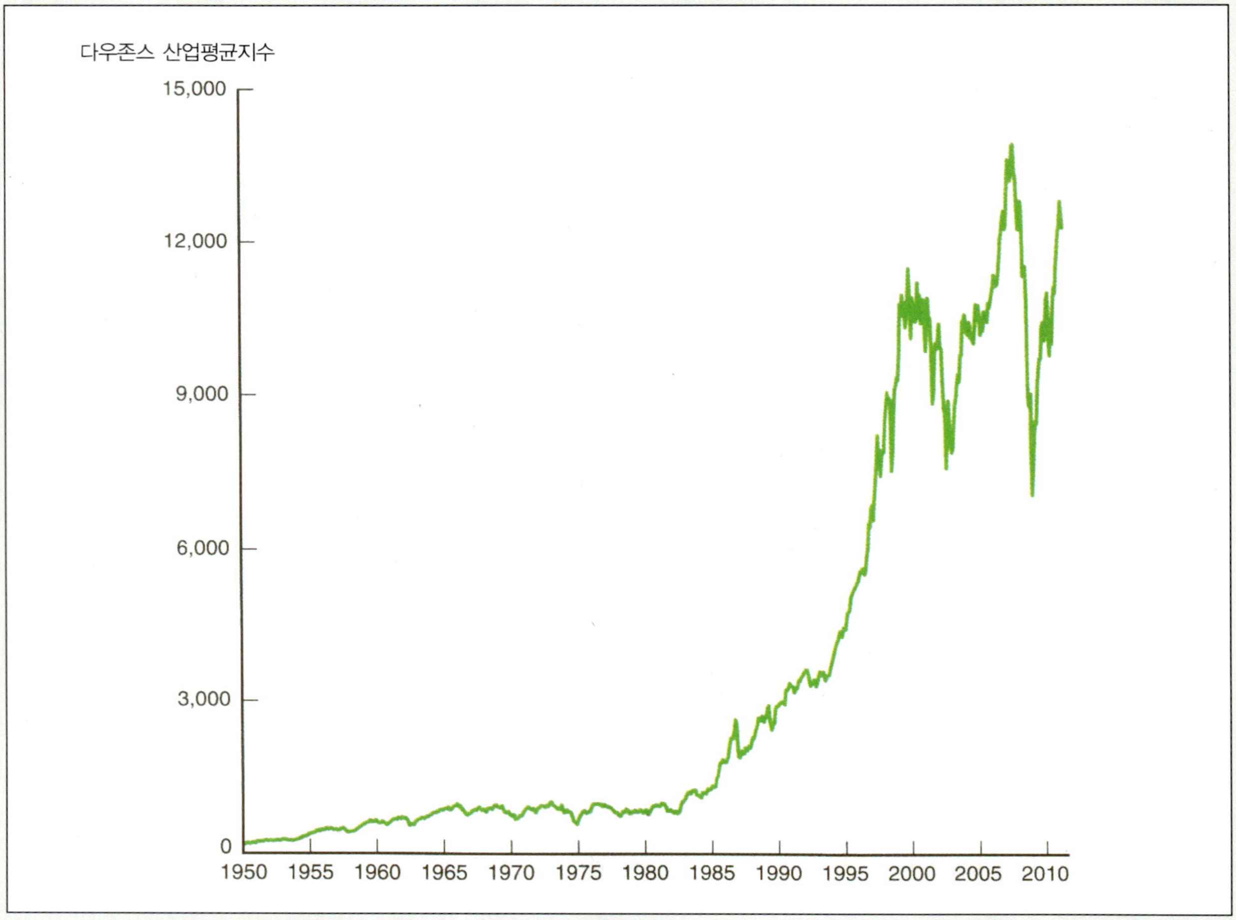

그림 2 다우존스 산업평균지수, 1950~2011년
주가는 변동이 매우 심하다.
자료 : Dow Jones Indexes: http://finance.yahoo.com/?u

[그림 2]와 같이 주식시장은 변동이 매우 심하다. 미국은 주식시장이 상승한 1980년대 이후 1987년 10월 19일, 소위 '블랙 먼데이'(Black Monday)에 다우존스 산업평균지수(Dow Jones Industrial Average, DJIA)가 22% 하락하는 역사상 가장 큰 폭락을 경험했다. 그 후 주식시장은 2000년까지 다우지수가 11,000 이상으로 상승하는 등 역사상 가장 큰 강세장(bull market)을 형성했다가 2000년에 벤처기업에 대한 버블의 붕괴로 2002년까지 30% 이상 급락했다. 그 이후 차츰 회복되어 2007년에는 사상 최고치인 14,000으로 올라갔다가 2009년에는 다시 8,000으로 떨어졌으나, 2011년에는 12,000으로 회복했다. 이러한 주식시장의 변동은 사람들의 재산 형성에 영향을 미치고, 그 결과

지출에도 영향을 준다.

주가는 기업이 투자 자금을 조달하기 위해 발행하는 신주의 판매대금 규모에 영향을 미치기 때문에, 주식시장은 기업의 투자 결정에 있어서 중요한 요인이다. 기업의 주가가 올라간다는 것은 생산시설과 설비를 구입하는 데 사용될 수 있는 조달자금의 규모가 더 커진다는 것을 의미한다.

제2장에서는 주식시장이 금융시스템에 어떤 역할을 하는지 살펴볼 것이며, 주가가 어떻게 움직이며 시장정보에 어떻게 반응하는지는 제7장에서 다시 다룰 것이다.

2 금융과 금융기관을 왜 공부하는가?

이 책의 제3부는 금융기관과 은행의 업무에 초점을 맞추고 있다. 은행과 기타 금융기관은 금융시장에서 활동한다. 이들 기관이 없으면 금융시장은 저축자의 자금을 생산적 투자기회를 가진 사람들에게 전달할 수 없을 것이다. 따라서 이들 기관은 경제에 중요한 영향을 미친다.

2.1 금융시스템의 구조

금융시스템은 은행, 보험회사, 뮤추얼펀드, 파이낸스 회사, 투자은행 등 여러 종류의 민간 부문 금융기관으로 구성되어 복잡한 모습을 띠고 있다. 이들 금융기관은 정부에 의해 엄격히 규제된다. 예를 들어 개인이 IBM이나 제너럴 모터스에 대출을 하기 원한다면 사장에게 직접 찾아가 돈을 건네지 않을 것이다. 그 대신 개인은 **금융중개기관**(financial intermediary)을 통해 간접적으로 기업에 대출할 것이다. 금융중개기관은 저축자에게 자금을 차입하여 다른 부문에 대출을 해준다.

금융시장의 기능을 원활히 하는 데 금융중개기관은 왜 그렇게 중요한가? 왜 금융중개기관은 모든 사람에게 신용을 제공하지 않는가? 왜 금융중개기관은 대출을 해줄 때 복잡한 서류를 작성하는가? 왜 금융중개기관은 경제에서 가장 규제가 심한 부문인가?

제8장에서 미국과 여타 나라의 금융구조를 분석하기 위한 이론을 발전시킴으로써 이러한 질문에 답할 것이다.

2.2 금융위기

금융시스템은 가끔 경색되어 **금융위기**(financial crisis)를 낳는다. 금융위기란 자산가격의 폭락과 금융기관과 비금융기업의 도산을 특징으로 하는 금융시장의 붕괴를 의미한다. 금융위기는 수백 년 동안 자본주의 경제의 특징이었으며 전형적으로 가장 극심한 경기후퇴가 뒤따랐다. 2007년 8월부터 미국 경제는 대공황 이후 최악의 금융위기를 겪었다. 서브프라임 모기지의 채무불이행은 금융기관에게 커다란 손실을 입혔고, 많은 은행이 도산했으며, 미국의 양대 투자은행인 베어 스턴스(Bear Stearns)와 리만 브라더스(Lehman Brothers)가 파산했다. 이러한 위기는 제2차 세계대전 이후 최악의 경기불황을 초래했으며, 이를 '대침체'(Great Recession)라 부른다.

제9장에서는 이러한 금융위기가 왜 일어나 경제에 커다란 손실을 끼치는지 살펴볼 것이다.

2.3 은행과 기타 금융기관

은행(bank)은 예금을 받고 대출을 하는 금융기관이다. 은행이란 용어에 포함되는 금융기관으로는 상업은행, 저축대부조합, 상호저축은행, 신용조합을 들 수 있다. 은행은 일반인이 가장 자주 접하는 금융중개기관이다. 주택이나 자동차를 사기 위해 대출이 필요한 사람은 보통 지역사회 은행에서 대출을 받는다. 거의 모든 미국인이 대부분의 금융자산을 당좌예금, 저축예금 또는 여타 은행예금의 형태로 갖고 있다. 은행은 경제에서 가장 큰 금융중개기관이기 때문에 면밀히 연구할 가치가 있다. 그러나 은행만이 중요한 금융기관인 것은 아니다. 실제로 최근에 보험회사, 파이낸스 회사, 연금기금, 뮤추얼펀드, 투자은행과 같은 기타 금융기관이 성장하여 은행 업무를 잠식하고 있기 때문에 은행 이외의 기타 금융기관도 역시 공부할 필요가 있다.

제11장에서는 은행과 기타 금융기관이 이윤을 얻기 위해 그들의 자산과 부채를 어떻게 관리하는지 살펴볼 것이다. 제12장에서는 제8장의 경제분석을 확장하여 왜 현재와 같은 형태의 은행 규제가 시행되고 있으며, 규제 과정에서 무엇이 문제인지를 알아볼 것이다. 제13장에서는 은행산업을 살펴보고, 이들 산업의 경쟁 환경이 어떻게 변해왔으며, 왜 어떤 금융기관이 성장하여 다른 금융기관의 업무를 잠식하는지를 배울 것이다.

2.4 금융혁신

새로운 금융상품과 금융서비스의 출현으로 정의되는 **금융혁신**(financial innovation)은 금융시스템을 더욱 효율적이게 하는 영원한 원동력이다. 그러나 불행히도 제9장에서 보듯이 금융혁신은 어두운 면도 있을 수 있다. 즉 금융혁신은 최근에 경험한 바와 같이 엄청난 금융위기를 초래할 수 있다. 제13장에서 금융혁신의 원인과 발생 과정을 공부할 것이다. 특히 정보기술(IT)의 극적인 발전이 어떻게 전자적으로 금융서비스를 제공하는 **전자금융**(e-finance)을 출현시켰는지에 초점을 맞출 것이다. 금융혁신은 또한 금융기관의 입장에서 창조적인 사고가 어떻게 높은 이윤을 창출하는지, 그러나 가끔은 금융재앙을 초래하는지 보여주기 때문에 연구할만한 가치가 있다. 금융기관이 고거에 창조적이었던 과정과 이유를 살펴봄으로써 어떻게 하면 보다 창조적인 금융기관이 될 수 있는지를 잘 이해할 수 있을 것이다. 금융혁신에 대한 지식은 금융시스템이 시간이 지남에 따라 어떻게 변모해왔는지에 관한 단서를 제공하며, 은행과 기타 금융기관에 대한 우리의 지식이 쓸모없어지는 것을 막는 데 도움이 된다.

3 화폐와 통화정책을 왜 공부하는가?

화폐공급(money supply)이라고도 부르는 **화폐**(money, 통화 또는 돈이라고도 함)는 재화와 서비스에 대한 지불이나 채무의 상환에 일반적으로 받아들여지는 것으로 정의된다. 화폐는 모든 사람에게 영향을 미치며, 경제의 건전성 유지에 중요한 역할을 하는 경제변수의 변동과 연관돼 있다. 이 책의 제4~6부에서는 경제에 있어서 화폐의 역할을 살펴볼 것이다.

3.1 화폐와 경기변동

1981~1982년에 미국 경제의 재화 및 서비스의 총생산, 즉 **총산출**(aggregate output)은 감소하고 **실업률**(unemployment rate, 실업 상태 노동력의 비율)은 10% 이상으로 상승했다. 1982년 이후에는 경제가 빠르게 확장되어 1989년까지 실업률은 5%로 하락했다. 1990년에는 8년의 경기확장이 끝나고 실업률은 7% 이상으로 상승했다. 미국 경제는 1991년에 저점을 통과했고, 그 이후의 경기회복기는 실업률이 약 4%로 떨어지는 등 미국 역사상 가장 긴 것이었다. 그러다가 2001년 3월에 완만한 경기후퇴가 시작되어 실업률이 6%로 상승했다. 그 이후 2001년 11월에 실업률이 4.4%로 떨어지는 등 경기가 회복되기 시작했다. 2007년 12월부터는 경기후퇴에 접어들었으며 실업률은 10% 이상으로 상승했다가 2009년 6월에 경기가 서서히 회복하기 시작했다.

경제는 왜 이렇게 심한 변동을 겪는가? 경험적 증거에 따르면 화폐는 총산출이 증가하거나 감소하는 **경기변동**(business cycle)을 야기하는 데 중요한 역할을 한다. 경기변동은 우리에게 즉각적이고 중대한 영향을 미친다. 예를 들어 총산출이 증가하면 좋은 직장을 구하기가 쉬워지나, 총산출이 감소하면 좋은 직장을 구하기가 어려워진다. [그림 3]은 1950~2011년 중 통화증가율의 움직임을 나타내고 있다. [그림 3]의 음영 부분은 총산출이 감소하는 시기인 **경기후퇴**(recession)를 나타낸다. 여기서 통화증가율이 경기후퇴 직

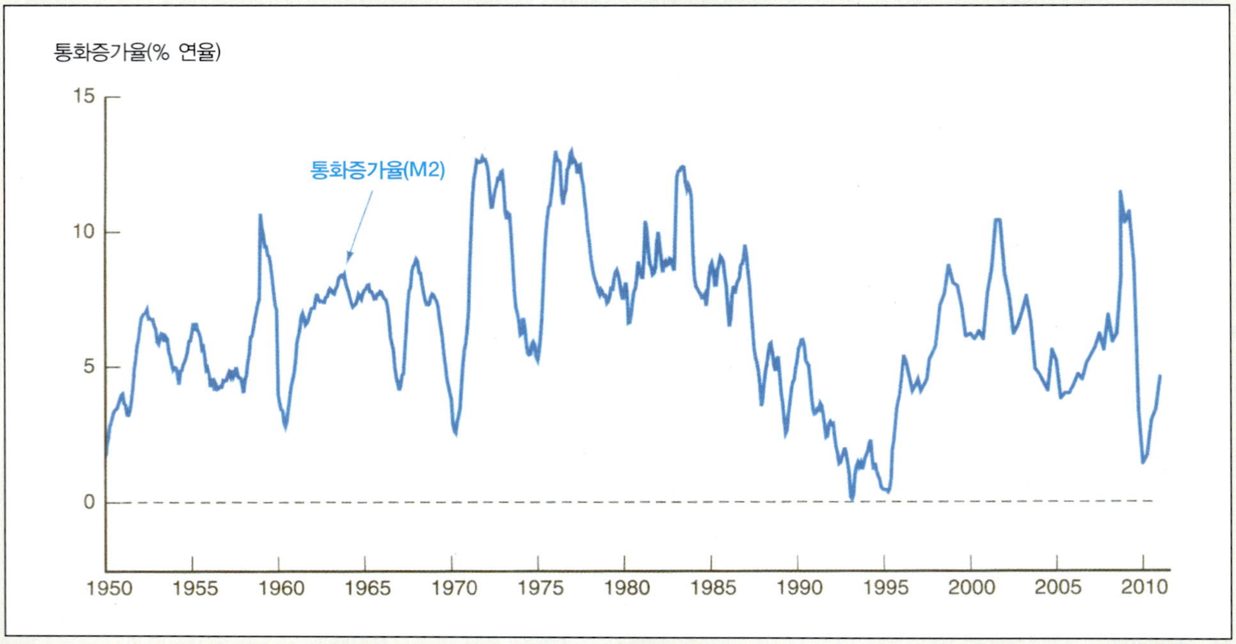

그림 3 미국의 통화증가율(M2)과 경기변동, 1950~2011년

통화증가율이 경기후퇴 직전에 항상 하락했지만 통화증가율의 하락 이후에 반드시 경기후퇴가 나타나는 것은 아니다. 음영 부분은 경기후퇴기를 나타낸다.

자료 : Federal Reserve Bulletin, p. A4, Table 1.10; www.federalreserve.gov/releases/h6/hist/h6hist1.txt

전에 항상 하락했다는 것을 관찰할 수 있다. 이는 화폐공급의 변화가 경기변동을 초래했을 가능성을 시사하고 있다. 그러나 통화증가율의 하락 후에 반드시 경기후퇴가 나타나는 것은 아니다.

제20~26장에서는 화폐와 통화정책이 국민소득에 어떤 영향을 미치는지 살펴볼 것이다. 즉 통화량 및 통화정책을 거시경제활동 및 인플레이션과 연결시켜주는 **화폐이론**(monetary theory)을 공부할 것이다.

3.2 화폐와 인플레이션

지난주에 영화를 보기 위해 지불한 10달러는 30년 전의 가격으로 치면 1달러나 2달러가 될 것이다. 그 당시에는 10달러로 저녁을 먹고 팝콘을 사 영화를 보러 갈 수 있었다. 1950~2011년 미국 경제의 물가변동을 나타내는 [그림 4]와 같이 상품의 가격은 대부분 과거보다 현재가 높다. 경제의 재화 및 서비스의 평균 가격을 **총물가수준**(aggregate price level) 또는 간단히 물가수준(price level)이라고 부른다(더 정확한 정의는 이 장의 부

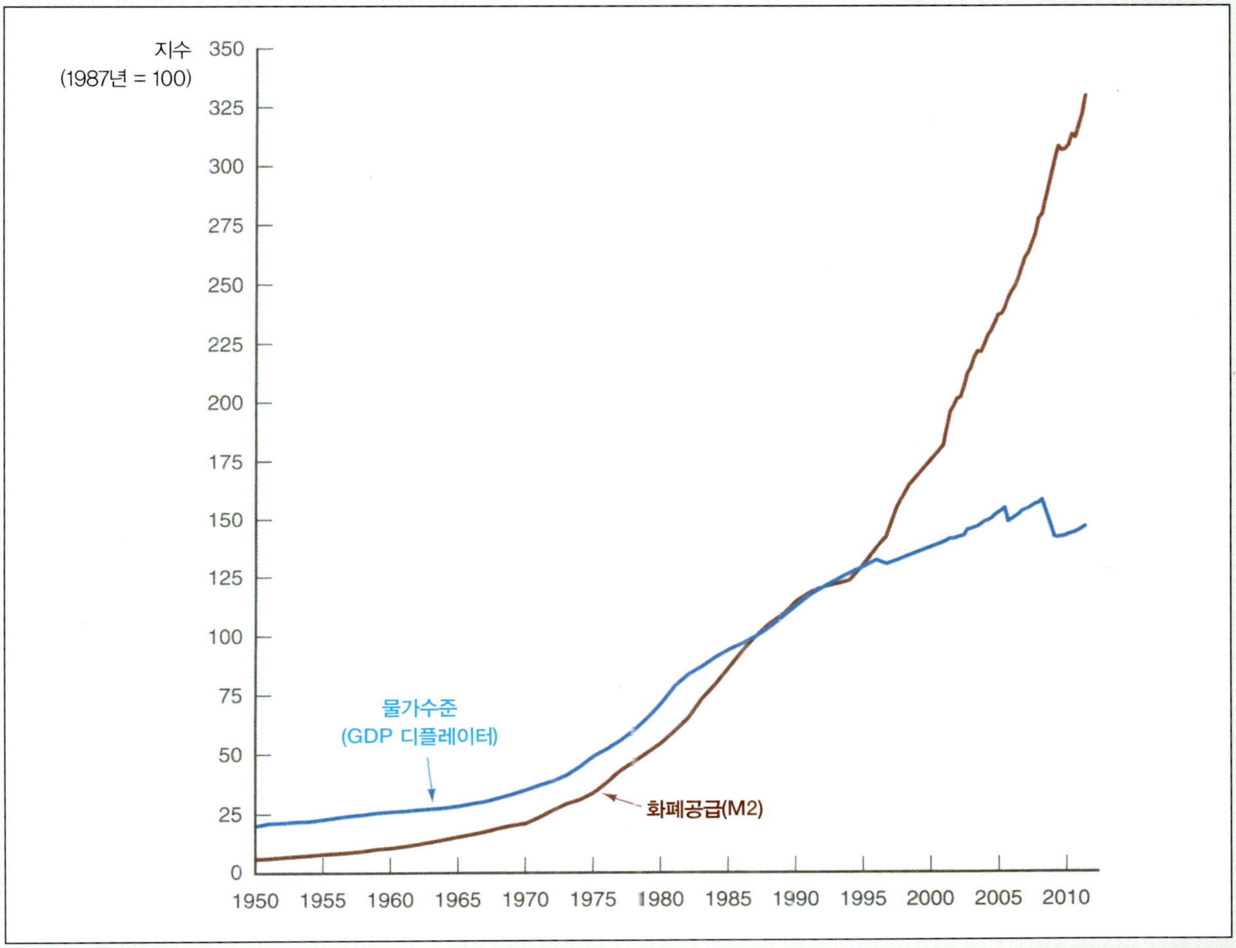

그림 4 미국의 물가수준과 화폐공급, 1950~2011년
1950~2011년 중 물가수준은 6배 이상으로 상승했다.
자료 : www.stls.frb.org/fred/data/gdp/gdpdef; www.federalreserve.gov/releases/h6/hist/h6hist10.txt

록에 수록돼 있다). 1950~2011년에 물가수준은 6배 이상 상승했다. 물가수준이 지속적으로 상승하는 현상인 **인플레이션**(inflation)은 개인, 기업, 정부에 영향을 미친다. 일반적으로 인플레이션은 해결해야 할 중요한 문제로 간주되고 있으며, 종종 정치인과 정책당국의 주요 관심사가 돼왔다. 인플레이션 문제를 풀기 위해 우리는 인플레이션의 원인에 대해서 알 필요가 있다.

무엇이 인플레이션을 설명하는가? 이 문제에 대한 단서는 화폐공급과 물가를 그래프로 나타낸 [그림 4]에서 발견할 수 있다. [그림 4]에서 보는 것처럼 물가와 화폐공급은 함

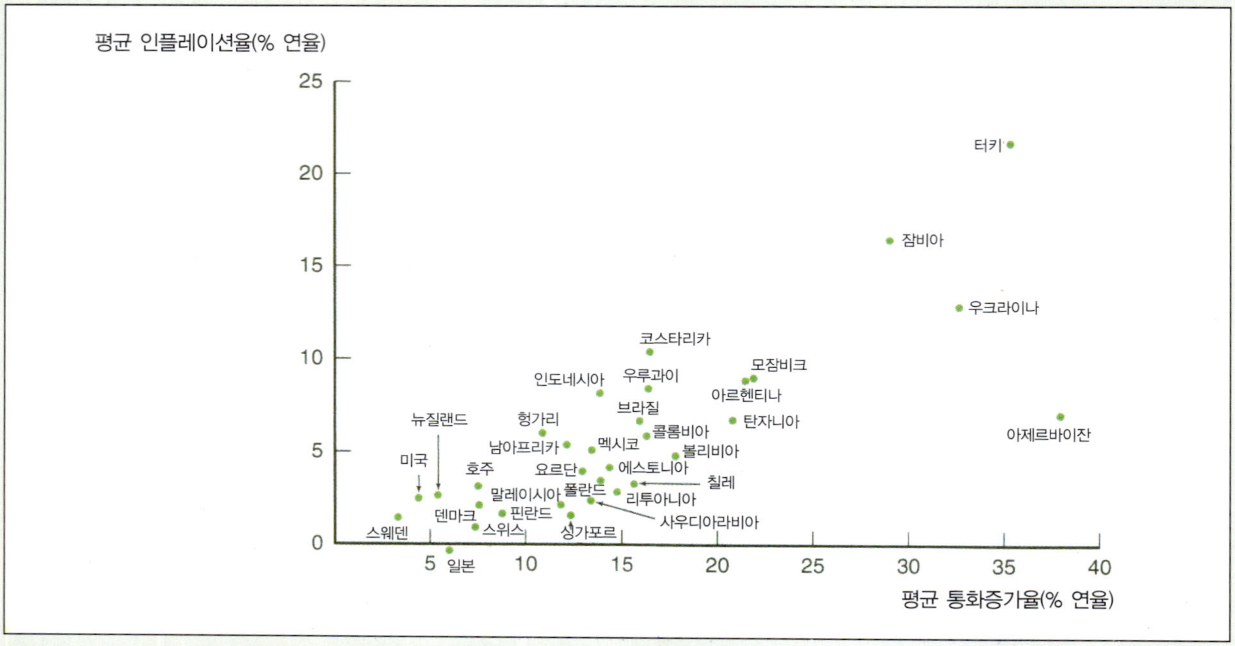

그림 5 주요국의 평균 인플레이션율과 평균 통화증가율, 2000~2010년

10년 평균의 인플레이션과 통화증가율 사이에는 양(+)의 관계가 있다. 높은 인플레이션율을 보인 국가가 역시 높은 통화증가율을 보인다.

자료 : International Financial Statistics, www.imfstatistics.org/imf

께 상승한다. 이 통계자료는 화폐공급의 지속적인 증가가 인플레이션을 초래하는 주된 요인이라는 것을 나타낸다.

인플레이션이 화폐공급의 지속적인 증가와 연관돼 있다는 또 다른 증거는 [그림 5]에서 발견할 수 있다. [그림 5]는 2000~2010년의 10년간 여러 나라의 평균 **인플레이션율**(inflation rate, 연간 증가율(%)로 표시한 물가수준의 증가율)과 평균 통화증가율을 그래프로 나타낸 것이다. 그래프에서 알 수 있듯이 인플레이션과 통화증가율 사이에는 양(+)의 관계가 존재한다. 높은 인플레이션율을 보인 국가가 역시 높은 통화증가율을 보인다. 예를 들어 터키, 우크라이나, 잠비아는 이 기간 중 높은 인플레이션율과 높은 통화증가율을 경험했다. 반면 스웨덴과 미국은 같은 기간에 낮은 인플레이션율과 낮은 통화증가율을 보였다. 이러한 증거를 갖고 노벨 경제학상을 수상한 밀턴 프리드만(Milton Friedman)은 "인플레이션은 언제 어디서나 화폐적 현상이다."[2]라고 말했다. 제20장과 제24장에서는 인플레이션 유발에 있어서 통화량과 통화정책의 역할에 주목할 것이다.

---

2) Milton Friedman, *Dollars and Deficits* (Upper Saddle River, NJ: Prentice Hall, 1968), p. 39.

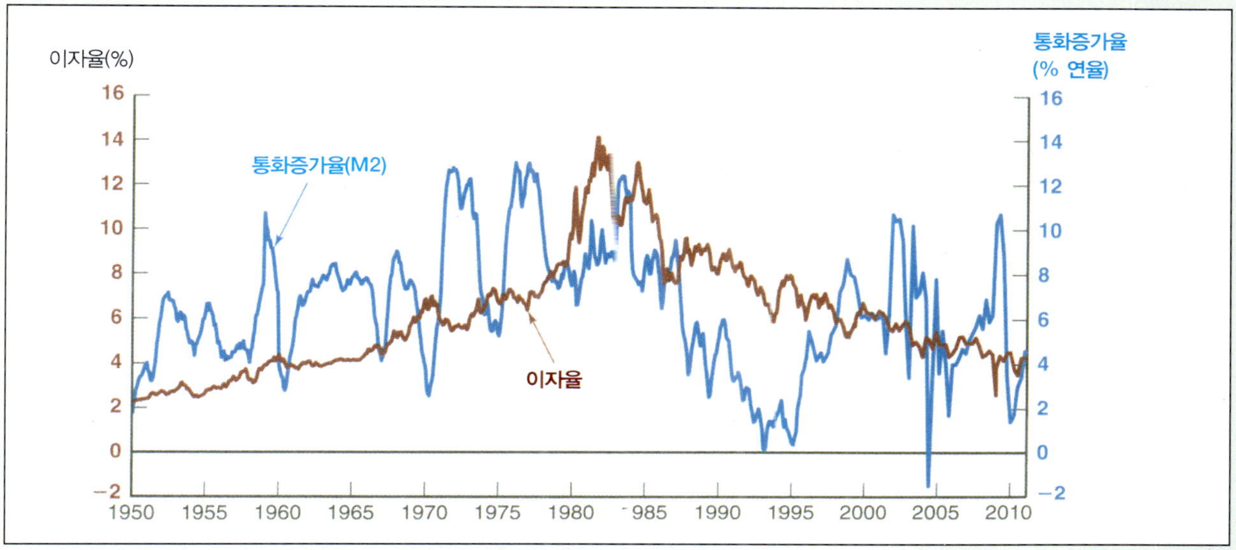

그림 6 연간 M2 증가율과 재무부 장기채권 이자율, 1950~2011년

통화증가율이 1960년대와 1970년대에 증가할 때 장기채권 이자율도 같이 상승했다. 그러나 1980년 이후 통화증가율과 이자율 간의 관계는 덜 명확해졌다.

자료 : Federal Reserve Bulletin, p. A4, Table 1.10; www.federalreserve.gov/releases/h6/hist/h6hist1.txt

3.3 화폐와 이자율

다른 요인과 더불어 화폐는 기업과 소비자의 지대한 관심사인 이자율 변동에 중요한 역할을 하고 있다. [그림 6]은 재무부 장기채권 이자율과 통화증가율을 나타내고 있다. 1960년대와 1970년대에 통화증가율이 올라갈 때 장기채권 이자율도 함께 상승했다. 그러나 통화증가율과 이자율의 관계는 1980년 이후 덜 명확해졌다. 이자율의 결정이론을 살펴보는 제5장에서는 화폐와 이자율의 관계를 분석할 것이다.

3.4 통화정책의 수행

화폐는 경제 후생에 중요한 역할을 하는 여러 경제변수에 영향을 미치기 때문에 전 세계의 정치인과 정책당국은 통화량과 이자율을 관리하는 **통화정책**(monetary policy)의 수행에 관심을 기울이고 있다. 한 국가의 통화정책 수행을 책임지는 기관이 **중앙은행**(central bank)이다. 미국의 중앙은행은 **연방준비제도**(Federal Reserve System, 줄여서 **연준**(the Fed)이라 부름)이다. 제14~17장(제4부)에서는 연준 등 중앙은행이 어떻게 통화량과 이자율에 영향을 미치며, 미국과 여타 국가에서 통화정책이 실제로 어떻게 수행

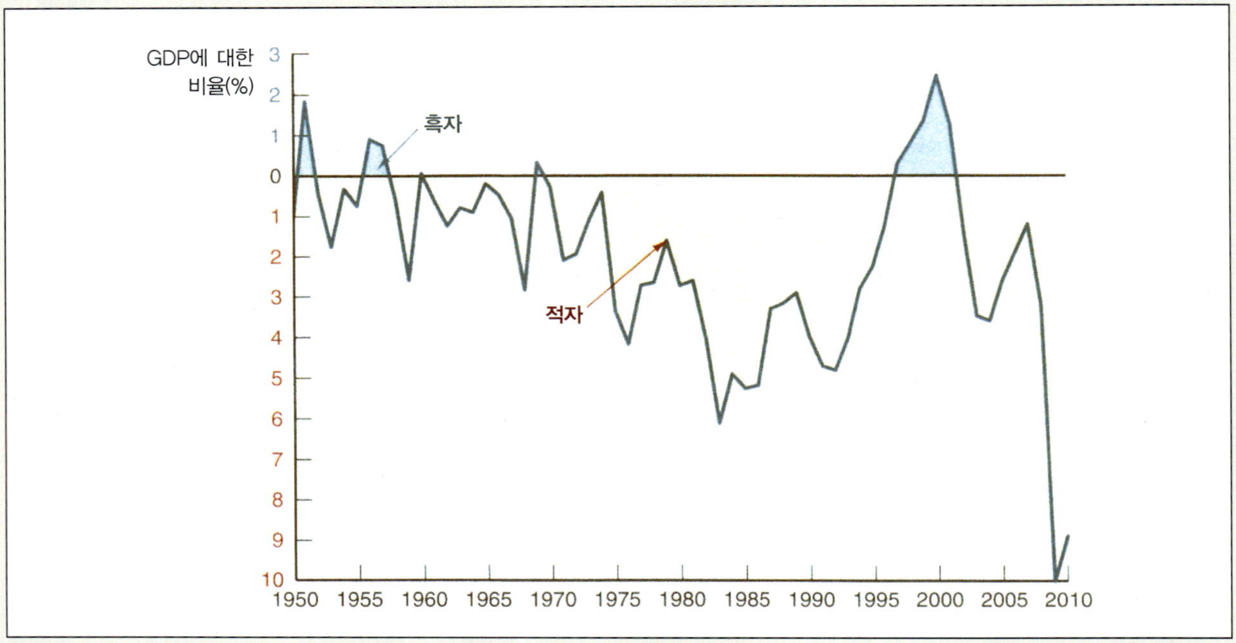

그림 7 GDP에 대한 재정흑자 또는 재정적자의 비율, 1950~2010년

미국의 GDP 대비 재정적자는 1983년에 6%로 올랐다가 그 이후 감소하는 등 변동이 심했다. 1999~2001년 중에는 재정흑자를 보이다가 2009년에는 10%의 재정적자를 보였다.

자료 : http://www.gpoaccess.gov/usbudget/fy06/sheets/hist01z2.xls

되는지 살펴보고자 한다.

3.5 재정정책과 통화정책

재정정책(fiscal policy)은 정부지출과 조세에 관한 결정과 관련돼 있다. **재정적자**(budget deficit)는 보통 1년이라는 일정 기간 중 정부지출이 조세수입을 초과할 때 발생하고, **재정흑자**(budget surplus)는 조세수입이 정부지출을 초과할 때 발생한다. 정부는 차입을 통해 재정적자를 충당해야 하는 반면, 재정흑자는 정부의 채무 부담을 완화해준다. [그림 7]과 같이 1983년에 경제규모 대비 재정적자는 국민소득(**국내총생산**(gross domestic product, GDP)으로 측정하며, 이는 이 장의 부록에서 설명하는 총산출에 대한 측정법 중 하나임)의 6%로 최고치에 달했다. 그 이후 재정적자는 GDP의 3% 이하로 감소했다가 1990년대 초까지 다시 5%로 증가했다. 그 이후 계속 감소하여 1999년부터 2001년까지는 재정흑자를 기록했다. 2001년 9월 11일 테러 공격, 2003년 3월에 시작한 이라크 전쟁, 2007~2009년 금융위기의 결과 재정은 다시 적자로 돌아섰고 최근에는

GDP의 10%를 초과하는 재정적자를 보이고 있다. 재정적자에 대해 무슨 조치를 취해야 하는지는 최근의 입법 과제가 되고 있으며 대통령과 의회 간의 격렬한 논쟁거리로 부각되고 있다.

TV나 신문에서 재정흑자는 좋은 것이고 재정적자는 바람직하지 못하다고 보도하는 것을 들은 적이 있을 것이다. 제9장과 제19장에서는 2001년 아르헨티나의 경우와 같이 재정적자가 어떻게 금융위기를 초래하는지 살펴봄으로써 이러한 주장의 정확성을 판별해 보고자 한다. 제20장에서는 왜 재정적자가 높은 통화증가율, 높은 인플레이션율, 높은 이자율을 초래하는지 검토할 것이다.

4 국제금융을 왜 공부하는가?

금융시장의 세계화가 최근 가속화되고 있다. 금융시장은 점점 전 세계적으로 통합되고 있다. 미국 기업은 종종 외환시장에서 자금을 차입하고, 외국 기업은 미국 금융시장에서 차입한다. 은행과 JP 모건 체이스(JP Morgan Chase), 씨티그룹(Citigroup), UBS, 도이체방크(Deutschebank) 같은 기타 금융기관은 더욱 국제화되어 전 세계 많은 나라에서 영업하고 있다. 제5부에서는 외환시장과 국제 금융시스템에 대해 논의할 것이다.

4.1 외환시장

자금이 한 국가에서 다른 국가로 이전되기 위해서는 자국화폐(달러)가 외국화폐(유로)로 교환돼야 한다. **외환시장**(foreign exchange market)은 이러한 교환이 일어나는 시장이다. 즉 외환시장은 국가 간 자금을 이전시키는 기구이다. 외환시장은 또한 외국화폐에 대한 자국화폐의 가격인 **환율**(foreign exchange rate)이 결정되는 시장이기 때문에 중요하다.

[그림 8]은 1970~2011년의 미국 달러 환율(주요 외국통화의 바스켓으로 표시한 미국 달러의 가치)을 나타내고 있다. 외환시장에서 이 환율의 변동폭은 매우 크다. 즉 1971~1973년에 달러는 상당히 약세를 보이다가 1976년까지 약간 상승했다. 그러다가 1978~1980년에 저점에 도달했다. 1980년에서 1985년 초반까지 달러의 가치는 급격히 절상됐으나 그 후로는 다시 급격히 하락해 1995년에 저점을 보였다. 1995~2000년 중 달러는 강세를 보이다가 그 후로는 다시 약세를 보였다.

이러한 환율의 변동은 민간과 기업에게 어떤 의미를 갖는가? 환율의 변동은 수입가격에 영향을 미치기 때문에 소비자에게 직접적인 영향을 미친다. 1유로가 0.85달러였던

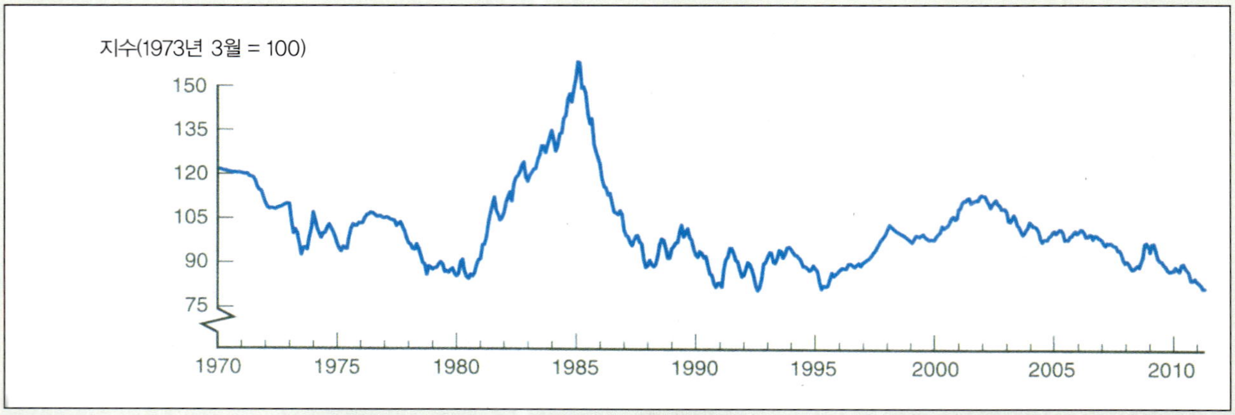

그림 8 미국 달러 환율, 1970~2011년

여타국 통화에 대한 미국 달러의 가치는 수년간 매우 변동이 심했다.

자료 : Federal Reserve; www.federalreserve.gov/releases/H10/summary/indexbc_m.txt/

2001년에 100유로의 유럽상품(예를 들어 프랑스 포도주)의 가격은 85달러였다. 1유로가 약 1.5달러가 되어 달러가 상당히 약세를 보일 때 100유로의 포도주는 이제 150달러가 된다. 따라서 달러가 약세일수록 외국상품은 더욱 비싸져서 외국여행과 수입산 명과의 가격이 더 올라간다. 달러의 가치가 하락할 때 미국인들은 외국상품의 구매를 줄이고 국내상품(국내여행이나 미국산 포도주)의 소비를 늘릴 것이다.

반면 달러가 강세가 되면 미국 수출품의 가격이 상대적으로 올라가서 외국인들은 미국상품의 구매를 줄일 것이다. 예를 들어 1980~1985년과 1995~2001년에 달러가 강세일 때 철강의 수출이 급격히 줄었다. 달러가 강세가 되면 외국상품이 상대적으로 더 싸져 미국의 소비자는 이익을 보지만, 미국상품의 국내외 판매가 감소하여 미국 기업은 손해를 보고 일자리가 줄어든다. 1985~1995년과 2001~2011년에 달러의 약세는 정반대의 효과를 가져왔다. 즉 달러가 약세가 되면 외국상품은 상대적으로 더 비싸지는 반면, 미국 기업은 더 유리한 경쟁여건을 갖는다. 따라서 외환시장의 변동은 미국 경제에 중요한 영향을 미친다.

제18장에서는 달러를 외국통화와 매매하는 외환시장에서 환율이 어떻게 결정되는지 살펴볼 것이다.

4.2 국제 금융시스템

국가 간 자본이동이 증가함에 따라 국제 금융시스템이 국내 경제에 미치는 영향이 확대되고 있다. 제19장에서 다룰 내용은 다음과 같다.

- 환율을 고정시키는 고정환율제도의 채택은 통화정책 수행에 어떤 영향을 미치는가?
- 국가 간 자본이동을 제약하는 자본통제는 국내 금융시스템과 경제의 성과에 어떤 영향을 미치는가?
- 국제통화기금(IMF) 같은 국제금융기구는 국제 금융시스템을 구축하는 데 어떤 역할을 해야 하는가?

5 화폐와 금융을 어떻게 공부할 것인가?

이 책에서는 화폐와 금융을 공부하기 위해 통합적 분석틀을 제공함으로써 경제적으로 사고하는 방식을 강조한다. 이러한 분석틀은 몇 가지 기본적인 경제학적 개념을 사용해 자산가격의 결정, 금융시장의 구조, 은행 경영, 경제에 있어서 화폐의 역할에 관해 여러분이 조직적으로 사고할 수 있게 해준다. 이러한 기본 개념에는 다음과 같은 것이 포함된다.

- 자산수요에 대한 단순 접근방법
- 균형의 개념
- 금융시장의 행태를 설명하기 위한 기본적 수요와 공급
- 이윤의 추구
- 거래비용과 정보의 비대칭성에 근거한 금융구조에 대한 접근방법
- 총수요와 총공급 분석

이 책에서 사용된 통합적 분석틀은 여러분의 지식이 진부하지는 것을 막아주며 내용을 더욱 재미있게 해준다. 또한 학기말 시험 직후 잊어버리고 마는 지루한 사실을 암기하지 않고도 무엇이 정말 중요한지 배울 수 있다. 이러한 분석틀은 또한 금융시장의 추세와 이자율, 환율, 인플레이션, 총산출과 같은 변수의 추세를 이해하기 위한 도구를 제공한다.

여러분이 통합적 분석을 이해하고 응용하는 데 도움을 주기 위해 단순모형을 설정한다. 단순모형에서는 여건불변의 변수를 신중히 결정하고, 모형 도출의 각 단계를 명확하고 신중하게 전개한다. 그리고 다른 조건이 일정할 때 하나의 변수의 움직임에 초점을 맞춤으로써 다양한 현상을 설명한다.

모형의 유용성을 높이기 위해 이 책에서는 사례연구, 응용, 주요 관심사를 다룬 글상자

를 이용해 논의 대상인 이론을 지지하거나 의문을 제기하는 증거들을 제시한다. 실제 사건과 통계자료를 보여줌으로써, 모든 경제학자는 추상적인 가정을 하고 실제 행위와 별로 상관없는 이론을 만든다는 생각이 들지 않게 해준다.

교실 밖의 현실세계에서 여러분이 제 역할을 보다 잘하기 위해서는 유력 신문과 인터넷에 실린 금융뉴스를 이해하기 위한 도구를 갖고 있어야 한다. 금융뉴스를 읽는 데 도움과 자극을 주기 위해 이 책은 [금융뉴스]라는 글상자를 포함하고 있다. [금융뉴스]는 미디어에서 자주 논의되는 데이터를 평가하는 데 도움을 주는 상세한 정보와 정의를 제공한다. 이 책은 또한 여러분이 배운 분석적 개념을 현실 경제의 이슈에 적용하도록 하는 약 500개의 연습문제를 수록하고 있다.

5.1 웹 탐구하기

World Wide Web은 금융 연구에 있어서 지극히 가치 있고 편리한 자료의 보고다. 몇 가지 방법으로 그 중요성을 강조할 수 있다. 첫째, 이 책의 차트와 표를 만들기 위한 정보를 찾을 수 있도록 웹을 사용하는 곳에는 웹사이트의 주소를 자료의 출처로 표시했다. 이 사이트들은 종종 추가정보를 포함하고 있으며 자주 업데이트된다. 둘째, 각 장의 끝부분에 '웹 연습문제'가 있다. 웹 연습문제는 각 장과 관련 있는 사이트에 들어가서 실시간 데이터와 정보를 이용할 수 있도록 해준다. 또한 본문의 내용과 관련 있는 웹사이트의 주소가 각 장의 끝부분 '참고 웹사이트'에 수록돼 있다. 이 사이트들에 들어가서 관심 있는 주제를 심층적으로 탐구해보자. 웹사이트의 주소는 자주 변경된다. 이 책에서는 주소가 잘 변하지 않는 사이트를 고르려고 노력했으나 정부 관련 사이트조차도 변한다는 사실을 알게 됐다. 저자의 웹사이트(www.myeconlab.com)에는 가장 최신의 웹사이트 주소가 제공된다.

5.2 데이터 수집과 그래프 그리기

아래 웹 연습문제는 심층 분석을 위해 웹사이트의 데이터를 어떻게 엑셀로 옮기는지 보여주기 때문에 특히 중요하다. 여러분은 차후에 웹 연습문제를 접했을 때 잘 풀어내기 위해 아래의 연습문제를 스스로 풀어보기 바란다.

6 웹 연습문제

여러분이 리스키 벤처회사에 이자율의 추세 분석을 돕는 컨설턴트로 고용됐다고 해보

자. 이 회사는 장기이자율과 단기이자율의 관계를 알아보는 데 관심이 있다. 여러분이 즉시 맡아야 할 가장 큰 임무는 시장이자율 데이터를 수집하는 것이다. 이 정보를 얻는 가장 좋은 방법은 웹사이트를 이용하는 것이다.

1. 장기이자율의 가장 좋은 지표는 30년 만기 미국 재무부 장기채권이라고 결정했다. 첫째 임무는 과거의 통계자료를 수집하는 것이다. www.federalreserve.gov/releases/H15에 들어가라. 이 사이트는 [그림 9]에 나타나 있다. 상단에 있는 'Historical data'를 클릭하여 아래에 있는 'Treasury constant maturities'에서 10-year의 'Annual'을 클릭하라.
2. 과거 이자율 자료의 정확한 출처를 찾은 후에 다음 단계는 이를 스프레드시트로 불러들이는 것이다. 연준 데이터가 열리면 엑셀로 다운로드한다. 그러나 이것은 데이터의 정리가 용이하도록 포맷이 돼 있지 않다. 데이터를 사용이 용이한 포맷으로 전환하려면 데이터를 선택하고 복사한 후, 새 시트를 열어서 '붙여넣기'(paste)나 '선

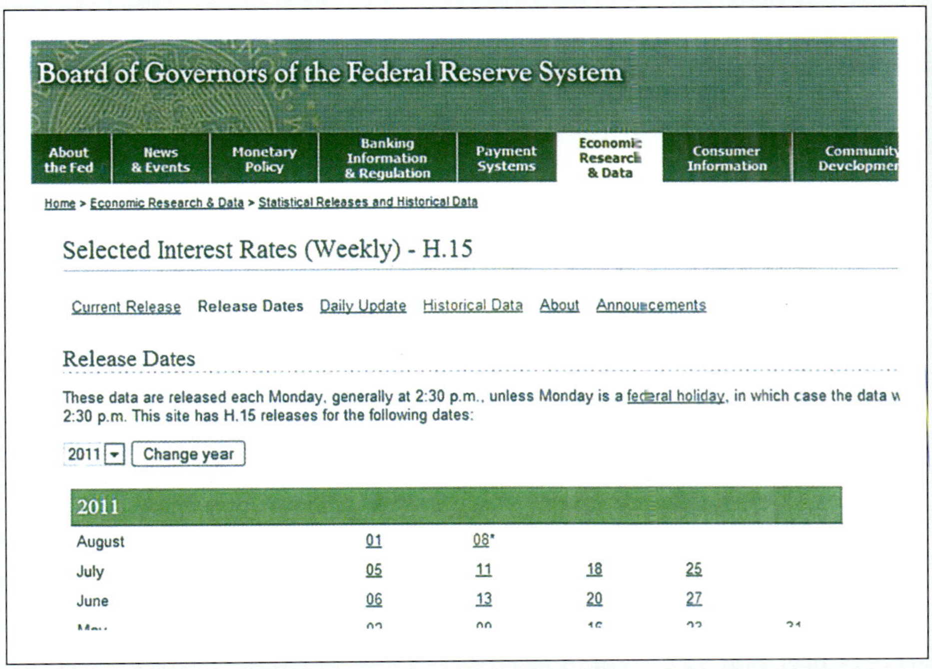

그림 9 연방준비위원회의 웹사이트

연준은 이 사이트에서 이자율 데이터를 제공한다.

자료 : www.federalreserve.gov/releases/H15

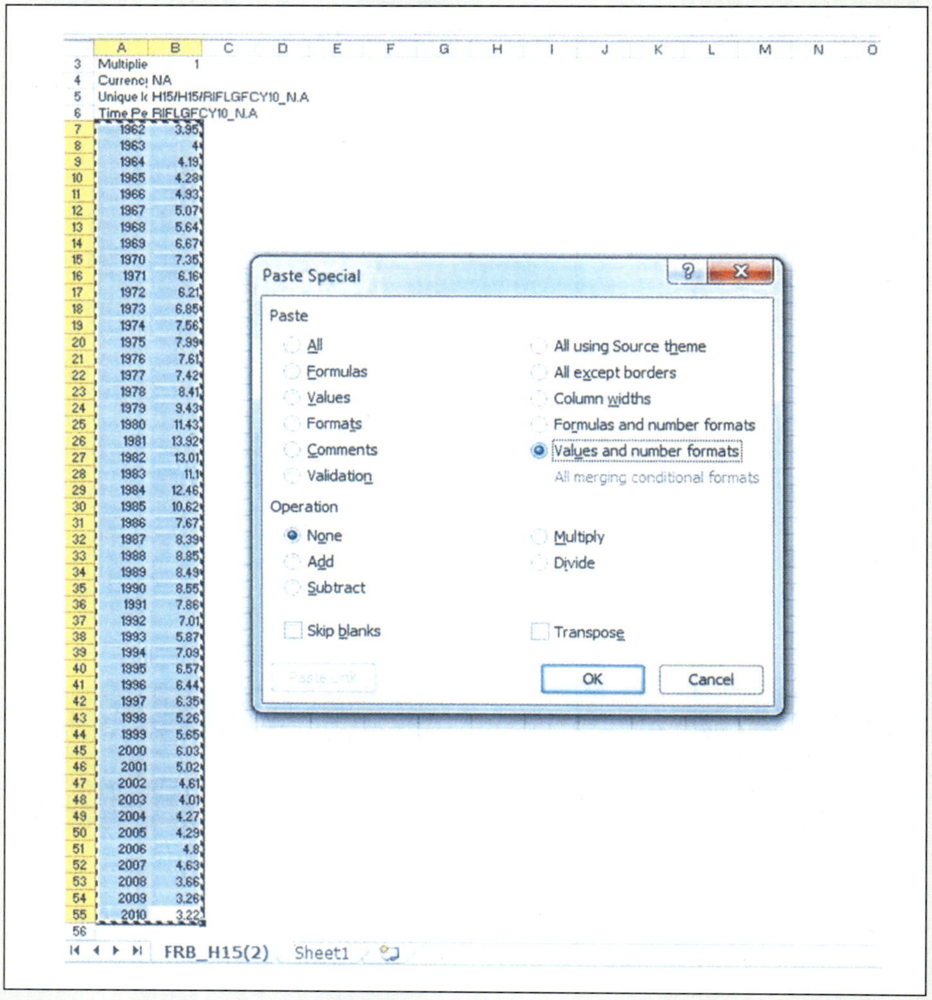

그림 10 이자율 자료가 들어 있는 엑셀 스프레드시트
이 스프레드시트에는 연방준비위원회 웹사이트에서 다운로드한 이자율 자료가 들어 있다.

택하여 붙여넣기'(paste special)에서 '값 및 숫자 서식'(values and number format)을 클릭한다. 전환된 데이터를 이전 데이터 위에 다시 붙여넣기를 한다([그림 10] 참조).

1년 만기 이자율을 수집하기 위해 위의 단계를 반복하라. 1년 만기 이자율을 10년 만기 이자율 열 옆에 붙여라. 각 이자율의 연도가 일치하는지 확인하고, 두 시계열에 같이 포함되지 않은 연도는 삭제하라. 그리고 각 열에 이름을 붙여라.

	A	B	C
1	Year	10 year	1 year
2	1962	3.95	3.1
3	1963	4	3.36
4	1964	4.19	3.85
5	1965	4.28	4.15
6	1966	4.93	5.2
7	1967	5.07	4.88
8	1968	5.64	5.69
9	1969	6.67	7.12
10	1970	7.35	6.9
11	1971	6.16	4.89
12	1972	6.21	4.95
13	1973	6.85	7.32
14	1974	7.56	8.2
15	1975	7.99	6.78
16	1976	7.61	5.88
17	1977	7.42	6.08
18	1978	8.41	8.34
19	1979	9.43	10.65
20	1980	11.43	12
21	1981	13.92	14.8
22	1982	13.01	12.27
23	1983	11.1	9.58
24	1984	12.46	10.91
25	1985	10.62	8.42
26	1986	7.67	6.45
27	1987	8.39	6.77
28	1988	8.85	7.65
29	1989	8.49	8.53
30	1990	8.55	7.89
31	1991	7.86	5.86
32	1992	7.01	3.89
33	1993	5.87	3.43
34	1994	7.09	5.32
35	1995	6.57	5.94
36	1996	6.44	5.52
37	1997	6.35	5.63
38	1998	5.26	5.05
39	1999	5.65	5.08
40	2000	6.03	6.11
41	2001	5.02	3.49
42	2002	4.61	2
43	2003	4.01	1.24
44	2004	4.27	1.89
45	2005	4.29	3.62
46	2006	4.8	4.94
47	2007	4.63	4.53
48	2008	3.66	1.83
49	2009	3.26	0.47
50	2010	3.22	0.32

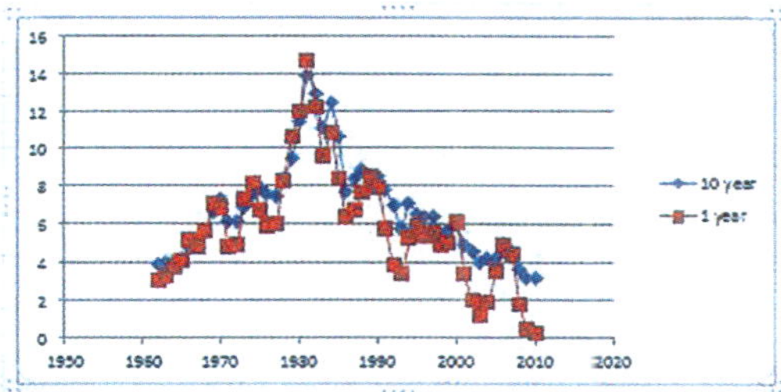

그림 11 이자율 자료를 이용한 엑셀 그래프

이 스프레드시트는 이자율 자료의 그래프를 보여준다.

3. 이자율을 분석하기 위해 이를 그래프로 나타내보자. 엑셀에서 생성된 두 열의 자료와 연도를 다시 하이라이트하라. 도구모음에서 '차트'(CHART)(또는 '삽입'(INSERT) / '차트'(CHART))를 클릭하라. 분산형을 선택하고 점들을 연결하는 분산형 차트를 하나 선택하라. 엑셀 마법사가 그래프를 완성하도록 단계를 밟아가라([그림 11] 참조).

7 결론

화폐와 금융이라는 주제는 여러분의 일상생활에 직접 영향을 미치는 흥미로운 분야이다. 즉 이자율은 저축에 대한 이자소득에 영향을 미치고, 자동차나 집을 살 때 신청한 대출에 대한 이자 지불에도 영향을 미친다. 그리고 통화정책은 취직 전망이나 미래의 재화 가격에 영향을 미친다. 화폐와 금융에 대한 공부를 통해 현재 정치권의 뜨거운 쟁점이 되는 경제정책 수행에 관한 논쟁들을 접할 것이고, 언론매체에서 자주 듣는 경제현상을 보다 명확히 이해할 수 있을 것이다. 습득된 지식은 종강 후에도 오랫동안 남을 것이며 여러분에게 유익할 것이다.

요 약 SUMMARY

1 금융시장의 행위는 개인의 재산, 기업의 행태, 경제의 효율성에 직접 영향을 미친다. 특히 3개의 금융시장, 즉 채권시장(이자율이 결정되는 시장), 주식시장(사람들의 재산과 기업의 투자 결정에 중요한 영향을 미치는 시장), 외환시장(경제에 중요한 영향을 미치는 환율이 결정되는 시장)에 주목할 필요가 있다.

2 은행과 기타 금융기관은 자금을 생산적으로 사용하지 않는 사람으로부터 생산적으로 사용하는 사람에게 전달함으로써 경제의 효율성을 증대시키는 데 결정적인 역할을 한다. 금융시스템이 경색되어 금융위기를 낳을 때 금융기관은 도산해 경제에 심각한 해악을 초래한다.

3 화폐는 인플레이션, 경기변동, 이자율에 중요한 영향을 미친다. 이들 경제변수는 경제의 건전성을 유지하는 데 매우 중요하기 때문에 통화정책이 어떻게 수행되고, 어떻게 수행돼야 하는지를 이해할 필요가 있다. 또한 재정정책은 통화정책의 수행에 영향을 주는 요인이기 때문에 공부할 필요가 있다.

4 이 책은 화폐와 금융을 공부하기 위해 몇 가지 기본적인 통합적 분석틀을 도입함으로써 경제적으로 사고하는 방식을 강조한다. 이 책은 또한 이론적 분석과 실증적 자료 간의 상호작용을 강조한다.

주요 용어 KEY TERMS

경기변동(business cycle)
경기후퇴(recession)
국내총생산(gross domestic product)
금융시장(financial market)
금융위기(financial crisis)
금융중개기관(financial intermediary)
금융혁신(financial innovation)
보통주(common stock)
실업률(unemployment rate)
연방준비제도(Federal Reserve System) 또는 연준(the Fed)
외환시장(foreign exchange market)
은행(bank)
이자율(interest rate)
인플레이션(inflation)

인플레이션율(inflation rate)
자산(asset)
재정적자(budget deficit)
재정정책(fiscal policy)
재정흑자(budget surplus)
전자금융(e-finance)
주식(stock)
중앙은행(central bank)
증권(security)
채권(bond)
총물가수준(aggregate price level)
총산출(aggregate output)
총소득(aggregate income)
통화정책(monetary policy)
화폐(money) 또는 화폐공급(money supply)
환율(foreign exchange rate)

연습문제 QUESTIONS

1 3개월물 재무부 단기증권, 재무부 장기채권, Baa등급 회사채 간의 전형적인 관계는 무엇인가?

2 주가의 하락은 기업의 투자에 어떤 영향을 미치는가?

3 주가의 상승은 소비자의 지출 결정에 어떤 영향을 미치는가?

4 금융시장은 왜 경제가 건전성을 유지하는 데 중요한가?

5 2007년에 시작된 경기후퇴의 주된 원인은 무엇인가?

6 은행의 기본적 업무는 무엇인가?

7 은행 이외의 주요 기타 금융기관에는 어떤 것이 있는가?

8 과거 10년간 여러분에게 개인적으로 영향을 미친 금융혁신이 있었는가? 그 금융혁신은 여러분의 형편을 나아지게 했는가 아니면 어렵게 했는가? 그 이유는 무엇인가?

9 과거 수년간 미국의 인플레이션율은 상승했는가 아니면 하락했는가? 이자율은 어떠한가?

10 통화증가율의 하락을 경험했다면 다음 변수들에는 어떤 일이 벌어질 것으로 예상하는가?

a. 실질GDP

b. 인플레이션율

c. 이자율

11 이자율이 하락할 때 기업과 소비자는 그들의 경제행위를 어떻게 바꾸는가?

12 이자율이 상승할 때 모든 사람의 형편이 전보다 어려워지는가?

13 금융기관의 임원은 왜 연준의 행위에 많은 관심을 갖는가?

14 현재 미국의 재정적자는 1950년대와 어떻게 비교되는가?

15 영국 파운드화의 가치 하락은 영국 소비자에 어떤 영향을 미치는가?

16 영국 파운드화의 가치 상승은 미국 기업에 어떤 영향을 미치는가?

17 환율의 변동은 금융기관의 수익성에 어떤 영향을 미치는가?

18 [그림 8]에 의하면 어떤 시기에 런던 타워 대신 애리조나의 그랜드 캐니언을 방문했으면 좋았을지 판단해 보라.

19 달러화가 외국화폐에 비해 가치가 높아졌다면 여러분은 미국산 청바지를 살 것인가, 외국산 청바지를 살 것인가? 청바지를 생산하는 미국 기업은 달러화가 강세일 때 유리한가, 달러화가 약세일 때 유리한가? 청바지 수입 사업을 하는 미국 회사의 경우는 어떠한가?

20 미국 정부부채의 대부분은 외국 투자자가 보유한 미국의 장기국채나 재무부 증권이다. 미국 달러 환율의 변동은 외국 투자자가 보유한 미국 채권의 가치에 어떤 영향을 미치는가?

응용문제 APPLIED PROBLEMS

21 다음 표는 4월 중 영국 파운드 대비 미국 달러의 환율을 나타내고 있다. 200달러를 파운드로 바꿀 가장 유리한 날은 언제인가? 그리고 가장 불리한 날은 언제인가? 파운드로 바꿀 때 두 경우의 차이는 얼마인가?

날짜	영국 파운드당 미국 달러	날짜	영국 파운드당 미국 달러
4/1	1.9564	4/18	1.7504
4/4	1.9293	4/19	1.7255
4/5	1.914	4/20	1.6914
4/6	1.9374	4/21	1.672
4/7	1.961	4/22	1.6684
4/8	1.8925	4/25	1.6674
4/11	1.8822	4/26	1.6857
4/12	1.8558	4/27	1.6925
4/13	1.796	4/28	1.7201
4/14	1.7902	4/29	1.7512
4/15	1.7785		

웹 연습문제 WEB EXERCISES

1 여기서는 웹사이트에서 통계자료를 수집하고 엑셀을 이용해 그래프를 그리는 연습을 할 것이다. p.18~21의 웹 연습문제를 이용하라. www.forecasts.org/data/index.htm에 들어가서 페이지 상단에 있는 'Stock Index Data'를 클릭한 후 U.S. Stock Indices—Monthly 항목을 선택하라. 마지막으로 'Dow Jones Industrial Average' 항목을 선택하라.

a. 이 장에서 제시한 방법을 이용해 통계자료를 엑셀로 옮겨라.

b. 문제 a의 엑셀 데이터를 이용해 그래프를 그려라. 그래프의 양축에 이름을 붙이기 위해 차트 마법사를 이용하라.

2 웹 연습문제 1번에서 다우존스 산업평균지수(DJIA)의 자료를 수집하여 그래프로 나타냈다. 같은 사이트에서 DJIA의 예측치를 얻을 수 있다. www.forecasts.org/data/index.htm에 들어가서 페이지 상단에 있는 'Home'을 클릭하라. 왼쪽 열에 있는 'Dow Jones Industrials' 링크를 클릭하라.

a. 다우존스의 6개월간 예측치는 얼마인가?

b. 다음 6개월간의 예측치는 몇 % 증가했는가?

참고 웹사이트 WEB REFERENCES

www.federalreserve.gov/releases/

주요 이자율, 환율 등 과거 일별, 주간, 월간, 분기, 연간 데이터의 공표

http://stockcharts.com/charts/historical/

여러 기간에 걸친 다양한 주가지수의 차트

www.federalreserve.gov

연준의 일반 정보, 통화정책, 은행시스템, 연구, 경제 데이터

www.bls.gov/data/inflation_calculator.htm

달러의 구매력이 1913년 이후 어떻게 변동했는가를 알려주는 계산기

www.kowaldesign.com/budget/

현행 재정수지와 1950년 이후의 데이터를 수록하고 있다. 그리고 연방예산이 어디에 지출되는지 알려준다.

www.brillig.com/debt_clock/

국가부채 시계. 각 시점에서 국가부채의 정확한 금액을 알려준다.

부록 1 총산출, 총소득, 물가수준, 인플레이션율의 정의

이 용어들은 책 내용 전체에서 자주 사용되기 때문에 총산출, 총소득, 물가수준, 인플레이션율의 정의를 확실히 이해할 필요가 있다.

A1 총산출과 총소득

총산출을 측정하는 가장 일반적인 방법인 **국내총생산**(gross domestic product, GDP)은 그해에 한 국가에서 생산된 모든 최종 재화와 서비스의 시장가치이다. 이 측정법에 의하면 얼핏 보면 포함된다고 생각할지도 모를 2가지 항목이 제외된다. 렘브란트의 그림이든, 20년 전에 지은 주택이든, 과거에 생산된 재화를 구입할 경우 GDP에 포함되지 않는다. 이것들은 그해에 생산된 재화와 서비스가 아니기 때문이다. 사탕에 들어있는 설탕과 철강을 생산하기 위한 에너지와 같이 최종 재화와 서비스를 생산하는 데 투입되는 중간재도 GDP에 포함되지 않는다. 최종 재화의 가치에는 이미 중간재의 가치가 포함돼있기 때문에 중간재를 별도로 포함시키는 것은 이중 계산이 된다.

그해에 생산된 재화와 서비스에서 얻게 되는 생산요소(토지, 노동, 자본)의 소득의 합계인 **총소득**(aggregate income, 국민소득이라고도 함)은 총산출과 같은 것으로 간주된다. 최종 재화와 서비스에 대해 지불한 금액은 궁극적으로 생산요소의 소유자에게 소득의 형태로 돌아오기 때문에 소득으로 지불한 금액은 최종 재화와 서비스에 대해 지불한 금액과 같아야 한다. 예를 들어 경제에 10조 달러의 총산출이 있다면 소득으로 지불한 총금액(총소득) 역시 10조 달러가 된다.

A2 실질변수와 명목변수

현재 가격을 이용해 최종 재화와 서비스의 총가치를 계산할 때 이를 명목GDP(nominal GDP)라 한다. 명목이란 용어는 현재 가격을 이용해 가치를 측정하는 것을 나타낸다. 모든 가격이 2배가 됐으나 실제 재화와 서비스의 생산량이 동일하다면, 사람들이 2배의 재화와 서비스의 혜택을 누리지 못할지라도 명목GDP는 2배가 된다. 그 결과 명목변수는 경제적 후생을 제대로 측정하지 못하는 지표일 수 있다.

경제 후생에 대한 보다 신뢰할 만한 지표는 일정 기준연도(현재는 2005년)의 가격으로 가치를 표시하는 것이다. 이렇게 불변가격으로 표시한 GDP를 실질GDP(real GDP)라 한다. 실질이란 용어는 불변가격을 이용해 가치를 측정하는 것을 나타낸다. 따라서 실질변수는 재화와 서비스의 양을 측정하며, 이는 가격 변동에 상관없이 오직 실제 수량이 변할 경우에만 변한다.

간단한 예를 통해 실질변수와 명목변수의 구별을 더 명확히 해보자. 여러분의 명목소득이 2013년에 30,000달러인데 2005년에는 15,000달러였다고 상정해보자. 2005년과 2013년 사이에 모든 가격이 2배가 됐다면 여러분의 형편은 더 나아졌는가? 그렇지 않다. 2013년에 소득이 2배가 됐지만 가격도 2배가 됐기 때문에 30,000달러로 살 수 있는 재화의 수량은 2005년과 동일하다. 실질소득의 측정법에 의하면 살 수 있는 재화의 수량으로 표시한 소득은 일정하다. 2013년에 30,000달러의 명목소득은 2005년 가격으로 측정하면 15,000달러의 실질소득이 된다. 두 해에 실질소득이 동일하기 때문에 2013년의 형편은 2005년보다 좋아지지도, 나빠지지도 않았다.

실질변수는 재화와 서비스의 수량으로 측정하기 때문에 우리는 명목변수보다 실질변수에 더 관심을 갖게 된다. 이 책에 나오는 총산출이나 총소득은 항상 실질GDP와 같은 실질변수를 가리킨다.

A3 물가수준

이 장에서 물가수준을 경제의 평균 물가로 정의했다. 통상적으로 경제 통계자료에서 볼 수 있는 물가수준의 지표는 3가지이다. 첫째, GDP 디플레이터(GDP deflator)이다. 이는 명목GDP를 실질GDP로 나눈 값이다. 따라서 2013년의 명목GDP가 10조 달러이고 2005년 가격으로 표시한 2013년의 실질GDP가 9조 달러라면 GDP 디플레이터는 다음과 같다.

$$\text{GDP 디플레이터} = \frac{\$10\text{조}}{\$9\text{조}} = 1.11$$

GDP 디플레이터 식에 의하면 2005년 이후 가격은 평균적으로 11% 상승한 것이 된다. 물가수준의 지표는 기준연도(우리의 예에서는 2005년)의 물가수준을 100으로 표시하는 물가지수(price index)의 형태로 나타낸다. 따라서 2013년의 GDP 디플레이터는 111이다.

둘째, 물가수준을 나타내는 데 자주 쓰이는 또 하나의 지표는 PCE 디플레이터(PCE deflator)이다. 이는 GDP 디플레이터와 유사하며, 명목 개인소비지출(personal consumption expenditure, PCE)을 실질 개인소비지출로 나눈 값으로 정의된다.

셋째, 언론에서 가장 자주 보도되는 물가수준의 지표는 소비자물가지수(consumer price index, CPI)이다. CPI는 전형적인 도시 가계가 구입한 재화와 서비스를 담은 '시장바구니'(basket)의 품목을 가격으로 평가하여 측정한다. 재화와 서비스를 담은 시장바구니의 품목을 구입할 때의 비용이 1년 동안 500달러에서 600달러로 상승했다면 CPI는 20% 상승한 것이 된다. CPI도 기준연도를 100으로 표시하는 물가지수의 형태로 나타낸다.

물가지수인 CPI, PCE 디플레이터, GDP 디플레이터는 명목변수를 실질변수로 변환하기 위해, 즉 디플레이트하기 위해 사용된다. 실질변수는 명목변수를 물가지수로 나누어 구할 수 있다. 2013년 GDP 디플레이터가 1.11(지수로는 111)인 우리의 예에서 2013년의 실질GDP는

$$\frac{\$10\text{조}}{1.11} = \$9\text{조 (2005년 가격)}$$

이며, 이는 앞에서 언급한 2013년의 실질GDP와 일치한다.

A4 성장률과 인플레이션율

매스컴에서 종종 경제의 성장률, 특히 실질GDP의 성장률에 대해 언급하는 것을 볼 수 있다. 성장률은 변수의 변화율(%)로 정의된다. 즉

$$\text{성장률} = \frac{x_t - x_{t-1}}{x_{t-1}} \times 100$$

여기서 t는 금년을 나타내고 $t-1$은 작년을 나타낸다.

예를 들어 실질GDP가 2013년에 9조 달러에서 2014년에 9.5조 달러로 증가한다면 2014년의 GDP 성장률은 다음과 같이 5.6%이다.

$$\text{GDP 성장률} = \frac{\$9.5\text{조} - \$9\text{조}}{\$9\text{조}} \times 100 = 5.6\%$$

인플레이션율은 물가수준의 증가율로 정의된다. 따라서 GDP 디플레이터가 2013년에 111에서 2014년에 113으로 상승한다면 GDP 디플레이터를 이용한 인플레이션율은 다음과 같이 1.8%이다.

$$\text{인플레이션율} = \frac{113 - 111}{111} \times 100 = 1.8\%$$

만약 성장률이 1년 미만의 기간에 대한 것이라면 보통 연간 기준으로 환산하여 보고한다. 즉 성장률이 일정하다는 가정하에 1년 동안의 성장률도 환산한다. 분기별로 발표하는 GDP의 경우, 연간 GDP 성장률은 전분기 대비 GDP 성장률의 약 4배이다. 예를 들어 2013년 1/4분기 대비 2013년 2/4분기의 성장률이 0.5%라면 2013년 2/4분기의 연간 GDP 성장률은 2%(=0.5%×4)다(정확한 분기 성장률은 분기 기준으로 복리로 계산되기 때문에 보다 정확한 연간 GDP 성장률은 2.02%가 된다).

2 금융시스템의 개관

PREVIEW

투자자인 이네스는 집안을 청소하고, 유리창을 닦고, 세차를 하고, 잔디를 깎는 저가의 로봇을 고안했다. 그러나 그녀는 이 훌륭한 발명품을 생산할 자금이 없다. 홀아비인 월터는 부인과 함께 오랜 세월 동안 저축한 돈이 있다. 만약 월터가 이네스를 만나서 자금을 제공한다면, 이네스의 로봇은 세상의 빛을 보게 될 것이고 경제는 형편이 더 나아질 것이다. 즉 로봇으로 인해 우리는 더 깨끗한 집과 더 광택 나는 차와 더 아름다운 잔디를 갖게 된다.

채권시장, 주식시장 등 금융시장과 은행, 보험회사, 연금기금 등 금융중개기관은 자금을 여유가 있는 사람(월터)에게서 부족한 사람(이네스)에게 전달함으로써 이들을 연결해주는 기본적 기능을 수행한다. 보다 현실적인 예를 들면 애플이 성능이 더 좋은 아이팟(iPod)을 발명할 경우 애플은 이 신제품을 시장에 내놓기 위해 자금이 필요할 것이다. 마찬가지로 지방정부가 도로나 학교를 개설해야 할 경우 지방정부는 지방 재산세로 거두는 자금보다 더 많은 자금이 필요할 수 있다. 금융시장과 금융중개기관이 제 기능을 다하는 것은 경제의 건전성을 유지하는 데 중요하다.

금융시장과 금융중개기관이 경제에 미치는 영향을 공부하기 위해 이들의 일반적 구조와 업무를 이해할 필요가 있다. 이 장에서는 주요 금융중개기관과 금융시장에서 거래되는 금융수단에 대해 배우고, 금융시장이 어떻게 규제되고 있는지 공부할 것이다.

이 장에서는 금융시장과 금융중개기관에 대해 관심을 끄는 연구를 개관해 본다. 제8~13장에서는 금융시스템의 규제, 구조, 진화에 대해 보다 자세히 다룰 것이다

1 금융시장의 기능

금융시장은 소득보다 지출을 적게 함으로써 여유자금을 갖고 있는 가계, 기업, 정부로부터 소득보다 더 많은 지출로 자금이 부족한 사람에게 자금을 전달하는 핵심적인 경제적 기능을 수행한다. 이 기능은 [그림 1]에 도표로 표시돼 있다. 저축을 하고 자금을 대출하는 대부자 · 저축자는 왼쪽에 표시돼 있고, 지출자금을 조달하기 위해 차입해야 하는

차입자 · 지출자는 오른쪽에 표시돼 있다. 주요 대부자 · 저축자는 가계지만 기업과 정부(특히 주정부와 지방정부), 외국인과 그들의 정부는 또한 종종 초과자금을 대출해주고 있다. 가장 중요한 차입자 · 지출자는 기업과 정부(특히 연방정부)지만 가계와 외국인도 자동차, 가구, 주택의 구입자금을 조달하기 위해 차입한다. [그림 1]의 화살표는 대부자 · 저축자에게서 차입자 · 지출자로 전달되는 자금의 순환을 2가지 경로로 나타내고 있다.

직접금융(direct finance)([그림 1]의 아래쪽 경로)에서는 차입자가 증권(security, 금융수단(financial instrument)이라고도 함)을 판매함으로써 금융시장에서 직접 대부자의 자금을 차입한다. 증권이란 차입자의 미래 소득이나 자산에 대한 청구권이다. 증권은 매입한 사람에게는 자산이 되나 그것을 판매한(발행한) 개인이나 기업에게는 **부채**(liability, IOU, 또는 채무(debt))가 된다. 예를 들어 포드가 전기 자동차를 만드는 공장 신축을 위해 자금을 차입할 필요가 있다면 채권이나 주식을 발행해 저축자에게서 자금을 차입할

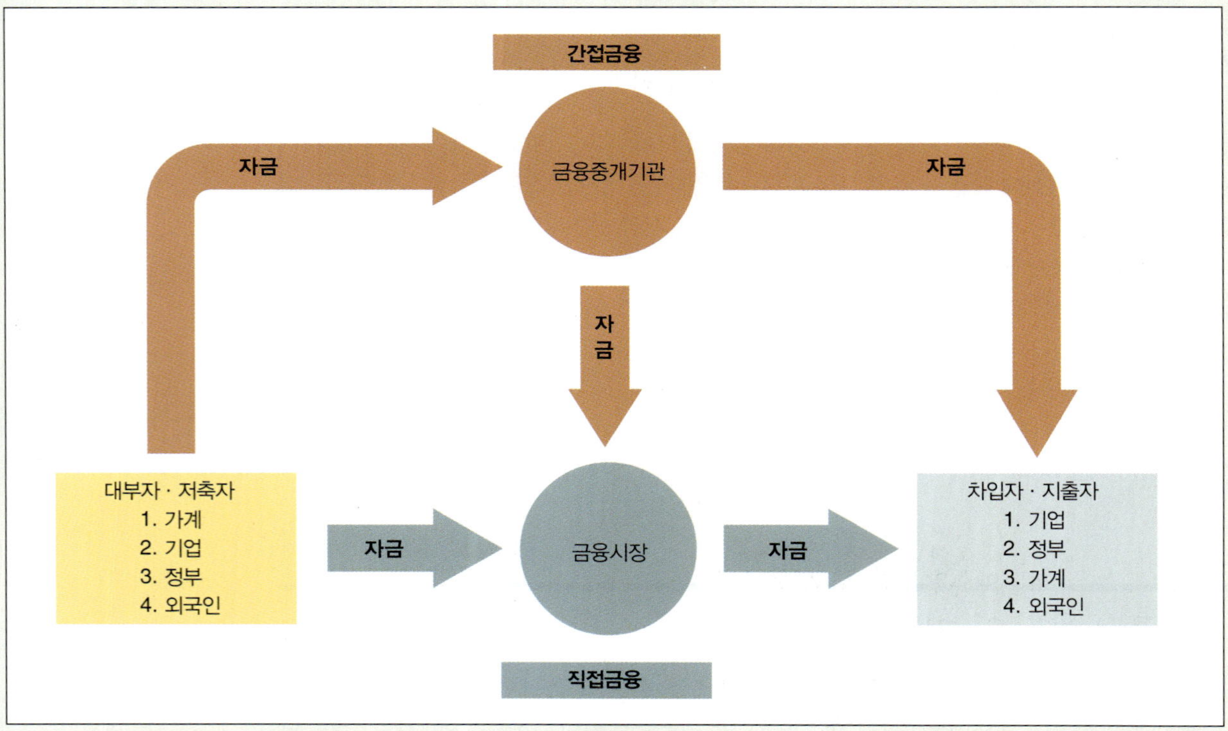

그림 1 금융시스템을 통한 자금순환

화살표는 자금이 대부자 · 저축자에게서 차입자 · 지출자로 전달되는 2가지 경로를 나타내고 있다. 즉 차입자가 증권을 판매함으로써 금융시장에서 직접 자금을 차입하는 *직접금융*과 금융중개기관이 대부자 · 저축자로부터 자금을 차입해 차입자 · 지출자에게 대출하는 *간접금융*이 있다.

것이다. 채권(bond)이란 특정 기간 동안 주기적으로 지급할 것을 약속한 채무증서이고, 주식(stock)이란 기업의 이윤과 자산 분배에 대한 권리를 부여한 증권이다.

저축자에게서 지출자로 자금을 전달하는 것이 경제에 왜 그렇게 중요한가? 이에 대한 답은 저축자가 유리한 투자의 기회를 가진 기업가와 동일인이 아니라는 데 있다. 우선 개인적인 수준에서 생각해보자. 여러분이 올해 1,000달러의 저축이 있으나 금융시장을 이용할 수 없기 때문에 차입과 대출이 불가능하다고 상정해보자. 저축자금으로 소득을 얻게 해주는 투자기회가 없다면 여러분은 1,000달러를 계속 보유할 뿐이므로 이자소득이 없을 것이다. 그러나 목수인 칼은 여러분의 1,000달러를 생산적으로 사용할 수 있다. 칼은 주택 건설기간을 단축시키는 새 도구를 구입하는 데 그 자금을 사용함으로써 매년 추가적으로 200달러를 벌 수 있다. 여러분이 칼과 접촉할 수 있다면 1년에 100달러의 대여수수료(이자)로 그에게 1,000달러를 대출해줄 수 있다. 그러면 두 사람 모두에게 이득이 될 것이다. 여러분은 1,000달러를 대출하지 않았더라면 벌 수 없었던 100달러를 벌 것이다. 그리고 칼은 매년 100달러의 순소득(매년 200달러의 추가적인 소득 − 100달러의 자금 사용에 대한 대여 수수료)을 벌 것이다.

금융시장이 존재하지 않는다면 여러분과 칼은 결코 접촉하지 않았을 것이다. 이 경우 두 사람 모두 현 상태를 유지함으로써 형편이 더 나빠질 것이다. 금융시장이 없다면 투자기회가 없는 사람으로부터 투자기회를 가진 사람에게 자금을 전달하기가 어렵다. 따라서 금융시장은 경제의 효율성을 증진시키는 데 필수적이다.

금융시장의 존재는 기업이 생산을 증가시키는 것 이외의 목적으로 자금을 차입할 경우에도 이로움을 준다. 여러분이 최근 결혼을 했고, 좋은 직장에 취직을 했으며, 주택을 구입하길 원한다고 하자. 충분한 월급을 받고 있지만 취직한 지 얼마 되지 않았기 때문에 저축을 많이 하지 못했다. 세월이 흐른다면 꿈에 그리던 주택을 구입할 만큼 충분히 저축하는 데 문제가 없을 것이다. 그러나 그때가 되면 너무 늙어서 구입한 주택으로 완전한 즐거움을 얻지 못할 것이다. 금융시장이 없다면 여러분은 현 상태를 유지하게 돼 주택을 구입할 수 없으며, 작은 아파트에서 계속 살아야 할 것이다.

만약 금융시장이 형성돼 저축한 사람이 여러분에게 주택 구입자금을 대출해준다면 여러분은 즐거움을 얻기 충분한 젊은 나이에 주택을 소유함으로써 위해 이자를 지급하는 것 이상으로 행복을 느낄 것이다. 그리고 여러분은 장래에 대출을 상환할 것이다. 이러한 대출이 일어난다면 대출한 사람에게 이득이 된 것과 같이 여러분에게도 이득이 될 것이다. 대부자는 현 상황에서는 이자를 얻게 될 것이나, 만약 금융시장이 존재하지 않았다면 이자를 얻지 못했을 것이다.

이제 금융시장이 경제에서 매우 중요한 기능을 한다는 것을 알게 됐다. 금융시장은 생산적 투자기회가 없는 사람으로부터 그러한 기회를 가진 사람에게 자금이 전달될 수 있도록 해준다. 따라서 금융시장은 **자본**(captial, 더 많은 재산 창출에 사용되는 금융자산이나 실물자산)의 효율적 배분에 결정적인 역할을 하며, 경제 전반에 있어 생산성과 효율성을 높이는 데 기여한다. 제9장에서 보겠지만 실제로 최근 전 세계적 금융위기 동안 경험했듯이 금융시장이 붕괴될 경우 극심한 경제적 어려움이 발생하고 정치적 불안정이 초래될 수 있다.

금융시장이 제 몫을 다하면 소비자가 구매를 위한 계획을 세울 수 있어 후생이 증대된다. 금융시장은 젊은 사람들이 필요한 것을 구입할 수 있게 자금을 제공해준다. 그리고 젊은 사람들은 구입자금 전체를 저축할 때까지 기다릴 필요 없이 금융시장을 통해 자금을 제공받을 수 있다. 효율적으로 작동하는 금융시장은 모든 사람의 경제적 후생을 증대시킨다.

2 금융시장의 구조

금융시장의 기본적 기능을 이해했으므로 이제 금융시장의 구조를 살펴보자. 다음에 제시한 금융시장의 몇 가지 범주에 관한 설명은 금융시장의 핵심적 특징을 보여준다.

2.1 채무시장과 지분시장

기업이나 개인은 2가지 방법으로 금융시장에서 자금을 조달할 수 있다. 가장 일반적인 방법은 채권이나 모기지(mortgage)와 같은 채무증서를 발행하는 것이다. 채무증서는 채무자가 채무증서의 보유자에게 최종 지급이 일어나는 특정 기간(만기)까지 주기적으로 일정 금액(이자와 원금)을 지급하기로 계약상 동의한 것이다. 채무증서의 **만기**(maturity)는 채무증서의 만료일까지의 햇수(기간)이다. 채무증서의 만기가 1년 이하면 **단기**(short-term)라 하고, 10년 이상이면 **장기**(long-term)라 한다. 1~10년 만기를 갖는 채무증서는 **중기**(intermediate-term)라 부른다.

자금을 조달하는 다른 방법은 주식과 같은 **지분**(equity)을 발행하는 것이다. 주식은 기업의 순소득(지출과 세금을 차감한 소득)과 자산 분배에 참여하기로 한 청구권이다. 100만 주를 발행한 기업의 주식을 1주 갖고 있다면 1/100만 청구할 자격이 있다. 주식은 주식보유자에게 종종 정기적으로 지급(**배당**(dividend))한다. 그리고 주식은 만기일이 없기 때문에 장기증권으로 간주된다. 더구나 주식을 소유한다는 것은 기업의 일부를 소유하는 것이므로 기업의 중요한 이슈에 대해 투표권을 가지며, 이사를 선출할 권리를 갖는다는 것을 의미한다.

기업의 채무증서 대신 주식을 소유하는 것의 주요 단점은 주식보유자가 잔여청구권자(residual claimant)라는 것이다. 즉 기업은 주식보유자에게 지급하기 전에 먼저 채권자에게 지급해야 한다. 주식을 보유하는 것의 장점은 주식보유자가 기업의 이윤이나 자산가치의 증가로 직접 이득을 얻는다는 것이다. 왜냐하면 주식은 주식보유자에게 소유권을 부여하기 때문이다. 채권자는 지급받는 것이 고정돼 있기 때문에 이러한 이익 분배에 참가하지 않는다. 금융구조에 대한 경제적 분석을 제공하는 제8장에서 채무증서와 주식의 장단점에 대해 자세히 살펴볼 것이다.

미국의 경우 주식의 총가치는 1990년대 초 이래 주가에 따라 전형적으로 4조~20조 달러 사이에서 변동했다. 일반 사람들은 어떤 금융시장보다도 주식시장에 더 관심이 많지만 채무시장의 규모는 종종 주식시장보다 상당히 더 크다. 즉 2010년 말에 채무증서의 가치는 43조 달러인 반면, 주식의 가치는 17.2조 달러였다.

2.2 발행시장과 유통시장

발행시장(primary market)은 자금을 차입하는 기업이나 정부기관이 채권이나 주식 등 신규 발행된 증권을 최초 매수자에게 판매하는 시장이다. **유통시장**(secondary market)은 이전에 발행된 증권이 다시 판매되는 시장이다.

증권의 발행시장은 일반인에게 잘 알려져 있지 않다. 왜냐하면 증권을 최초 매수자에게 판매하는 것이 종종 비공개로 진행되기 때문이다. 발행시장에서 증권의 최초 판매를 도와주는 주된 금융기관이 **투자은행**(investment bank)이다. 투자은행은 증권을 **인수**(underwriting)함으로써 이러한 역할을 수행한다. 즉 투자은행은 기업의 증권가격을 보증하고 증권을 일반인에게 판매한다.

주요 기업과 미국 정부가 발행한 채권이 매매되는 채권시장이 실제로 더 많은 거래량을 보이지만 이전에 발행된 주식이 거래되는 뉴욕증권거래소와 나스닥(National Association of Securities Dealers Automated Quotation System, NASDAQ)은 가장 잘 알려진 유통시장의 예이다. 유통시장의 다른 예는 외환시장, 선물시장, 옵션시장이다. 증권 중개인과 딜러는 유통시장이 잘 기능하는 데 있어 중요하다. **중개인**(broker)은 증권의 매수자와 매도자를 연결해주는 투자자의 대리인이다. 그리고 **딜러**(dealer)는 호가로 증권을 매매함으로써 매수자와 매도자를 연결해준다.

개인이 유통시장에서 증권을 살 때 증권을 파는 사람은 증권에 대한 교환으로 대금을 받으나, 증권을 발행한 기업은 새로운 자금을 얻지 못한다. 증권이 발행시장에서 처음 판매될 경우에만 기업은 새로운 자금을 얻는다. 그럼에도 불구하고 유통시장은 2가지 중요한 기능을 한다. 첫째, 유통시장은 현금을 조달하기 위해 이러한 금융수단을 판매하는 것을 보다 쉽고 빠르게 해준다. 즉 유통시장은 금융수단을 더 **유동적**(liquid)으로 만든다.

이러한 유동성이 증가함에 따라 금융수단은 더 매력적이 되고 발행기업이 발행시장에서 판매하기가 더 쉬워진다. 둘째, 유통시장은 발행기업이 발행시장에서 판매하는 증권의 가격을 결정한다. 발행시장에서 증권을 매입하는 투자자는 발행기업에게 유통시장에서 설정된 가격 이상을 지불하지 않을 것이다. 유통시장에서 증권가격이 높을수록 발행기업이 발행시장에서 받는 신규증권의 가격이 높을 것이고, 기업이 조달할 수 있는 금융자본도 더 커질 것이다. 따라서 유통시장의 조건은 증권을 발행하는 기업과 가장 관련성이 높다. 이러한 이유로 금융시장을 다루는 교과서들은 발행시장 대신 유통시장의 행태에 초점을 맞추고 있다.

2.3 거래소와 장외시장

유통시장은 2가지 방법으로 조직될 수 있다. 하나는 **거래소**(exchange)를 조직하는 것이다. 거래소에서는 증권의 매수자와 매도자(또는 그들의 대리인이나 중개인)가 거래를 수행하기 위해 중앙 집중된 장소에서 만난다. 뉴욕증권거래소와 시카고 곡물(밀, 옥수수, 은, 기타 원료)거래소는 조직화된 거래소의 예이다.

유통시장을 조직하는 다른 방법은 **장외시장**(over-the-counter(OTC) market)을 만드는 것이다. 장외시장은 증권을 보유하고 있는 다른 장소의 딜러가 그들의 가격을 받아들이는 사람에게 '장외에서' 증권을 매매하는 시장이다. 장외시장 딜러는 컴퓨터로 접촉하고 서로 설정한 가격을 알기 때문에 OTC시장은 매우 경쟁적이며 조직화된 거래소시장과 크게 다르지 않다.

대기업의 주식은 대부분 조직화된 증권거래소에서 거래되고 있지만 이 외에도 많은 주식이 장외시장에서 거래된다. 뉴욕증권거래소보다 많은 거래량을 보이는 미국 국채시장은 장외시장으로 설립됐다. 약 40명의 딜러가 미국 국채를 매매할 수 있도록 준비를 갖춤으로써 이러한 증권의 '시장'을 형성했다. 그 밖에도 양도성 예금증서, 페더럴펀드, 외환 등 여타 형태의 금융수단이 거래되는 장외시장을 들 수 있다.

2.4 단기금융시장과 자본시장

시장을 구분하는 또 하나의 방법은 각각의 시장에서 거래되는 증권의 만기에 근거해 구분하는 것이다. **단기금융시장**(money market)은 오직 단기 채무증서(일반적으로 만기가 1년 이하인 채무증서)가 거래되는 시장이다. 그리고 **자본시장**(capital market)은 장기 채무증서(일반적으로 만기가 1년 이상인 채무증서)와 주식이 거래되는 시장이다. 단기금융시장의 증권은 보통 장기증권보다 광범위하게 거래되기 때문에 유동성이 더 높은 경향이 있다. 더구나 제4장에서 보겠지만 단기증권은 장기증권보다 가격 변동이 적어서 더 안전한 투자수단이다. 그 결과 기업과 은행은 일시적으로 보유할 것으로 예상되는 잉여자금에 대한 이자소득을 얻기 위해 적극적으로 단기금융시장을 이용한다. 주식, 장기채권 등 자본시장의 증권은 미래에 이용 가능한 자금 규모에 대한 불확실성이 거의 없는 보험회사와 연기금과 같은 금융중개기관이 종종 보유한다.

3 금융상품

대부자 · 저축자에게서 차입자 · 지출자로 자금을 전달하는 과정에서 금융시장이 어떤 중요한 역할을 수행하는지에 대한 이해를 완결하기 위해 금융시장에서 거래되는 금융상품(금융수단)을 살펴볼 필요가 있다. 이하에서는 단기금융시장에서 거래되는 금융상품과 자본시장에서 거래되는 금융상품 순으로 살펴보고자 한다.

3.1 단기금융시장의 금융상품

단기금융시장에서 거래되는 단기금융상품은 만기가 짧기 때문에 가격 변동이 적으며 위험이 낮다. 어떤 단기금융상품은 다른 것보다 매우 빠른 속도로 성장하는 등 단기금융시장은 과거 30년간 많은 변화를 겪었다.

[표 1]에서는 주요 단기금융상품과 이들의 1980년, 1990년, 2000년, 2010년의 잔액이 표시돼 있다. [금융뉴스] '단기금융시장의 이자율'에서는 매스컴에서 자주 보도하는 단기금융상품의 이자율에 대해 논의하고 있다.

재무부 단기증권 미국 정부는 연방정부의 자금조달을 위해 재무부 단기증권을 1개월, 3개월, 6개월 만기로 발행한다. 미국 정부는 만기에 정해진 금액을 상환하며 도중에 이자는 지급하지 않는다. 그러나 만기에 지급하는 금액보다 낮은 할인가로 증권을 발행하기

표 1 주요 단기금융상품

종류	잔액(10억 달러, 연말)			
	1980년	1990년	2000년	2010년
재무부 단기증권	216	527	647	1,773
은행의 양도성 예금증서(거액)	317	543	1,053	1,833
CP	122	557	1,619	1,057
페더럴펀드 및 RP	64	388	768	1,234

자료 : Federal Reserve Flow of Funds Accounts; www.federalreserve.gov

금융뉴스 단기금융시장의 이자율

매스컴에서 자주 논의되는 4가지 단기금융시장의 이자율은 다음과 같다.

- *프라임레이트*(Prime rate) : 기업대출에 대한 기본이자율, 기업 차입비용의 지표
- *페더럴펀드 이자율*(Federal funds rate) : 페더럴펀드시장의 1일물 대출 이자율, 은행 간 자금 차입비용의 지표이며 통화정책 기조의 지표
- *재무부 단기증권 이자율*(Treasury bill rate) : 미국 재무부 단기증권의 이자율, 이자율의 일반적 움직임에 대한 지표
- *리보 이자율*(Libor rate) : 런던 금융시장에서 은행 간 달러 예금 시 적용되는 이자율의 평균, 영국은행연합회(British Banker's Association)가 발표

이러한 이자율 데이터는 신문이나 www.bankrate.com과 같은 인터넷 사이트에 매일 보도되고 있다.

때문에 사실상 이자를 지급하는 효과를 갖는다. 예를 들어 2013년 5월에 6개월 만기 재무부 단기증권을 9,000달러에 매수한다면 2013년 11월에 10,000달러를 상환받게 될 것이다.

재무부 단기증권(U.S. Treasury bill)은 가장 활발히 거래되기 때문에 단기금융상품 중에서 가장 유동성이 높다. 그리고 재무부 단기증권은 단기금융상품 중에서 가장 안전하다. 왜냐하면 이러한 증권을 발행한 미국 정부가 이자를 지급하지 못하거나 만기에 상환하지 못하는 **채무불이행**(default)의 가능성이 거의 없기 때문이다. 연방정부는 채무를 상환하기 위해 증세를 하거나 화폐, 즉 **현금**(currency, 지폐와 동전)을 발행할 수 있기 때문에 항상 채무를 이행할 수 있다. 재무부 단기증권은 주로 은행이 보유하고 일부는 가계, 기업, 기타 금융기관이 보유한다.

은행의 양도성 예금증서 양도성 예금증서(certificate of deposit, CD)는 소정의 이자를 지급하고 만기에 매입가로 상환하는 금융상품으로, 은행이 예금주에게 판매한다. 양도성 예금증서는 유통시장에서 매매되는 예금증서이며 현재 잔액이 약 1.8조 달러이다. 양도성 예금증서는 은행이 기업, MMF(money market mutual fund), 자선기관, 정부대행기관으로부터 자금을 조달하는 매우 중요한 수단이다.

CP CP(commercial paper)는 대형 은행이나 마이크로 소프트, 제너럴 모터스(GM)와 같은 유명 기업이 발행하는 단기금융상품이다. CP시장의 성장세는 괄목할 만하다. CP의 잔액은 1,220억 달러에서 1조 570억 달러로 1980~2010년 중 약 1,200% 이상 증가했다. 제13장에서 CP시장이 급격히 성장한 이유에 대해 살펴볼 것이다.

RP RP(repurchase agreement, repo라고도 함)는 통상 만기가 2주 이하인 사실상의 단기대출이며, 재무부 단기증권이 담보(collateral)로 제공된다. 담보란 차입자가 대출을 상환하지 못할 경우 대부자가 대신 받을 수 있는 자산이다. RP는 다음과 같이 거래된다. 마이크로소프트 같은 대기업은 가령 은행계좌에 100만 달러의 유휴자금을 갖고 있어 1주일간 대출로 운용하길 원한다고 하자. 마이크로소프트는 이 100만 달러로 은행에서 재무부 단기증권을 매입하는데, 이때 은행은 1주일 후에 마이크로소프트가 대입한 가격보다 약간 높은 가격으로 재매입할 조건으로 거래를 한다. 이러한 조건부 거래는 마이크로소프트가 은행에게 100만 달러를 대출해주는 대가로 100만 달러의 재무부 단기증권을 보유하다가 은행이 대출을 상환하면 재무부 단기증권을 돌려주는 것과 같은 효과가 있다. RP거래는 현재 약 4,300억 달러 이상으로, 은행 자금조달의 주요 원천이다. 이 시장에서 가장 중요한 대부자는 대기업이다.

페더럴펀드 이 금융상품은 지준예금을 통한 은행 간 1일물 대출이다. 페더럴펀드라는 용어는 연방정부나 연방준비은행이 아니라 은행이 다른 은행에게 대출해주는 것이기 때문에 오해의 소지가 있다. 은행이 페더럴펀드 시장에서 차입하는 이유는 법적으로 요구되는 지급준비금을 쌓기에 충분한 지준예금을 갖지 못하기 때문이다. 이 경우 은행은 Fed's wire라는 결제시스템을 이용해 다른 은행의 지준예금으로부터 차입할 수 있다. 이 시장은 은행의 자금사정에 매우 민감하다. 따라서 이러한 은행 간 초단기 대출 이자율인 **페더럴펀드 이자율**(federal funds rate)은 은행시스템에 있어서 자금경색의 척도이자 통화정책 기조의 척도이기 때문에 매우 면밀히 주시되고 있다. 페더럴펀드 이자율이 높다면 자금사정이 악화된 것이고, 낮다면 자금사정이 양호한 것이다.

3.2 자본시장의 금융상품

자본시장의 금융상품(capital market instrument)이란 만기가 1년 이상인 채무증서와 주식을 말한다. 이들 장기금융상품은 단기금융상품보다 가격 변동이 심하고 위험성이 높다고 인식된다. [표 2]에서는 주요 장기금융상품과 이들의 1980년, 1990년, 2000년, 2010년의 잔액이 표시돼있다. [금융뉴스] '자본시장의 이자율'에서는 매스컴에서 자주 보도하는 장기금융상품의 이자율에 대해 논의하고 있다.

주식 주식(stock)은 기업의 순소득과 자산에 대한 청구권이다. 2010년 말 17조 달러의 주식가치는 장기금융시장의 어떤 금융상품의 가치보다도 크다. 그러나 특정 연도의 신규 주식 발행액은 일반적으로 시가총액의 1% 미만으로 매우 적은 규모이다. 개인들이 주식의 약 1/2을 보유하고 있고 나머지는 연기금, 뮤추얼펀드, 보험회사 등이 보유하고 있다.

표 2 자본시장의 주요 금융상품

종류	잔액(10억 달러, 연말)			
	1980년	1990년	2000년	2010년
주식(시가)	1,601	4,146	17,627	17,189
주택모기지	1,106	2,886	5,463	9,436
회사채	366	1,008	2,230	2,983
정부증권(장기)	407	1,653	2,184	2,803
정부대행기관 채권	193	435	1,616	6,158
주정부 및 지방정부 채권	310	870	1,192	1,807
은행의 상업대출	459	818	1,091	1,031
소비자대출	355	813	536	710
상업모기지 및 농업모기지	352	829	1,214	1,919

자료 : Federal Reserve Flow of Funds Accounts; www.federalreserve.gov

모기지와 모기지 유동화증권 **모기지**(mortgage)는 가계나 기업이 주택, 토지, 기타 실물자산을 구입하기 위한 대출이다. 여기서 주택, 토지, 기타 실물자산은 그 자체로 모기지대출의 담보로 제공된다. 모기지 시장은 미국에서 가장 큰 채무시장이다. 주택모기지의 잔액은 상업모기지 및 농업모기지의 4배 이상이다. 모기지는 저축대부조합, 상호저축은행, 은행, 보험회사 등의 금융기관에 의해 제공된다. 그러나 최근 모기지 유동화증권에 의해 제공되는 모기지 자금이 증가하고 있다. **모기지 유동화증권**(mortgage-backed

금융뉴스 자본시장의 이자율

매스컴에서 자주 논의되는 5가지 자본시장의 이자율은 다음과 같다.

- 30년 만기 모기지(30-year mortgage) : **FHA**(Federal Housing Administration)에서 보증하는 417,000달러(고가 지역은 729,500달러) 미만의 30년 만기 주택모기지에 대한 고정이자율
- 점보모기지(Jumbo mortgage) : 417,000달러(고가 지역은 625,000달러) 이상의 30년 만기 우량고객 주택모기지에 대한 고정이자율
- 5년 조정이자율 모기지(5-year adjustable rate mortgage(ARM)) : 최초 5년의 우량고객 주택모기지에 대한 이자율로, 5년 후에 조정됨
- 신차대출(new-car loan) : 신차대출에 대한 4년 만기 고정이자율
- 10년 만기 재무부 채권(10-year Treasury bond) : 10년 만기 재무부 채권의 이자율

이러한 이자율 데이터는 신문이나 www.bankrate.com, www.finance.yahoo.com 등과 같은 인터넷 사이트에 매일 보도되고 있다.

security)은 개별 모기지들의 묶음을 기초로 한 채권과 유사한 채무증권으로서 보유자에게 모기지에서 걷은 원금과 이자가 집합적으로 지급된다. 제9장에서 보듯이 모기지 유동화증권과 더 복잡한 변형상품인 CDO(collateralized debt obligation, 채무담보부 유동화증권)는 최근의 글로벌 금융위기를 촉진시키는 데 주된 역할을 한 것으로 악명이 높다. 연방정부는 3개의 정부대행기관을 통해 모기지 시장에서 적극적인 역할을 한다. 즉 FNMA(Federal National Mortgage Association, 'Fannie Mae'), GNMA(Government National Mortgage Association, 'Ginnie Mae'), FHLMC(Federal Home Loan Mortgage Corporation, 'Freddie Mac')은 채권발행으로 조성한 자금과 모기지 매입에 따른 수익을 기반으로 모기지 시장에 자금을 제공하고 있다.

회사채 이들 장기채권은 신용도가 매우 우량한 기업이 발행한다. 전형적인 회사채(corporate bond)는 보유자에게 1년에 두 번씩 이자를 지급하고 만기에 액면가를 상환한다. 전환사채(convertible bond)는 보유자가 만기 이전 언제든지 정해진 수의 지분으로 전환할 수 있는 권리를 추가적으로 부여한 채권이다. 이러한 특징으로 인해 주가가 상승할 경우 채권의 가치가 올라가기 때문에 채권 매입자에게 전환사채는 일반 채권보다 더 매력적이며, 따라서 기업은 이자를 지급하는 비용을 줄일 수 있다. 특정 기업의 전환사채나 비전환사채의 잔액은 적기 때문에 미국 국채만큼 유동성이 높지 않다.

회사채시장의 규모가 잔액 기준으로는 주식시장의 1/5 미만 정도로 매우 작을지라도 매년 신규 회사채의 발행 물량은 신규 주식의 발행 물량보다 훨씬 더 크다. 따라서 기업의 재무구조를 결정하는 데 있어 회사채시장의 움직임은 주식시장보다 더 중요하다. 회사채의 주요 매수자는 생명보험회사이고, 그 밖에 연기금과 가계도 회사채의 많은 부분을 보유한다.

정부증권 이들 장기채권은 연방정부의 재정적자를 보전하기 위해 재무부가 발행한다. 이 정부증권은 미국에서 가장 널리 거래(매일 5,000억 달러를 초과하는 거래물량)되는 채권이기 때문에 자본시장에서 거래되는 채권 중 가장 유동성이 높다. 이들 정부증권은 연준, 은행, 가계, 외국인 등이 보유한다.

정부대행기관 채권 이들 장기채권은 Ginnie Mae, 연방농업신용은행(Federal Farm Credit Bank), Tennessee Valley Authority와 같은 정부대행기관이 모기지, 농업대출, 발전시설을 위한 자금조달을 위해 발행한다. 대부분의 이들 채권은 연방정부가 보증하며 국채와 유사한 기능을 한다. 정부대행기관 채권의 보유자는 국채의 경우와 유사하다.

주정부 및 지방정부 채권 지방채(municipal bond)라 불리는 주정부와 지방정부의 채권은 학교, 도로, 여타 대규모 사업의 자금조달을 위해 주정부와 지방정부가 발행한다. 이들 채권의 주요 특징은 연방정부의 이자소득세가 면제되며 통상 발행된 주의 세금도 면제된다. 이자소득세가 높은 은행이 이들 채권의 가장 큰 매수자이며, 이들 채권 잔액의 절반 이상을 보유하고 있다. 둘째로 큰 보유자는 고소득 세율구간에 해당돼 한계세율이 높은 부자이고 그다음이 보험회사이다.

소비자대출과 은행의 상업대출 소비자와 기업에 대한 이러한 대출은 주로 은행이 제공하지만 소비자대출은 파이낸스 회사도 담당하고 있다.

4 금융시장의 국제화

금융시장이 점점 국제화되는 것이 요즘의 추세이다. 1980년대 이전에 미국 금융시장은 외국의 금융시장보다 훨씬 컸다. 그러나 최근 들어 미국 금융시장의 지배력이 사라지고 있다([글로벌] '미국 자본시장은 그 우위를 잃어가고 있는가?' 참조). 외국 금융시장에서 괄목할 만한 성장은 일본과 같은 외국 저축자금의 대규모 증가와 외국 금융시장에서 규제를 완화한 결과이다. 이를 통해 외국 금융시장의 활동이 확대됐다. 미국 기업과 은행은 오늘날 필요한 자금을 조달하기 위해 국제 자본시장에 더욱 의존하고 있다. 그리고 미국 투자자는 종종 외국에서 투자기회를 찾고 있다. 마찬가지로 외국 기업과 은행은 미국에서 자금을 조달한다. 그리고 외국인은 미국에 대한 중요한 투자자가 되고 있다. 국제 채권시장과 세계 주식시장을 살펴보면 이러한 국제 금융시장의 세계화가 어떻게 일어나고 있는지 알 수 있을 것이다.

4.1 국제 채권시장, 유로본드 및 유로커런시

국제 채권시장에서 전통적인 수단은 **외국채**(foreign bond)로 알려져 있다. 외국채는 외국에서 팔리며, 해당 외국통화로 표시된다. 예를 들어 독일 자동차 회사인 포르쉐(Porsche)가 미국에서 미국 달러표시 채권을 판다면 이것은 외국채로 분류된다. 외국채는 수 세기 동안 국제자본시장에서 중요한 수단이 돼왔다. 사실상 19세기에 건설된 미국 철도는 대부분 영국에서 외국채를 팔아 자금을 조달했다.

최근 국제채권시장의 혁신은 **유로본드**(Eurobond)이다. 유로본드는 이것이 팔리는 국가의 화폐 이외의 화폐로 표시된 채권이다. 예를 들면 런던에서 팔리는 미국 달러표시 채

글로벌 미국 자본시장은 그 우위를 잃어가고 있는가?

과거 몇십 년간 다른 국가들이 글로벌 시장에서 경쟁력이 높아짐에 따라 미국은 자동차, 전자제품 등 여러 제조업 분야에서 국제적 우위를 잃었다. 최근의 증거에 의하면 금융시장도 최근 비슷한 추세를 보인다. 포드와 제너럴 모터스가 도요타와 혼다에게 시장점유율을 뺏겼듯이, 미국의 주식과 채권시장에서 신규 발행된 회사채의 판매가 감소됐다. 런던과 홍콩의 증권거래소는 현재 상장에 의한 기업공개(initial public offering, IPO) 규모가 뉴욕증권거래소보다 크다. 뉴욕증권거래소는 2000년 이전에 기업공개 규모에서 압도적이었다. 더구나 미국 거래소에 상장된 주식의 수는 감소하는 반면 외국에 상장된 주식의 수는 급속히 증가하고 있다. 외국에 상장된 주식의 수는 현재 미국보다 약 10배 많다. 마찬가지로 전 세계에서 발행돼 미국 자본시장에서 판매된 신규 회사채의 발행 규모도 유럽 채무시장에서 판매된 비율보다 떨어졌다.

자금 조달을 위해 신규 증권을 발행하는 기업이 유럽과 아시아의 금융시장을 통하는 이유는 무엇인가? 이러한 추세의 요인들 중에는 기술혁신의 신속한 도입, 2001년 테러 공격 이후 미국의 강화된 입국심사, 미국 증권거래소 상장 시 소송에 노출될 의험의 증대 등이 있다. 그러나 많은 사람은 부담스런 금융규제를 1차적인 원인으로 보고 있으며, 특히 사베인스–옥슬리법(Sarbanes-Oxley Act of 2002)을 지적한다. 미국 기업과 감사를 맡은 회계법인이 연루된 여러 회계부정사건이 터진 후에 의회는 이 법안을 통과시켰다. 사베인스–옥슬리법은 감사의 완전무결성과 기업 재무제표 정보의 질적 수준을 강화하는 데 목적이 있다. 새로운 규칙과 절차를 따르는 비용이 기업에게는 컸으며, 특히 중소기업에게는 더욱 심했다. 그러나 외국 금융시장에서 증권을 발행한다면 이는 회피할 수 있는 비용이다. 이러한 이유로 역효과를 줄이고 미국 금융시장에서 증권을 발행하도록 유도하기 위해 사베인스–옥슬리법의 개정을 지지하는 사람이 많아졌다. 그러나 사베인스–옥슬리법이 미국 금융시장의 상대적 쇠퇴의 원인이므로 개정의 필요성이 있다는 견해를 지지하는 결정적인 증거는 없다.

미국 금융시장의 상대적 쇠퇴에 대한 논의와 그 원인에 대한 논쟁은 계속될 것이다. 제8장에서는 사베인스–옥슬리법과 이 법이 미국 금융시스템에 미치는 영향에 대해 자세히 살펴볼 것이다.

권을 들 수 있다. 근래 국제채권시장에서 새로 발행되는 채권의 80% 이상은 유로본드이며, 이러한 증권시장은 매우 빠른 속도로 성장하고 있다. 그 결과 유로본드 시장의 규모는 현재 미국 회사채시장보다 크다.

유로본드의 변형된 형태가 **유로커런시**(Eurocurrency)인데, 이것은 자국 이외 지역의 은행에 예금된 외국통화이다. 가장 중요한 유로커런시는 **유로달러**(Eurodollar)이다. 유로달러는 미국 이외 지역의 은행이나 미국 은행의 해외지점에 예금된 미국 달러이다. 이러한 단기예금에는 이자가 붙기 때문에 이것은 단기 유로본드와 유사하다. 미국 은행은 다른 은행이나 그들의 해외지점으로부터 유로달러 예금을 차입한다. 그리고 유로달러는 현재 미국 은행의 중요한 자금 조달원이 되고 있다.

화폐단위인 유로(euro)가 유로본드, 유로커런시, 유로달러 등의 용어에 혼란을 줄 수 있다는 것에 주의하자. 유로표시 채권은 오직 유로를 채택한 국가 이외의 지역에서 판매될 경우에만 유로본드라고 부른다. 사실상 유로본드는 대부분 유로가 아니라 미국 달러로 표시돼 있다. 마찬가지로 유로달러는 유로와 상관이 없고 미국 이외 지역의 은행에 예금된

금융뉴스 주식시장의 주가지수

주가지수는 신문이나 www.bankrate.com, finance.yahoo.com 등과 같은 인터넷 사이트에 매일 보도되고 있다. 가장 중요한 주가지수는 다음과 같다.

- *다우존스 산업평균지수*(Dow Jones Industrial Average, DJIA) : 미국에서 공개적으로 거래되는 30대 대기업 주식을 대상으로 한 지수로서 다우존스에서 편제한다.
- *S&P 500* : 미국에서 거래되는 500대 대기업 주식을 대상으로 한 지수로서 스탠다드 앤드 푸어스(S&P)에서 편제한다.
- *나스닥 종합지수*(Nasdaq Composite) : 나스닥 증권시장에서 거래되는 모든 주식을 대상으로 한 지수로서 기술 관련 미국 주식의 대부분이 거래된다.
- *FTSE 100* : 런던증권거래소에서 거래되는 자기자본 규모가 큰 100대 기업 주식을 대상으로 한 지수다.
- *DAX* : 프랑크푸르트증권거래소에서 거래되는 30대 대기업 주식을 대상으로 한 지수다.
- *CAC 40* : 파리증권거래소(Euronext Paris)에서 거래되는 40대 대기업 주식을 대상으로 한 지수다.
- *항생지수*(Hang Seng) : 홍콩증권시장에서 거래되는 대기업 주식을 대상으로 한 지수다.
- *Strait Times* : 싱가포르증권거래소에서 거래되는 30대 대기업 주식을 대상으로 한 지수다.

이러한 주가지수는 신문이나 www.finance.yahoo.com 등과 같은 인터넷 사이트에 매일 보도되고 있다.

미국 달러이다.

4.2 세계의 주식시장

최근까지 미국 주식시장이 세계에서 가장 규모가 컸으나 점차 외국 주식시장의 중요성이 증대되고 있다. 현재 미국은 항상 최고가 아니다. 1980년대 중반에 일본에서 거래되는 주식의 가치가 종종 미국에서 거래되는 주식의 가치를 초과했다. 외국주식에 대한 관심이 증대됨에 따라 외국 주식시장에서의 거래에 특화된 미국의 뮤추얼펀드가 성장했다. [금융뉴스] '주식시장의 주가지수'에서 지적한 바와 같이 현재 미국 투자자는 다우존스 산업평균지수뿐만 아니라 닛케이 300 평균지수(도쿄)와 FTSE 100(Financial Times Stock Exchange 100-Share Index)(런던)과 같은 외국 주식시장의 주가지수에도 관심을 기울이고 있다.

금융시장의 국제화는 미국에 커다란 영향을 미치고 있다. 특히 일본인 같은 외국인이 미국 기업은 물론 연방정부의 자금 조달에도 도움을 주고 있다. 이러한 외국자금이 없었다면 과거 20년 동안 미국 경제의 급속한 성장은 어려웠을 것이다. 금융시장의 국제화는 통합된 세계 경제의 길을 선도하는 역할도 한다. 통합된 세계에서는 국가 간 재화와 기술의 흐름이 더욱 일상적인 현상이다. 이후의 장에서 국제적 요인이 미국 경제에 중요한 역할을 하는 여러 예를 볼 수 있을 것이다.

5 금융중개기관의 기능 : 간접금융

자금은 또한 [그림 1]과 같이 간접금융(indirect finance)이라 부르는 둘째 경로로 대부자에게서 차입자로 전달될 수 있다. 왜냐하면 이 경로에는 대부자 · 저축자와 차입자 · 지출자 사이에서 자금을 한 사람에게서 다른 사람으로 전달하는 것을 도와주는 금융중개기관이 관련돼 있기 때문이다. 금융중개기관은 대부자 · 저축자로부터 자금을 차입해 차입자 · 지출자에게 대출함으로써 이러한 기능을 수행하고 있다. 예를 들어 은행은 저축예금의 형태로 부채(민간에게는 자산)를 민간에게 발행함으로써 자금을 획득할 수 있다. 그리고 은행은 제너럴 모터스(GM)에 대출을 해주거나 금융시장에서 재무부 장기채권을 매입함으로써 자산을 획득한다. 그 결과 금융중개기관(은행)의 도움으로 자금이 민간(대부자 · 저축자)에게서 GM이나 재무부(차입자 · 지출자)로 전달된다.

금융중개기관을 통한 간접금융의 과정인 **금융중개**(financial intermediation)는 자금을 대부자에게서 차입자로 전달하는 주된 경로이다. 언론매체는 특히 주식시장 같은 증권시장에 많은 관심을 기울이지만 기업에 있어서 금융중개기관은 증권시장보다 더 중요한 자금 조달원이다. 이것은 미국뿐만 아니라 다른 선진국에게도 해당된다('글로벌 : 증권시장 대비 금융중개기관의 상대적 중요성—국제 비교' 참조). 금융중개기관과 간접금융이 금융시장에서 왜 그렇게 중요한가? 이 질문에 답하기 위해 금융시장에서 거래비용, 위험분담, 정보비용의 역할을 이해할 필요가 있다.

5.1 거래비용

금융거래를 수행하는 데 드는 시간과 돈으로 정의되는 **거래비용**(transaction cost)은 대출할 여유자금이 있는 사람에게 중요한 문제이다. 앞에서 본 것처럼 목수인 칼은 새로운 도구를 구입하기 위해 1,000달러가 필요하고, 여러분은 이것이 훌륭한 투자기회임을 알고 있다. 여러분은 현금을 갖고 있어 그에게 대출해주고자 한다. 그러나 투자자 보호를 위해 여러분은 대출계약을 작성해줄 변호사를 고용해야 한다. 대출계약에는 칼이 이자를 얼마나 지급할 것인가, 이자 지급을 언제 할 것인가, 원금 1,000달러를 언제 상환할 것인가 등이 규정된다. 계약을 작성하는 데 500달러가 든다. 여러분이 대출을 하는 데 이러한 거래비용을 계산에 넣을 경우, 100달러를 벌기 위해 500달러를 지출해야 하는 대출거래로는 돈을 벌 수 없다는 것을 알고 어쩔 수 없이 칼에게 다른 데를 찾아보라고 말할 것이다.

이 예는 여러분과 같은 소액 저축자나 칼과 같은 잠재적인 차입자는 금융시장에 접근할 수 없고 따라서 금융시장으로부터 이득을 얻지 못한다는 것을 보여준다. 그러면 누가

글로벌 증권시장 대비 금융중개기관의 상대적 중요성-국제 비교

기업의 자금 조달 형태는 국가마다 다르나 하나의 중요한 사실이 발견된다. 미국, 캐나다, 영국, 일본, 이탈리아, 독일, 프랑스 등의 주요 선진국에 대한 연구에 따르면 기업이 사업에 필요한 자금을 얻고자 할 때 이들 국가에서는 일반적으로 증권시장에서 직접 조달하지 않고 금융중개기관을 통해 간접적으로 조달한다.* 세계에서 증권시장이 가장 발달한 미국과 캐나다에서도 기업의 자금 조달에 있어서 금융중개기관의 대출은 증권시장보다 훨씬 중요하다. 증권시장의 의존도가 가장 낮은 국가는 독일과 일본이다. 이 두 국가에서 금융중개기관으로부터의 자금 조달은 증권시장보다 거의 10배나 많다. 그러나 최근 일본 증권시장의 규제완화로 기업의 금융중개기관을 통한 자금 조달의 비중은 점차 감소하고 있다.

모든 국가에서 금융중개기관이 증권시장을 압도하고 있지만, 채권시장과 주식시장의 상대적 중요성은 국가마다 다르다. 미국에서 채권시장은 기업의 자금 조달원으로 매우 중요하다. 평균적으로 채권을 통해 조달되는 신규 자금의 규모는 주식을 통한 신규 조달자금 규모의 10배에 달한다. 반면 프랑스와 이탈리아와 같은 국가는 자본 조달을 위해 채권시장보다 주식시장을 더 많이 이용하고 있다.

* 예를 들면 Colin Mayer, "Financial Systems, Corporate Finance, and Economic Development," in *Asymmetric Information, Corporate Finance, and Investment*, ed. R. Glenn Hubbard (Chicago: University of Chicago Press, 1990), pp. 307-332 참조.

도와줄 수 있는가? 금융중개기관이 도와줄 수 있다.

금융중개기관은 거래비용을 낮추는 데 전문성을 발휘하기 때문에 거래비용을 상당히 낮출 수 있다. 왜냐하면 대규모 금융중개기관은 거래 규모가 증가함에 따라 거래 1달러당 거래비용을 낮추는 것을 의미하는 **규모의 경제**(economy of scale)의 이점을 누릴 수 있기 때문이다. 예를 들어 은행은 빈틈없는 대출계약 서류를 작성할 변호사를 구하는 방법을 알고 있다. 그리고 이러한 계약 서류는 은행의 대출계약에 반복적으로 쓰일 수 있기 때문에 계약당 법률비용을 낮출 수 있다. 은행은 500달러의 비용이 드는 대출계약 대신 5,000달러로 일류 변호사를 고용해 계약당 2.5달러의 비용이 드는 2,000건의 계약에 사용할 빈틈없는 계약 서류를 작성할 수 있다. 금융중개기관이 대출 건당 2.5달러의 비용으로 칼에게 1,000달러를 대출하는 것은 이제 이익이 된다.

금융중개기관은 거래비용을 상당히 낮출 수 있기 때문에 여러분이 생산적 투자기회를 갖고 있는 칼과 같은 사람에게 간접적으로 자금을 제공하는 것을 가능하게 한다. 더구나 금융중개기관의 낮은 거래비용은 고객에게 유동성 서비스를 제공해줄 수 있다는 것을 의미한다. **유동성 서비스**(liquidity service)는 고객이 거래를 수행하는 것을 더욱 용이하게 해준다. 예를 들어 은행은 예금자에게 대금 지급을 쉽게 할 수 있게 하는 당좌계정을 제공한다. 더구나 예금자는 당좌예금 계정과 저축예금 계정으로 이자를 벌 수 있으며, 필요할 때는 언제나 예금을 재화와 서비스로 변환시킬 수 있다.

5.2 위험분담

금융기관의 낮은 거래비용으로 가능한 또 하나의 이득은 투자자가 **위험**(risk)에 노출되는 것을 줄여준다는 것이다. 위험이란 투자자가 자산으로 벌 수 있는 수익률에 대한 불확실성이다. 금융중개기관은 **위험분담**(risk sharing)이라고 알려진 과정을 통해 이러한 기능을 수행한다. 즉 금융중개기관은 사람들이 안심할 정도의 위험을 가진 자산을 새로 개발해 판매한다. 그리고 금융중개기관은 이러한 자산을 판매해 얻은 자금을 위험이 더 높은 다른 자산을 구입하기 위해 사용한다. 낮은 거래비용으로 인해 금융중개기관은 낮은 비용으로 위험분담을 할 수 있다. 그리하여 금융중개기관은 위험자산으로 벌 수 있는 수익금과 그들이 판매하는 자산에 대한 지급금 간의 스프레드에서 이윤을 얻을 수 있다. 이러한 위험분담의 과정은 **자산변환**(asset transformation)이라 불린다. 왜냐하면 위험자산이 투자자에게 더욱 안전한 자산으로 바뀠다고 볼 수 있기 때문이다.

금융중개기관은 또한 분산투자를 통해 개인에게 노출된 위험을 줄이는 데 도움을 줌으로써 위험분담을 촉진한다. **분산투자**(diversification)는 수익률이 항상 같이 움직이지 않는 자산집합(**포트폴리오**(portfolio))에 대한 투자를 수반한다. 그리하여 전체의 위험이 개별 자산의 위험보다 낮아지는 결과를 가져온다(분산투자는 '달걀을 한 바구니에 두지 말라'는 속담을 달리 표현한 말이다). 금융중개기관은 낮은 거래비용으로 이러한 자산집합을 하나의 새로운 자산으로 만들어 개인에게 판매함으로써 분산투자 기능을 수행할 수 있다.

5.3 정보의 비대칭성 : 역선택과 도덕적 위험

금융시장에는 거래비용이 존재하기 때문에 금융중개기관과 간접금융이 금융시장에서 왜 그렇게 중요한 역할을 하는지 부분적으로 설명할 수 있다. 또 다른 이유는 금융시장에서 정확한 결정을 내리는 데 있어 종종 상대방에 대해 충분히 모른다는 것이다. 이러한 불균형을 **정보의 비대칭성**(asymmetric information)이라 부른다. 예를 들어 대출을 받는 차입자는 일반적으로 자신의 사업계획과 관련된 잠재적 수익률과 위험에 대해 대출자보다 더 많은 정보를 갖고 있다. 정보의 부족으로 인해 금융시스템에는 거래가 발생하기 전과 후에 문제가 발생한다.[1)]

역선택(adverse selection)은 거래가 발생하기 전에 정보의 비대칭성으로 인해 일어나는 문제이다. 금융시장에서 역선택은 바람직하지 않은(역의 또는 불리한(adverse)) 결과를 초래할 가능성이 가장 높은 잠재적 차입자가 가장 적극적으로 대출받기를 원함으로써 이들이 선택될 가능성이 높아질 때 발생한다. 역선택으로 인해 신용위험이 불량한 자에게

1) 정보의 비대칭성, 역선택, 도덕적 위험의 개념은 보험산업에서도 중요한 문제이다.

대출될 가능성이 높아지기 때문에 대출자는 시장에서 신용위험이 우량한 사람이 존재함에도 불구하고 어떠한 대출도 하지 않기로 결정할 수 있다.

역선택이 일어나는 원인을 이해하기 위해 대출받기를 원하는 두 이모가 있다고 해보자. 루이스 이모는 이익이 발생할 것으로 확신하는 사업이 있을 때만 돈을 빌리는 보수적인 타입이고, 쉘라 이모는 1,000달러를 빌릴 수 있다면 백만장자가 될 수 있는 일확천금의 기회를 노리는 상습적인 도박꾼이다. 불행히도 모든 일확천금의 기회와 마찬가지로 쉘라 이모는 투자 이익이 발생하지 않아 1,000달러를 잃을 가능성이 매우 높다.

어느 이모가 여러분에게 대출을 요청할 가능성이 높은가? 물론 쉘라 이모이다. 왜냐하면 그녀는 투자가 성공할 경우 많은 돈을 벌 수 있기 때문이다. 그러나 여러분은 쉘라 이모에게 대출해주고 싶지 않을 것이다. 왜냐하면 그녀의 투자가 잘되지 않아서 자금을 상환하지 못할 가능성이 높기 때문이다.

만약 정보의 비대칭성이 없어서 두 이모를 잘 안다면 아무 문제도 없을 것이다. 왜냐하면 여러분은 쉘라 이모의 위험성이 높다는 것을 알아서 그녀에게 대출해주지 않을 것이기 때문이다. 반면 두 이모에 대해 잘 모른다고 해보자. 쉘라 이모는 대출을 받기 위해 여러분을 부추길 것이므로 여러분은 루이스 이모 대신 쉘라 이모에게 대출해줄 가능성이 높다. 결국 역선택의 가능성 때문에 양호한 신용위험을 가진 루이스 이모가 가치 있는 투자를 하기 위해 대출이 필요할 때도 여러분은 아무에게도 대출해주지 않기로 결정할 수 있다.

도덕적 위험(moral hazard, 도덕적 해이라고도 함)이란 거래가 발생한 후에 정보의 비대칭성으로 인해 일어나는 문제이다. 금융시장에서 도덕적 위험은 대부자의 관점에서 차입자가 바람직하지 않은(비도덕적인(immoral)) 행위를 해 대출의 상환 가능성이 낮아질 위험(risk 또는 hazard)이다. 도덕적 위험으로 인해 대출의 상환 가능성이 낮아지기 때문에 대출자는 차라리 대출하지 않기로 결정할 수 있다.

도덕적 위험의 예로 여러분이 멜빈 삼촌에게 1,000달러를 대출해준다고 하자. 멜빈 삼촌은 학생들의 보고서를 타이핑해주는 사업을 하기 위해 워드프로세서를 구입할 자금이 필요하다. 그러나 여러분이 대출을 해주고 나면 멜빈 삼촌은 경마장으로 달려가서 도박을 할 가능성이 높다. 멜빈 삼촌이 여러분의 돈으로 20배의 배당이 걸린 경주에 내기를 걸어 이긴다면, 그는 1,000달러를 상환하고 남은 19,000달러로 호화롭게 생활할 수 있다. 그러나 그가 돈을 잃는다면 여러분은 상환받지 못할 것이며, 그가 잃는 것은 단지 신뢰할 만하고 정직한 삼촌으로서의 평판뿐이다. 내기에 이겨서 얻을 수 있는 이득(19,000달러)이 내기에 져서 잃는 비용(그의 평판)보다 크기 때문에 멜빈 삼촌은 경마장에 갈 인센티브가 있다. 멜빈 삼촌이 무엇을 할지 안다면 여러분은 그가 경마장에 가는 것을 막을 것이고, 그는 도덕적 위험을 증가시킬 수 없을 것이다. 그러나 정보의 비대칭성으로 인해 멜빈 삼촌이 어디 가는지에 대한 정보를 얻는 것이 어렵기 때문에 그는 결국 경마장에 가고 여러분은 상환받지 못할 가능성이 충분히 있다. 그러므로 멜빈 삼촌이 사업하는 데 자금을 사용하면 그 상환이 확실하더라도 도덕적 위험의 가능성으로 인해 여러분은 멜빈 삼촌에게 1,000달러를 대출해주지 않을 것이다.

역선택과 도덕적 위험으로 인해 발생하는 문제는 금융시장이 제 기능을 하는 데 커다란 장애가 된다. 금융중개기관은 이러한 문제 역시 완화시킬 수 있다.

소액 저축자는 믿을 만한 금융중개기관에 자금을 대여해줌으로써 금융시장에 자금을 제공할 수 있다. 그리고 금융중개기관은 대출해주거나 주식, 채권과 같은 증권을 매입함으로써 자금을 대여한다. 성공적인 금융중개기관은 신용위험이 우량한 자와 불량한 자를 판별해 역선택으로 인한 손실을 줄이는 데 있어 개인보다 잘 조직화돼 있기 때문에 소액 저축자보다 높은 투자수익을 얻을 수 있다. 더구나 금융중개기관은 대출받은 사람을 감시해 도덕적 위험으로 인한 손실을 줄이는 데 전문성이 있기 때문에 높은 수익을 얻는다. 그 결과 금융중개기관은 대부자 · 저축자에게 이자를 지급하거나 충분한 서비스를 제공하고도 이윤을 획득할 수 있다.

앞에서 본 것처럼 금융중개기관은 유동성 서비스를 제공하고, 위험분담을 촉진하며, 정보문제를 해결함으로써 경제에 중요한 역할을 한다. 대부분의 미국인이 금융중개기관에 저축하고 금융중개기관에서 대출받는 사실로 비춰볼 때 금융중개기관은 이러한 역할을 수행하는 데 있어서 성공적이다. 금융중개기관은 금융시장이 대부자 · 저축자로부터 생산적 투자기회를 가진 사람에게 자금을 전달하는 것을 도와주기 때문에 경제의 효율성을 높이는 데 중요한 역할을 한다. 이런 금융중개기관이 없다면 경제가 잠재력을 완전히 발휘하기는 매우 어려울 것이다. 제3부에서는 금융중개기관의 역할을 보다 자세히 살펴볼 것이다.

5.4 범위의 경제와 이해상충

금융중개기관이 경제에서 중요한 역할을 하는 다른 이유는 고객에게 대출, 채권판매 등 다양한 금융서비스를 제공함으로써 **범위의 경제**(economy of scope)를 달성할 수 있기 때문이다. 즉 금융중개기관은 하나의 정보자원을 다양한 서비스에 적용함으로써 각각의 서비스에 필요한 정보생산의 비용을 낮출 수 있다. 예를 들어 은행은 기업에 대출을 할 때 해당 기업의 신용이 얼마나 양호한지 평가할 수 있다. 이러한 정보는 은행이 해당 기업 회사채의 민간 판매가 용이할지 여부를 판별하는 데 도움이 된다.

범위의 경제는 금융기관에 대단히 유익하지만 **이해상충**(conflict of interest)이라는 잠재적 비용을 발생시키기도 한다. 일종의 도덕적 위험의 문제인 이해상충은 개인이나 기관이 가진 복수의 목표 사이에 갈등이 있을 때 발생한다. 이해상충은 특히 금융기관이 다양한 서비스를 제공할 때 발생한다. 이러한 서비스 사이에 상충되는 이해관계는 개인이나 기업으로 하여금 정보를 감추거나 잘못된 정보를 주도록 한다. 이해상충 문제에 관심을 갖는 것은 금융시장에서 정보의 질적 저하가 정보의 비대칭성 문제를 증가시키고 금융시장에서 자금이 가장 생산적인 투자기회로 전달되는 것을 막기 때문이다. 그 결과 금융시장과 경제는 효율성이 떨어지게 된다.

6 금융중개기관의 형태

금융중개기관이 경제에서 매우 중요한 기능을 한다는 것을 살펴봤다. 이제 주요 금융중개기관을 각각 살펴보고 그들이 어떻게 중개기능을 수행하는지 알아보자. 금융중개기관은 예금취급기관(은행), 계약형 저축기관, 투자중개기관의 3가지 범주로 분류된다. [표 3]은 금융중개기관의 주요 부채(자금의 원천)와 자산(자금의 운용)을 설명함으로써 3가지 범주에 포함되는 금융중개기관에 대한 논의의 기초를 제공하고 있다. 미국 금융중개기관

표 3 금융중개기관의 주요 자산과 부채

금융중개기관의 형태	주요 부채 (자금의 원천)	주요 자산 (자금의 운용)
예금취급기관(은행)		
상업은행	예금	기업매출 및 소비자대출, 모기지 대출, 정부증권, 지방채
저축대부조합	예금	모기지
상호저축은행	예금	모기지
신용조합	예금	소비자대출
계약적 저축기관		
생명보험회사	보험증권의 보험료	회사채 및 모기지
손해보험회사	보험증권의 보험료	지방채, 회사채, 주식, 정부증권
연기금, 정부은퇴기금	고용주 및 고용인의 기여금	회사채 및 주식
투자중개기관		
파이낸스 회사	CP, 주식, 채권	소비자대출 및 기업대출
뮤추얼펀드	지분	주식 및 채권
MMF	지분	단기금융상품

표 4 주요 금융중개기관과 자산 규모

금융중개기관의 형태	자산의 가치 (10억 달러, 연말) 1980년	1990년	2000년	2010년
예금취급기관(은행)				
상업은행	1,481	3,334	6,469	14,336
저축대부조합, 상호저축은행	792	1,365	1,218	1,244
신용조합	67	215	441	912
계약적 저축기관				
생명보험회사	464	1,367	3,136	5,176
손해보험회사	182	533	862	1,242
연기금	504	1,629	4,355	4,527
정부은퇴기금	197	737	2,293	2,661
투자중개기관				
파이낸스 회사	205	610	1,140	1,439
뮤추얼펀드	70	654	4,435	7,935
MMF	76	498	1,812	2,755

자료 : Federal Reserve Flow of Funds Accounts; www.federalreserve.gov/releases/Z1/

의 상대적인 크기가 [표 4]에 나타나 있는데 여기에는 1980년, 1990년, 2000년, 2010년 말의 자산 금액이 표시돼 있다.

6.1 예금취급기관

예금취급기관(depository institution, 이 책에서는 단순히 은행(bank)이라고 부름)은 개인과 기관에게 예금을 받아 대출을 하는 금융중개기관이다. 화폐와 금융에 관한 연구는 은행에 초점을 맞추고 있다. 왜냐하면 은행은 화폐공급의 중요한 구성요소인 예금의 창출과 관련돼있기 때문이다. 이러한 기관에는 상업은행과 소위 **저축기관**(thrift institution(thrift))이 포함된다. 저축기관에는 저축대부조합, 상호저축은행, 신용조합이 있다.

상업은행 상업은행(commercial bank)은 주로 당좌예금(수표발행이 가능한 예금), 저축예금(요구하면 인출할 수 있는 예금이지만 수표발행이 허용되지 않는 예금), 정기예금(고정된 만기가 있는 예금)을 발행함으로써 자금을 조달한다. 상업은행은 상업대출, 소비자대출, 모기지대출을 하거나 정부증권과 지방채를 매입하는 데 자금을 사용한다. 미국에는 6,500개에 약간 못 미치는 상업은행이 있다. 그리고 상업은행은 전체적으로 가장 비중이 큰 금융중개기관이며, 가장 잘 분산된 자산 포트폴리오(자산집합)를 갖고 있다.

저축대부조합과 상호저축은행 약 800개의 저축대부조합(savings and loan association, S&L)과 상호저축은행(mutual savings bank)은 주로 저축예금(종종 지분(share)이라 부름), 정기예금, 수표발행 예금을 통해 자금을 획득한다. 과거에 이들 기관은 영업에 제약을 받고 있었으며, 주로 주택에 대한 모기지대출을 했다. 그러나 시간이 지남에 따라 제약이 완화돼 저축기관과 상업은행의 차이가 불분명해졌다. 이들 중개기관은 서로 더욱 비슷해졌으며, 현재 서로 더욱 경쟁적이 됐다.

신용조합 약 7,800개의 신용조합(credit union)은 조합원, 특정 기업의 고용인 등 특수한 그룹으로 조직된 소규모의 조합형 대출기관이다. 신용조합은 지분(share)이라고 부르는 예금으로 자금을 획득하며 주로 소비자대출을 한다.

6.2 계약형 저축기관

보험회사와 연금기금 같은 계약형 저축기관(contractual savings institution)은 계약에 근거해 정기적으로 자금을 획득하는 금융중개기관이다. 이들 기관은 장래에 급부금(benefit)을 얼마나 지불해야 할지 정확히 예측할 수 있기 때문에 예금취급기관과 같이 자금이 인출될 걱정을 많이 할 필요가 없다. 그 결과 자산의 유동성은 중요한 고려사항이 되지 않는다. 따라서 계약적 저축기관은 주로 회사채, 주식, 모기지와 같은 장기증권에 자금을 투자하는 경향이 있다.

생명보험회사 생명보험회사(life insurance company)는 사망 후 금전적인 어려움에 대비해 사람들에게 보험을 들어주고 연금(은퇴 후 매년 소득을 지불하는 것)을 판매한다. 생명보험회사는 보험증권 효력을 유지하기 위해 사람들이 내는 보험료(premium)로 자금을 획득하고, 그 자금을 주로 회사채와 모기지를 매입하는 데 사용한다. 생명보험회사는 주식도 매입하지만 보유할 수 있는 금액에는 제약이 있다. 생명보험회사는 현재 자산이 5조 2,000억 달러로 계약적 저축기관 중에서 가장 규모가 크다.

손해보험회사 손해보험회사(fire and casualty insurance company)는 도난, 화재, 사고로 인한 손실에 대해 계약자에게 보험을 들어준다. 이들 기관은 생명보험회사와 매우 유사해 보험계약에 대한 보험료로 자금을 수수한다. 그러나 손해보험회사는 커다란 재앙이 발생할 경우 자금손실의 가능성이 더 크다. 이러한 이유로 이들 기관은 생명보험회사보다 유동성이 높은 자산을 매입하는 데 자금을 사용한다. 손해보험회사가 보유하는 가장 큰 자산은 지방채이다. 그리고 이들 기관은 또한 회사채, 주식, 정부증권을 보유한다.

연기금과 정부은퇴기금 연기금(pension fund)과 정부은퇴기금(government retirement fund)은 연금계획에 의해 보장을 받는 고용인에게 은퇴소득을 연금의 형태로 제공한다. 기금은 고용인의 월급에서 자동적으로 공제하거나 고용주가 자발적으로 기여함으로써 조성된다. 연기금이 보유하는 가장 큰 자산은 회사채와 주식이다. 연방정부는 연금 계획을 강제하는 입법과 기여금을 장려하는 세금 유인책을 통해 연기금의 설립을 적극적으로 장려했다.

6.3 투자중개기관

투자중개기관(investment intermediary)의 범주에는 파이낸스 회사, 뮤추얼펀드, MMF가 포함된다.

파이낸스 회사 파이낸스 회사(finance company)는 CP를 판매하고 주식과 채권을 발행함으로써 자금을 조달한다. 이들 기관은 가구, 자동차, 주택 개량 용품 등을 구입하는 소비자와 소규모 기업에게 자금을 대출해준다. 일부 파이낸스 회사는 자신의 상품 판매를 촉진하려는 모기업에 의해 조직된다. 예를 들어 포드 자동차 신용회사는 포드 자동차를 구입하는 소비자에게 대출을 해준다.

뮤추얼펀드 뮤추얼펀드(mutual fund)는 여러 개인에게 지분을 판매함으로써 자금을 획득하고 주식과 채권의 분산된 포트폴리오를 구입하는 데 그 자금을 사용한다. 뮤추얼펀드는 지분소유자의 자금을 한데 모아 대규모 주식이나 채권을 매수함으로써 낮은 거래비용의 이점을 누린다. 더구나 뮤추얼펀드는 지분소유자가 잘 분산된 포트폴리오를 보유하게 해준다. 지분소유자는 언제라도 지분을 판매(환매)할 수 있는데, 지분의 가치는 뮤추얼펀드가 보유한 증권의 가치에 의해 결정된다. 그런데 포트폴리오의 가치는 변동이 심하기 때문에 뮤추얼펀드 지분의 가치도 역시 크게 변동한다. 그러므로 뮤추얼펀드에 투자하는 데는 위험성이 있다.

MMF MMF(money market mutual fund)는 뮤추얼펀드의 특징을 갖고 있으나 예금 형태의 계정을 제공하기 때문에 어느 정도 예금취급기관으로서도 기능한다. MMF는 뮤추얼펀드와 같이 자금을 획득하기 위해 지분을 판매한다. 이를 통해 획득한 자금은 안전하고 유동성이 높은 단기금융상품을 매수하는 데 사용된다. 이들 자산으로부터 얻는 이자는 지분소유자에게 지급된다.

MMF의 주요 특징은 지분소유자가 그들의 소유지분 가치에 근거해 수표를 발행할 수 있다는 것이다. 사실상 MMF 지분은 이자를 지급하는 당좌예금과 같은 기능을 한다.

MMF는 처음 출현한 1971년 이후 괄목할 만한 성장을 기록했다. 2010년 현재 이들 기관의 자산은 약 2조 7,600억 달러에 달한다.

투자은행 투자은행(investment bank)은 명칭에도 불구하고 일반적인 의미에서 은행이나 금융중개기관은 아니다. 즉 예금을 받지도 않고 대출을 하지도 않는다. 대신 투자은행은 기업의 증권 발행을 도와주는 다른 형태의 중개기관이다. 투자은행은 기업이 주식이나 채권 중 어느 증권을 발행할 것인가에 대해 조언을 해준다. 그리고 기업이 발행한 증권을 정해진 가격으로 산다, 즉 **인수한다**(underwrite). 그리고 이를 다시 시장에 판매함으로써 기업의 증권 매각을 도와준다. 투자은행은 또한 협상전문가로서 활동하며, 기업의 M&A를 도와주고 엄청난 수수료 수입을 획득한다.

7 금융시스템에 대한 규제

금융시스템은 미국 경제에서 가장 규제가 심한 부문에 속한다. 정부는 2가지 중요한 이유로 금융시장을 규제한다. 즉 투자자에게 이용 가능한 정보를 확산시키고, 금융시스

표 5 미국 금융시스템의 주요 규제기관

규제기관	규제 대상	규제 내용
증권거래위원회(SEC)	거래소와 금융시장	정보공시 요구, 내부자 거래 제한
상품선물거래위원회(CFTC)	선물거래소	선물시장 거래절차 규제
통화감독청	연방정부로부터 인가를 받은 상업은행	인가를 내주고 연방정부로부터 인가를 얻은 상업은행의 장부를 검사함. 그리고 보유할 수 있는 자산에 대한 제한을 부과함
전국 신용조합 관리청(NCUA)	연방정부로부터 인가를 받은 신용조합	인가를 내주고 연방정부로부터 인가를 얻은 신용조합의 장부를 검사함. 그리고 보유할 수 있는 자산에 대한 제한을 부과함
주정부 은행 및 보험위원회	주정부로부터 인가를 받은 예금취급기관	인가를 내주고 주정부로부터 인가를 얻은 은행 및 보험회사의 장부를 검사함. 보유할 수 있는 자산에 대한 제한을 부과함. 그리고 지점 설치에 대한 제한을 부과함
연방예금보험공사(FDIC)	상업은행, 상호저축은행, 저축대부조합	각 은행 예금자에게 25만 달러까지 보험을 제공함. 보험 가입 은행의 장부를 검사함. 그리고 보유할 수 있는 자산에 대한 제한을 부과함
연방준비제도	모든 예금취급기관	연방준비제도 회원 은행의 장부를 검사함. 모든 은행에 대해 필요지준율을 정함
저축감독청	저축대부조합	저축대부조합의 장부를 검사함. 보유할 수 있는 자산에 대한 제한을 부과함

템의 건전성을 확보하기 위함이다. 이러한 2가지 이유가 어떻게 현재의 규제 환경을 만들어왔는지 살펴보자. 미국 금융시스템의 주요 규제기관이 [표 5]에 나타나 있다.

7.1 투자자에게 이용 가능한 정보의 확산

정보의 비대칭성으로 인해 투자자는 금융시장의 효율적 작동을 방해하는 역선택과 도덕적 위험의 문제에 직면한다. 위험성이 큰 기업이나 철저한 사기꾼은 조심성이 부족한 투자자에게 증권을 판매하려고 한다. 이러한 역선택의 문제로 투자자가 금융시장에 접근하지 못할 수 있다. 더구나 투자자가 증권을 매수하는 방식으로 기업에게 자금을 대여하고 나면, 차입자는 위험성이 높은 행위를 하거나 노골적으로 사기를 칠 인센티브가 생길 것이다. 이러한 도덕적 위험 문제가 생기면 투자자는 금융시장에 접근하지 않을 것이다. 정부 규제는 금융시장에서 역선택과 도덕적 위험의 문제를 경감시키며 투자자에게 이용 가능한 정보를 확산시킴으로써 금융시장의 효율성을 높인다.

1929년의 주식시장 붕괴의 여파로 만연된 부정행위가 밝혀진 결과, 규제에 대한 정치적 요구가 1933년의 증권법(Securities Act of 1933)과 1934년 증권거래위원회(Securities and Exchange Commission, SEC)의 설립으로 절정에 달했다. SEC는 증권을 발행하는 기업이 자신의 매출, 자산, 수익에 관한 정보를 일반인에게 공시할 것을 요구했으며, 기업의 내부자(insider)인 대주주의 거래를 제한했다. 이렇게 정보의 공시를 요구하고 증권가격 조작 가능성이 있는 내부자 거래를 억제함으로써 SEC는 투자자가 정보를 더 잘 얻고 1933년 이전에 발생한 것과 같은 금융시장의 부정행위로부터 보호받을 수 있도록 했다. 실제로 최근에 SEC는 내부자 거래에 관련된 자들을 처벌하는 데 특히 적극적이었다.

7.2 금융중개기관의 건전성 확보

정보의 비대칭성은 **금융공황**(financial panic)이라는 금융중개기관의 광범위한 붕괴 현상을 초래할 수 있다. 금융중개기관에 자금을 맡긴 사람은 자신의 자금을 보유한 기관이 건전한지 여부를 평가할 수 없기 때문에, 만약 금융중개기관들의 전반적인 건전성을 의심한다면 자금 공급자는 건전한 기관과 건전하지 않은 기관 모두로부터 자금을 인출하기 원할 것이다. 그 결과 일반인에게 커다란 손실을 입히고 경제에 심각한 해를 끼치는 금융공황이 일어날 수 있다. 일반인과 경제를 금융공황에서 보호하기 위해 정부는 6가지 유형의 규제를 시행하고 있다.

진입 규제 주정부의 은행 및 보험위원회와 연방정부의 기구인 통화감독청(Office of the

Comptroller of the Currency)은 금융중개기관을 설립할 수 있는 자격을 통제하는 매우 엄격한 규정을 제정했다. 은행이나 보험회사와 같은 금융중개기관을 설립하려는 개인이나 그룹은 주정부나 연방정부로부터 인가(charter)를 받아야 한다. 그 인가는 양호한 신용과 대규모의 초기자금을 가진 선량한 시민에게만 부여된다.

공시 금융중개기관에 대한 공시의무는 엄격하다. 금융중개기관의 장부 기장은 엄격한 원칙을 따라야 하고, 회계장부는 정기적인 감사를 받아야 한다. 그리고 금융중개기관은 일반인에게 이용 가능한 정보를 제공해야 한다.

자산과 업무에 대한 제한 금융중개기관에는 허용되는 업무와 보유할 수 있는 자산에 대한 제약이 있다. 여러분은 은행이나 기타 금융중개기관에 자금을 맡기기 전에 여러분의 자금이 안전할지, 그들 기관이 여러분에 대한 의무를 잘 이행할지 알고 싶을 것이다. 이에 따라 금융당국은 금융중개기관이 위험이 큰 업무를 하지 못하도록 제한한다. 1933년에 통과되고 1999년에 폐지된 법안은 은행이 증권산업과 관련된 위험이 큰 사업을 할 수 없도록 상업은행과 증권산업을 분리했다. 또 다른 방법은 금융중개기관이 위험이 큰 자산을 보유하지 못하도록 제한하거나, 적어도 이러한 위험이 큰 자산을 적정 수준 이상으로 보유하지 못하도록 제한하는 것이다. 예를 들어 상업은행과 여타 예금취급기관은 주식가격의 변동이 심하기 때문에 주식을 보유하는 것이 허용되지 않는다. 보험회사는 주식을 보유하는 것이 허용되나 이들 기관의 주식보유량은 총자산의 일정 비율을 초과하지 못한다.

예금보험 정부는 예금을 보유한 금융중개기관이 도산할 경우 사람들이 금융 손실로 고통받지 않도록 하기 위해 예금에 대해 보험을 들어줄 수 있다. 이러한 보험을 제공하는 정부기관이 연방예금보험공사(Federal Deposit Insurance Corporation, FDIC)이다. FDIC는 상업은행이나 상호저축은행의 예금자에게 계좌당 25만 달러의 손실까지 보험을 들어준다. 금융중개기관이 납부한 보험료는 FDIC의 예금보험기금(Deposit Insurance Fund)으로 들어가며, 이 기금은 금융기관이 도산할 경우 예금자에게 대지급하는 데 사용된다. FDIC는 상업은행에 예치한 많은 예금자의 저축이 사라져버린 1930~1933년의 대규모 은행도산 후 1934년에 창설됐다. 전국신용조합지분보험기금(National Credit Union Share Insurance Fund, NCUSIF)은 신용조합에 대해 예금보험을 제공한다.

경쟁제한 정치인들은 종종 금융중개기관 간의 무한경쟁이 도산을 촉진시킨다고 말한다. 경쟁이 참으로 이러한 결과를 초래한다는 증거는 지극히 희박하지만, 주정부와 연방정부는 새로운 장소에 지점을 개설하는 데 제한을 가한다. 과거에 은행은 다른 주에 지점을 개설하는 것이 허용되지 않았다. 그리고 몇몇 주는 은행이 신규 지점을 개설하는 것을 제한했다.

이자율에 대한 제한 예금자에게 지급할 수 있는 이자율에 대한 규제에 의해서도 또한 경쟁이 제한됐다. 1933년 이후 수십 년간 은행은 당좌예금에 이자를 지급하는 것이 금지됐었다. 더구나 1986년까지 연방준비제도는 레귤레이션 Q(Regulation Q)하에서 은행이 저축예금에 지급할 수 있는 이자율에 대한 상한선을 설정할 권한을 갖고 있었다. 규제되지 않는 이자율 경쟁이 대공황 기간 중 은행도산을 촉진했다는 광범위한 믿음 때문에 이러한 규제가 제정됐다. 기업의 당좌예금에 대한 이자지급의 제한은 아직도 있지만, 그 이후의 증거를 보면 이러한 견해는 지지되지 않으며 레귤레이션 Q는 폐지됐다.

이후의 장에서 금융시장에 대한 정부규제를 보다 자세히 살펴보고, 이러한 규제가 금융시장의 기능을 향상시키는지 알아볼 것이다.

7.3 외국의 금융규제

미국과 일본, 캐나다, 서유럽 국가의 경제시스템은 서로 비슷하기 때문에 이들 국가의 금융규제가 미국의 금융규제와 유사하다는 것은 놀랄 일이 아니다. 증권을 발행하는 기업에 대해 자산과 부채, 수익, 주식의 매각에 대한 세부사항을 공시하도록 요구하고 내부자 거래를 금지함으로써 정보의 제공이 개선된다. 금융중개기관의 건전성은 인가, 재무제표에 대한 정기적 검사, 예금보험의 제공(이들 국가에서는 예금보험의 보장한도가 미국보다 작고 예금보험의 존재를 의도적으로 홍보하지 않음)에 의해 보장된다.

미국의 금융규제와 외국 금융규제의 중요한 차이는 은행규제와 관련돼있다. 과거 미국은 은행이 지점을 개설하는 것을 제한하는 유일한 선진국이었다. 이러한 제한은 은행의 규모를 제약했고, 지점을 일정 지역으로 한정했다(이러한 제한은 1994년의 법안에 의해 폐지됐다). 미국의 은행은 보유할 수 있는 자산의 범위를 가장 많이 제약받는 기관이기도 하다. 외국의 은행은 종종 기업의 주식을 보유한다. 일본과 독일에서는 이러한 주식의 보유량이 상당하다.

요 약

SUMMARY

1 금융시장의 기본적 기능은 여유자금을 갖고 있는 저축자로부터 자금이 부족한 지출자에게 자금을 전달하는 것이다. 금융시장은 차입자가 증권을 판매함으로써 직접 대부자에게서 자금을 차입하는 직접금융이나, 대부자 · 저축자와 차입자 · 지출자 사이에서 자금을 전달하는 것을 도와주는 금융중개기관이 관련돼 있는 간접금융을 통해 이러한 기능을 수행한다. 이러한 자금의 전달은 모든 사람의 후생을 증대시킨다. 금융시장은 생산적 투자기회가 없는 사람으로부터 그러한 기회를 가진 사람에게 자금이 전달될 수 있도록 해주기 때문에 경제의 효율성을 증대시키는 데 기여한다. 더구나 자금의 전달은 소비자가 가장 필요할 때 구입할 수 있게 해줌으로써 그들에게 직접적인 이득을 준다.

2 금융시장은 채무시장과 지분시장, 발행시장과 유통시장, 거래소와 장외시장, 단기금융시장과 자본시장으로 분류된다.

3 만기가 1년 미만인 주요 단기금융상품으로는 미국 재무성 단기증권, 은행의 양도성예금증서, CP, RP, 페더럴펀드, 유로달러 등을 들 수 있다. 만기가 1년 이상인 자본시장의 주요 금융상품으로는 주식, 모기지, 회사채, 정부증권, 정부대행기관 채권, 주정부 및 지방정부 채권, 소비자대출과 은행의 상업대출 등을 들 수 있다.

4 최근의 중요한 추세는 자본시장의 국제화가 진전된다는 것이다. 채권이 팔리는 국가의 화폐 이외의 다른 화폐로 표시되는 유로본드는 현재 국제채권시장에서 압도적인 비중을 차지하는 증권이며, 새로운 자금원으로서 미국 회사채를 능가하고 있다. 외국 은행에 예치된 미국 달러인 유로달러는 미국 은행의 중요한 자금원이다.

5 금융중개기관은 부채를 발행함으로써 자금을 획득하고, 증권의 구입이나 대출 등의 방식으로 자산을 획득하는 데 그 자금을 사용하는 금융기관이다. 금융중개기관은 금융시스템에 있어서 중요한 역할을 한다. 왜냐하면 금융중개기관은 거래비용을 낮추고 위험분담을 해주며, 역선택과 도덕적 위험 문제를 해결하기 때문이다. 그 결과 금융중개기관은 소액 저축자와 차입자가 금융시장의 이득을 누리게 해주며, 경제의 효율성을 증대시킨다. 그러나 금융중개기관이 성공적이게 하는 범위의 경제는 이해상충을 가져와 금융시스템의 효율성을 떨어뜨린다.

6 주요 금융중개기관은 3가지 범주로 구분된다. 즉 (a) 예금취급기관 : 상업은행, 저축대부조합, 상호저축은행, 신용조합, (b) 계약적 저축기관 : 생명보험회사, 손해보험회사, 연기금, (c) 투자중개기관 : 파이낸스 회사, 뮤추얼펀드, MMF이다.

7 정부는 금융시장과 금융중개기관을 2가지 중요한 이유로 규제하고 있다. 즉 투자자에게 이용 가능한 정보를 확산시키고 금융시스템의 건전성을 확보하기 위함이다. 규제에는 일반 국민에 대한 정보공시의 요구, 금융중개기관을 설립할 수 있는 자격에 대한 제한, 금융중개기관이 보유할 수 있는 자산에 대한 제한, 예금보험의 제공, 경쟁 제한, 이자율에 대한 제한이 포함된다.

주요 용어

KEY TERMS

거래비용(transaction cost)
거래소(exchange)
규모의 경제(economy of scale)
금융공황(financial panic)
금융중개(financial intermediation)
단기(short-term)
단기금융시장(money market)
도덕적 위험(moral hazard, 도덕적 해이)
딜러(dealer)
만기(maturity)

모기지(mortgage)
모기지 유동화증권(mortgage-backed security)
발행시장(primary market)
배당(dividend)
범위의 경제(economy of scope)
부채(liability)
분산투자(diversification)
역선택(adverse selection)
외국채(foreign bond)
위험(risk)
위험분담(risk sharing)
유동성 서비스(liquidity service)
유동적(liquid)
유로달러(Eurodollar)
유로본드(Eurobond)
유로커런시(Eurocurrency)
유통시장(secondary market)
이해상충(conflict of interest)
인수(underwriting)
인수한다(underwrite)
자본(capital)
자본시장(capital market)
자산변환(asset transformation)
장기(long-term)
장외시장(over-the-counter(OTC) market)
저축기관(thrift institution(thrift))
정보의 비대칭성(asymmetric information)
중개인(broker)
중기(intermediate-term)
지분(equity)
채무불이행(default)
투자은행(investment bank)
페더럴펀드 이자율(federal funds rate)
포트폴리오(portfolio)
현금(currency)

연습문제 QUESTIONS

1 5,000달러로 자동차를 구입해 방문판매자로 근무할 경우 내년에 10,000달러의 추가소득을 얻을 수 있다면, 다른 누구도 대출을 해주기 않을 때 고리대금업자 래리에게 90%의 이자율로 대출을 받아야 하는가? 이러한 대출을 받은 결과 형편이 더 좋지겠는가, 더 나빠지겠는가? 고리대금업을 합법화하는 것에 대해 찬성할 수 있겠는가?

2 몇몇 경제학자는 개발도상국의 경제가 더디게 성장하는 이유 중 하나가 잘 발달된 금융시장이 없기 때문이라고 생각한다. 이러한 주장은 타당한가?

3 마이크로소프트의 주식 지분이 소유자에게는 자산이고 마이크로소프트에게는 부채인 까닭은 무엇인가?

4 기업이 내년에 부도가 날 것으로 생각된다면 기업이 발행한 채권과 주식 중 어느 것을 보유할 것인가? 그 이유는 무엇인가?

5 "기업은 실제로 유통시장에서 자금을 조달하지 못하기 때문에 유통시장은 발행시장보다 경제에 덜 중요하다." 이 진술은 참인가, 거짓인가, 또는 불확실한가? 설명하라.

6 다음의 단기금융상품은 각각 어느 금융기관에서 발행되는가?

a. 재무부 단기증권
b. 양도성 예금증서
c. CP
d. RP
e. 페더럴펀드

7 모기지와 모기지 유동화증권의 차이는 무엇인가?

8 미국 경제는 19세기에 철도시스템을 건설하기 위해 자

금을 주로 영국에서 차입했다. 이것이 양국의 형편을 나아지게 한 이유를 설명하라.

9 상당수의 유럽은행은 자산의 많은 부분을 2006년에 붕괴된 미국 주택시장의 모기지 유동화증권으로 보유했다. 이러한 예는 금융시장 국제화의 편익과 비용을 어떻게 설명하는가?

10 위험분담이 금융중개기관과 개인투자자에게 모두 이득이 되는 까닭을 설명하라.

11 여러분이 모르는 사람보다 가족 구성원에게 대출을 할 가능성이 높은 이유를 어떻게 역선택의 문제로 설명할 수 있는가?

12 2007~2009년의 금융위기를 초래한 하나의 요인은 서브프라임 모기지의 광범위한 발행이었다. 이러한 사실은 어떻게 역선택을 설명하는가?

13 다른 대부자에 비해 고리대금업자는 차입자와 관련된 도덕적 위험에 대해 덜 우려하는 이유는 무엇인가?

14 여러분이 고용주라면 고용인과 관련된 어떤 종류의 도덕적 위험 문제를 우려하겠는가?

15 차입자와 대부자에게 정보의 비대칭성이 없어도 도덕적 위험 문제는 여전히 존재할 수 있는가?

16 "정보비용과 거래비용이 없는 세계에는 금융중개기관이 존재하지 않을 것이다." 이 진술은 참인가, 거짓인가, 또는 불확실한가? 설명하라.

17 여러분은 이웃에게 직접 자금을 대출하는 대신 5% 이자율을 주는 은행의 저축예금에 자금을 예치하고 은행이 이웃에게 10% 이자율로 자금을 대출하는 이유를 설명하라.

18 이해상충은 어떻게 정보의 비대칭성 문제를 악화시키는가?

19 다양한 금융서비스를 하나의 기관이 제공하는 것이 어떻게 유익한 동시에 문제가 될 수 있는가?

20 여러분이 신차 구입을 위해 대출을 받을 경우 신용조합, 연기금, 투자은행 중 어느 금융중개기관을 이용하겠는가?

21 생명보험회사는 왜 대기업의 재무 안정성과 주택시장의 건전성에 관심을 갖는가?

22 2008년 미국에 금융위기가 시작됐을 때 FDIC는 예금보험의 보장액을 계좌당 10만 달러에서 25만 달러로 올렸다. 이러한 조치는 어떻게 금융시스템을 안정시키는 데 도움이 되는가?

응용문제 APPLIED PROBLEMS

23 여러분이 상속받은 10,000달러의 자금으로 수익을 극대화하기 위해 다음과 같은 투자 선택을 고려한다고 해보자.

선택 1 : 자금을 2%의 이자를 주는 당좌예금에 예치한다. FDIC는 은행도산에 대비해 예금보험을 제공한다.

선택 2 : 자금을 5%의 확정 수익을 주는 회사채에 투자한다. 이 회사가 부도날 확률은 10%이다.

선택 3 : 자금을 친구의 룸메이트인 마이크에게 8%의 약정이율로 빌려준다. 마이크가 빌린 돈을 갚지 않고 도시를 떠날 확률은 7%라고 생각된다.

선택 4 : 자금을 수익이 발생하지 않는 현금으로 보유한다.

a. 여러분이 위험을 추구하거나 기피하지 않는 위험중립적이라면 기대수익을 극대화하기 위해 4가지 선택 중 어느 것을 선택해야 하는가? (힌트 : 투자의 기대수익을 구하기 위해 발생할 사건에다 사건이 발생할 확률을 곱한다.)

b. 선택 3만이 가능한 경우를 상정해보자. 친구에게 100달러를 내고 마이크가 돈을 갚을지 여부를 확실히 알 수 있는 추가정보를 얻을 수 있다면, 여러분은 100달러를 내겠는가? 이것은 위험과 관련된 고급정보의 가치에 대해 무엇을 의미하는가?

웹 연습문제 WEB EXERCISES

1 금융기관에 대한 가장 좋은 정보원은 연방준비제도가 편제하는 미국의 자금순환(U.S. Flow of Funds) 보고서이다. 이 문서에는 금융중개기관 자료가 대부분 포함돼 있다. www.federalreserve.gov/releases/Z1/에서 최근에 공표된 자료를 찾아보라. 최근 일자를 클릭한 후 'Level Tables'로 들어가서 다음에 답하라.

a. 상업은행은 몇 %의 자산을 대출로 보유하고 있는가?

b. 주택대부조합은 몇 %의 자산을 모기지대출로 보유하고 있는가?

c. 신용조합은 몇 %의 자산을 모기지대출과 소비자대출로 보유하고 있는가?

2 세계에서 가장 유명한 금융시장은 뉴욕증권거래소(New York Stock Exchange, NYSE)이다. www.nyse.com에 들어가라.

a. NYSE의 임무는 무엇인가?

b. 기업은 NYSE에서 매매하기 위해 그들의 주식을 상장하는 데 수수료를 지불해야 한다. 500만 주를 가진 기업에 대한 수수료는 얼마인가?

참고 웹사이트 WEB REFERENCES

http://stockcharts.com/charts/historical

이 사이트는 다우존스 산업평균지수, S&P 500, NASDAQ, 30년 만기 재무부 장기채권, 금 시세 등의 과거 데이터에 대한 차트가 수록돼 있다.

www.nyse.com

뉴욕증권거래소에서 상장기업, 시세, 과거 데이터, 실시간 시장지수 등을 살펴보라.

www.nasdaq.com

NASDAQ 장외시장에 대한 자세한 시장 및 증권 정보

http://finance.yahoo.com/i

세계 주요 주가지수, 차트, 뉴스, 세부항목 등

www.sec.gov

미국 증권거래위원회의 홈페이지. 방대한 SEC 관련 자료, 법률 및 규정, 투자자 정보, 소송 등의 정보

3 화폐란 무엇인가?

PREVIEW

여러분이 독립전쟁 전에 미국에 살았더라면 여러분의 화폐는 주로 *여덟 조각*(pieces of eight)이라고도 불리는 스페인의 은화 더블룬(doubloon)으로 구성됐을 것이다. 남북전쟁 이전 미국 화폐의 주요 형태는 금화, 은화, 민간은행이 발행한 *은행권*(banknote)이라는 지폐였다. 오늘날에는 화폐로서 정부가 발행한 주화와 지폐뿐만 아니라 은행계좌에 근거해 발행된 수표도 쓰인다. 시대에 따라 화폐는 다른 형태를 띠었으나 인류와 경제에 항상 중요한 역할을 했다.

화폐가 경제에 미치는 영향을 이해하기 위해서는 화폐가 무엇인지 정확히 알아야 한다. 이 장에서는 화폐의 기능이 무엇인지, 화폐가 왜 그리고 어떻게 경제의 효율성을 증대시키는지, 화폐의 형태가 시대에 따라 어떻게 변해왔는지, 현재 화폐를 어떻게 측정하는지 등을 살펴봄으로써 그 정확한 정의를 설명하고자 한다.

1 화폐의 의미

화폐, 즉 돈(money)이라는 용어는 일상적인 대화에 사용되지만 여러 가지를 의미할 수 있다. 그러나 경제학자에게 화폐는 매우 특정한 의미를 갖는다. 혼란을 막기 위해 경제학자가 사용하는 화폐(money)라는 용어가 일반인이 흔히 생각하는 개념과 어떻게 다른지 명확히 해야 한다.

경제학자는 화폐(화폐공급(money supply)이라고도 함)를 '재화와 서비스에 대한 지급이나 채무의 상환에서 일반적으로 받아들여지는 어떤 것'으로 정의한다. 지폐와 주화로 구성된 현금은 확실히 이 정의에 부합하며 화폐의 형태 중 하나이다. 사람들이 돈에 대해 언급할 경우 대부분 지폐와 주화인 **현금**(currency)을 말하는 것이다. 예를 들어 어떤 사람이 다가와 "돈을 내놓을래, 목숨을 내놓을래?"라고 말한다면 여러분은 "정확히 '돈'이 무슨 의미입니까?"라고 묻는 대신에 모든 현금을 신속히 건네줄 것이다.

화폐를 단지 현금으로 정의하는 것은 경제학자에게는 너무 좁은 의미의 정의다. 수표

역시 구매에 대한 지급수단으로 받아들여지기 때문에 당좌예금도 화폐로 간주된다. 저축예금과 같은 항목이 현금이나 당좌예금으로 신속하고 쉽게 전환될 수 있다면 그것들도 사실상 화폐로서 기능할 수 있기 때문에 종종 보다 넓은 의미의 화폐의 정의가 필요하게 된다. 사실 경제학자에게도 화폐 또는 화폐공급에 대한 유일하고 정확한 정의는 없다.

돈이라는 용어는 자주 재산이라는 용어와 동의어로 쓰이기 때문에 사태는 더욱 복잡해진다. "조(Joe)는 부자라서 돈이 굉장히 많다."라고 말할 때 이는 조가 많은 현금과 당좌예금의 잔고가 많을 뿐만 아니라 주식, 채권, 자동차 4대, 주택 3채, 요트를 소유하고 있다는 것을 의미한다. 따라서 '현금'이라는 의미의 돈은 너무 좁은 의미의 화폐의 정의인 반면, '재산'이라는 의미의 돈은 너무 넓은 의미의 화폐의 정의이다. 경제학자는 현금, 요구불예금, 구매에 사용되는 다른 형태 등의 화폐와, 가치의 저장수단으로서 소유물의 총집합체인 **재산**(wealth)을 구분한다. 재산에는 화폐는 물론 채권, 주식, 예술품, 토지, 가구, 자동차, 주택 등이 포함된다.

사람들은 또한 "쉘라는 좋은 직업이 있고 돈을 많이 벌기 때문에 훌륭한 결혼상대가 될 것이다."라는 문장에서와 같이 경제학자가 소득이라고 부르는 것을 가리키는 데 돈이라는 용어를 사용한다. **소득**(income)은 일정 기간 동안 벌어들인 수입의 흐름(flow)이다. 반면 화폐는 주어진 시점에서 측정되는 스톡(stock) 변수이다. 만약 누군가가 자신의 소득이 1,000달러라고 말한다면 이 1,000달러를 1년 동안 번 것인지, 한 달 동안 번 것인지, 아니면 하루 동안 번 것인지 모르기 때문에 여러분은 그가 많이 벌었는지 적게 벌었는지 판단할 수 없을 것이다. 그러나 누군가가 주머니에 1,000달러가 있다고 말한다면 여러분은 그것이 얼마나 많은지 정확히 알 것이다.

이 책에서 논의하는 화폐는 재화와 서비스에 대한 지급이나 채무의 상환에서 일반적으로 받아들여지는 어떤 것이며, 화폐는 소득뿐만 아니라 재산과도 구별된다는 것을 상기하자.

2 화폐의 기능

조개, 바위, 금, 종이 등 어떤 형태를 띠더라도 화폐는 어떤 경제에서나 3가지 중요한 기능을 한다. 즉 화폐는 교환의 매개수단, 계산단위, 가치의 저장수단이다. 화폐가 주식, 채권, 주택 등 다른 자산과 구별되는 것은 교환의 매개수단으로서 기능하기 때문이다.

2.1 교환의 매개수단

경제의 거의 모든 시장거래에서 현금이나 수표 형태의 화폐는 **교환의 매개수단**(medium of exchange)이다. 즉 화폐는 재화와 서비스에 대한 지급을 하는 데 사용된다. 교환의 매개수단으로서 화폐를 사용하는 것은 재화와 서비스의 교환에 걸리는 시간을 최소화해주기 때문에 경제의 효율성을 증대시킨다. 그 이유를 알기 위해 화폐 없이 재화와 서비스를 다른 재화 및 서비스와 직접 교환하는 물물교환 경제(barter economy)에 대해 살펴보자.

경제학 강의라는 일만 잘하는 경제학 교수 엘렌의 경우를 들어보자. 물물교환 경제에서 엘렌이 뭔가 먹고 싶다면 그녀가 원하는 식량을 생산할 뿐만 아니라 경제학을 배우려는 농부를 찾아야 한다. 예상할 수 있듯이 이러한 탐색은 어렵고 시간이 많이 소비될 것이다. 엘렌은 가르치는 데 쓰는 시간보다 경제학을 배우려는 농부를 찾는 데 더 많은 시간을 쓰게 될 것이다. 엘렌이 강의를 중단하고 스스로 농사를 짓는 것도 가능하다. 그렇다고 할지라도 엘렌은 여전히 굶어 죽을지도 모른다.

재화와 서비스를 교환하는 데 쓰는 시간을 거래비용(transaction cost)이라고 부른다. 물물교환 경제에서 사람들은 '욕구의 쌍방 간 일치'(double coincidence of wants)를 충족시켜야 하기 때문에 거래비용이 많이 든다. 즉 욕구의 쌍방 간 일치란 자신이 원하는 재화나 서비스를 갖고 있으면서 동시에 자신이 제공하는 재화나 서비스를 원하는 상대방을 찾아야 한다는 것을 의미한다.

엘렌의 세계에 화폐를 도입할 경우 어떤 일이 벌어지는지 살펴보자. 엘렌은 그녀의 강의를 듣기 위해 돈을 낸 사람에게 경제학을 가르치면 된다. 그리고 엘렌은 아무 슈퍼마켓에 가서 그 돈으로 필요한 식품을 살 수 있다. 욕구의 쌍방 간 일치 문제는 사라지고 엘렌은 시간을 많이 절약할 수 있다. 그리고 엘렌은 이렇게 절약한 시간을 그녀가 가장 잘하는 강의를 하는 데 쓸 수 있을 것이다.

이 예에서 알 수 있듯이 화폐는 재화와 서비스를 교환하는 데 걸리는 시간을 절약해주고, 사람들이 가장 잘할 수 있는 일에 특화하도록 함으로써 경제의 효율성을 높인다. 그러므로 화폐는 경제에 필수적이다. 즉 화폐는 거래비용을 낮춰 전문화와 분업을 촉진시킴으로써 경제가 보다 원활히 돌아가도록 해주는 윤활유이다.

화폐의 필요성은 너무나 커서 가장 원시적인 사회를 제외한 거의 모든 사회에서 화폐가 발명됐다. 어떤 상품이 화폐로서 효과적으로 기능하기 위해서는 몇 가지 기준을 충족해야 한다. 즉 (1) 화폐는 표준화가 용이해서 그 가치를 쉽게 구별할 수 있어야 한다. (2) 화폐는 널리 받아들여져야 한다. (3) 화폐는 가치를 나눌 수 있어서 '잔돈으로 바꾸기'가 쉬워야 한다. (4) 화폐는 갖고 다니기 쉬워야 한다. (5) 화폐는 빠르게 가치가 떨어지지 않아야 한다. 이러한 기준을 만족시키는 화폐의 형태는 인류 역사를 통해 아메리카 원주민이 사용한 웜펌(wampum, 조가비 염주)부터 초기 아메리카 식민지 개척자가 사용한 타바코와 위스키, 그리고 제2차 세계대전 중 포로수용소에서 사용된 담배까지 이상한 형태가 많다.[1] 오랜 세월 동안 진화된 화폐의 다양한 형태는 도구와 언어의 발전과 함께 인류가 가진 창의력의 증거라 할 수 있다.

2.2 계산단위

화폐는 **계산단위**(unit of account)로 사용된다. 즉 화폐는 경제적 가치를 측정하는 데 사용된다. 파운드로 무게를 측정하거나 마일로 거리를 측정하듯이 화폐로 재화와 서비스의 가치를 측정한다. 이 기능의 중요성을 알기 위해 화폐가 이러한 기능을 수행하지 않는 물물교환 경제를 다시 살펴보자. 만약 경제에 복숭아, 경제학 강의, 영화라는 3개의 재화만 있다면 우리는 이들을 서로 어떻게 교환할지 알려주는 3개의 가격만 알면 된다. 즉 경제학 강의로 표시한 복숭아의 가격(복숭아를 사기 위해 경제학 강의를 몇 개 해줘야 하는지 나타냄), 영화로 표시한 복숭아의 가격, 영화로 표시한 경제학 강의의 가격을 알면 된다. 만약 10개의 재화가 있다면 서로 교환하기 위해 45개의 가격을 알 필요가 있다. 그리고 100개의 재화가 있다면 4,950개의 가격, 1,000개의 재화가 있다면 499,500개의 가격이 필요하다.[2]

물물교환 경제에서 1,000개의 품목이 선반에 놓여 있는 슈퍼마켓에서 쇼핑하는 것이 얼마나 어려운지 상상해보라. 만약 닭고기 1파운드의 가격이 버터 4파운드로 표시돼 있고, 생선 1파운드의 가격이 토마토 8파운드로 표시돼 있다면 닭고기와 생선 중 어느 것을 선택하는 것이 더 잘 사는 것인지 결정해야 한다. 가격 비교가 가능하려면 각 품목의 정가표에는 999개의 서로 다른 가격이 표시돼야 한다. 그리고 이 가격들을 읽는 데 많은 시간이 걸리므로 매우 큰 거래비용이 초래된다.

이 문제의 해결책은 경제에 화폐를 도입해 모든 가격을 화폐단위로 표시하는 것이다. 그러면 경제학 강의, 복숭아, 영화의 가격을 달러로 표시할 수 있다. 경제에 3개의 재화만 있다면 이러한 방법은 물물교환 경제에 비해 그리 큰 장점이 되지 않을 것이다. 왜냐하면 화폐경제에서도 거래를 위해 3개의 가격이 필요하기 때문이다. 그러나 10개의 재화가 있다면 10개의 가격만이 필요하고, 100개의 재화에는 100개의 가격만이 필요할 것이다. 1,000개의 품목이 있는 슈퍼마켓에서 우리는 이제 499,500개의 가격이 아니라

1) 제2차 세계대전 중 포로수용소에서 개발된 화폐에 관한 매우 흥미 있는 논문으로는 R. A. Radford, "The Economic Organization of a P.O.W. Camp," *Economica* 12 (November 1945): pp. 189–201을 들 수 있다.

2) N개의 재화가 있을 때 거래에 필요한 가격의 개수를 알려주는 공식은 N개의 항목이 있을 때 2개씩 쌍을 이루는 개수를 알려주는 공식 $\frac{N(N-1)}{2}$과 같다. 예를 들어 10개의 재화가 있는 경우 $\frac{10(10-1)}{2} = \frac{90}{2} = 45$의 개수가 필요하다.

1,000개의 가격만 살펴보면 된다!

화폐를 계산단위로 사용하면 따져봐야 할 가격의 개수가 감소함으로써 경제의 거래비용을 낮춘다는 것을 알 수 있다. 화폐의 이러한 기능으로 얻는 이득은 경제가 복잡해질수록 증가한다.

2.3 가치의 저장수단

화폐는 **가치의 저장수단**(store of value)으로도 기능한다. 즉 화폐는 시간을 두고 구매력을 저장하는 수단이다. 가치의 저장수단이란 소득을 수령한 시점부터 소득을 지출하는 시점까지 구매력을 저장하는 데 화폐가 사용된다는 것을 말한다. 사람들은 대부분 소득을 받는 즉시 지출하지 않고 쇼핑할 시간이나 욕구가 생길 때까지 기다리기 때문에 화폐의 이러한 기능은 유용하다.

화폐만이 가치 저장의 유일한 수단은 아니다. 화폐, 주식, 채권, 토지, 주택, 예술품, 보석 등 어떤 자산이라도 재산을 축적하는 데 사용할 수 있다. 이러한 많은 자산은 가치의 저장수단으로서 화폐보다 우수하다. 즉 이들 자산은 화폐보다 높은 이자율을 소유자에게 안겨주고, 그 가격이 상승하기도 하며, 안식처와 같은 서비스를 제공하기도 한다. 그렇다면 사람들은 왜 화폐를 보유하는가?

이 질문의 답은 **유동성**(liquidity)이라는 중요한 경제적 개념과 관련돼 있다. 유동성이란 자산이 상대적으로 얼마나 쉽고 빠르게 교환의 매개수단으로 전환되는지를 나타낸다. 유동성은 매우 바람직한 것이다. 화폐는 그 자체로서 교환의 매개수단이기 때문에 가장 유동성이 높은 자산이다. 즉 구매를 위해 화폐를 다른 자산으로 전환할 필요가 없다. 그러나 다른 자산은 화폐로 전환될 때 거래비용이 발생한다. 예를 들어 주택을 팔 때 보통 매매가의 4~6%의 중개수수료를 지급해야 한다. 그리고 청구서 대금을 즉시 지급하기 위해 현금이 필요하여 주택을 급히 팔아야 한다면 낮은 가격에 만족해야 한다. 화폐는 가장 유동성이 높은 자산이기 때문에 가치의 저장수단으로 가장 매력적이지 않을지라도 사람들은 기꺼이 화폐를 보유한다.

화폐가 가치의 저장수단으로서 얼마나 좋은지는 물가수준에 달려 있다. 예를 들어 모든 가격이 2배가 되면 화폐의 가치는 반으로 줄고, 가격이 반값이 되면 화폐의 가치는 2배가 된다. 인플레이션 중에 물가수준이 급속히 상승할 때 화폐의 가치는 급속히 하락한다. 그러면 사람들은 화폐의 형태로 자신의 재산을 보유하기를 꺼릴 것이다. 이러한 현상은 인플레이션율이 월 50%가 넘는 급속한 인플레이션인 **하이퍼인플레이션**(hyperinflation) 기간 중에 특히 해당된다.

하이퍼인플레이션은 제1차 세계대전 후 독일에서 발생했는데, 인플레이션율이 종종 월 1,000%를 초과했다. 1923년 하이퍼인플레이션이 끝날 때까지 물가수준은 2년 전에 비해 300억 배 이상 상승했다. 가장 기본적인 품목을 구입하기 위해서도 과도한 양의 화폐가 필요했다. 예를 들어 하이퍼인플레이션이 끝날 무렵 빵 한 덩어리를 사기 위해서는 현금이 손수레 가득 필요했다는 이야기가 있다. 화폐가치가 너무 급속히 떨어져서, 화폐가 쓸모없게 되기 전에 노동자가 임금을 지출할 수 있도록 임금 지급과 휴식시간이 하루에도 몇 번씩 주어졌다. 아무도 화폐를 보유하려고 하지 않았기 때문에 거래를 하는 데 화폐의 사용량은 줄어들었으며 물물교환이 더욱 만연했다. 거래비용이 치솟았으며 예상하는 바와 같이 경제의 산출량도 급속히 감소했다.

3 지급결제시스템의 진화

화폐의 기능과 시대에 따른 화폐 형태의 변화를 보다 잘 이해하기 위해, 경제에서 거래를 수행하는 수단인 **지급결제시스템**(payment system)의 진화에 대해 살펴보자. 지급결제시스템과 이에 수반되는 화폐의 형태는 수 세기에 걸쳐 진화했다. 어떤 시기에는 금과 같은 귀금속이 주된 지급결제수단으로 사용됐으며, 화폐의 주요 형태였다. 그 후 수표와 현금 같은 지폐자산(paper asset)이 지급결제시스템에서 사용되기 시작했으며, 화폐로 간주됐다. 지급결제시스템이 어디로 향해 갈 것인가는 미래에 화폐를 어떻게 정의하는가와 중요하게 연관돼 있다.

3.1 상품화폐

지급결제시스템이 어디로 향하는가에 대한 통찰을 얻기 위해 지급결제시스템의 진화 과정을 살펴볼 필요가 있다. 어떤 물건이 화폐로서 기능하기 위해서는 사람들에게 일반적으로 받아들여져야 한다. 즉 재화와 서비스에 대한 지급 시에 모든 사람이 그것을 기꺼이 받아야만 한다. 확실히 모든 사람에게 가치가 있는 물건은 화폐로서 기능할 수 있는 후보이다. 금이나 은과 같은 귀금속이 화폐로 선택되는 것은 당연하다. 귀금속이나 다른 가치 있는 상품으로 구성된 화폐를 **상품화폐**(commodity money)라고 부른다. 고대부터 수백 년 전까지 가장 원시적인 시대를 제외한 모든 사회에서 상품화폐는 교환의 매개수단으로서 기능했다. 귀금속에만 의존하는 지급결제시스템의 문제점은 그러한 형태의 화폐가 너무 무겁고 이동이 어렵다는 것이다. 동전만 갖고 물건을 사야 할 경우 주머니에 날 구멍들을 상상해보라. 어마어마한 주택을 구입할 경우 화폐를 운반하기 위해 트럭을 빌려야 할 것이다.

3.2 법화

지급결제시스템의 다른 발전 형태는 교환의 매개수단으로서 기능하는 종이, 즉 지폐(paper currency)이다. 최초에 지폐는 주화나 귀금속으로 전환될 수 있는 보증이 있었다. 그러나 화폐는 법적인 화폐(이는 법적으로 채무의 지급수단으로서 받아들여져야 한다는 것을 의미함)로서 정부가 통용을 선언한 지폐인 **법화**(fiat money)로 진화했다. 법화는 주화나 귀금속으로 전환되지 않는다. 지폐는 주화나 귀금속보다 매우 가볍다는 것이 장점이다. 그러나 지폐는 발행기관이 신뢰성 있고 충분히 발전된 인쇄기술을 갖추고 있어 위조가 지극히 어려운 경우에만 교환의 매개수단으로서 기능할 수 있다. 지폐는 법적인 약속으로 진화됐기 때문에 각 국가는 자신이 사용할 지폐의 형태를 원하는 대로 바꿀 수 있다. 유럽 국가들이 2002년에 자국의 화폐를 포기하고 유로를 채택한 사례가 이에 해당한다.

지폐와 주화의 중요한 단점은 쉽게 도난당할 수 있고, 부피 때문에 많은 양을 운반하는 데 비용이 많이 든다는 것이다. 이러한 문제에 대처하기 위해 현대 은행제도의 발달 과정에서 발명된 것이 수표(check)이며 이를 통해 또 한 번 지급결제시스템의 진화가 이룩됐다.

3.3 수표

수표란 상대방이 수표를 입금할 때 거래은행에게 수표를 발행한 사람의 은행계좌에서 상대방의 은행계좌로 자금을 이전시킬 것을 지시하는 수단이다. 수표는 많은 양의 화폐를 운송할 필요 없이 거래를 가능하게 해준다. 수표의 도입은 지급결제시스템의 효율성을 증대시키는 중요한 혁신이었다. 흔히 지급하고 지급받는 금액은 서로 상쇄된다. 따라서 수표가 없다면 이러한 거래에는 많은 양의 화폐가 이동해야 할 것이다. 그러나 수표가 있다면 서로 상쇄되는 지급액은 수표들을 상계 처리하여 결제할 수 있으므로 화폐의 이동이 필요 없다. 따라서 수표의 사용으로 지급결제시스템과 관련된 거래비용이 감소하고 경제의 효율성이 증대된다. 수표의 또 다른 장점은 계좌의 잔액한도 내에서 어떠한 금액으로도 수표를 발행할 수 있기 때문에 큰 금액의 거래를 용이하게 해준다는 것이다. 수표는 도난으로 인한 손실을 상당히 줄일 수 있고, 구매에 대한 영수증의 기능을 한다는 장점이 있다.

그러나 수표에 근거한 지급결제시스템에는 2가지 문제점이 있다. 첫째, 수표를 한 지역에서 다른 지역으로 운송하는 데는 시간이 걸린다. 수표를 빨리 현금화하려는 다른 지역의 사람에게 수표를 지급할 경우 이는 특히 심각한 문제이다. 더구나 당좌예금이 개설돼 있는 경우 입금한 수표를 현금화해 사용하는 데는 종종 몇 영업일이 걸린다. 수표를 빨리 현금화할 필요가 있다면 수표 지급의 이러한 특징은 실망스러운 것이다. 둘째, 수표를 처리하는 데 필요한 장표 분류작업에는 비용이 많이 든다. 현재 미국에서 발행된 모든 수표를 처리하는 비용은 1년에 100억 달러 이상으로 추산된다.

3.4 전자지급결제수단

저렴한 컴퓨터가 개발되고 인터넷이 확산됨에 따라 오늘날 청구서 대금을 전자적으로 지급하는 데 따르는 비용이 크게 낮아졌다. 과거에는 대금을 지급하기 위해 수표를 우편으로 보내야 했지만, 오늘날 은행들은 웹사이트를 제공함으로써 클릭 몇 번으로 지급액을 전송할 수 있다. 따라서 우표요금을 절약하는 것은 물론 대금 지급이 쉬워졌다. 은행이 제공하는 전자지급결제시스템은 대금을 지급하기 위해 로그온하는 단계조차 필요 없다. 대신 반복적으로 지급할 대금은 자동으로 은행계좌에서 빠져나간다. 대금이 수표 대신 전자적으로 지급될 경우 수표 한 건과 비교하여 1달러 이상의 비용 절감이 예상된다. 따라서 전자지급은 미국에서 상당히 보편화됐다.

3.5 전자화폐

전자지급기술의 발달로 오직 전자적인 형태로만 존재하는 **전자화폐**(electronic money 또는 e-money)는 수표를 대체할 뿐만 아니라 현금도 대체할 수 있다. 전자화폐의 첫째 형태는 직불카드(debit card)이다. 신용카드와 비슷한 형태의 직불카드는 소비자의 은행계좌에서 상인의 은행계좌로 자금을 전자적으로 이전시키면서 소비자가 재화와 서비스를 구매할 수 있게 해준다. 직불카드는 신용카드를 받는 곳에서 대부분 사용되며, 현재 직불카드의 사용이 현금보다 더 빨리 처리되고 있다. 예를 들어 슈퍼마켓에서 계산대에 설치돼 있는 카드판독기에 직불카드를 통과시키고 버튼을 누르면 구매액이 여러분의 은행계좌에서 빠져나간다. 은행과 카드회사(비자와 마스터카드 등)는 대부분 직불카드를 발행하며, ATM카드도 일반적으로 직불카드의 기능을 할 수 있다.

전자화폐의 보다 발전된 형태는 가치저장카드(stored-value card)이다. 가장 간단한 형태의 가치저장카드는 선불 전화카드와 같이 소비자가 현장에서 지급할 수 있는 것으로서 정액 단위로 구입할 수 있다. 보다 정교한 형태의 가치저장카드는 **스마트카드**(smart card)로 알려져 있다. 이 카드는 필요할 때 소유자의 은행계좌로부터 현금을 충전시킬 수 있게 해주는 컴퓨터 칩이 내장되어 있다. 일본과 한국 등 아시아 국가에서 현재 사용되는 휴대폰에는 '휴대폰으로 결제하라'는 표현과 같이 스마트카드 기능이 있다. 스마트카드는 ATM, 스마트카드 판독기가 붙어 있는 PC, 특수장치가 부착된 전화기 등에서 충전할 수 있다.

전자화폐의 셋째 형태는 인터넷에서 재화와 서비스를 구매하는 데 사용하는 **전자현금**(e-cash)이다. 소비자는 인터넷을 통해 은행계좌를 설치함으로써 전자현금을 가질 수 있다. 전자현금으로 물건을 사고자 할 때 웹사이트에 있는 상점들을 둘러보면서 특정 품목에 대해 '구매'(buy) 옵션을 클릭하면 전자현금이 자동으로 구매자의 컴퓨터에서 상인의

FYI 우리는 현금 없는 사회를 향해 나아가고 있는가?

현금 없는 사회에 대한 예측들은 수십 년간 있어왔으나 결실을 맺지 못하고 있다. 예를 들어 *비즈니스 위크*는 1975년에 전자지급결제수단이 곧 화폐의 정의 자체에 일대 혁명을 가져올 것이라고 예측했으나, 불과 몇 년 후에 예측을 번복했다. 스마트카드를 이용해 소비자가 전자화폐를 사용하도록 하는 최근의 시범사업은 성공적이지 못했다. 1995년 영국에서 시행된 몬덱스(Mondex)는 널리 권장된 가치저장카드의 초기 형태인데, 이는 몇몇 영국 대학 캠퍼스에서만 사용됐다. 독일과 벨기에에서는 수백만 명이 전자화폐로 이용할 수 있도록 컴퓨터 칩이 내장된 은행 카드를 지니고 있으나 거의 사용하지 않고 있다. 왜 현금 없는 사회로 이행하는 것이 이렇게 더딘가?

전자화폐는 장표에 근거한 지급결제시스템보다 편리하고 효율적이지만, 장표시스템이 사라지는 것을 막는 몇 가지 요인이 있다. 첫째, 전자화폐가 압도적인 지급결제수단이 되는 데 필요한 컴퓨터, 카드판독기, 통신 네트워크의 설치에 비용이 많이 든다. 둘째, 전자지급결제수단은 보안의 문제와 프라이버시 침해의 우려가 있다. 우리는 종종 매스컴에서 인가받지 않은 해커가 컴퓨터의 데이터베이스에 접근하여 거기에 저장된 정보를 변경했다는 보도를 듣는다. 이는 보기 드문 사건이 아니기 때문에 비양심적인 사람들은 전자지급결제시스템으로 은행계좌에 접근해 다른 사람의 계좌에서 자신의 계좌로 자금을 이전시킬 수 있다. 이러한 부정행위를 방지하는 것은 쉬운 일이 아니다. 전혀 새로운 분야인 컴퓨터 사이언스는 보안 문제에 대처하는 과정에서 발전했다. 보다 큰 우려는 전자지급결제수단을 사용할 경우 구매 습관에 관한 많은 양의 개인정보가 포함된 전자적인 흔적이 남는다는 것이다. 정부, 고용주, 마케팅 담당자가 이러한 정보에 접근해 우리의 프라이버시를 침해할 우려가 있다.

이런 논의의 결론은 다음과 같다. 전자화폐의 사용은 미래에 확실히 증가할 것이지만, 마크 트웨인(Mark Twain)의 말을 달리 표현하면 "현금이 사라진다는 보도는 매우 과장된 것이다."

컴퓨터로 전송된다. 상인은 물건이 배송되기 전에 소비자의 은행계좌에서 상인의 은행계좌로 전송된 대금을 받을 수 있다.

전자화폐의 편리함 때문에 모든 지급이 전자적으로 이르어지는 현금 없는 사회로 신속히 이동할 것이라고 생각할 수도 있다. 그러나 [FYI] '우리는 현금 없는 사회를 향해 나아가고 있는가?'에서의 논의와 같이 이러한 현상은 발생하지 않았다.

4 통화량의 측정

화폐가 '재화와 서비스의 지급에서 일반적으로 받아들여지는 어떤 것'이라면 화폐의 정의는 사람들의 행위에 따라 달라진다는 것을 알 수 있다. 어떤 자산이 화폐가 되는 경우는 사람들이 지급할 때 그것을 다른 사람들이 받는다는 믿음이 있는 경우이다. 앞에서 본 바와 같이 금에서 지폐와 당좌예금까지 여러 자산은 수 세기에 걸쳐 이러한 역할을 수행했다. 바로 이런 이유로 행태적 정의는 어떤 자산이 경제에서 화폐로 간주돼야 하는지 알려주지 못한다. 그런데 통화량을 측정하기 위해서는 정확하게 어떤 자산이 이에 포함되는지를 알려주는 엄밀한 정의가 필요하다.

4.1 연준의 통화량 지표

통화정책을 책임지는 미국의 중앙은행인 연방준비제도(연준)는 통화량 지표를 어떻게 정의할지에 대한 많은 연구를 수행했다. 광범위한 금융혁신으로 통화량에 포함될 새로운 금융상품이 출현함에 따라 통화량의 측정 문제는 최근에 더욱 중대해졌다. 1980년 이후 연준은 통화량 지표를 여러 번 수정했으며 다음의 통화지표로 결정했다. 이를 **통화량**(monetary aggregate)이라고 한다([표 1]과 다음의 [금융뉴스] '통화량 지표' 참조).

연준이 발표하는 가장 협의의 통화량 지표는 **M1**인데, 이는 가장 유동성이 높은 자산인 현금, 수표발행 예금, 여행자수표 등을 포함한다. M1의 구성요소는 [표 1]에 나타나 있다. M1의 구성요소 중 현금에는 비은행민간이 보유한 지폐와 동전만이 포함되며, ATM이나 은행금고에 보관된 현금은 포함되지 않는다. 놀랍게도 미국에서 개인당 3,000달러 이상의 현금이 유통되고 있다(다음의 [FYI] '미 달러는 어디에 있는가?' 참조). 여행자수표에는 은행이 발행하지 않는 여행자수표만이 포함된다. 요구불예금에는 이자를 지급하지 않는 기업의 당좌예금과 은행이 발행한 여행자수표가 포함된다. 기타 수표발행 예금에는 가계가 보유한 이자가 붙는 당좌예금 등 기타 모든 수표발행 예금이 포함된다. 이러한 자산은 교환의 매개수단으로 직접적으로 쓰이기 때문에 확실히 화폐라 볼 수 있다.

1970년대 중반까지 당좌예금의 개설은 은행에게만 허용됐으며 이자 지급이 허용되지 않았다. 그러나 금융혁신(제13장에서 자세히 논의됨)으로 규제가 완화되어 저축대부조

표 1 통화량 지표

	2011년 5월 16일 잔액(10억 달러)
M1 = 현금	958.8
+ 여행자수표	4.6
+ 요구불예금	573.1
+ 기타 수표발행 예금	399.0
M1 총계	1,935.5
M2 = M1	
+ 소액 정기예금	848.3
+ 저축예금과 MMDA	5,530.4
+ MMF 지분(소매)	688.4
M2 총계	9,002.6

자료 : www.federalreserve.gov/releases/h6/hist

금융뉴스 통화량 지표

매주 화요일 연준은 M1과 M2의 데이터를 H.6 보도자료로 공표하며 이 통계수치는 종종 매스컴에 보도된다. H.6 보도자료는 www.federalreserve.gov/releases/h6/current/h6.htm에서 살펴볼 수 있다.

합, 상호저축은행, 신용조합 등 다른 형태의 은행들이 당좌예금을 제공할 수 있게 됐다. 더구나 은행은 잔액에 이자를 지급하는 NOW계정과 ATS계정 등 다른 형태의 수표발행 예금을 제공할 수 있게 됐다.

M2는 M1에다가 유동성이 M1보다는 다소 낮은 다른 자산을 포함한다. 즉 MMDA나 MMF와 같은 수표발행이 가능한 자산, 저축예금과 소액 정기예금과 같이 매우 적은 비용으로 현금화가 가능한 여타 자산이 M2에 포함된다. 소액 정기예금은 확정만기에 수수료 없이 상환이 가능한 10만 달러 이하의 CD이다. 저축예금은 언제라도 입금하거나 인출할 수 있는 비거래용 계정이다. MMDA는 MMF와 유사하나 은행이 발행한다. MMF 지분은 가계가 수표를 발행할 수 있는 소매 계정이다.

경제학자와 정책당국은 어느 통화량이 최상의 통화지표인지 확신할 수 없기 때문에 통화량 지표들이 서로 유사한 움직임을 보이는지 따져봐야 한다. 이들 지표의 움직임이 유사하다면 미래의 경제성과를 예측하고 통화정책을 수행하는 데 아무 통화량 지표를 사용해도 결과는 동일할 것이다. 그리고 어떤 정책을 결정하는 데 적절한 통화량의 척도를 모르더라도 별 문제가 되지 않는다. 그러나 통화량 지표들이 상이한 움직임을 보인다면 화

FYI 미 달러는 어디에 있는가?

미국에서 1인당 3,000달러 이상을 보유한다는 것은 놀라운 사실이다. 미국 화폐는 부피가 크고, 도난 가능성이 높고, 이자가 붙지 않아서 많이 보유하는 것은 현명한 일이 아니다. 3,000달러의 현금을 주머니에 넣고 다니는 사람이 있을까? 우리는 이제 다음의 의문을 갖는다. 즉 이러한 달러는 어디에 있는가? 그리고 누가 이것들을 보유하는가?

범죄인들은 많은 현금을 보유하는 집단이다. 여러분이 불법거래를 한다면 추적이 가능하고 불리한 증거가 되는 수표를 사용하지 않을 것이다. 이러한 이유로 토니 소프라노(Tony Soprano)는 뒤뜰에 많은 현금을 보유한다. 추적이 잘 되지 않는 현금장사를 하는 사업체도 많은 현금을 보유할 것이다. 이를 통해 그들은 과세 근거가 되는 소득의 신고를 회피할 수 있다.

외국인들도 미 달러를 통상적으로 보유하는 그룹이다. 많은 국가에서 화폐가치를 떨어뜨리는 높은 인플레이션 때문에 사람들은 자국의 화폐를 신뢰하지 않는다. 이들 외국인은 이러한 인플레이션 위험을 헤지(hedge)하기 위해 미 달러를 보유한다. 예를 들어 러시아 화폐인 루블은 신뢰가 떨어져 러시아인들은 많은 양의 미 달러를 보유하고 있다. 미 달러의 절반 이상이 외국에서 보유된다.

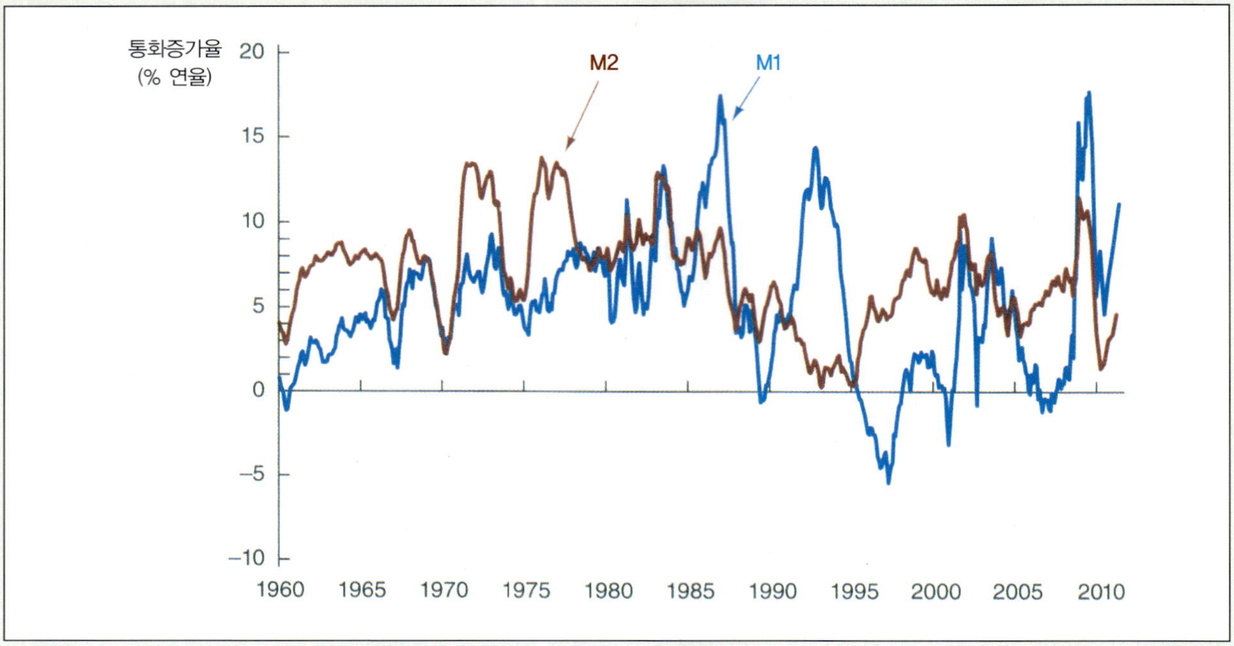

그림 1 M1과 M2의 증가율, 1960~2011년

M1과 M2 증가율의 상승과 하락의 시기가 대략적으로 유사하다. 그러나 1992~1994년과 2004~2007년의 시기에는 두 통화증가율의 움직임이 반대방향이기 때문에 통화정책의 방향에 대한 제안이 서로 상충될 수 있다.

자료 : Federal Reserve Economic Database(FRED); Federal Reserve Bank of Saint Louis; http://research.stlouisfed.org/fred2/categories/25

폐공급을 측정하는 데 있어서 통화량 지표들이 서로 다를 것이다. 이러한 상충된 이야기는 정책당국의 올바른 결정을 어렵게 하는 혼란스런 그림을 제공한다.

[그림 1]은 1960~2011년 중 M1과 M2의 증가율을 나타내고 있다. 이러한 2가지 통화증가율의 움직임은 유사한 경향을 보인다. 즉 1990년대까지는 2가지 통화증가율의 상승과 하락의 시기가 대략적으로 유사하며, 평균적으로 1970년대가 1960년대보다 높은 증가율을 보인다.

그러나 이들 통화량의 움직임에는 눈에 띄는 차이가 존재한다. 1992~1994년 중 M1의 높은 증가율과 M2의 훨씬 낮은 증가율을 대조해보자. 또한 2004~2007년 중 M2의 증가율은 약간 상승했으나 M1의 증가율은 급속히 하락해 음의 값을 보였다. 2009년에 M1의 증가율은 전년의 0%에 가까운 값에서 15% 이상으로 급등했으나, M2의 증가율은 비교적 완만했다. 따라서 상이한 통화지표는 최근의 통화정책 방향에 대해 상이한 이야기를 해준다.

[그림 1]의 데이터로부터 여러분은 하나의 정확하고 올바른 통화량 지표를 갖는 것이 중요하며, 정책당국과 경제학자가 진정한 척도로서 어떤 통화량 지표를 선택할 것인가가 중요함을 알 것이다.

요 약 SUMMARY

1 경제학자에게 화폐, 즉 돈이라는 용어는 소득이나 재산과는 다른 의미를 갖는다. 화폐는 재화와 서비스의 지급이나 부채의 상환에서 일반적으로 받아들여지는 어떤 것이다.

2 화폐는 3가지 중요한 기능을 한다. 즉 교환의 매개수단, 계산단위, 가치의 저장수단이다. 교환의 매개수단으로서의 화폐는 거래비용을 낮추고, 노동의 전문화와 분업을 촉진함으로써 물물교환 경제에서 발생하는 욕구의 쌍방간 일치 문제를 회피할 수 있다. 계산단위로서 화폐는 경제에 필요한 가격의 개수를 줄여줌으로써 거래비용을 절감시킨다. 화폐는 가치의 저장수단으로서도 기능하지만, 인플레이션으로 인해 가치가 급속히 떨어진다면 그 기능을 잘 수행할 수 없다.

3 지급결제시스템은 오랜 세월에 걸쳐 진화했다. 가장 원시적인 사회를 제외한 수백 년 전까지 거의 모든 사회의 지급결제시스템은 주로 귀금속에 의존했다. 지폐의 도입은 화폐의 운송비용을 낮췄다. 다음의 중요한 진보는 거래비용을 더욱 절감해주는 수표의 도입이다. 우리 사회는 현재 장표가 사라지고 모든 거래가 컴퓨터로 이루어지는 전자지급결제시스템을 향해 나아가고 있다. 이러한 시스템의 잠재적인 효율성에도 불구하고 현금 없는 사회로의 이행과 새로운 화폐 형태인 전자화폐의 개발을 더디게 하는 장애물이 존재하고 있다.

4 연준은 2가지 상이한 통화량 지표인 M1과 M2를 정의하고 있다. 이들 통화지표는 서로 상이하고 항상 같이 움직이는 것은 아니다. 따라서 정책당국이 이들 통화지표를 서로 대체해 사용할 수는 없다. 정확하고 올바른 통화량 지표를 갖는 것은 중요한 사항이며, 통화정책 수행에 영향을 미친다.

주요 용어 KEY TERMS

M1
M2
가치의 저장수단(store of value)
계산단위(unit of account)
교환의 매개수단(medium of exchange)
법화(fiat money)
상품화폐(commodity money)
소득(income)
스마트카드(smart card)
유동성(liquidity)
재산(wealth)
전자현금(e-cash)
전자화폐(electronic money(e-money))
지급결제시스템(payment system)
통화량(monetary aggregate)
하이퍼인플레이션(hyperinflation)
현금(currency)

연습문제 QUESTIONS

1 현금만을 화폐의 정의에 포함시키는 것이 부적절한 이유는 무엇인가?

2 감옥에서 담배는 종종 수감자들 사이에서 지급수단으로 쓰인다. 죄수가 담배를 피우지 않더라도 어떻게 담배가 욕구의 쌍방 간 일치 문제를 해결하는 것이 가능한가?

3 경제에 3명의 개인이 생산한 3개의 재화가 있다.

재화	생산자
사과	과수원 주인
바나나	바나나 재배자
초콜릿	초콜릿 생산자

과수원 주인은 바나나만 좋아하고, 바나나 재배자는 초콜릿만 좋아하고, 초콜릿 생산자는 사과만 좋아한다면, 물물교환 경제에서 이들 3명 사이에 거래가 발생할 것인가? 경제에 화폐가 도입되면 이들 생산자는 어떻게 이득을 얻을 수 있는가?

4 석기시대의 동굴 거주인은 왜 화폐가 필요하지 않았는가?

5 대부분의 경우 화폐의 3가지 기능을 분리하는 것은 매우 어렵다. 화폐는 언제나 3가지 기능을 수행한다. 그러나 종종 하나의 기능을 특별히 강조할 수 있다. 다음의 경우 화폐의 어떤 기능이 강조되는지를 판별하라.

a. 브룩은 돈으로 상품과 서비스를 구입하는 데 사용할 수 있음을 알기 때문에 사무실에서 일과를 수행하고 돈을 받았다.

b. 팀은 오렌지와 사과의 상대적 가치를 계산하기 위해 화폐단위로 표시한 이들 과일의 파운드당 가격을 알아봤다.

c. 마리아는 현재 임신 중이다. 그녀는 미래에 지출이 늘 것을 예상하여 저축예금의 잔액을 늘리려 한다.

6 1994년 이전에 급속한 인플레이션을 겪은 브라질에서는 많은 거래가 자국화폐인 레알 대신 달러로 이루어졌다. 그 이유는 무엇인가?

7 1950년대 미국의 화폐는 1970년대보다 더 나은 가치의 저장수단이었는가? 그 이유는 무엇인가? 여러분은 어느 시기에 화폐를 더 보유하길 원하는가?

8 몇몇 경제학자가 하이퍼인플레이션 기간 중 화폐를 한 사람이 다른 사람에게 빨리 넘겨주는 것을 '뜨거운 감자'(hot potato)로 묘사한 이유는 무엇 때문인가?

9 19세기 미국인들은 수표의 부도 가능성을 알면서도 종종 금 대신 수표로 받으려 했던 이유는 무엇인가?

10 고대 그리스에서 포도주보다 금이 화폐의 자격조건을 갖춘 것은 무엇 때문인가?

11 인터넷으로 상품과 서비스를 구입하기 위해 PayPal 같은 온라인 결제시스템을 이용할 경우 M1과 M2에 어떤 영향을 미치는가?

12 다음 자산을 유동성이 높은 순서로 번호를 매겨라.

a. 당좌예금
b. 주택
c. 현금
d. 자동차
e. 저축예금
f. 주식

13 연준의 통화량 지표인 M1과 M2 중 어느 것이 가장 유동성이 높은 자산들로 구성돼 있는가? 어느 것이 광의의 통화지표인가?

14 '개인수표 받지 않음'이라고 표시한 상점을 발견하는 것은 드문 일이 아니다. 이러한 사실에 근거해 당좌예금과 현금의 유동성 정도를 상호 비교해 평가하라.

15 M1과 M2 중 어느 통화량 지표가 다음의 자산을 포함하는가?

a. 현금
b. MMF
c. 소액 정기예금
d. 수표발행 예금

16 여러분이 당좌예금에 있는 여유자금으로 수익을 올리려고 수표를 발행해 MMF 지분을 구입한다고 가정해

보자. 다른 조건이 일정할 때 이러한 행위가 M1과 M2에 미치는 효과를 평가하라.

17 2008년 9월 M1의 증가율은 0%였던 반면 M2의 증가율은 약 5%였다. 2009년 7월 M1의 증가율은 17%였고 M2의 증가율은 약 8%였다. 연준의 정책당국은 M1과 M2 증가율의 이러한 변동을 어떻게 해석해야 하는가?

18 어떤 연구자가 과거 20년간 미국 경제의 채무 총액이 M1 및 M2보다 인플레이션과 경기변동을 더 잘 예측할 수 있다는 사실을 발견했다고 가정해보자. 이러한 발견은 우리가 화폐의 정의를 경제의 채무 총액으로 해야 함을 의미하는가?

응용문제 *APPLIED PROBLEMS*

19 다음 표는 10억 달러 단위의 가상적인 수치를 보여준다.

a. 표를 이용하여 M1과 M2를 각각의 연도별로 구하라. 그리고 M1과 M2의 전년 대비 증가율을 구하라.

b. M1과 M2의 증가율이 다른 이유를 설명하라.

	2009년	2010년	2011년	2012년
A. 현금	900	920	925	931
B. MMF 지분	680	681	679	688
C. 저축예금	5,500	5,780	5,968	6,105
D. MMDA	1,214	1,245	1,274	1,329
E. 요구불예금과 당좌예금	1,000	972	980	993
F. 소액 정기예금	830	861	1,123	1,566
G. 여행자수표	4	4	3	2
H. 3개월 만기 재무부 증권	1,986	2,374	2,436	2,502

웹 연습문제 *WEB EXERCISES*

1 www.federalreserve.gov/releases/h6/Current/로 들어가라.

a. 과거 12개월 동안 M1과 M2의 증가율은 얼마인가?

b. 경제 상황에 대한 여러분의 지식으로부터 이러한 증가율은 경기확장적으로 보이는가, 긴축적으로 보이는가?

2 www.federalreserve.gov/로 들어가서 연준이 통화정책에 대해 기술한 것 중 하나의 주제를 선택해 간단히 요약하라.

참고 웹사이트 *WEB REFERENCES*

www.federalreserve.gov/paymentsystems/default.htm
연준의 지급결제시스템에 관해 수록함

www.federalreserve.gov/releases/h6/Current/
연준의 M1과 M2에 대한 통계를 수록함

PART 2

금융시장

위기와 대응 : 2008년 10월의 신용시장 혼란과 주식시장 붕괴

2007년 여름에 시작된 금융위기는 금융기관이 보유한 MBS(mortgage-backed security, 모기지 유동화증권)의 가치가 폭락하면서 눈사태처럼 전개되었다. 2008년 9월 29일 월요일 미 하원은 월스트리트에 구제금융을 지원하면 지역구 주민들이 분노할 것을 두려워해 부시 행정부가 제안한 7,000억 달러 규모의 구제금융안을 부결시켰다. 비록 그 구제금융안은 4일 후 결국 통과됐지만, 9월 29일의 구제금융안 부결 소식으로 인해 금융위기는 한층 더 맹렬한 기세로 확산됐다.

'안전자산 선호 현상'(flight to quality)으로 인해 3개월 만기 재무부 증권의 이자율은 거의 0% 수준으로 하락했다. 이렇게 낮은 이자율을 경험한 가장 가까운 사례는 1930년대의 대공황 때이다. 위험의 지표인 신용 스프레드는 천정부지로 치솟아, 재무부 증권(Treasury bill)의 이자율과 유로달러 이자율 간의 차이로 측정되는 TED (Treasury bill-to-Eurodollar rate) 스프레드가 금융위기 이전의 40 베이시스 포인트(basis point, bp), 즉 0.4% 포인트에서 10월 중순에는 역사상 최대치인 450 베이시스 포인트를 상회하기 시작했다. 주식시장은 이전의 급격한 하락세에 이어 더욱 폭락세를 보여, 2008년 10월 6일 월요일부터 약세로 시작된 주식시장은 결국 미국 역사상 최악의 주간 하락률을 기록하고 말았다.

최근의 금융위기는 금융시장이 얼마나 불안정할 수 있는가를 보여준다. 이런 불안정성으로 인해 금융소비자들은 대출을 받기 어렵게 되고, 집값이 떨어지고, 연금 계정의 가치가 감소하고, 실직의 가능성이 높아지는 등의 직접적인 피해를 입는다. 그렇다면, 금융시장의 붕괴에 대해 어떤 정책적 대응이 가능할까? 우리는 금융시장의 내적인 작동원리, 특히 이자율의 행태에 대해 분석함으로써 이 질문을 풀어나가기 시작할 것이다. 이에 제4장은 이자율이란 무엇인지, 그리고 이자율과 채권가격, 수익률 간의 관계를 설명한다. 제5장은 전반적인 이자율 수준이 어떻게 결정되는지를 검토한다. 제6장에서는 채권시장의 분석을 확대해 신용 스프레드의 변동, 장 · 단기 이자율 간의 관계를 설명한다. 제7장은 주식시장에서 기대(expectation)의 역할과 주식가격의 변동 요인을 살펴본다.

4 이자율에 대한 이해

PREVIEW

이자율은 경제에서 가장 주목받는 변수 가운데 하나다. 이자율의 움직임은 직접적으로 우리의 일상생활에 영향을 미치고 경제의 건실함을 유지하는 데 중대한 결과를 가져오기 때문에 언론매체를 통해 거의 매일 보도된다. 이자율은 개인들이 소비할 것인가, 저축할 것인가, 집을 살 것인가, 채권을 살 것인가, 아니면 예금할 것인가 등의 결정을 내리는 데 영향을 미친다. 또한 이자율은 공장의 새로운 장비에 투자할 것인가, 돈을 은행에 묻어둘 것인가 등 기업의 경제관련 의사결정에도 영향을 미친다.

화폐와 금융에 대해 공부하기에 앞서, *이자율*(interest rate)이란 용어의 의미를 정확히 이해하는 것이 중요하다. 이 장에서 *만기수익률*(yield to maturity)이 이자율을 측정하는 가장 정확한 개념임을 배운다. 경제학자들이 사용하는 이자율이란 바로 만기수익률을 의미한다. 여기서는 만기수익률이 어떻게 측정되는지 논의한다. 또한 채권투자를 통해 얻는 수익률은 반드시 이자율과 일치하는 것이 아니기 때문에, 채권의 이자율이 반드시 그 채권에 대한 투자 성과를 나타내는 지표가 아님을 배운다. 마지막으로 우리는 인플레이션을 조정한 실질이자율과 그렇지 않은 명목이자율을 구분한다.

비록 용어의 정의를 배우는 것이 항상 즐거운 과정은 아닐지라도 이 장에 제시된 개념들을 주의 깊게 읽고 이해하는 것이 무척 중요하다. 이들 개념은 이 책의 나머지 부분에서도 계속 사용될 뿐만 아니라, 이들 개념을 확실히 알면 이자율이 우리의 실생활과 경제 전반에서 어떤 역할을 수행하는지를 보다 분명히 이해할 수 있다.

1 이자율의 측정

각각의 금융상품은 저마다 서로 다른 시기에 서로 다른 금액의 **현금흐름**(cash flow)을 그 보유자에게 지급한다. 따라서 이자율을 측정하는 방식을 배우기 전에 어떤 금융상품의 가치를 다른 금융상품과 어떻게 비교할 것인지를 살펴봐야 한다. 이를 위해 우리는 현재가치라는 개념을 이용한다.

1.1 현재가치

현재가치(present value) 혹은 **현재할인가치**(present discounted value) 개념은 1년 후에 받을 1달러가 오늘 받는 1달러보다 가치가 작다는 일반 상식적인 인식에 기초한다. 이는 오늘 1달러를 은행에 저축하면 1년 후에는 이자를 합쳐 1달러 이상을 받게 되기 때문에 당연하다고 할 수 있다. 경제학자들은 이 절에서 설명하듯이 좀 더 논리 정연한 정의를 사용한다.

단순대출(simple loan)이라 불리는 가장 단순한 형태의 금융상품을 살펴보자. 이런 대출은 대출자가 차입자에게 원금(principal)에 해당되는 돈을 빌려주고 만기일(maturity date)에 이자를 추가하여 상환받는 형태이다. 예를 들어보자. 제인이라는 친구에게 100달러를 1년간 단순대출의 형태로 빌려주면서, 1년 후에는 원금 100달러에 이자 10달러를 덧붙여 상환받는다고 하자. 이런 단순대출의 경우, 이자를 대출원금으로 나누는 것이 이자율을 측정하는 자연스럽고 적절한 방식이다. 단순이자율(simple interest rate)이라 불리는 방식의 이자율 i는 다음과 같이 계산된다.

$$i = \frac{\$10}{\$100} = 0.10 = 10\%$$

이런 식으로 100달러를 대출해주면 1년 후 110달러를 받게 되는데, 이는 다음과 같이 계산할 수 있다.

$$\$100 \times (1 + 0.10) = \$110$$

그리고 다시 110달러를 빌려준다면 그 이듬해에 받게 되는 금액은 121달러가 된다.

$$\$110 \times (1 + 0.10) = \$121$$

즉

$$\$100 \times (1 + 0.10) \times (1 + 0.10) = \$100 \times (1 + 0.10)^2 = \$121$$

이런 식으로 계속하면 3년째 되는 해에는 133달러가 된다.

$$\$121 \times (1 + 0.10) = \$100 \times (1 + 0.10)^3 = \$133$$

이를 일반화하면, n년 후에 처음의 100달러는 다음과 같이 된다.

$$\$100 \times (1 + i)^n$$

지금 100달러를 빌려주고 받게 되는 금액은 다음과 같다.

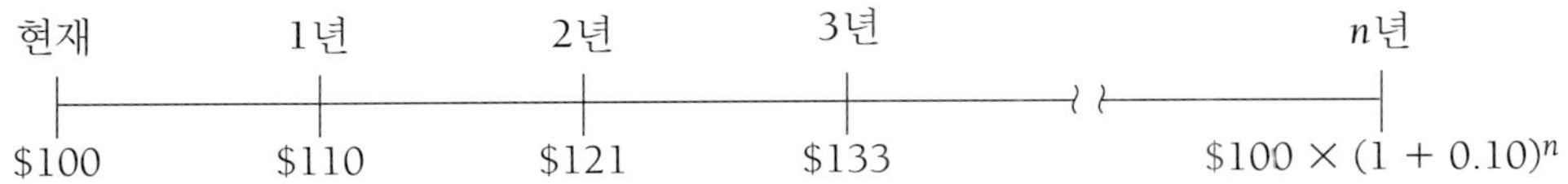

제인이 1년 후 확실히 돈을 갚을 것이란 전제하에서, 이 일정표에 의하면 현재의 100달러는 1년 후의 110달러만큼 가치 있음을 의미한다. 마찬가지로 현재의 100달러는 2년 후의 121달러, 3년 후의 133달러, 혹은 n년 후의 $100 \times (1+0.10)^n$달러만큼 가치를 지닌다. 위의 일정표를 역이용하면 미래에 받을 금액을 현재의 가치로 환산할 수도 있다. 예를 들면 3년 후의 133달러는 $\$133 = \$100 \times (1+0.10)^3$이므로, 현재의 100달러만큼 가치를 지닌다고 할 수 있다. 즉

$$\$100 = \frac{\$133}{(1 + 0.10)^3}$$

이와 같이 미래에 받을 현금흐름을 현재의 가치로 환산하는 과정을 미래를 할인한다(discounting the future)라고 한다. 이 과정을 일반화하여 현재의 100달러를 PV, 미래의 현금흐름 133달러를 CF, 10%의 이자율을 i라 놓으면 다음 공식을 도출할 수 있다.

$$PV = \frac{CF}{(1 + i)^n} \tag{1}$$

직관적으로 말하면, 식(1)은 여러분이 만약 10년 후에 1달러를 받기로 약속돼 있다면 그 돈의 가치는 현재의 1달러보다 작다는 것을 의미한다. 현재 갖고 있는 1달러를 저축하면 10년 후에는 1달러보다 더 큰 돈을 받을 수 있기 때문이다.

현재가치의 개념은 매우 유용하다. 어떤 금융상품을 보유하면서 미래에 받을 각각의 현금흐름에 대한 개별적인 현재가치를 모두 합하면 그 이자율 수준에서 금융상품의 지금 현재의 가치, 즉 현재의 가격을 계산할 수 있기 때문이다. 이러한 정보를 이용하면 미래의 서로 다른 시점에 일정 금액을 지급하는 두 금융상품의 가치를 서로 비교할 수 있게 된다.

응용

단순한 현재가치

만약 이자율이 15%라면, 2년 후에 받을 250달러의 현재가치는 얼마인가?

해답

현재가치는 189.04달러가 된다.

식 (1)을 이용하면

$$PV = \frac{CF}{(1+i)^n}$$

여기서

$$CF = \text{2년 후의 현금흐름} = \$250$$
$$i = \text{연 이자율} = 0.15$$
$$n = \text{만기까지 기간(년)} = 2$$

따라서

$$PV = \frac{\$250}{(1+0.15)^2} = \frac{\$250}{1.3225} = \$189.04$$

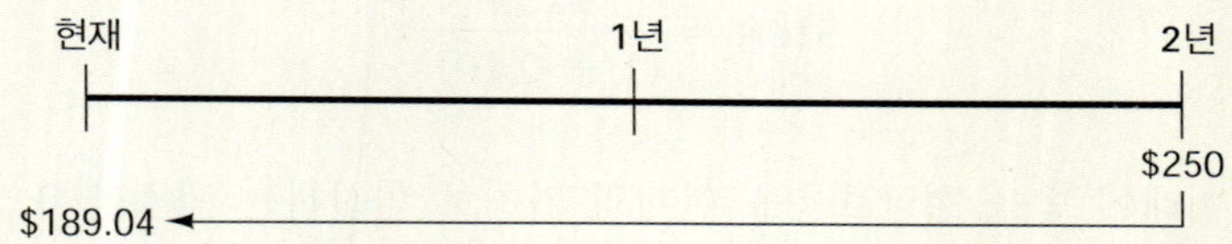

응용

복권의 가치는 얼마인가?

2,000만 달러 상금의 뉴욕 주 복권에 당첨됐다고 가정해보자. 그런데 그 당첨금은 매년 100만 달러씩 앞으로 20년간 지급된다고 한다. 당첨된 사실은 분명 흥분할 만한 일이지만, 내가 정말 2,000만 달러를 번 것일까?

해답

아니다. 현재가치의 관점에서 볼 때 그렇지 않다. 당첨금 2,000만 달러는 현재의 금액으로 환산하면 훨씬 작은 금액이 된다. 처음 예에서와 같이 이자율이 10%라 가정하면, 오늘 첫 번째로 지급되는 100만 달러는 분명 100만 달러의 가치가 있겠지만, 1년 후에 지급되는 100만 달러의 가치는 100만 달러보다 적은 $\$1,000,000/(1+0.10) = \$909,090$에 불과하다. 그리고 그다음 해에 지급되는 100만 달러는 $\$1,000,000/(1+0.10)^2 = \$826,446$의 현재가치만을 갖는다. 20년 동안의 이들 금액을 모두 합하면 940만 달러가 된다. 여전히 누구라도 흥분할 만큼 큰 금액이지만, 현재가치의 관점에서 보면 우리는 잘못된 광고의 희생자임을 알 수 있다. 현재가치로 말하면, 정말로 2,000만 달러를 받는 것이 아니라 그 절반도 안 되는 당첨금을 받는 것이다.

1.2 신용시장 금융상품의 4가지 유형

신용시장에서의 금융상품은 현금흐름의 지급 시점에 다라 크게 4가지 유형으로 분류된다.

1. 단순대출은 앞에서 논의한 것처럼 대부자가 차입자에게 일정 금액을 대출하면, 차입자는 만기일에 이자를 덧붙여 원리금을 지급한다. 예를 들어 기업에 대한 상업대출과 같이 단기금융시장의 많은 금융상품은 이러한 단순대출의 형태를 띤다.
2. **균등상환대출**(fixed-payment loan, 또는 fully amortized loan)은 대출금을 받은 차입자가 매월 또는 매 기간 일정한 상환액을 대부자에게 지급하는 방식으로, 그 상환액은 이자와 원금의 일부분으로 구성된다. 예를 들어 균등상환대출로 1,000달러를 빌리면 25년간 매년 126달러씩 내는 방식이다. 자동차 대출과 같은 할부금융이나 모기지(mortgage, 주택저당대출)가 균등상환대출 방식을 취하곤 한다.
3. **이표채**(coupon bond)는 채권 소유자에게 만기까지 매년 정해진 금액의 이자(이표)를 지급하고 만기일에 **액면가**(face value 또는 par value)에 해당하는 약정금액을 최종적으로 지급한다. 이표채라는 명칭은 과거 채권 소유자가 채권에서 이표(coupon)를 떼어내어 채권 발행자에게 제시하고 이자를 받았던 데서 유래한다. 그러나 현재는 이자를 받으려고 채권 발행자에게 이표를 제시할 필요는 없다. 이표채의 예를 들면, 액면가 1,000달러의 이표채는 매년 100달러씩 10년간 이표를 지급하고 만기일에 액면가 1,000달러를 지급한다(미국에서 채권의 액면가는 대개 1,000달러 단위로 증가한다).

   각각의 이표채는 다음 4가지 정보에 의해 서로 구별된다—① 채권의 액면가, ② 채권을 발행하는 기업(혹은 정부기관), ③ 채권의 만기일, ④ 채권의 액면가 대비 연간 이표 지급액의 비율로 측정되는 **이표율**(coupon rate). 앞의 예에서 이표채는 액면가가 1,000달러이고 매년 100달러의 이표를 지급하고 있다. 따라서 이표율은 \$100/\$1,000 = 0.10, 즉 10%가 된다. 이표채의 예는 중 · 장기 재무부 채권, 회사채와 같은 자본시장의 금융상품 등이다.
4. **할인채**(discount bond)는 **무이표채**(zero-coupon bond)라고도 하는데, 액면가 이하의 할인된 가격으로 판매하고 나서 만기일이 되면 액면가를 지급하는 채권이다. 이표채와 달리 할인채는 이자 없이 액면가만을 지급한다. 예를 들면 액면가 1,000달러의 할인채는 지금 900달러에 팔리며, 1년 후 채권 소유자에게 액면가 1,000달러를 지급한다. 할인채의 예로는 단기 재무부 증권, 저축채권, 장기 무이표채를 들 수 있다.

이들 4가지 유형의 금융상품은 현금흐름의 지급 시점이 서로 다르다. 단순대출과 할인채는 만기일에 단 한 번 지급하며, 균등상환대출과 이표채는 만기일까지 주기적으로 지급한다. 그렇다면 더 많은 소득을 가져다주는 금융상품을 어떻게 판별할 것인가? 이 문제를 풀기 위해서는 앞에서 설명한 현재가치의 개념을 이용해 서로 다른 유형의 금융상품에 대한 이자율을 측정해야 한다.

1.3 만기수익률

이자율을 계산하는 여러 방식 가운데 가장 중요한 것이 **만기수익률**(yield to maturity)이다. 만기수익률이란 금융상품이 미래에 지급하는 현금흐름의 현재가치를 지금 현재의 가격과 일치시키는 이자율이다.[1] 만기수익률 계산의 기초가 되는 개념은 경제학적으로 타당한 의미를 지니기 때문에 경제학자들은 만기수익률이 이자율을 측정하는 가장 정확한 방식이라 인정한다.

만기수익률을 보다 잘 이해하기 위해 신용시장 금융상품의 4가지 유형에 대해 각각 만기수익률이 어떻게 계산되는지 살펴보기로 한다. 이들 각 예에서 만기수익률의 계산 과정을 이해하기 위한 핵심은 어떤 금융상품이 미래에 지급하는 모든 현금흐름의 현재가치를 그 금융상품의 지금 현재의 가격과 일치시키고 있다는 점이다.

단순대출 현재가치의 개념을 이용해 단순대출에 대한 만기수익률을 구하는 것은 어렵지 않다. 앞서 논의한 1년 만기 대출에서 지금 현재의 가격은 100달러이며, 1년 후 지급액은 원금 100달러와 이자 10달러를 합해 110달러이다. 이들 정보를 이용해 지금 현재의 가격과 미래 지급액의 현재가치를 일치시키는 만기수익률 i를 구할 수 있다.

응용 **단순대출의 만기수익률**

만약 피트가 그의 누이로부터 지금 100달러를 빌리고 1년 후에 110달러를 갚기로 한다면 이 경우 만기수익률은 얼마인가?

해답

만기수익률은 10%이다.

$$PV = \frac{CF}{(1 + i)^n}$$

여기서 PV = 빌린 금액 = \$100

1) 문맥에 따라서는 내부수익률(internal rate of return)이라고도 한다.

$$CF = \text{1년 후의 현금흐름} = \$110$$
$$n \;\; = \text{만기까지 기간(년)} \;\; = 1$$

따라서

$$\$100 = \frac{\$110}{(1+i)}$$
$$(1+i) \times \$100 = \$110$$
$$(1+i) = \frac{\$110}{\$100}$$
$$i = 1.10 - 1 = 0.10 = 10\%$$

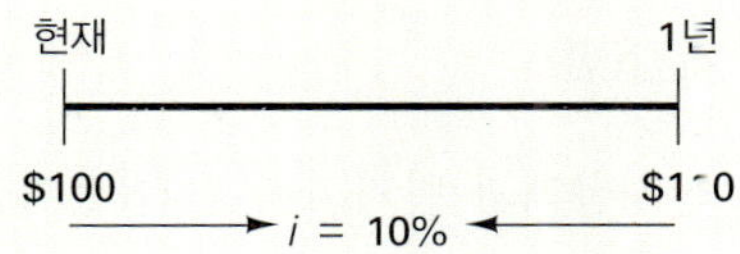

만기수익률의 이런 계산 방식은 낯익은 것이다. 이는 이자지급액 10달러를 원금 100달러로 나눈 것과 같으며, 따라서 대출에 대한 단순이자율과 같기 때문이다. 여기서 알아둘 중요한 점은, 단순대출의 경우 단순이자율과 만기수익률이 서로 같다는 것이다. 따라서 i라는 동일한 기호가 만기수익률과 단순이자율을 표시하는 데 모두 사용된다.

균등상환대출 균등상환대출이란 만기까지 매 기간 일정액의 현금흐름을 지급하는 대출 유형임을 기억할 것이다. 예컨대 고정이자율 모기지에서 차입자는 그 대출금을 완전히 상환하는 만기일까지 은행에 매달 일정 금액을 지급한다. 균등상환대출에 대한 만기수익률을 계산할 때도 단순대출에서 사용한 원리가 똑같이 적용된다. 즉 현재의 가격을 미래 현금흐름의 현재가치와 일치시키는 것이다. 그런데 균등상환대출은 한 번 이상의 현금흐름을 지급하기 때문에 그 현재가치는 각 현금흐름 지급액의 현재가치들을 모두 합산해 계산한다.

앞의 예를 보면, 1,000달러의 대출에 대해 25년간 매년 126달러씩 지급한다. 이 경우 현재가치는 다음과 같이 계산된다. 1년 후 지급하는 126달러의 현재가치는 $\$126/(1+i)$이며, 2년 후 지급하는 126달러의 현재가치는 $\$126/(1+i)^2$이고, 이런 방식으로 만기까지 계속하면 25년 후 마지막 지급액 126달러의 현재가치는 $\$126/(1+i)^{25}$가 된다. 미래에 매년 지급되는 현금흐름에 대한 현재가치의 합계를 현재의 대출금액 1,000달러와 같다고 놓으면,

$$\$1{,}000 = \frac{\$126}{1 + i} + \frac{\$126}{(1 + i)^2} + \frac{\$126}{(1 + i)^3} + \cdots + \frac{\$126}{(1 + i)^{25}}$$

일반적으로 어떤 균등상환대출에 대해서도 다음과 같이 계산할 수 있다.

$$LV = \frac{FP}{1 + i} + \frac{FP}{(1 + i)^2} + \frac{FP}{(1 + i)^3} + \cdots + \frac{FP}{(1 + i)^n} \qquad (2)$$

여기서 LV = 대출금액
FP = 연간 고정지급액
n = 만기까지 기간(년)

균등상환대출에서 연간 고정지급액과 만기까지 기간(잔여만기)은 알고 있는 수치이고 만기수익률만 미지수이다. 따라서 위 식에서 만기수익률을 구할 수 있다. 그런데 이 계산은 쉽지 않기 때문에 LV, FP, n의 값을 대입해 만기수익률을 계산해주는 프로그램이 내장된 금융 전자계산기를 이용한다. 예를 들면 매년 85.81달러씩 25년간 지급하는 대출의 경우 식(2)를 풀면 만기수익률은 7%가 된다. 부동산 중개업자는 항상 이런 금융 전자계산기를 갖고 있으며, 이를 이용해 모기지를 받아 집을 사려는 사람에게 연간(혹은 월별) 지급액을 정확히 알려준다.

응용 균등상환대출의 만기수익률과 연간 지급액

집을 사기로 결정했는데, 10만 달러의 모기지가 필요하다. 은행대출의 이자율은 7%이다. 20년 균등상환대출을 받으면 연간 지급액은 얼마나 되는가?

해답

은행에 내야 할 연간 지급액은 9,439.29달러이다.

$$LV = \frac{FP}{1 + i} + \frac{FP}{(1 + i)^2} + \frac{FP}{(1 + i)^3} + \cdots + \frac{FP}{(1 + i)^n}$$

여기서 LV = 대출금액 = \$100,000
i = 연 이자율 = 0.07
n = 만기까지 기간(년) = 20

따라서

$$\$100{,}000 = \frac{FP}{1 + 0.07} + \frac{FP}{(1 + 0.07)^2} + \frac{FP}{(1 + 0.07)^3} + \cdots + \frac{FP}{(1 + 0.07)^{20}}$$

금융계산기를 이용해 대출에 따른 매월 지급액을 구하려면

n = 만기까지 기간(년) = 20
PV = 대출금액(LV) = −100,000
FV = 20년 후 대출금 잔액 = 0
i = 연 이자율 = 0.07

위의 내용을 입력하고 PMT 버튼을 누르면, 연간 고정지급억(FP) = \$9,439.29임을 알 수 있다.

이표채 이표채의 만기수익률을 계산할 때도 균등상환대출과 동일한 방법을 사용하면 된다. 즉 채권의 지금 현재의 가격을 현재가치와 일치시키는 것이다. 이표처도 한 번 이상의 현금흐름을 지급하기 때문에, 채권의 현재가치는 각 이표지급액의 현재가치와 최종적으로 지급되는 액면가의 현재가치를 모두 합해 계산된다.

만기 10년, 연간 이표지급액 100달러, 액면가 1,000달러짜리 채권의 현재가치는 다음과 같이 계산된다. 1년 후 지급되는 100달러 이표지급액의 현재가치는 $\$100/(1+i)$, 2년 후 지급되는 100달러 이표지급액의 현재가치는 $\$100/(1+i)^2$의 방식으로 계속 계산된다. 그리고 만기일에 지급되는 100달러 이표의 현재가치는 $\$100/(1+i)^{10}$이고, 그와 동시에 지급되는 액면가 1,000달러의 현재가치는 $\$1,000/(1+i)^{10}$이 된다. 이들 각 현금흐름 지급액의 현재가치 합계가 이 채권의 지금 현재의 가치, 즉 현재의 가격 P와 같아야 한다.

$$P = \frac{\$100}{1+i} + \frac{\$100}{(1+i)^2} + \frac{\$100}{(1+i)^3} + \cdots + \frac{\$100}{(1+i)^{10}} + \frac{\$1,000}{(1+i)^{10}}$$

일반적으로, 어떤 이표채에 대해서도 다음과 같이 계산할 수 있다.[2)]

$$P = \frac{C}{1+i} + \frac{C}{(1+i)^2} + \frac{C}{(1+i)^3} + \cdots + \frac{C}{(1-i)^n} + \frac{F}{(1+i)^n} \qquad (3)$$

여기서 P = 이표채의 가격
C = 연간 이표지급액
F = 이표채의 액면가

2) 이표채는 여기서 가정하듯이 1년에 한 번이 아니라 실제로는 1년에 두 번씩 이표를 지급하는 것이 대부분이다. 다만 이러한 차이가 계산 결과에 미치는 영향이 매우 미미하기 때문에 여기서는 무시했다.

n = 만기까지 기간(년)

식(3)에서 이표지급액, 액면가, 만기까지 기간, 채권가격은 알고 있는 값이고 만기수익률만 미지수이다. 따라서 이 식에서 만기수익률을 계산해낼 수 있다. 그런데 균등상환대출의 경우와 마찬가지로 이 계산도 쉽지 않기 때문에, 업무용 소프트웨어와 휴대계산기에 이 식을 풀어주는 프로그램이 내장되어 있다.

응용

이표채의 만기수익률과 채권가격

이표율이 10%, 액면가가 1,000달러, 만기수익률이 12.25%, 만기까지 8년 남은 채권의 가격을 구하라.

해답

이 채권의 가격은 889.20달러이다.

금융계산기를 이용하면

n = 만기까지 기간(년) = 8
FV = 채권의 액면가(F) = 1,000
i = 연 이자율 = 12.25%
PMT = 연간 이표지급액(C) = 100

위의 내용을 입력하고 PV 버튼을 누르면 채권의 가격 = \$889.20임을 알 수 있다.

한편 PV 항목에 채권가격 \$889.20을 입력하고 i 버튼을 누르면 만기수익률 12.25%를 구할 수도 있다.

[표 1]은 몇몇 채권가격에 대해 계산한 만기수익률을 제시하고 있다. 여기서 3가지 흥미로운 사실이 드러난다.

1. 이표채의 가격이 액면가와 같으면, 만기수익률과 이표율은 서로 같다.

표 1 잔여만기 10년, 이표율 10%, 액면가 1,000달러인 채권의 만기수익률

채권가격($)	만기수익률(%)
1,200	7.13
1,100	8.48
1,000	10.00
900	11.75
800	13.81

2. 이표채의 가격과 만기수익률은 서로 음(−)의 관계를 갖는다. 즉 만기수익률이 상승하면 채권가격은 하락한다. 반대로 만기수익률이 하락하면 채권가격은 상승한다.
3. 채권가격이 액면가 미만이면 만기수익률은 이표율보다 더 높다.

이들 3가지 사실은 어떤 이표채의 경우에도 항상 성립하는데, 만기수익률의 계산 과정을 생각해보면 그리 놀랄 만한 일이 아니다. 만약 1,000달러를 10% 이자율의 은행예금에 넣어둔다면 매년 100달러의 이자를 꺼내 쓸 수 있으며, 10년 후에 1,000달러는 그대로 남아 있다. 이는 [표 1]에서 이표율 10%의 1,000달러짜리 채권을 구입하여 매년 이표 100달러와 10년 후 1,000달러를 지급받는 것과 같다. 만약 그 채권을 액면가 1,000달러에 구입했다면 만기수익률은 10%가 되며, 이표율 10%와 같게 된다. 이런 논리를 응용하면, 어떤 이표채를 액면가로 구입할 경우 만기수익률은 이표율과 같음을 증명할 수 있다.

채권가격이 만기수익률과 음의 관계를 갖는다는 사실을 확인하는 것도 그리 어렵지 않다. 만기수익률 i가 상승하면 채권가격을 계산하는 식(3)에서 모든 분모가 커지며 이에 따라 이 채권에서 지급되는 모든 미래 현금흐름의 현재가치가 하락한다. 따라서 만기수익률로 측정되는 이자율의 상승은 채권가격의 하락을 의미한다. 이자율이 상승할 때 채권가격이 하락한다는 사실을 달리 설명하면, 이자율이 상승하면 현재가치로 환산한 미래 이표지급액과 최종 지급액의 가치가 작아짐에 따라 채권가격이 하락한다는 것이다.

채권가격이 액면가 미만일 때 만기수익률이 이표율보다 더 높다는 [사실 3]은 [사실 1]과 [사실 2]로부터 곧바로 설명된다. 만기수익률이 이표율과 같으면 채권가격은 액면가와 같게 되는데, 여기서 만기수익률이 상승해 이표율보다 높아지면 채권가격은 하락해 액면가보다 작게 된다.

만기수익률을 쉽게 계산할 수 있는 특별한 형태의 이표채가 있다. **콘솔**(consol) 혹은 **영구채**(perpetuity)라는 채권이다. 이는 만기일이 없고 따라서 원금을 상환하지 않으며, 이표지급액으로 매년 C달러만큼을 계속 지급하는 영구적인 채권이다. 콘솔은 나폴레옹 전쟁 당시 영국 재무부에 의해 처음 발행됐으며 오늘날까지도 거래되고 있다. 그러나 미국 자본시장에서는 상당히 드물다. 식(3)의 공식으로 콘솔의 가격 P_c를 구하면 다음과 같다.[3)]

---

3) 콘솔의 채권가격을 구하는 공식은 다음과 같다.

$$P = \frac{C}{1+i} + \frac{C}{(1+i)^2} + \frac{C}{(1+i)^3} + \cdots$$

이는 다음과 같이 나타낼 수 있다.

$$P = C(x + x^2 + x^3 + \cdots)$$

$$P_c = \frac{C}{i_c} \quad (4)$$

여기서 P_c = 콘솔(영구채)의 가격

C = 연간 지급액

i_c = 콘솔(영구채)의 만기수익률

콘솔의 특징은 만기수익률이 오르면 채권가격이 하락한다는 사실을 곧바로 확인할 수 있다는 것이다. 예를 들어 이자율이 10%라면 매년 100달러씩 영구적으로 지급하는 콘솔의 가격은 \$1,000 = \$100/0.10가 된다. 만약 이자율이 20%로 상승하면, 이 콘솔의 가격은 \$500 = \$100/0.20으로 하락한다. 이 공식을 다음과 같이 쓸 수도 있다.

$$i_c = \frac{C}{P_c} \quad (5)$$

응용 **영구채**

매년 100달러씩의 이자를 영구적으로 지급하는 채권의 가격이 2,000달러라면, 만기수익률은 얼마인가?

해답

만기수익률은 5%다.

$$i_c = \frac{C}{P_c}$$

여기서 C = 연간 지급액 = \$100

P_c = 콘솔(영구채)의 가격 = \$2,000

여기서 $x = 1/(1 + i)$이다. 무한등비수열의 합계를 계산하는 공식은 다음과 같다.

$$1 + x + x^2 + x^3 + \cdots = \frac{1}{1 - x}, \quad x < 1$$

따라서

$$P = C\left(\frac{1}{1 - x} - 1\right) = C\left[\frac{1}{1 - 1/(1 + i)} - 1\right]$$

이를 정리하면 다음 결과를 얻을 수 있다.

$$P = C\left(\frac{1 + i}{i} - \frac{i}{i}\right) = \frac{C}{i}$$

따라서

$$i_c = \frac{\$100}{\$2{,}000}$$
$$i_c = 0.05 = 5\%$$

식(5)는 영구채에 대한 만기수익률의 계산을 설명하는 공식인데, 이는 이표채에 대한 만기수익률의 근사치를 계산하는 데도 유용하게 사용된다. 예를 들어 이표채의 만기가 20년 혹은 그 이상의 장기라면 이 이표채는 영구적으로 이표를 지급하는 영구채와 매우 유사하게 된다. 왜냐하면 20년이 넘는 미래에 지급되는 현금흐름의 현재가치는 매우 작으며, 이로 인해 장기 이표채의 채권가격은 동일 금액의 이표를 지급하는 영구채의 가격과 매우 비슷해지기 때문이다. 따라서 식(5)의 i_c가 장기 이표채의 만기수익률과 매우 비슷하게 된다. 이러한 이유로 연간 이표지급액을 채권가격으로 나눈 것을 **경상수익률**(current yield)이라 부르면서 종종 장기채권에 대한 만기수익률의 근사치로 이용한다.

할인채 할인채에 대한 만기수익률의 계산은 단순대출과 비슷하다. 1년 후 액면가 1,000달러를 지급하는 재무부 단기증권과 같은 할인채를 생각해보자. 만약 이 채권의 현재 구입가가 900달러라면, 식(1)을 이용해 이를 1년 후 1,000달러의 현재가치와 같도록 놓고,

$$\$900 = \frac{\$1{,}000}{1 + i}$$

i에 관해 풀면

$$\begin{aligned}
(1 + i) \times \$900 &= \$1{,}000 \\
\$900 + \$900 \times i &= \$1{,}000 \\
\$900 \times i &= \$1{,}000 - \$900 \\
i &= \frac{\$1{,}000 - \$900}{\$900} = 0.11_ = 11.1\%
\end{aligned}$$

일반적으로 1년 만기 할인채에 대한 만기수익률은 다음과 같이 나타낼 수 있다.

$$i = \frac{F - P}{P} \tag{6}$$

여기서 F = 할인채의 액면가

글로벌 음의 이자율? 발생할 수 있다

이자율은 항상 양의 값을 갖는다고 말한다. 음의 이자율이란 할인채의 만기수익률 공식이 제시하듯이 오늘 채권을 사는 가격이 미래에 그 채권에서 받을 금액보다 더 높은 것을 의미한다. 차라리 현금을 보유하고 있으면 미래에도 현재와 같은 가격을 유지할 수 있기 때문에 음의 이자율이란 불가능한 것처럼 보인다.

1990년대 후반의 일본과 2008년 글로벌 금융위기 때의 미국의 사례에서 이런 식의 추론이 그리 정확한 것이 아님이 증명됐다. 1998년 11월에 일본의 6개월 만기 국채의 이자율이 −0.004%가 돼 투자자들이 그 채권을 사는 데 액면가 이상을 지불하는 일이 발생했다. 2008년 9월에는 미국의 3개월 만기 재무부 증권(국채)의 이자율이 일시적으로 음이 됐다. 음의 이자율은 극히 이례적인 사건이다. 어떻게 이런 일이 발생할 수 있을까?

제5장에서 보게 되겠지만, 취약한 경제 상황과 금융위기로 인한 안전자산 선호 현상(flight to quality)으로 이자율이 낮은 수준이 됐다. 하지만 이들 두 요인으로는 음의 이자율을 설명할 수 없다. 이에 대한 답은, 단기 국채는 거액 단위로 표시되어 있고 전자적으로 보관할 수 있기 때문에 거액 투자자들의 입장에서는 가치의 저장수단으로서 이들 국채를 보유하는 것이 현금을 보관하는 것보다 더 편리했다는 데 있다. 현금을 보유하는 것이 금전적으로는 더 이익이지만 바로 이런 이유로 일부 투자자들은 음의 이자율에도 불구하고 단기 국채를 보유하려 했다. 분명히 이러한 단기 국채의 편리함은 그리 대단한 것이 아니기 때문에 이자율도 0보다 약간만 작은 음의 값이 될 수 있다.

P = 할인채의 현재 가격

다시 말하면, 만기수익률은 1년간 가격 상승분 $(F - P)$를 초기 가격 P로 나눈 것과 같다. 투자자는 할인채를 보유함으로써 양(+)의 수익률을 얻는 것이 일반적이므로 현재의 채권가격은 액면가보다 낮은 수준으로 할인돼 판매된다. 그 결과 $F - P$가 양의 값이 돼 만기수익률도 양의 값이 된다. 그러나 최근 일본의 경우에서 볼 수 있듯이 항상 그런 것만은 아니다([글로벌] '음의 이자율? 발생할 수 있다' 참조).

앞의 식을 통해 할인채의 경우 만기수익률은 현재의 채권가격과 음의 관계에 있다는 특성을 확인할 수 있다. 이는 이표채의 경우와 동일한 결과이다. 예를 들어 식(6)에서 채권가격이 900달러에서 950달러로 상승한다면, 그 채권 만기까지의 가격 상승분이 줄어들어 만기수익률은 11.1%에서 5.3%로 하락한다. 역으로 만기수익률의 하락은 할인채 가격의 상승을 의미한다.

요약 현재가치의 개념은 미래의 1달러가 현재의 1달러보다 그 가치가 작음을 나타낸다. 왜냐하면 지금 1달러를 빌려주면 이자를 받을 수 있기 때문이다. 구체적으로 말하면, 지금부터 n년 후에 받는 1달러는 $1/(1 + i)^n$달러만큼의 현재가치를 지닌다. 금융자산 보유에 따른 미래 현금흐름의 현재가치는 각 미래 지급액의 현재가치들을 모두 합한 것과 같다. 만기수익률은 그 계산 과정이 견실한 경제학적 원리에 근거하고 있기 때문에 경제학자들은 만기수익률이 이자율을 측정하는 가장 정확한 지표라고 생각한다.

여러 유형의 채권에 대한 만기수익률 계산을 통해 현재의 채권가격과 이자율은 서로 음의 관계를 갖고 있어, 이자율이 오르면 채권가격은 하락하고 그 역도 성립한다는 중요한 사실을 알 수 있다.

2 이자율과 수익률

많은 사람들은 채권의 이자율만 알면 그 채권을 보유했을 때 얼마나 돈을 벌게 될지 알 수 있을 것으로 생각한다. 투자자 어빙이 이자율 10%의 장기채권을 보유하고 있는데 이자율이 20%로 상승하는 경우에 더 많은 돈을 벌 것이라고 생각한다면, 이는 커다란 착각이다. 곧 알게 되겠지만, 어빙은 채권을 팔 때 손해를 볼 수 있다. 채권을 일정 기간 보유했을 때 얼마나 돈을 벌게 되는지는 **수익률**(return, 보다 엄길히는 rate of return)이라는 지표로 정확히 측정할 수 있다. 우리는 이 책에서 수익률의 개념을 계속 사용할 것이고, 따라서 수익률의 개념을 이해해야 이 책의 내용을 쉽게 따라갈 수 있다.

채권의 수익률은 그 채권의 이표지급액과 가격 변동분의 합을 채권의 구입가격으로 나눈 값이다. 이를 좀 더 자세히 설명하기 위해 이표율 10%, 액면가 1,000달러의 이표채를 1년 전에 1,000달러를 주고 샀는데, 이를 1,200달러에 팔았다고 해보자. 그 채권을 보유함으로써 지난 1년간 받은 이자는 100달러이고, 채권가격의 변화분은 200달러(= \$1,200 − \$1,000)이다. 이들 금액을 합한 후 구입가격 1,000달러로 나누면 이 채권을 1년간 보유한 데 따른 수익률을 구할 수 있다.

$$\frac{\$100 + \$200}{\$1,000} = \frac{\$300}{\$1,000} = 0.30 = 30\%$$

이렇게 계산한 수익률을 보고 깜짝 놀랄 수도 있다. 원래 만기수익률은 10%에 불과했는데, 수익률은 30%나 됐으니 말이다. 여기서 알 수 있듯이 채권의 수익률은 반드시 그 채권의 만기수익률과 일치하는 것이 아니다. 많은 경우 이자율과 수익률은 서로 밀접하게 연결된 개념이지만, 이자율과 수익률을 구분하는 것은 매우 중요하다.

일반적으로 말하면, t 시점에서 $t+1$ 시점까지 보유한 채권의 수익률은 다음과 같이 계산된다.

$$R = \frac{C + P_{t+1} - P_t}{P_t} \tag{7}$$

여기서 R = t 시점에서 $t+1$ 시점까지 보유한 채권의 수익률
P_t = t 시점에서의 채권가격
P_{t+1} = $t+1$ 시점에서의 채권가격
C = 이표지급액

이해를 돕기 위해 식(7)의 수익률 공식을 분할해 다시 쓰면,

$$R = \frac{C}{P_t} + \frac{P_{t+1} - P_t}{P_t}$$

위 식의 첫째 항은 이표지급액을 채권 구입가격으로 나눈 것으로, 경상수익률 i_c이다.

$$\frac{C}{P_t} = i_c$$

둘째 항은 **자본이득률**(rate of capital gain), 즉 채권의 구입가격 대비 가격 변화분을 나타낸다.

$$\frac{P_{t+1} - P_t}{P_t} = g$$

여기서 g는 자본이득률이다. 따라서 식(7)은 다음과 같이 쓸 수 있다.

$$R = i_c + g \tag{8}$$

즉 채권의 수익률은 경상수익률 i_c에 자본이득률 g를 더한 것이다. 이 공식을 보면 경상수익률 i_c가 만기수익률을 정확히 측정하는 지표가 되는 경우라도 수익률은 이자율과 크게 다를 수 있음을 알 수 있다. 특히 채권가격이 크게 변동해 상당한 자본이득 혹은 자본손실이 발생하는 경우라면 수익률은 이자율과 크게 달라진다.

이를 좀 더 깊이 이해하기 위해, 이자율이 상승할 때 만기가 서로 다른 채권의 수익률에 어떤 일이 일어나는지 살펴보자. [표 2]는 액면가로 구입한 10% 이표율의 다양한 만기의 채권에 대해 이자율이 모두 10%에서 20%로 상승한 경우를 가정해 1년 보유 수익률을 식(8)을 이용해 계산했다. 이 표에서 발견된 주요 사실은 대체로 모든 유형의 채권에 적용될 수 있다.

- 채권의 잔여만기와 보유기간이 동일한 경우 수익률과 만기수익률은 서로 일치한다([표 2]의 마지막 행).
- 이자율이 상승하면 채권가격이 하락하여 자본손실이 발생한다.

표 2 이자율이 10%에서 20%로 상승했을 때 만기가 서로 다른 10% 이표율 채권의 1년 보유 수익률

(1) 채권 구입 시 잔여만기(년)	(2) 경상수익률 (%)	(3) 초기 가격($)	(4) 1년 후 가격* ($)	(5) 자본이득률 (%)	(6) 수익률 (2+5)(%)
30	10	1,000	503	−49.7	−39.7
20	10	1,000	516	−48.4	−38.4
10	10	1,000	597	−40.3	−30.3
5	10	1,000	741	−25.9	−15.9
2	10	1,000	917	−8.3	+1.7
1	10	1,000	1,000	0.0	+10.0

*금융계산기로 식 (3)을 계산한 결과임.

- 채권의 잔여만기가 길수록 이자율 변화에 따른 채권가격의 변화율이 커진다.
- 채권의 잔여만기가 길수록 이자율의 상승으로 수익률이 더 크게 하락한다.
- 초기에 채권의 이자율이 높다고 해도 이자율이 상승하면 수익률은 음이 될 수도 있다.

불쌍한 투자자 어빙이 당황했듯이, 처음에는 여러분도 이자율이 상승하면 채권투자로 손해를 입을 수 있다는 사실에 당황할지도 모른다. 이 사실을 이해하는 핵심은 이자율의 상승이 채권가격의 하락을 의미한다는 점이다. 이자율의 상승은 자본손실을 초래하고, 그 손실이 크다면 채권투자는 실로 손해가 될 수 있다. 예를 들어 [표 2]에서 이자율이 10%에서 20%로 상승하면 30년 만기 채권은 49.7%의 자본손실을 입게 된다. 이런 자본손실은 경상수익률 10%를 상회할 만큼 크기 때문에 결국 −39.7%의 수익률을 초래한다. 만약 어빙이 채권을 팔지 않는다면, 그의 자본손실은 종종 '서류상의 손실'로만 간주된다. 그럼에도 이는 손실이다. 왜냐하면 어빙이 그때 채권을 사는 대신 은행에 돈을 맡겨 두었다면 지금 그 채권을 더 싼값에 살 수 있을 것이기 때문이다.

2.1 만기와 채권수익률의 변동성 : 이자율 위험

만기가 길수록 채권가격이 이자율의 변화에 더 크게 반응한다는 발견으로부터 채권시장의 행태에 관한 중요한 사실을 설명할 수 있다. 즉 장기채권의 가격과 수익률은 단기채권에 비해 그 변동성이 더 크다는 사실이다. 만기가 20년 이상 남은 채권의 경우 1년에 +20% 혹은 −20%의 가격 변화, 그리고 이에 따른 수익률의 변화는 흔한 일이다.

이자율의 변화가 장기채권에 대한 투자를 상당히 위험하게 만든다는 사실을 이제 알게 됐다. 실로 이자율의 변화에 따라 발생하는 자산의 수익률 위험은 매우 중요하기 때문에

이자율 위험(interest-rate risk)이란 특별한 명칭이 붙어 있다.[4] 뒤에 나오는 장에서 보겠지만 이자율 위험을 다루는 것은 금융기관 경영자와 투자자들의 주요 관심사이다.

그런데 장기금융상품은 상당한 이자율 위험을 안고 있지만 단기금융상품은 그렇지 않다. 실제로 보유기간과 일치하는 잔여만기를 지닌 채권에는 이자율 위험이 없다.[5] [표 2]의 마지막 행에서 이런 사실을 확인할 수 있다. 이 경우 수익률은 채권을 살 때 제시된 만기수익률과 일치하기 때문에 수익률에 관한 불확실성이 전혀 존재하지 않는다. 잔여만기와 보유기간이 일치하는 채권에 이자율 위험이 없는 핵심적인 이유는 보유기간 말의 채권가격이 액면가로 확정되기 때문이다. 이런 채권에 대해서는 이자율의 변동이 보유기간 말의 채권가격에 아무런 영향을 미치지 못하며, 따라서 수익률은 채권을 구입할 당시 정해진 만기수익률과 일치하게 된다.[6]

2.2 요약

보유기간 동안 투자 성과가 얼마나 좋았는지를 나타내는 수익률은 채권의 만기와 보유기간이 일치하는 특수한 경우에만 만기수익률과 같아진다. 채권의 잔여만기가 보유기간보다 길면 이자율 위험이 발생한다. 즉 이자율의 변화가 자본이득이나 손실을 가져와 수

4) 이자율 위험은 듀레이션(duration)이란 개념을 이용해 크기를 측정할 수 있다. 듀레이션의 개념과 그 계산법에 관해서는 웹사이트 www.pearsonglobaleditions.com/mishkin에 들어가 제4장의 부록을 참조하라.

5) 엄밀히 말하면, 잔여만기와 보유기간이 일치하는 채권에 이자율 위험이 없다는 명제는 보유기간 중에 이자지급이 없는 할인채의 경우에만 정확히 성립한다. 보유기간 중에 이자가 지급되는 이표채의 경우에는 이들 이표지급액이 재투자될 때 적용되는 이자율이 불확실하기 때문에, 잔여만기와 보유기간이 일치한다고 해도 이표채의 수익률은 불확실해진다. 그러나 잔여만기와 보유기간이 서로 같은 이표채에 대한 수익률의 위험은 일반적으로 매우 작기 때문에, 잔여만기와 보유기간이 같은 이표채의 이자율 위험이 매우 작다는 명제는 여전히 타당하다.

6) 본문에서는 채권 보유기간이 단기이고 채권의 잔여만기와 같은 경우에는 이자율 위험이 없다고 설명하고 있다. 그러나 만약 투자자의 투자 기간이 채권의 만기보다 길면 투자자는 재투자 위험(reinvestment risk)이라 불리는 이자율 위험에 직면하게 된다. 재투자 위험은 단기채권의 원리금을 받아 불확실한 미래의 이자율로 재투자할 때 발생한다.

재투자 위험을 이해하기 위해 투자자 어빙이 보유기간 2년을 목표로 액면가 1,000달러를 주고 1년 만기 채권을 구입하고 1년 후에 다른 채권을 구입한다고 하자. 만약 초기에 이자율이 10%라면, 1년 후 어빙은 1,100달러를 얻는다. [표 2]에서와 같이 이자율이 20%로 상승한다면, 어빙은 1,100달러로 다시 1년 만기 채권을 구입해 2년 말에는 $\$1,100 \times (1 + 0.20) = \$1,320$를 얻게 된다. 따라서 어빙의 2년간 수익률은 $(\$1,320 - \$1,000)/\$1,000 = 0.32 = 32\%$가 되며, 이는 연 이자율로 14.9%이다. 이 경우 어빙은 처음에 이자율 10%의 2년 만기 채권을 구입한 것에 비해 1년 만기 채권을 구입함으로써 높은 수익을 얻었다. 그러므로 어빙의 보유기간이 그가 구입한 채권의 만기보다 긴 경우에는 이자율이 상승할 때 이득을 얻는다. 반대로 이자율이 5%로 하락하면, 어빙은 2년 후에 $\$1,100 \times (1 + 0.05) = 1,155$달러만을 얻게 된다. 따라서 2년간 어빙의 수익률은 $(\$1,155 - \$1,000)/\$1,000 = 0.155 = 15.5\%$가 되며, 이를 연 이자율로 환산하면 7.2%이다. 보유기간이 채권의 만기보다 길기 때문에 어빙은 이자율이 하락하면 손해를 본다.

보유기간이 채권의 만기보다 긴 경우에는 재투자할 때의 미래 이자율이 불확실하기 때문에 수익률도 불확실해진다. 즉 재투자 위험이 있는 것이다. 그리고 보유기간이 채권의 만기보다 긴 경우, 투자자는 이자율이 상승할 때 이득을 보고 이자율이 하락할 때 손해를 본다.

익률은 채권 구입 당시 알려진 만기수익률과 상당한 차이가 난다. 이자율 위험은 특히 자본이득이나 손실이 매우 클 수 있는 장기채권의 경우에 더 중요하다. 이 때문에 장기채권은 단기간 보유 시 확실한 수익을 가져다주는 안전한 자산이 아니다.

3 실질이자율과 명목이자율

앞에서 이자율에 대해 논의할 때는 인플레이션이 자금조달 비용에 미치는 효과를 감안하지 않았다. 지금까지 이자율이라 할 때는 인플레이션을 감안하지 않은 것이며, 보다 엄밀히 말하면 이는 **명목이자율**(nominal interest rate)이다. 이와 구분해 **실질이자율**(real interest rate)이란 예상된 물가 변화율(기대 인플레이션)을 차감해 조정한 이자율로, 실질적인 자금조달 비용을 보다 정확히 나타내는 지표다. 이러한 이자율은 예상된(expected) 물가 변화율을 감안한 것이므로 엄밀히 말하면 사전적 실질이자율(ex ante real interest rate)이다. 이는 경제관련 의사결정에 있어 가장 중요한 이자율 개념이며, 흔히 경제학자들이 '실질'이자율이라 부르는 것이다. 한편, 사후적으로 나타난 실제의(actual) 물가 변화율로 조정한 이자율은 사후적 실질이자율(ex post real interest rate)이다. 이는 자금의 대부자가 실질기준으로 얼마나 이득을 얻었는지를 사후적으로 평가하는 개념이다.

실질이자율은 20세기의 위대한 화폐금융 경제학자인 어빙 피셔(Irving Fisher)의 이름을 딴 피셔 방정식(Fisher equation)에서 보다 명확히 정의된다. 피셔 방정식에 따르면 명목이자율 i는 실질이자율 r에 기대 인플레이션 π^e를 더한 것과 같다.[7)]

$$i = r + \pi^e \tag{9}$$

다시 정리하면, 실질이자율은 명목이자율에서 기대 인플레이션을 뺀 것이다.

$$r = i - \pi^e \tag{10}$$

왜 이러한 정의가 타당한지 알아보기 위해, 먼저 이자율 5%로 1년간 단순대출(i =

---

7) 피셔 방정식의 보다 정확한 공식은 다음과 같다.

$$i = r + \pi^e + (r \times \pi^e)$$

왜냐하면

$$1 + i = (1 + r)(1 + \pi^e) = 1 + r + \pi^e + (r \times \pi^e)$$

인데, 양변에서 1을 빼면 위의 첫째 식이 된다. 이때 r과 π^e의 값이 작기 때문에, $r \times \pi^e$의 값이 무시해도 좋을 만큼 매우 작아져 본문에서는 이를 뺀 것이다.

5%)을 했는데 그 1년 동안 물가가 3% 상승할 것으로 예상(π^e = 3%)되는 상황을 고려해 보자. 대출한 결과를 **실질기준**(real term)으로, 즉 미래에 살 수 있는 재화와 서비스의 단위로 계산하면 1년 후에 2%만큼 더 얻을 것이 예상된다. 이 경우 실질적인 재화와 서비스 단위로 계산한 이자율은 2%이다. 즉 식(10)에 의해 다음과 같다.

$$r = 5\% - 3\% = 2\%$$

응용 실질이자율의 계산

명목이자율이 8%이고, 향후 1년간 기대 인플레이션이 10%이면 실질이자율은 얼마인가?

해답

실질이자율은 −2%이다. 1년 후 8%만큼의 돈을 더 받겠지만, 그때 재화를 사려면 지금보다 10%의 돈을 더 지불해야 한다. 그 결과 1년 후 살 수 있는 재화의 양은 오히려 2%만큼 감소해, 실질기준으로는 2% 손해를 보는 셈이다.

$$r = i - \pi^e$$

여기서

$$i = \text{명목이자율} = 0.08$$
$$\pi^e = \text{기대 인플레이션} = 0.10$$

따라서

$$r = 0.08 - 0.10 = -0.02 = -2\%$$

위와 같은 경우 재화와 서비스의 단위로 측정하면 실질적으로 −2%라는 음의 이자율을 얻는 것이기 때문에, 자금의 대부자는 굳이 돈을 빌려주려 하지 않을 것이다. 반대로 자금의 차입자는 1년 후 상환해야 할 금액이 재화와 서비스의 단위로는 2% 감소하기 때문에 상당히 좋아할 것이다. 자금의 차입자는 실질기준으로 2%만큼 버는 셈이다. 따라서 실질이자율이 낮을 때는 자금을 차입하려는 인센티브는 크고 자금을 빌려주려는 인센티브는 작게 된다.

이와 비슷한 방식으로 명목수익률과 실질수익률을 구분할 수 있다. 명목수익률은 인플레이션을 감안하지 않은 것으로, 우리가 단순히 '수익률'이라 부르는 것이다. 명목수익률에서 인플레이션을 차감하면 실질수익률이 되는데, 이는 증권을 일정 기간 보유한 결과 구매가 가능해진 추가적인 재화와 서비스의 양을 의미한다.

실질이자율과 명목이자율의 구분은 매우 중요하다. 실질적인 자금조달 비용을 나타내는 실질이자율이야말로 사람들이 자금을 차입하고 대출하려는 인센티브에 대한 보다 정확한 지표이기 때문이다. 실질이자율은 신용시장에서 벌어지는 일로 인해 사람들이 어떻

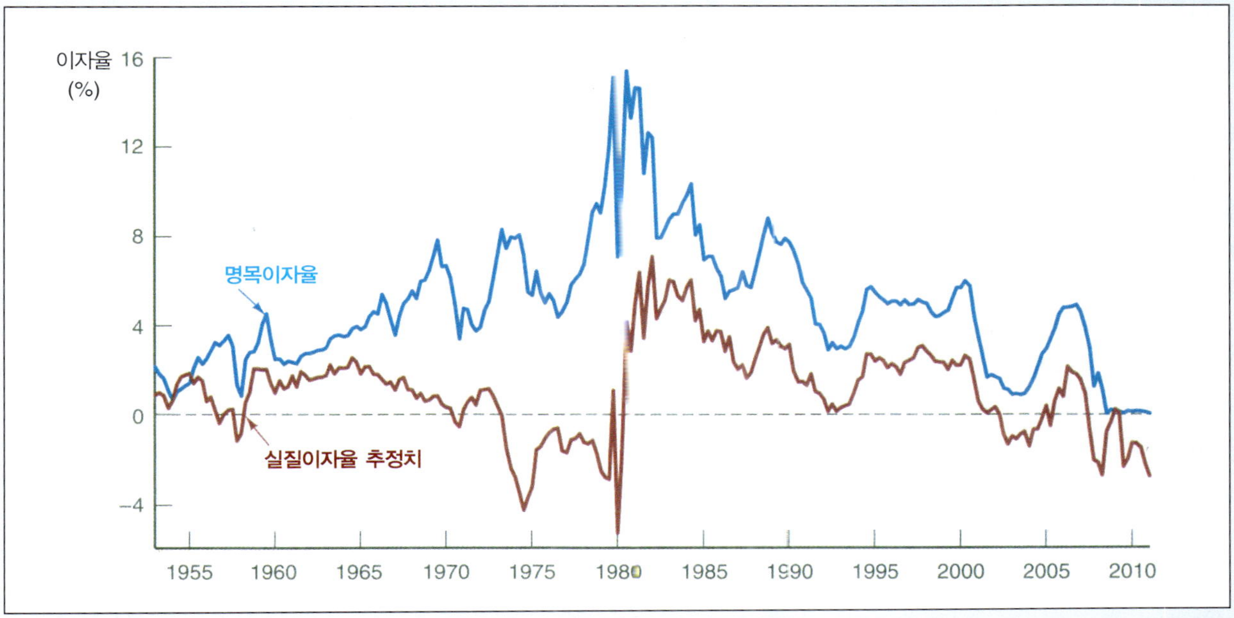

그림 1 실질이자율과 명목이자율(3개월 만기 재무부 증권), 1953~2011년

명목이자율과 실질이자율은 종종 같은 방향으로 움직이지 않는다. 1970년대 미국의 명목이자율이 높았을 당시 실질이자율은 실제로 매우 낮은 수준이었으며 음의 값이 되기도 했다.

자료 : 명목이자율은 www.federalreserve.gov/releases/H15에서 구했다. 실질이자율은 다음 논문의 분석 방법으로 계산했다. Frederic S. Mishkin, "The Real Interest Rate: An Empirical Investigation," *Carnegie-Rochester Conference Series on Public Policy* 15 (1981): 151–200. 이 방법은 기대 인플레이션을 과거의 이자율, 인플레이션, 시간적 추세를 이용해 추정한 후 이를 명목이자율에서 차감하는 것이다.

게 영향받는지를 보다 잘 설명한다. [그림 1]은 1953~2011년까지 3개월 만기 재무부 증권에 대한 명목이자율과 실질이자율 추정치를 나타낸 도표이다. 여기서 종종 명목이자율과 실질이자율이 함께 움직이지 않음을 볼 수 있다. 이는 다른 나라에서도 마찬가지다. 특히 미국에서 명목이자율이 높았던 1970년대에 실질이자율은 실제로 매우 낮은 수준이었으며, 음의 값이 되기도 했다. 명목이자율 기준으로 보면, 이 기간 중 자금조달 비용이 높았으므로 신용시장의 상태가 경색됐겠다고 생각할 수도 있다. 하지만 실질이자율의 추정치를 보면 잘못 생각한 것임을 알게 된다. 실질기준으로는 자금조달 비용이 실제로 상당히 낮았던 것이다.[8)]

8) 미국에서 이자소득에 대해서는 대부분 연방소득세를 납부해야 하기 때문에 실질기준으로 금융상품을 보유함으로써 얻는 실제 수입은 피셔 방정식으로 정의된 실질이자율이 아니라 명목이자율에서 소득세를 공제한 후 기대 인플레이션을 차감한 세후 실질이자율(after-tax real interest rate)이다. 30% 세율이 적용되는 사람이 10% 수익을 얻는 채권을 보유하고 있다면 이자소득의 30%를 국세청에 납부해야 하기 때문에 세후 이자율은 7%다. 따라

FYI TIPS를 통한 미국의 실질이자율 측정

미국의 재무부는 다른 나라보다 다소 늦은 1997년 1월에 이르러야 일종의 지수화된 이표채인 TIPS(Treasury Inflation Protection Security)를 발행하기로 했다. 영국, 캐나다, 호주, 스웨덴 등에서는 이미 시행하고 있는 제도였다(1998년 9월 재무부는 소액 투자자에 대해 인플레이션 영향을 막아주는 제1호 저축채권도 발행하기 시작했다).

이들 물가지수연동채권은 채권 틈새시장을 성공적으로 공략해 정부가 더 많은 자금을 조달할 수 있게 했다. 더구나 물가의 변화에 따라 이자와 원금이 조정되기 때문에 물가지수연동채권의 이자율은 실질이자율을 곧바로 측정하게 해준다. 일반 채권의 명목이자율에서 물가지수연동채권의 이자율을 빼면 기대 인플레이션에 대한 귀중한 정보를 얻을 수 있기 때문에 물가지수연동채권은 정책 결정자, 특히 화폐금융과 관련된 정책 결정자들에게는 매우 유용한 것이다. 예를 들어 2011년 10월 7일 현재, 10년 만기 재무부 채권의 이자율은 2.125%인데, 10년 만기 TIPS의 이자율은 0.625%였다. 따라서 이들 두 이자율의 차이에서 도출된 향후 10년간 기대 인플레이션은 연 1.50%이다. TIPS에서 얻는 정보는 매우 유용한 것이며, 여러 상업은행과 투자은행들은 이들 채권에서 도출한 미국의 기대 인플레이션을 일상적으로 발표하고 있다.

최근까지 미국에서 실질이자율은 관측되지 못했고 명목이자율만 발표됐다. 그런데 1997년 1월에 재무부가 이자와 원금의 지급이 물가의 변화에 따라 조정되는 **물가지수연동채권**(indexed bond)을 발행하기 시작하면서 이 모든 것이 변했다([FYI] 'TIPS를 통한 미국의 실질이자율 측정' 참조).

서 이 채권의 세후 실질이자율은 기대 인플레이션이 5%일 때 2%(= 7% − 5%)가 된다. 일반적으로 세후 실질이자율은 다음과 같이 표현될 수 있다.

$$i(1 - \tau) - \pi^e$$

여기서 T = 소득세율이다.

미국에서는 소득세를 산정할 때 대출에 따른 이자지급액을 소득에서 공제받을 수 있기 때문에 이러한 세후 실질이자율 공식은 기업이나 주택 보유자의 실제 자금조달 비용을 계산하는 데 있어 보다 나은 척도가 된다. 만약 30%의 소득세율에 직면한 사람이 10%의 이자율을 내는 모기지를 갖고 있다면, 그 10% 이자지급액은 소득공제가 가능하므로 이자지급액의 30%만큼 세금을 줄일 수 있다. 그러면 세후 명목 자금조달 비용은 이자율 10%에서 이자율 10%의 30%를 뺀 7%가 되며, 인플레이션이 5%일 때 실제 자금조달 비용은 실질기준으로 2%(= 7% − 5%)가 된다.

위의 예와 그 공식이 제시하듯이 세후 실질이자율은 항상 피셔 방정식에 의해 정의된 실질이자율보다 작다. 세후 실질이자율의 측정에 관한 더 자세한 논의는 다음 논문을 참조하라. Frederic S. Mishkin, "The Real Interest Rate: An Empirical Investigation," *Carnegie-Rochester Conference Series on Public Policy* 15 (1981): 151-200.

요 약 SUMMARY

1 이자율을 가장 정확히 반영하는 지표인 만기수익률은 금융상품이 지급하는 미래 현금흐름의 현재가치를 현재의 가격에 일치시키는 이자율이다. 이 원리를 적용하면 채권가격과 이자율은 음의 관계에 있음을 알 수 있다. 이자율이 상승하면 채권가격은 반드시 떨어지며, 그 역도 성립한다.

2 일정 기간 동안 증권을 보유하면서 얼마나 높은 성과를 거두었는지를 나타내는 수익률 지표는 만기수익률로 측정되는 이자율과 매우 다를 수 있다. 장기채권의 가격은 이자율이 변함에 따라 크게 변동할 수 있으며, 이자율 위험을 내포한다. 그 결과 자본이득이나 손실이 상당히 클 수 있기 때문에 장기채권은 확실한 수익을 가져다주는 안전한 자산이 아니다.

3 실질이자율은 명목이자율에서 기대 인플레이션을 뺀 값으로 정의된다. 명목이자율에 비해 실질이자율은 자금을 차입하고 대부하려는 인센티브를 나타내는 보다 적절한 지표이며, 신용시장의 경색 정도를 설명하는 보다 정확한 지표이다.

주요 용어 KEY TERMS

경상수익률(current yield)
균등상환대출(fixed-payment loan 또는 fully amortized loan)
단순대출(simple loan)
만기수익률(yield to maturity)
명목이자율(nominal interest rate)
물가지수연동채권(indexed bond)
수익률(return 또는 rate of return)
실질기준(real term)
실질이자율(real interest rate)
액면가(face value 또는 par value)
이자율 위험(interest-rate risk)
이표율(coupon rate)
이표채(coupon bond)
자본이득률(rate of capital gain)
콘솔(consol) 또는 영구채(perpetuity)
할인채(discount bond) 또는 무이표채(zero-coupon bond)
현금흐름(cash flow)
현재가치(present value)
현재할인가치(present discounted value)

연습문제 QUESTIONS

1 이자율이 20%인 경우와 10%인 경우를 비교할 때, 내일의 1달러가 현재 더 높은 가치를 갖는 경우는?

2 현재 2,000달러에 팔리고 있는 잔여만기 20년, 이표율 10%, 액면가 1,000달러짜리 이표채의 만기수익률을 계산하는 공식을 제시하라.

3 대학등록금을 납부하기 위해 1,000달러의 정부대출을 받았는데, 지금부터 2년 후 대학을 졸업하기까지는 상환을 시작할 필요가 없으며 대학졸업 후부터 매년 말 126달러씩 25년 동안 상환해야 한다. 이 경우의 만기수익률이 1,000달러 대출에 대해 지금부터 매년 말 126달러씩 25년간 상환하는 일반 균등상환대출의 만기수익률 12%보다 작은 이유를 설명하라.

4 만기수익률이 상승하면 채권 보유자는 이득을 얻는가?

5 어떤 금융상담사가 "장기채권의 이자율이 20%를 상회하기 때문에 장기채권은 좋은 투자대상이다."라는 조언을 했다. 이 말은 반드시 참인가?

6 모기지 이자율이 5%에서 10%로 오른 반면, 주택가격의 예상 상승률은 2%에서 9%로 높아졌다면, 사람들은 주택을 더 구입하고 싶어하겠는가?

7 경상수익률이 만기수익률과 비슷한 값이 되는 경우는 언제인가?

8 일정한 만기가 있는 균등상환대출이나 할인채, 혹은 이표채와는 달리 영원히 이자를 지급해야 하는 영구채를 정부가 발행하는 이유는 무엇인가?

9 어떤 경우에 할인채의 명목이자율이 음이 되는가? 이표채나 영구채의 명목이자율은 음이 될 수 있는가?

10 "할인채의 경우 수익률과 자본이득률은 서로 같다."라는 명제는 참인가, 또는 거짓인가?

11 이자율이 하락한다면 장기채권과 단기채권 중 더 보유하고 싶은 채권은 어느 쪽인가? 그 이유는 무엇인가? 어떤 유형의 채권에서 이자율 위험이 더 크겠는가?

12 1980년대 중반에는 이자율이 1970년대 후반에 비해 낮았는데, 경제학자들은 실질이자율이 오히려 높았다고 말한다. 그럴 수 있는가? 경제학자들의 말은 타당한 것인가?

13 재산의 상당 부분을 저축성 예금과 이자가 붙는 금융상품에 예치해둔 은퇴자들은 종종 이자율이 낮아질 때마다 불만을 토로한다. 이들의 불만은 타당한가?

응용문제 APPLIED PROBLEMS

14 이자율이 10%라면 1년 후 1,100달러, 2년 후 1,210달러, 3년 후 1,331달러를 지급하는 증권의 현재가치는 얼마인가?

15 만기수익률이 6%일 때, 잔여만기 5년의 액면가 1,000달러짜리 할인채의 현재가치는 얼마인가?

16 1,000만 달러의 당첨금이 걸린 복권이 있는데, 당첨되면 즉시 200만 달러를 지급하고 이후 매년 200만 달러씩 총 5차례에 걸쳐 당첨금을 나누어준다고 하자. 이자율이 6%라 할 때 이 당첨금의 실제 가치는 얼마인가?

17 잔여만기 1년의 액면가 1,000달러짜리 할인채가 현재 800달러에 팔리고 있다면, 만기수익률은 얼마인가?

18 100만 달러의 단순대출에 대해 5년 후 200만 달러를 상환한다면, 만기수익률은 얼마인가?

19 현재 가격이 800달러이고 경상수익률이 15%인 20년 만기 채권과 현재 가격이 800달러이고 경상수익률이 5%인 1년 만기 채권의 액면가가 각각 1,000달러일 때, 만기수익률이 더 높은 채권은 어느 것인가?

20 이표율이 4%이고 액면가가 1,000달러인 채권에 대해 아래 표의 각 조건하에서 현재 가격을 구하라. 이 채권의 현재 가격은 잔여만기 및 만기수익률과 어떤 관계에 있는가?

잔여만기	만기수익률	현재 가격
2년	2%	
2년	4%	
3년	4%	
5년	2%	
5년	6%	

21 잔여만기가 2년이고 이표율이 10%이며 액면가가 1,000달러인 이표채가 현재 1,044.89달러에 팔리고 있다. 이 채권의 만기수익률은 얼마인가?

22 만기수익률이 2.5%일 때 매년 50달러의 이표를 지급하는 영구채의 가격은 얼마인가? 만약 만기수익률이 2배로 상승한다면 이 채권의 가격은 어떻게 변하는가?

23 어떤 지역에서 구입가격의 4%씩 매년 재산세가 부과되고 있다. 만약 25만 달러짜리 집을 샀다면 미래 모든 재산세의 현재가치는 얼마인가? 단, 영원히 집값은 25만 달러로 유지되며, 재산세율은 변동하지 않고, 이자율은 6%라 가정한다.

24 이표율이 10%인 액면가 1,000달러짜리 채권의 현재 가격이 960달러인데 1년 후에는 그 가격이 980달러로 상승할 것으로 예상된다. 이 채권의 경상수익률, 예상

자본이득률, 예상 수익률을 각각 계산하라.

25 은행에 1,000달러를 1년간 예금하려 한다. 현재 실질 이자율은 2%이고 향후 1년간 인플레이션이 6%로 예상될 때, 명목이자율은 얼마가 되어야 하는가? 이때 1년 후에는 얼마를 받게 될 것인가? 그 돈으로 지금 현재 1,050달러인 자전거를 살 수 있는가?

웹 연습문제 WEB EXERCISES

1 미국 연준의 웹사이트 www.federalreserve.gov/releases/에서 얻을 수 있는 자료를 조사하여 다음 질문에 답하라.

a. 금융회사와 비금융회사의 기업어음(commercial paper) 이자율의 차이는 얼마인가?

b. 1개월 만기 유로달러 예금의 이자율은 얼마인가?

c. 30년 만기 재무부 채권의 이자율은 얼마인가?

2 본문의 [그림 1]은 3개월 만기 재무부 증권에 대해 추정한 실질이자율과 명목이자율을 보여준다. 웹사이트 www.martincapital.com/main/charts.htm에서 'Nominal vs. Real Rates'를 클릭한 다음 'Nominal vs. Real Market Rates'를 클릭하라.

a. 3개월 만기 실질이자율과 장기 실질이자율 중 어느 쪽이 더 높은가?

b. 단기 명목이자율과 장기 명목이자율 중 어느 쪽의 변동성이 더 큰가?

3 이 장에서 장기채권에는 이표채라는 유형만 존재하는 것처럼 설명했지만, 사실은 장기 할인채도 있다. 할인채는 액면가보다 낮은 가격에 팔리며, 모든 수익은 가격 상승의 형태로 나타난다. 할인채의 현재 가격은 www.treasurydirect.gov/indiv/tools/tools_savingsbondcalc.htm에서 금융계산기를 이용해 쉽게 계산할 수 있다.

저축채권의 가격을 계산하기 위해 이 사이트에서 사용 안내를 읽은 후 'Get Started'를 클릭하라. 'Bond Serial Number' 항목을 제외한 여타 정보를 입력하고 'Calculate'를 클릭하라.

참고 웹사이트 WEB REFERENCES

www.bloomberg.com/markets/

'Rates & Bonds'를 클릭하면 미국 국채 및 지방채와 주요 이자율에 관한 정보를 얻을 수 있다.

www.teachmefinance.com

화폐의 시간가치, 연금, 영구채 등 주요 금융 용어를 살펴볼 수 있다.

www.martincapital.com/main/charts.htm

'Nominal vs. Real Rates'를 클릭하면 10년 만기 재무부 채권 및 90일 만기 재무부 증권의 최근 30년간 명목이자율과 실질이자율의 움직임을 볼 수 있다.

웹 부록 WEB APPENDICES

웹사이트 www.pearsonglobaleditions.com/mishkin을 방문해 제4장의 부록인 Appendix 1: Measuring Interest-Rate Risk: Duration 부분을 읽어라.

5 이자율의 움직임

PREVIEW

1950년대 초에 3개월 만기 재무부 증권의 명목이자율은 대략 연 1% 정도였다. 그런데 그 이자율이 1981년에는 15% 이상이 되었고, 2003년에는 1% 이하로 하락했으며, 2007년에 5%로 상승했다가, 2008년에는 거의 0%로 하락했다. 이처럼 이자율이 크게 변동하는 이유는 무엇일까? 우리가 화폐와 금융을 학습하는 이유 중 하나는 바로 이러한 질문에 대한 답을 구하기 위해서다.

이 장에서는 흔히 '이자율'이라고 부르는 *명목*이자율의 수준이 어떻게 결정되며, 어떤 요인들이 이자율의 움직임에 영향을 미치는지를 분석한다. 이미 제4장에서 이자율은 채권가격과 음의 관계에 있음을 배웠으므로, 채권가격이 변동하는 이유를 설명할 수 있다면 이자율의 변동도 설명할 수 있다. 이제 이자율이 어떻게 변동하는지를 알기 위해 채권시장과 화폐시장에서의 수요와 공급을 분석하려 한다.

채권과 화폐(통화)와 같은 자산에 대한 수요곡선을 도출하기 위하서는, 분석의 첫 단계로 이들 자산에 대한 수요를 결정하는 요인이 무엇인지 이해해야 한다. 이를 위해 어떤 자산을 얼마나 보유할지를 결정하는 데 있어 중요한 판단 기준을 제시하는 *포트폴리오 이론*(portfolio theory)이라는 경제학 이론을 살펴본다. 이 이론을 배우면 채권이나 화폐에 대한 수요곡선을 도출할 수 있다. 그러고는 이들 자산에 대한 공급곡선을 도출하여 수요량과 공급량이 일치하는 *시장 균형*(market equilibrium)의 개념을 분석한다. 이 모형을 통해 균형이자율의 움직임을 설명할 수 있다.

여러 증권의 이자율은 같은 방향으로 함께 움직이는 경향이 있으므로 이 장에서는 경제 전체에 단 한 가지 유형의 증권과 이에 적용되는 단 하나의 이자율만이 존재하는 것처럼 가정하고 논의를 진행한다. 제6장에서는 서로 다른 유형의 증권에 대한 이자율들이 차이가 나는 이유를 설명할 것이다.

1 자산수요의 결정 요인

채권시장과 화폐시장에서의 수요와 공급을 분석하기에 앞서, 먼저 어떤 자산의 수요량을 결정하는 요인이 무엇인지를 이해해야 한다. 자산이란 가치를 저장하는 재산임을 주목하자. 화폐, 채권, 주식, 예술품, 토지, 주택, 농기구, 공장의 기계 등이 모두 자산이다. 이때 어떤 자산을 사서 보유할 것인가라는 문제에 당면하여 다음의 요인을 고려해야 한다.

1. **재산**(wealth) : 각종 자산을 포함해 개인이 소유한 모든 자원
2. **기대수익률**(expected return) : 보유기간 동안 예상되는 수익률로서 다른 자산에 대비한 그 자산의 상대적인 기대수익률
3. **위험**(risk) : 수익률과 관련된 불확실성의 정도로서 다른 자산에 대비한 그 자산의 상대적인 위험
4. **유동성**(liquidity) : 자산을 얼마나 쉽게 그리고 얼마나 빠르게 현금으로 전환할 수 있는가를 나타내는 속성으로서 다른 자산에 대비한 그 자산의 상대적인 유동성

1.1 재산

재산이 증가하면 사람들은 이를 이용해 각종 자산을 구입할 수 있는 더 많은 자원을 갖게 되며, 따라서 각종 자산에 대한 수요가 증가한다. 그러므로 재산의 변화가 자산의 수요량에 미치는 효과를 요약하면 이렇다. 다른 조건이 일정할 때, 재산의 증가는 자산에 대한 수요량을 증가시킨다.

1.2 기대수익률

채권과 같은 자산에 대한 수익률은 그 자산을 보유함으로써 얼마나 이득을 얻었는지를 알려주는 지표임을 제4장에서 배웠다. 어떤 자산을 사서 보유할 것인가는 그 자산의 수익률이 얼마나 될 것인가에 의해 영향을 받는다. 예를 들어 엑슨모빌 회사의 채권이 1/2의 확률로 15%의 수익률을, 나머지 1/2의 확률로 5%의 수익률을 준다면, 기대수익률은 마치 평균 수익률처럼 계산하여 10%(=0.5×15%+0.5×5%)가 된다.[1)] 만약 엑슨모빌 채권에 대한 기대수익률이 다른 자산에 대한 기대수익률에 비해 상대적으로 더 크게 상승한다면, 다른 조건이 일정하다고 할 때 엑슨모빌 채권을 구입하는 것이 보다 유리해지며 이에 따라 그 수요가 증가한다. 이는 2가지 형태로 나타난다. 즉 (1) 구글 주식과 같은 다른 자산의 수익률은 불변인 반면 엑슨모빌 채권의 수익률이 상승하거나 (2) 구글 주식과 같은 다른 자산의 수익률은 하락한 반면 엑슨모빌 채권의 수익률이 불변인 경우다. 요약

---

1) 위험을 측정하는 수익률의 표준편차와 기대수익률을 계산하는 방법에 관해 더 자세히 알기를 원한다면, 웹사이트 www.pearsonglobaleditions.com/mishkin에 들어가 자산가격결정 모형에 관해 기술한 이 장의 부록을 참조하라. 이 부록에서는 분산투자가 어떻게 포트폴리오의 전반적인 위험을 낮추는지를 설명하고, 체계적 위험(systematic risk)과 자본자산가격결정 모형(capital asset pricing model) 및 차익거래가격결정 모형(arbitrage pricing model) 등의 기본적인 자산가격결정 모형에 대해 논의한다.

하면, 어떤 자산의 기대수익률이 다른 자산에 비해 상대적으로 높아지면, 다른 조건이 일정할 때 그 자산에 대한 수요량은 증가한다.

1.3 위험

어떤 자산의 수익률의 불확실성, 즉 위험의 정도도 자산의 수요에 영향을 준다. 다음 2개의 자산을 고려해보자. 하나는 플라이바이나이트(Fly-by-Night) 항공사의 주식이고, 다른 하나는 피트온더그라운드(Feet-on-the-Ground) 버스회사의 주식이다. 플라이바이나이트 주식은 1/2의 확률로 15%의 수익률을, 그리고 1/2의 확률로 5%의 수익률을 준다. 반면 피트온더그라운드 주식은 10%의 확정된 수익률을 준다고 가정해보자. 플라이바이나이트 주식은 수익률이 불확실하며, 확실한 수익률을 주는 피트온더그라운드 주식에 비해 위험이 더 크다.

위험기피적(risk-averse) 투자자는 두 주식의 기대수익률이 10%로 동일함에도 불구하고 위험이 큰 플라이바이나이트 주식보다 확실한 수익을 주는 피트온더그라운드 주식을 더 선호한다. 반대로 위험선호자(risk preferrer 또는 risk lover)란 위험을 좋아하는 투자자다. 사람들은 대부분, 특히 금융 문제에 관한 한 위험기피적 행태를 보인다. 다른 조건이 같다면 덜 위험한 자산을 선호한다. 따라서 어떤 자산의 위험이 다른 자산에 비해 상대적으로 높아지면, 다른 조건이 일정할 때 그 자산에 대한 수요는 감소한다.

1.4 유동성

자산수요에 영향을 주는 또 하나의 요인은 자산을 얼마나 신속하게 그리고 적은 비용으로 현금으로 전환할 수 있는가이다. 어떤 자산이 거래되는 시장이 큰 경우, 즉 시장에 많은 구매자와 판매자가 있는 경우 그 자산의 유동성은 높아진다. 주택은 구매자를 곧바로 찾기가 쉽지 않기 때문에 유동성이 높은 자산이 아니다. 주택은 급하게 팔아야 할 경우 상당히 낮은 가격에 팔아야 한다. 그리고 주택을 파는 데 드는 중개수수료, 법무비용 등의 거래비용도 상당하다. 반면에 미국의 재무부 증권은 유동성이 매우 높은 자산이다. 미국의 재무부 증권에 대해서는 수많은 구매자가 존재하고 잘 조직화된 시장에서 낮은 거래비용으로 즉시 팔 수 있다. 어떤 자산이 다른 자산에 비해 상대적으로 유동성이 높으면, 다른 조건이 일정할 때 그 자산은 더 선호되고 수요량도 더 크다.

1.5 포트폴리오 선택이론

지금까지 살펴본 결정 요인을 한데 모으면 사람들이 각종 자산을 각각 얼마나 보유하려 할 것인지를 설명하는 **포트폴리오 선택이론**(theory of portfolio choice)으로 구성할 수 있다. 다른 요인들이 일정하다고 가정할 때, 이는 다음과 같이 정리된다.

1. 어떤 자산의 수요량은 재산의 크기와 양의 관계에 있다.
2. 어떤 자산의 수요량은 다른 자산에 대비한 상대적인 기대수익률과 양의 관계에 있다.
3. 어떤 자산의 수요량은 다른 자산에 대비한 상대적인 위험과 음의 관계에 있다.
4. 어떤 자산의 수요량은 다른 자산에 대비한 상대적인 유동성과 양의 관계에 있다.

이들 결과가 [요약표 1]에 요약돼 있다.

2 채권시장의 수요와 공급

이자율의 결정 과정을 분석하는 첫 번째 접근 방식은 채권시장에서의 수요와 공급을 분석해 채권의 가격이 어떻게 결정되는지를 살펴보는 것이다. 이자율이 어떻게 측정되는지를 설명한 제4장을 통해 채권의 가격은 이자율 수준과 서로 대응돼 있음을 배웠다. 구체적으로, 채권가격과 이자율 간에는 서로 음의 관계가 있어 채권가격이 상승하면 이자율이 하락하며, 그 역도 성립한다.

이를 위한 첫 단계로 다른 모든 경제변수가 일정하다고 할 때, 즉 다른 변수의 값들이 주어져 있을 때 채권의 가격과 수요량 간의 관계를 나타내는 채권의 **수요곡선**(demand curve)을 구해보자. 이때 다른 경제변수가 일정하다는 가정은 라틴어로 '다른 것들이 같다'는 의미인 *ceteris paribus*라 불린다.

2.1 수요곡선

분석을 명료하게 하기 위해, 중도에 이표지급이 없으며 1년 후 1,000달러의 액면가를

요약표 1 재산, 기대수익률, 위험, 유동성의 변화에 따른 자산 수요량의 반응

변수	변수의 변화	수요량의 변화
재산	↑	↑
다른 자산에 대비한 상대적인 기대수익률	↑	↑
다른 자산에 대비한 상대적인 위험	↑	↓
다른 자산에 대비한 상대적인 유동성	↑	↑

주 : 변수의 크기가 증가한 경우만 표시했다. 변수의 크기가 감소한 경우 수요량의 변화는 표의 화살표 방향과 반대로 된다.

지급하는 1년 만기 할인채에 대한 수요를 살펴보자. 보유기간이 1년이라면 제4장에서 본 것처럼 이 채권에 대한 수익률은 만기수익률로 측정한 이자율과 항상 같다. 이는 이 채권에 대한 기대수익률이 제4장의 식 (6)을 이용해 구한 이자율 i와 동일함을 의미한다. 즉

$$i = R^e = \frac{F - P}{P}$$

여기서

i = 이자율 = 만기수익률
R^e = 기대수익률
F = 할인채의 액면가
P = 할인채의 초기 구입가격

이 공식에서 이자율과 채권의 가격이 서로 대응되고 있음을 볼 수 있다. 만약 채권의 가격이 950달러라면 이자율과 기대수익률은 다음과 같다.

$$\frac{\$1,000 - \$950}{\$950} = 0.053 = 5.3\%$$

950달러의 채권가격에 상응하는 5.3%의 이자율과 기대수익률 수준에서, 채권의 수요량이 100억 달러라고 가정하자. 이는 [그림 1]의 점A로 표시된다.

채권가격이 900달러면 이자율과 기대수익률은 다음과 같다.

$$\frac{\$1,000 - \$900}{\$900} = 0.111 = 11.1\%$$

소득, 다른 채권의 기대수익률, 위험, 유동성 등 다른 모든 경제변수가 일정하다면, 포트폴리오 이론이 예측한 대로 채권에 대한 기대수익률이 더 높아졌기 때문에 그 수요량이 더 커질 것이다. [그림 1]의 점B는 채권가격이 900달러일 때 채권에 대한 수요량이 200억 달러로 증가함을 표시한다. 이런 식으로 계속하여 채권가격이 850달러일 때, 즉 이자율과 기대수익률이 17.6%일 때는 점C에서와 같이 채권에 대한 수요량이 점B에서보다 더 커진다. 비슷한 방식으로 채권가격이 800달러(이자율=25%), 750달러(이자율=33.3%)로 낮아지면, 각각 점D와 점E에서와 같이 채권에 대한 수요량은 더욱 커진다. 이들 점을 연결한 B^d 곡선이 채권에 대한 수요곡선이다. 채권에 대한 수요곡선은 우하향하는 형태가 되는데, 이는 다른 조건이 일정할 때 채권가격이 낮아질수록 그 채권에 대한 수요량이 증가함을 의미한다.[2)]

2) 수요곡선이 우하향하는 형태라고 해서 반드시 직선이어야 하는 것은 아니다. 다단 설명의 편의를 의해 수요곡선과 공급곡선을 직선으로 그린 것이다.

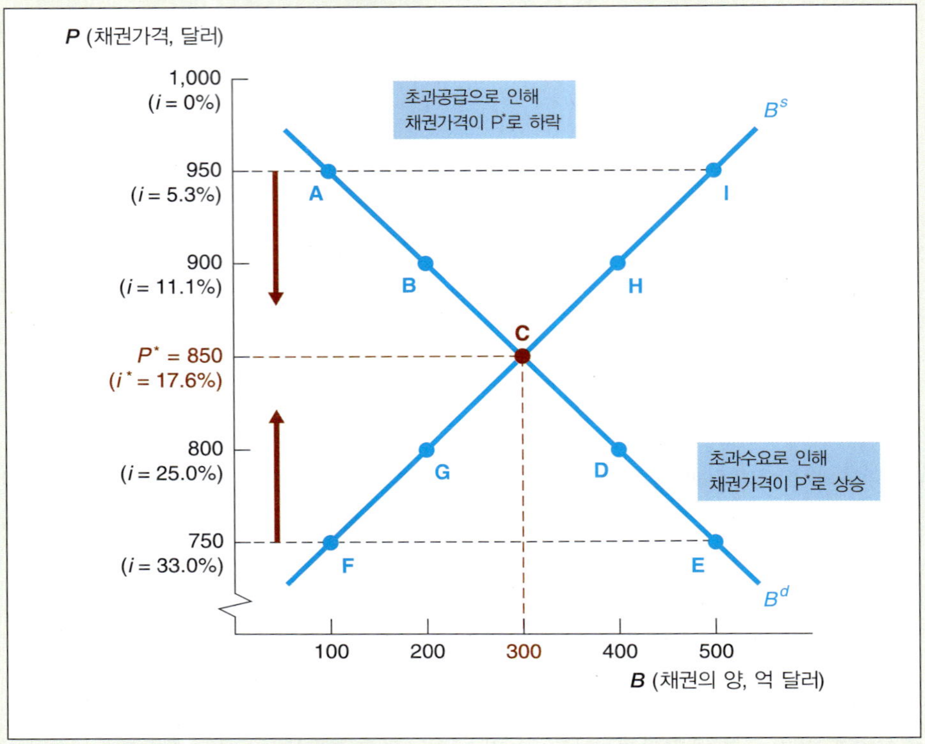

그림 1 채권의 수요와 공급

채권시장의 균형은 수요곡선 B^d와 공급곡선 B^s가 교차하는 점C에서 발생한다. 균형가격은 P^* = \$850이며, 균형이자율은 i^* = 17.6%다.

2.2 공급곡선

[그림 1]의 채권 수요곡선에서 중요한 가정은 채권의 가격과 이자율을 제외한 다른 모든 경제변수가 고정돼 있다는 것이다. **공급곡선**(supply curve)을 도출하는 데 있어서도 마찬가지로 다른 모든 경제변수가 고정돼 있다는 가정하에 가격과 공급량 간의 관계를 살펴본다.

예를 들어 채권가격이 750달러면 이자율은 33.3%가 되는데, 점F는 이때 채권의 공급량이 100억 달러임을 나타낸다. 만약 채권가격이 800달러면 이자율은 25%로 낮아진다. 이제 기업은 이 이자율 수준에서 채권을 발행해 자금을 조달하는 데 전보다 비용이 덜 들기 때문에 더 많은 자금을 빌리려 할 것이며, 채권의 공급량은 점G에서와 같이 200억 달러로 증가한다. 채권가격이 850달러로 상승하면 이에 상응하는 이자율은 17.6%이며, 채권의 공급량은 점C에서와 같이 300억 달러로 증가한다. 채권가격이 900달러, 950달러로 더 상승하면, 점H와 점I에서와 같이 이자율은 더 하락할 것이고 채권의 공급량은 더 증가한다. 이들 점을 연결한 B^s 곡선이 채권의 공급곡선이다. 채권의 공급곡선은 대체로 우상향하는 형태가 되는데, 이는 다른 조건이 일정하다고 할 때 채권의 가격이 상승하면 공급량이 증가함을 나타낸다.

2.3 시장 균형

경제학에서 **시장 균형**(market equilibrium)이란 어떤 가격 수준에서 사람들이 사려고 하는 수량, 즉 수요량이 사람들이 팔려고 하는 수량, 즉 공급량과 일치할 때 나타난다. 채권시장에서의 시장 균형은 채권에 대한 수요량이 공급량과 일치할 때 달성된다. 즉

$$B^d = B^s \tag{1}$$

[그림 1]에서 균형은 수요곡선과 공급곡선이 교차하는 점C에서 달성된다. 점C에서 채권가격은 850달러, 이자율은 17.6%이며, 채권의 수량은 300억 달러가 된다. 수요량과 공급량이 일치하는 가격인 P^*=850달러를 균형가격(equilibrium price) 혹은 시장청산가격(market-clearing price)이라 부른다. 마찬가지로 이 균형가격에 해당하는 이자율 i^*=17.6%를 균형이자율 혹은 시장청산이자율이라 한다.

시장 균형과 균형가격, 균형이자율은 시장이 균형을 향해 움직이는 경향이 있기 때문에 유용한 개념이다. [그림 1]에서 먼저 채권가격이 균형가격보다 더 높은 경우에 어떤 일이 일어나는가 살펴보자. 채권가격이 예를 들어 950달러로 너무 높게 형성되면, 채권의 공급량(점I)은 채권의 수요량(점A)보다 더 크다. 채권의 공급량이 수요량을 초과하는 이런 상태를 **초과공급**(excess supply)이라고 한다. 이때 사람들이 사려는 채권보다 팔려는 채권의 양이 더 많기 때문에 채권가격은 하락할 것이다. 이것이 [그림 1]에 950달러의 채권가격에서 아래 방향으로 화살표를 그린 이유다. 채권가격이 균형가격보다 위에 있는 한, 채권의 초과공급이 지속되고 가격은 계속 하락한다. 가격의 하락은 채권가격이 균형가격인 850달러에 이르러 초과공급이 사라질 때에야 비로소 멈춘다.

이제 채권가격이 균형가격보다 낮을 때는 어떤 일이 발생하는지 살펴보자. 만약 채권가격이 예를 들어 750달러로 너무 낮은 수준이라면, 채권의 수요량(점E)이 채권의 공급량(점F)보다 더 크다. 이를 **초과수요**(excess demand)라고 한다. 이때는 사람들이 팔려는 채권보다 사려는 채권이 더 많은 상태가 되어 채권의 가격은 오르게 될 것이다. 이를 그림에서는 750달러의 가격에서 위로 향하는 화살표로 표시했다. 채권가격이 850달러로 상승해 채권에 대한 초과수요가 사라지는 경우에만 가격의 상승이 멈춘다.

균형가격의 개념은 시장이 청산되는 가격을 알려주기 때문에 중요하다. [그림 1]의 수직축에 표시한 가격은 각각 이자율의 특정 수준에 대응하므로, 이자율도 마찬가지로

17.6%의 균형이자율 수준을 향해 움직인다는 사실을 알 수 있다. 이자율이 5.3%인 경우와 같이 균형이자율보다 낮을 때에는, 채권가격이 균형가격보다 높은 상태여서 채권의 초과공급이 생긴다. 그러면 채권의 가격이 하락하면서 이자율은 균형 수준을 향해 상승한다. 마찬가지로 이자율이 33.3%인 경우와 같이 균형 수준보다 높을 때에는, 채권에 대한 초과수요가 발생하여 채권가격이 상승하고, 이자율은 17.6%의 균형 수준을 향해 하락한다.

2.4 수요와 공급 분석

[그림 1]은 수직축에 가격을 표시하고 수평축에 수량을 표시한 전통적인 수요와 공급 도표다. 각각의 채권가격에 상응하는 이자율이 수직축에 함께 표시돼 있기 때문에, 이 도표는 이자율의 결정을 설명하는 모형을 제시하면서 균형이자율을 알려준다. 할인채이건 이표채이건 관계없이 어떤 유형의 채권에서도 이자율과 채권가격은 언제나 서로 음의 관계를 갖기 때문에, 모든 유형의 채권에 대해 [그림 1]과 같은 수요와 공급 도표를 그릴 수 있다.

위 분석에서 주목할 점은 자산의 수요와 공급은 유량(flow) 기준이 아니라 언제나 저량(stock) 기준, 즉 일정 시점에서의 수량을 기준으로 측정된다는 것이다. **자산시장 접근법**(asset market approach)은 자산가격결정에 있어 유량이 아닌 자산의 저량을 강조하는데, 이는 경제학자들이 금융시장의 움직임을 이해하기 위해 사용하는 유력한 방법론이다. 사실 유량 기준을 이용하면 특히 인플레이션이 있는 경우 정확한 분석을 하기가 매우 힘들다.[3)]

3 균형이자율의 변동

이제 채권의 수요와 공급 모형을 이용해 왜 이자율이 변동하는지를 분석해보자. 혼동을 피하기 위해 수요(공급)곡선상에서의 운동(movement along a curve)과 수요(공급)곡선의 이동(shift in a curve)을 구분하는 것이 중요하다. 채권가격의 변화, 즉 이자율의 변화

3) 본문에서 설명한 자산시장 접근법은 이자율이 어떻게 움직이는가의 문제뿐만 아니라 자산의 가격이 어떻게 결정되는가를 이해하는 데도 유용하다. 이 책의 웹사이트 www.pearsonglobaleditions.com/mishkin에 있는 제5장의 두 번째 부록을 보면 자산시장 접근법이 상품시장, 특히 금(gold)시장의 행태를 이해하는 데 응용될 수 있음을 알 수 있다. 한편 본문에서 다룬 채권시장에 대한 분석은 대부자금에 대한 수요와 공급이라는 개념을 사용한 대부자금 모형(loanable funds framework)으로도 설명할 수 있는데, 이에 관한 내용은 위 웹사이트에 제시된 제5장의 세 번째 부록에 나와 있다.

로 인해 수요(공급)량이 변할 때는 수요(공급)곡선상에서의 운동이 된다. 예를 들어 [그림 1]의 점A에서 점B로, 그리고 점C로 움직일 때의 수요량의 변화는 수요곡선상에서의 운동이다. 이와는 대조적으로 수요(공급)곡선의 이동은 각각의 채권가격, 즉 이자율 수준에서 채권가격이나 이자율을 제외한 다른 요인의 변화에 따라 수요(공급)량이 변할 때 발생한다. 이들 다른 요인이 변화할 때는 수요곡선 혹은 공급곡선이 옆으로 이동하면서 새로운 균형이자율이 형성된다.

이제 기대 인플레이션과 재산 등의 변화에 따라 수요곡선과 공급곡선이 어떻게 이동하는지, 그리고 이들 변화는 균형이자율 수준에 어떤 영향을 미치는지 알아보자.

3.1 채권 수요의 이동

이 장의 앞부분에 설명한 포트폴리오 선택이론은 어떤 요인이 채권의 수요곡선을 이동시키는지를 결정하는 모형을 제시한다. 다음 4가지 변수의 변화는 채권 수요곡선의 이동요인이 된다.

1. 재산
2. 다른 자산에 대비한 채권의 상대적인 기대수익률
3. 다른 자산에 대비한 채권의 상대적인 위험
4. 다른 자산에 대비한 채권의 상대적인 유동성

다른 요인은 모두 일정하다고 하고 이들 각 요인의 변화가 어떻게 수요곡선을 이동시키는가를 이해하기 위해 몇 가지 예를 들기로 한다(학습보조 자료로서 [요약표 2]는 각 요인의 변화가 채권 수요에 미치는 영향을 요약하고 있다).

재산 경기의 확장기에 경제가 빠르게 성장하고 재산이 증가할 때에는 [그림 2]에서와 같이 각 채권가격(이자율)에서 채권의 수요량이 증가한다. 그 과정을 알아보기 위해 초기의 채권 수요곡선 B_1^d상의 점B를 보자. 이 상태에서 재산이 증가하면 동일한 이자율 수준에서 채권의 수요량은 점B'로 증가한다. 마찬가지로 점D에서 재산의 증가는 동일한 채권가격에서의 수요량을 점D'로 증가시킨다. 초기의 수요곡선 B_1^d상의 각 점마다 이러한 논리를 계속 적용하면, 화살표가 지시하는 방향대로 수요곡선이 B_1^d에서 오른쪽으로 이동해 B_2^d가 됨을 알 수 있다.

여기서 얻은 결론은, 재산이 증가하는 경기확장기에는 채권에 대한 수요가 증가하고 채권의 수요곡선이 오른쪽으로 이동한다는 것이다. 같은 논리로, 소득과 재산이 감소하는 경기침체기에는 채권의 수요가 감소하고 수요곡선은 왼쪽으로 이동한다.

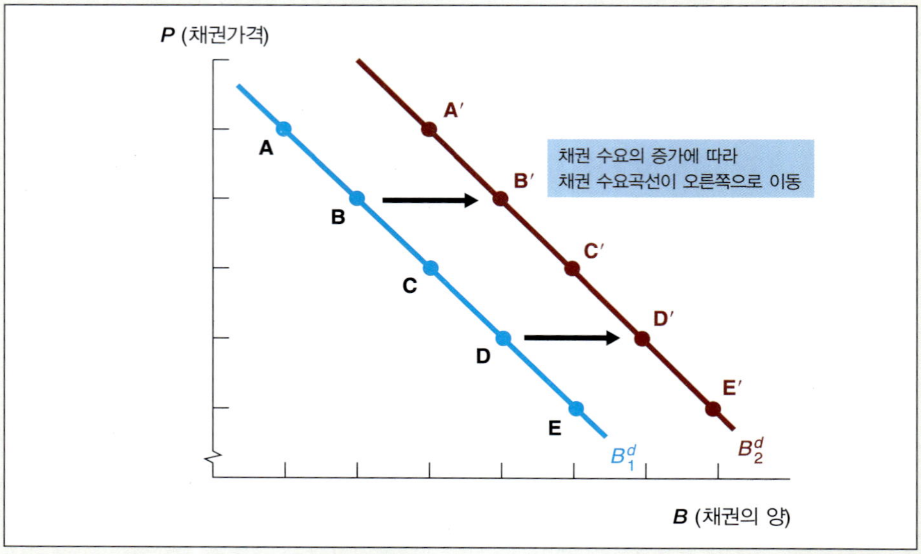

그림 2 채권 수요곡선의 이동

채권에 대한 수요가 증가할 때, 수요곡선은 오른쪽으로 이동한다.

재산에 영향을 미치는 또 하나의 요인은 사람들의 저축 성향이다. 만약 가계가 더 많이 저축한다면 재산이 증가해, 우리가 이미 본 것처럼 채권에 대한 수요가 증가하고 채권 수요곡선이 오른쪽으로 이동한다. 반대로 사람들이 덜 저축한다면 재산과 채권에 대한 수요가 감소하고 수요곡선은 왼쪽으로 이동한다.

기대수익률 1년 만기 할인채를 1년간 보유하는 경우에는 기대수익률과 이자율이 서로 같으므로, 현재의 이자율을 제외한 다른 요인은 기대수익률에 영향을 미치지 못한다.

그러나 만기가 1년보다 긴 채권을 1년간 보유하는 경우에는 기대수익률이 이자율과 다를 수 있다. 예를 들면 제4장의 [표 2]에서 보았듯이 장기채권의 이자율이 10%에서 20%로 상승하면 가격이 크게 하락하고 수익률은 음이 된다. 따라서 만약 사람들이 다음 해의 이자율이 처음 예상했던 것보다 높아질 것이라 생각한다면 장기채권에 대한 현재의 기대수익률이 하락하고 각 이자율 수준에서 수요량이 감소한다. 미래에 예상되는 이자율이 높아지면, 장기채권의 기대수익률은 낮아지고 수요가 감소하며 수요곡선은 왼쪽으로 이동한다.

이와는 대조적으로, 미래의 이자율이 하락할 것으로 예상이 수정된다면 장기채권의 가격이 처음에 예측했던 것보다 더 오를 것으로 기대되며, 그 결과 기대수익률이 높아져 각

요약표 2 채권 수요곡선을 이동시키는 요인

변수	변수의 변화	각 채권가격에서 수요량의 변화	수요곡선의 이동
재산	↑	↑	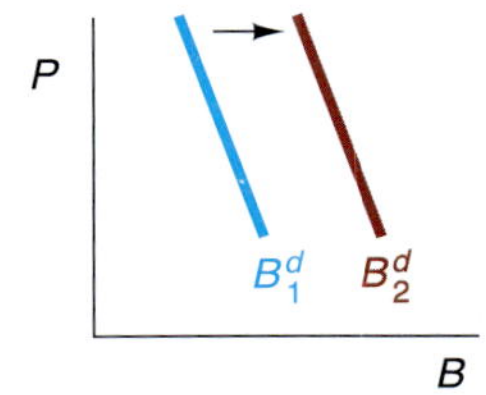
예상 이자율	↑	↓	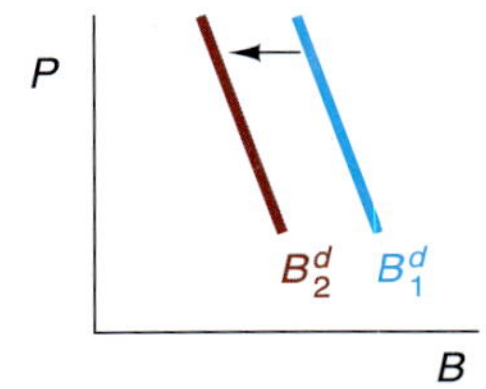
기대 인플레이션	↑	↓	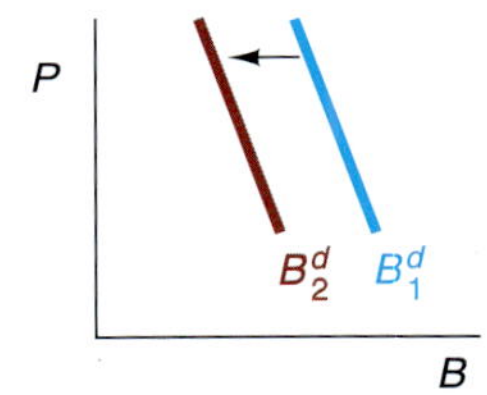
다른 자산에 대비한 채권의 위험	↑	↓	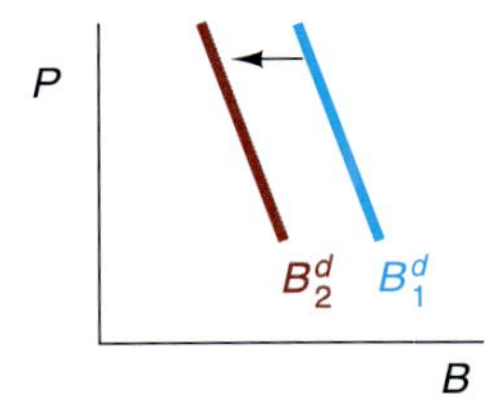
다른 자산에 대비한 채권의 유동성	↑	↑	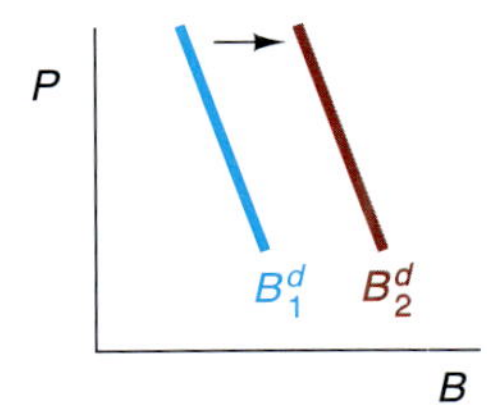

주 : 변수의 크기가 증가한 경우만 표시했다. 변수의 크기가 감소한 경우 수요에 미치는 효과는 표의 화살표 방향과 반대로 된다.

채권가격(이자율)에서 수요량이 증가할 것이다. [그림 2]에서와 같이 미래에 예상되는 이자율이 낮아지면, 장기채권에 대한 수요가 증가하며 수요곡선은 오른쪽으로 이동한다.

다른 자산에 대한 기대수익률의 변화도 채권의 수요곡선을 이동시킬 수 있다. 만약 사람들이 갑자기 주식시장을 낙관해 미래에 주가가 더 오를 것이라고 예상하기 시작한다면, 주식투자에 따라 예상되는 자본이득과 기대수익률이 상승할 것이다. 채권에 대한 기대수익률이 일정하다고 하면, 주식에 대비한 채권의 상대적인 기대수익률이 지금 하락한 셈이다. 이로 인해 채권에 대한 수요가 감소하여 수요곡선이 왼쪽으로 이동한다.

예상 물가상승률의 변화는 자동차, 주택 등의 실물자산에 대한 기대수익률을 변화시킴으로써 채권의 수요에 영향을 준다. 예를 들어 기대 인플레이션이 5%에서 10%로 상승하면, 미래에 자동차와 주택의 가격이 더 높아질 것이고 따라서 더 큰 자본이득이 발생할 것이다. 이들 실물자산에 대한 기대수익률이 지금 상승하게 되면 실물자산에 대비한 채권의 상대적인 기대수익률이 지금 하락하게 되며, 따라서 채권에 대한 수요가 감소한다. 또는 기대 인플레이션의 상승이 채권의 실질이자율을 낮추고, 그 결과 채권의 상대적인 기대수익률이 낮아져 채권에 대한 수요가 감소하는 것으로 해석할 수도 있다. 기대 인플레이션 상승은 채권의 기대수익률을 낮춰 채권에 대한 수요를 감소시키고 수요곡선을 왼쪽으로 이동시킨다.

위험 만약 채권시장에서 가격의 변동성이 커지면, 채권의 위험이 증가해 채권의 매력이 떨어진다. 채권의 위험이 증가하면 채권에 대한 수요가 감소하고 수요곡선은 왼쪽으로 이동한다.

역으로 주식시장 등 다른 자산시장에서 가격의 변동성이 커지면 채권은 보다 매력적인 자산이 된다. [그림 2]에서와 같이 다른 자산의 위험이 증가하면 채권에 대한 수요가 증가하고 수요곡선은 오른쪽으로 이동한다.

유동성 만약 더 많은 사람들이 채권시장에서 거래를 하게 돼 채권을 신속하게 팔기가 쉬워진다면, 이런 유동성의 증가로 인해 각 이자율 수준에서 채권에 대한 수요량이 증가한다. [그림 2]에서와 같이 채권의 유동성 증가는 채권에 대한 수요를 증가시키고 수요곡선을 오른쪽으로 이동시킨다. 반면 다른 자산의 유동성 증가는 채권에 대한 수요를 감소시키고 수요곡선을 왼쪽으로 이동시킨다. 예를 들어 1975년에 고정 수수료율 제도가 폐지되면서 일어난 주식거래 중개수수료의 하락은 채권에 비해 상대적으로 주식의 유동성을 증가시켰고, 그 결과 채권에 대한 수요가 감소해 수요곡선이 왼쪽으로 이동했다.

3.2 채권 공급의 이동

채권의 공급곡선을 이동시키는 요인 가운데 몇 가지를 들면 다음과 같다.

1. 투자기회의 예상 수익성
2. 기대 인플레이션
3. 정부 재정적자

다른 조건은 모두 일정하다고 할 때 이들 각 요인이 변함에 따라 공급곡선이 어떻게 이동하는지 살펴보기로 하자(학습보조 자료로서 [요약표 3]은 각 요인의 변화가 채권공급에 미치는 영향을 요약하고 있다).

투자기회의 예상 수익성 기업의 공장 및 설비투자에 따라 예상되는 수익성이 높을수록 기업은 이들 투자에 필요한 자금을 조달하려고 더욱 노력할 것이다. 경기확장기와 같이 경제가 빠르게 성장할 때는 수익성이 높을 것으로 예상되는 투자기회가 많아지며, [그림 3]에서와 같이 각 채권가격에서 채권의 공급량이 증가한다. 그러므로 경기확장기에는 채권의 공급이 증가하고 공급곡선이 오른쪽으로 이동한다. 반대로 경기침체기에는 수익성이 높을

요약표 3 채권 공급곡선을 이동시키는 요인

변수	변수의 변화	각 채권가격에서 공급량의 변화	공급곡선의 이동
투자의 수익성	↑	↑	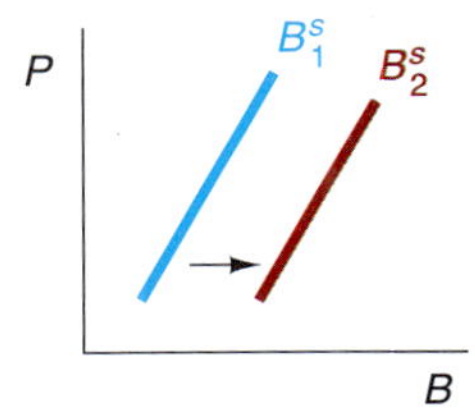
기대 인플레이션	↑	↑	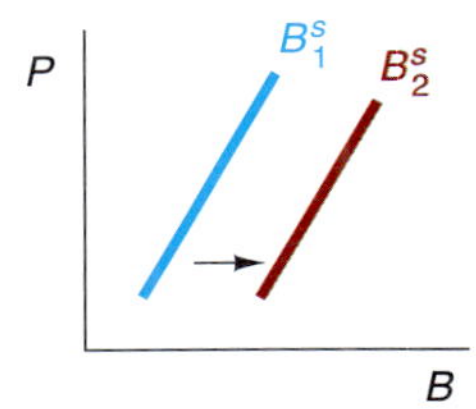
정부 재정적자	↑	↑	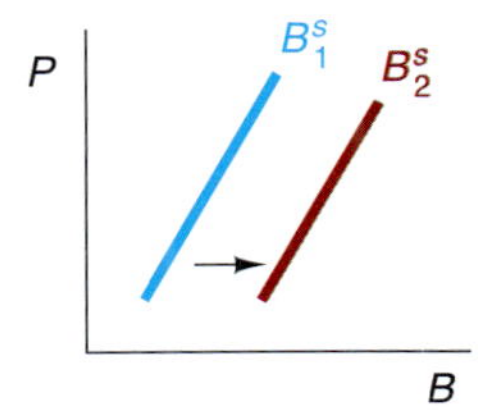

주 : 변수의 크기가 증가한 경우만 표시했다. 변수의 크기가 감소한 경우 공급에 미치는 효과는 화살표 방향과 반대로 된다.

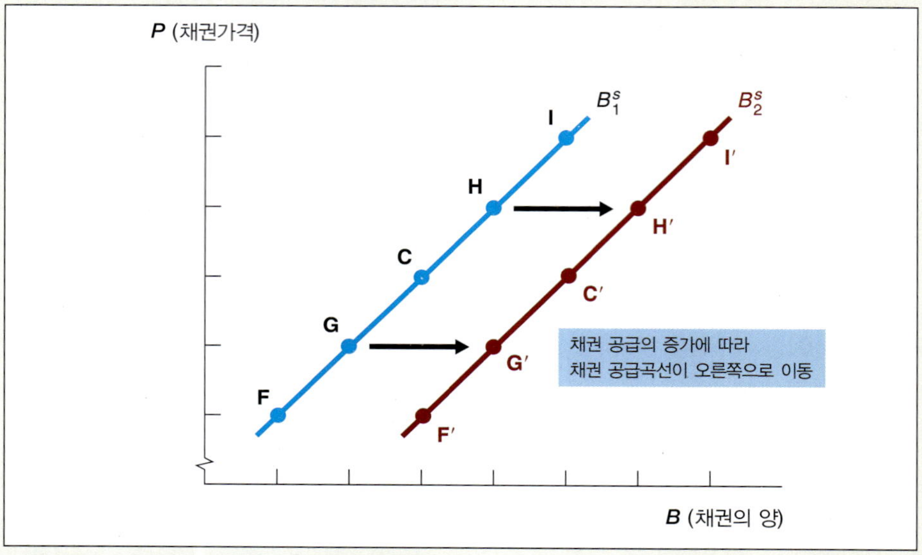

그림 3 채권 공급곡선의 이동
채권에 대한 공급이 증가할 때, 공급곡선은 오른쪽으로 이동한다.

것으로 예상되는 투가기회가 적어져, 채권의 공급이 감소하고 공급곡선이 왼쪽으로 이동한다.

기대 인플레이션 제4장에서 보았듯이, 실질적인 차입비용은 (명목)이자율에서 기대 인플레이션을 차감한 실질이자율에 의해 보다 정확히 측정된다. 기대 인플레이션이 높아지면 주어진 이자율과 채권가격에서 실질 차입비용이 하락한다. 따라서 각 채권가격에서 채권의 공급량이 증가한다. [그림 3]에서와 같이 기대 인플레이션의 상승은 채권의 공급을 증가시키고 공급곡선을 오른쪽으로 이동시킨다.

정부 재정적자 정부의 활동은 여러 경로로 채권의 공급에 영향을 줄 수 있다. 미국의 재무부는 정부지출과 정부수입의 차이로 인한 재정적자 자금을 조달하기 위해 채권을 발행한다. 재정적자가 클수록 재무부는 더 많은 채권을 발행하게 되며, 각 채권가격에서 채권의 공급량이 증가한다. [그림 3]에서와 같이 재정적자가 커지면 채권의 공급이 증가하고 공급곡선이 오른쪽으로 이동한다. 반대로 1990년대 후반에 나타났듯이 재정흑자는 채권의 공급을 감소시키고 공급곡선을 왼쪽으로 이동시킨다.

미국에서는 주정부와 지방정부, 정부기관도 자신의 지출 자금을 조달하기 위해 채권을 발행하며, 이는 채권 공급에 영향을 준다. 뒤에서 보겠지만 통화정책의 수행 과정에서도 채권의 매도와 매입이 일어나는데, 이 역시 채권 공급에 영향을 미친다.

이제 우리가 배운 수요곡선과 공급곡선의 이동에 관한 지식을 이용해 균형이자율이 어떻게 움직이는지를 분석할 수 있다. 이를 위한 가장 좋은 방법은 통화정책의 이자율에 대한 효과를 이해하는 데 특히 관련이 깊은 몇 가지 응용을 시도해보는 것이다. 이때 2가지 사항을 항상 염두에 두어야 한다.

1. 어떤 변수가 변화한 효과를 분석할 때, 다른 모든 변수는 일정하다고 가정한다. 즉 *ceteris paribus* 가정을 한다.
2. 이자율은 채권가격과 음의 관계에 있다. 따라서 채권의 균형가격이 상승하면 균형이자율은 하락한다. 역으로 채권의 균형가격이 하락하면 균형이자율은 상승한다.

응용 기대 인플레이션에 의한 이자율 변동 : 피셔 효과

앞에서 기대 인플레이션의 변화가 수요곡선과 공급곡선을 각각 어떻게 이동시키는지를 분석했기 때문에 이미 기대 인플레이션의 변화가 이자율에 어떤 영향을 주는지를 평가하기 위한 대부분의 준비를 마친 셈이다. [그림 4]는 기대 인플레이션의 상승이 균형이자율에 미치는 효과를 보여준다.

초기에 기대 인플레이션이 5%이고 원래의 수요곡선 B_1^d과 공급곡선 B_1^s이 점1에서 만나고 있다고 하자. 여기서 채권의 균형가격은 P_1이다. 만약 기대 인플레이션이 10%로 상승한다면, 각각의 채권가격 및 이자율 수준에서 실물자산에 대비한 채권의 상대적인 수익률이 하락한다. 그 결과 채권에 대한 수요가 감소하고 수요곡선은 B_1^d에서 B_2^d로 왼쪽으로 이동한다. 기대 인플레이션의 상승은 공급곡선도 이동시킨다. 각각의 채권가격 및 이자율 수준에서 실질 차입비용이 하락해 채권에 대한 공급량이 증가하고 공급곡선은 B_1^s에서 B_2^s로 오른쪽으로 이동한다.

기대 인플레이션의 변화에 반응해 수요곡선과 공급곡선이 이동하면, 균형은 점1에서 B_2^d와 B_2^s가 교차하는 점2로 움직인다. 채권의 균형가격은 P_1에서 P_2로 하락하며, 채권의 가격은 이자율과 음의 관계에 있기 때문에 균형이자율은 상승한다. [그림 4]에서는 채권의 균형거래량이 점1과 점2에서 모두 동일하도록 그렸다. 그러나 기대 인플레이션이 상승할 때 수요곡선과 공급곡선의 이동 크기에 따라 채권의 균형거래량은 증가할 수도 하락할 수도 있다.

여기서 수요곡선과 공급곡선의 분석을 통해 기대 인플레이션이 높아지면 이자율이 상승한다는 중요한 관찰을 할 수 있다. 이를 기대 인플레이션과 이자율 간의 관계를 처음 밝힌 경제학자 어빙 피셔(Irving Fisher)의 이름을 따서 **피셔 효과**(Fisher effect)라 일컫는다. [그림 5]에서는 그 예측의 정확성을 살펴볼 수 있다. 3개월 만기 재무부 증권의 이자율은 대개 기대 인플레이션과 같은 방향으로 움직여왔다. 그래서 경제학자들은 이자율을 낮은 수준으로 유지하려면 인플레이션을 낮게 유지해야 한다고 조언한다.

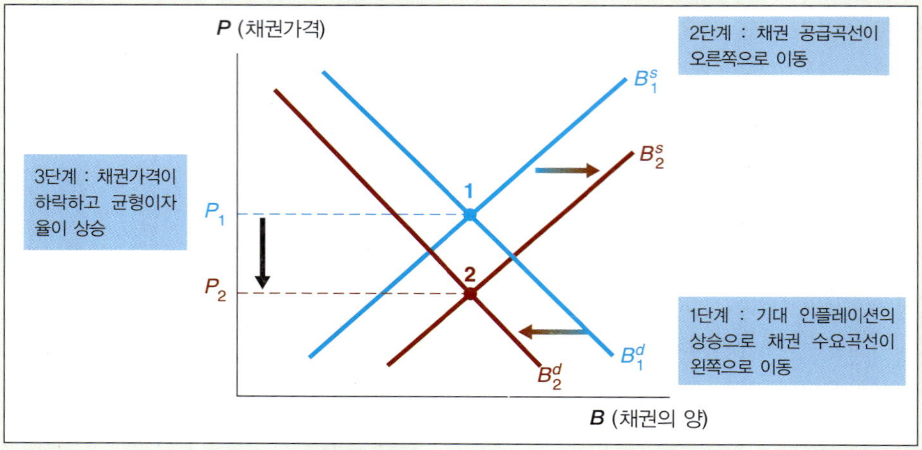

그림 4 기대 인플레이션의 변화에 대한 반응

기대 인플레이션이 상승하면, 공급곡선이 B_1^s에서 B_2^s로 이동하며 수요곡선은 B_1^d에서 B_2^d로 이동한다. 균형이 점1에서 점2로 움직임에 따라 채권의 균형가격은 P_1에서 P_2로 하락하고, 균형이자율은 상승한다.

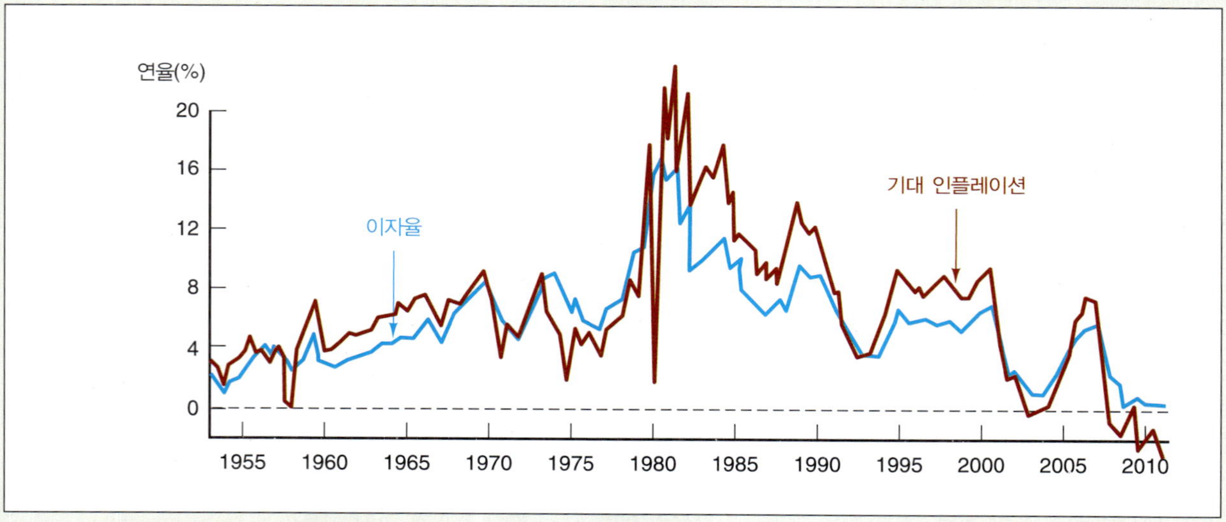

그림 5 기대 인플레이션과 이자율 : 1953~2011년

피셔 효과에 따라 3개월 만기 재무부 증권의 이자율과 기대 인플레이션은 대체로 같은 방향으로 움직이고 있다.

자료 : Expected inflation calculated using procedures outlined in Frederic S. Mishkin, "The real Interest Rate : An Empirical Investigation," *Carnegie-Rochester Conference Series on Public Policy 15* (1981) : 151-200. These procedures involve estimating expected inflation as a fundtion of past interest rates, inflation, and time trends.

응용 경기확장에 의한 이자율 변동

[그림 6]은 경기확장이 이자율에 미치는 효과를 분석한다. 경기확장기에는 경제 내에서 생산된 재화와 서비스의 양이 증가하며 국민소득이 증가한다. 이 경우 기업들은 수익성이 높은 투자기회를 많이 발견하고 이들 투자를 위해 더 많은 자금을 차입하려 한다. 따라서 각 채권가격과 이자율 수준에서 기업이 팔기를 원하는 채권의 양, 즉 채권의 공급이 증가한다. 이는 경기확장기에 [그림 6]에서와 같이 채권의 공급곡선이 B_1^s에서 B_2^s로 오른쪽으로 이동함을 의미한다.

경기확장은 또한 채권의 수요에도 영향을 미친다. 경기가 확장함에 따라 사람들의 재산이 증가할 것이며, 포트폴리오 선택이론에 의하면 채권에 대한 수요도 증가할 것이다. 이는 [그림 6]에서 수요곡선이 B_1^d에서 B_2^d로 오른쪽으로 이동하는 것으로 나타난다.

수요곡선과 공급곡선이 모두 오른쪽으로 이동했기에, B_2^d와 B_2^s의 교차점으로 나타나는 새로운 균형도 오른쪽으로 움직여갔다. 이때 공급곡선이 수요곡선에 비해 더 많이 이동했는지 아니면 그 반대인지 여부에 따라 새로운 균형이자율은 오를 수도 내릴 수도 있다.

여기서 사용한 수요곡선과 공급곡선의 분석은 경기확장기에 이자율이 어떻게 될 것인가라는 질문에 불분명한 답을 주고 있다. [그림 6]에서는 공급곡선의 이동이 수요곡선의 이동

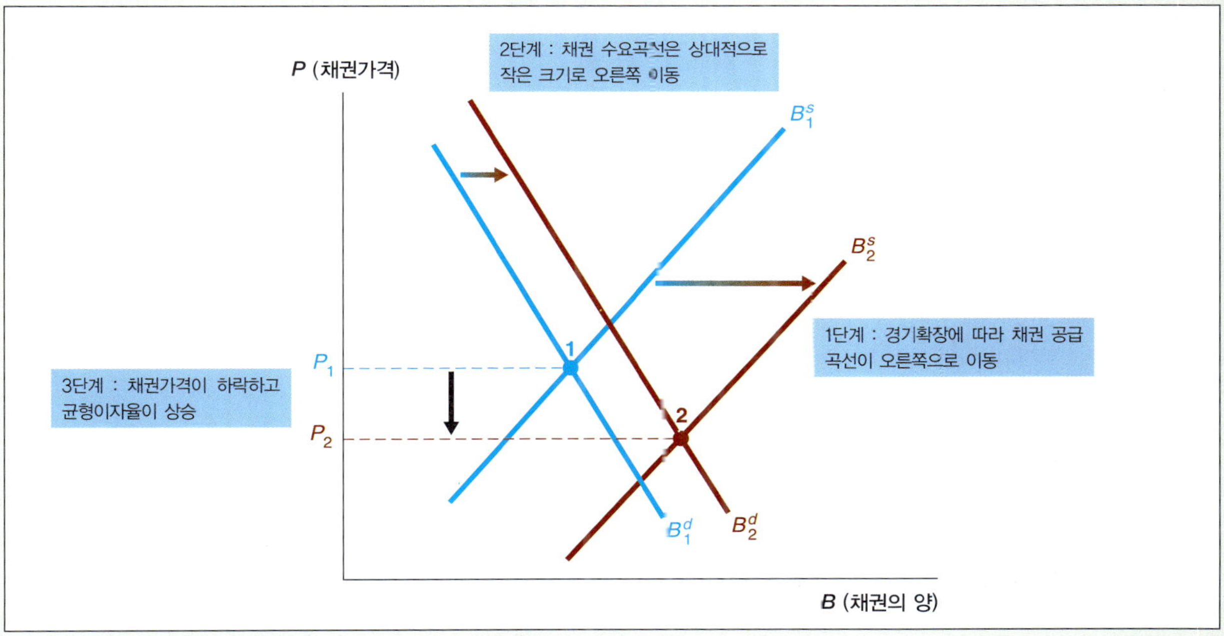

그림 6 경기확장에 대한 반응

경기확장기에는 소득과 재산이 증가해 수요곡선이 B_1^d에서 B_2^d로 오른쪽으로 이동하며, 공급곡선도 B_1^s에서 B_2^s로 오른쪽으로 이동한다. 만약 공급곡선이 수요곡선보다 오른쪽으로 더 많이 이동하면 그림에서와 같이 채권의 균형가격은 P_1에서 P_2로 하락하고, 균형이자율은 상승한다.

에 비해 더 큰 것으로 그렸으며, 그 결과 채권의 균형가격이 P_2로 하락하고 따라서 균형이자율이 상승했다. 경기확장과 소득의 증가가 이자율을 상승시키는 것으로 그린 이유는 실제 데이터에서 이를 확인할 수 있기 때문이다. [그림 7]은 1951년부터 2008년까지 미국의 3개월 만기 재무부 증권의 이자율 움직임을 보여준다. 여기서 음영으로 처리한 영역은 경기침체기를 나타낸다. 이 그림에서 이자율이 경기확장기에는 상승하고 경기침체기에는 하락하는 경향이 있음을 볼 수 있다.

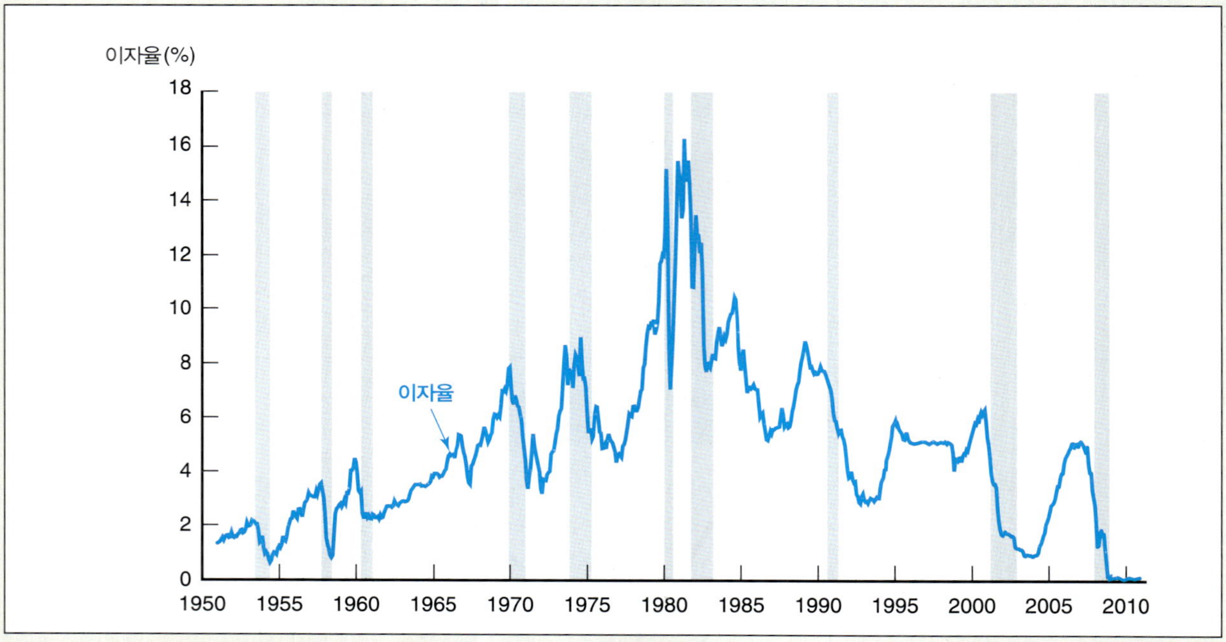

그림 7 경기변동과 이자율(3개월 만기 재무부 증권), 1951~2011년

음영 부분은 경기침체기를 나타낸다. 이 그림은 [그림 6]에서 제시한 대로 이자율이 경기확장기에는 상승하고 경기침체기에는 하락함을 보여준다.

자료 : Federal Reserve: www.federalreserve.gov/releases/H15/data.htm

응용 일본의 이자율이 낮은 이유

1990년대와 2000년대 초기에 일본의 이자율은 세계에서 가장 낮은 수준이었다. 실로 1998년 11월에는 특이한 현상이 발생했다. 제4장에서 본 것처럼 6개월 만기 일본 국채의 이자율이 약간이긴 하지만 음의 값이 됐다. 왜 일본의 이자율이 그렇게 낮은 수준으로 하락했을까?

1990년대와 2000년대 초기에 일본에서는 음의 인플레이션, 즉 디플레이션을 동반한 경기침체가 오랜 기간 지속됐다. 이 사실을 앞서의 [응용] 사례에 비추어 분석하면 일본의 이자율이 낮은 이유가 설명된다.

음의 인플레이션은 실물자산에 대한 기대수익률을 낮추고 그 결과 채권의 상대적인 기대수익률을 높임으로써 채권에 대한 수요를 증가시켜, 수요곡선을 오른쪽으로 이동시켰다. 또한 음의 인플레이션은 실질이자율을 높여 주어진 명목이자율 수준에서 자금 조달의 실질비용을 높임으로써 채권의 공급을 위축시켜, 공급곡선을 왼쪽으로 이동시켰다. 이로 인해 [그림 4]와 정확히 반대되는 결과가 나타났다. 수요곡선이 오른쪽으로 이동하고 공급곡선이 왼쪽으로 이동함에 따라 채권가격이 상승하고 이자율이 하락한 것이다.

일본에서 경기위축과 이로 인한 투자기회의 축소는 또한 채권의 공급을 줄이고 공급곡선을 왼쪽으로 이동시킴으로써 이자율의 하락을 초래했다. 경기침체기 동안 재산이 감소했기 때문에 수요곡선이 왼쪽으로 이동했겠지만, 앞의 [응용] 사례에서 보았듯이 수요곡선은 공급곡선보다 적게 이동했다. 따라서 [그림 6]의 결과와는 반대 방향으로 채권가격이 상승했고 이자율은 하락했다.

흔히 이자율이 낮으면 차입비용을 낮추기 때문에 좋다고 생각하기 쉽다. 그러나 일본의 사례는 "부유하거나 말라서 나쁠 것 없다"는 금언에 오류가 있음을 보여준다. 부유하면 분명히 좋겠지만, 너무 마르면 건강을 해칠 수 있다. 이자율이 낮을수록 항상 좋다는 생각은 오류다. 일본에서의 낮은 이자율, 심지어 음의 이자율은 물가 하락 및 경기위축과 함께 일본 경제가 실로 어려움에 처했다는 징후에 불과하다. 일본 경제가 회복돼야 비로소 이자율도 정상적인 수준으로 복귀할 것이다.

4 화폐시장의 수요와 공급 : 유동성선호 모형

케인즈(John Maynard Keynes)에 의해 개발된 **유동성선호 모형**(liquidity preference framework)은 채권의 수요와 공급을 분석해 균형이자율을 설명하는 대신, 화폐의 수요와 공급을 분석해 균형이자율을 설명한다. 두 분석틀은 서로 다르게 보이지만 화폐시장에 대한 유동성선호 모형은 채권시장에 대한 수요와 공급 모형과 밀접하게 관련돼 있다.[4)]

케인즈의 분석은 사람들이 재산을 보관하는 수단으로 화폐와 채권이라는 2가지 자산 범주가 있다는 가정에서 출발한다. 따라서 경제 내 재산의 총량은 그 경제 내의 채권과 화폐의 합과 같게 되며, 이는 채권의 공급량(B^s)과 화폐의 공급량(M^s)을 더한 것과 같다.

4) 화폐시장(market for money)이란 용어는 교환의 매개물, 즉 화폐에 대한 시장을 일컫는다. 이는 제2장에서 논의한 금융시장의 한 형태로서, 단기금융상품이 거래되는, 소위 금융실무자들이 말하는 자금시장 혹은 단기금융시장(money market)과는 차이가 있다.

그런데 사람들은 이용 가능한 자원 이상의 재산을 구입할 수 없으므로 그들이 보유하려는 채권의 수요량(B^d)과 화폐의 수요량(M^d)의 합도 재산의 총량과 같아야 한다. 그 결과 채권과 화폐의 공급량은 채권과 화폐의 수요량과 일치해야 한다. 즉

$$B^s + M^s = B^d + M^d \tag{2}$$

채권 항목들을 등호의 왼쪽에 모으고 화폐 항목들을 오른쪽에 모아 이 식을 다시 정리하면 다음과 같다.

$$B^s - B^d = M^d - M^s \tag{3}$$

다시 정리한 식 (3)은 화폐시장의 균형($M^s = M^d$)으로 인해 우변이 0이 된다면 채권시장 역시 $B^s = B^d$의 균형이 달성됨을 의미한다.

따라서 채권의 수요와 공급을 일치시킴으로써 균형이자율을 결정하는 것이나 화폐의 수요와 공급을 일치시킴으로써 균형이자율을 결정하는 것이나 서로 같다는 것이다. 이런 점에서 화폐시장을 분석하는 유동성선호 모형은 채권시장의 수요와 공급 모형과 같다. 그런데 유동성선호 접근법은 경제 내에 화폐와 채권이라는 오직 2개의 자산만이 있다고 가정함으로써 자동차와 주택과 같은 실물자산에 대한 기대수익률의 변화가 이자율에 미치는 효과를 암묵적으로 무시하기 때문에 실제로 두 접근 방식은 서로 다르다. 그럼에도 대부분의 경우 두 모형은 동일한 결론을 가져다준다.

우리가 이자율을 결정하는 데 있어 두 모형을 모두 이용하는 이유는 채권의 수요와 공급 모형으로는 기대 인플레이션의 변화로 인한 효과를 분석하기 쉬운 반면, 유동성선호 모형으로는 소득, 물가, 화폐공급의 변화로 인한 효과를 간단히 분석할 수 있기 때문이다.

케인즈가 정의한 화폐에는 이자가 지급되지 않는 현금과 당시 거의 이자가 붙지 않았던 당좌예금이 포함되기 때문에, 케인즈는 화폐의 수익률을 0이라 가정했다. 케인즈의 모형에서 화폐에 대한 유일한 대체자산인 채권은 이자율 i의 기대수익률을 얻는다.[5] 따라서 다른 조건이 일정할 때, 이자율이 상승함에 따라 채권과 대비한 화폐의 상대적인 수익률은 하락하며, 포트폴리오 선택이론이 제시하듯이 화폐에 대한 수요가 감소한다.

또한 화폐를 보유하면 그만큼 대체자산인 채권을 보유하지 못함으로 인해 포기해야 하는 이자라는 **기회비용**(opportunity cost)의 개념을 고려해도 화폐에 대한 수요와 이자율은 서로 음의 관계를 갖는다. 채권에 대한 이자율 i가 상승함에 따라 화폐 보유의 기회비용이 증가하며, 따라서 화폐는 덜 매력적인 자산이 되어 화폐의 수요량은 감소할 수밖에

5) 케인즈는 실제로 채권의 기대수익률이 이자율과 같다고 가정하지는 않았지만, 서로 밀접히 연결돼 있다고 주장했다. 이하의 분석과정에서 이들을 구분하는 것은 거의 아무런 차이가 없다.

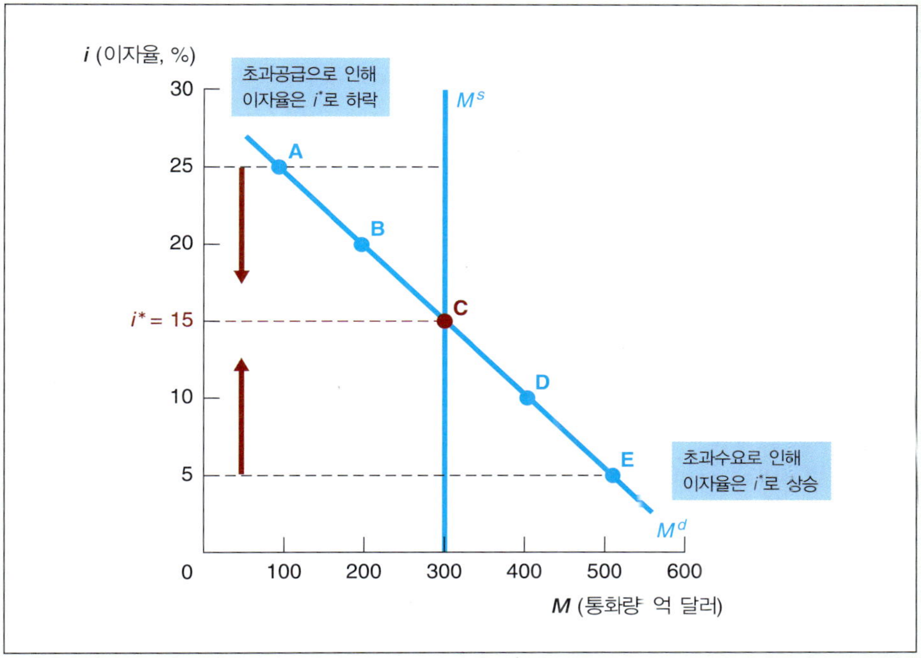

그림 8 화폐시장의 균형

화폐시장의 균형은 화폐의 수요곡선 M^d와 화폐의 공급곡선 M^s가 교차하는 점C에서 달성된다. 이때 균형 이자율 $i^*=15\%$이다.

없다.

[그림 8]은 소득이나 물가 등 다른 모든 조건이 일정할 때 각 이자율 수준에서의 화폐에 대한 수요량을 나타내고 있다. 점A는 25%의 이자율 수준에서 화폐의 수요량이 100억 달러임을 표시한다. 만약 이자율이 20%로 낮아지면, 화폐의 기회비용이 감소해 화폐의 수요량은 200억 달러로 증가한다. 즉 점A에서 점B로 움직인다. 이자율이 더 낮아지면 화폐의 수요량은 더욱 증가해 점C, 점D, 점E로 움직여간다. 이들 점을 연결한 곡선 M^d가 화폐에 대한 수요곡선이며, 그 기울기는 우하향한다.

여기서 중앙은행이 화폐의 공급량을 300억 달러로 통제한다고 가정해보자. 그러면 화폐의 공급곡선 M^s는 그림과 같이 300억 달러에서 수직선이다. 화폐의 수요량과 화폐의 공급량이 일치하는 균형은 수요곡선과 공급곡선이 교차하는 점C에서 이루어진다.

$$M^d = M^s \tag{4}$$

그 결과 균형이자율은 $i^*=15\%$가 된다.

여기서도 화폐에 대한 수요와 공급의 관계를 살펴봄으로써 이자율이 균형이자율보다 높을 때 균형으로 접근하려는 경향이 있음을 알 수 있다. 이자율이 25%일 때, 화폐의 수요량은 점A에서 100억 달러이나 화폐의 공급량은 300억 달러이다. 화폐의 초과공급이란 사람들이 원하는 것보다 더 많은 양의 화폐를 갖게 되었음을 의미하며, 이때 사람들은 채권을 구입해 화폐의 초과 보유량을 해소하려고 한다. 이에 따라 채권을 사려고 더 높은 가격을 부르게 되며, 채권가격의 상승에 따라 이자율은 균형이자율 15%를 향해 하락할 것이다. 이런 경향을 그림에서 25%의 이자율 수준에서 아래로 향한 화살표로 표시했다.

마찬가지로 만약 이자율이 5%라면, 점E에서 화폐의 수요량은 500억 달러이나 화폐의 공급량은 300억 달러에 불과하다. 이제는 사람들이 실제 갖고 있는 300억 달러보다 더 많은 화폐를 보유하려 하기 때문에 화폐에 대한 초과수요가 존재한다. 사람들은 더 많은 화폐를 확보하기 위해 그들이 보유한 유일한 다른 자산인 채권을 처분하려 할 것이며, 이에 따라 채권가격이 하락한다. 채권가격이 하락하면서 이자율은 균형 수준인 15%를 향해 상승할 것이다. 이자율이 균형 수준에 도달한 경우에만 더 이상 변동하지 않게 되며, 결국 이자율은 균형 수준에 안착할 것이다.

5 유동성선호 모형에서 균형이자율의 변동

유동성선호 모형을 이용해 균형이자율이 어떻게 변동하는지를 분석하기 위해서는 화폐의 수요곡선과 공급곡선이 어떤 요인에 의해 이동하는지를 이해해야 한다.

5.1 화폐 수요의 이동

케인즈의 유동성선호 분석에서 소득과 물가라는 2가지 요인이 화폐의 수요곡선을 이동시킨다.

소득 효과 케인즈의 견해에 따르면 소득이 화폐에 대한 수요에 영향을 주는 2가지 근거가 있다. 첫째, 경제가 확장되고 소득이 증가함에 따라 재산이 증가해 사람들은 가치의 저장수단으로 화폐를 더 많이 보유하려 한다. 둘째, 경제가 확장되고 소득이 증가함에 따라 사람들은 화폐를 이용해 더 많은 거래를 하게 되므로 그 결과 교환의 매개수단으로 화폐를 더 많이 보유하려 한다. 결국 소득 수준이 높아질수록 각 이자율 수준에서 화폐에 대한 수요가 증가하며 수요곡선이 오른쪽으로 이동한다.

물가 효과 케인즈는 사람들이 실질기준으로, 즉 화폐로 구매할 수 있는 재화와 서비스의 양을 기준으로 화폐를 얼마나 보유할 것인가를 결정한다고 보았다. 물가가 상승할 때는 같은 금액의 화폐라 하더라도 그 가치가 하락해 과거와 동일한 양의 재화와 서비스를 구입할 수 없다. 실질기준으로 화폐의 보유량을 동일하게 유지하기 위해서는 명목 화폐량을 더 늘려야 하며, 따라서 물가의 상승은 각 이자율 수준에서 화폐에 대한 수요를 증가시키고 수요곡선을 오른쪽으로 이동시킨다.

5.2 화폐 공급의 이동

우리는 여기서 화폐의 공급량이 중앙은행, 미국의 경우는 연준(Federal Reserve)에 의해 완전히 통제된다고 가정한다(실제로 화폐공급을 결정하는 과정에는 은행과 예금자 및 차입자가 관련돼 매우 복잡하게 얽혀 있다. 이에 관한 보다 자세한 논의는 이 책의 뒤에서 다룬다). 일단 여기서 우리가 알 필요가 있는 것은, 중앙은행에 의한 화폐 공급의 증가는 화폐의 공급곡선을 오른쪽으로 이동시킨다는 사실뿐이다.

응용 소득, 물가, 화폐 공급의 변화로 인한 균형이자율의 변동

유동성선호 모형을 이자율 움직임의 분석에 어떻게 활용할 수 있는지 알아보기 위해 이자율에 대한 통화정책의 효과를 평가하는 데 유용한 몇몇 [응용] 사례를 살펴보기로 한다. 이들 [응용] 사례에서 어떤 변수의 변화에 따른 효과를 분석할 때는 다른 모든 조건이 일정하다(ceteris paribus)는 가정을 염두에 두어야 한다(학습보조 자료로서 [요약표 4]는 화폐의 수요곡선과 공급곡선의 이동을 요약하고 있다).

소득의 변화

경기확장기에 소득이 증가하면 화폐의 수요가 증가하고 [그림 9]에서와 같이 수요곡선은 M_1^d에서 M_2^d로 오른쪽으로 이동한다. 새로운 균형은 M_2^d곡선이 화폐의 공급곡선인 M^s와 만나는 점2에서 달성된다. 이때 균형이자율은 i_1에서 i_2로 상승함을 볼 수 있다. 따라서 유동성선호 모형은 다음과 같은 결론을 제시한다—경기확장기에 소득이 증가하면, 다른 조건이 일정할 때 이자율이 상승한다. 이러한 결론은 채권의 수요와 공급모형을 이용해 분석한 결과와는 달리 경기확장이 이자율에 미치는 효과를 분명하게 드러낸다.

물가의 변화

물가(price level)가 오르면 구매력 기준으로 화폐의 가치가 하락한다. 실질기준으로 구매력을 원래의 상태로 유지하기 위해서 사람들은 명목화폐량을 더 많이 보유해야 한다. 따라서 물가가 오르면 화폐의 수요곡선은 M_1^d에서 M_2^d로 오른쪽으로 이동한다([그림 9] 참조). 균형이 점1에서 점2로 움직임에 따라 균형이자율은 i_1에서 i_2로 상승한다. 즉 물가가 상승하면, 화폐 공급과 다른 경제적 변수들이 일정할 때 이자율이 상승한다.

요약표 4 화폐의 수요 및 공급곡선을 이동시키는 요인들

변수	변수의 변화	각 이자율 수준에서 화폐의 수요(M^d) 또는 공급(M^s)의 변화	이자율의 변화	
소득	↑	M^d ↑	↑	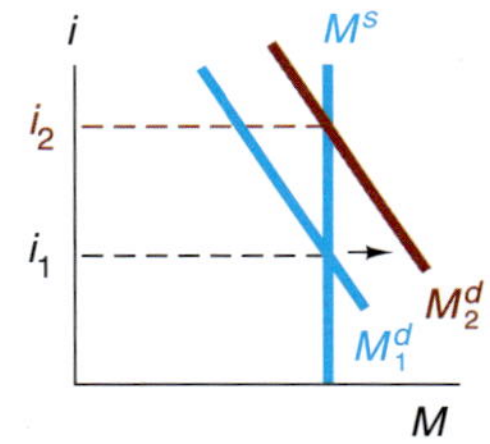
물가	↑	M^d ↑	↑	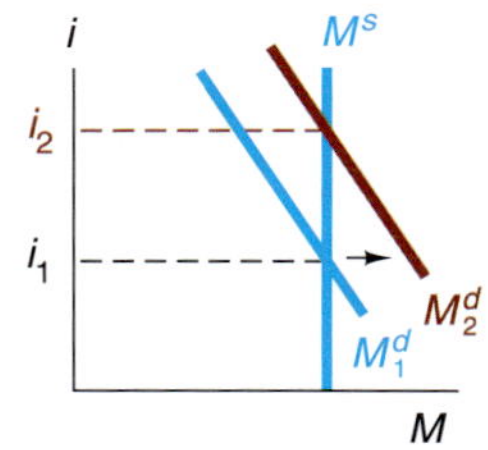
화폐 공급	↑	M^s ↑	↓	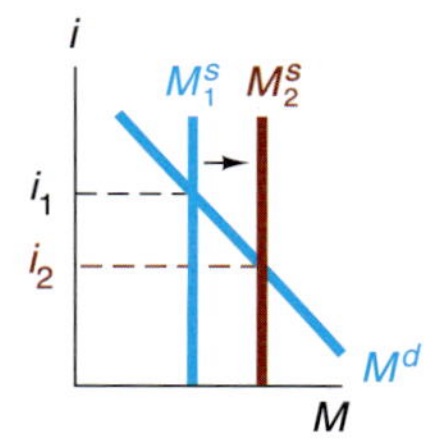

주 : 변수가 증가한 경우만 표시했다. 변수의 감소에 따른 효과는 화살표 방향이 반대로 된다.

화폐 공급의 변화

중앙은행의 통화정책으로 화폐의 공급량이 증가하면, 화폐의 공급곡선은 오른쪽으로 이동한다. [그림 10]에서와 같이 공급곡선이 M_1^s에서 M_2^s로 이동하며, 균형은 점1에서 공급곡선 M_2^s와 수요곡선 M^d가 만나는 점2로 내려가며, 균형이자율은 i_1에서 i_2로 하락한다. 화폐공급이 증가하면, 다른 모든 조건이 일정할 때 이자율이 하락한다.[6]

6) 채권의 수요와 공급 모형을 이용하더라도 동일한 결과가 나온다. 제15장에서 보겠지만, 중앙은행이 화폐 공급을 증가시키는 주요 방식은 채권을 사들이는 것이며, 그 결과 민간에 대한 채권의 공급이 감소한다. 이로 인해 채권의 공급곡선이 왼쪽으로 이동하며, 채권의 균형가격이 상승하고 균형이자율은 하락한다.

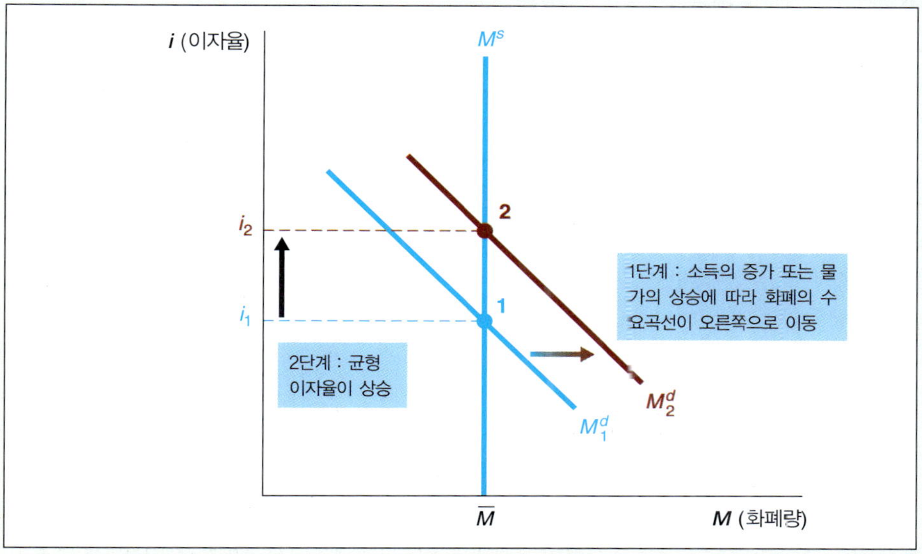

그림 9 소득 또는 물가의 변화에 대한 반응

소득이 증가하거나 물가가 상승하는 경기확장기에는 수요곡선이 M^d_1에서 M^d_2로 이동하며, 공급곡선은 $M^s = \overline{M}$에서 고정돼 있다. 균형이자율은 i_1에서 i_2로 상승한다.

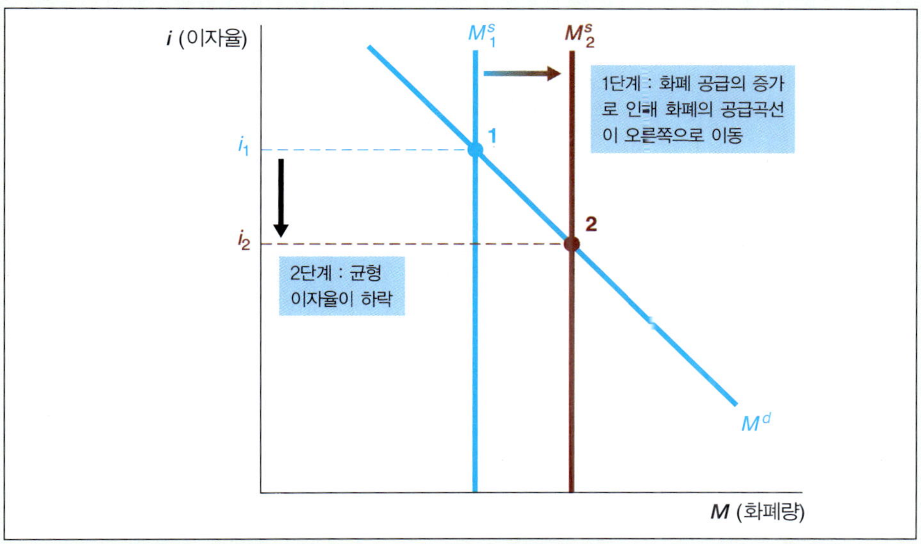

그림 10 화폐 공급의 변화에 대한 반응

화폐 공급이 증가하면 공급곡선이 M^s_1에서 M^s_2로 이동하며, 균형이자율은 i_1에서 i_2로 하락한다.

응용 화폐와 이자율

[그림 10]에서 유동성선호 분석에 따르면 화폐(통화) 공급의 증가는 이자율을 낮추는 것처럼 보인다. 이에 근거해 정치인들은 종종 이자율을 낮추기 위한 노력의 일환으로 화폐 공급의 증가율을 높여야 한다고 요구한다.

그러나 과연 화폐량과 이자율이 음의 관계에 있다는 결론이 올바른 것일까? [그림 10]의 유동성선호 분석이 고려하지 못한 다른 중요한 요인이 있다면 그 결과는 뒤바뀌지 않을까? 화폐와 이자율 간의 관계를 더 깊이 이해하기 위해 이 장에서 사용한 수요와 공급 분석을 적용함으로써 이 질문에 대한 답을 구해보자.

화폐 공급의 증가가 이자율을 낮춘다는 결론에 대해 노벨 경제학상을 수상한 밀턴 프리드먼(Milton Friedman)은 중요한 비판을 제기했다. 그는 유동성선호 분석의 타당성을 인정하면서, 다른 모든 조건이 일정할 때 화폐 공급의 증가가 이자율을 낮추는 결과를 유동성 효과(liquidity effect)라고 불렀다. 그러나 그는 유동성 효과가 전체적인 효과의 일부분에 불과하다고 보았다. 화폐 공급의 증가는 '다른 모든 조건이 일정' 하도록 놔두지 않으며, 이자율을 상승시키는 여타의 경제적 효과를 수반할 것이라고 했다. 만약 이들 효과가 상당히 크면, 화폐 공급이 증가할 때 이자율이 상승할 가능성도 충분히 있다.

이미 우리는 소득, 물가, 기대 인플레이션의 변화가 균형이자율에 미치는 효과를 살펴보았기 때문에 이들 효과를 논의할 기본 지식을 갖추고 있다.

1. 소득 효과 : 화폐 공급의 증가는 경제를 확장시키는 효과를 갖기 때문에 국민소득과 재산을 증가시킨다. 그러면 유동성선호와 채권의 수요와 공급 모형 가운데 어느 것을 이용해 분석하더라도 이자율은 상승할 것이다([그림 6]과 [그림 9] 참조). 따라서 화폐 공급의 증가에 따른 소득 효과로 인해 더 높아진 소득 수준에 반응해 이자율이 상승한다.
2. 물가 효과 : 또한 화폐 공급의 증가는 경제 내의 전반적인 물가수준을 상승시킬 수 있다. 유동성선호 모형에 따르면 이는 이자율의 상승을 초래한다. 따라서 화폐 공급의 증가에 따른 물가 효과로 인해 더 높아진 물가 수준에 반응해 이자율이 상승한다.
3. 기대 인플레이션 효과 : 화폐 공급의 증가로 인한 높은 인플레이션도 기대 인플레이션에 영향을 미침으로써 이자율을 변화시킨다. 특히 화폐 공급이 증가하면 사람들은 미래에 물가가 더 오를 것으로 예상하며, 따라서 기대 인플레이션이 높아진다. 채권의 수요와 공급 모형에 의하면, 이러한 기대 인플레이션의 상승은 이자율을 상승시킨다. 그러므로 화폐 공급의 증가에 따른 기대 인플레이션 효과로 인해 더 높아진 기대 인플레이션에 반응해 이자율이 상승한다.

언뜻 보기에 물가 효과와 기대 인플레이션 효과는 동일한 것처럼 보인다. 둘 다 화폐 공급의 증가로 인한 물가 상승으로 이자율이 상승함을 지적하고 있다. 그러나 이 둘 사이에는 미묘한 차이가 있으며, 바로 이 때문에 2개의 효과를 서로 분리해 논의하는 것이다.

지금 당장 화폐의 공급이 일시적으로 증가해 향후 1년간 물가를 더 높은 수준으로 끌어올리는 효과를 갖는다고 하자. 물가가 향후 1년 동안 오르면서 물가 효과를 통해 이자율이 상승한다. 물가 효과는 물가가 최고점에 달하는 1년 후에 최대가 된다.

물가수준의 상승은 또한 기대 인플레이션 효과를 통해 이자율을 상승시킨다. 왜냐하면 사람들은 인플레이션이 향후 1년 동안 더 높은 수준일 것이라고 예상하기 때문이다. 그러나 1년 후 물가가 더 이상 오르지 않는다면, 인플레이션과 기대 인플레이션은 다시 0의 수준으로 돌아온다. 그렇게 되면 초기의 기대 인플레이션으로 인한 이자율 상승의 효과는 모두 사라진다. 따라서 1년 후 최대의 효과를 갖는 물가 효과와는 대조적으로 기대 인플레이션 효과는 1년 후 최소, 즉 0이 된다. 따라서 이들 두 효과의 근본적인 차이는 물가가 상승하기를 멈춘 후에도 물가 효과는 그대로 남아 있는 반면에 기대 인플레이션 효과는 사라진다는 것이다.

중요한 점은 물가가 계속 상승하는 동안에만 기대 인플레이션 효과가 지속된다는 것이다. 뒤에서 논의할 화폐이론에서 보겠지만, 화폐 공급의 일시적 증가는 물가의 지속적인 상승을 초래하지 않는다. 화폐 공급의 증가율이 보다 높아져야 물가의 지속적인 상승이 일어난다. 따라서 기대 인플레이션 효과가 지속되기 위해서는 화폐 공급의 증가율이 보다 높아져야 한다.

과연 화폐 공급의 증가율을 높이면 이자율은 낮아질까?

지금까지 논의한 효과들을 종합해, 과연 정치인들이 주장하듯이 이자율을 낮추기 위해 화폐 공급의 증가율을 높이는 것이 타당한지 검토해보자. 이들 효과 가운데 오직 유동성 효과만이 높은 화폐 공급 증가율로 인해 이자율이 하락할 것이라고 제시한다. 반면에 소득 효과, 물가 효과, 기대 인플레이션 효과에 의하면 화폐 공급의 증가율이 높아지면 이자율은 오히려 상승한다. 그렇다면 어느 쪽의 효과가 더 강력하고 또 빠르게 효과를 나타낼 것인가? 이는 화폐 공급의 증가율이 상승할 때 과연 이자율이 오를지 아니면 내릴지를 판단하는 결정적 요소이다.

일반적으로 화폐 공급의 증가는 곧바로 균형이자율을 하락시키기 때문에 화폐 증가율의 상승에 따른 유동성 효과는 즉각적으로 나타난다. 반면 화폐 공급의 증가가 소득과 물가를 높이기까지는 상당한 시간이 걸리기 때문에, 소득 효과와 물가 효과가 이자율을 상승시키는 데는 시간이 걸린다. 화폐 공급의 증가율이 높아졌을 때 역시 이자율을 상승시키는 기대 인플레이션 효과는 사람들이 인플레이션에 대한 예상을 얼마나 빨리 조정하는가에 따라 느릴 수도 빠를 수도 있다.

[그림 11]에 3가지 가능성을 제시했다. 이들은 시점 T에서 시작된 화폐 공급 증가율의 상승에 대해 시간이 흐름에 따라 이자율이 어떻게 반응하는지를 노여준다. 시나리오 (a)의 경우는 유동성 효과가 다른 효과들을 압도한 결과 이자율이 시점 T의 i_1 수준에서 최종적으로 i_2 수준으로 하락함을 나타낸다. 유동성 효과가 곧바로 이자율을 하락시키는 방향으로 작용하고 시간이 흐름에 따라 여타의 효과들이 이자율 하락의 일부를 상쇄하기 시작한다. 그럼에도 유동성 효과가 다른 효과들의 합보다 크기 때문에 이자율이 초기의 수준까지 회복되지 못한다.

시나리오 (b)는 유동성 효과가 다른 효과들보다 작은데, 사람들의 기대 인플레이션이 천천히 반응하기 때문에 기대 인플레이션 효과가 느리게 작용하는 경우다. 초기에는 유동성 효과가 이자율을 하락시킨다. 그러고 나서 소득 효과, 물가 효과, 기대 인플레이션 효과가 이자율을 상승시키기 시작한다. 궁극적으로 이들 효과가 압도적이기 때문에 이자율은 초기보다 더 높은 i_2 수준으로 상승한다. 단기적으로는 화폐 증가율의 상승으로 이자율이 하락하

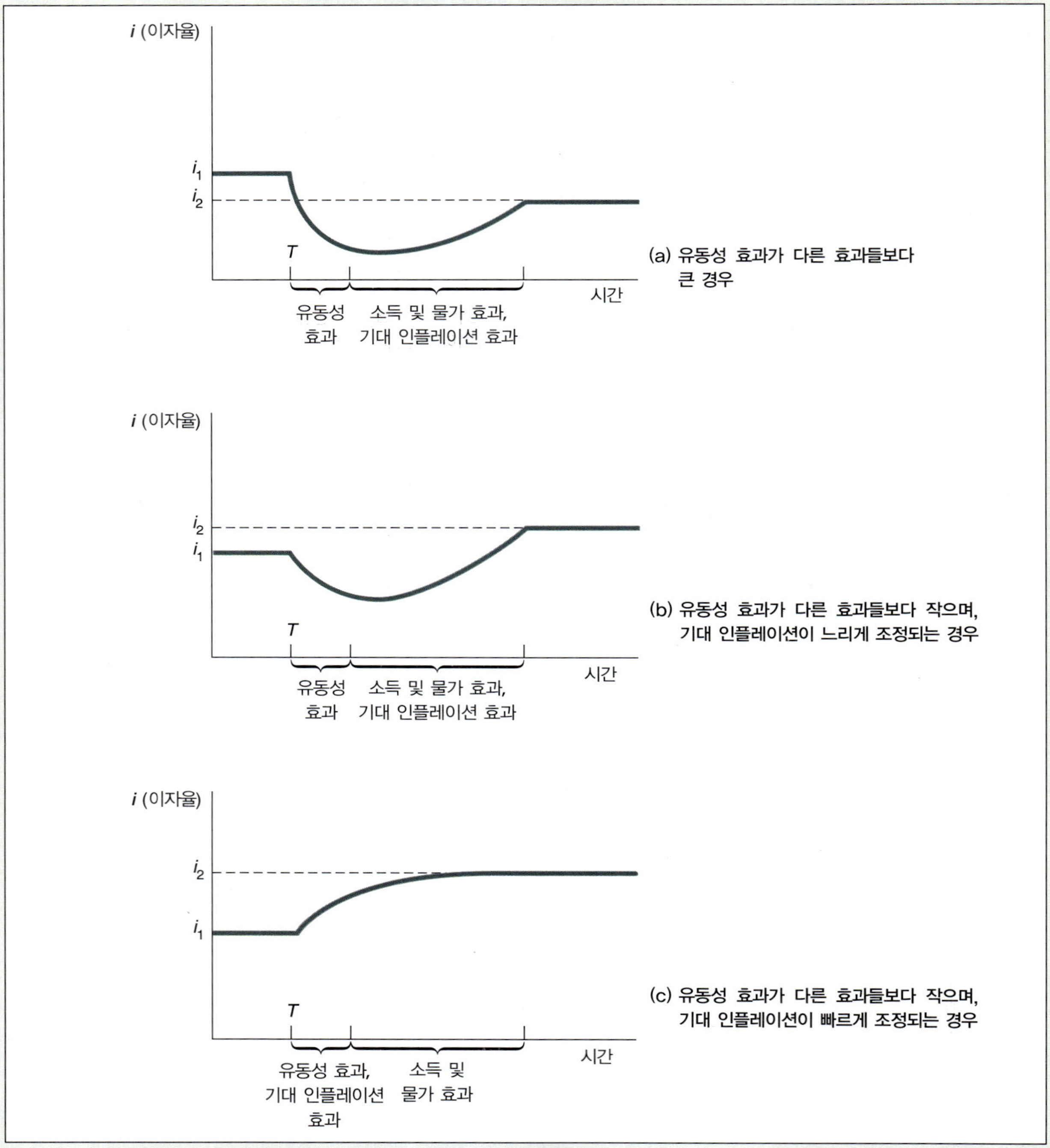

그림 11 화폐 공급 증가율의 상승에 따른 시간적 반응

각 시나리오는 시점 *T*에서 시작한 화폐 공급 증가율의 상승에 따라 이자율이 시간이 지나면서 어떻게 반응하는지를 나타낸다.

지만, 최종적으로는 이자율이 처음보다 더 높은 수준으로 상승하고 만다.

시나리오 (c)는 화폐 증가율이 높아질 때 사람들이 재빨리 인플레이션 예상을 높이기 때문에 기대 인플레이션 효과가 빠르게 작용할 뿐만 아니라 압도적인 효과를 갖는 경우다. 기대 인플레이션 효과가 즉각적으로 작동하면서 유동성 효과를 압도해 이자율이 바로 상승하기 시작한다. 시간이 지나면서 소득 효과와 물가 효과가 나타나 이자율은 더욱 상승하며, 최종적으로 이자율은 초기보다 상당히 높은 수준이 된다. 이 결과는 화폐 공급 증가율의 상승이 이자율 하락의 해결책이 될 수 없으며, 이자율을 낮추기 위해서는 오히려 화폐 증가율을 낮춰야 함을 보여준다!

경제정책 결정자들에게 중요한 이슈는 이들 3가지 시나리오 가운데 어느 것이 가장 현실에 가까운가 하는 것이다. 이자율의 하락을 바란다면, 유동성 효과가 다른 효과를 압도하는 시나리오 (a)의 경우에는 화폐 공급의 증가율을 상승시켜야 한다. 만약 시나리오 (c)의 경우와 같이 다른 효과가 유동성 효과를 압도하고 인플레이션 예상이 빠르게 조정된다면, 화폐의 증가율을 낮추는 것이 적절하다. 만약 시나리오 (b)와 같이 다른 효과가 유동성 효과보다 크지만 인플레이션 예상이 느리게 조정된다면, 화폐 증가율을 높여야 할지 아니면 낮춰야 할지는 단기와 장기 가운데 어느 쪽에 더 관심을 두는가에 달려 있다.

경험적 증거는 어떤 시나리오를 지지하고 있을까? [그림 12]는 1950~2011년 기간 중 이자율과 화폐 증가율 간의 관계를 보여준다. 화폐 공급의 증가율이 1960년대 중반에 상승하기 시작했을 때, 이자율도 상승했다. 이는 유동성 효과가 물가 효과, 소득 효과, 기대 인플레이션 효과에 비해 작았음을 시사한다. 화폐 공급의 증가율이 상승함에 따라 1970년대까지 이자율은 제2차 세계대전 이후 유례없이 높은 수준에 도달했다.

따라서 [그림 11]에서 시나리오 (a)는 의문의 여지가 있으며, 화폐의 증가율을 높임으로써 이자율을 낮추려는 생각은 그 근거가 상당히 미약하다. 이자율과 기대 인플레이션 간의 관계를 나타낸 [그림 5]를 보면 이 사실은 그리 놀라운 발견이 아니다. 1960년대와 1970년대에 화폐 공급 증가율이 상승하면서 기대 인플레이션도 크게 상승했으며, 이로 인해 기대 인플레이션 효과가 압도적이었음을 추측할 수 있다.

이는 화폐 증가율의 상승에 따라 왜 이자율이 상승했는지에 대한 가장 수긍할 만한 설명이다. 그러나 [그림 12]는 실제로 [그림 11]의 시나리오 (b)와 (c) 가운데 어느 것이 더 정확한지를 판별해주지는 못한다. 이는 전적으로 사람들의 인플레이션에 대한 예상이 얼마나 빨리 조정되는가에 달려 있다. 그러나 [그림 12]와 같은 그래프를 좀 더 정교한 방식을 이용해 분석한 최근의 연구에 따르면, 화폐 증가율의 상승은 일시적으로 단기이자율을 하락시킨다는 것을 알 수 있다.

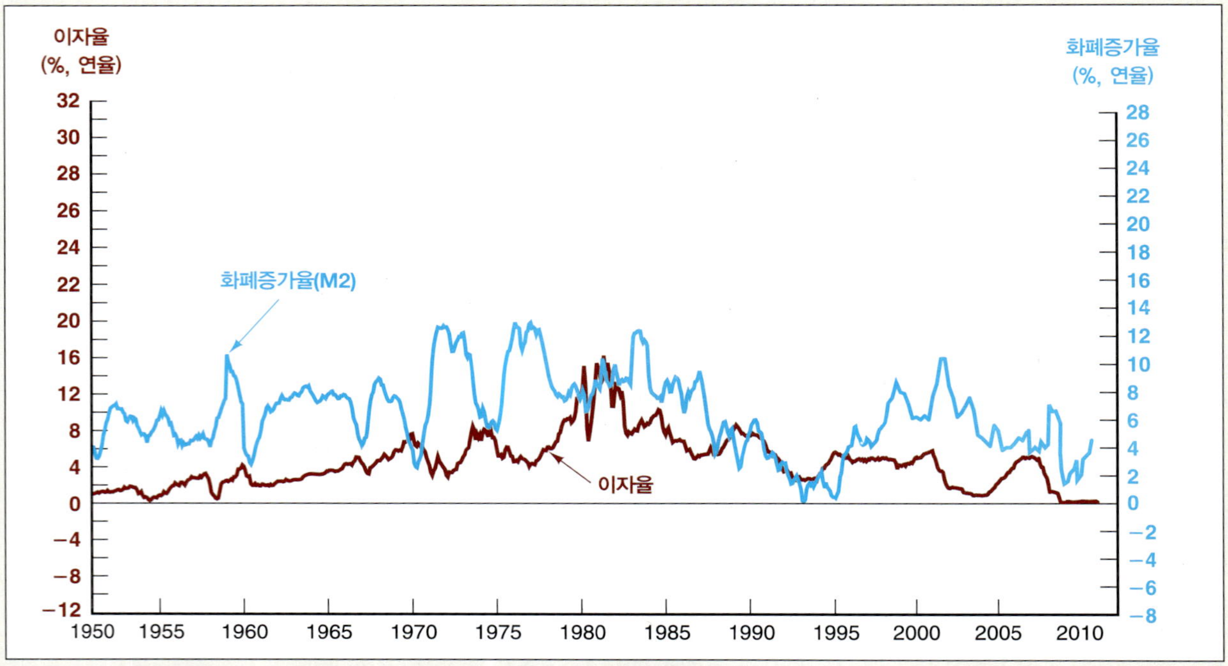

그림 12 화폐증가율(M2, 연율)과 이자율(3개월 만기 재무부 증권), 1950~2011년

1960년대 중반 화폐 공급의 증가율이 상승함에 따라 이자율이 상승했는데, 이는 물가 효과, 소득 효과 및 기대 인플레이션 효과가 유동성 효과를 압도했음을 시사한다. 1970년대까지 이자율과 화폐증가율은 제2차 세계대전 이후 전례 없이 높은 수준을 기록했다.

요 약

SUMMARY

1 포트폴리오 선택이론에 따르면, 어떤 자산에 대한 수요량은 (a) 재산과 양의 관계에 있으며, (b) 다른 자산에 대비한 상대적인 수익률과 양의 관계에 있고, (c) 다른 자산에 대비한 상대적인 위험과 음의 관계에 있으며, (d) 다른 자산에 대비한 상대적인 유동성과 양의 관계에 있다.

2 채권의 수요와 공급 분석은 이자율이 어떻게 결정되는지에 대한 이론을 제공한다. 이에 따르면 소득 혹은 재산, 기대수익률, 위험, 유동성의 변화로 인해 수요의 변화가 있거나, 투자 수익성, 실질 조달비용, 정부 활동의 변화로 인해 공급의 변화가 있을 때 이자율이 변동한다.

3 이자율 결정에 관한 또 다른 이론으로서 유동성선호 모형은 화폐에 대한 수요와 공급을 분석한다. 이는 소득과 물가의 변화로 인해 수요의 변화가 있거나 화폐 공급의 변화가 있을 때 이자율이 변동함을 보여준다.

4 화폐 공급의 증가가 이자율에 영향을 미치는 데는 4가지 효과, 즉 유동성 효과, 소득 효과, 물가 효과, 기대 인플레이션 효과가 있다. 유동성 효과는 화폐 공급 증가율의 상승이 이자율의 하락을 초래할 것이라고 제시하는 반면, 다른 효과들은 그 반대 방향으로 작용한다. 경험적 증거에 따르면 소득 효과, 물가 효과, 기대 인플레이션 효과가 유동성 효과보다 더 크기 때문에 화폐 공급 증가율의 상승은 이자율을 하락시키기보다는 오히려 상승시킨다.

주요 용어

KEY TERMS

공급곡선(supply curve)
기대수익률(expected return)
기회비용(opportunity cost)
수요곡선(demand curve)
시장 균형(market equilibrium)
위험(risk)
유동성(liquidity)
유동성선호 모형(liquidity preference framework)
자산시장 접근법(asset market approach)
재산(wealth)
초과공급(excess supply)
초과수요(excess demand)
포트폴리오 선택이론(theory of portfolio choice)
피셔 효과(Fisher effect)

연습문제

QUESTIONS

1 다음의 상황에서 마이크로소프트 주식을 사길 더 원할지 아닐지를 판단하고, 그 이유를 설명하라.
   a. 재산이 감소한 경우
   b. 마이크로소프트 주가의 상승을 예상하는 경우
   c. 채권시장의 유동성이 높아진 경우
   d. 금값의 상승을 예상하는 경우
   e. 채권시장의 가격 변동성이 높아진 경우

2 다음 상황에서 주택을 사길 더 원할지 아닐지를 판단하고, 그 이유를 설명하라.
   a. 이제 막 10만 달러를 상속받은 경우
   b. 부동산 중개수수료가 주택 가격의 6%에서 5%로 하락한 경우
   c. 마이크로소프트 주가가 내년에 2배 상승할 것으로 예상하는 경우
   d. 주가의 변동성이 높아진 경우
   e. 주택 가격의 하락을 예상하는 경우

3 다음 상황에서 금을 사길 더 원할지 아닐지를 판단하고, 그 이유를 설명하라.
   a. 금이 다시 교환의 매개수단으로 이용되는 경우
   b. 금시장의 가격 변동성이 높아진 경우
   c. 금의 가격은 물가와 같이 움직이는데, 인플레이션이 높아질 것으로 예상하는 경우
   d. 이자율이 상승할 것으로 예상하는 경우

4 다음 상황에서 AT&T가 발행한 장기채권을 사길 더 원할지 아닐지를 판단하고, 그 이유를 설명하라.
   a. 이 채권의 거래가 증가해 더 쉽게 팔 수 있는 경우
   b. 주식시장의 침체를 예상하는 경우
   c. 주식의 중개수수료가 하락한 경우
   d. 이자율의 상승을 예상하는 경우
   e. 채권의 중개수수료가 하락한 경우

5 주식시장이 활황이라면 렘브란트 그림에 대한 수요는 어떻게 되겠는가? 그 이유는 무엇인가?

6 "위험기피적인 사람일수록 더 분산투자할 것이다."라는 명제는 참인가, 거짓인가, 또는 불확실한가? 설명하라.

7 "위험기피적인 사람은 다른 증권에 비해 기대수익률이 낮으면서 위험은 높고 유동성이 떨어지는 증권을 절대 사지 않을 것이다."라는 명제는 참인가, 거짓인가, 또는 불확실한가? 설명하라.

8 금 가격의 변동성이 급작스레 증가하면 이자율에는 어떤 효과가 나타나겠는가?

9 미래에 부동산 가격이 상승할 것이라고 예상할 때 이자율에는 어떤 효과가 나타나겠는가?

10 정부의 재정적자가 커지면 이자율에는 어떤 효과가 나타나겠는가?

11 2008년에 시작된 글로벌 경제위기의 여파로 미국 정부

의 재정적자가 급속히 증가했는데, 미국 국채의 이자율은 크게 떨어져 오랜 기간 낮은 수준에 머무르고 있다. 이는 맞는 말인가? 설명하라.

12 주식 중개수수료가 하락하면 이자율에 영향이 있겠는가? 설명하라.

13 미국 대통령이 기자회견에서 인플레이션 억제정책을 새로 도입해 높은 인플레이션을 막겠다고 발표했다. 만약 사람들이 그의 말을 믿는다면 이자율에는 어떤 일이 일어날지 예측하라.

14 만약 사람들이 갑자기 주가가 크게 오를 것이라고 예상한다면 이자율에는 어떤 변화가 일어나겠는가?

15 만약 채권시장에서 채권가격의 변동성이 커진다면 이자율에는 어떤 변화가 일어나겠는가?

16 재정정책 담당자가 잠재적인 인플레이션 상황에 대해 걱정할 필요가 있는가? 그 이유를 설명하라.

17 명목 화폐 공급이 고정돼 있을 때, 기대 인플레이션의 변화 없이 물가가 상승하면 왜 이자율의 상승이 발생하는가?

18 만약 중앙은행의 차기 총재가 지금 총재에 비해 더 낮은 화폐 증가율을 지지한다는 평판이 있다면, 이자율에는 어떤 일이 일어나겠는가? 그 결과 예상되는 상황에 대해 논하라.

19 미국의 M1 화폐 증가율이 2008년에는 16%, 2009년에는 7%, 2010년에는 9%였다. 같은 기간 동안 3개월 만기 재무부 증권의 이자율은 대략 3%에서 0% 수준으로 하락했다. 이렇게 높은 화폐 증가율에도 불구하고 이자율이 상승하지 않고 하락한 이유는 무엇인가? 이 사실이 당시의 소득 효과와 물가 효과 및 기대 인플레이션 효과에 대해 의미하는 바는 무엇인가?

응용문제

APPLIED PROBLEMS

20 금융상담사를 찾아가 자신의 재산 일부를 주식, 채권, 상품 가운데 어느 하나에 투자하고 싶다고 말했다. 이에 금융상담사는 각각의 투자에 따른 확률과 수익률을 나타내는 다음 표를 보여주었다.

주식		채권		상품	
확률	수익률	확률	수익률	확률	수익률
0.25	12%	0.6	10%	0.2	20%
0.25	10%	0.4	7.5%	0.25	12%
0.25	8%			0.25	6%
0.25	6%			0.25	4%
				0.05	0%

a. 가장 높은 기대수익률을 얻기 위해서는 주식, 채권, 상품 가운데 무엇을 선택해야 하는가?

b. 위험기피적인 사람은 주식과 채권 가운데 무엇을 선택해야 하는가? 그 이유는 무엇인가?

21 중앙은행이 화폐공급을 줄이는 주요 방법은 채권을 민간에 매도하는 것이다. 이러한 조치가 이자율에 미치는 효과를 채권의 수요와 공급 분석을 이용해 제시하라. 이런 분석은 유동성선호 모형을 이용해 도출한 결과와 일치하는가?

22 유동성선호 모형과 채권의 수요와 공급 모형을 각각 이용해, 이자율이 왜 경기순응적(procyclical)인지, 즉 이자율이 왜 경기확장기에는 상승하고 경기침체기에는 하락하는지 설명하라.

23 채권의 수요와 공급 모형과 유동성선호 모형을 각각 사용해, 채권의 위험이 높아지면 이자율에는 어떤 효과가 나타나는지 설명하라. 두 모형에서 나온 결과는 동일한가?

24 다음 식은 액면가 1,000달러의 1년 만기 할인채에 대한 수요곡선과 공급곡선을 나타낸다. 여기서 P는 채권의 가격, Q는 채권의 수량이다.

B^d : P = −0.6Q + 1,140

B^s : P = Q + 700

a. 시장에서 예상되는 채권의 균형가격과 거래량은 얼마인가?

b. 위 a의 결과로부터 시장의 균형이자율을 구하라.

25 다음 식은 액면가 1,000달러의 1년 만기 할인채에 대한 수요곡선과 공급곡선을 나타낸다. 여기서 P는 채권의 가격, Q는 채권의 수량이다.

B^d : P = −0.6Q + 1,140

B^s : P = Q + 700

이때 통화정책 수행을 위해 중앙은행이 자신이 보유한 채권을 80만큼 매도했다. 단, 채권의 수요와 화폐의 수요는 변함이 없다고 가정한다.

a. 중앙은행의 통화정책은 채권의 공급곡선에 어떤 영향을 주는가?

b. 중앙은행의 통화정책이 시장의 균형이자율에 미치는 효과를 계산하라.

웹 연습문제 WEB EXERCISES

01 이자율에 가장 강력한 영향을 미치는 요인 가운데 하나는 인플레이션이다. 인플레이션 자료를 발표하는 많은 사이트가 있는데, ftp://ftp.bls.gov/pub/special.requests/cpi/cpiai.txt에 들어가 얻을 수 있는 자료를 살펴보라. 마지막 열은 평균을 제시하고 있다. 제1장 끝부분의 웹 탐색에서 논의된 방법으로 이들 자료를 스프레드시트에 옮겨라. 1950년, 1960년, 1970년, 1980년, 1990년 이후의 평균 인플레이션은 각각 얼마인가? 어떤 해에 가장 인플레이션이 낮았는가? 어떤 해에 가장 인플레이션이 높았는가?

02 물가가 상승하면 화폐의 구매력이 감소한다. 인플레이션을 조정한 후 과거 일정 시점에서의 재화 가격을 계산해보면 흥미로울 것이다. http://minneapolisfed.org/index.cfm에 들어가보라. 지금 현재 22,000달러인 자동차가 당신이 태어난 해에는 얼마였는가?

03 제5장의 요점 중 하나는 인플레이션이 투자수익률을 갉아먹는다는 것이다. www.moneychimp.com/articles/econ/inflation_calculator.htm에 들어가 인플레이션의 변화가 실질수익률을 어떻게 변화시키는지 살펴보라. 다음 각각의 상황에서, 투자의 가치와 인플레이션으로 조정한 가치 간의 차이가 어떻게 변하는지 설명하라.

a. 인플레이션율이 높아지는 경우

b. 투자 기간이 길어지는 경우

c. 기대수익률이 상승하는 경우

참고 웹사이트 WEB REFERENCES

ftp://ftp.bls.gov/pub/special.requests/cpi/cpiai.txt
인플레이션에 관한 과거 데이터를 얻을 수 있다.

www.federalreserve.gov/releases/H6/Current
미국 연준은 매주 목요일 오후 4시 30분에 화폐 공급 데이터를 발표한다.

웹 부록 WEB APPENDICES

웹사이트 www.pearsonglobaleditions.com/mishkin에 들어가 제5장의 웹 부록, Appendix 1: Models of Asset Pricing, Appendix 2: Applying the Asset Market Approach to a Commodity Market: The Case of Gold, Appendix 3: Loanable Funds Framework를 읽어라.

6 이자율의 위험구조와 기간구조

PREVIEW

이자율의 행태에 관한 수요와 공급 분석에 대해 논의한 제5장에서 하나의 대표적인 이자율이 어떻게 결정되는지를 살펴봤다. 그러나 앞에서 살펴본 것처럼 이자율이 다를 수 있고 실제로 이자율이 서로 다른 수많은 채권이 존재한다. 이 장에서는 다양한 이자율 간의 관계를 검토하면서 이자율에 관한 논의를 마무리한다. 이자율이 채권마다 다른 이유를 이해하는 것은 기업, 은행, 보험회사, 개인 투자자가 투자 대상으로 어떤 채권을 사야 하는지와 어떤 채권을 팔아야 하는지를 결정하는 데 도움을 줄 수 있다.

먼저 동일한 만기를 가진 채권들이 왜 서로 다른 이자율을 보이는지 살펴본다. 이러한 이자율들 간의 관계를 *이자율의 위험구조*(risk structure of interest rates)라고 부른다. 위험, 유동성, 소득세가 이자율의 위험구조를 결정한다. 또한 채권의 만기도 채권의 이자율에 영향을 미친다. 만기가 서로 다른 채권들의 이자율 간 관계를 *이자율의 기간구조*(term structure of interest rates)라고 부른다. 이 장에서는 상대적인 이자율의 변동을 발생시키는 요인들을 검토하고, 이러한 이자율의 변동을 설명하는 이론들을 살펴본다.

1 이자율의 위험구조

[그림 1]은 1919년부터 2011년까지 주요 장기채권들의 만기수익률을 보여준다. 이 그림은 동일한 만기를 가진 채권들의 이자율 행태에 대해 2가지 중요한 특성을 보여준다. 주어진 연도에 채권 종류별 이자율은 서로 다르고, 이자율 간 스프레드(차이)는 시간이 흐름에 따라 변화한다. 예를 들어 지방채(municipal bond)의 이자율은 1930년대 후반에 미국 국채(재무부 장기채권)의 이자율보다 더 높았으나 그 이후에는 더 낮았다. 이에 더하여, Aaa등급 회사채보다 더 위험한 Baa등급 회사채(corporate bond)의 이자율과 미국 국채의 이자율 간 스프레드는 1930~1933년의 대공황기 동안 매우 컸고, 1940~1960년대에는 작았으며, 그 이후에 다시 커졌다. 어떤 요인이 이러한 현상을 결정하는가?

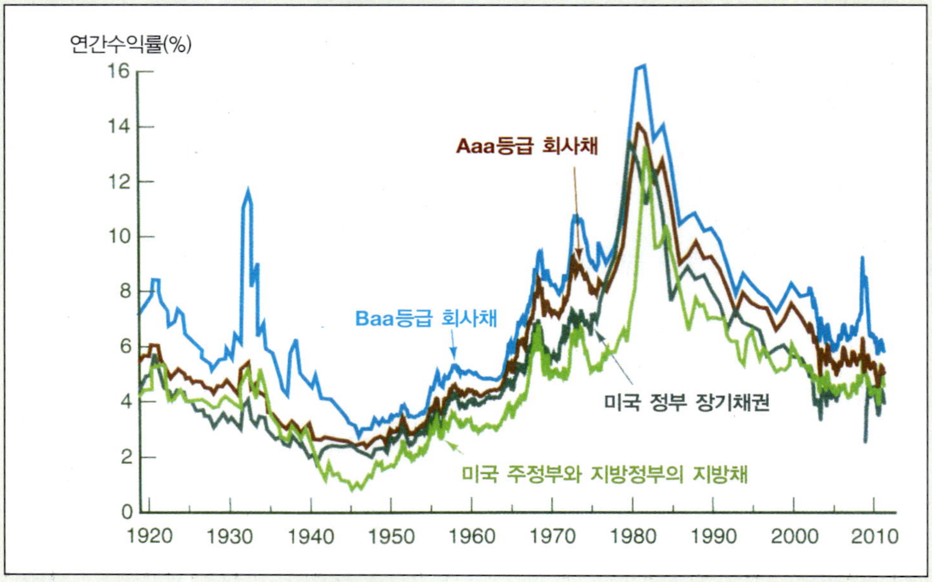

그림 1 장기채권의 수익률, 1919~2011년

서로 다른 종류의 채권 이자율은 매년 서로 다르고 이자율 간의 스프레드가 시간이 흐름에 따라 변화한다.

자료 : Board of Governors of the Federal Reserve System, *Banking and Monetary Statistics, 1941–1970*; Federal Reserve; www.federalreserve.gov/releases/h15/data.htm

1.1 채무불이행 위험

이자율에 영향을 주는 채권의 한 가지 특성은 **채무불이행 위험**(default risk)이다. 채무불이행 위험은 채권의 발행자가 약속한 때 이자 지급을 할 수 없거나 이자 지급을 할 의사가 없을 때, 또는 채권의 만기가 됐을 때 액면가를 지급할 수 없거나 액면가를 지급할 의사가 없을 때 발생한다. 2000년대 중반에 유나이티드(United), 델타(Delta), US 에어웨이스(US Airways), 노스웨스트(Northwest)와 같은 주요 항공회사들이 그랬던 것처럼 큰 손실로 어려움을 겪는 기업은 자기가 발행한 채권에 대한 이자 지급을 중단할 가능성이 높다. 따라서 이러한 회사채에 대한 채무불이행 위험은 매우 높다. 이와 대조적으로, 미국 재무부 장기채권은 일반적으로 연방정부가 항상 채무를 상환하기 위해 세금을 증가시킬 수 있기 때문에 채무불이행 위험이 없는 것으로 여겨진다. 이러한 채권을 **채무불이행 위험이 없는 채권**(default-free bond)이라고 부른다. (그러나 1995년과 1996년, 그 이후 다시 2011년에 미국 의회에서 예산협상이 진행되는 동안, 공화당 의원들은 미국 재무부 장기채권을 채무불이행시켜야 한다고 위협했고, 이것이 채권시장에 영향을 미쳤다.) 동일한 만기를 지니면서 채무불이행 위험이 있는 채권과 채무불이행 위험이 없는 채권

간의 이자율 스프레드를 **위험 프리미엄**(risk premium)이라고 부르는데, 이것은 사람들이 위험한 채권을 기꺼이 보유하려면 얼마만큼의 추가적인 이자율을 요구하는지를 나타낸다. 제5장에서 논의한 채권시장에 관한 수요와 공급 분석은 왜 채무불이행 위험을 가진 채권이 항상 플러스의 위험 프리미엄을 가지는지와 채무불이행 위험이 높을수록 왜 위험 프리미엄이 더 큰지를 설명해준다.

채무불이행 위험이 이자율에 미치는 효과를 검토하기 위해 [그림 2]에서 채무불이행 위험이 없는 장기채권(미국 재무부 장기채권, U.S. Treasury bond)과 장기 회사채 시장의 수요와 공급곡선을 살펴보자. 주어진 그림을 보다 쉽게 이해하기 위해 처음에 장기 회사채는 미국 재무부 장기채권과 동일한 채무불이행 위험을 가지고 있다고 가정하자. 이 경우 이 두 채권은 동일한 특성(동일한 위험과 만기)을 가진다. 처음에 이 채권들의 균형가격과 이자율은 서로 같을 것이고 회사채에 대한 위험 프리미엄은 0일 것이다.

만일 기업이 대규모 손실을 입어 채무불이행의 가능성이 증가하면, 회사채에 대한 채무불이행 위험이 증가할 것이고 회사채에 대한 기대수익률은 감소할 것이다. 이에 더하여 회사채의 수익률은 더욱 불확실해질 것이다. 포트폴리오 선택이론은 회사채에 대한

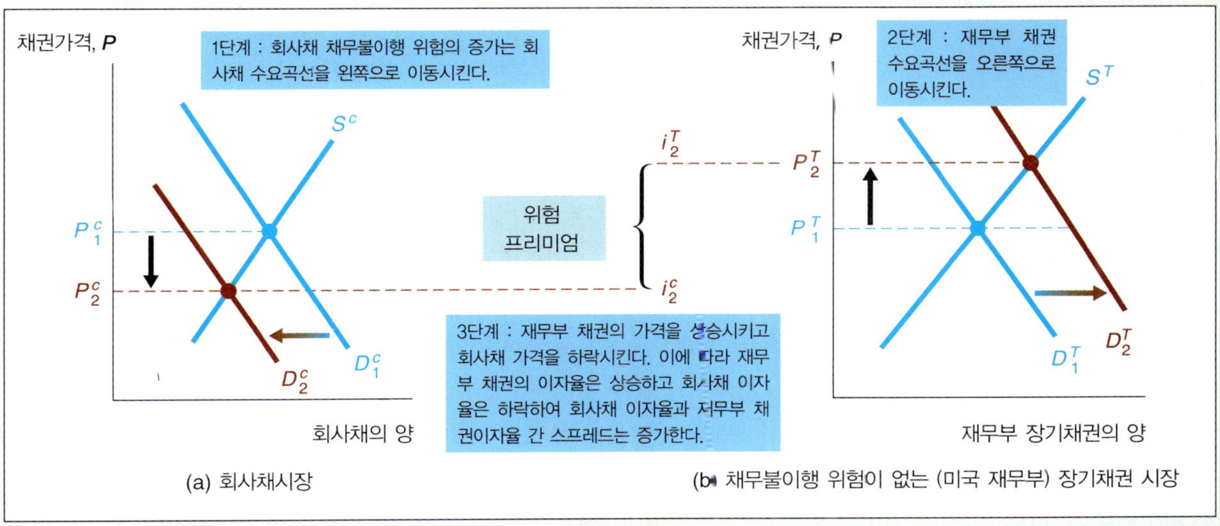

그림 2 회사채에 대한 채무불이행 위험의 증가에 따른 반응

처음에 $P_1^c = P_1^T$이고 위험프리미엄은 0이다. 회사채에 대한 채무불이행 위험의 증가는 회사채에 대한 수요곡선을 D_1^c에서 D_2^c로 이동시킨다. 동시에 이것은 재무부 장기채권에 대한 수요곡선을 D_1^T에서 D_2^T로 이동시킨다. 회사채의 균형가격(왼쪽의 수직축)은 P_1^c에서 P_2^c로 하락하고, 회사채의 균형이자율은 i_2^c로 상승한다. 재무부 장기채권시장에서 균형 채권가격은 P_1^T에서 P_2^T로 상승하고, 재무부 장기채권의 균형이자율은 i_2^T로 하락한다. 중괄호는 i_2^c와 i_2^T의 차이, 즉 회사채에 대한 위험 프리미엄을 나타낸다. (P_2^c는 P_2^T보다 더 낮기 때문에, i_2^c는 i_2^T보다 더 높다는 점에 주목하라.)

기대수익률이 채무불이행 위험이 없는 재무부 장기채권의 기대수익률에 비해 상대적으로 하락하는 반면 회사채의 상대적인 위험은 증가하기 때문에, (다른 모든 것이 일정한 경우) 회사채에 대한 매력은 감소할 것이고 따라서 회사채의 수요는 감소할 것이라고 설명한다. 따라서 [그림 2]의 패널 (a)에서 회사채에 대한 수요곡선은 D_1^C에서 D_2^C로 왼쪽으로 이동한다.

동시에 채무불이행 위험이 없는 재무부 장기채권의 기대수익률은 회사채의 기대수익률에 비하여 상대적으로 증가하는 반면 상대적 위험은 감소한다. 재무부 장기채권은 보다 매력적이 되고, 재무부 장기채권에 대한 수요는 증가한다. [그림 2]의 패널 (b)에서 보는 것처럼 재무부 장기채권에 대한 수요곡선은 D_1^T에서 D_2^T로 오른쪽으로 이동한다.

[그림 2]에서 살펴볼 수 있는 것처럼, 회사채의 균형가격은 P_1^C에서 P_2^C로 하락하고 채권가격은 이자율과 역의 관계를 가지고 있기 때문에 회사채의 균형이자율은 i_2^C로 상승한다. 그러나 동시에 재무부 장기채권의 균형가격은 P_1^T에서 P_2^T로 상승하고, 재무부 장기채권 균형이자율은 i_2^T로 하락한다. 회사채와 채무불이행 위험이 없는 재무부 장기채권간의 이자율 스프레드, 즉 회사채에 대한 위험 프리미엄은 0에서 $i_2^C - i_2^T$로 증가한다. 이제 다음과 같은 결론이 얻어진다. 채무불이행 위험을 가진 채권은 항상 플러스의 위험 프리미엄을 가지며, 채무불이행 위험의 증가는 위험 프리미엄을 증가시킨다.

채무불이행 위험은 위험 프리미엄의 크기를 결정하는 데 매우 중요하기 때문에 채권의 매입자는 기업이 회사채에 대해 채무불이행할 가능성이 있는지를 알아야 할 필요가 있다. 이러한 정보는 채무불이행 확률을 기준으로 회사채와 지방채에 대한 질적 등급을 부여하는 투자자문회사인 **신용평가회사**(credit-rating agency)에 의해 제공된다. 신용평가회사는 2007~2009년의 글로벌 금융위기 상황에서 그들이 수행한 역할 때문에 최근 몇 년 동안 커다란 논란의 대상이 되었다([FYI] '신용평가회사의 이해상충과 글로벌 금융위기' 참조). [표 1]은 3대 신용평가회사인 무디스(Moody's Investor Service), 스탠더드 앤드 푸어스(Standard and Poor's Corporation), 피치(Fitch Ratings)가 부여하는 신용등급과 등급에 대한 설명을 정리한 것이다. 상대적으로 채무불이행 확률이 낮은 채권은 투자등급(investment-grade) 증권이라 부르며 Baa(또는 BBB) 이상의 등급을 가진다. Baa(또는 BBB)보다 등급이 낮게 매겨지는 채권은 더 높은 채무불이행 위험을 가지며 투기등급(speculative-grade) 증권 또는 **정크 본드**(junk bond)라 부른다. 이러한 채권은 항상 투자등급 증권보다 더 높은 이자율을 보이고 있기 때문에 고수익 채권(high-yield bonds)이라고도 부른다.

이 장의 시작부분에 있는 [그림 1]을 보고 회사채 이자율과 미국 재무부 장기채권 이자율 간의 관계를 설명해보자. 회사채는 어느 정도의 채무불이행 위험을 가지고 있는 반면 재무부 장기채권은 채무불이행 위험을 거의 가지고 있지 않기 때문에, 회사채는 언제나

표 1 무디스, S&P, 피치의 채권 등급

신용등급			
무디스	S&P	피치	등급설명
Aaa	AAA	AAA	최고 안전성
Aa1	AA−	AA−	높은 등급 높은 안전성
Aa2	AA	AA	
Aa3	AA−	AA−	
A1	A+	A+	상위 중간 등급
A2	A	A	
A3	A−	A−	
Baa1	BBB+	BBB+	하위 중간 등급
Baa2	BBB	BBB	
Baa3	BBB−	BBB−	
Ba1	BB+	BB+	비투자 등급
Ba2	BB	BB	투기적 등급
Ba3	BB−	BB−	
B1	B−	B−	높은 투기적 등급
B2	B	B	
B3	B−	B−	
Caa1	CCC+	CCC	상당히 위험한 등급
Caa2	CCC	—	불량 등급
Caa3	CCC−	—	
Ca	—	—	극히 투기적 등급
C	—	—	채무불이행 예견 등급
—	—	DDD	채무불이행
—	—	DD	—
—	D	D	

FYI 신용평가회사의 이해상충과 글로벌 금융위기

채무에 대한 신용등급은 채무증권의 가격 결정과 규제과정에서 중요한 역할을 한다. 신용평가회사들이 고객에게 서브프라임 모기지로부터 발생하는 현금흐름을 지급하는 복잡한 금융상품을 구조화하는 방법을 자문했던 글로벌 금융위기에 이르는 수년 동안에 신용평가회사들의 이해상충 문제가 발생했다. 신용평가회사들은 동시에 이러한 금융상품에 대한 신용등급을 부여했고 이에 따라 심각한 이해상충의 잠재적 가능성을 발생시켰다. 특히 고객들에게 금융상품을 구조화하는 방법에 대해 자문하면서 신용평가회사들이 많은 수수료를 벌었다는 것은 신용평가회사들이 자신의 신용등급 부여가 정확하다는 것을 확인할 충분한 인센티브를 갖고 있지 않았음을 의미했다.

주택가격이 하락하기 시작했고 서브프라임 모기지가 채무불이행하기 시작하면서, 신용평가회사들이 자신이 구조화하는 것을 도왔던 서브프라임 금융상품의 위험을 평가하면서 무시무시한 일을 저질렀다는 것이 매우 명백해졌다. 많은 AAA등급 금융상품이 정크 본드의 수준에 이르기까지 계속해서 반복적으로 신용등급이 하향 조정됐다. 이에 따라 발생한 금융자산의 대규모 손실은 이러한 금융자산들을 보유하고 있었던 많은 금융기관을 어려움에 처하게 만들었던 이유였다. 실제로, 일부 시사해설자는 신용평가회사들이 글로벌 금융위기에 대해 책임을 져야 하는 주범이라고 언급했다.

미국 재무부 장기채권보다 더 높은 이자율을 보인다. Baa등급의 회사채는 Aaa등급의 회사채보다 채무불이행 위험이 높기 때문에 Baa등급 회사채의 위험 프리미엄은 더 크고, 이에 따라 Baa등급의 회사채 이자율은 Aaa등급의 회사채 이자율보다 더 높다. Baa등급 회사채의 위험 프리미엄이 1930~1933년의 대공황기 동안에 크게 증가한 것과 1970년 이후 증가한 것을 설명하기 위해 동일한 분석이 사용될 수 있다([그림 1] 참조). 대공황기 동안에 기업의 도산과 채무불이행이 많이 발생했다. 예상할 수 있는 것처럼, 이러한 요인들은 취약한 기업이 발행한 회사채의 채무불이행을 크게 증가시켰고, Baa등급 채권의 위험 프리미엄은 유례없이 높은 수준으로 증가했다. 1970년 이후에도 대공황기 동안의 수준보다는 크게 낮았지만 높은 수준의 기업 도산과 채무불이행이 발생했다. 역시 회사채의 채무불이행 위험과 위험 프리미엄이 증가했고, 회사채와 재무부 장기채권의 이자율 스프레드는 더욱 확대됐다.

응용 글로벌 금융위기와 Baa-재무부 채권 간의 스프레드

2007년 8월에 시작된 서브프라임 모기지 시장의 붕괴는 금융기관들의 대규모 손실을 발생시켰다(이에 대해서는 제9장에서 보다 더 상세하게 논의됨). 서브프라임 모기지 시장의 붕괴로 많은 투자자가 Baa와 같은 신용등급이 낮은 기업들의 재무건전성과 신용등급 자체의 신뢰성에 대하여 의구심을 가지기 시작했다. Baa등급 회사채의 채무불이행 위험이 증가하고 있다는 인식이 이 채권의 매력을 감소시켰고, 수요를 감소시켰으며, Baa 회사채의 수요곡선을 왼쪽으로 이동시켰다. [그림 2]의 패널 (a)에서 보는 것처럼, Baa 회사채의 이자율은 실제로 상승했다. Baa 회사채의 이자율은 2007년 7월 말의 6.63%로부터 2008년 10월 중순 글로벌 금융위기가 가장 악화된 단계에 이르면서 9.43%로 280 베이시스 포인트(2.80% 포인트) 상승했다. 그러나 서브프라임 모기지 시장 붕괴 이후 Baa 회사채의 채무불이행 위험이 증가하고 있다는 인식은 채무불이행이 없는 미국 재무부 장기채권을 상대적으로 더 매력적이게 만들었고 미국 재무부 장기채권에 대한 수요곡선을 오른쪽으로 이동시켰다. 일부 애널리스트는 이러한 현상을 '안전자산 선호 현상'(flight to quality)이라고 설명했다. [그림 2]에서 예측하는 것처럼, 재무부 장기채권의 이자율은 2007년 7월 말의 4.78%로부터 2008년 10월 중순 3.98%로 80 베이시스 포인트 하락했다. Baa 회사채와 미국 재무부 장기채권 간의 스프레드는 서브프라임 금융위기 이전의 1.85%로부터 그 이후 5.45%로 360 베이시스 포인트 증가했다.

1.2 유동성

채권의 이자율에 영향을 주는 또 다른 특성은 채권의 유동성이다. 제4장에서 배운 것처럼 유동성이 높은 자산은 필요하면 신속하고 값싸게 현금으로 전환될 수 있는 자산이다. 자산의 유동성이 높을수록 (다른 모든 것이 일정한 경우) 주어진 자산은 매력적이게 된다. 미국 재무부 장기채권은 매우 광범위하게 거래되기 때문에 신속하게 매도되기도 하거니와 채권의 매도 비용이 낮기 때문에 모든 장기채권 중에서 가장 유동성이 높은 채권이다. 그러나 회사채는 더 적게 거래되기 때문에 유동성이 낮다. 따라서 신속하게 매입자를 찾는 것이 어려울 수 있기 때문에 긴급한 경우에 회사채를 매도하는 데 드는 비용은 꽤 클 수 있다.

회사채의 유동성이 낮은 것이 재무부 장기채권의 이자율과 비교해 상대적으로 회사채의 이자율에 어떻게 영향을 줄까? 재무부 장기채권 대비 회사채의 유동성 감소가 이들 두 채권 간의 이자율 스프레드를 증가시킨다는 것을 살펴보기 위해, 채무불이행 위험의 효과 분석에 사용했던 [그림 2]로 채권의 수요와 공급 분석을 적용해볼 수 있다. 우선 회사채와 재무부 장기채권의 유동성이 같고 다른 특성들은 동일하다고 가정하자. [그림 2]에서 보는 것처럼 두 채권의 균형가격과 균형이자율은 처음에 서로 같을 것이다. 즉 $P_1^C = P_1^T$이고 $i_1^C = i_1^T$일 것이다. 회사채가 광범위하게 거래되지 않기 때문에, 재무부 장기채권보다 회사채의 유동성이 낮아지면 (포트폴리오 선택이론이 제시하는 것처럼) 회사채에 대한 수요는 감소하고 [그림 2]의 패널 (a)에서처럼 회사채에 대한 수요곡선은 D_1^C에서 D_2^C로 이동한다. 이제 재무부 장기채권은 회사채와 비교해 상대적으로 유동성이 더 높아지고, 이에 따라 재무부 장기채권에 대한 수요곡선은 [그림 2]의 패널 (b)에서처럼 D_1^T에서 D_2^T로 오른쪽으로 이동한다. [그림 2]에서 수요곡선들의 이동은 유동성이 낮은 회사채의 가격을 하락시키고 회사채의 이자율을 상승시키는 반면, 유동성이 높은 재무부 장기채권의 가격을 상승시키고 재무부 장기채권의 이자율을 하락시킨다는 것을 보여준다.

결과적으로 두 채권 간의 이자율 스프레드는 증가한다. 따라서 회사채와 재무부 장기채권의 이자율 차이(즉 위험 프리미엄)는 회사채의 채무불이행 위험뿐만 아니라 회사채의 유동성도 반영한다. 이것이 위험 프리미엄을 보다 정확하게 말하면 '위험과 유동성 프리미엄'(risk and liquidity premium)인 이유이다. 그러나 관습적으로 이러한 위험과 유동성 프리미엄을 위험 프리미엄(risk premium)이라고 부른다.

1.3 소득세

[그림 1]로 돌아가보면, 여전히 한 가지 수수께끼가 남는다. 즉 지방채 이자율의 행태다. 지방채는 확실히 채무불이행이 없는 채권이 아니다. 미국의 주정부와 지방정부는 과거에, 특히 대공황기 동안과 최근 1994년의 캘리포니아 오렌지카운티 경우에서처럼 자신이 발행한 지방채에 대해 채무불이행을 한 적이 있다. 또한 지방채는 미국 재무부 장기채권보다 유동성이 더 낮다.

그런데 [그림 1]에서 보는 것처럼 지방채의 이자율이 왜 과거 70년의 대부분 기간 동안 미국 재무부 장기채권의 이자율보다 낮았던 것일까? 이에 대한 해답은 지방채의 이자 지급에 대한 연방소득세가 면제된다는 사실에 있다. 이것은 지방채의 기대수익률을 증가시켜 지방채에 대한 수요를 증가시키는 요인이 된다.

여러분이 모든 추가적인 소득 1달러에 대하여 정부에 35센트를 지불해야 하는 35% 소득구간에 속하는 높은 소득을 얻고 있다고 가정해보자. 만일 여러분이 액면가가 1,000달러이고 100달러의 이표를 지급하면서 1,000달러에 팔리는 재무부 장기채권을 소유하고 있다면, 여러분은 이표지급액 중에서 세금을 내고 난 후 65달러만을 받게 된다. 재무부 장기채권의 이자율은 10%지만, 여러분은 실제로 세후 6.5%만을 벌게 된다.

그러나 여러분이 저축한 돈을 1,000달러의 액면가와 80달러의 이표지급액을 가지면서 1,000달러에 팔리는 지방채를 사는 데 사용한다고 하자. 지방채의 이자율은 8%이다. 그러나 지방채는 세금면제 증권이기 때문에 여러분은 80달러의 이표지급액에 대해 세금을 내지 않고 세후 8%를 벌게 된다. 따라서 여러분은 세후에 지방채로부터 더 많은 수익을 얻기 때문에 지방채의 이자율이 재무부 장기채권의 이자율보다 낮더라도 더 위험하고 유동성이 낮은 지방채를 기꺼이 보유하고자 한다(이러한 일이 제2차 세계대전 이전에는 발생하지 않았다. 제2차 세계대전 이전에는 소득세가 매우 낮았기 때문에 지방채에 대한 세금면제는 큰 장점이 되지 못했다).

지방채가 재무부 장기채권보다 낮은 이자율을 보이는 이유를 이해하기 위한 다른 방법은 [그림 3]에 그려져 있는 채권의 수요와 공급 분석을 사용하는 것이다. 처음에 지방채와 재무부 장기채권은 같은 특성을 가지며, [그림 3]에서와 같이 동일한 채권가격과 이자율을 가진다고 가정하자. 즉 $P_1^m = P_1^T$이고 두 채권의 이자율은 같다. 지방채의 세후 기대수익률을 재무부 장기채권과 비교해 상대적으로 증가시키고, 지방채를 보다 매력적으로 만드는 세금의 장점을 지방채가 가지게 되면, 지방채에 대한 수요는 증가하고 지방채에 대한 수요곡선은 D_1^m에서 D_2^m으로 오른쪽으로 이동한다. 그 결과 지방채의 균형가격은 P_1^m에서 P_2^m으로 상승하고, 지방채의 균형이자율은 하락한다. 이와 대조적으로, 재무부 장기채권은 지방채와 비교할 때 덜 매력적이게 된다. 재무부 장기채권에 대한 수요는 감소하고, D_1^T는 D_2^T로 이동한다. 재무부 장기채권의 가격은 P_1^T에서 P_2^T로 하락하고 재무부 장기채권의 이자율은 상승한다. 이에 따라 발생하는 지방채 이자율의 하락과 재무부 장기채권 이자율의 상승을 보면 지방채가 왜 재무부 장기채권보다 낮은 이자율을 나타낼 수 있는 설명된다.[1)]

1) 회사채와 달리 재무부 장기채권은 주정부와 지방정부의 소득세를 면제받는다. 여러분은 본문의 분석을 활용해 이러한 재무부 장기채권의 특성으로 인해 회사채의 이자율이 재무부 장기채권의 이자율보다 높은 이유를 설명할 수 있어야 한다.

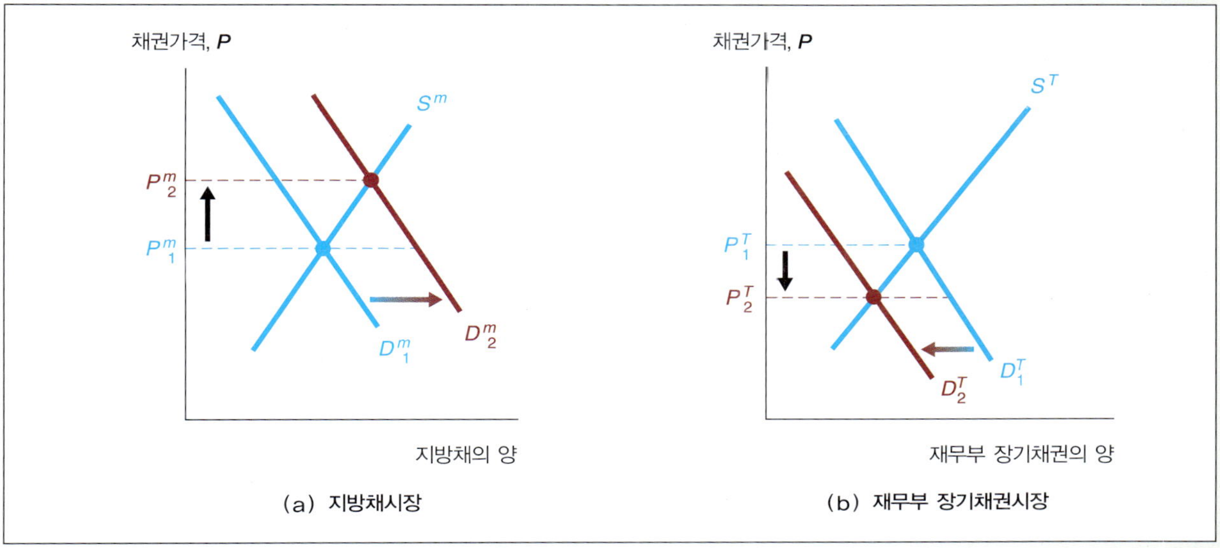

그림 3 지방채의 이자율과 재무부 장기채권의 이자율

지방채가 세금면제를 받을 때, 지방채에 대한 수요는 D_1^m에서 D_2^m으로 오른쪽으로 이동하고, 재무부 장기채권에 대한 수요는 D_1^T에서 D_2^T로 왼쪽으로 이동한다. 지방채의 균형가격은 P_1^m에서 P_2^m으로 상승하고, 이에 따라 지방채의 이자율은 하락한다. 한편 재무부 장기채권의 균형가격은 P_1^T에서 P_2^T로 하락하고 재무부 장기채권의 이자율은 상승한다. 그 결과 지방채의 이자율은 재무부 장기채권의 이자율보다 낮아진다.

1.4 요약

이자율의 위험구조(동일한 만기를 지닌 채권들의 이자율 간 관계)는 3가지 요인, 즉 채무불이행 위험, 유동성, 채권의 이자지급액에 대한 소득세 누과 여부에 의해 설명된다. 채권의 채무불이행 위험이 증가함에 따라 채권의 위험 프리미엄(채무불이행 위험이 있는 채권의 이자율과 채무불이행 위험이 없는 재무부 장기채권 이자율 간의 스프레드)은 상승한다. 또한 재무부 장기채권의 유동성이 높다는 것이 재무부 장기채권의 이자율이 유동성이 낮은 채권의 이자율보다 낮은 이유를 설명해준다. 만일 이자지급액에 대해 연방 소득세가 면제되는 지방채처럼 채권이 유리한 세금 혜택을 받는다면 이 채권의 이자율은 낮아질 것이다.

응용 부시의 세금 삭감법과 이 법안의 폐지 가능성이 채권 이자율에 미친 효과

2001년에 통과된 부시의 세금 삭감법은 10년에 걸쳐 최고 소득세 소득구간의 세율을 39%에서 35%로 인하하는 내용이었다. 재무부 장기채권 시장의 이자율과 비교했을 때 이러한 소득세 인하는 지방채 시장의 이자율에 어떠한 효과를 미쳤을까?

채권에 대한 수요와 공급 분석이 이에 대한 답을 제공해준다. 부유한 사람의 소득세율을 인하한다는 것은 재무부 장기채권의 이자율에 대해 보다 낮은 세금이 부과되기 때문에 재무부 장기채권과 비교했을 때 지방채의 세후 기대수익률이 상대적으로 낮아짐을 의미한다. 이제 지방채는 덜 매력적이 되기 때문에, 지방채에 대한 수요는 감소하고 지방채에 대한 수요곡선은 왼쪽으로 이동한다. 이에 따라 지방채의 가격은 하락하고 지방채의 이자율은 상승한다. 이와 반대로, 소득세의 인하는 재무부 장기채권을 보다 더 매력적으로 만든다. 재무부 장기채권에 대한 수요곡선은 오른쪽으로 이동하고, 재무부 장기채권의 가격은 상승하며 이자율은 하락한다.

따라서 이러한 분석은 부시의 세금 삭감이 재무부 장기채권의 이자율과 비교했을 때 지방채의 이자율을 상승시킨다는 것을 보여준다.

부시의 세금 삭감법은 소득이 연간 25만 달러 이상인 사람들에 대해 2010년에 연장되었지만 오바마 정부는 부시의 세금 삭감법 폐지를 지지했다. 고소득자에 대한 부시의 세금 삭감법이 폐지되는 경우, 이러한 상황에 대한 분석은 부시의 세금 삭감법 적용의 경우와 반대가 될 것이다. 소득세 세율의 인상은 재무부 장기채권과 비교하여 상대적으로 세금이 부과되지 않는 지방채의 세후 기대수익률을 상승시킬 것이다. 지방채에 대한 수요는 증가할 것이고 지방채의 수요곡선은 오른쪽으로 이동할 것이다. 이에 따라 지방채의 가격은 상승하고 지방채의 이자율은 하락할 것이다. 이와 반대로, 소득세 세율의 인상은 재무부 장기채권을 덜 매력적이게 만들 것이고 재무부 장기채권의 수요곡선은 왼쪽으로 이동할 것이다. 이에 따라 재무부 장기채권의 가격은 하락하고 재무부 장기채권의 이자율은 상승할 것이다. 따라서 소득세 세율의 인상은 재무부 장기채권의 이자율과 비교해 상대적으로 지방채의 이자율을 하락시킬 것이다.

2 이자율의 기간구조

지금까지 채무불이행 위험, 유동성, 세금 부과 여부(모두 이자율의 위험구조에 종합적으로 체화돼 있음)가 어떻게 이자율에 영향을 줄 수 있는지 살펴봤다. 채권의 이자율에 영향을 주는 또 다른 요인은 채권의 만기다. 채무불이행 위험, 유동성, 세금이 동일하더라도 채권의 잔존만기가 다르면 이자율이 달라질 수 있다. 채무불이행 위험, 유동성, 세금이 동일한 채권들에 대하여 만기별 채권의 수익률을 그린 그래프를 **수익률곡선**(yield curve)이라 부른다. 수익률곡선은 국채와 같은 특정한 종류의 채권들에 대한 이자율의 기간구조를 나타낸다. [금융뉴스] '수익률곡선'은 재무부 채권들에 대한 수익률곡선을 보여준다. 수익률곡선은 우상향의 수익률곡선, 수평의 수익률곡선, 우하향의 수익률곡선

금융뉴스 수익률곡선

많은 신문과 www.finance.yahoo.com과 같은 인터넷 사이트들은 재무부 증권에 대한 수익률곡선을 매일 게재한다. 2011년 7월 11일의 예가 여기에 그려져 있다. 수직축 상의 수치는 재무부 증권의 이자율이고 수평축에는 월을 의미하는 'm'과 연을 의미하는 'y'로 나타낸 만기가 표시돼 있다.

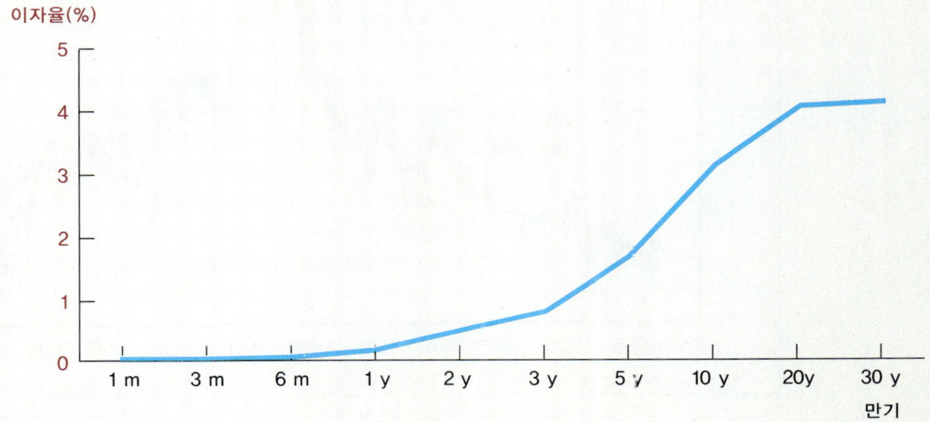

(**역전된 수익률곡선**(inverted yield curve)이라고도 부름)으로 분류된다. [금융뉴스] '수익률곡선'에서처럼 수익률곡선이 우상향할 때 장기이자율은 단기이자율보다 높다. 수익률곡선이 수평일 때 단기이자율과 장기이자율은 같다. 수익률곡선이 우하향할 때 장기이자율은 단기이자율보다 낮다. 수익률곡선은 또한 처음에 우상향하다가 우하향하고 다시 우상향하는 복잡한 모습을 가질 수도 있다. 수익률곡선은 왜 통상적으로 우상향하면서도 종종 다른 모습을 띠기도 하는가?

이자율의 기간구조에 관한 좋은 이론은 수익률곡선이 왜 서로 다른 시점에 서로 다른 모습을 가지는지와 다음의 3가지 중요한 실증적 사실을 설명해야 한다.

1. [그림 4]에서 보는 것처럼 만기가 다른 채권들의 이자율은 시간이 흐름에 따라 함께 움직인다.
2. 단기이자율이 낮을 때 수익률곡선은 우상향의 기울기를 가질 가능성이 크다. 단기이자율이 높을 때 수익률곡선은 우하향하거나 역전될 가능성이 크다.
3. [금융뉴스] '수익률곡선'에서처럼, 수익률곡선은 거의 언제나 우상향한다.

3가지 이론이 이자율의 기간구조를 설명하기 위해 제시됐다. 즉 만기가 다른 채권들의

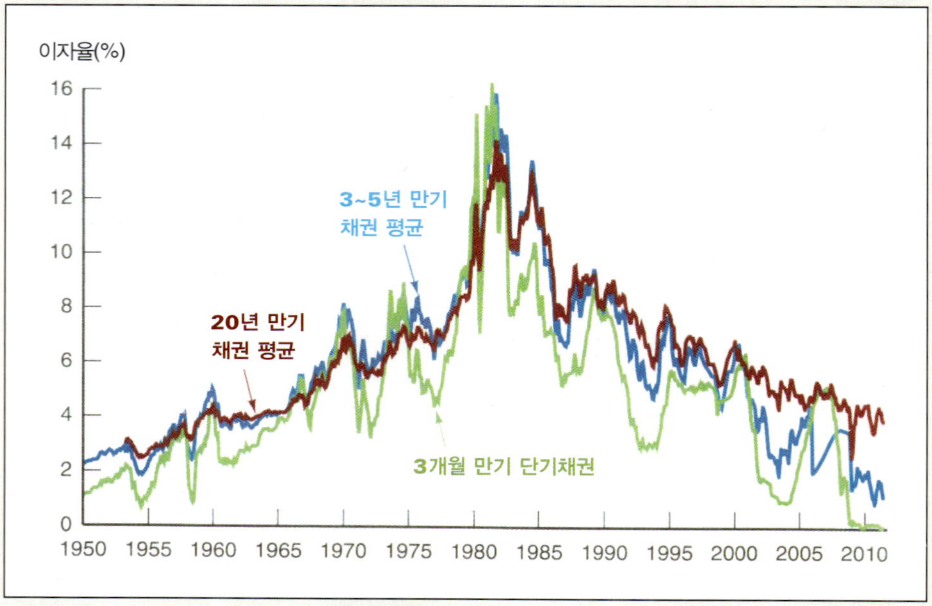

그림 4 만기별 미국 국채의 이자율 변화 추이

다른 만기를 가진 채권들의 이자율은 시간이 흐름에 따라 함께 움직인다.

자료 : Federal Reserve; www.federalreserve.gov/releases/h15/data.htm

이자율 간 관계는 수익률곡선의 모습에 반영된다. 이자율의 기간구조에 대한 3가지 이론은 (1) 기대이론, (2) 분할시장이론, (3) 유동성 프리미엄 이론이고, 각 이론이 다음에 이어지는 소절에서 설명된다. 기대이론은 3가지 실증적 사실 중 [사실 1]과 잘 설명하지만 [사실 3]을 설명하지 못한다. 분할시장이론은 [사실 3]은 설명할 수 있으나 기대이론이 잘 설명하는 나머지 2가지 사실을 설명할 수 없다. 두 이론은 각기 다른 이론이 설명할 수 없는 사실들을 설명하기 때문에, 이자율의 기간구조를 보다 잘 이해하려면 기대이론과 분할시장이론의 특성을 결합해야 한다. 이에 따라 3가지 사실을 모두 설명할 수 있는 유동성 프리미엄 이론이 제시됐다.

유동성 프리미엄 이론이 3가지 사실을 잘 설명하고, 이에 따라 가장 널리 수용되는 이론이라면, 왜 다른 두 이론을 논의해야 하는가? 여기에는 2가지 이유가 있다. 첫째, 두 이론에 포함돼 있는 아이디어가 유동성 프리미엄 이론의 기초를 제공해준다. 둘째, 이론으로부터 예측되는 결과가 실증적 증거와 일치하지 않을 때 경제학자들이 어떻게 이론을 개선하는가를 살펴보는 것이 중요하다.

2.1 기대이론

이자율의 기간구조에 대한 **기대이론**(expectations theory)은 다음과 같은 상식적인 명제를 제시한다—장기채권의 이자율은 사람들이 장기채권의 수명 동안 발생할 것이라고 예측하는 단기이자율들의 평균과 일치한다. 예를 들어 만일 사람들이 앞으로 5년 동안 단기이자율이 평균 10%라고 예상하면, 기대이론은 5년의 만기를 가진 채권의 이자율도 10%라고 예측한다. 만일 단기이자율이 상승해 앞으로 20년 동안 평균적인 단기이자율이 11%라고 예상되면, 20년 만기 채권의 이자율은 11%가 될 것이고 따라서 5년 만기 채권의 이자율보다 높을 것이다. 만기가 다른 채권의 이자율이 왜 다른지에 대해 기대이론은 미래의 시점에 따라 단기이자율이 다를 것이라고 예상되기 대문이라고 설명한다.

이 이론의 핵심 가정은 채권의 매입자는 다른 만기의 채권보다 어느 특정 만기의 채권을 선호하지 않기 때문에, 특정 만기를 가진 채권의 기대수익률이 다른 만기를 가진 채권의 기대수익률보다 낮으면 이 채권을 보유하지 않는다는 것이다. 이러한 특성을 지닌 채권을 완전대체재(perfect substitutes)라고 한다. 현실에서 만기가 다른 채권들이 완전대체재이면, 이들 채권의 기대수익률은 같아야 함을 의미한다. 단기가 다른 채권들이 완전대체재라는 가정이 어떻게 기대이론이 되는가를 살펴보기 위해 다음과 같은 2가지의 투자 전략을 생각해보자.

1. 1년 만기 채권을 매입하고 1년 후 만기가 되었을 때 다시 1년 만기 채권을 매입한다.
2. 2년 만기 채권을 매입해 이 채권을 만기까지 보유한다.

만일 사람들이 1년 만기 채권과 2년 만기 채권을 모두 보유하고 있다면, 2가지 전략은 동일한 기대수익률을 가져야 하기 때문에 2년 만기 채권의 이자율은 2개의 1년 만기 채권의 이자율들의 평균과 같아야 한다. 예를 들어 1년 만기 채권의 현재 이자율은 9%이나 내년에 1년 만기 채권의 이자율은 11%가 될 것이라고 예상된다고 하자. 만일 여러분이 2개의 1년 만기 채권을 매입하는 첫 번째 전략을 추구한다면 2년간의 기대수익률은 평균 연간 (9%+11%)/2=10%가 된다. 만일 2년 만기 채권의 연간 기대수익률이 10%면, 여러분은 1년 만기 채권과 2년 만기 채권을 모두 기꺼이 보유하고자 할 것이다. 따라서 2년 만기 채권의 이자율은 2개의 1년 만기 채권의 평균 이자율인 10%와 일치해야 한다.

이러한 주장은 일반화될 수 있다. 1달러를 두 기간 동안 투자하는 경우, 만기가 하나인 채권 또는 만기가 두 기간으로 나뉜 채권을 보유하는 전략을 생각해보자. 다음과 같은 정의를 사용하자.

i_t = 1기 만기 채권의 현재(t기) 이자율
i^e_{t+1} = 다음 기(t + 1기)에 예상되는 1기 만기 채권의 이자율
i_{2t} = 2기 만기 채권의 현재(t기) 이자율

2기 만기 채권에 1달러를 투자해 2기 동안 보유하는 데 따른 2기 동안의 기대수익률은 다음과 같이 계산할 수 있다.

$$(1+i_{2t})(1+i_{2t})-1=1+2i_{2t}+(i_{2t})^2-1=2i_{2t}+(i_{2t})^2$$

2기 후에 1달러 투자의 가치는 $(1+i_{2t})(1+i_{2t})$가 된다. 이 금액으로부터 처음 투자한 금액인 1달러를 빼고, 처음 투자한 금액인 1달러로 나누면 바로 위에 있는 식에서 계산된 수익률이 얻어진다. $(i_{2t})^2$은 매우 작은 값이기 때문에(만일 $i_{2t}=10\%=0.10$이면, $(i_{2t})^2=0.01$), 이 항을 무시하면 2기 동안 2기 만기 채권을 보유하는 데 따른 기대수익률은 $2i_{2t}$로 단순화될 수 있다.

한편 1기 만기 채권들을 매입하는 다른 전략의 경우, 1달러 투자에 따른 2기 동안의 기대수익률은 다음과 같이 계산된다.

$$(1+i_t)(1+i^e_{t+1})-1=1+i_t+i^e_{t+1}+i_t(i^e_{t+1})-1=i_t+i^e_{t+1}+i_t(i^e_{t+1})$$

1달러의 투자는 1기 후에 $1+i_t$가 되고, 이 금액이 2기 동안에 1기 만기 채권에 재투자되어 2기 후에 $(1+i_t)(1+i^e_{t+1})$이 된다. 이 금액으로부터 처음 투자한 1달러를 빼고 처음 투자한 1달러로 나누면 2기 동안 1기 만기 채권들을 보유하는 전략의 기대수익률이 계산된다. $i_t(i^e_{t+1})$도 매우 작은 값이기 때문에(만일 $i_t=i^e_{t+1}=0.10$이면, $i_t(i^e_{t+1})=0.01$), 이 항을 무시하면 기대수익률은

$$i_t+i^e_{t+1}$$

로 단순화될 수 있다. 2가지 채권 투자 전략의 기대수익률이 같을 때, 즉

$$2i_{2t}=i_t+i^e_{t+1}$$

일 때에만 사람들이 2가지 채권을 모두 보유할 것이다. 1기의 이자율들에 의해 i_{2t}의 해를 구하면 다음과 같은 식이 구해진다.

$$i_{2t}=\frac{i_t+i^e_{t+1}}{2} \tag{1}$$

이 식은 2기 만기 채권의 이자율은 2개의 1기 만기 채권 이자율들의 평균과 같아야 한다는 것을 말해준다. 이것을 그래프로 나타내면 다음과 같다.

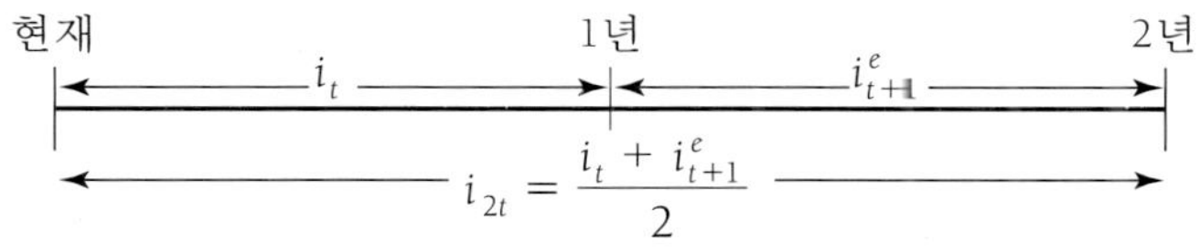

이자율의 전체 기간구조를 검토할 수 있도록 장기의 만기를 가진 채권들에 대하여 동일한 도출 과정이 적용될 수 있다. 이와 같이 하면, n기 만기 채권의 이자율 i_{nt}는 다음과 같다.

$$i_{nt} = \frac{i_t + i^e_{t+1} + i^e_{t+2} + \cdots + i^e_{t+(n-1)}}{n} \tag{2}$$

식(2)는 n기 만기 채권의 이자율은 채권의 n기간 수명 동안 발생할 것으로 예상되는 1기 이자율들의 평균과 일치함을 나타낸다. 이것이 기대이론을 보다 정확하게 다시 기술한 것이다.[2)]

수치로 나타낸 간단한 예가 식(2)로 나타낸 기대이론이 의미하는 바를 명확히 할 수 있다. 만일 앞으로 5년 동안 1년 이자율이 각각 5%, 6%, 7%, 8%, 9%가 될 것으로 예상된다면, 식(2)에 따라 2년 만기 채권의 경우 이자율은

$$\frac{5\% + 6\%}{2} = 5.5\%$$

가 되고, 5년 만기 채권의 이자율은

$$\frac{5\% + 6\% + 7\% + 8\% + 9\%}{5} = 7\%$$

가 될 것이다.

1년 만기, 2년 만기, 3년 만기, 4년 만기 채권의 이자율을 같은 방법으로 계산하면, 여러분은 1년 만기, 2년 만기, 3년 만기, 4년 만기, 5년 만기 채권의 이자율이 각각 5.0%, 5.5%, 6.0%, 6.5%, 7.0%라는 것을 확인할 수 있을 것이다. 따라서 예상되는 단기이자율이 상승하는 추이를 가지면, 만기가 증가함에 따라 이자율이 상승하는 우상향의 수익률곡선이 도출된다는 것을 알 수 있다.

기대이론은 수익률곡선으로 나타나는 이자율의 기간구조가 시점에 따라 변화하는 이유를 설명해주는 훌륭한 이론이다. 수익률곡선이 우상향할 때, 기대이론은 수치로 나타낸 앞의 예에서 살펴본 것처럼 단기이자율이 미래에 상승할 것으로 예상된다는 사실을 제시한다. 현재 장기이자율이 단기이자율보다 높으면, 미래 단기이자율들의 평균은 현재

2) 본문에서 이루어진 분석은 할인채를 대상으로 한 것이다. 이표채의 이자율에 대한 공식은 여기서 사용되는 공식과 약간 다르나 동일한 원리를 제시한다.

단기이자율보다 높을 것으로 예상된다. 이러한 일은 단기이자율이 상승할 것으로 예상될 때만 발생할 수 있다. 이것이 수치로 나타낸 앞의 예에서 살펴본 것이다. 반면에 수익률곡선이 우하향할 때, 미래 단기이자율들의 평균은 현재 단기이자율보다 낮을 것으로 예상되고, 단기이자율은 미래에 평균적으로 하락할 것으로 예상된다. 수익률곡선이 수평이면, 기대이론은 단기이자율이 미래에 평균적으로 변화하지 않을 것이라고 예상한다.

기대이론은 또한 만기가 다른 채권들의 이자율이 시간이 흐름에 따라 함께 움직인다는 [사실 1]을 설명해준다. 역사적으로 보면, 단기이자율은 오늘 상승하면 미래에 더 상승하는 경향을 보였다. 따라서 단기이자율의 상승은 사람들이 예상하는 미래 단기이자율을 상승시킬 것이다. 장기이자율은 예상되는 단기이자율들의 평균이기 때문에 단기이자율의 상승은 또한 장기이자율을 상승시킬 것이고, 단기이자율과 장기이자율이 함께 움직이게 만들 것이다.

기대이론은 또한 수익률곡선은 단기이자율이 낮을 때 우상향의 기울기를 갖는 경향이 있고, 단기이자율이 높을 때 우하향하는 경향이 있다는 [사실 2]를 설명해준다. 단기이자율이 낮을 때, 사람들은 일반적으로 단기이자율이 미래에 어떤 정상적인 수준으로 상승할 것이라고 예상해 미래에 예상되는 단기이자율의 평균은 현재의 단기이자율과 비교했을 때 상대적으로 높게 된다. 따라서 장기이자율은 현재 단기이자율보다 상당히 높을 것이고, 수익률곡선은 우상향의 기울기를 가질 것이다. 이와 반대로, 만일 단기이자율이 높으면, 사람들은 일반적으로 단기이자율이 정상적인 수준으로 하락할 것이라고 예상한다. 따라서 예상되는 미래 단기이자율들의 평균은 현재 단기이자율보다 낮을 것이기 때문에 장기이자율은 단기이자율보다 낮을 것이고, 수익률곡선은 우하향하는 역전된 모습을 띨 것이다.[3)]

기대이론은 이자율의 기간구조를 간단하게 설명하기 때문에 매력적인 이론이다. 그러나 불행하게도 기대이론은 하나의 중요한 단점을 가지고 있다. 기대이론은 수익률곡선이 일반적으로 우상향한다는 [사실 3]을 설명할 수 없다. 수익률곡선이 전형적으로 우상향한다는 것은 단기이자율이 일반적으로 미래에 상승할 것으로 예상된다는 것을 의미한다. 단기이자율은 상승할 가능성만큼이나 하락할 가능성도 있으므로 기대이론은 전형적인 수익률곡선이 우상향하기보다는 수평이어야 한다고 제시한다.

---

3) 기대이론은 단기이자율과 장기이자율의 관계에 대한 또 하나의 중요한 사실을 설명한다. [그림 4]에서 보는 것처럼, 단기이자율은 장기이자율보다 심하게 변동한다. 만일 이자율이 평균 회귀의 특성을 가진다면, 다시 말해 이자율이 예외적으로 높은 수준에 이르렀을 때는 다시 하락하는 경향을 가지고 예외적으로 낮은 수준에 이르렀을 때는 다시 상승하는 경향을 가진다고 한다면, 단기이자율의 평균은 반드시 단기이자율보다 적게 변동해야 한다. 기대이론은 장기이자율이 미래 단기이자율의 평균이라고 제시하기 때문에, 장기이자율은 단기이자율보다 적게 변동할 것이라고 시사한다.

2.2 분할시장이론

이자율의 기간구조에 관한 **분할시장이론**(segmented markets theory)은 그 이름이 제시하는 것처럼, 서로 다른 만기를 가진 채권시장들은 완전히 분리돼 있고 분할돼 있다고 간주한다. 따라서 어느 특정한 만기 채권의 이자율은 다른 만기 채권들의 기대수익률로부터 아무런 영향을 받지 않으며, 해당 만기 채권의 수요와 공급에 의해서 결정된다.

분할시장이론의 핵심 가정은 다른 만기의 채권들은 전혀 대체재가 아니고, 이에 따라 특정 만기의 채권을 보유하는 데 따른 기대수익률은 다른 만기의 채권에 대한 수요에 아무런 영향을 미치지 않는다는 것이다. 이자율의 기간구조에 대한 분할시장이론은 서로 다른 만기를 가진 채권들이 완전대체재라고 가정하는 기대이론과 극단적으로 반대 입장에 있는 이론이다.

분할시장이론에서 다른 만기의 채권들은 왜 대체재가 아닌가? 투자자들은 어느 한 만기의 채권에 대해서만 강한 선호를 보이고 다른 만기의 채권은 선호하지 않기 때문에, 그들이 선호하는 만기의 채권에 대한 기대수익률에만 관심을 가진다는 것이다. 이러한 일은 투자자들이 어느 하나의 특정한 보유 기간을 마음속으로 생각하고 있기 때문에 발생한다. 만일 투자자들이 채권 만기를 원하는 보유 기간과 일치 시키면, 그들은 전혀 아무런 위험 없이 일정한 수익률을 달성할 수 있다.[4] (제4장에서 살펴본 것처럼, 만일 만기가 보유 기간과 일치하면 기대수익률은 이자율 위험이 존재하지 않기 때문에 채권의 만기수익률로 확정된다.) 예를 들어 여러분이 원하는 보유 기간이 단기라면, 여러분은 단기채권을 선호할 것이다. 이와 반대로, 만일 여러분이 어린 자녀의 대학 학비를 위해 돈을 넣어두고자 하면, 여러분이 원하는 보유 기간은 장기가 되고 여러분은 장기채권을 보유하고자 할 것이다.

분할시장이론에서 다양한 모습의 수익률곡선은 서로 다른 만기를 가진 채권들에 관련된 수요와 공급의 차이로 설명된다. 만일 위험회피 투자자들이 단기의 보유 기간을 원하여 이자율 위험이 적은 단기채권을 선호한다면, 분할시장이론은 수익률곡선이 전형적으로 우상향한다는 [사실 3]을 설명할 수 있다. 전형적인 상황에서 장기채권에 대한 수요는 단기채권에 대한 수요보다 상대적으로 적기 때문에, 장기채권은 보다 낮은 가격과 보다 높은 이자율을 가지며, 이에 따라 수익률곡선은 전형적으로 우상향하는 기울기를 띨 것이다.

---

4) 만기와 보유 기간이 일치하면 수익률에 대한 불확실성이 존재하지 않는다는 명제는 할인채에 대해서만 문자 그대로 성립한다. 장기의 보유 기간을 가진 이표채의 경우, 이표지급액이 채권의 만기가 종료되기 전에 재투자돼야 하기 때문에 약간의 불확실성이 존재한다. 따라서 여기서 이루어지는 분석은 할인채를 대상으로 한 것이다. 그러나 이표채가 보유 기간과 같은 만기를 가질 때, 이표지급액의 재투자로부터 발생하는 위험은 작기 때문에 분석의 핵심 내용은 이표채의 경우에도 동일하게 성립한다.

분할시장이론은 수익률곡선이 왜 일반적으로 우상향하는 경향이 있는지를 설명할 수 있지만, [사실 1]과 [사실 2]를 설명할 수 없는 중대한 단점이 있다. 첫째, 분할시장이론에서 서로 다른 만기를 가진 채권 시장은 완전히 분할돼 있다고 간주하기 때문에, 어느 한 만기를 가진 채권의 이자율 상승이 다른 만기를 가진 채권의 이자율에 영향을 주지 못한다. 따라서 분할시장이론은 서로 다른 만기를 가진 채권들의 이자율이 왜 함께 움직이는 경향이 있는지(사실 1)를 설명할 수 없다. 둘째, 단기채권과 장기채권의 수요와 공급이 단기이자율 수준의 변화에 따라 어떻게 변화하는지 분명하지 않기 때문에, 분할시장이론은 수익률곡선이 왜 단기이자율이 낮을 때 우상향하는 경향이 있고, 단기이자율이 높을 때 우하향하는 경향이 있는지(사실 2)를 설명할 수 없다.

지금까지 논의한 두 이론 중 각 이론은 다른 이론이 설명할 수 없는 실증적 사실을 설명하기 때문에, 다음의 논리적 단계는 두 이론을 결합하는 것이고 이에 유동성 프리미엄을 살펴보기로 한다.

2.3 유동성 프리미엄 이론과 특정시장 선호 이론

이자율의 기간구조에 대한 **유동성 프리미엄 이론**(liquidity premium theory)은 장기채권의 이자율은 장기채권의 수명 동안 예상되는 단기이자율들의 평균과 이 채권의 수요와 공급 상황에 반응하는 유동성 프리미엄(기간 프리미엄(term premium)이라고도 함)의 합과 같다고 제시한다.

유동성 프리미엄 이론의 핵심 가정은 만기가 다른 채권들은 대체재이기 때문에 어느 특정 만기 채권의 기대수익률은 여타 다른 만기 채권의 기대수익률에 영향을 주지만 투자자들이 다른 만기의 채권보다 특정 만기의 채권을 선호할 수 있다는 것이다. 달리 말하면, 서로 다른 만기를 가진 채권들이 대체재지만 완전대체재는 아니라고 가정한다. 투자자는 이자율 위험이 작은 단기채권을 선호하는 경향을 가진다. 이러한 이유 때문에 투자자가 장기채권을 보유하도록 하기 위해서는 양(+)의 유동성 프리미엄이 제공돼야 한다. 장기이자율과 단기이자율 간의 관계를 나타내는 식에 양(+)의 유동성 프리미엄을 추가함으로써 기대이론이 수정된다. 유동성 프리미엄 이론은 다음과 같이 나타낼 수 있다.

$$i_{nt} = \frac{i_t + i^e_{t+1} + i^e_{t+2} + \cdots + i^e_{t+(n-1)}}{n} + l_{nt} \qquad (3)$$

여기서 l_{nt}는 t시점에서 제공되는 n기 만기 채권의 유동성 프리미엄이다. l_{nt}는 항상 양(+)의 값이고 채권의 만기 n이 증가함에 따라 그 값이 커진다.

특정시장 선호 이론(preferred habitat theory)은 유동성 프리미엄 이론과 밀접히 관련돼 있다. 특정시장 선호 이론은 기대이론을 수정하는 데 덜 직접적인 방법을 사용하나 유사한 결론을 제시한다. 이 이론은 투자자가 다른 만기보다 어떤 특정 만기의 채권에 대한 선호, 즉 투자하기를 선호하는 특정한 채권 만기(선호처(preferred habitat))가 있다고 가정한다. 투자자는 다른 만기보다 어떤 특정 만기 채권을 선호하기 때문에, 어느 정도 높은 기대수익률이 보장될 때에만 여타 다른 만기 채권을 기꺼이 매입할 것이다. 투자자는 장기채권보다 단기채권을 선호할 가능성이 있기 때문에, 장기채권이 더 높은 기대수익률을 줄 때에만 장기채권을 기꺼이 보유하고자 할 것이다. 이와 같이 생각하면 전형적으로 만기가 증가하면서 기간 프리미엄이 증가하는 유동성 프리미엄 이론을 나타내는 식(3)과 같은 결과가 얻어진다.

기대이론과 유동성 프리미엄(특정시장 선호) 이론의 관계가 [그림 5]에 제시돼 있다. 유동성 프리미엄은 항상 양의 값이고 전형적으로 만기가 증가함에 따라 커지기 때문에, 유동성 프리미엄(특정시장 선호) 이론에 의해 제시되는 수익률곡선은 항상 기대이론에 의해 제시되는 수익률곡선보다 위에 있고 더 가파른 기울기를 가진다. (논의를 단순하게 하기 위해 기대이론에 의해 제시되는 수익률곡선이 수평이라고 가정하고 있는 점에 주목하라.)

기대이론을 설명하기 위해 사용했던 수치를 식(3)으로 나타나는 유동성 프리미엄(특정시장 선호) 이론에 적용하면 그 의미가 더 명료해진다. 앞으로 5년간의 1년 이자율이 5%, 6%, 7%, 8%, 9%가 될 것으로 예상되고, 단기채권 보유를 위한 투자자의 선호는 1년 만기 채권에서 5년 만기 채권까지 유동성 프리미엄이 각각 0%, 0.25%, 0.5%, 0.75%, 1.0%로 제시된다고 가정하자. 식(3)에 의하면 2년 만기 채권의 이자율은

$$\frac{5\% + 6\%}{2} + 0.25\% = 5.75\%$$

가 될 것이고, 5년 만기 채권의 이자율은

$$\frac{5\% + 6\% + 7\% + 8\% + 9\%}{5} + 1\% = 8\%$$

가 될 것이다.

이러한 방식으로 1년 만기, 3년 만기, 4년 만기 채권의 이자율을 계산해보면, 여러분은 1년 만기 채권에서 5년 만기 채권까지의 이자율이 각각 5.0%, 5.75%, 6.5%, 7.25%, 8.0%라는 답을 얻는다. 이것을 기대이론을 적용한 결과와 비교하면 유동성 프리미엄(특정시장 선호) 이론이 투자자의 단기채권에 대한 선호 때문에 보다 가파르게 우상향하는 수익률곡선을 제시한다는 것을 알 수 있다.

이제 유동성 프리미엄(특정시장 선호) 이론이 앞에서 논의한 3가지 실증적 사실을 잘 설명하는지 살펴보자. 이 이론은 서로 다른 만기 채권들의 이자율이 시간이 흐름에 따라 함께 움직인다는 [사실 1]을 설명한다. 단기이자율의 상승은 단기이자율들이 평균적으로 미래에 더 높아질 것이라는 것을 의미하고, 식(3)의 첫 번째 항은 단기이자율의 상승에

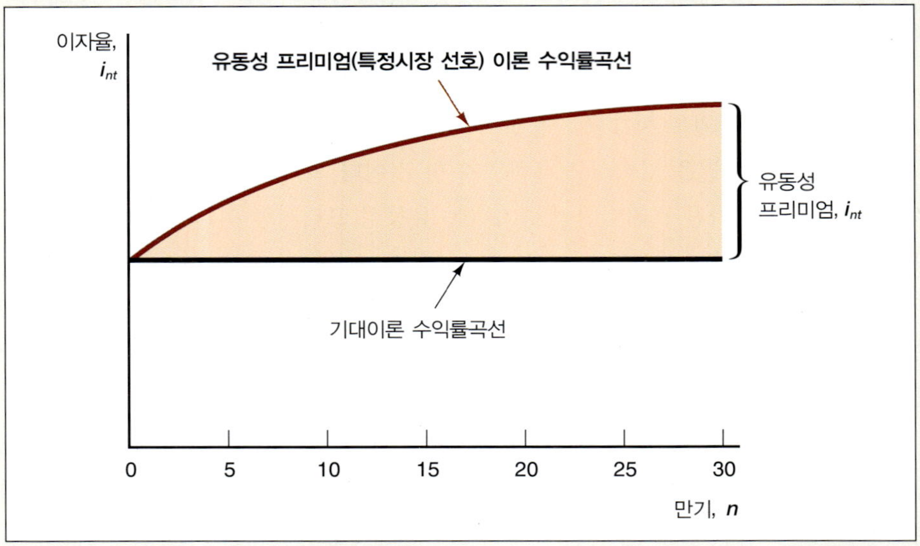

그림 5 유동성 프리미엄(특정시장 선호) 이론과 기대이론의 관계

유동성 프리미엄은 항상 플러스(+)이고 만기가 증가함에 따라 증가하기 때문에, 유동성 프리미엄(특정시장 선호) 이론에 의해 제시되는 수익률곡선은 항상 기대이론에 의해 제시되는 수익률곡선보다 위에 있고, 더 급한 기울기를 가진다. 기대이론에 의해 제시되는 수익률곡선은 미래의 1년 이자율들이 변화하지 않는다는 가정하에서 그려졌다는 점에 주목하라.

따라 장기이자율이 상승할 것임을 시사한다.

또한 이 이론은 수익률곡선이 단기이자율이 낮을 때 경사가 매우 급한 우상향의 기울기를 가지며 단기이자율이 높을 때 우하향의 기울기를 가지는 경향이 있다는 [사실 2]를 설명한다. 투자자들은 일반적으로 단기이자율이 낮을 때 정상적인 수준으로 상승할 것이라고 예상하기 때문에, 미래에 예상되는 단기이자율들의 평균은 현재의 단기이자율과 비교해 상대적으로 높을 것이다. 여기에 양의 값을 갖는 유동성 프리미엄이 추가됨에 따라 장기이자율은 현재의 단기이자율보다 상당히 높을 것이고, 수익률곡선은 가파른 우상향의 기울기를 나타낼 것이다. 이와 반대로, 만일 단기이자율이 높으면 사람들은 일반적으로 단기이자율이 하락할 것으로 예상한다. 예상되는 단기이자율들의 평균은 현재 단기이자율보다 크게 낮아질 것이기 때문에 장기이자율은 단기이자율 아래로 하락할 것이고, 이에 따라 양의 유동성 프리미엄에도 불구하고 수익률곡선은 우하향할 것이다.

유동성 프리미엄(특정시장 선호) 이론은 단기채권에 대한 투자자들의 선호 때문에 채권의 만기가 증가함에 따라 유동성 프리미엄이 증가한다는 사실을 인지하면서 수익률곡선이 전형적으로 우상향한다는 [사실 3]을 설명한다. 단기이자율이 미래에 평균적으로 같은 수준에 머무를 것으로 예상되더라도 장기이자율은 단기이자율보다 높을 것이고 이에 따라 수익률곡선은 전형적으로 우상향하게 될 것이다.

유동성 프리미엄(특정시장 선호) 이론은 유동성 프리미엄이 양의 값임에도 불구하고 종종 역전된 수익률곡선이 나타나는 것을 어떻게 설명하는가? 단기이자율이 미래에 크게 하락할 것으로 예상되면 미래의 단기이자율들의 평균은 현재의 단기이자율보다 크게 낮아질 수밖에 없다. 이 경우, 양의 유동성 프리미엄이 평균적인 단기이자율에 더해지더라도 장기이자율은 여전히 현재의 단기이자율보다 낮을 것이다.

앞서의 논의가 제시하는 것처럼, 유동성 프리미엄(특정시장 선호) 이론이 특별히 매력적인 이유는 이 이론이 수익률곡선의 기울기를 통해 시장이 미래의 단기이자율을 어떻게 예상하고 있는지를 제시해주기 때문이다. [그림 6]의 패널 (a)에서처럼 급하게 우상향하는 수익률곡선은 단기이자율이 미래에 상승할 것으로 예상된다는 것을 제시한다. 패널 (b)에서처럼 완만하게 우상향하는 수익률곡선은 단기이자율이 미래에 크게 상승하거나 하락하지 않을 것으로 예상된다는 것을 제시한다. 패널 (c)에서처럼 수평인 수익률곡선은 단기이자율이 미래에 완만하게 하락할 것으로 예상된다는 것을 제시한다. 마지막으로, 패널 (d)에서처럼 역전된 수익률곡선은 단기이자율이 미래에 급하게 하락할 것으로 예상된다는 것을 제시한다.

2.4 기간구조의 증거

1980년대에 이자율의 기간구조를 검토한 연구자들은 수익률곡선의 기울기가 미래의 단기이자율에 관한 정보를 제공하는지에 대해 의문을 제기했다. 그들은 장기이자율과 단기이자율 간의 스프레드는 항상 미래의 단기이자율을 예측하는 데 도움을 주는 것은 아니며 장기채권에 대한 유동성(기간) 프리미엄의 큰 변동으로부터 발생할 수 있음을 발견했다. 보다 명확한 검정 방법을 사용한 최근 연구는 이와는 다른 견해를 제시한다. 이 연구는 이자율의 기간구조가 초단기(앞으로 수개월의 기간)와 장기(앞으로 수년의 기간) 이자율에 대한 꽤 많은 정보를 포함하고 있으나, 중간 기간(초단기와 장기 사이)의 이자율 움직임을 예측하는 데는 믿을 만한 정보를 제공하지 못한다는 결과를 제시한다. 또한 최근 연구는 수익률곡선이 미래의 인플레이션과 경기변동을 예측하는 데 도움을 준다는 점을 발견했다([FYI] '인플레이션과 경기변동의 예측수단으로서 수익률곡선' 참조).

2.5 요약

유동성 프리미엄(특정시장 선호) 이론은 이자율의 기간구조에 관한 중요한 실증적 사실들을 잘 설명하기 때문에 이자율의 기간구조에 관한 이론 중에서 가장 널리 받아들여지고 있다. 이 이론은 장기이자율은 유동성(기간) 프리미엄과 채권의 수명 기간 동안 예

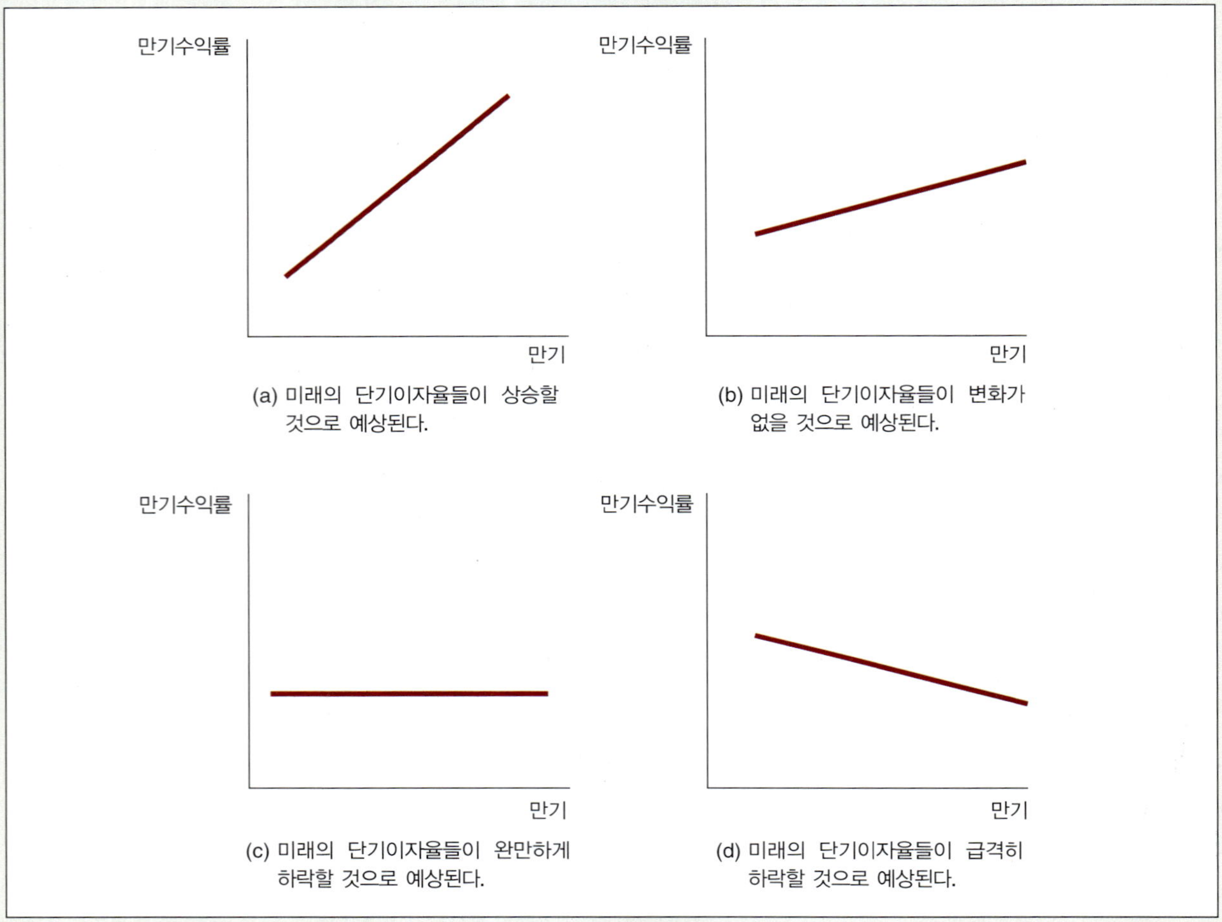

그림 6 수익률곡선과 유동성 프리미엄 이론에 의한 미래의 단기이자율에 대한 시장의 예측

패널 (a)에서처럼 급하게 우상향하는 수익률곡선은 단기이자율이 미래에 상승할 것으로 예상된다는 것을 제시한다. 패널 (b)에서처럼 완만하게 우상향하는 수익률곡선은 단기이자율이 미래에 크게 상승하거나 하락하지 않을 것으로 예상된다는 것을 제시한다. 패널 (c)에서처럼 수평인 수익률곡선은 단기이자율이 미래에 완만하게 하락할 것으로 예상된다는 것을 제시한다. 마지막으로 패널 (d)에서처럼 역전된 수익률곡선은 단기이자율이 미래에 급하게 하락할 것으로 예상된다는 것을 제시한다.

상되는 단기이자율들의 평균의 합과 같다고 주장하면서 기대이론과 분할시장이론의 특성을 결합한다.

유동성 프리미엄(특정시장 선호) 이론은 다음 사실들을 설명한다. (1) 서로 다른 만기 채권의 이자율들은 시간이 흐름에 따라 함께 움직이는 경향을 가진다. (2) 단기이자율이 낮을 때 수익률곡선은 급하게 우상향하는 기울기를 나타낼 가능성이 크다. (3) 수익률곡선은 일반적으로 우상향하나 단기이자율이 높을 때는 우하향할 가능성이 크다.

유동성 프리미엄(특정시장 선호) 이론은 미래의 단기이자율 움직임을 예측하는 데 도움을 준다. 수익률곡선의 기울기가 가파르게 우상향하면 단기이자율들이 상승할 것으로 예상되고, 수익률곡선의 기울기가 완만하게 우상향하면 단기이자율들이 크게 변동하지 않을 것으로 예상되고, 수익률곡선이 수평이면 단기이자율들이 완만하게 하락할 것으로 예상되며, 역전된 수익률곡선은 단기이자율들이 급하게 하락할 것으로 예상된다는 것을 의미한다.

FYI 인플레이션과 경기변동의 예측수단으로서 수익률곡선

수익률곡선은 미래의 예상 이자율에 대한 정보를 포함하고 있기 때문에 인플레이션과 경기변동을 예측하는 능력을 갖고 있음에 틀림없다. 그 이유를 살펴보기 위해 제5장으로부터 이자율의 상승은 경기 호황과 관련되어 있고 이자율의 하락은 경기 후퇴와 관련돼 있다는 점을 상기하자. 수익률곡선이 수평이거나 우하향일 때, 이러한 수익률곡선은 미래의 단기이자율은 하락할 것으로 예상되고 이에 따라 경기가 후퇴 국면으로 진입할 가능성이 있다는 점을 제시한다. 실제로 수익률곡선은 경기변동의 정확한 예측 변수로 여겨지고 있다.

제4장에서 명목이자율은 실질이자율과 기대 인플레이션으로 구성돼 있다는 것을 배웠고 이것은 수익률곡선이 명목이자율과 인플레이션의 미래 경로에 관한 정보를 포함하고 있음을 의미한다. 급하게 우상향하는 수익률곡선은 미래 인플레이션의 상승을 예측하는 반면 수평 또는 우하향의 수익률곡선은 미래 인플레이션의 하락을 예측한다.

수익률곡선이 경기변동과 인플레이션을 예측할 수 있는 능력을 가지고 있기 때문에, 수익률곡선의 기울기가 많은 경제 예측가들의 분석 도구로 사용된다. 가파르게 상승하는 기울기의 수익률곡선은 확장적 정책을 의미하고 수평 또는 우하향의 수익률곡선은 긴축적 정책을 의미한다는 식으로 수익률곡선은 종종 통화정책의 기조에 대한 유용한 지표로 여겨진다.

응용 수익률곡선의 해석, 1980~2011년

[그림 7]은 최근 미국 국채의 수익률곡선을 나타낸 것이다. 이러한 수익률곡선은 미래의 단기이자율 움직임에 대한 사람들의 예상에 대해 무엇을 말해주는가?

1981년 1월 15일에 나타난 급하게 우하향하는 수익률곡선은 단기이자율들이 미래에 급격히 하락할 것으로 예상된다는 점을 제시했다. 양의 유동성 프리미엄을 가진 장기이자율이 단기이자율보다 크게 낮기 위해서는 미래 단기이자율들의 평균이 현재의 단기이자율보다 크게 낮아지도록 미래의 단기이자율들이 급격히 하락할 것으로 예상돼야 한다. 사실 수익률곡선에 분명하게 나타난 단기이자율들의 급격한 하락에 대한 사람들의 예상은 1981년 1월 15일 이후 곧바로 실현됐다. 1981년 3월까지 3개월 만기 재무부 단기 증권의 이자율은 16%에서 13%로 하락했다.

1985년 3월 28일과 2011년 7월 11일에 나타난 급하게 우상향하는 수익률곡선들은 단기이자율들이 미래에 상승할 것이라는 예측을 제시했다. 미래 단기 이자율들의 평균과 유동성 프리미엄의 합이 현재의 단기이자율보다 높기 때문에 미래의 단기이자율들이 상승할 것으로 예상되고 장기이자율은 단기이자율보다 높게 나타났다. 1980년 5월 16일과 1997년 3월 3일에 나타난 완만하게 우상향하는 수익률곡선은 단기이자율이 가까운 미래에 상승하거나 하락하지 않을 것이라는 예측을 제시했다. 이 경우, 미래 단기이자율들의 평균은 현재의 단기이자율과 같게 유지되고, 장기채권에 대한 양의 유동성 프리미엄으로 인해 수익률곡선이 완만하게 우상향하는 기울기를 나타냈다. 2006년 2월 6일에 나타난 수평의 수익률곡선은 미래의 단기이자율들이 약간 하락할 것으로 예상된다고 제시했다.

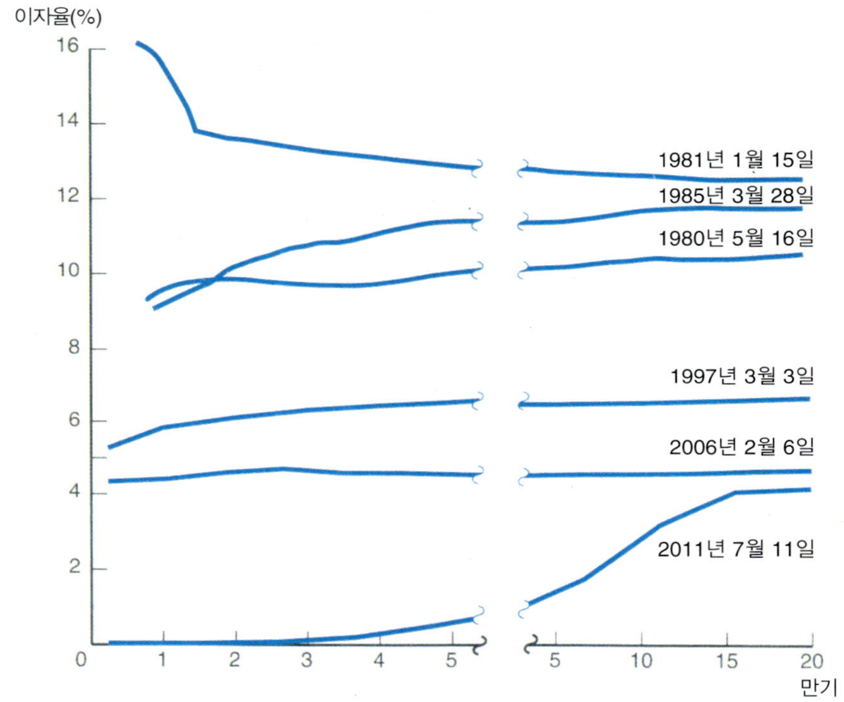

그림 7 미국 국채의 수익률곡선

1981년부터 2011년까지 여러 시점의 미국 국채 수익률곡선이다.

자료 : Federal Reserve Bank of St. Louis; U.S. Financial Data, various issues; *Wall Street Journal*, various dates.

요 약

SUMMARY

1 동일한 만기의 채권들은 3가지 요인, 즉 채무불이행 위험, 유동성, 세금 부과 여부 때문에 서로 다른 이자율을 보인다. 채권의 채무불이행 위험이 클수록 다른 채권들과 비교해 상대적으로 채권의 이자율은 더 높다. 채권의 유동성이 클수록 채권의 이자율은 더 낮다. 세금면제를 받는 채권은 그렇지 않은 채권보다 더 낮은 이자율을 가진다. 이러한 3가지 요인 때문에 발생하는 동일한 만기를 가진 채권들의 이자율 간 관계를 이자율의 위험구조라고 부른다.

2 이자율의 기간구조에 관한 3가지 이론은 서로 다른 만기를 가진 채권들의 이자율이 어떻게 연관돼 있는가를 설명한다. 기대이론에 의하면 장기이자율은 채권의 수명 기간 동안 발생할 것으로 예상되는 미래 단기이자율들의 평균과 같다고 설명한다. 이와 대조적으로, 분할시장이론은 각 만기의 채권 이자율은 해당 만기 채권시장의 수요와 공급에 의해 결정된다고 설명한다. 기대이론과 분할시장이론 중 어느 이론도 서로 다른 만기를 가진 채권들의 이자율이 시간이 흐름에 따라 함께 움직이고 수익률곡선이 일반적으로 우상향한다는 사실을 설명할 수 없다.

3 유동성 프리미엄(특정시장 선호) 이론은 기대이론과 분할시장이론의 특성을 결합함으로써 수익률곡선과 관련된 실증적 사실들을 모두 설명할 수 있다. 이 이론은 장기이자율은 채권의 수명 기간 동안 발생할 것으로 예상되는 미래 단기이자율들의 평균과 유동성 프리미엄의 합과 같다고 설명한다. 이 이론은 수익률곡선으로부터 미래의 단기이자율들의 움직임에 대한 시장의 예상을 추론할 수 있게 해준다. 가파르게 우상향하는 수익률곡선은 미래의 단기이자율들이 상승할 것으로 예상된다는 점을 제시하고, 완만하게 우상향하는 수익률곡선은 미래의 단기이자율들이 현재와 같은 수준에서 유지될 것으로 예상된다는 점을 제시한다. 수평의 수익률곡선은 미래의 단기이자율들은 약간 하락할 것으로 예상된다는 점을 제시하고, 우하향하는 수익률곡선은 단기이자율이 미래에 크게 하락할 것으로 예상된다는 점을 제시한다.

주요 용어

KEY TERMS

기대이론(expectations theory)
분할시장이론(segmented markets theory)
수익률곡선(yield curve)
신용평가회사(credit-rating agency)
역전된 수익률곡선(inverted yield curve)
위험 프리미엄(risk premium)
유동성 프리미엄 이론(liquidity premium theory)
이자율의 기간구조(term structure of interest rates)
이자율의 위험구조(risk structure of interest rates)
정크 본드(junk bonds)
채무불이행(default)
채무불이행 위험이 없는 채권(default-free bonds)
특정시장 선호 이론(preferred habitat theory)

연습문제

QUESTIONS

1 만일 정크 본드가 '쓰레기(junk)'면, 왜 투자자들은 정크 본드를 사는가?

2 무디스의 Baa등급 회사채와 C등급 회사채 중 어떤 것이 더 높은 위험 프리미엄을 가지는가? 왜 그런가?

3 미국 재무부 단기채권은 왜 거액의 은행 양도성예금증서보다 더 낮은 이자율을 보이는가?

4 2008년 가을, 당시 세계 최대 보험회사인 AIG는 심각한 글로벌 금융위기 때문에 부도위험에 직면했다. 이에 따라 미국 정부는 거액의 자본 투입과 지분 취득으로 AIG를 지원했다. 이러한 미국 정부의 지원은 AIG의 회사채 수익률과 위험 프리미엄에 어떻게 영향을 미쳤을까?

5 회사채의 위험 프리미엄은 일반적으로 경기역행적이다. 즉 회사채의 위험 프리미엄은 경기확장기에 감소하고, 경기침체기에 증가한다. 그 이유는 무엇인가?

6 "만일 서로 다른 만기의 채권들이 밀접한 대체재라면, 이 채권들의 이자율들은 함께 움직일 가능성이 크다." 이 진술은 참인가, 거짓인가 또는 불확실한가? 설명하라.

7 미국 재무부는 일부 채권을 채권가격이 채권의 수명 기간 동안 인플레이션에 대해 조정되는 물가연동채인 TIPS(Treasury Inflation Protected Securities)로 발행한다. TIPS는 동일한 만기의 명목 미국 재무부 채권보다 훨씬 적은 규모로 거래된다. 여러분은 TIPS와 명목 미국 재무부 채권 간의 유동성 프리미엄에 대하여 어떤 결론을 내릴 수 있는가?

8 만일 미국 연방정부가 기업이 미래에 파산하는 경우 채권자들에게 대신 지불할 것을 보장한다면, 회사채의 이자율에 어떤 일이 발생할 것인지 예측하라. 재무부 증권의 이자율에는 어떤 일이 발생할 것인가?

9 만일 회사채 시장에서 브로커 수수료가 인하되면, 회사채의 위험 프리미엄에 어떤 일이 발생할 것인지 예측하라.

10 2008년 동안 3개월 만기 AA등급 금융회사의 기업어음과 3개월 만기 AA등급 비금융회사의 기업어음 간 수익률 차이(수익률 스프레드)는 0에 가까운 통상적인 수준으로부터 지속적으로 증가해 2008년 10월에 최고 수준인 1% 이상으로 치솟았다. 이러한 갑작스러운 스프레드의 상승을 어떻게 설명하겠는가?

11 만일 지방채에 대한 소득세 면제가 폐지되면 지방채의 이자율에 어떤 일이 발생하는가? 이러한 변화가 미국 재무부 증권의 이자율에 어떤 영향을 미치는가?

12 2008년 이전에, 모기지 금융기관들은 주택의 가치를 평가하기 위해 주택검사를 요구했고 종종 그 지역에 있는 동일한 1개 또는 2개 주택검사회사를 이용했다. 2008년 주택시장의 붕괴 이후에, 모기지 금융기관들은 주택검사를 요구하면서 이러한 주택검사가 제3자를 통해 이루어졌다. 이러한 사실이 글로벌 금융위기에서 신용평가회사들이 수행했던 역할과 유사한 이해상충 문제를 어떻게 보여주는가?

13 "이자율 기간구조의 기대이론에 의하면, 만일 1년 만기 채권의 이자율이 2년 동안 같을 것으로 예상되면, 2년 만기 채권에 투자하는 것보다 2년 동안 1년 만기 채권에 투자하고 이어서 다시 1년 만기 채권에 재투자하는 것이 더 좋다." 이 진술은 참인가, 거짓인가 또는 불확실한가?

14 만일 채권 투자자들이 30년 만기 채권은 더 이상 바람직한 투자 대상이 아니라고 결정한다면, (a) 이자율 기간구조의 기대이론과 (b) 이자율 기간구조의 분할시장이론을 가정하면서 수익률곡선에 어떤 일이 발생할 것인지를 예측하라.

15 1년 만기, 5년 만기, 10년 만기 미국 재무부 채권의 이자율이 현재 각각 3%, 6%, 6%라고 하자. 투자자 A는 1년 만기 채권만을 보유하고자 하고 투자자 B는 5년 만기 채권과 10년 만기 채권을 보유하는 것에 대하여 무차별하다. 여러분은 투자자 A와 투자자 B의 행태에 대하여 어떻게 설명할 수 있는가?

16 수익률곡선이 아래의 그림과 같다면, 시장은 미래 단기이자율의 움직임에 대해 어떻게 예측하고 있는가? 수

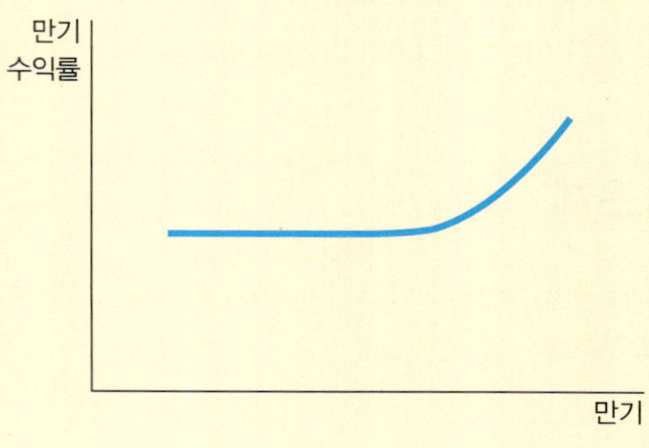

익률곡선은 미래의 인플레이션율에 대한 시장의 예측에 관해 무엇을 제시하는가?

17 수익률곡선이 아래의 그림과 같다면, 시장은 미래 단기이자율의 움직임을 어떻게 예측하고 있는가? 수익률곡선은 미래의 인플레이션율에 대한 시장의 예측에 관해 무엇을 제시하는가?

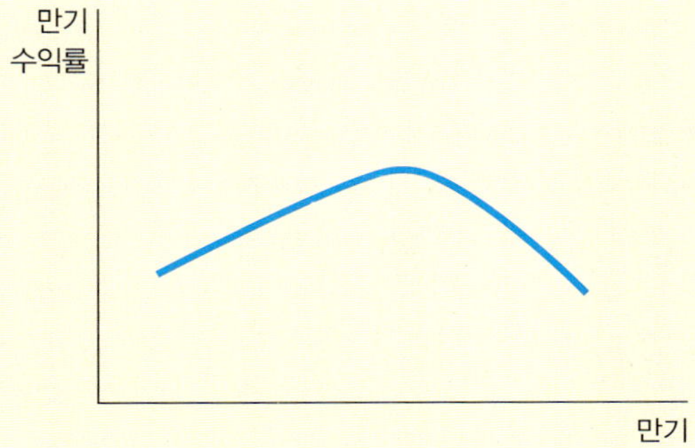

18 만일 수익률곡선이 평균적으로 수평이라면, 이것은 이자율의 기간구조에서 유동성(기간) 프리미엄에 대하여 무엇을 의미하는가? 이에 여러분은 기대이론을 더 기꺼이 받아들이겠는가?

19 만일 수익률곡선의 기울기가 갑자기 가파르게 되면 여러분은 미래의 이자율에 대한 예측을 어떻게 수정할 것인가?

20 만일 미래 단기이자율들이 갑자기 하락할 것으로 예상되면 수익률곡선의 기울기에 어떤 일이 발생하겠는가?

21 2009년 3월 19일의 FOMC(연방공개시장위원회) 회의 후에, 연방준비제도는 앞으로 6개월 동안 재무부 장기증권을 매입하기 위해 3,000억 달러를 사용할 것이라고 공표했다. 이러한 정책은 수익률곡선에 어떤 영향을 미칠 수 있는가?

응용문제 APPLIED PROBLEMS

22 2010년과 2011년에 그리스 정부는 심각한 예산위기 때문에 자신의 부채에 대하여 채무불이행할 위험에 직면했다. 채권시장 그래프를 사용하여 이것이 미국 재무부 채권과 이에 상응하는 만기의 그리스 채권 간의 위험 프리미엄에 미치는 영향을 나타내라.

23 이자율의 기간구조에서 기대이론이 옳다고 가정하면서, 다음과 같이 제시되는 앞으로 5년간의 1년 이자율을 이용해 1년에서 5년 만기 채권들의 이자율을 계산하고 수익률곡선을 그려라.

(a) 5%, 7%, 7%, 7%, 7%

(b) 5%, 4%, 4%, 4%, 4%

만일 사람들이 장기채권보다 단기채권을 선호한다면 여러분의 수익률곡선은 어떻게 변화하겠는가?

24 이자율의 기간구조에서 기대이론이 옳다고 가정하면서, 다음과 같이 제시되는 앞으로 5년간의 1년 이자율을 이용해 1년에서 5년 만기 채권들의 이자율을 계산하고 수익률곡선을 그려라.

(a) 5%, 6%, 7%, 6%, 5%

(b) 5%, 4%, 3%, 4%, 5%

만일 사람들이 장기채권보다 단기채권을 선호한다면 여러분의 수익률곡선은 어떻게 변화하겠는가?

25 아래의 표는 1년 이상의 만기를 지닌 채권들의 현재 이자율뿐만 아니라 현재와 예상되는 미래의 1년 이자율을 보여준다. 이 표를 사용하여 각 만기 채권의 유동성 프리미엄을 계산하라.

연도/만기	1년 이자율	만기 채권 이자율
1	2%	2%
2	3%	3%
3	4%	5%
4	6%	6%
5	7%	8%

웹 연습문제 WEB EXERCISES

1 투자자들이 다양한 프리미엄 때문에 받는 추가적인 이자는 시간이 흐름에 따라 변화한다. 어떤 시점의 위험 프리미엄은 다른 시점보다 훨씬 크다. 예를 들어 경제가 아주 좋아서 기업 도산이 거의 없었던 1990년대 후반에 채무불이행 위험 프리미엄은 매우 작았다. 이러한 위험 프리미엄은 경기침체기에 증가한다.

www.federalreserve.gov/releases/h15(과거 데이터)로 가서 3개 시점, 즉 가장 최근 시점, 2011년 6월 1일과 2008년 6월 1일에 AAA와 Baa등급 채권들의 이자율을 찾아보라. 이러한 3개 시점의 이자율을 보여주는 그림을 그려라([그림 1] 참조). 위험 프리미엄은 안정적인가 아니면 시간이 흐름에 따라 변화하는가?

2 [그림 7]은 여러 시점에서의 수익률곡선을 보여준다. www.bloomberg.com/markets /rates/index.html에 가서 재무부 증권의 수익률곡선을 찾아라. 현재의 수익률곡선은 [그림 7]에 있는 최근의 수익률곡선보다 위에서 하락하고 있는가 아니면 아래에서 하락하고 있는가? 현재의 수익률곡선은 [그림 7]에 제시돼 있는 가장 최근 수익률곡선보다 평평한가 아니면 가파른 기울기를 가지는가?

3 투자회사들은 뮤추얼펀드를 매입하는 투자자에게 발생하는 위험의 특성에 대해 설명한다. 예를 들어 뱅가드(Vanguard)는 세심하게 이자율 위험을 설명하고 이자율 위험이 다른 대안 펀드들을 제시한다. http://personal.vanguard.com/us/ funds에 들어가보라.

a. 매우 작은 위험만 감내하면서 단기 투자를 하려는 투자자에게 추천할 채권펀드를 선택하라. 여러분의 답을 정당화하라.

b. 매우 큰 위험을 감내하면서 장기 투자를 하려는 투자자에게 추천할 채권펀드를 선택하라. 여러분의 답을 정당화하라.

참고 웹사이트 WEB REFERENCES

www.federalreserve.gov/Releases/h15/update/

연방준비제도는 여러 신용등급 채권들의 수익률을 보고하고 있다. AAA등급 채권과 BBB등급 채권의 이자율을 제시한 아랫부분을 보라.

http://stockcharts.com/charts/YieldCurve.html

이 사이트에서는 1995년 이후 임의의 시점에 나타난 동태적 수익률곡선을 살펴볼 수 있다.

7 주식시장, 합리적 기대이론, 효율시장가설

PREVIEW

주식시장이 주요한 뉴스 항목이 아닌 상태로 하루도 그냥 지나가는 일이 없다. 최근 주식시장이 크게 요동치는 것이 목격되고 있다. 1990년대는 주식에 있어서 매우 이례적인 시기였다. 다우존스(Dow Jones) 지수와 S&P 500 지수는 400% 이상 상승했으며, 기술주 중심의 나스닥(NASDAQ) 지수는 1,000% 이상 상승했다. 2000년 초에 이르러 세 지수는 모두 최고 수준의 기록을 달성했다. 불행하게도 좋은 시절은 지속되지 않았다. 2000년 초부터 주가는 하락하기 시작했고 많은 투자자가 알거지가 됐다. 2003년 1월까지 나스닥 지수는 50% 이상 하락하면서 폭락했고, 다우존스 지수와 S&P 500 지수도 30%나 하락했다. 그 이후에 30% 이상 상승한 후에, 주식시장은 2007년 가을의 정점으로부터 50% 이상 하락하면서 글로벌 금융위기 동안 또다시 붕괴됐다. 2009년부터 주식시장은 급속히 회복됐으며 주가는 2011년에 이르러서 50% 이상 상승했다.

매우 많은 사람들이 주식시장에 투자하고 있고 주가는 사람들이 편안하게 은퇴할 수 있는 여력에 영향을 주기 때문에, 주식시장은 의심할 여지 없이 가장 주목받는 금융시장이다. 이 장에서는 이처럼 중요한 주식시장이 어떻게 작동하는지 살펴본다.

먼저 주식의 가치를 결정하는 데 기초가 되는 기본 이론을 논의한다. 이 이론들은 매분, 매일 주식의 가치가 상승하고 하락하는 것을 결정짓는 요인을 이해하기 위해 중요하다. 주식의 가치를 결정하는 방법을 배운 후에, 시장에 대한 예상이 어떻게 주가의 움직임에 영향을 미치는지 살펴볼 필요가 있다. 이를 위해 *합리적 기대이론*(theory of rational expectations)을 살펴본다. 이 이론이 금융시장에 적용될 때 얻는 결과가 *효율시장가설*(efficient market hypothesis)이다. 합리적 기대이론은 제25장에서 논의되는 통화정책의 수행에 관한 논쟁에서도 중심적인 이론이다.

1 보통주의 가격 계산

보통주(common stock)는 기업이 자기자본을 조달하는 주된 방법이다. 기업의 주식을 보유하고 있는 **주주**(stockholder)는 소유하고 있는 주식비율만큼 기업에 대한 지분을 보유한다. 이러한 소유권은 주주에게 여러 권리를 부여한다. 가장 중요한 권리는 투표를 할 권리와 기업에 흘러 들어오는 모든 자금(**현금흐름**(cash flows))에 대한 **잔여 청구권자**(residual claimant)가 되는 권리이다. 이것은 주주가 기업의 자산에 대한 다른 모든 청구권이 정리된 후 남는 것을 받는다는 것을 의미한다. 주주는 기업의 순수익으로부터 발생하는 배당을 받을 수 있다. **배당**(dividend)은 일반적으로 매 분기마다 정기적으로 주주에게 지급된다. 기업의 이사회는 일반적으로 경영진의 권고에 따라 배당 수준을 결정한다. 이와 함께 주주는 주식을 매도할 권리도 가진다.

금융의 기본 원리 중 하나는 투자의 가치는 투자 기간 동안 창출되는 모든 현금흐름의 현재가치라는 것이다. 예를 들어 한 빌딩은 이 빌딩의 사용 수명 동안 창출될 것으로 예상되는 순현금흐름(net cash flow)(임대료−지출)을 반영하는 가격으로 판매된다. 이와 유사하게, 주식의 가치는 모든 미래 현금흐름의 현재가치다. 주주가 주식을 보유하여 벌 수 있는 현금흐름은 배당이나 매도가격, 또는 배당과 매도가격 모두다.

주식가치 이론을 이해하기 위해 가장 간단한 예를 살펴보자. 여러분이 한 번의 배당을 받기 위해 주식을 사서 1기 동안 보유하고 매도한다고 하자. 이러한 모형은 1기간 가치 모형(one-period valuation model)이라고 부른다.

1.1 1기간 가치 모형

여러분이 1년 동안 투자할 약간의 여윳돈을 가지고 있다고 하자. 여러분은 1년 후에 수업료를 내야 하기 때문에 투자한 돈을 회수해야 한다. TV에서 CNBC 또는 *NBR* (*Nightly Business Report*)을 시청한 후 인텔(Intel Corp.) 주식을 사려고 한다. 주식중개인에게 전화를 걸어 인텔이 현재 주당 50달러에 판매되고 있고, 연간 0.16달러를 배당으로 지불한다는 것을 확인한다. CNBC의 애널리스트는 인텔 주식이 1년 후에 60달러에 판매될 것이라고 예측한다. 인텔 주식을 사겠는가?

이 질문에 답하기 위해, 여러분은 현재 가격이 애널리스트의 예측을 정확하게 반영하고 있는지를 알아볼 필요가 있다. 현재 주식의 가치를 결정하기 위해, 여러분은 제4장의 식(1)을 사용하여 예상되는 현금흐름(미래의 지급액)들의 현재할인가치를 계산할 필요가 있다. 이 식에서 현금흐름을 할인하기 위해 사용되는 할인율은 이자율이 아닌 주식투자의 요구수익률(required return)이다. 현금흐름은 한 번의 배당 지급액과 한 번의 최종 매도가격으로 구성된다. 다음 식에 의해 이러한 현금흐름이 현재가치로 할인돼 주식의 현재 가격이 계산된다.

$$P_0 = \frac{D_1}{(1 + k_e)} + \frac{P_1}{(1 + k_e)} \tag{1}$$

여기서 P_0 = 주식의 현재 가격. 아래첨자 0은 0시점, 즉 현재를 나타낸다.
D_1 = 1기의 말에 지불되는 배당
k_e = 주식투자의 요구수익률
P_1 = 1기 말의 주식가격, 주식의 예상 매도가격

식(1)이 어떻게 작동하는지 살펴보기 위해 여러분이 세심하게 검토한 후에 인텔 주식에 투자해서 12%의 수익을 올리면 만족한다고 결정한 경우 인텔 주식의 가격을 계산해 보자. 만일 여러분이 $k_e = 0.12$라고 결정하고, 인텔은 배당으로 연간 0.16달러를 지급하며($D_1 = 0.16$), 내년에 인텔 주식가격이 60달러가 될 것으로 예측된다면($P_1 = 60$달러), 식(1)로부터 인텔 주식의 현재 가격은 다음과 같이 계산된다.

$$P_0 = \frac{\$0.16}{1 + 0.12} + \frac{\$60}{1 + 0.12} = \$0.14 + \$53.57 = \$53.71$$

이러한 분석에 기초하여, 여러분은 인텔 주식으로부터 발생하는 모든 현금흐름의 현재가치는 53.71달러라는 것을 알게 된다. 인텔 주식은 현재 주당 50달러이기 때문에 여러분은 인텔 주식을 사기로 선택할 것이다. 그러나 여러분은 인텔 주식이 53.71달러보다 낮게 팔릴 수 있다는 것을 알아야 한다. 왜냐하면 다른 투자자들이 현금흐름에 대한 위험을 다르게 책정하거나 여러분보다 현금흐름을 적게 추정할 수 있기 때문이다.

1.2 일반 배당 모형

현재가치 개념을 사용하면서 1기간 가치 모형을 다기간으로 확장할 수 있다. 주식의 가치는 모든 미래 현금흐름의 현재가치다. 투자자가 받는 현금흐름은 배당과 주식이 n기 말에 매도될 때 받는 가격이다. 주식가격을 계산하기 위한 일반화된 다기간 공식은 다음과 같이 나타낼 수 있다.

$$P_0 = \frac{D_1}{(1 + k_e)^1} + \frac{D_2}{(1 + k_e)^2} + \cdots + \frac{D_n}{(1 + k_e)^n} + \frac{P_n}{(1 + k_e)^n} \tag{2}$$

만일 여러분이 주식의 가치를 계산하기 위해 식(2)를 사용하고자 하면, 여러분은 현재의 주식가치를 추정하기 전에 미래 어느 시점의 주가를 추정해야 한다. 달리 말하면, 여러분은 P_0를 계산하기 위해 P_n을 알아야 한다. 그러나 만일 P_n이 먼 미래의 주가라면, P_n은 P_0에 영향을 미치지 않을 것이다. 예를 들어 지금부터 75년 후에 50달러로 팔리는 주식의 현재가치는 12%의 할인율을 사용하면 1센트이다($\$50/(1.12)^{75} = \$0.01$). 이와 같이 생각하면 주식의 현재가치는 미래 배당흐름들의 현재가치로 단순하게 계산될 수 있다.

일반 배당 모형(generalized dividend model)은 마지막 시점의 주식 매도가격 없이 식(3)과 같이 나타낼 수 있다.

$$P_0 = \sum_{t=1}^{\infty} \frac{D_t}{(1 + k_e)^t} \tag{3}$$

잠시 식(3)이 의미하는 바를 생각해보자. 일반 배당 모형은 주식의 현재가치는 배당들의 현재가치에 의해서만 결정되고 그 밖에 아무것도 중요한 것이 없다고 제시한다. 많은 주식은 배당을 지급하지 않는다. 따라서 이러한 주식들이 가치를 가진다는 것은 어찌된 일인가? 주식의 매입자는 기업이 미래에 배당을 지급할 것이라고 예상한다. 기업은 자신의 라이프 사이클 중에서 급속한 성장을 달성한 이후 대부분의 기간에 배당을 시행한다.

일반 배당 모형은 무한대의 배당흐름에 대한 현재가치를 계산할 것을 요구하는데, 적어도 이는 쉽지 않은 과정이다. 이에 따라 계산을 보다 쉽게 하기 위해 단순화된 모형들이 제시됐다. 이러한 모형 중 하나가 **고든의 배당성장률 모형**(Gordon growth model)이다. 고든의 배당성장률 모형은 배당성장률이 일정하다고 가정한다.

1.3 고든의 배당성장률 모형

많은 기업들은 매년 일정한 비율로 배당을 증가시키려고 노력한다. 식(4)는 이러한 일정한 배당성장률을 반영해 식(3)을 다시 나타낸 것이다.

$$P_0 = \frac{D_0 \times (1+g)^1}{(1+k_e)^1} + \frac{D_0 \times (1+g)^2}{(1+k_e)^2} + \cdots + \frac{D_0 \times (1+g)^\infty}{(1+k_e)^\infty} \tag{4}$$

여기서 D_0 = 가장 최근에 지급된 배당
g = 예상되는 일정한 배당성장률
k_e = 주식투자의 요구수익률

식(4)를 간단히 정리하면 식(5)가 도출된다.[1)]

$$P_0 = \frac{D_0 \times (1 + g)}{(k_e - g)} = \frac{D_1}{(k_e - g)} \tag{5}$$

이 모형은 다음과 같은 가정하에서 주식의 가치를 계산하는 데 유용하다.

---

1) 식(4)로부터 식(5)를 도출하기 위해서 먼저 식(4)의 양변에 $(1 + k_e)/(1 + g)$를 곱하고 식(4)를 빼주면 다음과 같은 식이 구해진다.

1. 배당은 일정한 성장률로 영구히 증가한다고 가정한다. 실지로 배당이 장기간 일정한 성장률로 증가할 것이 예상되는 한, 이 모형은 타당한 결과를 제시한다. 먼 장래의 현금흐름들에 대한 예측오차는 현재로 할인할 때 작기 때문이다.
2. 배당성장률은 주식에 대한 요구수익률 k_e보다 작다고 가정한다. 마이런 고든(Myron Gordon)은 이 모형을 개발하면서 이것이 타당한 가정이라는 것을 증명했다. 이론적으로 볼 때, 만일 배당성장률이 기업의 주식 보유자에 의해 요구되는 수익률보다 더 크면, 장기적으로 기업은 불가능할 정도로 크게 성장할 것이다.

2 시장은 주식가격을 어떻게 결정하는가?

여러분이 자동차 경매시장에 갔다고 하자. 경매 시작 전, 자동차를 검사하던 중 자신이 좋아하는 소형차인 마쓰다 미아타(Mazda Miata)를 발견한다. 주차장에서 이 차를 시험 주행하고 약간의 이상한 소음을 발견한다. 그러나 여전히 이 차를 원한다. 소음이 심각한 것이라면 수리비 등을 감안해 5,000달러가 적정 가격이라고 결정한다. 여러분은 경매가 시작되기 직전에 경매장 안에 들어가 원하는 미아타가 경매에 들어오기를 기다린다.

이 차를 마음에 두고 있는 다른 구매자가 있다고 하자. 그는 이 차를 시험 주행하고 소음은 단순히 브레이크 패드가 닳아서 나는 것이라 적은 돈으로 쉽게 고칠 수 있다고 판단한다. 그는 그 차가 7,000달러의 가치가 있다고 결정한다. 그도 경매장 안에 들어가 원하는 미아타가 경매에 들어오기를 기다린다.

누가 이 차를 얼마에 살 것인가? 두 사람만이 미아타에 관심이 있다고 하자. 여러분은 4,000달러에서 매입호가를 시작한다. 여러분의 경쟁자는 매입호가를 4,500달러로 올린

$$\frac{P_0 \times (1+k_e)}{(1+g)} - P_0 = D_0 - \frac{D_0 \times (1+g)^{\infty}}{(1+k_e)^{\infty}}$$

k_e가 g보다 크다고 가정하면, 가장 오른쪽 항은 0에 접근하기 때문에 제거시킬 수 있다. 따라서 왼쪽 변에서 P_0를 공통인수로 분해하면, 다음 식이 구해진다.

$$P_0 \times \left[\frac{1+k_e}{1+g} - 1\right] = D_0$$

이어서 항들을 정리하면, 다음 식이 구해진다.

$$P_0 \times \frac{(1+k_e)-(1+g)}{1+g} = D_0$$

$$P_0 = \frac{D_0 \times (1+g)}{k_e - g} = \frac{D_1}{k_e - g}$$

다. 여러분은 가장 높은 가격인 5,000달러로 매입호가를 제시한다. 그는 5,100달러로 받아친다. 이제 이 차의 가격은 여러분이 기꺼이 지불하고자 하는 가격보다 높아졌으므로 여러분은 매입호가의 제시를 중단한다. 이 차는 보다 더 많은 정보를 가지고 있는 구매자에게 5,100달러에 팔린다.

이러한 간단한 예를 통해 몇 가지 요점을 정리할 수 있다. 첫째, 가격은 최고가를 기꺼이 지불하고자 하는 구매자에 의해 결정된다. 결정되는 가격은 반드시 해당 자산이 팔릴 수 있는 최고 가격은 아니나 다른 구매자가 기꺼이 지불하고자 하는 가격보다 높다.

둘째, 시장 가격은 해당 자산을 가장 잘 이용할 수 있는 구매자에 의해 결정된다. 그 차를 산 구매자는 그가 소음을 쉽고 싸게 고칠 수 있다는 것을 알았다. 이 때문에 그는 여러분보다 그 차에 대해 더 많이 기꺼이 지불하고자 했다. 동일한 개념은 다른 자산에도 적용된다. 예를 들어 한 필지의 토지 또는 빌딩은 가장 생산적으로 사용할 수 있는 구매자에게 팔릴 것이다.

마지막으로, 앞에서 살펴본 예는 자산의 가격 결정에서 정보의 역할을 보여준다. 어느 자산에 대한 우월한 정보는 자산 보유의 위험을 감소시킴으로써 자산의 가치를 증가시킬 수 있다. 여러분은 주식을 살 때 미래 현금흐름에 대해 알지 못한다. 미래의 현금흐름에 대해 최선의 정보를 가지고 있는 구매자는 미래의 현금흐름에 대해 매우 불확실한 구매자보다 낮은 이자율로 미래의 현금흐름을 할인할 수 있다.

이렇게 정리한 요점들을 주식의 가치 결정에 적용해보자. 여러분이 내년에 2달러의 배당을 지급할 것으로 예상되는 주식을 구매하려 한다고 하자. 시장 애널리스트는 이 기업이 3%씩 영구적으로 성장할 것이라고 예상한다. 여러분은 배당흐름의 불변성과 예상 성장률의 정확성에 확신이 없다. 이러한 불확실성(위험) 때문에 여러분은 15%의 수익률을 요구한다.

다른 투자자인 제니퍼는 관련 기업의 내부자와 대화하고, 예측된 현금흐름에 대해 보다 더 확신한다. 제니퍼는 그녀가 인지하는 위험이 여러분보다 낮기 때문에 12%의 수익률만을 요구한다. 한편, 버드는 이 회사의 CEO와 사귀고 있다. 그는 이 기업의 미래가 실제로 어떨지 보다 더 확실하게 안다. 이에 따라 그는 10%의 수익률만을 요구한다. 각 투자자가 이 주식에 부여하는 가치는 얼마인가? 고든의 배당성장률 모형을 적용하면 다음과 같은 주식가격이 얻어진다.

투자자	수익률	주식가격
여러분	15%	\$16.67
제니퍼	12%	\$22.22
버드	10%	\$28.57

여러분은 이 주식에 16.67달러를 기꺼이 지불하고자 한다. 제니퍼는 22.22달러까지 지불할 것이고, 버드는 28.57달러까지 지불할 것이다. 가장 낮은 인지 위험을 가지는 투자자가 이 주식에 대해 최대로 지불하고자 한다. 만일 이들 3명 이외에 다른 투자자가 없다면, 시장 가격은 22.22~28.57달러가 될 것이다. 만일 여러분이 이미 이 주식을 가지고 있다면, 여러분은 보유하고 있는 주식을 버드에게 팔 것이다

따라서 서로에 대항하여 매입호가를 제시하는 시장의 참여자들이 시장 가격을 결정한다. 기업에 대한 새로운 정보가 발표될 때마다 예상이 변하고, 이에 따라 가격이 변한다. 새로운 정보는 미래의 배당 수준 또는 이러한 배당의 위험에 관한 예상을 변화시킬 수 있다. 시장 참여자들은 계속적으로 새로운 정보를 얻고 그들의 예상을 수정하기 때문에, 주식가격은 계속해서 변할 수밖에 없다.

응용 통화정책과 주식가격

주식시장 애널리스트들은 연방준비제도(Fed) 이사회 의장이 발언하는 한 마디 한 마디에 촉각을 곤두세운다. 왜냐하면 주식가격의 중요한 결정 요인 중 하나가 통화정책이기 때문이다. 그렇다면 통화정책은 어떻게 주식가격에 영향을 미치는가?

식(5)의 고든의 배당성장률 모형이 그 답을 제시한다. 통화정책은 2가지 경로로 주식가격에 영향을 미칠 수 있다. 첫째, 연준이 이자율을 인하할 때 채권(주식의 대체자산)의 수익률이 하락하고 투자자는 주식투자의 요구수익률(k_e)이 낮아지는 것을 수용할 가능성이 있다. 이에 따른 k_e의 하락은 고든의 배당성장률 모형(식(5))의 분모를 감소시키고 P_0를 상승시킨다. 이에 따라 주식가격은 상승한다. 더욱이 이자율의 인하는 경기를 진작시킬 것이고, 이에 따라 배당성장률 g가 어느 정도 높아질 가능성이 있다. 이러한 g의 증가는 또한 식(5)의 분모를 감소시키고 P_0는 상승한다. 이에 따라 주식가격은 상승한다.

제26장에서 살펴보겠지만, 통화정책이 주식가격에 미치는 영향은 통화정책이 경제에 영향을 주는 핵심적인 경로 중 하나이다.

응용 글로벌 금융위기와 주식시장

2007년 8월에 시작된 서브프라임 금융위기는 과거 50년 동안 가장 최악의 불황장세를 발생시켰다. 고든의 배당성장률 모형을 사용하는 주식가격 결정에 관한 분석은 서브프라임 금융위기가 주식가격에 어떻게 영향을 미쳤는지를 이해하는 데 드움을 줄 수 있다.

글로벌 금융위기는 경제에 부정적 영향을 미쳐 미국 기업들의 성장전망을 하향 조정하게 만들었고 이것이 고든의 배당성장률 모형에서 배당성장률(g)을 감소시켰다. 이에 따라 식(5)의 분모 증가는 P_0를 하락시키고 주식가격을 하락시켰다.

글로벌 금융위기로부터 발생한 미국 경제에 대한 불확실성 증가와 신용 스프레드의 확대는 주식투자의 요구수익률을 증가시켰을 것이다. k_e의 증가는 또한 식 (5)의 분모 증가를 발생시켜 P_0를 하락시키고 주식가격을 하락시켰다.

글로벌 금융위기의 초기 단계에서, 성장률 전망의 감소와 신용 스프레드의 확대는 완만했고 이에 따라 고든의 배당성장률 모형이 예측한 것처럼 주식가격의 하락도 완만했다. 그러나 글로벌 금융위기가 2008년 10월에 악화되는 단계로 접어들면서 신용 스프레드가 치솟았고 미국 경제는 둔화됐으며 고든의 배당성장률 모형이 예측하는 것처럼 주식시장이 붕괴됐다. 다우존스 산업평균지수(DJIA)가 2007년 10월의 정점인 14,066으로부터 2009년 3월의 저점인 6,547로 하락하면서 주식시장은 53%의 가치를 상실했다.

3 합리적 기대이론

앞 절에서 개관한 주식가격의 분석은 특히 현금흐름에 대한 사람들의 예상에 의존한다. 사실 경제에서 예상이 중요하지 않은 부문을 생각하기는 어려운 일이다. 이것이 예상이 어떻게 형성되는가를 살펴봐야 하는 중요한 이유이다. 현재 기업과 소비자의 예상 형성을 설명하기 위해 가장 널리 사용되는 이론인 합리적 기대이론을 간략히 살펴보자.

1950년대와 1960년대에 경제학자들은 일반적으로 예상은 과거의 경험에 의해서만 형성된다고 생각했다. 예를 들어 예상되는 인플레이션율은 전형적으로 과거 인플레이션의 평균으로 여겨졌다. 예상 형성에 관한 이러한 견해는 **적응적 기대**(adaptive expectations)라고 부르며, 예상의 변화는 과거의 데이터가 변화함에 따라 장기간에 걸쳐 서서히 나타날 것이라고 제시한다.[2] 따라서 만일 인플레이션이 과거에 5%에서 안정돼 있었다면, 예상되는 미래의 인플레이션 역시 5%일 것이다. 만일 인플레이션이 안정적인 10%로 상승했다면, 예상되는 미래의 인플레이션율도 완만하게 10%를 향해 상승할 것이다. 예상되는 인플레이션율은 첫 번째 해에 6%로, 두 번째 해에 7%로 상승할 것이고 이러한

2) 보다 구체적으로 말하면, 인플레이션에 대한 적응적 기대는 과거 인플레이션의 가중 평균으로 다음과 같이 나타낼 수 있다.

$$\pi_t^e = (1 - \lambda)\sum_{j=0}^{\infty}\lambda^j \pi_{t-j}$$

여기서

π_t^e = t기 인플레이션의 적응적 기대

π_{t-j} = $t-j$기의 인플레이션

λ = 0과 1 사이의 값을 가지는 상수

과정이 계속될 것이다.

사람들이 어느 한 변수에 대한 예상을 하기 위해서는 해당 변수에 대한 과거 데이터보다 더 많은 정보를 사용한다는 점 때문에 적응적 기대는 비난을 받았다. 인플레이션에 대한 사람들의 예상은 거의 분명히 현재 및 과거의 통화정책뿐만 아니라 미래의 통화정책에 의해서도 영향을 받는다. 이에 더하여, 사람들은 종종 새로운 정보를 반영하여 그들의 예상을 신속하게 변화시킨다. 적응적 기대의 문제점을 해결하기 위해, 존 무스(John Muth)는 **합리적 기대**(rational expectations)라고 부르는 대안적인 기대이론을 제시했다. 합리적 기대는 다음과 같이 요약될 수 있다. 예상은 모든 이용 가능한 정보를 사용하면서 형성되는 최적 예측(미래에 대한 최선의 추측)과 일치한다.[3)]

이는 정확히 무엇을 의미하는가? 보다 분명하게 설명하기 위해 우리가 일상생활에서 직면하는 상황을 예로 들어보자. 합리적 기대이론을 사용해 집에서 직장까지 걸리는 운전시간에 대한 예상이 어떻게 형성되는지를 검토해보자. 조(Joe)가 러시아워가 아닌 때 운전해 직장까지 가는 데는 평균 30분이 걸린다고 하자. 때론 35분이 걸리고 때론 25분이 걸리지만, 러시아워가 아닌 한 조의 평균 운전시간은 30분이다. 그러나 만일 조가 러시아워에 직장을 향해 출발하는 경우, 직장까지의 운전시간은 추가적으로 10분이 더 걸린다. 조가 러시아워에 직장을 향해 출발한다면, 직장까지 걸리는 운전시간에 대한 최선의 추측, 즉 **최적 예측**(optimal forecast)은 40분이다.

만일 조가 직장을 향해 출발하기 전 그의 운전시간에 잠재적인 영향을 주는 유일한 정보가 러시아워라면, 합리적 기대이론은 조의 운전시간에 대한 예상을 어떻게 할까? 모든 이용 가능한 정보를 사용하는 경우, 그의 운전시간에 대한 최선 추측은 40분이기 때문에 조의 예상도 같아야 한다. 분명히 35분이라고 예상하는 것은 합리적이 아니다. 왜냐하면 이러한 예상은 최적 예측, 즉 운전시간에 대한 최선의 추측과 일치하지 않기 때문이다.

다음 날, 동일한 조건과 동일한 예상하에서 조는 유난히 빨간 신호등에 많이 걸려 45분이 걸렸고, 그다음 날은 빨간 신호등에 거의 걸리지 않아 35분이 걸렸다고 하자. 이러한 운전시간의 변동은 조의 운전시간을 40분이라고 예상하는 것이 비합리적이라는 것을 의미하는가? 아니다. 운전시간이 40분이라고 예상하는 것은 여전히 합리적이다. 두 경우에서 예측은 5분씩 빗나갔고 이에 따라 예상은 완벽하게 정확한 것이 아니었다. 그러나 예측이 합리적이기 위해 완벽하게 정확할 필요는 없다. 예측은 이용 가능한 모든 정보가 주어진 경우 가능한 한 최선의 예측일 뿐이다. 즉 예측은 평균적으로(on average) 정확해야 한다. 40분의 운전시간 예상은 이 요건을 충족시킨다. 운전조건에 관계없이 조의 운전시간에 약간의 임의성이 존재하기 때문에, 최적 예측은 결코 완벽하게 정확하지 않을 것

3) John Muth, "Rational Expectations and the Theory of Price Movements," *Econometrica* 29 (1961): 315-335.

이다.

이 예는 합리적 기대에 대하여 다음과 같은 중요한 요점을 제시한다. 합리적 기대는 모든 이용 가능한 정보를 사용하면서 얻어지는 최적 예측과 일치하나, 합리적 기대에 기초한 예측이 항상 완벽하게 정확하지 않을 수 있다.

운전시간을 예측하는 데 관련된 어느 정보가 이용 가능하지 않거나 또는 무시된다면 어떤 일이 발생하는가? 조가 직장에 가기 위해 매일 이용하는 도로상에 2시간의 교통체증을 초래한 사고가 발생했다고 하자. 만일 조가 이 정보를 알 수 있는 방법이 없었다면, 40분의 운전시간에 대한 그의 예상은 여전히 합리적이다. 왜냐하면 그의 최적 예측을 형성하는 데 사고에 관한 정보가 그에게 이용 가능하지 않았기 때문이다. 그러나 만일 조가 이날 사고에 대해 라디오 또는 TV의 교통소식을 들었는데도 이를 무시했다면, 조의 40분 운전시간 예상은 더 이상 합리적이 아니다. 사건에 관한 정보의 이용 가능성을 감안하면, 조의 최적 예측은 2시간 40분이어야 했다.

따라서 예상이 합리적이지 않을 수 있는 2가지 이유가 존재한다.

1. 사람들은 모든 이용 가능한 정보가 무엇인지를 알고 있지만 너무 많은 노력이 들기 때문에 그들의 예상을 최선의 추측이 되도록 만들 수 없다.
2. 사람들은 이용 가능한 관련 정보의 일부를 모를 수 있기 때문에 미래에 대한 그들의 최선의 추측은 정확하지 않을 수 있다.

그럼에도 불구하고, 추가적인 요인이 중요하지만 이에 관한 정보를 얻을 수 없다면, 이러한 정보를 고려하지 않은 예상은 여전히 합리적일 수 있음을 인식하는 것이 중요하다.

3.1 합리적 기대이론의 공식적 기술

합리적 기대이론을 보다 공식적으로 기술할 수 있다. X는 예측하려는 변수(앞의 예에서 조의 운전시간), X^e는 이 변수의 예상(운전시간에 대한 조의 예상), X^{of}는 모든 이용 가능한 정보를 사용해 구해지는 X에 대한 최적 예측(조의 운전시간에 대한 최선의 추측)이라고 할 때, 합리적 기대이론은 다음과 같은 식으로 표현된다.

$$X^e = X^{of} \tag{6}$$

즉 X에 대한 예상은 모든 이용 가능한 정보를 사용해 구해진 X에 대한 최적 예측과 같다.

3.2 합리적 기대이론의 논거

사람들은 왜 그들의 예상을 모든 이용 가능한 정보를 사용해 얻어지는 미래에 대한 최선의 추측과 일치시키려고 하는가? 가장 간단하게 설명하면, 사람들이 그렇게 하지 않으면 상당한 대가를 지불해야 하기 때문이다. 조는 직장까지의 운전시간을 가능한 한 정확하게 예상하려는 강한 인센티브를 가지고 있다. 만일 그가 운전시간을 과소하게 예측하면, 종종 지각을 할 것이고 해고될 위험에 처하게 될 것이다. 만일 그가 운전시간을 과대하게 예측하면, 직장에 너무 일찍 도착해 그에게 필요한 수면과 여가를 포기하게 될 것이다. 정확한 예상이 바람직하다. 사람들은 자신의 예상을 모든 이용 가능한 정보를 사용해 얻어지는 최선의 예측과 일치시키려는 강한 인센티브를 갖는다.

동일한 원리가 기업에도 적용된다. 제너럴 일렉트릭(GE) 같은 가전제품 회사는 이자율의 움직임이 가전제품의 판매에 중요하다는 것을 알고 있다. 만일 GE가 이자율에 대해 엉터리 예측을 하면, GE는 가전제품을 너무 많거나 너무 적게 생산할 수 있기 때문에 그만큼 이윤이 줄어들 것이다. GE가 이자율을 예측하는 데 도움을 주는 모든 이용 가능한 정보를 얻어서 미래의 이자율 움직임에 대한 최선의 추측을 하기 위해 이러한 정보를 사용할 강한 인센티브가 존재한다.

예상과 최선의 예측을 일치시키고자 하는 인센티브는 금융시장에서 특히 강하다. 금융시장에서 미래에 대해 보다 정확하게 예측하는 사람들은 부유해진다. 따라서 합리적 기대이론을 금융시장에 적용하는 것(**효율시장가설**(efficient market hypothesis) 또는 **효율자본시장이론**(theory of efficient capital market)이라고 부름)은 특히 유용하다.

3.3 합리적 기대이론의 시사점

합리적 기대이론은 주식시장과 거시경제 분석에서 중요한 예상의 형성에 관해 2가지 상식적인 시사점을 제시한다.

1. 만일 변수의 움직이는 방식에 변화가 있으면, 이 변수에 대한 예상이 형성되는 방식도 변화한다. 이러한 합리적 기대이론의 원리는 구체적인 예를 통해 매우 쉽게 이해될 수 있다. 이자율이 미래에 '정상적인 수준'(normal level)으로 회귀하는 방식으로 움직인다고 하자. 만일 현재의 이자율이 정상적인 수준에 비해 상대적으로 높으면, 미래 이자율에 대한 최적 예측은 이자율이 정상 수준으로 하락할 것이라는 것이다. 합리적 기대이론은 현재의 이자율이 높을 때 이자율은 미래에 하락할 것이 예상된다고 시사한다. 이제 이자율이 높을 때, 그대로 높게 유지되는 식으로 이자율의 움직이는 방식이 변화한다고 하자. 이 경우에, 현재의 이자율이 높을 때 미래 이자율에 대한

최적 예측과 합리적 기대는 이자율이 높은 상태에서 유지될 것이라는 것이다. 미래 이자율이 하락할 것이라고 더 이상 예상되지 않는다. 따라서 이자율 변수가 움직이는 방식의 변화는 미래 이자율에 대한 예상이 형성되는 방식을 변화시킨다. 합리적 기대이론에 의한 분석은 모든 변수에 대한 예상에 일반적으로 적용된다. 따라서 어느 변수가 움직이는 방식이 변화할 때, 이 변수에 대한 예상이 형성되는 방식도 역시 변화한다.

2. 예상의 예측오차는 평균적으로 0이고 사전에 예측될 수 없다. 예측오차는 $X - X^e$, 즉 변수 X의 실현된 값과 이 변수에 대한 예상값 간의 차이이다. 즉 어느 날 조의 운전시간은 45분이고 운전시간에 대한 그의 예상은 40분이면, 예측오차는 5분이다.

   합리적 기대이론에 배치되게 조의 예측오차가 평균적으로 0이 아니고 5분이라고 하자. 이제 예측오차는 사전에 예측 가능하다. 왜냐하면 조는 평균적으로 직장에 5분 늦는다는 것을 곧 알게 되고, 그의 운전시간에 대한 예상을 5분만큼 증가시킴으로써 그의 예측을 개선시킬 수 있기 때문이다. 합리적 기대이론에 의하면 조는 그의 예측이 가능한 한 최선의 추측이 되기를 원하기 때문에 그의 예측을 수정하고자 한다. 조가 그의 예측을 5분 증가시키는 방식으로 수정할 때, 평균적으로 예측오차는 0이 될 것이고 사전에 예측될 수 없다. 합리적 기대이론은 예상의 예측오차가 사전에 예측될 수 없음을 의미한다.

4 효율시장가설 : 금융시장에서의 합리적 기대

합리적 기대이론이 화폐경제학자들에 의해 개발되는 동안, 금융경제학자들은 금융시장에서 예상의 형성에 관한 이론을 개발하고 있었다. 금융경제학자들은 합리적 기대이론과 동일한 결론을 얻었다. 금융시장에서 예상은 모든 이용 가능한 정보를 사용해 얻어지는 최적 예측과 일치한다.[4] 금융경제학자들은 그들의 이론에 효율시장가설이라고 이름을 붙였지만, 사실 그들의 이론은 합리적 기대이론을 증권의 가격 결정에 적용한 것이다.

효율시장가설은 금융시장에서 증권가격은 모든 이용 가능한 정보를 완전히 반영해 결정된다는 가정에 기초한다. 제4장에서 증권을 보유할 때의 수익률은 자본이득(증권 가격의 변화)과 현금 지급액을 합한 것을 증권의 처음 구매 가격으로 나눈 것이라고 배운 것을 기억하자. 즉

---

4) 금융경제학자들이 무스의 연구를 알고 있었다는 점에서, 효율시장가설의 개발은 합리적 기대이론의 개발과 완전히 독립적으로 이루어진 것은 아니었다.

$$R = \frac{P_{t+1} - P_t + C}{P_t} \tag{7}$$

여기서 R = 증권을 t 시점부터 $t + 1$ 시점까지(이를테면 2012년 말부터 2013년 말까지) 보유할 때의 수익률

P_{t+1} = $t + 1$ 시점, 즉 증권 보유기간 말의 증권 가격

P_t = t 시점, 즉 증권 보유기간 시작 시점의 증권 가격

C = t 시점부터 $t + 1$ 시점까지의 기간 동안 현금 지급액(이표 또는 배당 지급액)

증권 보유기간 시작 시점인 t 시점에서 예상되는 증권의 수익률에 대해 살펴보자. t 시점에 증권의 현재 가격 P_t와 현금 지급액 C는 알려져 있기 때문에, 수익률의 정의에서 불확실한 유일한 변수는 $t + 1$ 시점의 증권가격 P_{t+1}이다.[5] 증권 보유기간 말에 예상되는 증권가격을 P^e_{t+1}로 나타내면, 증권의 예상 수익률 R^e는 다음과 같이 나타낼 수 있다.

$$R^e = \frac{P^e_{t+1} - P_t + C}{P_t}$$

효율시장가설은 미래 가격에 대한 예상은 현재 이용 가능한 모든 정보를 사용해 얻어지는 최적 예측과 일치한다고 간주한다. 달리 말하면, 미래 증권가격에 대한 시장의 예상은 합리적이고, 이에 따라

$$P^e_{t+1} = P^{of}_{t+1}$$

이다. 이것은 또한 증권의 기대수익률은 수익률의 최적 예측과 같다는 것, 즉

$$R^e = R^{of} \tag{8}$$

를 의미한다. 불행하게도, R^e 또는 P^e_{t+1}는 관측될 수 없다. 따라서 합리적 기대를 나타내는 식 자체는 금융시장이 어떻게 움직이는지에 대해 아무것도 말해주지 못한다. 그러나 만일 R^e의 값을 측정하는 어떤 방법이 개발될 수 있으면, 합리적 기대를 나타내는 식들은

5) 증권 보유기간의 시작 시점에 C가 알려져 있지 않는 경우가 있다. 그러나 그것이 분석상에 상당한 차이를 만들지는 않는다. 이 경우에, 예상되는 가격뿐만 아니라 예상되는 C도 모든 이용 가능한 정보를 사용해 얻어지는 최적 예측이라고 가정한다.

증권의 가격이 금융시장에서 어떻게 변화하는지에 대해 중요한 시사점들을 제시할 것이다.

제5장에서 제시한 채권시장에 대한 수요와 공급 분석은 증권의 기대수익률이 증권의 수요량과 증권의 공급량이 일치하는 균형수익률로 향해 가는 경향이 있음을 보여준다. 증권에 대한 수요와 공급 분석은 다음과 같은 균형조건하에서 증권의 기대수익률을 결정한다. 증권의 기대수익률 R^e는 증권의 수요량과 증권의 공급량을 일치시키는 균형수익률 R^*와 같다. 즉

$$R^e = R^* \tag{9}$$

금융이론 분야는 증권의 균형수익률에 영향을 주는 요인(예를 들어 위험과 유동성)을 연구한다. 논의의 목적상 균형수익률은 결정될 수 있고 이에 따라 균형조건에서 기대수익률이 결정될 수 있다는 것을 아는 것으로 충분하다.

합리적 기대를 나타내는 식 (8)에서 R^e를 R^*로 대체하기 위해 균형조건을 사용하면 효율시장의 가격 행태를 나타내는 식이 도출될 수 있다. 이러한 방법으로 다음 식이 얻어진다.

$$R^{of} = R^* \tag{10}$$

이 식은 금융시장에서 증권의 현재 가격은 모든 이용 가능한 정보를 사용해 얻어지는 증권수익률의 최적 예측이 증권의 균형수익률과 같아지도록 결정된다는 것을 말해준다. 금융경제학자들은 이것을 보다 간단하게 효율시장에서 증권의 가격은 모든 이용 가능한 정보를 완전히 반영해 결정된다고 설명한다.

4.1 효율시장가설의 논거

효율시장가설이 왜 이치에 맞는지를 살펴보기 위해 **차익거래**(arbitrage) 개념을 사용하도록 하자. 시장 참여자들은 **남아 있는 이윤기회**(unexploited profit opportunities)를 제거한다. 즉 증권의 특성들에 의해 정당화되는 것보다 더 높은 증권의 수익률을 제거한다. 2가지 유형의 차익거래가 존재한다. 순수 차익거래(pure arbitrage)는 남아 있는 이윤기회를 제거하는 데 아무런 위험이 수반되지 않는 차익거래이다. 여기서 논의하는 차익거래는 시장 참여자들이 남아 있는 이윤기회를 제거할 때 위험이 수반되는 차익거래이다. 차익거래가 어떻게 효율시장가설을 유도하는지 살펴보기 위해서, 예를 들어 주어진 위험 특성들을 감안하면 엑슨모빌(ExxonMobil) 보통주의 정상수익률(normal return)은 연율

로 10%라고 하자. 그런데 이 주식의 현재 가격 P_t는 미래의 증권가격에 대한 최적 예측 P^{of}_{t+1}보다 낮은 상태여서 이 주식의 수익률에 대한 최적 예측이 균형수익률 10%보다 높은 50%라고 하자. 이제 평균적으로 엑슨모빌 주식의 수익률은 남아 있는 이윤기회가 존재할 정도로 비정상적으로 높다고 예측할 수 있다. 여러분은 평균적으로 $R^{of} > R^*$이기 때문에 엑슨모빌 주식의 수익률이 비정상적으로 높다는 것을 알고 이 주식을 더 많이 매입하게 되며 이에 따라 이 주식의 현재 가격 P_t는 예상되는 미래 가격 P^{of}_{t+1}와 비교해 상대적으로 상승하게 되고 R^{of}는 하락한다. R^{of}와 R^*이 일치하도록 이 주식의 현재 가격이 충분히 상승하고 효율시장조건(식(10))이 충족되면, 엑슨모빌 주식의 매입은 중지될 것이고 남아 있는 이윤기회도 사라질 것이다.

이와 유사하게, 수익률의 최적 예측이 −5%이고 균형수익률이 10%인, 즉 $R^{of} < R^*$인 증권은 불량한 투자 대상일 것이다. 왜냐하면 평균적으로 이 주식은 균형수익률보다 적게 벌기 때문이다. 이 경우에 여러분은 이 주식을 팔 것이고, 이에 따라 R^{of}가 R^*를 향해 상승해 효율시장조건이 다시 충족될 때까지 예상되는 미래 가격과 비교해서 상대적으로 이 주식의 현재 가격을 하락시킬 것이다. 지금까지의 논의를 요약하면 다음과 같다.

$$R^{of} = R^* \text{가 성립할 때까지}$$
$$R^{of} > R^* \rightarrow P_t \uparrow \rightarrow R^{of} \downarrow$$
$$R^{of} < R^* \rightarrow P_t \downarrow \rightarrow R^{of} \uparrow$$

다른 각도에서 보면 효율시장조건은 다음과 같이 나타낼 수 있다. 효율시장에서는 모든 남아 있는 이윤기회가 제거된다.

여기에서 알 수 있는 매우 중요한 요소는 금융시장에 있는 모든 사람이 증권에 대한 정보를 잘 알고 있어야 하거나 효율시장조건이 충족되도록 증권의 가격에 대해 합리적 기대를 해야 하는 것은 아니다라는 것이다. 금융시장은 많은 시장 참여자가 승부를 겨룰 수 있도록 조직돼 있다. 소수의 시장 참여자(종종 '스마트 머니'(smart money)라고 언급됨)가 눈을 크게 뜨고 남아 있는 이윤기회를 계속해서 찾는 한, 그들은 남아 있는 이윤기회를 제거할 것이다. 왜냐하면 그들은 그렇게 함으로써 이윤을 얻기 때문이다. 효율시장가설은 시장에 있는 모든 사람이 모든 증권에 어떤 일이 발생하고 있는지를 알아야 한다는 것을 요구하지 않기 때문에 이치에 맞는다.

응용 주식투자에 대한 실용적 지침

효율시장가설은 실제 세계의 수많은 문제에 적용될 수 있다.[6] 효율시장가설은 주식시장에서 돈을 버는 방법(또는 적어도 돈을 잃지 않는 방법)과 같이 많은 사람들이 관심을 가지고 있는 이슈에 직접 적용될 수 있기 때문에 특히 가치가 있다. 여기서 제시되는 주식투자에 대한 실용적 지침은 효율시장가설의 용도와 시사점을 보다 더 잘 이해하는 데 도움을 준다.

투자 자문가가 발표하는 보고서는 얼마나 가치 있는가?

여러분이 방금 월 스트리트 저널의 '허드 온 더 스트리트(Heard on the Street)' 란에서 어떤 투자 자문가가 석유 부족 현상이 진행되고 있기 때문에 석유 주식의 가격이 상승할 것이라고 예측하는 기사를 읽었다고 하자. 여러분은 열심히 일해 저축한 돈을 은행에서 인출해 석유 주식에 투자해야 하는가?

효율시장가설은 증권을 매입할 때 비정상적으로 높은 수익률, 즉 균형수익률보다 높은 수익률을 기대할 수 없다고 말한다.

신문과 투자 자문가가 분석한 정보는 많은 시장 참여자가 이용할 수 있으며 주식의 시장가격에 이미 반영돼 있다. 따라서 평균적으로 이러한 정보에 기초해 행동함으로써 비정상적으로 높은 수익률을 얻을 수는 없다. 대부분의 실증적 증거는 투자 자문가의 추천이 시장수익률보다 높은 수익률을 달성하는 데 도움을 줄 수 없다는 것을 확인해준다. 사실 [FYI] '여러분은 오랑우탄을 투자 자문가로 고용해야 하나?'가 제시하는 것처럼, 평균적으로 샌프란시스코에 있는 투자 자문가는 오랑우탄보다 나을 것이 없다!

여러분이 처음 이 말을 들으면 아마도 수긍하기 힘들 것이다. 우리 모두는 주식시장에서 여러 해 동안 성공을 거둔 사람을 알고 있거나 들어서 알고 있다. "만일 그 사람이 정말로 언제 수익률이 비정상적으로 높은가를 예측하는 방법을 몰랐다면, 어떻게 그렇게 일관되게 성공할 수 있었겠는가?"라고 물어볼지도 모른다. 신문에 보도된 다음의 이야기는 이러한 사례가 왜 믿을 수 없는 것인지를 보여준다.

일확천금을 꿈꾸는 예술가가 교묘한 사기 사건을 고안했다. 매주 그는 2장의 편지를 썼다. 그는 편지 A에서 풋볼 게임에서 이길 팀으로 팀 A를 선택하고, 편지 B에서 상대 팀인 팀 B를 선택했다. 그는 우편배달 대상자 명단을 두 그룹으로 나누고, 한 그룹의 사람들에게는 편지 A를 보내고 다른 그룹의 사람들에게는 편지 B를 보냈다. 다음 주에 그는 풋볼 게임의 승자를 정확하게 예측한 첫 번째 편지를 받았던 그룹에게만 편지를 보냈다. 10게임에 대하여 이러한 일을 한 후, 그는 모든 게임에서 정확하게 이긴 팀을 예측한 편지를 받았던 소수의 사람들을 확보하게 되었다. 그리고 그는 그들에게 마지막 편지를 보내면서, 자기가 풋볼 게임의 승자를 정확하게 예측하는 전문가이고(10주 연속해서 승자를 예측했기 때문에), 그의 예측은 게임에 돈을 거는 사람들에게 이익을 만들어주기 때문에, 그는 상당한 돈을 받을 때에만 그의 예측을 계속해서 보낼 것이라고 선언했다. 다행히 그의 고객 중 한 사람이 그의 간교한 술책을 알아냈기에 그 사기꾼은 고소당해 감옥에 처넣어졌다!

---

6) 효율시장가설에 대한 실증적 증거는 이 책의 웹 사이트인 www.pearsonglobaleditions.com/mishkin에 있는 부록에서 논의된다.

FYI 여러분은 오랑우탄을 투자 자문가로 고용해야 하나?

샌프란시스코 크로니클(San Francisco Chronicle)은 투자 자문가들이 주식을 고르는 데 얼마나 성공적인지를 평가하는 재미있는 방법을 제안했다. 이 신문사는 8명의 애널리스트들에게 그해 초에 5개의 주식을 고르도록 요청했다. 그들이 고른 주식들의 성과를 캘리포니아 발레조의 마린 월드/아프리카 USA(Marine World/Africa USA)에 살고 있는 졸린(Jolyn)이라는 오랑우탄이 선택한 주식들의 성과와 비교했다. 월스트리트 저널의 '인베스트먼트 다트보드'(Investment Dartboard)에서 보여주는 결과와 마찬가지로, 투자자문가들이 졸린을 이긴 만큼, 졸린이 투자 자문가들을 이겼다. 이러한 결과를 고려하면, 투자 자문가로 사람을 고용하는 것만큼이나 오랑우탄을 고용하는 것이 좋을 수 있다!

이 이야기의 교훈은 무엇인가? 어느 예측자도 시장을 정확히 예측하지 못하지만, 항상 승자의 그룹이 존재한다는 것이다. 과거에 잘했던 사람이 미래에도 잘한다는 보장은 없다. 또한 항상 패자의 그룹이 존재하나, 어느 누구도 불량한 예측 기록을 자랑하지 않기 때문에 그들에 대해서는 거의 아무런 이야기도 듣지 못한다는 사실을 기억하라.

최신의 정보도 의심해야 하나?

주식 브로커가 여러분에게 해피 피트 코퍼레이션(Happy Feet Corporation, HFC)사가 방금 무좀을 치료하는 데 완벽하게 효과가 있는 제품을 개발했으니 HFC의 주식을 사는 것이 좋겠다는 정보를 전화로 알려주었다고 하자. 이 주식의 가격은 분명히 상승할 것이다. 여러분은 이러한 브로커의 권고를 따라서 HFC 주식을 사야 하는가?

그러나 효율시장가설은 이러한 소식을 의심해야 한다고 지적한다. 만일 주식시장이 효율적이면, HFC 주식의 가격은 기대수익률이 균형수익률과 일치하도록 이미 결정돼 있다. 최신의 정보는 특별히 가치 있지도 않을뿐더러 비정상적으로 높은 수익률을 얻게 할 수도 없다.

그렇지만 여러분은 최신의 유용한 정보가 새로운 정보이고 시장의 나머지 참여자들에 비해 우위를 점할 수 있을지도 모른다고 생각할 수 있다. 만일 다른 시장 참여자들이 여러분보다 먼저 이 정보를 알았다면, 그 대답은 '아니요'이다. 이 정보가 거리에 나오자마자 이 정보가 창출하는 이윤기회는 급속히 사라질 것이다. 이 주식의 가격은 이미 주어진 정보를 반영한 것이고, 여러분은 균형수익률만을 실현할 수 있을 것으로 예상된다. 그러나 만일 여러분이 새로운 정보를 얻은 첫 번째 사람이라면, 이 정보는 여러분에게 약간의 이익을 줄 수도 있다. 이럴 경우에만 여러분은 HFC 주식을 매입해 이윤기회를 제거하는 데 참여함으로써 비정상적으로 높은 수익률을 평균적으로 달성하는 운 좋은 사람 중 하나가 될 수 있다.

좋은 소식이 있을 때 주식가격은 항상 상승하는가?

주식시장을 주의 깊게 관찰해보면 여러분은 수수께끼 같은 현상을 볼 수 있을 것이다. 매우 높은 수익 달성 소식과 같이 주식에 관한 희소식이 발표돼도 그 주식가격은 상승하지 않는다. 효율시장가설은 이러한 현상을 설명해준다.

주식가격의 변화는 예측할 수 없기 때문에, 시장이 이미 예상하고 있는 정보가 발표될 때 주식가격은 변화하지 않을 것이다. 이러한 발표는 주식가격을 변화시키는 새로운 정보를 포함하고 있지 않다. 만일 그렇지 않고 그 발표가 주식가격을 변화시켰다면, 이러한 주식가격의 변화가 예측될 수 있었음을 의미한다. 이러한 일이 효율시장에서는 배제되기 때문에, 주식가격은 발표되는 정보가 새롭고 예상치 않은 것일 때에만 반응한다. 만일 뉴스가 예상된 것이라면, 주식가격의 반응은 없을 것이다. 이것이 바로 주식가격은 공시된 이용 가능한 정보를 반영함을 의미한다.

종종 좋은 소식이 발표됐음에도 주식가격은 하락한다. 이것은 좀 이상한 일이지만, 이러한 현상은 효율시장의 작동과 완전히 일치한다. 발표된 소식이 좋지만, 예상된 것만큼 좋지 않다고 하자. 시장이 HFC의 수익이 20% 증가할 것으로 예상했으나 실제로 HFC의 수익이 15% 증가했다면, 이러한 새로운 정보는 실제로 좋은 소식이 아니며 주식가격은 하락한다.

투자자를 위한 효율시장가설의 처방

효율시장가설은 주식시장에서의 투자에 대해 어떤 권고를 하는가? 효율시장가설은 이용 가능한 정보를 사용하는 최신의 정보와 투자 자문가의 추천은 투자자가 시장보다 좋은 성과를 달성하는 데 도움을 줄 수 없다고 말한다. 실제로 효율시장가설은 다른 시장 참여자보다 더 좋은 정보가 없다면 어느 누구도 시장보다 더 좋은 성과를 달성할 수 없다고 지적한다. 그럼 투자자는 어떻게 해야 하는가?

효율시장가설은 보통의 투자자(거의 모든 사람이 이 부류에 속한다)는 계속 증권을 사고 팔면서 시장을 앞질러 가서는 안 된다고 결론을 내린다. 이런 행동은 결국 거래에 따라 수수료를 버는 브로커의 소득을 증가시킬 뿐이다.[7] 그 대신, 투자자는 주식을 구매하여 장기간 보유하는 '사서 보유하는'(buy and hold) 전략을 구사해야 한다. 이러한 전략은 평균적으로 동일한 수익률을 발생시킬 것이나 브로커 수수료가 적기 때문에 투자자의 순이윤은 증가한다.

포트폴리오를 관리하기 위한 비용이 포트폴리오의 규모에 비해 상대적으로 클 수 있는 소액 투자자는 개별 주식을 매입하는 것보다 뮤추얼펀드를 매입하는 것이 현명한 전략이다. 효율시장가설은 어느 뮤추얼펀드도 지속적으로 시장보다 높은 수익률을 달성할 수 없다고 지적하기 때문에, 투자자는 관리 수수료가 높거나 브로커에게 판매 수수료를 지불하는 뮤추얼펀드 대신 관리 수수료가 낮은 뮤추얼펀드를 매입해야 한다.

효율시장가설과 배치되는 (이 책의 웹사이트에 있는 부록에서 논의되는) 예외적인 현상들에 의하면 극히 현명한 투자자(우리 대부분은 이런 부류에 속하지 않는다)는 사서 보유하는 전략보다 높은 수익률을 달성할 수 있는 경우가 있다고 제시하지만, 실증적 증거들은 여기서 제안한 처방보다 높은 수익률을 달성하는 일이 결코 쉽지 않음을 보여준다.

---

7) 이러한 투자자는 증권이 매도될 때마다 실현되는 이윤에 대한 자본이득세를 미국 정부(Uncle Sam)에 지불해야 한다. 이것이 계속해서 주식을 사고파는 것이 현명한 일이 아닌 또 다른 이유다.

5 왜 효율시장가설은 금융시장이 효율적이라는 것을 의미하지 않는가?

많은 금융경제학자들은 금융시장을 분석하는 데 있어서 효율시장가설을 한 단계 더 강화시켰다. 그들은 '금융시장에서 예상은 합리적이다', 즉 금융시장에서 예상은 모든 이용 가능한 정보를 사용하면서 얻어지는 최적 예측과 일치한다고 믿을 뿐만 아니라 금융시장에서 가격은 증권의 진정한 내재가치를 반영한다는 조건을 추가한다. 달리 말하면, 모든 가격은 항상 정확하게 결정되고 **시장기초여건**(market fundamentals, 증권의 미래 소득흐름에 직접적인 영향을 미치는 요소들)을 반영한다. 이러한 의미에서 금융시장은 효율적이다.

이러한 강형 효율시장가설은 금융이론 분야에서 몇 가지 중요한 시사점을 제시한다. 첫째, 효율자본시장에서 증권 가격은 정확하게 결정되기 때문에 (초과수익률을 발생시킬 수 없다는 점에서) 모든 증권은 투자 대상으로서 동일하다. 둘째, 증권 가격은 증권의 내재가치에 관한 모든 이용 가능한 정보를 반영한다. 셋째, 증권 가격은 자본비용(투자자금을 조달하기 위한 비용)을 정확하게 평가하기 위해 금융기업과 비금융기업 모두의 경영자에 의해 사용될 수 있고 이에 따라 증권 가격을 통해 특정한 투자가 실행할 만한 가치가 있는지에 대한 정확한 의사결정을 하는 데 도움을 받을 수 있다. 이러한 강형 효율시장가설은 금융 분야의 많은 분석에서 적용되는 하나의 기본적인 원리이다.

효율시장가설은 이름이 잘못 지어진 것일 수 있다. 효율시장가설은 강형 효율시장가설을 의미하지 않고 단지 주식시장과 같은 금융시장에서 가격은 예측할 수 없다는 것을 의미한다. 실제로 [응용] '주식시장 붕괴는 효율시장가설과 금융시장의 효율성에 대해 무엇을 말해주는가?'가 제시하는 것처럼, 시장 붕괴와 자산 가격을 내재가치보다 훨씬 높게 상승시키는 **거품**(bubble)의 존재는 금융시장이 효율적이라는 강형 효율시장가설에 심각한 의문을 제기하는데, 그렇다고 효율시장가설이 제시하는 기본 교훈들을 부정하는 논거는 되지 못한다.

응용 주식시장 붕괴는 효율시장가설과 금융시장의 효율성에 대해 무엇을 말해주는가?

'블랙 먼데이'(Black Monday)라고 이름 붙여진 1987년 10월 19일에 다우존스 산업평균지수는 20% 이상 하락해 미국 역사상 최대의 1일 하락률을 기록했다. 2000년 3월의 정점으로부터 기술주 주가의 폭락에 따라 기술주에 크게 의존하고 있는 나스닥지수는 2000년 3월의 약 5,000에서 2001년과 2002년에 약 1,500까지 60% 이상 하락했다. 이러한 주식시장 붕괴는 많은 경제학자들로 하여금 효율시장가설의 타당성에 대해 의문을 갖게 했다. 그들은 합리적인 시장에서 이러한 대폭적인 주가 변동이 발생할 수 있다고 믿지 않는다. 그렇다면 이러한 주식시장 붕괴는 효율시장가설의 타당성을 얼마만큼 의심하게 하는가?

효율시장이론은 주가의 대폭적인 변화가 발생하는 상황을 배제하지 않는다. 주가의 대폭적인 변화는 기업의 미래가치에 대한 최적 예측을 극적으로 감소시키는 새로운 정보에 의해 발생할 수 있다. 그러나 경제학자들은 블랙 먼데이와 기술주 주가 붕괴를 설명할 수 있는 경제의 근본적 변화가 무엇이었는지를 제시해야 하는 상황에 직면했다. 이러한 주식시장 붕괴로부터 얻은 한 가지 교훈은 시장기초여건 이외의 요인들이 자산 가격에 영향을 미칠 수 있다는 것이다. 실제로 제8장과 제9장에서 살펴보겠지만, 금융시장이 잘 작동하는 것을 방해하는 요소들이 존재한다고 믿을 수 있는 그럴듯한 이유들이 있다. 따라서 이러한 주식시장 붕괴는 많은 경제학자들에게 자산 가격이 증권의 진정한 기본 가치(내재가치)를 반영한다고 설명하는 강형 효율시장가설이 옳지 않다는 것을 확신시켰다. 경제학자들은 주가의 결정에서 시장 심리와 시장의 제도적 구조가 큰 역할을 한다는 점을 지적했다. 그러나 이러한 견해는 시장 참여자가 남아 있는 이윤기회를 제거한다는 합리적 기대 또는 효율시장가설의 기본적인 사고와 모순되지 않는다. 주가가 항상 시장기초여건만을 반영하지 않을 수 있다 하더라도, 주식시장 붕괴가 예측될 수 없는 한 합리적 기대이론의 기본 원리는 성립한다.

그러나 다른 경제학자들은 주식시장 붕괴와 거품을 보면 남아 있는 이윤기회가 존재할 수 있고 효율시장가설은 근본적인 결함이 있을 수 있다고 믿는다. 효율시장에 관한 논쟁은 계속되고 있다.

6 행태금융론

특히 1987년의 주식시장 붕괴 이후, 효율시장가설에 대한 의문이 제기됨에 따라 새로운 학문 분야인 **행태금융론**(behavioral finance)이 등장했다. 행태금융론은 증권 가격의 움직임을 이해하기 위해 인류학, 사회학, 특히 심리학과 같은 다른 사회과학 분야에서 사용되는 개념들을 적용한다.[8)]

이미 살펴본 것처럼, 효율시장가설에 의하면 남아 있는 이윤기회는 '스마트 머니' 시장 참여자에 의해 제거된다고 가정한다. 그러나 금융시장이 효율적이 되도록 스마트 머

8) 행태금융론에 대한 서베이는 다음과 같은 문헌들에서 이루어져 있다. Hersh Shefrin, *Beyond Greed and Fear: Understanding of Behavioral Finance and the Psychology of Investing* (Boston: Harvard Business School Press, 2000); Andrei Shleifer, *Inefficient Markets* (Oxford, UK: Oxford University Press, 2000); Robert J. Shiller, "From Efficient Market Theory to Behavioral Finance," Cowles Foundation Discussion Paper No. 1385 (October 2002).

니 시장 참여자가 일반 투자자를 압도할 수 있는가? 특히 효율시장가설은 주식가격이 비합리적으로 상승할 때 스마트 머니 시장 참여자는 주식을 매도하고 그 결과로 주식가격은 시장기초여건에 의해 정당화되는 수준으로 다시 하락한다고 제시한다. 이러한 일이 발생하려면 스마트 머니 투자자가 **공매도**(short sales)에 참여할 수 있어야만 한다. 즉 스마트 머니 투자자가 주식가격이 하락한 후에 다시 주식을 매입함으로써 이윤을 벌 수 있도록 주식 브로커로부터 주식을 차입해서 시장에서 매도할 수 있어야만 한다. 그러나 심리학자들의 연구는 사람들이 손실을 회피하고자 하는 성향(loss aversion)을 가지고 있다고 제시한다. 사람들은 이득을 얻을 때 행복해하는 것보다 손실을 입을 때 더 불행해한다. 공매도는 주식가격이 공매도가 이루어진 가격보다 더 높게 급격히 상승하면 투자자의 처음 투자액을 크게 초과하는 손실을 발생시킬 수 있다(주식가격이 매우 크게 상승하면 이러한 손실은 무제한으로 커질 가능성이 있다).

따라서 손실 회피 성향은 실제로 매우 적은 공매도가 이르어진다는 중요한 현상을 설명할 수 있다. 또한 다른 사람의 불행으로부터 어떤 사람이 돈을 버는 것은 도덕적으로 불미스러운 일처럼 보이기 때문에, 공매도를 제한하는 규정에 의해 공매도가 제한될 수도 있다. 매우 적은 공매도가 존재한다는 사실은 주식가격이 왜 종종 과대평가되는지를 설명할 수 있다. 즉 충분한 공매도가 부족하다는 것은 스마트 머니가 주식가격을 기본 가치의 수준으로 다시 하락하게 만들지 못함을 의미한다.

심리학자들은 또한 사람들이 자신의 판단에 대해 과신하는 경향이 있음을 발견했다. 그 결과 투자자들은 다른 투자자보다 자신이 더 현명하다고 믿는 경향이 있다. 투자자들은 섣불리 시장은 올바르게 작동하지 않는다고 가정하기 때문에 순수한 사실들에 기초하기보다는 자신의 믿음에 기초해 거래한다. 이 이론은 증권시장에서 왜 효율시장가설이 예측하지 못하는 규모의 큰 거래량이 발생하는지를 설명할 수 있다.

과신(overconfidence)과 사회적 전염(social contagion) 현상(일시적 유행)이 주식시장 거품에 대한 설명을 제공해준다. 주식가격이 상승할 때, 투자자들은 자신의 이윤은 자신의 지적 능력에 기인한 것이라고 여기고 주식시장에 대해 큰 소리로 떠들어댄다. 이러한 열정적 구전과 낙관적인 언론 보도는 더 많은 투자자들이 주식가격이 미래에 상승할 것이라고 생각하게 하는 분위기를 만들 수 있다. 그 결과로 주식가격이 계속해서 상승하는 확장적 순환 고리를 만들고 이것이 투기적 거품을 만든다. 이러한 투기적 거품은 주식가격이 기본 가치로부터 너무 벗어날 때 결국 붕괴된다.[9]

행태금융론은 새로운 학문 분야지만 효율시장가설에 의해 잘 설명되지 않는 증권시장 행태의 일부 특성을 설명할 가능성이 있다.

---

9) Robert J. Shiller, *Irrational Exuberance* (New York: Broadway Books, 2001) 참조.

요 약 SUMMARY

1 주식의 가치는 미래 배당들의 현재가치로 결정된다. 불행하게도 이러한 배당들이 얼마가 될 것인지는 정확하게 알 수 없다. 이것이 주식의 가치 결정에서 상당한 오차를 발생시킨다. 고든의 배당성장률 모형은 배당이 일정한 성장률로 영구히 증가한다는 가정에 기초해 주식의 가치를 계산하는 간단한 방법이다. 미래 배당들에 대한 불확실성을 감안하면 이와 같이 가정하는 것은 우리가 할 수 있는 최선의 방법이다.

2 시장 거래자들 간 상호작용이 실제로 매일매일의 가격을 결정한다. (현금흐름에 대한 불확실성이 없거나 추정된 현금흐름이 크기 때문에) 증권의 가치를 최대로 평가하는 거래자는 기꺼이 증권에 대해 최대로 지불하고자 할 것이다. 새로운 정보가 발표되면, 투자자는 증권의 진정한 가치에 대한 그의 추정치를 수정할 것이고 시장 가격과 그의 추정가치를 비교하면서 증권을 사거나 팔 것이다. 배당성장률 또는 요구수익률의 작은 변화는 가격을 크게 변화시키기 때문에 증권 가격이 종종 심하게 변동하는 것은 놀라운 일이 아니다.

3 효율시장가설은 효율시장에서 모든 남아 있는 이윤기회는 제거되기 때문에 현재의 증권 가격은 모든 이용 가능한 정보를 완전히 반영한다고 말한다. 금융시장이 효율적이기 위해 남아 있는 이윤기회가 제거돼야 한다는 것은 모든 시장 참여자가 정보를 잘 알아야 한다는 것을 의미하지는 않는다.

4 효율시장가설은 최신의 정보와 투자 자문가의 공표된 주식 추천은 투자자가 시장보다 높은 수익률을 달성하게 하는 데 도움을 줄 수 없다고 지적한다. 효율시장가설이 제시하는 투자자의 주식투자 전략은 '사서 보유하는' 전략, 즉 주식을 사서 장기간 보유하는 전략이다. 실증적 증거는 일반적으로 주식시장에서 이러한 효율시장가설의 시사점들을 지지한다.

5 주식시장 붕괴와 거품의 존재는 많은 금융경제학자들에게 자산 가격이 증권의 진정한 기본 가치(내재가치)를 반영한다고 설명하는 강형 효율시장가설이 옳지 않다는 것을 확신시켰다. 주식시장 붕괴가 효율시장가설이 틀리다는 것을 보여주는지는 분명하지 않다. 주식시장이 시장기초여건 이외의 요인들에 의해 영향을 받을지라도, 주식시장 붕괴가 사전에 예측될 수 없는 한 주식시장 붕괴가 효율시장가설의 기본 원리가 더 이상 타당하지 않다는 것을 분명히 보여주는 것은 아니다.

6 새로운 학문 분야인 행태금융론은 증권 가격의 행태를 이해하기 위해 인류학, 사회학, 심리학과 같은 다른 사회과학 분야에서 사용되는 개념들을 적용한다. 손실 회피 성향, 과신, 사회적 전염 현상은 왜 거래량이 매우 크고 주식가격이 과대평가되며 투기적 거품이 발생하는지를 설명할 수 있다.

주요 용어 KEY TERMS

거품(bubble)
고든의 배당성장률 모형(Gordon growth model)
공매도(short sales)
남아 있는 이윤기회(unexploited profit opportunities)
배당(dividend)
시장기초여건(market fundamentals)
일반 배당 모형(generalized dividend model)
잔여 청구권자(residual claimant)
적응적 기대(adaptive expectations)
주주(stockholder)
차익거래(arbitrage)
최적 예측(optimal forecast)
합리적 기대(rational expectations)
행태금융론(behavioral finance)
현금흐름(cash flows)
효율시장가설(efficient market hypothesis)
효율자본시장이론(theory of efficient capital markets)

연습문제

QUESTIONS

1 어떤 금융의 기본 원리가 투자 자산의 가치를 평가하는 데 적용될 수 있는가?

2 주주에게 있어서 2가지 현금흐름의 주요 원천은 무엇인가? 이러한 현금흐름은 얼마나 신뢰할 만하게 추정될 수 있는가? 주식의 현금흐름을 추정하는 문제와 채권의 현금흐름을 추정하는 문제를 비교하라. 여러분은 어떤 증권의 현금흐름이 더 변동이 심할 것이라 예측하는가?

3 일부 경제학자들은 주식시장의 거품이 통제할 수 없게 되어 훗날 주식시장의 거품 붕괴로 더 큰 손실이 발생하기 전에 중앙은행이 주식시장의 거품을 미리 제거해야 한다고 주장한다. 통화정책은 거품을 제거하기 위해 어떻게 사용될 수 있는가? 고든의 배당성장률 모형을 사용하면서 통화정책이 이 일을 어떻게 할 수 있는지 설명하라.

4 만일 통화정책이 이자율의 미래 변화 추이를 더 투명하게 만든다면, 이것이 주가에 어떻게 영향을 미치겠는가?

5 "경제 예측가들의 인플레이션 예측은 매우 부정확하고, 따라서 그들의 인플레이션 예상은 합리적일 수 없다." 이 진술은 참인가, 거짓인가 또는 불확실한가? 설명하라.

6 "조는 아침에 눈이 올 때마다 직장까지 걸리는 운전시간을 잘못 판단한다. 그러나 눈이 오지 않을 때 운전시간에 대한 그의 예상은 완벽히 정확하다. 조가 사는 곳에서는 10년마다 한 번 눈이 온다는 점을 감안하면, 운전시간에 대한 조의 예상은 거의 항상 완벽히 정확하다." 조의 예상은 합리적인가? 왜 그런가 또는 왜 그렇지 않은가?

7 만일 한 예측가가 이자율을 예측하기 위해 데이터를 연구하면서 매일 많은 시간을 보내지만 그의 예측이 내일 이자율은 오늘 이자율과 같다고 예측하는 것만큼 정확하지 않다면, 그의 예상은 합리적인가?

8 "만일 주가가 랜덤 워크(random walk)를 따르지 않는다면, 시장에 남아 있는 이윤기회가 존재할 것이다." 이 진술은 참인가, 거짓인가 또는 불확실한가? 설명하라.

9 화폐공급의 증가는 주가를 상승시킨다고 하자. 이것은 지난주에 화폐공급이 급격히 증가했을 때 여러분이 주식을 사야만 했음을 의미하는가? 왜 그런가 또는 왜 그렇지 않은가?

10 만일 사람들이 이번 분기에는 어떤 기업의 주가가 주당 5달러 하락할 것이라고 예상했으나 실제로는 이 기업의 역사상 최대의 하락인 주당 4달러 하락했다면, 효율시장가설은 주당 4달러의 하락이 발표될 때 이 기업의 주가에 어떤 일이 발생할 것이라고 제시하는가?

11 만일 여러분이 월스트리트의 '스마트 머니'가 주가가 하락할 것이라고 예상한다는 월스트리트 저널의 기사를 읽는다면, 여러분은 보유한 모든 주식을 앞당겨 팔아야 하는가?

12 만일 브로커가 이전에 5번의 매입과 매도 추천에서 좋은 성과를 거두었다면, 여러분은 계속해서 그의 자문을 주의 깊게 들어야 하는가?

13 합리적 기대를 가진 사람이 구글의 주가가 다음 달에 10% 상승할 것이라고 예상할 수 있는가?

14 "만일 대부분의 주식시장 참여자가 통화량에 어떠한 일이 발생하고 있는지를 추적하지 않는다면, 보통주의 가격은 통화량에 대한 정보를 충분히 반영하지 않을 것이다." 이 진술은 참인가, 거짓인가 또는 불확실한가? 설명하라.

15 "효율시장은 어느 누구도 다른 사람들보다 좋은 정보를 가짐으로써 이윤을 얻지 못하는 시장이다." 이 진술은 참인가, 거짓인가 또는 불확실한가? 설명하라.

16 만일 높은 통화공급 증가율은 높은 인플레이션율과 연관돼 있고, 발표된 통화공급 증가율이 매우 높은 것으로 나타났으나 여전히 시장이 예상하는 것보다 낮으면, 여러분은 장기채권의 가격에 어떤 일이 발생할 것이라고 생각하는가?

17 "환율은 주가처럼 랜덤 워크를 따른다." 이 진술은 참

인가, 거짓인가 또는 불확실한가? 설명하라.

18 만일 예상이 합리적이면, 다음 주에 달러의 가치가 2% 상승할 것이라고 예상할 수 있는가?

19 “사람들의 두려움은 주식시장 붕괴의 원인이다. 따라서 주식시장 붕괴는 주식시장에서의 예상이 합리적일 수 없다는 점을 제시한다.” 이 진술은 참인가, 거짓인가 또는 불확실한가? 설명하라.

20 1990년대 말에 정보기술이 급속히 발전하고 인터넷이 광범위하게 개발됨에 따라 미국 주가는 치솟아 2000년 초에 정점에 이르렀다. 그해 말에 주식시장은 반전되기 시작했고 이어서 붕괴했다. 많은 시사 해설가는 이전 수년간의 상황을 ‘주식시장이 거품 상태’였다고 언급했다. 이러한 상황이 거품이었으나 여전히 효율시장가설에 부합하다는 것이 어떻게 가능할 수 있는가?

21 시장기초여건이 주가가 더 낮은 수준이어야 한다고 제시할 때 효율시장가설은 왜 성립하지 않을 수 있는가?

응용문제 APPLIED PROBLEMS

22 요구수익률이 15%라고 가정하고, 연간 1달러의 배당을 지급하며 1년 후에 20달러에 팔 수 있을 것으로 예상되는 주식 1주의 가격을 계산하라.

23 세심하게 분석한 후 한 기업의 배당이 미래에 평균적으로 7%로 증가할 것이라고 결론을 내렸다. 이 기업의 마지막 배당은 3달러였다. 요구수익률이 18%라고 가정하고 이 주식의 현재 가격을 계산하라.

24 어떤 주식의 현재 가격은 65.88달러이다. 만일 배당이 다음 5년 동안에 주당 1달러로 예상되고 요구수익률이 10%면, 이 주식을 매도하려는 5년 후에 이 주식의 가격은 얼마여야 하는가? 만일 배당과 요구수익률이 같고 주가가 지금부터 5년 동안 1달러 상승할 것으로 예상되면, 현재 주가도 1달러 상승하는가? 왜 그런가 또는 왜 그렇지 않은가?

25 한 기업이 방금 1주식을 3주식으로 분할하고 즉각적으로 유효하다고 공표했다. 이러한 주식분할 전에 이 기업은 1억 주의 잔고를 가지고 있었고 그 시장가치는 50억 달러였다. 주식분할이 이 기업에 관한 새로운 정보를 제공하지 않는다고 가정하면, 주식분할 후에 이 기업의 가치, 주식 잔고 수, 주당 가격은 얼마인가? 만일 주식분할 직후에 실제 시장 가격이 주당 17달러면, 이는 시장효율성에 대해 무엇을 말해주는가?

웹 연습문제 WEB EXERCISES

1 www.forecasts.org/data/index.htm에 들어가 이 페이지 가장 윗부분에 있는 ‘Stock Index’를 클릭하라. ‘U.S. Stock Indices—monthly’를 선택하고 DJIA, S&P 500, NASDAQ 지수를 살펴보라. 어떤 지수가 가장 변동이 심한가? 만일 투자가 현재까지 복리로 계산된다면, 여러분은 1985년에 어떤 지수에 투자했겠는가?

2 인터넷은 주식가격과 주식가격 움직임을 알 수 있는 중요한 정보원이다. Yahoo Finance는 주식시장 데이터를 제공하는 매우 좋은 자료 출처이다. http://finance.yahoo.com에 들어가서 다우존스산업평균지수에 관한 현재 데이터를 보기 위해 Market Summary 섹션에 있는 DOW 티커를 클릭하라. 다른 변수들을 조작하기 위해 차트상에서 클릭하라. 시간 범위를 변화시키고 다양한 기간 동안에 발생한 주식가격 추세를 관찰하라. 주식가격은 어제, 지난주, 지난 3개월, 지난 1년 동안 상승했는가 아니면 하락했는가?

참고 웹사이트 WEB REFERENCES

http://stocks.tradingcharts.com

상세한 주식가격, 차트, 과거의 주식 데이터를 제공한다.

www.investorhome.com/emh.htm

효율시장가설에 대해 추가적으로 배울 수 있다.

웹 부록 WEB APPENDICES

웹사이트 www.pearsonglobaleditions.com/mishkin에 들어가보라. 제7장의 웹 부록, Appendix : Evidence on the Efficient Market Hypothesis를 읽어라.

PART 3

금융기관

7,000억 달러의 구제금융

전국적으로 가열된 논란 끝에 미 하원은 2008년 10월 3일 비상경제안정화법(Emergency Economic Stabilization Act)을 통과시켰다. 7,000억 달러에 이르는 엄청난 구제금융을 이용해 재무부가 어려움에 처한 금융기관들로부터 모기지 자산을 매입하거나 은행에 자본을 투입함으로써 글로벌 금융위기를 극복하려는 것이었다. 나아가 불안감을 진정시키기 위해 동법은 연방예금보험 한도를 10만 달러에서 25만 달러로 확대했다.

그런데 사실 원안은 지역구 주민들이 국회의원들에게 몰려가 이번 위기의 배후인 탐욕스러운 월스트리트 경영진을 구제하려는 것에 대해 분노를 터트림에 따라 9월 29일에는 부결됐었다. 금융기관을 구제하는 것이 어려움에 처한 주택소유자들을 돕는 것과 서로 상치된다는 인식으로 인해 전국적 논란이 벌어지면서 월스트리트(Wall Street, 금융부문)와 메인스트리트(Main Street, 실물부문) 간의 대결구도가 형성됐다. 그럼, 어떻게 금융시스템에 대한 자금투입이 직장에서 쫓겨났거나 혹은 그럴 위험에 처한 사람들을 도울 수 있는 것일까?

제3부의 관심사항인 경제의 작동에 있어 금융기관의 중심적 역할이 간과됐다. 은행과 금융기관은 사람들이 저축한 자금을 생산적 투자기회를 가진 사람들에게 전달함으로써 금융시장이 원활히 작동하게 한다. 자금이 흐르지 않으면 메인스트리트에 있는 은행지점은 소기업이나 신차 구입자금이 필요한 대학졸업자에게 쉽게 대출할 수 없다.

금융혁신으로 인해 이번 위기가 발생했건 이번과 같은 위기들로부터 냉엄한 교훈을 얻었건, 글로벌 금융위기는 시간이 흐름에 따라 금융시스템이 어떻게 변하는지를 극명하게 보여준다. 이하 제8장에서는 미국과 여타 국가들의 금융구조를 분석한다. 제9장은 금융위기의 전개과정을 이해하기 위한 분석틀을 제시하고 특히 뜨겁게 달아오른 2007~2009년의 글로벌 위기에 초점을 맞춘다. 제10장은 최근 대외적으로 시장을 개방한 국가들에서의 경제적 변동에 대한 분석으로 논의를 확대한다. 제11장은 은행의 경영 및 업무에 대해 살펴본다. 제12장에서는 제8장에서 제시한 경제적 분석을 확장해 은행을 규제하는 이유를 알아보고 규제과정에 도사린 함정을 검토한다. 제13장은 미국 은행시스템의 역사적 발전과정과 은행의 국제화에 대해 검토한다.

8 금융구조의 경제적 분석

PREVIEW

건실하고 활기찬 경제가 되기 위해서는 사람들이 저축한 자금을 생산적 투자기회를 가진 사람들에게 전달하는 금융시스템이 있어야 한다. 그러나 어떻게 금융시스템이 어렵게 모은 여러분의 저축을 부랑자 베니가 아닌 생산적 투자자 파울라에게 확실히 전달할 수 있을까?

이 질문에 답하기 위해, 이 장에서는 경제적 효율성을 높이기 위해 금융구조가 어떻게 설계됐는지에 대한 경제적 분석을 제시한다. 이 분석은 단순하지만 중요한 몇 가지 경제학적 개념에 초점을 맞추어, 왜 금융계약이 현재와 같은 형태로 돼 있는지, 그리고 왜 차입자에게 자금을 전달하는 데 있어 금융중개기관이 증권시장보다 더 중요한지 등과 같은 금융시스템의 특징을 설명한다. 이 분석은 또한 이 책 제5부의 주제인 금융시스템과 거시경제적 성과 간의 주요 연결고리를 시사한다.

1 금융구조에 관한 기본 사실

세계 어느 나라에서나 금융시스템은 그 구조와 기능이 복잡하게 얽혀 있다. 금융시스템은 은행, 보험회사, 뮤추얼펀드, 주식 및 채권시장 등 다양한 유형의 금융기관을 포함하고 있으며, 이들은 모두 정부에 의해 규제를 받는다. 금융시스템은 매년 수조 달러의 돈을 저축자로부터 생산적 투자기회를 가진 사람들에게 전달한다. 전 세계의 금융구조를 세밀히 살펴보면, 금융시스템이 어떻게 작동하는지를 이해하기 위해 설명이 필요한 8가지 기본 사실을 발견하게 된다. 이 가운데 몇 가지는 상당히 놀라운 사실이다.

[그림 1]의 막대 도표는 1970~2000년 기간 중 미국의 기업들이 어떻게 외부자금(기업자체 내에서가 아닌 외부에서 조달한 자금)을 조달했는지를 나타내고, 또한 이를 독일, 일본, 캐나다의 경우와 비교하고 있다. 도표에서 은행 대출(bank loan) 항목은 주로 예금취급기관의 대출로 구성되며, 비은행 대출(nonbank loan) 항목은 주로 여타 금융중개기관의 대출로 구성된다. 채권(bond) 항목은 회사채와 기업어음 등 시장성을 지닌 채무증권

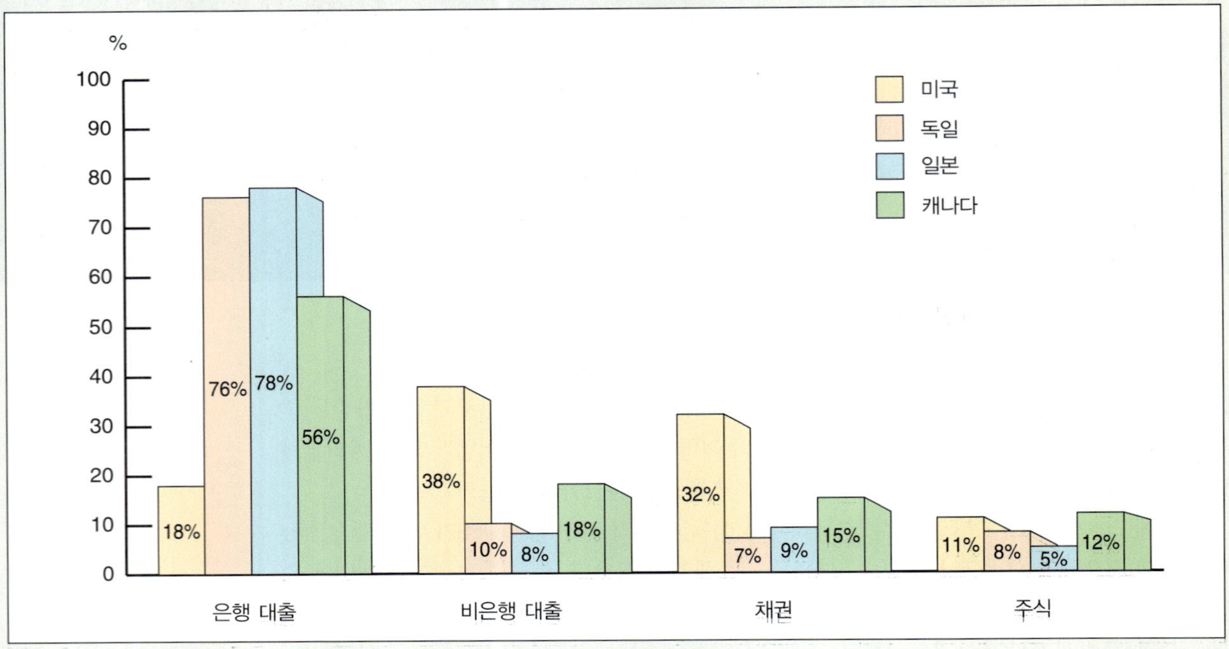

그림 1 비금융 기업의 외부자금조달 원천 : 미국, 독일, 일본, 캐나다의 비교

은행 대출 항목은 주로 예금취급기관의 대출로 구성되며, 비은행 대출 항목은 주로 여타 금융중개기관의 대출이고, 채권 항목은 회사채와 기업어음 등과 같은 시장성 채무증권을 포함하며, 주식 항목은 주식시장에서 신규 지분의 발행분으로 구성된다.

자료 : Andreas Hackethal and Reinhard H. Schmidt, "Financing Patterns: Measurement Concepts and Empirical Results," Johann Wolfgang Goethe-Universitat Working Paper No. 125, January 2004. 수치는 1970~2000년 기간 중 자료 입수가 불가능한 상거래 및 기타 신용을 제외한 총유량 기준의 구성비(%)를 나타냄.

을 포함하며, 주식(stock) 항목은 주식시장에서 신규 지분(equity)의 발행분으로 구성된다.

이제 8가지 사실을 알아보자.

1. 주식은 기업의 가장 중요한 외부자금 조달원이 아니다. 언론매체가 주식시장에 대해 상당한 관심을 집중하고 있기 때문에 많은 사람들은 주식이야말로 미국 기업이 자금을 조달하는 가장 중요한 원천이라는 인상을 갖고 있다. 그러나 [그림 1]에서 보듯이 1970~2000년 동안 미국 기업의 외부자금 조달 가운데 주식시장의 비중은 11%에 불과하다.[1] [그림 1]을 보면 다른 나라의 경우에도 역시 주식의 비중이 낮은 편이

1) 주식에 의해 조달된 외부자금의 비율이 11%라는 수치는 기업에 대한 외부자금을 유량(flow) 기준으로 측정한 것이다. 그러나 이러한 유량 기준의 수치는 독자를 오도할 우려가 있다. 왜냐하면 주식은 한 번 발행되면 영구적 자금 조달이 되는 반면에, 채권 발행은 만기가 되어 상환되기까지의 일시적 자금 조달이기 때문이다. 예를 들면 어떤 기업은 주식을 발행해 1,000달러를 조달하고, 다른 기업은 1년 만기 채권을 발행해 1,000달러를 조달했다

다. 그렇다면, 미국 및 이들 나라에서 왜 주식시장이 다른 자금 조달원보다 덜 중요한 것일까?

2. 시장성 채무 및 지분 증권의 발행은 기업이 자금을 조달하는 가장 주된 수단이 아니다. [그림 1]을 보면, 미국에서 32% 대 11%의 비율로 채권이 주식에 비해 보다 더 중요한 자금 조달원이다. 주식과 채권을 합친 시장성 증권(marketable security)의 비중은 43%인데, 이는 여전히 외부자금 조달의 절반에 미치지 못한다. 시장성 증권의 발행이 기업 자금조달의 가장 중요한 원천이 아니라는 것은 세계 다른 나라에서도 마찬가지다. [그림 1]에서 보듯이, 미국에 비해 다른 나라에서는 외부자금 중 시장성 증권에 의해 조달된 비중이 훨씬 작다. 그럼 왜 기업은 자금조달을 위해 시장성 증권을 더 널리 이용하지 않는 것일까?

3. 금융중개기관의 활동과 관련된 간접금융(indirect finance)은 기업들이 금융시장에서 대부자로부터 직접 자금을 조달하는 직접금융(direct finance)보다 몇 배나 더 중요하다. 직접금융은 주식과 채권 등 시장성 증권이 가계에 판매된 것과 관련된다. 미국 기업의 경우 외부자금 조달원 가운데 주식과 채권이 차지하는 비중 43%는 사실 금융시스템에서 직접금융의 중요성을 크게 과장한 것이다. 1970년 이래 미국 가계에 직접 판매된 증권은 기업의 회사채와 기업어음의 경우 신규 발행액의 5% 미만에 불과하며 주식도 1/3 미만이다. 이들 증권의 나머지는 주로 보험회사, 연기금, 뮤추얼펀드 등 금융중개기관에 의해 소화됐다. 이들 수치를 감안하면 직접금융은 미국 기업의 외부자금 가운데 10%에도 미치지 못한다. 대다수의 나라에서 시장성 증권은 미국에 비해 자금 조달원으로서의 중요성이 훨씬 떨어지기 때문에, 세계 여러 나라에서 직접금융은 간접금융보다 훨씬 덜 중요한 자금 조달원이다. 그렇다면, 금융중개기관과 간접금융이 왜 그렇게 금융시장에서 중요한 것일까? 최근에는 왜 간접금융의 중요성이 하락하는 것일까? 왜 이런 일이 일어나고 있을까?

4. 금융중개기관, 특히 은행은 기업의 가장 중요한 외부자금 조달원이다. [그림 1]에 나타나 있듯이, 전 세계적으로 기업 외부자금 조달의 주된 원천은 은행의 대출과 더불어 보험회사, 연기금, 파이낸스 회사 등 비은행 금융중개기관의 대출로 이루어진다. 미국의 경우 이들 대출이 차지하는 비중은 56%이며, 독일, 일본, 캐나다의 경우는 모두 70%를 상회한다. 은행 대출은 미국 이외의 선진국에서 기업 외부자금 조달의 가장

고 하자. 주식 발행의 경우에는 기업이 조달한 1,000달러를 계속 쓸 수 있지만, 채권으로 조달한 1,000달러를 계속 쓰기 위해서는 매년 새로운 채권을 1,000달러씩 계속 발행해야 한다. [그림 1]에서와 같이 30년간의 자금흐름을 보면, 기업은 초기에 단 한 번의 주식 발행으로 30년 동안 1,000달러를 조달하지만, 채권은 매년 한 번씩 30번을 발행해야만 30년 동안 1,000달러를 조달할 수 있다. 이에 따라 채권 발행의 합계는 30,000달러가 된다. 따라서 기업의 입장에서 주식과 채권이 실제로는 동일한 금액의 자금 조달임에도 불구하고, 마치 채권이 주식에 비해 30배 더 중요한 것처럼 나타날 수 있다.

중요한 원천으로서 독일과 일본의 경우 70% 이상, 그리고 캐나다의 경우도 50%를 초과한다. 따라서 이들 국가에서 은행은 기업 활동에 필요한 자금을 공급하는 데 있어 가장 중요한 역할을 담당한다. 더욱이 개발도상국의 은행은 선진국에 비해 금융시스템에서 훨씬 더 막중한 역할을 수행한다. 그럼 무엇 때문에 은행이 이처럼 금융시스템에서 중요한 것일까? 은행이 여전히 중요하지만, 최근 기업의 외부자금 조달에 있어 은행이 차지하는 비중은 하락하고 있다. 그 하락의 원인은 또 무엇일까?

5. 금융시스템은 경제에서 규제를 가장 강하게 받는 부문 중 하나다. 미국과 다른 모든 선진국에서 금융시스템은 강한 규제를 받고 있다. 정부는 주로 정보의 제공을 확대하고 금융시스템의 건전성과 안정성을 확보하기 위해 금융시장을 규제한다. 그럼, 왜 세계적으로 금융시장은 규제를 그렇게 강하게 받는 것일까?
6. 건실한 대기업만이 증권시장에 쉽게 접근해서 사업자금을 조달할 수 있다. 개인과 사업기반이 취약한 소규모 기업은 시장성 증권을 발행해 자금을 조달하기가 쉽지 않다. 대신에 그들은 은행에서 자금을 조달한다. 왜 건실한 대기업만이 증권시장에서 자금을 조달하기 쉬운 것일까?
7. 담보는 가계나 기업의 채무계약에서 흔히 나타나는 일반적인 특징이다. **담보**(collateral)란 차입자가 채무를 상환할 수 없는 경우 대부자에게 지급을 보증하기 위해 설정해 둔 재산이다. 담보부 채무는 **보증채무**(secured debt)라고도 알려져 있는데, 신용카드 채무와 같이 담보가 없는 **무보증채무**(unsecured debt)와는 대비되는 채무로서 가계부채의 대표적인 형태이며 기업의 차입에도 널리 이용된다. 미국에서 가계부채는 대부분 담보부 대출로 이루어진다. 자동차 대출의 경우 자동차가 담보이며, 모기지(mortgage, 주택저당대출)의 경우는 주택이 담보가 된다. 비금융업 부문의 차입 가운데 1/4을 차지하는 상업용 부동산 및 농장 모기지의 경우는 부동산이 담보로 제공된다. 회사채와 여타 은행 대출에도 종종 담보가 설정된다. 그럼 왜 담보가 채무계약(debt contract)에 있어 그리 중요한 것일까?
8. 채무계약은 대개 차입자의 행동을 상당히 제한하는 매우 복잡한 법률 문서다. 채무계약을 종이 한 장에 쓸 수 있는 단순한 차용증서라고 생각한다면 큰 오산이다. 모든 나라에서 일반적으로 채권이나 대출계약은 차입자가 취할 수 있는 행동을 제한하고 규정하는 조항인 **제한적 약관**(restrictive covenant)을 담은 장황한 법률 문서다. 제한적 약관은 기업에만 적용되는 채무계약의 특징이 아니다. 예를 들어 개인의 자동차 대출이나 주택 모기지 계약에서도 차입자가 대출받아 구입한 자동차나 주택에 대해 충분한 보험 유지를 요구하는 약관이 들어 있다. 그렇다면 왜 채무계약이 그렇게 복잡하고 제한적일까?

제2장의 내용을 상기해보면, 금융시장의 중요한 특징은 상당한 거래비용과 정보비용을 수반한다는 것이다. 이들 비용이 어떻게 금융시장에 영향을 주는가를 경제적으로 분석하면 위의 8가지 사실을 설명할 수 있으며 금융시스템이 어떻게 작동하는지에 대해 보다 잘 이해할 수 있다. 따라서 다음 절에서는 거래비용이 금융시스템의 구조에 미치는 영향을 검토한다. 그다음에 정보비용이 금융구조에 미치는 효과를 살펴볼 것이다.

2 거래비용

거래비용은 금융시장에서 매우 중요한 문제다. 예시를 통해 이 사실을 분명히 알아보자.

2.1 거래비용이 어떻게 금융구조에 영향을 주는가?

여러분이 여윳돈 5,000달러를 갖고 있다고 가정하고, 이 돈을 주식시장에 투자한다고 생각해보자. 그런데 5,000달러로는 주식을 몇 주 못 산다. 온라인 거래를 이용하더라도 투자금액이 너무 작기 때문에 주식을 사는 데 드는 중개수수료가 주식 매수금액의 상당 부분을 차지할 수 있다. 만약 주식 대신 채권을 사기로 마음먹는다면 문제는 더 심각해진다. 왜냐하면 채권의 최저금액은 종종 1만 달러에 달하는데, 투자할 돈이 그만큼 안 되기 때문이다. 이 때문에 여러분은 어렵게 모은 돈을 이용해 금융시장에서 높은 수익을 얻어낼 수 없다는 사실을 깨닫고 실망할지 모르겠다. 그러나 한 가지 위로가 되는 점은 높은 거래비용으로 인해 좌절하는 사람이 여러분만이 아니라는 것이다. 사실 많은 사람들이 그런 상태다. 미국에서 어떤 종류건 증권을 보유하고 있는 가계는 전체 가계의 약 절반에 불과하다.

거래비용으로 인한 또 다른 문제가 있다. 여윳돈이 작은 경우에는, 여러 자산에 대해 소액으로 거래를 하면 거래비용이 너무 커지기 때문에 결국 소수의 제한된 투자만이 가능하다는 점이다. 즉 달걀을 모두 한 바구니에 담을 수밖에 없어 분산투자를 못한다는 커다란 위험을 안게 된다.

2.2 금융중개기관은 어떻게 거래비용을 줄이는가?

앞에서 제시한 거래비용의 문제와 제2장에서 목수인 칼에게 돈을 빌려주는 데 드는 법률비용의 문제가 예시하는 바에 의하면, 소액 저축자는 금융시장에 직접 나서 이득을 누릴 수 없다는 것이다. 그러나 다행스럽게도 금융구조를 형성하는 핵심 요소인 금융중개기관이 거래비용을 줄이기 위해 진화한 덕분에 소액 저축자와 차입자도 금융시장에서의 이득을 누릴 수 있다.

규모의 경제 높은 거래비용을 해결하는 한 가지 방법은 많은 투자자의 자금을 한데 묶어 거래 규모를 늘림으로써 단위 투자금액당 거래비용을 낮추는 효과, 즉 규모의 경제(economies of scale) 효과를 얻는 것이다. 투자자들의 자금을 한데 묶으면 개별 투자자의 거래비용을 크게 줄일 수 있다. 규모의 경제가 작동하는 이유는 금융시장에서 거래를 하는 데 드는 총비용은 거래금액이 증가해도 그리 크게 증가하지 않기 때문이다. 예를 들어 주식 1만 주 매입을 주선하는 데 드는 비용이나 50주 매입을 주선하는 데 드는 비용이나 서로 큰 차이가 없다.

이 같은 규모의 경제로 인해 금융중개기관이 발달했고 금융구조를 형성하는 핵심 요소가 됐다. 규모의 경제로 인해 생겨난 금융중개기관의 가장 대표적인 예가 뮤추얼펀드다. 뮤추얼펀드(mutual fund)란 개인들에게 지분을 팔아 그 자금으로 주식이나 채권에 투자하는 금융중개기관이다. 뮤추얼펀드는 대규모로 주식이나 채권을 거래하기 때문에 거래비용을 낮출 수 있다. 이런 비용 절감분은 뮤추얼펀드가 계좌관리에 따른 운용수수료를 차감한 후 결국 개인 투자자에게 배분된다. 또한 뮤추얼펀드는 대규모 자금으로 널리 분산투자한 증권 포트폴리오를 구성함으로써 개인 투자자에게 추가적인 이득을 제공한다. 분산투자를 하면 위험이 감소해 그만큼 투자자에게 이득이 되기 때문이다.

규모의 경제는 금융기관의 업무 수행에 소요되는 전산비용 등을 낮추는 데도 중요하다. 예를 들어 대형 뮤추얼펀드가 통신시스템을 갖추는 데 이미 많은 투자를 해둔 경우에 그 시스템을 이용하면 거래단위당 적은 비용으로 많은 거래를 할 수 있다.

전문성 금융중개기관은 또한 우월한 전문성을 통해 거래비용을 낮출 수 있다. 전문적인 전산기술을 이용해 고객들에게 투자 성과에 대한 정보를 무료로 알려준다거나, 현금 잔고를 기초로 수표를 발행하거나 자금을 이체할 수 있게 해주는 등의 편리한 서비스를 제공할 수 있다.

금융중개기관의 낮은 거래비용으로 인해 나타난 중요한 결과 가운데 하나는 고객이 더욱 쉽게 거래하도록 해주는 유동성 서비스(liquidity service)의 제공이다. 예를 들면 MMF는 투자자에게 높은 이자율을 지급하면서도 편리하게 수표를 발행할 수 있게 해준다.

3 정보의 비대칭성 : 역선택과 도덕적 위험

금융시장에서의 거래비용은 왜 금융중개기관과 간접금융이 금융시장에서 그렇게 중요한 역할을 하는가라는 앞에서 제시한 [사실 3]을 부분적으로 설명한다. 그러나 금융구조를 보다 완벽히 이해하기 위해서는 금융시장에서 정보의 역할을 살펴봐야 한다.

거래 상대방에 대한 지식이 불충분하기 때문에 거래를 성사시키기 위한 정확한 의사결정을 내릴 수 없다는 정보의 비대칭성(asymmetric information)은 금융시장에 나타나는 중요한 특성이다. 예를 들면 기업의 경영자는 자신이 정직한지 그리고 그 기업이 얼마나 잘되는지에 관해 주주들보다 더 잘 알고 있다. 이러한 정보의 비대칭성이 존재하면 제2장에서 소개한 역선택과 도덕적 위험이 발생한다.

역선택(adverse selection)이란 거래가 일어나기 이전에 발생하는 정보의 비대칭성 문제다. 잠재적으로 신용 위험이 불량한 사람들이 더 적극적으로 돈을 빌리려고 한다. 결국 좋지 않은 결과를 초래할 가능성이 큰 사람들이 거래에 참여하기를 더 원하는 것이다. 예를 들어 위험 부담이 매우 큰 사업을 선택한 사람이나 사기꾼은 자신이 돈을 상환할 가능성이 낮다는 것을 잘 알기 때문에 가장 열성적으로 대출을 받으려 한다. 이에 돈을 빌려주려는 대부자의 입장에서는 이러한 역선택으로 인해 자신의 돈이 신용 위험이 불량한 사람에게 대출될 가능성이 크기 때문에 신용 위험이 우량한 사람들이 시장에 존재함에도 불구하고 아예 돈을 빌려주지 않기로 마음먹을 것이다.

도덕적 위험(moral hazard, 도덕적 해이라고도 함)은 거래가 일어난 이후에 발생한다. 즉 자금 대부자의 관점에서 볼 때, 돈을 빌려간 차입자가 바람직하지 않은 행동을 함으로써 대출금의 상환 가능성을 낮게 만들 위험이 있다는 것이다. 예를 들어 차입자는 일단 대출을 받고 나면 남의 돈으로 사업을 하는 것이기 때문에 위험이 큰 사업, 즉 높은 수익이 가능하지만 파산할 확률도 높은 사업을 선택할 수 있다. 이러한 도덕적 위험이 존재하면 대출금의 상환 가능성이 낮아지기 때문에 대부자는 차라리 대출하지 않기로 결정할 것이다.

정보의 비대칭성 문제가 어떻게 경제행위에 영향을 주는가를 분석한 이론이 **대리인 이론**(agency theory)이다. 이제 이 이론을 적용하여 왜 금융구조가 현재와 같은 형태를 띠고 있는가를 논의하고, 앞서 제시한 8가지 사실을 설명하기로 한다.

4 레몬 문제 : 역선택이 어떻게 금융구조에 영향을 주는가?

노벨 경제학상을 수상한 조지 애컬로프(George Akerlof)는 그의 유명한 논문에서 역선택 문제의 독특한 성격을 규명하고 이로 인해 어떻게 시장의 효율적 기능이 저해되는지를 설명했다. 역선택 문제는 중고차 시장의 형편없는 물건(lemon)에 의해 발생하는 문제와 유사하기 때문에 '레몬 문제'(lemons problem)라고도 부른다.[2] 중고차를 구매하려는 사람은 대부분 자신이 사려는 중고차의 품질을 알 수 없다. 어떤 중고차가 성능이 좋은 차, 즉 복숭아(peach)인지, 아니면 계속 걱정거리를 안겨줄 형편없는 차, 즉 레몬인지를 분간할 수 없다. 따라서 구매자가 지불하는 가격은 시장에 나온 중고차들의 평균 성능을 반영해, 레몬의 낮은 가격과 복숭아의 높은 가격 사이 어딘가에서 결정돼야 할 것이다.

반면에 중고차의 소유자는 자신의 차가 복숭아인지 아니면 레몬인지를 더 잘 안다. 만일 자신의 차가 레몬이면, 자신의 차를 형편없는 차 가격과 성능 좋은 차 가격 사이에서 구매자가 지불하려는 가격에 기꺼이 팔 것이다. 그러나 만일 자신의 차가 복숭아라면, 중고차 소유자는 구매자가 지불하려는 가격이 너무 낮다고 생각하기 때문에 차를 팔지 않을 것이다. 이러한 역선택의 결과로 성능 좋은 중고차는 시장에 매물로 거의 나오지 않는다. 시장에 매물로 나오는 중고차는 결국 평균적으로 품질이 떨어지며, 또한 그런 레몬을 비싸게 사길 원하는 사람도 거의 없을 것이기 때문에 결국 매매가 이루어지지 않는다. 이에 따라 중고차 시장은 제대로 작동할 수 없게 된다.

4.1 주식시장과 채권시장에서의 레몬

유사한 레몬 문제가 채무(채권)와 지분(주식)이 거래되는 증권시장에서 발생한다. 주식과 같은 증권의 잠재적 구매자인 투자자 어빙은 이윤이 높고 위험이 작을 것으로 예상되는 우량 기업과 이와는 반대로 낮은 이윤과 큰 위험이 예상되는 불량 기업을 구별할 수 없다고 가정해보자. 이런 경우, 어빙은 증권을 발행하는 기업들의 평균 수준을 반영한 가격, 즉 불량 기업이 발행한 증권의 가치와 우량 기업이 발행한 증권의 가치 사이 어딘가에 있을 평균 가격만을 지불하려 할 것이다. 만약 우량 기업의 소유자 또는 경영자가 어빙보다 더 좋은 정보를 가지고 있고 자신의 기업이 우량 기업임을 안다면, 그들은 자신의 증권이 너무 저평가됐음을 알고 어빙이 지불하려는 가격에 자신의 증권을 팔지 않을 것이다. 따라서 어빙에게 증권을 팔려는 기업은 증권의 실제 가치보다 가격이 높게 설정된 불량 기업뿐이다. 물론 어빙도 그렇게 어리석지 않다. 그는 불량 기업이 발행한 증권을 보유하기를 원치 않으며, 결국 시장에서 증권을 사지 않기로 결정할 것이다. 중고차 시장

---

2) George Akerlof, "The Market for 'Lemons': Quality, Uncertainty and the Market Mechanism," *Quarterly Journal of Economics* 84 (1970): 488–500. 레몬 문제를 금융시장에 적용해 분석한 2개의 대표적인 논문을 들면 다음과 같다. Stewart Myers and N.S. Majluf, "Corporate Financing and Investment Decisions When Firms Have Information That Investors Do Not Have," *Journal of Financial Economics* 13 (1984): 187–221; Bruce Greenwald, Joseph E. Stiglitz, and Andrew Weiss, "Information Imperfections in the Capital Market and Macroeconomic Fluctuations," *American Economic Review* 74 (1984): 194–199.

에서 발생한 결과와 유사하게, 증권시장에서도 기업이 자본을 조달하기 위해 증권을 거의 팔 수 없기 때문에 증권시장이 제대로 작동하지 못한다.

어빙이 주식이 아니라 채권시장에서 기업의 채권을 사려는 경우에도 유사한 분석이 적용된다. 어빙은 채권의 이자율이 우량 기업과 불량 기업의 평균적인 채무불이행 위험을 보상할 만큼 충분히 높은 경우에만 채권을 살 것이다. 그런데 우량 기업의 현명한 소유자들은 그들이 정당하게 내야 할 이자율보다 더 높은 이자율을 내야 함을 알고, 채권시장에서 채권을 발행해서 자금을 차입하기를 원치 않는다. 오직 불량 기업만이 차입하려 할 것이고, 이에 어빙과 같은 투자자들은 불량 기업이 발행한 채권을 사려고 하지 않을 것이다. 그 결과 채권은 시장에서 거의 판매되지 못하며, 따라서 효과적인 자금 조달원으로서 기능하지 못한다.

위의 분석은 [사실 2], 즉 왜 세계 어느 나라에서도 시장성 증권이 기업의 가장 주된 자금 조달원이 아닌지를 설명한다. 이 분석은 또한 부분적으로 [사실 1], 즉 왜 주식이 미국 기업의 가장 중요한 자금 조달원이 아닌지도 설명한다. 레몬 문제로 인해 주식시장과 채권시장 등 증권시장은 저축자의 자금을 차입자에게 전달하는 데 있어 효과적이지 못하게 된다.

4.2 역선택 문제의 해결수단

정보의 비대칭성이 존재하지 않으면 레몬 문제는 사라진다. 만약 구매자가 판매자만큼 중고차의 품질에 관해 잘 알고 있어서 좋은 차와 나쁜 차를 구별할 수 있다면, 구매자는 좋은 중고차에 대해 기꺼이 그 가치만큼의 가격을 지불할 것이다. 소유자는 또한 적정한 가격에 자신의 중고차를 기꺼이 팔 것이다. 이렇게 되면 시장에서 거래가 활발해지고, 원하는 사람에게 좋은 차를 판매하는 기능이 제대로 수행될 것이다.

마찬가지로 증권의 구매자들이 우량 기업과 불량 기업을 잘 구별할 수 있다면 우량 기업이 발행한 증권에 대해 가격을 충분히 지불할 것이고, 우량 기업은 시장에서 자신의 증권을 판매할 것이다. 그러면 증권시장은 가장 생산적 투자기회를 지닌 우량 기업에 자금을 전달할 수 있을 것이다.

민간의 정보 생산 및 판매 금융시장에서 발생하는 역선택 문제를 해결하려면 자금을 조달하려는 개인이나 기업에 관한 모든 상세한 정보를 자금의 대부자에게 제공함으로써 정보의 비대칭성을 없애야 한다. 저축자, 즉 대부자에게 이들 정보를 제공하는 방법으로서, 민간 회사가 우량 기업과 불량 기업을 판별하는 정보를 수집하고 생산해 이를 판매하는 방법이 있다. 미국의 S&P(Standard and Poor's), 무디스(Moody's), 밸류 라인(Value Line)과 같은 회사는 기업의 대차대조표와 투자활동에 관한 정보를 수집하고 이들 데이터를 출판해, 이를 개인, 도서관, 증권거래에 참여하는 금융기관 등의 구독자에게 판매한다.

그러나 민간이 정보를 생산하고 판매하는 시스템에는 소위 **무임승차 문제**(free-rider problem)가 발생하기 때문에 증권시장에서의 역선택 문제를 완전히 해결하지 못한다. 무임승차 문제는 정보에 대해 값을 지불하지 않고 다른 사람이 값을 지불한 정보를 무료로 이용할 때 발생한다. 무임승차 문제가 시사하는 바는 민간의 정보 판매가 레몬 문제에 대한 부분적 해결책에 불과하다는 것이다. 예를 들어 지금 여러분이 어떤 기업이 좋고 나쁜지를 알려주는 정보를 구입했다고 가정해보자. 여러분은 저평가된 우량 기업의 증권을 구매함으로써 정보 구입에 든 비용을 보상받을 수 있기 때문에 그 정보를 구입할 만하다고 믿은 것이다. 그러나 약삭빠른(무임승차) 투자자인 어빙은 돈을 주고 그 정보를 사지 않았지만, 여러분이 어떤 증권을 사는 것을 보고 즉각 그 증권을 매입한다. 만일 다른 많은 투자자도 어빙처럼 행동한다면, 저평가된 우량증권에 대한 수요가 증가해 그 증권의 가격이 적정한 가치를 반영하게끔 즉각 상승해버린다. 이들 무임승차 투자자로 인해 여러분은 더 이상 적정 가격 이하로 증권을 살 수 없게 되고 만다. 이제 여러분은 구입한 정보를 이용해 아무런 이득을 얻을 수 없으므로 애당초 그 정보를 사지 말았어야 했다고 깨달을 것이다. 만일 다른 투자자들도 모두 이런 사실을 깨닫는다면, 민간 회사나 개인은 정보를 수집하고 생산할 가치가 있을 만큼 충분히 판매할 수 없게 된다. 민간 회사가 정보를 판매해 이윤을 얻을 가능성이 줄어들면 시장에서 정보가 과소 생산되고, 이에 따라 역선택 문제(레몬 문제)가 계속 증권시장의 효율적 작동을 저해할 것이다.

정보의 확대를 위한 정부규제 무임승차 문제로 인해 민간 시장은 역선택을 초래하는 정보의 비대칭성을 모두 제거할 만큼 충분한 정보를 생산하지 못한다. 그러면 정부의 개입으로 금융시장이 이득을 얻을 수 있을까? 예를 들어 정부가 직접 우량 기업과 불량 기업을 구분하는 데 도움이 되는 정보를 생산해 이를 무료로 제공하는 방법이다. 그러나 이 방법은 정부가 특정 기업에 불리한 정보를 발표해야 하는 일이 생기므로 정치적인 이유로 실행되기 어렵다. 두 번째 방법은 미국과 세계 대부분의 나라가 따르는 해결책이기도 한데, 정부가 증권시장에 대한 규제를 통해 기업이 자신에 관한 정직한 정보를 공시하도록 함으로써 그 기업이 얼마나 우량한지 불량한지를 투자자들이 판단할 수 있게 해주는 것이다. 미국에서는 증권거래위원회(Securities and Exchange Commission, SEC)라는 정부기구가 증권을 발행하는 기업에 대해 표준회계 원칙을 준수하고 매출, 자산, 수익에 관한 정확한 정보를 공시하는지 여부를 회계법인이 공인해주는 독립적인 회계감사 제도를 갖추도록 규제한다. 다른 나라에도 이와 유사한 규제가 있다. 그러나 최근 엔론(Enron)의 파산 사건과 월드컴(WorldCom), 파르말라트(Parmalat, 이탈리아 기업) 등 여러 기업의 회계부정 사건이 시사하듯이 공시 의무가 항상 잘 작동하는 것은 아니다([FYI]

FYI 엔론의 붕괴

2001년까지 미국 에너지 시장에서의 거래를 전문적으로 취급하던 엔론은 놀라운 성공을 거둔 것처럼 보였다. 엔론은 에너지 거래시장의 1/4을 점유했고, 붕괴하기 1년여 전쯤인 2000년 8월에는 770억 달러의 가치를 지닌, 당시 미국에서 7번째로 큰 기업으로 평가됐다. 그러나 엔론은 붕괴했다. 2001년 10월 엔론은 6억 1,800만 달러의 분기 손실을 발표하고 회계의 '오류'를 공시했다. 그러자 SEC는 엔론과 전임 최고 재무책임자가 이끄는 협력사와의 금융거래를 조사하기 시작했다. 그 결과 엔론이 일련의 복잡한 거래를 통해 대차대조표에서 상당한 부채와 금융계약을 누락시켰음이 드러났다. 엔론은 이런 거래를 이용해 재정적 어려움을 감추고 있었던 것이다. J.P. 모건 체이스와 씨티그룹에서 15억 달러를 신규로 조달했음에도 불구하고 엔론은 2001년 12월 파산을 선언할 수밖에 없었다. 그 당시 미국 역사상 가장 큰 파산이었다.

엔론의 붕괴를 통해 정부의 규제가 정보의 비대칭성 문제를 완화할 수는 있어도 제거할 수 없음을 알 수 있다. 경영자는 기업의 문제점을 감추고 투자자들이 기업의 진정한 가치를 알기 어렵게 하려는 엄청난 인센티브를 갖고 있는 것이다.

엔론의 파산은 금융시장에서 기업이 제공하는 회계정보의 질적 수준에 대한 우려를 확대시켰을 뿐만 아니라 연금의 가치가 휴지조각이 됨에 따라 많은 종업원들의 어려움을 초래했다. 엔론 경영층의 사기행위에 대한 분노가 치솟았으며, 여러 경영자들이 기소돼 이미 일부는 유죄 선고를 받고 투옥됐다.

'엔론의 붕괴' 참조).

금융시장에서 역선택이라는 정보의 비대칭성 문제는 [사실 5], 즉 금융시장이 경제에서 가장 강하게 규제받는 부문인 이유를 설명한다. 투자자를 위해 정보를 확대하려는 정부의 규제는 증권시장의 효율적 작동을 방해하는 역선택 문제를 줄이기 위해 필요하다.

정부의 규제는 역선택 문제를 줄이기는 하지만 이를 완전히 제거할 수는 없다. 기업은 매출, 자산, 수익에 관한 정보를 민간에 제공하더라도 여전히 투자자보다 많은 정보를 갖고 있다. 기업의 상태를 알기 위해서는 통계가 제공할 수 있는 것보다 훨씬 많은 것이 필요하다. 더욱이 불량 기업은 마치 우량 기업인 것처럼 보이게 하려고 갖가지 술책을 쓴다. 그렇게 하면 기업의 증권을 보다 높은 가격에 팔 수 있기 때문이다. 불량 기업은 민간에 전달해야 할 정보를 왜곡하는데, 그 결과 투자자는 우량 기업과 불량 기업을 구분하기가 더욱 어려워진다.

금융중개 정보의 제공을 확대하려는 정부의 규제와 민간의 정보 생산이 금융시장의 역선택 문제를 줄이기는 하지만 제거하지 못함을 알았다. 그러면 정보의 비대칭성이 존재하는 경우 금융구조를 통해 어떻게 생산적 투자기회를 가진 사람들에게 자금이 흐르도록 촉진할 수 있을까? 하나의 실마리를 중고차 시장의 구조에서 찾을 수 있다.

중고차 시장의 중요한 특징은 대부분의 중고차가 개인들 간에 직접 거래되지 않는다는 것이다. 중고차를 사려는 개인은 특정 부류의 차가 고장이 얼마나 잦은지를 알아내기 위해 컨슈머 리포트(Consumer Reports)와 같은 잡지를 구독함으로써 민간이 생산한 정보를 구입한다. 그런데 컨슈머 리포트를 읽는 것만으로 역선택 문제를 해결하지 못하는데, 이는 특정 모델의 자동차가 좋은 평판을 얻고 있을지라도 자신이 사려는 그 중고차는 레몬일 수 있기 때문이다. 중고차를 사려는 고객은 그 차의 견적을 받기 위해 정비사에게 가져갈 수도 있다. 그러나 그가 신뢰할 만한 정비사를 알지 못한다거나 정비사가 차를 평가해주는 데 너무 높은 요금을 부과한다면 어떻게 할까?

이런 이유들로 인해 개인은 중고차에 관한 충분한 정보를 얻기 어렵기 때문에, 대부분의 중고차는 개인들 간에 직접 거래되지 않는다. 그 대신 중개기관, 즉 개인들로부터 중고차를 사서 다른 개인에게 되파는 중고차 딜러에 의해 중고차가 거래된다. 중고차 딜러는 중고차가 성능 좋은 차인지 아니면 레몬인지를 판별하는 전문가로서 중고차 시장에서 정보를 생산한다. 중고차 딜러는 일단 그 차가 좋다는 것을 알면, 책임보증 등의 명시적 보증 혹은 정직하다는 명성을 지키기 위한 암묵적 보증하에 차를 판매한다. 딜러의 이런 보증이 있기 때문에 사람들은 중고차를 더 쉽게 구매하게 되며, 딜러는 자신이 산 가격보다 높은 가격에 중고차를 판매하면서 중고차의 품질에 대한 정보를 생산한 데 따른 이득을 얻는다. 이때 딜러는 중고차에 대한 정보를 자신이 생산하고 그 차를 자신이 사들여 되팔게 되므로, 그가 생산한 정보를 다른 사람이 무임승차하는 문제가 없다.

중고차 딜러가 중고차 시장에서 역선택 문제를 해결하는 것처럼, 금융중개기관도 금융시장에서 유사한 역할을 수행한다. 은행 등 금융중개기관은 기업에 관한 정보를 생산하는 전문가여서 신용 위험이 우량한 기업과 불량한 기업을 구별해낼 수 있다. 그래야만 은행은 예금자로부터 자금을 받을 수 있고, 그 자금을 우량 기업에게 대출할 수 있다. 은행은 대부분 우량 기업에 대출할 수 있기 때문에 예금자에게 지급하는 이자율보다 높은 수익률을 대출에서 얻을 수 있다. 그 결과 은행은 이윤을 얻게 되는데, 이는 은행의 정보생산 활동을 더욱 자극하는 인센티브가 된다.

은행이 자신이 생산한 정보로부터 이윤을 얻을 수 있는 중요한 이유는 공개된 시장에서 거래되는 증권의 매입보다는 주로 사적인 대출을 함으로써 무임승차 문제를 피할 수 있기 때문이다. 사적인 대출은 시장에서 거래되지 않기 때문에, 다른 투자자는 이 은행이 하는 일을 볼 수 없으며 또한 이 은행이 생산한 정보에 대한 보상을 없앨 만큼 대출의 가격을 상승시킬 수도 없다. 비거래성 대출 형태로 대부분의 자산을 보유한 은행의 역할은 금융시장에서 정보의 비대칭성을 줄이는 성공의 열쇠다.

역선택에 관한 분석을 통해, 일반적으로 금융중개기관, 특히 은행은 상당 부분 비거래성 대출을 제공하기 때문에 기업에 자금을 전달하는 데 있어 증권시장보다 더 큰 역할을 수행함을 알 수 있다. 따라서 지금까지의 분석은 [사실 3]과 [사실 4], 즉 왜 간접금융이 직접금융보다 훨씬 더 중요한지, 그리고 왜 은행이 기업의 가장 중요한 외부자금 조달원인지를 설명한다.

여기서 제시한 분석으로 설명할 수 있는 또 하나의 중요한 사실은 개발도상국의 금융시스템에서는 은행이 더욱 중요하다는 것이다. 앞에서 살펴본 것처럼, 기업에 관한 정보의 품질이 우수할수록 정보의 비대칭성 문제는 덜 심각할 것이고 기업이 증권을 발행하기가 보다 쉬울 것이다. 개도국에서는 선진국에 비해 민간 기업에 관한 정보를 얻기가 더 어렵다. 따라서 증권시장의 역할은 더 작아질 수밖에 없으며 그만큼 은행 등 금융중개기관의 역할이 커진다. 이러한 분석을 통해 기업에 관한 정보를 얻기 쉬울수록 은행의 역할이 감소한다고 추론할 수 있다. 지난 30년 동안 미국에서 일어난 획기적인 일로 정보기술의 엄청난 발달을 꼽을 수 있다. 그 결과 미국에서 은행 등 금융중개기관의 대출 기능이 위축됐으리라 추론할 수 있고, 실제로 그런 일이 발생했다(제13장 참조).

또한 역선택에 관한 분석은, 대기업의 경우 왜 은행 등의 금융중개기관을 이용한 간접적인 경로가 아니라 증권시장을 이용한 직접적인 경로를 통해 자금을 조달할 가능성이 높은가라는 [사실 6]을 설명한다. 기업이 더 잘 알려질수록 그 기업의 활동에 관한 정보를 시장에서 더 많이 얻을 수 있다. 따라서 투자자가 기업의 상태를 평가해 우량 기업인지 아니면 불량 기업인지를 구별하기가 더 쉬워진다. 투자자들은 이들 잘 알려진 기업에 대해서는 역선택을 별로 걱정하지 않기 때문에 기꺼이 이들 기업의 증권에 직접 투자한다. 따라서 역선택의 분석은 증권을 발행할 수 있는 기업에게는 자금조달의 우선순위(pecking order)가 있음을 시사한다. 결국 기업이 건실하고 규모가 클수록 자금조달을 위해 증권을 발행할 가능성이 커진다는 [사실 6]이 설명됐다.

담보와 순자산 역선택은 차입자가 대출금을 상환할 수 없게 돼 채무를 불이행하면서 대부자에게 손실을 입히는 경우에 한해 금융시장의 기능을 방해한다. 채무불이행이 발생하는 경우 대부자에게 건네기로 약속한 재산인 담보는 대부자의 손실을 줄여주기 때문에 역선택의 영향을 감소시킨다. 차입자가 대출금을 갚지 못하면, 대부자는 담보를 팔아 그 수익금으로 대출 손실을 벌충할 수 있는 것이다. 예를 들어 만약 차입자가 모기지를 상환하지 못하면, 대부자는 그 집을 경매 처분한 돈으로 대출금을 상환받을 수 있다. 따라서 대부자는 담보 대출을 더 선호한다. 차입자의 입장에서도 담보를 제공하면 대부자의 위험이 감소되므로 우선적으로, 그리고 보다 낮은 이자율로 대출받을 가능성이 커지기 때문에 기꺼이 담보를 제공한다. 따라서 신용시장에서 역선택의 존재는 [사실 7], 즉 왜 담보가 채무계약의 중요한 특징인지를 설명한다.

순자산(net worth)은 **자기자본**(equity capital)이라고도 불리는데, 기업의 자산(기업이 보유하고 있거나 받을 것)에서 기업의 부채(기업이 지불할 의무가 있는 것)를 뺀 것으로서, 담보와 유사한 역할을 수행한다. 만일 기업의 순자산이 많다면, 설사 손실이 발생해 채무지급을 불이행하게 만드는 투자를 하더라도 대부자는 이 기업의 순자산에 대한 권리증을 처분한 수익금으로 대출 손실의 일부를 만회할 수 있다. 애초에 기업의 순자산이 많을수록 대출금 상환에 이용할 수 있는 완충자산이 많아지기 때문에 채무불이행의 가능성은 낮아진다. 따라서 대출받으려는 기업의 순자산이 많은 경우에는 역선택의 영향이 덜 중요해지고 대부자는 기꺼이 대출을 해준다. 이 분석은 종종 "돈이 궁하지 않은 사람만 돈을 빌릴 수 있다!"고 탄식하는 배경을 설명한다.

요약 지금까지 역선택의 개념을 이용해 금융구조에 관한 8가지 사실 가운데 7가지를 설명했다. 처음 4가지 사실은 기업의 자금조달에 있어 금융중개기관이 중요하며 상대적으로 증권시장은 덜 중요함을 강조한다. 금융시장은 경제에서 가장 강하게 규제되는 부문의 하나라는 [사실 5], 건실한 대기업만이 증권시장에 접근할 수 있다는 [사실 6], 담보가 채무계약의 중요한 특징이라는 [사실 7]도 설명했다. 다음 절에서는 도덕적 위험이라는 정보의 비대칭성 개념을 통해, 기업 자금조달에 있어 금융중개기관의 중요성, 광범위한 정부규제, 채무계약에서 담보의 중요성에 대한 추가적인 분석을 제시할 것이다. 그리고 도덕적 위험이라는 개념을 이용하여 왜 채무계약이 차입자의 행동을 상당히 제한하는 복잡한 법률 서류인가라는 [사실 8]을 설명할 것이다.

5 도덕적 위험이 어떻게 채무계약과 지분계약 간의 선택에 영향을 주는가?

도덕적 위험은 금융거래를 하고 난 후 발생하는 정보의 비대칭성 문제다. 금융거래 후에는 증권의 판매자가 정보를 숨기고 증권의 구입자에게 손해가 되는 행동을 할 인센티브를 갖는다. 도덕적 위험으로 인해 결국 기업은 지분계약보다 채무계약의 형태로 자금을 조달하기가 더 쉽다.

5.1 지분계약의 도덕적 위험 : 주인-대리인 문제

주식 등 지분계약(equity contract)은 기업의 이윤과 자산의 일정 몫에 대한 청구권이다. 지분계약은 소위 **주인-대리인 문제**(principal-agent problem)라는 유형의 도덕적 위험에 의해 영향을 받는다. 경영자가 자신이 일하는 기업의 매우 작은 지분만을 소유하는 경우, 기업의 (자기)자본 대부분을 소유한 주인(principal)인 주주는 그들의 대리인(agent)인 경영자와 동일한 인물이 아니다. 이러한 소유와 경영의 분리로 인해, 기업을 통제하는 경영자(대리인)는 기업의 소유자인 주주(주인)에 비해 이윤을 극대화하려는 인센티브가 크지 않기 때문에 주주의 이득보다는 자기 자신의 이득을 위해 행동하려는 도덕적 위험이 발생한다.

주인-대리인 문제를 더 잘 이해하기 위해 예를 하나 들어보자. 친구 스티브가 여러분에게 그의 아이스크림 가게에 자금을 대는 동업자가 되어줄 것을 요청한다고 하자. 이 가게를 여는 데는 1만 달러가 필요한데, 스티브는 단지 1,000달러만 갖고 있다. 그래서 여러분이 이 기업 소유권의 90%에 해당하는 지분(주식)을 9,000달러에 산다고 하자. 이에 비해 스티브는 10%의 지분만을 갖는다. 만일 스티브가 맛있는 아이스크림을 만들기 위해 열심히 일하고, 가게를 청결하게 하고, 모든 고객에게 미소를 지으며 신속히 손님들 시중을 든다면, 이 가게는 스티브의 봉급을 포함해 모든 경비를 제한 후에도 연간 5만 달러의 이윤을 벌게 된다고 하자. 이 가운데 스티브는 10%인 5,000달러를, 여러분은 90%인 4만 5,000달러를 받게 된다.

그러나 만일 스티브가 고객에게 신속하고 친절한 서비스를 제공하지 않으며, 사무실에 미술 작품을 걸기 위해 소득에서 5만 달러를 사용하고, 심지어 가게에 있어야 할 시간에 살짝 해변으로 사라지곤 한다면, 이 가게는 아무런 이윤도 나지 못할 것이다. 스티브가 열심히 일하고 미술 작품과 같은 비생산적인 투자를 안 하면, 물론 스티브도 그의 봉급을 초과해 이윤의 10%인 5,000달러를 추가적으로 벌 수 있다. 그런데 스티브는 이 5,000달러로는 경영을 잘하려고 열심히 노력할 만큼 그 대가가 충분치 않다고 생각할 수 있다. 적어도 1만 달러는 받아야 그렇게 열심히 일할 가치가 있다고 판단할 수 있다. 만일 스티브가 이렇게 생각한다면 그는 경영을 잘할 충분한 인센티브를 갖지 못하며, 결국에는 우아한 사무실, 멋진 선탠, 그러나 이윤이 없는 가게가 되고 말 것이다. 주주의 이득을 위해 행동하지 않는 스티브로 인해 여러분은 4만 5,000달러(만약 그가 경영을 열심히 했더라면 벌었을 이윤의 90%)를 비용으로 부담한 꼴이 된다. 만약 스티브가 정직하지 않다면, 주인-대리인 문제로부터 발생하는 도덕적 위험은 더욱 심각해진다. 아이스크림 가게는 현금 장사이므로 스티브는 5만 달러를 자신의 호주머니 속에 챙기고는 이윤이 전혀 없었다고 말할 인센티브를 갖는다. 그는 5만 달러의 수익을 얻지만, 여러분은 한 푼도 못 받는 것이다.

지분계약에 의해 생기는 주인-대리인 문제가 심각할 수 있다는 증거로서 최근 엔론과 타이코 인터내셔널 등의 기업에서 발생한 스캔들을 들 수 있다. 이들 기업의 경영자들은 개인적 용도로 자금을 전용해 고소당했다. 개인적 이익을 추구하는 것 외에도, 경영자들은 기업의 수익을 높이지는 않지만 자신의 개인적 권력을 확대시키는, 예를 들어 다른 기업을 인수하는 등의 기업 전략을 추구할 수도 있다.

만약 기업의 소유자들이 경영자가 어떤 일을 하는지에 대한 완벽한 정보를 갖고 있고 낭비나 사기를 막을 수만 있다면 주인-대리인 문제는 발생하지 않을 것이다. 도덕적 위험의 한 예로서 주인-대리인 문제가 발생하는 이유는 정보의 비대칭성, 즉 스티브처럼 경영자가 자신의 행동에 관해 주주보다 더 많은 정보를 갖고 있다는 사실 때문이다. 만약 스티브 혼자서 가게를 다 소유해 소유와 경영이 분리되지 않는다면, 역시 주인-대리인 문제는 발생하지 않는다. 이럴 경우 스티브는 열심히 일하고 비생산적인 투자를 기피한 대가로 5만 달러의 이윤을 얻을 것이다.

5.2 주인-대리인 문제의 해결수단

정보의 생산 : 감시 앞에서 주인-대리인 문제가 발생하는 이유는 경영자가 자신의 활동과 실제 이윤에 대해 주주보다 더 많은 정보를 갖고 있기 때문임을 알았다. 주주의 입장에서 이러한 도덕적 위험의 문제를 감소시키는 방법 중 하나는 그들 스스로 특정 유형의 정보생산에 참여하고 기업의 활동을 감시(monitoring)하는 것이다. 예를 들어 수시로 기업에 대해 회계감사를 하고 경영자가 무엇을 하고 있는지를 점검하는 것이다. 그런데 문제는 이런 감시를 하려면 시간과 돈이라는 비용이 많이 든다는 것이다. 이를 두고 경제학자들은 **값비싼 상태입증**(costly state verification)이라 부른다. 상태를 입증하는 데 비용이 너무 많이 들기 때문에 지분계약이 덜 바람직해지며, 왜 주식이 현재의 금융구조에서 보다 중요한 요소가 아닌지가 부분적으로 설명된다.

역선택과 마찬가지로 도덕적 위험(주인-대리인)의 문제에 있어서도 무임승차 문제로 인해 민간의 정보 생산량이 감소한다. 여기서는 무임승차 문제가 경영 감시를 줄이게 만든다. 만일 다른 주주가 기업 활동을 감시한다는 사실을 알게 된다면, 여러분은 그들의 행동으로 인해 무임승차를 할 수 있다. 그러면 여러분은 감시하는 데 들일 돈으로 카리브해에 있는 섬으로 휴가를 갈 수도 있다. 그런데 여러분이 그렇게 할 수 있다면, 다른 주주들도 역시 마찬가지다. 당연하게도 모든 주주는 카리브 여행을 선호하지, 기업 감시를 위한 지출을 원치 않는다. 이렇게 되면 주식과 관련된 도덕적 위험의 문제가 심각해지고, 기업은 주식을 발행해 자금을 조달하기가 어려워질 것이다. 이는 [사실 1]에 대한 추가적인 설명이 된다.

정보의 확대를 위한 정부규제 역선택의 경우에서와 마찬가지로, 정부는 정보의 비대칭성으로 인한 도덕적 위험의 문제를 줄이려는 인센티브를 갖는다. 이는 [사실 5]로서 금융시스템이 강하게 규제받는 또 하나의 이유이기도 하다. 어느 나라 정부나 기업의 이윤이 얼마인지를 쉽게 입증해주는 표준회계 원칙을 준수하도록 법으로 강제한다. 또한 이윤을 숨기고 훔치는 사기 행위를 저지른 자에 대해 가혹한 형벌을 내리는 법도 시행한다. 그러나 이런 방법은 단지 부분적으로만 효과가 있을 뿐이다. 이런 사기를 잡아내는 것이 결코 쉽지 않다. 사기 행위를 하는 경영자는 정부기관이 이를 잡아내거나 입증하기 매우 어렵게 만들려고 할 것이기 때문이다.

금융중개 금융중개기관은 도덕적 위험에 직면해 무임승차 문제를 해결할 능력을 갖고 있다. 이것이 [사실 3]에서와 같이 간접금융이 중요한 이유다. 주인-대리인 문제로 인한 도덕적 위험을 줄일 수 있는 금융기관으로서 **벤처캐피털 회사**(venture capital firm)가 있다. 벤처캐피털 회사는 조합원들의 자금을 모아 젊은 기업가가 새로운 사업을 시작할 수 있게끔 자금을 지원한다. 벤처캐피털 회사는 자금을 지원한 대가로 신생 기업의 주식을 받는다. 수익이 얼마나 되는지를 입증하는 것이 도덕적 위험을 없애는 데 있어 매우 중요하기 때문에, 벤처캐피털 회사는 보통 자신의 사람을 기업의 이사회 일원으로 참여시켜 기업의 활동을 면밀히 살펴볼 수 있길 요구한다. 벤처캐피털이 신생 기업에 자금을 투자할 때는 그 기업의 주식을 벤처캐피털 회사를 제외한 다른 사람에게 팔 수 없게 한다. 따라서 다른 투자자들은 벤처캐피털 회사의 상태입증 활동에 무임승차할 수 없다. 이런 협약의 결과 벤처캐피털 회사는 자신의 상태입증 활동에 따른 모든 이득을 누릴 수 있으며, 도덕적 위험의 문제를 줄일 적절한 인센티브를 갖는다. 벤처캐피털 회사는 미국에서 일자리 창출, 경제성장, 국제경쟁력 강화를 가져온 하이테크 부문의 발전에 중요한 역할을 담당했다.

채무계약 도덕적 위험은 기업이 돈을 벌든 손해를 보든 상관없이 모든 상황에서 이윤에 대한 청구권을 갖는 지분계약으로 인해 발생한다. 만일 특정 상황에서만 도덕적 위험이 존재하도록 계약이 맺어진다면, 투자자로서는 경영자를 감시할 필요성이 줄어들고 지분계약보다 더 매력적인 계약이 될 것이다. 채무계약이 바로 이런 성격을 띤다. 채무계약은 차입자가 대부자에게 정기적으로 고정된 금액을 지불하기로 약속한 계약이기 때문이다. 기업이 높은 이윤을 낼 때, 대부자는 기업의 정확한 이윤을 알 필요 없이 계약상의 금액만 받으면 그만이다. 만일 경영자가 이윤을 숨기거나 또는 개인적으로는 이익이 되지만 수익성을 높이지 못하는 활동을 추구하는 경우에도, 기업이 제때에 채무를 상환할 여력만 있다면 대부자로서는 상관할 이유가 없다. 기업이 채무를 상환할 수 없어 채무불이행의 상태에 처할 경우에만 대부자는 기업의 이윤 상태를 확인할 필요성이 생긴다. 이 경우에는 채무계약을 맺은 대부자가 마치 지분 보유자처럼 행동할 필요가 있으며, 정당한 몫을 받기 위해 기업에 얼마만큼의 수입이 있는지를 알아야 한다.

기업을 감시할 필요성이 적고, 따라서 상태를 입증하는 비용이 적게 들기 때문에 채무계약이 지분계약보다 자금을 조달하는 데 있어 더 자주 이용된다. 이와 같이 도덕적 위험

의 개념은 주식이 기업의 가장 중요한 자금 조달원이 아니라는 [사실 1]을 설명한다.[3)]

6 도덕적 위험이 어떻게 채무시장의 금융구조에 영향을 주는가?

채무계약은 바로 앞에서 언급한 장점이 있음에도 불구하고 여전히 도덕적 위험의 문제에 직면한다. 차입자는 채무계약에 따라 일정한 금액을 지불해야 하고 그 이상으로 이윤을 유지해야 하기 때문에, 대부자가 원하는 것보다 더 위험한 사업에 투자할 인센티브를 갖는다.

예를 들어 여러분이 스티브의 아이스크림 가게의 이윤을 입증하는 문제 때문에 주식을 사지 않기로 했다고 하자. 그 대신 스티브에게 사업을 하는 데 필요한 9,000달러를 빌려주고 10%의 이자를 받기로 채무계약을 맺었다고 하자. 그 동네에는 아이스크림에 대한 지속적이고도 상당히 큰 수요가 있기 때문에 이 아이스크림 가게는 확실한 투자라고 하자. 그러나 일단 여러분이 스티브에게 자금을 빌려주고 나면, 그는 여러분이 의도한 것과는 다른 목적에 자금을 전용할지도 모른다. 아이스크림 가게를 여는 대신, 10%의 성공확률로 지방이나 칼로리가 전혀 없으면서도 최고급의 맛을 내는 다이어트 아이스크림을 개발하기 위해 여러분의 돈 9,000달러를 화학 연구장비에 투자할 수 있다.

분명히 이는 매우 위험한 투자이다. 그러나 성공한다면 스티브는 백만장자가 될 것이다. 성공하기만 하면 그 이득이 매우 크기 때문에 스티브는 이 위험천만한 투자를 감행할 강력한 인센티브를 갖는다. 그러나 스티브에게 돈을 빌려준 여러분으로서는 매우 불만일 수밖에 없다. 왜냐하면 그가 실패할 경우, 사실 그렇게 될 가능성이 매우 높은데, 이 경우 여러분이 빌려준 돈의 전부는 아니더라도 대부분을 잃게 될 것이기 때문이다. 비록 그가 성공한다 하더라도 여러분은 그 성공의 이득을 함께 나눌 수 없다. 대출의 원금과 이자가 고정돼 있기 때문에 대출에 대한 10%의 이자만을 받을 뿐이다. 스티브가 여러분의 돈을 매우 위험한 사업에 투자할지 모른다는 도덕적 위험의 문제로 인해, 비록 그 동네의 아이스크림 가게가 모든 사람에게 이득이 되는 유익한 투자임에도 불구하고 여러분은 스티브에게 자금을 빌려주지 않으려 할 것이다.

3) 미국에서 지분계약보다 채무계약을 더 많이 이용하게 하는 또 하나의 요인은 세법이다. 기업 채무에 대한 이자 지급액은 세금공제가 가능한 경비로 인정되지만, 주주에 대한 배당지급액은 그렇지 않다.

6.1 채무계약에서 도덕적 위험의 해결수단

순자산과 담보 차입자의 자산에서 부채를 차감한 순자산이 많아 차입자의 이해관계가 크게 걸린 경우나 대부자에게 제시한 담보의 가치가 큰 경우에는, 차입자가 잃을 것이 많기 때문에 대부자가 싫어하는 행동을 하려는 유혹인 도덕적 위험이 크게 감소한다. 다른 말로 표현하면, 차입자의 순자산이나 담보가 많아서 내건 판돈이 커질수록 차입자는 대부자의 손해를 초래하는 위험한 행동을 하지 않는다. 이제 아이스크림 가게나 연구장비를 설치하는 데 드는 비용이 1만 달러가 아니라 10만 달러라고 하자. 그래서 스티브가 자신의 돈 9만 1,000달러를 사업에 투자하고 여러분이 9,000달러를 대출해준다고 하자. 이제 스티브는 무지방, 무칼로리의 아이스크림 발명에 실패하면 잃을 게 많아졌다. 즉 10만 달러의 자산에서 9,000달러의 부채를 차감한 순자산 9만 1,000달러를 잃을 수 있는 것이다. 그러면 그는 이 위험한 투자에 대해 다시 생각해보게 될 것이고, 결국 보다 확실한 수익을 내는 아이스크림 가게에 투자할 것이다. 따라서 스티브가 사업에 투자한 자신의 돈(순자산)이 많을수록, 여러분이 그에게 돈을 빌려줄 가능성도 커진다. 마찬가지로, 여러분도 자신의 집을 담보로 돈을 빌렸다면, 모기지를 갚아야 할 돈으로 라스베이거스에 가서 도박하지는 않을 것이다. 그랬다간 집을 잃고 만다.

이와 같이 순자산과 담보로 인해 도덕적 위험의 문제가 해결된 것을 두고 채무계약이 **유인부합적**(incentive-compatible)이 됐다고 말한다. 즉 차입자의 인센티브가 대부자의 인센티브와 어긋나지 않게 된 것이다. 차입자의 순자산과 담보가 클수록 대부자가 원하는 방식으로 차입자가 행동할 인센티브가 커지며, 따라서 채무계약에서 도덕적 위험의 문제가 작아지고 기업이나 가계가 차입하기 쉬워진다. 역으로 차입자의 순자산과 담보가 작을수록 도덕적 위험의 문제가 커지고 자금을 빌리기 어려워진다.

제한적 약관의 감시와 집행 스티브의 아이스크림 가게 사례가 보여주듯이, 만약 스티브가 아이스크림 가게보다 더 위험한 투자를 하지 않을 것이라고 확신한다면 그에게 대출을 해줄 만하다. 따라서 채무계약서에 기업의 행동을 제한하는 조항인 제한적 약관을 써넣어 여러분이 원하는 대로 스티브가 돈을 사용하도록 확실하게 만들 수 있다. 스티브가 제한적 약관대로 잘 따르는지를 알기 위해 그의 행동을 감시하고, 그렇지 않은 경우에는 그 약관을 집행함으로써 여러분의 돈으로 그가 위험한 선택을 못하도록 확실히 할 수 있다. 제한적 약관은 바람직하지 못한 행동을 억제하고 바람직한 행동을 권장함으로써 도덕적 위험의 문제를 줄이기 위한 것이다. 이를 위한 제한적 약관에는 크게 다음 4가지 유형이 있다.

1. 바람직하지 못한 행동을 억제하는 약관. 제한적 약관을 통해 차입자가 위험한 투자사업을 감행하지 못하도록 함으로써 도덕적 위험을 줄일 수 있다. 일부 약관은 특정 장비나 재고 구매 등 특정한 활동에만 대출자금을 사용하도록 의무화한다. 또 약관에서 차입자가 다른 기업을 매수하는 등의 위험한 영업 활동을 하지 못하도록 제한할 수도 있다.
2. 바람직한 행동을 권장하는 약관. 제한적 약관은 바람직한 행동을 권장해 차입자가 대출금을 보다 잘 상환하게 만들 수 있다. 이런 유형의 제한적 약관으로는 집안의 가장이 사망할 경우 모기지를 대납해주는 생명보험 가입을 요구하는 것을 들 수 있다. 또한 기업에 대해서는 순자산이 많을수록 도덕적 위험이 감소하고 대부자의 손실 가능성이 낮아지므로, 차입한 기업이 순자산을 높은 수준으로 유지하게끔 권장하는 데 초점을 맞춘다. 전형적으로 이들 약관은 특정 자산의 보유를 최소한 일정 비율 이상 유지할 것을 규정한다.
3. 담보의 가치를 유지하기 위한 약관. 담보는 대부자에게 중요한 안전장치가 되기 때문에 제한적 약관에서 차입자가 담보를 양호한 상태로 유지할 것을 권장하고 차입자의 소유로 남아 있어야 함을 확실히 해둔다. 이는 보통 사람들이 가장 자주 접하는 유형의 약관이다. 예를 들어 자동차 대출계약에서는 자동차 소유자가 최소한 자기 차량의 손해보험을 들어야 하며, 대출금을 상환하지 않고 자동차를 매도하지 못하도록 한다. 마찬가지로 주택 모기지를 받은 사람은 주택에 대한 적절한 보험에 가입해야 하며, 주택을 매도할 때는 모기지를 상환해야 한다.
4. 정보를 제공하기 위한 약관. 제한적 약관은 또한 자금을 차입한 기업이 정기적으로 분기별 회계 및 손익 보고서 등의 형식으로 기업 활동에 관한 정보를 제공하도록 해 대부자가 기업을 쉽게 감시하고 도덕적 위험을 줄일 수 있게 한다. 또한 이러한 유형의 약관은 대부자가 기업의 회계장부를 수시로 감사하고 조사할 수 있는 권리를 갖고 있음을 규정하기도 한다.

이제 채무계약이 종종 차입자의 행동에 많은 제한을 두는 복잡한 법률 문서라는 [사실 8]을 살펴봤다. 채무계약은 도덕적 위험을 줄이기 위해 복잡한 제한적 약관을 필요로 한다.

금융중개 제한적 약관이 도덕적 위험의 문제를 줄이는 데 도움이 되지만, 역시 완전히 제거하지는 못한다. 모든 위험한 행동을 배제하는 약관을 작성하기란 거의 불가능하다. 더구나 현명한 차입자들은 제한적 약관의 허점을 이용해 그 조항들을 무력화시킬 수 있다.

제한적 약관에서 또 하나의 문제는 약관의 준수 여부를 감시하고 집행해야 한다는 것이다. 만약 대부자가 제대로 확인하지 않거나 법적 조치를 추하는 데 드는 비용을 지출할 의사가 없다는 사실을 차입자가 알고 있다면 조항을 위반하더라도 제한적 약관은 무용지물이다. 제한적 약관의 감시와 집행에는 상당한 비용이 들기 때문에, 채무증권(채권) 시장에서도 주식시장과 마찬가지로 무임승차 문제가 발생한다. 만일 다른 채권 보유자들이 제한적 약관 조항을 감시하고 집행한다는 사실을 알면, 여러분은 무임승차할 수 있다. 그러나 다른 채권 보유자들도 이와 같이 생각할 것이기 때문에 결국 제한적 약관에 대한 감시와 집행에 충분한 자원이 투입되지 않는다. 따라서 시장성 채무에는 도덕적 위험의 문제가 계속 심각하게 남는다.

앞에서 보았듯이 금융중개기관, 특히 은행은 주로 사적인 대출을 함으로써 무임승차 문제를 피할 수 있다. 사적인 대출은 거래되지 않기 때문에, 다른 누구도 제한적 약관에 대한 금융중개기관의 감시와 집행에 무임승차할 수 없다. 따라서 사적인 대출을 하는 금융중개기관은 자신이 하는 감시와 집행의 이득을 모두 누리는 동시에 채무계약에 도사린 도덕적 위험의 문제를 막을 수 있다. 이러한 도덕적 위험의 개념을 이해하면, [사실 3]과 [사실 4]에서와 같이 저축자로부터 차입자로 자금을 전달하는 데 있어 왜 시장성 증권보다 금융중개기관이 더 중요한 역할을 담당하는지를 알 수 있다.

6.2 요약

금융시장에 존재하는 정보의 비대칭성으로 인해 시장의 효율적 작동을 저해하는 역선택과 도덕적 위험의 문제가 발생한다. 이들 문제를 해결하는 수단으로는 민간의 정보 생산과 판매, 금융시장의 정보 확대를 위한 정부의 규제, 채무계약에서 담보와 순자산, 감시와 제한적 약관 등을 들 수 있다. 이제까지의 분석에서 발견한 핵심적인 내용은 주식, 채권 등의 시장성 증권에 내재한 무임승차 문제로 인해 금융중개기관, 특히 은행이 기업의 자금조달에 있어 증권시장보다 더 중요한 역할을 수행해야 함을 시사한다. 역선택과 도덕적 위험의 영향에 관한 경제적 분석을 통해 금융시스템의 기본적 특징을 설명하고, 이 장의 처음에 제시한 금융구조의 8가지 사실에 대한 설명을 제시했다.

정보의 비대칭성 문제를 해결하는 데 도움이 되는 각 수단을 더 잘 이해하도록 [요약표 1]에 정보의 비대칭성 문제와 이에 대한 해결수단을 요약했다. 또한 이들 해결수단과 정보의 비대칭성 문제가 어떻게 금융구조의 8가지 사실을 설명하는지를 표시했다.

요약표 1 정보의 비대칭성 문제와 해결수단

정보의 비대칭성 문제	해결수단	설명되는 사실
역선택	민간의 정보생산과 판매	1, 2
	정보의 확대를 위한 정부규제	5
	금융중개	3, 4, 6
	담보와 순자산	7
지분계약의 도덕적 위험	정보의 생산 : 감시	1
(주인-대리인 문제)	정보의 확대를 위한 정부규제	5
	금융중개	3
	채무계약	1
채무계약의 도덕적 위험	담보와 순자산	6, 7
	제한적 약관의 감시와 집행	8
	금융중개	3, 4

〈사실 목록〉

1. 주식은 가장 중요한 외부자금 조달원이 아니다.
2. 시장성 증권은 가장 주된 자금 조달원이 아니다.
3. 간접금융이 직접금융보다 더 중요하다.
4. 은행이 가장 중요한 외부자금 조달원이다.
5. 금융시스템은 강하게 규제받고 있다.
6. 건실한 대기업만이 증권시장을 이용할 수 있다.
7. 담보가 채무계약에서 광범위하게 이용된다.
8. 채무계약에는 많은 제한적 약관이 있다.

응용 금융발전과 경제성장

최근 연구에 따르면, 개발도상국과 체제전환국(transition country)이라 불리는 러시아 등 과거 공산주의 국가가 낮은 성장률을 보인 중요한 이유는 금융시스템이 발전되지 못한, 소위 금융억압(financial repression) 상태에 있었기 때문이라고 한다.[4] 금융구조의 경제적 분석을 통해, 발전되지 못한 금융시스템이 어떻게 경제발전과 경제성장의 속도를 늦추는지 설명할 수 있다.

개도국과 체제전환국에는 금융시스템이 효율적으로 작동하지 못하는 몇 가지 어려움이 있다. 앞에서 보았듯이 신용시장에서 역선택과 도덕적 위험의 문제를 해결하는 2가지 중요한 수단은 담보와 제한적 약관이다. 많은 개도국에서는 법의 원칙, 정부의 수용에 대한 제한, 부패 척결 등의 재산권 보호 시스템이 제대로 기능하지 못하기 때문에 이들 2가지 수단

4) 경제성장과 금융발전간의 관계에 대한 문헌 연구와 참고문헌 목록은 다음 책자 참조. World Bank, *Finance for Growth: Policy Choices in a Volatile World* (World Bank and Oxford University Press, 2001); Frederic S. Mishkin, *The Next Great Globalization: How Disadvantaged Nations can Harness Their Financial Systems to Get Rich* (Princeton University Press, 2006)

을 효과적으로 사용하기 어렵다. 예를 들어 이들 나라에서는 채권자(대부자)가 채무불이행을 한 채무자를 상대로 소송을 제기할 경우 그 과정이 몇 년씩이나 걸리며, 유리한 판결을 받아낸 뒤에도 채권자가 담보에 대한 권리를 얻기 위해 다시 소송을 제기해야 한다. 이 과정이 5년 이상 걸릴 수 있으며, 채권자가 담보를 획득할 즈음에는 담보가 그동안 관리되지 않아 거의 가치를 잃고 만다. 더구나 정부는 종종 농업과 같이 정치적 영향력이 큰 부문의 차입자에 대해서는 대부자가 담보권을 행사하는 것을 가로막기도 한다. 담보를 효과적으로 사용할 수 없는 시장에서는 대부자가 우량 대출과 불량 대출을 가려내기 위한 정보를 더 많이 필요로 하기 때문에 역선택 문제가 더욱 심각해진다. 그 결과 가장 생산적 투자기회를 가진 차입자에게 대부자의 자금을 전달하는 것이 어려워지며, 결국 생산적인 투자를 위축시켜 저성장 경제를 낳는다. 마찬가지로 열악한 법제도로 인해 차입자에게 제한적 약관을 지키도록 하기도 매우 어렵다. 이에 따라 차입자의 도덕적 위험을 방지하기가 훨씬 어려워져서 대출을 꺼리게 된다. 다시금 이 결과는 생산성이 낮은 투자와 낮은 경제성장률로 이어진다. 경제성장을 촉진하는 데 있어 효과적인 법제도의 중요성을 감안하면, 변호사들은 일반인들의 생각보다 경제에서 훨씬 더 중요한 역할을 한다([FYI] '변호사를 모두 죽여야 할까?' 참조).

개도국과 체제전환국의 정부는 종종 금융시스템을 이용해 경제의 우선 부문이나 그들 자신에게 대출을 하도록 지시하기도 한다. 이 과정에서 특정 유형의 대출에 대해 이자율을 인위적으로 낮게 설정하거나, 특정 유형의 대출을 취급할 소위 개발금융기관을 설립하거나,

FYI 변호사를 모두 죽여야 할까?

변호사는 종종 코미디언 지망생의 손쉬운 놀림감이 되곤 한다. 교통사고나 쫓아다니며 경박한 소송을 일삼는 교활한 변호사를 대상으로 한 수많은 농담이 있다. 변호사에 대한 적대감은 비단 최근의 현상이 아니다. 16세기 후반에 저술된 셰익스피어의 『헨리 4세』에서도 백정 딕은 '우리가 가장 먼저 할 일은 변호사를 모두 죽이는 것'이라고 권고한다. 과연 셰익스피어의 딕이 옳은 것일까?

실제로 대부분의 법률 사무는 교통사고를 쫓아다니거나, 형법을 다루거나, 교활한 소송을 제기하는 일이 아니다. 오히려 대부분은 재산권 확보와 관련된 계약서를 작성하고 집행하는 일이다. 재산권은 투자를 보호하기 위한 핵심요소이다. 집행되지 않는 재산권이란 아무 의미가 없기 때문에 좋은 법제도 자체로는 투자의 인센티브를 제공하지 못한다. 바로 이 때문에 변호사가 필요하다. 어떤 사람이 여러분의 땅을 침범하거나 허락 없이 여러분의 소유물을 사용했다면 변호사가 이를 중지시킬 수 있다. 변호사가 없으면 사람들은 투자하려 들지 않을 것이며, 투자가 없으면 경제도 성장할 수 없다.

미국은 전 세계에서 국민 1인당 변호사 수가 가장 많은 국가이다. 또한 미국은 기술 분야 등에서 새로운 생산적 활동에 필요한 자본을 확보하는 데 있어 최적의 금융시스템을 지닌, 세계에서 가장 부유한 국가 가운데 하나이다. 이는 우연의 일치일까? 아니면 미국의 법제도가 실제로 경제에 이득을 주는 것일까? 최근 연구 결과, 앵글로-색슨 법제도에 기반한 미국의 법제도는 미국 경제의 장점으로 제시됐다.*

* 이에 관해 다음 논문 참조. Rafael La Porta, Florencio Lopez-de-Silanes, Andrei Shleifer, and Robert W. Vishny, "Legal Determinants of External Finance," *The Journal of Finance* 52, 3 (July 1997), 1131-1150; Rafael La Porta, Florencio Lopez-de-Silanes, Andrei Shleifer, and Robert W. Vishny, "Law and Finance," *Journal of Political Economy* 106, 6 (December 1998), 1113-1155.

혹은 기존 금융기관이 특정 사업체에 대출하도록 지시하기도 한다. 이미 살펴본 것처럼, 민간 금융기관은 역선택과 도덕적 위험의 문제를 해결하고 가장 생산적 투자기회를 가진 차입자에게 대출할 인센티브가 있다. 그런데 정부는 이윤 동기에 의해 움직이지 않기 때문에 그렇게 할 인센티브가 크지 않다. 따라서 정부의 지시금융으로는 경제성장을 촉진할 부문에 자금을 전달하지 못할 수가 있다. 역시 그 결과는 효율성이 낮은 투자와 낮은 성장률이다.

더구나 많은 개도국과 체제전환국의 은행은 정부에 의해 국유화됐다. 이들 **국유은행**(state-owned bank)은 역시 이윤추구 동기가 없기 때문에 그들의 자금을 가장 생산적으로 사용할 부문에 전달할 인센티브가 거의 없다. 놀랄 것도 없이, 종종 국유은행의 주된 대출고객은 정부인데, 정부가 항상 자금을 현명하게 이용하는 것은 아니다.

정부의 규제는 금융시장이 보다 효율적으로 작동하도록 정보의 양을 확대시킬 수 있다. 많은 개도국과 체제전환국에서는 발달되지 못한 규제기구로 인해 시장에 적절한 정보를 제공하는 것이 지체된다. 예를 들면 이들 국가에서는 회계표준이 느슨해 차입자의 대차대조표를 확인하기가 매우 어렵다. 그 결과 정보의 비대칭성 문제가 더욱 심각해지고, 금융시스템이 자금을 가장 생산적인 곳으로 전달하는 것을 크게 방해한다.

부실한 법제도, 느슨한 회계표준, 부적절한 정부의 규제, 지시금융을 통한 정부의 개입과 국유은행 등의 제도적 환경은 많은 나라를 가난에서 벗어나지 못하게 만드는 원인이다.

응용 중국은 금융발전의 중요성에 대한 예외 사례일까?

중국은 비록 경제적으로 슈퍼파워가 되고 있는 것처럼 보이지만 금융발전은 아직 초보 단계에 머물러 있다. 중국에서는 법제도가 부실해 금융계약이 집행되기 어렵고 회계표준도 느슨해 차입자에 관한 양질의 정보를 구하기가 어렵다. 은행시스템에 대한 규제는 아직 형성단계에 있고 대형 국유은행들이 은행 부문을 지배하고 있다. 그러나 중국 경제는 지난 20년간 세계에서 가장 빠른 성장을 구가하고 있다. 그렇다면 중국은 어떻게 낮은 수준의 금융발전에도 불구하고 빠르게 성장할 수 있었을까?

앞에서 지적했듯이 중국은 1인당 소득이 미국의 1/5 수준인 1만 달러에도 미치지 못하는 경제발전의 초기 단계에 있다. 지난 20년간 평균 40%의 극히 높은 저축률로 중국은 자본을 빠르게 축적할 수 있었고, 대규모의 유휴 노동력을 생계농업 부문에서 자본을 이용하는 생산성이 높은 산업으로 이동시킬 수 있었다. 이용 가능한 저축이 비록 가장 생산적인 부문에 배분되지는 않았지만, 자본의 막대한 증가와 더불어 저생산성 생계농업 부문에서 노동력을 이전해 얻게 된 생산성 증가로 인해 빠르게 성장할 수 있었다.

그러나 중국이 부유해짐에 따라 이런 전략이 계속 먹힐 것 같지는 않다. 구소련이 생생한 예다. 1950년대와 1960년대의 소련은 높은 저축률로 인한 빠른 성장, 막대한 자본 축적, 생계농업에서 공장으로 저생산성 노동력의 대규모 이동 등 현재의 중국과 많은 공통점을 지니고 있었다. 그러나 소련은 당시의 빠른 성장기에 자본을 효율적으로 배분하는 제도를 발전시킬 수 없었다. 그 결과 생계노동자 계층이 소진되자 소련의 성장은 급격히 둔화됐고 서방경제를 따라갈 수 없게 됐다. 지금은 아무도 소련을 경제적 성공담으로 인정하지 않는다. 금융발전과 경제성장을 유지하기 위해 필요한 제도를 발전시킬 수 없었던 것이 소련이라는 슈퍼파워 몰락의 중요한 원인이었다.

중국이 다음 발전 단계로 이행하려면 자본을 보다 효율적으로 배분할 필요가 있을 것이다. 이를 위해서는 금융시스템을 개선해야 한다. 중국 지도층은 이러한 도전을 잘 알고 있다. 그래서 정부는 국유은행을 민영화하겠다고 발표하고, 또한 금융계약이 보다 잘 집행되도록 법률 개혁을 추진하고 있다. 대부자가 채무불이행한 기업의 자산을 인수할 수 있도록 새로운 파산법을 준비하고 있다. 과연 중국이 최상급의 금융시스템을 발전시키는 데 성공해서 선진국 대열에 합류할 수 있을지는 지켜볼 일이다.

요 약

SUMMARY

1 금융구조에 관한 8가지 사실이 있다. 처음 4가지 사실은 기업의 자금조달에 있어 금융중개기관이 중요하며 상대적으로 증권시장은 덜 중요하다고 강조한다. 다섯 번째는 금융시장이 경제에서 가장 강하게 규제되는 부문의 하나라는 것이고, 여섯 번째는 건실한 대기업만이 증권시장에 접근할 수 있다는 것이며, 일곱 번째는 담보가 채무계약의 중요한 특징이라는 점이고, 여덟 번째는 채무계약이 차입자의 행동에 상당한 제한을 가하는 복잡한 법률 서류임을 설명한다.

2 거래비용으로 인해 소액 저축자와 차입자는 금융시장에 직접 참여하기 어렵다. 반면에 금융중개기관은 규모의 경제와 우월한 전문성을 갖춰 거래비용을 낮출 수 있으며, 이에 따라 저축자와 차입자가 금융거래의 이득을 누린다.

3 정보의 비대칭성은 거래 이전에 발생하는 역선택과 거래 이후에 발생하는 도덕적 위험이라는 2가지 문제를 초래한다. 역선택은 신용 위험이 불량한 자들이 대출받기를 가장 원한다는 것이며, 도덕적 위험은 차입자가 택하는 위험이 대부자의 입장에서는 바람직하지 못한 것임을 의미한다.

4 역선택은 금융시장의 효율적 작동을 저해한다. 역선택 문제를 줄이는 수단으로는 민간의 정보생산과 판매, 정보의 확대를 위한 정부규제, 금융중개기관, 담보와 순자산을 들 수 있다. 남들이 대가를 치른 정보를 무상으로 이용하려는 무임승차 문제로 인해 금융중개기관, 특히 은행이 증권시장보다 기업의 자금조달에 더 중요한 역할을 한다.

5 지분계약에 있어 도덕적 위험은 주인-대리인 문제로 알려져 있다. 왜냐하면 경영자(대리인)는 주주(주인)에 비해 이윤을 극대화할 인센티브가 적기 때문이다. 주인-대리인 문제는 금융시장에서 왜 채무계약이 지분계약에 비해 더 널리 이용되는지를 설명한다. 주인-대리인 문제를 완화하는 수단으로는 감시, 정보의 확대를 위한 정부규제, 금융중개기관을 들 수 있다.

6 채무계약에서 도덕적 위험의 문제를 줄이는 수단으로는 순자산, 제한적 약관의 감시와 집행, 금융중개기관을 들 수 있다.

주요 용어 KEY TERMS

값비싼 상태입증(costly state verification)
국유은행(state-owned bank)
담보(collateral)
대리인 이론(agency theory)
무보증채무(unsecured debt)
무임승차 문제(free-rider problem)
벤처캐피털 회사(venture capital firm)
보증채무(secured debt)
순자산(net worth) 또는 자기자본(equity capital)
유인부합적(incentive-compatible)
제한적 약관(restrictive covenants)
주인-대리인 문제(principal-agent problem)

연습문제 QUESTIONS

1 미국, 독일, 일본, 캐나다에서 국가별로 가장 중요한 외부자금 조달원과 가장 덜 중요한 외부자금 조달원을 각각 제시하라. 또한 이들 국가의 자금 조달원 간에 유사점과 차이점을 설명하라.

2 금융중개기관이 존재하는 데 있어 규모의 경제는 어떤 의미를 갖는가?

3 금융중개기관이 경제 내에서 거래비용을 줄일 수 있는 방법 2가지를 제시하라.

4 금융상품 투자자들과는 달리 왜 금융중개기관은 의욕적으로 정보 수집 활동에 나서는가?

5 당신이 저축한 돈으로 양도성예금증서(CD)를 사려고 은행에 갔는데, 마침 옆에 있던 사람이 자동차 구입용 은행 대출을 받으려 한다고 하자. 이때 당신은 왜 자동차 구입용 은행 대출 이자율보다는 낮지만 양도성예금증서의 이자율보다는 더 높은 이자율을 제시하면서 그 사람에게 직접 돈을 빌려줄 의향이 없는지에 대해 설명하라.

6 부자는 종종 사람들이 그의 돈만 보고 결혼하려 든다고 걱정한다. 이는 역선택 문제인가?

7 뉴욕증권거래소와 장외시장에서 거래되는 주식 가운데 어느 주식에서 레몬 문제가 더 심각하겠는가? 설명하라.

8 만약 여러분의 친구가 자신의 기업에 모든 저축을 쏟아붓는다면 그렇지 않은 경우에 비해 여러분은 그 친구에게 더 기꺼이 돈을 빌려주겠는가? 그 이유는 무엇인가?

9 대출에 따른 정보의 비대칭성 문제를 줄이기 위해 금융중개기관은 어떤 절차를 이용하는가?

10 정보의 비대칭성 문제를 줄이고 금융시스템이 보다 원만하고 효율적으로 작동하도록 만들기 위해 정부는 어떤 조치를 취할 수 있는가?

11 어떻게 정보의 비대칭성 문제가 은행공황을 초래할 수 있는가?

12 2001년 12월에 아르헨티나는 국가의 채무를 상환하지 않겠다고 선언했다. 이에 투자자들이 보유하던 아르헨티나 채권의 가격은 그 이전에 비해 크게 폭락했다. 몇 년 후 아르헨티나는 이들 채권에 대해 액면가의 25%만 상환하겠다고 선언했다. 국채시장에서 정보의 비대칭성이 초래하는 효과에 대해 논하라. 투자자들이 지금은 아르헨티나 정부가 발행한 채권을 기꺼이 사려고 할 것으로 생각하는가?

13 금융시장에서 무임승차 문제가 어떻게 역선택과 도덕적 위험의 문제를 심화시키는가?

14 정보가 비대칭적이 아니라면, 금융시장에서 도덕적 위험과 역선택이 발생할 수 있는가? 설명하라.

15 어떻게 표준회계 원칙이 금융시장을 보다 효율적으로 작동하게 만들 수 있는가?

16 어떤 기업이 자금 조달을 위해 채권이나 주식보다 은행을 더 많이 이용하겠는가? 그 이유는 무엇인가?

17 어떻게 정보의 비대칭성이 금융시장에 대한 정부규제의 이론적 근거가 될 수 있는가?

18 대출을 뒷받침하는 담보가 많을수록 대부자는 역선택을 덜 걱정하게 된다. 이 진술은 참인가, 거짓인가, 또는 불확실한가? 설명하라.

19 소유와 경영을 분리하는 미국식 기업제도가 어떻게 경영 성과를 악화시킬 수 있는가?

20 개도국의 많은 정책결정자는 미국에서와 같이 예금보험제도를 도입할 것을 제안한다. 그러나 이러한 예금보험제도가 개도국 금융시스템의 문제를 해결하기보다는 오히려 더 많은 문제를 초래할 수도 있는 이유를 설명하라.

21 구스타보는 법적 제도 및 금융시스템이 상대적으로 비효율적인 국가에 살고 있는 젊은 의사다. 구스타보가 모기지 대출을 신청하려는데, 은행들은 보통 대출금의 300%까지 담보를 요구한다. 은행들이 이렇게 많은 담보를 요구하는 이유를 설명하라. 비효율적인 법적 제도 및 금융시스템이 경제성장에 미치는 영향에 대해 논하라.

응용문제 APPLIED PROBLEMS

22~25번 문제를 풀 때, 어떤 사건의 기대치는 확률을 가중치로 사용한 평균값으로 계산한다. 즉 각각의 발생 가능한 결과에 대해 그 결과가 발생할 확률을 곱한 후 이를 합산해 계산한다.

22 중고차 시장을 찾아갔는데, 공정가격 명부를 보면 여러분이 원하는 종류의 자동차 가격은 2만~2만 4,000달러로 나와 있다. 여러분이 사려는 자동차에 대해 중고차 딜러가 여러분과 동일한 정보를 갖고 있음을 안다면 여러분은 그 자동차를 사기 위해 얼마를 지불할 용의가 있는가? 그 이유를 설명하라. 단, 여러분은 사려는 자동차의 기대치에만 관심이 있으며 자동차의 실제 가치는 대칭적으로 분포한다고 가정한다.

23 22번 문제에서, 만약 여러분이 사려는 자동차에 대해 중고차 딜러가 여러분보다 더 많은 정보를 갖고 있음을 안다면 여러분은 자동차를 사기 위해 얼마를 지불할 용의가 있는가? 그 이유를 설명하라. 경쟁시장에서는 이 문제가 어떻게 해결될 수 있는가?

24 댈러스 지사를 경영하기 위해 론을 고용했다. 댈러스 지사의 이익은 론이 얼마나 열심히 일하는가에 따라 다음 표와 같이 결정된다.

	확률	
	1만 달러의 이익	5만 달러의 이익
게으른 경우	60%	40%
열심인 경우	20%	80%

만약 론이 게으른 경우, 온종일 인터넷을 즐기면 비용이 전혀 소요되지 않는다. 그러나 론이 열심히 일하면 1,000달러의 '개인적 비용'이 소요된다. 그럼 론에게 이익의 몇 퍼센트를 보수로 지급하겠다고 해야 하겠는가? 단, 론은 자신이 받는 보수의 기대치에서 '개인적 비용'을 차감한 값에만 관심이 있다.

25 강가에 40만 달러짜리 집을 보유하고 있는데, 강이 어느 정도 범람하면 그 집은 완파된다. 그런데 이런 일은 50년에 한 번꼴로 발생한다. 만약 제방을 쌓는다면 200년에 한 번꼴로 발생하는 큰 홍수로 그 집이 완파된다. 전액보상 재해보험에 가입하려면 제방이 있는 경우와 없는 경우 각각 보험료를 연간 얼마씩 내야 하겠는가? 집값의 75%만 보상하는 재해보험에 가입한다면 제방이 있는 경우와 없는 경우 각각 연간 예상되는 총비용의 기대치는 얼마인가? 이들 재해보험은 제방을 쌓게 할 인센티브를 제공하는가?

웹 연습문제 WEB EXERCISES

1 이 장에서는 레몬 문제와 그것이 시장의 효율적 작동에 미치는 효과에 대해 살펴봤다. 이 이론은 원래 조지 애컬로프에 의해 개발됐다. www.nobel.se/economics/laureates/2001/public.html에 들어가보라. 이 사이트는 애컬로프, 스펜스(Spence), 스티글리츠(Stiglitz)가 2001년에 노벨 경제학상을 받았다고 알려준다. 조지 애컬로프에 관한 내용을 읽고 그의 연구 아이디어를 1페이지 분량으로 요약하라.

참고 웹사이트 WEB REFERENCES

http://nobelprize.org/nobel_prize/economics/laureates/2001/public.html

노벨상 수상자들을 위한 이 사이트에서 레몬 문제에 관한 완벽한 논의를 볼 수 있다.

9 선진국의 금융위기

PREVIEW

금융위기란 금융시장에서 자산가격이 급락하고 기업들의 도산이 발생하는 심각한 붕괴 현상이다. 열악한 신용기록을 지닌 차입자들이 주로 이용하는 서브프라임 모기지 시장에서의 채무불이행 사태가 2007년 8월부터 금융시장을 공포에 질리게 하면서 대공황 이래 최악의 금융위기를 촉발했다. 전임 Fed(Federal Reserve System, 미국의 중앙은행으로 연방준비제도 혹은 줄여서 연준이라 함—역주) 의장인 앨런 그린스펀(Alan Greenspan)은 의회 증언에서 이번 금융위기를 '한 세기에 한 번쯤 발생할 신용 쓰나미'라 묘사했다. 월스트리트의 금융기관과 상업은행은 수천억 달러에 이르는 손실을 입었다. 가계와 기업은 차입금에 대해 더 많은 이자를 내야 했고, 돈을 빌리기가 훨씬 어렵게 됐다. 미국 주식시장이 고점 대비 40%나 하락한 것을 비롯해 전 세계의 주식시장이 폭락했다. 상업은행, 투자은행, 보험회사 등 많은 금융기관이 파산해버렸다.

왜 이런 금융위기가 발생했을까? 왜 금융위기가 미국을 위시한 많은 국가에서 이렇게 빈번하게 일어나는 것일까? 과거의 위기는 최근의 위기에 대해 어떤 시사점을 제공하는 것일까? 왜 금융위기에 뒤이어 거의 언제나 경제활동의 심각한 침체가 발생하는 것일까? 이 장에서는 금융위기의 전개 과정을 설명하는 분석틀을 개발함으로써 이러한 의문들에 대한 답을 검트한다. 제8장에서 전개한 대리인 이론, 역선택과 도덕적 위험 등 정보의 비대칭성 문제에 대한 경제적 분석을 이용해 왜 금융위기가 일어나는지, 그리고 왜 이렇게 경제에 대해 심각한 손실을 초래하는지를 분석한다. 그러고 나서 최근의 글로벌 금융위기를 포함해 과거 전 세계에 걸친 수많은 금융위기를 설명하는 데 이들 분석을 응용한다.

1 금융위기란 무엇인가?

제8장을 통해 금융시스템이 잘 작동하기 위해서는 역선택과 도덕적 위험이라는 정보의 비대칭성 문제가 해결돼 자본이 가장 생산적인 부문에 배분되야 함을 배웠다. 경제학자들은 자본의 효율적 배분을 저해하는 이들 정보의 비대칭성 문제를 종종 **금융마찰**

(financial friction)이라 부른다. 금융마찰이 증가하면 저축자로부터 생산적 투자기회를 지닌 가계와 기업으로 자금을 전달하는 금융시장의 능력이 약화되고 그 결과 경제활동이 위축된다. **금융위기**(financial crisis)란 금융시장에서 정보의 흐름이 심각한 정도로 붕괴됨으로써 금융마찰이 크게 증가하고 금융시장이 제 기능을 수행하지 못할 때 발생한다. 이에 따라 경제활동도 무너진다.

2 선진국에서의 금융위기 전개 과정

최근의 금융위기가 지축을 뒤흔들고 언론의 헤드라인 기사를 장식했지만, 이번 위기는 미국 등 선진국들이 경험한 수많은 금융위기 가운데 하나일 뿐이다. 경제학자들은 과거의 위기들에서 얻은 교훈을 통해 현재의 경제적 혼란 현상을 통찰할 수 있다.

선진국에서의 금융위기는 2단계, 때로는 3단계의 과정을 거치며 진행됐다. 이들 위기가 어떻게 전개되는지를 이해하기 위해 선진국 금융위기의 주요 단계와 사건의 흐름을 [그림 1]에 제시했다.

2.1 1단계 : 금융위기의 촉발

금융위기는 금융자유화/금융혁신에 대한 정책실패, 자산가격의 과열과 붕괴, 또는 주요 금융기관의 도산으로 인한 경제 전반의 불확실성 증가 등 여러 가지 이유로 시작될 수 있다.

금융자유화/금융혁신에 대한 정책실패 종종 금융위기의 씨앗이 뿌려지는 경우는 경제 내에 새로운 유형의 대출이나 금융상품이 도입되는 **금융혁신**(financial innovation)이 일어나거나, 금융시장 및 금융기관에 대한 규제를 철폐하는 **금융자유화**(financial liberalization)가 진행될 때다. 장기적으로 금융자유화는 금융발전을 촉진하고 자금을 효율적으로 배분하는 우수한 금융시스템을 구축한다. 그러나 금융자유화에는 어두운 면도 있다. 왜냐하면 단기적으로는 금융기관들이 흥청거리며 대출을 급격히 확대하는 **신용 과열**(credit boom)을 촉발할 수 있기 때문이다. 불행하게도 금융기관의 경영진은 이런 새로운 유형의 사업에서 위험을 적절히 관리할 인센티브나 전문성을 갖고 있지 못하다. 심지어 제대로 된 경영진이 있어도 결국에는 신용 과열이 신용위험을 심사하고 감시하는 금융기관 및 정부규제 당국을 능가하게 돼 과도하게 위험한 대출이 발생한다.

예금보험제도와 같은 정부의 안전망은 시장규율(market discipline)을 약화시키고 은

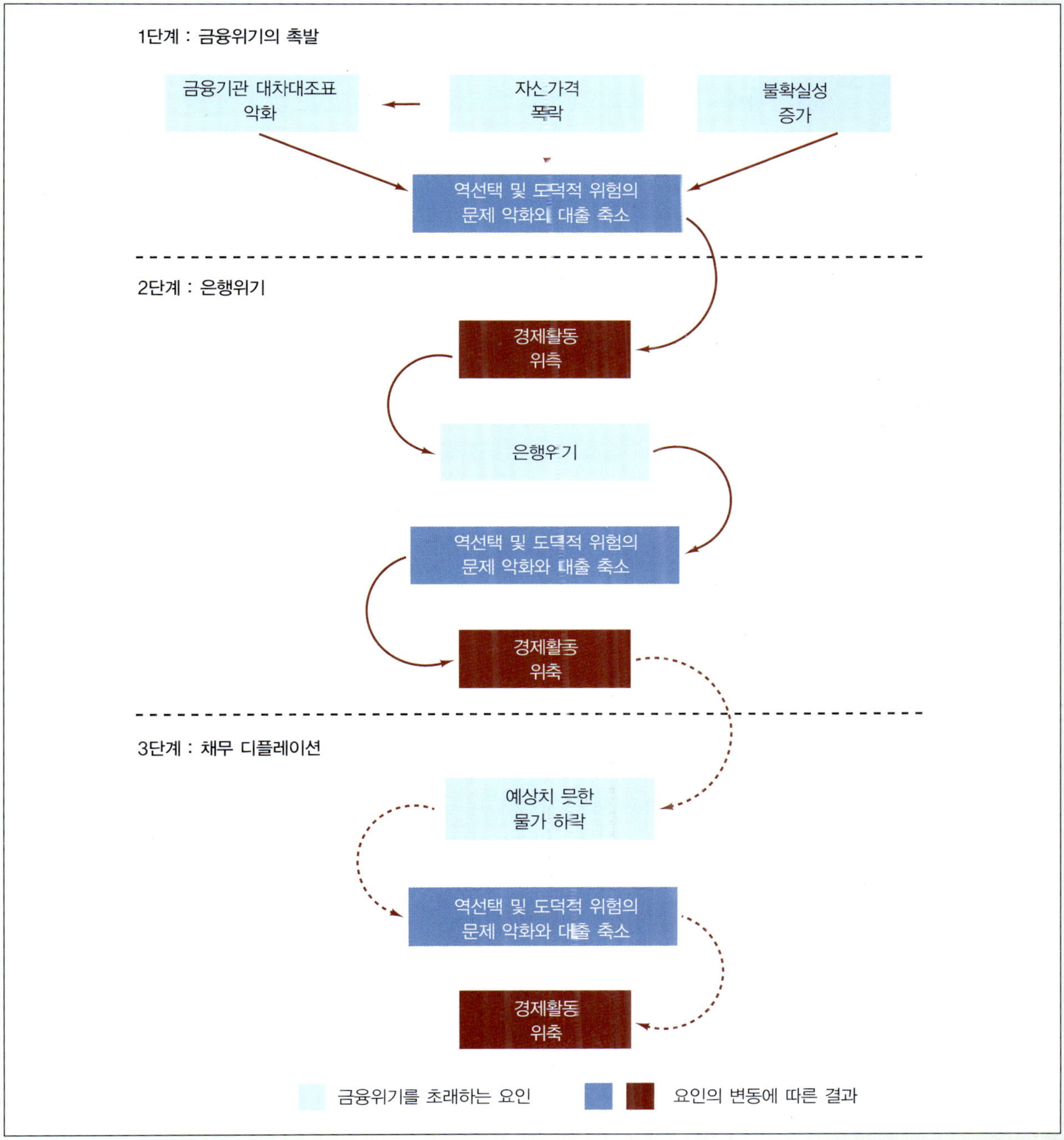

그림 1 미국 금융위기에서 사건의 흐름도

1단계와 2단계에서 실선의 화살표는 전형적인 금융위기 과정에서 사건의 흐름을 추적하며, 점선의 화살표는 위기가 채무 디플레이션으로 발전할 경우에 추가적으로 발생하는 사건의 흐름을 나타낸다. 점선으로 표시한 수평선은 금융위기의 각 단계를 구분한다.

행이 보다 큰 위험을 택할 도덕적 위험의 인센티브를 증대시킨다. 예금자들은 정부가 보장하는 예금보험으로 인해 손해를 입지 않음을 잘 알기 때문에 규율을 지키지 않는 은행에도 자신의 돈을 예금한다. 그러면 은행은 높은 이자율로 위험한 차입자에게 대출할 수 있다. 차입자가 제대로 상환한다면 은행은 많은 이윤을 얻을 것이고, 차입자가 채무를 불이행하는 경우에는 국민의 세금이 투입되는 정부의 예금보험제도에 의지한다. 따라서 적절한 감시가 없으면 위험의 확대를 막을 수 없다.

결국 대출에서의 손실이 쌓이기 시작하고, 은행 및 여타 금융기관 대차대조표에서 부채에 비해 자산 항목에 있는 대출금의 가치가 상대적으로 더 하락하면서 순자산(자기자본)이 감소한다. 자기자본이 줄어들면 이들 금융기관은 대출을 줄이는 **디레버리징**(deleveraging) 과정에 들어간다. 또한 자기자본이 줄어든 금융기관의 도산 위험이 커졌기 때문에 예금자 및 이들 금융기관에 대한 여타 자금공급자들은 자신의 돈을 빼내간다. 그러면 금융기관은 자금 부족으로 인해 생산적인 투자자에게 대출할 수 없고 신용이 경색된다. 대출 과열이 대출 붕괴로 전환되는 것이다.

금융기관들이 정보의 수집과 대출을 중단하면 금융마찰이 확대돼 역선택과 도덕적 위험이라는 정보의 비대칭성 문제를 해결할 금융시스템의 능력이 약화된다([그림 1]의 맨 윗줄에 제시한 첫 번째 요인인 '금융기관 대차대조표 악화'에서 나온 화살표 참조). 금융기관의 대출이 줄어들면 기업은 더 이상 생산적 투자기회에 소요되는 자금을 조달하지 못해 투자지출이 감소하고 경제활동이 위축된다.

자산가격의 과열과 붕괴 앨런 그린스펀 연준 의장이 재임 시절에 '비이성적 과열'(irrational exuberance)이라 불렀듯이, 투자자들의 심리적 요인에 의해 주식시장과 부동산시장의 자산가격은 이들 자산의 미래 소득흐름에 대한 합리적 기대에 기반한 가치인 **본질적 경제가치**(fundamental economic value, 내재가치라고도 함)를 훨씬 상회할 수 있다. **자산가격 버블**(asset-price bubble)이란 이렇게 자산가격이 본질적 경제가치를 상회하는 현상이다. 자산가격 버블의 사례로는 1990년대 후반의 IT 주식 버블이나 이 장의 뒤에서 다룰 최근 주택가격 버블을 들 수 있다. 자산가격 버블은 종종 신용 과열에 의해 촉진된다. 신용이 크게 증가하면 일부는 자산을 매입하는 데 이용되고 이로 인해 자산가격이 상승하기 때문이다.

그런데 거품이 터지고 자산가격이 본질적 경제가치로 하락하면, 주식 및 부동산 가격이 가라앉음에 따라 기업이 가진 자산과 부채의 차이로 측정한 순자산이 감소하고 담보물의 가치도 하락한다. 이제 이들 기업은 가진 것이 적어졌고, 따라서 더 위험한 투자를 한다고 해서 잃을 것도 줄어들었다. 이는 바로 도덕적 위험의 문제를 의미한다. 이로 인해 금융기관은 차입자에 대한 대출 기준과 대출계약을 더 엄격하게 적용한다([그림 1]의 맨 윗줄에 제시한 두 번째 요인인 '자산가격 폭락'에서 나온 화살표 참조).

자산가격 폭락은 또한 금융기관이 보유한 자산의 가치도 하락시켜 금융기관의 순자산을 감소시키고 대차대조표를 악화시키며([그림 1]의 맨 윗줄에 제시한 두 번째 요인에서 첫 번째 요인으로 향한 화살표 참조), 그 결과 디레버리징을 초래함으로써 경제활동을 더욱 위축시킨다.

불확실성 증가 미국에서의 금융위기는 거의 언제나 경기침체의 시작, 주식시장의 붕괴, 혹은 유명 금융기관의 도산 등으로 인해 불확실성이 고조되는 시기에 시작했다. 1857년 오하이오 생명보험 및 신탁회사(Ohio Life Insurance and Trust Company), 1873년 제이 쿠크(Jay Cooke and Company), 1884년 그랜트 앤드 워드(Grant and Ward), 1907년 니커보커 신탁회사(Knickerbocker Trust Company), 1930년 뱅크 오브 더 유나이티드 스테이츠(Bank of the United States), 그리고 2008년 베어 스턴스(Bear Stearns), 리먼 브라더스(Lehman Brothers), AIG의 붕괴 직후에 위기가 발생했다. 불확실성이 큰 시기에는 정보를 획득하기 어렵기 때문에 역선택과 도덕적 위험의 문제가 증가하고, 이에 따라 대출과 경제활동이 둔화된다([그림 1]의 맨 윗줄에 있는 마지막 요인인 '불확실성 증가'에서 나온 화살표 참조).

2.2 2단계 : 은행위기

대차대조표가 악화되고 경영 여건이 어려워짐에 따라 몇몇 금융기관의 순자산이 음이 되는 지급불능(insolvency) 상태가 나타난다. 은행이 예금자 및 여타 자금공급자들에 대해 지급할 수 없으면 그 은행은 퇴출된다. 심각한 경우에는 다수의 은행이 동시에 도산하는 **은행 패닉**(bank panic) 상태가 발생한다. 전염(contagion)이 일어나는 원인은 정보의 비대칭성 때문이다. 예금자들은 은행이 보유한 대출 포트폴리오의 건전성에 대해 알지 못하기 때문에 패닉 상태에서는 (예금보험이 없거나 예금보호에 한도가 있는 경우) 자신이 맡긴 예금의 안전성을 걱정해 예금을 대량 인출함에 따라 결국은 은행을 도산시킨다. 전반적인 은행시스템의 건전성에 대한 불확실성으로 인해 예금자들이 예금을 인출하려고 은행으로 달려가게 되면 우량한 은행이건 부실한 은행이건 자금을 마련하기 위해 자신의 자산을 급히 매도해야 한다. 그런데 자산의 **투매**(fire sale)는 자산가격을 하락시킴으로써 은행을 지급불능 상태에 이르게 하며, 전염효과로 인해 다수의 은행이 파산하고 전면적인 은행 패닉이 발생한다.

은행 수가 줄어들면 차입자의 신용 상태에 대한 정보가 사라진다. 점점 더 심각해지는 역선택과 도덕적 위험 문제는 금융위기를 심화시켜 자산가격을 하락시키고 경제 전반에 걸쳐 생산적 투자기회에 필요한 자금이 부족한 기업들의 실패를 초래한다. [그림 1]의 2

단계 부분이 이러한 전개 과정을 나타낸다. 미국은 1819년, 1837년, 1857년, 1873년, 1884년, 1893년, 1907년, 1930~1933년 등 19세기와 제2차 세계대전 이전에는 거의 20년에 한 번꼴로 금융위기를 경험했는데, 은행 패닉은 이들 모든 금융위기에서 나타난 특징이었다. (1933년에 미국에서 예금자의 손실을 보호하는 연방예금보험이 설치됨으로써 이후 은행 패닉을 막을 수 있었다.)

궁극적으로 공공기관과 민간기관은 지급불능 상태의 기업을 도산시키고 정리하는 작업을 진행하게 된다. 이에 따라 금융시장의 불확실성이 감소하고, 주식시장이 회복되고, 대차대조표가 개선된다. 금융마찰이 감소하면서 금융위기가 진정된다. 금융시장이 다시 제대로 작동하면 경제는 회복 과정으로 접어든다.

2.3 3단계 : 채무 디플레이션

그러나 만약 경제의 침체로 물가가 크게 하락한다면 회복 과정은 단락될 수 있다. [그림 1]의 3단계에 제시된 것처럼 예상치 못하게 물가가 크게 하락하면 **채무 디플레이션**(debt deflation)이 발생해 기업의 실질적인 채무 부담을 증가시키고 순자산을 더욱 감소시킨다.

대부분의 선진국과 같이 인플레이션이 완만한 경제에서는 고정 이자율로 체결된 채무 계약의 만기가 대개 10년 이상으로 상당히 길다. 계약상 채무지급액은 명목금액으로 고정돼 있기 때문에 물가가 예상치 않게 하락하면 실질 기준으로 기업 채무의 가치가 상승해 채무 부담이 증가하는 반면, 기업 자산의 실질가치는 증가하지 않는다. 그 결과 실질 기준으로 측정한 자산과 부채의 차이인 실질 순자산이 감소한다.

어떻게 실질 순자산이 감소하는지를 이해하기 위해, 2013년에 그 당시 물가를 기준으로 자산이 1억 달러, 장기 부채가 9,000만 달러, 따라서 자산과 부채의 차이에 해당하는 순자산이 1,000만 달러인 기업이 있다고 하자. 그런데 만약 2014년에 물가가 10%만큼 하락하면, 2013년 물가를 기준으로 한 부채의 실질가치는 9,900만 달러로 상승하는 반면 자산의 실질가치는 변함없이 1,000만 달러 그대로다. 그 결과 2013년 물가를 기준으로 한 실질 순자산이 1,000만 달러에서 100만 달러로 줄어든다(1억 달러 − 9,900만 달러).

물가의 급격한 하락으로 인해 차입자의 실질 순자산이 크게 감소하면 대부자가 직면한 역선택과 도덕적 위험의 문제가 증대된다. 그 결과 대출과 경제활동이 장기간 위축된다. 채무 디플레이션이 발생한 가장 심각한 금융위기는 미국 역사상 최악의 경기침체인 대공황이다.

응용 모든 금융위기의 어머니 : 대공황

금융위기를 이해하는 분석틀을 배웠으므로 이제 대공황 시기에 어떻게 금융위기가 전개됐으며 어떻게 미국 역사상 최악의 경기하강을 초래했는지를 분석할 채비를 갖췄다.

주식시장 붕괴

1928~1929년에 미국 주식시장에서는 주가가 2배로 뛰었다. 연준 관리들은 주가폭등이 과도한 투기 때문이라 보고, 이를 막기 위해 이자율을 올리는 긴축적 통화정책을 실시했다. 그런데 연준은 기대한 것보다 너무 많이 얻었다. [그림 2]에서 볼 수 있듯이, 1929년 10월에 주식시장이 붕괴하면서 연말까지 주가가 40%나 떨어진 것이다.

은행 패닉

1930년 중반까지 주식시장은 손실의 절반 가까이를 만회했고 신용시장 여건도 안정됐다. 그러나 중서부 지역에 가뭄이 들면서 농업생산이 크게 감소했고 이에 농부들이 은행대출을 갚을 수 없게 됨에 따라, 평범한 경기침체로 그칠 수 있었던 것이 훨씬 더 나쁜 상황으로 변했다. 농장담보 모기지에 대한 채무불이행이 발생함에 따라 농업 지역 소재 은행들의 대차대조표에 커다란 대출 손실이 생겼다. 농업 지역의 은행과 경제가 부실화되면서 은행에서 심각한 예금인출이 일어났으며 1930년 11월과 12월에는 전면적인 패닉이 형성돼 주가가 급속히 하락했다. 2년 이상 동안 연준은 은행들이 연이어 도산하는 미국 역사상 가장 심각

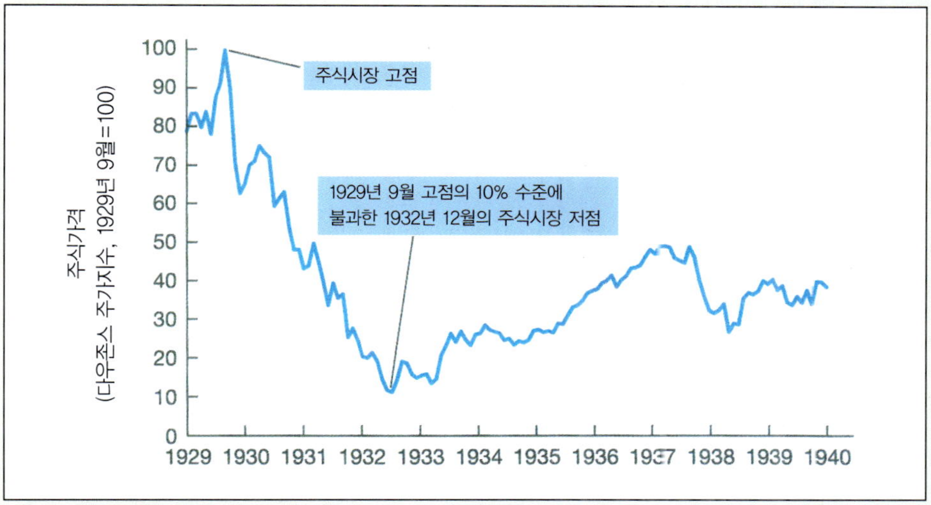

그림 2 대공황 시기의 주식가격

1929년 주식시장이 붕괴하면서 1929년 말까지 주가가 40% 하락했으며, 그 후에도 주가가 계속 하락해 1932년에는 고점 대비 10% 수준이 됐다.

자료 : Dow-Jones Industrial Average(DJIA), Global Financial Data; www.globalfinancialdata.com/index_tabs.php?action=detailedinfo&id=1165.

한 패닉 현상을 팔짱 끼고 바라만 보고 있었다. 1933년 3월 당시 최후의 패닉이 발생한 다음 루즈벨트 대통령이 은행 휴무(bank holiday)를 선언하고 임시로 모든 은행 문을 닫았다. 루즈벨트 대통령은 전 국민에게 "우리가 두려워할 것은 두려움 그 자체뿐이다."라고 말했다. 그러나 이미 피해는 막대했으며, 미국 상업은행의 1/3 이상이 도산하고 말았다. (이들 사건에 대해서는 제15장에서 보다 자세히 다룬다.)

주식가격의 지속적 하락

주가는 계속 하락했다. [그림 2]에서 볼 수 있듯이, 1932년 중반에 주가는 1929년 고점 대비 10% 수준으로 하락했다. 경기침체에 따라 불안정해진 기업경영 여건으로 인해 불확실성이 증가했고, 그 결과 금융시장에서 역선택과 도덕적 위험의 문제가 악화됐다. 영업을 지속하는 금융중개기관의 수가 크게 감소함에 따라 역선택과 도덕적 위험의 문제가 더욱 심화됐다. 금융시장은 생산적 투자기회를 가진 기업에 간신히 자금을 전달했다. 우리가 배운 분석틀을 통해 예측할 수 있듯이 상업대출 잔액이 1929년부터 1933년까지 절반으로 줄었으며, 투자지출이 붕괴해 1929년 수준 대비 90%나 감소했다.

금융마찰이 증가했다는 징후는 대부자가 대출 손실로부터 자신을 보호하기 위해 기업에 대해 매우 높은 이자율을 부과하기 시작했다는 사실에서 알 수 있다. **신용 스프레드**(credit spread)란 가계나 기업에 대한 대출 이자율과 미국 국채와 같이 확실히 상환되는 극히 안전한 자산에 대한 이자율 간의 차이로 측정되는데, [그림 3]은 중급의 신용등급인 Baa등급 회

그림 3 대공황 시기의 신용 스프레드

Baa등급 회사채 이자율과 재무부 채권 이자율 간의 차이로 측정한 신용 스프레드가 대공황 시기에 크게 상승했다.

자료 : Federal Reserve Bank of St. Louis FRED database; http://research.stlouisfed.org/fred2/categories/22

사채 이자율과 유사 만기의 재무부 채권(Treasury bond, 국채) 이자율 간의 차이를 보여준다. (신용 스프레드는 제5장에서 논의한 위험 프리미엄과 밀접한 관련이 있다.)

채무 디플레이션

1930년부터 시작된 디플레이션은 결국 물가를 25% 하락시켰다. 이러한 디플레이션으로 인해 대부분의 경기침체 이후 나타나는 정상적인 회복 과정이 가로막히는 단탁 현상이 발생했다. 이렇게 물가가 크게 하락함에 따라 가계와 기업의 채무 부담이 증가해 순자산이 하락하는 채무 디플레이션이 촉발됐다. 순자산이 감소하고 그로 인해 신용시장에서 역선택과 도덕적 위험의 문제가 증가해 실업률이 25%에 이르는 경기침체가 지속됐다. 대공황은 미국이 경험한 최악의 금융위기였으며, 이로 인해 미국이 경험한 최악의 경기침체가 됐다.

국제적 관점

대공황은 미국에서 시작했지만 미국만의 현상은 아니었다. 미국에서의 은행 패닉은 전 세계로 전파됐으며 미국 경제의 위축으로 해외 상품에 대한 수요가 급속히 감소했다. 전 세계적 불황으로 연이어 수백만의 실업자가 발생하는 등 엄청난 고통이 수반됐으며, 이로 인한 불만으로 파시즘이 등장하고 제2차 세계대전이 발발했다. 대공황의 금융위기로 인한 결과는 재앙적 수준이었다.

응용 2007~2009년의 글로벌 금융위기

대부분의 경제학자들은 대공황 기간에 경험한 유형의 금융위기는 미국과 같은 선진국에서는 과거의 일일 뿐이라 생각했다. 불행하게도 2007~2009년에 전 세계를 집어삼킨 금융위기는 이런 생각이 틀렸음을 증명했다.

2007~2009년 금융위기의 원인

2007~2009년의 금융위기에 대한 논의를 시작하기 위해 모기지 시장의 금융혁신, 모기지 시장의 대리인 문제, 신용평가 과정에서의 정보의 비대칭성 등 3가지 핵심 요인을 살펴보기로 한다.

모기지 시장의 금융혁신 2000년 이전에는 신용도가 가장 높은 프라임 차입자(prime borrower)만이 주거용 모기지를 얻을 수 있었다. 그런데 컴퓨터 기술과 새로운 통계분석 기술의 발전에 따라 위험한 주거용 모기지 등급의 신용위험에 대한 계량적 평가기법이 새로 개발됐다. 신용기록을 지닌 가계에 대해서는 FICO 점수라 불리는 수치로 표시한 신용평점이 부여된다. FICO 점수는 이를 개발한 페어 아이작사(Fair Issac Corporation)의 머리글자를 딴 이름으로, 가계가 대출금을 제대로 상환하지 못할 가능성을 나타내는 지표이다. 또한 컴퓨터 기술의 발전에 따라 거래비용이 낮아짐으로써 모기지와 같은 소액 대출들을 한데 묶어 이를 기초로 표준적인 채무증권을 발행하는 **증권화**(securitization)도 가능해졌다. 이런 발전에 힘입어 은행은 그리 좋지 않은 신용기록을 지닌 차입자에게 **서브프라임 모기지**(subprime mortgage)를 제공할 수 있었다.

위험이 큰 모기지의 채무불이행 위험을 저렴한 비용으로 계량화해 평가하고 이들 모기지를 한데 묶어 발행하는 표준화된 채무증권을 **모기지 유동화증권**(mortgage-backed security, MBS)라 하는데, MBS는 모기지 자금을 조달하는 새로운 수단이 됐다. 금융혁신은 여기서 멈추지 않았다. 새로운 형태의 복잡한 금융상품을 개발하는 **금융공학**(financial engineering)은 기초자산에서의 현금흐름을 이용해 선호가 다른 다양한 투자자를 각각 만족시키도록 특정한 위험특성을 지니게 재단된 금융상품인 **구조화 신용상품**(structured credit product)을 만들어냈다. 이 가운데 가장 악명 높았던 것은 채무담보부 유동화증권(collateralized debt obligation, CDO)이다([FYI] 'CDO' 참조).

모기지 시장의 대리인 문제 모기지를 처음 제공(originate)하는 모기지 중개업자(mortgage broker)는 종종 차입자가 대출금을 상환할 수 있을지 여부를 판별하려고 굳이 애쓰지 않았다. 왜냐하면 이들은 곧바로 모기지를 MBS의 형태로 투자자에게 매도처분(distribute)할 수 있었기 때문이다. 실제로 어떤 경우에는 모기지 중개업자가 뻔히 알면서도 차입자의 상환능력 이상으로 큰 금액을 대출해주었다. 이러한 **대출제공 후 매도처분**(originate-to-distribute, OTD) 사업모델은 바로 제8장에서 논의한 **주인-대리인 문제**(principal-agent

FYI CDO

CDO를 만들기 위해서는 특수목적기구(special purpose vehicle, SPV)라는 기업체가 필요하다. SPV는 회사채, 대출채권, 상업용 부동산 채권, MBS 등의 자산들을 사들여 한데 모은다. 그다음에 SPV는 이들 자산에서의 현금흐름을 트랜치(tranche)라 불리는 여러 집단으로 분리한다. 슈퍼 시니어 트랜치(super senior tranche)라는 가장 등급이 높은 트랜치는 가장 먼저 현금지급이 완료되기 때문에 위험이 가장 작다. 슈퍼 시니어 CDO는 투자자들에게 이들 현금흐름을 지급하는 채권이며, 위험이 가장 작기 때문에 이자율도 가장 낮다. 그다음 현금흐름은 시니어 트랜치(senior tranche)에 지급된다. 그리고 이에 기초한 시니어 CDO는 위험이 약간 더 크며 따라서 이자율이 약간 더 높다. 슈퍼 시니어 트랜치와 시니어 트랜치에 지급한 다음의 현금흐름은 메자닌 트랜치(mezzanine tranche)에 지급되는데, 따라서 메자닌 CDO의 위험은 훨씬 더 커지고 이자율도 더 높아진다. 가장 하위는 에쿼티 트랜치(equity tranche)다. 에쿼티 트랜치는 기초자산에서의 현금흐름 지급이 중단되거나 채무불이행이 발생할 때 가장 먼저 돈을 떼이게 되므로 이자율이 가장 높으며 너무 위험하기 때문에 잘 거래되지 않는다.

이런 얘기들이 너무 복잡하게 들린다면, 그건 어쩔 수 없다. 심지어 CDO에서의 현금흐름을 기반으로 다시 그 위험을 쪼개고 썰어 CDO^2를 만들고, CDO^2에서 다시 CDO^3를 만들었다. 비록 금융공학이 투자자의 위험 성향에 보다 잘 부합하는 금융상품과 서비스를 창출해 이득을 줄 수 있겠지만, 역시 여기에도 어두운 면이 있는 법이다. CDO, CDO^2, CDO^3 등의 구조화 상품은 너무나 복잡하게 설계돼 증권의 기초자산에서 발생하는 현금흐름의 가치를 평가하거나 이들 자산의 실제 주인을 알아내기가 어렵게 됐다. 이에 연준 의장인 버냉키는 2007년 10월의 한 연설에서 "제기랄, 그놈의 가치가 얼마나 되는지 알기나 하면 좋겠습니다."라고 익살스레 말하기도 했다. 달리 말하면, 구조화 상품의 복잡성이 증가해 실제로는 금융시장에서 정보를 파괴하고 만 것이다. 이로 인해 금융시스템에서 정보의 비대칭성이 심화되고 역선택과 도덕적 위험의 문제가 악화되고 말았다.

problem, 혹은 대리인 문제(agency problem)라고도 함)를 초래한다. 모기지 중개업자가 투자자(주인)를 위한 대리인 역할을 하면서도 투자자 이익의 극대화를 염두에 두지 않기 때문이다. 모기지 중개업자는 일단 수수료를 받고 모기지를 넘기고 나면 모기지 차입자가 원리금을 잘 상환하는지 아닌지에 대해 전혀 걱정할 이유가 없다. 중개업자는 단지 모기지를 많이 제공하면 할수록 더 많은 돈을 벌었다.

놀랄 것도 없이, 역선택이 심각한 문제로 대두됐다. 위험을 선호하는 차입자들은 집값이 오르면 큰 돈을 벌고, 만약에 집값이 내려가더라도 집에서 '그냥 나가면 그만'이라고 생각하면서 모기지 대출을 받으려고 줄을 섰다. 또한 주인-대리인 문제에 의해 중개업자는 집을 살 형편이 안 되는 사람에게 모기지 대출을 받도록 권장하거나, 모기지 자격조건을 맞추려고 모기지 지원서의 차입자 관련 정보를 거짓으로 기입하는 사기 행위를 저지를 인센티브가 있다. 이런 문제를 더 가중시킨 것은 느슨한 규제로 인해 차입자가 대출받을 형편이 되는지에 관한 정보를 모기지 제공자가 차입자에게 알려줄 의무마저 없었다는 사실이다.

대리인 문제는 더욱 심각해졌다. CDO와 같은 구조화 신용상품과 MBS를 인수(underwriting)해 커다란 수수료를 챙기던 상업은행과 투자은행도 이들 증권의 최종 보유자가 제대로 돈을 받을지를 확실히 해둘 인센티브가 약했다. 한편 채권의 채무불이행(부도) 시 그 채권 보유자에게 대신 원리금을 지급하는 **신용부도 스왑**(credit default swap, CDS)이라 불리는 금융보험계약에서 수수료를 얻기 위해 AIG와 같은 보험회사들이 수천억 달러에 이르는 위험한 계약을 제공했다.

정보의 비대칭성과 신용평가기관 채무불이행 확률을 이용해 채무증권의 등급을 평가하는 신용평가기관이 금융시장에서 정보의 비대칭성을 악화시켰다. 이들 신용평가기관은 CDO와 같은 금융상품의 복잡한 구조를 어떻게 설계할 것인가에 대해 고객에 자문을 제공하는 동시에 이들 상품에 대해 신용등급을 매겼다. 이에 따라 이해상충이 발생했다. 자신이 신용등급을 매기는 금융상품에 대해 그 구조를 설계하는 방법을 자문하면서 거액의 수수료를 받았기 때문에 정확한 신용등급을 매길 인센티브가 없었다. 그 결과 과도하게 높은 신용등급이 매겨짐으로써 투자자들이 인지하는 것보다 훨씬 위험한 이들 복잡한 금융상품이 쉽게 판매됐다.

2007~2009년 금융위기의 영향

가계와 기업 모두 2007~2009년 금융위기로 고통을 겪었다. 이번 위기의 영향은 미국의 주거용 주택시장, 금융기관의 대차대조표, 그림자 은행시스템, 글로벌 금융시장, 헤드라인 기사로 부각된 주요 금융기관의 도산 등 5개의 주요 영역에서 가장 명백히 드러났다.

주거용 주택가격 : 과열과 붕괴 중국과 인도 등의 국가에서 미국으로 자금 유입이 엄청나게 증가하면서 생긴 유동성과 주거용 모기지에 대한 낮은 이자율에 힘입어, 경기침체가 끝난 2001년부터 서브프라임 모기지 시장이 성장하기 시작했다. 그리고 2007년에는 그 시장 규모가 1조 달러를 넘었다. 서브프라임 모기지 시장의 발전에 대해 경제학자나 정치인은 '신용의 민주화'(democratization of credit)를 이끌어 미국인의 자가 보유 비율을 역사상 최고치로 높일 것이라며 긍정적으로 평가했다. 또한 2000~2001년의 경기침체가 끝난 후 시작된 주택가격 급등도 서브프라임 시장의 성장을 자극하는 데 일조했다([그림 4] 참조). 주택가

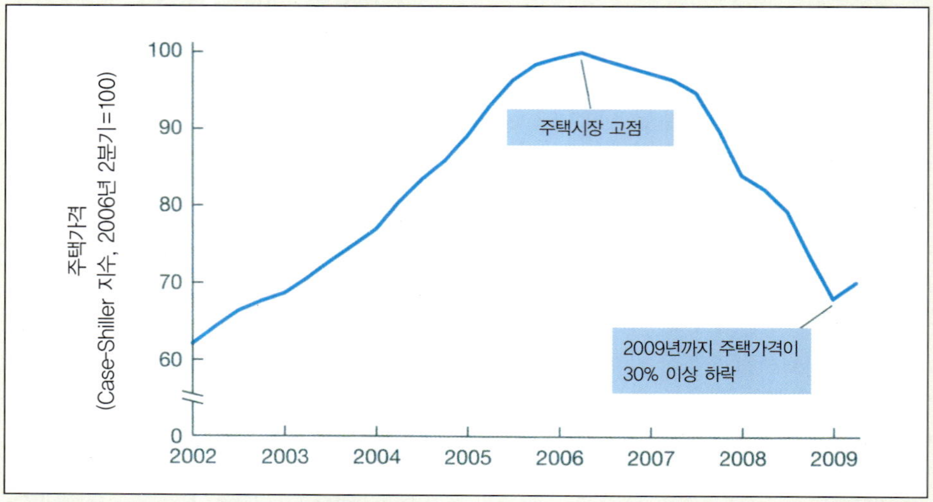

그림 4 주택가격과 2007~2009년의 금융위기

2002년부터 2006년까지 주택가격이 크게 상승하면서 서브프라임 모기지 시장을 자극하고 자산가격 버블을 초래했다. 주택가격은 2006년에 하락하기 시작해 그 후 30% 이상 떨어져 서브프라임 모기지 보유자의 채무불이행을 초래했다.

자료 : Case-Shiller U.S. National Composite House Price Index; www.macromarkets.com/csi_housing/index.asp

격이 오른다는 것은 차입자가 자신의 집에 대해 더 많은 대출금을 재융자받을 수 있음을 의미했다. 또한 주택가격이 오르면 서브프라임 차입자는 대출금을 갚기 위해 언제든 자기 집을 팔 수 있을 것이기에 채무불이행의 우려도 없었다. 한편 서브프라임 모기지에서의 현금흐름을 기초로 만든 증권에 대한 투자자도 높은 수익률을 올릴 수 있어 행복했다. 서브프라임 모기지 시장의 성장은 다시 주택 수요를 증가시켰고 이에 따라 주택가격의 과열을 더욱 부추겼다. 그 결과 주택가격 버블이 발생했다. (과연 주택가격 버블로 연준이 비난을 받아야 하는가에 대해서는 논란의 여지가 매우 큰데, [Fed 심층분석] '주택가격 버블로 연준이 비난을 받아야 하는가?'에서 논의한다.)

주택가격이 상승하고 모기지 제공자의 이윤이 커지자 서브프라임 모기지의 인수 기준이 계속 완화됐다. 고위험 차입자가 모기지를 얻을 수 있게 됐으며, 주택가격 대비 모기지 금액으로 측정되는 LTV 비율(loan-to-value ratio)이 상승했다. 차입자는 80%의 LTV 비율에 해당하는 초기 모기지에 덧붙여 추가적으로 제2, 제3의 모기지를 훨씬 쉽게 얻을 수 있었으며, 이에 따라 집을 사는 데 거의 자기 돈을 들일 필요가 없었다. 그러나 자산가격이 본질적 경제가치(주택의 경우 주택 임대료나 중간 계층의 가계소득 대비 주택가격)를 이탈해 너무 상승하면 반드시 하락하기 마련이다. 결국 주택가격 버블이 붕괴하고 말았다. 주택가격이 2006년의 고점에서 하락하면서 금융시스템에서 그동안 썩은 것들이 드러나기 시작했다. 주택가격이 하락하자 많은 서브프라임 차입자는 자신의 집값이 모기지 금액 이하가 된 '수면

Fed 심층분석 주택가격 버블로 연준이 비난을 받아야 하는가?

스탠퍼드 대학의 테일러(John Taylor) 교수를 위시한 몇몇 경제학자들은 2003~2006년 기간 중 연준(당시 연준 의장은 그린스펀이었다-역주)의 저금리 정책이 주택가격 버블을 초래했다고 주장한다.* 이 시기에 연준은 통화정책을 완화해 페더럴펀드 이자율(federal funds rate, 우리나라의 콜금리와 유사함-역주)을 제17장에서 논의할 테일러 준칙(Taylor rule)이 제시하는 적정 수준보다 더 낮게 유지했다. 테일러는 낮은 페더럴펀드 이자율로 인해 모기지 이자율이 낮아져 주택수요가 자극되고 서브프라임 모기지의 제공이 촉진됐으며 그 결과 주택가격 상승과 버블이 일어났다고 주장한다.

버냉키 연준 의장은 2010년 1월의 한 연설에서 이에 대해 반박했다.† 그는 주택가격 버블로 통화정책이 비난받을 이유가 없다고 결론을 내렸다. 먼저 페더럴펀드 이자율이 테일러 준칙이 제시하는 수준보다 낮았다는 주장이 타당한지가 매우 불분명하다는 것이다. 테일러 준칙에서 국민생산, 인플레이션을 측정할 때 예측치가 아닌 현재 값을 이용할 경우 이자율이 낮은 것처럼 보일 뿐이며, 범인은 오히려 모기지 상환액을 낮춘 새로운 모기지 금융상품의 확산, 주택 구입을 확대시킨 대출 기준의 완화, 중국과 인도에서의 자본 유입이라는 것이다. 버냉키의 연설에 대해서는 논란의 여지가 매우 크며, 주택가격 버블로 통화정책이 비난받아야 하는가에 대한 논쟁은 현재까지 지속되고 있다.

* John Taylor, "Housing and Monetary Policy," in Federal Reserve Bank of Kansas City, *Housing, Housing Finance and Monetary Policy* (Kansas City: Federal Reserve Bank of Kansas City, 2007), 463-476.

† Ben S. Bernanke, "Monetary Policy and the Housing Bubble," speech given at the annual meeting of the American Economic Association, Atlanta Georgia, January 3, 2010; www.federalreserve.gov/newsevents/speech/bernanke20100103a.htm.

아래'(underwater) 상태에 처했다. 이 경우에 주택 소유자는 집 열쇠를 대부자에게 주고 집에서 나가면 그만이다(다른 나라의 주택담보대출과는 달리 미국의 모기지 제도는 차입자가 담보 주택만 포기하면 설령 집을 처분한 대금이 모기지 금액보다 작다고 하더라도 차입자가 그 부족분을 상환할 책임이 없다-역주). 모기지에 대한 채무불이행이 급격히 증가했고 결국 수백만 호의 모기지 주택이 압류됐다.

금융기관의 대차대조표 악화 미국 주택가격의 하락으로 모기지의 채무불이행이 증가했다. 그 결과 MBS와 CDO의 가치가 폭락하고 은행 및 여타 금융기관이 보유한 자산가치가 하락함으로써 순자산이 감소했다. 대차대조표가 악화되자 은행 및 여타 금융기관은 디레버리징을 시작했으며 자산을 매도하고 가계와 기업에 대한 신용공급을 억제했다. 신용시장에서 어느 누구도 대신 정보를 수집하고 대출을 제공할 수 없으므로 은행대출의 감소는 금융시장에서 금융마찰의 증가를 의미했다.

그림자 은행시스템에서의 매도사태 모기지 및 여타 금융자산의 가치가 급격히 하락함에 따라 은행만큼 엄격히 규제되지 않던 헤지펀드, 투자은행 및 여타 비예금금융기관 등으로 이루어진 **그림자 은행시스템**(shadow banking system)에서 매도사태(run)가 촉발됐다. 사실 그림자 은행에서의 자금은 금융시장을 돌아다니면서 이자율이 낮은 모기지와 자동차 대출의 신규 발행을 수년간 지원해왔다.

이들 증권에 대한 주요 자금 조달수단은 MBS와 같은 자산을 담보로 사용해 실질적으로 단기로 차입하는 **환매조건부채권매매**(repurchase agreement(RP) 흔히 **repo**라 불리기도 함) 방식이었다. 금융기관 대차대조표의 건전성에 대한 의구심이 커지면서 담보에 대한 요구 수준, 소위 **헤어컷**(haircut)이 강화됐다. 예를 들어 RP 방식으로 1억 달러의 돈을 빌리기 위해 1억 500만 달러어치의 MBS를 담보로 제시하는 경우 헤어컷은 5%이다.

모기지의 채무불이행이 증가하면서 MBS의 가치가 하락했으며 이에 따라 헤어컷 요구 수준이 상승했다. 거의 0에 가까운 수준이었던 헤어컷은 금융위기로 인해 결국 거의 50% 수준까지 상승했다.[1] 그 결과 금융기관은 동일한 담보를 가지고도 전에 비해 겨우 반만큼만 차입할 수 있게 됐다. 이에 자금을 구하기 위해 금융기관들은 폭탄 세일이라도 해서 자신의 자산을 급히 팔 수밖에 없었다. 그런데 자산을 급히 팔기 위해서는 가격을 낮춰야 했기 때문에 폭탄 세일로 인해 금융기관이 보유한 자산가치는 더욱 하락했다. 자산가격의 하락으로 담보의 가치는 더욱더 하락했고 헤어컷이 상승했으며, 이에 금융기관은 유동성을 확보하기 위해 더욱 허둥지둥댔다. 이러한 결과는 대공황 시기 엄청난 디레버리징을 초래해 대출을 축소시키고 경제활동을 위축시킨 은행시스템에서의 예금인출사태와 유사하다.

그림자 은행시스템에서 발생한 매도사태에 따른 폭탄 세일과 함께 2007년 10월부터 2009년 3월까지 50% 이상 하락한 주식가격([그림 5] 참조), 그리고 30% 이상 하락한 주택가격([그림 4] 참조)으로 인해 가계와 기업의 대차대조표도 모두 악화됐다. 신용 스프레드의 확대를 통해 알아볼 수 있는 금융마찰의 악화는 가계와 기업의 차입비용을 높이고 대출 기준을 강화시켰다. 이로 인한 대출 축소는 소비지출과 투자의 감소를 통해 경제를 위축시키는 결과를 의미했다.[2]

글로벌 금융시장 문제는 미국에서 시작됐지만 그 징후를 알리는 경종은 유럽에서 울렸다. 이는 금융시장이 얼마나 광범하게 글로벌화됐는지를 의미한다. 신용평가회사인 피치(Fitch)와 S&P가 총 100억 달러 이상 규모의 CDO와 MBS에 대한 신용등급 하락을 발표하자 2007년 8월 7일 프랑스 증권사인 BNP 파리바(BNP Paribas)가 상당한 손실을 입은 일부 MMF의 환매를 중지했다. 이에 그림자 은행시스템에 대한 매도사태가 시작돼 시간이 흐를수록 점점 더 사태가 악화돼갔다. 이 장 후반부에서 설명하겠지만, 유럽중앙은행과 연준이 금융시스템에 대해 엄청난 유동성을 주입했음에도 불구하고 은행이 현금을 쌓기 시작하면서 서로 다른 은행에 빌려주려 하지 않았다. 신용 고갈로 인해 영국에서는 100여 년 만에 처음으로 대형 은행이 도산했다. 예금보다는 RP 시장에서의 단기 차입으로 자금을 조달하던 노던 록(Northern Rock)이 2007년 9월 붕괴한 것이다. 그러자 줄지어 유럽의 여타 금융기관도 도산했다. 매우 높은 경제성장률로 이번 위기 직전까지 유럽에서 가장 성공적인 국가의 하나로 간주돼왔던 아일랜드와 같은 국가는 특히 심한 타격을 입었다([글로벌] '아일랜드와 2007~2009년 금융위기' 참조). 실로 유럽의 국가들은 미국보다 더 심각한 경제적 침체를 경험했다.

---

1) Gary Gorton and Andrew Metrick, "Securitized Banking and the Run on Repo," National Bureau of Economic Research Working Paper No. 15223 (August 2009).

2) 2008년 여름까지 석유 가격과 여타 상품 가격이 크게 상승하면서 이 기간에 심각한 공급충격(supply shock)도 발생했으나 그 이후 이들 가격은 급속히 하락했다. 제23장에서는 총수요와 총공급 분석을 이용해 이러한 공급충격의 영향에 대해 알아본다.

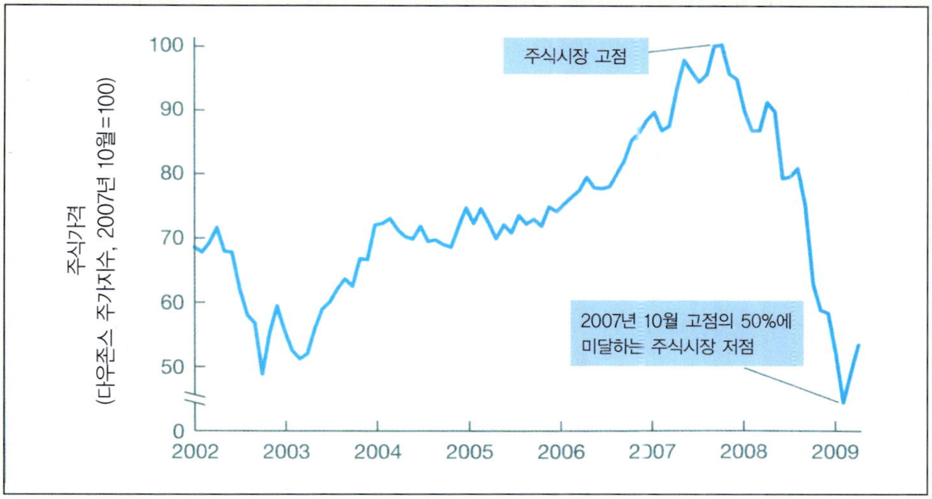

그림 5 주식가격과 2007~2009년의 금융위기

2007년 10월부터 2009년 3월까지 주식가격이 50% 이상 떨어졌다.

자료 : Dow-Jones Industrial Average (DJIA), Global Financial Data; www.globalfinancialdata.com/index_tabs.php?action=detailedinfo&id=1165.

글로벌 아일랜드와 2007~2009년 금융위기

1995~2007년까지 아일랜드는 실질 GDP가 연평균 6.3% 증가하면서 세계에서 가장 빠른 경제성장률을 나타냈다. 그 결과 아일랜드는 '셀틱의 호랑이'(Celtic Tiger)라는 칭호를 들었고, 1인당 벤츠 자동차 보유 대수가 독일보다도 많은, 유럽의 가장 부유한 국가 가운데 하나가 됐다. 그러나 이면에는 부동산 가격의 상승과 모기지 대출 과열로 인해 금융위기의 싹이 움트고 있었고 2008년 아일랜드 경제는 결국 심각한 침체에 빠졌다.

아일랜드 은행들은 대출 기준을 완화해 주택 구입비용의 대부분을 장기로 대출해줬다. 미국과 마찬가지로 주택가격 버블이 일어났는데, 그 속도가 훨씬 빨라 1995~2000년 기간 중 주택가격이 2배로 상승했으며, 2000~2007년 기간 중 다시 2배가 됐다. 2007년에 이르러 주거용 건축이 GDP에서 차지하는 비율은 다른 선진국 평균의 2배 수준인 13%에 달했으며 은행들은 1년에 모기지 대출을 25%나 확대했다.

2007년 후반 금융위기의 시작과 더불어 주택가격이 붕괴해 거의 20%나 하락했는데, 이는 세계에서 가장 빠른 하락폭 가운데 하나였다. 아일랜드 은행은 모기지 시장에의 위험노출이 과다했으며 또한 대차대조표를 확대하는 과정에서 RP 시장에서의 단기 차입을 통해 자금을 조달했기 때문에 특히 취약한 구조였다. 자금 조달의 경색과 함께 자산가격의 하락으로 막대한 손실이 발생했으며, 2008년 10월에는 아일랜드 정부가 모든 예금을 보장하겠다고 선언했다. 2009년 초에 정부는 3대 대형 은행 가운데 하나를 국유화하고 나머지 두 은행에 자본을 투입했다. 정부기금을 투여한 기구에 은행의 '부실자산'을 이전하겠다는 계획을 정부가 발표했음에도 불구하고 은행들은 여전히 허약한 상태였다.

아일랜드의 금융위기는 고통스러운 경제침체를 촉발했는데, 이는 근대 아일랜드 역사에서 최악의 경우 중 하나다. 실업률은 위기 이전의 4.5%에서 12.5%로 상승했고, GDP는 10% 이상 곤두박질쳤다. 조세수입이 감소하고 은행 부문에서의 손실이 계속 커짐에 따라 2010년 정부의 재정적자는 GDP의 30%를 상회하는 천문학적인 숫자를 나타냈다. 이런 혹독한 현실에서 아일랜드는 EU와 IMF로부터 구제금융을 받아야 하는 굴욕을 겪었다.

유명기업의 도산 금융위기가 대차대조표에 미친 영향으로 인해 금융시장에서의 핵심 금융기관들이 충격적인 행동을 취하지 않을 수 없었다. 베어 스턴스는 다섯 번째로 큰 투자은행으로서 서브프라임 관련 증권에 크게 투자했었는데, 결국 RP를 통한 자금 조달에서 매도사태를 겪은 베어 스턴스는 2008년 3월에 1년 전 가치의 채 5%도 안 되는 가격으로 J.P. 모건에 강제로 팔리고 말았다. 이 거래를 성사시키기 위해 연준은 300억 달러 규모의 시세 평가가 어려운 베어 스턴스 자산을 떠맡았다. 패니 메이(Fannie Mae)와 프레디 맥(Freddie Mac)은 민간 소유 기업이면서 정부후원기관(government-sponsored enterprise, GSE)인데, 두 기관은 모두 5조 달러 이상의 모기지 또는 모기지를 기초로 한 자산에 보증을 섰다. 결국 2008년 7월 재무부와 연준은 서브프라임 증권의 보유로 인해 커다란 손실을 입은 패니 메이와 프레디 맥을 지원했다. 그러고 나서 2008년 9월 초 이들은 실질적으로 정부의 재산관리를 받게 됐다.

리먼 브라더스(Lehman Brothers)는 6,000억 달러의 자산과 2만 5,000명의 직원이 있는 네 번째로 큰 자산 규모의 대형 투자은행이었는데, 서브프라임 시장에서의 손실로 인해 2008년 9월 15일 월요일에 미국 역사상 최대의 파산신청을 했다. 그 전날에는 역시 서브프라임 증권에서의 손실로 고통받던 세 번째로 큰 투자은행인 메릴 린치(Merrill Lynch)가 뱅크 오브 아메리카에 1년 전보다 60% 낮은 가격으로 매도됐다고 발표했다. 9월 16일 화요일에는 1조 달러 이상의 자산을 가진 거대 보험회사인 AIG가 신용등급 하락으로 심각한 유동성 위기를 겪었다. AIG는 서브프라임 모기지 증권의 손실이 발생하면 일종의 보험금을 지불해야 하는 신용부도 스왑(CDS) 보험계약을 4,000억 달러 이상 보유하고 있었다. 그러자 AIG를 살리기 위해 결국 연준이 개입해 850억 달러를 대출했다. 그 후 AIG에 제공된 정부의 대출을 합하면 모두 1,730억 달러에 이른다.

2007~2009년 금융위기의 최고조

2008년 9월 미 하원이 월스트리트에 대해 구제금융을 지원하면 지역구 주민들이 분노할 것을 두려워해 부시 행정부가 제안한 7,000억 달러 규모의 구제금융안을 부결시키자, 금융위기는 최고조에 달했다. 비상경제안정화법(Emergency Economic Stabilization Act)은 약 1주일이 경과한 후에 결국 통과됐다. 그럼에도 불구하고 주식시장의 붕괴는 가속화돼, 2008년 10월 6일 월요일부터 약세로 시작한 주식시장은 결국 미국 역사상 최악의 주간 하락률을 기록하고 말았다. 이로부터 3주 동안 신용 스프레드가 천장으로 치솟아, [그림 6]에 제시된 바와 같이 투자등급 가운데 가장 낮은 Baa등급의 회사채와 미국 재무부 채권 간의 신용 스프레드가 5.5% 포인트, 즉 550 베이시스포인트(basis point)를 상회했다.

약화된 금융시장과 치솟은 이자율에 직면한 차입자들로 인해 소비지출과 투자가 급속히 감소했다. 실질 GDP 증가율은 연률로 2008년 3분기에 −1.3% 하락했으며, 이어 다음 분기에는 −5.4%, 그다음 분기에는 −6.4%를 기록했다. 실업률이 상승해 2009년 후반에는 10%를 상회했다. 2007년 12월 시작한 경기침체는 미국에서 제2차 세계대전 이후 최악의 경제 위축을 초래했으며, 이에 따라 '대침체'(Great Recession)라 불린다.

정부 개입과 회복

이번 금융위기에 의해 초래된 경기침체가 매우 심각했음에도 불구하고, 금융시장을 지탱

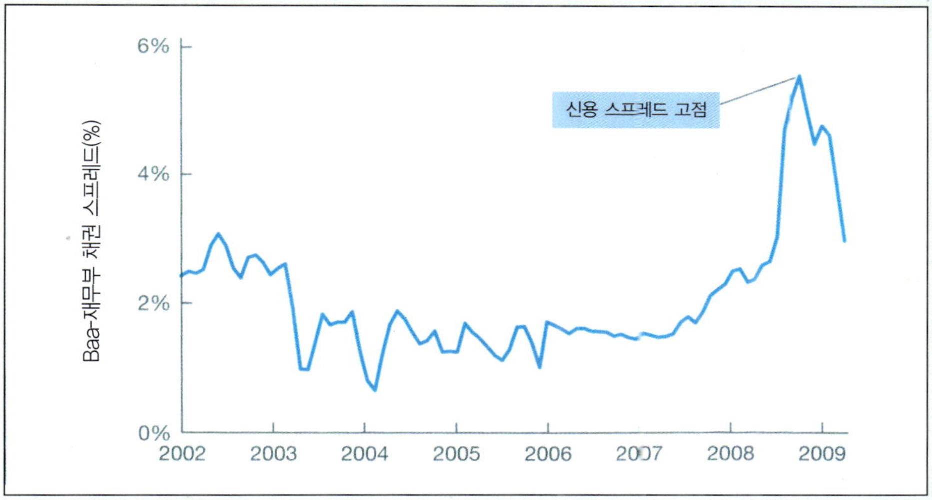

그림 6 신용 스프레드와 2007~2009년의 금융위기

금융위기 중에 Baa등급 회사채 이자율과 재무부 채권 이자율 간의 차이로 측정한 신용 스프레드가 4% 포인트(400 베이시스 포인트) 이상 상승했다. 구제금융에 관한 논란과 주식시장 붕괴로 2008년 12월에 신용 스프레드가 고점에 달했다.

자료 : Federal Reserve Bank of St. Louis FRED database; http://research.stlouisfed.org/fred2/categories/22

하고 경제를 부양하려는 대규모 정부 개입으로 인해 경제적 위축의 정도는 대공황 기간보다 훨씬 약한 편이었다.

제16장에서 살펴보겠지만, 연준은 위기를 제어하기 위해 경기를 부양하기 위한 통화정책과 함께 금융시장의 정상적인 작동을 지원하기 위한 유동성 공급 등 특단의 조치를 취했다. 게다가 미국 정부는 AIG에 대한 1,500억 달러 이상의 대규모 구제금융과 2008년 10월 통과된 부시 행정부의 경제회복법에서 가장 중요한 조항인 **부실자산구제 프로그램**(Troubled Asset Relief Program, TARP)에 참여했다. TARP는 재무부가 곤경에 처한 금융기관들로부터 서브프라임 모기지 자산을 매입하거나 이들 금융기관에 자본을 투입하는 데 7,000억 달러를 사용할 권한을 부여했다. 또한 이 법은 은행에서의 예금인출을 막기 위해 임시적으로 연방예금보험의 한도를 10만 달러에서 25만 달러로 상향조정했다. 그 직후 연방예금보험공사(FDIC)는 은행이 신규로 발행한 특정 채무에 대해 보증을 제공했고, 재무부는 1년간 MMF 지분에 대해 액면가 환매를 보장해주었다. 이와 유사하게 유럽의 정부들도 자국의 은행시스템을 지원하기 위해 10조 달러가 넘는 막대한 구제금융을 투입했다([글로벌] '2007~2009년 금융위기에서 세계 여러 나라 정부의 구제금융' 참조).

경제를 부양하기 위한 재정 확대는 이번 위기에 대한 정부의 대응책 가운데 또 다른 중요한 부분이다. 2008년 2월 의회는 개인 납세자에게 각각 600달러씩의 수표를 지급함으로써

글로벌 2007~2009년 금융위기에서 세계 여러 나라 정부의 구제금융

유럽에서도 2008년 가을에 은행 도산이 확산됨에 따라 금융기관에 대한 구제금융이 제공됐다. 네덜란드, 벨기에, 룩셈부르크는 유럽의 대형 은행인 포티스(Fortis)를 지원하기 위해 160억 달러를 투입했다. 네덜란드는 은행업과 보험업을 수행하는 거대 금융기관인 ING에 130억 달러를 투입했다. 독일은 히포 리얼 에스테이트 홀딩스(Hypo Real Estate Holdings)에 500억 달러 구제금융을 지원했고, 아이슬란드는 금융시스템이 붕괴하자 정부가 3대 대형은행을 인수했다. 에이레 정부는 그리스와 마찬가지로 은행간 대출뿐만 아니라 상업은행의 모든 예금을 보호해주는 조치를 취했다. 스페인은 은행의 대출을 촉진하기 위해 500억 유로(700억 달러) 규모의 은행 자산을 매입하는 등 미국과 유사한 구제금융안을 실행했다. 영국 재무부는 미국과 비슷한 규모인 4000억 파운드(6990억 달러)의 구제금융 계획을 마련해, 2500억 파운드 규모의 은행 부채를 보증하고 1000억 파운드를 투입해 이들 자산을 국채와 교환해주고 500억 파운드 규모의 은행 지분을 정부가 사들이도록 했다. 이에 보조를 맞춰 은행의 채무를 보증하거나 자본을 투입하기 위해 한국 1000억 달러, 스웨덴 2000억 달러, 프랑스 4000억 달러, 독일 5000억 달러 이상의 구제금융 계획이 마련됐다. 이는 구제금융의 규모나 국제 공조 면에서 전례 없는 일이다.

총 780억 달러 규모의 조세환급을 내용으로 하는 부시 행정부의 경제부양법(Economic Stimulus Act)을 통과시켰다. 2009년에 오바마 행정부는 들어서자마자 7,870억 달러 규모의 재정적 부양 대책들을 담은 미국 경기회복 및 재투자법(American Recovery and Reinvestment Act)을 제안해 통과시켰는데, 이에 대해서는 이 책의 제6부에서 자세히 다루겠지만 오늘날까지 첨예한 논란이 되고 있다.

정부의 구제금융과 더불어 연준이 취한 특단의 조치와 재정적 부양책에 힘입어 2009년 3월부터 주식시장의 상승세가 시작됐으며([그림 5] 참조), 신용 스프레드가 하락하기 시작했다([그림 6] 참조).[3] 금융시장의 회복과 함께 경제도 회복되기 시작했는데, 불행하게도 회복의 속도는 느렸다.

3) 19개 대형 은행이 SCAP(Supervisory Capital Assessment Program)라는 은행 스트레스 테스트(banking stress test)를 받아야 한다는 2009년 2월 미국 재무부의 발표는 금융시장의 회복에 도움이 됐다. 이 테스트는 연준이 통화감독청 및 FDIC와 협력해 이들 은행이 극단적인 거시경제적 상황을 견뎌낼 만큼 충분한 자본을 갖췄는지를 확인하기 위해 대차대조표 내역을 평가하는 방식이다. 재무부는 평가 결과를 5월 초에 발표했는데, 시장 참여자들로부터 호응을 얻었기에 이들 은행은 민간 자본시장에서 많은 자본을 조달할 수 있었다. 스트레스 테스트는 시장에서 정보의 양을 증가시키고 이를 통해 정보의 비대칭성과 역선택 및 도덕적 위험의 문제를 줄이는 핵심 요소였다.

요 약 SUMMARY

1 금융위기는 금융시장에서의 정보흐름에 있어 중대한 붕괴가 발생해 금융마찰을 급격히 증대시키고, 이로 인해 금융시장에서 생산적 투자기회를 가진 가계나 기업에 자금이 전달되지 못해 경제활동을 크게 위축시킨다.

2 미국과 같은 선진국에서 금융위기는 금융자유화/금융혁신에 대한 정책실패, 자산가격의 과열과 붕괴, 또는 주요 금융기관의 도산으로 인한 경제 전반의 불확실성 증가 등 여러 경로를 통해 촉발된다. 그 결과 역선택과 도덕적 위험의 문제가 상당히 증대되며, 이로 인해 대출이 감소하고 경제활동이 위축된다. 경영 상태가 악화되고 은행의 건전성에 대한 불확실성이 증가하면 금융위기의 2단계로 넘어가는데, 이때는 동시에 많은 은행이 도산하는 은행위기가 일어난다. 은행 도산에 따른 은행 수의 감소는 정보 자본의 감소를 초래해 대출을 더욱 축소시키고 경기침체의 악순환을 일으킨다. 일부 사례에서는 경제의 침체로 물가가 크게 하락한다. 이 경우 가계와 기업의 실질 채무 부담이 증가해 이들의 순자산이 감소함으로써 채무 디플레이션을 초래한다. 차입자의 순자산이 더욱 감소함으로 인해 역선택과 도덕적 위험의 문제가 더 심각해져 대출, 투자지출, 경제활동이 오랜 기간 침체된다.

3 대공황을 초래한 미국 역사상 가장 중요한 금융위기는 주식시장의 붕괴, 은행공황, 정보의 비대칭성 문제 악화, 그리고 마지막으로 채무 디플레이션 등 여러 국면을 수반했다.

4 2007~2009년의 글로벌 금융위기는 서브프라임 주거용 모기지 등의 금융혁신에 대한 관리 실패와 주택가격 버블의 붕괴에 의해 촉발되었다. 이번 위기는 전 세계로 퍼져 나가, 은행 및 여타 금융기관 대차대조표의 심각한 악화, 그림자 은행시스템에서의 매도사태, 여러 유명기업의 도산 등이 발생했다.

5 2007~2009년 금융위기는 금융기관에 대한 구제금융을 통한 각국 정부의 개입과 연준의 과감한 조치로 인해 공황에까지 이르지 않았다.

주요 용어 KEY TERMS

구조화 신용상품(structured credit product)
그림자 은행시스템(shadow banking system)
금융공학(financial engineering)
금융마찰(financial friction)
금융위기(financial crisis)
금융자유화(financial liberalization)
금융혁신(financial innovation)
대출제공 후 매도처분(originate-to-distribute, OTD)
디레버리징(deleveraging)
모기지 유동화증권(mortgage-backed security, MBS)
부실자산구제 프로그램(Troubled Asset Relief Program, TARP)
본질적 경제가치(fundamental economic value)
서브프라임 모기지(subprime mortgage)
신용 과열(credit boom)
신용부도 스왑(credit default swap, CDS)
신용 스프레드(credit spread)
은행공황(bank panic)
자산가격 버블(asset-price bubble)
주인-대리인 문제(principal-agent problem)
증권화(securitization)
채무 디플레이션(debt deflation)
급탄 세일(fire sale)
환매조건부채권매매(repurchase agreement(RP), repo)
헤어컷(haircut)

연습문제

QUESTIONS

1 어떻게 정보의 비대칭성 개념이 금융위기를 정의하는 데 도움이 되는가?
2 어떻게 주식시장에서 자산가격 버블의 붕괴가 금융위기를 촉발할 수 있는가?
3 어떻게 예상치 못한 물가 하락이 대출을 감소시킬 수 있는가?
4 어떻게 부동산 가격의 하락이 디레버리징과 대출 감소를 초래할 수 있는가?
5 어떻게 금융기관 대차대조표의 악화와 여러 금융기관의 동시적 도산이 경제활동의 위축을 초래하는가?
6 어떻게 주요 금융기관의 도산에 따른 전반적인 불확실성 증대가 역선택과 도덕적 위험의 문제를 일으키는가?
7 왜 금융위기 동안에 신용 스프레드가 크게 확대되는가?
8 어떻게 정부의 재정 불균형이 금융위기를 초래할 수 있는가?
9 어떻게 금융자유화가 금융위기를 초래할 수 있는가?
10 취약한 금융규제와 감독이 금융위기를 초래하는 데 있어 어떤 역할을 하는가?
11 미국이 경험한 대공황과 2007~2009년 금융위기의 유사점과 차이점을 각각 2개씩 제시하라.
12 2007~2009년의 금융위기가 공황으로까지 이르지 않은 이유는 무엇인가?
13 어떤 기술적 혁신이 서브프라임 모기지 시장의 발전을 가져왔는가?
14 왜 OTD 사업 모델에 주인-대리인 문제가 발생하는가?
15 "금융공학은 항상 금융시스템을 보다 효율적으로 만든다." 이 진술은 참인가, 거짓인가, 또는 불확실한가?
16 어떻게 주택가격의 하락이 2007년에 시작된 서브프라임 금융위기를 촉발했는가?
17 그림자 은행시스템이란 무엇인가? 왜 그림자 은행시스템이 2007~2009년 금융위기의 중요한 부분인가?
18 왜 금융위기 동안 담보에 대한 헤어컷이 급속히 상승하는가? 어떻게 헤어컷의 상승이 자산을 폭탄 세일하도록 만드는가?
19 2007~2009년 금융위기 기간 중 미국과 아일랜드가 겪은 경험의 공통점은 무엇인가?

웹 연습문제

WEB EXERCISES

1 역선택과 도덕적 위험을 이해하면 금융위기를 더 잘 파악할 수 있다고 배웠다. 미국이 겪은 가장 심각한 금융위기는 1929~1933년의 대공황이다. www.amatecon.com/greatdepression.html에 들어가보라. 이 사이트는 대공황을 유발한 요인들에 대해 간략히 소개하고 있다. 역선택과 도덕적 위험이 어떻게 대공황을 심화시켰는지를 설명하는 1쪽 분량의 요약문을 작성하라.
2 www.imf.org/external/np/exr/key/finstab.htm에서 IMF가 설명한 금융위기를 살펴보라. IMF가 금융위기에 대응해 가장 최근 긴급 대출을 제공한 3개 국가에 대한 보고서가 있다. IMF에 따르면, 이들 각 국가에서 위기를 초래한 원인은 무엇인가?

참고 웹사이트 WEB REFERENCES

www.amatecon.com/gd/gdtimeline.html

대공황의 연대표를 볼 수 있다.

www.imf.org

IMF는 통화정책과 국제교역 등 범세계적인 정책 공조, 안정되고 지속 가능한 경제적 번영, 빈곤 감축을 위해 185개 회원국으로 구성된 조직이다.

10 신흥시장국의 금융위기

PREVIEW

근래에 발생한 몹시 심각한 금융위기의 사례들이 2007년 이전에는 미국 밖에서 일어났다. 급속한 경제성장을 도모하고 빈곤을 줄이기 위해 1990년대에 대외적으로 시장을 개방한 *신흥시장국*들이 특히 취약했다. 이들 신흥시장국 중 상당수는 미국의 대공황만큼이나 체력을 소진시키는 금융위기를 겪었다.

그중 가장 심각했던 것이 1994년에 시작된 멕시코의 위기, 1997년 7월에 시작된 동아시아의 위기, 그리고 2001년 시작된 아르헨티나의 위기다. 이들 사건은 경제학자들에게 수수께끼를 던진다. 어떻게 멕시코와 특히 태국, 말레이시아, 인도네시아, 필리핀, 한국 등의 동아시아 국가들과 같이 빠르게 성장하던 국가가 그렇게 극적으로 고성장 경로를 벗어나 경제활동이 급격히 둔화될 수 있는가?

이 장에서는 제9장에서 논의한 금융위기에 대한 정보의 비대칭성 이론을 응용해 신흥시장국에서 빈번히 발생하는 혹독한 금융위기의 원인을 분석한다. 먼저 신흥시장국에서 금융위기의 전개 과정을 살펴본다. 그러고 나서 신흥시장국 가운데 두 국가에서 최근 발생한 금융위기를 둘러싼 사건들을 분석하고, 왜 이들 금융위기가 그렇게 참혹하게 경제활동의 위축을 초래했는지 알아본다.

1 신흥시장국 금융위기의 전개 과정

근래에 상품시장, 서비스시장, 자본시장을 대외적으로 개방해 시장경제 발달의 초기 단계에 있는 국가, 즉 **신흥시장국**(emerging market economy)에서 발생한 금융위기의 전개 과정은 미국과 같은 선진국이 겪은 금융위기와 닮았지만, 몇몇 중요한 차이점이 있다. [그림 1]은 신흥시장국의 금융위기에서 나타나는 사건의 흐름과 단계의 특징을 제시한다.

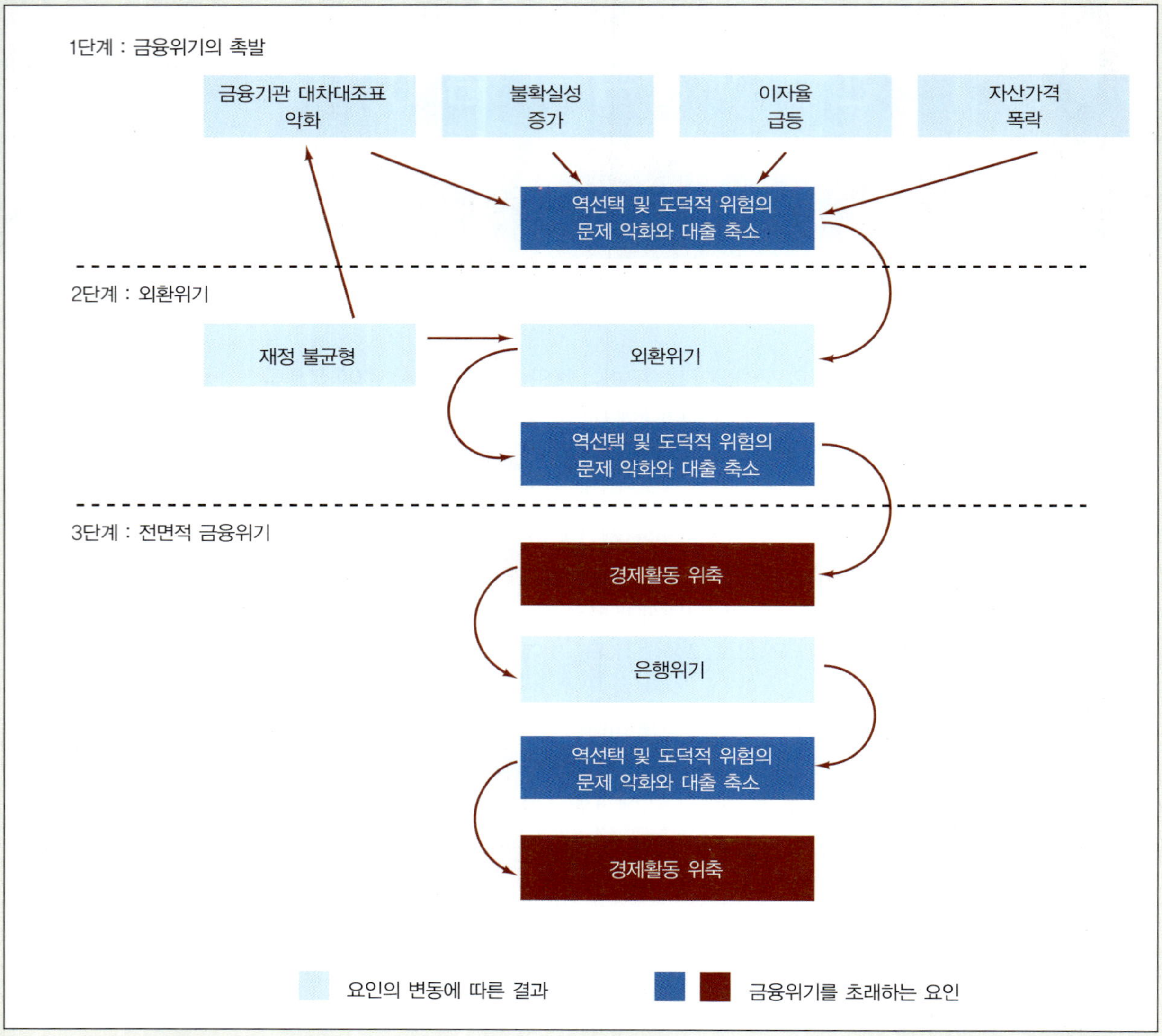

그림 1 신흥시장국 금융위기에서 사건의 흐름도

실선의 화살표는 금융위기 과정에서 사건의 흐름을 추적한다. 점선으로 표시한 수평선은 금융위기의 각 단계를 구분한다.

1.1 1단계 : 금융위기의 촉발

선진국의 위기는 여러 요인에 의해 촉발될 수 있다. 그러나 이와는 대조적으로 신흥시장국의 금융위기는 기본적으로 2개의 경로를 따라 전개된다. 그 하나는 금융자유화 및 금융 글로벌화의 관리 실패이며, 다른 하나는 심각한 재정 불균형이다.

경로 A : 금융자유화 및 금융 글로벌화의 관리 실패 미국에서와 마찬가지로 신흥시장국 금융위기는 대내적으로 금융기관과 금융시장에 대한 규제를 철폐해 자국의 금융시스템을 자유화하는 소위 **금융자유화**(financial liberalization) 과정과 대외적으로 자국 시장을 개방해 자본의 이동과 외국 금융기관의 국내 진출을 허용하는 소위 **금융 글로벌화**(financial globalization) 과정에서 종종 그 씨앗이 뿌려진다. 이런 과정은 흔히 건실한 정부 재정 상태에서 시작된다. 멕시코의 재정적자는 대부분의 선진국이 부러워하는 수치인 GDP의 0.7%에 불과했다. 동아시아 국가들은 위기가 닥치기 전에 심지어 재정흑자를 유지했다.

그러나 종종 신흥시장국의 금융시스템은 취약한 '신용문화'(credit culture)를 갖고 있어 차입자를 심사하고 감시하는 데 비효율적이며 정부의 은행에 대한 감독도 느슨하다. 따라서 신흥시장국에서의 금융자유화에 수반해 대출 과열(lending boom)이 일어나면 위험한 대출이 제공되고 향후 엄청난 대출 손실이 발생할 씨앗이 뿌려지는 것이 전형적인 모습이다. 금융 글로벌화로 자국 은행이 해외에서 차입할 수 있게 허용되면 이 과정은 불에 기름을 부은 것처럼 가속화된다. 은행은 외국 자본에 대해 매력적인 높은 이자율을 제시하면서 자금을 획득해 대출을 빠르게 증가시킨다. 이때 자국의 환율을 달러에 고정시키려는 정부의 정책은 외국 투자자들에게 일종의 안심이 되기 때문에 자본 유입을 더욱 확대시킨다.

미국 등의 선진국에서와 마찬가지로 대출 과열은 결국 대출 붕괴로 귀결된다. 오랜 기간에 걸친 위험한 대출에서는 결국 심각한 손실이 드러나기 마련이다. 이로 인해 은행 대차대조표가 악화되면 은행은 서둘러 대출을 줄이려 한다. 선진국은 잘 발달된 증권시장과 많은 비은행 금융 부문을 갖추고 있어 은행이 무너져도 그 공백을 메울 수 있지만, 신흥시장국에서는 은행 대차대조표의 악화가 대출과 경제활동에 훨씬 더 심각한 부정적 영향을 미친다. 은행이 대출을 중단하면 실제로 역선택과 도덕적 위험의 문제를 해결할 다른 대안이 없기 때문이다([그림 1]의 맨 윗줄에 제시한 첫 번째 요인에서 나온 화살표 참조).

지금까지의 논의는 신흥시장국에서 대출의 과열과 붕괴가 금융자유화와 금융 글로벌화에 따른 불가피한 결과임을 시사한다. 그러나 항상 그런 것만은 아니다. 이런 부정적인 결과는 이들 국가가 자유화와 글로벌화 과정을 성공적으로 다루지 못하는 제도적 취약점이 있는 경우에만 발생한다. 좀 더 구체적으로 말하면, 건전성 규제와 감독(prudential regulation and supervision)이 과도한 위험추구 행동을 막을 수 있다면 대출의 과열과 붕괴는 일어나지 않는다. 그럼, 왜 규제와 감독이 전형적으로 취약한 것일까? 이는 제8장에서 논의한 주인-대리인 문제로 인해 국내 기업의 강력한 이해관계가 금융자유화 과정을 왜곡시키기 때문이다. 정치인과 건전성 감독당국은 결국 납세자(주인)를 위한 대리인이다. 즉 정치인과 건전성 감독당국은 납세자의 이익을 보호해야 한다. 은행 부실이 발생하면 거의 항상 납세자가 구제금융 비용을 부담하기 때문이다.

그러나 금융시장이 일단 자유화되면, 은행 소유자들의 강력한 이해관계로 인해 감독당국의 임무 완수가 어려워지며 건전성 감독당국이 공공의 이익을 위해 행동하지 못한다. 종종 이들 이해관계자는 정치인의 선거유세에 자금을 지원하면서 정치인의 힘을 이용해 은행이 고위험 · 고수익 전략을 추구하는 데 방해가 되는 규제를 완화시키려 한다. 결국 은행 소유자들은 은행대출을 급격히 확대함으로써 부를 축적할 수 있다. 그러나 만약 은행이 곤경에 처한다면 정부가 구제금융을 지원할 것이고 납세자가 그 비용을 치른다. 더구나 이들 이해관계자는 엄격한 규제제도가 갖춰져 있음에도 불구하고 감독당국이 은행을 효과적으로 감시하고 부실 은행을 퇴출시키는 데 필요한 자원이 부족하게끔 영향력을 행사할 수도 있다.

강력한 이해관계자들로 인해 미국과 같은 선진국에서도 감독당국이 제대로 임무를 완수하지 못했다. 신흥시장국에서는 취약한 제도적 환경으로 인해 금융자유화 과정의 왜곡이 더 커진다. 잘 교육받은 민간인들과 자유로운 언론이 공공의 이익을 위해 행동하지 않는 정치인과 정부 관료를 감시하고 징벌하는 체제를 갖춘 선진국에 비해 신흥시장국의 이해관계자는 훨씬 더 강력할 수 있다. 이에 따라 앞에서 논의한 주인-대리인 문제로 인한 사회적 비용이 신흥시장국에서 더 심각할 수 있다는 것은 그리 놀라운 일이 아니다.

경로 B : 심각한 재정 불균형 신흥시장국은 정부지출을 위한 재원 조달로 인해 금융위기의 경로로 접어들 수 있다. 2001~2002년에 발생한 아르헨티나의 금융위기가 바로 이 유형이다. 그 밖에 1998년 러시아, 1999년 에콰도르, 2001년 터키의 금융위기도 부분적으로 이런 유형의 요소를 지니고 있다.

유명한 은행강도인 서턴(Willie Sutton)에게 왜 은행을 털었냐고 물었더니, 그는 '돈이 있는 곳이기 때문'이라고 답했다. 때때로 신흥시장국의 정부도 똑같은 입장이다. 대규모 재정 불균형이 발생해 이를 메울 자금을 조달할 수 없는 경우 정부는 종종 은행을 구슬리거나 압박해 정부 채무를 사들이게 한다. 정부의 채무 상환능력에 대한 신뢰감을 상실한 투자자들은 국채를 팔려고 내놓게 되며 이로 인해 국채 가격이 폭락한다. 이에 국채를 보유한 은행의 대차대조표 자산 항목에 커다란 구멍이 생기며, 은행의 순자산이 감소한다. 은행의 (자기)자본이 줄어들면 대출할 재원이 부족해져 은행의 대출이 감소한다. 은행 자본의 감소로 인해 많은 은행이 동시에 도산하는 은행 패닉이 초래되면 이 상황은 훨씬 더 악화될 수 있다. 결국 심각한 재정 불균형이 은행시스템을 약화시켜 역선택과 도덕적 위험의 문제가 심화된다([그림 1]의 세 번째 줄에 제시한 첫 번째 요인에서 나온 화살표 참조).

추가적 요인 금융위기의 1단계에서 때로는 다른 요인도 작용한다. 예를 들면 멕시코가 경험했듯이 미국의 긴축적 통화정책과 같은 해외 요인에 의한 이자율 상승이 금융위기를 촉발할 수 있다. 이자율이 상승하면 위험한 기업일수록 더 높은 이자율을 내고서라도 적극적으로 돈을 빌리려 하기 때문에 역선택 문제가 더욱 심각해진다. 더구나 이자율이 상승하면 위험한 기업은 현금흐름이 감소해 정보의 비대칭성 문제가 보다 심각한 외부 자본시장에서의 자금 조달을 모색하게 된다. 해외 이자율의 상승이 국내 이자율을 상승시켜 이렇게 역선택과 도덕적 위험의 문제를 증대시킨다([그림 1]의 맨 윗줄에 제시한 두 번째 요인에서 나온 화살표 참조).

신흥시장국의 자산시장은 선진국만큼 크지 않기 때문에 금융위기에서 덜 중요한 역할을 한다. 그럼에도 불구하고 주식시장에서의 자산가격 하락은 기업의 순자산을 감소시켜 역선택 문제를 증대시킨다. 또한 순자산이 감소하면 기업의 소유자는 위험한 행동을 택하더라도 잃을 것이 줄어들기 때문에 도덕적 위험이 증가하고, 반면 대부자가 차지할 수 있는 담보는 감소한다. 따라서 자산가격의 하락은 직접적으로 역선택과 도덕적 위험의 문제를 악화시킬 뿐만 아니라 간접적으로도 자산 상각에 따른 은행 대차대조표의 악화를 초래함으로써 역선택과 도덕적 위험의 문제를 악화시킨다([그림 1]의 맨 윗줄에 제시한 세 번째 요인에서 나온 화살표 참조).

선진국에서와 마찬가지로 신흥시장국에서도 경기침체나 유명 기업의 도산이 발생하면 투자 사업의 수익성에 대한 불확실성이 증가한다. 또한 신흥시장국에서는 극히 불안정한 정치체제로 인해서도 종종 불확실성이 발생한다. 불확실성이 증가하면 대부자는 신용위험이 우량한 자와 불량한 자를 구별하기 어려워지고 자금을 차입한 기업의 활동을 감시하기도 힘들게 된다. 이에 따라 역선택과 도덕적 위험의 문제가 악화된다([그림 1]의 맨 윗줄에 제시한 마지막 요인에서 나온 화살표 참조).

1.2 2단계 : 외환위기

[그림 1]의 윗부분에서 언급한 하나 이상의 요인들이 작용하기 시작하면 외환시장 참여자들은 이들 신흥시장국 통화가치의 하락 쪽에 내기를 걸어 큰돈을 벌 기회가 왔음을 감지한다. 제18장에서 살펴보겠지만, 자국의 통화가치를 미국 달러화에 고정시킨 경우에는 투기자들이 그 국가의 통화를 대규모로 매도하는 **투기적 공격**(speculative attack) 위험에 노출된다. 시장에 자국 통화가 매물로 쏟아져 나오면 공급이 수요를 크게 초과해 통화가치가 폭락하고 외환위기가 발생한다([그림 1]의 2단계 부분 참조). 외국의 이자율 상승, 불확실성의 증가, 자산가격의 하락도 일정한 역할을 한다. 그러나 은행 대차대조표의 악화와 심각한 재정 불균형이야말로 투기적 공격을 촉발해 외환위기(currency crisis), 금융위기, 경제파탄이라는 총체적 악순환을 초래하는 2개의 주요 요인이다.

은행 대차대조표의 악화로 촉발되는 외환위기 은행과 여타 금융기관들이 곤경에 처했을 때 정부가 취할 수 있는 정책수단은 몇 개 안 된다. 이자율을 높임으로써 자국 통화가치를 방어하면 자본 유입을 유도할 수 있다. 그런데 정부가 이자율을 높이면 은행이 자금을 조달하는 데 더 많은 비용을 지불해야 한다. 자금 조달비용의 상승으로 은행 수익성이 악화되면 은행의 지급불능 사태를 초래할 수 있다. 따라서 은행시스템이 곤경에 처했을 때 정부와 중앙은행은 진퇴양난이다. 이자율을 크게 올리면 체질이 허약한 은행들이 망하고 경제가 더욱 약화될 것이고, 그렇지 않으면 자국의 통화가치를 유지하기 어려운 것이다.

외환시장의 투기자들은 금융 부문이 처한 곤경을 잘 알 뿐만 아니라 이자율을 올려 통화가치를 방어하는 데 드는 비용이 너무 커서 정부가 곧 포기하고 통화가치의 절하를 용인할 가능성이 크다는 사실도 깨닫게 된다. 그러면 통화가치는 결국 한 방향, 즉 하락하는 방향으로 갈 수밖에 없기 때문에 거의 확실한 내기 기회를 잡을 수 있다. 투기자들은 앞으로 그 가치가 하락할 것으로 예상되는 통화를 내다 파는 무자비한 공격에 가담해 엄청난 이득을 얻을 수 있다. 통화가치의 하락을 막기 위해서는 정부가 외환을 매도하고 자국 통화를 매입할 수밖에 없으므로 외환 보유고는 급속히 소진된다. 중앙은행이 외환 보유고를 다 써버리고 나면 순환 과정은 끝난다. 더 이상 외환시장에 개입할 재원이 없기 때문에 통화가치가 급속히 하락한다. 즉 정부는 자국 통화가치의 절하를 용인할 수밖에 없다는 것이다.

심각한 재정 불균형으로 촉발되는 외환위기 심각한 재정 불균형이 은행 대차대조표의 악화를 초래할 수 있음을 배웠기에, 바로 앞의 논의에 따라 재정 불균형이 간접적으로 외환위기를 촉발할 수 있다는 사실을 이해할 수 있다. 재정 불균형은 또한 직접적으로 외환위기를 촉발할 수도 있다. 정부의 재정적자가 통제될 수 없는 상태에 이르면 외국 및 국내 투자자들은 정부가 채무를 상환할 수 없을지도 모른다는 의구심을 갖게 되고, 이에 따라 돈을 빼내려고 그 국가의 통화를 매도할 것이다. 따라서 재정 상태가 통제불능이라는 인식이 생기면 통화에 대한 투기적 공격이 발생해 결국에는 통화가치의 붕괴로 마무리된다.

1.3 3단계 : 전면적 금융위기

대개 자국 통화로 표시된 부채를 지고 있는 선진국과는 달리 신흥시장국의 경우에는 많은 채무계약을 외국통화(보통 달러)로 표시하고 있어 소위 **통화불일치**(currency mismatch) 상태에 놓여 있다. 이때 이들 신흥시장국에서 자국 통화(예를 들면 페소)의 가치가 예상치 않게 하락하면 자국 통화로 환산한 기업의 채무 부담이 증가한다. 즉 달러화 채무를 상환하기 위한 페소가 더 많이 필요하게 된다. 기업이 생산한 재화와 서비스는 자국 통화로 가격이 매겨지기 때문에 페소 단위로 평가한 기업의 자산은 증가하지 않지만 부채는 증가한다. 이렇게 자국 통화가치의 절하는 상대적으로 자산에 비해 부채의 가치를 증가시키기 때문에 기업의 순자산을 감소시킨다. 그리고 순자산의 감소는 역선택과 도덕적 위험의 문제를 증가시키고 투자와 경제활동의 위축을 초래한다([그림 1]의 3단계 부분 참조).

이제 신흥시장국에서 어떻게 채무시장의 제도적 구조가 통화가치 하락과 결부되어 그 국가의 경제를 전면적인 금융위기로 몰아가는지 알아보자. 자국 통화가치의 하락으로 귀결되는 외환위기는 기업의 대차대조표를 악화시키고 이로 인해 역선택과 도덕적 위험의 문제를 급속히 증가시킨다. 경제학자들은 외환위기와 금융위기의 동시적인 발생을 '쌍둥이 위기'(twin crises)라 부른다.

또한 통화가치의 붕괴는 인플레이션의 상승을 초래할 수도 있다. 선진국과는 달리 대부분의 신흥시장국 중앙은행은 물가안정을 도모하려는 인플레이션 투사(inflation fighter)로서의 신뢰도가 매우 약한 편이다. 따라서 외환위기로 인한 급격한 통화가치의 하락은 즉각적으로 수입품의 가격 상승 압력을 초래한다. 이에 실제로 발생한 인플레이션뿐만 아니라 기대 인플레이션도 함께 상승할 가능성이 크며, 이로 인해 국내 이자율이 상승한다. 그 결과 이자지급액이 증가해 기업의 현금흐름이 감소하고, 이는 다시 기업이 투자자금의 조달을 위한 외부자금 의존도를 높임에 따라 정보의 비대칭성 문제를 심화시킨다. 정보의 비대칭성에 대한 분석을 통해 알 수 있듯이, 역선택과 도덕적 위험 문제의 증대는 투자와 경제활동을 위축시킨다.

[그림 1]에 제시된 것처럼, 경제 악화는 더욱 심화된다. 경제활동의 붕괴와 현금흐름의 악화 및 기업과 가계의 대차대조표 악화로 인해 많은 사람들이 더 이상 채무를 갚지 못하게 되면서 은행의 손실이 심각해진다. 또한 이자율의 상승도 은행의 수익성 및 대차대조표에 부정적 영향을 미친다. 은행의 더욱 심각한 문제는 자국 통화가치의 하락으로 인해 외화 부채의 부담이 급격히 상승한다는 것이다. 이에 따라 은행의 대차대조표가 양면에서 압박을 받는다. 즉 은행의 자산가치는 하락하고 부채가치는 상승한다.

이런 상황에서 종종 은행시스템은 미국 대공황 시기에 일어났던 것처럼 많은 은행이 도산하는 은행위기를 겪는다. 은행위기와 신용시장에서의 요인들로 인해 역선택과 도덕적 위험의 문제가 더욱 악화되고 이런 위기의 여파로 대출과 경제활동의 붕괴가 확산된다.

이제 위의 분석을 이용해 최근 신흥시장국을 강타한 금융위기 가운데 2개의 사례를 살펴보기로 한다.[1] 먼저 1997~1998년에 한국에서 발생한 금융위기를 검토한다. 이는 금

1) 한국과 아르헨티나뿐만 아니라 여타 신흥시장국의 금융위기에 대한 보다 자세한 내용을 알기 원한다면, Frederic S. Mishkin, *The Next Great Globalization: How Disadvantaged Nations Can Harness Their Financial Systems to Get Rich* (Princeton, NJ: Priceton University Press, 2006)을 참조하라.

융자유화 및 금융 글로벌화의 관리 실패로 인해 금융위기로 진전되는 첫 번째 경로를 설명한다. 그다음에는 심각한 재정 불균형으로 인해 두 번째 경로를 통해 촉발된 2001~2002년의 아르헨티나 위기에 대해 알아본다.

응용

1997~1998년 한국의 금융위기

1997년의 위기 이전에 한국은 인류 역사에 있어 위대한 경제적 성공의 사례였다. 한국전쟁이 종료된 지 7년이 지난 1960년 당시 한국은 현재의 달러 가치로 환산한 1인당 국민소득이 2,000달러에도 못 미치는 소말리아와 비슷한 수준의 극히 가난한 국가였다. 그러나 전쟁 이후 한국은 수출주도형 전략을 추구한 데 힘입어 세계의 주요 경제국 가운데 하나가 됐다. 한국은 1960년부터 1997년까지 연평균 8%에 가까운 경제성장을 기록해, 가난했던 국가가 급속한 경제성장을 이루는 것을 지칭하는 용어인 '아시아의 기적'(Asian miracle)의 선두국가가 됐다. 1997년까지 한국의 1인당 소득은 10배 이상 증가했다.

위기 이전에 한국의 거시경제적 기초체력은 건실했다. [그림 2]는 1996년에 인플레이션이 5% 미만이었고, [그림 3]은 실질 경제성장률이 7%에 근접했으며, [그림 4]는 실업률이 낮았음을 보여준다. 정부 재정은 대부분의 선진국이 달성하기 어려운 소폭의 흑자 상태였다.

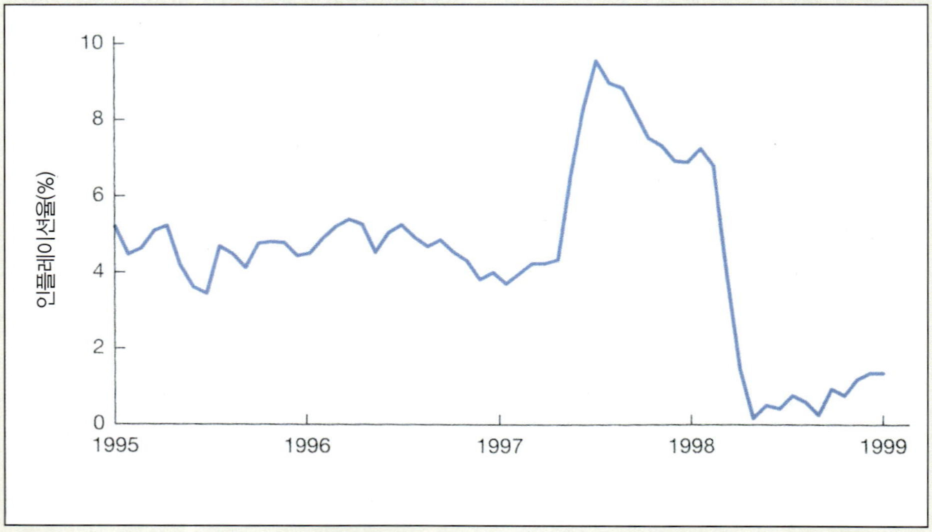

그림 2 1995~1999년 한국의 인플레이션

인플레이션은 위기 이전에 5% 미만이었으나 위기 동안 거의 10%로 급상승했다.

자료 : IMF, *International Financial Statistics*, www.imfstatistics.org/imf/

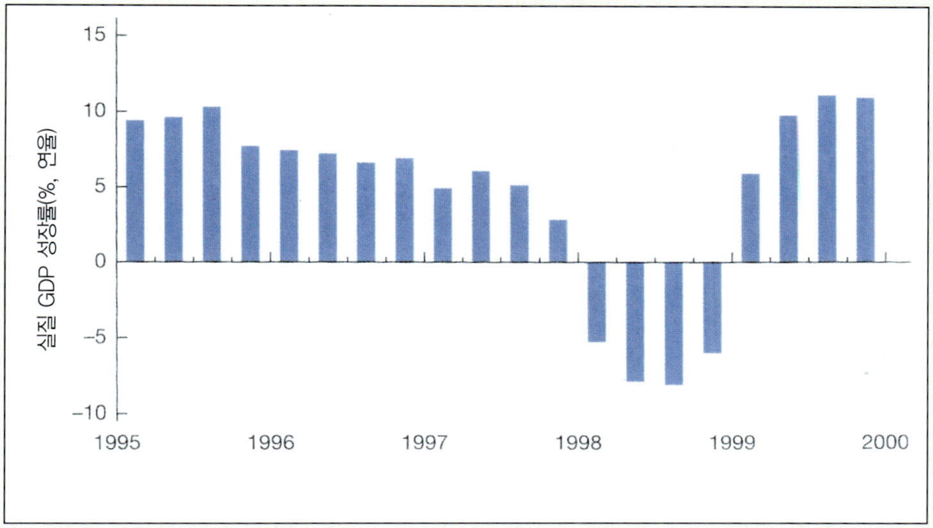

그림 3 1995~1999년 한국의 실질 GDP 성장률

실질 GDP 성장률은 위기 이전에 연 7% 가까운 수준이었으나 위기 동안 −6% 이하로 하락했다.

자료 : IMF, *International Financial Statistics*, www.imfstatistics.org/imf/

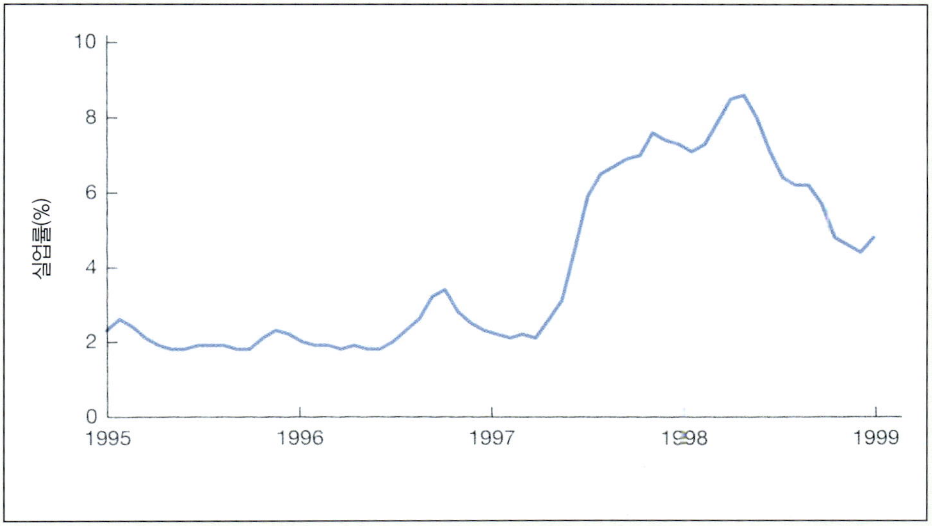

그림 4 1995~1999년 한국의 실업률

실업률은 위기 이전에 3% 미만이었으나 위기 동안 7%로 급등했다.

자료 : IMF, *International Financial Statistics*, www.imfstatistics.org/imf/

금융자유화 및 금융 글로벌화의 관리 실패

1990년대 초반부터 한국 정부는 금융기관에 대한 많은 규제를 철폐해 금융시장을 자유화하는 동시에 금융 글로벌화 과정에 착수해 해외자본에 대해 자본시장을 개방했다. 그 결과 해외차입이 연평균 20% 가까이씩 엄청나게 증가한 덕택에 비금융 민간기업 부문에 대한 은행 여신이 급속히 팽창하는 대출 과열이 발생했다. 그런데 차입자들을 심사하고 감시할 은행의 전문가가 부족했고 은행에 대한 규제 감독이 취약했기 때문에 대출에서의 손실이 쌓이기 시작해 은행의 순자산(자본)이 감소했다.

금융자유화 및 금융 글로벌화 과정의 왜곡 : 재벌과 한국의 위기

강력한 기업 이해관계자는 금융자유화의 관리 실패를 초래하는 데 주요한 역할을 한다. 이러한 사실이 1990년대 후반 금융위기 이전의 한국에서만큼 분명하게 드러난 경우는 없다. 한국에는 재벌이라는 가족 소유의 대형 복합기업이 국가 GDP의 거의 50%에 해당하는 매출을 올릴 만큼 경제를 압도했다.

재벌은 정치적으로 매우 막강했고, 정부는 재벌을 '대마불사'(to big too fail)로 여겼다. 이러한 암묵적 보장에 따라 재벌은 자신이 건 내기에서 성공하면 그 이익 모두를 가져갈 수 있고 곤경에 처하더라도 지시금융이나 직접적인 정부 지원을 받게 될 것임을 알았다. 당연하게도 재벌은 미친 듯이 차입했으며 이에 따라 레버리지가 매우 높아졌다.

1990년대에 재벌은 돈을 벌지 못하고 있었다. 1993~1996년 기간 중 30대 재벌의 자산수익률은 결코 3%를 크게 넘지 못했다. 미국 기업의 경우 자산수익률은 15~20%다. 금융위기 직전인 1996년에는 자산수익률이 0.2%로 하락했다. 더구나 5대 재벌만이 그나마 이익을 내고 있었고, 나머지 6~30위 재벌의 경우에는 자산수익률이 1%를 제대로 넘은 적이 없으며 여러 해 동안 마이너스 수익률을 기록하고 있었다. 이런 초라한 수익성과 높은 부채비율 상태에서 만약 정부의 안전망이 제공되지 않았다면, 어떤 은행도 이들 기업 집단에 대한 대출에서 발을 빼려고 했을 것이다. 은행은 재벌이 채무를 불이행하는 경우 정부가 재벌에 대한 대출금을 해결해줄 것을 알고 있었기에 발을 빼지 않은 것이다. 은행은 계속 재벌에 대출을 제공했는데, 사실상 이는 실패한 사업에 아까운 돈을 허비한 것이었다. 재벌은 상업은행에서 상당한 자금을 조달하고 있었지만, 이것만으로는 더 많은 신용을 얻고자 하는 재벌의 끝없는 식욕을 다 채울 수 없었다. 재벌은 지속적인 성장 추구가 자신의 곤경을 헤쳐나가는 방법이라고 결론을 내렸고, 이를 위해서는 막대한 자금 조달이 필요했다. 한국 경제의 저축률은 30%를 상회할 만큼 매우 높은 수준이었지만 재벌이 계획한 사업 확장에 필요한 자금을 대기에는 충분치 못했다. 어디서 필요한 돈을 구할 수 있었을까? 그 답은 국제자본시장에 있었다.

재벌은 한국 정부를 부추겨 자유화 과정의 일환으로 한국의 금융시장을 외국자본에 개방하는 과정을 가속화하게 했다. 1993년에 정부는 외화표시 대출이 가능한 대출 유형을 확대시키는 방법으로 국내 은행의 외화대출 능력을 확대했다. 동시에 한국 정부는 실질적으로 금융기관의 단기 해외차입에 제한을 두지 않았으며, 장기 차입에 대해서는 자본 유입을 관리하기 위한 수단으로 금액 제한을 두었다. 해외에서의 자본 유입에 있어 단기시장을 개방하고 장기시장은 묶는다는 것은 경제적으로 말도 안 된다. 신흥시장국을 금융적으로 취약하게 만드는 것은 단기자본의 흐름이다. 위기의 기색이 조금만 있어도 단기자본은 매우 신속히 그 나라를 탈출할 수 있기 때문이다.

그러나 주로 단기자본을 개방하는 것이 정치적으로는 완벽히 말이 된다. 재벌은 돈이 필요했고, 외국인에 대한 장기대출은 매우 위험한 것이기 때문에 국제금융시장에서 낮은 이자율의 단기자금을 구하기가 훨씬 쉬웠던 것이다. 반면 장기 해외차입에 대한 규제를 유지하면 정부는 여전히 외국자본의 유입을 제한하고 있으며 외국자본에 대한 금융시장 개방을 신중하게 추진한다고 말할 수 있게 된다. 이런 변화의 여파로 한국의 은행들은 해외자본의 접근을 허용하는 외국에 28개의 지점을 개설했다.

이제 한국의 금융기관들은 외국자본에 접근할 수 있게 됐지만 재벌은 여전히 문제를 안고 있었다. 재벌의 상업은행 소유가 허용되지 않아 재벌은 자신에게 필요한 은행대출을 모두 확보할 수 없었다. 그러나 한국에는 재벌에게 필요한 대출을 해줄 수 있는 독특한 유형의 금융기관이 존재하고 있었다. 바로 종합금융회사다. 종합금융회사는 도매 금융기관으로 증권의 인수, 리스, 단기 기업대출 등을 취급한다. 이들은 대출에 필요한 자금을 얻기 위해 채권이나 기업어음을 발행하고 은행 간 시장이나 해외시장에서 차입한다. 위기 시에 종합금융회사들은 해외에서 자금을 차입할 수 있었고 거의 규제를 받지 않았다. 재벌은 기회를 발견했다. 재벌의 영향을 받아 정부 관료들은 투자금융회사(그중 일부는 이미 재벌이 소유)들에 대해 종합금융회사로 전환하도록 했다. 종합금융회사는 자신의 소유자인 재벌에게 막대한 자금을 전달했으며 이들 자금은 철강, 자동차, 화학 등 생산성이 낮은 부문으로 흘러갔다. 결국 이들 대출이 부실해지자 재앙적인 금융위기 국면으로 접어들었다.

주식시장 하락과 기업 도산으로 인한 불확실성 증가

당시 한국 경제는 수출가격의 하락이라는 부정적 충격을 받았는데, 이로 인해 이미 취약했던 재벌의 수익성이 더욱 악화되고 재벌과 연계된 중소기업도 타격을 입었다. 1997년 1월 23일 두 번째 주요 충격이 발생해 금융시장의 불확실성을 초래했다. 재계 14위의 재벌인 한보가 파산을 선언한 것이다. 사실 한보의 파산은 단지 위기의 서막이었다. 그해가 가기 전에 30대 재벌 가운데 추가로 5개가 파산을 선언했다. 이들 재벌의 파산과 금융 및 비금융기업의 대차대조표 악화로 인해 [그림 5]에서 볼 수 있듯이 주식시장이 고점 대비 50% 이상 급속히 하락했다.

역선택 및 도덕적 위험 문제의 악화와 총수요의 감소

앞에서 살펴봤듯이, 주식시장 하락에 따른 불확실성의 증가와 순자산의 감소는 정보의 비대칭성 문제를 심화시킨다. 이에 따라 우량한 차입자와 불량한 차입자를 구분하기가 어려워진다. 순자산의 감소로 인해 기업 담보자산의 가치가 하락하고, 이제 기업은 투자에 실패하더라도 잃을 것이 적어졌기 때문에 위험한 투자를 감행할 인센티브가 확대된다. 은행 대차대조표의 악화와 함께 위기 직전에 발생한 주식시장의 하락과 불확실성의 증가는 역선택과 도덕적 위험의 문제를 악화시켜 대출의 위축과 경제의 침체를 초래한 것이다.

은행 대차대조표의 악화와 함께 경제체질의 약화로 인해 이제 한국 경제는 전면적인 금융위기와 경기침체를 겪는 외환위기 단계로 진입할 분위기가 무르익었다.

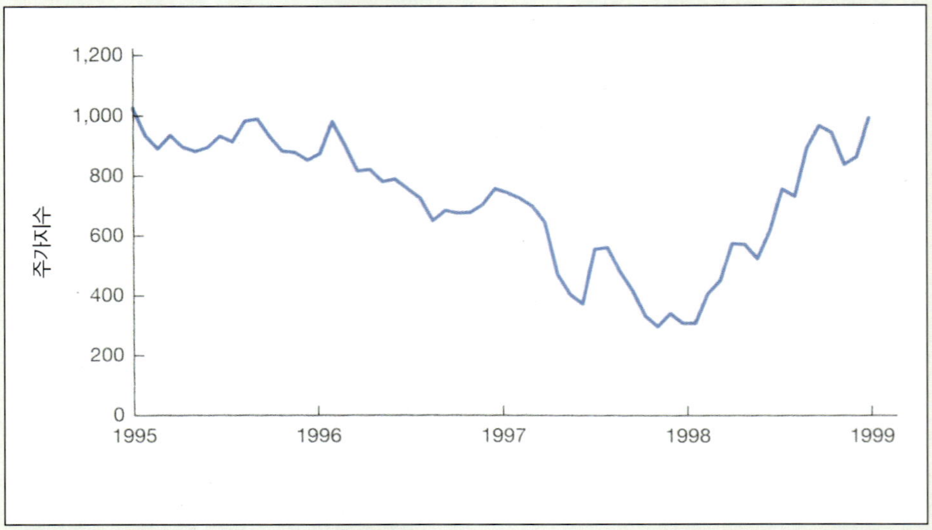

그림 5 1995~1999년 한국의 주가지수

위기 동안 주식가격이 50% 이상 하락했다.

자료 : Global Financial Data, available at www.globalfinancialdata.com/

외환위기의 발생

금융 부문의 대차대조표가 악화되고 대규모 단기 해외차입 자금의 유입이 중단될 위험에 처하게 되자 한국의 원화에 대한 투기적 공격은 피할 수 없었다. 1997년 7월 태국의 바트(baht)화가 붕괴하고 이어 8월 초에는 태국의 42개 파이낸스 회사가 문을 닫음에 따라 시장 참가자들 사이에 여타 동아시아 국가에도 이와 유사한 문제가 있지 않을까 우려하는 전염(contagion) 현상이 확산되기 시작했다. 곧바로 투기적 거래자들은 한국의 은행들이 곤경에 처해 있음을 알아챘다. 더구나 이자율을 올리면 이미 곤경에 처한 은행들이 더욱 곤란을 겪을 것이기에 한국의 중앙은행이 원화가치 방어를 위해 이자율을 올릴 수 없다는 사실도 이들은 알았다. 이에 투기적 거래자들은 한국의 원화를 팔아치우는 투기적 공격에 가담했다.

최종 단계 : 외환위기가 촉발한 전면적인 금융위기

투기적 공격에 따라 [그림 6]에서 보듯이 한국의 통화가치는 거의 50%나 급속히 하락했다. 금융 및 비금융기업은 모두 상당한 외화부채를 지니고 있었기 때문에 한국 원화의 가치가 50% 가까이 하락함에 따라 원화로 환산한 외화표시 부채의 부담은 거의 2배로 증가했고, 따라서 순자산이 심각하게 감소했다. 이러한 순자산의 감소로 인해 국내 대부자, 해외 대부자 할 것 없이 한국 금융시장에서 역선택과 도덕적 위험의 문제가 심각하게 대두됐다.

기업의 현금흐름 및 대차대조표의 악화는 은행위기를 심화시켰다. 은행은 외화 차입을 상환하기 위해 더 많은 돈이 필요해졌는데 국내기업에 제공한 달러 표시 대출을 회수할 수 없

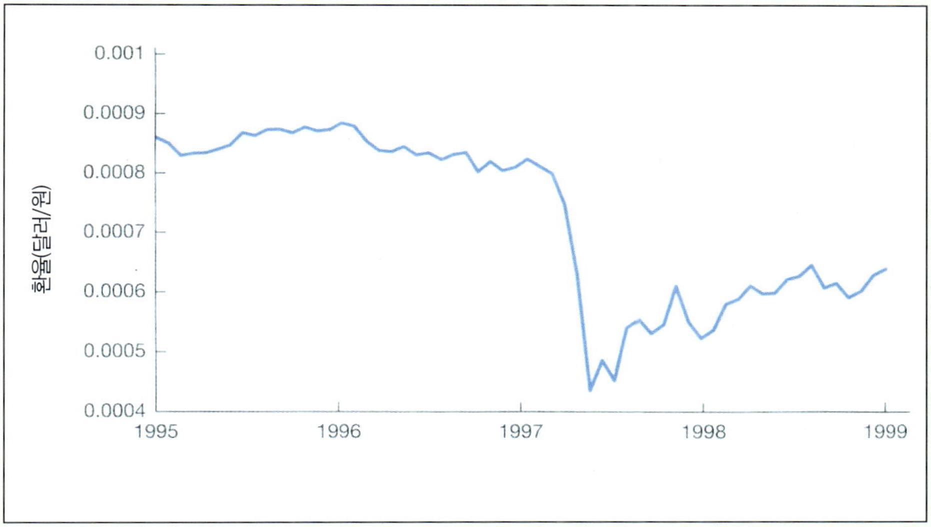

그림 6 1995~1999년 한국의 통화가치
한국 원화의 가치는 위기 동안 절반 가까이 하락했다.
자료 : IMF, *International Financial Statistics*, www.imfstatistics.org/imf.

었기에 은행의 대차대조표가 파탄에 이르렀다. 게다가 은행은 해외에서 단기로 차입했는데, 이들 차입 자금을 곧바로 상환해야 했기 때문에 유동성 문제가 확대됐다. 이에 정부가 개입해 모든 은행예금을 보장하고 은행 패닉을 막았다. 그러나 은행 자본의 손실로 인해 은행은 대출을 감축해야만 했다.

은행대출의 감축은 경제를 더욱 위축시켰다. [그림 3]에서 볼 수 있듯이 1998년 실질 GDP가 6% 이상 감소했으며, [그림 4]에서 볼 수 있듯이 실업률이 급속히 상승했다. 이런 상황에서는 인플레이션이 하락하리라 예상할지도 모르겠다. 그러나 [그림 2]가 지시하듯이 인플레이션은 하락하지 않고 오히려 상승했다. 이런 차이는 외환위기에 의해 설명된다. 투기적 공격의 성공에 따른 한국의 원화가치 붕괴로 인해 수입물가가 상승함으로써 직접적으로 인플레이션을 초래했을 뿐만 아니라, 인플레이션 투사로서의 한국은행에 대한 신뢰성을 약화시켰다. 그 결과 인플레이션이 약 5%에서 거의 10% 수준으로 급속히 상승했다.

높은 인플레이션을 보상하기 위해 1997년 말에는 시장이자율이 20%를 상호하는 수준으로 상승했다([그림 7] 참조). 이자율이 크게 상승한 또 다른 이유는 한국은행이 국제통화기금(IMF)의 권고에 따라 긴축적 통화정책을 취했기 때문이다. 높은 이자율로 인해 현금흐름이 감소했기에 기업은 외부자금을 차입하러 나섰으며 이로 인해 신용시장에서 역선택과 도덕적 위험의 문제가 증가했다. 이자율 상승에 따른 직접적인 투자위축 효과와 더불어 신용시장에서 정보의 비대칭성 문제 확대는 기업의 투자를 더욱 위축시키고 총수요를 감소시키는 또 하나의 이유가 됐다.

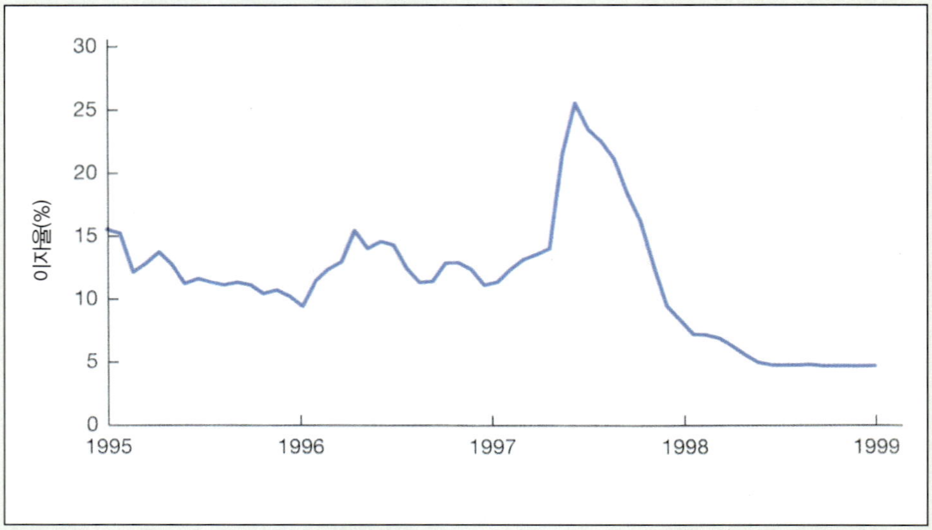

그림 7 1995~1999년 한국의 이자율

위기 동안 시장이자율이 20%를 상회하는 수준으로 상승했다.

자료 : IMF, *International Financial Statistics*, www.imfstatistics.org/imf/

회복의 시작

이 책의 제6부에서 논의할 자기보정(self-correcting) 메커니즘이 작동해 1998년 초부터 한국 경제가 회복되기 시작했다. 더구나 한국 정부는 금융시스템에 대한 신뢰성을 회복하기 위한 일련의 금융개혁을 이행함으로써 매우 적극적으로 위기에 대응했다. 금융시장이 회복되기 시작하면서 경제를 자극했고 실질 GDP가 증가하기 시작했다([그림 2] 참조).

역시 한국의 금융위기도 상당한 인적 비용을 초래했다. 빈곤층이 600만 명에서 1,000만 명 이상으로 증가했고, 자살과 이혼율이 50% 가까이 상승했으며, 마약중독률이 35% 상승했고, 범죄율이 15% 이상 상승했다.

응용 2001~2002년 아르헨티나의 금융위기

이제 살펴보겠지만, 아르헨티나의 금융위기는 심각한 재정 불균형에 의해 촉발됐다.

심각한 재정 불균형

멕시코 및 동아시아 국가와는 달리 아르헨티나는 은행시스템이 잘 감독되고 있었고 위기 이전에 신용 과열도 일어나지 않았다. 1998년에 심각한 경기침체가 발생했지만 은행은 놀랄 만큼 건전한 상태에 있었다. 그러나 불행하게도 아르헨티나는 언제나 예산을 통제하는 데 어려움을 겪고 있었다. 아르헨티나에서는 미국의 주정부와 유사하게 지방정부가 공공지출의 상당 부분을 통제하지만, 조세수입을 확보할 책임은 일차적으로 연방정부에 있다. 이러한 시스템하에서 지방정부는 자신의 재산을 초과해 지출하고서는 주기적으로 연방정부에 그 부채를 떠맡아달라고 요청할 인센티브를 갖는다. 그 결과 아르헨티나는 지속적으로 재정적자 상태다.

1998년에 시작한 경기침체로 인해 상황이 더욱 악화됐다. 정부의 조세수입이 감소하고 정부지출과 조세수입 간의 격차가 확대됐기 때문이다. 이에 따른 심각한 재정 불균형으로 인해 정부가 발행한 채권이 자국민과 외국인에 의해 충분히 소화되지 못하자 결국 정부는 은행들에 대해 막대한 규모의 정부 채무를 사들이도록 강제했다. 2001년에 이르러 투자자들은 아르헨티나 정부의 채무 상환능력을 불신하게 됐다. 그 결과 정부 채무증권의 가격이 폭락했으며 은행의 대차대조표에 거대한 손실이 발생했다. 신흥시장국 가운데 감독시스템이 최고 수준이며 은행시스템이 가장 건실하다고 간주되던 아르헨티나에서 이제 예금이 빠져나가기 시작했다.

역선택과 도덕적 위험 문제의 악화

은행 대차대조표의 악화와 예금 감소로 인해 은행들은 대출을 줄였다. 그 결과 역선택과 도덕적 위험의 문제가 악화됐다. 한국의 경우와 마찬가지로 정보의 비대칭성 문제로 인한 대출의 감소는 [그림 8]~[그림 10]이 제시하듯이 인플레이션 상승, 총생산 감소, 실업률 상승을 동반한 경제적 위축을 초래했다. 이제 경제체질의 악화와 은행 대차대조표의 악화로 인해 위기의 다음 단계인 은행 패닉으로 전개될 여건이 갖춰졌다.

은행 패닉의 시작

2001년 10월 재정 상황을 개선하기 위한 중앙정부와 지방정부 간의 협상이 결렬되고 경제가 침체함에 따라 조세수입이 계속 감소했다. 이제 국채의 채무불이행은 필연이었다. 그 결과 11월에는 하루에 10억 달러에 이르는 예금인출이 발생하는 전면적인 은행 패닉이 시작됐다. 12월 초에 정부는 은행을 일시적으로 문 닫게 한 후 일주일에 현금을 250달러만 인출하도록 제한하는 코랄리토(corralito, 작은 울타리란 뜻)라는 규제를 가했다. 코랄리토는 현금거래에 크게 의존하는 장사를 하는 빈곤층에게 특히 치명적이었다. 아르헨티나의 사회구조는 파탄나기 시작했다. 거의 30명이 격렬한 폭동으로 사망했다.

외환위기의 발생

제19장에 논의하겠지만 당시 아르헨티나는 통화위원회(currency board) 제도를 채택해

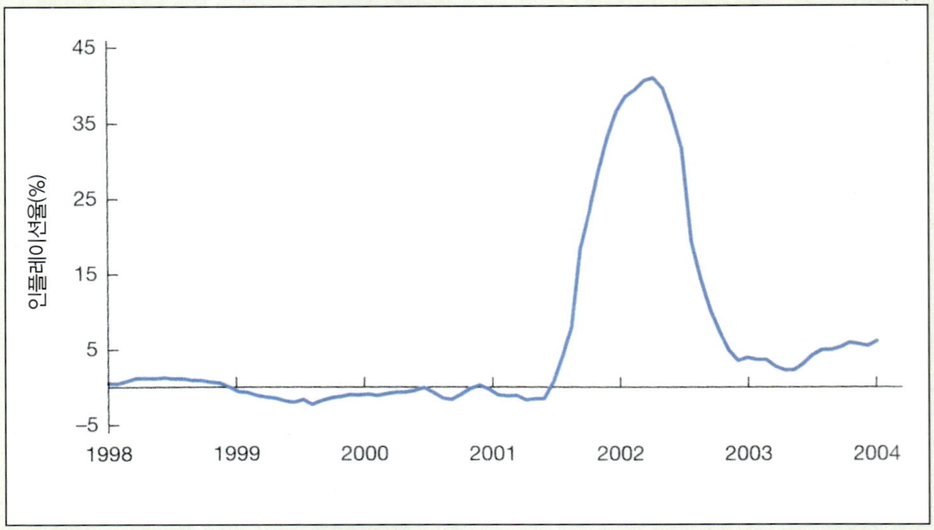

그림 8 1998~2004년 아르헨티나의 인플레이션

위기 동안 인플레이션이 40%를 넘어섰다.

자료 : IMF, *International Financial Statistics*, www.imfstatistics.org/imf/

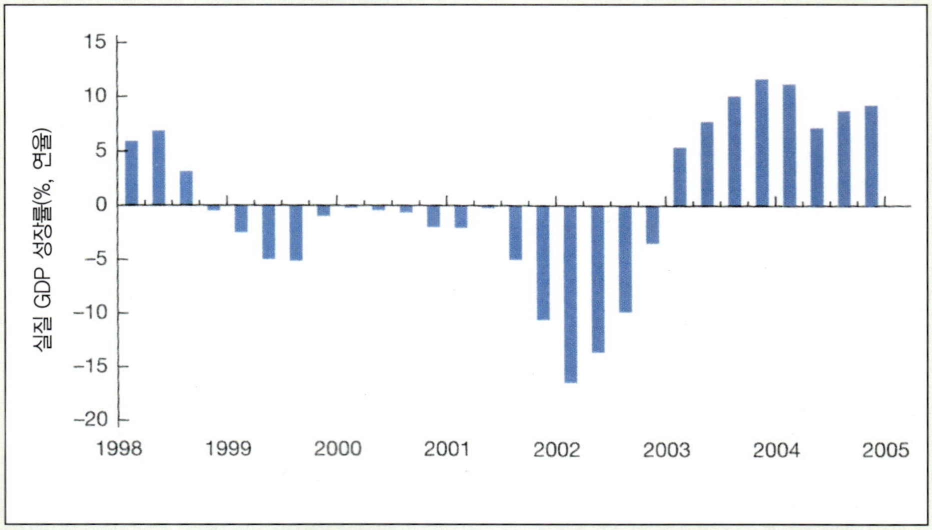

그림 9 1998~2004년 아르헨티나의 실질 GDP 성장률

위기 동안 실질 GDP 성장률이 하락해 연율로 −10%를 밑돌았다.

자료 : IMF, *International Financial Statistics*, www.imfstatistics.org/imf/

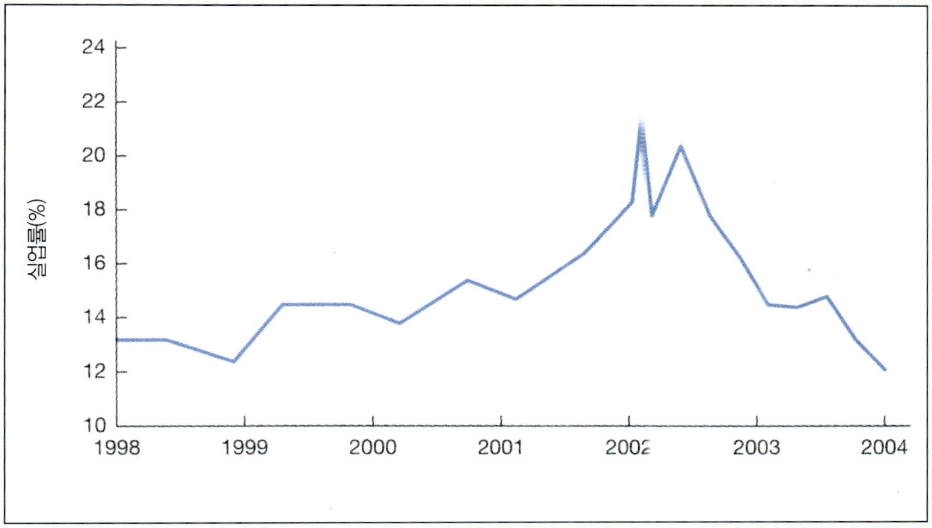

그림 10 1998~2004년 아르헨티나의 실업률

위기 동안 실업률이 20%를 상회했다.

자료 : Global Financial Data, available at www.globalfinancialdata.com/

아르헨티나의 페소(peso)와 미국 달러를 일대일의 비율로 교환해주면서 1페소의 가치를 1달러와 같도록 고정시키고 있었다. 그러나 은행 패닉으로 인해 정부가 더 이상 페소의 가치를 보전하고 통화위원회 제도를 지탱하기 위해 높은 이자율을 유지할 수 없음을 알게 됐다. 이자율을 올리면 이미 허약해진 은행들을 파멸시킬 것이므로 통화위원회 제도를 지탱하기 위해 이자율을 인상하는 정책을 더 이상 선택할 수 없었다. 이제 사람들은 페소 가치가 조만간 하락할 것임을 인식하게 됐고 이에 페소를 팔고 달러를 사려는 투기적 공격이 시작됐다. 더구나 정부가 자신의 채무를 상환할 수 없는 심각한 상황에 처하자 이로 인해 투자자들은 이 나라에서 돈을 빼내기 위해 더욱더 페소를 팔려고 했다.

2001년 12월 23일 정부는 최소 60일간의 대외채무 지급중단의 불가피성을 발표했다. 그리고 2002년 1월 2일 통화위원회 제도를 포기했다.

외환위기가 촉발한 전면적인 금융위기

[그림 11]에서 볼 수 있듯이 이제 페소의 가치가 급강하해 1.00달러에서 2002년 6월에는 0.30달러 이하로 하락했고 그 이후에 0.33달러 주변에서 안정됐다. 아르헨티나는 여타 위기국가에 비해 달러 표시 채무의 비율이 더 높았기 때문에 페소화 붕괴가 대차대조표에 미치는 영향이 특히 파괴적이었다. 페소의 가치가 위기 이전에 비해 1/3 수준으로 떨어졌기 때문에 모든 달러 표시 채무는 페소로 환산하면 그 부담이 3배로 증가했다. 그런데 아르헨티나는 교역재 부문의 비중이 작았기 때문에 대부분의 기업 생산물은 페소로 가격이 책정되고

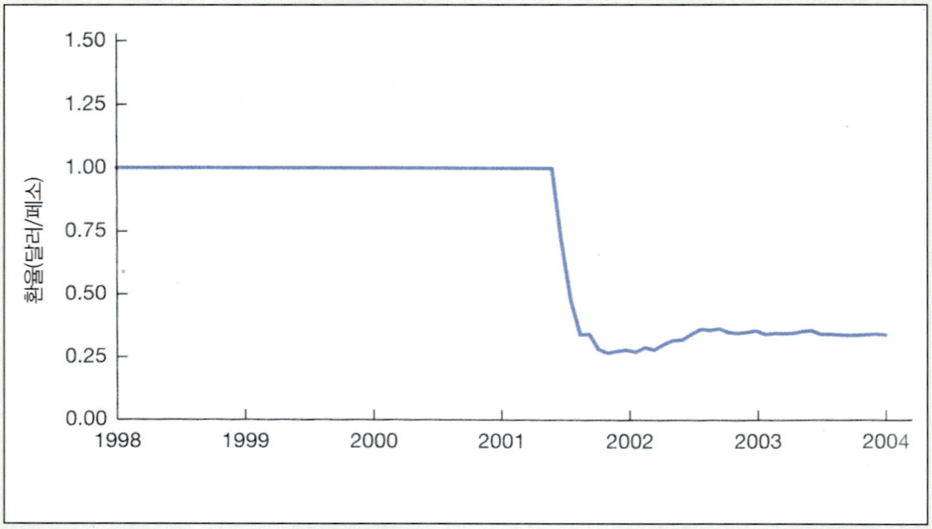

그림 11 1998~2004년 아르헨티나의 페소

아르헨티나의 페소 가치가 위기 이전의 1.00달러에서 2002년 6월에는 0.30달러 이하로 하락했다.

자료 : IMF, *International Financial Statistics*, www.imfstatistics.org/imf/

있었다. 달러 채무의 상환을 고려하면 거의 모든 기업이 파산 상태가 됐다. 이런 상황에서는 역선택과 도덕적 위험의 문제를 완화할 수 있는 순자산이 없기 때문에 금융시장이 제대로 작동할 수 없다.

정부의 채무불이행에 따른 손실과 점증하는 대출에서의 손실로 인해 아르헨티나 은행의 대차대조표가 위태로운 수준에 도달했다. 더구나 예금인출 쇄도로 인해 은행의 예금이 크게 감소했다. 새로운 대출을 제공할 재원이 없었기 때문에 은행은 더 이상 역선택과 도덕적 위험의 문제를 해결해줄 수 없었다. 아르헨티나 국채의 채무불이행과 금융시장의 이런 상태로 인해 외국인들도 대출해주기를 꺼리게 되었고 실제로 자신들의 돈을 아르헨티나에서 빼내 갔다.

금융시스템이 위험에 처하자 금융자금의 흐름이 중단됐다. 이로 인한 대출의 삭감은 경제를 더욱 위축시켰다. 코랄리토도 경제를 약화시키는 데 중요한 역할을 했다. 현금 구하기가 어렵게 되면서 아르헨티나 경제에서 커다란 비중을 차지하면서 주로 현금거래를 하는 지하경제가 급속히 위축됐다.

한국에서와 마찬가지로 아르헨티나에서도 투기적 공격의 성공에 따른 페소 가치의 붕괴는 수입물가를 상승시켰다. 이에 따라 인플레이션이 곧바로 발생했고 인플레이션을 통제하는 아르헨티나 중앙은행의 신뢰성이 약화됐다. 사실 아르헨티나는 과거에 매우 높은 인플레이션을 경험한 역사가 있었기 때문에 한국에서보다 훨씬 더 높은 기대 인플레이션이 형성됐다. 이로 인해 총생산이 감소했을 뿐만 아니라 한국의 금융위기에서보다 상당히 더 높은 인

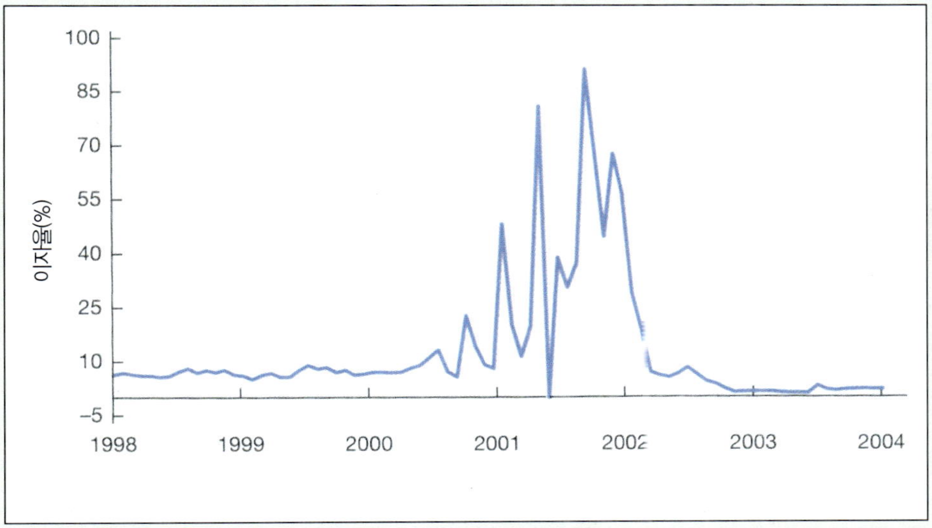

그림 12 1998~2004년 아르헨티나의 이자율

위기 동안 이자율이 거의 100%까지 상승했다.

자료 : IMF, *International Financial Statistics*, www.imfstatistics.org/imf/

플레이션이 발생했다.

[그림 8]에서 보았듯이 아르헨티나의 인플레이션은 연율로 40%까지 상승했다. 기대 인플레이션의 상승이 동반됐기 때문에 [그림 12]가 제시하듯이 이자율이 훨씬 더 높은 수준으로 상승했다. 높은 이자율로 인해 가계와 기업의 현금흐름이 감소했고 이에 외부자금의 조달이 필요해졌다. 그러나 금융시장의 불확실성이 확산된 상태에서 정보의 비대칭성 문제가 특히 심각해졌기 때문에 투자자금을 조달할 수 없었다. 가계와 기업은 자신의 지출을 더욱 줄였다. 총수요와 총공급 분석이 시사하듯이 아르헨티나 경제는 곤두박질쳤다. [그림 9]에서 2002년 1분기에 아르헨티나의 총생산은 연율로 −15% 이상 하락했음을 볼 수 있고, [그림 10]에서 볼 수 있듯이 실업률은 거의 20%로 치솟았다. 빈곤의 확대는 심각했다. 아르헨티나에서 빈곤층의 비율이 2002년에 거의 50%로 상승했다. 이는 아르헨티나의 역사상 가장 심각한 경기침체였으며, 미국의 대공황과 비교해 모든 면에서 같거나 그 이상으로 심각했다.

회복의 시작

한국에서와 마찬가지로 자기보정 메커니즘이 작동했다. 세계적인 상품가격의 상승에 따른 아르헨티나의 수출 증가는 회복에 도움이 됐다. [그림 9]를 보면 2003년 말까지 경제성장률이 연율로 약 10%에 달했고, [그림 10]을 보면 실업률이 15% 이하로 하락했음을 알 수 있다. [그림 8]에서 인플레이션도 5% 미만으로 하락했다.

비록 신흥시장국에서의 금융위기가 선진국에서의 금융위기와 상당한 차이가 있는 것으로 설명했지만, 선진국에서의 금융위기가 신흥시장국에서의 금융위기와 많은 공통점을 지닌 경우도 있다. 이런 사례를 '금융뉴스 : 선진국 경제가 신흥시장국과 비슷한 경우 : 2008년 아이슬란드의 금융위기' 에서 볼 수 있다.

금융뉴스 선진국 경제가 신흥시장국과 비슷한 경우 : 2008년 아이슬란드의 금융위기

2008년 시작된 아이슬란드의 금융위기 및 경제 위축은 신흥시장국에서의 금융위기 각본을 따라갔다. 이는 세계적으로 최고의 생활 수준을 자랑하던 작고 부유한 국가에게는 기막힌 반전이었다.

아이슬란드 정부는 금융자유화 과정의 일환으로 2003년에 정부가 소유한 국유은행을 아이슬란드 은행산업을 감독하던 지방 투자자들에게 매도했다. 이들 투자자는 해외 지점을 설치해 네덜란드와 영국의 수많은 가계로부터 외화표시 예금을 받는 한편, 외화자금이 풍부하고 저렴한 단기 도매금융시장에서 대규모로 자금을 차입했다. 이렇게 조달된 자금은 은행 소유자들 자신과 연결고리가 있는 지방의 투자회사들에도 전달됐다. 당연히 이들 자금의 상당 부분은 주식이나 부동산 같은 고위험 투자로 흘러갔다. 아이슬란드 주식시장의 가치는 풍선처럼 부풀려져 GDP의 250%에 달했고 가계, 기업, 은행은 외화자금을 크게 차입했다. 이에 따라 많은 신흥시장국에서 경험한 심각한 통화불일치가 발생했다. 당시 아이슬란드의 규제시스템은 은행의 위험한 행동을 효과적으로 감독하지 못했다.

2008년 10월 미국의 투자은행인 리먼 브라더스가 파산함에 따라 아이슬란드 은행을 떠받쳐주던 도매금융시장이 마비됐다. 자금 조달 없이 이들 은행은 외화자금 부채를 상환할 수 없었으며, 다른 아이슬란드 은행 주식 등 이들이 보유한 담보의 상당 부분은 이전에 비해 그 가격이 엄청나게 하락했다. 그동안 이들 은행의 자산이 GDP의 9배에 이를 정도로 규모가 확대됐기 때문에 정부조차도 이들 은행이 도산하지 않도록 확실히 구제할 수 없었다. 외국자본이 아이슬란드를 탈출했고 아이슬란드의 통화인 크로나(krona) 가치는 50% 이상 폭락했다.

통화가치의 붕괴에 따라 크로나로 환산한 외화 채무의 부담이 2배 이상 증가해 아이슬란드 기업과 가계의 순자산이 크게 축소됐고 전면적인 금융위기로 전개됐다. 그 결과 실업률이 3배 상승하고 실질 임금이 하락하고 막대한 정부 재정적자가 발생하는 등의 심각한 경기침체를 겪었다. 심지어 영국이 반테러법에 의거해 아이슬란드 기업의 자산을 동결시키는 등 외국의 자금 제공자들과 긴장 관계도 형성됐다. 많은 아이슬란드 사람들은 자신들이 전통적으로 종사하던 어업과 농업 부문으로 되돌아갔고, 그곳에서 희망의 실마리를 발견할 수 있었다. 아이슬란드 통화의 붕괴에 따라 아이슬란드의 특산품인 대구, 북극 곤들매기, 대서양 연어 등이 외국인들에게 보다 많이 수출됐다.

2 신흥시장국 금융위기의 예방 정책

이 장에서 검토한 신흥시장국 경험을 토대로 신흥시장국의 금융위기 발생을 줄이는 데 도움이 되는 몇몇 정부 정책을 제시할 수 있다.[2)]

2.1 은행에 대한 건전성 규제 및 감독 강화

앞서 살펴봤듯이 신흥시장국의 금융위기에 있어서는 은행부문이 핵심 요인이다. 따라서 위기를 예방하기 위해 정부는 은행에 대한 건전성 규제 및 감독(prudential regulation and supervision)을 개선해 은행의 위험추구 행위를 제한해야 한다. 첫째, 규제당국은 은행이 충분한 자본을 보유하도록 함으로써 경제적 충격으로 인한 손실에 대비하고 또한 잃을 것이 많아져 은행 소유자들이 안전한 투자를 추구할 인센티브를 마련해야 한다.

건전성 감독도 은행이 (1) 적절한 위험 측정 및 감시 시스템, (2) 상당한 위험을 초래하는 활동을 제한하는 정책, (3) 직원에 의한 사기나 독단적 행동을 방지하는 내부통제 등을 포함하는 적절한 위험관리 절차를 갖추도록 함으로써 보다 안전하고 건전한 은행시스템을 확보하는 데 도움이 된다. 또한 한국의 사례가 시사하듯이 산업이 은행을 소유하지 못하게 규제해야 한다. 산업이 은행을 소유하는 경우 한국의 재벌이 그랬듯이 산업은 은행을 자기 자신에 대한 대출 통로로 이용해 은행위기를 불러올 수 있는 위험한 대출을 일으킨다.

건전성 감독이 제대로 작동하기 위해서는 건전성 감독관이 자신의 책무를 충실히 수행할 수 있도록 적절한 자원을 확보해야 한다. 이는 건전성 감독관의 봉급이 낮고 컴퓨터 등 기본적 장비가 부족한 신흥시장국에서 특히 심각한 문제이다. 정치인들은 종종 건전성 감독관에 압력을 넣어 자신에게 정치적 헌금이나 노골적으로 뇌물을 주는 은행에 대해 '지나치게 엄격한' 감독을 하는 것을 가로막기 때문에, 보다 독립적인 규제 및 감독기구여야 정치적 영향을 더 잘 견뎌낼 수 있다.

2.2 공시 및 시장에 근거한 규율 확대

건전성 규제관 및 감독관을 통해 임무를 수행하는 공공 부문은 항상 금융기관의 위험추구 행위를 통제하기 위해 힘써야 할 것이다. 금융기관은 자신의 영업 활동에 대한 규제를 피하기 위해 은행 감독관에게 정보를 숨길 인센티브가 있으며, 위험을 감추는 데 매우 능숙하고 간교해질 수 있다. 또한 감독관이 타락하거나 정치적 압력에 굴복해 자신의 책무를 제대로 수행하지 않을 수도 있다.

이들 문제를 제거하기 위해 금융시장이 금융기관의 과도한 위험추구 행위를 규율할 필요가 있다. 따라서 은행 및 여타 금융기관의 대차대조표 상태를 공시하도록 하는 정부의 규제가 필요하다. 예금자 및 채권자들은 자기자본이 충분치 못한 금융기관에 선뜻 자신

---

2) 신흥시장국 금융위기의 예방을 위한 규제에 관한 보다 자세한 논의는 다음 논문을 참조하라. "Preventing Financial Crises" in Frederic S. Mishkin, *The Next Great Globalization: How Disadvantaged Nations Can Harness Their Financial Systems to Get Rich*(Princeton, NJ: Princeton University Press, 2006), 137–171.

의 돈을 맡기려 하지 않을 것이기 때문에 공시제도는 금융기관의 보다 많은 자기자본 보유를 촉진한다. 은행의 활동 내역을 공시하는 규제도 역시 은행의 위험추구를 억제할 수 있는데, 그 이유는 예금자와 채권자들이 위험한 영업 활동을 하는 금융기관에서 돈을 빼내갈 것이기 때문이다.

2.3 통화불일치에 대한 제한

앞서 살펴봤듯이 신흥시장국의 금융시스템은 자국 통화가치의 하락에 매우 취약할 수 있다. 종종 이들 국가의 기업은 자신의 생산물과 자산은 자국 통화로 가격이 책정되는데 외화로 자금을 차입한다. 자국 통화가치가 붕괴하면 기업은 한층 비싸진 외화로 상환해야 하기 때문에 외화표시 부채가 보다 부담스럽게 되며, 이로 인한 기업 대차대조표의 악화가 금융위기를 초래할 수 있다. 정부는 비금융 기업에 의한 외화표시 채무의 발행을 억제하는 규제나 세금을 도입함으로써 통화불일치를 제한할 수 있다. 또한 은행에 대한 규제를 통해 은행의 외화 차입을 제한할 수 있다.

환율이 자유롭게 변동하는 변동환율제로 이행하면 이제 환위험이 더 커져 외화 차입을 억제하는 데 도움이 된다. 물가안정을 추구하는 통화정책도 인플레이션에 따른 통화가치 하락의 위험을 줄여주므로 기업들이 외화가 아닌 자국 통화로 차입하는 것을 더 선호하게 한다.

2.4 금융자유화의 단계적 이행

금융자유화는 장기적으로 매우 유익하지만, 이 장에서 신흥시장국 금융위기에 대한 분석을 통해 봤듯이 금융자유화 과정이 적절히 관리되지 못하면 재앙이 될 수 있다. 금융자유화가 진행될 당시 적절한 은행 규제 및 감독제도와 공시 관련 규제가 갖춰져 있지 못하면 위험추구 행위를 통제하는 장치가 너무 취약해진다.

금융위기를 피하기 위해서는 정책 결정자들이 금융시스템의 자유화를 추진하기 전에 적절한 제도적 하부구조를 갖춰놓을 필요가 있다. 금융위기를 피하기 위해서는 강력한 건전성 규제 및 감독과 통화불일치에 대한 제한 등을 포함해 앞서 설명한 정책을 이행하는 것이 긴요하다. 이들 정책을 이행하는 데는 시간이 걸리기 때문에, 신용 공여에 대한 일부 제한을 가하면서 금융자유화를 단계적으로 서서히 추진해야 할 것이다.

요 약 SUMMARY

1 신흥시장국의 금융위기는 기본적으로 2개의 경로로 전개된다. 그 하나는 은행 대차대조표의 악화를 초래하는 금융자유화 및 금융 글로벌화의 관리 실패이며, 다른 하나는 심각한 재정 불균형이다. 이 둘은 모두 자국 통화에 대한 투기적 공격을 초래하여 결국 자국 통화의 가치가 급격히 하락하는 외환위기를 발생시킨다. 자국 통화의 가치가 하락하면 국내 기업의 채무 부담 증가로 인해 순자산이 감소하고, 또한 인플레이션과 이자율이 상승한다. 이에 따라 역선택과 도덕적 위험의 문제가 악화되어 대출과 경제활동이 붕괴된다. 경제 여건의 악화와 이자율의 상승은 상당한 은행 손실을 초래해 은행위기를 발생시킨다. 이에 따라 대출과 경제활동이 더욱 침체된다.

2 한국의 금융위기는 앞서 설명한 패턴을 따르고 있다. 먼저 금융자유화와 글로벌화의 관리 실패로부터 시작해 이어 주식시장 붕괴와 기업들의 도산이 일어났으며, 이로 인해 불확실성의 증가, 역선택 문제의 악화, 외환위기가 발생했고, 결국 전면적인 금융위기로 전개됐다. 한국은 금융위기로 인해 경제활동이 급격히 위축되고 인플레이션이 상승했으며 또한 사회조직이 약화됐다.

3 한국의 금융위기와는 대조적으로 아르헨티나의 금융위기는 심각한 재정 불균형에서 비롯됐다. 1998년 이래 지속된 경기침체와 함께 재정 불균형에 따라 은행이 보유한 국채에서의 손실 발생으로 인해 은행의 대차대조표가 악화됐고, 이로 인해 역선택과 도덕적 위험 문제 악화, 은행 패닉, 외환위기가 발생했으며, 결국 전면적인 금융위기가 전개됐다. 한국과 마찬가지로 아르헨티나에서도 금융위기로 인해 경제활동이 위축되고 인플레이션이 상승했는데, 그 경제적 위축과 인플레이션은 훨씬 더 심각했다.

4 신흥시장국에서 금융위기를 예방하기 위한 정책으로는 건전성 규제 및 감독의 강화, 통화불일치에 대한 제한, 금융자유화의 단계적 추진 등을 들 수 있다.

주요 용어 KEY TERMS

금융 글로벌화(financial globalization)
금융자유화(financial liberalization)
신흥시장국(emerging market economy)
통화불일치(currency mismatch)
투기적 공격(speculative attack)

연습문제 QUESTIONS

1 신흥시장국의 금융위기를 촉발하는 2개의 기본적 요인은 무엇인가?

2 왜 금융자유화 및 글로벌화가 신흥시장국의 금융위기를 일으킬 수 있는가?

3 왜 심각한 재정 불균형이 신흥시장국의 금융위기를 일으킬 수 있는가?

4 어떤 다른 요인이 신흥시장국의 금융위기를 촉발할 수 있는가?

5 어떤 사건들이 외환위기를 점화할 수 있는가?

6 왜 외환위기는 신흥시장국의 금융위기를 훨씬 더 극심하게 만드는가?

7 한국과 아르헨티나의 금융위기가 총수요, 단기 총공급, 총생산 및 인플레이션에 어떤 영향을 끼쳤는가?

8 신흥시장국이 은행시스템에 대한 건전성 규제 및 감독을 강화하기 위해 무엇을 할 수 있는가? 어떻게 이런 조치들이 미래의 금융위기를 막아주는가?

9 어떻게 신흥시장국이 통화불일치의 문제를 피할 수 있는가?

10 왜 신흥시장국은 금융자유화 및 글로벌화를 일시에 이행하기보다 점진적으로 이행하기를 원하는가?

11 은행과 금융기관 경영

PREVIEW

은행은 생산적 투자기회를 가진 차입자에게 자금을 전달해주는 중요한 역할을 수행하기 때문에 은행의 금융활동은 금융시스템과 경제가 원활하고 효율적으로 작동하는 데 있어 중요하다. 미국에서 은행(예금취급기관)은 매년 10조 달러 규모의 신용을 공급한다. 은행은 기업에 대출을 하고, 개인의 대학 등록금이나 자동차, 주택 구입에 필요한 돈을 빌려주며, 당좌예금, 저축예금, 직불카드, ATM과 같은 서비스를 제공한다.

이 장에서는 은행이 최대한의 이윤을 얻기 위해 어떻게 행동하는지, 은행이 어떻게 그리고 왜 대출을 하는지, 어떻게 자금을 획득하고 자산과 부채(채무)를 관리하는지, 어떻게 수입을 얻는지를 살펴본다. 여기서는 상업은행(commercial bank, 우리나라의 일반은행에 해당됨 —역주)의 업무가 가장 중요한 금융중개 활동이므로 이를 중심으로 살펴보겠는데, 동일한 원칙이 여타 유형의 금융중개에도 적용될 수 있다.

1 은행의 대차대조표

은행이 어떻게 활동하는지 이해하기 위해서는 먼저 은행의 자산과 부채 항목들을 나열한 **대차대조표**(balance sheet)를 살펴볼 필요가 있다. 대차대조표는 그 이름이 의미하듯이 나열된 항목들이 서로 균형을 이루며 다음의 특성을 갖는다

$$\text{총자산} = \text{총부채} + \text{자본}$$

은행의 대차대조표는 부채 항목으로서 은행 자금조달의 원천(source)과 자산 항목으로서 이들 자금을 투여한 운용(use) 내역들을 나열한다. 은행은 차입하거나 예금 등의 부채를 발행해 자금을 조달한다. 그리고는 이들 자금을 이용해 유가증권이나 대출 등의 자산을 취득한다. 은행은 부채에 대한 경비보다 더 높은 이자율을 유가증권이나 대출에서 취함으로써 이윤을 얻는다. 2011년 6월 말 현재 미국 상업은행 전체의 대차대조표가 [표 1]

([표 1] 참조).

차입금 은행은 Fed, 연방주택대출은행(Federal Home Loan banks), 기타 은행, 그리고 기업에서 자금을 차입할 수 있다. Fed에서의 차입은 **재할인 대출**(discount loan)이라 불리며, 선불금(advance)이라고도 알려져 있다. 은행은 Fed가 요구하는 일정액의 지준자금을 확보해야 하기 때문에, 페더럴펀드 시장(federal funds market(연방자금시장), 연방정부나 Fed가 이들 자금을 대출해주는 것이 아니라 은행이 다른 은행에 대출해주는 것이기 때문에 페더럴펀드란 명칭은 다소 혼동을 일으킬 수 있는데, 다른 국가의 콜시장과 유사하다)을 통해 다른 은행 및 금융기관에서 자금을 하루씩 빌리기도 한다. 차입금의 다른 원천으로는 모회사인 은행지주회사의 대출, RP 등의 차입계약, 유로달러(외국에 있는 은행이나 미국 은행 해외 지점의 달러화 표시 예금) 차입이 있다. 차입금은 갈수록 점점 더 은행의 중요한 자금 원천이 되고 있다. 1960년의 차입금은 은행부채의 2%에 불과했지만 현재는 23%에 이른다.

은행 자본 대차대조표에서 부채 측면의 마지막 항목인 은행 자본, 즉 은행의 순자산은 총자산과 부채의 차이와 같다. [표 1]에서 은행 자본은 은행 총자산의 12%에 이른다. 은행 자본은 신규 주식을 발행하거나 유보된 이윤으로 조성된다. 은행 자본은 자산가치의 하락에 대한 충격완충 장치이다. 은행 자본이 부족하면 자산가치가 하락해 부채가 자산을 초과함으로써 은행이 청산될 수 있는 지급불능(insolvency) 상태에 처할 수도 있다.

1.2 자산

은행은 부채를 발행해서 조달한 자금으로 수익성 자산을 구입한다. 따라서 은행 자산은 자금의 운용(use of funds)이라 불리며, 이들 자산에서 얻는 이자 수입을 근거로 은행은 이윤을 창출할 수 있다.

지준 모든 은행은 조달한 자금의 일부분을 중앙은행의 예금계좌에 예치한다. **지준**(reserve, 지급준비금이라고도 함)이란 이렇게 중앙은행에 예치한 예금과 자신의 은행금고에 밤새 보유한 현금, 즉 **시재금**(vault cash)을 합한 것이다. 지준에는 낮은 이자가 지급되지만 은행은 다음 2가지 이유로 지준을 보유한다. 첫째, **필요지준**(required reserve)이라 불리는 지준은 은행의 수표발행 예금에 대해 일정 비율(예컨대 10%)을 반드시 지준으로 보유해야 한다는 규제인 **지준 의무**(reserve requirement) 때문에 보유한다. 이 비율(위의 예에서 10%)을 **지준율**(required reserve ratio, 필요지준율이라고도 함)이라 한다. 은행은 필요지준 외에도 이를 초과하는 지준, 즉 **초과지준**(excess reserve)을 보유한다.

초과지준은 은행의 모든 자산 가운데 가장 유동성이 높으며, 고객이 직접 현금을 인출하거나 간접적으로 수표를 발행하거나 해서 예금이 유출되는 경우에 은행은 초과지준을 이용할 수 있다.

타점권 A은행의 예금을 기초로 발행된 수표가 B은행에 입금됐는데, B은행이 아직 수표 대금을 A은행으로부터 지급받지 못하고 있다고 가정해보자. 이때 B은행은 이 수표를 타점권(cash item in process of collection)으로 분류하는데, 이는 A은행으로부터 며칠 내로 받을 자금에 대한 청구권이기 때문에 자산 항목이 된다.

타행 예금 소형 은행은 대형 은행으로부터 수표 회수, 외환거래, 증권 매입 등의 여러 서비스를 제공받는 대신 대형 은행에 예금을 한다. 이는 코레스 뱅킹(correspondent banking)이라는 제도의 한 측면이다.

지준, 타점권, 타행 예금을 합해 흔히 현금 항목(cash item)으로 분류한다. [표 1]에서 2011년 6월 말 현재 현금 항목은 총자산의 15%를 차지한다

유가증권 은행이 보유하는 유가증권(security)은 중요한 수익성 자산이다. [표 1]에서 유가증권(미국에서 상업은행은 주식을 보유할 수 없기 때문에 유가증권은 모두 채무수단으로만 구성돼 있음)은 은행 자산의 19%를 차지하며, 은행 총수입의 10% 정도를 창출한다. 유가증권은 정부 및 정부기관 증권, 주정부 및 지방정부 증권(지방채), 기타 증권의 3개 범주로 구분된다. 미국 정부 및 정부기관 증권은 쉽게 거래되고 현금화하는 데 비용이 적게 들기 때문에 가장 유동성이 높다. 바로 이 때문에 미국 정부의 단기증권은 **제2지준**(secondary reserve)이라 불린다.

은행이 지방채를 보유하는 이유는 주정부와 지방정부가 자신이 발행한 증권을 보유한 은행과 거래하려는 경향이 있기 때문이다. 지방채와 기타 증권은 미국 정부가 발행한 증권에 비해 시장성(유동성)이 낮으며 채무불이행 위험(default risk)을 안고 있다. 즉 지방채 및 기타 증권의 발행기관은 이자를 지급하지 못하거나 만기 때 액면가를 상환하지 못할 가능성이 있다.

대출 은행은 주로 대출을 통해 이윤을 얻는다. [표 1]에서 은행 자산의 약 56%가 대출의 형태로 구성되며, 대출은 최근 은행 총이익의 절반 이상을 기여한다. 대출을 받은 개인이나 기업에게는 대출이 부채이나, 은행에게는 수입을 가져다주는 자산이다. 일반적으로 대출은 만기 이전에 현금화할 수 없기 때문에 다른 자산에 비해 유동성이 낮다. 예컨대 은행이 1년 만기 대출을 제공하면 1년 후에 만기가 되기까지는 자금을 상환받을 수 없다.

또한 대출은 다른 자산에 비해 채무불이행 위험이 높다. 이렇게 유동성이 낮고 채무불이행 위험이 높기 때문에 은행은 대출에서 가장 높은 수익률을 얻는다.

[표 1]에서 보듯이, 상업은행의 대출 가운데는 부동산 대출과 기업에 대출한 상공업 대출이 가장 큰 비중을 차지한다. 상업은행은 또한 소비자 대출을 하며 다른 은행에게도 자금을 대출한다. 은행 간 대출의 상당 부분은 페더럴펀드 시장에서의 1일물 대출이다. 여러 예금취급기관의 대차대조표들이 서로 차이가 나는 주요한 이유는 기본적으로 각 금융기관이 전문화하는 대출의 유형 때문이다. 예를 들어 저축대부조합(savings and loan association, S&L)과 상호저축은행(mutual savings bank)은 주거용 모기지를, 신용조합(credit union)은 소비자 대출을 주로 취급하는 경향이 있다.

기타 자산 기타 자산에는 은행 건물, 컴퓨터, 여타 시설 및 장비 등 은행이 소유한 물적 자본이 포함된다.

2 기본적인 은행 업무

은행이 최대한의 이윤을 얻기 위해 자산과 부채를 어떻게 관리하는지를 살펴보기 전에 은행의 기본적인 운영에 대해 이해할 필요가 있다.

일반적으로 은행은 유동성, 위험, 금액, 수익률 등의 측면에서 일정한 특성을 지닌 부채를 판매해 조달한 자금으로 이들 부채와는 다른 특성을 지닌 자산을 사들임으로써 이윤을 얻는다. 이 과정을 자산변환(asset transformation)이라 한다. 예를 들면 저축예금을 통해 조달한 자금으로 은행은 모기지 대출을 한다. 여기서 은행은 결국 저축예금이라는 개인의 자산을 모기지 대출이라는 은행의 자산으로 변환시킨 것이다. 은행은 단기의 예금을 통해 조달한 자금을 장기의 대출로 운용하기 때문에, 이런 자산변환 과정을 두고 은행이 '단기로 빌려 장기로 대출' 한다고 말한다.

은행이 자산을 변환하고 수표 교환, 기록 보관, 신용 분석 등의 서비스를 제공하는 과정은 기업의 생산 과정과 마찬가지다. 만약 은행이 낮은 비용으로 사람들이 원하는 서비스를 생산하고 자산에서 높은 소득을 얻으면 이윤을 얻을 수 있다. 그렇지 못하면 은행은 손실을 입는다.

은행의 운영에 대한 분석을 보다 구체적으로 하기 위해 **T-계정**(T-account)을 이용하기로 한다. T-계정이란 T자 모양의 선을 긋고 대차대조표에서 변화된 항목만을 기록한 간략한 대차대조표다. 이제 제인 브라운이 퍼스트내셔널 은행이 탁월한 서비스를 제공한다는 얘기를 듣고 이 은행에 수표발행 예금 계좌를 개설해 100달러를 예금한다고 가정해 보자. 제인이 예금한 100달러는 퍼스트내셔널 은행의 대차대조표에는 100달러의 부채로 기록된다. 은행은 예금으로 받은 현금 100달러를 금고에 넣음으로써 은행의 자산 가운데 시재금이 100달러 증가한다. 이에 퍼스트내셔널 은행의 T-계정은 다음과 같이 된다.

퍼스트내셔널 은행

자산		부채	
시재금	100달러	수표발행 예금	100달러

시재금은 은행 지준의 일부분이므로 위의 T-계정을 다음과 같이 다시 쓸 수도 있다.

자산		부채	
지준	100달러	수표발행 예금	100달러

제인 브라운이 수표발행 예금을 개설했을 때, 은행 지준의 증가가 수표발행 예금의 증가와 일치한다는 사실에 주목할 필요가 있다.

만약 제인이 현금이 아니라 세컨드내셔널 은행이 지급하기로 돼 있는 100달러짜리 수표로 수표발행 예금을 개설하더라도 동일한 결과를 얻는다. 초기에 퍼스트내셔널 은행의 T-계정은 다음과 같이 된다.

자산		부채	
타점권	100달러	수표발행 예금	100달러

수표발행 예금은 앞서와 마찬가지로 100달러만큼 증가한다. 그런데 세컨드내셔널 은행은 현재 퍼스트내셔널 은행에 100달러를 빚지고 있다. 퍼스트내셔널 은행은 그 빚을 곧 수금하려 할 것이므로 이를 T-계정의 자산으로 타점권이란 항목으로 기재한다. 퍼스트내셔널 은행은 세컨드내셔널 은행에 직접 가서 지급을 요청할 수도 있다. 하지만 두 은행이 서로 다른 주에 있다면 시간과 비용이 많이 들 것이다. 그래서 퍼스트내셔널 은행이 그 수표를 Fed의 예금계좌에 예치하면 Fed가 세컨드내셔널 은행에서 수금한다. 즉 Fed는 100달러의 지준을 세컨드내셔널 은행에서 퍼스트내셔널 은행으로 이전하는 것이다. 최종적으로 두 은행의 대차대조표는 다음과 같다.

퍼스트내셔널 은행

자산		부채	
지준	100달러	수표발행 예금	100달러

세컨드내셔널 은행

자산		부채	
지준	−100달러	수표발행 예금	−100달러

제인 브라운에 의해 발생한 과정은 다음과 같이 요약된다. 한 은행의 예금 계좌를 기초로 발행된 수표가 다른 은행에 예금될 경우, 예금을 받은 은행의 지준은 수표의 금액과 동일한 금액만큼 증가하며 수표 발행 은행의 지준은 그만큼 감소한다. 따라서 은행이 예금을 받으면 그 금액만큼 지준이 증가한다. 예금이 인출되면 그 금액만큼 지준이 감소한다.

은행의 지준이 어떻게 증가 또는 감소하는지를 알았으므로, 이제 은행이 이윤을 얻기 위해 예금을 변환할 때 대차대조표가 어떻게 재조정되는지 살펴보자. 퍼스트내셔널 은행이 이제 막 100달러의 수표발행 예금을 받은 상황으로 돌아가보자. 알다시피 이 은행은 수표발행 예금의 일정 부분을 필요지준으로 보유해야 한다. 만약 지준율이 10%라면 퍼스트내셔널 은행의 필요지준은 10달러만큼 증가한다. 이를 T-계정에 다시 쓰면 아래와 같다.

퍼스트내셔널 은행

자산		부채	
필요지준	10달러	수표발행 예금	100달러
초과지준	90달러		

수표발행 예금이 추가로 유입됨에 따라 은행이 어떻게 행동하는지 살펴보자. 100달러의 수표발행 예금에 대해 은행이 기록을 보관하고, 직원 급여를 주고, 수표를 교환하는 등의 서비스를 제공하는 데는 비용이 든다. 그런데 지준에는 거의 이자가 붙지 않기 때문에 은행이 손해를 본다! NOW 계정과 같이 은행이 예금에 대해 이자를 지급해야 하는 경우라면 상황은 더 악화된다. 이윤을 얻기 위해 은행은 보유한 초과지준 90달러의 전부 혹은 일부를 생산적으로 이용해야 한다. 한 가지 방법은 유가증권에 투자하는 것이다. 다른 방법은 대출을 해주는 것이다. 앞에서 보았듯이 대출은 은행 자산(자금운용)의 약 60%를 점한다. 제8장에서 논의했듯이 대부자는 역선택과 도덕적 위험이라는 정보의 비대칭성 문제에 직면하기 때문에 은행은 이들 문제의 발생과 심각성을 줄이려는 조치를 취한다. 대출을 승인하기 전에 은행의 대출 담당자는 대출을 신청한 차입자에 대해 소위 '5C'라는 특성(character), 상환능력(capacity), 담보(collateral), 지역 및 국민경제 여건(condition), 순자산, 즉 자본(capital)을 평가한다(이 장의 뒷부분에서 은행이 대출에 따

른 위험을 줄이는 방법에 대해 보다 자세히 논의한다).

이제 은행이 초과지준을 보유하는 대신에 대출을 해주기로 결정했다고 하자. 그러면 T-계정은 다음과 같이 된다.

자산		부채	
필요지준	10달러	수표발행 예금	100달러
대출	90달러		

이제 은행은 수표발행 예금과 같은 단기 부채를 통해 조달한 자금을 이자율이 높은 대출 등의 장기 자산으로 운용함으로써 이윤을 얻을 수 있다. 앞에서 언급했듯이, 이러한 자산변환 과정을 두고 은행이 '단기로 빌려 장기로 대출'하는 영업을 한다고 말한다. 예를 들어 대출 이자율이 연 10%라면 은행은 90달러의 대출에서 연간 9달러의 소득을 얻는다. 만약 예금 100달러가 이자율이 5%인 NOW 계정에 들어 있으며 이 계정의 서비스에 연간 3달러가 든다면, 예금에 대한 연간 비용은 8달러가 된다. 결국 이 은행은 100달러의 새로운 예금에 대해 연간 1달러의 이윤을 얻는다. 만약 지준에 대해 이자가 지급된다면 물론 은행은 그만큼 더 추가적인 이윤을 얻을 것이다.

3 은행 경영의 일반 원칙

이제 은행이 기본적으로 어떻게 운영되는지를 알았으므로 은행이 이윤을 극대화하기 위해 자산과 부채를 어떻게 관리하는지를 살펴보기로 하자. 은행의 경영자는 4개의 주요 사항에 주목한다. 첫째는 예금자가 예금의 지급을 요구하는 **예금유출**(deposit outflow)이 있을 경우에 대비해 은행이 충분한 현금을 확보해두는 것이다. 예금자에 대한 의무를 다할 수 있을 만큼 충분한 현금을 보유하기 위해 은행은 유동성이 높은 자산을 확보하는 **유동성 관리**(liquidity management)를 해야 한다. 둘째로 은행 경영자는 **자산 관리**(asset management)를 통해 채무불이행의 확률이 낮은 자산을 보유하고 자산을 분산시켜 위험을 낮춰야 한다. 셋째는 **부채 관리**(liability management)를 통해 자금을 저렴한 비용으로 획득하는 것이다. 마지막으로 은행의 경영자는 은행이 유지해야 할 자본의 규모를 결정하고 필요한 자본을 확보하는 **자본적정성 관리**(capital adequacy management)를 해야 한다.

은행 및 여타 금융기관의 경영을 잘 이해하기 위해서는 다음에 소개할 은행의 자산 및 부채에 관한 일반적인 관리 원칙 이외에도, 금융기관의 자산을 어떻게 관리할지에 대해 보다 면밀히 살펴봐야 한다. 이 절 다음에 나오는 2개 절에서는 차입자가 채무를 불이행함으로써 발생하는 위험인 **신용 위험**(credit risk)을 어떻게 관리할지, 그리고 이자율의 변화에 따른 이윤 및 은행 자산 수익률 변동의 위험인 **이자율 위험**(interest-rate risk)을 어떻게 관리할지를 심층적으로 논의한다.

3.1 유동성 관리와 지준의 역할

예금자가 당좌예금이나 저축예금에서 현금을 인출하거나 그가 발행한 수표가 다른 은행에 예금됐을 때, 퍼스트내셔널 은행이 이러한 예금유출에 대해 어떻게 대응할 수 있는지 살펴보자. 다음 예에서 이 은행은 초과지준을 충분히 보유하고 있으며, 모든 예금에 대해 10%의 지준율이 적용된다고 가정한다. 퍼스트내셔널 은행의 대차대조표가 초기에 다음과 같다고 하자.

자산		부채	
지준	20만 달러	예금	100만 달러
대출	80만 달러	은행 자본	10만 달러
증권	10만 달러		

이 은행의 필요지준은 100만 달러 예금의 10%인 10만 달러다. 그런데 은행은 20만 달러를 지준으로 보유하고 있기에 10만 달러만큼의 초과지준을 보유한 셈이다.

10만 달러의 예금유출이 발생하면 은행의 대차대조표는 다음과 같이 된다.

자산		부채	
지준	10만 달러	예금	90만 달러
대출	80만 달러	은행 자본	10만 달러
증권	10만 달러		

은행은 10만 달러의 예금과 10만 달러의 지준을 잃었으나, 필요지준이 이제 남은 예금 90만 달러의 10%인 9만 달러가 됐기 때문에 여전히 지준이 필요지준을 1만 달러만큼 초과한다. 요약하면, 은행이 충분한 지준을 보유하고 있으면 예금유출이 일어나더라도 대차대조표의 다른 항목에 영향을 미치지 못한다.

그러나 은행이 초과지준을 충분히 보유하지 않으면 상황은 달라진다. 퍼스트내셔널 은행이 10만 달러의 초과지준을 보유하는 대신에 10만 달러를 대출해 초과지준을 전혀 보유하지 않았다고 가정해보자. 그 대차대조표는 다음과 같다.

자산		부채	
지준	10만 달러	예금	100만 달러
대출	90만 달러	은행 자본	10만 달러
증권	10만 달러		

은행에서 10만 달러의 예금유출이 일어나면 대차대조표는 다음과 같이 된다.

자산		부채	
지준	0달러	예금	90만 달러
대출	90만 달러	은행 자본	10만 달러
증권	10만 달러		

예금에서 10만 달러가 인출되면 지준도 10만 달러만큼 감소해 은행에 문제가 발생한다. 90만 달러의 10%에 해당하는 9만 달러의 필요지준을 브유해야 하지만 지준이 전혀 없는 것이다. 이런 부족액을 충당하기 위해 은행은 다음 4가지 방법을 취할 수 있다. 첫 번째는 지준을 마련하기 위해 페더럴펀드 시장에서 다른 은행으로부터 차입하거나 또는 기업으로부터 차입하는 것이다.[1] 퍼스트내셔널 은행이 다른 은행이나 기업으로부터 9만 달러를 차입해 지준을 충당한다면, 대차대조표는 다음과 같이 변한다.

자산		부채	
지준	9만 달러	예금	90만 달러
대출	90만 달러	차입금	9만 달러
증권	10만 달러	은행 자본	10만 달러

이때의 비용은 페더럴펀드 이자율 등 차입 이자율이다.

두 번째 대안은 은행이 예금유출을 충당하기 위해 유가증권을 매도하는 것이다. 예를 들어 9만 달러어치의 유가증권을 매도해 그 대금을 Fed에 예치한다면, 다음의 대차대조표가 된다.

1) 퍼스트내셔널 은행이 다른 은행이나 기업으로부터 차입할 수 있는 방법은 CD를 판매하는 것이다. 이런 방식의 자금조달은 부채 관리에 관한 설명에서 다루기로 한다.

자산		부채	
지준	9만 달러	예금	90만 달러
대출	90만 달러	은행 자본	10만 달러
증권	1만 달러		

은행이 유가증권을 매도할 때는 중개비용과 거래비용이 든다. 제2지준으로 분류되는 미국 국채는 유동성이 매우 높아 이를 매도하는 데 드는 거래비용이 크지 않은 편이다. 그러나 다른 유가증권은 유동성이 그리 높지 않아 거래비용이 상당히 클 수 있다.

은행이 예금유출을 충당할 수 있는 세 번째 방법은 Fed로부터 자금을 차입해 지준을 마련하는 것이다. 위의 예에서 퍼스트내셔널 은행은 유가증권과 대출을 그대로 둔 채 Fed에서 재할인 대출로 9만 달러를 차입할 수 있다. 그러면 대차대조표는 다음과 같다.

자산		부채	
지준	9만 달러	예금	90만 달러
대출	90만 달러	Fed 차입금	9만 달러
증권	10만 달러	은행 자본	10만 달러

재할인 대출을 받은 데 따른 비용은 Fed에 지급해야 할 이자율인 **재할인율**(discount rate)이다.

마지막으로 은행은 예금유출에 따른 9만 달러의 지준을 마련하기 위해 그 금액만큼 대출을 줄여 이를 Fed에 예치함으로써 9만 달러의 지준을 마련할 수도 있다.

자산		부채	
지준	9만 달러	예금	90만 달러
대출	81만 달러	은행 자본	10만 달러
증권	10만 달러		

퍼스트내셔널 은행은 이렇게 마련한 9만 달러의 지준으로 필요지준을 충족함으로써 다시 양호한 상태가 됐다.

그러나 예금유출 시 지준을 마련하기 위해 대출을 줄이는 과정은 은행에게는 가장 값비싼 방법이다. 퍼스트내셔널 은행이 상당히 짧은 간격으로 갱신되는 수많은 단기대출을 보유하고 있다면 만기가 됐을 때 일부 대출을 갱신하지 않고 회수함으로써 어느 정도 신속히 대출 규모를 줄일 수 있다. 그러나 불행히도 이로 인해 아무런 잘못 없이 대출을 갱신 받지 못한 고객은 이 은행에 대해 적대감을 가질 것이다. 그 고객은 앞으로 다른 은행과 거래를 틀 것이며, 이는 퍼스트내셔널 은행에게 매우 값비싼 손실이 된다.

대출을 줄이는 다른 방법은 자신의 대출을 다른 은행에 매각하는 것이다. 이 방법 역시 비용이 많이 든다. 다른 은행은 퍼스트내셔널 은행의 대출 고객을 개인적으로 알지 못하며 따라서 대출금 매입에 대해 온전한 가격을 지불하지 않으려 할 것이기 때문이다. 이는 바로 제8장에서 설명한 역선택 문제다.

전술한 논의를 통해 은행이 대출이나 유가증권에서 더 높은 수익을 얻을 수 있음에도 불구하고 왜 초과지준을 보유하는지 그 이유를 알 수 있다. 예금유출이 발생할 경우, 초과지준을 보유하고 있으면 은행은 (1) 다른 은행이나 기업에서 차입하는 비용이나, (2) 유가증권을 매도하는 비용, (3) Fed로부터 차입하는 비용, (4) 대출을 회수하는 비용을 감수할 필요가 없다. 초과지준은 예금유출과 관련된 비용 발생을 방지해주는 보험이다. 예금유출 관련 비용이 클수록 은행은 초과지준을 더 많이 보유하려 한다.

사람들이 자동차의 도난 등과 같은 재산 손실을 막기 위해 보험회사에 보험료를 내는 것과 마찬가지로, 은행도 예금유출로 인한 손실을 막기 위해 초과지준 보유에 따른 비용, 즉 대출이나 유가증권과 같은 수익성 자산을 보유하지 못한 데 따른 수익의 상실이라는 기회비용을 지불한다. 보험과 마찬가지로 초과지준도 비용이 들기 때문에 은행은 자신을 보호하기 위해 다른 방식을 취하기도 한다. 예를 들면 은행은 유동성이 높은 유가증권(제2지준)을 보유한다.

3.2 자산 관리

은행이 왜 유동성을 필요로 하는지 이해했으므로, 이제 은행이 자산을 관리하기 위해 취하는 기본 전략을 검토하기로 한다. 이윤을 극대화하기 위해 은행은 대출과 유가증권에서 가능한 한 최대의 수익률을 추구해야 하며, 동시에 위험을 낮춰야 하고, 유동성이 높은 자산을 보유함으로써 유동성을 적절히 준비해둬야 한다. 은행은 이런 3가지 목표를 다음 4가지 방법으로 달성하려 한다.

첫째, 은행은 대출에 대해 높은 이자율을 내면서도 채무불이행을 하지 않을 차입자를 찾으려 한다. 은행은 대출 이자율을 광고하고, 대출받을 만한 기업을 직접 방문하며 대출 영업을 한다. 차입 신청자가 제때에 이자와 원금을 갚을 수 있는, 즉 신용 위험이 우량한 자인지를 판별하는 것은 은행의 대출 담당자에게 달려 있다. 대출 담당자는 역선택 문제를 줄이기 위해 심사를 한다. 전형적인 은행은 대출정책에 있어 보수적이며, 채무불이행 비율도 대개 1% 미만이다. 그러나 은행이 높은 이자율을 얻을 수 있는 매력적인 대출 기회를 놓칠 정도로 보수적이면 곤란하다.

둘째, 은행은 수익률이 높고 위험이 낮은 유가증권을 구입하려고 노력한다. 셋째, 은행은 자산을 관리하는 데 있어 분산투자를 통해 위험을 낮춰야 한다. 은행은 단기 및 장기 채권, 미국 국채 및 지방채 등과 같이 다양한 유형의 자산을 구입하고 많은 고객에게 다양한 유형의 대출을 승인함으로써 이 목표를 달성할 수 있다. 분산투자를 충분히 하지 못한 은행은 종종 나중에 후회하게 된다. 예를 들어 에너지 산업이나 부동산 개발업자 또는 농민에 대해 집중 대출한 은행은 1980년대에 에너지, 부동산, 농장 가격의 침체로 엄청난 손실을 입었다. 실제로 이들 중 많은 은행이 '너무 많은 달걀을 한 바구니에 담아두었기' 때문에 도산하고 말았다.

마지막으로 은행은 자산의 유동성을 잘 관리해 예금인출 요구에 대응하면서 큰 비용을 들이지 않고 필요지준을 채울 수 있어야 한다. 이는 다른 자산에 비해 수익률이 약간 떨어지더라도 유동성이 높은 자산을 보유해야 함을 의미한다. 예를 들어 은행은 예금유출에 따른 비용 부담을 피하기 위해 초과지준을 얼마나 보유할지를 정해야 한다. 게다가 은행은 예금유출이 일어나 비용이 발생하더라도 그 비용이 너무 크지 않도록 제2지준인 국채를 보유하길 원한다. 그렇다고 은행이 너무 보수적이어도 현명하지 못한 것이다. 예금유출과 관련한 모든 비용을 피하기 위해 초과지준만 보유한다면, 은행 부채를 유지하는 비용이 드는데도 이자수입을 얻지 못하기 때문에 손실을 입는다. 은행은 대출처럼 유동성이 낮은 자산에서 얻을 수 있는 소득을 포기하고 유동성을 얼마나 확보할지를 균형 있게 헤아려야 한다.

3.3 부채 관리

1960년대 이전까지만 해도 부채 관리는 인기가 없었다. 대체로 은행은 부채를 주어진 것으로 간주하고 자산을 최적으로 구성하는 데 정열을 쏟았다. 자산 관리를 강조한 데는 2가지 중요한 이유가 있었다. 첫째, 은행 자금조달의 60% 이상이 수표를 발행할 수 있는 요구불예금에서 나왔는데, 이들 요구불예금에 대해서는 법적으로 이자를 지급할 수 없었다. 따라서 은행은 높은 이자를 지급하면서 적극적으로 예금 경쟁을 벌일 수 없었으며, 실제로 각 은행은 예금의 양을 주어진 것으로 간주했다. 둘째, 은행 간 1일물 대출시장이 발달하지 않았기 때문에 은행이 지준을 충당하기 위해 다른 은행에서 차입하는 경우가 드물었다.

그러나 1960년대부터 뉴욕, 시카고, 샌프란시스코 등 주요 금융중심지에 위치한 **머니센터 은행**(money center bank)이라 불리는 대형 은행들이 대차대조표의 부채 항목을 통해 유동성과 지준을 확보할 수 있는 방법을 모색하기 시작했다. 그 결과 페더럴펀드 시장과 같은 1일물 대출시장이 확대되고, 머니센터 은행이 자금을 손쉽게 조달하도록 양도성을 갖춘 CD(1961년에 처음 도입됐음) 등의 새로운 금융수단이 개발됐다.[2)]

신축적인 부채 관리 수단이 새롭게 제시됨에 따라 은행 경영에 있어서도 종전과는 다른 접근 방법이 취해졌다. 은행은 자금조달을 위해 더 이상 수표발행 예금에 주로 의존할 필요가 없어졌으며, 그 결과 더 이상 자금의 원천인 부채를 주어진 것으로 간주하지 않게 됐다. 그 대신 은행은 자산 증가를 목표로 공격적으로 부채를 발행해 필요한 자금을 조달했다.

예를 들어 오늘날 머니센터 은행은 매력적인 대출 기회를 포착하면 CD를 판매해 자금을 조달할 수 있다. 지준이 부족한 경우에는 큰 거래비용을 들이지 않고도 페더럴펀드 시장에 나가 다른 은행의 자금을 차입할 수 있다. 페더럴펀드 시장은 대출자금을 조달하는 데도 이용될 수 있다. 부채 관리의 중요성이 높아짐에 따라 오늘날 대부분의 은행은 소위 자산부채종합관리(asset-liability management, ALM) 위원회에서 은행 대차대조표의 양변을 동시에 관리한다.

부채 관리가 보다 강조됨에 따라 지난 30년간 은행 대차대조표의 구성에 있어 중대한 변화가 일어났다. 자금 조달원으로서 양도성이 있는 CD와 은행 차입금의 중요성이 크게 높아져 이들이 은행의 부채에서 차지하는 비중이 1960년의 2%에서 2011년 중반에는 34%로 크게 상승한 반면, 수표발행 예금은 중요도가 크게 하락해 은행 부채에서 차지하는 비중이 1960년의 61%에서 2011년 중반에는 10%로 낮아졌다. 부채 관리의 유연성이 새로 발견된 데다가 보다 높은 이윤을 추구하는 과정에서 은행의 자산 가운데 수익성이 높은 항목인 대출의 비중도 1960년의 46%에서 2011년 중반에는 56%로 상승했다.

3.4 자본적정성 관리

은행은 다음 3가지 사항을 고려해 보유하려는 자본의 규모를 정해야 한다. 첫째, 은행 자본은 은행이 예금자와 기타 채권자 등에게 지급 의무를 다하지 못하고 사업을 접는 은행도산(bank failure)을 방지하는 데 도움이 된다. 둘째, 자본의 규모는 은행의 소유자인 주주들의 수익률에 영향을 미친다. 셋째, 규제당국이 은행에 대한 자기자본규제로 은행 자본의 최소 규모를 설정한다.

은행 자본이 어떻게 은행도산을 막는 데 도움이 되는가? 다음 두 은행을 비교해보자. 하이캐피털 은행은 자산 대비 자본의 비율이 10%고 로우캐피털 은행은 그 비율이 4%란 차이를 제외하고 두 은행은 동일한 대차대조표를 가지고 있다.

---

2) 소형 은행은 머니센터 은행만큼 잘 알려져 있지 않고 신용 위험이 클 수 있기 때문에, CD시장에서의 자금조달이 쉽지 않다. 따라서 소형 은행은 부채 관리에 그리 적극적이지 못한 편이다.

하이캐피털 은행

자산		부채	
지준	10만 달러	예금	90만 달러
대출	90만 달러	은행 자본	10만 달러

로우캐피털 은행

자산		부채	
지준	10만 달러	예금	96만 달러
대출	90만 달러	은행 자본	4만 달러

두 은행 모두 주택시장의 병적인 흥분 상태에 사로잡혔는데, 시간이 지나 결국 5만 달러의 주택대출이 완전히 부실이었음을 알게 됐다. 이들 부실 대출을 상각하면 총자산의 가치가 5만 달러만큼 감소하며, 총자산에서 부채를 뺀 나머지인 은행 자본도 5만 달러만큼 감소한다. 이제 두 은행의 대차대조표는 다음과 같다.

하이캐피털 은행

자산		부채	
지준	10만 달러	예금	90만 달러
대출	85만 달러	은행 자본	5만 달러

로우캐피털 은행

자산		부채	
지준	10만 달러	예금	96만 달러
대출	85만 달러	은행 자본	−1만 달러

하이캐피털 은행은 초기에 10만 달러의 자본을 갖고 있었기 때문에 5만 달러 손실 후에도 여전히 5만 달러의 순자산(은행 자본)이 남아 순조롭게 손실을 타개한다. 하지만 로우캐피털 은행은 커다란 문제에 봉착한다. 총자산의 가치가 부채 이하로 하락했기 때문에 순자산이 −1만 달러가 된다. 이 은행은 순자산이 음이기 때문에 지급불능 상태이다. 즉 부채의 보유자들에게 각각 다 지불할 만큼의 충분한 자산이 없는 것이다. 은행이 지급불능 상태가 되면 정부 규제당국은 은행 문을 닫고 자산을 처분하며 은행 경영자는 해고된다. 로우캐피털 은행의 소유자들은 투자액을 모두 날려버리고 나서야 하이캐피털 은행처럼 손실을 흡수하기에 충분한 은행 자본을 보유해야 했다고 뒤늦게 후회할 것이다. 여기서 은행이 충분한 자본을 보유해야 하는 근거를 알 수 있다. 즉 은행은 지급불능 상태가 될 가능성을 줄이기 위해 은행 자본을 보유한다.

은행 자본이 어떻게 주주의 수익률에 영향을 주는가 은행이 잘 경영되고 있는지를 알기 위해서는 은행의 수익성을 측정하는 적절한 지표가 필요하다. 은행 수익성에 대한 기본 척도는 자산 1달러당 세후 순이익의 비율로 계산하는 **총자산 순이익률**(return on assets, ROA)이다.

$$\text{ROA} = \frac{\text{당기순이익}}{\text{총자산}}$$

ROA는 자산 1달러당 평균적으로 이윤을 얼마나 창출했는지를 표시하기 때문에 은행이 얼마나 효율적으로 경영됐는가에 대한 정보를 제공한다.

그러나 은행의 소유자인 주주들이 가장 관심을 두는 것은 자신이 투자한 금액에 대해 은행이 얼마나 벌었는가 하는 것이다. 이에 대한 정보를 제공하는 지표는 은행 수익성에 대한 또 다른 척도로서 은행의 자기자본 1달러당 세후 순이익의 비율로 계산하는 **자기자본 순이익률**(return on equity, ROE)이다.

$$\text{ROE} = \frac{\text{당기순이익}}{\text{자기자본}}$$

은행이 얼마나 효율적으로 경영됐는가를 나타내는 ROA와 은행 소유자의 투자가 얼마나 좋은 성과를 거두었는가를 나타내는 ROE 간에는 직접적인 관계가 있다. 이 관계는 흔히 **자기자본 승수**(equity multiplier, EM)라는 자기자본 대비 총자산의 비율에 의해 결정된다.

$$\text{EM} = \frac{\text{총자산}}{\text{자기자본}}$$

이 관계를 살펴보면,

$$\frac{\text{당기순이익}}{\text{자기자본}} = \frac{\text{당기순이익}}{\text{총자산}} \times \frac{\text{총자산}}{\text{자기자본}}$$

이를 앞서 정의한 용어로 나타내면,

$$\text{ROE} = \text{ROA} \times \text{EM} \tag{1}$$

식(1)을 보면 은행이 주어진 자산에 비해 자기자본을 적게 보유할수록 ROE에 어떤 일이 일어나는지를 알 수 있다. 앞서 본 예에서 하이캐피털 은행은 초기에 100만 달러의 자산과 10만 달러의 자기자본을 보유하고 있어 EM은 10(=\$100만/\$10만)이다. 이와 대조적으로 로우캐피털 은행은 4만 달러의 자기자본만을 보유하고 있기 때문에 EM은 25(=\$100만/\$4만)가 된다. 이들 두 은행이 똑같이 잘 경영해 ROA가 각각 1%였다고 가정해 보자. 하이캐피털 은행의 ROE는 1%×10=10%인 데 비해, 로우캐피털 은행의 ROE는 1%×25= 25%가 된다. 로우캐피털 은행의 주주들이 하이캐피털 은행의 주주들에 비해 2배 이상 높은 수익률을 얻었으므로 훨씬 더 만족해할 것이다. 여기서 은행의 주주들이 자기자본을 너무 많이 보유하길 원치 않는 이유를 알 수 있다. 동일한 ROA에서 은행 자본이 적을수록 은행 소유자는 더 높은 수익률을 얻을 수 있다.

안전성과 수익성 간의 상충관계 앞에서의 논의를 통해 은행의 (자기)자본에는 비용과 편익이 있음을 알 수 있다. 은행 자본은 은행의 파산 가능성을 낮춤으로써 투자의 안전성을 도모해 은행 소유자에게 편익이 된다. 그러나 은행 자본은 그 규모가 클수록 동일한 ROA에서 ROE가 낮아지기 때문에 비용이 된다. 은행 자본의 규모를 결정하는 데 있어, 은행 경영자는 더 많은 자본을 보유함에 따라 얻는 안전성 증대라는 편익과 이로 인해 발생하는 ROE 저하라는 비용 간의 상충관계를 감안해야 한다.

경제가 불확실해 대출에서 대규모 손실이 예상될 경우, 은행 경영자는 주주를 보호하기 위해 더 많은 자본을 확충하려 한다. 역으로 대출 손실이 발생하지 않을 것으로 확신하는 경우, 은행 경영자는 자본의 양을 줄이고 EM을 높여 ROE를 높이려 할 것이다.

은행에 대한 자기자본규제 은행은 또한 규제당국의 요구 때문에도 자본을 보유한다. 앞서 설명한 자본 보유에 따른 높은 비용으로 인해 은행 경영자는 종종 규제당국이 요구하는 수준보다 적은 규모의 자본을 보유하길 원한다. 이럴 경우 은행 자본의 규모는 자기자본규제에 의해 정해진다. 제12장에서 자기자본규제에 관한 상세한 내용과 자기자본규제가 왜 은행규제에서 중요한 역할을 하는지에 대해 논의할 것이다.

응용

은행의 자본 관리 전략

여러분이 퍼스트내셔널 은행의 경영자로서 은행 자본의 적정 규모를 결정해야 한다고 상정해보자. 은행의 대차대조표를 살펴보니 하이캐피털 은행과 같이 자산이 100만 달러이고 자본이 10만 달러여서 자산 대비 은행 자본의 비율이 10%였다고 하자. 현재 은행이 자본 과잉 상태라고 판단, ROE를 높이기 위해 EM을 높이기로 결정했다고 하자. 여러분은 어떤 전략을 취해야 할까?

EM을 높이기 위해서는 다음 3가지 전략을 취할 수 있다. (1) 자기 은행의 주식(자사주)을 매입해 은행 자본의 양을 줄일 수 있다. (2) 주주들에게 높은 배당을 지급해 은행 내부의 유보이윤을 줄임으로써 은행 자본을 줄일 수 있다. (3) 은행 자본은 그대로 둔 채 CD의 발행 등을 통해 새로운 자금을 조달하고 이를 대출하거나 유가증권에 투자함으로써 은행의 자산을 늘릴 수 있다. 주주에 대한 자신의 입지를 강화하겠다고 생각하면 두 번째 방법을 택해 주식 배당을 늘리기로 결정할 수 있다.

이제 퍼스트내셔널 은행이 로우캐피털 은행과 비슷한 상황으로 자산 대비 은행 자본의 비율이 4%라고 하자. 이 경우 은행은 자산에 비해 자본이 부족하며 은행도산을 막을 만큼 완충장치가 충분하지 않다고 판단한다. 자산 대비 자본의 양을 늘리기 위해 다음 3가지 전략

가운데 하나를 선택할 수 있다. (1) 주식(보통주)을 발행해 은행의 자본을 확충할 수 있다. (2) 주주에 대한 배당을 축소해 자본 계정에 포함되는 유보이윤을 늘림으로써 자본을 증가시킬 수 있다. (3) 자본은 그대로 둔 채, 대출을 줄이거나 유가증권을 매도한 자금으로 부채를 상환함으로써 은행의 자산을 줄일 수 있다. 자본시장이 경색돼 있거나 주주들이 배당 감축에 항의할 것이기 때문에 은행 자본을 늘리기가 쉬운 일이 아니라고 가정하자. 그러면 세 번째 대안을 선택해 은행의 규모를 줄이기로 결정할 수 있다.

퍼스트내셔널 은행의 자본 관리 전략에 대한 논의를 통해 다음과 같은 결론을 얻을 수 있다. 즉 은행 자본의 부족이 발생하면 은행은 자산을 감축시키고 그 결과 대출이 축소된다. 과거에 많은 은행이 자본 부족 상태를 경험했으며, 퍼스트내셔널 은행이 자본 부족에 대해 취하려던 전략처럼 자산과 대출의 증가를 억제해야 했다. 다음 [응용]에서 이런 전략이 신용시장에 미친 심각한 결과에 대해 논의한다.

응용 글로벌 금융위기에서 자본경색이 어떻게 신용경색을 초래했을까?

2007년에 시작한 금융위기 이후 신용의 증가세가 현저히 둔화되면서 신용을 구하기가 힘들어지는 '신용경색'(credit crunch) 현상이 촉발됐다. 그 결과 2008년과 2009년의 경제 성과는 매우 초라했다. 신용경색을 초래한 원인은 무엇일까?

은행 경영자가 어떻게 자본을 관리하는지에 대한 앞서의 분석을 통해 2008~2009년의 신용경색이 적어도 부분적으로는 자본경색에 의해 초래됐음을 이해할 수 있다. 은행 자본이 부족해짐에 따라 신용 증가율이 하락한 것이다.

제9장에서 논의했듯이, 주택시장에서 과열과 뒤이은 붕괴가 발생했고, 이로 인해 은행은 자신이 보유한 주거용 모기지 유동화증권에서 엄청난 손실을 입었다. 더욱이 은행은 자신이 후원한 다수의 구조화 투자기구(structured investment vehicle, SIV)를 자신의 대차대조표에 도로 편입해야 했다. 이에 자신의 대차대조표에 편입된 자산에 상응하는 자본을 마련할 필요가 생겼을 뿐만 아니라 모기지 관련 손실로 인해 은행 자본이 감소함에 따라 자본 부족 현상이 발생했다. 은행은 새로운 자본을 확보하거나 또는 대출을 줄여 자산 증가를 억제해야 했다. 사실 은행은 자본을 일부 늘리기도 했으나 경제의 침체로 인해 새로운 자본을 획득하기가 매우 어려웠다. 따라서 은행은 대출기준을 강화해 대출을 줄일 수밖에 없었다. 이로 인해 2008년과 2009년의 경제는 더 어려워졌다.

4 신용 위험의 관리

앞서 자산 관리의 일반 원칙에서 논의된 것처럼 은행 및 여타 금융기관이 높은 이윤을 얻기 위해서는 신용 위험이 거의 없이 원리금을 모두 돌려받는 성공적인 대출을 해야 한다. 제2장과 제8장에서 논의된 역선택과 도덕적 위험이라는 경제학적 개념을 이용하면 금융기관이 신용 위험을 줄이고 성공적으로 대출하기 위한 원칙을 설명하는 분석의 틀을 제시할 수 있다.[3)]

대개 대출을 받으려고 줄서는 사람들은 채무불이행의 가능성이 매우 높은, 즉 신용 위험이 불량한 자들이기에 대출시장에서 역선택이 발생한다. 다시 말해 가장 해로운 역효과를 초래할 사람들이 선택될 가능성이 높다는 것이다. 매우 위험한 투자사업을 하는 차입자는 그 사업이 성공하기만 하면 큰 이득을 얻기 때문에 대출을 받으려고 매우 적극적이다. 그러나 대출을 상환하지 못할 가능성이 상당히 높기 때문에 이들은 분명 바람직하지 않은 차입자이다.

차입자는 대부자의 관점에서 보기에 바람직하지 않은 행동을 할 인센티브가 있기 때문에 대출시장에는 도덕적 위험이 존재한다. 이런 상황에서 대부자는 채무불이행에 따른 위험에 직면할 가능성이 커진다. 차입자는 일단 대출을 받고 나면, 성공할 경우 높은 수익률을 얻지만 위험이 매우 큰 투자를 감행하려 한다. 이런 위험으로 인해 대출이 상환될 가능성이 낮아진다.

금융기관은 대출에 대한 채무불이행의 가능성을 높이는 역선택과 도덕적 위험의 문제를 극복해야만 이윤을 얻을 수 있다. 이들 문제를 해결하기 위해 금융기관은 신용 위험을 관리하기 위한 여러 원칙을 세우고 있다. 심사와 감시, 장기 고객관계의 형성, 대출약정, 담보와 보상예금의 요구, 신용할당 등이 그것이다.

4.1 심사와 감시

대출시장에서 대부자는 차입자에 비해 차입자의 행동과 투자기회에 대한 정보를 충분히 갖고 있지 못하기 때문에 정보의 비대칭성이 존재한다. 이런 상황에서 은행과 금융기관은 정보를 생산하기 위한 2가지 행동, 즉 심사(screening)와 감시(monitoring)를 한다. 실제로 미국에서 가장 큰 은행인 시티코프의 회장이었던 월터 리스턴(Walter Wriston)은 은행의 업무란 정보의 생산이라 말했다.

---

3) 보험회사, 연금, 파이낸스 회사 등 여타 금융중개기관들도 대출을 제공하는데, 여기서 제시하는 신용 위험의 관리 원칙이 그대로 적용된다.

심사 대출시장에서의 역선택 문제 때문에 대부자는 대출의 수익성을 유지하기 위해 신용 위험이 우량한 자와 불량한 자를 구분해야 한다. 효과적인 심사를 위해 대부자는 차입 신청자로부터 믿을 만한 정보를 수집해야 한다. 효과적인 심사와 정보의 수집은 공히 신용 위험관리의 중요한 원칙이다.

자동차 대출이나 주택 모기지와 같은 소비자 대출을 신청했을 때, 금융기관은 먼저 개인의 금융 상황에 관한 정보를 추출하기 위해 신청서를 작성하게 한다. 이때 급여, 은행 계좌는 물론 자동차, 보험, 비품 등의 기타 자산, 대출 잔액 과거의 대출 기록, 신용카드, 직불 계좌, 근무연수, 근무지 등을 묻는다. 또한 나이, 결혼 여부, 자녀의 수 등과 같은 개인 신상에 관한 질문도 있다. 금융기관은 이런 정보를 이용해 차입 신청자가 대출금 상환에 애를 먹일지 여부를 예측해주는 통계적 지표인 신용평점(credit score)을 계산해 신용도를 평가한다. 이 신용평점이 완전히 과학적일 수 없기 때문에 대부자는 판단을 내려야 한다. 대출 여부를 결정하는 은행의 대출 담당자는 차입자의 고용주에게 전화를 걸거나 차입자가 제시한 지인들과 대화를 나눌 수도 있다. 대출 담당자는 차입자의 태도나 외모에 기초해 판단을 내릴 수도 있다. 대다수 사람들이 대출을 신청하러 은행에 갈 때 단정하고 보수적인 옷을 입는 것도 바로 이 때문이다.

금융기관이 기업에 대출할 때도 정보를 수집하고 심사하는 과정은 이와 유사하다. 금융기관은 기업의 손익과 자산, 부채에 관한 정보를 수집한다. 또한 사업의 성공 가능성도 평가해야 한다. 따라서 매출액 등에 관한 정보를 획득하는 것 외에도 대출 담당자는 기업의 미래 계획, 대출금의 용도, 산업 내의 경쟁 등을 묻는다. 심지어 대출 담당자는 기업을 방문해 기업의 운영 상태를 둘러볼 수도 있다. 개인 대출이건 기업 대출이건 간에 은행과 금융기관은 꼬치꼬치 캐물을 필요가 있다.

대출 전문화 은행대출에서 언뜻 이해하기 힘든 점 가운데 하나는, 은행이 종종 특정 지역 또는 에너지와 같은 특정 산업의 기업들에 대한 대출에 전문화한다는 것이다. 이런 행태는 은행이 대출 포트폴리오를 분산하지 않고 더 큰 위험에 노출시킨다는 점에서 놀라운 것이다. 하지만 다른 관점에서 보면 이러한 전문화는 수긍할 만하다. 역선택 문제로 인해 은행은 신용이 불량한 자들을 가려내야 한다. 은행으로서는 역내 기업들에 대한 정보를 수집해 신용도를 판단하는 것이 서로 멀리 떨어진 기업들에 대한 정보를 수집하는 것보다 훨씬 쉽다. 마찬가지로 은행은 특정 산업에 속한 기업들에 대한 대출에 집중함으로써 어느 기업이 채무를 제때 상환할 수 있는지를 보다 잘 예측할 수 있다.

제한적 약관의 감시와 집행 일단 대출을 받으면 차입자는 대출금의 상환 가능성을 낮출 수 있는 위험한 행동을 할 인센티브를 갖게 된다. 이런 도덕적 위험을 줄이기 위해 금융기관은 차입자가 위험한 행동을 하지 못하도록 제한하는 대출계약상의 규정인 제한적 약관을 설정한다는 신용 위험관리의 원칙을 고수해야 한다. 차입자가 제한적 약관을 제대로 준수하고 있는지 감시하고, 그렇지 못한 경우 약관을 집행함으로써 대부자에게 비용을 끼치는 위험한 행동을 하지 못하게 막아야 한다. 은행 및 금융기관은 이처럼 심사와 감시의 필요성으로 인해 회계감사와 정보 수집 활동에 막대한 돈을 지출한다.

4.2 장기 고객관계

은행과 금융기관은 장기 고객관계를 통해 차입자에 관한 정보를 추가로 습득하는데, 이는 바로 신용 위험관리에 있어 또 하나의 중요한 원칙이다.

차입 신청자가 오랜 기간 그 은행에서 당좌예금이나 저축예금을 거래하거나 다른 대출을 받은 적이 있다면, 대출 담당자는 계좌의 과거 활동내역을 살펴봄으로써 신청자에 대해 상당히 알아낼 수 있다. 은행 관리자는 당좌예금과 저축예금의 잔액 추이를 보면 차입 신청자가 얼마나 유동성을 지니며 1년 중 어떤 시기에 현금 필요성이 큰지를 알 수 있다. 차입 신청자가 사용한 수표를 살펴보면 차입 신청자에 대한 물품 공급자를 알 수 있다. 차입자가 그 은행에서 돈을 빌린 적이 있다면 은행은 대출금 상환 기록을 볼 수 있다. 따라서 장기 고객관계는 정보 수집의 비용을 줄이고 신용 위험이 큰 사람을 보다 쉽게 식별하는 데 도움이 된다.

대부자가 감시할 필요성을 감안하면 장기 고객관계는 더욱 중요한 의미를 갖는다. 고객이 과거에 그 은행에서 차입한 적이 있다면, 은행은 이미 고객을 감시하는 과정을 거친 것이다. 따라서 신규 고객보다 장기 고객을 감시하는 비용이 적게 든다.

장기 고객관계는 은행뿐만 아니라 고객에게도 이득이다. 은행이 기존에 관계를 맺었던 기업에 대해서는 신용이 우량한지 여부를 쉽게 판별하고 기업을 감시하는 데도 비용이 적게 들기 때문에, 기업은 낮은 이자율로 쉽게 대출을 받을 수 있다.

장기 고객관계는 이 밖에도 또 이점이 있다. 은행은 대출계약서에 모든 상황에 대비한 제한적 약관을 다 써넣을 수 없다. 차입자의 위험한 행동을 모두 배제할 수 없는 것이다. 그러나 만약 차입자가 미래에 낮은 이자율로 쉽게 대출을 받기 위해 은행과 장기 관계를 유지하길 원한다면 어떻게 될까? 이 경우 차입자는 설사 대출계약에 위험한 행동에 대한 제한이 규정돼 있지 않더라도 은행을 실망시키지 않기 위해 스스로 위험한 행동을 회피하려는 인센티브를 갖는다. 사실 은행은 제한적 약관의 위반은 아니더라도 차입자의 행동 방식이 마음에 들지 않는다면 차입자가 그런 행동을 단념하도록 할 힘을 갖고 있다. 은행은 차입자에게 앞으로 대출을 않겠다고 위협할 수 있는 것이다. 따라서 은행은 장기 고객관계를 통해 예견치 못한 도덕적 위험의 발생을 해결할 수 있다.

4.3 대출약정

은행은 또한 상업대출 고객에 대해 **대출약정**(loan commitment)을 함으로써 장기 관계를 형성하고 정보를 수집한다. 대출약정이란 은행이 기업에 대해 미래 일정 시점에 시장 이자율에 연동된 이자율로 일정액을 대출하기로 약속하는 것이다. 대다수 상공업 대출은 대출약정하에 제공된다. 기업에게 대출약정은 필요할 때 쓸 수 있는 신용 공급처를 확보한다는 이점이 있다. 은행으로서는 대출약정이 장기 관계를 진전시켜 정보 수집을 용이하게 해준다는 이점이 있다. 더구나 대출약정의 합의조건에는 기업이 지속적으로 은행에게 기업의 수입, 자산 및 부채 상태, 기업활동 등에 관한 정보를 제공해야 한다는 단서가 붙는다. 대출약정은 은행의 심사 및 정보 수집 비용을 줄이는 강력한 수단이다.

4.4 담보 및 보상예금

대출에 대한 담보 요구는 신용 위험을 관리하는 중요한 수단이다. 차입자가 채무를 상환할 수 없는 경우에 대부자에게 지급을 보장하도록 설정한 재산인 담보는 채무불이행 시 대부자의 손실을 줄여주기 때문에 역선택의 영향을 완화한다. 또한 담보가 있으면 차입자가 채무불이행 시 잃을 것이 커지기 때문에 도덕적 위험을 줄인다. 차입자가 대출금을 갚지 못하면, 대부자는 담보를 매각한 대금으로 대출 손실을 충당할 수 있다. 은행은 상업대출을 제공할 때 일종의 담보로서 **보상예금**(compensating balance)을 요구하기도 한다. 보상예금이란 대출받는 기업이 일정 금액 이상을 은행의 당좌예금에 예치해두는 것을 말한다. 예를 들어 은행이 기업에게 1,000만 달러를 대출하면서 그 은행의 당좌예금에 최소한 100만 달러 이상의 보상예금을 유지하도록 요구할 수 있다. 보상예금 100만 달러는 차입자가 채무를 불이행하는 경우 은행이 꺼내서 대출금의 손실에 충당할 수 있다.

보상예금은 담보의 역할도 하지만 대출이 상환될 가능성을 높여준다. 보상예금은 은행이 차입자를 감시하고 따라서 도덕적 위험을 줄이도록 도와주기 때문이다. 특히 차입자가 대출 은행의 당좌예금을 이용하도록 함으로써 은행은 기업의 수표발형 행태를 관찰하고 차입자의 금융 상태에 관한 여러 정보를 얻을 수 있다. 예를 들어 차입자의 당좌예금 잔고가 계속 하락하면 차입자가 자금의 어려움에 처해 있음을 알게 되고, 예금 계좌의 거래활동을 살펴보면 차입자가 위험한 행동을 하는지를 짐작할 수 있다. 차입자에 대한 물품 공급자가 바뀌는 경우에는 차입자가 새로운 사업을 추구하고 있음을 의미하는 것으로 해석할 수 있다. 차입자의 지급 내역에 커다란 변화가 생기면 은행이 면밀히 조사할 필요성을 알리는 신호가 된다. 결국 보상예금을 통해 은행은 차입자를 보다 효과적으로 감시할 수 있다. 따라서 보상예금은 신용 위험을 관리하는 중요한 수단이다.

4.5 신용할당

금융기관이 역선택과 도덕적 위험을 관리하는 또 하나의 방법은 **신용할당**(credit rationing)이다. 신용할당이란 차입자는 은행이 제시한 이자율 혹은 그 이상을 낼 용의가 있음에도 불구하고 은행이 대출을 거절하는 것을 말한다. 신용할당은 2가지 형태를 띤다. 첫 번째는 차입자가 더 높은 이자율을 낼 용의가 있음에도 불구하고 은행이 여하한 금액의 대출도 거절하는 경우다. 두 번째는 은행이 대출을 제공하되 차입자가 원하는 금액보다 적은 금액의 대출로 제한하는 경우다.

언뜻 보기에 첫 번째 형태의 신용할당은 의아하게 생각될 수 있다. 차입자의 신용 위험이 크다면, 왜 은행은 보다 높은 이자율로 대출하지 않는 것일까? 그 대답은 역선택 때문이다. 위험한 투자사업을 하는 기업과 개인이야말로 가장 높은 이자율을 지불하려는 자들이다. 만약 차입자가 위험이 큰 투자를 해 성공한다면 그는 엄청난 부자가 될 것이다. 그러나 신용 위험이 너무 크기 때문에 당연히 대부자는 그런 대출을 꺼린다. 차입자가 성공하지 못해 대부자가 상환받지 못할 가능성이 크기 때문이다. 더 높은 이자율을 부과하는 것은 역선택 문제를 더 악화시킬 뿐이다. 이자율을 높이면 신용 위험이 불량한 자에게 대출이 제공될 가능성이 더 높아진다. 따라서 대부자는 높은 이자율로 대출하는 대신 차라리 신용할당의 첫 번째 형태처럼 대출을 기각하고 만다.

금융기관은 도덕적 위험을 막기 위해 두 번째 형태의 신용할당을 한다. 금융기관은 대출을 제공하되 차입자가 원하는 만큼 대출을 해주지 않는다. 이런 식의 신용할당이 필요한 것은 대출금액이 클수록 도덕적 위험이 커지기 때문이다. 예를 들어 여러분이 은행에서 1,000달러를 대출받으면, 미래에 신용등급이 손상되는 것을 원치 않기 때문에 그 돈을 갚을 적절한 행동을 취할 것이다. 그러나 만약 여러분이 1,000만 달러를 대출받는다면 만세 부르며 리오 휴양지로 날아갈 가능성이 커진다. 대출금액이 클수록 대출의 상환 가능성이 낮은 위험한 행동을 택할 인센티브가 커지는 것이다. 대출금액이 적으면 차입자들이 상환을 잘하기 때문에 금융기관은 차입자가 원하는 것보다 적은 금액의 대출을 제공하는 방식으로 신용을 할당한다.

5 이자율 위험의 관리

1980년대에 이자율의 변동성이 높아지자, 은행과 금융기관은 이자율 변동에 따른 소득과 수익의 위험성, 즉 이자율 위험에의 노출에 큰 관심을 보였다. 이자율 위험이 무엇인지 알아보기 위해 다음과 같은 대차대조표를 지닌 퍼스트내셔널 은행을 다시 살펴보자.

퍼스트내셔널 은행

자산		부채	
이자율 민감 자산	20만 달러	이자율 민감 부채	50만 달러
변동이자율 대출과 단기 대출		변동이자율 CD	
단기 증권		MMDA	
고정이자율 자산	80만 달러	고정이자율 부채	50만 달러
지준		수표발행 예금	
장기 대출		저축예금	
장기 증권		장기 CD	
		자기자본	

퍼스트내셔널 은행의 자산 100만 달러 가운데 총 20만 달러가 자주(적어도 1년에 한 번) 이자율이 변하는 이자율 민감(rate-sensitive) 자산이며, 80만 달러는 이자율이 오랜 기간(1년 이상) 변하지 않는 고정이자율(fixed-rate) 자산이다. 부채 측면에서는 50만 달러의 이자율 민감 부채와 50만 달러의 고정이자율 부채를 보유하고 있다. 이때 이자율이 평균 10%에서 15%로 5% 포인트 상승했다고 가정해보자. 이자율 민감 자산에서 소득이 추가적으로 1만 달러(=5%×20만 달러) 증가한 반면, 이자율 민감 부채에 대한 비용은 2.5만 달러(=5%×50만 달러) 증가한다. 이제 퍼스트내셔널 은행의 이윤은 1.5만 달러(=1만 달러−2.5만 달러) 감소한다. 역으로, 이자율이 5% 포인트 하락한다면 비슷한 논리로 퍼스트내셔널 은행의 이윤은 1.5만 달러 증가한다. 이 예를 통해 다음 사실을 알 수 있다. 은행이 이자율 민감 부채를 이자율 민감 자산보다 더 많이 보유하는 경우, 이자율 상승은 은행의 이윤을 감소시키고, 이자율 하락은 은행의 이윤을 증가시킨다.

5.1 갭 분석과 듀레이션 분석

이자율 변동에 따른 은행 이윤의 민감도는 **갭 분석**(gap analysis)을 이용해 보다 직접적으로 측정할 수 있다. 여기서 '갭'이란 이자율 민감 자산에서 이자율 민감 부채의 규모를 차감한 수치로 계산된다. 앞의 예에서 계산해보면, 갭은 −30만 달러(=20만 달러 − 50만 달러)다. 이 갭에 이자율의 변화분을 곱하면 은행 이윤에 미친 효과를 곧바로 구할 수 있다. 예를 들어 이자율이 5% 포인트 상승할 때, 앞서 보았듯이 이윤의 변화는 5%×(−30만 달러), 즉 −1.5만 달러다.

이러한 분석을 기본 갭 분석(basic gap analysis)이라 하며, 다음 2가지 방식으로 더욱 정교하게 만들 수 있다. 고정이자율 항목에 있는 모든 자산과 부채가 동일한 만기를 지닌 것이 아니다. 따라서 첫 번째 방식은 만기구간별 접근법(maturity bucket approach)으로서, 만기에 따라 여러 개로 나눈 구간에 대해 갭을 측정하는 것이다. 이 방식을 이용하면 이자율 변화가 여러 해에 걸쳐 미치는 효과를 계산할 수 있다. 두 번째는 표준 갭 분석(standardized gap analysis)으로서 각 이자율 민감 자산과 부채에 대해 이자율 민감도의 차이를 고려해 분석하는 방식이다.

이자율 위험을 측정하는 또 다른 방법으로서 **듀레이션 분석**(duration analysis)은 은행의 총자산과 총부채의 시장가치가 이자율 변화에 얼마나 민감하게 반응하는가를 분석한다. 듀레이션 분석은 증권에서 나오는 각 현금흐름 지급까지의 평균 기간을 측정하는 매컬리(Macaulay)의 듀레이션 개념에 근거한다.[4] 듀레이션은 이자율 변화에 대한 시장가치의 민감도를 적절한 근사치로 제시하기 때문에 매우 유용한 개념이다.

$$\text{증권의 시장가치 변화율(\%)} \approx -\text{이자율의 변화분(\% 포인트)} \times \text{듀레이션(년)}$$

여기서 ≈는 '근사적으로 같음'을 나타낸다.

듀레이션 분석은 금융기관의 자산과 부채의 (가중)평균 듀레이션을 이용해 이자율의 변화에 대해 순자산이 어떻게 반응하는지를 알려준다. 다시 퍼스트내셔널 은행의 예로 돌아가, 이 은행 자산의 평균 듀레이션이 3년(즉 지급 시점까지 남은 기간이 평균 3년)이고, 부채의 평균 듀레이션은 2년이라고 가정하자. 또한 퍼스트내셔널 은행은 100만 달러의 자산과 90만 달러의 부채를 갖고 있으며 은행 자본은 자산의 10%라 가정하자. 이자율이 5% 포인트 상승하면 은행 자산의 시장가치는 15%(=−5%×3년) 하락한다. 즉 자산이 100만 달러에서 1.5만 달러만큼 줄어든다. 그러나 부채의 시장가치는 10%(=−5%×2년) 하락하여 90만 달러의 부채에서 9만 달러가 감소한다. 그 결과 자산의 시장가치에서 부채의 시장가치를 차감한 순자산은 6만 달러, 즉 초기 총자산의 6%만큼 감소한다. 비슷한 방식으로 이자율이 5% 포인트 하락하면 퍼스트내셔널 은행의 순자산은 총자산의 6%만큼 증가한다.

앞의 예에서 분명히 나타나듯이 듀레이션 분석과 갭 분석에서 퍼스트내셔널 은행은 이자율이 상승하면 손실을 입고, 이자율이 하락하면 이득을 얻는다. 듀레이션 분석과 갭 분

---

4) 매컬리의 듀레이션 D를 수식으로 정의하면 다음과 같다.

$$D = \sum_{\tau=1}^{N} \tau \frac{CP_\tau}{(1+i)^\tau} \Big/ \sum_{\tau=1}^{N} \frac{CP_\tau}{(1+i)^\tau}$$

여기서 τ = 현금이 지급되기까지 남은 기간
CP_τ = τ시점에서의 현금지급액(이자와 원금)
i = 이자율
N = 증권의 잔여 만기

석은 이자율 위험에 얼마나 노출돼 있는지를 금융기관 경영자에게 알려주는 유용한 수단이다.

응용 **이자율 위험의 관리 전략**

여러분이 퍼스트내셔널 은행의 경영자로서 이 책에서 논의한 대로 듀레이션 분석과 갭 분석을 했다고 하자. 이제부터는 이자율 위험을 관리하기 위해 어떤 전략을 사용할지 결정해야 한다.

만약 이자율이 장차 떨어질 것이라고 굳게 믿는다면 아무런 조치를 취하지 않을 수도 있다. 은행은 이미 이자율 민감 자산에 비해 이자율 민감 부채를 더 많이 보유하고 있어 예견되는 이자율 하락으로 이득을 얻을 것이기 때문이다. 그러나 이자율이 하락하지 않고 상승할 가능성도 배제할 수 없으므로 퍼스트내셔널 은행은 상당한 이자율 위험에 직면해 있다. 여러분은 이러한 이자율 위험을 제거하기 위해 어떻게 해야 할까? 여러분이 할 수 있는 것 가운데 하나는 은행 자산의 만기를 단축시켜 이자율 민감 자산을 늘리는 것이다. 또는 부채의 듀레이션을 늘릴 수도 있다. 이렇게 은행 자산과 부채를 조정하면 은행의 수입은 이자율의 변동에도 불구하고 영향을 덜 받을 것이다.

그런데 은행의 대차대조표를 조정해 이자율 위험을 제거하는 전략은 단기적으로 비용이 매우 많이 들 수 있다는 문제가 있다. 은행의 자산과 부채는 전문화로 인해 특정 만기에 고착돼 있을 수 있다. 다행히도 최근에 개발된 금융선물 및 선도, 옵션, 스왑 등 파생금융상품이라 알려진 금융수단을 이용하면 은행의 대차대조표를 조정하지 않고도 이자율 위험을 줄일 수 있다.

6 부외 활동

전통적으로 자산과 부채의 관리가 은행의 주요 관심사였으나, 최근에는 보다 경쟁적인 환경으로 인해 은행이 부외 활동에 치중함으로써 공격적으로 이윤을 추구하고 있다.[5] **부외 활동**(off-balance-sheet activity, 난외 거래라고도 함)이란 은행의 이윤에는 영향을 미치지만 은행의 대차대조표에는 나타나지 않는 활동으로서, 금융자산의 트레이딩, 대출채권 매각과 수수료 수입의 창출 등을 포함한다. 이러한 은행 부외 활동의 중요성은 점점 증대되고 있다. 실제로 부외 활동이 창출한 소득이 총자산에서 차지하는 비중은 1980년 이래 거의 2배로 상승했다.

5) 금융기관의 경영자는 매 시점마다 은행이 얼마나 잘하고 있는지를 파악할 필요가 있다.

6.1 대출채권 매각

최근 그 중요성이 더해가고 있는 은행 부외 활동의 하나로 대출채권 매각을 통한 소득 창출을 들 수 있다. **대출채권 매각**(loan sale)이란 2차 대출채권 분할매각(secondary loan participation)이라고도 불리는데, 특정 대출에서 나오는 전체 혹은 부분적인 현금흐름을 매각하는 계약이다. 대출채권 매각의 결과 은행 대차대조표의 자산 항목에서 그 대출은 삭제된다. 은행은 초기에 대출한 금액보다 약간 높은 금액으로 대출을 매각함으로써 이윤을 얻는다. 다른 기관들은 매각되는 대출에 적용되는 높은 이자율이 매력적이기 때문에 이를 사들인다. 하지만 이때 적용되는 이자율은 처음 대출의 이자율보다는 대체로 0.15% 포인트 정도 낮은 수준이다.

6.2 수수료 수입의 창출

부외 활동의 또 다른 형태로 수수료를 통한 소득 창출을 들 수 있다. 수수료는 은행이 고객 대신 외환거래를 해주거나, MBS(모기지 유동화증권)의 이자와 원금을 걷어 이를 지급하는 서비스를 하거나, 증권의 발행인이 원리금을 지급할 수 없는 경우 은행이 대신 지급을 약속하는 은행인수어음(banker's acceptance, BA) 등과 같이 채무증권을 지급보증하거나, 예비적 신용공여한도(backup line of credit)를 제공하는 등의 전문화된 서비스를 고객에 제공하고 받는 대가이다. 예비적 신용공여한도에는 여러 유형이 있다. 이 가운데 가장 중요한 것은 대출약정으로서, 은행이 수수료를 받고 고객의 요구에 따라 일정 한도와 일정 기간 내에서 대출을 제공하기로 약속하는 것이다. 신용공여한도에는 또한 은행 예금자들이 예금 잔고 이상으로 수표를 발행할 수 있도록 함으로써 실제로는 대출에 해당하는 '당좌대월 특전' (overdraft privilege)이 있다. 그 밖에도 은행이 수수료를 받는 신용공여한도로는 기업어음(commercial paper, CP)이나 증권의 발행을 지원하는 대기성 신용장(standby letters of credit)과 중기 유로채권인 유로노트(Euronote)를 인수하기 위한 *NIF*(note issuance facility), *RUF*(revolving underwriting facility) 등을 들 수 있다.

증권에 대한 보증과 예비적 신용공여한도 같은 부외 활동은 은행의 위험을 증가시킨다. 보증하는 증권이 은행 대차대조표상에 나타나지 않을지라도 은행은 채무불이행의 위험을 안게 된다. 증권의 발행인이 지급을 하지 못하면 은행이 그 부담을 떠안아 증권의 소지자에게 원리금을 지급해야 한다. 또한 예비적 신용공여한도를 제공하면 은행이 충분한 유동성을 갖고 있지 못한 경우나 차입자의 신용 위험이 매우 불량한 경우에도 대출을 제공해야 하기 때문에 은행에게 위험이 된다.

또한 은행은 구조화 투자기구와 같은 금융수단을 창출한 후 이를 투자자에게 매각함으로써 수수료 수입을 얻을 수 있다. 그러나 글로벌 금융위기 과정에서 명백히 드러난 것처럼 이들 금융수단의 가치가 하락하면 이를 후원한 은행(예를 들어 씨티은행)은 자신의 대차대조표로 편입해 그 부실을 떠안아야 한다. 그렇게 하지 않으면 은행의 명성이 크게 훼손되기 때문이다. 일견 이들 금융수단은 은행의 대차대조표상이 아닌 부외 계정에 있지만, 실제로는 큰 손실이 발생하면 은행의 대차대조표상으로 되돌려지는 것이다. 안타깝게도 씨티은행 등은 글로벌 금융위기 동안에 이들 금융수단에서 발생한 커다란 손실을 떠안았다. 이는 이들 부외 활동이 처음부터 은행 대차대조표의 일부였던 것과 마찬가지의 위험을 지니고 있었음을 의미하는 것이다.

6.3 트레이딩 활동과 위험관리 기법

앞서 언급했듯이 은행은 이자율 위험을 관리하기 위해 금융선물, 채무수단에 대한 옵션, 이자율 스왑 등을 거래한다. 국제금융 업무를 하는 은행은 외환시장에서도 거래를 한다. 이들 거래는 은행의 대차대조표에 직접적인 영향을 미치지 않기 때문에 부외 활동이다. 그런데 이 시장에서 거래하는 은행은 종종 위험을 줄이거나 여타 은행 업무를 원활하게 하려는 목적도 있지만, 또한 남들보다 시장을 잘 예측허 투기에 나서려고도 한다. 그런데 이런 투기는 매우 위험한 것일 수 있다. 실제로 은행의 지급불능을 초래하기도 하는데, 가장 극적인 예가 1995년 영국의 은행인 베어링스(Barings)의 도산이다.

트레이딩 활동(trading activity)은 종종 수익성이 매우 높음에도 불구하고 손쉽게 엄청난 내기를 걸 수 있기 때문에 위험하다. 트레이딩 활동을 관리하는 데 있어서의 문제는 제8장에서 논의한 주인-대리인 문제다. 대규모 내기를 걸 능력이 있기 대문에 트레이더(대리인)는 그가 채권시장에서 거래하든 외환시장 혹은 파생금융상품 시장에서 거래하든 과도한 위험을 택할 인센티브가 있다. 그가 트레이딩 전략으로 거대한 이윤을 얻으면 높은 봉급과 보너스를 챙길 것이다. 그러나 거대한 손실을 입으면 금융기관(주인)이 손실을 처리해야 한다. 1995년 베어링스의 도산이 여실히 증명하듯이, 주인-대리인 문제에 직면한 트레이더는 꽤 건실한 금융기관을 순식간에 지급불능 상태에 빠뜨릴 수 있다([글로벌] '베어링스, 다이와, 스미토모, 소시에테 제네랄 : 사기꾼 트레이더와 주인-대리인 문제' 참조).

주인-대리인 문제를 완화하기 위해 금융기관의 경영자들은 내부 통제를 확립해 베어링스와 같은 붕괴를 막아야 한다. 이러한 내부 통제의 하나는 트레이딩 활동을 담당하는 일선 직원을 트레이딩에 관한 장부 기록을 담당하는 후선 직원으로부터 철저히 분리하는 것이다. 더욱이 경영자는 트레이더의 거래 총량과 위험 노출의 한도를 설정해야 한다. 경영자는 또한 최근의 컴퓨터 기술을 이용해 위험평가 과정을 면밀히 살펴봐야 한다. 이러한 방법으로서 VaR(value-at-risk) 접근법이 있다. 이 접근법을 통해 금융기관은 자신의 포트폴리오가 일정 기간 동안에 입을 수 있는 최대 손실의 크기인 VaR을 계산하는 통계

글로벌 베어링스, 다이와, 스미토모, 소시에테 제네랄 : 사기꾼 트레이더와 주인-대리인 문제

100년 이상의 전통을 자랑하는 영국의 베어링스 은행의 붕괴는 사기꾼 트레이더에 의한 주인-대리인 문제가 어떻게 한 달 만에 건실한 대차대조표를 가진 금융기관을 지급불능의 비극으로 몰아넣는지를 일깨우는 슬픈 교훈담이다.

1992년 7월, 베어링스 싱가포르 지점의 새로운 책임자인 닉 리슨(Nick Leeson)은 일본판 다우존스 지수라 할 수 있는 닛케이에 투기를 시작했다. 1992년 후반까지 리슨은 300만 달러의 손실을 입었는데, 그 손실을 비밀장부에 간수해두는 방식으로 상관에게 숨겼다. 그는 심지어 상관에게 마치 커다란 이윤을 벌어들이는 것처럼 속이기까지 했다. 이는 회사의 내부 통제가 실패한 경우인데, 리슨은 싱가포르 증권거래소에서 거래를 하면서도 이들 거래의 장부기록을 감독할 수 있었다. 커피숍과 같이 현금 장사를 하는 사람은 두 사람 이상이 현금을 다루면 항상 사기의 가능성이 작아진다는 것을 알고 있다. 이와 유사하게 트레이딩 운영에서는 일선의 관리자와 후선의 관리자를 섞어서는 절대 안 된다. 그런데 이 원칙이 베어링스에서는 전혀 지켜지지 않았다.

리슨은 1994년 후반까지 2억 5,000만 달러 이상의 손실을 냈다. 1995년 1월과 2월에 그는 은행을 내기에 걸었다. 일본에서 고베 지진이 일어난 1995년 1월 17일 리슨은 7,500만 달러를 잃었으며, 그 주말까지 1억 5,000만 달러 이상을 잃었다. 그는 2억 5,000만 달러를 더 잃고 나서 2월 23일 주식시장이 하락하자 결국 싱가포르를 탈출했다. 3일 후 그는 프랑크푸르트 공항에 나타났다. 난폭 운전의 결과 리슨은 모두 13억 달러를 잃었으며, 베어링스의 자본을 모두 잠식시켜 은행을 도산시켰다. 리슨은 곧이어 유죄판결을 받아 감옥에 보내졌고, 1999년 석방됐을 때는 자신의 행동을 깊이 반성했다.

정보의 비대칭성으로 인한 주인-대리인 문제로 리슨의 행동과 베어링스의 경영 실패를 설명할 수 있다. 리슨은 자신의 트레이딩과 후선 업무를 모두 통제한 결과, 리슨의 트레이딩 활동에 대해 주인(베어링스)이 잘 알지 못했고, 이로 인해 정보의 비대칭성이 증가했다. 이러한 내부 통제의 실패로 인해 리슨은 은행이 부담하는 비용으로 위험을 택하는 도덕적 위험의 인센티브가 커졌다. 왜냐하면 내기가 제대로 통하면 손실을 만회하고 회사에서 좋은 자리를 차지할 수 있으며, 만약 내기에 지더라도 어쨌든 직장에서 나오게 될 것이었으므로 추가로 더 잃을 것이 없었기 때문이다. 손실이 커질수록 그는 더 큰 내기를 걸어야만 했다. 손실이 계속 쌓이자 그의 거래량도 확대됐다. 만약 베어링스의 경영자가 주인-대리인 문제를 이해했더라면 리슨을 좀 더 주의 깊게 경계했을 것이고, 그랬다면 베어링스도 오늘날까지 건재했을 것이다.

불행하게도 닉 리슨은 10억 달러 이상을 날린 사기꾼 트레이더들의 억만장자 클럽에서 더 이상 희귀한 존재가 아니다. 다이와 은행(Daiwa Bank)의 뉴욕지점 직원이던 토시히데 이구치도 역시 11년 이상 채권 트레이딩 운영과 후선 업무를 모두 통제했으며, 그동안 11억 달러의 손실을 입었다. 1995년 7월 이구치는 그의 손실을 상관에게 알렸으나 상관은 규제당국에 이를 보고하지 않았다. 결국 다이와는 미국 은행규제당국에 의해 3억 4,000만 달러의 벌금을 추징당하고 미국에서 쫓겨났다.

야스오 하마나카도 이 억만장자 클럽의 회원이다. 1996년 7월 그는 리슨과 이구치의 기록을 깨고 일본의 대표적 무역회사인 스미토모에 26억 달러의 손실을 입혔다. 2008년 1월 케르비엘(Jerome Kerviel)은 자신이 다니던 소시에테 제네랄(Société Générale) 은행에 전대미문의 사기꾼 트레이더 기록을 남겼다. 그는 독단적인 거래를 통해 이 프랑스 은행에 72억 달러의 손실을 입혔다.

이들 사례의 교훈은 트레이딩 활동을 하는 기업의 경영자라면 트레이더의 활동을 주의 깊게 감시해 반드시 주인-대리인 문제를 줄여야 한다는 것이다. 그렇지 않으면 사기꾼들의 갤러리는 계속 번성할 것이다.

적 모형을 갖춘다. 예를 들어 은행은 1%의 확률로 하루 동안에 입을 수 있는 최대 손실을 100만 달러라고 추정할 수 있는데, 이 100만 달러의 수치가 은행이 계산한 VaR이다. 또 다른 접근법으로 '스트레스 테스트'(stress test)가 있다. 이는 불운한 시나리오가 발생한다면 어떻게 될지를 모형을 통해 분석하는 것이다. 즉 나쁜 사건이 겹쳐 일어날 경우 금융기관이 입게 될 손실을 알아보는 것이다. VaR과 스트레스 테스트 접근법을 이용해 금융기관은 위험노출의 정도를 평가하고 이를 감축하는 방안을 선택할 수 있다.

제12장에서 보겠지만, 미국의 은행규제당국은 은행의 부외 활동으로 인한 위험에 각별한 관심을 보이며, 은행이 위험관리에 좀 더 주의를 기울일 것을 촉구하고 있다. 이와 더불어 국제결제은행(BIS)은 VaR 계산에 기초해 은행의 트레이딩 활동에 대한 추가적인 자기자본규제를 개발하고 있다.

요 약

SUMMARY

1 상업은행의 대차대조표는 은행자금의 원천과 운용을 나열한 목록이라 할 수 있다. 은행의 부채는 자금의 원천으로서 수표발행 예금, 정기예금, 중앙은행에서의 차입금, 다른 은행과 기업에서의 차입금, 은행 자본을 포함한다. 은행의 자산은 자금의 운용을 나타내며 지준, 타점권, 타행 예금, 유가증권, 대출, 기타 자산(주로 물적 자본)을 포함한다.

2 은행은 자산변환 과정을 통해 이윤을 얻는다. 은행은 예금이란 형태로 단기로 차입해, 대출이란 형태로 장기로 빌려준다. 은행이 예금을 추가로 받으면 그만큼의 지준이 증가한다. 예금을 내주면 그만큼 지준을 잃게 된다.

3 유동성이 높은 자산은 수익률이 낮은 경향이 있지만, 은행은 여전히 이런 자산을 보유하길 원한다. 특히 은행은 초과지준과 제2지준을 보유하는데, 이는 예금유출 비용에 대한 보험의 기능을 하기 때문이다. 은행은 대출과 유가증권에서 최고의 수익률을 추구하는 동시에 한편으로는 위험을 낮추고 적절한 유동성을 보유하면서 이윤이 극대화되도록 자산을 관리한다. 부채 관리는 과거에는 인기 없는 일이었으나 이제 대형 머니센터 은행은 양도성예금증서를 발행하거나 다른 은행과 기업에서 차입하는 등 적극적인 자금조달을 모색하고 있다. 은행은 도산을 방지하고 규제당국에 의해 설정된 자기자본비율 규제를 준수하기 위해 자본을 관리한다. 그러나 은행은 지분에 대한 수익률이 낮아지기 때문에 너무 많은 자본을 보유하길 원치 않는다.

4 역선택과 도덕적 위험의 개념은 신용 위험을 관리하는 원칙들을 설명한다. 이들 원칙에는 대출 활동에서의 심사와 감시, 장기 고객관계의 형성, 대출약정, 담보와 보상예금, 신용할당 등이 포함된다.

5 1980년대 들어 이자율의 변동성이 커짐에 따라 금융기관은 이자율 위험에 보다 더 관심을 기울이게 됐다. 갭 분석과 듀레이션 분석을 통해 금융기관이 이자율 민감 부채를 이자율 민감 자산보다 더 많이 보유하고 있는지를 알 수 있다. 이 경우 이자율의 상승은 이윤을 감소시키며, 이자율의 하락은 이윤을 증가시킨다. 금융기관은 대차대조표를 조정해 이자율 위험을 관리할 수 있으나 파생금융상품을 이용한 전략을 사용할 수도 있다.

6 부외 활동은 금융자산의 트레이딩, 대출채권 매각과 수수료 수입의 창출 등으로 구성되는데, 이들은 모두 은행의 이윤에 영향을 미치지만 대차대조표에는 나타나지 않는다. 이들 부외 활동은 은행의 위험노출을 증가시키기 때문에 은행 경영자는 직원들이 지나치게 위험을 추구하지 않도록 위험평가 과정과 내부 통제에 각별한 주의를 기울여야 한다.

주요 용어

KEY TERMS

갭 분석(gap analysis)
대차대조표(balance sheet)
대출채권 매각(loan sale)
대출약정(loan commitment)
듀레이션 분석(duration analysis)
머니센터 은행(money center bank)
보상예금(compensating balance)
부외 활동(off-balance-sheet activity)
부채 관리(liability management)
시재금(vault cash)
신용 위험(credit risk)
신용할당(credit rationing)
예금유출(deposit outflow)
유동성 관리(liquidity management)
이자율 위험(interest-rate risk)
자기자본 순이익률(return on equity, ROE)
자기자본 승수(equity multiplier, EM)
자본적정성 관리(capital adequacy management)
자산 관리(asset management)
재할인 대출(discount loan)
재할인율(discount rate)
제2지준(secondary reserve)
지준(reserve)
지준율(required reserve ratio)
지준 의무(reserve requirement)
초과지준(excess reserve)
총자산 순이익률(return on assets, ROA)
필요지준(required reserve)
T-계정(T-account)

연습문제

QUESTIONS

1 왜 은행은 중앙은행에서 차입할 때보다 더 높은 이자율을 지급하면서도 다른 은행에서 차입하려 하는가?

2 다음 은행 자산을 유동성이 가장 높은 것부터 순서대로 나열하라.
a. 상업대출
b. 유가증권
c. 지준
d. 물적 자본

3 여러분이 소유한 은행이 다음과 같은 대차대조표를 갖고 있다.

자산		부채	
지준	7,500만 달러	예금	5억 달러
대출	5억 2,500만 달러	은행 자본	1억 달러

만약 이 은행에 5,000만 달러의 예금유출이 발생한다면, 지준율이 10%일 때 은행이 도산하지 않도록 하기 위해 어떤 행동을 취해야 하는가?

4 만약 5,000만 달러의 예금유출이 발생한다면, 문제 3의 대차대조표와 아래의 대차대조표 가운데 당초에 어느 쪽을 택하는 것이 더 낫겠는가?

5 왜 1일물 대출시장의 발달로 인해 은행들이 초과지준을 적게 보유하게 됐는가?

자산		부채	
지준	1억 달러	예금	5억 달러
대출	5억 달러	은행 자본	1억 달러

6 만약 여러분이 경영하는 은행이 초과지준을 전혀 보유하지 않은 상태에서 어떤 건실한 고객이 찾아와 대출을 신청하다면, 여러분은 대출해줄 초과지준이 없다고 설명하면서 그 고객을 꼭 돌려보내야 하는가? 그 이유는

무엇인가? 고객이 원하는 자금을 제공하기 위해 여러분이 취할 수 있는 대안들은 무엇인가?

7 은행이 너무 많은 자본을 보유하고 있기 때문에 ROE가 너무 낮다는 것을 알았다면, ROE를 높이기 위해 어떤 조치를 취할 수 있겠는가?

8 만약 은행이 자기자본규제를 준수하는 데 100만 달러가 부족한 상태라면, 이 상황을 타개하기 위해 취할 수 있는 3가지 전략을 제시하라.

9 왜 지분 보유자들은 ROA보다 ROE에 더 관심을 갖는가?

10 만약 은행이 자본을 2배로 증가시켰는데 ROA가 그대로라면, ROE는 어떻게 되겠는가?

11 은행 자본을 증가시키기로 결정했을 때, 그 편익과 비용은 각각 무엇인가?

12 꼬치꼬치 캐묻기를 좋아하는 성격은 왜 은행 경영자가 지녀야 할 바람직한 특성인가?

13 은행은 항상 대출받는 기업이 보상예금을 유지해야 한다고 주장한다. 그 이유는 무엇인가?

14 은행이 매우 잘 돌아가고 있어 예금유출이 있다고 해도 대출을 회수하거나 유가증권을 팔거나 차입할 필요가 없다고 은행장이 말했다면, 당신은 이 은행의 주식을 사겠는가? 그 이유는 무엇인가?

15 "분산투자는 위험을 피하기 위한 바람직한 전략이기 때문에 은행이 특정 유형의 대출에 전문화하는 것은 전혀 말이 되지 않는다." 이 진술은 참인가, 거짓인가, 또는 불확실한가? 설명하라.

16 만약 여러분이 은행가인데 장차 이자율이 상승할 것으로 예상한다면, 단기 대출과 장기 대출 가운데 어느 쪽을 더 선호하겠는가?

17 "은행 경영자는 항상 자신의 자산에서 가능한 한 최대의 수익률을 추구해야 한다." 이 진술은 참인가, 거짓인가, 또는 불확실한가?

18 왜 비이자 소득이 은행 영업소득의 점점 더 중요한 원천이 되고 있는가?

응용문제 APPLIED PROBLEMS

19 제인 브라운이 퍼스트내셔널 은행에 있는 그녀의 예금을 기초로 50달러짜리 수표를 써서 그녀의 친구인 조 그린에게 주었는데, 조 그린이 이를 세컨드내셔널 은행에 있는 그의 계좌에 예금하면 어떤 일이 일어나는지를 퍼스트내셔널 은행과 세컨드내셔널 은행의 T-계정을 이용해 설명하라.

20 퍼스트내셔널 은행에서 어떤 사람이 1,000달러의 현금을 인출하고 다른 사람은 500달러의 현금을 예금했다면 어떤 일이 일어나는가? T-계정을 이용해 설명하라.

21번과 22번은 뉴뱅크의 첫 달 영업과 관련된 문제이다.

21 뉴뱅크는 600만 달러를 갖고 첫날 영업을 시작했다. 수표발행 예금으로 1억 달러를 받았는데, 2,500만 달러를 상업대출하고 2,500만 달러를 모기지 대출했다. 지준율이 8%일 때 이 은행의 대차대조표를 표시하라.

22 뉴뱅크는 30일 만기 재무부 증권을 4,500만 달러어치 사기로 결정했다. 액면가 5,000달러짜리 재무부 증권은 현재 수수료를 포함해 4,986.70달러에 거래된다. 재무부 증권을 얼마나 살 수 있는가? 이때 대차대조표는 어떻게 되는지 표시하라.

23 엑스은행의 ROE가 15%, ROA가 1%라고 발표됐다. 이 은행의 총자산 대비 자기자본의 비율은 얼마인가?

24 1,000억 달러 자산의 평균 듀레이션이 4년이고, 900억 달러 부채의 평균 듀레이션이 6년인 은행을 여러분이 경영하고 있다. 이 은행에 대한 듀레이션 분석을 통해 만약 이자율이 2% 포인트 상승하면 은행의 순자산이 어떻게 될지 제시하라. 이자율 위험을 줄이기 위해 여러분은 어떤 행동을 취할 수 있는가?

25 여러분이 1,500만 달러의 고정이자율 자산과 3,000만

달러의 이자율 민감 자산, 그리고 2,500만 달러의 고정 이자율 부채와 2,000만 달러의 이자율 민감 부채를 가진 은행의 경영자라고 하자. 이 은행에 대한 갭 분석을 통해 만약 이자율이 5% 포인트 상승하면 은행의 이윤이 어떻게 될지 제시하라. 이자율 위험을 줄이기 위해 여러분은 어떤 행동을 취할 수 있는가?

웹 연습문제 WEB EXERCISES

1 본문의 [표 1]은 미국 연준 *Bulletin*에서 모든 상업은행의 자료를 합산해 작성한 대차대조표이다. 이 대차대조표와 www.bankofamerica.com/investor/index.cfm?section=700 사이트에서 'Annual Reports'를 찾아 뱅크 오브 아메리카(Bank of America)가 보고한 가장 최근의 대차대조표를 비교하라. 뱅크 오브 아메리카의 포트폴리오는 평균적인 은행보다 대출에 더 많은 비중을 두고 있는가? 어떤 유형의 대출이 가장 일반적인가?

2 상세한 보고 의무 때문에 은행에 관한 최신의 자료를 구하기가 상대적으로 쉬운 편이다. www2.fdic.gov/qbp/를 방문하라. 이 사이트는 연방예금보험공사(FDIC)가 후원하고 있다. 여기서 금융기관에 관한 요약 자료를 찾을 수 있다. 가장 최근의 'Quarterly Banking Profile'을 찾아 방문하라. 화면의 맨 밑바닥까지 내려가 'Table 1-A'를 열어라.

a. 최근 몇 년간 은행의 ROA는 증가했는가 아니면 감소했는가?

b. 기본 자본(core capital)이 증가하고 있는가? 본문의 [표 1]에 나와 있는 은행 자본의 비율과 비교하면 어떤가?

c. 얼마나 많은 금융기관이 현재 FDIC에 보고하고 있는가?

참고 웹사이트 WEB REFERENCES

www.bankofamerica.com/investor/index.cfm?section=700

대차대조표를 보기 위해 'Annual Reports'를 클릭하라.

www.federalreserve.gov/boarddocs/SupManual/default.htm#trading

연방준비은행의 'Trading and Capital Market Activities Manual'은 트레이딩 운영 과정에서 당면하는 광범위한 위험관리 문제를 깊이 있게 논의한다.

웹 부록 WEB APPENDICES

웹사이트 www.pearsonglobaleditions.com/mishkin에 들어가 제11장의 웹 부록, Appendix 1: Duration Gap Analysis, Appendix 2: Measuring Bank Performance를 읽어라.

12 금융규제의 경제적 분석

PREVIEW

앞에서 살펴봤듯이 금융시스템은 경제 내에서 규제를 가장 강하게 받는 분야 중 하나이며, 그 가운데 은행은 규제를 가장 강하게 받는 금융기관 중 하나이다. 이 장에서는 왜 금융시스템에 대한 규제가 현재와 같은 형태를 취하게 됐는지에 대해 경제적 분석을 전개한다.

불행하게도 최근의 글로벌 금융위기에서 증명됐듯이 규제 과정이 항상 제대로 잘 작동하는 것은 아니다. 이 장에서는 금융규제에 대한 경제적 분석을 통해 세계의 은행위기를 설명하고, 미래의 재앙을 막기 위해 규제시스템이 어떻게 개혁될 수 있는지 검토한다.

1 정보의 비대칭성과 금융규제

이전의 논의에서 금융계약의 당사자들이 서로 동일한 정보를 갖고 있지 않은 정보의 비대칭성으로 인해 금융시스템에 중대한 영향을 미치는 역선택과 도덕적 위험의 문제가 어떻게 발생하는지를 살펴봤다. 역선택과 도덕적 위험이라는 정보의 비대칭성 개념은 각국의 정부가 왜 현재와 같은 금융규제 형태를 취하게 됐는지를 이해하는 데 특히 유용하다. 금융규제에는 정부의 안전망, 자산 보유에 대한 제한, 자기자본규제, 적기시정조치, 인가와 검사, 위험관리에 대한 평가, 공시 의무, 소비자 보호, 경쟁 제한, 거시건전성 감독 등 10가지 기본 유형이 있다.

1.1 정부의 안전망 : 예금보험과 FDIC

제8장에서 봤듯이, 은행과 같은 금융중개기관은 무임승차 문제를 방지할 수 있는 사적인 대출을 제공하기 때문에 역선택과 도덕적 위험의 문제를 해결하는 데 특히 적합한 기관이다. 그러나 무임승차 문제의 이러한 해결은 예금자가 금융기관이 제공한 사적인 대출이 건실한지에 대한 정보를 알지 못하기 때문에 또 다른 정보의 비대칭성 문제를 일으

킨다. 이렇게 정보의 비대칭성 문제로 인해 발생하는 다음 몇 가지 이유로 금융시스템이 제대로 작동하지 않을 수 있다.

은행 패닉과 예금보험의 필요성 1934년에 연방예금보험공사(Federal Deposit Insurance Corporation, FDIC)가 설립되기 이전에는 은행이 예금자와 여타 채권자 등에게 지급 의무를 이행하지 못하고 문을 닫는 **은행도산**(bank failure)이 일어나면, 예금자는 그 은행이 청산될 때까지, 즉 자산이 매도돼 현금화될 때까지 예금을 찾지 못하고 기다려야 했다. 또 나중에 현금화되더라도 예금액의 일부만을 지급받았다. 이때 예금자는 은행 경영자가 지나치게 큰 위험을 택하고 있는지 혹은 철저한 사기꾼인지를 알 수 없기 때문에 은행에 돈을 맡기기를 꺼렸고, 그 결과 은행은 살아남기가 더 어려웠다. 또한 제9장에서 보았듯이 은행 자산의 상태에 대한 예금자의 정보 부족으로 인해 경제에 심각하게 해로운 결과를 초래하는 은행 패닉(bank panic) 현상이 일어날 수 있다. 이를 알아보기 위해 다음의 상황을 생각해보자. 예금보험이 없는 어떤 경제에 역경이 닥쳤다. 그 결과 전체의 5%에 해당하는 은행들이 대출에서 커다란 손실을 입고 순자산이 음이 된 지급불능의 상태가 됐다. 예금자는 정보의 비대칭성 때문에 자신이 거래하는 은행이 건실한 은행인지, 아니면 지급불능 상태인 5%의 은행 가운데 하나인지 알 수가 없다. 이 경우 예금자는 부실한 은행의 예금자이건, 건실한 은행의 예금자이건 자신의 예금 전액을 돌려받지 못할 가능성이 있음을 인식하고 무조건 예금을 인출하길 원하게 된다. 사실 은행은 먼저 온 사람에게 먼저 서비스를 제공한다는 '순차적 서비스제약'(sequential service constraint)에 따라 운영되기 때문에 각 예금자는 남보다 먼저 은행에 가려는 매우 강한 인센티브를 갖는다. 왜냐하면 줄의 맨 뒤에 서면 은행의 돈이 바닥나 아무것도 받지 못할 수 있기 때문이다. 일반적으로 은행시스템의 건실함에 대한 불확실성으로 인해 건실한 은행에서건 부실한 은행에서건 예금인출이 일어나며, 한 은행의 도산이 다른 은행의 도산을 재촉하는 전염효과(contagion effect)가 나타날 수 있다. 민간인들의 신뢰를 회복할 방법이 없다면 은행 패닉이 일어날 수 있다.

실제로 미국에서 은행 패닉은 1819년, 1837년, 1857년, 1873년, 1884년, 1893년, 1907년, 1930~1933년 등 19세기와 20세기 초에 걸쳐 거의 20년마다 한 번씩 일어났다. 심지어 1920년대의 호황기에도 연평균 600개의 은행이 도산하는 등 은행도산은 심각한 문제였다.

예금자를 위한 정부의 안전망은 은행에서 예금인출 사태를 막고 예금자를 보호함으로써 은행시스템에 돈을 맡기기 꺼리는 것을 막을 수 있다. 이러한 안전망의 한 형태가 일종의 보증인 예금보험(deposit insurance)이다. 한 예로 미국의 FDIC가 제공하는 예금보험은 은행이 도산하더라도 25만 달러까지는 전액 보장해준다. 보장한도 이하의 예금을 갖고 있는 예금자는 어떤 일이 있어도 자신이 맡긴 예금 전액을 다 돌려받을 수 있으므로, 설사 은행의 건실함에 대해 의구심이 들더라도 은행으로 달려가 예금을 인출할 필요가 없다. FDIC가 설립되기 직전인 1930년부터 1933년까지 연평균 2,000개 이상의 은행이 도산했다. 반면 1934년에 FDIC가 설립된 이후 1981년까지 은행도산은 연평균 15개 미만이었다.

FDIC는 도산한 은행을 처리하기 위해 주로 다음 2가지 방식을 사용한다. 첫째, 대지급 방식(payoff method)이다. FDIC는 은행을 도산시키고 25만 달러 한도까지 예금을 대신 지급한다. 이때의 자금은 FDIC에 가입한 은행들이 내는 보험료로 조달된다. 은행이 청산된 이후 FDIC는 은행에 대한 여타의 채권자들과 함께 청산된 자산의 수익금을 배분받는다. 대개 대지급 방식이 사용되면 25만 달러 이상의 예금자들은 그 과정이 완료되는 데 수년이 걸리기는 하지만 예금액의 90% 이상을 돌려받는다.

둘째, 자산부채이전 방식(purchase and assumption method, P&A 방식)이다. 이는 FDIC가 도산한 은행을 구조조정해 이 은행의 부채를 모두 인수할 합병 상대방을 찾는 것이다. 이 경우 예금자와 여타 채권자는 한 푼도 잃지 않는다. FDIC는 합병 상대방에게 대출을 해주거나 도산한 은행의 부실대출을 사주는 방식으로 지원하기도 한다. P&A 방식의 순효과는 결국 FDIC가 25만 달러 이하의 예금만이 아니라 모든 예금과 부채를 보증한 셈이 된다. 따라서 P&A 방식은 대지급 방식에 비해 FDIC의 비용이 더 소요된다. 그럼에도 불구하고 P&A 방식은 1991년의 새로운 은행법이 제정되기 이전에 FDIC가 도산한 은행을 처리하기 위해 주로 활용한 부실은행 처리 방식이었다.

최근에는 정부의 예금보험이 인기를 끌게 돼 전 세계의 여러 국가로 전파됐다. 이러한 추세가 과연 바람직한지에 대해서는 [글로벌] '전 세계적으로 확산된 정부의 예금보험 : 과연 바람직한가?'에서 논의한다.

여타 정부의 안전망 예금보험이 정부 안전망의 유일한 형태는 아니다. 어떤 국가에서는 정부가 종종 명시적인 예금보험 없이도 예금인출 사태에 직면한 국내 은행을 지원할 각오가 돼 있다. 더구나 제9장의 금융위기에 관한 논의에서 지적했듯이, 은행만이 유일하게 금융시스템에 대한 위협을 가하는 금융중개기관이 아니다. 규모가 매우 크거나, 타 금융기관 혹은 금융시장과의 상호 연계성이 높은 금융기관이 도산하면 금융시스템 전반이 붕괴할 가능성이 있다. 제9장에서 보았듯이 이는 실제로 2008년의 글로벌 금융위기 동안 투자은행인 베어 스턴스와 리먼 브라더스, 그리고 보험회사인 AIG로 인해 일어난 사건이다.

정부의 지원 방법 가운데 하나는 미국의 Fed가 글로벌 금융위기 동안에 했듯이 중앙은행이 곤경에 처한 금융기관에 대출해주는 것이다(제16장 참조). 이런 형태의 지원을 흔히

글로벌 전 세계적으로 확산된 정부의 예금보험 : 과연 바람직한가?

미국에서 연방예금보험제도가 설립된 이래 처음 30년 동안에는 단지 6개국만이 미국을 모방해 예금보험제도를 채택했다. 그러나 1960년대 후반부터 변화하기 시작했고, 1990년대에는 그 추세가 가속화돼 예금보험제도를 채택한 국가가 70여 개국에 이르렀다. 은행시스템의 건실함에 대한 관심이 고조되고, 특히 최근 은행위기의 발생이 증가함에 따라 정부의 예금보험이 전 세계에 걸쳐 확산됐다. 과연 이러한 현상이 바람직한 것일까? 예금보험이 금융시스템의 성과를 개선하고 은행위기를 방지하는 데 도움이 될까?

그 대답은 많은 경우에 부정적인 것 같다. 세계은행의 연구 결과에 따르면, 정부의 명시적인 예금보험에 따라 평균적으로 은행부문의 안정성이 저하되고 은행위기의 발생 빈도가 상승한 것으로 조사됐다.* 더구나 평균적으로 볼 때, 정부의 예금보험은 금융발전을 저해하는 듯하다. 그러나 이러한 예금보험의 부정적 효과는 법 원칙의 부재, 금융부분에 대한 비효과적인 규제와 감독, 심각한 부패 등 제도적 환경이 취약한 국가에서만 나타난다. 이는 정확히 예상되던 결과다. 왜냐하면 예금보험으로 인해 은행이 과도하게 위험한 행동을 택하려는 도덕적 위험의 인센티브를 제한하기 위해서는 건실한 제도적 환경이 필요하기 때문이다. 문제는 많은 신흥시장국에서 건실한 제도적 환경을 발전시키기가 매우 어렵다는 점이다. 이에 따라 다음과 같은 결론을 얻을 수 있다. 예금보험의 채택은 신흥시장국에서 은행시스템의 효율성과 안정성을 촉진하는 데 오히려 잘못된 처방일 수 있다.

*World Bank, *Finance for Growth: Policy Choices in a Volatile World*(Oxford: World Bank and Oxford University Press, 2001) 참조.

중앙은행의 '최종대부자'(lender of last resort) 기능이라 일컫는다. 또 다른 방법으로는, 글로벌 금융위기가 특히 심각한 국면이었던 2008년 미국 재무부 및 여타 국가들의 사례에서처럼 정부가 직접적으로 곤경에 처한 금융기관에 자금을 제공하는 것이다. 정부는 곤경에 처한 금융기관을 인수해 국유화하고 모든 채권자에게 전액 상환을 보장할 수도 있다.

도덕적 위험과 정부의 안전망 정부의 안전망이 예금자와 채권자를 보호하고 금융위기를 방지하거나 완화하는 데 도움이 되지만 그 부작용도 만만치 않다. 정부의 안전망이 지닌 가장 심각한 결점은 거래의 한 당사자가 다른 당사자에게 손해를 끼치는 행동을 취할 인센티브인 도덕적 위험에 기인한다. 도덕적 위험은 일반 보험계약에서도 중대한 걱정거리이다. 왜냐하면 보험이 있으면 보험금 지급을 받을 수 있는 위험을 택하려는 인센티브가 증가하기 때문이다. 예를 들어 운전자가 자동차 사고 시 본인부담금(deductible)이 적은 자기차량 손해보험을 들었다면 그는 사고가 나더라도 보험회사가 피해 및 수리비용을 대부분 부담할 것이므로 운전을 더 난폭하게 할 가능성이 있다.

도덕적 위험은 안전망을 제공하는 정부 제도에 있어 대표적인 걱정거리이다. 안전망이 있으면 예금자와 채권자는 금융기관이 도산하더라도 자신은 손해를 보지 않으므로, 금융기관이 과도한 위험을 택한다는 의심이 들어도 그 금융기관에서 자금을 회수하는 등의 시장규율을 적용하지 않는다. 결과적으로 정부의 안전망이 있는 경우에 금융기관은 그렇지 않은 경우보다 더 큰 위험을 택할 인센티브를 지닌다. 그러고는 금융기관이 망하면 납세자인 국민이 부담을 떠안는다. 즉 금융기관은 '앞면이 나오면 내가 이기고, 뒷면이 나오면 납세자가 지는 내기'를 하게 된다.

역선택과 정부의 안전망 예금보험과 같은 정부 안전망의 또 다른 문제는 보험 제공자에게 해로운 결과(은행도산)를 초래할 가능성이 가장 큰 사람이 보험에 가입하기를 가장 원한다는 역선택으로 인해 발생한다. 예를 들어 난폭하게 운전하는 사람은 운전 습관이 좋은 사람에 비해 본인부담금이 적은 자기차량 손해보험에 가입할 확률이 높다. 정부의 안전망에 의해 보호되는 예금자 및 채권자는 금융기관에 대해 시장규율을 적용할 아무런 이유가 없기 때문에, 위험을 선호하는 기업인은 매우 위험한 행동을 할 수 있는 금융산업에의 진입을 특별히 선호할 가능성이 있다. 더욱 심각한 문제는 보호를 받는 예금자 및 채권자가 금융기관의 활동을 감시할 아무런 이유가 없기 때문에, 정부의 개입이 없기만 하면 노골적인 사기꾼들은 사기와 횡령을 저지르기 손쉬운 금융산업이야말로 그들이 활동하기에 좋은 분야로 여길 수 있다.

대마불사 정부의 안전망에 의해 발생한 도덕적 위험과 금융기관의 도산을 막으려는 의욕으로 인해 금융규제 당국은 곤경에 처한다. 대형 금융기관이 도산하면 심각한 금융혼란이 일어날 가능성이 크기 때문에 당연히 금융규제 당국은 대형 금융기관이 도산해 예금자와 채권자에게 손실을 끼치는 사태의 발생을 꺼린다. 실제로 미국 10대 대형 은행의 하나로 1984년 5월에 지급불능 상태가 된 콘티넨털 일리노이(Continental Illinois)의 경우를 보자. FDIC는 10만 달러의 보험한도 이내는 물론 10만 달러를 초과하는 예금에 대해서도 지급을 보장했고, 심지어 콘티넨털 일리노이의 채권 보유자에 대해서도 손실을 막아주었다. 그 직후 국법은행(national bank)의 감독기관인 통화감독청(Office of the Comptroller of the Currency, OCC)은 의회에서 11개 대형 은행들은 콘티넨털 일리노이와 유사한 처우를 받았을 것이라고 증언했다. OCC가 '대마불사'(too big to fail)란 용어를 사용한 것은 아니고 실제로는 동 청문회에서 맥키니(Stewart McKinney) 의원이 사용한 용어지만, 오늘날 대마불사라는 용어는 정부가 대형 은행의 예금보험 대상이 아닌 거액 채권자들에게도 상환을 보증함으로써 어떤 예금자나 채권자도 손실을 입지 않게 해주는 정책을 지칭한다. FDIC는 P&A 방식을 이용해 지급불능 상태가 된 은행에 대규모 자본을 투입한 후 은행과 예금을 인수하려는 합병 상대방을 찾음으로써 대마불사 정책을 실행할 수 있다. 대마불사 정책은 심지어 11대 은행에 들지 못하는 여타 대형 은행으로 확대됐다.(여기서 '대마불사'란 용어는 다소 오해의 소지가 있다. 금융기관이 문을 닫고 다른 금융기관에 합병되면, 문 닫은 금융기관의 경영자는 대개 해고되고 주식보유자들은 투자 손실을 입기 때문이다.)

대마불사 정책의 문제점은 대형 은행에 도덕적 위험의 인센티브를 조장한다는 것이다. 은행이 도산하는 경우 FDIC가 대지급 방식을 적용해 은행 문을 닫고 예금자에게 25만 달러 한도까지 예금을 대지급한다면, 25만 달러 이상을 예치한 거액 예금자는 손실을 입게 된다. 따라서 거액 예금자들은 은행의 사업을 면밀히 관찰하고 은행이 지나치게 큰 위험을 택하면 예금을 인출할 인센티브를 지닌다. 그러면 은행은 예금이 빠져나가는 것을 방지하기 위해 위험이 더 적은 사업을 선택하게 될 것이다. 그러나 일단 거액 예금자가 그 은행이 대마불사임을 알게 되면, 은행을 감시하면서 은행의 위험이 클 경우 예금을 인출할 인센티브를 갖지 않게 된다. 은행이 어떤 사업을 하든 거액 예금자가 아무런 손실을 입지 않기 때문이다. 대마불사 정책의 결과, 대형 은행은 더욱 큰 위험을 택하게 되고 이에 따라 은행도산의 가능성이 높아진다.

이와 유사하게, 대마불사 정책은 정부의 안전망이 적용되는 비은행 금융기관에서의 도덕적 위험도 증가시킨다. 금융기관이 구제될 것을 알면 채권자들은 금융기관을 감시할 인센티브를 거의 갖지 않으며 금융기관이 과도한 위험을 택하더라도 자금을 회수하지 않게 된다. 그 결과 대형 금융기관이나 상호 연계성이 높은 금융기관은 매우 위험한 영업을 함으로써 금융위기의 발생 가능성을 증대시킨다.

금융통합과 정부의 안전망 금융혁신과 1994년의 리글-닐 주간 은행업 및 지점 설치 효율성법(Riegle-Neal Interstate Banking and Branching Efficiency Act), 1999년의 그램-리치-블라일리 금융서비스 현대화법(Gramm-Leach-Bliley Financial Services Modernization Act)으로 금융통합(financial consolidation)이 빠른 속도로 진행되면서 합병이 일어나고 더욱 대형화되고 복합적인 금융기구가 나타나고 있다. 정부의 안전망으로 인해 금융통합은 금융규제에 관한 2개의 과제를 제기했다. 첫째, 금융통합으로 금융기관의 규모가 확대됨에 따라, 이제 도산하는 경우 금융시스템 전반에 대한 위험인 시스템 위험(systemic risk)을 초래할 대형 금융기관의 수가 늘어났기 때문에 대마불사의 문제가 더욱 커졌다. 더 많은 금융기관이 대마불사로 간주되고, 이들 대형 금융기관이 보다 큰 위험을 택하려는 도덕적 위험의 인센티브가 커져 금융시스템의 불안정성이 증가할 수 있다. 둘째, 글로벌 금융위기에서 나타났듯이 은행과 타 금융기관 간의 금융통합으로 인해 정부의 안전망이 증권의 인수, 보험, 부동산 사업 등과 같은 새로운 영업으로 확대될 수 있다. 이런 상황에서는 이들 영업에서 더 큰 위험을 택하려는 인센티브가 증가해 금융시스템을 취약하게 만들 가능성이 있다. 최근의 법 개정 결과로 나타난 더욱 대형화되고 복합적인 금융기구에서의 도덕적 위험의 인센티브를 차단하는 것이 글로벌 금융위기 이후 금융규제 당국이 당면한 핵심과제 중 하나이다.

1.2 자산 보유에 대한 제한

앞에서 보았듯이, 정부의 안전망과 관련된 도덕적 위험으로 인해 금융기관은 지나치게 큰 위험을 택할 수 있다. 은행에 대해 자산 보유를 제한하는 규제는 납세자에게 값비싼 비용을 치르게 만드는 도덕적 위험을 줄인다. 금융기관은 정부의 안전망 없이도 여전히 과도한 위험을 택할 인센티브를 갖고 있다.

위험한 자산에서 원리금을 제대로 받기만 하면 금융기관은 높은 수익을 얻는다. 그러나 원리금을 제대로 받지 못해 금융기관이 도산하면 예금자와 채권자가 나머지 부담을 지게 된다. 만약 예금자와 채권자가 금융기관의 위험이 큰 사업에 대한 정보를 수집해 쉽게 감시할 능력이 있다면, 금융기관이 과도한 위험을 택하는 경우 즉시 자금을 회수할 것이다. 그리고 금융기관은 자금의 이탈을 방지하기 위해 위험이 큰 사업을 자제할 것이다. 그러나 불행하게도 대부분의 예금자와 상당수의 채권자는 금융기관이 하려는 사업에 관한 정보를 수집해 금융기관이 얼마나 큰 위험을 택하고 있는지를 알아내기가 어렵다. 따라서 금융기관이 위험한 사업에 종사하지 못하도록 규율할 능력이 없다. 그러므로 연방예금보험과 같은 정부의 안전망이 있기 이전부터도 금융기관이 택하는 위험을 줄이기 위해서는 정부의 규제가 필요하다는 유력한 근거가 있었다.

은행은 예금인출이 일어나는 은행 패닉 사태에 가장 취약하기 때문에 주식과 같이 위험한 자산의 보유를 제한받는다. 또한 은행 규제는 분산투자를 촉진하도록 특정 영역이나 개인 차입자에 대한 대출 상한을 설정해 위험을 줄이게 한다. 비은행 금융기관에도 글로벌 금융위기 동안 정부의 안전망이 확대됐고 위기의 후유증으로 규제 개혁이 요구됨에 따라 위험한 자산의 보유에 대한 보다 강한 제약이 등장할 것이다. 그러나 자산 보유에 대한 제한에는 상당한 번거로움이 따르기 때문에 금융시스템의 효율성이 저해될 수 있다.

1.3 자기자본규제

정부가 부과하는 자기자본규제는 금융기관의 도덕적 위험을 최소화하는 또 다른 방법이다. 금융기관이 자기자본을 많이 보유하도록 강제하면, 도산할 경우 잃을 것이 많아지기 때문에 덜 위험한 사업을 추구할 가능성이 커진다. 또한 제11장에서 살펴봤듯이 자기자본은 부정적 충격이 발생했을 때 완충 역할을 해 금융기관의 도산 가능성을 낮춰주며 이에 따라 금융기관의 안전성 및 건전성이 높아진다.

은행에 대한 자기자본규제에는 2가지 유형이 있다. 첫째 유형은 은행의 총자산 대비 자기자본의 양을 나타내는 **레버리지 비율**(leverage ratio, 이를 단순 자기자본비율이라고도 한다. 종종 레버리지 비율은 그 역수 혹은 자기자본 대비 총부채의 비율로 정의되기도 함–역주)에 근거한 것이다. 은행이 충분한 자본을 갖고 있다고 분류되기 위해서는 레버리지 비율이 5%를 상회해야 한다. 그보다 레버리지 비율이 낮으면, 특히 그 비율이 3% 미만이면 규제 당국의 강화된 제재 조치가 발동된다. 1980년대 대부분의 기간 동안 미국에서는 레버리지 비율만으로 최소한의 은행 자기자본을 규제했다.

1980년대에 콘티넨털 일리노이와 저축대부조합에 대한 구제금융 조치를 지켜보면서 미국 및 각국의 규제 당국은 은행의 위험한 자산 보유와 함께 금융자산의 트레이딩, 수수료 수입의 창출 등 대차대조표에 나타나지는 않지만 은행을 위험에 노출시키는 **부외 활동**(off-balance-sheet activity)의 확대에 대해 점점 더 우려하게 됐다. 그리하여 선진국 은행규제 당국들 간의 합의에 따라 **바젤은행감독위원회**(Basel Committee on Banking Supervision)가 설립됐다(이 위원회는 스위스 바젤에 위치한 국제결제은행(Bank for International Settlements, BIS)의 후원하에 개최됐다). 바젤 은행감독위원회는 자기자본규제의 둘째 유형으로, 위험조정 자기자본규제(risk-based capital requirement) 수단을 마련한 **바젤협약**(Basel Accord)을 도출했다. 위험가중자산(risk-weighted asset)의 최소 8% 이상을 자기자본으로 보유하도록 규정한 바젤협약은 미국을 포함해 전 세계 100여 개국에서 채택됐다. 자산과 부외 활동은 4개의 영역으로 구분되는데, 신용 위험의 크기를 반영해 각각 다른 위험가중치가 부여된다. 첫째 영역에 대해서는 위험가중치가 0인데, 여기에는 위험이 거의 없는 지준, OECD 선진국의 국채 등이 포함된다. 둘째 영역에는 20%의 위험가중치가 적용되는데, OECD 국가의 은행에 대한 청구권이 포함된다. 셋째 영역에는 50%의 위험가중치가 적용되는데, 지방채와 주거용 모기지가 포함된다. 넷째 영역에 대해서는 최고치인 100%의 위험가중치가 적용되는데, 소비자 대출, 기업 대출이 이에 해당된다. 부외 활동에 대해서는 이들 활동을 대차대조표상의 항목으로 전환시키는 신용환산율을 적용한 후 앞에서와 유사한 방식으로 해당 위험가중치를 부여해 계산하며, 은행 트레이딩 계정에서의 위험에 대해 최소 자기자본규제가 적용된다.

시간이 지남에 따라 위험가중치로 규정한 은행 위험의 크기가 은행이 직면한 실제의 위험과 상당히 달랐기 때문에 바젤협약의 한계가 명백히 드러났다. 즉 자기자본규제에 적용되는 위험가중치는 동일하지만, 신용도가 매우 높은 기업에 대한 대출과 같이 위험이 낮은 자산을 줄이고 신용도가 매우 낮은 기업에 대한 대출과 같이 상대적으로 위험이 큰 자산을 더 보유함으로써 **규제차익**(regulatory arbitrage)을 얻는 현상이 발생했다. 따라서 바젤협약은 원래 의도와는 반대로 위험의 증가를 초래했다. 바젤 은행감독위원회는 이런 한계를 인식하고 새로운 자기자본 협약에 대한 제안서를 발표했다. 이를 일명 '바젤 II'(혹은 신BIS협약)라 한다. 그러나 글로벌 금융위기의 여파로 다시 새로운 협약이 도출됐는데, 언론에서는 이를 '바젤 III'라고 부른다. [글로벌] '글로벌 금융위기 이후 바젤협약은 어디로 가는가?'에서 이들 협약에 대해 살펴보기로 한다.

글로벌 글로벌 금융위기 이후 바젤협약은 어디로 가는가?

1999년 6월부터 바젤 은행감독위원회는 1988년의 바젤협약을 개혁하는 몇몇 제안을 발표했다. 이런 노력으로 인해 마침내 은행감독당국이 바젤 II라 부르는 협약이 나왔다. 바젤 II는 3개의 축(pillar)에 기반하고 있다.

1. 첫 번째 축(Pillar 1)은 국제적으로 활동하는 대형 은행에 대한 자기자본규제를 시장 위험, 신용 위험, 운영 위험 등 3가지 유형의 실제 위험과 좀 더 긴밀히 연결시키는 것이다. 이를 위해 표준방법(standardized approach)은 위험가중치가 서로 다른 보다 다양한 자산 범주를 규정한다. 한편, 고도로 발달된 은행은 표준방법 대신에 신용 위험에 대한 은행의 자체적인 평가모형을 이용한 내부등급법(internal ratingsbased approach)을 사용할 수 있다.
2. 두 번째 축(Pillar 2)은 감독 과정을 강화하는 데 초점을 맞추고 있다. 여기서는 은행의 위험관리 수준을 평가하고, 은행이 필요로 하는 자본량을 정하는 적절한 절차를 갖추고 있는지를 강조한다.
3. 세 번째 축(Pillar 3)은 시장규율(market discipline)을 강화하는 데 초점을 맞추고 있다. 이를 위해 은행의 신용 위험 노출액, 지준액과 자기자본, 은행을 지배하는 경영층, 내부등급 시스템의 실효성 등에 관한 세부 정보의 공개를 보다 확대하도록 한다.

바젤 II는 국제적으로 활동하는 은행이 과도한 위험을 택하는 것을 방지하는 데는 크게 진일보한 것이지만, 바젤협약의 복잡성을 크게 증가시켰다. 원래의 바젤협약을 설명하는 문서는 26쪽 분량이었으나, 바젤 II의 최종안은 500쪽이 넘는 분량이다. 당초 계획에 따르면 2001년 말까지 최종 협의를 완료하고, 2004년까지 새로운 규정을 적용할 방침이었다. 그러나 은행, 무역협회, 각국 규제당국의 비판으로 인해 여러 차례 연기됐다. 2004년 6월에야 최종안이 공표됐고, 2008년 초부터 유럽의 은행들에 대해 적용되기 시작했다. 미국의 은행들은 2008년에 바젤 II를 실행하기 위한 계획을 제출했으나, 2009년까지도 완전한 실행이 이루어지지 않고 있다. 미국에서는 단지 10여 개의 대형 은행만이 바젤 II를 따르고 있으며, 나머지 은행들은 단순화된 표준법을 사용할 방침이다.

그러나 글로벌 금융위기로 인해 새로운 협약에 많은 한계가 있음이 밝혀졌다. 첫째, 바젤 II가 은행에 대해 위기 시의 금융붕괴를 견뎌낼 만큼 충분한 자본을 쌓도록 요구하지 못했다는 점이다. 둘째, 표준방법에서의 위험가중치가 신용등급에 크게 의존하고 있는데, 최근의 금융위기 과정에서 신용등급이 거의 신뢰를 얻지 못했다. 셋째, 바젤 II는 대단히 경기순응적(procyclical)이라는 점이다. 즉 경기가 좋을 때는 자기자본을 적게 요구하고 반면에 경기가 나쁠 때는 자기자본을 많이 요구하는데, 이에 따라 신용공급의 변동성이 악화된다. 경기가 나쁠 때는 각종 자산 범주에서 채무불이행의 확률과 예상 손실이 증가하기 때문에 바젤 II는 바로 자본이 부족한 시기에 더 많은 자기자본을 쌓을 것을 요구한다. 이는 특히 글로벌 금융위기의 여파로 대두된 심각한 걱정거리이다. 이번 위기의 결과 은행의 자본이 잠식됐고 이로 인한 대출 축소는 경제의 큰 짐이 됐다. 바젤 II는 대출 축소를 더욱 악화시키고 경제에 보다 심각한 피해를 미칠 수 있다. 넷째, 바젤 II가 금융위기 시에 금융기관을 쓰러뜨렸던 유동성 고갈의 위험에 대하 충분히 주목하고 있지 못했다는 점이다.

이런 한계로 인해 2010년 바젤 위원회는 바젤 III라는 새로운 협약을 도출했다. 바젤 III는 자기자본규제의 비율을 높이고 동시에 자기자본의 질을 개선하도록 자기자본 요건을 강화하고 있다. 또한 호황기에 자기자본의 요구 수준을 높이고 불황기에는 그 수준을 낮추는 방식으로 경기순응성의 문제를 개선하고, 신용평가등급의 사용에 있어 새로운 규칙을 제정하며, 금융기관이 유동성 충격을 견뎌낼 수 있도록 보다 안정적인 자금조달을 하도록 요구하고 있다. 그런데 이들 목적을 달성하기 우한 조치들에 대해서는 상당한 논란이 있다. 왜냐하면 자기자본 기준을 강화하면 은행이 대출을 줄일 것이고, 이로 인해 전 세계 경제가 최근의 심각한 경기침체로부터 회복하는 것이 더 어려워질 것이기 때문이다. 바젤 III는 2019년 말까지 완전한 이행을 목표로 시간을 두고 단계적으로 이행된다. 과연 바젤 III가 그때까지 완전히 정착해서 위험을 줄이는 데 성공할지는 매우 불확실하다.

1.4 적기시정조치

금융기관의 자기자본이 낮은 수준으로 떨어지면 2가지 심각한 문제가 발생한다. 첫째, 은행의 대출 손실이나 여타 자산가치의 하락으로 인해 자기자본이 줄어들면 자본의 완충 역할이 감소돼 은행의 도산 가능성이 증대된다. 둘째, 자기자본이 줄어들면 금융기관은 내기에서 잃을 돈이 줄어들어 과도한 위험을 택할 가능성이 커진다. 바꿔 말하면, 도덕적 위험의 문제가 더욱 증대돼 금융기관이 도산하고 납세자가 대신 짐을 떠안게 될 가능성이 커진다. 이를 방지하기 위해 1991년의 연방예금보험공사 개선법(Federal Deposit Insurance Corporation Improvement Act, FDICIA)은 은행이 곤경에 처하면 FDIC가 보다 초기에 그리고 보다 과감하게 개입할 것을 요구하는 적기시정조치(prompt corrective action, PCA) 규정을 도입했다.

이제 은행은 자기자본에 따라 5개의 그룹으로 분류된다. '우량자본'(well capitalized) 등급의 제1그룹은 최소 자기자본비율을 상당히 초과하는 은행들로 구성되며, 이들에 대해서는 증권의 인수업무에 참여할 수 있는 자격 등이 부여된다. 제2그룹의 은행들은 '적정 자본'(adequately capitalized) 등급으로 분류되는데, 최소 자기자본비율을 충족하는 은행들로 구성된다. 이 그룹의 은행들은 적기시정조치 대상은 아니지만 제1그룹 은행에 허용되는 특권을 누릴 수 없다. '자본 미달'(undercapitalized)로 분류되는 제3그룹에는 자기자본규제를 준수하지 못한 은행들이 포함된다. 제4그룹과 제5그룹의 은행들은 각각 '상당한 자본 미달'(significantly undercapitalized)과 '심각한 자본 미달'(critically undercapitalized) 등급으로 분류되는데, 이들 그룹의 은행은 예금에 대해 시장 평균 이자율 이상을 지급하지 못한다. 또한 FDIC는 제4그룹과 제5그룹에 속한 은행에 대해서는 자본확충 계획을 제출하게 하고 자산의 확대를 제한하며 새로운 지점이나 새로운 사업을 하려고 할 때 규제 당국의 승인을 받도록 요구하는 등의 적기시정조치를 취해야 한다. 자기자본비율이 2% 미만으로 떨어진 은행은 제5그룹으로 분류되는데, FDIC는 이런 은행을 폐쇄하기 위한 절차를 밟아야 한다.

1.5 금융감독 : 인가와 검사

금융기관을 누가 운영하고, 어떻게 운영하는지를 감시하는 것을 **금융감독**(financial supervision) 혹은 **건전성 감독**(prudential supervision)이라 하는데, 이는 금융산업에서 역선택과 도덕적 위험을 낮추는 중요한 수단이다. 금융기관은 투기적 사업을 감행할 수 있기 때문에, 사기꾼이나 지나치게 의욕적인 기업가는 금융기관을 경영하길 원한다. 금융기관의 인가(chartering)는 이러한 역선택 문제를 막기 위한 수단이다. 바람직하지 못한 사람이 금융기관을 지배하지 못하도록 인가 과정을 통해 신규 금융기관 설립에 관한 제안서를 심사한다.

금융기관이 자기자본규제와 자산 보유에 대한 제한 규정을 제대로 준수하는지를 감시하는 감독 당국의 정기적인 임점검사(on-site examination)도 도덕적 위험을 억제하는 역할을 한다. 은행감독 당국은 은행에 대해 6개 분야에서의 경영실태를 평가해 CAMELS 등급을 부여한다. CAMELS란 명칭은 자본적정성(capital adequacy), 자산건전성(asset quality), 경영관리능력(management), 수익성(earnings), 유동성(liquidity), 시장 위험에 대한 민감도(sensitivity to market risk)의 영문 첫글자를 따서 만들었다. 규제 당국은 은행 경영에 관한 이들 정보를 이용해 은행의 행태를 바꾸기 위해 영업정지명령(cease and desist order)과 같은 공식적인 조치를 통해 규제를 집행하거나, CAMELS 등급이 너무 낮은 경우에는 심지어 은행을 폐쇄할 수도 있다. 도덕적 위험을 막기 위해 은행이 과도한 위험을 택하는 것을 제한하는 조치는 역선택 문제를 줄이는 데도 도움이 된다. 왜냐하면 위험을 택할 기회가 줄어든다면 위험을 선호하는 기업가가 은행산업에 진입할 매력이 떨어지기 때문이다. 규제 당국이 역선택과 도덕적 위험에 대처하기 위해 사용하는 방법은 민간 금융시장과 서로 대응되는 측면이 있다(제8장과 제11장 참조). 인가는 차입 신청자를 심사하는 것과 유사하며, 위험자산의 보유를 제한하는 규제는 차입자가 위험한 투자 활동에 종사하는 것을 방지하는 제한적 약관과 유사하고, 은행의 자기자본규제는 차입자에 대해 최소한의 순자산 보유를 요구하는 제한적 약관과 같은 역할을 하며, 정기적인 은행검사는 대출기관이 차입자를 감시하는 활동과 유사하다.

미국 상업은행의 경우 국법은행은 통화감독청(OCC)에서, 주법은행(state bank)은 주정부 은행 당국(state banking authority)에서 인가를 받는다. 은행을 설립하려는 사람은 인가를 받기 위해 은행 운영계획을 담은 신청서를 제출해야 한다. 규제 당국은 신청서를 평가하는 과정에서 경영진의 자질, 예상되는 수익성, 초기 자본금 규모 등을 조사함으로써 은행이 건실할지를 살펴본다. 1980년 이전에는 인가기관이 지역사회에 새로운 은행이 필요한지 여부에 대해서도 검토했다. 새로운 은행이 설립됨으로써 기존 은행이 피해를 보게 되는 경우에는 종종 새로운 은행의 인가를 허용하지 않았다. 그러나 오늘날의 인가기관은 종전에 은행의 도산을 막기 위함이라고 정당화하던 반경쟁적 태도를 더 이상 강하게 취하지 않는다.

은행은 일단 인가를 받으면 자산과 부채, 수익과 배당, 소유권, 외환 운용, 기타 세부사항 등을 나타내는 정기적인 (대개 분기별) 업무보고서(call report)를 제출해야 한다. 또한 적어도 1년에 한 번씩 은행의 금융 상태를 확인하기 위한 은행규제 당국의 검사를 받아야 한다. 대체로 국법은행에 대해서는 OCC가 검사하고, Fed의 회원인 주법은행에 대해서는 Fed가 검사하며, Fed의 비회원으로서 예금보험에 가입한 주법은행에 대해서는 FDIC가 검사한다. 업무의 중복을 피하기 위해 이들 3개 미국 정부기관은 함께 일하며 대개 다른 정부기관의 검사 결과를 받아들인다.

은행검사관은 때때로 은행이 검사를 예상해 자료를 '몰래 치워버리는' 일이 없도록 예고 없이 은행을 방문해 검사한다. 은행검사관은 자산 보유에 대한 규정과 규제를 제대로 준수하고 있는지를 살펴보기 위해 은행의 장부를 면밀히 조사한다. 그리고 은행이 지나치게 위험한 대출이나 유가증권을 보유하고 있으면, 은행검사관은 그런 자산을 처분하도록 강제할 수 있다. 만약 은행검사관이 어떤 대출이 상환될 것 같지 않다고 판단하면 그 대출이 더 이상 가치가 없음을 선언하고 이를 상각하도록 강제할 수 있다. 은행을 검사한 후 은행이 충분한 자본을 갖고 있지 못하거나 정직하지 못한 행동을 한다고 느끼면 그 은행을 '문제은행'(problem bank)으로 지정할 수 있으며, 그런 후에는 더 자주 검사를 한다.

1.6 위험관리의 평가

전통적으로 임점검사는 기본적으로 일정 시점에서의 대차대조표 상태를 평가해 금융기관이 자기자본규제와 자산 보유에 대한 제한을 제대로 준수하는지에 초점을 맞췄다. 이러한 전통적인 방식은 금융기관의 과도한 위험을 줄이는 데 중요하긴 하지만 금융혁신이 새로운 금융시장과 금융상품을 만들어낸 현재의 세계에서는 금융기관과 그 직원이 쉽고 재빠르게 엄청난 도박을 할 수 있기 때문에 적절치 못하다고 여겨졌다. 1995년 베어링스의 도산에서 여실히 증명됐듯이, 새로운 금융환경에서는 얼마 전까지만 해도 꽤 건실하던 금융기관이 트레이딩에서의 손실로 급속히 지급불능 상태에 빠질 수 있다(제11장 참조). 따라서 특정 시점에서의 금융기관 상태에만 초점을 맞추는 검사는 금융기관이 실제로 가까운 장래에 과도한 위험을 택할지의 여부를 알아내는 데 효과적이지 못하다.

금융기관을 둘러싼 금융환경의 이러한 변화로 인해 세계적으로 건전성 감독 방식에 일대 전환이 일어났다. 예를 들면 은행검사관은 이제 위험의 통제와 관련된 은행 경영 과정의 건실함에 대한 평가를 훨씬 더 강조한다. 이런 사고의 전환은 트레이딩과 파생금융상품 검사관에 대한 Fed의 1993년 지침이 위험관리(risk management)에 새로이 초점을 맞춘 사실에 잘 반영돼 있다. 이는 1994년 초에 발간된 『트레이딩 업무편람(Trading Activities Manual)』에서 확충되고 공식화됐는데, 이 책자는 은행검사관이 위험관리 시스템을 평가하는 방법을 제시한다. 1995년 후반 Fed와 OCC는 은행에서 위험관리의 과정을 평가할 것이라고 공지했다. 이제 은행검사관은 CAMELS 시스템의 일부인 전반적인 경영상태 평가의 한 항목으로서 위험관리 등급을 별도로 1에서 5까지의 점수로 매기고 있다. 건실한 위험관리를 위한 다음 4가지 요소를 평가해 위험관리 등급이 부여된다—(1) 이사회와 상급 경영자에 의한 감시의 수준, (2) 중대한 위험을 초래하는 모든 사업에 대한 한도 설정과 정책의 적정성, (3) 위험관리와 모니터링 시스템의 수준, (4) 직원의 사기 행각과 월권 행동을 막기 위한 내부통제의 적정성.

경영의 과정으로 초점을 전환한 사실은 미국 은행규제 당국이 이자율 위험을 다루기 위해 채택한 최근의 지침들에도 반영돼 있다. 이들 지침은 은행의 이사회가 이자율 위험의 한도를 설정하고, 이런 위험을 관리할 은행의 관리인을 선임하고, 은행의 위험노출을 감시할 것을 요구한다. 또한 이들 지침은 은행의 상급 경영진이 공식적인 위험관리 정책과 집행 과정을 개발해 이사회가 설정한 위험의 한도를 위반하지 않도록 하고 이자율 위험에 대한 내부통제와 이사회 지시에 따른 준법감시를 할 것을 요구한다. 특히 중요한 것은 극단적인 시나리오하에서의 손실과 이에 따라 추가적으로 필요한 자기자본 규모를 계산하는 **스트레스 테스트**(stress test) 또는 예를 들어 2주일 동안 1%의 확률로 트레이딩 포트폴리오에서 발생할 수 있는 손실 규모를 측정하는 **VaR**(value-at-risk)의 실행이다. 이들 지침 이외에도 은행검사관은 은행의 자기자본 수준을 판단할 때에도 이자율 위험을 항상 고려한다.

1.7 공시 의무

제8장에서 설명한 무임승차 문제로 인해 예금자와 채권자는 금융기관의 자산 상태에 관한 사적인 정보를 개별적으로 생산할 충분한 인센티브가 없다. 규제 당국은 시장에 더 나은 정보가 제공되도록 금융기관이 표준회계의 원칙을 지키고 다양한 정보를 공개토록 함으로써 시장이 금융기관의 포트폴리오 상태와 위험노출 정도를 평가하는 것을 지원할 수 있다. 금융기관이 떠안은 위험과 포트폴리오의 상태에 관한 정보가 더 많이 공개되면 주주, 채권자, 예금자가 금융기관을 더 잘 평가하고 감시할 수 있어 금융기관이 과도한 위험을 택하는 것을 방지할 수 있다.

공시 의무(disclosure requirement)는 금융규제의 핵심 요소이다. 바젤 II는 3개의 축 가운데 하나로 은행이 자신의 신용 위험 노출액, 지준금액, 자기자본 수준에 관한 공시를 확대함으로써 시장규율이 강화되도록 공시 의무에 대해 특별히 강조하고 있다. 1933년의 증권법(Securities Act)과 1934년에 설립된 증권거래위원회(Securities and Exchange Commission, SEC)도 금융기관을 포함한 모든 상장기업에 대해 공시 의무를 부과한다. 나아가 SEC는 금융기관에 대해 추가적으로 부외 활동에 관한 정보와 금융기관 자신의 포트폴리오를 어떻게 평가하는지에 관한 정보도 공시할 것을 요구한다.

정보 공개를 확대하는 규제는 과도한 위험을 택하려는 인센티브를 억제하고 시장에 제공되는 정보의 품질을 개선함으로써 투자자들이 현명한 판단을 내리게 하며, 그 결과 가장 생산적인 용도에 자금이 배분되도록 하는 금융시장의 능력을 키울 수 있다. SEC가 증권회사, 뮤추얼펀드, 거래소, 신용평가기관 등에 대해 공신력 있는 정보를 제공하고 투자자들을 보호하도록 규제하는 것뿐만 아니라 앞에서 언급한 SEC의 공시 의무 부과도 시장의 효율성을 제고하는 데 기여한다. 2002년의 사베인스-옥슬리법은 기업의 손익계산

FYI 시가평가 회계와 글로벌 금융위기

시가평가 회계에 대한 논란으로 회계제도가 뜨거운 관심의 대상이 됐다. 시가평가 회계는 1993년 미국의 회계 산업에서 표준 관행이 됐다. 시가평가 회계를 하는 근거는 시장가격이 기업의 자산이나 자기자본의 가치를 정확히 평가해주는 가장 우수한 기준이기 때문이다. 시가평가 회계의 도입 이전에 기업은 전통적으로 취득원가(historical cost) 혹은 장부가격(book value) 기준에 따라 자산의 가치를 그 자산의 초기 구입비용으로 평가했다. 취득원가 회계의 문제점은 이자율의 변동이나 채무불이행 등에 따라 자산과 부채의 가치가 변동해도 기업의 자기자본을 계산하는 데 전혀 반영되지 않는다는 점이다. 사실 자산과 부채의 시장가치 변화, 그리고 이로 인한 자기자본의 시장가치 변화는 기업의 상태가 좋은지, 아니면 곤경에 처해 있어 도덕적 위험에 더 취약한지를 알려주는 지표다.

그러나 시가평가 회계에는 중대한 결함이 있다. 글로벌 금융위기에서와 같이 때때로 시장이 작동하지 않는다는 것이다. 금융적 어려움이 발생했을 때 매각되는 자산의 가격은 그 자산의 내재가치를 제대로 반영하지 못한다. 즉 자산의 폭탄세일 청산가격은 때때로 미래에 예상되는 현금흐름의 현재가치보다 훨씬 낮게 책정된다. 많은 사람들, 특히 은행가들은 최근의 글로벌 금융위기 과정에서 시가평가 회계가 위기를 몰아가는 주요 요인이었다고 비판했다. 금융시장이 작동하지 못해 시장가격이 내재가치보다 훨씬 낮아졌다는 것이다. 이때 시가평가 회계를 하면 금융기관이 보유한 자산의 가치가 낮게 평가된다. 자산 가치가 하락해 자기자본이 감소하면 금융기관은 대출을 줄이게 된다. 그리고 이로 인해 자산 가격은 더욱 하락하고 이는 다시 대출을 더욱 위축시킨다. 이러한 악순환이 금융위기를 더욱 악화시킬 수 있다. 시가평가에 대한 이런 비판은 일정 부분 타당한 면도 있지만, 은행가들의 일부 비판은 자기중심적이다. 이들 비판은 자산 가격이 상승해 은행의 대차대조표가 건실한 것처럼 보이게 할 때는 잠잠하다가, 자산 가치가 하락해 시가평가 회계가 은행의 대차대조표를 암담하게 만들 때만 제기된다.

시가평가 회계에 대한 비판으로 인해 의회는 제9장에서 논의한 2008년의 비상경제안정화법의 한 조항으로 SEC가 Fed 및 재무부와 상의해 금융기관에 적용할 시가평가 회계에 관한 연구보고서를 제출하도록 했다. 회계제도가 정치인들마저 흥분시킬지 누가 알았겠는가!

서와 대차대조표에 대한 정확한 회계감사가 진행되도록 인센티브를 강화함으로써 정보 공개를 보다 확대하고, 공개기업회계감시위원회(Public Company Accounting Oversight Board, PCAOB)를 설립해 회계감사 산업을 감시하며, 금융산업에서의 이해상충을 억제하도록 규제하고 있다.

글로벌 금융위기를 계기로 특히 논란이 된 쟁점은 대차대조표에서 자산의 가치를 시장에서 매도 가능한 가격으로 평가하는 소위 **시가평가 회계**(mark-to-market accounting) 또는 **공정가 회계**(fair-value accounting)라는 회계 방식에 대한 문제 제기다([FYI] '시가평가 회계와 글로벌 금융위기' 참조).

1.8 소비자 보호

정보의 비대칭성이 존재한다는 사실은 소비자들이 자신을 보호할 충분한 정보를 갖고 있지 못함을 시사한다. 소비자 보호를 위한 규제는 여러 형태를 띤다. 먼저, 흔히 대출진

상법(Truth in Lending Act)이라 불리는 1969년의 소비자보호법(Consumer Protection Act)은 은행뿐 아니라 모든 대부자가 *APR*(annual percentage rate)이라는 표준화된 이자율과 대출에 따른 금융수수료를 모두 포함한 차입비용에 관한 정보를 소비자에게 제공할 것을 요구한다. 1974년의 공정신용청구법(Fair Credit Billing Act)은 채권자, 특히 신용카드 회사가 금융수수료를 계산하는 방식에 관한 정보를 알려야 하고 청구서에 대한 불만을 신속히 처리할 것을 요구한다. Fed는 이들 2개의 법을 모두 레귤레이션 Z(Regula-

FYI 서브프라임 모기지 위기와 소비자 보호 규제

제9장에서 논의한 것처럼 서브프라임 모기지의 OTD(originate-to-distribute) 모델에는 주인-대리인 문제가 내재하기 때문에, 전형적으로 거의 아무런 규제를 받지 않는 모기지 중개업자(broker)인 모기지 제공자(originator)는 서브프라임 차입자가 대출금 상환능력을 갖추고 있는지 여부를 확인할 인센티브가 약했다. 결국 앞으로 언젠가는 차입자가 대출금을 갚지 못하고 집을 잃을지라도, 이에 상관없이 모기지 중개업자는 모기지를 제공하면 그만큼 많은 수수료를 챙길 수 있었다. 이런 인센티브로 인해 모기지 중개업자는 모기지 인수 기준을 완화했다. 그 결과 차입자가 자신의 소득이나 재산에 관한 서류를 작성할 필요가 없는 '무서류 대출'(no-doc loan), 좀 더 경멸적인 용어로는 '거짓말쟁이 대출'(liar loan)과 같은 서브프라임 모기지 금융상품이 등장했다. 무서류 대출 가운데 특히 악명 높은 변종은 소득도 없고 직업도 없고 재산도 없는(No Income, No Job, and No Assets) 차입자에게 모기지를 제공했기에 이를 NINJA 대출이라 불렀다. 또한 모기지 중개업자는 차입자가 이해할 수 없는 매우 복잡한 조건의 모기지 금융상품을 제공할 인센티브를 갖고 있었다. 어떤 경우에는 모기지 중개업자가 심지어 대출 자격요건을 맞추기 위해 차입자의 모기지 신청서에 기입하는 정보를 변조하는 사기 행위에 가담하기도 했다.

느슨한 소비자 보호 규제는 서브프라임 모기지 위기를 초래한 중요한 요인이었다. 모기지 제공자는 차입자에게 복잡한 모기지 상품을 잘 이해시키고 상환능력이 충분한지에 관한 정보를 알릴 의무가 없었다. 압류에 대한 분노가 폭발하자, 모기지 차입자에게 보다 정확한 정보를 제공하고 소위 '불공정하고 속이는'(unfair and deceptive) 관행을 금지하는 새로운 규제 도입의 필요성이 대두됐다. Fed는 2008년 7월 대출진상법의 레귤레이션 Z로 서브프라임 모기지 대출에 대해 다음 4개의 요소를 포함한 최종 규정을 발표했다. (1) 주택 가치를 제외한 재산과 소득에 비추어 대출금을 상환할 수 있는 차입자의 능력을 고려하지 않은 대출을 금지함. (2) 무서류 대출을 금지함. (3) 대출 후 4년이 지나 이자납부액이 변동할 수 있는 경우 대출을 미리 갚는 데 따른 벌금, 즉 조기상환(prepayment) 수수료의 부과를 금지함. (4) 대부자에게 재산세와 주택소유자의 보험료를 매달 입금할 제3자 예탁계좌(escrow account)의 설치를 의무화함. 또한 이 규정은 서브프라임 모기지뿐 아니라 모든 모기지 대출에 대해 다음 4가지 새로운 규제를 법제화했다. (1) 모기지 중개업자가 부동산 감정평가사에게 주택 가치를 허위 진술하도록 강요하는 행위를 금지함. (2) 연체료에 다시 연체료를 부과하는 행위를 금지하며 차입자의 대출금 납부를 수령일 기준으로 인정함. (3) 대부자는 가계가 대출을 신청한 후 3일 내에 대출 비용에 대한 성실한 추정치를 제공해야 함. (4) 요율이나 납부액이 변동 가능함에도 불구하고 고정돼 있다고 하는 등 일련의 허위 광고 관행을 금지함.

더 많은 조치가 취해져야 한다는 견해가 지지를 받았기 때문에 오바마 행정부와 의회는 2010년 금융개혁 입법의 일환으로 새로운 소비자 보호기구를 창설하기로 나섰다. 이 기구의 임무는 서브프라임 모기지 및 여타 금융상품과 관련한 소비자 보호 규제를 더 강화하는 것이다. 이에 대해서는 이 장의 후반부에서 논의한다.

tion Z)로 관리한다.

의회는 신용시장에서의 차별을 줄이는 법안도 통과시켰다. 1974년의 동등신용기회법(Equal Credit Opportunity Act)과 이를 확장한 1976년의 법은 대부자가 인종, 성별, 결혼 여부, 나이, 출신국을 근거로 차별하는 것을 금지한다. Fed는 이를 레귤레이션 B(Regulation B)로 관리한다. 1977년의 지역사회재투자법(Community Reinvestment Act)은 대부자가 특정 지역에 대해 (지도상에 붉은색 선으로 표시해) 대출을 거부하는 '적선긋기'(redlining)를 막기 위해 제정됐다. 지역사회재투자법은 은행이 예금을 받는 모든 지역에서 대출을 하고 있음을 밝힐 것을 규정하며, 만약 은행이 이 법을 준수하지 않는 것이 적발되면 규제 당국은 은행의 합병, 지점 설치, 신규 업무에 대한 신청을 기각할 수 있다.

서브프라임 모기지 위기로 인해 소비자 보호의 필요성이 더욱 증대됐다. 많은 차입자가 자신이 이해하지 못한 조건으로 대출을 받았거나 자신의 상환능력을 훨씬 초과하는 금액의 대출을 받았던 것이다. 그 결과 수백만 건의 압류가 발생해 많은 가계가 집을 잃고 말았다. 소비자 보호 관련 취약한 규제로 인해 이번 위기에서 심각한 문제가 발생했기 때문에 소비자 보호를 위한 규제를 강화해야 한다는 목소리가 커졌다([FYI] '서브프라임 모기지 위기와 소비자 보호 규제' 참조).

1.9 경쟁 제한

경쟁 심화는 금융기관이 더 큰 위험을 택하는 도덕적 위험의 인센티브를 증대시킬 수 있다. 경쟁이 심화돼 금융기관의 수익성이 감소하면 금융기관 경영자는 과거 수준의 이윤을 유지하기 위해 더 큰 위험을 택할 인센티브를 갖는다. 따라서 많은 국가의 정부는 금융기관을 경쟁으로부터 보호해주는 규제를 제도화했다. 이런 규제는 미국에서 2가지 형태를 띤다. 첫째는 지점 설치에 대한 규제로, 제13장에서 설명하는 것처럼 이는 은행 간 경쟁을 줄인다. 그러나 이 규제는 1994년에 폐지됐다. 둘째 형태는 글래스–스티걸법(Glass-Steagall Act)으로 구체화된 것처럼 비은행 금융기관이 은행 업무에 종사함으로써 은행과 경쟁하는 것을 막는 규제이다. 이 규제도 1999년에 폐지됐다.

경쟁을 제한하면 은행의 건실함을 유지하는 데는 도움이 되지만 심각한 손실을 초래한다. 즉 경쟁의 제한은 소비자에게 더 큰 비용을 부과하며 은행의 효율성을 저하시킨다. 따라서 정보의 비대칭성으로 인해 반경쟁적 규제의 근거가 인정된다고 하더라도 이득이 됨을 의미하는 것은 아니다. 사실 최근 선진국의 정부들은 경쟁을 제한하려는 시도를 줄이고 있다.

1.10 거시건전성 감독과 미시건전성 감독

글로벌 금융위기 이전에 규제 당국은 개별 금융기관의 안전성과 건전성에 초점을 맞춘 **미시건전성 감독**(microprudential supervision)에 몰두했다. 미시건전성 감독은 각 개별 금융기관을 별개로 살펴보고 영업활동의 위험성과 공시 의무의 준수 여부를 평가한다. 이는 금융기관의 자기자본비율 준수 여부에 대한 점검을 가장 중시하면서, 만약 준수하지 못하면 금융기관이 자기자본비율을 높이도록 적기 시정조치를 내리거나 앞에서 설명한 절차에 따라 감독 당국이 금융기관을 폐쇄한다.

제9장에서 논의한 글로벌 금융위기에서 밝혀졌듯이, 미시건전성 감독만으로는 금융위기를 막을 수 없다. 그림자 은행시스템에서의 대규모 자금이탈 사례는 한 금융기관에서 발생한 문제가 여타 건실한 금융기관들을 해칠 수 있음을 시사한다. 곤경에 처한 금융기관이 자기자본비율이나 헤어컷 요구조건을 맞추기 위해 자산을 팔아치우는 폭탄세일을 하게 되면 자산가격이 하락한다. 이러한 자산가격 하락으로 인해 여타 금융기관도 폭탄세일에 가담하게 돼 급격한 디레버리징 과정과 시스템 위기를 초래한다. 이런 상황에서는 자기자본비율이 높아 보통 때라면 건실했을 금융기관마저 곤경에 처할 수 있다.

그러므로 글로벌 금융위기의 경험을 통해 금융시스템 전체의 안전성과 건실함에 초점을 맞춘 **거시건전성 감독**(macroprudential supervision)의 필요성이 분명해졌다. 거시건전성 감독은 개별 금융기관의 안전성과 건실함에 중점을 두기보다는 금융시스템 전반의 여력을 평가해 폭탄세일이나 디레버리징을 완화하려 한다. 이와 함께 위기 동안에 자기자본이 충실한 금융기관들도 단기 자금 조달줄이 끊겨 유동성 부족에 직면했기 때문에 거시건전성 감독은 총체적 자본적정성뿐만 아니라 금융시스템 내의 유동성이 충분한지 여부에도 초점을 맞춘다.

거시건전성 정책에는 여러 유형이 있다. 금융위기의 직전 단계에서는 소위 **레버리지 순환변동**(leverage cycle)이 일어난다. 신용공급의 과열에서부터 피드백 순환고리(feedback loop)가 발생해 자산가격이 상승하고, 이에 따라 금융기관의 자본이 보다 확충돼 고정된 자기자본규제 비율하에서 대출이 더욱 증가하고, 이는 다시 자산가격을 더욱 상승시키는 식으로 진행된다. 그러나 버블이 붕괴될 때는 자본의 가치가 급속히 하락해 대출 축소로 이어진다. 이러한 레버리지 순환변동을 끊기 위해 거시건전성 정책은 자기자본규제 비율이 경기역행적(countercyclical)이 되게끔 한다. 즉 신용 과열이 일어나면 자기자본규제 비율이 상승하고 반대로 신용이 붕괴되면 자기자본규제 비율이 하락하도록 조정하는 것이다. 이와 더불어 레버리지의 확대 시기에는 거시건전성 정책을 통해 금융기관이 신용 심사기준을 강화하도록 하거나 심지어 신용의 확대에 대해 직접적인 제한을 가할 수 있다. 반대로 레버리지의 축소 시기에는 거시건전성 감독을 통해 은행들이 자산 감축을 통해 자기자본비율을 높이려는 목적에서 대출을 축소시키는 일이 발생하지 않도록 은행시스템 전반적으로 신규 자본의 총량을 확충시킬 수 있다. 또한 금융기관이 충분한 유동성을 확보하도록 하기 위해 거시건전성 정책은 금융기관들에 대해 적절히 낮은 수준의 순안정 자금조달 비율(net stable funding ratio, NSFR)을 요구할 수 있다. 여기서 순안정자금조달비율이란 금융기관의 총 자금 조달액 가운데 단기 자금 조달액이 차지하는 비율이다. 지금까지 논의한 유형의 거시건전성 정책들이 바젤 III의 근간을 이루는 요소로 고려되고 있는데, 다만 아직 완결된 것은 아니다.

1.11 요약

정보의 비대칭성 분석은 금융시스템에서 도덕적 위험과 역선택의 문제를 줄이기 위해 어떤 유형의 금융규제가 필요한지를 설명한다. 그러나 규제의 배경에 있는 이론을 이해했다고 해서 금융시스템에 대한 규제와 감독의 실행이 쉬운 일은 아니다. 규제 당국과 감독 당국이 자신의 임무를 적절히 수행하는 것은 몇 가지 이유로 쉽지 않다. 첫째, 금융혁신에 관한 제13장의 논의에서 보겠지만, 이윤을 추구하는 과정에서 금융기관은 빠져나갈 허점을 찾아내 현존하는 규제를 피해가려는 강력한 인센티브가 있다. 따라서 규제는 움직이는 과녁을 조준하는 것이며 규제 당국은 끊임없이 금융기관과 술래잡기를 한다. 금융기관은 규제를 피해가는 영리한 방법을 생각해내고, 규제 당국은 규제를 수정해간다. 규제 당국은 역동적으로 변화하는 금융시스템에서 계속 새로운 도전에 직면한다. 만약 변화에 신속하게 대응할 수 없다면 금융기관이 과도한 위험을 택하는 것을 막을 수 없다. 규제 당국과 감독 당국이 규제를 회피하는 방법을 찾아내는 영리한 금융기관 사람들에게 뒤지지 않을 만한 자원과 전문가를 확보하지 못한다면 이 문제는 악화될 수 있다.

금융규제와 감독은 또 다른 2가지 이유로 쉽지 않다. 규제와 감독의 게임에서 문제는 세부항목에 있다. 세부항목의 미묘한 차이가 의도하지 않은 결과를 초래할 수 있다. 당국이 규제와 감독을 올바르게 하지 못하면 과도한 위험추구 행위를 막을 수 없다. 또한 규제받는 기업은 정치인에게 로비를 해 규제 당국과 감독 당국이 너그러이 관용하도록 압력을 넣기도 한다. 이런 온갖 이유로 인해 금융규제 당국과 감독 당국이 건실한 금융시스템을 구축하는 데 성공하리란 보장이 없다. 이와 동일한 문제가 미국 이외의 국가들에서도 금융규제 당국을 괴롭힌다([글로벌] '국제적 금융규제' 참조). 앞으로 보겠지만, 사실 금융규제와 금융감독이 언제나 제 역할을 한 것은 아니며 때로는 미국을 비롯한 세계 여러 나라에서 은행위기를 초래했다.

미국에서는 금융기관을 규제하는 수많은 법이 통과됐기 때문에 이들을 모두 따라가기는 쉽지 않다. 학습에 도움이 되도록 [표 1]에 20세기 이후의 대표적인 금융법과 그 주요 내용을 열거했다.

글로벌 국제적 금융규제

금융산업에서 정보의 비대칭성 문제는 세계적으로도 일상적인 현상이기 때문에 다른 나라의 금융규제도 미국과 유사하다. 미국과 마찬가지로 각국의 정부 규제당국은 금융기관에 대해 인가를 부여하고 감독한다. 증권을 발행하는 기업과 금융기관에 대한 공시의무도 유사하다. 또한 예금보험도 종종 미국에 비해 보장한도가 작고 의도적으로 광고하지 않는다는 점이 다르긴 하지만, 대부분의 국가에서 시행하는 규제 시스템의 한 측면이다. 또한 은행에 대한 자기자본규제는 바젤협약과 같은 합의에 의해 국제적으로 표준화되는 과정에 있다.

금융기관이 여러 국가에서 영업을 하면서 자신의 사업을 한 국가에서 다른 국가로 쉽게 이전할 수 있는 경우에는 금융규제에 관한 특별한 문제가 발생한다. 금융규제당국은 금융기관의 국내영업에 대해서는 면밀히 검사하지만, 국내 금융기관의 해외 현지법인이나 국내지점을 보유한 외국 금융기관의 해외영업을 세밀히 관찰할 능력이나 지식을 갖지 못한다. 더구나 한 금융기관이 여러 국가에서 영업할 경우, 과연 어느 국가의 규제당국이 그 금융기관의 지나치게 위험한 영업을 막을 주된 책임을 질 것인가가 항상 분명한 것이 아니다.

국제적 금융규제에 내재한 어려움은 BCCI(Bank of Credit and Commerce International)의 붕괴로 인해 명백해졌다. BCCI는 미국과 영국을 포함해 세계 70여 개국에서 영업했는데, 감독 기능을 제대로 수행할 수 없는 소국인 룩셈부르크가 감독했다. 대규모 사기 행위가 발견되자, 영국의 중앙은행은 BCCI의 문을 닫게 했지만, 이미 예금자와 주주는 엄청난 손실을 입은 후였다. 여러 나라 규제당국들의 협력과 규제의 표준화가 국제적 금융규제 문제에 대한 잠재적인 해결책이다. 세계는 바젤협약과 같은 합의와 1992년 7월 바젤위원회가 발표한 감독 절차를 통해 이런 방향으로 나아가고 있다. 바젤위원회의 감독 절차는 세계 여러 국가에 걸친 은행 영업에 대해 모국의 규제당국이 강화된 권한으로 은행 영업에 관한 정보를 수집해 검사할 것을 의무화했다. 또한 바젤위원회는 다른 국가의 규제당국은 모국의 감독이 효과적이지 못하다고 느끼면 외국은행의 영업을 제한할 수 있도록 규정했다. 그러나 이러한 합의가 미래에 국제적 금융규제의 문제를 해결할 것인지는 여전히 남겨진 숙제이다.

표 1 미국의 주요 금융법

Federal Reserve Act (1913)
Fed를 창설함.

McFadden Act of 1927
타 주에서의 은행 지점설치를 실질적으로 금지함.
지점설치에 있어 국법은행과 주법은행을 동일하게 대우함.

Banking Act of 1933 (Glass-Steagall) and 1935
FDIC를 창설함.
상업은행산업과 증권산업을 분리함.
당좌예금에 대한 이자지급을 금지하고 당좌예금의 취급을 상업은행으르 제한함.
여타 예금에 대한 이자율 상한을 설정함.

Securities Act of 1933 and Securities Exchange Act of 1934
공개 매각하는 유가증권에 대한 금융정보를 투자자에게 제공하도록 의무화함.
유가증권의 판매 시 허위 설명과 사기 행위를 금지함.
SEC를 창설함.

Investment Company Act of 1940 and Investment Advisers Act of 1940
뮤추얼 펀드를 포함한 투자회사를 규제함
투자자문사를 규제함.

Bank Holding Company Act and Douglas Amendment (1956)
은행지주회사의 법적 지위를 명확히 함.
은행지주회사에 대한 규제의 책임을 Fed에 부여함.

Depository Institutions Deregulation and Monetary Control Act of 1980
저축기관의 업무 범위를 확대함.
NOW 계정과 일소계정을 전국적으로 인정함.
예금에 대한 이자율 상한을 폐지함.
예금취급기관에 단일 지준의무를 부과함.
대출에 대한 이자율 상한을 폐지함.
예금보험을 계좌당 10만 달러로 상향 조정함.

Depository Institutions Act of 1982 (Garn-St. Germain)
FDIC와 FSLIC(Federal Savings and Loan Insurance Corporation)에게 서로 다른 주의 은행과 저축기관을 합병시키는 비상권한을 부여함.
예금취급기관에 MMDA를 허용함.
저축기관에 대해 상업대출과 소비자 대출의 허용 범위를 확대함.

Competitive Equality in Banking Act of 1987
FSLIC에 108억 달러를 제공함.
침체된 지역에서의 규제관용에 대한 규정을 제정함.

Financial Institutions Reform, Recovery, and Enforcement Act of 1989
저축대부조합 도산 문제를 해결하기 위한 자금을 제공함.
FSLIC와 FHLBB(Federal Home Loan Bank Board)를 폐쇄함.
저축기관을 규제하기 위한 OTC(Office of Thrift Supervision)를 창설함.
지급불능 상태의 저축기관 문제를 해결하기 위해 RTC(Resolution Trust Corporation)를 창설함.
예금보험료를 인상함.
저축대부조합의 업무에 대한 제한을 다시 부과함.

Federal Deposit Insurance Corporation Improvement Act of 1991
FDIC의 자본금을 확충함.
중개예금(brokered deposit)과 대마불사 정책을 제한함.
적기시정조치에 대한 규정을 제정함.
FDIC가 위험기준 차등보험료를 부과하게 함.
검사, 자기자본규제, 보고 의무를 강화함.
외국은행에 대한 Fed의 감독 권한을 강화하는 FBSEA(Foreign Bank Supervision Enhancement Act)를 포함함.

Reigle-Neal Interstate Banking and Branching Efficiency Act of 1994
주간 은행업에 대한 제한을 폐지함.
타 주 지점설치를 허용함.

Gramm-Leach-Bliley Financial Services Modernization Act of 1999
글래스-스티걸법을 폐지하고 은행산업과 증권산업 간의 분리를 제거함.

Sarbanes-Oxley Act of 2002
PCAOB를 창설함.
특정 이해상충을 금지함.
CEO와 CFO가 재무제표와 회계감사위원회의 독립성을 인증하도록 의무화함.

Federal Deposit Insurance Reform Act of 2005
은행보험기금과 저축조합보험기금을 통합함.
개인퇴직연금 계정에 대한 예금보험을 25만 달러로 상향 조정함.
위험기준 차등보험료 체계를 수정할 권한을 FDIC에 부여함.

Dodd-Frank Wall Street Reform and Consumer Protection Act of 2010
소비자금융보호청을 창설해 모기지와 여타 금융상품을 규제함.
중앙청산소(central clearinghouse, CCP)와 거래소를 통해 일상적인 파생금융상품을 청산하도록 함.
정부의 금융지주회사 인수를 허용하는 새로운 부실정리 권한을 부여함.
금융안정감시위원회를 설치해 시스템적으로 중요한 금융기관(SIFI)을 규제함.
은행의 자기계정 거래와 일정 비율 이상의 헤지펀드 소유를 금지함.

2 1980년대 저축대부조합과 은행위기

1980년대 이전에는 미국의 금융규제가 안전하고 건실한 은행시스템을 조성하는 데 상당히 효과적인 것처럼 보였다. 은행도산이 빈번히 일어나고 예금자가 종종 손실을 입던 1934년 이전에 비해 1934~1980년에는 연평균 상업은행의 도산이 15건, 저축대부조합(savings and loan association, S&L)의 도산은 5건 이하에 불과할 정도로 은행도산이 드물었다. 1981년 이후 이런 장밋빛 사진은 급격히 변했다. [그림 1]에서 볼 수 있듯이 상업은행과 저축대부조합의 도산이 그 이전 기간에 비해 10배 이상 증가했다. 왜 이런 일이 일어났을까? 반세기 동안 잘 작동하는 것처럼 보이던 규제 체계가 어떻게 이런 심각한 곤경에 빠졌을까?

이야기는 1960년대, 1970년대, 그리고 1980년대 초반 금융혁신의 분출로부터 시작된다. 제13장에서 보겠지만, 금융혁신으로 인해 상업은행은 전통적인 방식의 사업에서 수익성 하락을 경험했다. 은행은 자금조달에 있어 MMF 등 새로운 금융기관과 경쟁이 심

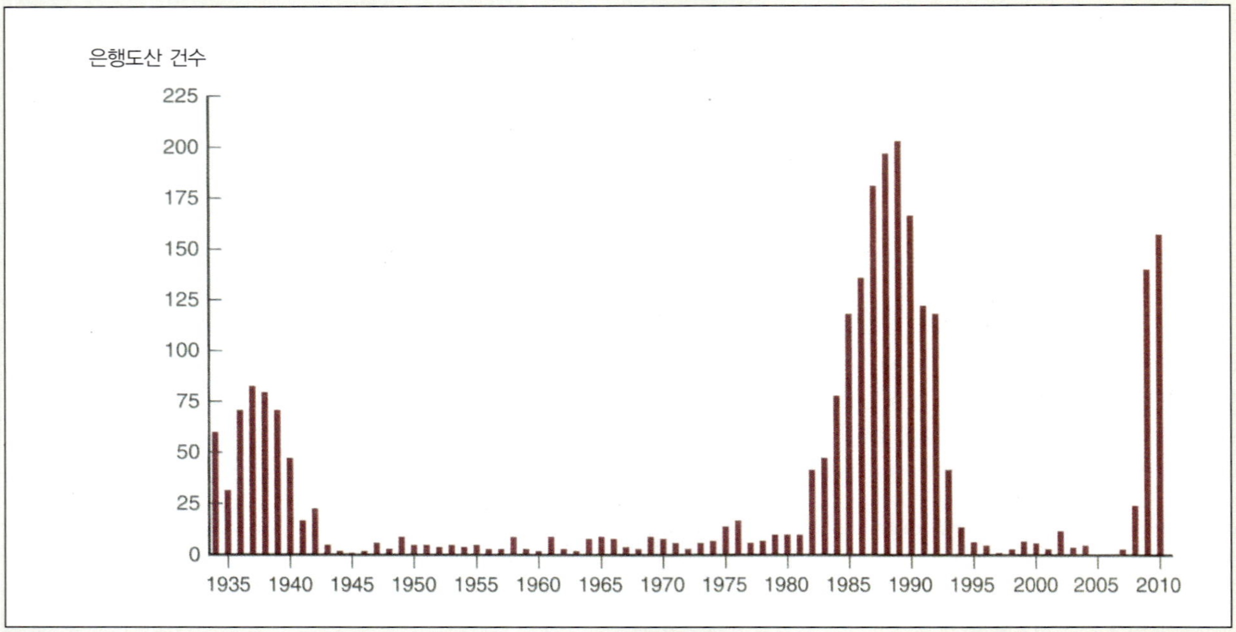

그림 1 미국에서의 은행도산, 1934~2010년
자료 : www.fdic.gov/bank/historical/bank/index.html

화됐으며, 상업대출에 있어서도 기업어음 시장과 증권화로 인해 시장을 잠식당했다.

전통적인 사업에서의 수익성이 하락하자, 1980년대 중반까지 상업은행은 이윤을 높이기 위해 잠재적인 위험이 큰 새로운 사업을 추구했다. 특히 부동산 대출과 기업 인수(takeover), 그리고 부채비율이 높은 거래성 대출인 차입매수(leveraged buyout, LBO) 대출에 대한 비중을 높였다. 예금보험의 존재로 인해 예금자는 은행이 지나친 위험을 택하는 것을 막을 인센티브가 거의 없었기 때문에 은행의 도덕적 위험이 높아졌다. 은행이 얼마나 큰 위험을 택하든 상관없이 예금보험은 예금자가 아무런 손실을 입지 않을 것임을 보증했다.

불난 데 기름을 붓듯이, 금융혁신은 은행이 택할 수 있는 위험의 영역을 넓혀주는 새로운 금융수단을 제공했다. 금융선물, 정크 본드(junk bond), 스왑, 그리고 여타 금융수단에 대한 새로운 시장이 형성돼 은행은 더 쉽게 위험을 추가할 수 있었으며, 도덕적 위험의 문제가 더욱 심각해졌다. 1980년의 예금취급기관 규제완화 및 통화관리법(Depository Institutions Deregulation and Monetary Control Act, DIDMCA)과 1982년의 예금취급기관법(Depository Institutions Act, 일명 Garn-St. Germain Act) 등 1980년대 초에 은행산업에 대한 규제를 완화한 법은 저축대부조합과 상호저축은행이 새로운 위험 사업을 추구할 수 있는 권한을 확대시켰다. 이들 저축기관은 과거에는 거의 전적으로 주거용 모기지에만 대출하도록 제한받았는데 이제는 자산의 40%까지를 상업용 부동산 대출로, 30%까지를 소비자 대출로, 그리고 10%까지를 상업대출과 리스로 운용할 수 있게 됐다. 이들 법에 따라 저축대부조합 규제 당국은 자산의 10%까지를 정크 본드나 직접투자(주식, 부동산, 서비스 기업, 운영 자회사)로 운용할 수 있게 허용했다.

더욱이 DIDMCA는 연방예금보험의 한도액을 계좌당 4만 달러에서 10만 달러로 올렸으며 예금에 대한 이자율 상한을 폐지했다. 급속한 성장을 추구하며 위험한 사업을 수행하기를 원하던 은행과 저축대부조합은 이제 예금보험이 적용되는 거액 CD를 경쟁자들보다 더 높은 이자율로 발행해 필요한 자금을 마련할 수 있었다. 만약 예금보험이 없었더라면, 예금자는 돈을 돌려받지 못할 가능성 때문에 턱없는 내기를 하는 은행에는 높은 이자율이라 하더라도 예금하지 않았을 것이다. 그러나 예금보험이 있었고 FDIC가 주로 P&A 방식으로 도산은행을 처리함으로써 예금 전액을 보증했기 때문에, 예금자는 가장 높은 이자율을 주는 은행에 기꺼이 예금했다.

그 결과 상업은행과 저축대부조합은 과도한 위험을 택했고, 마침내 심각한 손실을 입기 시작했다. 결국 1980년대 후반에는 연간 200건 수준의 은행도산이 발생했다. 이에 따라 FDIC는 입은 손실을 메우기 위해 자본을 확충하지 않을 수 없었다. 1989년의 금융기관 개혁, 회생 및 강화법(Financial Institutions Reform, Recovery, and Enforcement Act, FIRREA)과 1991년의 연방예금보험공사 개선법(Federal Deposit Insurance Corporation and Improvement Act, FDICIA)은 저축대부조합과 상업은행산업에 대해 구제금융을 제공하고 은행산업을 재규제(reregulation)했다. 구제금융에 따른 미국 납세자의 부담은 GDP의 3%에 이르는 1,500억 달러 수준이었다.[1)]

3 세계의 은행위기

비슷한 불행을 당한 이웃이 있으면 자신의 고통이 덜하듯이, 자국만이 유일하게 은행위기를 겪은 나라가 아니라는 사실은 위안이 될 수도 있다. 사실 [그림 2]와 [표 2]가 보여주듯이, 은행위기는 전 세계 많은 나라를 강타했으며, 미국보다 더 심각한 경우도 많았다.

1) 1980년대 저축대부조합과 은행위기에 관한 이야기에는 심지어 2008년 대통령 선거 후보였던 맥케인(John McCain) 상원의원이 연루된 흥미진진한 스캔들을 포함해 매우 놀라운 내용이 많다. 이 책의 웹사이트 www.pearsonglobaleditions.com/mishkin을 방문해 이 장의 웹 부록을 보면 왜 이런 위기가 일어났는지 그리고 이를 처리하기 위해 1989~1991년에 제정된 법에 대해 보다 상세한 설명이 나와 있다.

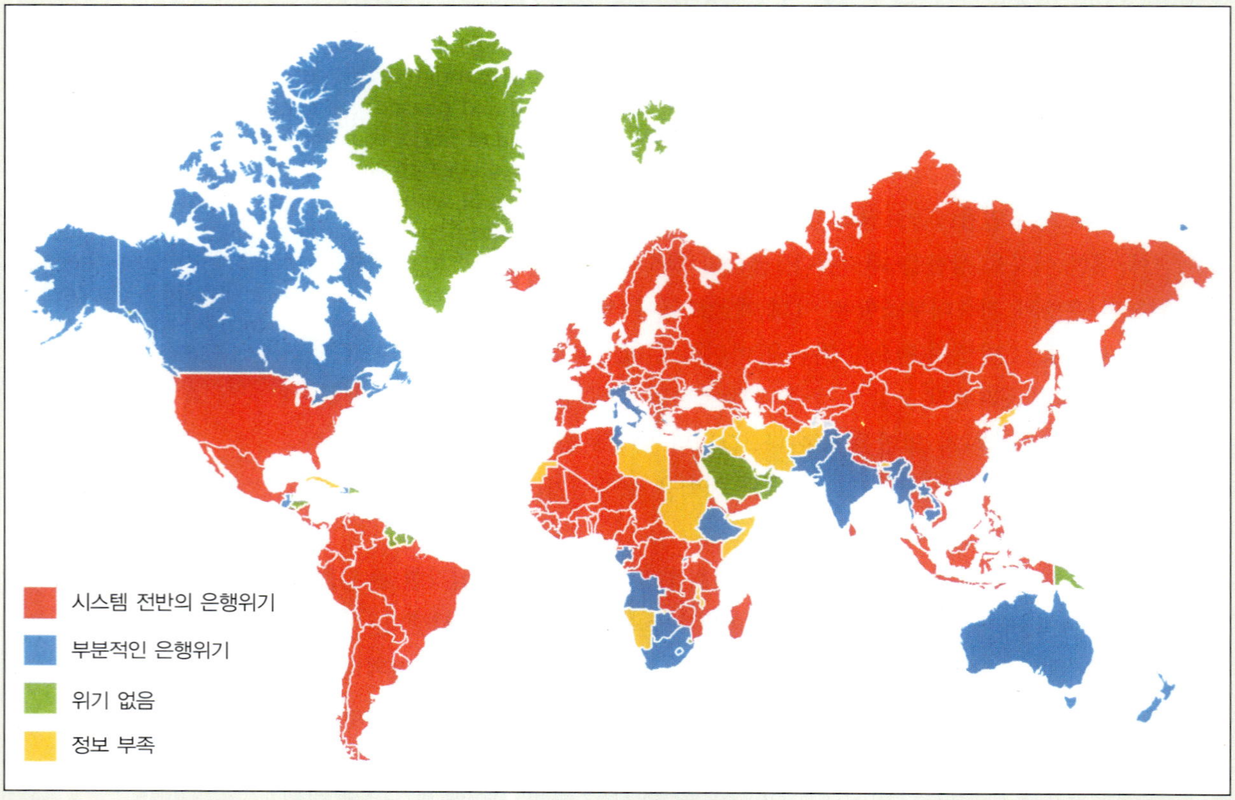

그림 2 1970년 이후 세계의 은행위기

자료 : Gerard Caprio and Daniela Klingebiel, "Episodes of Systemic and Borderline Financial Crises" mimeo., World Bank, October 1999; Luc Laeven and Fabian Valencia, "Resolution of Banking Crises : The Good, the Bad and the Ugly," IMF Working Paper No. WP/10/46 (June 2010) and Luc Laeven, Banking Crisis Database at http://www.luclaeven.com/Data.htm.

표 2 국가별 은행구제 비용

시기	국가명	GDP 대비 비용(%)
1997~2001	인도네시아	57
1980~1982	아르헨티나	55
1997~2000	태국	44
1981~1985	칠레	43
2000~2001	터키	32
1997~1998	한국	31
1977	이스라엘	30
1998~2002	에콰도르	22
1994~1996	멕시코	19
1998	중국	18

1997~1999	말레이시아	16
1997~2001	필리핀	13
1994~1998	브라질	13
1991~1995	핀란드	13
2001~2003	아르헨티나	10
1989~1991	요르단	10
1991~1995	헝가리	10
1996~2000	체코	7
1991~1995	스웨덴	4
1988	미국	4
1991~1993	노르웨이	3
2007~2009	아이슬란드	13
2007~2009	아일랜드	8
2007~2009	룩셈부르크	8
2007~2009	네덜란드	7
2007~2009	벨기에	5
2007~2009	영국	5
2007~2009	미국	4
2007~2009	독일	1

자료 : Luc Laeven and Fabian Valencia, "Resolution of Banking Crises: The Good, the Bad and the Ugly," IMF Working Paper NO. WP/10/46 (June 2010) and Luc Laeven, Banking Crisis Database at http://www.luclaeven.com/Data.htm.

3.1 위기의 재발

세계 여러 나라의 은행위기에서 알 수 있는 사실은 역사는 스스로 되풀이한다는 점이다. 이들 모든 나라에서 일어난 은행위기 에피소드는 서로 상당히 유사하며 이미 어디서 본 것 같은 느낌마저 준다. 이들 위기는 금융자유화 혹은 금융혁신, 취약한 은행규제 시스템과 정부의 안전망에서 비롯됐다. 금융자유화는 경쟁을 촉진하고 금융시스템을 보다 효율적으로 만드는 이점이 있지만, 규제 및 감독이 느슨한 경우 은행이 더 큰 위험을 택하게 하는 도덕적 위험을 증가시킬 수 있다. 그리고 그 결과는 은행위기다.[2)]

그러나 [표 2]에 열거된 은행위기의 에피소드를 보면 은행위기에 있어 예금보험이 중요한 역할을 하지 않은 사례가 많다. 예를 들어 일본 예금보험공사의 규모는 미국의 FDIC에 비해 매우 작아서 은행시스템에서 눈에 띄는 역할을 하지 못했으며, 거의 첫 번째 은행도산이 발생하자마자 재원이 고갈됐다. 이는 일부 은행위기의 경우에 그 책임이

2) 이 책의 웹사이트 www.pearsonglobaleditions.com/mishkin에 들어가 이 장의 웹 부록에서 [표 2]에 열거된 은행위기의 여러 에피소드에 대한 상세한 설명을 볼 수 있다.

예금보험에 있는 것이 아님을 의미한다. 그러나 예금보험이 규제 환경의 중요한 특징이건 아니건 관계없이 여기서 논의된 모든 국가에 있어 공통된 것은 은행을 언제든지 구제하려는 정부의 안전망이 존재했다는 사실이다. 은행이 과도한 위험을 택하려는 도덕적 위험의 인센티브를 증가시킨 것은 예금보험 그 자체가 아니라 정부 안전망의 존재다.

4 도드-프랭크법과 미래의 규제

제9장에서 논의한 최근의 글로벌 금융위기가 전 세계에 걸쳐 은행위기를 초래했는데, 그 결과 은행을 구제하는 데 비용이 과연 얼마나 들지에 대해 말하기에는 아직 너무 이르다(바로 이런 이유 때문에 [표 2]에 나와 있지 않다). 하지만 많은 금융기관에 대해 구제금융을 지원하고 국유화를 단행했기에 금융규제 시스템이 엄청난 변화를 겪고 있다.

4.1 2010년의 도드-프랭크 월스트리트 개혁 및 소비자 보호법

도드-프랭크법이 1년 이상의 논의를 거친 후 2010년 7월에 통과됐다. 이는 대공황 이후 제정된 가장 광범위한 금융개혁법이다. 이 법은 다음 5개 영역의 규제를 담고 있다.

소비자 보호 도드-프랭크법에 의해 소비자금융보호청(Consumer Financial Protection Bureau, CFPB)이 새로 설립됐다. 소비자금융보호청은 연준에서 예산을 받고 연준 내에 사무실을 두지만 전적으로 독립적인 기구다. 소비자금융보호청은 저소득층을 대상으로 한 금융상품의 공급자뿐만 아니라 100억 달러 이상의 주거용 모기지 상품을 공급하는 모든 사업체에 대해 감시하고 규제를 집행할 권한을 갖는다. 이 법에 의하면, 대부자는 차입자의 소득, 신용 기록, 직업 상태를 검증함으로써 주거용 모기지를 상환할 능력이 있는지를 확인해야 한다. 또한 이 법은 대출을 도와준 대가로 중개업자에게 수수료를 지급하는 것을 금지한다. 이 법에 따라 각 주정부는 국법은행에 대해 보다 엄격한 소비자 보호법을 부과할 수 있으며, 주정부의 법무장관은 소비자금융보호청이 제정한 규정을 집행할 권한을 갖는다. 이 법은 또한 연방예금보험 한도를 영구적으로 25만 달러로 상향조정했다.

부실정리 권한 도드-프랭크법 이전에는, 망해가는 은행에 대해서는 FDIC의 권한으로 문을 닫게 만들 수 있었으나 지주회사 체계를 갖춘 초대형 금융기관에 대해서는 정부의 부실정리 권한이 없었다. 사실 미국 재무부와 연준은 자신들이 리먼 브라더스를 구제하지 못하고 도산하게끔 놔둘 수밖에 없었던 이유 가운데 하나는 리먼 브라더스를 인수하고 정리할 법적 권한이 없었기 때문이라고 주장했다. 이제 도드-프랭크법은 시스템적으로 중요한 금융기관에 대한 정리 권한을 정부에 부여했다. 왜냐하면 이들 금융기관이 도산하는 경우 광범위한 피해를 끼쳐 금융시스템 전반에 대해 위험을 초래할 수 있기 때문이다. 또한 이 법은 손실이 발생할 경우 이를 메우기 위해 규제 당국이 500억 달러 이상 자산 규모의 금융기관에 대해 수수료를 부과할 수 있는 권한을 부여했다.

시스템 위험 규제 도드-프랭크법에 의거해 금융안정감시위원회(Financial Stability Oversight Council, FSOC)가 창설됐다. 이 위원회는 재무부 장관을 의장으로 하며, 시장에서 자산가격 버블이나 시스템 위험의 발생을 감시한다. 또한 이 위원회는 시스템적으로 중요하다고 인정되는 금융기관에 대해 공식적으로 **SIFI**(systemically important financial institution)로 지정한다. 이들 SIFI는 자신이 금융적 곤경에 처할 경우 질서정연한 정리를 위한 계획을 담은 '정리계획서'(living will)를 작성해야 할 뿐만 아니라 보다 높은 자기자본비율과 보다 엄격한 유동성 기준 등 연준의 추가적인 규제를 받는다.

볼커 룰(Volcker rule) 은행에 대해 자신의 돈으로 거래하는 소위 자기계정 거래(proprietary trading, 프롭 트레이딩이라고도 함) 규모를 제한하고 은행의 헤지펀드와 PEF(private equity fund) 보유 한도를 매우 낮은 비율로 규제했다. 이들 조항은 연준 이사회의 의장이었던 볼커(Paul Volcker)의 이름을 따온 것이다. 볼커는 은행이 연방예금보험의 혜택을 입으면서 대규모 거래위험을 취하도록 허용해서는 안 된다고 주장했다.

파생금융상품 기존에 발행된 증권에 연계돼 지급액이 정해지는 금융수단을 **파생금융상품**(financial derivative)이라 한다. 제9장에서 논의했듯이, AIG가 신용부도 스왑(credit-default swap, CDS)과 같은 파생금융상품을 과도하게 사용한 후 구제금융이 불가피하게 되자 파생금융상품은 금융붕괴를 초래하는 '대량살상무기'(weapon of mass destruction, WMD)가 되고 말았다. 다시는 이런 일이 발생하지 않도록 도드-프랭크법은 다수의 표준화된 파생금융상품이 거래소에서 거래되고 청산소를 통해 청산되도록 규제함으로써 파생금융상품의 거래 상대방이 파산하더라도 손실 위험이 줄어들도록 했다. 또한 여러 맞춤형 파생금융상품에 대해 보다 높은 자기자본비율 규제를 적용하고, 은행에 대해서는 위험한 스왑을 포함한 일부 파생금융상품의 취급을 금지했다. 이와 함께 도드-프랭크법은 파생금융상품을 취급하는 기업에 대해 자기자본규제를 부과하고 영업활동에 대해 보다 많은 정보를 공시하도록 했다.

4.2 미래의 규제

도드-프랭크법에는 미래의 규제와 관련된 여러 세부사항이 빠져 있으며 몇몇 중요한 규제가 다뤄지지 못했다. 이하에서는 미래의 규제로 부각될 만한 몇몇 영역에 대해 살펴보기로 한다.

자기자본규제 금융기관이 택하는 위험에 상응하는 충분한 자본을 확보하도록 규제와 감독이 강화될 것이다. 최근의 금융위기 이전에 투자은행은 자신의 자산 및 위험한 영업에 비해 충분한 자기자본을 갖추지 않았다. 마찬가지로 AIG도 신용보험을 제공하면서 자신이 떠안은 고위험을 감당할 만큼의 충분한 자기자본을 보유하지 않았다. 따라서 거의 분명히 이들 금융기관에서의 자기자본규제가 강화될 것이다. 또한 은행의 경우에도 특히 일부 부외 활동을 중심으로 자기자본규제가 강화될 것이다. 은행이 후원하는 구조화 투자기구(structured investment vehicle, SIV)는 부외 활동으로 돼 있지만 부실화될 경우 대차대조표로 환원되기 때문에, 일부 부외 활동은 대차대조표상에 있는 것과 마찬가지로 취급돼야 하며, 이는 미래의 규제에 있어 주안점이 될 것이다. 이와 더불어 대마불사의 문제로 인해 SIFI들이 더 큰 위험을 택할 가능성이 있기 때문에 연준과 바젤 위원회는 이들 금융기관에 대한 자기자본규제를 강화할 것을 고려하고 있다. 또한 신용시장에서의 주기적 변동을 제어하기 위해 자기자본규제를 경기호황기에는 강화하고 경기침체기에는 완화해 경기역행적이 되도록 조정할 것이다.

보상 제9장에서 살펴봤듯이, 국민을 분노시킬 만큼의 높은 수수료와 거액의 경영진 보수로 금융산업이 알려진 것보다 실제로는 훨씬 더 위험한 증권을 판매하려는 인센티브를 제공했고 결국 재앙이 일어나고 말았다. 규제 당국, 특히 연준은 위험 추구를 줄이기 위해 금융서비스 산업에서의 보상제도를 수정하는 규제에 대해 면밀히 연구하고 있다. 예를 들어 규제 당국은 기업이 건실한 상태로 남아 있다는 전제하에 취득할 보너스를 여러 해에 걸쳐 나눠 지급하게 하는 규제의 도입을 검토하고 있다. 이러한 '환수장치'(claw-back)는 종업원들이 미래에 보너스를 더 잘 지급받기 위해 자신의 행동에 따른 위험을 줄이게끔 유도할 것이다.

정부후원기관 도드-프랭크법에서는 패니 메이와 프레디 맥과 같은 민간이 소유한 정부후원기관(government-sponsored enterprise, GSE) 문제에 대해 언급하지 않았다. 그러나 제8장에서 살펴봤듯이, 이들 두 기업은 심각한 재정적 곤경에 처해 결국 정부에 의해 인수됐다. 그 결과 납세자가 이에 엮여 수천억 달러를 물어낼 지경이다. 다시는 이런 일이 발생하지 않도록 하기 위해 정부는 다음 4가지 방안 가운데 하나를 선택할 것이다.

1. 완전 민영화해 정부의 후원을 중단하고 채무에 대한 암묵적 보증을 철회하는 방법
2. 완전 국유화해 민간기업으로서의 지위를 종료시키고 정부기관으로 만드는 방법
3. 민간 소유의 정부후원기관으로 유지하되, 택할 수 있는 위험의 크기를 제한하는 규제를 강화하고 자기자본규제를 상향조정하는 방법
4. 민간 소유의 정부후원기관으로 유지하되, 규모를 대폭 축소해 더 이상 납세자에게 엄청난 손실을 입히거나 금융 부문에 시스템 위험을 야기하지 못하게 하는 방법

신용평가기관 신용평가기관의 이해상충 문제를 완화하고 신뢰할 만한 신용등급을 제공할 인센티브를 증대시키기 위한 규제가 2007~2009년 금융위기의 여파로 이미 강화됐는데, 앞으로 더 많은 규제가 도입될 것이다. 신용평가기관이 부정확한 신용등급을 제공하면 금융시스템 전반에 걸쳐 위험 추구가 확대되고 투자자는 현명한 선택을 하는 데 필요한 정보를 얻지 못한다. 최근 신용평가기관의 형편없는 성과를 감안해볼 때 신용등급에 의존하는 바젤 II의 자기자본규제도 재검토할 필요가 있다.

과도한 규제의 위험성 2007~2009년 금융위기의 결과, 금융규제는 더 이상 예전과 같지 않을 것이다. 이러한 위기가 다시는 발생하지 않도록 하기 위해 더 많은 규제가 필요한 것이 분명하지만, 그렇다고 과도하게 혹은 엉성하게 설계된 규제는 금융시스템의 효율성을 저해할 상당한 위험성이 있다. 새로운 규제가 가계와 기업에 이득을 주는 금융혁신을 못하게 방해한다면, 미래의 경제성장도 위축될 것이다.

요 약 SUMMARY

1 역선택과 도덕적 위험이라는 정보의 비대칭성 개념은 각국에서 볼 수 있는 금융규제의 열 가지 유형을 설명해준다. 그 10가지 유형은 정부의 안전망, 금융기관의 자산 보유에 대한 제한, 자기자본규제, 적기시정조치, 금융기관 감독, 위험관리에 대한 평가, 공시 의무, 소비자 보호, 경쟁 제한, 거시건전성 정책이다.

2 금융혁신과 규제완화로 1980년대에 역선택과 도덕적 위험의 문제가 증가했고, 미국에서 저축대부조합과 은행, 그리고 납세자에게 엄청난 손실을 초래했다. 비슷한 위기들이 다른 국가에서도 발생했다.

3 전 세계의 많은 나라에서 발생한 은행위기의 에피소드가 서로 유사하다는 사실은 놀라운 일이며, 이는 유사한 힘이 작용하고 있음을 시사한다.

4 2010년의 도드-프랭크법은 대공황 이후 제정된 가장 광범위한 금융개혁법이다. 이 법은 다음 5개 영역의 규제를 담고 있다—(1) 소비자 보호, (2) 부실정리 권한, (3) 시스템 위험 규제, (4) 볼커 룰, (5) 파생금융상품. 다음 5개의 영역에서 미래의 규제를 논의할 필요가 있다—(1) 자기자본규제, (2) 보상, (3) 정부후원기관, (4) 신용평가기관, (5) 과도한 규제의 위험성.

주요 용어 KEY TERMS

거시건전성 감독(macroprudential supervision)
금융감독(financial supervision) 또는 건전성 감독 (prudential supervision)
공정가 회계(fair-value accounting)
규제차익(regulatory arbitrage)
레버리지 비율(leverage ratio)
레버리지 순환변동(leverage cycle)
미시건전성 감독(microprudential supervision)
바젤 은행감독위원회(Basel Committee on Banking Supervision)
바젤협약(Basel Accord)
부외 활동(off-balance-sheet activity)
스트레스 테스트(stress test)
시가평가회계(mark-to-market accounting)
은행도산(bank failure)
파생금융상품(financial derivative)
SIFI(systemically important financial institution)
VaR(value-at-risk)

연습문제 QUESTIONS

1 건실한 경제를 유지하기 위해 왜 예금보험과 여타 정부의 안전망이 중요한가?

2 만약 손해보험회사가 아무런 제약 없이 화재보험을 제공한다면 어떤 종류의 역선택과 도덕적 위험의 문제가 일어나겠는가?

3 예금보험의 금액을 제한하거나 예금보험을 아예 폐지하는 것이 좋은 아이디어라고 생각하는가? 설명하라.

4 위험한 자산을 보유한 은행에 대해 예금보험료를 더 많이 부과하는 것이 경제에 유익한 이유를 설명하라.

5 대마불사 정책의 비용과 편익은 무엇인가?

6 도덕적 위험의 문제를 줄이기 위해 어떤 유형의 규제가 도입됐는가? 이들 규제는 도덕적 위험의 문제를 완벽히 제거할 수 있는가?

7 왜 은행에 대한 자기자본규제가 위험 추구를 억제하는 데 도움이 되는가?

8 2008년 10월 글로벌 금융위기의 정점에서 미국 재무부는 미국의 9개 대형 은행에 대해 투표권이 없는 주식을 발행해 자본확충 자금을 받도록 강요했는데, 이들 은행 가운데 일부는 추가적인 자본이 필요하지 않았고 이에 참여하기를 원치도 않았다. 그럼에도 이런 조치를 취한 이유는 무엇인가?

9 은행규제 당국은 부외 활동에 어떤 문제가 있음을 알았는가? 그리고 이에 관해 어떤 조치를 취했는가?

10 바젤 위원회와 바젤 II 협약의 한계점은 무엇인가? 이런 한계점을 다루기 위해 바젤 III 협약은 어떤 시도를 하는가?

11 어떻게 은행 인가제도가 역선택의 문제를 줄이는가? 이는 항상 작동하는 것인가?

12 왜 자기자본규제에서 위험관리 쪽으로 은행감독 추세의 초점이 이동했는가?

13 어떻게 공시 의무가 은행의 과도한 위험 추구를 줄일 수 있는가?

14 유니버설 은행이 아래와 같은 내역으로 1억 달러의 자산을 보유하고 있다.

필요지준	1000만 달러
초과지준	500만 달러
모기지 대출	2,000만 달러
회사채	1,500만 달러
주식	2,500만 달러
상품	2,500만 달러

a. 유니버설 은행이 주식, 회사채, 상품을 자산으로 보유하는 것이 바람직하다고 생각하는가? 그 이유를

설명하라.

b. 만약 주택시장이 갑자기 붕괴한다면, 시가평가 회계방식과 취득원가 회계방식 가운데 유니버설 은행에게 더 유리한 회계방식은 어느 것인가?

c. 만약 상품가격이 갑자기 크게 상승한다면, 시가평가 회계방식과 취득원가 회계방식 가운데 유니버설 은행에게 더 유리한 회계방식은 어느 것인가?

d. 위 (b)항과 (c)항에서의 논의를 고려해 두 회계방식 간의 상충관계를 설명하라.

15 왜 금융시장에서의 경쟁 심화가 해로울 수 있는가? 경쟁을 제한하는 것은 바람직한가? 그 이유를 설명하라.

16 왜 거시건전성 정책이 요구하는 경기역행적 자기자본 규제가 바람직한가?

17 어떻게 금융혁신 과정이 거시건전성 규제의 유효성에 영향을 주는가?

18 어떻게 S&L 위기가 주인-대리인 문제 때문이라고 할 수 있는가?

19 왜 소비자 보호 규정이 금융시스템을 강화하려고 마련된 도드-프랭크법에 포함됐는가?

20 왜 미국 정부가 부실정리 권한을 갖는 것이 중요한가?

응용문제 APPLIED PROBLEMS

21 도산하는 은행에 35만 달러의 예금이 있다고 하자. 만약 FDIC가 대지급 방식으로 처리하면 이 예금의 가치는 얼마나 되는가? 반면 P&A 방식으로 처리하면 그 가치는 어떻게 되는가? 납세자의 관점에서 볼 때 어느 방식이 더 많은 비용을 초래하는가?

22 아래의 대차대조표를 지닌 은행이 있다.

자산		부채	
필요지준	800만 달러	수표발행 예금	1억 달러
초과지준	300만 달러	은행 자본	600만 달러
국채	4,500만 달러		
상업대출	5,000억 달러		

이 은행이 기업에 대한 1,000만 달러의 대출약정을 맺었다. 이 약정 이전과 이후의 자기자본비율을 각각 계산하라. 또한 이 약정 이전과 이후의 위험가중자산 크기를 각각 계산하라.

23~25번 문제는 올드햇 은행에서 일어난 일련의 거래다.

23 첫날 올드햇 은행은 900만 달러의 자본을 가지고 영업을 개시했는데 1억 3,000만 달러의 수표발행 예금이 들어왔다. 이에 2,500만 달러의 상업대출과 5,000만 달러의 모기지 대출을 제공했다. 모기지 대출은 30년 만기, 5.25%의 고정이자율로 건당 25만 달러씩 총 200건이다. 지준율은 8%라 가정한다.

a. 이 은행의 대차대조표를 제시하라.

b. 이 은행의 자기자본비율은 얼마나 높은가?

c. 첫날 영업 후 이 은행의 위험가중자산의 크기와 위험가중 자기자본비율을 계산하라.

24 다음 날 일찍 올드햇 은행은 초과지준 가운데 5,000만 달러의 상업대출을 제공했다. 그런데 그날 늦게 충격적인 뉴스가 도기지 시장을 강타해 모기지 이자율이 13%로 급등했다. 이에 따라 현재 보유한 모기지 1건당 현재가치가 124,798달러가 됐다. 은행규제 당국은 모기지의 공정 시장가를 인지하기 위해 올드햇 은행에게 모기지를 모두 내다팔도록 했다. 이에 따른 은행의 대차대조표를 제시하라. 이들 사건은 자기자본 규모에 어떤 영향을 미쳤는가?

25 은행도산을 막기 위해 규제 당국이 올드햇 은행에 2,500만 달러의 은행 자본을 투입했다. 그러나 모기지 관련 나쁜 소식이 지방신문에 대서특필되면서 뱅크런이 발생했다. 그 결과 3,000만 달러의 예금이 빠져나갔다. 자본투입과 뱅크런이 은행 대차대조표에 미친 효과를 제시하라. 은행을 안정시킬 만큼 자본투입이 충분했

는가? 은행에서 더 이상의 뱅크런을 막기 위해서는 10%의 자기자본비율이 필요하다고 규제 당국이 판단한다면, 10%의 자기자본비율에 도달하는 데 필요한 추가적인 자본투입 규모는 얼마나 되는가?

웹 연습문제 WEB EXERCISES

1 www.fdic.gov/regulations/laws/important/index.html에 들어가라. 이 사이트는 1800년대 이후 은행에 영향을 미친 가장 중요한 법령들에 대해 설명한다. 이 사이트에 열거된 규제 가운데 최근에 제정된 은행규제를 요약하라.

2 OCC는 은행 경영에 영향을 미치는 많은 규제를 책임진다. www.occ.treas.gov/에 들어가 'Legal and Regulatory'를 클릭한 다음 '12 CFR Parts 1 to 199'를 클릭하라. 'Part 1'은 무엇을 다루는가? '12 CFR'은 몇 부로 구성돼 있는가? 'Part 18'을 열어보라. 여기서는 어떤 주제를 다루는가? 그 목적을 요약하라.

참고 웹사이트 WEB REFERENCES

www.ny.frb.org/banking/supervisionregulate.html
은행규제에 관한 정보를 살펴보라.

www.federalreserve.gov/Regulations/default.htm
연방준비이사회의 규제 관련 출판물을 알아보라.

www.fdic.gov/regulations/laws/important/index.html
미국에서 은행산업에 영향을 미친 가장 중요한 법령을 설명하라.

www.fdic.gov/bank/historical/bank/index.html
관심 있는 연도의 은행도산 통계를 찾아보라.

웹 부록 WEB APPENDICES

웹사이트 www.pearsonglobaleditions.com/mishkin을 방문해 제12장의 웹 부록, Appendix 1: The Savings and Loan Crisis and Its Aftermath, Appendix 2: Banking Crises Throughout the World를 읽어라.

13 은행산업 : 구조와 경쟁

PREVIEW

개별 은행이 이윤을 얻기 위해 자금을 조달, 운용, 관리하는 영업 방식은 대체로 세계 모든 나라에서 서로 비슷하다. 어느 나라에서나 은행은 이윤을 추구하는 금융중개기관이다. 그러나 은행산업 전체의 구조와 운용 방식을 보면 미국은 그 자체로 별도의 부류를 형성한다. 대다수의 나라에서는 4~5개의 대형 은행이 은행산업을 지배하고 있으나, 미국에는 약 6,500개의 상업은행과 약 1,100개의 저축대부조합(S&L), 약 400개의 상호저축은행(mutual savings bank), 약 7,500개의 신용조합(credit union)이 있다.

많을수록 좋은 것일까? 이런 다양성으로 인해 미국의 은행시스템이 다른 국가에 비해 보다 더 경쟁적이고, 따라서 경제적으로 보다 더 효율적이고 건실함을 의미하는 것일까? 미국 정치 · 경제시스템의 어떤 요인으로 인해 이렇게 많은 은행이 존재하는 것일까? 이 장에서는 은행산업의 역사적 추세와 전반적인 구조를 살펴봄으로써 이들 의문에 답하려 한다.

먼저 역사적으로 미국의 은행시스템이 발전한 과정과 금융혁신이 어떻게 은행산업의 경쟁적 환경을 촉진했고 근본적 변화를 가져왔는지에 대해 검토한다. 그리고 상업은행 산업을 자세히 살펴보고 이어 저축대부조합, 상호저축은행, 신용조합을 포괄하는 저축산업(thrift industry)에 대해 논의하기로 한다. 상업은행이 은행시스템의 예금 가운데 2/3 이상을 차지하는 가장 큰 예금취급기관이기 때문에 여기서는 상업은행에 대해 보다 많은 지면을 할애할 것이다. 또한 미국의 은행시스템 외에도 국제 금융의 성장 배경을 검토하고, 이것이 미국에 어떤 영향을 미쳤는지에 대해서도 알아본다.

1 은행시스템의 역사적 발전

미국에서 근대적 상업은행 산업은 1782년 필라델피아에서 뱅크 오브 노스 아메리카(Bank of North America)가 설립인가를 받으면서 시작됐다. 이 은행의 성공으로 다른 은행들도 영업을 시작했으며, 미국의 은행산업이 출발해 내닫기 시작했다. (학습 보조자료

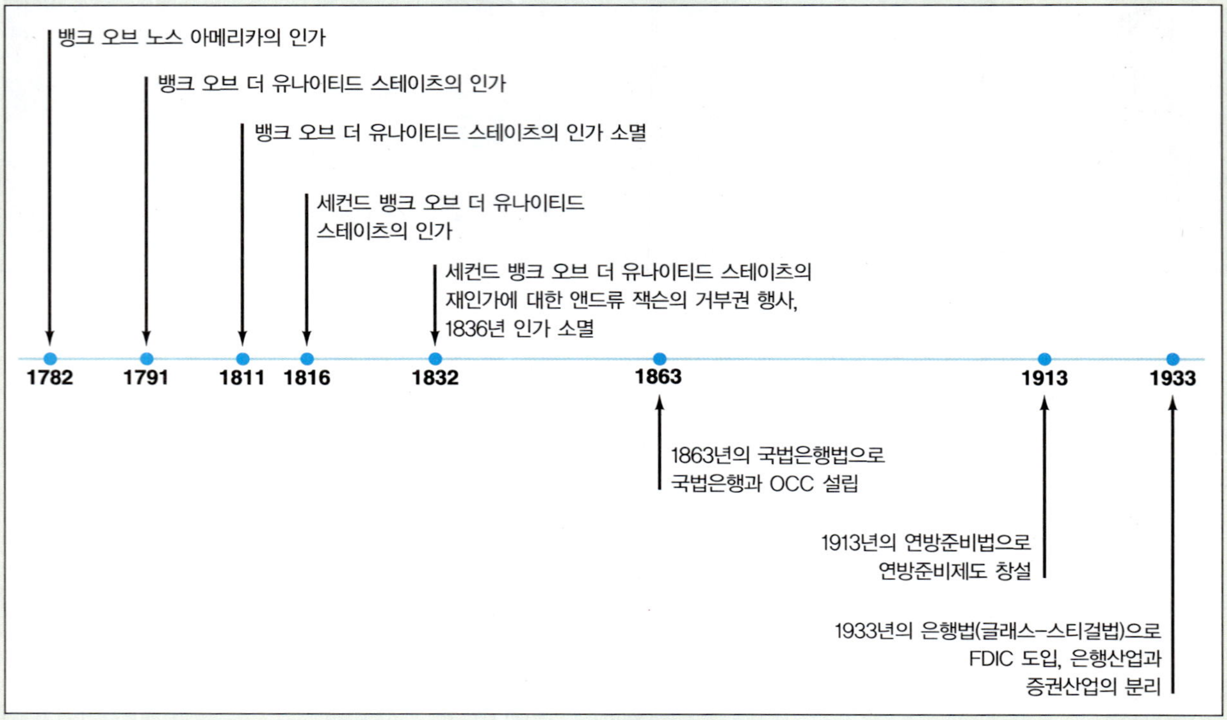

그림 1 미국 상업은행의 초기 역사
제2차 세계대전 이전 미국의 은행 역사에서 가장 중요한 사건들이 일어난 시점

로 [그림 1]은 제2차 세계대전 이전까지 미국의 은행 역사에서 가장 중요한 사건들의 연표를 제시한다.)

초기에 은행산업과 관련된 주요 논쟁은 은행을 인가하는 주체가 연방정부인가 아니면 주정부인가에 관한 것이었다. 특히 알렉산더 해밀턴(Alexander Hamilton) 같은 연방주의자들은 은행에 대한 보다 강력한 중앙 통제와 연방정부에 의한 은행 인가를 옹호했다. 이들의 노력으로 1791년 뱅크 오브 더 유나이티드 스테이츠(Bank of the United States)가 설립됐다. 이 은행은 경제 전체에 공급되는 화폐와 신용의 양을 책임지는 정부기관으로서 **중앙은행**(central bank)과 민간은행의 양면성을 지니고 있었다. 그러나 농민과 여타 이해관계자들은 중앙집권적 권력을 의심해 주정부에 의한 은행 인가를 옹호했다. 더구나 그들은 대도시의 금융업자를 불신해 중앙은행을 폐지하자는 정치적 압력을 행사했다. 결국 그들의 노력이 성과를 거두어 1811년에 뱅크 오브 더 유나이티드 스테이츠의 인가가 갱신되지 못했다. 그러나 주법은행의 악폐와 1812년의 전쟁 기간 중 연방정부의 자금조달을 도와줄 중앙은행의 필요성으로 인해 의회는 1816년 세컨드 뱅크 오브 더 유나이티드 스테이츠(Second Bank of the United States)를 설립했다. 미국에서 중앙은행 설립의 두 번째 시도 과정에서도 중앙집권적 은행 세력에 대한 옹호와 반대의 압력이 반복해 나타났는데, 각 주(state)의 권리를 강력하게 옹호하던 잭슨 대통령의 당선으로 두 번째 중앙은행의 운명이 결정됐다. 잭슨은 1832년에 당선된 후 세컨드 뱅크 오브 더 유나이티드 스테이츠를 재인가하는 것에 대해 거부권을 행사했으며, 결국 1836년에 그 인가가 소멸됐다.

1863년까지 미국의 모든 상업은행은 주별로 운영되는 은행위원회에서 인가됐다. 전국적으로 유통되는 화폐는 존재하지 않았으며, 은행은 금으로의 태환을 약속하며 발행한 화폐인 은행권(banknote)에 의해 주요 자금을 조달했다. 그런데 많은 주의 은행 규제당국은 매우 느슨했기 때문에 사기나 불충분한 은행 자본으로 인해 은행들이 주기적으로 도산했고, 그때마다 이들 은행이 발행한 은행권은 휴짓조각이 되고 말았다.

주법은행(state bank)이라 불리는 각 주가 인가한 은행의 악폐를 막기 위해, 1863년의 국법은행법(National Bank Act)과 곧 이은 수정법이 제정됐다. 그 결과 연방정부의 인가에 의해 설립되고 재무부 산하 통화감독청(OCC)의 감독을 받는 **국법은행**(national bank)이라는 새로운 은행시스템이 도입됐다.

이 법은 원래 주법은행이 발행한 은행권에 대해 세금을 부과하고 국법은행이 발행한 은행권에 대해서는 세금을 면제함으로써 주법은행에 대한 자금 원천을 고갈시키려는 의도가 있었다. 그러나 주법은행은 은행권이 아니라 예금을 통해 자금을 조달함으로써 소멸되지 않고 살아남을 수 있었다. 그 결과 현재 미국은 연방정부의 감독을 받는 은행과 주정부의 감독을 받는 은행이 공존하는 **이원적 은행시스템**(dual banking system)을 갖게 됐다.

미국에서 중앙은행은 1913년에 이르러서야 보다 안전한 은행시스템을 도모하기 위한 연방준비제도(Federal Reserve System, 이하 Fed)가 도입되면서 재등장했다. 모든 국법은행은 Fed의 회원이 되도록 의무화됐으며, Fed가 정한 새로운 규제를 받아야 했다. 주법은행은 Fed의 회원 가입을 의무적이 아니라 선택할 수 있었는데, Fed의 규제로 인한 비용이 컸기 때문에 대부분 회원으로 가입하지 않았다.

1930~1933년의 대공황 기간에는 약 9,000개에 이르는 은행이 도산해 상업은행에 예치한 수많은 예금자의 저축이 사라져버렸다. 은행도산으로 인한 예금자의 손실을 막기 위해 1933년에 법을 제정해 연방예금보험공사(FDIC)를 설립하고 은행예금에 대해 연방정부의 보험을 제공했다. Fed 회원 은행은 예금자 보호를 위해 FDIC의 예금보험에 의무적으로 가입하도록 규정됐다. 비회원 상업은행은 예금보험을 선택할 수 있었는데, 그들도 대부분 예금보험에 가입했다. 이제 FDIC의 예금보험에 가입한 은행은 FDIC가 부과

하는 또 다른 규제를 받게 됐다.

상업은행의 투자은행 업무가 은행도산의 원인으로 비난받았기 때문에, 글래스-스티걸법(Glass-Steagall Act)으로 알려진 1933년의 은행법은 상업은행이 기업의 유가증권을 인수하거나 중개하는 것을 금지하고(단, 신규 발행된 정부증권을 판매하는 것은 허용), 은행 규제당국의 승인 한도 내에서 채무증권의 매입을 허용했다. 마찬가지로 투자은행에 대해서도 상업은행 업무에 종사하는 것을 금지했다. 실제로 글래스-스티걸법은 상업은행의 업무와 증권산업의 업무를 서로 분리시켰다.

1999년에 폐지되긴 했지만, 글래스-스티걸법에 따라 당시 상업은행은 투자은행 사업부서를 매각해야 했다. 예를 들어 퍼스트 내셔널 뱅크 오브 보스턴(First National Bank of Boston)은 투자은행 사업부서를 떼어내어 퍼스트 보스턴(First Boston Corporation)을 신설했는데, 현재 퍼스트 보스턴은 미국에서 가장 중요한 투자은행의 하나인 크레디트 스위스 퍼스트 보스턴(Credit Suisse First Boston)의 일부가 됐다. 투자은행은 일반적으로 자신의 예금업무를 중단했다. 다만 J.P. 모건(J.P. Morgan)은 투자은행 영업을 중단하고 상업은행으로 재조직했다. 그러나 J.P. 모건의 몇몇 고위 간부가 나와 모건 스탠리(Morgan Stanley)를 조직했는데, 모건 스탠리는 가장 큰 투자은행의 하나가 됐다.

1.1 복수의 규제기관

미국에서 상업은행에 대한 규제는 여러 규제기관의 관할 영역 중첩으로 인해 엉망의 짜집기가 됐다. OCC는 상업은행 전체 자산의 절반 이상을 차지하는 국법은행에 대한 주된 감독책임을 지고 있다. Fed와 주은행 당국은 Fed 회원으로 가입한 주법은행에 대해 공동의 책임을 진다. 또한 Fed는 하나 혹은 그 이상의 은행을 소유하고 있는 회사, 즉 **은행지주회사**(bank holding company)를 규제하며, 국법은행에 대해 부수적인 책임을 진다. FDIC와 주은행 당국은 FDIC의 예금보험에는 가입했으나 Fed 회원이 아닌 주법은행을 공동으로 감독한다. 주은행 당국은 FDIC 보험이 없는 주법은행에 대한 관할권을 갖고 있다(이런 은행은 미국 상업은행 전체 예금의 0.2% 미만을 점유한다).

여러분에게 미국의 은행규제 시스템이 혼란스럽다면, 여러 규제기관으로부터 감독을 받아야 하는 은행에게는 얼마나 더 혼란스럽겠는가? 재무부는 이 상황을 타개하기 위해 모든 예금취급기관에 대한 규제를 독립적인 기관 한곳에 집중하는 제안들을 냈다. 그러나 이들 제안은 모두 의회를 통과하지 못했으며, 앞으로도 규제기관의 통합이 이루어질지 매우 불확실하다.

2 금융혁신과 '그림자 은행시스템'의 성장

은행은 아직 미국 경제에서 가장 중요한 금융기관이지만, 최근 예금으로 자금을 조달해 대출을 제공하는 전통적인 은행 영업이 위축돼 왔다. 이들 영업의 일부는 **그림자 은행시스템**(shadow banking system)에 의해 대체됐다. 즉 증권시장에서의 대출에 의해 은행대출이 대체된 것이다.

시간이 흐름에 따라 미국의 은행산업이 어떻게 진화했는지를 알아보려면, 금융시스템 전반을 변화시켜온 금융혁신의 과정을 이해해야 한다. 다른 산업과 마찬가지로 금융산업도 상품을 팔아 이윤을 얻으려는 비즈니스다. 만약 비누회사가 시장에서 섬유유연제를 첨가한 세제에 대한 니즈(needs)가 있음을 알게 된다면, 이를 충족시키는 제품을 개발할 것이다. 마찬가지로 금융기관도 이윤을 극대화하기 위해 고객의 니즈는 물론 자신의 니즈를 충족시키는 새로운 상품을 개발한다. 바꿔 말하면, 경제에 매우 유익한 혁신은 사람들이 부자가 되려는 욕망에 의해 추진된다. 혁신과정에 대한 이러한 견해는 다음과 같은 단순한 분석 결과를 도출한다. 금융환경의 변화는 금융기관에 이윤을 가져다줄 금융혁신을 추구하도록 자극한다.

금융시장에서 활동하던 금융기관과 개인은 1960년대부터 경제 환경의 극적인 변화에 직면했다. 인플레이션과 이자율이 급격히 오르고 미래를 예측하기가 더욱 어려워지면서 금융시장에서의 수요조건이 변화했다. 컴퓨터 기술의 급격한 진보로 인해 공급조건도 변화했다. 더구나 금융규제는 더욱 부담스러운 존재가 됐다. 금융기관들은 과거와 같은 방식으로 영업해서는 더 이상 높은 이윤을 얻을 수 없음을 깨달았다. 일반인에게 제공해 온 과거의 금융상품과 서비스가 잘 팔리지 않았던 것이다. 금융중개기관들은 전통적인 금융수단으로는 더 이상 자금을 조달할 수 없으며, 자금조달 없이는 곧 사업을 포기해야 한다는 것을 깨달았다. 새로운 경제 환경에서 살아남기 위해 금융기관은 고객의 니즈를 충족시키고 높은 이윤을 얻을 수 있는 새로운 금융상품과 서비스를 연구·개발해야 했다. 이런 과정을 **금융공학**(financial engineering)이라 부른다. 이 경우 필요는 혁신의 어머니였다.

금융혁신이 일어난 이유에 관한 논의를 통해 금융혁신에는 3가지 기본 유형이 있음을 알 수 있다. 즉 수요조건의 변화에 대한 대응, 공급조건의 변화에 대한 대응, 규제의 회피다. 이들 3가지 유인은 종종 서로 상호작용을 하면서 금융혁신을 만들어낸다. 이제 금융기관이 왜 혁신을 하는지를 이해하기 위한 분석의 틀을 제시했으므로, 이윤을 추구하는 금융기관이 어떻게 이들 3가지 유형의 금융혁신을 이뤄냈는지 사례를 들어 살펴보자.

2.1 수요조건의 변화에 대한 대응 : 이자율 변동성

최근 금융상품에 대한 수요를 변화시킨 경제 환경의 가장 중요한 변화는 이자율 변동성의 급격한 증가다. 1950년대에는 3개월 만기 재무부 증권의 이자율이 1.0~3.5% 사이에서 움직였다. 그런데 1970년대에는 그 이자율이 4.0~11.5% 사이에서 변동했으며, 1980년대에는 5~15%를 상회하기도 했다. 이자율의 급변으로 인해 상당한 규모의 자본이득이나 손실이 발생했으며, 투자수익률에 대한 불확실성이 더욱 커졌다. 이자율 위험이란 이자율 변화와 수익률의 불확실성과 관련된 위험임을 상기하자. 1970년대와 1980년대에 이자율의 변동성이 증가하면서 이자율 위험이 더욱 커졌다.

예상할 수 있듯이, 이자율 위험의 증가로 인해 그 위험을 줄여주는 금융상품과 서비스에 대한 수요가 증가했다. 이런 금융환경의 변화에 자극돼 금융기관들은 높은 이윤을 얻기 위해 새로운 수요를 충족시키는 금융혁신을 추구했으며, 그 결과 이자율 위험을 줄여주는 새로운 금융수단이 창출되기에 이르렀다. 이러한 추론을 확인해주는 사례로 1970년대에 등장한 금융혁신인 조정이자율 모기지(adjustable-rate mortgage)와 파생금융상품을 들 수 있다.

조정이자율 모기지 다른 투자자와 마찬가지로 금융기관도 이자율 위험이 작으면 대출하기에 유리하다는 것을 알고 있다. 금융기관들은 10%의 이자율로 모기지 대출을 했는데 두 달 후 똑같은 모기지에 대해 12%의 이자율이 적용되는 상황이 발생하길 원치 않는다. 이자율 위험을 줄이기 위해 1975년 캘리포니아의 저축대부조합은 조정이자율 모기지란 대출상품을 판매하기 시작했다. 이는 시장이자율(대개 재무부 단기증권의 이자율)이 변하면 모기지의 이자율도 같이 변하는 대출이다. 초기에는 조정이자율 모기지의 이자율이 5%일 수 있다. 그런데 이 이자율은 고정된 것이 아니라, 예컨대 6개월 후에는 모기지의 이자율이 6개월 만기 재무부 증권의 이자율 변동폭만큼 따라 변동해 모기지 상환액이 조정되는 것이다. 조정이자율 모기지는 시장이자율이 오를 때 모기지 발행 금융기관에게 더 높은 이자율을 지급하기 때문에 이자율이 상승해도 높은 이윤을 유지해주는 이점이 있다.

조정이자율 모기지의 이러한 매력으로 인해 모기지 금융기관은 조정이자율 모기지에 대해서는 전통적인 고정이자율 모기지에 비해 초기에 더 낮은 이자율을 제시할 수 있었으며, 많은 고객의 인기를 끌었다. 그러나 한편으로는 변동이자율 모기지에 대한 모기지 상환액이 증가할 수 있기 때문에 여타 고객들은 고정이자율 모기지를 계속 선호했다. 결국 2가지 유형의 모기지가 함께 널리 이용됐다.

파생금융상품 이자율 위험을 줄이려는 수요가 크게 존재했기 때문에 시카고상품거래소

(Chicago Board of Trade, CBOT)와 같은 상품거래소는 트자자와 금융기관들을 이자율 위험에서 보호해줄, 즉 **헤지**(hedge)해줄 상품을 개발한다면 이런 새로운 금융수단을 판매해 이윤을 얻을 수 있음을 알았다. 표준화된 상품을 일정 시점에 약정한 가격으로 거래할 것을 합의하는 **선물계약**(futures contract)은 오래전부터 존재하고 있었다. 시카고상품거래소의 관리자들은 금융자산에 대한 선물계약을 만든다면 위험을 헤지하는 데 이용할 수 있음을 깨달았다. 이때 기존에 발행된 증권에 연계돼 지급액이 파생적으로 정해지기 때문에 이를 **파생금융상품**(financial derivative)이라 한다. 그리하여 1975년에 파생금융상품이 탄생했다.

2.2 공급조건의 변화에 대한 대응 : 정보기술

금융혁신을 자극한 공급조건의 변화 가운데 가장 중요한 변화의 원천은 컴퓨터와 통신기술의 발달이다. 이들 기술을 정보기술(information technology, IT)이라 하는데, 다음 2가지 영향을 미쳤다. 첫째, 정보기술은 금융거래를 수행하는 비용을 낮췄으며, 이로 인해 금융기관이 새로운 금융상품과 서비스를 제공해 이윤을 얻는 것이 가능해졌다. 둘째, 정보기술로 인해 투자자들이 정보를 얻기 쉬워졌고, 그 결과 기업은 증권을 발행하기가 더욱 용이해졌다. 정보기술의 급속한 발전은 다음에 살펴볼 여러 새로운 금융상품과 서비스를 만들어냈다.

은행 신용카드와 직불카드 신용카드(credit card)는 제2차 세계대전 훨씬 전부터 존재했다. 시어스(Sears), 메이시스(Macy's), 골드워터스(Goldwater's) 등의 상점은 고객에게 현금 없이도 자신의 매장에서 물건을 살 수 있는 신용카드를 제공하는 방식으로 외상계좌를 제도화했다. 전국적인 신용카드는 제2차 세계대전 이후 다이너스 클럽(Diners Club)이 미국 전역과 해외에서도 사용할 수 있는 신용카드를 개발하면서 시작됐다. 유사한 신용카드 사업이 아메리칸 익스프레스(American Express)와 까르뜨 블랑슈(Carte Blanche)에 의해 시작됐다. 그러나 이 사업을 운영하는 데 드는 높은 비용 때문에 카드는 값비싼 구매를 할 능력이 있는 사람과 기업에게만 선별적으로 발급됐다.

신용카드를 발급하는 기업은 신용카드 소지자에게 제공한 대출과 신용카드 구매 시 가맹점이 지불하는 수수료(물건가격의 일정 비율, 예컨대 5%)에서 수입을 얻는다. 신용카드 사업비는 대출 채무의 불이행, 도난 카드, 신용카드 거래를 처리하는 데 드는 경비에서 발생한다.

다이너스 클럽, 아메리칸 익스프레스, 까르뜨 블랑슈의 성공을 보고 은행들도 수익성이 높은 신용카드 사업에 끼어들기 시작했다. 1950년대에 몇몇 상업은행이 신용카드 사업을 보다 넓은 시장으로 확대하려고 시도했는데, 사업을 운영하는 데 드는 거래 건당 단가가 너무 높아 초기의 시도는 실패하고 말았다.

1960년대 후반 컴퓨터 기술의 발전으로 신용카드 서비스를 제공하는 데 드는 거래비용이 낮아짐에 따라 은행의 신용카드 사업이 수익을 낼 것처럼 보였다. 은행들은 다시 카드 사업에 뛰어들었고, 이번에는 뱅크아메리카드(BankAmericard)와 마스터차지(MasterCharge)라는 2개의 성공적인 은행 신용카드가 탄생했다. 뱅크아메리카드는 원래 뱅크 오브 아메리카에 의해 시작됐으나 지금은 비자(Visa)라는 독립적 회사가 됐으며, 마스터차지는 지금의 마스터카드(MasterCard)로 은행간카드협회(Interbank Card Association)에 의해 운영되고 있다. 이들 사업은 경이적인 성공을 거두었으며, 2억 장 이상의 카드가 사용되고 있다. 실로 은행 신용카드 사업은 수익성이 매우 높았기 때문에 디스커버(Discover) 카드를 시작한 시어스, 그리고 GM, AT&T 등의 비금융회사들도 신용카드 사업에 진출했다. 소비자의 입장에서도 물건 구입 시 신용카드가 수표보다 널리 쓰이고 대출받기도 쉬워 이득이었다.

은행 신용카드의 성공으로 이들은 새로운 금융혁신인 직불카드(debit card)를 만들어 냈다. 직불카드는 종종 신용카드와 똑같이 생겼으며, 물건 구입 시에도 신용카드와 똑같은 방식으로 사용할 수 있다. 그러나 신용카드와 달리 직불카드는 물건 구입 시 카드 소지자의 은행계좌에서 물건 구입대금이 즉시 인출된다. 직불카드의 이윤은 전적으로 물건을 판 가게가 지불하는 수수료에서 나오기 때문에 직불카드의 성공은 거래를 처리하는 낮은 비용에 달려 있다. 최근 직불카드의 사용이 급속히 증가하고 있다.

전자금융 현대의 놀라운 컴퓨터 기술로 인해 은행 고객들이 직원을 만나지 않고 전자금융(electronic banking, e-banking) 설비를 이용함에 따라 은행은 거래비용을 더욱 낮출 수 있게 됐다. 전자금융 설비의 중요한 형태로는 고객이 현금을 인출하고, 예금을 하며, 다른 계좌로 송금하고, 잔고를 확인할 수 있는 **자동 입출금기**(automated teller machine, ATM)를 들 수 있다. ATM은 초과근무수당이 필요 없이 하루 24시간 잠들지 않고 이용 가능하다는 장점이 있다. ATM은 보다 저렴한 비용으로 은행 거래를 가능하게 할 뿐 아니라 고객에게 편리함을 제공한다. 더구나 ATM은 은행 이외의 장소에 놓일 수 있어 고객의 편리함을 더욱 높였다. 낮은 비용으로 인해 ATM은 곳곳에서 눈에 띄며, 현재 미국에만 25만 대 이상이 있다. 더욱이 이제는 유럽 여행 시에도 마치 자기 나라의 은행에서 돈을 찾는 것처럼 ATM에서 쉽게 현지의 외국 화폐를 인출할 수 있다.

통신비용의 하락에 따라 은행은 홈뱅킹(home banking)이라는 또 다른 금융혁신을 이루어냈다. 이제 은행은 전자금융 설비를 설치해 고객이 전화나 PC를 통해 은행 컴퓨터에 접속해 거래를 수행하게 함으로써 비용을 더욱 절감한다. 현재 은행 고객은 안락한 집을 나서지 않고도 많은 은행 거래를 할 수 있다. 고객의 이득은 홈뱅킹의 편리함이고, 은행은 고객을 은행으로 불러들여 거래하는 것보다 비용을 훨씬 낮출 수 있다. ATM과 홈뱅킹의 성공은 **자동 은행업무기**(automated banking machine, ABM)라는 또 하나의 금융혁신을 가져왔다. ABM은 ATM, 은행 웹사이트 인터넷 연결, 고객서비스 전화 연결을 한자리에 결합한 것이다.

PC 가격이 하락해 가정에의 보급이 확대됨에 따라 홈뱅킹 영역에서 또 하나의 금융혁신이 진전됐다. 이는 **가상은행**(virtual bank)이라는 새로운 유형의 금융기관으로서, 사이버 공간에서만 존재하는 은행이다. 1995년 애틀랜타에 설립된, 그러나 지금은 로열 뱅크 오브 캐나다(Royal Bank of Canada)가 소유하게 된 시큐리티 퍼스트 네트워크 뱅크(Security First Network Bank)는 최초의 가상은행으로, 당좌예금과 저축예금을 받고, CD(양도성예금증서)를 팔며, ATM 카드를 발급하고, 고지서 납부 편의를 제공하는 등 인터넷상에서 일련의 은행 서비스를 제공한다. 따라서 가상은행은 홈뱅킹을 한 단계 더 진전시킨 것으로, 고객이 모든 은행 서비스를 24시간 집에서 처리할 수 있게 해준다. 1996년에는 뱅크 오브 아메리카와 웰스 파고(Wells Fargo)가 가상은행 시장에 진입했으며 많은 은행이 이를 뒤따르고 있다. 현재 뱅크 오브 아메리카는 미국에서 가장 큰 인터넷 은행이다. 그럼 가상은행이 미래의 중심적인 은행 형태가 될 것인가?([FYI] '은행산업에서 '클릭'(click)이 '벽돌'(brick)을 압도하게 될까?' 참조)

FYI 은행산업에서 '클릭'(click)이 '벽돌'(brick)을 압도하게 될까?

가상은행(클릭)의 등장과 그 편리함으로 인해 제기되는 주요 질문은 '과연 가상은행이 은행의 기능을 수행하는 주된 형태가 되고, 따라서 은행서비스의 주요 전달기구로서 물리적인 은행 지점(벽돌)의 필요성은 사라질 것인가'라는 것이다. 정말 독립형 인터넷 은행이 미래의 물결일까?

그 대답은 '아니요'인 것 같다. 뱅크 원(Bank One)이 소유한 윙스팬(Wingspan), 더블린에 근거한 퍼스트-e(First-e), 프루덴셜(Prudential)이 소유한 영국의 인터넷 은행 에그(Egg) 등과 같이 인터넷만으로 운영되는 은행들은 실망스런 수입 증가율과 이윤을 나타내고 있다. 순수 온라인 뱅킹은 그 지지자들이 원했던 것만큼 성공적이지 못하다. 그럼 왜 인터넷 은행이 실망스러운 걸까?

인터넷 은행은 몇 가지 점에서 불리하다. 첫째, 은행 예금자는 자신의 예금이 안전한지 알고 싶어 하며, 따라서 자신의 돈을 잘 알지 못하는 신생 금융기관에 맡기기를 꺼린다. 둘째, 고객은 온라인 거래가 안전한지, 그리고 그 거래가 정말 개인정보를 보호해줄지 의심한다. 전통적인 은행이 개인 정보를 보호하는 데 더 안전하고 믿을 만하다고 보는 것이다. 셋째, 고객은 물리적인 지점에서 제공하는 서비스를 선호할 수 있다. 예를 들어, 고객은 은행 직원과 얼굴을 마주보며 장기 저축상품을 구입하길 원하는 것 같다. 넷째, 인터넷 은행은 서버 장애, 느린 전화선 연결, 거래의 오류 등 기술적 문제(물론 이런 문제는 기술이 진보함에 따라 감소하겠지만)에 부딪힌다.

따라서 미래의 물결은 순수 인터넷 은행일 것 같지는 않다. 대신 '클릭과 벽돌'이 중심적인 은행 형태가 돼, 온라인 뱅킹은 전통적인 은행이 제공하는 서비스를 보완하는 데 이용될 것 같다. 그럼에도 불구하고 은행서비스의 전달방식은 엄청난 변화를 겪고 있다. 더 많은 은행서비스가 인터넷으로 전달될 것이며, 미래에 물리적인 은행 지점의 수는 감소할 것이다.

정크 본드 컴퓨터와 진보된 통신수단이 등장하기 전에는 증권을 발행하려는 기업의 재무 상황에 관한 정보를 얻기가 어려웠다. 신용 위험이 우량한 자와 불량한 자를 가려내기가 어려웠기 때문에 채권을 발행할 수 있는 기업은 신용등급이 높은 매우 건실한 기업뿐이었다.[1] 1980년대 이전에는 신용등급이 Baa 이상인 채권을 발행할 수 있는 기업만이 채권을 신규로 발행해 자금을 조달할 수 있었다. 이들 기업이 어려운 시기에 처하면 추락한 천사(fallen angel)라 불리는데, 과거 좋은 시절에 발행한 장기 회사채의 신용등급이 이제 Baa 아래로 떨어지면 이를 경멸해 '정크 본드'(junk bond)라 한다.

1970년대부터 정보기술의 진보에 따라 투자자가 기업의 재무정보를 쉽게 얻을 수 있어 신용 위험이 우량한 기업과 불량한 기업을 구별하기 쉬워졌다. 이들 구별이 쉬워짐에 따라 투자자는 잘 알려지지 않은 기업이 발행한 신용등급이 낮은 장기 채무증권을 보다 기꺼이 사려고 했다. 이러한 공급조건의 변화로 어떤 똑똑한 사람이 나타나, 추락한 천사가 아니라 아직 투자등급 지위를 얻지 못한 기업이 발행한 신규 정크 본드를 판매한다는 아이디어를 선구적으로 개발했다. 바로 드렉셀 번햄 램버트(Drexel Burnham Lambert)라는 투자은행의 마이클 밀컨(Michael Milken)이 1977년에 시작한 일이다. 정크 본드는 1980년대 후반까지 그 잔고가 2,000억 달러를 상회할 만큼 회사채시장에서 중요한 요소가 됐다. 1989년에 밀컨이 증권법 위반으로 기소된 후 정크 본드 시장이 크게 냉각되기도 했지만, 이 시장은 1990년대와 2000년대에 다시 가열됐다.

기업어음시장 기업어음(commercial paper, CP)은 대형 은행과 기업에 의해 발행되는 단기 채무증권이다. 기업어음시장은 1970년 이후 엄청난 성장을 거듭해, 1970년에 330억 달러던 시장 규모가 2010년 말에는 1조 달러 이상으로 확대됐다. 실로 기업어음은 가장 빠르게 성장한 단기금융시장의 금융상품 가운데 하나다.

기업어음시장이 급속히 성장할 수 있었던 것은 역시 정보기술의 발달 덕분이다. 정보기술의 발달로 인해 투자자들은 신용 위험이 우량한 기업과 불량한 기업을 가려낼 수 있었고, 그 결과 기업은 채무증권을 쉽게 발행할 수 있었다. 기업은 정크 본드 시장에서 장기 채무증권을 발행할 수 있을 뿐만 아니라, 기업어음과 같은 단기 채무증권을 발행해 보다 쉽게 자금을 조달할 수 있었다. 은행에서 단기자금을 차입하던 많은 기업이 이제는 종종 기업어음시장에서 단기자금을 조달한다.

MMF의 발전도 기업어음시장의 급속한 성장을 촉진했다. MMF는 기업어음과 같이 유동성이 높은 우량한 단기 자산을 보유할 필요가 있기 때문에, MMF가 2조 3,000억 달러

---

1) 제8장의 역선택 문제에 대한 논의에서 왜 신용등급이 높은 매우 건실한 기업만이 채권을 발행할 수 있는지에 대한 보다 자세한 분석을 볼 수 있다.

규모로 성장함에 따라 기업어음시장이 곧바로 성장했다. 7 업어음에 투자하는 연금과 여타 대형 펀드들의 성장도 기업어음시장의 확대를 촉진했다.

증권화 거래 기법과 정보기술의 발달로 인한 금융혁신의 중요한 예로 증권화를 들 수 있다. 증권화는 지난 20년 동안 일어난 가장 중요한 금융혁신 중 하나며, 2000년대 중반 서브프라임 모기지의 발전에 특히 큰 역할을 했다. **증권화**(securitization)란 주거용 모기지, 자동차 대출, 신용카드 매출채권 등과 같이 전통적으로 은행의 주수입원이던 유동성이 낮은 금융자산을 시장에서 거래될 수 있는 자본시장의 증권으로 변환시키는 과정이다. 앞에서 본 것처럼 정보를 획득하는 능력이 발달함에 따라 자본시장 증권을 판매하기가 쉬워졌다. 더욱이 컴퓨터기술의 발달로 인해 거래비용을 낮출 수 있기 때문에, 금융기관은 저렴한 비용으로 모기지와 같은 다양한 소액(종종 10만 달러 이하) 대출을 한데 묶은 포트폴리오를 구성한 후 여기서 나오는 원리금을 수취해 제3자에게 넘길 수 있다. 금융기관은 이 포트폴리오를 표준화된 금액으로 쪼개 원리금 지급에 대한 청구권을 증권의 형태로 만들어 제3자에게 매도할 수 있다. 이때 대출을 증권화하면서 발행하는 증권을 표준화함으로써 유동성을 높이고, 여러 대출을 한데 모아 포트폴리오를 구성하면서 위험을 분산시킬 수 있기 때문에 이 증권은 보다 매력적인 금융상품이 된다. 한편, 대출을 증권화해 매각하는 금융기관은 대출의 원리금을 징수하고 이를 증권 소유자에게 지급해주는 서비스를 하며, 그 대가로 수수료를 받아 이윤을 얻는다.

2.3 규제의 회피

지금까지 논의한 금융혁신 과정은 여타 경제 분야에서의 혁신과 거의 유사하다. 즉 혁신은 수요와 공급 조건의 변화에 반응해 일어난다. 그러나 금융산업은 다른 산업에 비해 더 많은 규제를 받기 때문에 정부의 규제가 금융산업에서의 혁신을 더욱 자극했다. 금융기관은 이윤을 제약하는 정부의 규제를 우회할 인센티브가 있었고, 그 결과 금융혁신이 일어났다. 보스턴 칼리지(Boston College)의 경제학자 에드워드 케인(Edward Kane)은 이렇게 규제를 회피하는 과정을 '허점 찾아내기'(loophole mining)라 불렀다. 혁신에 대한 경제적 분석이 시사하는 바는, 경제 환경의 변화로 인해 규제의 제약이 너무 부담스러워지면 규제를 회피함으로써 많은 이윤을 얻을 수 있기 때문에, 허점 찾아내기와 금융혁신이 더욱 잘 일어난다는 것이다.

미국에서 은행산업은 가장 강하게 규제되는 산업 중 하나기 때문에 허점 찾아내기가 특히 일어나기 쉽다. 1960년대 후반에서 1980년까지 인플레이션과 이자율의 상승으로 은행산업에 대한 규제가 더욱 부담스럽게 됨에 따라 금융혁신이 일어났다.

두 종류의 규제가 은행의 이윤창출 능력을 심각하게 제약했다. 즉 은행이 예금의 일정부분을 지준(시재금과 중앙은행 예치금)으로 보관하도록 규정한 지준의무와 예금에 대한 이자율 규제다. 다음 이유로 이들 규제는 금융혁신의 주요 동력이 됐다.

1. 지준의무. 지준의무가 왜 금융혁신을 가져왔는지를 이해하기 위해서는 지준의무가 실질적으로 예금에 대한 세금과 같음을 알아야 한다. 2008년 이전까지 Fed는 지준에 대해 이자를 지급하지 않았기 때문에 은행이 지준을 보유하는 기회비용은 지준을 대출함으로써 얻게 되는 이자수입이다. 따라서 지준의무는 예금 1달러에 대해 지준으로 보유해야 하는 부분인 지준율 r에 대해 대출해서 받을 수 있는 이자율 i를 곱한 것만큼의 비용을 은행에 부과하는 셈이다. 이렇게 은행이 부담하는 $r \times i$만큼의 비용은 은행예금 1달러당 $r \times i$만큼의 세금이 부과된 것과 똑같다.

   가능하다면 절세가 상책이다. 은행도 마찬가지다. 세금을 내야 할 사람이 세금을 줄일 수 있는 허점을 찾듯이, 은행도 허점을 찾아내 예금에 대한 지준의무로 부과된 세금을 회피하는 금융혁신을 함으로써 이윤을 증가시킬 방법을 찾는다.
2. 예금 이자율에 대한 규제. 1980년 이전까지 미국의 대다수 주에서는 은행이 당좌예금에 대해 이자를 지급하는 것을 금지했으며, Fed는 레귤레이션 Q(Regulation Q)를 통해 정기예금에 지급할 수 있는 이자율 상한을 설정했다. 오늘날까지 은행은 기업의 당좌예금에 대해 이자를 지급하는 것이 금지돼 있다. 바로 이러한 **예금 이자율 상한**(deposit rate ceiling)을 회피하려는 욕구로 인해 금융혁신이 일어났다.

   시장이자율이 레귤레이션 Q가 적용되는 정기예금에 대한 이자율 상한보다 더 높아지면, 예금자는 은행에서 돈을 인출해 수익률이 더 높은 증권으로 옮겨간다. 은행 시스템에서 예금의 인출이 일어나면 은행이 대출할 수 있는 자금의 양이 줄어드는 **탈중개화**(disintermediation, 혹은 탈은행화) 현상이 발생하고 이에 따라 은행의 이윤이 감소한다. 따라서 은행은 예금 이자율 상한을 우회할 인센티브를 갖는다. 왜냐하면 대출할 자금을 더 많이 조달해 더 큰 이윤을 얻으려 하기 때문이다.

이자율에 대한 규제와 세금 효과를 지닌 지준의무를 피하려는 은행의 욕구로 인해 다음 2가지 중요한 금융혁신이 일어났다.

MMF MMF(money market mutual fund)는 수표를 발행해 고정된 가격(대개 1달러)으로 상환할 수 있는 지분을 발행한다. 예를 들어 여러분이 5,000달러를 내고 MMF 지분 5,000주를 샀다면, MMF는 이 돈을 단기국채, CD, CP 등 단기금융시장의 증권에 투자하고 그 이자를 여러분에게 지급한다. 게다가 여러분은 MMF의 지분으로 보유하고 있는 5,000달러까지 수표를 발행할 수 있다. 이렇게 MMF 지분은 실질적으로 이자를 지급하는 당좌예금과 같은 기능을 하지만 법적으로는 예금이 아니며, 따라서 지준의무나 이자율 규제를 받지 않는다. 이런 이유로 MMF는 은행예금보다 높은 이자율을 지급할 수 있다.

최초의 MMF는 1970년 브루스 벤트(Bruce Bent)와 헨리 브라운(Henry Brown)이라는 월스트리트의 이단자에 의해 창출됐다. 1970~1977년 기간의 시장이자율은 5.25~5.5%인 레귤레이션 Q의 예금 이자율 상한보다 약간 높은 수준이었기 때문에 은행예금에 비해 특별히 유리하지 않았다. 그런데 1978년 초 상황이 급변해 인플레이션이 높아지고 시장이자율이 레귤레이션 Q의 이자율 상한인 5.5%보다 훨씬 높은 10% 이상으로 상승했다. 이에 MMF의 자산 규모는 1977년에는 40억 달러에도 미치지 못했으나, 1978년에 100억 달러 가까이로 증가했고, 1979년에는 400억 달러를 넘었으며, 1982년에는 2,300억 달러에 이르렀다. 현재는 MMF 자산 규모가 약 3조 달러다. 적어도 MMF는 성공적인 금융혁신이었다. 이는 바로 시장이자율이 레귤레이션 Q의 이자율 상한을 크게 상회한 1970년대 후반과 1980년대 초에 일어나리라 예견된 바이기도 하다.

그러나 전혀 뜻밖의 결과는, 브루스 벤트에 의해 설립된 MMF가 위험한 투자로 인해 2008년 글로벌 금융위기 동안 거의 몰락했다는 것이다([FYI] '브루스 벤트와 2008년의 MMF 패닉' 참조).

FYI 브루스 벤트와 2008년의 MMF 패닉

MMF 창시자의 한 사람인 브루스 벤트는 2008년 가을 글로벌 금융위기 동안에 MMF 산업을 거의 몰락시키고 말았다. 2008년 7월 벤트는 지분 소유자들에게 보낸 편지에서 자신의 MMF가 '원금 보존이라는 확고한 원칙'하에 관리된다고 말했다. 또한 그는 2007년 9월 SEC에 보낸 편지에서 '1970년에 MMF를 창립할 때 안전성과 유동성의 신조하에 MMF를 설계했다'라고 밝혔다. 그런데 이들 원칙이 '포트폴리오 관리자들이 최대 수익률을 추구하고 완결성을 손상시킴에 따라 중도에서 포기됐다'라고 덧붙였다. 아! 벤트는 자기 자신의 충고를 따르지 않았고 그가 만든 MMF인 리저브 프라이머리 펀드(Reserve Primary Fund)는 MMF 산업의 평균수익률보다 높은 수익률을 얻기 위해 위험한 자산을 사들였다.

리먼 브라더스가 2008년 9월 15일 파산했을 때, 리저브 프라이머리 펀드는 600억 달러 이상의 자산을 보유하고 있었는데 리먼 브라더스 채권에 7.85억 달러가 물리게 됐고 이 금액은 장부상 가치가 영(0)으로 됐다. 이에 따른 손실로 인해 9월 16일 벤트의 MMF는 지분에 대해 1달러의 액면가 미만으로 환매할 수밖에 없는 'breaking the buck' 상태에 처했다. 이에 대규모 자금 인출이 일어나 벤트의 MMF는 자산의 90%를 잃고 말았다.

이런 일이 다른 MMF에서도 일어날 수 있다는 공포감으로 인해 사람들이 MMF에서 급속히 자신의 돈을 인출하는 고전적인 패닉 상황이 발생했다. MMF 산업 전체가 몰락할 수 있을 것처럼 보였다. 이를 막기 위해 9월 19일 Fed와 재무부가 구조에 나섰다. Fed는 MMF가 투자자들로부터의 환매 요구를 들어줄 수 있도록 MMF가 보유한 기업어음을 매입할 자금을 대출해주는 비상조치를 취했다(제16장 참조). 그리고 재무부는 모든 MMF의 환매를 한시적으로 보증했다. 이에 따라 패닉은 가라앉았다.

정부의 안전망이 MMF 산업으로 확대됐기에 당연히 MMF 산업을 보다 강하게 규제해야 한다는 요구가 있다. 이제 MMF 산업은 더 이상 예전과 같지 않을 것이다.

일소계정 일소계정은 지준의무로 인한 '세금'을 피하는 또 다른 혁신이다. **일소계정**(sweep account)은 기업의 당좌예금에 일정액 이상의 자금이 있으면 그 자금을 영업 마감시간에 자동 인출('일소')해 이자가 지급되는 증권에 하룻밤 동안 투자함으로써 이자를 지급하는 예금이다. 일소된 자금은 더 이상 당좌예금으로 간주되지 않기 때문에 지준의무가 없으며, 따라서 '세금'도 없다. 일소계정은 또한 당좌예금에 대해서는 은행이 이자를 지급할 수 없음에도 불구하고 실질적으로는 이자를 지급하는 이점이 있다. 일소계정이 널리 보급됨에 따라 필요지준의 양이 줄어들어 대다수 은행에게 지준의무가 더 이상 제약으로 작용하지 않게 됐다. 바꿔 말하면, 은행은 자발적으로 필요지준보다 더 많은 지준을 보유한다.

일소계정과 MMF의 금융혁신은 비용을 초래하는 규제를 회피하기 위해서뿐만 아니라 정보기술이라는 공급조건의 변화에 의해 촉발됐다는 점에서 특히 흥미롭다. 금융혁신에 필요한 추가적인 거래가 컴퓨터를 이용해 저렴한 비용으로 처리될 수 없었다면, 이런 혁신은 수익성을 낼 수 없었으며 따라서 개발되지도 못했을 것이다. 기술적 요인은 종종 규제를 우회하려는 인센티브와 결합해 혁신을 만들어낸다.

2.4 금융혁신과 전통적인 은행업의 쇠퇴

은행의 전통적인 금융중개 기능은 단기 예금으로 자금을 조달해 장기로 대출하는, 흔히 '단기로 차입해 장기로 대출한다'고 일컫는 자산변환(asset transformation)의 과정이다. 여기서는 어떻게 금융혁신이 은행산업에서 더욱 경쟁적인 환경을 창출했으며, 전통적인 은행 업무가 쇠퇴하면서 은행산업이 얼마나 급격히 변모했는지 살펴보자.

미국에서 비금융 부문의 차입자에 대한 자금 조달원으로서 상업은행의 중요성은 급속히 위축됐다. [그림 2]에서 볼 수 있듯이, 1974년에는 상업은행이 자금을 40% 가까이 제공했다. 그러나 2011년에 이르러 시장점유율이 25% 아래로 하락했다. 저축기관의 시장점유율은 훨씬 심각하게 하락해, 1970년대 후반 20% 이상에서 현재는 3% 내외가 됐다. 전통적인 은행 업무의 규모가 감소한 원인을 이해하기 위해, 앞에서 설명한 금융혁신으로 인해 어떻게 은행의 자금조달 측면, 즉 부채 측면에서 비용상의 우위가 약화됐고, 동시에 자산 측면에서 소득상의 우위가 사라지게 됐는지를 살펴볼 필요가 있다. 비용과 소득상의 우위가 동시에 약화됨에 따라 전통적인 은행 업무의 수익성이 하락했고, 은행은 전통적인 업무에서 벗어나 보다 수익성이 높은 새로운 사업을 추구했다.

자금 조달(부채)에 있어 비용상의 우위 약화 1980년까지 미국의 은행은 당좌예금에 대해 이자를 지급하는 것이 금지됐고, 레귤레이션 Q로 인해 정기예금에 대해서는 5%를 약간 상회하는 이자율 상한이 적용됐다. 1960년대까지는 이러한 규제가 은행에게 유리

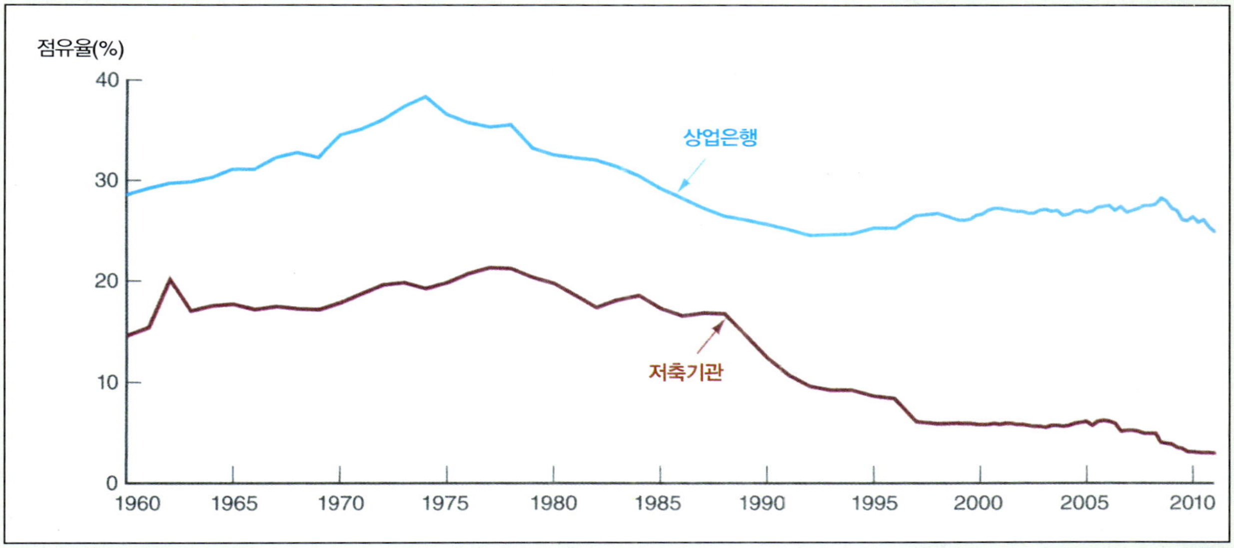

그림 2 비금융 부문의 차입금 가운데 은행의 점유율, 1960~2011년

1974년에는 은행이 이들 자금의 40% 가까이를 제공했는데, 2011년에 이르러서는 은행의 시장점유율이 25%로 하락했다. 저축기관들의 시장점유율 하락은 훨씬 더 심각해, 1970년대 후반 20% 이상에서 최근에는 3%로 떨어졌다.

자료 : Federal Reserve *Flow of Funds*; www.federalreserve.gov/releases/z1/Current/z1.pdf. Flow of Funds Accounts; Federal Reserve *Bulletin*.

한 것이었다. 왜냐하면 은행은 자금조달의 60% 이상을 당좌예금에 의존했으며, 이들 예금에 대한 무이자로 인해 은행 입장에서는 매우 저렴한 비용으로 자금을 조달했기 때문이다. 불행하게도 은행에게 이런 비용상의 우위는 지속되지 못했다. 1960년대 후반부터 인플레이션의 상승으로 이자율이 상승했고 이로 인해 투자자들은 자산 간의 수익률 차이에 더욱 민감해졌다. 그 결과는 소위 탈중개화(disintermediation)의 진행이다. 사람들은 이자율이 낮은 정기예금과 당좌예금에서 돈을 꺼내 더 높은 수익을 가져다주는 투자처를 찾기 시작했다. 동시에 앞에서 살펴보았듯이 예금 이자율 상한과 지준의무를 우회하려는 시도가 단기금융시장에서의 금융혁신을 가져오면서 MMF가 등장했다. MMF는 높은 이자를 지급하면서도 당좌예금과 같은 서비스를 제공했기 때문에 은행은 더욱 불리해졌다. 금융시스템의 이런 변화로 인해 저비용 자금 조달원인 당좌예금의 비중이 과거 은행 부채의 60% 이상에서 현재는 2% 수준으로 급속히 하락했다.

은행의 자금조달이 어려워짐에 따라 1980년대에는 정기예금에 대한 이자율 상한 규제를 폐지하고 수표발행 예금에 대한 이자지급을 허용하는 법이 만들어졌다. 이에 따라 은행은 자금을 끌어모으는 데 있어 경쟁력을 높일 수 있었다. 그러나 자금조달 비용이 크게 상승했고, 이로 인해 과거에 누리던 여타 금융기관 대비 비용상의 우위가 약화됐다.

자금운용(자산)에 있어 소득상의 우위 약화 은행은 대차대조표의 부채 측면에서 비용상의 우위 상실로 인해 경쟁력이 약화됐을 뿐만 아니라 정크 본드, 증권화, 기업어음시장의 성장으로 인해 자산 측면에서 소득상의 우위도 약화되는 타격을 입었다. 이러한 소득상의 우위 약화로 은행은 시장점유율을 잃게 됐으며, 반면 이들 금융혁신을 이용해 은행을 통하지 않고 자금 차입이 가능하게 됨에 따라 그림자 은행시스템이 성장했다.

앞에서 보았듯이, 정보기술의 발전으로 기업이 직접 증권을 발행하는 것이 보다 용이해졌다. 이는 은행의 최우량 기업들이 단기자금을 얻기 위해 은행을 찾아가는 대신 기업어음시장에서 더 저렴한 비용으로 자금을 조달할 수 있게 됐음을 의미한다. 더구나 기업어음시장의 성장에 따라 주로 기업어음 발행을 통해 자금을 조달하는 파이낸스 회사(finance company)가 은행을 잠식하면서 사업을 확장할 수 있었다. 은행에서 차입하는 기업에 역시 자금을 빌려주는 파이낸스 회사는 은행에 비해 상대적으로 시장점유율을 그대로 유지했다. 1980년 이전 파이낸스 회사의 기업 대출은 은행 상공업 대출의 30% 정도였는데 현재는 32% 수준이다.

정크 본드 시장의 등장도 은행의 대출 영업을 잠식했다. 정보기술의 발달로 인해 기업은 채권을 민간인들에게 직접 판매할 수 있었고, 이로 인해 은행을 덜 이용하게 됐다. 1970년대에는 포춘(Fortune)이 선정한 500대 대기업이 이런 경로를 이용하기 시작했으나, 현재는 신용도가 낮은 기업들도 정크 본드 시장에 접근할 수 있기 때문에 은행을 덜 이용한다.

또한 컴퓨터 기술의 발달로 인해 증권화가 촉진되고 은행 대출, 모기지 등 유동성이 낮은 금융자산이 시장성이 있는 증권으로 변환됐다. 컴퓨터 덕분에 여타 금융기관도 통계적 방법으로 신용위험을 정확히 평가할 수 있게 됐기 때문에 대출을 제공하는 것이 가능해졌다. 컴퓨터로 인해 거래비용이 낮아짐에 따라 이들 대출을 한데 묶어 증권으로 판매할 수 있었다. 채무불이행의 위험이 컴퓨터로 쉽게 평가되면 은행은 대출을 제공하는 데 있어서의 우위를 유지하지 못한다. 이렇게 전에 누리던 우위를 유지하지 못하면 비록 은행이 증권화 과정에 직접 참여한다고 하더라도 여타 금융기관에게 대출 기회를 빼앗기고 만다. 현재 주거용 모기지는 대부분 증권화되기 때문에, 특히 저축대부조합과 같이 모기지를 주로 제공하는 금융기관에 있어 증권화는 큰 문제다.

은행의 대응 어떤 산업이건 수익성이 하락하면, 종종 기업의 파산이 확산되면서 그 산업에서의 퇴출이 발생하고 시장점유율이 줄어든다. 이런 일이 1980년대 미국 은행산업에서 은행의 합병과 도산을 거쳐 나타났다(제12장 참조).

미국의 많은 은행은 적절한 이윤을 확보해 살아남으려고 시도하는 과정에서 2가지 대안에 직면했다. 첫째, 전통적인 대출 업무를 유지하면서 좀 더 위험한 새로운 대출 영역으로 확장하는 것이다. 예를 들어 미국의 은행은 전통적으로 위험한 대출 유형인 상업용 부동산 대출에 좀 더 많은 비중을 할당함으로써 더 큰 위험을 택했다. 게다가 기업의 인수와 LBO(leveraged buyout)에 대한 대출을 확대했다. 결국 전통적인 은행 업무의 수익성 하락이 2007~2009년의 글로벌 금융위기뿐만 아니라 1980년대와 1990년대 초의 은행위기를 발생시키는 데 일조했다.

은행이 과거의 이윤 수준을 유지하기 위해 찾아낸 두 번째 대안은 실질적으로 그림자 은행시스템을 받아들여 수익성이 높은 새로운 부외 활동을 추구하는 것이었다. 미국의 상업은행은 1980년대 초에 이들 부외 활동을 추구했으며, 그 결과 부외 활동에서 얻은 비이자 수익이 전체 수익에서 차지하는 비중이 2배 이상 늘어났다. 이러한 비전통적인 은행 업무는 더 위험한 것일 수 있어서 그 결과 은행에 과도한 위험을 초래할 수 있다. 실제로 이들 업무는 제9장에서 논의했듯이 글로벌 금융위기 기간에 은행의 대차대조표를 크게 악화시켰다.

결국 전통적인 은행 업무의 위축으로 은행산업은 새로운 유형의 비즈니스를 추구하게 됐다. 새로운 사업 기회를 찾으려는 노력을 통해 은행이 계속 활기차고 건실한 상태를 유지할 수 있었기에 유익한 면도 있었다. 실제로 은행의 수익성은 2007년까지 높은 상태였으며, 비전통적인 부외 활동이 은행의 이윤을 높이는 데 중요한 역할을 했다. 그러나 이들 새로운 방향의 은행업은 은행의 위험을 증대시켰으며, 전통적인 은행업의 쇠퇴로 인해 규제 당국은 더욱 경계할 필요성이 생겼다. 이는 규제 당국에게는 새로운 도전이며, 제12장에서 살펴보았듯이 규제 당국은 이제 은행의 부외 활동에 대해 훨씬 더 관심을 기울여야 한다.

여타 선진국에서 전통적인 은행업의 쇠퇴 여타 선진국에서도 미국에서와 유사한 이유로 전통적인 은행업이 쇠퇴했다. 예금자에 대한 은행의 독점적 지배력 상실은 다른 국가에서도 마찬가지로 나타났다. 금융혁신과 규제완화가 전 세계적으로 일어나고 있으며, 예금자와 차입자에게 매력적인 대체수단들이 창출됐다. 예를 들어 일본에서는 규제완화로 다양한 형태의 새로운 금융기관이 문을 열었으며, 미국의 경우와 유사한 탈중개화 현상이 발생했다. 유럽에서는 금융혁신으로 인해 전통적으로 은행을 경쟁에서 보호해주던 장벽이 점차 허물어졌다.

다른 국가에서는 증권시장의 확대와 그림자 은행시스템의 성장에 따라 은행이 경쟁의 심화를 경험하기도 했다. 금융규제 완화와 경제의 근본적인 힘에 의해 증권시장에서 이용 가능한 정보가 확대됐으며, 기업은 은행 문을 두드리기보다 증권을 발행해 필요한 자금을 더 쉽고 저렴하게 조달할 수 있게 됐다. 나아가 증권시장이 성장하지 못한 국가에서도 최우량 기업들이 유로본드 시장과 같이 외국 및 역외 자본시장(offshore capital market)을 점점 더 많이 이용함에 따라 은행의 대출 영업이 위축됐다. 잘 발달된 회사채 시장이나 기업어음시장을 갖고 있지 못한 호주와 같은 소규모 경제에서는 국제 증권시장이 은행의 대출을 잠식했다. 나아가 미국에서의 증권화 과정을 촉발한 동일한 힘이 다른 국가에서도 작동했으며, 이로 인해 전통적인 은행업의 수익성이 둔화됐다. 미국의 은행만이 더욱 어려워진 경쟁 환경에 처한 것이 아니다. 다른 국가에 비해 미국에서 먼저 시작했지만 동일한 힘이 해외에서도 전통적인 은행업의 쇠퇴를 초래하고 있다.

3 미국 상업은행 산업의 구조

미국에는 약 6,500개의 상업은행이 있는데, 이는 다른 나라에 비해 굉장히 많은 숫자이다. [표 1]에서 볼 수 있듯이 미국에서 소형 은행의 수는 기형적이다. 전체 은행의 36%가 1억 달러 미만의 자산을 보유하고 있다. 캐나다나 영국의 은행 분포가 훨씬 전형적인데, 이들 나라에서는 5개 이하의 은행이 그 나라 은행산업을 지배하고 있다. 이와는 대조적으로 미국에서는 [표 2]에 열거돼 있듯이 10대 대형 은행이 은행산업 전체 자산의 59%만을 점유하고 있다.

미국의 대다수 산업을 보면 상업은행 산업보다 훨씬 적은 수의 기업이 존재하며 상업은행 산업에 비해 대기업의 산업 지배력이 더 높은 편이다(컴퓨터 소프트웨어 산업의 경우 마이크로소프트가 지배하고 있으며, 자동차 산업의 경우 GM, 포드, 다임러 크라이슬러, 토요타, 혼다가 지배하고 있다). 상업은행 산업 내에 소수의 지배적인 은행 없이 많은 수의 은행이 존재한다는 사실은 상업은행 산업이 다른 산업에 비해 보다 경쟁적임을 의미하는 것일까?

표 1 예금보험에 가입한 미국 상업은행의 규모별 분포 (2011년 3월 30일)

자산	은행 수	은행 수의 점유율(%)	자산 점유율(%)
$1억 미만	2,328	35.7	1.9
$1억~$10억	3,693	56.6	11.5
$10억~$100억	423	6.5	12.8
$100억 이상	86	1.3	73.9
합계	6,530	100.00	100.00

자료 : www2.fdic.gov/qbp/2008sep/cb4.html

표 2 미국의 10대 대형 은행 (2011년 6월 30일)

은행	자산(100만 달러)	전체 상업은행 자산 중 점유율(%)
1. J.P. Morgan Chase	1,723,460	15.14
2. Bank of America Corp.	1,451,387	13.75
3. Citibank	1,161,359	10.20
4. Wells Fargo	1,093,030	9.60
5. U.S. Bank	305,969	2.69
6. PNC	251,221	2.21
7. Bank of NY Mellon	200,249	1.70
8. HSBC USA	197,545	1.69
9. FIA Card Service	188,639	1.66
10. TD Bank	175,145	1.54
합계	6,743,005	59.25

자료 : www.federalreserve.gov/releases/h8/20081229

3.1 지점 규제

실제로 미국에 수많은 상업은행이 존재하는 이유는 과거에 은행의 **지점**(branch) 설치를 제한한 규제 때문이다. 미국의 각 주는 은행이 설치할 수 있는 지점의 유형과 수를 독자적으로 규제해왔다. 예를 들어 미국 동부와 서부 해안의 주들은 은행이 주 전체에 지점을 설치하는 것을 허용했다. 그러나 중부에서는 지점 설치에 대한 규제가 더 제한적이었다. 국법은행과 주법은행을 대등한 경쟁 여건하에 놓으려는 취지에서 제정된 1927년의 맥패든법(McFadden Act)과 이 법의 허점을 보완한 1956년의 더글러스 수정법(Douglas Amendment)은 은행이 타 주에 지점을 설치하는 것을 실질적으로 제한했으며, 모든 국법은행은 자신의 본점이 위치한 주의 지점 규제를 준수하도록 했다.

맥패든법과 각 주의 지점 규제는 상업은행 산업에서 반경쟁적 힘으로 강력히 작용했으며, 대형 은행들이 추가로 지점을 설립하는 것을 막아 많은 소형 은행들이 생존할 수 있게 해주었다. 경쟁이 사회적으로 바람직한 것이라면, 왜 지점 설치를 제한하는 규제가 나타났을까? 이에 대한 가장 간단한 설명은, 미국인들이 역사적으로 대형 은행에 대해 적대적이었기 때문이다. 가장 제한적인 지점 설치 규제를 실시한 주들은 대체로 19세기에 대중 영합적인 반은행(antibank) 정서가 가장 강한 주들이었다(은행이 채무를 갚지 못한 농민의 담보를 압류하면 농민과 은행 간의 관계가 험악해지는데, 이들 주는 대개 농업 인구가 많은 곳이었다). 지점 규제와 이로 인해 터무니없이 많은 소형 은행이 존재하는 은행시스템은 19세기 정치의 유산이다. 그러나 이 장의 뒷부분에서 볼 수 있듯이 지점 규제는 폐지됐으며 현재 미국은 전국적 영업망을 가진 은행업을 향해가고 있다.

3.2 지점 규제에 대한 대응

미국 은행산업의 중요한 특성은 규제가 경쟁을 억압할 수는 있어도 완전히 제압하지는 못한다는 것이다. 이 장의 앞에서 보았듯이, 규제가 존재하면 은행은 이윤을 추구하는 과정에서 규제를 우회하는 금융혁신을 만들어낸다. 지점 설치를 제한하는 규제도 비슷한 경제적 힘을 자극해 은행지주회사와 ATM이라는 2개의 금융혁신을 촉진했다.

은행지주회사 지주회사란 여러 개의 서로 다른 기업을 소유한 법인이다. 이런 형태의 법인 소유권은 은행에게 중요한 이점이 있다. 지점 설치가 허용되지 않는다고 하더라도 지주회사는 여러 개의 은행에 대한 지배력을 가질 수 있기 때문에 지점 규제를 우회할 수 있다. 더욱이 은행지주회사는 투자자문, 정보 처리와 전달 서비스, 리스, 신용카드, 타 주에서의 대출 서비스 등과 같이 은행업과 관련된 여타 업무에 종사할 수 있다.

지난 30년간 은행지주회사는 엄청난 성장을 했다. 현재 은행지주회사는 거의 모든 대형 은행을 소유하고 있으며, 지주회사에 의해 소유된 은행이 전체 상업은행 예금의 90% 이상을 점유한다.

ATM 지점 규제를 피하는 또 다른 금융혁신은 자동 입출금기(ATM)이다. 만약 은행이 ATM을 소유하지 않고 빌려 쓰면서 대신 이를 다른 사람이 소유하도록 해 거래마다 수수료를 지불한다면, 이 ATM은 은행의 지점으로 간주되지 않기 때문에 지점 규제를 받지 않을 가능성이 있다. 그리고 이는 바로 대다수 주에서 규제 당국과 법원이 결정한 사실이다. ATM으로 인해 은행은 시장을 넓힐 수 있었기 때문에 시러스(Cirrus)나 나이스(NYCE)와 같은 많은 공동이용 기기가 전국에 설치됐다. 더욱이 ATM이 하나의 은행에 의해 소유되는 경우에도, 대다수 주 당국은 ATM에 대해서는 '벽돌과 모르타르'(brick and mortar)로 만든 전통적인 지점보다 더 많은 설치를 허용하는 특례조항을 두었다.

이 장의 앞에서 보았듯이, 규제 회피가 ATM 확산의 유일한 이유는 아니다. 값싼 컴퓨터의 보급과 통신기술의 발달 덕분에 저렴한 비용으로 은행이 ATM을 설치할 수 있었기 때문에 이윤이 남는 혁신이 됐던 것이다. 이 예는 종종 기술적 요인이 지점 규제와 같이 제한적 규제를 피하려는 인센티브와 결합해 금융혁신을 만들어냄을 보여준다.

4 은행통합과 전국 은행업

[그림 3]을 보면, 1934년부터 1980년대 중반까지 놀라울 만큼 안정적인 시기를 누리

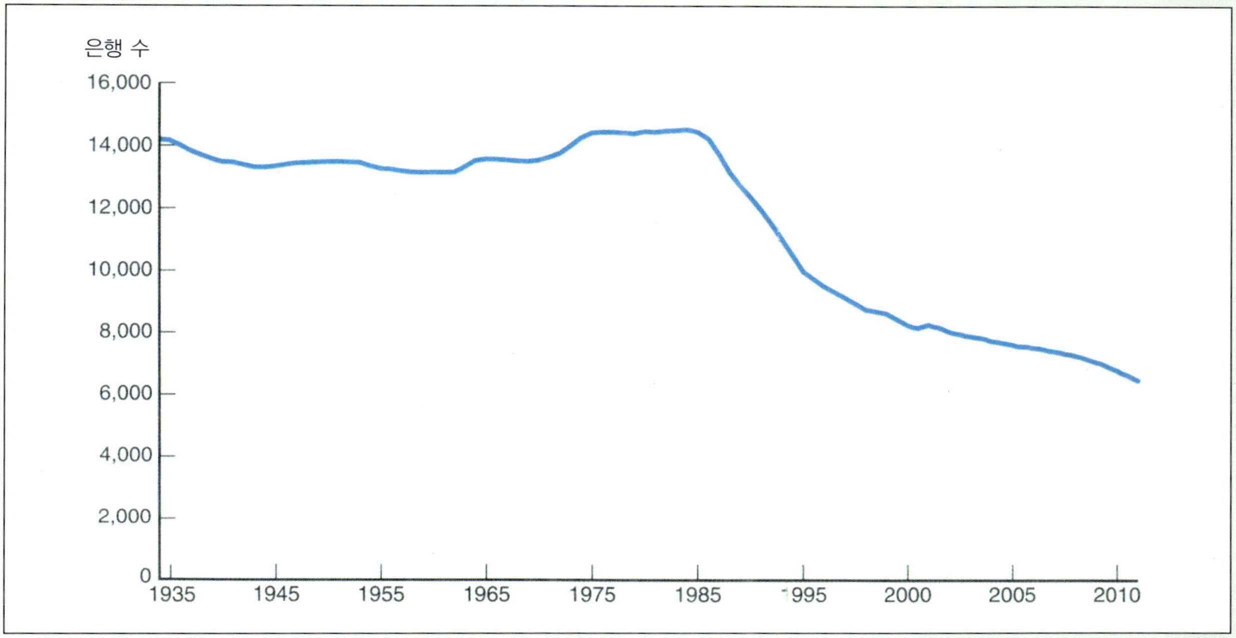

그림 3 예금보험에 가입한 미국 상업은행의 수, 1934~2010년 (3분기)

1934년부터 1980년대 중반까지의 안정기 이후, 상업은행 수가 급속히 감소하기 시작했다.

자료 : www2.fdic.gov/qbp/qbpSelect.asp?menuitem=STAT

다가 그 이후 상업은행의 수가 급격히 줄기 시작한다. 도대체 왜 이렇게 갑자기 줄었을까?

미국의 은행산업은 1980년대와 1990년대 초에 어려움을 겪었다(이에 대해서는 이 장의 뒷부분과 제12장 참조). 1985~1992년에는 연간 100개 이상의 은행이 도산했다. 그러나 은행도산은 그 얽힌 이야기의 일부분에 불과하다. 1985~1992년 동안에 은행의 수는 3,000개 정도 줄었다. 이는 도산으로 인해 줄어든 수치의 2배 이상이다. 은행산업이 체력을 회복한 1992~2007년에는 상업은행의 수가 3,800여 개 감소했다. 이 가운데 5% 미만이 은행도산으로 인한 것이며, 도산한 은행의 대다수는 소형 은행이었다. 따라서 1985~1992년에 은행이 감소한 데는 은행도산이 지배적 역할은 아닐지라도 중요한 역할을 했는데, 그 이후 2007년까지 은행이 감소한 데는 은행도산이 거의 무시할 만큼 미미한 역할만을 했음을 알 수 있다. 다만 2007~2009년의 글로벌 금융위기로 인해 은행도산에 따른 은행 수의 추가적인 감소가 발생했다.

그렇다면 이 이야기의 나머지는 무엇으로 설명될 수 있을까? 그 답은 은행통합(bank consolidation)이다. 은행들이 더 큰 은행을 만들기 위해 합병하거나 다른 은행을 매입했던 것이다. 그런데 이는 다시 새로운 의문을 낳는다. 그렇다면 왜 최근에 은행통합이 일어났을까?

앞에서 보았듯이 은행에 의한 허점 찾아내기가 지점 규제의 실효성을 약화시켰으며, 이에 따라 많은 주에서는 주 경계선을 넘어 은행 소유권을 허용하는 것이 자신에게 더 이익임을 깨달았다. 그 결과 상호 역내 협약을 맺어 어느 한 주의 은행이 역내 타 주의 은행을 소유하는 것을 허용했다. 1975년에 메인 주가 최초로 주간 은행업(interstate banking)에 관한 법률을 제정해 타 주의 은행지주회사가 메인 주의 은행을 매입하는 것을 허용했다. 1982년 매사추세츠 주는 뉴잉글랜드 지역의 주들과 협약을 맺어 주간 은행업을 허용하는 법을 제정했다. 그 후 많은 역내 협약이 채택되면서 1990년대 초반까지 거의 모든 주가 일정 형태의 주간 은행업을 허용하기에 이르렀다.

1980년대 초에 주간 은행업을 제한하던 장벽이 무너짐에 따라, 은행들은 이제 자신의 주뿐만 아니라 타 주에서도 대출이 가능하게 돼 분산투자의 이득을 얻을 수 있음을 깨달았다. 어느 한 주의 경제가 취약하더라도 다른 주의 경제는 건실할 수 있으므로 여러 주에 걸쳐 대출을 하면 동시에 채무불이행이 일어날 확률이 낮아져 은행에 이득이 된다. 더구나 타 주의 은행을 소유하도록 허용되면 은행은 타 주의 은행을 매입하거나 타 주의 은행과 합병해 은행의 규모를 키울 수 있다. 따라서 1985년 이래 은행 수의 감소에 매우 중대한 역할을 했던 M&A(merger and acquisition, 기업 합병과 매수)가 은행통합의 첫 번째 국면을 설명한다. 주간 지점 설치에 대한 규제 완화가 가져온 또 다른 결과는 **초지역적 은행**(superregional bank)이라 불리는 새로운 유형의 은행이 발전한 것이다. 초지역적 은행은 은행지주회사로서, 규모 면에서 머니센터 은행과 경쟁하기 시작했지만 본점이 뉴욕, 시카고, 샌프란시스코 등의 금융 중심지에 있지 않은 은행이다. 이런 초지역적 은행의 예는 노스캐롤라이나 주 샬럿(Charlotte)의 뱅크 오브 아메리카, 오하이오 주 콜럼버스(Columbus)의 방크 원(Banc One)이다.

물론 웹과 발달된 컴퓨터 기술의 등장도 은행통합을 촉진한 요인이다. 금융기관에 필요한 많은 정보기술 플랫폼을 설치하기 위해 대규모 초기 투자가 필요했고 이를 통해 규모의 경제가 창출됐다. 규모의 경제에 따른 이득을 얻기 위해 은행은 더 커질 필요가 있었으며, 이런 발전이 추가적인 통합을 이끌었다. 정보기술은 **범위의 경제**(economies of scope)도 증가시켰다. 범위의 경제란 하나의 자원을 이용해 여러 다른 생산물과 서비스를 제공할 수 있는 능력을 말한다. 예를 들어 어떤 기업의 신용 상태에 대한 정보는 그 기업에 대출을 할 것인지를 판단할 때뿐만 아니라, 그 기업의 주식이 얼마에 거래돼야 하는지를 판단할 때도 유용하게 이용될 수 있다. 이와 비슷하게, 일단 어떤 금융상품을 투자자에게 팔아보면 다른 상품도 어떻게 팔아야 할지 알 수 있다. 사업하는 사람들은 범위의 경제를 여러 사업 간의 '시너지'(synergy)라 부르는데, 정보기술이 이런 시너지를 더욱 가능하게 해준다. 그 결과 금융기관을 더 크게 만들고 자신이 생산하는 금융상품과 서비스의 조합을 확대하기 위한 통합이 일어났다. 이런 통합은 2가지 결과를 가져왔다. 첫째, 서로 다른 유형의 금융중개기관이 상대방의 영역을 침범함에 따라 업무 영역의 구분이 모호해졌다. 둘째, 이런 통합으로 인해 대형복합은행기구(large, complex banking organization)가 발달하게 됐다. 이러한 발달은 은행과 여타 금융서비스 산업의 결합에 대한 글래스-스티걸 규제의 폐지로 인해 용이해졌다.

4.1 1994년의 리글-닐 주간 은행업 및 지점 설치 효율성법

1994년의 리글-닐 주간 은행업 및 지점 설치 효율성법(Riegle-Neal Interstate Banking and Branching Efficiency Act)이 통과됨에 따라 은행통합은 더욱 촉진됐다. 이 법은 역내 협약을 전국으로 확대하고 주간 영업을 금지하는 맥패든법과 더글러스 수정법을 뒤엎었다. 이 법은 주법과 관계없이 은행지주회사가 타 주의 은행을 인수하는 것을 허용했을 뿐만 아니라, 은행지주회사가 자신이 소유하는 은행들을 합병해 여러 주에 지점을 가진 하나의 은행으로 통합하는 것을 가능케 했다. 각 주는 주간 지점 설치를 배제할 수 있는 선택권을 가졌는데, 텍사스 주만 이를 선택했다가 나중에 입장을 바꿔 주간 지점 설치를 허용했다.

리글-닐법은 마침내 진정한 전국 은행업(nationwide banking) 체제를 위한 기초를 확립했다. 전에는 은행지주회사가 타 주의 은행을 매입함으로써 주간 은행업이 이루어졌지만, 1994년 이전까지는 주간 지점 설치법을 제정한 주가 별로 없었기 때문에 전국 은행업이란 사실상 불가능했다. 은행이 지점 설치를 통해 주간 은행업을 수행할 수 있게 된 것은 특별한 중요성을 갖는다. 왜냐하면 많은 은행 경영자들은 은행지주회사 구조를 통해서는 규모의 경제를 완전히 누릴 수 없으며, 모든 은행 업구가 완전히 조율되는 지점망을 통해서만 규모의 경제를 완전히 누릴 수 있다고 여기기 때문이다.

이제 미국 전역에 영업망을 가진 은행이 출현했다. 1998년 뱅크 오브 아메리카와 네이션스뱅크(NationsBank)의 합병을 시작으로 동부와 서부 해안에 지점을 가진 은행이 처음으로 탄생했으며, 은행산업에서의 통합으로 50개 주 모두에서 영업을 하는 은행들이 등장했다.

4.2 미래에 미국 은행산업의 구조는 어떻게 될까?

이제 미국에서 진정한 의미의 전국 은행업이 현실화되면서 은행통합의 이득이 상당히 증가했다. 이에 따라 M&A의 다음 국면이 전개되면서 상업은행의 수가 빠른 속도로 감소하고 있다. 은행산업의 구조에 커다란 변화가 일어나면서 자연스레 다음과 같은 질문이 나온다. 10년 후에는 은행산업이 어떤 모습일까?

미국의 은행산업도 다른 많은 국가와 유사한 모습이 돼 몇백 개의 은행만이 존재하게 될 것이라는 견해가 있다('글로벌 : 미국과 외국 은행산업 구조의 비교' 참조). 캐나다나 영국과 같은 모습이 돼 몇 개의 대형 은행이 은행산업을 지배할 것이라는 극단적인 견해도 있다. 그러나 대부분의 전문가는 이와는 다른 대답을 한다. 미국 은행산업의 구조는 여전히 독특할 것이며, 다만 과거와 그 정도가 다를 것이라는 것이다. 통합의 물결에 따라 미국 은행산업에는 수백 개가 아니라 수천 개의 은행이 남을 것 같다.

은행통합은 더 적은 수의 은행으로 귀결될 뿐만 아니라, 체이스 맨해튼 뱅크(Chase Manhattan Bank)와 케미컬 뱅크(Chemical Bank)의 합병, 뱅크 오브 아메리카와 네이션스뱅크의 합병이 시사하듯이, 작은 은행에서 큰 은행으로의 자산 이동도 나타날 것이다. 10년 내로 미국 은행산업에서 자산 규모 1억 달러 이하 소형 은행의 자산 비중은 절반으로 줄어들고, 자산 규모 1,000억 달러 이상의 초대형 은행의 자산 비중은 2배 이상이 될 것으로 예상된다. 실제로 미국에는 이제 시티뱅크, J.P. 모건, 뱅크 오브 아메리카 등 수조 달러의 자산을 지닌 은행이 있다.

4.3 은행통합과 전국 은행업이 바람직한가?

전국 은행업에 대한 옹호자들은 전국 은행업이 은행을 보다 효율적으로 만들고 은행도산이 덜 일어나는 보다 건실한 은행시스템을 만들 것이라 믿는다. 그러나 비판가들은 **지역사회 은행**(community bank)이라 할 수 있는 소형 은행이 제거돼 결국 소규모 기업에 대한 대출이 줄어들 것이라 걱정한다. 더구나 소수 은행이 은행산업을 지배하게 돼 결국 덜 경쟁적인 은행산업이 될 것이라 우려한다.

대다수 경제학자는 은행통합에 대한 이러한 비판에 회의적이다. 앞에서 보았듯이, 연구 결과 은행통합이 완결된 후에도 미국에는 여전히 많은 은행이 존재할 것이다. 따라서 은행산업은 여전히 경쟁적인 상태로 남을 것이며, 과거에 타 주 은행과의 경쟁으로부터

글로벌 미국과 외국 은행산업 구조의 비교

미국의 상업은행 산업 구조는 다른 선진국들과 크게 다르다. 미국은 이제야 은행이 전국적 지점망을 갖춘 진정한 의미의 전국 은행업 체제를 발전시키고 있는 유일한 나라다. 그 결과 미국에는 다른 선진국보다 훨씬 많은 은행이 있다. 약 6,500개의 상업은행을 가진 미국과는 대조적으로 다른 나라들은 대개 1,000개 훨씬 미만의 은행을 갖고 있다. 예를 들어, 인구와 경제 규모가 미국의 절반 정도인 일본의 경우 100개 미만의 상업은행이 있다. 미국의 은행은 과거 지점 설치에 대한 규제로 인해 다른 나라에 비해 훨씬 소형인 편이다.

보호받던 은행이 이제는 살아남기 위해 격하게 경쟁해야 할 것이라는 사실을 고려하면 아마 지금보다 더욱 경쟁적이 될 것이다.

지역사회 은행이 사라질 것 같지도 않다. 뉴욕 주가 1962년에 지점 설치법을 자유화했을 때 북부의 지역사회 은행이 뉴욕 시의 거대한 은행에 밀려 시장에서 구축될 것이라고 걱정을 했다. 그런데 그런 일은 발생하지 않았을 뿐만 아니라, 지역시장에서 소형 은행들이 대형 은행 주위에서 영업할 수 있음을 발견했다. 마찬가지로 오랜 기간 주 전역에 지점 설치를 허용한 캘리포니아 주에서도 지역사회 은행은 계속 번성하고 있다.

경제학자는 은행통합과 전국 은행업의 중요한 이득을 알고 있다. 은행업에 대한 지리적 제한을 없애면 경쟁이 심해지고 비효율적인 은행이 퇴출됨으로써 은행산업의 효율성이 높아진다. 더 큰 은행기구로의 움직임도 규모의 경제와 범위의 경제의 이득을 취할 수 있기 때문에 효율성을 일부 증가시킬 것이다. 은행 대출 포트폴리오의 분산(diversification)이 확대돼 미래에 은행위기의 가능성이 낮아질 수도 있다. 1980년대와 1990년대 초에는 종종 경제가 취약한 주에 은행도산이 집중됐다. 예를 들면 1986년 유가가 하락한 후에 텍사스 주에서는 그 전까지 매우 수익성이 높았던 주요 상업은행 모두가 어려움을 겪었다. 1990~1991년의 경기침체 때는 뉴잉글랜드 지역이 심각한 타격을 받았으며 이 지역의 몇몇 은행이 도산하기 시작했다. 만약에 전국적으로 영업하는 은행이라면 뉴잉글랜드와 텍사스 양쪽에 대출을 해 어느 한 지역의 대출이 부실해져도 다른 지역에서는 문제가 없을 것이기 때문에 도산할 위험이 낮아진다. 따라서 전국 은행업은 은행위기가 일어날 가능성이 보다 낮은 은행시스템을 창출하는 중요한 발걸음이라 간주된다.

은행통합의 효과에 관해 2가지 걱정이 남아 있다. 즉 소규모 기업에 대한 대출이 줄어들 수 있다는 것과, 지리적으로 새로운 시장에 급속히 확장하려는 은행이 큰 위험을 택해 은행도산을 초래할 수 있다는 것이다. 배심원들은 아직 이러한 걱정에 대해 갈팡질팡하고 있지만, 대다수 경제학자들은 은행통합과 전국 은행업의 이득이 비용을 능가한다고 본다.

5 은행산업과 여타 금융서비스 산업의 분리

얼마 전까지 미국의 은행산업 구조에 있어 또 하나의 중요한 특징은 1933년의 글래스-스티걸법에 의해 은행산업이 증권, 보험, 부동산 등 여타 금융산업과 분리됐다는 것이다. 이 장의 앞부분에서 지적한 것처럼 글래스-스티걸법은 상업은행에 대해 신규 발행된 정부증권의 판매 업무는 허용했지만, 기업이 발행한 증권의 인수나 중개 업무는 금지했다. 이 법은 또 은행이 보험과 부동산 업무를 하는 것을 금지했고, 투자은행과 보험회사가 상업은행 업무에 종사하지 못하게 함으로써 은행을 경쟁에서 보호했다.

5.1 글래스-스티걸법의 퇴색

글래스-스티걸법의 제한에도 불구하고 은행과 타 금융기관들은 이윤 추구와 금융혁신으로 글래스-스티걸법의 의도를 우회하며 서로 상대편 금융기관의 전통적인 업무 영역으로 침투해갔다. 증권회사는 MMF와 현금관리계좌(cash management account, CMA)를 개발해 예금 수단을 제공하는 전통적인 은행 업무에 가담했다. 1987년에는 Fed가 글래스-스티걸법 제20조의 허점을 이용해 과거에는 금지됐던 부류의 증권을 은행지주회사가 인수할 수 있게 허용함에 따라 은행도 인수 업무에 진출하기 시작했다. 그 허점으로 인해, 승인받은 상업은행의 자회사가 인수 업무를 하는 것이 허용됐다. 다만 인수 업무로 얻은 수입이 자회사 총수입의 일정 비율을 초과하지 않는 범위 내에서 허용됐는데, 처음에는 그 비율이 10%에서 시작했으나 25%로 확대됐다. 1988년 7월 미국의 대법원이 Fed의 조치가 타당했다고 판결한 이후, 1989년 1월 Fed는 상업은행 지주회사인 J.P. 모건에게 기업의 채무증권을 인수하도록 허용했으며, 1990년 9월에는 주식을 인수하도록 허용하면서 이러한 특권이 그 후 여타 은행지주회사로 확대됐다. 규제 당국은 은행이 일부 부동산과 보험 업무에 종사하는 것도 허용했다.

5.2 1999년의 그램-리치-블라일리 금융서비스 현대화법 : 글래스-스티걸법의 폐지

미국의 상업은행은 증권과 보험 업무를 취급하는 것이 제한됐기 때문에 그렇지 않은 외국의 은행에 비해 경쟁상 불리했다. 이에 1990년대에는 글래스-스티걸법을 뒤엎으려는 법안이 회기마다 의회에 상정됐다. 1998년 당시 미국에서 두 번째로 큰 은행인 시티코프와 세 번째로 큰 증권사인 살로먼 스미스 바니(Salomon Smith Barney)를 소유한 보험회사인 트래블러스 그룹(Travelers Group)의 합병으로 인해 글래스-스티걸법을 폐지해야 한다는 압력이 커졌다. 1999년, 마침내 글래스-스티걸법의 폐지가 결실을 맺었다. 1999년의 그램-리치-블라일리 금융서비스 현대화법(Gramn-Leach-Bliley Financial Services Modernization Act)은 증권회사와 보험회사가 은행을 매입하는 것과, 은행이 보험과 증권을 인수하고 부동산 업무에 종사하는 것을 허용한다. 이 법하에서 각 주는 보험 업무에 관한 규제 권한을 유지하고, SEC는 증권 업무에 대한 감독권을 계속 갖는다. OCC는 증권 인수 업무를 하는 은행 자회사를 규제할 권한을 보유하지만, 부동산 및 보험 업무와 대규모 증권 업무를 총괄하는 은행지주회사에 대해서는 Fed의 감독 권한이 계속 유지된다.

5.3 금융통합의 의미

앞에서 보았듯이 1994년의 리글-닐 주간 은행업 및 지점 설치 효율성법은 은행산업에서의 통합을 자극했다. 그런데 1999년의 그램-리치-블라일리법으로 인해 이제는 은행끼리의 통합뿐만 아니라 서로 다른 금융서비스 업무 간에 통합하는 길이 열렸기 때문에 금융통합 과정에 더욱 박차가 가해졌다. 정보기술이 범위의 경제를 증대시키기 때문에 시티코프와 트래블러스의 경우와 같이 은행과 여타 금융서비스 기관 간의 합병이 점점 일반화됐고, 앞으로 거대한 규모의 합병이 더 나타날 것이다. 은행은 규모가 더욱 커지고 있을 뿐 아니라 금융서비스 업무의 모든 영역에 종사하는 점점 더 복잡한 기구가 되고 있다. 대형복합은행기구를 향한 이런 추세는 2007~2009년의 글로벌 금융위기에 의해 더욱 가속화됐다([FYI] '글로벌 금융위기와 독립적인 대형 투자은행의 소멸' 참조).

5.4 은행산업과 여타 금융서비스 산업의 분리에 관한 세계 동향

대공황 후에 은행산업과 여타 금융서비스 산업을 분리하는 데 있어 몇몇 나라가 미국을 따랐다. 사실 과거에는 이러한 업무 영역의 분리 여부가 은행 규제에 있어 미국과 다른 나라들 간에 가장 눈에 띄는 차이였다. 세계에는 은행과 증권산업에 대한 3가지 기본

FYI 글로벌 금융위기와 독립적인 대형 투자은행의 소멸

글래스-스티걸법이 종말을 고한 후 금융서비스 활동이 대형복합은행기구로 향하는 추세는 불가피했겠지만 2008년에 일어난 것처럼 빨리 진행될 줄은 아무도 몰랐다. 2008년 3월부터 9월까지 6개월 남짓 동안에 독립적인 5대 대형 투자은행 모두가 더 이상 예전의 형태로 남아 있지 못하게 됐다. 다섯 번째 대형 투자은행인 베어 스턴스가 서브프라임 모기지 증권에서 거액 손실을 입은 것이 밝혀지자, 2008년 3월 Fed의 구제금융이 제공됐다. 그러고는 어쩔 수 없이 J.P. 모건에 1년여 전 기업가치의 10%도 채 안 되는 가격에 팔리고 말았다. 베어 스턴스에 대한 구제금융으로 정부의 안전망이 투자은행에까지 확대됐다는 것이 분명해졌다. 하지만 그 대가로 투자은행은 앞으로 상업은행과 마찬가지로 더 많은 규제를 받게 될 것이다.

그다음 차례는 9월 15일 파산을 선언한 네 번째 대형 투자은행인 리먼 브라더스였다. 그리고 바로 하루 전에는 세 번째 대형 투자은행인 메릴 린치가 서브프라임 증권 보유에 따른 거액의 손실로 인해 1년 전 가격의 절반 이하로 뱅크 오브 아메리카에 매각된다고 선언했다. 채 1주일이 지나지 않아 각각 첫 번째와 두 번째로 큰 투자은행인 골드만 삭스와 모건 스탠리는 서브프라임 증권에서의 손실이 크지는 않았지만 다가오는 자신의 운명을 알았다. 이들은 조만간 은행과 같은 기준으로 규제를 받을 것임을 알아채고는, 보다 안정적 자금 조달원인 예금을 취급할 수 있도록 은행지주회사로 전환하겠다고 선언했다.

이는 한 시대의 종말을 의미한다. 이제 독립적인 대형 투자은행은 과거사가 되고 말았다.

체제가 존재한다.

첫 번째는 독일, 네덜란드, 스위스의 겸업은행(universal banking) 체제이다. 이 체제는 은행산업과 증권산업 간에 아무런 장벽을 두지 않는다. 겸업은행 시스템에서는 상업은행이 하나의 법적 조직체 안에서 은행, 증권, 부동산, 보험 서비스를 모두 제공한다.

두 번째는 영국식 겸업은행(British-style universal banking) 체제로, 영국을 비롯해 영국과 긴밀한 유대를 맺고 있는 캐나다, 호주, 현재의 미국 등에서 나타난다. 영국식 겸업은행은 증권 인수에 종사하지만 독일식 겸업은행과는 3가지가 다르다. 즉 영국식 겸업은행의 경우 독일식에 비해 법적으로 분리된 자회사가 보다 일반적이며, 은행이 일반 기업의 지분을 보유하는 경우가 흔치 않고, 은행과 보험의 결합도 흔치 않다.

세 번째는 일본의 경우처럼 은행산업과 여타 금융서비스 산업의 법적인 분리를 특징으로 한다. 미국과 일본의 은행시스템이 다른 점은, 일본의 은행은 일반 기업의 지분을 상당량 보유할 수 있도록 허용된 데 반해 미국의 은행은 그렇지 않다는 것이다. 그리고 미국의 대다수 은행은 은행지주회사 구조를 이용하는 데 비해, 일본에서는 은행지주회사가 불법이라는 것이다. 비록 일본에서는 일본의 증권법 제65조에 의해 은행산업과 증권산업이 법적으로 분리돼 있으나, 점점 더 상업은행이 증권업무에 종사할 수 있게 허용되고 있다. 그 결과 미국과 같이 점점 영국식 겸업은행이 되고 있다.

6 저축산업 : 규제와 구조

저축대부조합, 상호저축은행, 신용조합으로 구성된 저축산업에 있어서 규제와 구조가 상업은행 산업과 상당히 비슷하다는 사실은 그리 놀라운 일이 아니다.

6.1 저축대부조합

상업은행의 이원적 은행시스템처럼 저축대부조합(savings and loan association, S&L)도 연방정부 또는 주정부의 인가를 받을 수 있다. 어디서 인가를 받았든 저축대부조합은 대부분 연방주택대출은행제도(Federal Home Loan Bank System, FHLBS)의 회원이다. FHLBS는 Fed를 모방해 1932년에 설립됐다. FHLBS에는 12개의 지역 연방주택대출은행이 있으며, 이들은 저축감독청(Office of Thrift Supervision, OTS)의 감독을 받는다.

FDIC는 저축대부조합에 대해 계좌당 25만 달러 한도의 연방예금보험을 제공한다. OTS는 연방정부의 보험에 가입한 저축대부조합에 대해 최소 자기자본비율을 설정하고,

정기적으로 보고서 제출을 요구하며, 이들 저축대부조합을 검사한다. 또한 OTS는 연방인가 저축대부조합의 인가기관이며, 이들 연방인가 저축대부조합에 대해 합병을 승인하고 지점 설치에 대한 규정을 제정한다.

저축대부조합에 대한 지점 규제는 상업은행에 비해 덜 엄격했다. 과거 거의 모든 주들이 저축대부조합의 지점 설치를 허용했으며, 1980년 이후 모든 주에서 연방인가 저축대부조합은 주 전역에 걸쳐 지점을 설치할 수 있었다. 1981년 이후 재정적으로 곤란한 저축대부조합의 주간 합병이 허용됐으며, 현재 전국적 지점망을 갖춘 저축대부조합도 있다.

FHLBS는 Fed와 같이 회원들에게 대출을 제공한다. 이를 위해 FHLBS는 채권을 발행해 자금을 조달한다. Fed의 재할인 대출은 대개 짧은 기간 내에 상환돼야 하지만, FHLBS의 대출은 종종 오랜 기간 동안 제공된다. 더욱이 이들 대출에 부과되는 이자율이 종종 저축대부조합이 공개시장에서 차입할 경우 지불해야 할 이자율보다 낮은 경우도 있다. 이런 방식으로 FHLBS 대출 프로그램은 저축대부조합 산업에 보조금을 제공한다. 그런데 저축대부조합의 대출은 대부분 주거용 모기지므로 이는 결국 주택산업에 대한 보조금이 된다.

제12장에서 보았듯이 미국의 저축대부조합은 1980년대에 심각한 어려움을 겪었다. 현재 저축대부조합은 상업은행과 대부분 동일한 업무에 종사하고 있기 때문에, 많은 전문가들은 저축대부조합에 대한 별도의 인가와 규제 장치는 시대착오적인 것이라 생각한다.

6.2 상호저축은행

상호저축은행(mutual savings bank)은 저축대부조합과 비슷하지만 예금자에 의해 공동으로 소유되는데, 약 400개의 상호저축은행 가운데 절반 정도는 주정부의 인가를 받았다. 상호저축은행은 주로 주정부의 규제를 받지만, 계좌당 25만 달러 한도의 FDIC 예금보험에 가입한 경우가 대부분이다. 따라서 이들 상호저축은행에게도 FDIC의 주법은행에 대한 많은 규제가 동일하게 적용된다. 원칙적으로 FDIC의 예금보험에 가입하지 않은 상호저축은행의 예금은 각 주의 보험기금에 의해 보호받는다.

상호저축은행에 대한 지점 규제는 주정부에 의해 결정된다. 그런데 지점 규제가 특별히 제한적이지 않기 때문에 자산 규모가 2,500만 달러 이하인 상호저축은행은 거의 없다.

6.3 신용조합

신용조합(credit union)은 조합원이나 특정 기업의 종업원 등과 같이 공동의 유대관계를 지닌 개인들로 조직된 소규모의 협동조합 대출기관이다. 신용조합은 세금이 면제되는 유일한 예금취급기관이다. 신용조합은 주정부나 연방정부에 의해 인가될 수 있는데, 절반 이상이 연방정부의 인가를 받았다. 전국신용조합관리청(National Credit Union Administration, NCUA)은 연방인가를 내주며, 연방인가 신용조합에 대해 최소 자기자본비율을 설정하고 정기적으로 보고서의 제출을 요구하며 이들 신용조합을 검사하는 등 규제를 담당한다. 계좌당 25만 달러 한도의 연방예금보험이 NCUA의 자회사인 전국신용조합지분보험기금(National Cerdit Union Share Insurance Fund, NCUSIF)에 의해 연방인가 및 주인가 신용조합에 제공된다. 신용조합 대출은 대부분 상당히 만기가 짧은 소비자 대출이기 때문에 1980년대의 저축대부조합이나 상호저축은행과 같은 재정적 어려움을 겪지 않았다.

신용조합은 회원들이 공동의 유대관계를 나누기 때문에 규모가 매우 작은 것이 일반적이다. 신용조합은 대부분 자산 규모가 1,000만 달러 이하다. 더구나 특정 산업이나 기업에 연결돼 있기 때문에, 그 산업이나 기업의 많은 근로자가 해고되면 도산하기 쉬우며 원리금 상환이 어려워진다. 최근에는 규제의 변화로 개별 신용조합이 공동 유대관계를 덜 엄격히 해석해 다양한 계층의 사람에게 금융서비스를 제공할 수 있게 됐다. 이로 인해 장차 신용조합의 규모가 확대되고 신용조합의 파산 가능성을 낮출 수도 있을 것이다.

신용조합의 지분 보유자들은 여러 주에 걸쳐 퍼져 있으며, 때로는 전 세계에 퍼져 있기도 하다. 따라서 연방인가 신용조합에 대해 주간 지점 설치와 해외 지점 설치가 허용됐다. 예를 들어 네이비 페더럴 크레디트 유니언(Navy Federal Credit Union)은 미국의 해군과 해병들이 지분을 소유하고 있으며, 전 세계에 지점이 있다.

7 국제 은행업

1960년에는 불과 8개의 미국 은행이 해외에 지점을 운영하고 있었으며, 이들 지점의 총자산은 40억 달러 미만이었다. 현재는 약 100개의 미국 은행이 해외 지점을 갖고 있으며, 이들의 총자산은 2조 5,000억 달러가 넘는다. 국제 은행업(international banking)의 놀라운 성장은 다음 3가지 요인으로 설명할 수 있다.

첫째, 1960년 이래 나타난 다국적 기업과 국제교역의 급속한 증가다. 미국의 기업은 해외에서 영업할 때 국제교역 자금의 조달을 도와줄 은행서비스가 필요하다. 예를 들어 기업은 해외에서 공장을 운영하기 위해 그 나라 화폐 단위로 표시된 대출이 필요할 수 있다. 그리고 해외에서 물건을 판매하면서 받은 외국 화폐를 달러로 환전할 은행이 필요하다. 미국 기업은 이러한 국제 은행서비스를 제공해주는 외국의 은행을 이용할 수도 있겠지만, 많은 기업은 이미 장기 고객관계를 형성하고 있으며 미국의 기업 방식과 관행을 이해하는 은행과 거래하기를 바란다. 따라서 국제교역이 증가함에 따라 국제 은행업도 확대된다.

둘째, 미국의 은행은 외국의 증권을 인수하는 국제 투자은행업에 적극적으로 참여함으로써 상당한 이윤을 얻을 수 있다. 미국의 은행은 또한 해외에서 보험을 판매하면서 상당한 이윤을 얻는다.

셋째, 미국의 은행은 유로달러(Eurodollar)라 알려진 외국에서의 달러 표시 예금에 접근하기를 원한다. 해외에서의 미국 은행업의 구조를 이해하기 위해서는 먼저 국제 은행업이 성장하게 된 주요 근원인 유로달러 시장을 살펴볼 필요가 있다.

7.1 유로달러 시장

유로달러의 창출은 미국에 있는 계좌의 예금이 미국 이외의 지역에 소재한 은행으로 이전돼 달러의 형태를 유지하는 경우에 일어난다(유로달러의 탄생에 대한 논의는 [글로벌] '유로달러 시장 탄생의 아이러니' 참조). 예를 들어 롤스로이스사가 달러로 입금하고 나중에 달러로 인출할 수 있는 예금계좌를 영국 런던의 은행에 보유하고 있는데, 미국 은행의 계좌를 기초로 발행된 100만 달러의 수표를 받아 런던의 이 은행에 예금한다면, 100만 유로달러가 창출된다.[2] 유로달러 예금의 90% 이상은 정기예금이며, 그 가운데 절반 이상이 30일 이상의 만기를 가진 CD다. 유로달러 시장은 5조 달러 이상의 엄청난 규모에 달하며, 세계 경제에서 가장 중요한 금융시장 중 하나다.

롤스로이스 같은 기업이 미국 밖에서 달러 예금을 보유하려는 이유는 무엇일까? 첫째,

글로벌 유로달러 시장 탄생의 아이러니

자본주의의 커다란 아이러니 중 하나는 유로달러 시장이다. 유로달러 시장은 자본주의의 가장 중요한 시장 가운데 하나인데, 소련에 의해 탄생했다. 냉전이 최고조에 달한 1950년대 초에 소련은 미국의 은행에 상당한 액수의 달러를 저축했다. 그런데 소련은 미국 정부가 미국 내에 있는 자산을 동결할지 모른다고 우려했기 때문에 그 예금이 몰수될 위험이 없는 안전한 유럽으로 옮기기를 원했다(미국이 1979년과 1990년에 각각 이란과 이라크의 자산을 동결한 경험을 고려하면 이런 우려가 근거 없는 것은 아니었다). 또한 소련은 국제 거래에서 사용할 수 있도록 그 예금을 계속 달러로 유지하기를 원했다. 이 문제에 대한 해결책은 예금을 유럽의 은행으로 옮기되, 달러표시 예금으로 유지하는 것이었다. 소련이 이런 조치를 취함으로써 유로달러가 탄생했다.

2) 런던의 은행은 미국의 은행에 100만 달러를 예금하기 때문에 유로달러의 창출이 미국에서의 은행예금 규모를 감소시키는 것은 아니다.

달러는 국제교역에서 가장 널리 이용되는 화폐이기 때문이다. 둘째, 유로달러는 미국 밖에서 예금을 받는 데 대한 자본통제(capital control)나 지준의무 등이 없는 나라에 보관되는 '역외'(offshore) 예금이기 때문이다.[3)]

유로달러 시장의 중심지는 수백 년간 대표적인 국제 금융중심지로 자리 잡은 런던이다. 유로달러는 싱가포르, 바하마, 케이맨 제도 등 지리적으로 유럽 이외의 나라에서도 보유될 수 있다.

유로달러 시장에서는 최소 거래단위가 보통 100만 달러이며, 은행이 대략 75%의 유로달러 예금을 보유하고 있다. 일반인은 유로달러에 직접 접근할 수 없다. 그러나 유로달러 시장은 미국 은행의 주요 자금 조달원이다. 미국의 은행은 중개기관을 이용해 이들 예금을 유치하면 더 높은 이윤을 얻을 수 있다고 판단했다. 그 결과 유로달러 시장은 미국의 해외 은행업을 촉진하는 중요한 자극제가 됐다.

7.2 미국의 해외 은행업 구조

미국의 은행은 해외 지점을 대부분 남미, 극동, 카리브, 런던에 두고 있다. 이 가운데 런던 지점이 가장 큰 자산을 보유한다. 왜냐하면 런던은 대표적인 국제 금융중심지이며, 유로달러 시장의 중심지이기 때문이다. 남미와 극동에는 이들 지역과의 무역 때문에 많은 지점이 있다. 바하마, 케이맨 제도 등의 카리브 지역은 세금이 최소 수준이며 규제가 거의 없는 조세피난처다. 실제로 바하마와 케이맨 제도에 있는 은행 지점은 주로 장부기장 중심지로서 기능하고 정상적인 은행서비스는 제공하지 않는 '껍데기 영업'(shell operation)에 불과하다.

해외에서 영업하는 미국 은행의 또 다른 기업 형태는 **에지법 회사**(Edge Act corporation)다. 에지법 회사는 국제 은행업에 주로 종사하는 특별 자회사다. 또한 미국의 은행은 (지주회사를 통해) 외국은행 또는 금융서비스를 제공하는 파이낸스 회사와 같은 외국기업의 경영권을 소유할 수도 있다. 미국 은행기구의 국제영업은 주로 Fed의 레귤레이션 K(Regulation K)에 의해 규제된다.

1981년 후반에 Fed는 미국 내에서 외국인으로부터 정기예금을 받을 수 있으나 지준의무나 이자율 규제를 받지 않는 **국제은행업기구**(international banking facility, IBF)의 설립을 승인했다. IBF에게는 외국인에 대한 대출이 허용되지만, 국내 거주자에 대한 대출은 금지된다. 주정부는 주 및 지방세를 면제해줌으로써 IBF의 설립을 장려했다. 본질적

3) 대부분의 역외 예금은 달러로 표시돼 있으나 일부는 다른 나라의 화폐로도 표시된다. 이들 역외 예금을 통칭해 유로커런시(Eurocurrency)라 부른다. 그리고 예를 들어, 런던에서 일본의 엔화로 표시된 예금은 유로엔(Euroyen)이라 부른다.

으로 IBF는 미국 은행의 해외지점과 같이 취급되며, 국내에서의 규제나 세금이 부과되지 않는다. IBF를 설립한 목적은 미국과 외국의 은행이 해외가 아니라 미국 내에서 더 많은 은행 업무를 하도록 장려하려는 것이다. 이런 관점에서 IBF는 성공적이었다. IBF의 자산은 처음 2년 만에 거의 2,000억 달러로 증가했으며 현재는 1조 달러가 넘는다.

7.3 미국 내의 외국은행

국제교역의 증가로 미국 은행의 해외 지점은 물론 외국은행의 미국 내 지점도 증가했다. 외국은행은 미국에서 매우 성공적이었다. 현재 외국은헝은 미국 전체 은행자산의 5% 이상을 보유하고 있으며, 미국 기업에 대한 대출시장의 점유율이 22%에 달할 정도로 미국 전체 은행 대출의 상당 부분을 차지한다.

미국에서 외국은행은 사무소, 현지법인(미국 내 자회사 은행), 지점의 형태로 은행 업무에 종사한다. 사무소는 미국 내에서 대출과 자금이체 업무를 할 수 있지만, 국내 거주자로부터 예금을 받을 수는 없다. 사무소는 모든 은행서비스를 제공하는 은행에 비해 FDIC 예금보험 가입의무와 같은 규제를 받지 않는다는 장점이 있다. 현지법인은 외국은행이 소유한 은행이지만 미국의 여타 은행과 똑같고(미국식 은행 이름을 가질 수도 있음), 동일한 규제를 받는다. 한편 외국은행의 지점은 외국은행의 이름을 그대로 유지하면서 대개 모든 은행서비스를 제공한다. 외국은행은 에지법 회사와 IBF를 설립할 수도 있다.

1978년 이전에 외국은행은 국내은행에 적용되는 많은 규제를 받지 않았다. 예를 들면 외국은행은 여러 주에 지점을 설치할 수 있었으며 지준의무도 없었다. 그러나 1978년의 국제은행업법(International Banking Act)은 외국은행과 국내은행을 보다 대등한 경쟁

표 3 세계 10대 대형 은행 (2011년)

은행	자산(100만 달러)
1. BNP Paribas SA (프랑스)	2,675,627
2. Deutsche Bank AG (독일)	2,551,727
3. Barclays PLC (영국)	2,326,004
4. Credit Agricole SA (프랑스)	2,133,810
5. Industrial and Commercial Bank of China (중국)	2,043,861
6. The Royal Bank of Scotland Group PLC (영국)	2,020,790
7. The Bank of Tokyo-Mitsubishi UFJ Ltd (일본)	1,644,768
8. China Construction Bank Corp (중국)	1,641,683
9. JP Morgan-Chase NA (미국)	1,621,621
10. Bank Santander (스페인)	1,590,560

자료 : http://topforeignstocks.com/2008/07/25/the-top-10-banks-in-the-world-2008/

여건하에 놓았다. 이제 외국은행은 근거지로 지정한 주나 타 주 은행의 진입을 허용하는 주에서만 모든 은행서비스를 제공하는 새로운 지점을 설치할 수 있다. 그러나 타 주에서 제한된 서비스만을 제공하는 지점이나 사무소는 허용되며, 모든 은행서비스를 제공하는 지점이라도 이 법이 비준되기 이전에 개설된 경우는 그대로 유지 가능하다.

해외로 진출하는 미국 은행과 미국으로 진입하는 외국은행에 의한 은행업의 국제화는 전 세계 금융시장이 점차 통합되고 있음을 의미한다. 그 결과 은행규제에 대한 국제 협력의 추세가 확대되고 있다. 한 예가 선진국에서 은행의 최소 자기자본비율 규제를 표준화한 바젤협약이다(제12장 참조). 금융시장 통합(financial market integration)은 해외에서의 은행통합도 촉진했다. 대표적인 예로 2002년에 일본산업은행, 다이이치간교 은행, 후지은행의 합병에 따라 최초로 1조 달러가 넘는 은행이 탄생했다. 또 다른 진전은 국제 은행업에 있어 외국은행의 중요성이 높아졌다는 것이다. [표 3]에서 볼 수 있듯이, 2011년 세계 10대 대형 은행 가운데 9개가 외국의 은행이다. 경제의 운용에 있어 금융시장 통합이 의미하는 바에 대해서는 국제금융시스템을 보다 세부적으로 다루는 제19장에서 더 자세히 검토한다.

요 약 SUMMARY

1 미국 은행의 역사에서 연방정부가 인가한 은행과 주정부가 인가한 은행이 공존하는 이원적 은행시스템이 형성됐다. 그리고 OCC, Fed, FDIC, 주정부 은행 당국 등 여러 기관이 은행을 규제한다.

2 경제 환경의 변화에 따라 금융기관은 금융혁신을 추구한다. 이자율 위험의 증가와 같은 수요조건의 변화, 정보기술의 발달과 같은 공급조건의 변화, 비용을 초래하는 규제의 회피 등이 금융혁신을 추진하는 주요한 힘이다. 금융혁신으로 인해 은행은 자금을 조달하는 비용상의 이점, 자산에서의 소득상의 이점이 약화되는 어려움을 겪었다. 그 결과 전통적인 은행 업무에서의 수익성이 낮아졌고 전통적 은행업이 쇠퇴했다.

3 미국에는 주간 지점 설치를 제한한 주정부의 규제와 맥패든법으로 인해 많은 수의 소형 은행이 존재한다. 미국에 소형 은행이 많다는 것은 치열하게 경쟁한다는 것이 아니라, 오히려 과거에 경쟁이 부족했음을 반영한다. 은행지주회사와 ATM은 지점 규제에 대한 중대한 반응이었으며, 반경쟁적 규제의 효과를 약화시켰다.

4 1980년대 중반 이후 은행통합이 빠른 속도로 일어났다. 은행통합의 첫째 국면은 지점 규제의 실효성 약화와 은행도산의 결과로 나타났다. 은행통합의 둘째 국면은 전국적인 은행시스템의 기반을 구축한 1994년의 리글-닐 주간 은행업 및 지점 설치 효율성법과 정보기술의 발달로 촉진됐다. 은행통합이 정착되면서 미국에는 수천 개의 은행이 남을 것 같다. 대다수 경제학자들은 은행통합과 전국 은행업의 이득이 그 비용을 능가한다고 믿는다.

5 글래스-스티걸법은 상업은행 산업과 증권산업을 분리시켰다. 그러나 1999년의 법 제정으로 글래스-스티걸법이 폐지되고 이들 산업 간의 장벽이 제거됐다.

6 저축대부조합, 상호저축은행, 신용조합을 포함하는 저축산업의 규제와 구조는 상업은행 산업과 거의 유사하다. 저축대부조합은 주로 OTS가 규제하며 예금보험은 FDIC가 관리한다. 상호저축은행은 주정부가 규제하며 FDIC가 연방예금보험을 제공한다. 신용조합에 대해서

는 NCUA가 규제하며 NCUSIF가 예금보험을 제공한다.

7 1960년 이후 세계 교역의 급속한 성장으로 국제 은행업이 놀라울 만큼 확대됐다. 미국 은행은 해외에 지점을 개설하거나, 에지법 회사를 세우거나, 외국은행의 경영권을 소유하거나, 미국 내에 위치한 IBF를 운영함으로써 국제 은행 업무를 수행한다. 외국은행은 은행 자회사를 설립하거나 지점, 사무소를 운영함으로써 미국 내에서 활동한다.

주요 용어 KEY TERMS

가상은행(virtual bank)
국법은행(national bank)
국제은행업기구(international banking facility, IBF)
그림자 은행시스템(shadow banking system)
금융공학(financial engineering)
범위의 경제(economies of scope)
선물계약(futures contract)
에지법 회사(Edge Act corporation)
예금 이자율 상한(deposit rate ceiling)
은행지주회사(bank holding company)
이원적 은행시스템(dual banking system)
일소계정(sweep account)
자동 은행업무기(automated banking machine, ABM)
자동 입출금기(automated teller machine, ATM)
주법은행(state bank)
중앙은행(central bank)
증권화(securitization)
지역사회 은행(community bank)
지점(branch)
초지역적 은행(superregional bank)
탈중개화(disintermediation)
파생금융상품(financial derivative)
헤지(hedge)

연습문제 QUESTIONS

1 왜 미국은 가장 나중에 중앙은행을 갖게 된 선진국 가운데 하나인가?

2 왜 미국에서는 이원적 은행시스템으로 운영되고 있는가?

3 원래 1933년의 글래스–스티걸법을 제정한 동기는 무엇이었는가?

4 다음의 상업은행을 감독하는 주된 책임이 있는 규제기관은 어디인가?
 a. 국법은행
 b. 은행지주회사
 c. Fed 비회원 주법은행
 d. Fed 회원 주법은행
 e. 연방인가 신용조합

5 어떻게 이자율 위험의 등장이 금융혁신을 설명할 수 있는가?

6 새로운 기술로 인해 은행의 지점 설치에 대한 규제를 강제하기 힘들어진 이유는 무엇인가?

7 "컴퓨터의 발명은 은행산업 쇠퇴의 주요 요인이다." 이 진술은 참인가, 거짓인가, 또는 불확실한가? 설명하라.

8 "만약 1960년대와 1970년대에 인플레이션이 일어나지 않았더라면, 은행산업은 현재 더 건실해졌을 것이다." 이 진술은 참인가, 거짓인가, 또는 불확실한가? 설명하라.

9 어떻게 은행이 일소계정과 MMF를 이용해 지준의무를 회피하는가?

10 만약 일부 경제학자들이 주장하는 것처럼 미래에 지준

의무가 폐지된다면, 이는 MMF의 규모에 어떤 영향을 미칠 것인가?

11 왜 미국 은행산업에서 규제에 대한 허점 찾아내기가 만연하는가?

12 최근에 은행이 자금조달 비용상의 이점을 상실하고 있는 것은 무엇 때문인가?

13 최근 은행이 자산에 대한 소득상의 이점을 상실하고 있는 것은 무엇 때문인가?

14 "캐나다에서는 불과 몇 개의 대형 은행이 은행산업을 지배하는 반면, 미국에서는 6,500개의 은행이 있기 때문에, 캐나다의 상업은행 산업은 미국에 비해 덜 경쟁적이다." 이 진술은 참인가, 거짓인가, 또는 불확실한가? 설명하라.

15 저축대부조합과 상호저축은행에 비해 상업은행 가운데 자산 규모가 2,500만 달러 미만인 은행의 비율이 더 높은 이유는 무엇인가?

16 상업은행과 달리 저축대부조합, 상호저축은행, 신용조합은 타 주에 지점을 설치하는 데 대한 규제가 없다. 그럼 왜 신용조합은 대개 다른 예금취급기관에 비해 규모가 작은가?

17 은행지주회사가 급속히 증가한 이유는 무엇인가?

18 주간 은행업의 장점과 단점은 각각 무엇인가?

19 어떻게 경쟁의 압력이 은행업과 증권업의 분리를 설정한 글래스-스티걸법을 폐지하게 했는가?

20 금융통합에 대한 그램-리치-블라일리법의 효과는 무엇이었는가?

21 국제 은행업의 급속한 성장을 설명하는 요인은 무엇인가?

22 국제 은행업을 촉진하기 위해 규제 당국은 어떤 인센티브를 제공했는가? 또 왜 그렇게 했는가?

23 어떻게 1981년 연준의 IBF 설립 허용이 유럽 은행산업의 고용을 감소시킬 수 있었는가?

24 미국에 있는 사우디아라비아인 소유의 은행에 예금한 당좌예금은 미국인 소유의 은행에 예금한 당좌예금에 비해 덜 안전한가?

25 왜 세계 10대 대형 은행 가운데 미국의 은행은 하나뿐인가?

웹 연습문제 WEB EXERCISES

1 www2.fdic.gov/hsob/index.asp에 들어가보라. 'Commercial Bank Reports'를 선택한 다음 'Number of Institutions, Branches, and Total Offices'를 선택하라. 은행지점의 추세를 볼 때, 개인이 은행에 접근하는 것이 더 쉬워진 것인가, 아니면 더 어려워진 것인가? 1934년에는 얼마나 많은 은행이 있었으며, 지금은 얼마나 되는가? 그래프에서 은행통합의 추세가 계속되는 것으로 나타나는가?

2 은행이 도산하지 않도록 보호하는 규제에도 불구하고 어떤 은행은 도산한다. www2.fdic.gov/hsob/index.asp에 들어가보라. 'Failures and Assistance Transactions' 항목을 선택하라. 미국에서 근년에 은행도산 건수는 얼마나 되는가? 도산한 은행이 보유한 총자산은 얼마나 되는가? 1937년에는 몇 개의 은행이 도산했는가?

참고 웹사이트 WEB REFERENCES

www.fdic.gov/bank/

FDIC는 개별 금융기관과 은행산업에 관한 자료를 수집한다.

www2.fdic.gov/hsob/index.asp

이 사이트를 방문해 은행산업에 관한 통계자료를 수집하라.

PART 4

중앙은행과 통화정책

위기와 대응 : 연방준비제도와 글로벌 금융위기

전 연방준비제도 이사회 의장이었던 앨런 그린스펀(Alan Greenspan)이 '1세기에 한 번 발생하는 신용 쓰나미'라고 언급했던 금융위기에 직면했을 때, 연방준비제도는 이러한 상황에 대한 구원투수가 되기로 결정했다. 연방준비제도는 페더럴펀드 이자율 목표를 2007년 9월부터 시작해 2008년 말에 제로 수준에 이르기까지 인하시켰다. 동시에 연방준비제도는 대출이 다시 이루어지도록 신용시장에 대규모의 유동성을 공급했다. 2007년 8월 중순에 연방준비제도는 은행들에게 대출할 때 적용하는 재할인율을 통상적으로 목표 페더럴펀드 이자율보다 100 베이시스 포인트 높게 책정했던 것으로부터 50 베이시스 포인트 높도록 낮췄다. 금융위기가 진행되는 과정에서 연방준비제도는 예금취급기관들에 대한 전통적인 대출 이외에 금융시스템에 대한 유동성 공급을 확대했다. 실제로 연방준비제도가 2008년 3월에 베어 스턴스(Bear Stearns)의 인수를 위해 J.P. 모건(J.P. Morgan)을 지원하기 위한 대출을 시행한 후에, 전 연방준비제도 이사회 의장이었던 폴 볼커(Paul Volcker)는 이러한 연방준비제도의 조치를 연방준비제도가 취할 수 있는 합법적으로 부여된 권한의 끝자락까지 간 조치라고 언급했다. 금융위기의 진행 과정에서 수많은 연방준비제도의 대출 프로그램이 일련의 새로운 약어들인 TAF, TSLF, PDCF, AMLF, CPFF, MMIFF의 이름을 가지고 탄생했다. 이것은 연방준비제도를 마치 암호명의 선제 전략과 무기를 가지고 있는 미국 국방부처럼 보이게 만들었다. 미국 국방부처럼, 연방준비제도는 총, 탱크, 비행기가 아닌 금융 무기를 가지고 전쟁을 치르고 있었다.

최근의 금융위기는 금융시스템과 경제의 건전성에 대해 연방준비제도와 같은 중앙은행의 중요성을 보여주었다. 제14장에서는 중앙은행들이 무슨 동기를 가지고 행동하는지와 어떻게 설립됐는지에 대한 개관을 한다. 제15장에서는 화폐공급이 어떻게 결정되는지에 대한 논의가 이루어진다. 제16장에서는 연방준비제도와 같은 중앙은행들이 사용할 수 있는 수단들과 이를 어떻게 사용하는지에 대해 살펴본다. 제17장에서는 중앙은행의 전략과 전술에 대한 폭넓은 이해에 초점을 맞추어 통화정책이 어떻게 수행되는지에 대한 논의를 한다.

14 중앙은행의 구조와 독립성 : 글로벌 관점

PREVIEW

전 세계에서 금융시장의 가장 중요한 참여자 중 하나는 통화정책을 책임지고 있는 정부기관인 중앙은행이다. 중앙은행의 조치는 이자율, 신용의 양, 화폐공급에 영향을 미치며 이들 모두는 금융시장뿐만 아니라 총생산과 인플레이션에 직접적인 영향을 미친다. 중앙은행이 금융시장과 경제 전체에서 수행하는 역할을 이해하기 위해 중앙은행이 어떻게 작동하는지를 이해할 필요가 있다. 누가 중앙은행을 통제하고 중앙은행의 활동을 결정하는가? 중앙은행의 행동을 결정하는 동기는 무엇인가? 중앙은행에서 누가 권한을 가지고 있는가?

이 장에서는 주요국 중앙은행들의 제도적 구조를 살펴보면서 특히 세계에서 가장 중요한 두 중앙은행인 연방준비제도(Federal Reserve System, 이하 Fed라고 지칭함)와 유럽중앙은행(European Central Bank, 이하 ECB라고 지칭함)에 초점을 맞춰 논의한다. 먼저 연방준비제도의 진정한 권한이 어디에 있는가를 결정하는 연방준비제도의 제도적 구조를 살펴본다. 중앙은행에서 누가 의사결정을 하는지 이해함으로써 중앙은행의 의사결정이 어떻게 이루어지는지를 더 잘 이해할 수 있다. 이어서 중앙은행의 행동 동기는 무엇인지와 중앙은행을 정치로부터 분리시켜 독립시키는 것이 바람직한 것인가에 대해 살펴본다. 마지막으로 주요국 중앙은행들, 특히 유럽중앙은행의 구조와 독립성에 대해 살펴본다. 이러한 정보를 가지면 이어지는 장들에서 설명되는 통화정책의 실제적 수행을 보다 잘 이해할 수 있는 준비를 마치게 될 것이다.

1 연방준비제도의 기원

세계의 모든 중앙은행 중에서 연방준비제도는 아마도 가장 독특한 구조를 가지고 있다. 연방준비제도가 이처럼 독특한 구조를 가지게 된 이유를 이해하기 위해서는 연방준비제도가 창설됐던 1913년 이전으로 돌아가봐야 한다.

20세기 이전에, 헌법의 견제 및 균형과 주 권리의 보존이라는 관점에서 알 수 있는 것처럼, 미국 정치의 중요한 특성은 권력의 중앙 집중에 대한 두려움이었다. 중앙은행의 존재에 대한 미국인들의 공공연한 적대감 때문에 은행시스템을 감시하는 기능을 수행하는 중앙은행의 설립을 위한 처음의 두 번의 실험은 실패로 끝났다. 더 퍼스트 뱅크 오브 더 유나이티드 스테이츠(The First Bank of the United States)는 1811년에 해산됐고, 더 세컨드 뱅크 오브 더 유나이티드 스테이츠(The Second Bank of the United States)에 대한 인가는 앤드루 잭슨(Andrew Jackson) 대통령에 의해 1832년에 인가 갱신이 거부된 후 1836년에 종료됐다.

더 세컨드 뱅크 오브 더 유나이티드 스테이츠에 대한 인가가 1936년에 종료되면서, 은행 패닉(bank panic)을 피하기 위해 은행시스템에 지준을 공급할 수 있는 최종 대부자가 존재하지 않게 됐기 때문에 미국 금융시장에 심각한 문제가 발생했다. 결과적으로 19세기와 20세기 초까지 은행 패닉은 20여 년마다 발생하는 정기적인 사건이 됐다. 1907년에 전국적인 은행 패닉은 최고조에 달했다. 1907년의 은행 패닉은 광범위한 은행도산과 상당한 예금자 손실을 발생시켰다. 마침내 미국인들은 미래의 은행 패닉을 막기 위해 중앙은행이 필요하다고 확신하게 됐다.

은행과 중앙 당국에 대한 미국인들의 적대감 때문에 영국의 중앙은행인 영국은행(Bank of England)과 같은 하나의 중앙은행을 설립하는 것에 대한 강한 반대가 있었다. 대기업과 대형 은행을 포함해 월 스트리트의 이해당사자들이 경제에 대한 통제력을 행사하기 위해 단일의 중앙은행을 조정할 수 있을 것이고 연방 차원의 중앙은행 운영은 민간은행들의 문제에 대한 지나친 정부 개입을 발생시킬 수 있을 것이라는 두려움이 팽배했다. 중앙은행이 민간은행이어야 하는지 정부기관이어야 하는지에 대한 심각한 의견불일치가 존재했다. 이러한 쟁점들에 대한 열띤 논쟁을 통해 타협이 이루어졌다. 미국의 전통에 따라 미국 의회는 정교한 견제와 균형을 담아낸 1913년의 연방준비제도법(Federal Reserve Act of 1913)을 입법했고 이에 따라 12개의 지역 연준은행(Federal Reserve Banks)을 가진 연방준비제도가 창설됐다.

2 연방준비제도의 구조

연방준비제도법의 입안자들은 지역적 차원에서 민간 부문과 정부 간, 그리고 은행 경영자, 기업가, 민간인 간에 권력을 분산하기를 원했다. 이러한 권력분산에 대한 초기의 견해가 12개의 **연준은행**(Federal Reserve banks), **연방준비제도 이사회**(Board of Governors of the Federal Reserve System), **연방공개시장위원회**(Federal Open Market Committee, FOMC), 연방자문위원회(Federal Advisory Council)와 약 2,500개의 회원 상업은행을 가지는 연방준비제도를 만들어냈다.

2.1 연준은행

12개 연준지역의 각각에는 해당 지역의 도시들에 지점을 두고 있는 연준은행이 하나씩 있다. 연준지역, 연준은행, 연준은행 지점의 위치가 [그림 1]에 제시돼 있다. 자산 기준으로 3대 대형 연준은행은 뉴욕, 시카고, 샌프란시스코의 연준은행이며, 연방준비제도 자산(재할인대출, 증권, 기타 보유자산)의 50% 이상을 보유하고 있다. 연방준비제도 자산의 약 1/4을 보유하고 있는 뉴욕 연준은행(Federal Reserve Bank of New York)은 가장 중요한 연준은행이다.

각 연준은행은 연방준비제도의 회원인 해당 지역의 민간 상업은행들이 소유하는 준민간(반민, 반관)기관이다. 회원은행은 그들 지역 연준은행의 주식을 매입하고(회원은행의

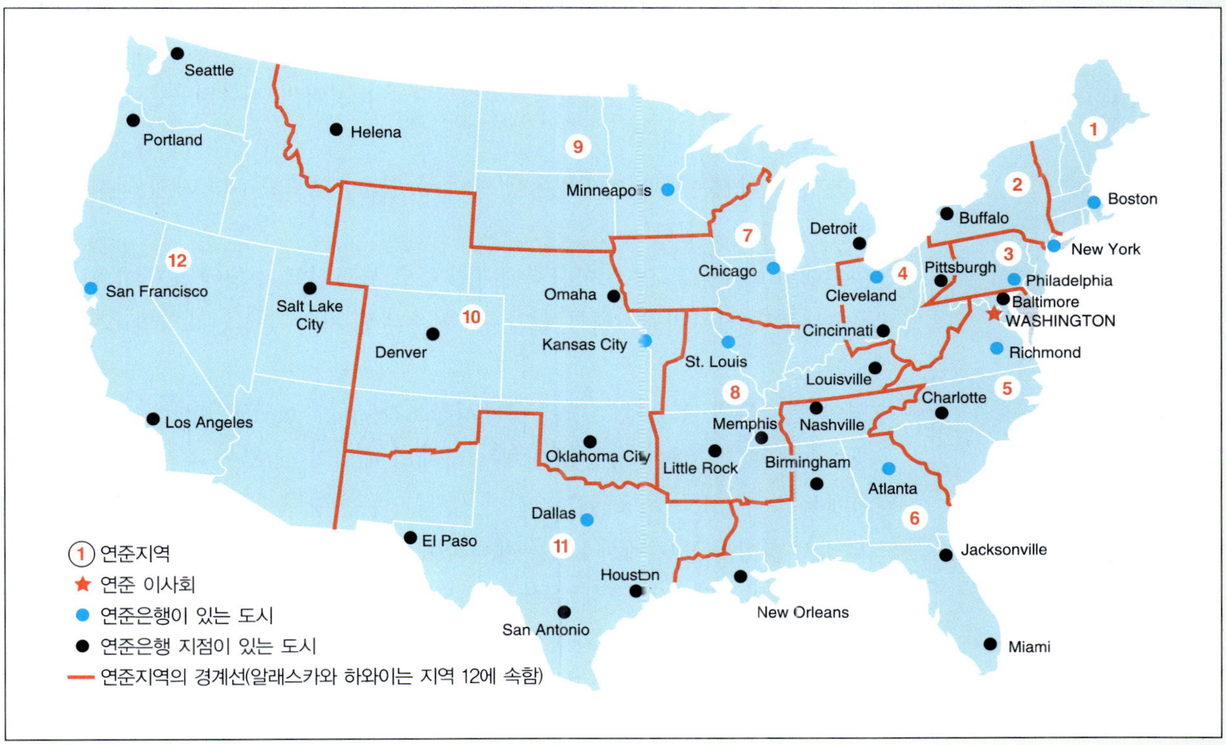

그림 1 연방준비제도

연준지역, 연준은행과 연준은행 지점의 위치

자료 : Federal Reserve *Bulletine*.

필수조건임) 주식에 대한 배당은 법에 의해 연간 6% 이하로 제한돼 있다. 회원은행은 6명의 지역 연준은행 이사를 선출한다. 연방준비제도 이사회(이하 연준 이사회라고 지칭함)는 지역 연준은행 이사 3명을 추가적으로 임명한다. 한 연준은행의 이사들은 3범주, 즉 A등급, B등급, C등급으로 분류된다. 회원은행들에 의해 선출되는 3명의 A등급 이사는 은행 전문 경영자이고 회원은행들에 의해 선출되는 3명의 B등급 이사는 산업계, 노동계, 농업계, 소비자 부문의 저명한 지도자이다. 공공의 이해를 대표하기 위해 연준 이사회에 의해 지명되는 3명의 C등급 이사는 관료, 피고용인, 은행주주가 될 수 없다. 이사들은 지역 연준은행의 활동을 감독하지만 그들의 가장 중요한 임무는 (연준 이사회의 승인하에) 지역 연준은행의 총재를 지명하는 것이다. 2010년까지 9명의 이사 모두가 총재 지명 의사결정에 참여했으나, 2010년의 도드-프랭크 법(Dodd-Frank Act of 2010)은 3명의 A등급 이사가 지역 연준은행의 총재를 지명하는 데 참여하는 것을 배제시켰다. 미국 의회는 은행 경영자들이 자신에 대한 감독권을 가지게 되는 연준은행의 총재를 선택하는 데 참여하는 것은 부적절하다고 여겼다.

12개의 연준은행은 다음과 같은 방식으로 통화정책에 참여한다.

- 연준은행의 이사들은 재할인율을 '책정한다'(각 지역의 재할인율은 연준 이사회에 의해 검토되고 결정된다).
- 연준은행은 회원은행과 비회원은행 중에서 연준은행으로부터 재할인 대출을 받을 수 있는 은행을 결정한다.
- 연준은행의 이사들은 연준 이사회에 자문하고 통화정책 수행에 도움이 되는 정보를 제공하는 연방자문위원회에서 일할 각 연준은행 지역 출신인 1명의 상업은행가를 선정한다.
- 12명의 연준은행 총재 중 5명은 **공개시장조작**(open market operations, 이자율과 은행시스템의 지준량에 영향을 미치는 국채의 매입과 매도)을 지시하는 공개시장위원회에서 각각 1표의 투표권을 가진다. 뉴욕 연준은행 총재는 FOMC의 영구 위원이고 따라서 항상 FOMC에서 1표를 행사하며 이것이 뉴욕 연준은행을 가장 중요한 연준은행으로 만든다. 지역 연준은행에 배분되는 나머지 4표는 나머지 11명의 연준은행 총재 중 4명에게 매년 순차적으로 돌아간다.

12개의 연준은행은 다음 기능도 수행한다.

- 수표의 청산
- 새로운 화폐 발행과 손상된 현금통화의 퇴출

- 지역에 속한 은행들에 대한 재할인 대출의 관리와 시행
- 합병 제안과 업무 활동의 확대를 위한 은행들의 신청 평가
- 산업계와 연방준비제도 간의 중개자 활동
- 은행지주회사와 주정부 인가 회원은행에 대한 검사
- 지역 산업 동향에 대한 통계 수집
- 전문 경제학자를 활용한 통화정책 수행과 관련된 주제에 대한 연구 수행

2.2 회원은행

모든 국법은행(national banks, 통화감독청(Office of the Comptroller of the Currency)에 의해 인가된 상업은행)은 반드시 연방준비제도의 회원은행이 돼야 한다. 주정부에 의해 인가된 상업은행은 반드시는 아니나 연방준비제도의 회원은행이 될 수 있다. 현재 미국에 있는 상업은행 중 약 1/3이 연방준비제도의 회원은행이다. 이는 1947년의 49%에 비하면 상당히 감소한 수치다.

1980년 이전에는 회원은행만이 연준은행에 지준을 예치하도록 돼 있었다. 비회원은행은 해당 주에 의해 결정되는 필요지준을 보유하도록 돼 있었으며, 일반적으로 지준의 대부분을 이자부 증권으로 보유할 수 있었다. 그 당시에 연준은행에 예치되는 지준에 대해서는 이자가 지급되지 않았기 때문에, 연방준비제도의 회원은행이 되는 것은 비용이 드는 일이었다. 이자율이 상승함에 따라 회원은행이 되는 비용이 증가하면서 점점 많은 은행이 연방준비제도를 떠났다.

이러한 Fed의 회원은행 수 감소는 연준 이사회의 중요한 우려사항이었다. 그 이유는 Fed의 회원은행 감소는 화폐공급에 대한 Fed의 통제력을 약화시키고, Fed가 통화정책을 수행하는 것을 어렵게 만들기 때문이었다. 연준 이사회 의장은 모든 상업은행이 연방준비제도의 회원은행이 되는 새로운 입법을 끈질기게 요구했다. Fed가 의회를 압박한 결과 지준 부과에 관한 새로운 조항이 1980년의 예금취급기관 규제완화 및 통화관리법(Depository Institutions Deregulation and Monetary Control Act of 1980)에 포함됐다. 이 조항에 따라 1987년까지 모든 예금취급기관은 동일하게 Fed에 필요지준을 예치하게 됐다. 이에 따라 회원은행과 비회원은행은 필요지준 기준으로 동일한 지위를 가지게 됐다. 이와 함께 모든 예금취급기관은 동일한 자격으로 재할인 창구(제16장에서 논의함)와 같은 연방준비제도의 대출제도와 연방준비제도의 수표청산제도를 이용할 수 있는 권한을 부여받았다. 이 조항이 Fed의 회원은행 수 감소를 종식시켰고 회원은행과 비회원은행 간의 구분을 약화시켰다.

2.3 연준 이사회

워싱턴 DC에 본부를 두고 있는 연준 이사회는 7명의 이사로 구성되며 연방준비제도의 최고 의결기관이다. 연준 이사회의 이사는 미국 대통령에 의해 임명되고 상원의 인준을 받는다. Fed에 대한 대통령의 통제를 제한하고 정치적 압력으로부터 Fed를 격리시키기 위해 연준 이사회의 이사는 연임이 불가능한 14년의 임기와 두 번째 임기의 일부 기간 동안 활동할 수 있으며 1명의 이사 임기는 매 2년마다 1월에 종료된다.[1] 경제전문가가 대부분인 연준 이사회의 이사들은 한 지역의 이해가 과도하게 대표되는 것을 막기 위해 서로 다른 연준지역으로부터 선출된다. 연준 이사회의 의장은 7명의 이사 중에서 선택되고 연임이 가능한 4년의 임기를 가진다. 새로운 연준 이사회의 의장이 선택되면 전임 연준 이사회의 의장은 이사로서의 임기가 남아 있더라도 연준 이사회를 사퇴한다.

연준 이사회는 다음과 같은 방식으로 통화정책 수행에 관한 의사결정에 적극적으로 참여한다.

- 7명의 이사 모두는 FOMC의 위원이고 공개시장조작의 수행안에 대해 투표한다. FOMC에는 총 12명의 투표 위원만이 존재하기 때문에(7명의 연준 이사회 이사와 5명의 연준은행 총재) 연준 이사회는 더 많은 투표권을 가진다.
- 연준 이사회는 (법에 의해 부여된 한도 내에서) 지준율을 결정한다.
- 연준 이사회는 연준은행들에 의해 '책정된' 재할인율을 승인하거나 승인하지 않는 과정인 '검토와 결정'(review and determination) 과정을 통해 재할인율을 효과적으로 통제한다.
- 연준 이사회의 의장은 경제정책에 대해 미국 대통령에게 자문하고, 의회에서 증언하며, 언론에 대해 연방준비제도를 대변한다.

2.4 연방공개시장위원회(FOMC)

FOMC는 통상적으로 1년에 8번(약 매 6주마다 1번씩) 회의를 개최하며 공개시장조작의 수행과 정책이자율인 은행 간 1일물 대출 이자율인 **페더럴펀드 이자율**(federal funds rate)에 관한 의사결정을 한다. 사실 FOMC는 종종 언론에서 'Fed'로 언급된다. 예를 들어 언론이 Fed가 회의를 하고 있다고 말할 때, 이것은 실제로 FOMC가 회의를 하고 있

---

1) 기술적으로 연준 이사회의 이사는 연임불가지만, 연준 이사회의 이사는 임기가 만료되기 직전에 사퇴하고 미국 대통령에 의해 재임명될 수 있다. 이것이 윌리엄 맥체스니 마틴(William McChesney Martin, Jr.)이 28년간 연준 이사회의 이사로 활동했던 이유이다. 1951년부터 1970년까지 연준 이사회의 의장이었던 마틴이 1970년에 사퇴한 이후에, 연준 이사회의 이사가 두 번째 임기 전 기간 동안 활동하도록 허용하는 관행은 실행되지 않았고 이것이 앨런 그린스펀이 14년간의 임기가 만료된 후 2006년에 연준 이사회로부터 사퇴해야만 했던 이유이다.

Fed 심층분석 FOMC 회의

FOMC 회의는 워싱턴 DC에 위치하고 있는 연준 이사회 본부 건물 2층의 회의실에서 개최된다. 7명의 연준 이사회 이사와 12명의 연준은행 총재가 FOMC 사무총장, 연준 이사회의 연구와 통계 담당국 국장과 부국장, 통화국과 국제금융 담당국의 국장들과 함께 대형 회의 테이블에 둘러앉는다. 연준은행 총재 중에서 5명의 총재만이 매번 FOMC 회의에서 투표권을 가지고 있지만, 모든 연준은행 총재가 토의에 적극적으로 참여한다. 전통에 의해 회의에서 발언하지 않는 각 연준은행의 연구 담당 국장과 기타 연준 이사회의 선임 관리 및 연준은행의 관리가 회의실의 뒤편에 둘러앉는다.

FOMC 회의는 직전 FOMC 회의록을 신속하게 승인하면서 시작된다. 첫 번째 중요한 안건은 외환에 대한 시스템 공개시장조작 및 국내 공개시장조작과 이러한 주제와 관련된 기타 이슈에 대한 담당자의 보고이다. 연준 이사회 이사와 연준은행 총재가 보고와 관련하여 질문하고 논의하는 것을 마친 후에, 보고를 재가하기 위한 투표가 이루어진다.

FOMC 회의의 다음 단계에서 연준 이사회 참모진의 국가경제 예측에 관한 연준 이사회의 연구와 통계 담당국 국장의 보고가 이루어진다. 연준 이사회 이사와 연준은행 총재가 국가경제 예측과 관련해 질문한 후에, 돌아가면서 순서에 따라 발언한다. 각 연준은행 총재는 자신의 지역 경제 상황과 국가경제 전망에 대한 평가에 대해 발언하고 의장을 포함해 각 연준 이사회 이사는 국가경제 전망에 대한 자신의 견해를 말한다. 전통적으로 이 시점에서는 통화정책과 관련된 주제에 대한 언급은 피한다.

이어서 안건은 현재 통화정책과 국내정책 지침으로 넘어간다. 연준 이사회의 통화국 국장이 통화정책 조치의 서로 다른 시나리오를 개관하면서 논의를 시작하고 통화정책이 어떻게 수행돼야 하는지와 관련된 쟁점을 언급할 수 있다. 질의와 응답 시간을 가진 후에, 투표권을 가지고 있지 않은 연준은행 총재뿐만 아니라 각 FOMC 위원은 통화정책과 통화정책 발표문에 관한 자신의 견해를 말한다. 이어서 의장은 논의를 요약하고 통화정책 발표문과 페더럴펀드 이자율 목표를 예를 들어 0.25% 포인트만큼 인상할 것인지, 인하할 것인지, 동결할 것인지를 나타낸 공개시장 부서로 전달되는 페더럴펀드 이자율 목표에 관한 지침에 사용할 특정한 용어를 제안한다. FOMC 사무총장이 공식적으로 제안된 발표문을 읽고 FOMC 위원들이 투표한다.*

이어서 비공식적 뷔페 점심식사가 있고 점심식사 시간 동안 FOMC 회의 참석자들은 은행관련 입법과 연방준비제도와 관련된 기타 입법에 관한 미 의회의 최근 동향에 관한 보고를 듣는다. 오후 2시 15분에 FOMC 회의 결과에 대한 공표가 이루어진다. 공표되는 FOMC 회의 결과에는 페더럴펀드 이자율 목표와 재할인율이 인상됐는지, 인하됐는지, 동결됐는지와 인플레이션율이 더 높아질 것인지 경제가 더 약화될 것인지와 같이 미래에 발생할 것으로 예측되는 '위험의 균형'(balance of risks)에 관한 평가가 포함된다.† FOMC 회의 결과의 공표는 1994년에 처음 시작된 혁신적인 조치다. 그 이전에는 이러한 공표가 없었으며 시장은 어떤 정책조치가 이루어졌는지를 추측해야만 했다. 이러한 정보를 공표하기로 한 결정은 연방준비제도가 공개성을 강화하는 방향으로 나아가는 조치였다. 이러한 방향으로 이루어진 추가적인 조치는 2011년 4월에 시작됐다. 4월, 6월, 11월, 1월의 FOMC 회의 후에, 연준 이사회 의장은 FOMC의 결정에 관해 언론에게 설명하는 기자회견을 한다.

* 지침에 표현된 의사결정은 만장일치가 아닐 수 있고 반대 의견도 공표된다. 그러나 매우 드문 경우를 제외하고, 의장의 투표권 행사는 항상 승자 측으로 이루어진다.

† FOMC 회의 중 반은 약간 다른 형식을 가진다. 다른 회의처럼 화요일 오전 9시에 회의를 시작하는 대신에 이런 회의는 화요일 오후에 회의를 시작해 수요일까지 진행하고 통상적인 회의 결과 공표는 오후 2시 15분 경에 이루어진다. 이렇게 더 길게 진행되는 회의는 또한 장기 경제 전망과 특별한 주제들을 논의한다.

음을 의미한다. FOMC는 7명의 연준 이사회 이사, 뉴욕 연준은행 총재, 4명의 다른 연준은행 총재로 구성된다. 또한 연준 이사회의 의장은 FOMC의 의장으로 회의를 주재한다.

5명의 연준은행 총재만이 FOMC에서 투표권을 가지나, 나머지 7명의 연준은행 총재도 FOMC 회의에 참석하고 논의에 참여한다. 따라서 그들도 FOMC의 결정에 약간의 의견 개진을 한다.

공개시장조작은 Fed가 화폐공급을 통제하기 위한 가장 중요한 수단이고 FOMC는 **긴축적 통화정책**(tightening of monetary policy)을 수행할 것인지 **완화적 통화정책**(easing of monetary policy)을 수행할 것인지에 관한 의사결정이 이루어지는 곳이기 때문에, FOMC는 필연적으로 연방준비제도에서 정책 결정의 핵심 기관이다. 지준율과 재할인율은 실제로 FOMC에 의해 결정되지는 않지만 FOMC는 실질적으로 이러한 정책수단에 관한 의사결정을 한다. FOMC는 실제로 증권을 매입하거나 매도하는 일을 하지 않는다. 그 대신 FOMC는 뉴욕 연준은행의 거래 부서에 공개시장조작에 관한 지시를 내린다. 이곳에서 국내 공개시장조작 책임자는 정부 또는 기관의 채권을 매입하고 매도하는 사람들을 감독한다. 이 책임자는 매일 FOMC의 위원 및 참모진과 거래 부서의 활동에 관한 의견을 교환한다.

3 Fed는 얼마나 독립적인가?

연방준비제도가 어떻게 통화정책을 수행하는지를 다음 3개 장에서 살펴볼 때, 연방준비제도가 다른 정책조치들이 아닌 특정한 정책조치들을 취하기로 결정하는 이유가 무엇인지 알고 싶을 것이다. 연방준비제도의 조치를 이해하기 위해서는 Fed의 행동을 유발하는 인센티브를 이해해야만 한다. Fed는 대통령과 의회의 압력으로부터 얼마나 자유로운가? 경제적, 관료적, 정치적 고려사항이 Fed의 행동을 유도하는가? Fed는 외부 압력으로부터 정말 독립적인가?

MIT의 교수였고 현재 이스라엘 중앙은행의 총재인 스탠리 피셔(Stanley Fisher)는 중앙은행의 독립성을 2가지 형태, 즉 통화정책수단을 결정할 수 있는 중앙은행의 능력을 의미하는 **정책수단의 독립성**(instrument independence)과 통화정책의 목표를 설정할 수 있는 중앙은행의 능력을 의미하는 **정책목표의 독립성**(goal independence)으로 정의했다. 연방준비제도는 2가지 형태의 독립성 모두를 가지고 있으며, 다른 정부기관에 영향을 미치는 정치적 압력으로부터도 놀라울 정도로 자유롭다. 연준 이사회의 이사는 14년의 임기로 임명되고(따라서 이사직에서 경질될 수 없다), 그 임기는 기술적으로 연장될 수 없다. 이에 따라 연준 이사회의 이사는 대통령과 의회의 비위를 맞춰야 할 인센티브가 없다.

아마도 Fed가 증권의 보유와 더 적지만 은행에 대한 대출을 통해 독립적이고 실질적인 수입원을 가지고 있는 것이 의회의 변덕스러움으로부터 독립적일 수 있는 더 중요한 이유인 것 같다. 예를 들어 2010년에 연방준비제도는 약 800억 달러의 순수익을 올렸다. Fed는 이 수익의 대부분을 재무부에 돌려주기 때문에 Fed 자체는 자신의 활동을 통해 부유해지지는 않지만, 이러한 수익은 다른 정부기관과 비교해 Fed에게 중요한 우위를 제공한다. Fed는 통상적으로 의회에 의해 통제되는 지출승인 과정(appropriations process)의 적용을 받지 않는다. 실제로 연방정부의 회계감사기관인 회계감사원(General Accounting Office, GAO)은 연방준비제도의 통화정책이나 외환시장 기능을 감사할 수 없다. 돈줄을 통제하는 권력은 일반적으로 전반적인 통제 권력과 같은 의미이기 때문에, 이러한 연방준비제도의 특징이 어느 다른 요인보다도 연방준비제도의 독립성에 많은 기여를 하고 있다.

그러나 연방준비제도는 여전히 의회의 영향을 받는데, 이는 Fed의 구조를 결정하는 입법이 의회에 의해 이루어지고 어느 시점에든 변경될 수 있기 때문이다. 의회 의원들이 Fed의 통화정책 수행에 대해 당혹스러워할 때, 그들은 자주 Fed의 독립성을 약화시켜야 한다고 위협한다. 한 최근의 예가 2009년에 하원의원인 론 폴(Ron Paul)에 의해 제안된 Fed의 통화정책 조치들을 GAO의 감사 대상이 되도록 하는 법안이었다. 이와 같은 위협은 휘두를 수 있는 강력한 곤봉이고 확실히 Fed가 의회가 원하는 것으로부터 너무 멀리 가지 않도록 하는 데 어느 정도의 효과를 가진다.

또한 미국 의회는 연방준비제도가 자신의 조치들에 대해 책임을 지도록 하는 법을 통과시켰다. 1978년의 험프리-호킨스 법(Humphrey-Hawkins Act)과 그 이후의 법에 따라 연방준비제도는 통화정책이 연방준비제도법(Federal Reserve Act)에 의해 부여된 목표와 부합하도록 수행되고 있는지를 설명하기 위해 연방이사회 의장이 의회 증언을 하면서 반년 단위로 의회에 제출하기 위한 통화정책보고서(Monetary Policy Report to the Congress)를 발행해야 한다.

미국 대통령도 연방준비제도에 영향을 미칠 수 있다. 의회의 입법이 Fed에게 직접적으로 영향을 줄 수 있거나 통화정책을 수행하는 Fed의 능력에 영향을 줄 수 있기 때문에, 대통령은 의회에 대한 영향력 행사를 통해 의회와 강력한 동맹이 될 수 있다. 또한 표면적으로 대통령은 4년의 재임 중에 1명 또는 2명의 연준 이사회 이사만을 임명할 수 있지만, 실제로 그보다 훨씬 많은 연준 이사회 이사를 임명한다. 그 이유는 대부분의 연준 이사회 이사는 14년의 임기를 채우지 않기 때문이다. (연준 이사회 이사의 연봉은 그들이 대학 또는 민간 부문에서 벌 수 있는 것보다 상당히 적기 때문에, 그들은 임기가 만료되기 전에 대학 또는 민간 부문으로 돌아가고자 하는 인센티브를 가진다.) 이에 더해 대통령은 4년마다 새로운 연준 이사회 의장을 임명할 수 있고, 재임명되지 않은 연준 이사회 의장은 새로운 이사가 임명될 수 있도록 연준 이사회를 사퇴하게 돼 있다.

4 중앙은행은 독립적이어야 하는가?

점점 더 많은 국가가 그들의 중앙은행에 더 많은 독립성을 부여하고 있다. 중앙은행의 정책을 강하게 반대하는 정치인들은 종종 그들이 원하는 것에 더 가깝게 정책이 수행되도록 하기 위해 중앙은행을 그들의 감독하에 두기를 원한다. 중앙은행은 독립적이어야 하는가, 아니면 대통령 또는 의회의 통제하에 중앙은행을 두는 것이 더 좋은가?

4.1 독립성에 대한 찬성 논거

중앙은행의 독립성을 찬성하는 가장 강력한 주장은 중앙은행이 정치적 압력에 영향을 받으면 인플레이션 유발적인 통화정책이 수행될 가능성이 크다는 견해에 기초한다. 많은 사람들은 정치인들이 차기 선거에서 승리하기 위해 행동하기 때문에 근시안적일 수 있다고 생각한다. 정치인들은 차기 선거에서 승리하는 것이 1차적 목표이기 때문에 물가안정과 같은 장기 목표에 초점을 맞출 가능성이 없다. 그 대신 그들은 바람직하지 않은 장기적 결과를 발생시킬지라도 높은 실업률과 높은 이자율 같은 문제들에 대해 단기적 해결책을 모색한다. 예를 들어 제5장에서 살펴본 것처럼 높은 화폐공급 증가율은 처음에 이자율의 하락을 발생시킬 수 있으나 그 이후에 인플레이션율이 상승함에 따라 궁극적으로 이자율의 상승을 발생시킬 수 있다. 의회 또는 대통령의 통제하에 있는 중앙은행은 미래에 궁극적으로 인플레이션율과 이자율의 상승을 발생시킬지라도 당장의 문제를 해결하기 위해 과도하게 화폐공급 증가율을 증가시키는 정책을 추구할 가능성이 높은가? 독립적인 중앙은행의 지지자들은 '예'라고 대답한다. 그들은 정치적으로 격리된 중앙은행이 장기 목표에 관심을 가질 가능성이 크고 화폐가치의 안정과 안정적인 물가의 수호자가 될 것이라고 믿는다.

앞의 주장으로부터 파생된 다른 하나의 주장은 민주주의 사회의 정치 과정은 소위 **정치적 경기변동**(political business cycle)을 발생시킨다는 것이다. 정치적 경기변동은 선거 직전에 실업률과 이자율을 낮추기 위해 확장적 정책이 수행되고, 선거 후에 이러한 정책의 결과로 발생된 나쁜 영향, 즉 높은 인플레이션율과 높은 이자율이 나타나 이에 대응하여 정치인들이 유권자들이 차기 선거 전에 망각하기를 바라면서 긴축적 정책을 수행하기 때문에 발생한다. 이러한 정치적 경기변동이 미국에서 존재한다는 약간의 증거가 있으며 의회 또는 대통령의 통제하에 있는 Fed가 정치적 경기변동을 보다 강화시킬 수 있다.

중앙은행을 정부의 재무부 또는 재정 담당 기관의 통제하에 두는 것(중앙은행이 대통

Fed 심층분석 버냉키의 스타일은 그린스펀의 스타일과 얼마나 다른가?

모든 연준 이사회 의장은 정책 결정에 영향을 미치는 서로 다른 스타일을 가지고 있다. 현재 연준 이사회 의장인 벤 버냉키(Ben Bernanke)는 1987년부터 2006년까지 19년 동안 연준 이사회 의장이었던 앨런 그린스펀과 어떻게 다른가에 관한 많은 논의가 있었다.

앨런 그린스펀은 전 연준 이사회 의장들과는 다르게 연방준비제도를 지배했다. 그의 배경은 프린스턴 대학교의 학문세계에서 대부분의 시간을 보냈던 버냉키와는 매우 달랐다. 아인 랜드(Ayn Rand)의 제자였던 그린스펀은 자유방임 자본주의의 강력한 지지자였고 매우 성공적인 경제컨설팅 회사인 타운센드-그린스펀(Townsend-Greenspan)을 이끌었다. 그린스펀은 결코 경제이론가가 아니었으나 자기 자신을 데이터에 몰입시키는 것으로 유명했다. 그는 아침을 시작할 때 목욕탕에서 데이터에 몰입하는 것으로 알려져 있고 자신의 예측을 하기 위해 종종 모호한 데이터에 초점을 맞추었다. 그 결과 그린스펀은 정책 결정을 하는 데 있어서 연준 이사회 참모진의 예측에 전적으로 의존하지 않았다. 하나의 유명한 예가 긴축적 통화정책을 요구하는 인플레이션율의 급등을 연준 이사회 참모진이 예측했던 1997년에 발생했다. 그러나 그린스펀은 인플레이션율은 상승하지 않을 것이라고 믿었고 FOMC가 긴축적 통화정책을 수행하지 않도록 확신시켰다. 그린스펀이 옳았다는 것으로 판명됐고 언론은 그에게 '마에스트로'라는 별명을 붙여주었다.

한편, 2002년에 연준 이사회 이사, 그 이후 2005년에 경제자문위원회 의장, 마지막으로 2006년에 연준 이사회 의장으로 워싱턴에 가기 전에, 버냉키는 처음에는 스탠퍼드 대학의 경영대학원과 그 이후 프린스턴 대학의 경제학과에서 교수로서 그의 전체 경력을 보냈다. 버냉키는 경제 예측가로서 이름을 떨치지 않았기 때문에 현재 FOMC에서 정책 결정을 할 때 연준 이사회 참모진의 예측이 훨씬 더 큰 역할을 한다. 그린스펀과는 달리 버냉키가 정상의 경제학자 배경을 가지고 있다는 것은 그가 의사결정을 하는 데 있어서 분석 결과에 초점을 맞춘다는 것을 의미한다. 그 결과 정책논의를 하는 데 모형 시뮬레이션이 훨씬 더 많이 사용되고 있다.

새로운 연준 이사회 의장은 정책논의의 스타일도 변화시켰다. 그린스펀은 FOMC의 논의를 전반적으로 통제했다. 그린스펀 시대 동안에는 FOMC의 사무총장이 이름을 부르면 각 참석자가 발언하는 방식으로 논의가 공식적으로 이루어졌다. 버냉키하에서는 더 많은 의견교환이 이루어지고 있다. 버냉키는 소위 양손 들기 개입(two-handed intervention)을 권장한다. 한 참석자가 다른 참석자가 방금 발언한 것에 대한 질문을 하거나 자신의 주장을 밝히기 위해 순서 없이 끼어들기를 원할 때, 두 손을 들면 버냉키 의장의 승인하에 발언할 수 있다.

FOMC에서 논의하는 순서도 매우 미묘하지만 극히 중요한 방식으로 변화했다. 그린스펀 시대에는 다른 FOMC 회의 참석자들이 경제에 관한 자신의 견해를 말한 후에, 그린스펀이 경제의 상태에 대한 그의 견해를 제시하고 어떤 통화정책 조치가 취해져야 하는지에 대한 권고를 했다. 이에 따라 다른 참석자들은 다음 순번의 통화정책에 관한 논의에서 그린스펀의 권고에 동의하는지 동의하지 않는지를 말해야만 했다. 이와는 달리, 버냉키는 통상적으로 다른 FOMC 회의 참석자들이 경제에 대한 그들의 견해를 말한 직후에 통화정책에 대한 권고를 하지 않는다. 그 대신 그는 다른 참석자들로부터 들은 것을 요약하고 자신의 논평을 하며 이어서 통화정책에 관한 그의 권고를 하기 전에 통화정책에 관한 모든 다른 참석자들의 견해를 들은 후까지 기다린다. 그린스펀하에서 의사결정 과정은 의장이 정책에 관해 상당히 많이 결정한다는 것을 의미하는 반면 버냉키의 의사결정 과정은 보다 더 민주적이고 참석자들이 의장의 투표권 행사에 더 큰 영향력을 미칠 수 있도록 허용한다.

투명성의 기준에서도 두 연준 이사회 의장의 스타일에 큰 차이가 있다. 그린스펀은 모호한 태도를 취하는 것으로 유명했고 의회 청문회에서 "나는 여러분에게 경고해야만 한다고 생각한다. 만일 내가 특히 옳았다는 것으로 판명된다면, 여러분은 아마도 내가 말했던 것을 오해했을 것이다."라고 빈정더기까지 했다. 버냉키는 유별날 정도로 명료하게 말하는 사람으로 알려져 있다. 그린스펀하에서 투명성의 증대가 이루어지기는 했지만, 그는 마지못해 더 투명한 소통을 채택했다. 버냉키는 투명성을 훨씬 더 강력하게 지지하고 있다. 그는 연준 이사회가 목표 인플레이션을 공표하는 것을 지지했다(제17장 참조). 그는 2006년에 연방준비제도의 소통에 관한 연구를 수행하기 위한 중요한 사업을 출범시켰고 그 결과 2007년 11월에 연방준비제도의 투명성은 크게 증대됐다.

령에 의해 더 많은 영향을 받게 만드는 것) 또한 중앙은행이 국채 매입에 의해 대규모 재정적자를 보전하기 위한 자금을 용이하게 조달하도록 하는 데 이용될 수 있기 때문에 위험할 수 있다.[2] 중앙은행에 가해지는 정부의 압력이 경제에 더 높은 인플레이션을 유발할 수 있다. 독립성을 지닌 중앙은행이 이러한 정부의 압력에 더 잘 저항할 수 있다.

중앙은행의 독립성을 찬성하는 또 다른 주장은 통화정책의 통제는 너무나 중요한 일이어서 재정적자를 감소시키거나 은행시스템을 개혁하는 것과 같이 매우 중요한 경제적 이슈에 관한 어려운 의사결정을 하는 과정에서 번번이 전문성 부족을 드러내는 집단인 정치인들에게 맡길 수 없다는 것이다. 이러한 주장은 제8장, 제9장, 제12장에서 논의된 주인-대리인 문제에 의해 설명될 수 있다. 중앙은행과 정치인 모두는 국민(주인)의 대리인이지만 공공의 이익보다는 자기 자신의 이익을 위해 행동할 인센티브를 가진다. 중앙은행의 독립성을 지지하는 주장은 정치인이 공공의 이익을 위해 행동할 인센티브를 더 적게 가지고 있기 때문에 주인-대리인 문제는 중앙은행보다 정치인에게 더욱 심각하다고 설명한다.

실제로 일부 정치인은 그들에게 쏟아지는 비난을 대신 감당할 '매 맞는 아이'(whipping boy)로 사용하기 위해 독립적인 중앙은행을 가지는 것을 선호할 수 있다. 개인적으로는 인플레이션을 유발하는 통화정책을 반대하는 정치인이라도 재선출되지 않을 것이 두려워 공개적으로는 이러한 정책을 지지할 수밖에 없다. 독립적인 중앙은행은 정치적으로는 인기가 없으나 공공의 이익에 부합하는 정책을 추진할 수 있다.

4.2 독립성에 대한 반대 논거

대통령 또는 의회의 통제하에 중앙은행을 두는 것을 지지하는 사람들은 (경제에 속한 거의 모든 사람에게 영향을 미치는) 통화정책이 어느 누구도 책임지지 않는 엘리트 집단에 의해 통제되는 것은 비민주적이라고 주장한다. 현재와 같은 중앙은행의 책임성 결여는 심각한 결과를 초래할 수 있다. 만일 중앙은행이 통화정책을 나쁘게 수행할 때, (선거에서 정치인들을 갈아치우는 것처럼) 중앙은행의 이사를 갈아치울 방법이 없다. 중앙은행은 장기 목표를 추구할 필요가 있다. 하지만 선출된 의회 의원들도 장기 이슈(예를 들어 외교정책)에 대해 투표한다.

국민은 대통령과 의회에게 국가의 경제적 후생을 책임지도록 위임하고 있으나, 경제의 건전성을 결정하는 데 가장 중요한 역할을 할 수 있는 정부기관인 중앙은행에 대한 통제

2) 대부분의 중앙은행이 (만기에 이른 국채의 만기를 연장하는 것을 제외하고) 정부의 재정 담당 기관으로부터 직접 국채를 매입하는 것은 금지돼 있다. 그 대신 중앙은행은 공개시장에서 국채를 매입한다. 이러한 금지를 부과하는 이유 중 하나는 중앙은행은 대규모 재정적자에 필요한 자금을 조달하는 것이 비용이 매우 많이 드는 일이라는 것을 알기 때문이다.

력은 가지고 있지 않다. 이에 더해 경제 안정을 촉진시키기 위한 응집력 있는 경제정책을 성공적으로 추진하기 위해, 통화정책은 재정정책(정부지출과 세금에 대한 관리)과 부합되도록 조정돼야 한다. 재정정책을 통제하는 정치인들의 통제하에서 통화정책이 이루어지도록 하면 재정정책과 통화정책이 서로 다른 목적으로 작동되는 것을 막을 수 있다.

중앙은행의 독립성을 반대하는 또 다른 주장은 독립적인 중앙은행이 자신의 자유를 언제나 성공적으로 사용한 것은 아니었다는 것이다. 예를 들면 Fed는 대공황 기간 동안 자신에게 부여된 최종 대부자의 역할을 수행하는 데 처참하게 실패했고, Fed의 독립성이 1960년대와 1970년대에 급속한 인플레이션을 유발시켰던 과도한 확장적 통화정책도 막지 못했다.

또한 앞에서의 논의는 중앙은행이 정치적 압력으로부터 자유롭지 못하다는 점을 제시한다. 중앙은행의 독립성은 중앙은행이 공공의 이익보다는 자기 자신의 이익을 추구하게 만들 수 있다.

중앙은행의 독립성에 대한 국민의 지지는 미국과 해외 국가에서 모두 증대되고 있지만, 중앙은행의 독립성이 좋은 것인가에 대해서는 아직 의견일치가 이루어지지 않고 있다. 여러분이 예상할 수 있는 것처럼, 중앙은행의 정책을 좋아하는 사람들은 중앙은행의 독립성을 지지할 가능성이 큰 반면, 중앙은행의 정책을 싫어하는 사람들은 보다 덜 독립적인 중앙은행을 지지한다.

4.3 중앙은행의 독립성과 거시경제 성과

중앙은행의 독립성에 대한 지지자는 중앙은행이 보다 더 독립적이면 거시경제 성과는 개선될 것이라고 믿는다. 최근 연구는 이러한 주장을 지지하는 것 같다. 중앙은행들을 독립성의 정도에 따라 순위를 매겨서 분석해보면, 중앙은행의 독립성이 가장 강한 국가에서 인플레이션 성과가 가장 좋은 것으로 나타난다. 중앙은행의 독립성이 강할수록 인플레이션율이 낮지만, 이러한 일이 낮은 경제성장률을 대가로 지불하고 달성되는 것은 아니다. 중앙은행의 독립성이 강한 국가가 중앙은행의 독립성이 약한 국가에 비해 더 높은 실업률 또는 더 극심한 생산량 변동을 겪을 가능성은 거의 없다.

과거 수년 동안 인플레이션을 낮은 수준으로 유지하는 것이 중요한 사회적 목표가 됐다. 사실 1990년대 이후 이스라엘 중앙은행인 이스라엘은행(Bank of Israel)은 소비자물가지수(CPI)가 연간 1~3%의 범위에서만 상승하도록 통제하는 인플레이션 타게팅을 수행할 수 있도록 더 많은 독립성을 부여받았다. 1980년대 동안 극심한 인플레이션 때문에 구 셰켈(sheqel)을 1:1,000의 비율로 대체하는 신 셰켈을 채택하지 않으면 안 될 정도로 고통을 받았던 이스라엘에게 1980년대 중반 이후 인플레이션은 중대한 문제였다. 이스라엘은행이 지닌 높은 수준의 독립성으로 인해 이스라엘은행 총재는 이스라엘은행 이사들 및 경제학자들과 상의한 후에 이자율을 관리하는 유일한 책임자라는 지위를 부여 받았다. 이러한 수준의 중앙은행 독립성이 바람직한 것인가? 물가안정이 유일한 거시경제 목표는 아니라는 것을 기억해야 한다. 현재의 글로벌 금융위기는 통화정책이 여타 실물 경제변수들에 엄청난 영향을 미칠 수 있다는 것을 보여주었다. 점점 더 많은 국가가 그들의 중앙은행에게 인플레이션을 낮고 안정적으로 유지하기를 바라면서 더 많은 독립성을 부여했지만, 독립적인 중앙은행이 책임을 지지 않을 수 있다는 위험은 항상 존재한다. 따라서 하나의 독립적인 기관에게 경제에 심대한 영향을 미치는 정책을 실행할 수 있는 권한을 위임할 때는 이러한 독립적인 기관의 책임성을 확실하게 해야만 한다. 이러한 이유 때문에 많은 정책 담당자는 정책목표를 설정할 수 있는 정부의 권한을 유지시키면서 중앙은행에게 정책수단의 독립성을 부여하는 개혁을 요구했다. 중앙은행이 의회에 대하여 책임을 지도록 함으로써만이 이러한 정책목표를 달성하는 데 있어서 중앙은행의 효율성을 감시할 수 있을 것이다.

5 중앙은행의 행위 설명하기

정부 관료의 행위를 설명하는 하나의 견해는 관료가 공공의 이익을 위해 일한다는 공공이익가설(public interest view)이다. 그러나 일부 경제학자는 관료의 행위에 영향을 미치는 다른 요인을 제시하는 관료행위이론을 개발했다. 관료행위이론(theory of bureaucratic behavior)은 소비자의 행위는 개인의 후생 극대화에 의해 결정되고 기업의 행위는 이윤 극대화에 의해 결정되는 것과 마찬가지로, 관료의 행위는 관료 자신의 후생 극대화에 의해 결정된다고 설명한다. 관료의 후생은 자신의 권력 및 명성과 관련돼 있다. 따라서 이 이론은 중앙은행의 행위에 영향을 주는 중요한 요인 중 하나는 자신의 권력과 명성을 증대시키고자 하는 중앙은행의 시도라고 설명한다.

이 이론은 중앙은행의 행위에 대해 어떤 예측을 제시하는가? 하나의 예측은 중앙은행이 독립성을 확보하기 위해 치열하게 싸울 것이라는 것이다. 다른 예측은 중앙은행이 자기의 권한을 축소시키고 자기의 독립성을 감소시키려는 권력 집단과의 갈등을 피하고자 할 것이라는 것이다. 이러한 중앙은행의 행위는 다양한 모습을 띨 수 있다.

가능한 한 더 많은 권한을 확보하고자 하는 중앙은행의 욕구도 중앙은행이 치열하게 더 많은 은행에 대한 통제력을 얻고자 하는 이유를 설명해준다. 그러나 중앙은행의 행위에 대한 이러한 견해는 자신의 이해에만 초점을 맞추고 있기 때문에 지나치게 극단적인 이론이라는 것을 인식해야 한다. 자기 자신의 후생을 극대화하는 것이 이타주의

(altruism)를 배제하는 것은 아니다. (여러분은 자선 행위가 자신에 대해서 좋은 감정을 만들어줄 수 있기 때문에 너그럽게 자선 행위를 할 수 있으나 그 과정에서 여러분은 가치 있는 일을 실제로 실행하고 있을 수 있다.) 중앙은행은 분명히 공공의 이익을 위해 통화정책을 수행해야 한다. 그러나 어떤 통화정책이 수행돼야 하는지에 대해서는 많은 불확실성과 의견불일치가 존재한다.[3] 무엇이 공공의 이익에 부합하는지가 불분명할 때, 다른 동기가 중앙은행의 행위에 영향을 줄 수 있다. 이런 상황에서 관료행위이론은 무엇이 Fed와 여타 중앙은행의 행위를 발생시키는 동기인지를 예측하는 데 하나의 유용한 지침이 될 수 있다.

6 유럽중앙은행의 구조와 독립성

최근까지 연방준비제도는 중앙은행의 세계에서 중요성 기준으로 보면 경쟁 상대가 없었다. 그러나 이러한 상황은 현재 유럽통화동맹(European Monetary Union, EMU)의 회원국을 위한 통화정책을 수행하고 있는 유럽중앙은행(ECB)과 유럽중앙은행시스템(European System of Central Banks, ESCB)이 출범했던 1999년 1월에 변화했다. 이들 국가는 미국보다 많은 인구와 미국에 비견할 만한 GDP를 가지고 있다. ECB와 ESCB를 창설시킨 마스트리히트 조약(Maastricht Treaty)은 각국의 중앙은행(국가중앙은행(National Central Bank, NCB)이라고 지칭)이 랜데르 방크(Länder Banks, 이들이 어떻게 운용되는지에 대한 개관을 위해서는 분데스방크에 관한 부분 참조)와 유사한 역할을 한다는 면에서 독일의 중앙은행인 도이체 분데스방크(Deutsche Bundesbank)의 모습을 따라 만들었다. 유로시스템에서 의사결정은 ECB에 의해 중앙집권방식으로 이루어지나 NCB들을 통하여 분권화된 방식으로 실행된다.

이제 유럽연합(EU)의 기관들에 대해 살펴보도록 하자. ESCB는 국내 화폐로 유로를 사용하느냐의 여부에 관계없이 ECB와 27개 EU 회원국의 국가중앙은행(NCB)으로 구성돼 있다. 한편, 유로시스템(Eurosystem)은 ECB와 유로를 사용하는 17개 국가만의 국가중앙은행으로 구성돼 있다. 에스토니아가 가장 최근인 2011년 1월 유럽통화동맹에 가입했다. 유로지역(Euro area)은 유로를 자신의 화폐로 사용하는 EU 국가들만을 지칭한다.

3) 통화정책을 수행하는 최선의 방법에 대한 불확실성의 한 예는 다음과 같다. 경제학자들은 통화량을 측정하는 방법을 확실하게 알지 못한다. 따라서 경제학자들이 통화량을 통제하는 것이 통화정책을 수행하는 적정한 방법(뒷부분의 장들에서 살펴보는 것처럼, 논란의 여지가 있는 명제)이라는 데 동의하더라도 중앙은행은 어떤 통화량을 통제해야 할지 확신할 수 없다.

ECB는 17개 NCB가 소유하고 있으며 ESCB와 유로시스템의 중심기관으로 설립됐다. ECB는 국제공법(public international law)하에서 법인격을 가지고 있으나 ESCB는 이러한 법인격을 가지고 있지 않다. 유로지역에 속하지 않는 EU 회원국들이 존재하는 상황에서 의도적으로 유로시스템과 ESCB가 공존하도록 만들어졌다. ESCB의 27개 회원국이 유로를 채택하면 두 기관은 합해질 것이다. [그림 2]는 ECB와 ESCB의 회원국을 보여준다.

EMU의 의사결정 과정은 3개의 기구, 즉 정책위원회(Governing Council), 집행이사회(Executive Board), 일반위원회(General Council)에서 이루어진다. 정책이사회가 사실상의 의사결정기구이다. 집행이사회는 정책위원회의 결정을 매일매일 집행하는 것을 책임지고 있다. 일반위원회는 자문기구의 역할을 수행한다.

6.1 정책위원회, 집행이사회, 일반위원회

ECB의 최고 의사결정기구인 정책위원회는 집행이사회의 6명 이사와 17개 유로지역 국가의 국가중앙은행 총재로 구성돼 있다. 정책위원회는 유로지역을 위한 통화정책을 결정하는 책임을 지고 있다. 정책위원회의 통화정책에 관한 의사결정은 유로지역의 일반적인 통화정책 목표 달성, 국가중앙은행들의 화폐 발행 승인, 이자율의 변경, 대외 지급준비의 적정한 관리 감시와 관련돼 있다. 또한 정책위원회는 자신의 의사결정들을 실행하기 위해 국가중앙은행들에게 가이드라인을 제공하는 책임을 진다. 정책위원회는 독일 프랑크푸르트의 유로타워(Eurotower)에서 격주 단위로 회의를 개최한다. 정책위원회의 위원들은 매월 첫 번째 회의에서 월간 통화정책에 관한 의사결정을 하기 위해 EMU의 경제 및 통화 상황과 새로운 진전 상황을 평가한다. 정책위원회는 매월 두 번째 회의에서 ECB의 다른 책임사항들과 관련되는 쟁점들과 각국의 NCB에 의해 이루어지는 상세한 실행 과정을 논의한다.

정책위원회 위원들은 투표할 수 있는 법적 권한을 가지고 있으나 실제로는 공식적인 투표를 하지 않는다. 그 대신 정책위원회는 전원 합의에 기초해 운영된다. 정책위원회가 투표를 하지 않기로 결정한 이유는 개별 투표권을 행사할 경우 국가중앙은행의 총재들이 자신의 개별 국가를 위해서는 적정하나 유럽통화동맹 전체의 국가들을 위해서는 반드시 적정하지 않을 수 있는 통화정책을 지지할 우려 때문이다.

연방준비제도가 FOMC 회의 종료 직후에 정책이자율(페더럴펀드 이자율)에 관한 FOMC의 의사결정을 공표하는 것처럼 ECB도 정책위원회의 회의가 종료된 직후에 은행간 대출에 적용되는 유사한 목표 단기이자율을 공표한다. 그러나 연방준비제도는 단순히 통화정책수단(목표 페더럴펀드 이자율)의 결정에 관한 보도문을 발표하는 반면, ECB는 한 걸음 더 나아가서 ECB의 총재와 부총재가 기자들로부터 질문을 받는 기자회견을 한다. 정책위원회 회의 직후에 이러한 기자회견을 가지는 것은 ECB의 총재와 부총재가 언

그림 2 유럽중앙은행시스템과 유로시스템

자료 : Facts Presentation, ECB, December 2011, S 1&2, Copyright European Central Bank, Frankfurt am Mein, Germany, Figures are available free of charge via the ECB website.

론을 다루기 위해 신속하게 움직여야 하기 때문에 힘든 일이다. ECB의 첫 번째 총재였던 빌렘 두이젠베르크(Willem F. Duisenberg)는 이러한 기자회견 중 일부에서 불편한 상황을 발생시켰고 ECB는 신랄한 비판에 직면했다. 후임 ECB 총재인 장-클로드 트리셰(Jean-Claude Trichet)는 성장과 안정보다 물가안정 목표를 강조한 것에 대해 신랄하게 비판받았다. 전 이탈리아은행 총재였던 마리오 드라기(Mario Draghi)가 이어서 ECB 총재가 됐다. 드라기를 선택한 이유 중 하나는 그가 골드만 삭스(Goldman Sachs)의 전무이사로 재직하는 동안 습득한 투자은행의 비밀에 대한 그의 지식이다. 이러한 지식은 그에게 유럽은행들에 대한 보다 더 신중한 통제와 감독을 할 수 있는 능력을 부여할 수 있을 것으로 보인다.

집행이사회는 유로지역 국가 정상의 합의에 의해 임명되는 의장, 부의장, 4명의 이사로 구성된다. 집행이사회의 주요 업무는 정책위원회의 가이드라인에 따라서 모든 국가중앙은행에게 상세한 지침을 제공함으로써 매일매일 통화정책을 실행하도록 하는 것이다. 더욱이 집행이사회는 ECB의 일상적인 업무를 관리하는 책임을 가지고 있다.

마지막으로 일반위원회는 ECB의 총재 및 부총재와 17개 유로지역 국가 및 11개 비유로지역 국가의 대표로 구성돼 있다. EU 위원회(EU Council)의 위원장과 유럽위원회(European Commission)의 위원은 일반위원회의 회의에 참석할 수 있으나 투표권이 없다. 일반위원회는 모든 EU 회원국이 단일 통화를 도입하면 해체되도록 돼 있는 잠정적인 기구다. 일반위원회는 ECB에 대한 자문 업무를 수행하고 통계 정보를 수집하며 국가중앙은행들의 회계운영을 표준화한다.

더 많은 국가가 유럽통화동맹에 가입하게 됨에 따라 합의에 도달하는 것이 더 어렵게 됐다. 이러한 잠재적 문제를 해결하기 위해 정책위원회는 FOMC와 유사하게 복잡한 순환시스템을 사용하기로 결정했다. 이 시스템에서 대규모 국가들의 국가중앙은행은 소규모 국가들의 국가중앙은행보다 더 자주 투표하도록 돼 있다. 유로지역의 회원국이 18개에 이르면 2/3 다수결이 현재의 전원 합의를 대신하게 될 것이다.

국가중앙은행은 유로시스템에서 어떻게 작동하는가? 국가중앙은행(NCB)은 ESCB에서 핵심적인 역할을 하고 정책위원회가 위임한 권한을 행사한다. 개별 국가중앙은행은 ECB의 가이드라인에 따라 어떻게 행동하는가? 이러한 시스템을 보다 잘 이해하기 위해서 ECB의 가장 중요한 회원 중 하나인 도이체 분데스방크에 초점을 맞추는 것이 도움이 될 수 있다. 분데스방크를 선택한 이유는 분데스방크가 ECB 내에서 가장 규모가 큰 국가중앙은행이고 유로지역 은행들이 중앙은행들로부터 빌리는 단기 은행 간 차입의 절반 이상이 분데스방크로부터 이루어지고 있기 때문이다. 또한 분데스방크는 ECB 자본의 거의 20%를 출자하고 있다. 더욱이 ECB는 도이체 분데스방크의 모형을 따라서 독립성을 완전히 확보하는 방식으로 만들어졌다.

도이체 분데스방크 1948년에 연합군은 서독(Federal Republic of Germany)의 중앙은행 역할을 하는 BdL(방크 도이체 랜데르(Bank deutscher Länder))을 창설했다. BdL과 랜데르(Länder, 주) 정부에 의해 총재가 임명되는 랜데르 중앙은행들(Länder central banks)로 구성되는 이중적 중앙은행 시스템이 만들어졌다. 최고위원회는 랜데르 중앙은행들의 총재, 연방정부가 임명하는 위원장, BdL의 총재로 구성됐다. 이러한 매우 분권화된 중앙은행 시스템에서 BdL은 통화정책을 수행하고 랜데르 중앙은행들의 정책과 업무를 조정하며 국가의 외환시스템을 관리하는 업무를 수행했다. 다른 한편, 랜데르 중앙은행들은 BdL과 함께 각 주의 화폐를 발행하면서 매우 자율적으로 활동했다.

1957년에 분데스방크가 서독의 새로운 중앙은행으로서 BdL을 대체했고 새로운 구조가 채택됐다. '부바'(Buba)라는 별명을 가지고 있는 분데스방크는 도이체 마르크 화폐의 유일한 발행자가 됐고 목표와 정책의 조화를 확보하기 위해 다른 정책결정기관과 협조하도록 돼 있었다. 중앙은행위원회(Central Bank Council)는 10명의 중앙정부 대표와 랜데르 정부들에 의해 선출된 11명의 랜데르 중앙은행 총재로 구성됐다. 이러한 구조는 랜데르 중앙은행들이 여전히 어느 정도의 자율권을 유지하면서 조정된 정책들의 이원적 목표를 수행하는 데 도움을 주었다.

동독과 서독의 통일이 이루어진 후에 분데스방크는 1990년에 동독을 시스템에 포함시킬 수 있도록 재조직됐다. 중앙은행위원회는 8명의 정부임명 대표와 9명의 랜데르 중앙은행 총재로 구성됐다. 주요 주들은 그들의 중앙은행을 유지했다. 이러한 분데스방크의 새로운 구조는 정책 결정에 있어서 연방정부에게 발언권을 부여하는 것과 주 중앙은행 총재들에게 다수의 지위를 부여하는 것 간의 균형을 이루고 있다. 이것이 분데스방크의 독립성을 지속적으로 보장했다.

2008년에 분데스방크는 독일 전역에 9개의 지역 사무소와 47개의 지점을 가지고 있었다. 2008년에 분데스방크는 분데스방크의 법적 소유자인 랜데르 중앙은행들에게 63억 유로의 이윤이 발생했다고 발표했다. 2009년부터 분데스방크의 집행이사회는 8명의 이사 대신에 6명의 이사로 구성됐다. 이제 3명의 이사는 연방정부에 의해 지명되고 나머지 3명의 이사는 분데스라트(Bundesrat, 독일연방상원(German Federal Council))에 의해 지명되며 모든 이사는 독일 대통령에 의해 임명된다.

ECB는 분데스방크와 어떻게 다른가? 2001년에 유로가 도입된 후 독일은 도이체 마르크를 대체해 유로를 자신의 화폐로 채택했다. 분데스방크는 독립적인 기관으로 더 이상 존재하지 않고 유럽중앙은행(ECB)의 일부가 됐다. 분데스방크의 목표는 1차적 목표인 물가안정과 ECB의 목표를 조화시키는 것이다. ECB의 정책위원회는 유로지역에서 연간 인플레이션을 약 2%로 유지한다는 목표를 가지고 있다.

분데스방크는 ECB와 공동으로 수행하는 5가지 핵심 업무를 가지고 있다.

- 분데스방크의 핵심 기능은 EC 조약(EC Treaty)에 의해 규정된 대로 유로시스템 통화정책을 실행하는 것이다. 유로시스템 통화정책은 안정적인 물가를 확보하는 것이고 이것은 통화정책에 관한 의사결정이 이루어지는 ECB 정책위원회의 월례회의에서 투표권 행사를 통해 실행된다. 분데스방크의 총재는 ECB 정책위원회의 투표권을 가진 회원이고 매월 투표하기 전에 전문가들의 자문을 받는다. 분데스방크는 자기 재량으로 화폐(지폐와 동전)를 발행할 수 있는 권리를 가지고 있지 않고 ECB의 위임 하에서만 화폐를 발행할 수 있다.
- 분데스방크는 또한 자신의 회원은행을 위해 청산거래소로서의 주요 기능을 수행한다. 유로지역 안에 있는 모든 중앙은행은 은행들이 실시간으로 지급할 수 있고 보장수단으로서 대응 지급을 허용하는 TARGET 2로 알려진 최신 결제시스템의 회원이다. ECB는 은행들을 감독하는 업무를 가지고 있지 않다. 이러한 업무는 독일에 있는 2,300개 신용금융기관의 지급능력, 유동성, 리스크관리 시스템의 감독 책임을 가지고 있는 분데스방크와 같은 각 국가중앙은행에게 위임돼 있다. 분데스방크는 또한 은행들이 바젤협약 II(Basel Accord II)가 요구하는 적정한 필요자기자본을 보유하도록 한다.
- 분데스방크는 국가은행이자 연방정부의 재정 기관이다. 더욱이 분데스방크는 연방정부에 통화정책의 쟁점들에 대해 자문한다.
- 분데스방크는 또한 독일의 통화 지급준비를 관리한다. ECB는 각 국가중앙은행이 얼마만큼의 외화 준비금을 보유해야 하는지에 대하여 언급하지 않는다. 그러나 각 국가중앙은행은 ECB 자본에 대한 기여분과 동등한 ECB 외화 준비금에 기여해야 한다.
- 마지막으로, 분데스방크는 또한 안정적인 금융시스템을 유지하기 위해서 다른 국제기관과 협력할 수 있다. 예를 들어 현재의 글로벌 금융위기 동안 분데스방크는 유로지역의 달러 유동성을 개선하고 단기금융시장을 안정화시키는 데 도움이 되도록 TAF(Term Auction Facility, 이자율경매대출제도)라고 부르는 프로그램을 통해 연방준비제도와 협력했다.

ECB는 얼마나 독립적인가? 미국의 연방준비제도도 매우 독립적인 중앙은행이지만, 유로시스템을 확립한 마스트리히트 조약은 ECB를 전 세계에서 가장 독립적인 중앙은행으로 만들었다. 연준 이사회처럼 집행이사회 이사들은 장기의 임기(8년)를 가지고 있고 국가중앙은행들의 총재는 적어도 5년의 임기를 가지고 있다. 연방준비제도와 마찬가지로 유로시스템 역시 자신의 예산을 결정하며, 회원국 정부가 ECB에게 지시하는 것은 허용되지 않는다. 마스트리히트 조약의 이러한 요소들이 ECB를 매우 독립적이 되도록 만들었다.

ECB에게 더 많은 독립성을 부여하는 다른 요소는 ECB가 민간기관들에 의해 어떠한 영향도 받지 않도록 하기 위해 민간 부문 조직들에게 대출하는 것이 금지돼 있다는 점이다. 더욱이 NCB의 독립성을 확보하기 위해서 ECB는 그들이 유럽공동체 기관, EU 회원국의 정부, 다른 국제기구로부터 지시받는 것을 엄격하게 금지하고 있다. 이는 국가중앙은행들이 정책위원회에 의해 결정되는 통화정책에 대한 의사결정을 반드시 준수하게 만들어준다.

7 세계의 중앙은행

이제 전 세계에 있는 중앙은행의 구조와 독립성 정도를 살펴보기 위해 세계 여행을 떠나보자. 먼저 주요 선진국의 중앙은행을 살펴보고 이어서 체제전환국의 중앙은행을 살펴보자. 마지막으로 개도국의 중앙은행은 어떻게 운용되는지 살펴보도록 하자.

7.1 캐나다은행

캐나다는 중앙은행을 늦게 설립했다. 캐나다 중앙은행인 캐나다은행(Bank of Canada)은 1934년에 창설됐다. 캐나다은행의 이사들은 정부에 의해 3년 임기로 임명되고 한 번의 7년 임기를 가진 총재를 임명한다. 총재와 4명의 부총재르 구성되는 정책위원회는 통화정책에 대한 의사결정을 하는 FOMC에 해당되는 정책결정 기구이다.

은행법(Bank Act)은 통화정책의 최종 책임을 캐나다 정부가 지도록 하기 위해 1967년에 수정됐다. 따라서 문서상으로 캐나다은행은 본질적으로 연방준비제도만큼 독립성을 가지고 있지 않다. 그러나 캐나다은행은 실질적으로 통화정책을 통제한다. 캐나다은행과 캐나다 정부 간의 의견이 불일치하는 경우, 재무부 장관은 캐나다은행이 준수해야 하는 지시를 내릴 수 있다. 그러나 이러한 지시는 서면으로 작성되어야 하고 구체적이어야 하며 특정 기간 동안 적용돼야 하기 때문에 이러한 지시가 내려질 가능성이 거의 없고 현재까지 내려진 일이 없다. 통화정책의 목적인 목표 인플레이션율은 캐나다은행과 캐나다 정부에 의해 공동으로 결정된다. 따라서 캐나다은행은 Fed보다 낮은 정책목표의 독립성을 가지고 있다.

7.2 영국 중앙은행

1694년에 창설된 영국 중앙은행인 영국은행(Bank of England)은 가장 오래된 중앙은행 중 하나이다. 1946년의 은행법(Bank Act of 1946)은 영국 정부에게 영국은행을 통제할 법적 권한을 부여했다. 영국은행의 이사회(Court, 미국의 연준 이사회에 해당함)는 5년 임기로 임명되는 총재와 2명의 부총재, 3년 임기로 임명되는 16명의 비상임이사로 구성된다.

1997년까지는 이자율을 인상하거나 인하하는 결정권이 영국은행이 아닌 재무부 장관(Chancellor of the Exchequer, 미국의 재무부 장관에 해당함)에게 있었기 때문에, 영국은행은 이 장에서 살펴보는 중앙은행 중에서 가장 독립성이 낮았다. 새로운 노동당 정부가 1997년 5월에 정권을 잡았을 때 모든 것이 변했다. 이 당시 재무부 장관인 고든 브라운(Gordon Brown)은 놀랍게도 영국은행이 이제부터 이자율을 결정할 권한을 가진다고 발표했다. 그러나 여전히 영국은행은 완전한 정책수단의 독립성을 부여받지 못했다. 영국 정부는 영국은행의 결정을 무효화시킬 수 있으며, '극단적인 경제 상황'(in extreme economic circumstances)과 '제한된 기간 동안'(for a limited period)에 이자율을 결정할 수 있다. 그러나 캐나다의 경우처럼 영국은행의 결정을 무효화시키는 일은 매우 공개적이고 매우 예외적인 상황과 제한된 기간 동안에만 이루어질 수 있도록 하고 있기 때문에 거의 발생할 가능성이 없다. 더욱이 1997년부터 영국은행은 2가지 주요 기능, 즉 국가부채 관리기능과 은행 감독 기능을 더 이상 할 수 없게 됐다. 이러한 2가지 기능은 각각 부채관리청(Debt Management Office, DMO)과 금융서비스감독청(Financial Services Authority, FSA)으로 분리 이전됐다.[4] 이에 따라 영국은행은 현재 재무부 장관에 의해 설정되는 목표 인플레이션율을 달성하기 위한 이자율 결정에 전적으로 초점을 맞추고 있다.

영국은 유럽통화동맹(EMU)의 회원국이 아니기 때문에 영국은행은 유럽중앙은행과는 독립적으로 자신의 통화정책을 결정한다. 이자율의 결정 권한은 통화정책위원회(Monetary Policy Committee)에 부여돼 있다. 통화정책위원회는 총재, 2명의 부총재, 재무부 장관과 상의한 후 총재에 의해 임명되는 2명의 위원(일반적으로 중앙은행 관리), 재무부 장관에 의해 임명되는 4명의 외부 경제전문가로 구성된다. (놀랍게도 처음에 통화정책위원회에 임명된 4명의 외부 전문가 중 2명은 영국 시민이 아니었다. 2명 모두 영

4) FSA는 금융기관들의 감독을 통합해 수행하기 위해 설립됐지만 취약한 규제집행과 금융부문을 적정하게 감시하고 규제하는 능력의 부재로 현재의 글로벌 금융위기 발생에 기여했다는 이유로 비판받았다.

국의 거주민이었지만, 1명은 네덜란드인이었고 다른 1명은 미국인이었다.) 영국은행의 인플레이션 목표는 재무부 장관에 의해 설정된다. 따라서 영국은행은 Fed보다 낮은 정책목표의 독립성을 가지고 있다.

7.3 일본 중앙은행

일본은행(Bank of Japan)은 메이지 유신 기간 동안인 1882년에 창설됐다. 통화정책은 정책이사회(Policy Board)에 의해 결정된다. 정책이사회는 총재, 2명의 부총재, 내각에 의해 임명되고 의회에 의해 승인된 6명의 외부 인사로 구성되며 모두 5년의 임기다.

최근까지 일본은행은 공식적으로 일본 정부로부터 독립돼 있지 않았고 재무부가 궁극적인 권한을 가지고 있었다. 그러나 1998년 4월에 발효돼 55년 만에 처음으로 일본 중앙은행의 권한을 대대적으로 변화시킨 새로운 일본은행법(Bank of Japan Law)이 이러한 상황을 변화시켰다. 이 법은 통화정책의 목표는 물가안정을 달성하는 것이라고 규정하고 있을 뿐만 아니라 일본은행에게 보다 더 큰 정책수단의 독립성과 정책목표의 독립성을 부여하고 있다. 이 법이 발효되기 전에 일본 정부는 정책이사회에 투표권을 가진 2명, 즉 재무부에서 1명, 경제기획청에서 1명을 파견했다. 그러나 현재 일본 정부는 재무부와 경제기획청에서 각각 1명씩 2명을 대표로 보낼 수 있지만, 그들은 통화정책의 의사결정을 연기하도록 요청할 수는 있어도 투표권을 가지고 있지 않다. 이에 더하여 재무부는 특히 일본은행의 고위 관리를 해고할 수 있는 권한을 포함해 일본은행의 운영을 감독하는 권한을 상실했다. 그러나 재무부는 계속해서 통화정책과 관련되지 않은 일본은행의 예산을 통제할 수 있는 권한을 통해 일본은행의 독립성을 어느 정도 제한하고 있다.

7.4 체제전환국의 중앙은행

1990년대 초에 동 · 중부 유럽과 전 소비에트연방(USSR)의 많은 사회주의 국가에서 사회주의가 붕괴됐다. 이들 국가에서 중앙계획과 국유재산권이 더 많이 자유화되고 사유재산권으로 이행됨에 따라 수많은 기관이 변화했고 완전히 새로운 기관들이 창설됐다. 이러한 이행 과정은 상당한 구조적 변화와 이전에 존재하지 않았던 시장의 형성을 수반했기 때문에 많은 국가에게 매우 고통스럽고 성가신 일이었다.

1990년 이전에 대부분의 체제전환국은 상업은행과 중앙은행의 2가지 역할을 하는 하나의 국유은행을 가지고 있었고 소수의 체제전환국은 이미 다른 국유은행들의 운영을 감독하는 독립적인 중앙은행을 가지고 있었다. 1990년부터 1999년에 이르는 10년 동안 체제전환국들의 경제는 엉망진창이 됐고 은행 부문은 비효율적인 공기업들이 갚아야 하는 대규모 무수익 채권 포트폴리오를 가지고 있었다. 더욱이 이들 국가는 갑작스러운 시장

경제 도입으로 상당한 국제수지 적자, 국내 화폐의 매우 큰 가치 하락, 가격자유화에 의한 인플레이션 압력 때문에 고통을 받았다.

이에 따라 하나의 국유은행을 중앙은행과 상업은행으로 분리함으로써 새로운 중앙은행을 창설하거나 기존의 중앙은행에 어느 정도의 독립성을 부여하는 것이 반드시 필요한 일이었다. 새롭게 개혁된 중앙은행들의 정책수단 독립성과 정책목표 독립성을 크게 개선하기 위해 많은 중앙은행 개혁조치가 요구됐다. 동유럽 국가들과 독립국가연방(Commonwealth of Independent Nations, USSR의 붕괴 후에 독립을 얻은 15개 국가)에서 완전히 기능하는 것은 아니지만 어느 정도의 중앙은행 독립성이 부여됐다.

체제전환국들의 법 집행 수준이 높아짐에 따라 중앙은행의 독립성이 점진적으로 증가되도록 부여되고 실행됐다. 이에 따라 인플레이션과 은행 감독 문제가 보다 더 성공적으로 해결됐다. 체제전환국들에서 가장 독립적인 중앙은행은 인플레이션을 통제하는 데 성공한 것으로 판명된 체코, 불가리아, 헝가리 중앙은행이다.

7.5 개도국과 신흥경제국의 중앙은행

개도국은 GDP가 낮은 수준에서 중간 수준까지의 범위에 속하는 경제이다. 이러한 개도국들은 지구 인구의 약 80%를 점유하고 있으나 세계 GDP의 20%보다 적게 생산하고 있다. 한편 신흥경제국은 보다 더 높은 경제적 성과, 보다 높은 자본시장의 효율성 개선, 외환시스템의 개혁을 달성하기 위한 새로운 경제개혁 프로그램들을 시작한 개도국 또는 체제전환국이다. 이러한 국가는 서비스 부문과 여타 생산적인 산업에서뿐만 아니라 금융시장을 통해서도 상당한 해외투자를 끌어들이려는 경향이 있다. 신흥경제국이라는 용어는 매우 느슨하게 사용하면 인도와 중국으로부터 남미, 아프리카, 중동, 아시아에 있는 국가들을 포함한다.

이들 중 많은 국가들이 중앙은행의 개념에 대해 상대적으로 새로운 국가다. 그들의 중앙은행이 가지는 독립성의 정도는 금융 부문과 정치기관의 발전 수준과 밀접하게 관련돼 있다. 그러나 이러한 국가 중 일부에서 중앙은행의 독립성을 하찮은 것으로 만드는 하나의 중요한 장벽은 낮은 자본화 수준과 수입원 창출능력의 부재이다. 코스타리카 중앙은행은 통화정책을 실행할 수 있는 사실상의 효율성을 제공하는 데 필요한 자원은 부족하지만 상대적으로 독립적인 중앙은행의 전형적인 예다. 불충분한 자본의 문제에 직면하고 있는 신흥경제국 중앙은행의 또 다른 예는 인도네시아 중앙은행인 인도네시아은행(Bank of Indonesia)이다. 인도네시아은행은 20세기가 끝나가는 시점에 충분한 자본을 가지고 있지 못했고 이에 따라 1997년의 아시아 위기 동안 재무적으로 어려움을 겪는 은행들에게 신용 지원을 제공할 수 없었다. 이러한 이유 때문에 중앙은행이 통화정책의 수행을 손상시킬 수 있는 불안정한 금융 상황으로 고통을 받을 때 중앙은행의 증자가 반드시 필요

글로벌 이슬람 금융 : 금융안정을 위한 대안적인 윤리적 해결책

글로벌 경제가 많은 규제의 통제를 벗어난 금융 붕괴에 의해 타격을 입었을 때, 금융전문가들과 경제전문가들은 무감각한 위험추구 활동들을 약화시키기 위한 대안적인 윤리적 해결책을 고려하기 시작했다. 독특한 종교적 · 문화적 뿌리를 가지고 있는 이슬람 경제 모형이 유력한 대안으로 고려될 수 있다. 원칙적으로 말하면 이슬람 시스템의 경제적 이념은 여전히 기업가 정신의 기본적인 원천을 유지하면서 전통적인 모형들에서 관측되는 과도하게 누적되는 탐닉에 대한 하나의 대안 역할을 한다.

이슬람은 사람들이 도덕적 통제 없이 행동한다면 이윤은 발전의 원동력이 되거나 불공정한 불평등의 원인이 될 수 있다고 생각한다. 물질적 목적과 영적 목적의 조화는 이슬람 합리성이고 이에 따라 모든 경제 활동은 예배 행위로 여겨진다. 결과적으로 이슬람 경제 모형은 부의 균등 분배, 경제성장과 발전의 촉진, 빈곤자 착취의 엄격한 금지, 과도한 위험추구의 회피라는 개념에 깊은 뿌리를 두고 있다. 이슬람 경제이론은 자선 기부, 즉 자카(zakat)를 통해 의무적 세금 시스템을 부과함으로써 책임 있는 시민권을 실행하는 반면 이슬람 금융 모형은 2가지의 축, 즉 무이자 부과와 위험회피 투자에 기초하고 있다.

'이슬람 은행업'이라는 용어는 샤리아(Sharia)로 알려져 있는 이슬람 원리와 일치하는 은행 활동 시스템을 의미한다. 이슬람 법은 리바(riba)로 알려져 있는 고리대금업이나 이자 징수와 지급을 금지하고 있다. 이자 금지는 이슬람 은행업의 '필수조건'(sine qua none)이기 때문에 이슬람 은행들은 이윤과 손실 분담에 기초한 일련의 대출 방식을 개발했다. 이슬람 은행업의 가장 널리 알려진 금융수단은 무다르바(mudarbah), 무샤르카(musharkah), 무라바하(murabaha)이다. 무다르바에서 차입자는 은행에게 사전에 합의된 이윤 또는 손실의 일정 몫과 함께 대출을 상환한다. 무샤르카는 두 당사자가 사업체나 프로젝트를 위한 자금을 결합하기로 합의하는 은행과 고객 간의 계약이다. 무라바하는 자산 금융의 이슬람 형태이고 고정된 기간과 사전에 결정된 이윤을 정하고 있다. 은행은 특정한 자산을 매입해서 매입 가격에 계약 당시 시점에 합의된 이윤을 더해 고객에게 매도한다.

수쿠크(sukuk)로 알려져 있는, 샤리아를 준수하는 채권과 이슬람 주식이 2011년 현재 총 3조 유로 가치에 이르러 전례 없는 속도로 증가하고 있다. 샤리아는 과도한 위험을 포함하고 불확실성과 사기를 조장하는 마이시르(maysir)와 갸라르(gharar)를 금지하기 때문에 전통적인 파생상품은 이슬람에 의해 금지된다.

하게 된다.

개도국과 신흥경제국의 많은 정부가 중앙은행의 독립성과 주권을 확보하기 위해서 정기적으로 중앙은행의 자본을 증가시키기 시작했다. 한편 걸프협력위원회(Gulf Cooperation Council) 국가들의 중앙은행은 적정한 자본을 보유하고 있으나 제한된 독립성을 가지고 있다. 이에 따라 그들은 국가정부 통제로부터의 독립성을 확보하기 위해 다국적 중앙은행을 창설하고자 하는 시도를 하게 됐다.

아프리카에서 자유롭게 통화정책을 실행하는 가장 독립적인 중앙은행은 정치적 압력으로부터 상당한 수준의 독립성을 가지고 있는 아프리카준비은행(Reserve Bank of Africa)과 이집트중앙은행(Central Bank of Egypt)이다. 그렇다고 이들 중앙은행이 해당 국가의 일반적인 거시경제목표들을 염두에 두고 있지 않다는 것을 의미하지 않는다. 이와는 달리 많은 경우에 중앙은행들은 특히 위기 시에 정부의 재무 부처들과 협력하면서 행동한다.

7.6 중국인민은행

1948년 12월에 설립된 중국인민은행(People's Bank of China, PBC)은 신흥경제국에서 창설된 상대적으로 새로운 중앙은행의 예다. 중국인민은행은 상업은행과 중앙은행 모두의 역할을 하는 유일한 은행으로 활동했다. 사회주의 경제체제에서 민간은행의 영업은 금지돼 있었기 때문에 이는 대부분의 사회주의체제에서 이루어진 은행업의 형태였다. 1980년에 중국국가위원회(State Council of China)는 상업은행 활동을 4개의 국유은행으로 분리했다. 1985년에 중국인민은행은 법률적으로 베이징에 있는 본부와 9개의 지역사무소를 가지고 완전한 중앙은행으로서 기능하기 시작했다. 그 이후 PBC에게 은행 부문에 대한 통제와 통화정책을 실행하는 권한을 부여하기 위한 점진적인 개혁이 도입됐다. 그러나 PBC는 통화정책을 실행하기 전에 통화정책, 화폐공급량, 이자율, 환율에 관한 자신의 의사결정을 중국국가위원회에 반드시 보고해야만 한다. 따라서 대부분의 선진국 중앙은행과 비교해서 PBC의 활동에 대한 이러한 높은 수준의 국가위원회의 개입은 PBC에게 상대적으로 제한된 독립성을 부여한다.

중국의 은행시스템에 내재돼 있는 다른 하나의 심각한 문제는 2007년 현재 7,000억 달러에 달한 대규모 부실채권 포트폴리오다. 이것이 PBC로 하여금 수많은 국유은행을 구제하도록 강요했다.

이제 우리의 관심을 돌려서 중국이 홍콩의 은행 부문을 어떻게 다루는지 살펴보자. 1997년에 영국은 홍콩을 중국에 반환했다. 그러나 경제적으로 홍콩은 여전히 자치를 하고 중국으로부터 독립돼 있다. 중국은 단지 홍콩을 대신하여 국방을 보장하고 대외 관계를 수행하는 책임만 지고 있다. 따라서 홍콩은 자유무역지대로 남아 있고 자신의 화폐인 홍콩 달러를 그대로 사용하고 있다. 이러한 상황에서 중국인민은행은 홍콩의 은행 부문을 책임지지 않고 있고 홍콩통화청(Hong Kong Monetary Authority, HKMA)이 홍콩의 은행 부문을 책임지고 있다.

HKMA는 홍콩의 중앙은행이고 1993년 4월에 설립됐다. HKMA는 4가지 주요 기능, 즉 은행과 예금취급기관을 규제하고 감독하는 기능, 홍콩 달러의 가치를 미화 1달러당 7.80홍콩 달러로 안정시키는 기능, 홍콩의 공식적 대외 지급준비를 관리하는 기능, 건전하고 다양한 금융하부구조를 감시하는 기능을 수행한다. 그러나 HKMA는 10달러짜리 화폐만을 발행하고 3개의 상업은행, 즉 홍콩 상하이 뱅킹 코퍼레이션(Hong Kong and Shanghai Banking Corporation Limited, HSBC), 스탠더드 차터드 뱅크(홍콩)(Standard Chartered Bank (Hong Kong) Limited), 뱅크 오브 차이나(홍콩)(Bank of China (Hong Kong) Limited)에게 홍콩에서 모든 다른 금액의 화폐를 발행할 수 있도록 위임하고 있다. PBC와 비교하면 HKMA는 훨씬 더 독립적이고 건전한 은행 부문을 유지할 수 있는 능력이 있다.

7.7 개도국의 다국적 중앙은행

ECB는 세계에서 유일한 다국적 중앙은행이 아니다. 일부 개도국도 이웃 국가들과 경제협력을 증진시키기 위해 다국적 중앙은행을 설립했다. 복잡한 규제 및 감독기관을 설립하기 위해 필요한 적정한 자금과 전문성의 부족이 다국적 중앙은행을 설립하는 다른 이유이다. 동부 캐리비언 중앙은행(Eastern Caribbean Central Bank, ECCB)은 8개국으로 구성돼 있는데 이 중에서 6개국은 독립국이고 나머지 2개국은 영국의 영토이다. ECCB는 1983년 10월 1일에 창설됐고 현재 앤티가 바부다(Antigua and Barbuda), 도미니카 연방(Commonwealth of Dominica), 그레나다(Grenada), 몽세라(Montserrat), 세인트 키츠 네비스(St Kitts and Nevis), 세인트 루시아(Saint Lucia), 세인트 빈센트(Saint Vincent), 그레나딘스 앤드 앵귈라(Grenadines and Anguilla)로 구성돼 있다. 이러한 국가들 모두는 경제발전을 위해 연합할 필요가 있는 소규모의 취약한 경제이다. ECB와 유사한 방식으로 ECCB의 총재는 순환 기준에 따라 매년 선출되고 통화위원회(Monetary Council)는 통화정책을 수행하며 공통 화폐단위인 EC 달러의 가치를 안정시키는 책임을 진다. 그러나 ECB와는 달리 이 국가들은 자기 자신의 개별적인 중앙은행을 가지고 있지 않다.

아프리카에서도 이와 유사한 추세가 나타났다. 대부분의 아프리카 국가는 자기 자신의 중앙은행을 가지고 있지만 두 지역은 다국적 중앙은행을 가지고 있다. 서아프리카 중앙은행(Banque Centrale des Etats de l'Afrique de l'Ouest, Central Bank of Western Africa)은 8개 서아프리카 국가로 구성돼 있으며 그들의 공통화폐로 웨스턴 아프리칸 CFA 프랑(Western African CFA franc)을 사용한다. 이와 유사하게 6개의 중앙아프리카 국가는 중앙아프리카 중앙은행(Banque des Etats de l'Afrique Centrale, Central Bank of Central Africa)의 회원국이고 그들의 법정화폐로 센트럴 아프리칸 CFA 프랑(Central African CFA franc)을 사용한다.

7.8 남미의 중앙은행 개혁

다수의 남미 국가에서 중앙은행은 그들 자신이 상당한 신용경색 상황에 처하게 됐고 이것이 반복적으로 은행위기를 발생시켰다는 것을 알게 됐다. 1980년대에 남미 국가들은 인플레이션율이 30~40%대에 이르는 매우 심각한 상황에 직면했다. 이러한 이유 때문에 각국 정부는 중앙은행 개혁을 시작했다. 칠레는 선두적인 개척자였다. 1989년에 칠레 중앙은행은 투명성과 책임성을 증진시키는 대가로 더 많은 독립성을 부여받았다. 인플레이션을 반전시키기 위해 브라질, 칠레, 콜롬비아, 멕시코, 페루의 중앙은행은 인플레이션 타게팅(inflation targeting)을 도입함으로써 명목기준지표(nominal anchor)를 채택했다. 더욱이 1990년대 이후 대부분의 남미 국가는 선거 일정으로부터 중앙은행 주요 직위들에 대한 임명을 분리시키고 중앙은행에 정부의 간섭 없이 통화정책을 수행할 수 있는 권리를 부여했다. 이에 대한 대가로 중앙은행은 경제성장에 초점을 맞추는 대신에 특정한 인플레이션 목표를 달성하는 책임을 지게 됐다.

7.9 개도국의 통화동맹

마지막으로 일부의 매우 빈곤하고 소규모인 개도국은 일방적으로 대규모 '기준' 국가들의 화폐를 채택해 사용한다. 예를 들어 파나마, 엘살바도르, 에콰도르와 많은 소규모 카리브해 국가는 현재 자신의 국내 화폐를 가지고 있지 않기 때문에 미국 달러를 사용한다.[5)] 예를 들어 에콰도르는 2000년에 자신의 화폐인 수크르(sucre)를 버리고 공식 화폐로 미국 달러를 채택했다. 이것은 수크르의 환율이 1980년에 미국 달러당 25수크르로부터 2000년에 25,000수크르로 상승했기 때문이었다. 이러한 경우에 중앙은행은 통화정책을 수행할 수 없고 화폐가치에 영향을 줄 수 있는 능력을 상실한다. 이것은 국가 내에 있는 은행들을 감시하는 중앙은행의 능력을 제한한다. 이와 유사하게, 스와질란드와 레소토 같은 아프리카 국가들은 그들의 법정화폐로 남아프리카 공화국의 랜드(rand)를 사용한다.

7.10 독립성 확보를 위한 추이

주요 중앙은행들의 구조와 독립성에 대한 서베이가 제시하는 것처럼, 최근에 중앙은행의 독립성 증가를 향한 놀랄 만한 추이가 진행되는 것이 관측됐다. 독일과 스위스의 중앙은행을 제외하면 미국의 연방준비제도는 거의 모든 다른 중앙은행보다 상당한 정도로 더 독립적인 중앙은행이었다. 이제 새롭게 설립된 유럽중앙은행이 연방준비제도보다 훨씬 더 독립적인 중앙은행이다. 더 많은 독립성이 영국은행, 일본은행과 같은 중앙은행에게 부여됐고 이에 따라 이들 중앙은행들은 독립성 측면에서 뉴질랜드, 스웨덴, 유로국가들과 같은 다양한 국가의 중앙은행뿐만 아니라 연방준비제도와도 동등하게 됐다. 이론과 경험 모두는 더 독립적인 중앙은행이 더 양호한 통화정책을 수행한다고 제시하고 있고 이것이 이러한 추이를 위한 추진력을 제공하고 있다.

---

5) 이러한 현상은 외국 국가의 화폐가 국내 화폐와 함께 널리 사용될 때 발생하는 비공식적 달러화(unofficial dollarization)와 혼동하지 않도록 공식적 달러화(official dollarization)로 알려져 있다.

요 약 SUMMARY

1 연방준비제도는 은행 패닉의 빈도를 감소시키기 위해 1913년에 창설됐다. 중앙은행과 권력 집중에 대한 국민들의 적대감 때문에 연방준비제도는 권력을 분산시키기 위한 많은 견제와 균형 요소를 가지는 구조로 창설됐다.

2 연방준비제도는 12개의 지역 연준은행, 약 2,500개의 회원 상업은행, 연준 이사회, 연방공개시장위원회, 연방자문위원회로 구성돼 있다. 표면적으로 연방준비제도는 분권화돼 있는 것으로 보이지만, 실제로 연준 이사회, 특히 연준 이사회의 의장에 의해 통제되는 하나의 통합된 중앙은행으로 기능한다.

3 연방준비제도는 대부분의 미국 정부기관보다 더 독립적이나 Fed의 구조를 결정하는 입법이 의회에 의해 입안되고 언제든지 변경될 수 있기 때문에 여전히 정치적 압력에 직면한다.

4 중앙은행의 독립성을 찬성하는 논거는 중앙은행의 독립성을 축소하거나 중앙은행이 정치적 압력의 영향을 받도록 하는 것이 인플레이션 유발적인 통화정책을 발생시킬 수 있다는 견해에 기초하고 있다. 독립적인 중앙은행은 장기적인 관점을 가질 수 있고, 확장적 통화정책과 정치적 경기변동을 발생시키는 단기적 문제들에 반응하지 않을 수 있다. 중앙은행의 독립성에 반대하는 논거는 국민들에게 매우 중요한 통화정책을 국민들에 대해 책임을 지지 않는 엘리트 집단에 의해 통제되도록 하는 것은 비민주적이라는 것이다. 독립적인 중앙은행은 또한 통화정책과 재정정책의 조정을 어렵게 만든다.

5 관료행위이론은 중앙은행의 행위를 유발하는 요소로 자신의 권한과 특권을 증대시키고자 하는 시도일 수 있다고 제시한다. 중앙은행은 공공의 이익을 위해 활동할 수도 있지만, 이 견해는 많은 중앙은행의 행위들을 설명한다.

6 유럽중앙은행시스템(ESCB)은 연방준비제도와 매우 유사한 구조를 가지고 있다. 각 회원국은 국가중앙은행을 가지고 있고 유럽중앙은행(ECB)의 집행이사회는 독일의 프랑크푸르트에 위치해 있다. 정책위원회는 ECB의 총재를 포함하여 집행이사회의 6명 이사와 국가중앙은행들의 총재로 구성돼 있고 통화정책에 대한 의사결정을 한다. 마스트리히트 조약에 의해 설립된 유로시스템은 조약의 강령이 입법에 의해 변경될 수 없기 때문에 연방준비제도보다 더 독립적이다. 실제로 ECB는 세계에서 가장 독립적인 중앙은행이다.

7 전 세계에 걸쳐 중앙은행의 독립성이 점점 더 증가하는 놀랄 만한 추이가 존재한다. 최근에 더 강한 중앙은행의 독립성이 뉴질랜드, 스웨덴과 같은 다양한 국가의 중앙은행뿐만 아니라 영국은행과 일본은행 같은 중앙은행에게도 부여됐다. 이론과 경험 모두는 더 강한 독립성을 가진 중앙은행이 더 양호한 통화정책을 수행한다고 제시한다.

주요 용어 KEY TERMS

공개시장조작(open market operation)
긴축적 통화정책(tightening of monetary policy)
연방공개시장위원회(Federal Open Market Committee, FOMC)
연방준비제도 이사회(Board of Governors of the Federal Reserve System)
연준은행(Federal Reserve banks)
완화적 통화정책(easing of monetary policy)
정책목표의 독립성(goal independence)
정책수단의 독립성(instrument independence)
정치적 경기변동(political business cycle)
페더럴펀드 이자율(federal funds rate)

연습문제 QUESTIONS

1 연방준비제도는 왜 다른 국가에서처럼 하나의 중앙은행이 아니라 12개의 지역 연준은행을 가지는 구조로 창설됐는가?

2 어떤 정치적 현실 때문에 1913년의 연방준비제도법이 미주리에 2개의 연준은행을 배치시켰는지 설명할 수 있는가?

3 "연방준비제도는 많은 견제와 균형 요소를 가지고 설계됐다는 점에서 미국의 헌법을 닮았다." 이 진술에 대해 논의하라.

4 어떤 측면에서 지역 연준은행이 통화정책의 수행에 영향을 줄 수 있는가?

5 연방준비제도와 유럽중앙은행의 어떤 기관이 재할인율을 통제하는가? 연방준비제도와 유럽중앙은행의 어떤 기관이 지준율을 통제하는가? 연방준비제도와 유럽중앙은행의 어떤 기관이 공개시장조작을 통제하는가?

6 여러분은 연준 이사회의 이사가 연임될 수 없는 14년의 임기를 가지는 것이 연준 이사회를 정치적 압력으로부터 효과적으로 격리시킨다고 생각하는가?

7 연방준비제도와 유럽중앙은행시스템의 구조와 독립성을 비교하라.

8 연방준비제도(Fed)는 모든 미국의 정부기관 중에서 가장 독립적이다. Fed가 보다 더 독립적이라는 것을 설명하는 Fed와 기타 정부기관 간의 주요한 차이점은 무엇인가?

9 미국 의회가 Fed에 대한 약간의 통제력을 행사하기 위해 사용하는 1차적 수단은 무엇인가?

10 1960년대와 1970년대에 연방준비제도는 빠른 속도로 회원은행을 잃었다. 관료행위이론은 모든 상업은행이 회원은행이 되도록 요구하는 입법을 위해 Fed가 노력한 것을 어떻게 설명할 수 있는가? Fed는 이러한 노력에서 성공했는가?

11 EU의 11개 국가는 왜 그들의 국내 화폐로 유로를 채택하지 않았는지 설명하라.

12 체제전환국에서 새롭게 설립된 중앙은행이 직면하는 어려운 점은 무엇인가?

13 일부 개도국이 통화동맹을 채택하지 않을 수 없게 만드는 이유는 무엇인가?

14 "관료행위이론은 Fed는 결코 공공의 이익을 위해 활동하지 않는다고 지적한다." 이 진술은 참인가, 거짓인가, 또는 불확실한가? 설명하라.

15 중앙은행의 독립성을 제거하면 왜 정치적 경기변동이 보다 현저하게 발생할 수 있는가?

16 "Fed의 독립성은 Fed가 자신의 조치들에 대해 완전히 책임지지 않게 만든다." 이 진술은 참인가, 거짓인가, 또는 불확실한가? 설명하라.

17 "중앙은행의 독립성은 중앙은행이 단기적 관점이 아닌 장기적 관점을 가진다는 것을 의미한다." 이 진술은 참인가, 거짓인가, 또는 불확실한가? 설명하라.

18 Fed는 FOMC의 회의록을 의회 또는 민간에게 즉각 발표하지 않음으로써 비밀주의를 조장하는 반면 ECB는 회의가 종료된 직후에 기자회견을 가진다. 이러한 정책에 대한 찬성과 반대 의견을 개진하라.

웹 연습문제 WEB EXERCISES

1 www.federalreserve.gov/에 들어가서 'About the Fed'를 클릭하라. 이어서 'The Federal Reserve System'과 'Structure'를 클릭하라. 연방준비제도법에 의하면 연준 이사회의 가장 중요한 책임은 무엇인가?

2 앞의 웹사이트에 들어가서 'Monetary Policy'를 클릭하라. 이어서 'Reports'를 클릭하고 'Beige Book'으로 가라. 최근에 발간된 베이지북의 요약에 의하면 미국 경제는 약화되고 있는가 아니면 회복되고 있는가?

참고 웹사이트 WEB REFERENCES

www.federalreserve.gov/pubs/frseries/frseri.htm

연방준비제도의 구조에 관한 정보 제공

www.federalreserve.gov/otherfrb.htm

연준은행, 지점, 지역 수표처리 센터의 주소와 전화번호, 12개 연준은행과 연준 이사회의 홈페이지와의 링크 제공

www.federalreserve.gov/bios/boardmembership.htm

연준 이사회가 창설된 이후 연준 이사회의 모든 명단 제공

www.federalreserve.gov/fomc

FOMC의 회의 일정, 보도문, 회의록, 속기록에 관한 일반 정보와 FOMC 회원, '베이지북'에 관한 정보 제공

www.ecb.int

유럽중앙은행의 웹사이트

www.bank-banque-canada.ca/

캐나다은행의 웹사이트

www.bankofengland.co.uk/index.htm

영국은행의 웹사이트

www.boj.or.jp/en/index.htm

일본은행의 웹사이트

www.pbc.gov.cn/english

중국인민은행의 웹사이트

15 화폐공급 과정

PREVIEW

제5장에서 살펴보았고 화폐이론에 관해 논의하는 다음의 장들에서 보게 되겠지만, 화폐공급의 변화는 이자율과 인플레이션에 영향을 미치고 결과적으로 우리 모두에게 영향을 미친다. 경제활동에 광범위하게 미치는 영향 때문에 화폐공급이 어떻게 결정되는지를 이해하는 것이 중요하다. 누가 화폐공급을 통제하는가? 화폐공급을 변화시키는 요인은 무엇인가? 화폐공급에 대한 통제는 어떻게 개선될 수 있는가? 이 장과 다음 장들에서 화폐공급 과정(money supply process), 즉 화폐공급의 규모를 결정하는 메커니즘을 상세하게 알아본 다음 이러한 질문들에 답을 얻도록 하자.

은행예금은 화폐공급의 가장 큰 구성 요소이기 때문에, 은행예금이 어떻게 창출되는지를 이해하는 것이 화폐공급 과정을 이해하는 첫 단계이다. 이 장에서는 먼저 은행시스템이 어떻게 예금을 창출하는지에 대해 개관하고, 다음의 장들을 이해하기 위해 필요한 화폐공급의 기본 원리를 설명한다.

1 화폐공급 과정의 참여자

화폐공급 과정의 참여자는 다음과 같다.

1. 중앙은행(central bank) : 은행시스템을 감독하고 통화정책의 수행을 책임지는 정부기관. 미국의 경우 연방준비제도(Federal Reserve System, Fed)
2. 은행(banks, 예금취급기관) : 개인과 기관으로부터 예금을 받고 대출하는 금융중개기관(financial intermediaries). 상업은행, 저축대부조합, 상호저축은행, 신용조합 등
3. 예금자(depositors) : 은행에 예금을 보유하고 있는 개인과 기관

이 중에서 중앙은행(미국의 경우 연방준비제도)이 가장 중요하다. Fed의 통화정책은 Fed의 대차대조표에 영향을 주는 조치들을 수반한다. 이제 Fed의 대차대조표를 살펴보자.

2 Fed의 대차대조표

Fed의 운영과 통화정책은 자산과 부채의 보유 상태를 나타내는 Fed의 대차대조표에 영향을 주는 조치들과 연관돼 있다. 여기서 화폐공급 과정을 이해하는 데 중요한 4개의 항목만 포함하는 간단한 대차대조표를 살펴보자.[1)]

연방준비제도

자산	부채
증권(securities) 금융기관에 대한 대출(loans to financial institutions)	현금통화(currency in circulation) 지준(reserves)

2.1 부채

대차대조표상의 2가지 부채 항목인 현금통화와 지준은 종종 Fed의 통화성 부채(monetary liabilities)라고 부른다. 현금통화와 지준의 어느 하나 또는 모두의 증가는 (다른 모든 것이 일정한 경우) 화폐공급을 증가시키기 때문에, 현금통화와 지준은 화폐공급에 관한 논의에서 중요한 부분이다. Fed의 통화성 부채(현금통화와 지준)와 미국 재무부의 통화성 부채(재무부 현금통화인 동전)의 합은 **본원통화**(monetary base)라고 부른다(미국 이외의 국가에서 본원통화는 일반적으로 중앙은행의 통화성 부채인 현금통화와 지준의 합이다–역주). 본원통화를 논의할 때, 미국 재무부의 통화성 부채는 본원통화의 10% 미만이기 때문에 Fed의 통화성 부채에만 초점을 맞추기로 하자.[2)]

1. 현금통화(currency in circulation). Fed는 화폐('연방준비제도권'(Federal Reserve Note)이라고 인쇄된 녹색과 회색의 지폐)를 발행한다. 현금통화는 민간이 보유하고

---

1) Fed의 대차대조표와 본원통화에 영향을 미치는 요인에 대한 상세한 논의를 위해서는 이 책의 웹사이트인 www.pearsonglobaleditions.com/mishkin에 있는 제15장의 부록 참조.

2) 미국 재무부는 법적인 제한 때문에 경제에 통화성 부채를 적극적으로 공급할 수 없다. 따라서 본원통화를 논의할 때 미국 재무부의 통화성 부채를 무시해도 무방하다.

있는 화폐의 양이다. 예금취급기관이 보유한 화폐는 Fed의 부채지만 지준의 한 부분으로 간주된다.

연방준비제도권은 보유자에 대한 Fed의 채무증서(IOU)이고 부채이다. 그러나 대부분의 부채와는 달리 연방준비제도권은 보유자에게 연방준비제도권으로만 지불할 것을 약속한다. 즉 연방준비제도권은 IOU를 다른 IOU로 지불한다. 따라서 만일 여러분이 Fed에 100달러 지폐를 가지고 가서 지불을 요구하면, 여러분은 2장의 50달러 지폐, 5장의 20달러 지폐, 10장의 10달러 지폐 또는 100장의 1달러 지폐를 받을 것이다.

연방준비제도권은 공인된 교환의 매개수단이기 때문에 사람들은 여러분이 아닌 Fed로부터 IOU를 받으려고 한다. 즉 연방준비제도권은 지불수단으로 수용되고 따라서 화폐로 기능한다. 불행하게도, 여러분은 사람들에게 여러분의 IOU가 채무관계가 기술돼 있는 종이 이상으로 가치가 있다는 것을 확신시킬 수 없다.[3)]

2. 지준(reserves). 모든 은행은 Fed에 예금 계좌를 가지고 있다. **지준**(reserves, 지급준비를 줄여서 지준이라고 지칭함－역주)은 은행이 Fed에 예치한 예금과 실제로 보유하고 있는 현금(이러한 현금은 은행의 금고에 보관되기 때문에 시재금(vault cash)이라고 부름)의 합으로 구성된다. 지준은 은행에게는 자산이지만 Fed에게는 부채이다. 왜냐하면 은행은 언제든지 지준에 대한 지불을 요구할 수 있고, Fed는 연방준비제도권을 지불하여 Fed의 채무를 변제할 것을 요구받기 때문이다. 앞으로 살펴보는 것처럼 지준의 증가는 예금을 증가시키고, 이에 따라 화폐공급을 증가시킨다.

총지준은 2종류, 즉 Fed가 은행에게 반드시 보유할 것을 요구하는 지준(**필요지준**(required reserves))과 은행이 추가적으로 보유하기 원하는 지준(**초과지준**(excess reserves))으로 구성된다. 예를 들어 Fed는 예금취급기관이 보유하고 있는 예금 1달러당 일정 비율(말하자면 10센트)을 반드시 지준으로 보유할 것을 요구할 수 있다. 이러한 비율(10%)을 **지준율**(required reserve ratio)이라고 부른다.

---

3) Fed의 대차대조표상에 있는 현금항목은 현금통화, 즉 민간이 보유하고 있는 화폐 금액만을 말한다. 미국 조폐국(U.S. Bureau of Engraving and Printing)에 의해 인쇄된 현금이 자동적으로 Fed의 부채가 되는 것은 아니다. 예를 들어, 여러분이 인쇄된 100만 달러의 여러분 자신의 IOU를 가지고 있다고 가정해보자. 100달러는 다른 사람에게 주고 나머지 99만 9,900달러는 여러분의 호주머니에 보관한다. 호주머니에 있는 99만 9,900달러의 IOU는 여러분을 더 부유하게 하거나 더 가난하게 하지 않고 여러분의 부채에 영향을 미치지 않는다. 여러분은 유통되는 100달러의 IOU로부터 발생한 100달러의 부채에 대해서만 관심을 가진다. 동일한 논리가 연방준비제도권이 표시된 화폐를 발행하는 Fed에게도 적용된다.

이와 유사한 이유로, 화폐공급이 어떻게 정의되느냐에 관계없이 화폐공급의 현금항목에는 현금통화만이 포함된다. 화폐공급의 현금항목은 민간이 보유하고 있지 않은 어떤 추가적인 화폐를 포함하지 않는다. 화폐가 인쇄됐으나 유통되지 않는다는 사실은 화폐가 어느 누구의 자산이나 부채가 아니라는 것을 의미하고, 이에 따라 어느 누구의 행위에도 영향을 미칠 수 없다. 따라서 이러한 화폐를 화폐공급에 포함시키지 않는 것이 이치에 맞는다.

2.2 자산

Fed의 대차대조표상에 있는 2종류의 자산은 2가지 이유로 중요하다. 첫째, 자산 항목의 변화는 지준과 본원통화를 변화시키고 결과적으로 화폐공급을 변화시킨다. 둘째, Fed의 자산(증권과 금융기관에 대한 대출)은 부채(이자 지불이 없는 현금통화와 지준)보다 더 높은 이자를 번다. Fed는 매년 수십억 달러를 번다. Fed의 자산은 수입을 올리나 Fed의 부채는 실제로 거의 비용을 발생시키지 않는다. Fed는 번 수입의 대부분을 연방정부에 반납하지만, Fed는 경제연구 지원과 같은 '가치 있는 일'에 수입의 일부를 지출한다.

1. 증권(securities). 이 자산 항목은 Fed가 보유한 미국 재무부가 발행한 증권과 (제16장에서 논의되는) 예외적인 상황에서 보유하게 된 기타 증권 금액을 나타낸다. 앞으로 살펴보겠지만, Fed가 은행시스템에 지준을 공급하는 1차적 방법은 증권을 매입하여 Fed의 증권 보유를 증가시키는 것이다. Fed가 보유하는 국채나 기타 증권의 증가는 화폐공급을 증가시킨다.
2. 금융기관에 대한 대출(loans to financial institutions). Fed가 은행시스템에 지준을 공급하는 2차적 방법은 은행과 기타 금융기관에 대해 대출하는 것이다. 금융기관의 입장에서 Fed로부터 받은 대출은 Fed로부터의 차입(borrowing from the Fed) 또는 차입지준(borrowed reserves)이라고 부른다. 이러한 금융기관에 대한 대출은 금융기관 대차대조표의 부채로 나타난다. 금융기관에 대한 대출의 증가는 화폐공급을 증가시키는 원천일 수 있다. 정상적인 시기에 Fed는 은행들에게만 대출을 하고 이러한 대출에 대해 은행들에게 부과하는 이자율을 **재할인율**(discount rate)이라고 부른다. (제16장에서 논의하겠지만, 최근 금융위기 동안 Fed는 기타 금융기관에게도 대출을 시행했다.)

3 본원통화의 통제

본원통화(**고성능화폐**(high-powered money)라고도 부름)는 현금통화 C와 은행시스템의 총지준 R의 합과 같다.[4] 본원통화 MB는 다음과 같이 나타낼 수 있다.

$$MB = C + R$$

4) 여기서 현금통화는 연방준비제도 화폐(연방준비제도권)와 재무부 화폐(주로 동전) 모두를 포함한다.

연방준비제도는 공개시장에서 증권의 매입과 매도, 즉 **공개시장조작**(open market operation)과 은행에 대한 재할인 대출을 통하여 본원통화에 대한 통제력을 행사한다.

3.1 공개시장조작

Fed가 본원통화를 변화시키는 1차적 방법은 공개시장조작을 통해서다. Fed가 채권을 매입하는 것은 **공개시장매입**(open market purchase)이라고 부르고, Fed가 채권을 매도하는 것은 **공개시장매도**(open market sale)라고 부른다.

한 은행으로부터의 공개시장매입 Fed가 한 은행으로부터 1억 달러의 채권을 매입하고 1억 달러의 수표로 지불한다고 하자. 이러한 거래의 결과로 발생되는 일을 이해하기 위해, 처음의 대차대조표 상태로부터 대차대조표 항목들에 발생한 변화만을 나타내는 T-계정(T-account)을 살펴보자. 이 은행은 Fed로부터 받은 수표를 Fed에 있는 자기 계좌에 예금하거나 현금통화로 현금화하여 시재금으로 보유한다. 어느 경우든지 각 조치를 통해 이 은행의 지준은 1억 달러 증가하고, 증권 보유액은 1억 달러 감소한다. 은행시스템의 T-계정은 다음과 같다.

은행시스템

자산		부채	
증권	−1억 달러		
지준	+1억 달러		

한편, Fed의 부채는 추가적인 1억 달러의 지준 증가만큼 증가하고, Fed의 자산은 추가적인 1억 달러의 증권 보유만큼 증가한다. Fed의 T-계정은 다음과 같다.

연방준비제도

자산		부채	
증권	+1억 달러	지준	+1억 달러

이러한 공개시장매입의 최종 결과는 지준이 공개시장매입 금액인 1억 달러만큼 증가한다는 것이다. 현금통화는 변화하지 않았기 때문에 본원통화도 1억 달러만큼 증가한다.

비은행 민간으로부터의 공개시장매입 비은행 민간으로부터 공개시장매입이 있을 때 어떤 일이 발생하는지 이해하기 위해 2가지 경우를 살펴보자. 첫째, 1억 달러의 채권을

Fed에게 매도한 개인이나 기업이 Fed의 수표를 자신이 거래하는 은행에 수표발행 예금(checkable deposits, 제11장 참조)으로 예금한다고 가정하자. 이러한 거래가 이루어진 후, 비은행 민간의 T-계정은 다음과 같다.

비은행 민간

자산		부채	
증권	−1억 달러		
수표발행 예금	+1억 달러		

이 은행은 Fed의 수표를 받을 때 1억 달러의 예금자 예금을 부채로 기입하고 이 수표를 Fed에 있는 자기의 계좌에 예금한다. 이에 따라 이 은행의 지준은 1억 달러만큼 증가한다. 은행시스템의 T-계정은 다음과 같다.

은행시스템

자산		부채	
지준	+1억 달러	수표발행 예금	+1억 달러

Fed의 대차대조표상에 미치는 효과는 자산에 1억 달러의 증권 보유가 증가하고, 부채에 1억 달러의 지준이 증가하는 것이다.

연방준비제도

자산		부채	
증권	+1억 달러	지준	+1억 달러

연방준비제도의 T-계정에서 보는 것처럼, Fed의 수표가 한 은행에 예금될 때, 비은행 민간으로부터의 공개시장매입 결과는 한 은행으로부터의 공개시장매입 결과와 동일하다. 지준은 공개시장매입 금액만큼 증가하고, 본원통화도 같은 금액만큼 증가한다.

그러나 만일 Fed에 채권을 판 개인 또는 기업이 은행 또는 연준은행에서 Fed의 수표를 현금화하면, 지준에 미치는 효과는 다르다.[5] 비은행 민간은 1억 달러의 현금을 받고 1억

5) 만일 채권 매도자가 Fed의 수표를 한 은행에서 현금화하면, 이 은행은 1억 달러의 시재금으로 지불하고 1억 달러의 수표를 Fed에 있는 자기 계좌에 예금하기 때문에, 이 은행의 대차대조표는 영향을 받지 않는다. 따라서 이 은행의 지준은 동일하게 유지되고, 이 은행의 T-계정에는 아무런 변화가 없다. 이것이 은행시스템의 T-계정이 여기에 제시되지 않은 이유이다.

달러만큼 증권 보유를 감소시킨다. 채권을 매도한 비은행 민간의 T-계정은 다음과 같다.

비은행 민간

자산		부채	
증권	−1억 달러		
현금통화	+1억 달러		

Fed는 1억 달러의 증권을 매입하기 위해 1억 달러의 현금통화를 지불해주었다. 따라서 이 경우 Fed의 T-계정은 다음과 같다.

연방준비제도

자산		부채	
증권	+1억 달러	현금통화	+1억 달러

이 경우 공개시장매입의 순효과는 지준은 변화하지 않는 반면, 현금통화는 공개시장매입 금액인 1억 달러만큼 증가한다는 것이다. 따라서 본원통화는 공개시장매입 금액인 1억 달러만큼 증가하지만, 지준에는 변동이 없다. 이 결과는 채권의 매도자가 Fed의 수표를 한 은행에 예금하는 경우와 다르다. 그런 경우에 지준은 1억 달러만큼 증가하고 본원통화도 1억 달러만큼 증가한다.

앞에서의 분석은 공개시장매입이 지준에 미치는 효과가 채권의 매도자가 받은 원금(Fed의 수표)을 현금통화로 가질 것인지 은행예금으로 가질 것인지에 따라 달라진다는 것을 보여준다. 만일 채권 매도로부터 받은 원금이 현금통화로 보유되면 공개시장매입은 지준에 아무런 효과를 미치지 못한다. 만일 채권 매도로부터 받은 원금이 예금으로 보유되면 지준은 공개시장매입 금액만큼 증가한다.

그러나 공개시장매입이 본원통화에 미치는 효과는 채권의 매도자가 받은 원금을 예금으로 보유하든지 현금통화로 보유하든 간에 항상 같다(본원통화는 공개시장매입 금액만큼 증가한다). 공개시장매입이 지준에 미치는 영향은 본원통화에 미치는 영향보다 훨씬 더 불확실하다.

공개시장매도 만일 Fed가 1억 달러의 채권을 한 은행 또는 비은행 민간에게 매도하면, 본원통화는 1억 달러만큼 감소한다. 예를 들어 만일 Fed가 채권을 현금통화로 지불하는 개인에게 매도하면 채권 매입자인 개인은 1억 달러의 채권을 1억 달러의 현금통화와 교환한다. 이 경우 비은행 민간의 T-계정은 다음과 같다.

비은행 민간

자산		부채	
증권	+1억 달러		
현금통화	−1억 달러		

Fed의 증권 보유는 1억 달러만큼 감소하고 Fed의 현금통화도 채권 매도에 대해 통화성 부채인 현금통화를 받았기 때문에 1억 달러만큼 감소한다.

연방준비제도

자산		부채	
증권	−1억 달러	현금통화	−1억 달러

1억 달러 채권의 공개시장매도는 지준은 변화시키지 않지만 같은 금액만큼 본원통화를 감소시킨다. 채권의 매입자가 한 은행이거나 채권의 매입자가 한 은행에 있는 자신의 수표발행 예금에 기초해 발행된 수표로 지불하는 경우, T-계정의 변화로 보면 지준이 1억 달러만큼 감소하기 때문에 본원통화도 같은 1억 달러만큼 감소한다.

공개시장매입과 공개시장매도에 관한 분석으로부터 다음과 같은 결론이 도출될 수 있다. 공개시장조작이 본원통화에 미치는 효과는 지준에 미치는 효과보다 훨씬 더 확실하다. 따라서 Fed는 공개시장조작을 통해 지준보다 본원통화를 더 효과적으로 통제할 수 있다.

공개시장조작은 국채 이외의 다른 자산을 대상으로도 이루어질 수 있고, 다른 자산을 대상으로 한 공개시장조작도 여기서 설명한 것과 같이 본원통화에 같은 효과를 미칠 수 있다.

3.2 예금에서 현금통화로 이동

Fed가 공개시장조작을 수행하지 않을지라도, 예금으로부터 현금통화로의 이동은 은행 시스템의 지준에 영향을 미친다. 그러나 이러한 이동은 본원통화에 영향을 미치지 않는다. 이것이 Fed가 지준보다 본원통화에 대해 더 큰 통제력을 가지는 또 다른 이유이다.

크리스마스 시즌 동안 민간이 선물을 사기 위해 더 많은 현금을 보유하기 원하고 이에 따라 현금으로 1억 달러를 인출한다고 하자. 이것이 비은행 민간의 T-계정에 미치는 효과는 다음과 같다.

비은행 민간

자산		부채	
수표발행 예금	−1억 달러		
현금통화	+1억 달러		

은행시스템에서는 1억 달러의 예금이 감소하고 결과적으로 1억 달러의 지준이 감소한다.

은행시스템

자산		부채	
지준	−1억 달러	수표발행 예금	−1억 달러

Fed의 입장에서 보면, 민간의 행동은 민간이 보유하고 있는 현금통화를 1억 달러만큼 증가시키는 반면 은행시스템의 지준을 1억 달러만큼 감소시킨다는 것을 의미한다. Fed의 T-계정은 다음과 같다.

연방준비제도

자산		부채	
		현금통화	+1억 달러
		지준	−1억 달러

이 경우 민간의 행동은 Fed의 통화성 부채에 영향을 미치지 않는다. 즉 본원통화는 민간의 현금보유 증가 욕구에 의해 영향을 받지 않는다. 그러나 지준은 영향을 받는다. 지준의 변화는 예금이 현금통화로 이동하거나 그 반대로 현금통화가 예금으로 이동하는 결과로 발생할 수 있다. 동일한 일이 본원통화에는 발생하지 않기 때문에, 본원통화가 보다 더 안정적인 변수이다.

3.3 금융기관에 대한 대출

이 장에서 지금까지 공개시장조작의 결과로 본원통화가 변화한다는 것을 살펴봤다. 그러나 Fed가 한 금융기관에게 대출을 할 때도 본원통화가 영향을 받는다. Fed가 퍼스트 내셔널 뱅크에게 1억 달러의 대출을 할 때, 퍼스트 내셔널 뱅크의 부채에는 1억 달러의 대출이 증가하는 동시에 자산에는 1억 달러의 지준이 증가한다. 은행시스템과 Fed의 대차대조표상에 미치는 효과는 다음과 같은 T-계정으로 나타난다.

은행시스템

자산		부채	
지준	+1억 달러	대출 (Fed로부터의 차입)	+1억 달러

연방준비제도

자산		부채	
대출 (Fed의 은행대출)	+1억 달러	지준	+1억 달러

이제 Fed의 통화성 부채는 1억 달러만큼 증가하고, 본원통화도 이 금액만큼 증가한다. 그러나 만일 한 은행이 Fed로부터 받은 대출을 1억 달러만큼 상환하면, 은행시스템과 Fed의 T-계정은 다음과 같다.

은행시스템

자산		부채	
지준	−1억 달러	대출 (Fed로부터의 차입)	−1억 달러

연방준비제도

자산		부채	
대출 (Fed의 은행대출)	−1억 달러	지준	−1억 달러

결과적으로 Fed의 통화성 부채인 본원통화는 1억 달러만큼 감소한다. 본원통화는 Fed로부터의 차입과 1:1의 대응관계를 가지면서 변화한다.

3.4 본원통화에 영향을 주는 기타 요인

지금까지 이 장에서 살펴본 바에 의하면, Fed는 공개시장조작과 금융기관에 대한 대출을 통해 본원통화에 대한 완전한 통제력을 가지고 있는 것처럼 보인다. 그러나 세상은 좀 더 복잡하기 마련이다. Fed에 의해 통제되지 않으면서 본원통화에 영향을 주는 2가지 중요한 항목은 플로트(float)와 Fed에 예치돼 있는 재무부 예금(Treasury deposits at the Fed)이다. Fed는 은행의 수표를 청산할 때 수표를 예금한 은행에게 수표의 금액만큼 즉각적으로 신용을 공여하고(해당 은행의 지준을 증가시키고) 나중에 수표가 인출되는 은행에게 수표의 금액만큼 변제 처리한다(해당 은행의 지준을 감소시킨다). Fed의 수표청산 과정에서 발생하는 은행시스템 총지준액의 일시적인 순증가를 **플로트**(float)라고 한다. 미국 재무부가 자신의 예금을 상업은행에서 Fed에 있는 자기 계좌로 이동시키면, Fed에 예치돼 있는 재무부 예금은 증가하고 상업은행으로부터 예금의 인출이 발생한다. 이에 따라 은행시스템의 지준과 본원통화가 감소한다. 따라서 플로트(플로트는 수표가 지급을 위해 얼마나 신속하게 제시되느냐에 영향을 미치는 날씨 변화와 같은 확률적 사건들에 의해 영향을 받는다)와 Fed에 예치돼 있는 재무부 예금 모두는 본원통화에 영향을 미치나 Fed에 의해 완전히 통제되지 않는다. Fed가 외환시장 개입을 수행하도록 지시하는 미국 재무부의 결정도 본원통화에 영향을 미친다.

3.5 Fed의 본원통화 통제능력

앞에서의 논의는 본원통화를 결정하는 2가지 요인은 공개시장조작과 금융기관에 대한 대출이라는 점을 제시한다. 공개시장매도 또는 공개시장매입은 채권시장에서 딜러들에 대한 Fed의 주문 제시에 의해 완전히 통제되는 반면 Fed는 은행들이 Fed로부터 차입하는 양(금액)을 일방적으로 결정할 수 없고 이에 따라 완벽하게 예측할 수 없다. Fed는 재할인율(은행에 대한 대출 이자율)을 책정하고 은행들은 Fed로부터 차입할 것인지 여부를 결정한다. 재할인 대출의 양은 Fed의 재할인율 책정에 영향을 받지만 Fed에 의해 완전히 통제되지 않는다. 은행들의 의사결정도 재할인 대출의 양을 결정하는 역할을 한다.

따라서 본원통화는 두 요소, 즉 Fed에 의해 완전히 통제될 수 있는 본원통화와 Fed에 의해 덜 완전하게 통제되는 본원통화로 분리될 수 있다. 덜 완전하게 통제되는 본원통화 부분은 Fed로부터 이루어지는 대출에 의해 만들어지는 본원통화의 양이다. 나머지 본원통화(**비차입 본원통화**(nonborrowed monetary base)라고 부름) 부분은 주로 공개시장조작에 의해 결정되기 때문에 Fed의 통제하에 있게 된다.[6] 비차입 본원통화는 공식적으로 본원통화에서 **차입지준**(borrowed reserves)이라고 부르는 Fed로부터 이루어지는 금융기관의 차입을 뺀 것으로 다음과 같이 정의된다.

$$MB_n = MB - BR$$

여기서 MB_n = 비차입 본원통화

MB = 본원통화

BR = Fed로부터 이루어지는 차입지준

Fed에 의해 통제되지 않는 요소들(예를 들어 플로트와 Fed에 예치돼 있는 재무부 예금)은 단기적으로 상당히 변동하고 일주일과 같은 단기의 기간 동안 본원통화를 변동시키는 중요한 원천이 될 수 있다. 그러나 이러한 변동들은 일반적으로 예측 가능하고 따라서 공개시장조작을 통해 상쇄시킬 수 있다. 플로트와 Fed에 예치돼 있는 재무부 예금은 단기적으로 상당히 변동하고 본원통화의 통제를 복잡하게 만들지만, Fed가 본원통화를 정확하게 통제하는 것을 방해하지는 않는다.

6) Fed의 대차대조표상에 실제로 비차입 본원통화의 양에 영향을 미치는 다른 항목들이 존재한다. 공개시장조작과 비교해 상대적으로 이러한 항목들이 비차입 본원통화에 미치는 영향은 적고 예측가능하기 때문에, 이러한 항목들은 Fed가 비차입 본원통화를 통제하는 데 어려움을 제기하지 않는다

4 승수적 예금창출 : 단순 모형

Fed가 어떻게 본원통화를 통제하는지와 은행이 어떻게 운영되는지(제11장 참조)를 이해했으므로, 이제 예금이 어떻게 창출되는지 살펴보자. Fed가 은행시스템에 추가적으로 1달러의 지준을 공급할 때 예금은 이 금액의 승수 배만큼 증가한다. 이러한 과정을 **승수적 예금창출**(multiple deposit creation)이라고 부른다.

4.1 예금창출 : 개별 은행의 경우

1억 달러의 공개시장매입이 퍼스트 내셔널 뱅크와 이루어졌다고 하자. Fed가 퍼스트 내셔널 뱅크로부터 1억 달러의 채권을 매입한 후, 퍼스트 내셔널 뱅크의 지준은 1억 달러만큼 증가한다. 퍼스트 내셔널 뱅크가 이처럼 추가로 증가된 지준을 가지고 무엇을 할 것인지 분석해보자. 퍼스트 내셔널 뱅크는 추가로 증가된 지준으로부터 이자를 벌지 못하기 때문에 추가로 증가된 지준을 보유하기를 원치 않는다고 가정하자. 다음과 같은 T-계정으로부터 분석을 시작하자.

퍼스트 내셔널 뱅크

자산		부채
증권	−1억 달러	
지준	+1억 달러	

퍼스트 내셔널 뱅크의 수표발행 예금은 증가하지 않기 때문에 퍼스트 내셔널 뱅크의 필요지준은 변화하지 않는다. 추가적으로 1억 달러의 지준이 증가한다는 것은 퍼스트 내셔널 뱅크의 초과지준이 1억 달러만큼 증가한다는 것을 의미한다. 이제 퍼스트 내셔널 뱅크가 증가된 1억 달러의 초과지준을 대출하기로 결정한다고 하자. 퍼스트 내셔널 뱅크는 대출을 할 때 차입자를 위한 수표발행 예금 계좌를 만들고 이 계좌에 대출원금을 넣어준다. 이러한 방법으로 퍼스트 내셔널 뱅크는 1억 달러의 수표발행 예금 형태로 부채를 증가시키고 동시에 1억 달러의 대출 형태로 자산을 증가시킨다. 결과적으로 발생하는 퍼스트 내셔널 뱅크의 T-계정은 다음과 같다.

퍼스트 내셔널 뱅크

자산		부채	
증권	−1억 달러	수표발행 예금	+1억 달러
지준	+1억 달러		
대출	+1억 달러		

퍼스트 내셔널 뱅크는 대출을 통해 수표발행 예금을 창출했다. 수표발행 예금은 화폐공급의 한 부분이기 때문에, 퍼스트 내셔널 뱅크의 대출 행위는 실제로 화폐를 창출한 것이다.

현재의 대차대조표 상태에서, 퍼스트 내셔널 뱅크는 여전히 초과지준을 가지고 있고 이에 따라 추가적인 대출을 하기 원할 수 있다. 그러나 이러한 초과지준은 퍼스트 내셔널 뱅크에 오랫동안 머물지 않을 것이다. 차입자는 1억 달러를 퍼스트 내셔널 뱅크에 그대로 두지 않고 다른 개인과 기업으로부터 재화와 서비스를 구매하기 위해 대출을 인출한다. 차입자가 수표를 발행해 이러한 구매를 할 때 차입자가 발행한 수표는 다른 은행들에 예금될 것이고, 1억 달러의 초과지준은 퍼스트 내셔널 뱅크를 떠날 것이다. 결과적으로 한 은행은 대출하기 전에 보유하고 있었던 초과지준보다 더 많은 금액을 대출할 수 없다.

퍼스트 내셔널 뱅크의 최종적인 T-계정은 다음과 같다.

퍼스트 내셔널 뱅크

자산		부채	
증권	−1억 달러		
대출	+1억 달러		

추가적으로 증가한 1억 달러의 지준은 퍼스트 내셔널 뱅크의 추가적인 1억 달러 대출로 전환됐고, 추가적인 1억 달러의 예금은 다른 은행들로 이전됐다. (민간은 현금통화를 추가로 보유하길 원치 않는다고 가정하면, 퍼스트 내셔널 뱅크에 있는 수표발행 예금에 기초해 발행된 모든 수표는 현금으로 전환되지 않고 다른 은행들에 예금된다.) 이제 이렇게 다른 은행들에 예치되는 예금에 어떤 일이 발생하는지를 살펴보자.

4.2 예금창출 : 은행시스템의 경우

분석을 단순하게 하기 위해, 퍼스트 내셔널 뱅크의 대출로 창출된 1억 달러의 예금이 A은행에 예금되고 이 은행과 모든 다른 은행은 초과지준을 보유하지 않는다고 가정하자. A은행의 T-계정은 다음과 같다.

A은행

자산		부채	
지준	+1억 달러	수표발행 예금	+1억 달러

만일 지준율이 10%면, A은행은 필요지준을 1,000만 달러 증가시키고 9,000만 달러의 초과지준을 가진다. A은행은 초과지준 보유를 원치 않기 때문에, 초과지준 전체 금액을 대출한다. 이에 따라 A은행의 대출과 새로운 수표발행 예금이 9,000만 달러만큼 증가한다. 그러나 차입자가 9,000만 달러의 새로운 수표발행 예금을 인출하면 A은행의 수표발행 예금과 지준은 같은 금액만큼 감소한다. 결과적으로 A은행의 T-계정은 다음과 같다.

A은행

자산		부채	
지준	+1,000만 달러	수표발행 예금	+1억 달러
대출	+9,000만 달러		

만일 A은행으로부터 9,000만 달러를 대출받은 차입자가 인출해 지출한 현금통화가 다른 은행인 B은행에 예금된다면, B은행의 T-계정은 다음과 같다.

B은행

자산		부채	
지준	+9,000만 달러	수표발행 예금	+9,000만 달러

은행시스템의 수표발행 예금은 추가적으로 9,000만 달러만큼 증가하여 총 1억 9,000만 달러(A은행의 1억 달러와 B은행의 9,000만 달러의 합)가 된다. 전체 예금창출 크기를 계산하는 데 A은행과 B은행의 구분은 필요하지 않다. 만일 A은행의 차입자가 어떤 사람에게 수표를 발행하고, 그 사람이 받은 수표를 A은행에 예금하면 동일한 예금 변화가 발생한다. B은행의 T-계정이 그대로 A은행에 적용될 것이고, A은행의 수표발행 예금은 총 1억 9,000만 달러만큼 증가할 것이다.

이제 B은행은 자신의 대차대조표를 조정하기를 원할 것이다. B은행은 9,000만 달러의 10%(900만 달러)를 필요지준으로 보유해야 하고, 9,000만 달러의 90%(8,100만 달러)를 초과지준으로 가진다. 이에 따라 B은행은 8,100만 달러를 대출할 수 있다. B은행은 차입자에게 8,100만 달러를 대출할 것이고, 이 차입자는 대출로 받은 원금을 지출할 것이다. B은행의 T-계정은 다음과 같다.

B은행

자산		부채	
지준	+900만 달러	수표발행 예금	+9,000만 달러
대출	+8,100만 달러		

B은행으로부터 대출받은 차입자가 지출하는 8,100만 달러는 다른 은행(C은행)에 예금될 것이다. 결과적으로 원래 은행시스템의 1억 달러 지준 증가로부터 지금까지 창출된 은행시스템의 수표발행 예금의 총증가는 2억 7,100만 달러(= 1억 달러 + 9,000만 달러 + 8,100만 달러)다.

모든 은행이 초과지준을 모두 대출한다면, 추가적인 수표발행 예금의 증가가 [표 1]에 나타난 것과 같이 (C은행, D은행, E은행 등에서) 계속될 것이다. 따라서 처음의 1억 달러 지준 증가로부터 창출되는 예금의 총증가는 10억 달러가 된다. 예금의 총증가는 10% 지준율의 역수인 10배가 된다.

은행들이 초과지준을 유가증권에 투자하는 경우에도 그 결과는 동일하다. 만일 A은행이 초과지준으로 대출하는 대신 유가증권을 매입한다면, 뱅크 A의 T-계정은 다음과 같다.

A은행

자산		부채	
지준	+1,000만 달러	수표발행 예금	+1억 달러
증권	+9,000만 달러		

A은행이 9,000만 달러의 증권을 매입할 때, A은행은 증권의 매도자에게 9,000만 달러의 수표를 발행하고, 증권의 매도자는 B은행에 받은 9,000만 달러의 수표를 예금한다. B은행의 수표발행 예금은 9,000만 달러만큼 증가하고, 예금창출 과정은 동일한 방식으로 진행된다. 한 은행이 자기의 초과지준을 대출하든 증권을 매입하기 위해 사용하든 예금창출에 미치는 효과는 같다.

여러분은 이제 개별 은행의 예금창출과 은행시스템 전체의 예금창출의 차이점을 이해할 수 있다. 개별 은행은 초과지준과 같은 금액만큼만 예금을 창출할 수 있기 때문에 승수적 예금창출을 발생시킬 수 없다. 개별 은행은 초과지준 이상의 금액을 대출할 수 없다. 왜냐하면 개별 은행은 대출에 의해 창출된 예금이 다른 은행들로 이전됨에 따라 초과지준을 모두 소진할 것이기 때문이다. 그러나 은행시스템 전체는 승수적 예금창출을 발생시킬 수 있다. 왜냐하면 한 은행이 초과지준을 모두 소진하더라도 초과지준은 다른 은행들로 이전되면서 여전히 은행시스템을 떠나지 않기 때문이다. 각 은행이 대출을 하고

표 1 예금의 창출(10%의 지준율과 1억 달러의 지준 증가 가정)

뱅크	예금의 증가(달러)	대출의 증가(달러)	지준의 증가(달러)
퍼스트 내셔널 뱅크	0.00	100.00	0.00
A	100.00	90.00	10.00
B	90.00	81.00	9.00
C	81.00	72.90	8.10
D	72.90	65.61	7.29
E	65.61	59.05	6.56
F	59.05	53.14	5.91
.	.	.	.
.	.	.	.
.	.	.	.
모든 은행의 합계	1,000.00	1,000.00	100.00

주 : 표 1의 수치는 백만 달러 기준임.

예금을 창출함에 따라 초과지준은 다른 은행으로 이동한다. 다른 은행은 추가적인 대출을 통해 추가적인 예금을 창출하기 위해 증가된 초과지준을 사용한다. 여러분이 살펴본 것처럼, 이러한 과정은 처음의 지준 증가가 최종적인 승수적 예금 증가를 창출할 때 까지 계속된다.

은행시스템의 지준 증가로부터 창출되는 예금의 승수적 증가를 결정하는 승수는 **단순예금승수**(simple deposit multiplier)라고 부른다.[7] 앞의 예에서, 지준율이 10%인 경우 단순예금승수는 10이다. 보다 일반적으로 말하면 단순예금승수는 지준율의 역수이고 이에 따라 승수적 예금창출은 다음과 같이 나타낼 수 있다.

$$\Delta D = \frac{1}{rr} \times \Delta R \tag{1}$$

여기서 ΔD = 은행시스템의 총 수표발행 예금의 변화
rr = 지준율(주어진 예에서 0.10)
ΔR = 은행시스템의 지준 변화(주어진 예에서 1억 달러)

4.3 승수적 예금창출 공식의 도출

승수적 예금창출에 관한 공식은 수학을 사용해 직접적으로 도출될 수 있다. 예금의 변

7) 단순예금승수를 유사한 단계적 방법으로 도출되는 케인지안 승수(Keynesian multiplier)와 혼동해서는 안 된다. 케인지안 승수는 소득의 증가를 투자의 증가와 연결시키는 반면, 단순예금승수는 예금의 증가를 지준의 증가와 연결시킨다.

화와 지준의 변화 간의 관계가 보다 신속하게 구해진다. 은행들이 초과지준을 보유하지 않는다는 가정은 은행시스템의 총필요지준 RR은 은행시스템의 총지준 R과 같다는 것을 의미한다.

$$RR = R$$

총 필요지준은 지준율 rr과 총 수표발행 예금 D를 곱한 것이다.

$$RR = rr \times D$$

첫 식에서 RR을 $rr \times D$로 대체하면 다음과 같다.

$$rr \times D = R$$

이 식의 양변을 rr로 나누면

$$D = \frac{1}{rr} \times R$$

이다. Δ를 변화를 나타내는 기호로 사용하면서 이 식의 양변을 변화를 나타내는 식으로 전환하면

$$\Delta D = \frac{1}{rr} \times \Delta R$$

이고, 이 식은 식(1)의 예금창출 공식과 같다.[8)]

한 시점의 한 은행에 초점을 맞추기보다는 은행시스템 전체에 직접 초점을 맞춰서 살펴보기 때문에 이 공식의 도출 과정은 은행시스템 전체의 승수적 예금창출을 살펴보는 또 하나의 방법을 제공한다. 은행시스템 전체로 볼 때, 예금창출은 은행시스템에 있는 모든 초과지준이 소진될 때 종료된다. 즉 은행시스템은 총 필요지준이 총 지준과 일치하는 $RR = R$일 때 균형 상태가 된다. RR을 $rr \times D$로 대체해 얻어지는 식인 $rr \times D = R$은

---

8) 이 공식을 공식적으로 도출해보자. 본문의 논리를 사용하면 수표발행 예금의 변화는 1억 달러($= \Delta R \times 1$)+9,000만 달러($= \Delta R \times (1-rr)$)+8,100만 달러($= \Delta R \times (1-rr)^2$)+…이다. 이 식은 다음과 같이 다시 나타낼 수 있다.

$$\Delta D = \Delta R \times [1+(1-rr)+(1-rr)^2+(1-rr)^3+\cdots]$$

제4장의 각주 5)에서 제시된 무한등비급수의 합을 구하는 공식을 사용하면, 이 식은 다음과 같이 나타낼 수 있다.

$$\Delta D = \Delta R \times \frac{1}{1-(1-rr)} = \frac{1}{rr} \times \Delta R$$

총 필요지준이 총 지준과 일치하기 위해 수표발행 예금이 얼마가 돼야 하는지를 말해준다. 따라서 은행시스템이 균형일 때($ER = 0$일 때) 은행시스템의 지준 수준이 수표발행 예금의 수준을 결정한다.

주어진 예에서 지준율은 10%이다. 만일 지준이 1억 달러 증가하면, 총 필요지준을 1억 달러 증가시키기 위해 수표발행 예금은 10억 달러 증가해야 한다. 만일 수표발행 예금이 이 금액보다 적게, 예를 들어 9억 달러만 증가하면 총 필요지준은 9,000만 달러 증가한 상태이고 은행시스템 어딘가에 초과지준이 여전히 존재한다. 초과지준을 가지고 있는 은행들은 추가적인 대출을 할 것이고, 이에 따라 새로운 예금이 창출되며, 이러한 과정은 은행시스템의 모든 초과지준이 소진될 때까지 계속될 것이다. 수표발행 예금이 10억 달러 증가할 때 은행시스템의 모든 초과지준은 소진된다.

이러한 과정으로부터 나타나는 은행시스템 전체의 T-계정은 다음과 같다.

은행시스템

자산		부채	
증권	−1억 달러	수표발행 예금	+10억 달러
지준	+1억 달러		
대출	+10억 달러		

대출을 통해 초과지준을 제거하는 과정은 은행시스템(퍼스트 내셔널 뱅크, A은행, B은행, C은행, D은행 등)의 예금이 10억 달러에 이를 때까지 10억 달러만큼 대출을 계속한다는 것을 의미한다. 이러한 방법으로, 1억 달러의 지준은 1억 달러 지준의 10배인 10억 달러의 예금을 창출한다.

4.4 단순 모형의 비판

승수적 예금창출 모형은 연방준비제도가 지준율과 지준 수준을 설정함으로써 수표발행 예금의 수준을 완전히 통제할 수 있다는 것을 보여주는 것 같다. 그러나 실제의 예금창출은 단순 모형보다 훨씬 더 복잡하다. 만일 A은행에서 대출된 9,000만 달러의 원금이 예금되지 않고 현금으로 보유된다면 B은행에 아무것도 예금되지 않고, 예금창출 과정은 중지된다. 이러한 경우 화폐공급의 총 증가액은 현금통화 9,000만 달러와 A은행에 예금돼 있는 처음의 1억 달러 수표발행 예금의 합인 1억 9,000만 달러가 되며 이는 단순 모형 하에서 계산된 10억 달러보다 상당히 적다. 이것은 예금은 승수적 예금창출을 발생시키지만 현금통화는 승수적 예금창출을 발생시키지 않는다는 것을 의미한다. 따라서 만일 대출된 원금의 전부 또는 일부가 현금통화의 보유액을 증가시키기 위해 사용되면, 수표발행 예금과 화폐공급은 승수적 예금창출의 단순 모형이 제시하는 것만큼 증가하지 않는다.

단순 모형에서 무시되고 있는 또 다른 상황은 은행들이 대출을 하지 않거나 초과지준으로 증권을 사지 않는 경우이다. 만일 A은행이 9,000만 달러의 초과지준 모두를 보유하기로 결정하면 B은행에 아무런 예금도 이루어지지 않을 것이고, 예금창출 과정은 진행되지 않을 것이다. 이 경우 주어진 예에서 예금의 총 증가액은 단순 모형에서 제시된 10억 달러가 아니라 1억 달러에 불과할 것이다. 따라서 만일 은행들이 초과지준의 전부 또는 일부를 보유하기로 결정하면 단순 모형이 제시하는 승수적 예금창출이 이루어지지 않는다.

이는 바로 Fed가 예금 수준과 화폐공급에 영향을 주는 유일한 참여자가 아니라는 것을 의미한다. 얼마나 많은 현금을 보유할 것인가에 대한 예금자의 의사결정과 초과지준 보유에 관한 은행의 의사결정이 화폐공급을 변화시킬 수 있다.

5 화폐공급의 결정 요인

단순 모형에 대한 비판은 화폐공급에 영향을 미치는 모든 요인을 논의하기 위해서 단순 모형을 어떻게 확장할 수 있는지를 보여준다. 다른 모든 요인이 일정하다고 가정하면서 각 요인의 변화가 화폐공급에 미치는 영향을 살펴보도록 하자.

5.1 비차입 본원통화 MB_n의 변화

이 장의 앞부분에서 살펴본 것처럼 Fed의 공개시장매입은 비차입 본원통화를 증가시키고 공개시장매도는 비차입 본원통화를 감소시킨다. 모든 다른 변수가 일정한 경우, 공개시장매입으로부터 발생하는 MB_n의 증가는 본원통화와 지준을 증가시킨다. 이에 따라 승수적 예금창출이 발생하고 화폐공급이 증가한다. 이와 유사하게 MB_n을 감소시키는 공개시장매도는 본원통화와 지준을 감소시킨다. 이에 따라 승수적 예금수축이 발생하고 화폐공급이 감소한다. 다음과 같은 결과가 얻어진다. 화폐공급은 비차입 본원통화 MB_n과 양(+)의 관계를 가진다.

5.2 Fed로부터 받는 차입지준 BR의 변화

Fed로부터 받는 대출의 증가는 은행시스템에 추가적인 차입지준을 제공하기 때문에 본원통화와 지준을 증가시킨다. 이에 따라 승수적 예금창출이 발생하고 화폐공급이 증가한다. 만일 은행들이 Fed로부터 받는 대출을 감소시키면, 도든 다른 변수들이 일정한 경우 본원통화와 지준이 감소하고 이에 따라 화폐공급이 감소한다. 이러한 결과를 정리하면 다음과 같다. 화폐공급은 Fed로부터 받는 차입지준 *BR*의 수준과 양(+)의 관계를 가진다.

5.3 지준율 *rr*의 변화

만일 본원통화와 같은 다른 변수가 일정한 경우 수표발행 예금에 대한 지준율이 상승하면 승수적 예금창출이 축소되고 이에 따라 화폐공급이 감소한다. 만일 반대로 지준율이 하락하면, 승수적 예금창출은 확장되고 이에 따라 화폐공급은 증가한다.

이제 다음과 같은 결론을 얻을 수 있다. 화폐공급은 지준율 *rr*과 음(−)의 관계를 가진다. 과거에 Fed는 종종 화폐공급의 양에 영향을 주기 위해 지준율을 사용했다. 그러나 제16장에서 살펴보는 것처럼, 최근에 지준율은 통화승수와 화폐공급 결정에 보다 덜 중요한 요인이 됐다.

5.4 현금보유의 변화

앞에서 살펴본 것처럼 수표발행 예금은 승수적 확장 과정을 가지지만 현금은 승수적 확장 과정을 가지지 않는다. 따라서 수표발행 예금이 현금으로 전환될 때, 본원통화와 다른 변수들이 일정하다면, 승수적 확장 과정을 가지는 화폐공급의 한 요소가 승수적 확장 과정을 가지지 않는 화폐공급의 다른 요소로 전환된다. 이에 따라 승수적 확장의 수준은 감소되고 화폐공급은 감소된다. 다른 한편, 만일 현금보유가 감소하면 승수적 확장 과정을 가지는 수표발행 예금으로의 전환이 이루어진다. 이에 따라 화폐공급은 증가한다. 이러한 분석은 다음과 같은 결과를 제시한다. 화폐공급은 현금보유와 음(−)의 관계를 가진다.

5.5 초과지준의 변화

은행들이 초과지준의 보유를 증가시킬 때, 이러한 초과지준은 더 이상 대출하기 위해 사용되지 않는다. 추가적으로 증가되는 초과지준과 관련된 승수적 예금창출 과정은 중지되고 이에 따라 화폐공급은 감소한다. 만일 반대로 은행들이 초과지준의 보유를 감소시키면 대출과 승수적 예금창출이 증가할 것이고 이에 따라 화폐공급은 증가한다. 화폐공급은 초과지준의 양과 음(−)의 관계를 가진다.

제11장에서 논의한 것처럼 초과지준의 보유가 은행에게 주는 1차적 이익은 예금 유출 때문에 발생되는 손실에 대한 보험을 제공한다는 것이다. 즉 초과지준은 예금 유출을 겪고 있는 은행이 대출을 회수하고, 증권을 매도하고, Fed 또는 다른 기업으로부터 차입하는 데서 발생하는 비용 또는 도산에 따른 비용을 피할 수 있도록 해준다. 만일 은행이 예금 유출이 증가할 가능성을 두려워한다면(즉 만일 예금 유출의 증가가 예상되면), 은행은

이러한 가능성에 대비해 보다 많은 보험을 들고 싶어할 것이고 이에 따라 초과지준은 증가할 것이다.

6 화폐공급 과정의 요약

이제 세 부류의 참여자, 즉 연방준비제도(중앙은행), 예금자, 은행이 직접적으로 화폐공급에 영향을 주는 화폐공급모형이 만들어졌다. [요약표 1]은 지금까지 논의한 5개 변수의 변화에 의한 화폐공급의 변화를 정리하고, 각 결과의 배후에 있는 논리를 간략하게 설명하고 있다.

변수들은 그 변수에 영향을 주는 참여자별로 그룹화돼 있다. 예를 들어 Fed는 처음의 두 변수, 즉 Fed의 정책수단인 MB_n과 rr을 통제함으로써 화폐공급에 영향을 준다. 은행은 Fed로부터의 차입과 초과지준에 관한 의사결정을 통해 화폐공급에 영향을 주는 반면 예금자는 현금보유에 관한 의사결정을 통해 화폐공급에 영향을 준다.

요약표 1 화폐공급의 반응

참여자	변수	변수의 변화	화폐공급의 변화	이유
Fed	비차입 본원통화, MB_n	↑	↑	예금창출을 위한 MB의 증가
	지준율, rr	↑	↓	승수적 예금창출의 축소
은행	차입지준, BR	↑	↑	예금창출을 위한 MB의 증가
	초과지준	↑	↓	대출과 승수적 예금창출의 축소
예금자	현금보유	↑	↓	승수적 예금창출의 축소

주 : 변수의 증가(↑)만이 표시돼 있다. 변수의 감소가 화폐공급에 미치는 효과는 화폐공급의 변화란에 표시돼 있는 화살표의 방향과 반대방향이 될 것이다.

7 통화승수

앞 절의 직관적 내용은 여러분이 화폐공급 과정이 어떻게 작동하는지를 이해하기에 충분하다. 이제 **통화승수**(money multiplier)의 개념을 사용하면서 앞 절의 모든 결과를 도출할 수 있다. m으로 표시되는 통화승수는 주어진 본원통화의 변화에 대해 화폐공급이 얼마나 많이 변화하는지를 말해준다. 화폐공급, 통화승수, 본원통화 간의 관계는 다음과 같은 식으로 나타낼 수 있다.

$$M = m \times MB \quad (2)$$

통화승수 m은 본원통화의 몇 배가 화폐공급 M으로 전환되는지를 말해준다. 통화승수는 1보다 크기 때문에 본원통화를 고성능화폐(high-powered money)라고도 부른다. 1달러의 본원통화 변화는 1달러 이상의 화폐공급 변화를 발생시킨다.

7.1 통화승수의 도출

바람직한 현금보유 수준 C와 초과지준 ER은 수표발행 예금 D에 비례해서 증가한다고 가정하자. 달리 말하면, 다음의 식들에서 중괄호가 나타내는 것처럼 수표발행 예금에 대한 현금통화의 비율과 수표발행 예금에 대한 초과지준의 비율은 균형 상태에서 상수라고 가정한다.

$$c = \{C/D\} = \text{현금통화비율}$$
$$e = \{ER/D\} = \text{초과지준비율}$$

이제 예금자가 바람직하다고 여기는 현금통화비율, 은행이 바람직하다고 여기는 초과지준비율, Fed에 의해 설정되는 지준율이 어떻게 통화승수 m에 영향을 주는지를 나타내는 공식을 도출하도록 하자. 다음 식으로부터 시작해 화폐공급 모형을 도출하자.

$$R = RR + ER$$

이 식은 은행시스템의 총지준 R은 필요지준 RR과 초과지준 ER의 합과 같다는 것을 말해준다. (초과지준이 0이라고 가정하면, 이 식은 이 장의 앞부분에서 제시된 균형조건 $RR = R$과 일치한다.)

총 필요지준은 지준율 rr과 수표발행 예금 D의 곱과 같다.

$$RR = rr \times D$$

첫 번째 식에서 RR 대신 $rr \times D$를 대입하면, 은행시스템의 지준을 수표발행 예금과 초과지준에 연결시키는 식이 구해진다.

$$R = (rr \times D) + ER$$

여기서 중요한 점은 Fed가 지준율을 1보다 적게 설정한다는 것이다. 따라서 1달러의 지준은 1달러 이상의 예금을 지원할 수 있고, 예금의 승수적 창출이 발생할 수 있다.

이것이 실제로 어떻게 작동하는지 살펴보자. 만일 초과지준이 0($ER = 0$)이고, 지준율은 10%($rr = 0.10$)며 은행시스템의 수표발행 예금은 8,000억 달러라면, 이러한 예금을 지원하기 위한 필요지준은 800억 달러(= 0.10 × 8,000억 달러)다. 800억 달러의 지준은 승수적 예금창출 때문에 800억 달러의 10배에 이르는 수표발행 예금을 지원할 수 있다.

본원통화 MB는 현금통화 C와 지준 R의 합과 같기 때문에, 본원통화를 수표발행 예금과 현금통화의 수준에 연결시키는 다음과 같은 식이 얻어진다.

$$MB = R + C = (rr \times D) + ER + C$$

이 식은 현재의 수표발행 예금, 현금통화, 초과지준을 지원하기 위해 필요한 본원통화의 양을 나타낸다.

현금통화비율 $c = \{C/D\}$와 초과지준비율 $e = \{ER/D\}$에 의해 통화승수를 나타내기 위해 마지막 식의 C를 $c \times D$로, ER을 $e \times D$로 바꾸어 다시 쓰면 다음과 같은 식이 구해진다.

$$MB = (rr \times D) + (e \times D) + (c \times D) = (rr + e + c) \times D$$

다음으로 이 식의 양변을 괄호 안에 든 항 $(rr + e + c)$로 나누면, 수표발행 예금 D와 본원통화 MB를 연결시키는 다음과 같은 식이 구해진다.

$$D = \frac{1}{rr + e + c} \times MB \tag{3}$$

현금통화와 수표발행 예금의 합으로 정의되는 화폐공급 $M1$을 사용하고($M = D + C$) C를 $c \times D$로 대체하면 다음과 같은 식이 구해진다.

$$M = D + (c \times D) = (1 + c) \times D$$

이 식에 식(3)으로 나타낸 D에 관한 식을 대입하면 다음과 같은 식이 구해진다.

$$M = \frac{1 + c}{rr + e + c} \times MB \tag{4}$$

이제 식(2)와 같은 형태의 식이 도출됐다. 식(4)에서 보는 것처럼 MB에 곱해지는 비율이 주어진 본원통화(고성능화폐)의 변화에 의해 화폐공급이 얼마나 변화하는지를 말해주는 통화승수이다. 따라서 통화승수 m은 다음과 같이 나타낼 수 있다.

$$m = \frac{1 + c}{rr + e + c} \tag{5}$$

통화승수는 예금자가 결정하는 현금통화비율 c, 은행이 결정하는 초과지준비율 e, Fed가 결정하는 지준율 rr의 함수이다.

7.2 통화승수 배후에 있는 논리

통화승수의 의미를 잘 이해하기 위해 다음과 같은 변수에 현실적인 수치를 적용해보자.

rr = 지준율 = 0.10
C = 현금통화 = 4,000억 달러
D = 수표발행 예금 = 8,000억 달러
ER = 초과지준 = 8억 달러
M = 화폐공급(M1) = $C + D$ = 1조 2,000억 달러

이들 수치를 사용하면 현금통화비율 c와 초과지준비율 e의 값을 계산할 수 있다.

$$c = \frac{\$4{,}000억}{\$8{,}000억} = 0.5$$

$$e = \frac{\$8억}{\$8{,}000억} = 0.001$$

결과적으로 계산되는 통화승수의 값은 다음과 같이 계산된다.

$$m = \frac{1 + 0.5}{0.1 + 0.001 + 0.5} = \frac{1.5}{0.601} = 2.5$$

통화승수가 2.5라는 것은 수표발행 예금에 대한 지준율이 10%이고 예금자의 행위가 $c = 0.5$로 특징지어지며 은행의 행위가 $e = 0.001$로 특징지어진다면, 1달러의 본원통화 증가는 2.5달러의 화폐공급(M1) 증가를 발생시킨다는 것을 의미한다.

통화승수의 중요한 특성은 통화승수가 이 장의 앞부분에서 제시된 단순예금승수 10보다 작다는 것이다. 이러한 결과를 이해하는 열쇠는 예금은 승수적 예금창출을 발생시키지만, 현금통화는 승수적 예금창출을 발생시키지 않는다는 것을 이해하는 것이다. 따라서 만일 고성능화폐 증가분의 일부가 현금통화로 이동하면, 이 부분은 승수적 예금창출을 발생시키지 않는다. 이 장의 앞부분에서 논의한 단순 모형에서는 이러한 가능성이 허용되지 않았기 때문에 지준의 증가가 최대의 승수적 예금창출을 발생시켰다. 그러나 통화승수 모

형에서는 c가 0보다 크기 때문에 본원통화 MB와 수표발행 예금 D가 증가할 때 현금통화의 수준도 증가한다. 앞에서 언급한 것처럼, 현금통화를 증가시키는 MB의 증가는 승수적 예금창출을 발생시키지 않고, 수표발행 예금을 지원하기 위한 MB의 증가분만이 승수적 예금창출을 발생시킨다. 통화승수 모형에서 승수적 예금창출의 크기는 단순 모형의 경우보다 더 적다. 즉 통화승수 모형에서 주어진 MB의 증가로부터 창출되는 M의 증가는 단순 모형의 경우보다 적다.[9]

7.3 통화승수 결정 요인의 변화에 따른 화폐공급의 변화

$MB = MB_n + BR$을 사용하면 식 (2)를 다음과 같이 나타낼 수 있다.

$$M = m \times (MB_n + BR) \tag{6}$$

이제 화폐공급 결정 요인들의 변화가 화폐공급에 미치는 영향을 보여주는 [요약표 1]의 모든 결과를 수치를 사용하면서 보일 수 있다.

식(6)에서 보는 것처럼 MB_n 또는 BR의 증가는 통화승수 m이 1보다 크기 때문에 승수배만큼 화폐공급을 증가시킨다. 이제 수치를 사용해 지준율의 상승은 화폐공급을 감소시킨다는 것을 보일 수 있다. 주어진 수치 예에서 다른 변수는 변화하지 않는다고 가정하면서, rr이 10%로부터 15%로 상승할 때 통화승수에 어떤 일이 발생하는지를 계산해보자. 통화승수는 다음과 같이 계산된다.

$$m = \frac{1 + 0.5}{0.15 + 0.001 + 0.5} = \frac{1.5}{0.651} = 2.3$$

통화승수는 2.5에서 2.3으로 작아진다.

이와 유사하게 주어진 수치 예에서 현금보유의 증가는 화폐공급을 감소시킨다는 것을 보일 수 있다. c가 0.5에서 0.75로 증가할 때 통화승수에 어떤 일이 발생하는지를 계산해보자. 통화승수는 다음과 같이 계산된다.

$$m = \frac{1 + 0.75}{0.1 + 0.001 + 0.75} = \frac{1.75}{0.851} = 2.06$$

---

9) 통화승수가 더 작은 다른 이유는 e가 0보다 크고 1보다 작기 때문이다. 이것은 MB와 D의 증가는 초과지준을 증가시킨다는 것을 의미한다. 이와 같이 초과지준이 증가한다는 것은 수표발행 예금을 지원하기 위해 사용되는 지준이 그렇지 않은 경우의 크기만큼 증가하지 않는다는 것을 의미한다. 따라서 수표발행 예금과 화폐공급은 더 적게 증가하고 통화승수는 더 작아진다. 그러나 e는 현재 약 0.001 정도로 매우 작기 때문에, e가 통화승수에 미치는 영향은 매우 작다. 그러나 e가 상당히 커서 통화승수의 크기를 상당히 작게 만들 때도 있다.

통화승수는 2.5에서 2.06으로 작아진다.

마지막으로 주어진 수치 예에서 초과지준의 증가는 화폐공급을 감소시킨다는 것을 보일 수 있다. e가 0.001에서 0.005로 증가할 때 통화승수에 어떤 일이 발생하는지 계산해 보자. 통화승수는 다음과 같이 계산된다.

$$m = \frac{1 + 0.5}{0.1 + 0.005 + 0.5} = \frac{1.5}{0.605} = 2.48$$

통화승수는 2.5에서 2.48로 작아진다. 초과지준비율은 5배 증가했지만 통화승수는 매우 작게 하락했다는 점을 주목하라. 최근에 e는 일반적으로 매우 작아서 e의 변화는 통화승수에 매우 작은 영향만을 주기 때문에 e의 증가가 통화승수를 매우 작게 하락시킨다. 그러나 초과지준비율이 매우 높아서 초과지준비율의 변화가 화폐공급과 통화승수에 상당한 영향을 미쳤던 시기가 있었으며 특히 다음의 두 [응용]에서 살펴보는 대공황기 동안과 최근 금융위기 동안이 이러한 시기에 해당된다.[10)]

응용 대공황기 동안(1930~1933년)의 은행 패닉과 화폐공급

화폐공급 모형은 과거에 발생했던 화폐공급의 주요한 변화를 이해하는 데 도움을 줄 수 있다. 화폐공급 모형을 이용해 미국 역사상 가장 최악의 경기침체기였던 대공황기 동안에 발생한 화폐공급의 감소를 설명해보자. 제9장에서 은행 패닉에 대해 논의했고 은행 패닉은 대공황기 동안에 그랬던 것처럼 신용시장의 정보 비대칭 문제를 심각하게 만들어 경제를 해칠 수 있다는 것을 살펴봤다. 여기서는 은행 패닉이 상당한 화폐공급의 감소를 야기할 수 있다는 점을 살펴보기로 하자. 이 책의 후반부에 있는 화폐이론에 관한 장들에서 논의하는 것처럼, 이러한 화폐공급의 감소는 경제를 심각하게 해칠 수 있다.

[그림 1]은 1929년부터 1933년까지 도산한 상업은행이 보유했던 예금 규모를 보여주면서 대공황기 동안에 발생한 은행위기를 추적하고 있다. 밀턴 프리드먼(Milton Friedman)과 안나 슈바르츠(Anna Schwartz)는 그들의 고전적 저서인 『미국의 통화역사』(*A Monetary History of the United States, 1867–1960*)에서 1930년 후반에 발생한 첫 번째 은행위기를 다음과 같이 기술하고 있다.

---

10) 여기서 논의된 모든 결과는 다음과 같이 식 (5)로부터 보다 더 일반적으로 도출될 수 있다. rr 또는 e가 증가할 때 통화승수의 분모가 증가하고 이에 따라 통화승수는 감소해야만 한다. (주어진 예에서 현실적인 수치를 사용하는 경우에서처럼) $rr + e$가 1보다 작은 한, c의 증가는 통화승수의 분자를 증가시키는 것보다 통화승수의 분모를 비례적으로 더 증가시킨다. 따라서 c의 증가는 통화승수를 감소시킨다. 현금통화비율 c에 대한 더 많은 논의를 위해서는 www.pearsonglobaleditions.com/mishkin에서 제15장의 세 번째 웹 부록을 참조하라. 식 (5)의 통화승수는 M1으로 정의되는 통화량에 적용된다는 점을 기억하라. 위의 웹사이트에서 제15장의 두 번째 웹 부록은 M2에 적용되는 통화승수가 어떻게 도출되는지를 논의한다.

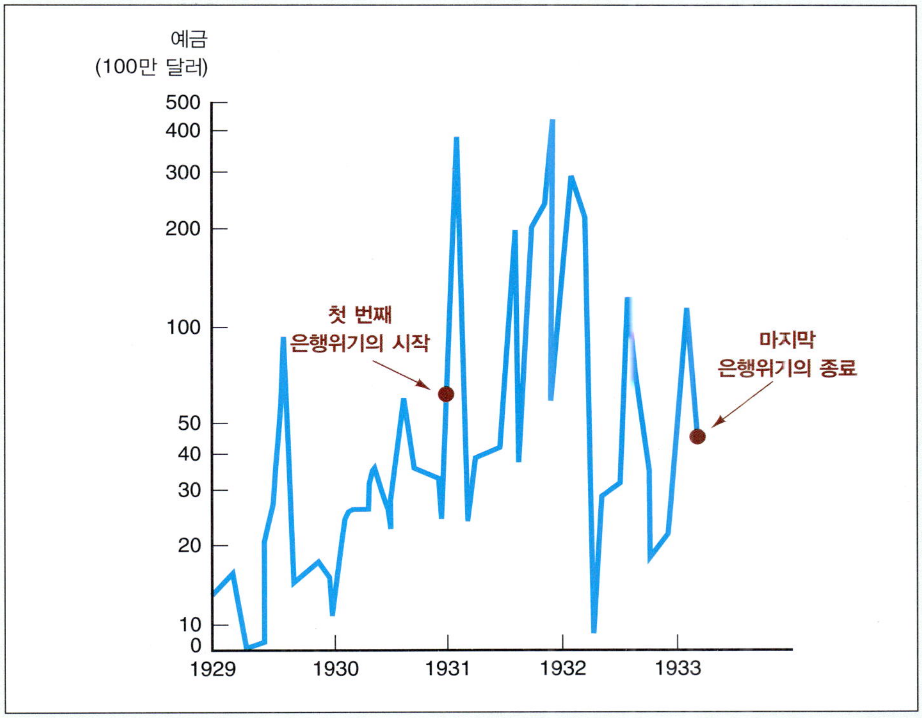

그림 1 도산한 상업은행들의 예금, 1929~1933년

1929년부터 1933년까지 도산한 상업은행의 예금 규모는 대공황기 동안에 발생했던 은행위기를 추적한다.

자료 : Milton Friedman and Anna Jacobson Schwartz, *A Monetary History of the United States, 1867–1960* (Princeton, NJ: Princeton University Press, 1963), p. 309.

1930년 10월 전에 도산한 은행들의 예금은 1929년보다 조금 많았지만 지난 10년 동안과 다른 양상을 보이지 않았다. 1930년 11월에 도산한 은행들의 예금은 1921년 월간 통계가 작성된 이후 기록된 가장 높은 수준보다 2배 이상의 규모였다. 특히 미주리, 인디애나, 일리노이, 아이오와, 아칸소, 노스캐롤라이나 주에서 연쇄적으로 발생한 은행 도산은 수표발행 예금과 정기예금을 현금통화와 간혹 우체국 저축예금으로 광범위하게 전환시켰다. 은행도산에 대한 두려움이 1920년대 은행도산으로 가장 심각한 타격을 받은 농업 지역에서 시작해 전국적으로 확산됐다. 그러나 1930년 11월 1억 8,000만 달러의 예금을 가지고 있었던 256개 은행이 도산한 데 이어, 1930년 12월 3억 7,000만 달러의 예금(모든 수치는 계절조정되지 않은 수치임)을 가지고 있었던 532개 은행이 도산했다. 특히 1930년 12월 11일 2억 달러 이상의 예금을 가지고 있었던 뱅크 오브 유나이티드 스테이츠(Bank of United States)의 도산은 가장 극적이었다. 이 은행의 도산은 특히 중요한 사건이었다. 뱅크 오브 유나이티드 스테이츠는 미국 역사상 예금 규모를 기준으로 그 당시까지 도산한 은행 중 최대의 상업은행이었다. 더욱이 이 은행은 일반적인 상업은행이었지만, 국내와 해외에서 미국을 대표하는 공식 은행 중 하나로 군림했으므로 이 은행의 도산은 덜 알려진 이름을 가진 은행의 도산보다 훨씬 더 심각하게 신뢰에 충격을 주었다.[11]

1930년 10월부터 1931년 1월까지 발생했던 첫 번째 은행 패닉은 [그림 1]에서 은행들의 예금이 증가하는 1930년 말에 분명하게 나타난다. 그 당시에는 예금보험이 없었기 때문에(연방예금보험공사(FDIC)는 1934년에 설립됐다), 은행이 도산하면 예금자는 예금의 일부만 상환받을 수 있었다. 따라서 은행이 연달아 도산하자 예금자는 예금에 상당한 손실이 있을 것이며, 예금의 기대수익률은 음(−)이 될 것임을 알았다. 자산수요이론은 첫 번째 은행위기가 시작되면서 예금자는 수표발행 예금을 은행계좌에서 현금으로 인출해 보유할 것이고 이에 따라 c가 증가할 것이라고 예측한다. 앞에서의 초과지준비율 분석에 의하면, 예금 유출이 급증하면 은행은 초과지준비율 e를 크게 증가시킴으로써 자기 자신을 보호하려 한다. 이러한 예측은 [그림 2]에서 확인할 수 있다. 첫 번째 은행 패닉(1930년 10월~1931년 1월) 기간 동안 c는 증가하기 시작했다. 더욱 놀랍게도, e는 1930년 11월부터 1931년 1월까지 2배 이상 증가했다.

화폐공급 모형은 e와 c가 증가할 때 화폐공급이 감소할 것이라고 예측한다. c의 증가는 전반적인 승수적 예금창출의 크기를 감소시키고, 이에 따라 통화승수를 보다 작게 만들어 화폐공급을 감소시킨다. 한편 e의 증가는 예금을 지원하기 위해 사용될 수 있는 지준의 양을 감소시키고 화폐공급을 감소시킨다. 따라서 화폐공급 모형은 첫 번째 은행위기 후 발생한 e와 c의 증가는 화폐공급을 감소시킬 것이라고 예측한다. 이러한 예측은 [그림 3]에서 사실로 확인된다.

은행위기는 1931년부터 1933년까지 계속해서 발생했고, 화폐공급 모형이 예측하는 양상이 지속됐다. c는 계속해서 증가했고, e도 계속해서 증가했다. 1933년 3월에 은행위기가 종료될 때까지 화폐공급(M1)은 25% 이상 감소했다. 이것은 미국 역사상 최대의 화폐공급 감소였다. 이러한 최대의 화폐공급 감소는 최악의 경기위축과 동시에 발생했다(제9장 참조). 더욱 놀라운 것은 이러한 화폐공급의 감소가 본원통화의 수준이 20% 증가했음에도 불구하고 발생했다는 사실이다. 이것은 은행 패닉 기간 동안 c와 e의 변화가 화폐공급을 결정하는 데 얼마나 중요할 수 있는지를 보여준다. 또한 이것은 Fed의 통화정책 수행이 예금자와 은행의 행위에 의해 복잡해질수 있음을 보여준다.

11) Milton Friedman and Anna Jacobson Schwartz, *A Monetary History of the United States, 1867~1960* (Princeton, NJ: Princeton University Press, 1963), pp. 308–311.

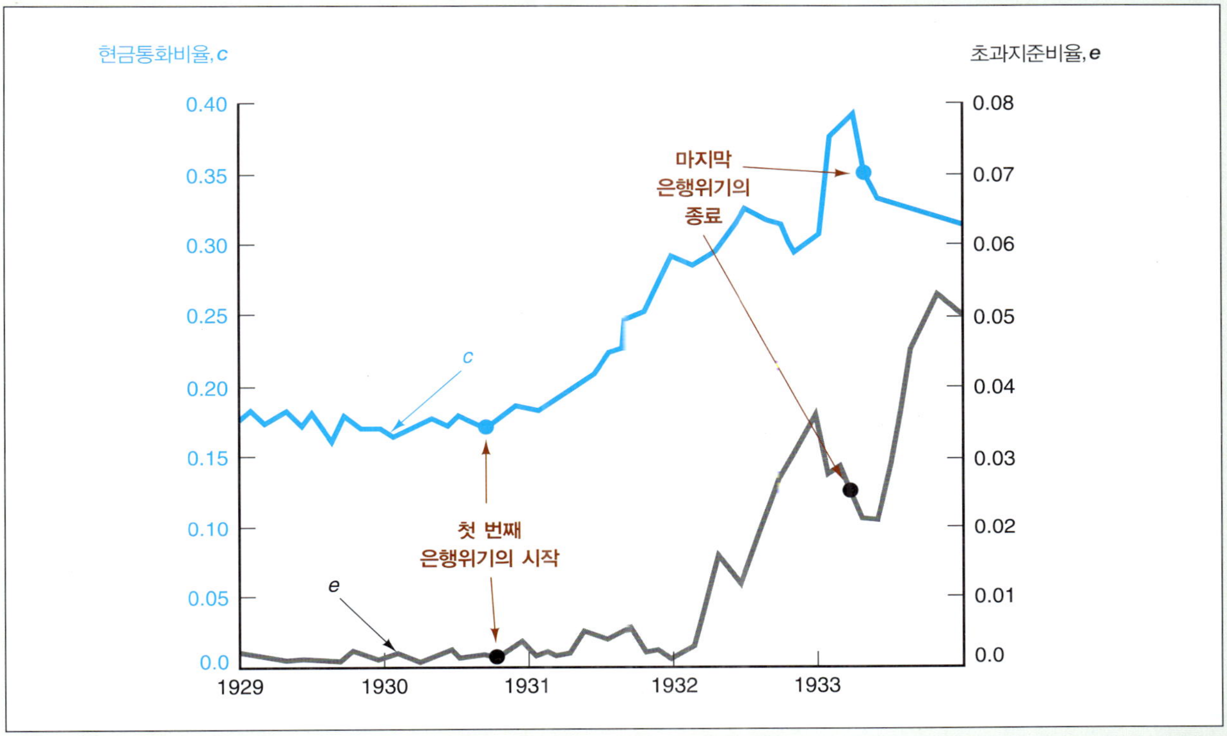

그림 2 초과지준 비율과 현금통화비율, 1929~1933년

첫 번째 은행 패닉이 발생했던 기간 동안(1930년 10월~1931년 1월) *c*는 증가하기 시작했으며 *e*는 1930년 11월부터 1931년 1월까지 2배 이상 증가했다. 그 후 지속적인 은행위기는 *c*와 *e* 모두를 계속적으로 증가시켰다.

자료 : Federal Reserve Bulletin; Milton Friedman and Anna Jacobson Schwartz, *A Monetary History of the United States, 1867-1960* (Princeton, NJ: Princeton University Press, 1963), p. 333.

응용 2007~2009년의 금융위기와 화폐공급

앞의 응용은 화폐공급과 본원통화는 항상 같은 방향으로 움직이는 것은 아님을 보여준다. 한층 더 예외적인 예가 최근의 금융위기 동안에 발생했다. [그림 4]가 보여주는 것처럼, 금융위기를 막기 위해 이루어진 Fed의 자산 매입과 새로운 대출제도 도입의 결과로 본원통화는 200% 이상 증가했던 반면 M1 화폐공급은 25%보다 적게 증가했다. 화폐공급 모형은 이러한 현상을 어떻게 설명하는가?

[그림 5]는 2007~2009년 기간 동안 현금통화비율 *c*와 초과지준비율 *e*의 변화추이를 보여준다. 이 기간 동안 현금통화비율은 약간 하락했고, 화폐공급 모형은 이것이 전반적인 예금 확장의 수준을 증가시킬 것이기 때문에 통화승수와 화폐공급을 증가시킬 것이라고 제시한

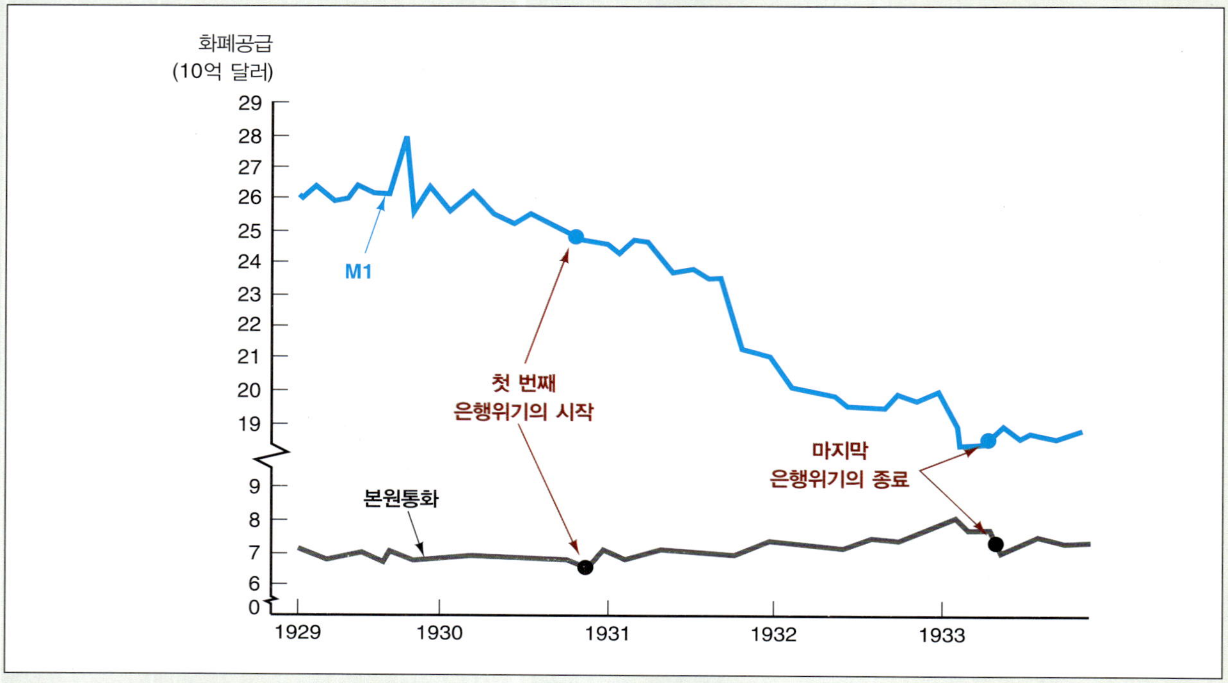

그림 3 M1과 본원통화, 1929~1933년

첫 번째 은행위기 후에 발생한 *c*와 *e*의 증가는 본원통화가 증가했음에도 불구하고 화폐공급을 감소시켰다.

자료 : Milton Friedman and Anna Jacobson Schwartz, *A Monetary History of the United States, 1867–1960* (Princeton, NJ: Princeton University Press, 1963), p. 333.

다. 그러나 *c*의 감소 효과는 이 기간 동안 500배 이상 치솟았던 초과지준비율 *e*의 예외적인 증가에 의해 완전히 상쇄됐다. *e*가 이렇게 크게 증가했던 것은 Fed가 지준에 대해 이자를 지급하기 시작했고 이러한 이자율이 은행들이 페더럴펀드 시장에서 지준을 대출하는 데 적용되는 이자율보다 높아서 은행들이 초과지준을 보유하는 것이 비용이 드는 일이 아니었기 때문에 은행들은 기꺼이 초과지준을 보유하고자 했던 데 기인한다. 화폐공급 모형이 예측하는 것처럼, 이러한 *e*의 엄청난 증가는 통화승수를 감소시킬 것이고 이에 따라 본원통화량이 크게 증가함에도 불구하고 화폐공급은 약간만 증가할 것이다.

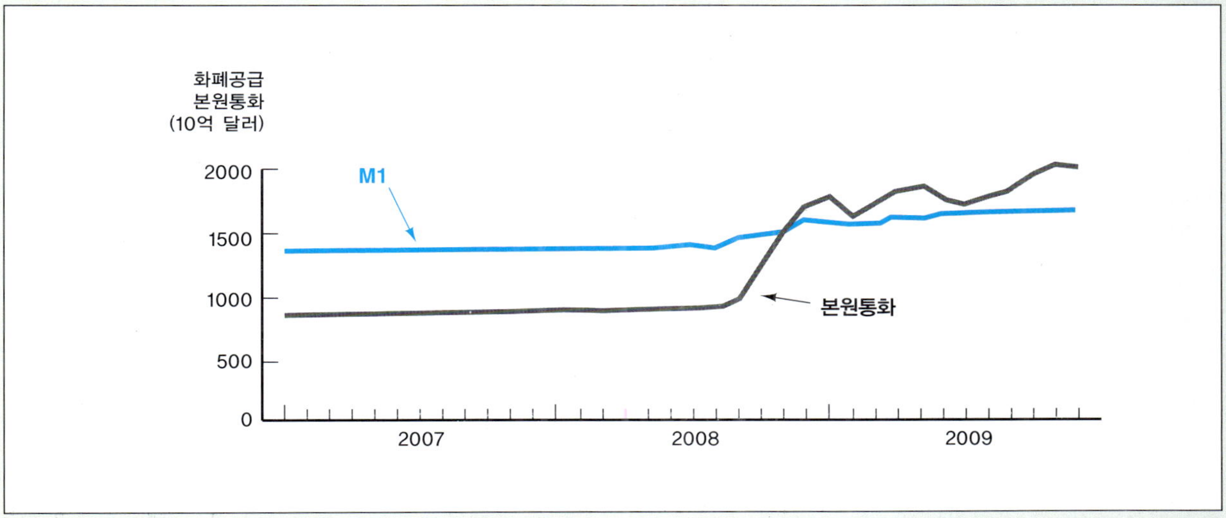

그림 4 M1과 본원통화, 2007~2009년

본원통화가 200% 이상 증가했음에도 불구하고 화폐공급은 25%보다 적게 증가했다.

자료 : Federal Reserve; www.federalreserve.gov/releases

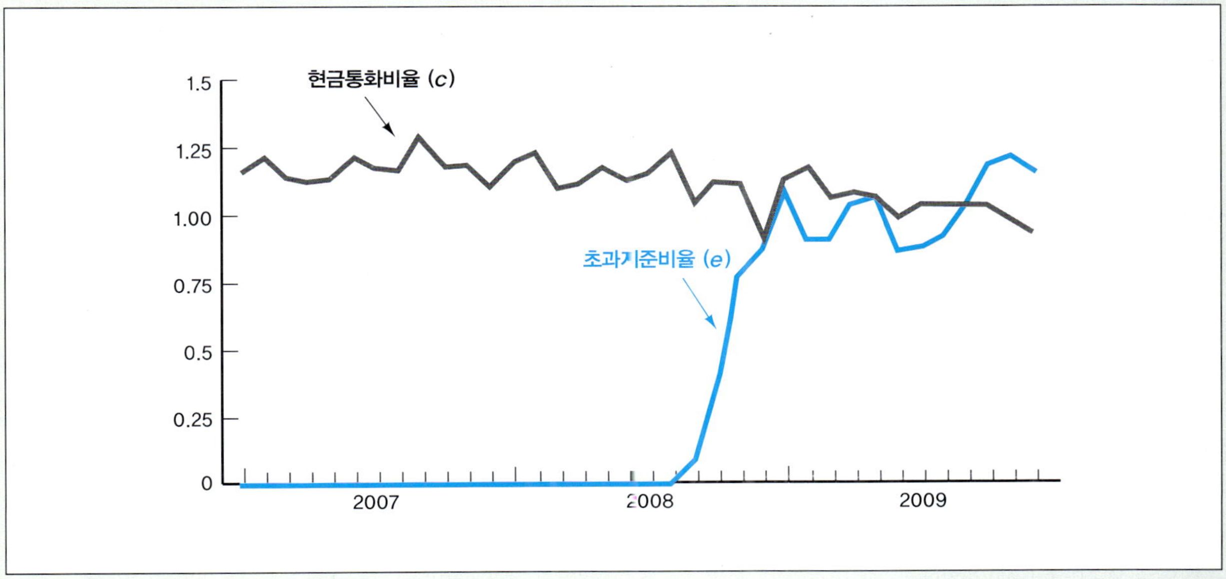

그림 5 초과지준비율과 현금통화비율, 2007~2009년

금융위기 동안 현금통화비율 *c*는 하락한 반면 초과지준비율 *e*는 500배 이상 증가했다.

자료 : Federal Reserve; www.federalreserve.gov/releases

요 약

SUMMARY

1 화폐공급 과정의 세 부류 참여자는 중앙은행, 은행(예금취급기관), 예금자이다.

2 Fed의 대차대조표에서 4개 항목이 화폐공급 과정을 이해하는 데 필수적이다. 4개 항목은 2개의 부채 항목인 본원통화를 구성하는 현금통화와 지준, 2개의 자산 항목인 증권과 금융기관에 대한 대출이다.

3 연방준비제도는 공개시장조작과 금융기관에 대한 대출을 통해 본원통화를 통제하며 지준보다는 본원통화에 더 강한 통제력을 가지고 있다. 플로트와 Fed에 예치된 미국 재무부 예금은 단기적으로 심하게 변동하여 본원통화의 통제를 복잡하게 만들지만, Fed가 정확하게 본원통화를 통제하는 것을 방해하지는 않는다.

4 개별 은행은 초과지준 금액까지 대출을 할 수 있고, 이에 따라 같은 금액만큼의 예금을 창출한다. 은행시스템은 승수적으로 예금을 창출할 수 있다. 왜냐하면 각 은행이 대출하고 예금을 창출하면서 초과지준은 다른 은행으로 이동하고 다른 은행은 이러한 초과지준을 대출을 통해 추가적으로 예금을 창출하기 위해 사용하기 때문이다. 은행들이 초과지준을 보유하지 않고 민간은 추가적인 현금을 보유하지 않는 승수적 예금창출의 단순 모형에서, 수표발행 예금의 단순예금승수는 지준율의 역수이다.

5 단순 모형은 심각한 결점을 가지고 있다. 현금보유를 증가시키고자 하는 예금자들의 의사결정이나 초과지준을 보유하고자 하는 은행들의 의사결정은 단순 모형이 제시하는 크기보다 더 적게 예금을 창출하게 만든다. 화폐공급 과정의 세 부류 참여자, 즉 중앙은행, 은행, 예금자 모두는 화폐공급을 결정하는 데 중요한 역할을 한다.

6 화폐공급은 공개시장조작에 의해 결정되는 비차입 본원통화 MB_n과 중앙은행(Fed)으로부터 받는 차입지준(Fed의 대출) BR의 수준과 양의 관계를 가진다. 화폐공급은 지준율 rr, 현금통화 보유, 초과지준과 음의 관계를 가진다. 화폐공급 모형은 화폐공급 과정에서 세 부류 참여자 모두의 행위, 즉 공개시장조작과 지준율의 설정을 통한 중앙은행(Fed)의 행위, 중앙은행(Fed)으로부터의 차입과 초과지준 보유에 관한 의사결정을 하는 은행의 행위, 현금통화 보유에 관한 의사결정을 하는 예금자의 행위를 고려한다.

7 본원통화는 통화승수를 매개로 화폐공급과 연계돼 있다. 통화승수는 본원통화의 변화에 의해 화폐공급이 얼마나 변화하는지를 말해준다.

주요 용어

KEY TERMS

고성능화폐(high-powered money)
공개시장매도(open market sale)
공개시장매입(open market purchase)
공개시장조작(open market operations)
단순예금승수(simple deposit multiplier)
본원통화(monetary base)
비차입 본원통화(nonborrowed monetary base)
승수적 예금창출(multiple deposit creation)
재할인율(discount rate)
지준(reserves)
지준율(required reserve ratio)
차입지준(borrowed reserves)
초과지준(excess reserves)
통화승수(money multiplier)
플로트(float)
필요지준(required reserves)

연습문제 QUESTIONS

다른 언급이 없으면 다음의 가정이 모든 문제에 적용된다. 수표발행 예금에 대한 지준율은 10%이고, 은행은 초과지준을 보유하지 않으며, 민간의 현금보유액은 변화하지 않는다.

1 아래에 제시된 각 거래가 화폐공급 과정의 각 참여자, 즉 Fed, 은행, 예금자의 자산 항목인지, 부채 항목인지, 아니면 어느 항목에도 해당되지 않는지를 분류하라.
   a. 여러분이 자동차를 사기 위해 은행으로부터 1만 달러의 대출을 받는다.
   b. 여러분이 지역은행의 당좌 계좌에 400달러를 예금한다.
   c. Fed가 은행에 100만 달러의 긴급 대출을 한다.
   d. 한 은행이 다른 은행으로부터 50만 달러의 1일물 대출을 받는다.
   e. 여러분이 레스토랑에서 100달러의 식사비용을 지불하기 위해 데빗 카드(debit card)를 사용한다.

2 퍼스트 내셔널 뱅크는 추가적으로 100달러의 지준을 받았으나 이것을 대출하지 않기로 결정했다. 은행시스템 전체에 얼마만큼의 예금창출이 발생하는가?

3 Fed가 퍼스트 내셔널 뱅크로부터 100만 달러의 채권을 매입한다고 하자. 만일 퍼스트 내셔널 뱅크와 모든 다른 은행이 증가된 지준을 대출하는 데 사용하지 않고 증권을 매입하기 위해서만 사용한다면, 수표발행 예금에 어떤 일이 발생하는가?

4 만일 한 예금자가 자신의 수표발행 예금 계좌에서 1,000달러의 현금을 인출하면 은행의 지준과 수표발행 예금에 어떤 일이 발생하는가?

5 만일 한 은행이 부채로 가지고 있는 1,000만 달러의 대출을 상환하기 위해 Fed에게 1,000만 달러의 채권을 매도하면 수표발행 예금의 수준에는 어떤 일이 발생하는가?

6 만일 여러분이 통상적인 경우보다 현금을 100달러 적게 보유하기로 결정하고 현금 100달러를 은행에 예금하기로 한다면, 나머지 민간이 현금통화 보유액을 일정하게 유지할 경우 이것이 은행시스템의 수표발행 예금에 어떤 영향을 미치는가?

7 "Fed는 은행시스템의 지준을 완벽하게 통제할 수 있다." 이 진술은 참인가, 거짓인가, 또는 불확실한가? 설명하라.

8 "Fed는 본원통화를 완벽하게 통제할 수 있으나 본원통화의 구성에 대해서는 보다 약한 통제력을 가지고 있다." 이 진술은 참인가, 거짓인가, 또는 불확실한가? 설명하라.

9 Fed는 민간으로부터 1억 달러의 채권을 매입하고 지준율도 인하한다. 화폐공급에 어떤 일이 발생하는가?

10 다음의 각각이 화폐공급에 어떻게 영향을 미칠 수 있는지 설명하라. (a) 중앙은행, (b) 은행, (c) 예금자.

11 "통화승수는 반드시 1보다 크다." 이 진술은 참인가, 거짓인가, 또는 불확실한가? 설명하라.

12 금융패닉은 통화승수와 화폐공급에 어떤 영향을 미칠 수 있는가? 그 이유는 무엇인가?

13 1930~1933년의 대공황기 동안 현금통화비율 c와 초과지준 비율 e 모두 극적으로 증가했다. 이러한 요인이 통화승수에 어떤 영향을 미쳤는가?

14 2008년 10월에 Fed는 은행들이 보유하는 초과지준에 대해 이자를 지불하기 시작했다. 이것은 통화승수와 화폐공급에 어떻게 영향을 미칠 수 있는가?

15 1930~1933년 기간 동안과 2008~2010년의 최근 금융위기 동안에 통화승수는 크게 하락했다. 그러나 M1 화폐공급은 대공황기 동안 25% 감소했으나 최근 금융위기 동안 20% 이상 증가했다. 이러한 결과의 차이는 어떻게 설명할 수 있는가?

응용문제 APPLIED PROBLEMS

다른 언급이 없으면, 다음의 가정이 모든 문제에 적용된다. 수표발행 예금에 대한 지준율은 10%이고, 은행은 초과지준을 보유하지 않으며, 민간의 현금통화 보유액은 변화하지 않는다.

16 만일 Fed가 200만 달러의 채권을 퍼스트 내셔널 뱅크에게 매도하면 지준과 본원통화에 어떤 일이 발생하는가? T-계정을 사용해 답하라.

17 만일 Fed가 200만 달러의 채권을 어빙 더 인베스터에게 매도하고 어빙 더 인베스터가 매입한 채권에 대해 현금으로 지불하면, 지준과 본원통화에 어떤 일이 발생하는가? T-계정을 사용해 답하라.

18 만일 Fed가 5개 은행에 추가로 총 1억 달러를 대출했으나 예금자들이 5,000만 달러를 인출해 현금으로 보유하면 지준과 본원통화에 어떤 일이 발생하는가? T-계정을 사용해 답하라.

19 Fed가 퍼스트 내셔널 뱅크에게 추가적으로 100만 달러를 대출할 때 은행시스템의 수표발행 예금에 어떤 일이 발생하는지 T-계정을 사용해 설명하라.

20 Fed가 200만 달러의 채권을 퍼스트 내셔널 뱅크에게 매도할 때 은행시스템의 수표발행 예금에 어떤 일이 발생하는지 T-계정을 사용해 설명하라.

21 만일 Fed가 퍼스트 내셔널 뱅크로부터 100만 달러의 채권을 매입하고 추가로 예금의 10%가 초과지준으로 보유되면, 수표발행 예금의 총 증가는 얼마인가? (힌트 : T-계정을 사용해 승수적 창출 과정의 각 단계에서 어떤 일이 발생하는지 살펴보라.)

22 만일 은행시스템의 지준이 Fed의 금융기관에 대한 대출 결과로 10억 달러 증가하고 수표발행 예금이 90억 달러 증가하면, 은행시스템은 왜 균형 상태가 아닌가? 은행시스템의 균형이 달성될 때까지 은행시스템에 어떤 일이 발생하는가? 균형 상태에 있는 은행시스템에 대한 T-계정을 나타내라.

23 만일 Fed가 500만 달러의 채권을 은행들에게 매도하여 지준을 감소시키면, 은행시스템이 균형 상태에 있을 때 은행시스템의 T-계정은 어떤 모습인가? 수표발행 예금의 수준에는 어떤 일이 발생하는가?

24 만일 Fed가 100만 달러의 채권을 은행들에게 매도하고 은행들은 100만 달러만큼 Fed로부터의 차입을 감소시킨다면 화폐공급에 어떤 일이 발생하는지 예측하라.

25 현금통화가 6,000억 달러이고 수표발행 예금이 9,000억 달러이며 초과지준이 150억 달러라고 하자.

a. 화폐공급, 현금통화비율, 초과지준비율, 통화승수를 계산하라.

b. 중앙은행이 경제의 급속한 위축에 대응해 예외적으로 큰 규모인 은행들이 보유하고 있는 1조 4,000억 달러 규모의 채권을 공개시장매입 한다고 하자. a에서 계산한 비율들을 가정하면서, 이것이 화폐공급에 미치는 영향을 예측하라.

c. 중앙은행이 b와 같은 공개시장매입을 수행하지만 은행들은 채권 매도에 따라 받는 원금 모두를 대출하기보다는 금융위기의 두려움 때문에 초과지준으로 보유한다고 하자. 현금통화와 예금이 그대로 유지된다고 가정하면 초과지준, 초과지준비율, 화폐공급, 통화승수에 어떤 일이 발생하는가?

d. 2008년 금융위기가 발생한 후 Fed는 엄청난 유동성을 은행시스템에 주입하기 시작했고 동시에 대출은 거의 이루어지지 않았다. 그 결과로 M1 통화승수는 2008년 10월부터 2011년까지의 대부분 기간 동안 1보다 낮았다. 이것이 c에 대한 여러분의 답과 어떻게 연결돼 있는가?

웹 연습문제 WEB EXERCISES

1 www.federalreserve.gov/boarddocs/hh/에 들어가서 가장 최근 연방준비제도의 연차보고서를 찾아라. 통화정책과 경제 전망을 요약한 연차보고서의 제1절을 읽고 1페이지 분량으로 요약하라.

2 www.federalreserve.gov/release/h6/hist/에 들어가서 M1과 M2의 과거 통계를 찾아라. 과거 3년의 연도별 M1과 M2의 증가율을 계산하라. (여러분이 제1장에서 살펴본 것처럼 데이터를 엑셀로 이동시키면 증가율을 계산하는 것이 보다 더 쉬울 것이다.) Fed가 화폐공급의 증가율을 증가시키고 있는가 아니면 감소시키고 있는가? 이와 같이 Fed가 화폐공급의 증가율을 변화시킨 조치는 여러분이 필요하다고 생각하는 조치와 일치하는가? 그 이유는 무엇인가?

3 화폐공급의 중요한 요소 중 하나는 지준 잔고이다. www.federalreserve.gov/Releases/h41/에 들어가서 최근의 발표 자료를 찾아라. 이 사이트는 예금취급기관 지준 잔고에 영향을 미치는 요인들의 변화에 관한 정보를 제공한다.

a. 현재의 지준 잔고는 얼마인가?

b. 1년 전과 비교해 지준 잔고는 얼마나 변화했는가?

c. a와 b에 기초하면, 화폐공급은 증가해야 하는가 아니면 감소해야 하는가?

참고 웹사이트 WEB REFERENCES

www.federalreserve.gov/boarddocs/rptcongress/annual04/default.htm

가장 최근 Fed의 재무제표를 살펴보라.

www.richmondfed.org/about_us/visit_us/tours/money_museum/index.cfm?WT.si_n=Search&WT.si_x=3

리치먼드 연준은행(Federal Reserve Bank of Richmond)의 화폐박물관 가상 관람

www.federalreserve.gov/Releases/h3/

Fed의 웹사이트는 지준과 본원통화의 데이터를 제공한다. 이 사이트는 또한 Fed로부터의 차입 규모도 제공한다.

www.federalreserve.gov/Releases/h6/

이 사이트는 M1과 M2의 현재 및 과거 수준과 화폐공급에 관한 기타 데이터를 제공한다.

웹 부록 WEB APPENDICES

웹사이트 www.pearsonglobaleditions.com/mishkin에 들어가서 제15장의 웹 부록, Appendix 1: The Fed's Balance Sheet and the Monetary Base, Appendix 2: The M2 Money Multiplier, Appendix 3: Explaining the Behavior of the Currency Ratio를 읽어라.

16 통화정책의 수단

PREVIEW

이 장에서는 연방준비제도가 화폐공급과 이자율을 통제하기 위해 사용하는 통화정책의 수단들을 살펴본다. Fed는 이러한 정책수단들을 사용해 이자율과 경제활동에 중요한 영향을 미치기 때문에, Fed가 이러한 수단을 어떻게 사용하는지와 각 수단이 상대적으로 얼마나 유용한지를 이해하는 것이 중요하다.

최근에 Fed는 통화정책의 1차적 수단으로 *페더럴펀드 이자율*(federal funds rate, 한 은행이 다른 은행에게 제공하는 지준의 1일 대출(overnight loan)에 부과되는 이자율)에 점점 더 초점을 맞추고 있다. 1994년 2월부터 Fed는 연방공개시장위원회(FOMC) 회의에서 결정되는 페더럴펀드 이자율 목표를 공표하고 있다. 이러한 공표는 경제 전체의 이자율들에 영향을 미치기 때문에 시장 참여자는 이러한 공표를 면밀하게 주시한다. 따라서 Fed의 통화정책수단이 통화정책의 수행 과정에서 어떻게 사용되는지를 충분히 이해하기 위해서는 통화정책수단이 화폐공급에 미치는 효과뿐만 아니라 페더럴펀드 이자율에 미치는 직접적인 효과와 통화정책수단들이 페더럴펀드 이자율을 페더럴펀드 이자율 목표에 가깝게 하기 위해서 어떻게 사용될 수 있는지도 이해해야 한다. 그러므로 이 장에서는 먼저 통화정책의 4가지 수단, 즉 공개시장조작, 재할인 대출정책, 지준의무, 지준에 대한 이자 지급에 관한 Fed의 결정이 어떻게 페더럴펀드 이자율을 결정하는지 설명하기 위해서 지준시장의 수요와 공급을 분석한다. 그다음에 이러한 정책수단이 실제로 어떻게 사용되는지와 이러한 정책수단의 상대적 장점을 이해하기 위해서 각 정책수단을 보다 더 상세하게 살펴본다. 이어서 예외적인 상황이기 때문에 최근 금융위기 동안 Fed가 사용했던 통화정책의 비전통적 수단을 살펴본다. 마지막으로 연방준비제도 이외의 다른 중앙은행이 사용하는 통화정책수단에 대한 논의가 이루어진다.

1 지준시장과 페더럴펀드 이자율

제15장에서 공개시장조작(비차입지준의 변화)과 Fed의 대출(차입지준의 변화)이 Fed의 대차대조표와 지준의 양에 어떻게 영향을 미치는지 살펴봤다. 지준시장은 페더럴펀드

이자율이 결정되는 곳이다. 이것이 통화정책의 수단들이 어떻게 페더럴펀드 이자율에 영향을 미치는지를 분석하기 위해 지준 수요와 공급을 살펴보는 이유이다.

1.1 지준의 수요와 공급

제5장에서 배운 채권시장의 분석과 유사한 방법으로 지준시장을 분석하도록 하자. 먼저 지준에 대한 수요곡선과 공급곡선을 도출한다. 이어서 지준수요와 지준공급이 일치하는 시장 균형에서 지준 대출에 부과되는 이자율인 페더럴펀드 이자율을 결정한다.

수요곡선 지준에 대한 수요곡선을 도출하기 위해, 다른 조건이 일정할 때 페더럴펀드 이자율이 변화함에 따라 지준에 대한 은행들의 수요에 어떤 일이 발생하는지를 살펴볼 필요가 있다. 제15장에서 살펴본 것처럼 지준은 (1) 지준 대상 예금의 양과 지준율을 곱해 계산되는 필요지준과 (2) 은행들이 추가적으로 보유하고자 하는 지준인 초과지준으로 구분된다. 따라서 지준에 대한 은행들의 수요는 필요지준과 초과지준에 대한 수요의 합이다. 초과지준은 예금 유출에 대한 일종의 보험이다. 초과지준의 보유비용은 지준의 기회비용인 초과지준을 대출해 벌 수 있는 이자율에서 은행들이 보유하는 초과지준에 지급되는이자율 i_{or}을 뺀 것과 같다. 2008년 이전에 연방준비제도는 지준에 대해 이자를 지급하지 않았으나 2008년 가을 이후 지준에 대해 페더럴펀드 이자율 목표보다 일정한 크기만큼 낮은 수준에서 설정되고 페더럴펀드 이자율 목표가 변화함에 따라 변화하는 이자율로 이자를 지급하고 있다([Fed 심층분석] '연방준비제도는 왜 지준에 대해 이자를 지급할 필요가 있는가?' 참조). 페더럴펀드 이자율이 초과지준에 지급되는 이자율 i_{or}보다 높을 때, 페더럴펀드 이자율이 감소함에 따라 초과지준의 보유비용도 감소한다. 이 경우 필요지준을 포함해 다른 모든 조건이 일정하다면 지준에 대한 수요는 증가한다. 따라서 페더럴펀드 이자율이 i_{or}보다 높을 때, [그림 1]에서 보는 것처럼 지준에 대한 수요곡선 R^d는 우하향한다. 그러나 만일 페더럴펀드 이자율이 초과지준에 지급되는 이자율 i_{or}보다 낮아지면 은행들은 1일물 지준시장에서 대출하지 않을 것이다. 그 대신 은행들은 초과지준의 보유를 무제한으로 증가시킬 것이다. 이 경우 [그림 1]에서 보는 것처럼 지준에 대한 수요곡선 R^d는 i_{or}에서 수평선이 된다(무한 탄력적이 된다).

공급곡선 지준의 공급 R^s는 Fed의 공개시장조작에 의해 공급되는 지준인 비차입지준(*NBR*)과 Fed로부터 차입되는 지준인 차입지준(*BR*)으로 구분될 수 있다. Fed로부터 차입하는 데 드는 비용은 Fed가 이러한 대출에 부과하는 이자율인 재할인율(i_d)이다. 재할인율은 페더럴펀드 이자율 목표보다 높은 수준에서 설정되고 페더럴펀드 이자율 목표가 변화할 때 변화한다. 다른 은행으로부터 지준을 차입하는 것은 Fed로부터 차입하는 것(재

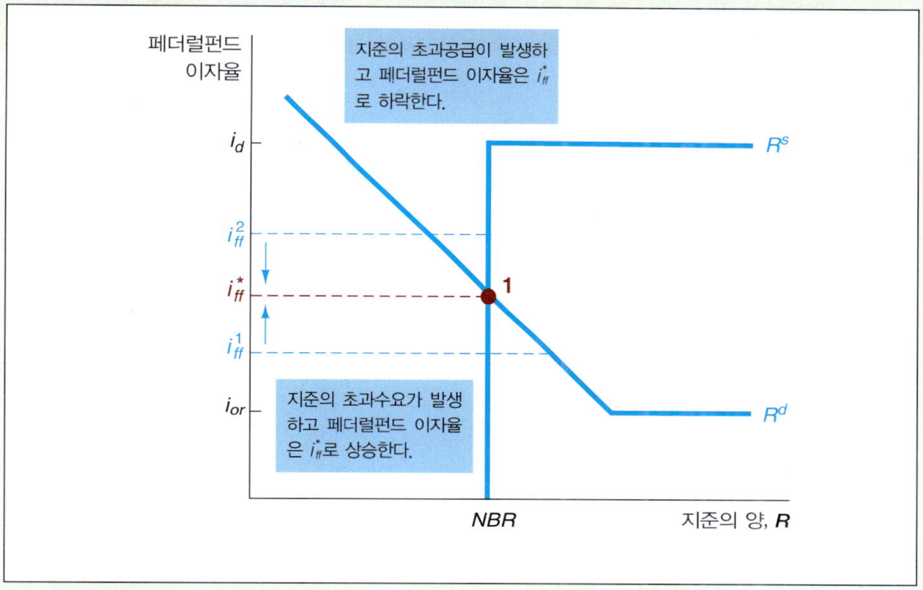

그림 1 지준시장의 균형

지준공급곡선 R^s와 지준수요곡선 R^d가 교차하는 점1에서 균형이 이루어지며 이때 균형 페더럴펀드 이자율은 i^*_{ff}이다.

할인 대출을 받는 것)에 대한 대체재이다. 만일 페더럴펀드 이자율 i_{ff}가 재할인율 i_d보다 낮으면, 페더럴펀드 시장에서 차입하는 것이 더 싸기 때문에 은행들은 Fed로부터 차입하지 않을 것이고 차입지준은 0이 될 것이다. i_{ff}가 i_d보다 낮은 한 지준의 공급은 Fed에 의해 공급되는 비차입지준(*NBR*)과 일치하고, 이에 따라 지준공급곡선 R^s는 [그림 1]에서 보는 것처럼 *NBR*에서 수직선이 된다. 그러나 페더럴펀드 이자율이 재할인 대출 이자율 이상으로 상승하면, 은행들은 i_d에서 계속 더 많은 차입을 해 페더럴펀드 시장에서 더 높은 페더럴펀드 이자율 i_{ff}로 대출하기를 원할 것이다. 그 결과 지준공급곡선은 [그림 1]에서와 같이 i_d에서 수평선이 된다(무한 탄력적이 된다).

시장균형 시장균형은 지준의 수요와 지준의 공급이 일치하는 점에서, 즉 $R^s = R^d$에서 이루어진다. 따라서 시장균형은 지준수요곡선 R^d와 지준공급곡선 R^s의 교차점인 점1에서 이루어진다. 이러한 시장균형에서 균형 페더럴펀드 이자율은 i^*_{ff}이다. 페더럴펀드 이자율이 균형 페더럴펀드 이자율보다 높은 i^2_{ff}일 때 지준의 공급이 지준의 수요보다 많고(초과공급), 이에 따라 페더럴펀드 이자율은 아래 방향의 화살표로 표시한 것처럼 i^*_{ff}로 하락한

Fed 심층분석 연방준비제도는 왜 지준에 대해 이자를 지급할 필요가 있는가?

수년 동안, 연방준비제도는 미국 의회에게 지준에 대해 이자를 지급할 수 있도록 허용하는 법을 통과시켜줄 것을 요청했다. 2006년에 연방준비제도가 지준에 대해 이자를 지급할 수 있도록 허용하는 법이 통과됐다. 이 법은 당초에 2011년에 발효될 예정이었으나 글로벌 금융위기 때문에 2008년 10월로 앞당겨 발효됐다. 지준에 대해 이자를 지급하는 것이 연방준비제도에게 왜 그렇게 중요한가?

지준에 대한 이자 지급을 찬성하는 첫 번째 주장은 지준에 대해 이자를 지급하는 것이 예금에 부과되는 유효 세금을 감소시키고 이에 따라 경제의 효율성을 증가시킨다는 것이다. 제13장에서 지적한 것처럼, 은행이 지준을 보유하는 데 따른 기회비용은 은행이 지준을 대출해 벌 수 있는 이자율에서 은행이 Fed로부터 받는 이자율을 뺀 것과 같다. 지준에 대한 이자 지급이 없었을 때, 지준 보유의 기회비용은 매우 높았고 이에 따라 은행들은 이러한 높은 기회비용을 낮추기 위해 예외적인 조치들을 취했다(예를 들어, 은행들은 필요지준잔고를 감소시키기 위해 매일 저녁에 예금을 일소해 환매조건부채권을 매입했다). 지준에 대한 이자율이 페더럴펀드 이자율에 가깝게 설정되면, 지준 보유의 기회비용은 극적으로 낮아지고 은행들이 지준 보유의 기회비용 지불을 피하기 위해 불필요한 거래를 해야 하는 필요성을 크게 감소시킨다.

지준에 대한 이자 지급을 찬성하는 두 번째 주장은 지준에 대한 이자 지급은 통화정책의 실행을 개선시키는 데 도움을 준다는 것이다. 제15장에서 배운 것처럼, 초과지준의 양은 지준 보유의 기회비용의 변화에 따라 변동한다. 지준에 대한 이자율을 페더럴펀드 이자율 목표보다 일정한 크기만큼 낮게 설정하면, 지준 보유의 기회비용은 더 이상 크게 변동하지 않는다. 그 결과 이자율이 변화할 때 초과지준의 변동은 감소될 수 있다. 이에 따라 제15장에서 살펴 본 것처럼, 화폐공급이 덜 변동하고 화폐공급에 대한 통제가 보다 더 잘 이루어질 수 있다. 이에 더해, 이 장에서 살펴본 지준시장에 대한 수요와 공급 분석이 보여주는 것처럼, 지준에 대한 이자 지급은 페더럴펀드 이자율의 하한선을 만들어주고 페더럴펀드 이자율이 목표 페더럴펀드 이자율 목표 수준 주위에서 변동하도록 제한해준다.

지준에 대한 이자 지급을 찬성하는 세 번째 주장은 특히 2007~2009년의 글로벌 금융위기와 관련된 것이다. 아래에서 논의하는 것처럼, 이 기간 동안 연방준비제도는 금융위기로부터 발생되는 손실을 제한하기 위해 자신의 대출 제도들을 사용하면서 금융시스템의 특정 부문에 유동성을 공급할 필요가 있었다. 제15장에서 이루어진 Fed의 대차대조표에 대한 논의가 보여주는 것처럼, Fed가 자신의 대출 제도들을 통해 유동성을 공급할 때 본원통화와 지준의 양은 증가하고 이것은 화폐공급을 증가시키며 이 장에서 이루어진 지준시장에 대한 수요와 공급 분석이 보여주는 것처럼 페더럴펀드 이자율을 하락시킨다. 이러한 일이 발생하는 것을 막기 위해서, Fed는 자신의 대출을 불태화(sterilization)시키고 화폐공급과 페더럴펀드 이자율을 이전 수준에서 유지시키기 위해 상쇄적인 공개시장매도를 수행할 수 있다. 이러한 정책은 Fed의 대차대조표에 있는 증권의 보유량을 감소시킨다. 만일 Fed가 자신이 보유하고 있는 증권을 소진시키게 되면, Fed는 더 이상 자신의 대출에 의해 창출되는 유동성을 불태화시킬 수 없을 것이다. 달리 말하면, Fed는 통화정책을 변화시키지 않고 유동성이 필요한 금융시스템의 특정 부문들에게 유동성을 공급하기 위해 자신의 대차대조표상에 보유하고 있는 능력을 모두 사용해버리게 될 것이다. 이러한 문제는 Fed의 대규모 대출시행이 Fed의 증권보유를 급격하게 감소시켜서 Fed가 추가적으로 대출시행을 할 수 없을 것이라는 우려를 제기했던 글로벌 금융위기 동안에 매우 심각했다.

Fed가 지준에 대해 이자를 지급할 수 있는 능력을 가지는 것은 이러한 대차대조표상에서 보유하고 있는 능력과 관련된 문제를 해결하는 데 도움을 줄 수 있다. 지준에 대해 이자가 지급되면, Fed는 자신이 원하는 만큼 대출신용을 확대할 수 있고 지준시장에 대한 수요와 공급 분석이 보여주는 것처럼, 페더럴펀드 이자율은 지준에 지급되는 이자율 아래로 하락하지 않을 것이다. 만일 지준에 지급되는 이자율이 페더럴펀드 이자율 목표에 가깝게 설정되면, Fed의 대출 확대가 페더럴펀드 이자율을 페더럴펀드 이자율 목표 아래로 크게 끌어내리지 않을 것이다. 따라서 Fed는 자신의 통화정책 수단인 페더럴펀드 이자율에 영향을 크게 주지 않고 자신이 원하는 모든 대출을 수행할 수 있다.* 글로벌 금융위기 동안 Fed가 대출신용을 대규모로 확대한 것을 감안하면, 버냉키 연준의장이 미국 의회에 Fed가 지준에 대한 이자를 지급할 수 있는 시점을 앞당길 것을 요청했던 것은 놀라운 일이 아니다. 이러한 요청은 2008년 10월에 통과된 비상경제안정화법(Emergency Economic Stabilization Act)에서 승인됐다.

* 지준에 이자가 지급되면, Fed의 대출확대는 또한 화폐공급의 증가를 발생시키지 않는다. 지준시장에 대한 수요와 공급 분석은 페더럴펀드 이자율이 지준에 지급되는 이자율에 의해 설정된 하한선에 이르면, Fed의 대출증가에 의해 공급되는 지준의 증가가 초과지준을 계속적으로 증가시킨다는 것을 보여준다. 그러나 제15장에서 살펴본 것처럼, 지준의 증가는 화폐공급의 증가를 발생시키지 않을 것이다. 지준의 증가가 초과지준의 증가로 이루어지면, 승수적 예금창출이 발생하지 않고 이에 따라 화폐공급의 증가가 발생하지 않는다.

다. 다른 한편, 페더럴펀드 이자율이 균형 페더럴펀드 이자율보다 낮은 i_{ff}^1일 때, 지준의 수요가 지준의 공급보다 많고(초과수요), 이에 따라 페더럴펀드 이자율은 위 방향의 화살표로 표시한 것처럼 i_{ff}^*로 상승한다(현재 Fed가 재할인율을 페더럴펀드 이자율 목표보다 상당히 높게 유지하고 있기 때문에 [그림 1]에서 i_d가 i_{ff}^*보다 높게 그려진 것에 주목하라).

1.2 통화정책수단의 변화가 페더럴펀드 이자율에 미치는 영향

이제 페더럴펀드 이자율이 어떻게 결정되는지를 이해했으므로, 통화정책의 4가지 수단, 즉 공개시장조작, 재할인 대출 정책, 지준의무, 지준에 대한 이자지급의 변화가 지준시장과 균형 페더럴펀드 이자율에 어떤 영향을 미치는지 살펴보자.

공개시장조작 공개시장조작이 균형 페더럴펀드 이자율에 미치는 영향은 지준공급곡선이 처음에 지준수요곡선의 우하향하는 부분에서 교차하느냐 수평선 부분에서 교차하느냐에 따라 달라진다. [그림 2]의 패널 (a)는 지준공급곡선이 처음에 지준수요곡선의 우하향하는 부분에서 교차한다면 어떤 일이 발생하는지를 보여준다. 공개시장매입은 지준공급을 증가시킨다는 것을 이미 살펴보았다. 주어진 페더럴펀드 이자율에서 공개시장매입으로 비차입지준의 양은 NBR_1에서 NBR_2로 증가한다. 따라서 공개시장매입은 지준공급곡선을 R_1^s에서 R_2^s로 오른쪽으로 이동시키고 균형점을 점1에서 점2로 이동시킴으로써 페더럴펀드 이자율을 i_{ff}^1에서 i_{ff}^2로 하락시킨다.[1] 동일한 논리를 적용하면, 공개시장매도는 비차입지준공급량을 감소시키고 지준공급곡선을 왼쪽으로 이동시키며 페더럴펀드 이자율을 상승시킨다. Fed는 통상적으로 페더럴펀드 이자율 목표를 지준에 지급하는 이자율보다 높게 유지시키기 때문에 이것이 전형적인 상황이다. 따라서 다음과 같은 결론을 내릴 수 있다. 공개시장매입은 페더럴펀드 이자율을 하락시키는 반면, 공개시장매도는 페더럴펀

1) 제5장에서 제시된 유동성선호 모형과 제15장에서 제시된 화폐공급 모형을 활용하면 동일한 결론이 도출된다. 공개시장매입은 지준과 화폐공급을 증가시키고, 유동성선호 모형은 그 결과로부터 이자율이 하락한다는 것을 보여준다.

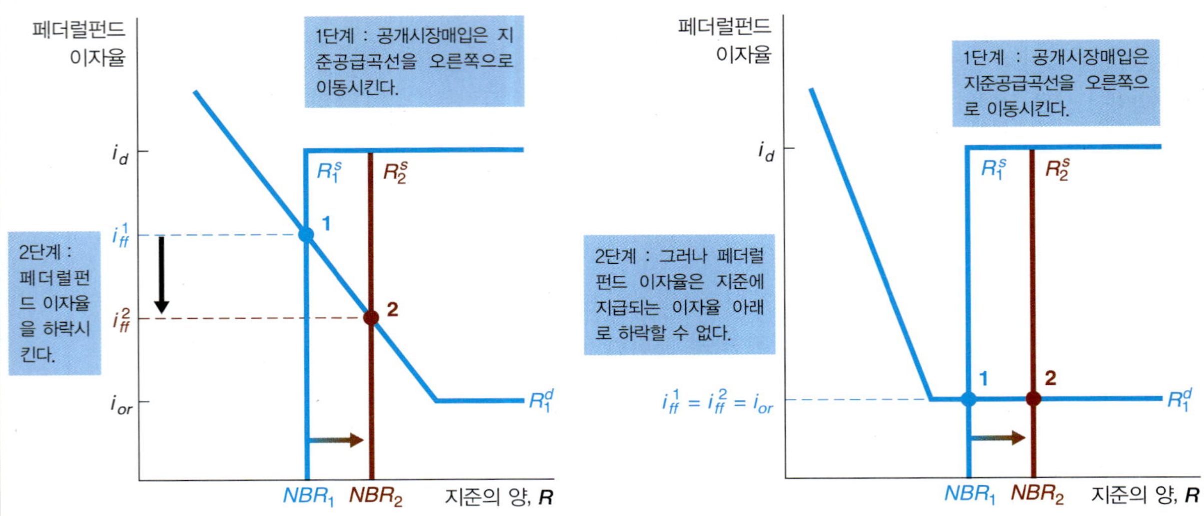

(a) 지준공급곡선은 처음에 지준수요 곡선의 우하향 부분에서 교차한다.

(b) 지준공급곡선은 처음에 지준수요 곡선의 수평선 부분에서 교차한다.

그림 2 공개시장조작과 페더럴펀드 이자율

공개시장매입은 비차입지준을 증가시키고 이에 따라 지준공급량이 증가한다. 공개시장매입은 지준공급곡선을 R_1^s에서 R_2^s로 이동시킨다. 패널 (a)에서 균형점은 점1에서 점2로 이동하고 페더럴펀드 이자율은 i_{ff}^1에서 i_{ff}^2로 하락한다. 패널 (b)에서 균형점은 점1에서 점2로 이동하나 페더럴펀드 이자율은 변화하지 않는다. 즉 $i_{ff}^1 = i_{ff}^2 = i_{or}$이다.

드 이자율을 상승시킨다.

그러나 만일 [그림 2]의 패널 (b)에서 보는 것처럼 지준공급곡선이 처음에 수평선 부분에서 지준수요곡선과 교차하면($i_{ff}^1 = i_{or}$), 공개시장조작은 페더럴펀드 이자율에 아무런 영향을 미치지 못할 수 있다. 이것을 살펴보기 위해 지준공급량을 증가시키는 공개시장매입의 경우를 다시 보도록 하자. 이 경우 공개시장매입은 지준공급곡선을 R_1^s에서 R_2^s로 이동시킨다. 지준공급곡선의 이동은 균형점을 점1에서 점2로 이동시키나, 지준에 지급되는 이자율 i_{or}은 페더럴펀드 이자율의 하한선이기 때문에 페더럴펀드 이자율은 i_{or}에서 변화하지 않는다.

재할인 대출정책 재할인율 변화의 효과는 지준수요곡선이 지준공급곡선의 수직선 부분에서 교차하느냐 수평선 부분에서 교차하느냐에 따라 달라진다. [그림 3]의 (a)는 지준수요곡선이 재할인 대출, 즉 차입지준 BR이 존재하지 않는 지준공급곡선의 수직선 부분에

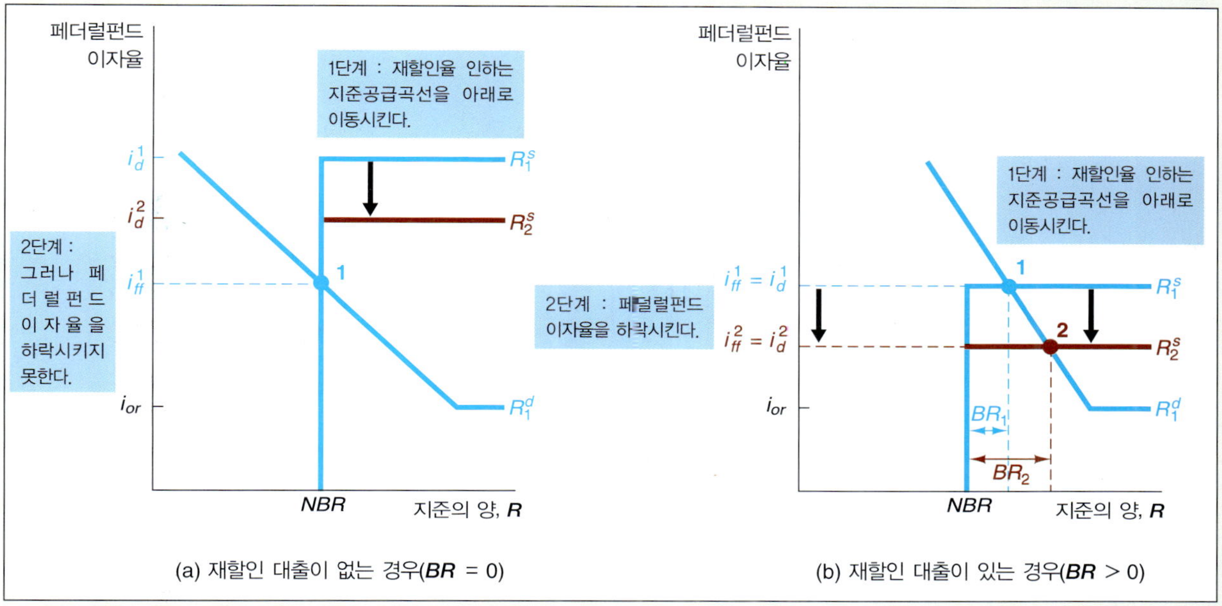

그림 3 재할인율의 변화와 페더럴펀드 이자율

패널 (a)에서 Fed가 재할인율을 i_d^1에서 i_d^2로 인하할 때, R_2^s의 경우처럼 지준공급곡선의 수평선 부분이 낮아지고 균형 페더럴펀드 이자율은 i_{ff}^1에서 변화하지 않고 유지된다. 패널 (b)에서 Fed가 재할인율을 i_d^1에서 i_d^2로 인하할 때, R_2^s의 경우처럼 지준공급곡선의 수평선 부분이 낮아지고 균형 페더럴펀드 이자율은 차입지준이 증가함에 따라 i_{ff}^1에서 i_{ff}^2로 하락한다.

서 교차할 경우 재할인율의 변화에 따라 어떤 일이 발생하는지를 보여준다. 이 경우 Fed가 재할인율을 i_d^1에서 i_d^2로 인하할 때 지준공급곡선의 수평선 부분이 R_2^s처럼 낮아지나 지준공급곡선과 지준수요곡선의 교차점은 점1에서 그대로 유지된다. 따라서 이 경우에 균형 페더럴펀드 이자율은 변화되지 않고 i_{ff}^1에서 유지된다. Fed가 현재 일반적으로 재할인율을 페더럴펀드 이자율 목표보다 높게 유지시키는 것이 전형적인 상황이기 때문에, 대부분의 재할인율 변화는 페더럴펀드 이자율에 영향을 미치지 못한다고 결론지을 수 있다.

그러나 만일 지준수요곡선이 지준공급곡선의 수평선 부분에서 교차하면, 즉 약간의 재할인 대출이 존재하면($BR > 0$), [그림 3]의 (b)에서처럼 재할인율의 변화는 페더럴펀드 이자율에 영향을 미친다. 이 경우 처음에 양의 재할인 대출이 존재하고, 균형 페더럴펀드 이자율은 재할인율과 일치한다($i_{ff}^1 = i_d^1$). Fed가 재할인율을 i_d^1에서 i_d^2로 인하하면 지준공급곡선 R_2^s의 수평선 부분이 아래로 낮아지고 균형점은 점1에서 점2로 이동하며, 균형 페더럴펀드 이자율은 패널 (b)에서 보는 것처럼 i_{ff}^1에서 $i_{ff}^2(= i_d^2)$로 하락한다.

지준의무 지준율이 인상되면 필요지준은 증가하고, 주어진 이자율 수준에서 지준에 대

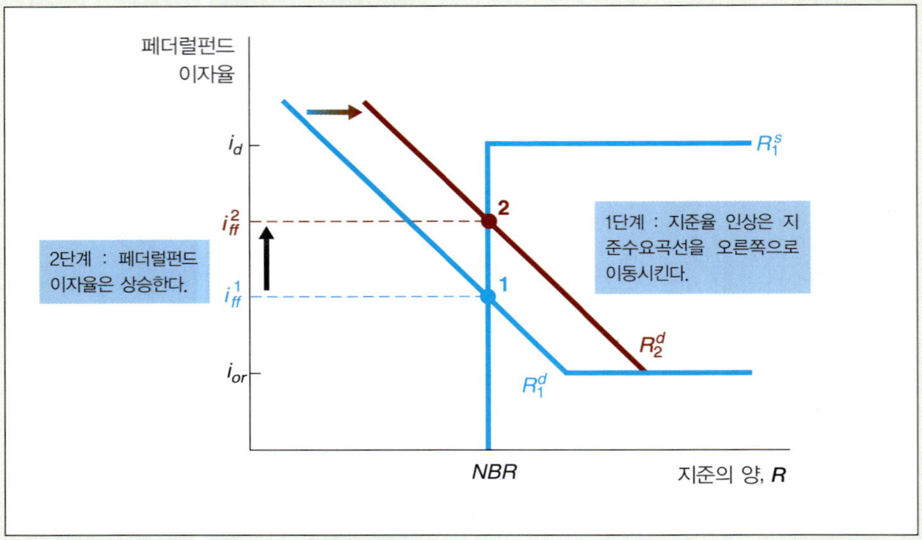

그림 4 지준율의 변화와 페더럴펀드 이자율

Fed가 지준율을 인상하면 필요지준이 증가하고 지준에 대한 수요를 증가시킨다. 지준수요곡선은 R^d_1에서 R^d_2로 이동하고, 균형점은 점1에서 점2로 이동하며 페더럴펀드 이자율은 i^1_{ff}에서 i^2_{ff}로 상승한다.

한 수요가 증가한다. 따라서 지준율의 인상은 지준수요곡선을 [그림 4]의 R^d_1에서 R^d_2로 오른쪽으로 이동시키고, 균형점을 점1에서 점2로 움직이게 하며 페더럴펀드 이자율 i^1_{ff}을에서 i^2_{ff}로 상승시킨다. Fed가 지준율을 인상시키면 페더럴펀드 이자율은 상승한다.[2)]

이와 유사하게, 지준율의 인하는 지준에 대한 수요를 감소시키고 지준수요곡선을 왼쪽으로 이동시키며 페더럴펀드 이자율을 하락시킨다. Fed가 지준율을 인하시키면 페더럴펀드 이자율은 하락한다.

지준에 대한 이자지급 Fed가 지준에 지급하는 이자율 변화의 효과는 지준공급곡선이 지준수요곡선의 우하향 부분에서 교차하느냐 수평선 부분에서 교차하느냐에 따라 달라진다. [그림 5]의 (a)는 지준공급곡선이 균형 페더럴펀드 이자율이 지준에 지급되는 이자율보다 높은 지준수요곡선의 우하향 부분에서 교차하는 경우 어떤 일이 발생하는지를 보여준다. 이 경우 지준에 지급되는 이자율이 i^1_{or}에서 i^2_{or}로 인상되면 R^d_2와 같이 지준수요곡

2) 지준율의 인상은 동일한 지준이 보다 적은 예금액을 지원할 수 있다는 것을 의미하기 때문에, 화폐공급의 감소를 발생시킨다. 유동성선호 모형을 사용하면, 화폐공급의 감소는 이자율의 상승을 발생시킨다. 지준율을 인상시키는 것이 이자율의 상승을 발생시킨다는 본문에서와 동일한 결론이 얻어진다.

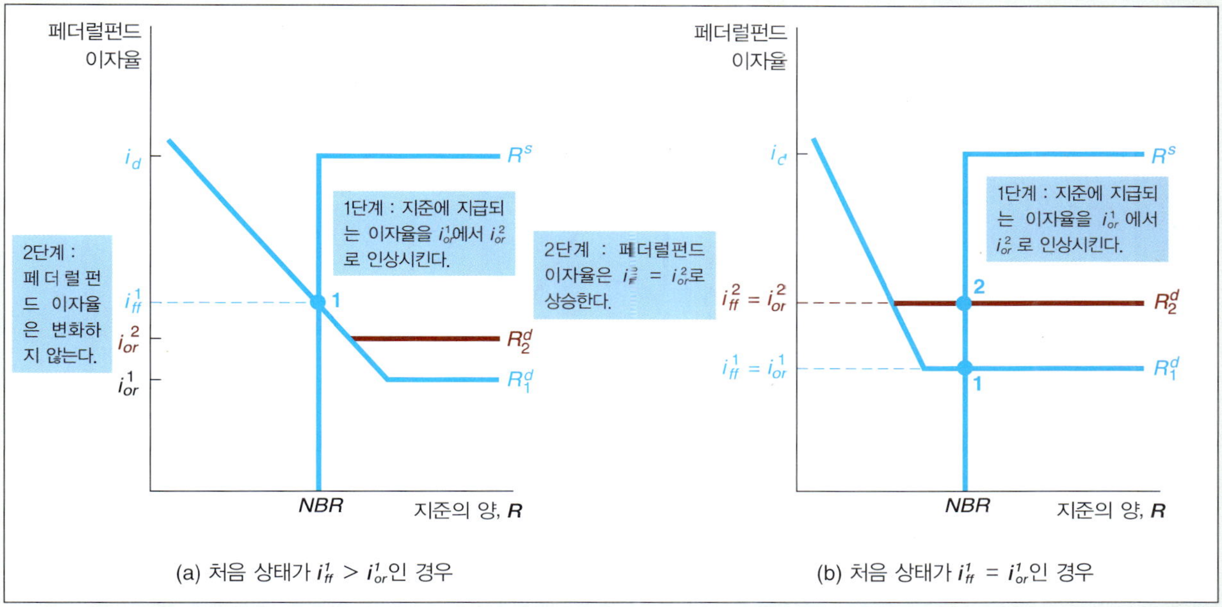

그림 5 지준에 지급되는 이자율 변화와 페더럴펀드 이자율

패널 (a)에서 균형 페더럴펀드 이자율이 지준에 지급되는 이자율보다 높을 때, 지준에 지급되는 이자율을 i^1_{or}에서 i^2_{or}로 인상시키면 지준수요곡선 R^d_2의 수평 부분은 높아지나 균형 페더럴펀드 이자율은 i^1_{ff}에서 변화하지 않는다. 패널 (b)에서 균형 페더럴펀드 이자율이 지준에 지급되는 이자율과 같을 때, 지준에 지급되는 이자율을 i^1_{or}에서 i^2_{or}로 인상시키면 균형 페더럴펀드 이자율은 $i^1_{ff} = i^1_{or}$로부터 $i^2_{ff} = i^2_{or}$로 상승한다

선의 수평 부분이 위로 이동하나 지준공급곡선과 지준수요곡선의 교차점은 점1에서 유지된다. 그러나 [그림 5]의 (b)에서처럼 만일 지준공급곡선이 균형 페더럴펀드 이자율이 지준에 지급되는 이자율과 같은 지준수요곡선의 수평 부분에서 교차할 때, 지준에 지급되는 이자율이 i^1_{or}에서 i^2_{or}로 인상되면 균형점은 점2로 이동하고 균형 페더럴펀드 이자율은 $i^1_{ff} = i^1_{or}$로부터 $i^2_{ff} = i^2_{or}$로 상승한다. 페더럴펀드 이자율이 지준에 지급되는 이자율과 같을 때, 지준에 지급되는 이자율의 인상은 페더럴펀드 이자율을 상승시킨다.

응용 연방준비제도의 운용 방식은 어떻게 페더럴펀드 이자율의 변동을 제한하는가?

Fed가 현재 재할인 창구를 운용하고 지준에 이자를 지급하는 방식이 가지는 중요한 장점은 페더럴펀드 이자율의 변동을 제한한다는 것이다. 그 이유를 이해하기 위해서 지준시장의 수요와 공급 분석을 사용하도록 하자.

처음에 균형 페더럴펀드 이자율은 [그림 6]에서처럼 페더럴펀드 이자율 목표 i^*_{ff}와 같다고 하자. 만일 지준에 대한 수요가 예상치 않게 크게 증가한다면, 지준수요곡선은 $R^{d''}$과 같이 오른쪽으로 이동할 것이다. 이제 지준수요곡선은 지준공급곡선의 수평선 부분에서 교차하고

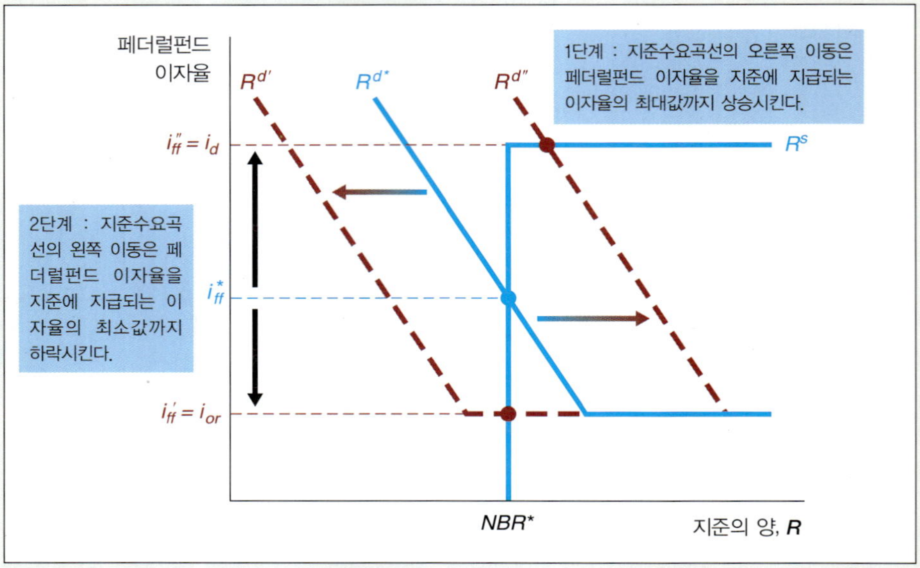

그림 6 연방준비제도의 운영방식은 페더럴펀드 이자율의 변동을 어떻게 제한하는가

$R^{d''}$으로 지준수요곡선의 오른쪽 이동은 균형 페더럴펀드 이자율을 최대수준인 $i''_{ff} = i_d$로 상승시키는 반면 $R^{d'}$으로 지준수요곡선의 왼쪽 이동은 균형 페더럴펀드 이자율을 최소수준인 $i''_{ff} = i_{or}$로 하락시킨다.

균형 페더럴펀드 이자율 i''_{ff}은 재할인율 i_d와 같아진다. 지준수요곡선이 오른쪽으로 얼마나 더 이동하느냐에 관계없이, 차입지준이 지준에 대한 수요의 증가와 일치되면서 계속적으로 증가될 것이기 때문에 균형 페더럴펀드 이자율 i''_{ff}은 i_d에서 유지될 것이다. 이와 유사하게, 만일 지준에 대한 수요가 예상치 않게 크게 감소한다면, 지준수요곡선은 $R^{d'}$과 같이 왼쪽으로 이동할 것이다. 이제 지준공급곡선은 지준수요곡선의 수평선 부분에서 교차하고 균형 페더럴펀드 이자율 i'_{ff}은 지준에 지급되는 이자율 i_{or}과 같아진다. 지준수요곡선이 왼쪽으로 얼마나 더 이동하느냐에 관계없이, 지준의 수요량이 비차입지준의 공급량과 일치하도록 초과지준은 계속해서 증가할 것이기 때문에 균형 페더럴펀드 이자율 i'_{ff}은 i_{or}에서 유지될 것이다.[3)]

따라서 이러한 분석은 연방준비제도의 운영 방식은 페더럴펀드 이자율의 변동을 i_{or}과 i_d 사이로 제한한다는 것을 보여준다. 만일 i_{or}과 i_d의 범위가 충분히 좁게 유지되면, 페더럴펀드 이자율 목표 주위에서 페더럴펀드 이자율 변동은 작을 것이다.

3) 페더럴펀드 이자율이 지준에 지급되는 이자율 수준 아래로 하락할 수 있는 경우도 존재한다. 이러한 상황은 특히 패니 매(Fannie Mae)와 프레디 맥(Freddie Mac) 같은 페더럴펀드 시장의 일부 참여자들이 은행이 아니어서 그들의 자금을 연방준비제도에 예금으로 예치할 수 없기 때문에 발생할 수 있다. 그들은 초과자금을 가지고 있을 때 연방준비제도로부터 지준에 지급되는 이자율을 받을 수 없기 때문에 어쩔 수 없이 이보다 더 낮은 이자율을 받아야만 하는 경우가 있을 수 있다.

2 전통적 통화정책수단

정상적인 시기 동안에, Fed는 화폐공급과 이자율을 통제하기 위해 통화정책의 4가지 수단, 즉 공개시장조작, 재할인 대출정책, 지준의무, 지준에 대한 이자지급을 사용하며 이러한 통화정책수단은 **전통적 통화정책수단**(conventional monetary policy tools)이라고 부른다. Fed가 실제로 이러한 수단을 어떻게 사용하고 각 수단이 상대적으로 얼마나 유용한지를 이해하기 위해서 각 수단을 차례차례 살펴보자.

2.1 공개시장조작

공개시장조작은 가장 중요한 전통적 통화정책수단이다. 왜냐하면 공개시장조작은 이자율 변화와 화폐공급 변동의 중요한 원천인 본원통화의 변화를 결정하는 가장 중요한 수단이기 때문이다. 공개시장매입은 지준과 본원통화를 증가시키고, 그 결과로 화폐공급을 증가시키며 단기이자율을 하락시킨다. 공개시장매도는 지준과 본원통화를 감소시키고, 그 결과로 화폐공급을 감소시키며, 단기이자율을 상승시킨다. 제15장에서 지준과 본원통화에 영향을 주는 Fed의 대차대조표 항목들을 이해했으므로, 이제 Fed가 단기이자율과 화폐공급을 통제할 목적으로 공개시장조작을 어떻게 수행하는지 살펴보자.

공개시장조작은 2가지 형태로 이루어진다. **동태적 공개시장조작**(dynamic open market operation)은 지준과 본원통화의 수준을 변화시키려는 의도를 가지고 있고, **방어적 공개시장조작**(defensive open market operation)은 Fed의 재무부 예금이나 플로트의 변화와 같은 기타 요인의 변화가 지준과 본원통화에 주는 영향을 상쇄시키고자 하는 의도를 가지고 있다. Fed는 미국 재무부와 정부기관 증권, 특히 미국 재무부 단기증권을 대상으로 공개시장조작을 수행한다. 재무부 증권시장은 거래가 가장 활발하고 거래량이 가장 큰 시장이기 때문에 Fed는 재무부 증권을 대상으로 대부분의 공개시장조작을 수행한다. 재무부 증권시장은 시장을 교란시키는 과도한 가격 변동을 발생시키지 않고 Fed가 수행하고자 하는 상당한 거래량을 흡수할 수 있는 능력을 가지고 있다.

제14장에서 살펴본 것처럼, 공개시장조작에 관한 의사결정 권한은 페더럴펀드 이자율 목표를 결정하는 연방공개시장위원회(FOMC)에 있다. 그러나 공개시장조작의 실제 집행은 뉴욕 연준은행에 있는 공개시장조작 거래 부서에 의해 수행된다. 뉴욕 연준은행의 공개시장조작 거래 부서가 공개시장조작을 어떻게 실행하는지는 [Fed 심층분석] '공개시장조작 거래 부서의 하루'에 설명돼 있다.

공개시장조작은 TRAPS(Trading Room Automated Processing System)라고 부르는

Fed 심층분석 공개시장조작 거래 부서의 하루

국내 공개시장조작 책임자는 애널리스트들과 페더럴펀드 이자율 목표를 달성하기 위해 증권의 매입과 매도를 집행하는 거래자들을 감독한다. 이 책임자의 하루는 페더럴펀드 시장에서 어떤 일이 발생할 것인지를 예측하기 위해 아침 일찍, 오전 7시 30분경에 시작된다. 참모진은 전날 페더럴펀드 시장에서 발생한 일들을 재검토하고 은행시스템에 있는 실제 지준의 양에 관한 정보를 새롭게 수정하면서 하루 일과를 시작한다. 이어서 참모진은 지준의 수요와 공급에 영향을 미치는 일부 단기적 요인에 어떤 일이 발생할 것인지에 대한 상세한 예측을 담은 보고서를 작성한다(제15장 참조). 예를 들어 전국적으로 좋은 날씨가 수표의 인도 시간을 단축시켜 플로트가 감소할 것으로 예상되면, 국내 공개시장조작의 책임자는 플로트의 감소로부터 발생할 것으로 예상되는 지준과 본원통화의 감소를 상쇄시키기 위해 방어적 공개시장조작(증권의 매입)을 수행해야 한다고 판단한다. 그러나 만일 Fed에 있는 재무부 예금이 감소할 것으로 예상되면 예상되는 지준의 증가를 상쇄시키기 위해 방어적 공개시장매도가 필요할 것이다. 이 보고서는 또한 민간의 현금 보유량 변화를 예측한다. 만일 민간의 현금 보유량이 증가할 것으로 예상되면 제15장에서 살펴본 것처럼 감소된 지준을 다시 증가시키기 위해 공개시장매입이 요구된다.

이러한 정보는 국내 공개시장조작 책임자와 참모진이 페더럴펀드 이자율 목표를 달성시키기 위해 비차입지준을 얼마나 크게 변화시킬 필요가 있는지를 결정하는 데 도움을 준다. 만일 은행시스템에 있는 지준의 양이 너무 많으면, 많은 은행들은 다른 은행들이 보유하기를 원치 않는 초과지준을 보유하게 되고 페더럴펀드 이자율은 하락할 것이다. 만일 지준의 양이 너무 적으면, 대출하기 위한 초과지준을 보유하고 있는 소수의 은행들로부터 지준을 차입하고자 은행들은 페더럴펀드 이자율을 바람직한 수준보다 높게 상승시킬 것이다. 또한 오전 동안 참모진은 페더럴펀드 이자율의 움직임을 감시하고 지준의 변화가 페더럴펀드 이자율 목표를 달성하기 위해 필요한지에 대한 독자적인 정보를 제공할 수 있는 페더럴펀드 시장의 주요 참여자와 접촉한다.

또한 참모진은 공개시장조작 거래 부서의 거래상대방이 되는 국채전문딜러 중 일부 대표자와 접촉한다. 참모진은 그날 하루 동안 그들이 거래하는 증권의 가격에 어떤 일이 발생할지에 대한 감을 얻기 위해, 그들이 시장 상황을 어떻게 보고 있는지를 알아본다. 참모진은 또한 그들의 지준공급에 대한 추정치를 보다 정교하게 조정하기 위해 재무부에 전화를 걸어 Fed에 있는 재무부 예금 잔고의 예상 수준에 관한 최신 정보를 얻는다.

그들은 연방준비제도 이사회의 통화 담당국 직원들과 접촉하고 지준의 수요와 공급에 관한 뉴욕 연준은행의 예측치를 연방준비제도 이사회의 예측치와 비교한다. 이러한 지준의 수요와 공급에 관한 예측과 페더럴펀드 시장의 움직임에 대한 관찰에 기초해서, 공개시장조작 거래 부서는 그날 수행해야 할 일련의 조치를 만들고 제안한다. 이러한 조치는 공개시장조작을 통해 은행시스템의 지준을 증가시키거나 감소시키기 위한 계획을 포함할 수 있다. 만일 공개시장조작이 필요하다고 판단되면 공개시장조작의 형태, 규모, 만기가 논의된다.

오전 9시경에는 연방준비제도 이사회의 통화 담당국 국장과 뉴욕 연준은행을 제외한 공개시장조작위원회에서 투표권을 가진 4명의 연준은행 총재 중 한 사람을 연결하는 일일 화상회의가 열린다. 이러한 화상회의가 진행되는 동안, 공개시장조작 거래 부서의 직원이 그 부서가 제안한 그날의 지준 관리 전략을 개략적으로 설명한다. 이 계획이 승인되면, 이 계획은 오전 9시 30분에 시장에 공표되고 공개시장조작 거래 부서는 그날 계획된 일시적 공개시장조작을 즉시 집행하도록 지시를 받는다.

반대 매매가 이루어지지 않는 증권의 매입이나 매도를 의미하는 단순 공개시장조작(outright operation)은 전통적으로 일시적 공개시장조작이 이루어지지 않는 날 늦게 집행된다. 단순 공개시장조작이 수행되지 않을 때에도, 국내 공개시장조작 거래 부서의 책임자와 참모진은 그다음 날의 공개시장조작을 위한 계획을 수립하기 위해서 시장과 은행 지준을 계속적으로 감시하기 때문에 한가하게 지내지 않는다.

컴퓨터 시스템에 의해 **국채전문딜러**(primary dealer)로 알려져 있는 일단의 국채딜러와 전자적으로 수행된다. 현재 모든 공개시장조작은 이 시스템을 통해 이루어진다. 공개시장조작의 형태와 만기를 알리는 메시지가 TRAPS를 통해 모든 국채전문딜러에게 동시에 전자적으로 전송된다. 국채전문딜러들에게는 어느 가격에서 국채를 매입하거나 매도할 것인지에 대한 그들의 입장을 TRAPS를 통해 전달하도록 몇 분이 주어진다. 그들의 제안이 컴퓨터로 수집되고 제안에 대한 평가가 이루어지도록 컴퓨터 스크린에 제시된다. 공개시장조작 거래 부서는 가장 매력적인 가격을 제시한 것부터 시작해 공개시장조작의 목표량이 매입되거나 매도될 때까지 딜러들의 제안을 선택하고, 어떤 제안이 선택됐는지를 TRAPS를 통해 각 딜러에게 알린다. 모든 선택 과정은 통상 몇 분 내에 완료된다.

이러한 일시적 공개시장조작은 기본적으로 2가지 형태로 이루어진다. **환매조건부 매입**(repurchase agreement, 종종 **리포**(repo)라고 부름)거래에서, Fed는 증권의 매도자가 거래일로부터 1~15일 사이의 짧은 기간 안에 증권을 재매입할 것이라는 합의하에 증권을 매입한다. 환매조건부 매입이 지준에 미치는 효과는 계약이 만료되는 시점에 반전되기 때문에 환매조건부 매입은 일시적 공개시장매입이며, 단기적으로 반전되는 방어적 공개시장매입을 수행하기 위한 바람직한 방법이다. Fed가 일시적 공개시장매도를 수행하기 원할 때, Fed는 **환매조건부 매도**(matched sale-purchase transaction, 종종 **역리포**(reverse repo)라고 부름)를 수행한다. 환매조건부 매도거래에서 Fed는 증권을 매도하고 구매자는 가까운 장래에 Fed에게 증권을 다시 매도할 것에 동의한다.

종종 공개시장조작 거래 부서는 지속적인 지준의 부족 또는 과잉을 해결하기 위해 지준에 영구적 영향을 미치는 공개시장조작을 수행하기 원한다. 반대매매가 이루어지지 않는 증권의 매입 또는 매도가 이루어지는 단순 공개시장조작(outright operation)도 TRAPS를 통해 수행된다.

2.2 재할인 대출정책과 최종 대부자

은행들이 Fed로부터 지준을 차입할 수 있는 대출제도는 **재할인 창구**(discount window)라고 부른다. Fed가 차입지준의 규모에 어떻게 영향을 주는지를 이해하기 위한 가장 쉬운 방법은 재할인 창구가 어떻게 운영되는지를 살펴보는 것이다.

재할인 창구의 운영 Fed가 은행들에게 제공하는 재할인 대출은 3가지 형태, 즉 1차 신용(primary credit), 2차 신용(secondary credit), 계절신용(seasonal credit)이다.[4] 1차 신

4) 재할인 창구를 관리하는 절차가 2003년 1월에 변경됐다. 1차 신용제도는 재할인율이 전형적으로 시장 이자율보다 낮게 설정돼 있어서 은행의 접근이 제한됐던 조정신용제도(adjustment credit facility)를 대체한 것이다.

용은 통화정책에서 가장 중요한 역할을 하는 재할인 대출이다. 건전한 은행은 1차 신용제도로부터 초단기 만기(일반적으로 1일(overnight))로 원하는 모든 금액을 차입할 수 있다. 따라서 1차 신용제도는 **대기성 대출제도**(standing lending facility)라고 부른다.[5] 이러한 대출에 부과되는 이자율이 재할인율이다. 이미 언급한 것처럼 재할인율은 페더럴펀드 이자율 목표보다 일반적으로 100 베이시스 포인트 높게 설정된다. 그 이유는 Fed는 은행들이 계속해서 신용 위험을 서로 감시하기 위해 페더럴펀드 시장에서 서로 차입하기를 선호하기 때문이다. 그 결과로 대부분의 경우에 1차 신용제도하에서 이루어지는 재할인 대출 규모는 매우 작다. 그렇다면 Fed는 왜 이 제도를 가지고 있는가?

이 제도는 페더럴펀드 이자율이 FOMC에 의해 설정된 페더럴펀드 이자율 목표보다 너무 높게 상승하지 않도록 하면서 건전한 은행들에게 유동성을 지원하기 위해 만들어졌다. 1차 신용제도가 어떻게 작동하는지를 [그림 6]에서 이미 살펴보았다. 지준에 대한 수요가 예상치 않게 크게 증가할 때, 지준수요곡선이 오른쪽으로 아무리 크게 이동하더라도 차입지준이 계속해서 증가해 페더럴펀드 이자율은 더 이상 상승할 수 없기 때문에 균형 페더럴펀드 이자율 i_{ff}^*는 i_d에서 그대로 유지될 것이다. 따라서 1차 신용제도는 i_d가 페더럴펀드 이자율의 상한선이 되도록 만든다.

2차 신용은 재무적 어려움에 직면해 있고 심각한 유동성 문제를 겪고 있는 은행에게 제공된다. 2차 신용에 부과되는 이자율은 재할인율보다 50 베이시스 포인트 높게 설정된다. 이러한 대출에 부과되는 이자율은 차입자의 상황이 건전하지 못하다는 점을 반영하는 벌과금 성격의 이자율이다. 계절신용은 계절적 패턴을 가지는 예금을 보유하고 있는 휴양지나 농업 지역의 소형 은행에 제공된다. 계절신용에 부과되는 이자율은 페더럴펀드 이자율과 양도성 예금증서 이자율의 평균으로 설정된다. 신용시장이 발달되면서 Fed는 계절신용제도의 필요성에 의문을 제기하고 있으며 앞으로 계절신용제도를 폐지할 것을 검토하고 있다.

최종대부자 재할인 대출은 지준, 본원통화, 화폐공급에 영향을 주는 수단일 뿐만 아니라 금융패닉을 예방하고 극복하는 수단으로도 중요하다. Fed가 창설됐을 때, Fed의 가장 중요한 역할은 **최종대부자**(lender of last resort)가 되는 것이었다. 은행도산이 통제할 수 없을 정도로 소용돌이처럼 번져나가는 것을 막기 위해 Fed는 어느 누구도 대출하지 않을

과거와는 달리 건전한 은행은 1차 신용제도로부터 원하는 금액을 차입할 수 있다. 2차 신용제도는 장기신용에 보다 초점을 맞췄던 장기신용제도(extended credit facility)를 대체한 것이다. 계절신용제도(seasonal credit facility)는 기본적으로 변화되지 않았다.

5) 이러한 형태의 대기성 대출제도는 일반적으로 다른 국가들에서 롬바르드 대출제도(Lombard facility)라고 부르고 이러한 대출에 적용되는 이자율은 롬바르드 이자율(Lombard rate)이라고 부른다(이러한 이름은 중세기에 은행업의 중요한 중심지였던 북부 이탈리아 지역인 롬바르디(Lombardy)로부터 유래한 것이다).

때 은행들에게 지준을 공급해 은행 패닉과 금융패닉을 막아야 했다. 지준이 가장 필요한 은행들에게 즉각적으로 투입되기 때문에 재할인 대출은 은행위기 동안 은행시스템에 지준을 공급하는 매우 효과적인 방법이다.

최종대부자의 역할을 수행함으로써 금융패닉을 피하기 위해 재할인 대출수단을 사용하는 것은 성공적인 통화정책을 수행하는 데 있어서 매우 중요하다. 제15장에서 화폐공급을 분석하면서 살펴본 것처럼, 1930~1933년 기간 동안의 은행 패닉은 미국 역사상 가장 급격한 화폐공급의 감소 때문에 발생했고 많은 경제학자들은 이와 같이 급격한 화폐공급의 감소가 대공황 기간 동안 경제를 붕괴시킨 원인이라고 생각한다. 금융패닉도 금융기관과 금융시장이 생산적인 투자기회를 가진 사람들에게 자금을 이동시키는 것을 방해하기 때문에 경제에 심각한 해를 끼칠 수 있다(제9장 참조).

불행하게도, 대공황 기간 동안 대규모 은행도산이 발생했던 것이 증명하듯이 재할인 대출수단이 금융패닉을 막기 위해 항상 사용된 것은 아니었다. Fed는 이 기간 동안의 실책으로부터 배웠고 제2차 세계대전 이후 최종대부자의 역할을 훌륭하게 수행했다. Fed는 은행 패닉을 피하기 위해 여러 차례 재할인 대출수단을 사용해 재무적 어려움에 처한 은행들에게 대출을 해줌으로써 추가적인 은행도산을 막았다.

언뜻 보기에, 은행도산에 의한 손실이 발생하는 경우 계좌당 25만 달러 한도까지 예금자를 보호하는 연방예금보험공사(FDIC)가 있기 때문에 Fed의 최종대부자 기능은 불필요한 게 아닌가 하는 의문이 생길 수 있다. 그러나 이것은 2가지 이유에서 그렇지 않다. 첫째, FDIC의 보험금은 은행예금 잔고의 약 1%에 불과하다. 만일 매우 많은 수의 은행도산이 발생하면 FDIC는 모든 예금자의 손실을 감당할 수 없다. 사실 제12장에서 설명한 것처럼 1980년대와 1990년대 초에 발생한 수많은 은행도산은 FDIC 보험금의 큰 손실과 감소를 초래했고 이것이 FDIC가 예금자의 손실을 감당할 수 있는 능력을 감소시켰다. 그러나 Fed가 은행 패닉을 막기 위해 필요한 지준이 얼마든 간에 은행들에게 필요한 지준을 공급할 준비가 돼 있었기 때문에, 이것이 은행시스템에 속한 소액 예금자들의 신뢰를 약화시키지 않았다. 둘째, 은행시스템에 있는 거의 1조 5,200억 달러에 이르는 거액 예금은 25만 달러의 한도를 초과하기 때문에 FDIC의 예금보험 대상이 아니다. 은행시스템에 대한 신뢰가 상실되는 순간 거액 예금자의 은행 인출 러시가 발생할 것이고, FDIC가 있음에도 불구하고 은행 패닉은 여전히 발생할 수 있다. 최종대부자로서 Fed의 역할은 1980년대와 1990년대 초에 경험한 수많은 은행도산과 2007~2009년 기간 동안의 글로벌 금융위기에서 보는 것처럼 오늘날 더욱 중요해지고 있다.

Fed는 은행들에게 최종대부자가 될 수 있을 뿐만 아니라 금융시스템 전체에 대해서도 동일한 역할을 수행할 수 있다. Fed의 재할인 창구는 1987년 블랙 먼데이 주식시장 붕괴와 2001년 9월 테러리스트에 의한 세계무역센터 붕괴의 경우에서처럼 은행도산에 의해

Fed 심층분석 금융패닉을 막기 위한 재할인 정책의 사용

1987년의 블랙 먼데이 주식시장 붕괴와 2001년 9월의 테러리스트 공격에 의한 세계무역센터 붕괴. '블랙 먼데이'(Black Monday)라고 불리는 1987년 10월 19일은 역사책에서 주식가격이 그 당시까지 퍼센트 기준으로 하루에 최대로 하락한 날(다우존스 산업평균지수가 20% 이상 하락했다)로 기록되겠지만, 금융시장의 기능이 거의 멈춘 것은 1987년 10월 20일 화요일이었다. 월스트리트의 저명인사 중 한 사람인 펠릭스 로하틴(Felix Rohatyn)은 "화요일은 과거 50년 동안 우리가 겪었던 가장 위험한 날이었다"고 말했다.* 블랙 먼데이 이후, 시장의 와해를 막은 공로는 전적으로 연방준비제도와 연방준비제도 이사회 의장인 앨런 그린스펀(Alan Greenspan)에게 주어져야만 한다.

10월 19일 월요일, 주식가격이 급격히 하락하자 시장의 기능을 유지시켜야 한다는 긴박함 속에서 많은 거래 중개소들과 스페셜리스트들(주식거래소에서 질서 있는 거래를 유지시키는 딜러들과 브로커들)은 그들의 활동을 지원할 수 있는 추가적인 자금이 절실히 필요했다. 그러나 충분히 이해할 수 있듯이, 외국 은행들과 미국 지방은행들은 물론 뉴욕의 은행들도 증권회사들의 재무 상태에 대해 점점 더 우려하면서 신용이 가장 필요한 바로 그 시점에 증권 회사들에 대한 신용을 감소시키기 시작했다. 패닉이 다가오고 있었다. 한 대형 증권회사의 회장은 "월요일 오후 2시부터 상황은 완전히 절망적이었다. 모든 투자자들은 시장을 떠났다. 우리는 벌판에 홀로 남겨졌다"고 말했다. 기병대처럼 Fed가 구제하러 온 것은 바로 그때였다.

증권 산업이 처한 어려움을 알자마자, 앨런 그린스펀과 그 당시 뉴욕 연준은행의 총재이자 월스트리트와 가장 밀접하게 접촉을 하던 제럴드 코리건(E. Gerald Corrigan)은 증권회사들의 붕괴가 확산되는 것을 매우 우려했다. 이러한 일이 발생하는 것을 막기 위해, 그린스펀은 10월 20일 화요일, 시장이 개장되기 전에 "연방준비제도가 경제 및 금융시스템을 지원하기 위해 유동성 공급원으로서 역할을 할 것이다"라고 발표했다. 이러한 예외적인 발표와 더불어 Fed는 이것이 필요한 것으로 판명되지는 않았지만 증권 산업에 대출을 하는 은행들에게 재할인 대출을 제공할 것이라고 분명하게 밝혔다. 뉴욕의 한 은행원이 말한 것처럼, Fed의 메시지는 "우리가 여기 있다. 당신들이 필요한 무엇이든 우리가 줄 것이다"였다.

Fed의 시의적절한 조치로 금융패닉을 피할 수 있었다. 시장은 화요일에 순조롭게 작동했고 다우존스 산업평균지수가 100포인트 이상 오를 정도로 그날 주식시장의 랠리가 발생했다.

미국 역사상 최악의 테러 사건인 2001년 9월 11일 화요일에 발생한 뉴욕의 세계무역센터 붕괴 직후에도 이와 유사한 최종대부자 조치가 이루어졌다. 세계에서 가장 중요한 금융센터가 붕괴되자 금융시스템 전체의 유동성 수요가 급격히 증가했다. 이러한 유동성 수요를 충족시키고 금융시스템이 붕괴하는 것을 막기 위해, 9.11 테러 발생 직후 수 시간 안에 Fed는 1987년의 주식시장 붕괴 때와 유사한 발표를 했다. Fed는 "연방준비제도는 문을 열고 있고 작동하고 있다. 재할인 창구는 유동성 수요를 충족시키기 위해 활용될 수 있다"고 말했다.† 이어서 Fed는 재할인 창구를 통해 은행들에게 그 전 주보다 200배 증가된 450억 달러를 제공했다. 이와 동시에 공개시장조작을 통해 800억 달러의 지준을 은행시스템으로 투입했다. 그 결과로 금융시스템이 계속해서 기능했다. 9월 17일 월요일에 주식시장이 다시 열렸을 때, 다우존스 산업평균지수는 7% 하락했지만 거래는 정상적이었다.

테러주의자들은 거의 3,000명의 생명을 앗아가면서 세계무역센터의 두 빌딩을 붕괴시킬 수 있었다. 그러나 연방준비제도의 시의적절한 조치 때문에, 그들은 미국의 금융시스템을 붕괴시킬 수는 없었다.

* "Terrible Tuesday : How the Stock Market Almost Disintegrated a Day After the Crash," *Wall Street Journal*, November 20, 1987, p. 1. 이 기사는 여기에서 설명하는 사건들에 대해 보다 더 재미있고 상세한 견해를 제시하고 있으며 모든 인용부분의 자료이다.

† "Economic Front : How Policy Makers Regrouped to Defend the Financial System," *Wall Street Journal*, Tuesday, September 18, 2001. p. A1은 이 사건을 아주 상세하게 보도하고 있다.

촉발되지 않은 금융패닉을 막고 극복하는 데 도움을 줄 수 있다([Fed 심층분석] '금융패닉을 막기 위한 재할인 정책의 사용' 참조). 최종대부자로서 Fed의 역할은 은행 패닉과 금융패닉을 막는 데 따른 이익을 발생시키지만 비용도 발성시킨다. 만일 은행이 어려움에 처할 때 Fed가 재할인 대출을 제공해줄 것이라고 예상하면, 은행은 Fed가 구제해줄 것을 알기 때문에 보다 더 큰 위험을 기꺼이 선택할 수 있다. 따라서 Fed의 최종대부자 역할은 예금보험에 의해 발생되는 도덕적 해이(제12장 참조)와 유사한 도덕적 해이 문제를 발생시킨다. 은행은 예금보험기관과 결과적으로 세금 납부자들을 보다 더 큰 손실에 노출시키면서 보다 더 큰 위험을 선택할 수 있다. 도덕적 해이는 Fed와 FDIC가 '너무 커서 도산시킬 수 없다'(too big to fail, 대마불사)고 여기는 대형 은행에서 가장 심각하다. 대형 은행의 도산은 은행 패닉을 발생시킬 가능성이 있기 대문에 대형 은행은 어려움에 직면할 때 항상 Fed가 대출해줄 것이라고 믿는다.

이와 유사하게, 금융패닉을 막기 위한 Fed의 조치들은 은행 이외의 금융기관이 보다 더 큰 위험을 선택하는 것을 부추길 수 있다. 은행 이외의 금융기관도 금융패닉이 임박하면 Fed로부터 대출을 받을 수 있을 것이라고 기대한다. 따라서 Fed가 금융패닉을 막기 위해 재할인 대출 수단을 사용하고자 할 때, Fed는 최종대부자 역할에 의해 발생되는 도덕적 해이의 비용과 금융패닉을 막는 데 따른 이익의 상충관계를 고려할 필요가 있다. 이것이 Fed가 너무 자주 최종대부자로서 나서지 말아야 하는 이유이다.

2.3 지준의무

제15장에서 살펴본 것처럼, 지준율의 변화는 통화승수를 변화시킴으로써 화폐공급에 영향을 미친다. 지준율의 인상은 주어진 본원통화 수준에 의해 지원될 수 있는 예금의 양을 감소시키고 화폐공급의 감소를 발생시킨다. 또한 지준율의 인상은 지준에 대한 수요를 증가시키고 페더럴펀드 이자율을 상승시킨다. 이와 반대로, 지준율의 인하는 화폐공급의 증가와 페더럴펀드 이자율의 하락을 발생시킨다. Fed는 1930년대부터 지준율을 변화시키는 권한을 가지고 있다. 지준율은 한때 화폐공급과 이자율에 영향을 주는 강력한 수단이었으나 현재는 덜 중요한 정책수단이다.

1980년의 예금취급기관 규제완화 및 통화관리법(Depository Institutions Deregulation and Monetary Control Act of 1980)은 매우 단순하게 지준율을 설정하는 방법을 제시했다. 상업은행, 저축대부조합, 상호저축은행, 신용협동조합을 포함한 모든 예금취급기관은 다음과 같이 동일한 지준율을 준수해야 한다. 이자 지급이 없는 당좌예금(non-interest-bearing checking account), NOW 예금, 슈퍼 NOW 예금, 자동이체 저축예금(automatic transfer saving, ATS)을 포함하는 모든 수표발행 예금의 지준율은 은행이 보유한 처음 1,070만 달러까지의 예금에 대해 0%, 1,070만 달러 초과 5,880만 달러까지의 예금에 대해 3%, 5,880만 달러 초과의 예금에 대해 10%이다.[6] Fed의 재량에 따라 10%로 설정된 지준율은 8~14% 사이에서 변동될 수 있다. 매우 예외적인 상황에서 지준율은 18%까지 높게 인상될 수 있다.

2.4 지준에 대한 이자지급

Fed가 2008년부터 지준에 대한 이자를 지급하기 시작했기 때문에, 이 통화정책수단은 역사가 길지 않다. Fed가 은행들이 서로 감시하도록 페더럴펀드 시장에서 은행들의 차입과 대출을 장려하기 위해 페더럴펀드 이자율 목표보다 높게 재할인율을 설정하는 것과 같은 이유로, 지금까지 Fed는 일반적으로 페더럴펀드 이자율 목표보다 낮게 지준에 지급되는 이자율을 설정하고 있다. 이것은 Fed가 아직 지준에 지급되는 이자율을 통화정책수단으로 사용하지 않고 그 대신 페더럴펀드 이자율의 하한선을 설정하는 데 도움을 주기 위해 지준에 지급되는 이자율을 사용하고 있다는 것을 의미한다. 그러나 글로벌 금융위기의 여파로 은행들은 엄청난 규모의 초과지준을 축적했고 이러한 상황에서 페더럴펀드 이자율을 인상시키려면 은행시스템으로부터 이러한 초과지준을 없애기 위한 대규모의 공개시장조작이 요구될 것이다. [그림 5]의 패널 (b)에서 제시된 것처럼 지준에 지급되는 이자율의 인상이 페더럴펀드 이자율을 인상시키기 위해서 사용될 수 있기 때문에 지준에 지급되는 이자율은 이러한 문제를 해결하는 수단이 될 수 있다. 실제로 Fed가 페더럴펀드 이자율을 인상시켜서 2008년 12월부터 시작됐던 페더럴펀드 이자율을 제로 수준으로 유지시키는 정책에서 벗어나기를 원할 때 이 통화정책수단이 크게 사용될 가능성이 있다.

2.5 통화정책수단의 상대적 장점

공개시장조작은 다른 통화정책수단과 비교해 다음과 같은 4가지 장점을 가지고 있기 때문에 가장 중요한 전통적 통화정책수단이다.

1. 공개시장조작은 공개시장조작 규모에 대해 완벽한 통제력을 가지고 있는 Fed의 주도하에 이루어진다. 예를 들어 Fed는 재할인 대출에 대하여 완벽한 통제력을 발휘하지 못한다. Fed는 재할인율을 변화시킴으로써 은행들로 하여금 재할인 대출을 받도록 장려하거나 재할인 대출을 포기하도록 만들 수는 있으나, 재할인 대출의 규모를 직접 통제할 수는 없다.
2. 공개시장조작은 신축적이고 정확하게 이루어진다. 공개시장조작은 어떠한 규모로

6) 이러한 수치들은 2011년 현재 기준이다. 매년 이 수치들은 미국의 수표발행 예금 증가율의 80%까지 상향 조정된다.

도 수행될 수 있다. 지준 또는 본원통화의 변화가 매우 작은 규모더라도, 공개시장조작은 소규모의 증권 매입이나 매도로 그 일을 해낼 수 있다. 이와 반대로, 지준 또는 본원통화의 변화가 매우 크더라도 공개시장조작은 대규모의 증권 매입이나 매도를 통해 그 일을 해낼 수 있을 만큼 강력한 수단이다.

3. 공개시장조작은 쉽게 반대 방향으로 실행될 수 있다. 만일 공개시장조작을 수행하는 데 실수가 발생하면, Fed는 즉각적으로 그 실수를 해결할 수 있다. 만일 공개시장조작 거래 부서가 너무 많은 공개시장매입을 해서 페더럴펀드 이자율이 지나치게 낮아졌다면, 이 거래 부서는 공개시장매도를 수행함으로써 즉각적으로 이러한 상황을 교정할 수 있다.
4. 공개시장조작은 신속하게 실행될 수 있다. 공개시장조작에는 행정적 지연이 없다. 공개시장조작 거래 부서가 본원통화 또는 지준을 변화시키기 위해 국채전문딜러들에게 주문을 내면 거래가 즉각적으로 이루어진다. 다른 한편, 지준율의 변화는 은행들이 필요지준을 계산하기 위해 컴퓨터 시스템을 조정할 수 있도록 미리 정보를 제공받아야 하기 때문에 실행하는 데 시간이 걸린다. 또한 컴퓨터 시스템을 조정하는 데 비용이 들기 때문에 지준율 변화를 반전시키는 것도 은행에게는 부담이 된다. 이러한 이유 때문에 지준율을 변화시키는 정책수단은 권장되지 않고 있으며 거의 사용되지 않는다.

다른 정책수단이 공개시장조작보다 장점을 가지는 2가지 상황이 존재한다. 첫 번째 상황은 은행이 대규모의 초과지준을 축적한 후에 Fed가 이자율을 인상시키기 원할 때이다. 이 경우 지준을 감소시켜 페더럴펀드 이자율을 인상시키기 위한 대규모 공개시장조작을 수행할 필요 없이 지준에 지급되는 이자율을 인상시킴으로써 페더럴펀드 이자율을 인상시킬 수 있다. 두 번째 상황은 재할인 대출정책이 Fed가 최종대부자 역할을 수행하기 위해서 사용될 수 있을 때이다. 다음에 논의하게 될 1987년의 주식시장 붕괴, 2001년 9월 11일의 테러리스트 공격, 최근의 글로벌 위기에 따른 경험은 재할인 대출정책 수단이 과거 20년 동안 더 중요하게 되었다는 점을 제시해준다.

3 글로벌 금융위기와 비전통적 통화정책수단

정상적인 시기에는 화폐공급을 증가시키고 이자율을 인하시키는 전통적 통화정책수단이 경제를 안정화시키기에 충분하지만, 경제가 최근에 경험하고 있는 것과 같은 전면적인 금융위기를 겪을 때 전통적 통화정책수단은 2가지 이유로 그 역할을 수행할 수 없다. 첫째, 제9장에서 논의했던 것처럼 금융시스템이 자본을 생산적인 용도로 배분할 수 없게 돼 투자지출과 경제가 붕괴될 정도로 작동하지 않을 수 있다. 둘째, 경제에 대한 부정적 충격이 2008년 말에 발생했던 것처럼 단기이자율이 제로 수준으로 떨어졌기 때문에 중앙은행이 단기이자율을 더 이상 인하시킬 수 없는 **제로 하한 문제**(zero-lower-bound problem)를 발생시킬 수 있다. 제로 하한 문제는 사람들이 현금보유보다 채권보유로부터 더 많이 돈을 벌 수 있고 이에 따라 명목이자율이 음이 될 수 없기 때문에 발생한다.[7] 이러한 2가지 이유 때문에 중앙은행은 경제를 진작시키기 위해서 **비전통적 통화정책수단**(nonconventional monetary policy tools)으로 알려져 있는 비이자율 수단이 필요하다. 이러한 비전통적 통화정책수단은 3가지 형태, 즉 (1) 유동성 공급(liquidity provision), (2) 자산 매입(asset purchase), (3) 미래 통화정책조치에 대한 강한 약속(commitment to future monetary policy actions)으로 구성된다.

3.1 유동성 공급

전통적 통화정책조치들은 금융시장을 치유하고 금융위기를 막기에 충분하지 않았기 때문에, Fed는 금융시장에 유동성을 공급하기 위해 대출제도를 전례 없이 확충했다.

1. **재할인 창구 확충 :** 2007년 8월 중순에 금융위기가 발발하자, Fed는 재할인율(Fed가 은행에 대해 시행하는 대출의 이자율)을 페더럴펀드 이자율 목표보다 통상적으로 100 베이시스 포인트 높게 설정하던 것을 50 베이시스 포인트 높게 설정했다. 그 이후 2008년 3월에 Fed는 재할인율을 페더럴펀드 이자율 목표보다 25 베이시스 포인트 높게 설정했다. 그러나 재할인 창구를 통해 차입하는 것은 차입은행이 자금조달이 절실할 정도로 어려움에 처해 있을 수 있다는 점을 제시해서 차입은행을 불명예스럽게 만들기 때문에 재할인 창구의 사용이 금융위기 동안에 제한됐다.
2. **이자율경매대출제도 :** 추가적인 차입을 장려하기 위해 2007년 12월에 Fed는 경쟁적 경매를 통해 결정되는 이자율로 대출을 시행하는 잠정적 이자율경매대출제도(term auction facility, TAF)를 만들었다. 이 대출제도는 은행들이 재할인율보다 낮은 이자율로 차입할 수 있도록 허용하기 때문에 재할인 창구 대출제도보다 더 널리 사용됐다. 이 대출제도의 이자율은 벌과금 이자율로 설정되는 것이 아니라 경쟁적으로 결정됐다. TAF 경매는 200억 달러 규모로 시작됐으나 금융위기가 악화됨에 따라 Fed는 경매금액의 총잔고가 4,000억 달러 이상이 될 정도로 규모를 크게 증가

7) 제4장에서 살펴본 것처럼, 이자율은 어떤 시기에는 매우 작게 음이 될 수 있으나 이 수치는 제로에 매우 가까워서 실용적인 목적으로 이자율의 하한은 제로라고 말할 수 있다.

시켰다. (유럽중앙은행은 4,000억 유로 이상의 금액을 대상으로 2008년 6월에 한 차례의 경매를 통해 이와 유사한 대출제도를 실행했다.)

3. **새로운 대출제도** : Fed는 은행을 대상으로 하는 전통적 대출제도 이외의 대출제도를 통해 금융시스템에 대한 유동성 공급을 확대했다. 이러한 조치들에는 기업어음(commercial paper, CP), 모기지저당증권(mortgage backed securities, MBS), 기타 자산유동화증권(asset backed securities, ABS)의 매입을 촉진하기 위한 대출뿐만 아니라 투자은행에 대한 대출도 포함됐다. 이에 더하여 Fed는 J.P. 모건의 베어스턴스 매입을 돕기 위해 대출을 시행했고, AIG의 도산을 막기 위한 대출도 시행했다. 2007~2009년 기간 동안 이루어진 Fed의 대출제도 확충은 2008년 말에 Fed의 대차대조표를 1조 달러 이상 확대시켰으며 그 이후에도 계속적으로 확대시킬 정도로 실제로 괄목할 만한 것이었다. 금융위기가 진행되는 과정에서 도입된 수많은 새로운 대출제도는 일련의 새로운 약어, 즉 TAF, TSLF, PDCF, AMLF, MMIFF, CPFF, TALF 등을 탄생시켰다. 이러한 대출제도는 [Fed 심층분석] '글로벌 금융위기 동안에 탄생된 Fed의 대출제도'에 보다 더 상세하게 설명돼 있다.

3.2 자산 매입

Fed의 공개시장조작 매입 대상 증권은 통상적으로 특히 만기가 단기인 국채이다. 그러나 금융위기 동안 Fed는 특정한 유형의 신용에 대한 이자율을 낮추기 위해 2개의 새로운 자산 매입 프로그램을 시작했다.

1. 2008년 11월에 Fed는 정부후원기관 매입 프로그램(Government Sponsored Entities Purchase Program)을 만들고 이 프로그램을 통해 궁극적으로 패니 매(Fannie Mae)와 프레디 맥(Freddie Mac)에 의해 보증된 1조 2,500억 달러 규모의 MBS를 매입했다. 이러한 증권 매입을 통해 Fed는 MBS 시장을 지지하고 주택시장을 활성화하기 위해 주택모기지 이자율을 낮추기를 원했다.
2. 2010년 11월에 Fed는 매월 약 750억 달러 규모로 6,000억 달러 상당의 재무부 장기증권을 매입할 것이라고 공표했다. QE2(Quantitative Easing 2, 양적 완화 2)로 알려져 있는 이 프로그램은 장기이자율을 낮추고자 하는 의도를 가지고 있었다. 재무부 증권의 단기이자율은 글로벌 금융위기 동안 제로 하한까지 낮아졌지만 재무부 증권의 장기이자율은 그렇지 않았다. 투자 프로젝트는 장기간 수행되기 때문에 투자 의사결정에는 장기이자율이 단기이자율보다 더 관련된다. 따라서 장기이자율을 낮추기 위한 Fed의 재무부 장기증권 매입은 투자지출과 경제를 진작시키는 데 도움을 줄 수 있다.

Fed 심층분석 글로벌 금융위기 동안에 탄생된 Fed의 대출제도

글로벌 금융위기 동안 Fed는 금융시스템의 서로 다른 부문에 유동성을 회복시키는 데 도움을 주는 일련의 새로운 대출제도를 만드는 데 매우 창조적이었다. 새로운 대출제도와 이들이 창설된 시점 및 그 기능이 아래의 표에 정리돼 있다.

대출제도	창설 시점	기능
Term Auction Facility (TAF)	2007년 12월 12일	Fed로부터의 차입이 보다 널리 사용되도록 하기 위해 통상적인 재할인 대출의 경우처럼 Fed에 의해 설정되기보다는 경쟁적 경매에 의해서 결정되는 이자율로 고정된 금액의 대출을 은행에 제공
Term Securities Lending Facility(TSLF)	2008년 3월 11일	신용시장에서 담보 역할을 하는 재무부 증권을 충분히 공급하기 위해 다른 증권을 담보로 제공하는 조건으로 재무부 증권을 1일보다 장기간 동안 국채전문딜러들에게 대출
Swap Lines	2008년 3월 11일	외국 중앙은행이 그들의 국내 은행에게 달러 대출을 할 수 있도록 외국 통화와 교환해 외국 중앙은행에게 달러를 대출
Loans to J.P. Morgan to buy Bear Stearns	2008년 3월 14일	베어 스턴스의 매입을 용이하게 하기 위해서 J.P. 모건에게 상환청구권이 없는 대출을 제공해 300억 달러의 베어 스턴스 자산 매입
Primary Dealer Credit Facility(PDCF)	2008년 3월 16일	전통적인 재할인 창구 대출제도를 사용하면서 은행에게 제공되는 유사한 조건으로 차입할 수 있도록 (투자은행을 포함한) 국채전문딜러들에게 대출
Loans to AIG	2008년 9월 16일	AIG에게 850억 달러 대출
Asset-Backed Commercial Paper Money Market Mutual Fund Liquidity Facility(AMLF)	2008년 9월 19일	초단기 금융시장 뮤추얼펀드로부터 자산유동화 기업어음(ABCP)을 매입할 수 있도록 국채전문딜러들에게 대출
Commercial Paper Funding Facility(CPFF)	2008년 10월 7일	발행자로부터 기업어음을 매입할 수 있는 자금 지원
Money Market Investor Funding Facility(MMIFF)	2008년 10월 21일	초단기 금융시장 뮤추얼펀드 자산을 매입할 수 있도록 특수목적회사에게 대출
Term Asset-Backed Securities Loan Facility(TALF)	2008년 11월 25일	자산유동화증권시장의 기능을 개선하기 위해서 자산유동화증권을 담보로 제공하고 자산유동화증권의 발행자에게 대출

3.3 양적 완화와 신용 완화

유동성 공급과 자산 매입 프로그램들은 결과적으로 Fed의 대차대조표를 전례 없이 확충시켰다. 2007년 9월에 금융위기가 시작되기 전부터 2009년 말에 금융위기가 종료되기까지, Fed의 자산 규모는 약 8,000억에서 2조 달러 이상으로 증가했다. 이러한 대차대조표의 확충은 제15장에서 살펴본 것처럼 본원통화를 엄청나게 증가시키기 때문에 **양적 완화**(quantitative easing)라고 부른다. 고성능화폐로 알려져 있는 본원통화의 증가는 일반적으로 화폐공급을 증가시키기 때문에 양적 완화는 가까운 미래에 경제를 진작시키고 장래에 인플레이션을 발생시키는 강력한 원동력이 될 수 있다.

양적 완화가 매우 회의적일 수 있는 몇 가지 이유가 존재한다. 첫째, 제15장의 마지막 [응용] '2007~2009년의 금융위기와 화폐공급'에서 살펴본 것처럼 엄청난 Fed의 대차대조표와 본원통화의 확충은 대부분이 초과지준의 보유로 흘러들어갔기 때문에 대규모의 화폐공급 증가를 발생시키지 않았다. 둘째, 페더럴펀드 이자율이 이미 제로 하한까지 하락했기 때문에 Fed의 대차대조표와 본원통화의 확충은 단기이자율을 더 이상 낮추지 못하고 이에 따라 경제를 진작시킬 수 없었다. 셋째, 은행들이 대출을 하는 대신에 초과지준을 추가적으로 증가시킬 수 있기 때문에 본원통화의 증가가 대출을 증가시키는 것을 의미하지 않는다. 실제로 이것이 정확하게 글로벌 금융위기 동안에 발생했던 일이다. 글로벌 금융위기 동안 이루어진 엄청난 본원통화의 증가는 1차적으로 초과지준을 크게 증가시켰고 이에 따라 은행대출은 증가되지 않았다. 일본은행이 주식시장과 부동산시장에서 거품이 꺼진 후에 양적 완화를 시행했을 때 이와 유사한 현상이 발생했던 것으로 보인다. 경제는 회복되지 않았을 뿐만 아니라 마이너스의 인플레이션(디플레이션)이 발생했다.

양적 완화에 대한 회의론이 Fed의 비전통적 통화정책조치가 경제를 진작시키는 데 효과가 없다는 것을 의미하는가? 버냉키 연준 이사회 의장은 Fed의 정책은 Fed의 대차대조표를 확충하기 위한 것이 아니라 **신용 완화**(credit easing), 즉 특정한 신용시장 부문의 기능을 개선하기 위해서 Fed의 대차대조표 구성을 변화시키기 위한 것이기 때문에 그 대답은 '아니요'라고 주장하고 있다. 실제로 버냉키 연준 이사회 의장은 Fed의 정책은 양적 완화로 규정해서는 안 된다고 강하게 말하고 있다.

Fed의 대차대조표 구성을 변화시키는 것이 몇 가지 방법으로 경제를 진작시킬 수 있다. 첫째, Fed가 작동하지 않는 신용시장의 특정 부문에 대한 유동성을 공급할 때, 그것이 그 시장을 작동시키는 데 도움을 주고 이에 따라 자본을 생산적 용도로 배분하고 결과적으로 경제를 진작시킬 수 있다. 둘째, Fed가 특정 증권을 매입할 때, 그것이 이러한 증권에 대한 수요를 증가시키고 제6장에서 살펴본 것처럼 다른 증권과 비교해 상대적으로 특정 증권의 이자율을 하락시킬 수 있다. 따라서 단기이자율이 제로 수준의 하한까지 하락했을지라도 자산 매입은 특정 신용시장의 차입자들을 위해 이자율을 낮추고 이에 따라

지출을 촉진시킬 수 있다. 예를 들면 GSE 모기지저당증권의 매입은 이러한 증권의 이자율을 낮추고 주택모기지 이자율을 크게 하락시킨 것으로 보인다. 장기 국채의 매입도 단기이자율과 비교해 상대적으로 장기 국채 이자율을 하락시킬 수 있었다. 장기이자율은 투자 의사결정에 더 중요할 수 있기 때문에 이러한 자산 매입은 투자지출을 촉진시킬 수 있다. 최근 연구는 Fed의 자산 매입 프로그램은 장기이자율을 100 베이시스 포인트 하락시켰다는 추정치를 제시해 이러한 견해를 지지하고 있는 것으로 보인다.[8)]

3.4 미래 통화정책조치에 대한 강한 약속

글로벌 금융위기 여파로 단기이자율은 제로 수준 이하로 하락시킬 수 없지만, Fed는 앞에서 언급한 것처럼 경제를 진작시키는 장기이자율을 하락시키기 위해 다른 방법을 선택할 수 있었다. 이러한 방법에는 페더럴펀드 이자율을 장기간 동안 제로 수준으로 유지시킬 것이라는 Fed의 강한 약속이 포함된다. 이것이 어떻게 작동되는지를 살펴보기 위해서, 제6장에서 논의한 이자율의 기간구조에 관한 기대이론을 다시 기억해보자. 이자율의 기간구조에 관한 기대이론을 논의하면서, 장기이자율은 시장이 장기채권의 만기 동안에 발생할 것으로 예상하는 단기이자율들의 평균과 같다는 것을 살펴봤다. 장기간 동안 페더럴펀드 이자율을 제로 수준으로 유지하겠다는 미래 통화정책조치에 대한 강한 약속을 통해 Fed는 미래 단기이자율들에 대한 시장의 예상치를 낮추고, 이에 따라 장기이자율을 하락시킬 수 있었다. 컬럼비아 대학교의 마이클 우드포드(Michael Woodford) 교수는 이러한 전략을 **예상의 관리**(management of expectations)라고 불렀다.

2008년 12월 16일 FOMC 회의 후에 Fed가 페더럴펀드 이자율 목표를 0~0.25% 사이로 인하시킬 뿐만 아니라 "공개시장위원회는 약한 경제 상황이 일정한 기간 동안 예외적으로 낮은 수준의 페더럴펀드 이자율을 정당화할 가능성이 있다고 예상한다."고 공표하고 Fed는 이러한 전략을 추구했다. 그 후 수년 동안 Fed는 2011년 8월 FOMC 회의에서 2013년 중반까지 이러한 전략을 추구할 것이라고 강하게 약속하면서 FOMC 회의 결과 발표문에 이러한 문구를 계속해서 사용했다. 이에 따라 재무부 증권의 장기이자율은 하락했지만, 이러한 하락의 얼마만큼이 예상을 관리하기 위한 Fed의 시도 때문인지 아니면 경제가 약하기 때문인지 명백하지 않다.

2가지 유형의 미래 통화정책조치에 대한 강한 약속, 즉 조건부 강한 약속과 무조건부 강한 약속이 존재한다. 2008년에 시작해서 장기간 동안 페더럴펀드 이자율을 제로 수준

---

8) 예를 들어 Joseph Gagnon, Mathew Raskin, Julie Remache, and Brian Sack, "Large Scale Asset Purchases by the Federal Reserve: Did They Work?" *Federal Reserve Bank of New York Economic Policy Review*, Volume 17, Number 1 (May 2011), pp. 41–59 참조.

에서 유지하겠다는 강한 약속은 Fed가 이러한 결정은 약한 경제가 지속된다는 예상에 기초하고 있다고 언급했기 때문에 조건부였다. 만일 경제 상황이 변하면 FOMC는 이러한 강한 약속을 버릴 수 있다는 점을 제시하고 있다. 이와는 달리, Fed는 이러한 결정이 경제 상태에 기초한다고 제시하지 않고 장기간 동안 페더럴펀드 이자율을 제로 수준에서 유지할 것이라고만 말하면서 무조건부 강한 약속을 했을 수도 있었을 것이다. 무조건부 강한 약속은 포기될 것이라는 점을 제시하지 않고 이에 따라 장기이자율에 더 큰 효과를 미칠 수 있기 때문에 조건부 강한 약속보다 더 강력하다는 장점을 가진다. 불행하게도, 무조건부 강한 약속은 상황이 약속을 포기하는 것이 더 좋을 정도로 변화한다 해도 Fed가 약속한 대로 돌아갈 수 없다고 생각하고 그렇게 할 수 있는 단점을 가진다.

무조건부 강한 약속의 문제점은 2003~2006년 기간 동안 Fed가 경험한 것이 보여준다. 2003년에 Fed는 인플레이션율이 너무 낮고 디플레이션의 가능성이 크다는 점을 우려했다. 2003년 8월 12일 FOMC 회의에서 FOMC는 "이러한 상황에서 공개시장위원회는 적응적 정책이 상당한 기간 동안 유지될 수 있다고 믿는다."고 발표했다. 그 이후 2004년 6월 30일 FOMC 회의에서 Fed가 긴축적 통화정책을 시작했을 때, FOMC는 "적응적 정책은 측정될 수 있는 속도로 폐기될 수 있다."고 발표문을 바꾸었다. 그 이후 2006년 6월까지 10번의 FOMC 회의 동안 Fed는 매 회의마다 정확하게 0.25% 포인트씩 페더럴펀드 이자율 목표를 인상했다. 시장은 FOMC 발표문을 무조건부 강한 약속을 제시하고 있었던 것으로 해석했고 이것이 Fed가 매 회의에서 페더럴펀드 이자율의 0.25% 포인트 변동으로부터 이탈하지 않도록 제약될 수 있었던 이유이다. 뒤돌아보면 이러한 강한 약속이 결과적으로 인플레이션율을 바람직한 수준 이상으로 상승시키면서 너무 장기간 동안 너무 쉬운 통화정책을 수행하게 되는 결과를 초래했고, 제9장에서 논의했던 것처럼 경제를 황폐화시키는 결과를 발생시켰던 주택거품을 조장하는 데 도움을 주었을 수 있다.

4 유럽중앙은행의 통화정책수단

연방준비제도와 마찬가지로 유럽중앙은행시스템(ESCB, 일반적으로 유럽중앙은행(ECB)이라고 지칭됨)은 **1일 만기 대출 이자율**(overnight cash rate) 목표를 결정하게 되는 **목표 이자율**(target financing rate)을 결정함으로써 통화정책의 입장에 대한 시그널을 보낸다. 페더럴펀드 이자율과 같이, 1일 만기 대출 이자율은 은행 간에 이루어지는 초단기 대출에 적용되는 이자율이다. 유럽중앙은행에 의해 사용되는 통화정책수단은 연방준비제도에 의해 사용되는 정책수단과 유사하며 이에는 공개시장조작, 은행에 대한 대출정책, 지준의무가 포함된다.

4.1 공개시장조작

연방준비제도와 마찬가지로 유럽중앙은행도 통화정책을 수행하고 목표 이자율에서 1일 만기 대출 이자율을 결정하기 위해 1차적 수단으로 공개시장조작을 사용한다. **MRO**(main refinancing operations, 자금조달조작)는 주로 사용되는 공개시장조작의 형태이고 Fed의 리포 거래와 유사하다. MRO는 환매조건부로 이루어지는 투자적격 자산의 매입이나 매도 또는 적격 자산을 담보로 설정하고 주간 단위로 이루어지는 **역거래**(reverse transactions)가 2주 안에 반전되는 형태로 이루어진다. 금융기관들은 입찰을 하고 유럽중앙은행이 입찰 수락 여부를 결정한다. 연방준비제도와 마찬가지로 유럽중앙은행은 가장 매력적인 가격을 제시한 입찰을 수락하고 필요한 지준의 양이 공급되기까지 매입이나 매도를 한다. 뉴욕 연준은행의 거래 부서에서 공개시장조작을 수행하는 연방준비제도와는 달리 유럽중앙은행은 개별적인 국가중앙은행에 의해 공개시장조작이 수행되도록 함으로써 공개시장조작을 분권화하고 있다.

공개시장조작의 두 번째 형태는 **LTRO**(longer-term refinancing operations, 장기대출제도)이다. LTRO는 유로지역 은행시스템을 위한 매우 작은 규모의 유동성 원천이고 Fed의 단순 공개시장조작과 유사하다. LTRO는 월간 단위로 수행되고 일반적으로 3개월의 만기를 가지는 증권의 매입이나 매도 형태로 이루어진다. LTRO는 통화정책의 입장에 대한 시그널을 보내기 위해 사용되지 않고 유로지역 은행들에게 장기자금을 공급하는 것을 목표로 삼고 있다.

4.2 은행에 대한 대출정책

다음으로 중요한 유럽중앙은행의 통화정책수단은 은행에 대한 대출정책이다. 재할인대출이 개별적인 연준은행에 의해 수행되는 것처럼, 은행에 대한 대출은 국가중앙은행에 의해 수행된다. 은행에 대한 대출은 **한계대출제도**(marginal lending facility)라고 부르는 대기성 대출제도를 통해 이루어진다. 은행들은 목표 이자율보다 100 베이시스 포인트 높게 설정되는 **한계대출 이자율**(marginal lending rate)로 국가중앙은행이 제공하는 1일 만기 대출을 차입할 수 있다. 미국에서 재할인율이 페더럴펀드 이자율의 상한선이 되는 것처럼, 한계대출 이자율은 유럽통화동맹에서 1일 만기 대출 이자율의 상한선이 된다. 미국, 캐나다, 호주, 뉴질랜드에서와 마찬가지로, 유로시스템은 또 다른 대기성 신용제도인 **예금신용제도**(deposit facility)를 가지고 있다. 은행들은 예금신용제도하에서 예금신용에 대해 목표 이자율보다 100 베이시스 포인트 낮은 고정이자율로 이자를 지급받는다. 사전에 결정되는 예금신용에 대한 이자율은 1일 만기 대출 이자율의 하한선이 되는 반면 한계대출 이자율은 상한선이 된다. 이것이 한쪽 방향으로 100 베이시스 포인트의 범위를 가지는 이자율 밴드 또는 이자율 회랑을 만든다.

4.3 지준의무

연방준비제도와 마찬가지로 유럽중앙은행은 모든 예금수취 금융기관에게 수표발행 예금과 기타 단기 예금 총액의 2%를 국가중앙은행의 지준 계좌에 보유해야 한다는 지준의무를 부과하고 있다. 지준의무 적용을 받는 모든 금융기관은 유럽중앙은행의 대기성 대출제도를 사용할 수 있고 공개시장조작에 참여할 수 있다. 연방준비제도와 마찬가지로 유럽중앙은행은 지준에 대해 이자를 지급한다. 이에 따라 은행이 지준의무를 준수하는 데 따르는 비용은 낮다.

요 약

SUMMARY

1 지준시장에 대한 수요와 공급 분석은 다음과 같은 결과를 제시한다. Fed가 공개시장매입을 하거나 지준율을 인하할 때 페더럴펀드 이자율은 하락한다. Fed가 공개시장매도를 하거나 지준율을 인상할 때 페더럴펀드 이자율은 상승한다. 재할인율과 지준에 지급되는 이자율의 변화도 페더럴펀드 이자율에 영향을 줄 수 있다.

2 전통적 통화정책수단으로는 공개시장조작, 재할인 대출정책, 지준의무, 지준에 대한 이자지급이 있다. Fed의 주도하에 이루어지는 공개시장조작은 신축적이고 쉽게 반전될 수 있으며 신속하게 실행될 수 있기 때문에 정상적인 시기에 통화정책을 실행하기 위해 Fed에 의해 사용되는 1차적 수단이다. 재할인 대출정책은 Fed가 최종대부자 역할을 수행할 수 있도록 해주는 장점을 가지고 있다. 은행들이 대규모 초과지준을 축적하고 있을 때, 페더럴펀드 이자율을 인상시키기 위한 지준에 지급되는 이자율의 인상은 지준을 감소시키기 위해 대규모의 공개시장조작을 실행해야 할 필요성을 회피하게 해준다.

3 단기이자율이 제로 하한에 있기 때문에 중앙은행이 단기이자율을 인하시킬 수 없는 제로 하한 문제가 발생할 때 전통적 통화정책수단은 더 이상 효과적이지 않다. 이러한 상황에서 중앙은행은 유동성 공급, 자산 매입, 미래 정책조치에 대한 강한 약속과 같은 비전통적 통화정책수단을 사용한다. 유동성 공급과 자산 매입은 중앙은행 대차대조표의 확충을 발생시키고 이것을 양적 완화라고 부른다. 중앙은행 대차대조표의 확충 자체가 경제에 커다란 영향을 미칠 가능성은 없으나 신용 완화라고 부르는 유동성 공급과 자산 매입에 의해 이루어지는 중앙은행 대차대조표의 구성 변화는 신용시장의 기능을 개선시킴으로써 경제에 커다란 영향을 미칠 수 있다.

4 유럽중앙은행에 의해 사용되는 통화정책수단은 연방준비제도에 의해 사용되는 통화정책수단과 유사하고 이에는 공개시장조작, 은행에 대한 대출정책, 지준의무가 포함된다. 전형적으로 2주 안에 반전되는 리포를 사용하는 공개시장조작을 의미하는 MRO(자금조달조작)는 1일 만기 대출 이자율을 목표 이자율에서 결정하기 위한 1차적 수단이다. 유럽중앙은행은 또한 1일 만기 대출 이자율이 목표 이자율의 100 베이시스 포인트 안에서 유지되도록 보장하는 대기성 대출제도를 운용한다.

주요 용어 KEY TERMS

국채전문딜러(primary dealers)
대기성 대출제도(standing lending facility)
동태적 공개시장조작(dynamic open market operations)
목표 이자율(target financing rate)
방어적 공개시장조작(defensive open market operations)
비전통적 통화정책수단(nonconventional monetary policy tools)
신용 완화(credit easing)
양적 완화(quantitative easing)
역거래(reverse transactions)
예금신용제도(deposit facility)
예상의 관리(management of expectations)
1일 만기 대출 이자율(overnight cash rate)
장기대출제도(longer-term refinancing operations, LTRO)
전통적 통화정책수단(conventional monetary policy tools)
제로 하한 문제(zero-lower-bound problem)
재할인 창구(discount window)
자금조달조작(main refinancing operations, MRO)
최종대부자(lender of last resort)
페더럴펀드 이자율(federal fund rate)
한계대출 이자율(marginal lending rate)
한계대출제도(marginal lending facility)
환매조건부 매도(역리포)(matched sale-purchase transaction(reverse repo))
환매조건부 매입(리포)(repurchase agreement(repo))

연습문제 QUESTIONS

1 만일 공개시장조작 거래 부서의 책임자가 뉴욕 시를 강타할 폭설이 발행된 수표의 변제를 어렵게 만들고 이에 따라 플로트를 증가시킬 것이라는 소식을 듣는다면, 이 책임자는 어떤 형태의 방어적 공개시장조작을 수행하겠는가?

2 민간의 현금보유량이 증가하는 휴가 시즌 동안에는 일반적으로 어떤 형태의 방어적 공개시장조작이 수행되는가? 그 이유는 무엇인가?

3 만일 재무부가 국방관련 계약자들에게 거액의 대금을 지불하고 그 결과로 Fed에 예치한 재무부 예금이 감소하면, 공개시장조작 거래 부서의 책임자는 어떤 형태의 방어적 공개시장조작을 수행하겠는가?

4 플로트가 정상적인 수준 아래로 감소하면, 공개시장조작 거래 부서의 책임자는 왜 본원통화에 영향을 주기 위해 채권의 단순 매입보다 환매조건부 매입을 사용하는 것이 더 바람직하다고 생각하는가?

5 "Fed가 차입지준의 수준에 영향을 미칠 수 있는 유일한 방법은 재할인율을 조정하는 것이다." 이 진술은 참인가, 거짓인가, 또는 불확실한가? 설명하라.

6 "페더럴펀드 이자율은 재할인율보다 결코 높아질 수 없다." 이 진술은 참인가, 거짓인가, 또는 불확실한가? 설명하라.

7 "페더럴펀드 이자율은 지준에 지급되는 이자율보다 결코 낮아질 수 없다." 이 진술은 참인가, 거짓인가, 또는 불확실한가? 설명하라.

8 왜 지준에 대한 이자지급이 Fed가 위기를 관리하기 위한 중요한 수단인가?

9 왜 초단기 공개시장조작을 수행하기 위해서 단순 증권 매입보다 환매조건부 매입이 사용되는가?

10 대부분의 공개시장조작은 환매조건부 매입이다. 이 사실은 동태적 공개시장조작과 비교해 방어적 공개시장조작의 상대적 규모가 어떠하다는 것을 말해주는가?

11 2008년 글로벌 금융위기 이후에 Fed 대차대조표상의 자산은 2007년 말의 약 8,000억 달러로부터 2011년의

3조 달러로 극적으로 증가했다. 보유 자산의 대부분은 글로벌 금융위기의 결과로 도입된 다양한 대출제도를 통해 획득된 장기 증권이다. 이러한 상황에서, 역리포(환매조건부 매도)는 Fed가 미래의 잠재적 인플레이션 문제를 감소시키면서 질서 있게 보유 자산을 감소시키는 데 어떻게 도움을 줄 수 있는가?

12 "FDIC의 존재가 은행 패닉의 가능성을 제거하기 때문에 재할인 대출은 더 이상 필요하지 않다." 이 진술은 참인가, 거짓인가, 또는 불확실한가?

13 은행 패닉을 막기 위해 금융기관들에 대한 대출을 사용하는 데 따른 단점은 무엇인가?

14 여러분은 종종 신문에서 Fed가 방금 재할인율을 인하했다는 소식을 읽는다. 이것이 Fed가 보다 확장적 통화정책으로 움직이고 있다는 것을 의미하는가? 왜 그런가? 또는 왜 그렇지 않은가?

15 이자율의 경기순응적(procyclical) 움직임(이자율이 경기확장기에는 상승하고 경기침체기에는 하락하는 것)이 어떻게 Fed의 재할인 대출 결과로 화폐공급의 경기순응적 변화를 발생시키는가? 이러한 화폐공급의 변화는 왜 바람직하지 않을 수 있는가?

16 "만일 지준의무가 폐지되면 이자율을 통제하는 것이 더 어려워질 것이다." 이 진술은 참인가, 거짓인가, 또는 불확실한가?

17 "지준율을 100%로 인상하는 것은 화폐공급에 대한 완전한 통제를 가능하게 만든다. 따라서 의회는 Fed가 지준율을 100%까지 인상하도록 허용해야 한다." 이 진술에 대해 논의하라.

18 Fed가 화폐공급을 통제하기 위해 사용하는 공개시장조작, 금융기관에 대한 대출, 지준율을 신축성, 반전성, 유효성, 실행 속도의 기준에 의거해 비교하라.

19 왜 금융위기 동안 이자율경매대출제도(TAF)가 재할인창구보다 금융기관들에 의해 널리 사용됐는가?

20 단기이자율이 제로 하한에 있을 때 전통적 통화정책의 대안인 양적 완화의 장점과 단점은 무엇인가?

21 왜 Fed의 대차대조표 구성은 금융위기 동안 통화정책에 잠재적으로 중요한 요소가 되는가?

22 무조건부 장한 약속의 장점과 단점은 무엇인가?

응용문제 APPLIED PROBLEMS

23 예금이 현금으로 이동하면 페더럴펀드 이자율에 어떤 일이 발생하는가? 여러분의 답을 설명하기 위해 지준시장에 대한 수요와 공급 분석을 사용하라.

24 왜 재할인율 인하가 일반적으로 차입지준을 증가시키지 못하는가? 여러분의 답을 설명하기 위해 지준시장에 대한 수요와 공급 분석을 사용하라.

25 지준시장에 대한 수요와 공급 분석을 사용하면서, 다음과 같은 상황에서 다른 모든 것이 일정하다면 페더럴펀드 이자율, 차입지준, 비차입지준에 어떤 일이 발생하는가?

a. 경제가 놀라울 정도로 강하고 이에 따라 수표발행 예금이 증가한다.

b. 은행들은 미래에 수표발행 예금의 인출이 예외적으로 큰 규모로 증가할 것이라고 예상한다.

c. Fed는 피더럴펀드 이자율 목표를 인상한다.

d. Fed는 현재 균형 페더럴펀드 이자율보다 높게 지준에 지급되는 이자율을 인상한다.

e. Fed는 지준율을 인하한다.

f. Fed는 지준율을 인하하고 공개시장매도를 수행해서 이러한 조치를 불태화시킨다.

웹 연습문제 WEB EXERCISES

1 www.federalreserve.gov/fomc/에 들어가보라. 이 사이트는 공개시장위원회(FOMC)의 활동에 관한 정보를 제공한다. 화면을 아래로 이동시켜 Calendar로 가서 지난 회의 결과를 발표한 자료를 클릭하라. 이 발표문을 한 문단으로 요약하라. FOMC가 페더럴펀드 이자율 목표를 인상시키기로 했는지 인하시키기로 했는지를 반드시 주목해서 살펴보라. 이제 지난 2번의 회의 발표문을 개관하라. 공개시장위원회의 입장이 변했는가?

2 www.federalreserve.gov/releases/h15/update/에 들어가보라. 현재 페더럴펀드 이자율은 얼마인가? 현재 연방준비제도의 재할인율은 얼마인가? 단기이자율은 2008년 말 이후 상승했는가 하락했는가?

참고 웹사이트 WEB REFERENCES

www.federalreserve.gov/fomc/fundsrate.htm

과거의 페더럴펀드 이자율 데이터를 제공하고, Fed의 목표 페더럴펀드 이자율에 대해 논의한다.

www.frbdiscountwindow.org/

재할인 창구의 운영에 관한 정보, 현재와 과거의 이자율에 관한 통계 자료를 제공한다.

www.federalreserve.gov/monetarypolicy/reservereq.htm

지준율에 관한 과거 통계 자료와 논의를 제공한다.

www.federalreserve.gov/fomc

FOMC의 현재 위원 명단, 회의 일자, 기타 정보를 제공한다.

17 통화정책의 수행 : 전략과 전술

PREVIEW

통화정책을 올바르게 수행하는 것은 경제의 건전성에 매우 중요하다. 과도하게 확장적인 통화정책은 경제의 효율성을 감소시키고 경제성장을 저해하는 높은 인플레이션을 발생시킨다. 지나치게 긴축적인 통화정책은 생산량이 감소하고 실업이 증가하는 심각한 경기후퇴를 발생시킬 수 있다. 또한 지나치게 긴축적인 통화정책은 대공황기 동안 미국과 최근의 일본에서 발생한 것과 같은 디플레이션, 즉 물가 수준의 하락을 발생시킬 수 있다. 제9장에서 살펴본 것처럼 디플레이션은 특히 금융불안정을 증가시키고 금융위기를 악화시킬 수 있기 때문에 경제를 손상시킬 수 있다.

이제 연방준비제도와 같은 중앙은행이 통화정책을 수행하기 위해 사용하는 수단들을 이해했으므로, 중앙은행이 통화정책을 어떻게 수행해야 하는지를 살펴보도록 하자. 이 주제를 깊이 있게 살펴보기 위해 먼저 통화정책의 목표를 살펴보고 이어서 통화정책 수행을 위한 가장 중요한 전략 중 하나인 인플레이션 타게팅을 살펴본다. 이어서 통화정책 수단을 선택하고 설정하는 통화정책 전술을 살펴본다. 통화정책의 전략과 전술을 살펴본 후에, 미래의 통화정책 방향에 관한 시사점들을 얻기 위해 Fed가 과거에 수행한 통화정책을 고찰한다.

1 물가안정과 명목기준지표

과거 수십 년 동안 전 세계의 정책 당국자들은 인플레이션의 사회적 및 경제적 비용을 점점 더 이해하게 되었고 경제정책의 목표로서 안정적인 물가 수준을 유지하는 것에 대해 점점 더 관심을 가지게 됐다. 중앙은행이 실제로 낮으면서 안정적인 인플레이션으로 정의하는 **물가안정**(price stability)은 점점 더 가장 중요한 통화정책의 목표로 여겨지고 있다. 물가 수준의 상승(인플레이션)은 경제에 불확실성을 만들고 이러한 불확실성은 경제성장을 저해할 수 있기 때문에 물가안정은 바람직하다. 예를 들면 물가의 전반적인 수준이 변화할 때, 재화와 서비스의 가격에 의해 전달되는 정보는 해석하기 어렵게 되고 이것이 소비자, 기업, 정부의 의사결정을 복잡하게 만들며 결과적으로 효율적이지 못한 금융시스템을 만들어내게 된다.

여론조사는 사람들이 인플레이션에 대해 적대적이라는 점을 보여 줄 뿐만 아니라 인플레이션이 경제성장률을 낮춘다는 사실을 보여 주는 증거도 점점 더 많이 제시되고 있다. 불안정한 물가의 가장 극단적인 예는 최근에 아르헨티나, 브라질, 러시아가 경험했던 하이퍼인플레이션(hyperinflation)이다. 하이퍼인플레이션은 경제의 작동에 매우 해를 끼치는 것으로 판명됐다.

또한 인플레이션은 미래에 대한 계획을 세우는 일을 어렵게 만든다. 예를 들면 인플레이션 상황에서는 자녀의 대학교육을 위해 얼마를 저축해야 하는지를 결정하는 것이 더 어렵다. 게다가 인플레이션은 한 국가의 사회 조직을 긴장시킬 수 있다. 사회의 각 집단은 자신의 소득이 상승하는 물가 수준을 따라잡을 수 있도록 하기 위해 다른 집단들과 경쟁할 수 있기 때문에 갈등이 발생할 수 있다.

1.1 명목기준지표의 역할

물가안정은 경제의 장기적 건전성에 매우 중요하기 때문에, 성공적인 통화정책의 핵심적 요소는 물가안정을 달성하기 위해 물가 수준을 낮추는 것과 연계돼 있는 인플레이션율이나 화폐공급과 같은 명목변수인 **명목기준지표**(nominal anchor)를 사용하는 것이다. 이러한 명목변수를 좁은 범위 안에서 유지시키는 명목기준지표의 준수는 직접적으로 낮고 안정적인 인플레이션 기대를 촉발시킴으로써 물가안정을 촉진시킨다. 명목기준지표의 중요성을 제시해주는 더 미묘한 이유는 명목기준지표의 사용이 **동태적 비일관성 문제**(time-inconsistency problem)를 제한할 수 있기 때문이다. 재량적이고 일일 기준으로 수행되는 통화정책은 장기적으로 불량한 결과를 발생시킨다.

1.2 동태적 비일관성 문제

동태적 비일관성 문제는 우리가 매일의 삶에서 계속적으로 직면하는 문제이다. 종종 우리는 장기적으로 좋은 결과를 발생시킬 계획을 가지고 있으나 내일이 되면 단기 이익을 얻을 수 있기 때문에 어찌 할 수 없이 원래의 계획을 포기하게 된다. 예를 들면 우리는 다이어트를 하겠다는 새해의 결심을 하게 되나 곧바로 초콜릿 아이스크림을 한 입, 또 한 입, 또 한 입 더 먹는 것에 저항할 수 없게 된다. 이에 따라 체중은 다시 증가하기 시작한다. 달리 말하면, 우리는 우리 자신이 시간이 흐름에 따라 좋은 계획을 일관성 있게 따를 수 없다는 것을 알게 된다. 이에 따라 좋은 계획은 동태적 비일관성 문제를 가지게 되고 조만간에 버려질 것이다.

통화정책 당국자들도 동태적 비일관성 문제에 직면한다. 그들은 항상 기업이나 사람들이 기대하는 것보다 더 확장적인 재량적 통화정책을 추구하게 되는 유혹을 받게 된다. 왜냐하면 그러한 정책은 단기적으로 생산량을 증가시키거나 실업을 감소시킬 것이기 때문이다. 그러나 임금과 가격에 관한 의사결정은 정책에 대한 근로자와 기업의 기대를 반영하기 때문에 최선의 정책은 확장적 정책을 추구하는 것이 아니다. 근로자와 기업은 중앙은행이 확장적 정책을 추구하는 것을 알게 될 때 인플레이션에 대한 그들의 기대를 높일 것이고 이것이 임금과 가격을 상승시키게 될 것이다. 임금과 가격의 상승은 더 높은 인플레이션을 발생시킬 것이나 평균적으로 생산량을 증가시키지는 못할 것이다(이러한 쟁점은 제25장에서 공식적으로 상세하게 논의된다).

중앙은행은 예상치 않은 확장적 정책으로 사람들을 놀라게 하는 대신 인플레이션을 지속적으로 통제하면 장기적으로 더 양호한 인플레이션 성과를 달성하게 될 것이다. 그러나 정치가들이 압력을 가해 중앙은행이 과도하게 확장적 통화정책을 시행해 생산량을 증가시키도록 만들 가능성이 있기 때문에, 중앙은행은 재량적 정책이 불량한 결과(생산량의 증가가 없는 높은 인플레이션)를 발생시킬 것이라는 점을 인식하고 있더라도 여전히 인플레이션 통제를 위한 더 좋은 정책을 추구하지 못할 수 있다.

동태적 비일관성 문제를 어떻게 다뤄야 하는지에 대한 실마리는 육아법에 관한 책들로부터 얻을 수 있다. 부모들은 제멋대로 행동하는 자녀에게 굴복하면 매우 버릇없는 자녀를 만들게 된다는 것을 알고 있다. 그럼에도 불구하고 아이가 성질을 부릴 때, 많은 부모들은 아이를 조용하게 만들기 위해 아이가 원하는 것을 준다. 부모들은 '굴복하지 않기'를 지키지 못하기 때문에, 아이는 나쁘게 행동하면 원하는 것을 얻을 것이라고 예상하고 반복해서 성질을 부릴 것이다. 육아법에 관한 책들은 동태적 비일관성 문제에 대한 한 가지 해법을 제시한다. 그것은 부모들이 자녀를 위한 준칙을 세우고 지켜야 한다는 것이다.

명목기준지표는 행동 준칙과 같은 것이다. 자녀를 키우는 데 있어서 준칙이 부모가 자녀에게 굴복하는 재량적 행위를 하는 것에 저항하는 데 도움을 줌으로써 동태적 비일관성 문제가 발생하지 않도록 하는 데 도움을 주는 것처럼, 명목기준지표는 재량적 정책에 대해 예상되는 제약을 부과함으로써 통화정책에서 발생하는 동태적 비일관성 문제가 발생하지 않도록 하는 데 도움을 줄 수 있다.

2 통화정책의 기타 목표

물가안정이 대부분 중앙은행의 1차적 목표지만, 중앙은행의 관리들은 5가지 다른 목표, 즉 (1) 높은 고용 수준과 생산량 안정, (2) 경제성장, (3) 금융시장의 안정, (4) 이자율 안정, (5) 외환시장의 안정을 통화정책의 목표로 계속적으로 언급하고 있다.

2.1 높은 고용 수준과 생산량 안정

높은 고용 수준은 2가지 중요한 이유 때문에 달성할 만한 가치가 있는 목표이다. 첫째, 높은 수준의 실업은 많은 인간적 불행을 발생시킨다. 둘째, 실업률이 높을 때 경제는 빈둥거리며 노는 근로자뿐만 아니라 사용되지 않고 있는 자원(폐쇄된 공장과 사용되지 않는 장비)을 가지게 되고 그 결과로 생산량의 감소(GDP의 감소)가 발생한다.

높은 수준의 고용이 바람직한 것은 분명하지만, 그 수준은 어느 정도여야 하는가? 어느 수준에서 경제가 완전고용 상태에 있다고 말할 수 있는가? 언뜻 보기에 완전고용은 일자리가 없는 근로자가 없는 상태, 즉 실업률이 0인 상태일 수 있다. 그러나 이러한 정의는 적정한 기업과 적정한 근로자를 찾기 위한 근로자와 기업의 탐색 과정에서 발생하는 소위 **마찰적 실업**(frictional unemployment)이 경제에 유익하다는 사실을 무시한 것이다. 예를 들면 보다 좋은 일자리를 찾는 근로자는 일자리를 찾는 동안 실업 상태에 있을 수 있다. 근로자는 종종 다른 활동(가족 돌보기, 여행, 학업)을 하기 위해 일시적으로 직장을 떠나기도 하고, 그들이 고용시장에 다시 진입할 경우 적정한 일자리를 찾는 데 약간의 시간이 걸릴 수 있다.

경제가 완전고용 상태에 있을 때 실업률이 0이 아닌 또 다른 이유는 일자리에서 요구되는 조건과 근로자의 숙련도 또는 확보 가능성 간의 불일치 때문에 발생되는 소위 **구조적 실업**(structural unemployment)이 존재하기 때문이다. 분명히 이러한 종류의 실업은 바람직하지 않다. 그럼에도 불구하고 통화정책은 이러한 구조적 실업에 대해 아무런 일도 할 수 없다.

높은 고용 수준의 목표는 0의 실업률이 아니고 노동에 대한 수요와 노동의 공급이 일치하는, 완전고용에 상응하는 0보다 높은 실업률 수준을 달성하는 것이다. 이러한 실업률 수준을 **자연실업률**(natural rate of unemployment)이라고 부른다.

자연실업률의 정의는 산뜻하고 권위가 있는 것처럼 들리지만, 한 가지 어려운 문제가 해결되지 않은 채 남아 있다. 완전고용에 상응하는 실업률은 얼마인가? 어느 경우의 실업률은 명백히 너무 높다. 예를 들어 대공황기 동안 20%를 초과한 실업률은 분명히 너무 높았다. 다른 한편, 1960년대 초에 정책 당국자들은 적정한 실업률 목표를 4%라고 생각했다. 그러나 이러한 실업률 목표도 인플레이션을 가속화시켰다는 점에서 너무 낮은 수준이었다. 현재 자연실업률의 추정치는 4.5~6%지만, 이 추정치에 대해서도 상당한 불확실성과 의견불일치가 존재한다. 예를 들면 일자리나 직업훈련 프로그램에 관해 보다 양호한 정보를 제공하는 것과 같은 적정한 정부 정책은 자연실업률을 감소시킬 수 있다.

높은 고용 수준 목표는 다른 각도로 생각해볼 수 있다. 실업 수준은 경제의 경제활동 수준과 연계돼 있기 때문에, 특정한 생산량 수준이 자연실업률 수준에서 생산된다. 이러한 생산량은 **자연산출량**(natural rate of output)이라고 부르나 이보다는 **잠재산출량**(potential output)이라는 용어가 더 자주 사용된다.

따라서 높은 고용 수준 목표를 달성하고자 하는 것은 중앙은행이 생산량 수준을 자연산출량 수준으로 이동시키도록 해야 한다는 것을 의미한다. 달리 말하면, 중앙은행은 생산량 수준을 자연산출량 수준 주위에서 안정시키도록 해야 한다.

2.2 경제성장

지속적인 경제성장의 목표는 높은 고용 수준의 목표와 밀접히 관련돼 있다. 왜냐하면 실업률이 낮을 때 기업은 생산성과 경제성장을 증가시키기 위해 자본재에 투자할 가능성이 더 높기 때문이다. 이와 반대로 만일 실업률이 높고 공장이 멈춰 있다면, 기업은 추가적인 공장과 장비에 투자하지 않는다. 경제성장의 목표와 높은 고용 수준의 목표는 밀접하게 관련돼 있지만, 중앙은행은 직접적으로 기업이 투자하는 것을 장려하거나 기업이 충분한 자금을 확보해 투자할 수 있도록 사람들의 저축을 장려해 경제성장을 촉진시키는 것을 목표로 삼을 수 있다. 사실 이것은 기업이 시설과 장비에 투자하게 만들고 납세자가 보다 많이 저축하게 하는 세금 인센티브를 제공해 경제성장을 촉진시키고자 하는 **공급측면 경제**정책의 명시적인 목표이다. 또한 통화정책이 경제성장을 촉진시키는 데 어떤 역할을 할 수 있는지에 관한 활발한 논쟁이 계속되고 있다.

2.3 금융시장의 안정

제9장의 분석이 보여주는 것처럼, 금융위기는 자금을 생산적인 투자기회를 가지고 있는 사람에게 이전시키는 금융시장의 능력을 약화시켜 경제활동의 급격한 위축을 발생시킬 수 있다. 금융위기를 피할 수 있는 보다 안정된 금융시스템을 구축하는 것은 중앙은행의 중요한 목표이다. 실제로, 제14장에서 살펴본 것처럼 연방준비제도는 1907년의 은행 패닉에 대응해 금융 안정을 증진시키기 위해 창설됐다.

2.4 이자율 안정

이자율의 변동은 경제의 불확실성을 만들고 미래에 대한 계획 수립을 어렵게 만들 수 있기 때문에 이자율의 안정이 필요하다. 예를 들어 주택을 사고자 하는 소비자의 구매 의사에 영향을 주는 이자율의 변동은 소비자가 언제 주택을 매입해야 할지 결정하는 일과 건설회사가 얼마나 많은 주택을 지어야 할지 계획하는 일을 더욱 어렵게 만든다. 또한 제

14장에서 논의했던 여러 가지 이유 때문에 중앙은행은 이자율의 상승을 억제하길 원할 수 있다. 이자율의 상승은 중앙은행에 대한 적개심을 불러일으키고 중앙은행의 권한이 축소돼야 한다는 요구를 유발시킬 수 있다.

또한 이자율의 변동은 금융기관에게 상당한 불확실성을 만들어내기 때문에, 이자율의 안정은 금융시장의 안정을 강화시킨다. 이자율의 상승은 금융기관의 도산을 야기할 수 있는 장기채권과 모기지의 대규모 자본손실을 발생시킨다. 최근에 더 두드러졌던 이자율의 변동은 저축대부조합과 상호저축은행에게 특히 심각한 문제였고 이들 중 많은 금융기관이 1980년대와 1990년대 초에 심각한 재무적 어려움에 처하게 됐다.

2.5 외환시장의 안정

국제 무역의 중요성이 증가함에 따라 다른 국가 통화들에 대한 한 국가 통화의 상대가치가 중앙은행의 주요 관심사항이 됐다. 달러 가치의 상승은 미국 산업을 다른 국가들의 산업보다 덜 경쟁적으로 만들고 달러 가치의 하락은 미국의 인플레이션을 증가시킨다. 이에 더해 달러 가치의 큰 변동을 막는 것은 기업과 개인이 해외에서 재화를 구매하거나 판매하는 일을 사전에 계획하는 것을 보다 용이하게 만든다. 따라서 외환시장에서 달러 가치의 극심한 변동을 안정시키는 일은 통화정책의 중요한 목표다. 국제 무역에 보다 더 의존적인 국가들에서 외환시장의 안정은 더욱 중요하다.

3 물가안정이 통화정책의 1차적 목표여야 하는가?

장기적으로는 물가안정 목표와 앞에서 언급한 기타 목표 간에 모순이 존재하지 않는다. 자연실업률은 높은 인플레이션율에 의해 낮아지지 않는다. 따라서 높은 인플레이션율은 장기적으로 낮은 실업률 또는 높은 수준의 고용을 발생시킬 수 없다. 달리 말하면, 인플레이션과 고용 간에 장기적 상충관계는 존재하지 않는다. 장기적으로 물가안정은 금융안정과 이자율의 안정뿐만 아니라 경제성장을 촉진한다. 물가안정은 장기적으로 기타 목표와 상충되지 않지만, 단기적으로 종종 높은 수준의 고용과 이자율의 안정 목표들과 상충관계를 가진다. 예를 들어 경제가 확장되고 있고 실업률이 하락하고 있을 때 경제는 과열될 수 있고 이에 따라 인플레이션율의 상승이 발생할 수 있다. 물가안정 목표를 달성하기 위해 중앙은행은 이자율을 상승시킴으로써 경제가 과열되는 것을 막을 것이다. 이러한 조치는 단기적으로 고용을 감소시킬 것이고 이자율의 불안정성을 증가시킬 것이다. 중앙은행은 이러한 목표들 간의 상충을 어떻게 해결해야 하는가?

3.1 순차적 책무와 복수 책무

물가안정은 경제의 장기적 건전성에 중요하기 때문에 많은 국가가 물가안정이 중앙은행의 1차적 장기 목표가 돼야 한다고 결정했다. 예를 들어 유럽중앙은행(ECB)을 창설시켰던 마스트리히트 조약은 다음과 같이 천명하고 있다. "유럽중앙은행시스템(ESCB)의 1차적 목표는 물가안정을 유지하는 것이어야 한다. ESCB는 물가안정 목표에 편향됨 없이 '높은 수준의 고용'과 '지속적이고 인플레이션을 유발하지 않는 경제성장' 같은 목표를 가지는 일반적 경제정책을 지원해야 한다." 물가안정의 목표를 첫 번째로 삼고 물가안정이 달성된 후 다른 목표를 추구해야 한다는 중앙은행의 책무는 **순차적 책무**(hierarchical mandates)라고 한다. 이러한 방식은 유럽중앙은행뿐만 아니라 영국은행, 캐나다은행, 뉴질랜드 준비은행과 같은 다른 중앙은행의 행의도 지배하는 방식이다.

이와는 달리, 연방준비제도의 책무를 정의하는 법은 다음과 같이 천명하고 있다. "연방준비제도 이사회와 연방공개시장위원회는 최대 고용, 안정적인 물가, 적정한 장기이자율의 목표를 효과적으로 달성하기 위해 통화와 신용 총량지표들의 장기적 증가율을 경제의 장기적 생산 잠재력에 부합하도록 유지해야 한다." 제5장에서 배운 것처럼, 인플레이션율이 높으면 장기이자율은 매우 높을 것이기 때문에 실제에서 이것은 물가안정과 최대 고용(국민소득 안정)이라는 2가지 동등한 목표를 추구해야 한다는 중앙은행의 책무는 **복수책무**(dual mandate)라고 한다. 한 경제가 순차적 책무하에서 작동되는 것이 더 좋은가, 아니면 복수 책무하에서 작동되는 것이 더 좋은가?

3.2 통화정책의 1차적 장기 목표로서 물가안정

장기적으로 물가안정을 달성하는 것과 자연실업률 간에는 모순이 존재하지 않기 때문에, 이러한 2가지 유형의 목표 추구 방식은 최대 고용이 자연고용률(natural rate of employment)로 정의된다면 크게 다르지 않다. 그러나 민간인들과 정치가들은 순차적 목표 추구 방식이 인플레이션 통제를 너무 지나치게 강조하면서 국민소득을 안정시키는 것을 충분하게 강조하지 않는다고 믿기 때문에 실제로는 이러한 2가지 유형의 목표 추구 방식 간에 상당한 차이가 있을 수 있다.

낮고 안정적인 인플레이션율은 경제성장을 촉진시키기 때문에 중앙은행은 물가안정이 통화정책의 1차적 장기 목표가 돼야 한다고 인식하게 됐다. 그럼에도 불구하고 국민소득 변동 역시 통화정책의 관심사항이어야 하기 때문에 물가안정의 목표는 장기적으로만 1차적 목표로 여겨져야 한다. 단기적으로 인플레이션율을 일정한 수준으로 유지하고자 하는 시도는 과도한 국민소득 변동을 발생시킬 가능성이 있다.

물가안정이 단기 목표가 아니라 장기 목표인 한, 중앙은행은 인플레이션율이 단기간 동안 장기 목표 수준으로부터 이탈할 수 있도록 허용함으로써 국민소득 변동을 감소시키는 데 초점을 맞출 수 있고 이에 따라 물가안정이 복수 책무하에서도 작동될 수 있다. 그러나 복수 책무가 중앙은행이 인플레이션의 장기적 영향을 우려하지 않고 생산량과 고용을 증가시키는 단기적 확장적 정책을 추구하게 만든다면 동태적 비일관성 문제가 반복해서 발생할 수 있다. 복수 책무가 과도한 확장적 정책을 발생시킬 수 있다는 우려가 중앙은행이 종종 물가안정의 추진이 우선권을 가지는 순차적 책무를 선호하는 핵심적인 이유이다. 순차적 책무가 영국은행 총재였던 머빈 킹(Mervyn King)이 언급했던 것처럼 '인플레이션만을 통제하려는 미치광이'(inflation nutter)처럼 행동하는 중앙은행, 즉 단기에서조차도 인플레이션 통제에만 초점을 맞추고 이에 따라 커다란 국민소득 변동을 발생시키는 정책을 수행하는 중앙은행을 만들어낸다면, 순차적 책무도 문제일 수 있다. 어느 유형의 목표 추구 방식을 선택하는 것이 중앙은행에 더 좋은가는 궁극적으로 실제에서 주어진 목표 추구 방식이 어떻게 작동할 것인지에 대한 세부적인 요소에 달려 있다. 물가안정이 단기적이 아니라 장기적인 1차적 목표가 되도록 목표 추구 방식이 작동한다면 어느 유형의 목표 추구 방식도 수용될 수 있다.

4 인플레이션 타게팅

물가안정이 통화정책의 1차적 장기 목표여야 한다는 인식과 이러한 목표를 달성하기 위해서 명목기준지표를 가지는 것의 가치 때문에 인플레이션 타게팅으로 알려져 있는 통화정책 전략이 등장했다. **인플레이션 타게팅**(inflation targeting)은 다음과 같은 요소를 가진다. (1) 수치로 나타낸 중기 인플레이션 목표를 민간에 공표한다. (2) 통화정책의 1차적 장기 목표가 물가안정이라는 것을 제도적으로 천명하고, 인플레이션 목표를 달성하고자 하는 의지를 확고히 표명한다. (3) 통화량만이 아닌 많은 변수가 통화정책에 관한 의사결정을 하는 데 사용되는 정보통합 방법이 활용된다. (4) 민간과 시장과의 통화 당국의 계획과 목적에 관한 의사소통을 통해 통화정책 전략의 투명성을 증가시킨다. (5) 인플레이션 목표 달성에 대한 중앙은행의 책임성을 강화한다. 뉴질랜드는 1990년에 인플레이션 타게팅을 공식적으로 채택한 첫 번째 국가였고, 이어서 1991년에 캐나다, 1992년에 영국, 1993년에 스웨덴과 핀란드, 1994년에 호주와 스페인이 인플레이션 타게팅을 채택했다. 이 밖에도 이스라엘, 칠레, 브라질도 인플레이션 타게팅을 채택했다.[1)]

1) 인플레이션 타게팅 이전의 통화정책 전략은 통화량 타게팅(monetary targeting)이다. 통화량 타게팅에 관한 논의는 이 책의 웹사이트인 www.pearsonglobaleditions.com/mishkin에 있는 이 장의 부록에 제시돼 있다.

4.1 뉴질랜드, 캐나다, 영국의 인플레이션 타게팅

먼저 인플레이션 타게팅을 채택한 첫 번째 국가인 뉴질랜드의 인플레이션 타게팅을 살펴보자. 이어서 다음으로 인플레이션 타게팅 전략을 선택한 캐나다와 영국의 경험을 살펴보자.[2)]

뉴질랜드 경제와 관련해 수행해야 할 정부의 역할에 대한 종합적인 개혁의 일환으로, 뉴질랜드 의회는 1989년에 새로운 뉴질랜드준비은행법(Reserve Bank of New Zealand Act)을 통과시켰다. 이 법은 1990년 2월 1일에 발효됐다. 이 법은 선진국 중에서 가장 독립적이지 못했던 중앙은행을 가장 독립적인 중앙은행이 되도록 뉴질랜드준비은행의 독립성을 증가시켰을 뿐만 아니라, 물가안정을 뉴질랜드준비은행의 유일한 목표로 부여했다. 이 법은 뉴질랜드 재무부 장관과 뉴질랜드준비은행 총재는 정책목표합의(Policy Targets Agreement)를 협상하고 협상 결과를 민간에게 공표해야 한다고 명문화했다. 이러한 정책목표합의는 수치로 나타낸 인플레이션율 목표 범위와 이러한 목표가 달성돼야 하는 최종 일자를 규정하면서 통화정책의 성과가 평가되는 기준이 되는 목표들을 제시한다. 뉴질랜드준비은행법의 독특한 특성은 뉴질랜드준비은행의 총재가 통화정책에 대해 매우 높은 책임을 진다는 것이다. 만일 정책목표합의에 의해 설정된 목표들이 달성되지 않으면 준비은행 총재는 해임될 수 있다.

뉴질랜드 재무부 장관과 뉴질랜드준비은행 총재가 1990년 3월 2일에 서명한 첫 번째 정책목표합의는 뉴질랜드준비은행이 3~5% 범위에서 연간 인플레이션율을 달성하도록 요구했다. 그 이후의 정책목표합의들은 1996년 말까지 달성해야 하는 인플레이션율 목표 범위를 0~2%로 낮췄다. 인플레이션율 목표 범위는 1996년 말에 0~3%로 변경됐고 그 이후 2002년에 1~3%로 변경됐다. 긴축적 통화정책의 결과로 인플레이션율은 5% 이상에서 1992년 말에 이르러 2% 아래로 하락했으나([그림 1]의 패널 (a) 참조), 심한 경기 침체와 급격한 실업 증가를 그 대가로 지불했다. 그 이후 인플레이션율은 목표 범위를 약간 초과했던 1995년, 2000년, 2008년의 짧은 기간을 제외하고 대체적으로 목표 범위 내에서 유지됐다. (뉴질랜드준비은행법에 의해 뉴질랜드준비은행 총재는 해임될 수 있었으나 의회의 논란 끝에 총재직을 유지했다.) 1992년 이후 뉴질랜드의 성장률은 일부 연도의 경우에 5%를 초과하면서 일반적으로 높았으며, 실업률은 상당히 하락했다.

2) 만일 여러분이 이들 국가와 이 외의 다른 국가의 인플레이션 타게팅 경험에 대한 보다 더 상세한 논의에 관심을 가지고 있다면, Ben S. Bernanke, Thomas Laubach, Frederic S. Mishkin, and Adam S. Posen, *Inflation Targeting: Lessons from the International Experience* (Princeton: Princeton University Press, 1999)를 참조하라.

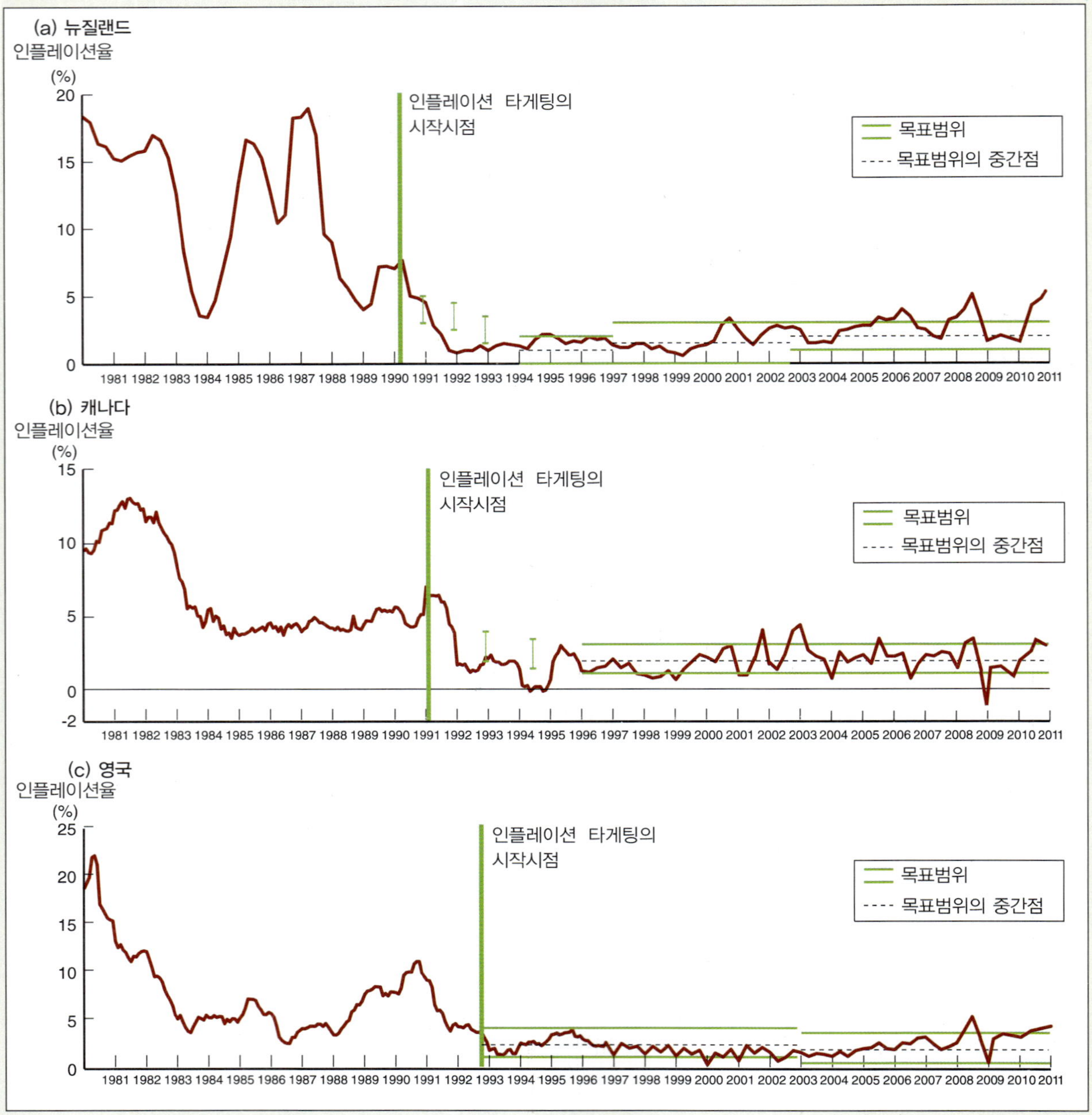

그림 1 뉴질랜드, 캐나다, 영국의 인플레이션율과 인플레이션율 목표, 1980~2011년

인플레이션 타게팅 국가들은 인플레이션율을 크게 하락시켰고 궁극적으로 인플레이션율 목표를 달성했다.

자료 : Ben S. Bernanke, Thomas Laubach, Frederic S. Mishkin, and Adam S. Posen, *Inflation Targeting: Lessons from the International Experience* (Princeton: Princeton University Press, 1999), updates from the same sources, and www.rbnz.govt.nz/statistics/econind/a3/ha3.xls.

캐나다 1991년 2월 26일에 캐나다 재무부 장관과 캐나다은행 총재의 공동 발표문에서 공식적인 인플레이션율 목표가 설정됐다. 인플레이션율 목표 범위는 1992년 말까지 2~4%, 1994년 6월까지 1.5~3.5%, 1996년 12월까지 1~3%였다. 1993년 말경에 새로운 정부가 들어선 후 인플레이션율 목표 범위는 1995년 12월에서 1998년 12월까지 1~3%로 설정됐고 그 이후 이 수준에서 유지됐다. 인플레이션 타게팅을 채택한 후 캐나다의 인플레이션율은 1991년 5% 이상에서 1995년 0%로, 그 이후에 약 2%로 극적으로 하락했다([그림 1]의 패널 (b) 참조). 그러나 뉴질랜드의 경우와 마찬가지로 캐나다의 인플레이션율 하락은 큰 대가를 지불하고 이루어진 것이었다. 실업률은 1991~1994년까지 10% 이상으로 치솟았으나, 그 이후 크게 하락했다.

영국 1992년 10월에 영국은 명목기준지표로 인플레이션율 목표를 채택했고 영국은행은 인플레이션율 목표 달성과 관련한 상황에 대한 분기 보고서인 **인플레이션 보고서**(Inflation Report)를 작성하기 시작했다. 인플레이션율 목표 범위는 인플레이션율을 목표 범위의 아래쪽 반 정도로(2.5% 이하로) 하락시켜 정착시킬 의도로 1997년 봄의 차기 선거까지 1~4%로 설정됐다. 1997년 5월에 인플레이션율 목표는 2.5%로 설정됐고 영국은행은 통화정책을 수행하는 데 보다 더 독립적인 역할을 할 수 있도록 이자율을 결정할 수 있는 권한을 부여받았다.

인플레이션 타게팅을 채택하기 전에 영국의 인플레이션율은 1991년 초의 9% 수준에서 인플레이션 타게팅 채택 시점에 이미 4%까지 하락하고 있었다([그림 1]의 패널 (c) 참조). 인플레이션율은 1994년 3분기에 이르러서 인플레이션율 목표 범위 안에 속한 2.2%로 하락했다. 인플레이션율은 1995년 말까지 2.5% 수준 이상으로 약간 상승했으나, 그 이후 2008년부터 2011년의 기간을 제외하고 목표 범위에 가깝게 유지됐다. 2003년 12월에 인플레이션율 목표는 약간 다른 인플레이션율 척도를 사용하면서 2.0%로 변경됐다. 이 기간 동안 영국의 경제성장은 2008년까지 강력했고 이에 따라 실업률이 크게 하락했다.

4.2 인플레이션 타게팅의 장점

명시적 인플레이션율 목표는 중앙은행의 책임성을 증가시키기 때문에 인플레이션 타게팅은 중앙은행이 과도하게 확장적인 통화정책을 수행함으로써 단기적으로 생산량과 고용을 증가시키려고 시도하는 동태적 비일관성 함정에 빠질 가능성을 줄일 수 있다. 인플레이션 타게팅의 핵심적인 장점은 정치적 논쟁이 중앙은행이 장기적으로 할 수 없는 일, 즉 확장적 통화정책을 통한 경제성장과 일자리 수를 영구적으로 증가시키는 일이 아니라 장기적으로 할 수 있는 일, 즉 인플레이션의 통제에 초점을 맞추도록 하는 데 도움을 줄 수 있다는 점이다. 따라서 인플레이션 타게팅은 중앙은행이 인플레이션 유발적 통화정책을 추구하도록 하는 정치적 압력을 감소시키고 이에 따라 동태적 비일관성 문제를 감소시킬 수 있다.

인플레이션 타게팅은 민간에 의해 쉽게 이해되고 이에 따라 매우 투명하다는 장점을 가지고 있다. 실제로 인플레이션 타게팅 제도는 정책의 투명성과 민간과의 정기적인 의사소통을 매우 강조한다. 인플레이션 타게팅을 하는 중앙은행은 법에 의해 의무적으로 하거나 비공식적인 문의에 반응해 자주 정부와 의견을 교환한다. 중앙은행의 관리들은 통화정책 전략에 관한 대중연설 기회를 이용한다. 이러한 기법들은 인플레이션 타게팅을 채택하지 않은 국가에서도 일반적으로 사용되지만, 인플레이션 타게팅을 채택한 중앙은행은 민간과 의사소통을 하기 위해 한 걸음 더 나아간다. 인플레이션 타게팅을 하는 중앙은행은 보기 좋게 만든 브로슈어를 배포해 민간에게 정보를 알릴 뿐만 아니라 영국은행의 **인플레이션 보고서**와 같은 문서들도 발간한다. 특히 이러한 문서의 발간은 주목할 만한 가치가 있다. 왜냐하면 이들 문서는 일반적으로 재미없게 보이는 공식적인 중앙은행 보고서들과 달리 민간인의 관심을 끌기 위해 멋진 그래픽, 박스, 눈을 사로잡는 디자인 요소를 사용하기 때문이다.

이러한 의사소통 경로는 민간인, 금융시장 참여자, 정치인에게 다음과 같은 개념, 즉 (1) 인플레이션율 목표의 논거를 포함한 통화정책의 최종 목표와 한계, (2) 수치로 나타낸 인플레이션율 목표와 이러한 목표를 결정하는 방법, (3) 현재의 경제 상황에서 인플레이션율 목표를 달성하는 방법, (4) 인플레이션율 목표로부터 이탈이 발생하는 이유를 설명하기 위해 인플레이션 타게팅을 하는 국가들의 중앙은행에 의해 사용된다. 이러한 의사소통은 통화정책, 이자율, 인플레이션율에 관한 불확실성을 감소시킴으로써 민간 부문이 계획을 세우는 일을 개선시켰다. 이러한 의사소통은 또한 중앙은행이 달성할 수 있는 일과 달성할 수 없는 일을 민간에게 알림으로써 통화정책에 관한 민간의 논쟁을 촉진시켰고 통화정책의 수행에 있어서 중앙은행과 정치인의 책임성을 명료하게 규정하는 데 도움을 주었다.

인플레이션 타게팅 제도의 또 다른 핵심적인 장점은 중앙은행의 책임성을 증가시킨다는 점이다. 사실 투명성과 의사소통은 책임성 증가와 함께한다. 인플레이션 타게팅 제도하에서 중앙은행의 책임성이 가장 강한 나라가 뉴질랜드이다. 만일 인플레이션율 목표가 한 분기 동안이라도 달성되지 않으면 뉴질랜드 정부는 뉴질랜드준비은행 총재를 해임할 권한을 가지고 있다. 인플레이션 타게팅을 하는 다른 국가들에서는 중앙은행의 책임성이 공식적으로 규정돼 있지 않다. 그럼에도 불구하고 인플레이션 타게팅과 관련된 정책의 투명성은 중앙은행이 민간과 정부에 대해 높은 책임을 지게 만들었다. 사전에 공표되고 잘 정의된 인플레이션율 목표의 달성 여부로 평가해볼 때, 성공적인 통화정책이 지속적으로 수행되는 것이 중앙은행의 독립성과 정책에 대한 민간의 지지를 확보하는 데 중요할 수 있다. 이러한 민간의 지지와 중앙은행의 책임성은 엄격하게 정의된 성과 평가와 처벌에 관한 법적 기준이 없더라도 확보될 수 있다.

인플레이션 타게팅 제도의 성과는 매우 좋았다. 인플레이션 타게팅을 채택한 국가들은 인플레이션율 목표가 없는 경우보다 인플레이션율과 기대 인플레이션 모두를 상당히 하락시켰다. 더욱이 이들 국가의 인플레이션율은 일단 낮아진 다음에는 계속해서 낮은 수준에서 유지됐다. 디스인플레이션이 발생한 후에, 인플레이션 타게팅을 채택한 국가들의 인플레이션율은 경기변동의 확장기 동안에도 다시 반등하지 않았다.

4.3 인플레이션 타게팅의 단점

인플레이션 타게팅의 비판자들은 인플레이션 타게팅 통화정책 전략이 가지는 4가지 단점, 즉 통화정책 입장에 대한 신호 전달의 지연, 과도한 경직성, 생산량 변동을 증가시킬 잠재적 가능성, 낮은 경제성장을 지적한다. 차례차례 각 단점을 살펴보고 이러한 비판의 타당성을 검토해보자.

신호 전달의 지연 인플레이션은 통화 당국에 의해 쉽게 통제되지 않는다. 더욱이 통화정책의 효과가 나타나는 데 걸리는 장기의 시차 때문에 통화정책이 인플레이션에 미치는 효과도 상당한 시차를 가지고 나타난다. 따라서 인플레이션 타게팅은 통화정책의 입장에 대해 민간과 시장 모두에 즉각적인 신호를 보낼 수 없다.

지나치게 과도한 경직성 일부 경제학자들은 인플레이션 타게팅은 통화 당국에 매우 경직된 준칙을 부과해 예상치 않은 상황에 대응하는 통화 당국의 능력을 제한한다고 비판한다. 그러나 바람직하지 않은 장기적 결과를 발생시키는 정책을 체계적으로 수행하지 못하게 제한하는 미래 지향적 특성을 가지고 있다는 점에서 '준칙에 가깝다'(rule-like)고 할 수 있는 유용한 정책 전략들이 존재한다. 이러한 정책들은 동태적 비일관성 문제를 발생시키지 않고 '제약적 재량'(constrained discretion)을 가지는 정책이라고 할 수 있다.

사실 인플레이션 타게팅은 정확하게 이러한 정책일 수 있다. 실제로 실행되는 인플레이션 타게팅은 경직적이지 않은 '신축적 인플레이션 타게팅'이다. 첫째, 인플레이션 타게팅은 중앙은행이 어떻게 통화정책을 수행해야 하는지에 대해 단순하고 기계적인 지시를 따르도록 요구하지 않는다. 오히려 인플레이션 타게팅은 중앙은행이 인플레이션율 목표를 달성하기 위해 어떤 정책조치가 적정한지를 결정하기 위해 이용 가능한 모든 정보를 사용할 것을 요구한다. 단순한 정책 준칙과는 달리, 인플레이션 타게팅은 결코 중앙은행이 하나의 핵심 변수에만 초점을 맞출 것을 요구하지 않는다. 둘째, 실제로 실행되는 인플레이션 타게팅은 상당한 정도의 정책 재량을 가지고 있다. 앞에서 살펴본 것처럼, 인플레이션율 목표는 경제 상황에 따라 조정된다. 더욱이 인플레이션 타게팅 제도를 채택한 중앙은행은 여러 가지 방법을 통해 생산량 성장과 변동에 대응할 수 있는 상당한 여지를 가진다.

생산량 변동을 증가시킬 잠재적 가능성 인플레이션 타게팅에 대한 하나의 중요한 비판은 인플레이션에만 초점을 맞추는 것이 인플레이션율이 목표보다 높을 때 지나치게 긴축적인 통화정책을 수행하게 만들 수 있고, 이에 따라 보다 큰 생산량 변동을 발생시킬 수 있다는 것이다. 그러나 인플레이션 타게팅은 인플레이션에만 초점을 맞출 것을 요구하지 않는다. 실제로 경험적으로 보면 인플레이션 타게팅 정책 당국들은 생산량 변동에 상당한 관심을 가지고 있다. 인플레이션 타게팅 정책 당국은 인플레이션율 목표를 0%보다 높게 설정하고 있다.[3] 예를 들어 현재 뉴질랜드, 캐나다, 영국, 스웨덴은 인플레이션율 목표의 중간점으로 2%를 설정하고 있는 한편 호주는 인플레이션율 목표의 중간점으로 2.5%를 설정하고 있다.

인플레이션 타게팅의 정책 당국이 0보다 높은 인플레이션율 목표를 선택하는 것은 매우 낮은 인플레이션율이 실질 경제활동에 상당한 음(−)의 효과를 미칠 수 있다는 통화정책 당국의 우려를 반영한 것이다. 디플레이션(물가 수준이 하락하는 음의 인플레이션)은 금융불안정을 증가시키고 심각한 경기위축을 발생시킬 수 있는 가능성 때문에 특히 두려운 것이다(제9장 참조). 최근 일본의 디플레이션은 일본의 금융시스템과 경제를 약화시킨 중요한 요인이었다. 0보다 높은 인플레이션율을 목표로 설정하는 것이 디플레이션이 발생하지 않도록 만들 가능성이 크다. 이것이 일본 국내외의 일부 경제학자가 일본은행이 2% 수준 이상의 인플레이션율 목표를 채택할 것을 요청하는 이유다.

인플레이션 타게팅은 또한 전통적인 안정화 목표를 무시하지 않는다. 인플레이션 타게팅 국가들의 중앙은행은 생산량과 고용의 변동에 대한 우려를 계속해서 표명하고 있다. 단기적 안정화 목표를 어느 정도 수용할 수 있는 능력이 인플레이션 타게팅 제도 내에 구축돼 있다. 모든 인플레이션 타게팅 국가는 장기 인플레이션율 목표에 가까워지도록 점진적으로 중기 인플레이션율 목표를 낮춤으로써 생산량 감소를 최소화시키려 하고 있다.

낮은 경제성장 인플레이션 타게팅에 대한 또 다른 일반적인 우려는 인플레이션 타게팅

---

3) CPI지수는 진정한 인플레이션율을 측정하는 데 상향 편의를 가지는 것으로 발견됐고, 따라서 인플레이션율 목표가 0보다 높게 설정된다는 것은 놀라운 일이 아니다. 그러나 실제 인플레이션율 목표는 이러한 측정 편의의 추정치를 초과해 설정된다. 이것은 인플레이션 타게팅을 수행하는 정책당국이 이러한 측정 편의를 고려한 후에도 0을 초과하는 인플레이션율 목표를 설정한다는 것을 의미한다.

이 생산량과 고용의 낮은 성장을 발생시킬 것이라는 점이다. 인플레이션 타게팅 제도하에서 인플레이션율의 감소는 디스인플레이션 기간 동안 생산량을 정상 수준 아래로 감소시켰지만, 일단 낮은 인플레이션율이 달성된 후에 생산량과 고용은 이전만큼 높은 수준으로 회복됐다. 조심스럽게 결론을 내린다면, 일단 낮은 인플레이션율이 달성되면 인플레이션 타게팅은 실물경제에 해롭지 않다. 인플레이션 타게팅을 선택한 많은 국가에서 디스인플레이션 후에 강한 경제성장이 이루어졌던 점을 감안하면, 인플레이션 타게팅은 인플레이션율을 통제하는 동시에 경제성장을 촉진시킬 수 있다.

5 연방준비제도의 통화정책 전략

최근 미국은 인플레이션 목표와 같은 명시적 명목기준지표를 사용하지 않고, 글로벌 금융위기가 발생할 때까지 (낮고 안정적인 인플레이션율을 포함해) 훌륭한 거시경제 성과를 달성했다. Fed가 명시적인 전략을 천명하고 있지 않지만, 그럼에도 불구하고 통화정책 수행을 위한 일관성 있는 전략이 존재한다. 이 전략은 Fed의 주된 관심은 장기적으로 인플레이션을 통제하는 것이라는 형태의 명시적이지는 않지만 암묵적인 명목기준지표를 가지고 있다. 또한 이 전략은 인플레이션의 위협에 대항하는 '선제적 공격'(preemptive strike)의 통화정책을 수시로 수행하는 동시에 폭넓은 정보를 활용하면서 미래 인플레이션의 징후를 면밀하게 감시하는 미래 지향적인 특성을 가지고 있다.

밀턴 프리드먼이 강조한 것처럼, 통화정책의 효과가 나타나는 데는 오랜 시간이 걸린다. 낮은 인플레이션율의 역사를 가진 선진국들에서 인플레이션 과정은 놀라운 관성을 가지고 있는 것 같다. 예를 들어 미국 경제에 대한 대규모 거시경제 모형으로부터 구한 추정치들은 통화정책이 생산량에 영향을 주는 데 1년 이상이 걸리고, 인플레이션에 상당한 영향을 주는 데 2년 이상이 걸린다고 제시한다. 경제가 매우 변동이 심한 인플레이션을 경험해 보다 더 신축적인 가격들을 가지고 있는 국가의 경우 이러한 정책 시차는 더 짧을 수 있다.

이러한 장기 시차가 존재한다는 것은 통화정책은 인플레이션이 시작될 때까지 기다릴 수 없다는 것을 의미한다. 만일 중앙은행이 명백한 인플레이션 징후가 나타날 때까지 기다린다면, 이미 너무 늦어서 적어도 심한 긴축정책 없이는 물가안정을 유지하는 것이 불가능할 수 있다. 인플레이션에 대한 예상은 이미 임금과 가격 결정 과정에 반영돼 있으며, 이러한 임금과 가격 결정 과정은 멈추기 어려운 인플레이션 기세를 만든다. 인플레이션 기세가 작동되도록 허용되면 인플레이션을 통제하기가 훨씬 더 어렵게 된다. 왜냐하면 보다 더 높은 인플레이션에 대한 예상이 다양한 형태의 장기 계약과 가격 합의에 포함되기 때문이다.

따라서 인플레이션이 시작되는 것을 막기 위해 통화정책은 미래 지향적이고 선제적일 필요가 있다. 즉 통화정책에서 인플레이션까지의 시차를 감안해, 통화정책은 인플레이션 압력이 경제에 나타나기 훨씬 전에 수행될 필요가 있다. 예를 들어 통화정책이 인플레이션에 의미 있는 영향을 미치는 데 대략 2년이 걸린다고 하자. 이 경우 인플레이션율이 현재는 낮지만 정책 당국이 통화정책의 입장을 바꾸지 않으면 인플레이션율이 앞으로 2년 동안 상승할 것이라고 믿는다면, 정책 당국은 인플레이션율의 급상승을 막기 위해 현재 시점에 긴축적 통화정책을 수행해야 한다.

앨런 그리스펀과 벤 버냉키가 재임하는 동안 Fed는 선제적 통화정책을 성공적으로 수행해오고 있다. 예를 들어 이 장의 부록에서 논의하는 것처럼, Fed는 인플레이션율의 상승이 시작되기 전인 1994~1995년의 기간 동안 이자율을 인상시켰다. 그 결과 인플레이션율은 상승하지 않았고 오히려 약간 하락했다. 이 장의 부록에서 논의하는 것처럼 Fed는 경기하강에 대응해서도 선제적 통화정책을 수행했다. 예를 들어 Fed는 그 당시에 경제는 강하게 성장하고 인플레이션율은 상승하고 있었지만, 글로벌 금융위기가 시작됐던 2007년 9월에 완화적 통화정책을 시작했다. (그러나 이 경우에 Fed의 선제적 통화정책은 금융시장의 붕괴가 경제에 미친 엄청난 부정적 충격을 극복하는 데 충분하지 못했다.) 이러한 선제적이고 미래 지향적인 통화정책 전략은 미래의 인플레이션율 목표를 달성하기 위해 통화정책 수단들이 인플레이션에 효과를 미치는 데 걸리는 장기 시차를 고려해 조정되기 때문에 분명히 인플레이션 타게팅 제도의 한 특성이다. 그러나 Fed의 통화정책 방식은 '상황 대응 전략'(just-do-it strategy)이라고 표현하는 것이 가장 적절하다. Fed의 통화정책 방식은 공식적으로 명목기준지표를 가지고 있지 않고, 통화정책 전략을 수행하는 데 훨씬 덜 투명하다는 점에서 인플레이션 타게팅과 다르다.

5.1 '상황 대응 전략'의 장점

Fed의 '상황 대응 전략'은 인플레이션 타게팅의 핵심적인 일부 요소를 가지고 있기 때문에 인플레이션 타게팅과 동일한 장점을 가지고 있다. 인플레이션 타게팅과 마찬가지로 Fed는 최선의 통화정책을 결정하기 위해 많은 정보를 활용한다. Fed의 미래 지향적인 행태와 물가안정에 대한 강조는 과도하게 확장적인 통화정책을 수행하지 못하게 하고, 이에 따라 동태적 비일관성 문제를 개선하는 데 도움을 준다.

Fed의 '상황 대응 전략'을 지지하는 또 다른 중요한 근거는 이 전략이 미국에서 성공적으로 수행됐다는 것이다. Fed는 미국의 인플레이션율을 1980년의 두 자리 수준에서 과거 30년 동안 논란의 여지는 있지만 물가안정 목표에 해당되는 평균 3% 수준으로 하락시켰다. 동시에 경제성장률은 이 기간 동안 평균 약 3%로 높았고 지속적인 경제성장이 글로벌 금융위기가 경제를 타격했던 때까지 계속됐다. 실제로 최근까지 미국 경제의 성과는 선진국들에게 선망의 대상이었다.

5.2 '상황 대응 전략'의 단점

Fed의 '상황 대응 전략'이 성공적으로 수행되고 있는데, 미국은 왜 다른 통화정책 전략들을 고려하는가? ('상황 대응 전략'이 고장 난 것이 아닌데, 왜 이 전략을 고치려 하는가?) 그 답은 '상황 대응 전략'이 미래에 잘 작동하지 못할 수 있는 단점을 가지고 있기 때문이다.

이 전략의 한 가지 단점은 투명성의 부족이다. Fed의 의도에 대해 입을 다무는 방식은 Fed가 어떤 일을 하려고 하는지에 대해 계속적으로 추측하게 되는 게임을 하게 만든다. 이러한 Fed의 의도에 대한 불확실성은 불필요한 금융시장의 변동성을 발생시키고, 인플레이션과 생산량의 미래 경로에 대한 생산자와 민간의 의구심을 불러일으킨다. 더욱이 Fed의 정책결정 과정에 존재하는 투명성 부족은 Fed가 미국 의회와 민간에 대해 책임지게 하는 것을 어렵게 만든다. 만일 Fed의 성과를 판단하는 데 사용될 수 있는 사전에 결정된 기준이 존재하지 않으면 Fed의 책임을 물을 수 없다. 중앙은행의 낮은 책임성은 중앙은행을 동태적 비일관성 문제에 취약하게 만들 수 있고, 이에 따라 중앙은행은 장기 목표를 대가로 지불하고 단기 목표를 추구할 수 있다.

아마도 Fed의 '상황 대응 전략'이 가지고 있는 가장 심각한 문제점은 이 전략이 중앙은행을 책임지는 개인들의 선호, 능력, 신뢰도에 크게 의존한다는 것이다. 최근 미국에서 연준 이사회의 전 의장인 앨런 그리스펀, 현 의장인 벤 버냉키, 연방준비제도 관리들은 미래 지향적 정책과 인플레이션 통제를 강조했고 이에 대해 상당한 성공을 거두었다. 이에 따라 미국인에게 Fed의 명성과 신뢰도가 상승했다. 그러나 Fed의 리더십은 때때로 변화할 것이고 미래의 리더들이 동일한 전략을 추구할 것이라는 보장이 없다. 또한 Fed와 집행 및 입법 부서 간에 비교적 좋은 업무관계가 지속된다는 보장도 없다. 다른 경제 환경 또는 정치 환경에서 Fed는 과도하게 확장적인 정책을 수행해야 하는 강한 압력에 직면할 수 있고 동태적 비일관성 문제가 심각한 문제로 대두될 수 있다. 과거에 Fed는 인플레이션을 성공적으로 낮게 유지시켰던 기간을 겪은 후에 인플레이션 유발적인 통화정책으로 복귀한 적이 있다. 1970년대가 한 예다. 명시적인 명목기준지표가 없으면 이러한 일이 분명히 다시 발생할 수 있다.

'상황 대응 전략'의 또 다른 단점은 이 전략이 민주주의 원리와 부합하지 않는다는 것이다. 제14장에서 설명한 것처럼 현재의 Fed와 같이 중앙은행이 어느 정도의 독립성을 가지기 위해서는 단기적인 정치적 압력으로부터 격리돼야 하는 좋은 이유들이 존재한다.

Fed 심층분석 버냉키 연준의장과 인플레이션 타게팅

프린스턴 대학교의 교수였던 벤 버냉키는 2002~2005년 동안 연방준비제도 이사회의 이사로 일하고 이어서 경제자문위원회(Council of Economic Advisors)의 위원장을 역임한 후 2006년 2월에 연방준비제도 이사회의 의장이 됐다. 버냉키는 세계적으로 유명한 통화정책의 전문가이고 대학에 있는 동안 이 책의 저자와 공저한 논문들과 책 한 권을 포함해 인플레이션 타게팅에 관해 많은 저술을 했다.*

버냉키의 저술들은 그가 인플레이션 타게팅과 중앙은행의 투명성 증가를 강력히 지지한다는 점을 제시한다. 2004년에 세인트 루이스 연방준비은행에서 개최된 컨퍼런스에서 행한 연설에서 그는 연방준비제도가 어떻게 인플레이션 타게팅으로 이행할 수 있는지를 설명했다. 그는 Fed가 장기적 인플레이션율 목표에 관한 수치를 발표해야 한다고 말했다.† 버냉키는 수치로 나타낸 인플레이션율 목표를 발표하는 것은 물가안정과 최대 고용수준을 달성하려는 Fed의 복수 책무에 완전히 부합하고 이에 따라 인플레이션율 목표가 고용에 해로운 영향을 미치는 디플레이션을 피하기 위해 0보다 높게 설정되기 때문에 복수 책무 부합적 인플레이션율 목표(mandate-consistent inflation objective)일 수 있다는 점을 강조했다. 이에 더해 이러한 인플레이션율 목표는 과도하게 높은 고용변동을 대가로 지불하고 과도하게 인플레이션을 엄격하게 통제하게 만들 수 있는 단기 목표가 아니다.

버냉키는 연방준비제도 이사회 의장이 된 후에 인플레이션 타게팅으로의 이행이 FOMC의 합의에 의해 이루어져야 한다는 것을 명백히 했다. 버냉키 의장이 특정한 수치로 나타낸 인플레이션율 목표의 발표에 관한 논의를 포함하는 연방준비제도의 소통문제를 논의하기 위한 분과위원회를 설립한 후에, FOMC는 2007년 11월에 FOMC 참여자들의 인플레이션율 예측 기간을 3년으로 늘린다는 새로운 소통전략을 발표하면서 인플레이션 타게팅의 방향으로 한 걸음을 내디뎠다. 많은 경우에 3년의 기간은 충분히 장기이고 이에 따라 3년의 기간에서 인플레이션율은 장기 목표에 수렴해야 하기 때문에 '적정한 정책'하에서 인플레이션율의 예측은 각 참여자의 인플레이션율 목표를 반영할 것이다. 이 책의 저자가 연방준비제도 이사회 이사였을 때 제안한 2가지의 상대적으로 작은 수정이 Fed를 인플레이션 타게팅 방향으로 더 이행하게 만들 수 있다.** 첫 번째 수정은 인플레이션율 예측의 기간을 더 증가시키는 것이다. 그 목표는 인플레이션율이 거의 확실하게 장기 목표치에 수렴하도록 충분히 멀리 목표 시점을 설정하는 것이다. 둘째, FOMC 참여자들이 복수 책무 부합적 인플레이션율 목표를 위한 하나의 수치에 기꺼이 합의해야 할 필요가 있다. 이러한 2가지 수정이 이루어지면, 장기 인플레이션율 예측은 실제로 인플레이션율에 대한 특정한 수치 목표의 공표가 될 것이고 신축적인 인플레이션 타게팅의 역할을 할 것이다. 2010년 10월에 버냉키 의장은 정확하게 이러한 방법을 지지하는 연설을 했다. 그러나 그는 이러한 방법을 채택하도록 FOMC 참여자들을 설득시킬 수 없었다.†† 연방준비제도가 미래에 이러한 방향으로 이행할 것인가는 여전히 매우 불투명하다.

*Ben S. Bernanke and Frederic S. Mishkin, "Inflation Targeting: A New Framework for Monetary Policy," *Journal of Economic Perspectives*, vol.11, no.2 (1997), Ben S. Bernanke, Frederic S. Mishkin and Adam S. Posen, "Inflation Targeting: Fed Policy After Greenspan," *Milken Institute Review*, (Fourth Quarter, 1999): 48-56, Ben S. Bernanke, Frederic S. Mishkin and Adam S. Posen, "What Happens When Greenspan is Gone," *Wall Street Journal*, January 5, 2000: p.A22, and Ben S. Bernanke, Thomas Laubach, Frederic S. Mishkin and Adam S. Posen, *Inflation Targeting: Lessens from the International Experience* (Princeton, NJ: Princeton University Press 1999).

†Ben S. Bernanke, "Inflation Targeting," Federal Reserve Bank of St. Louis, *Review*, vol. 86, no. 4 (July/August 2004), pp. 165-168.

**Frederic S. Mishkin, "Whither Federal Reserve Comminications," speech given at the Petersen Institute for International Economics, Washington, DC, July 28, 2008, http://www.federalreserve.gov/newsevents/speech/mishkin20080 참조.

††Ben S. Bernanke, "Monetary Policy Objectives and Tools in a Low-Inflation Environment," speech given at the Federal Reserve Bank of Boston's conference, Revisiting Monetary Policy in a Low-Inflation Environment, October 15, 2010, http://www. federalreserve.gov/newsevents/speech/bernanke20101015a.htm

실증적 증거들이 일반적으로 중앙은행의 독립성을 지지한다. 그러나 중앙은행의 독립성을 지지하는 실제적인 경제적 주장들이 정부 정책은 엘리트 그룹에 의해서가 아니라 민주적으로 결정돼야 한다는 전제와 불편하게 공존하고 있다.

이와는 달리, 인플레이션 타게팅은 통화정책의 수행을 위한 제도적 틀을 민주주의 원리에 더욱 부합하도록 만들 수 있고, 앞에서 언급한 문제점을 부분적으로 회피할 수 있다. 인플레이션 타게팅은 통화정책의 최종 목표를 결정하고 경제적 성과를 감시하는 책임을 부여받은 선출된 관리들의 책임성을 증가시킨다. 그러나 일반적으로 시행되고 있는 것처럼 인플레이션 타게팅하에서 중앙은행은 부여받은 목표를 달성하는 것에 대해 책임을 질 수 있도록 운용상의 의사결정에 대한 완전한 통제력을 가진다.

특히 연준 이사회 의장인 벤 버냉키는 인플레이션 타게팅의 지지자이기 때문에 Fed의 통화정책 전략은 미래에 인플레이션 타게팅의 방향으로 보다 더 이행할 수 있다([Fed 심층분석] '버냉키 연준의장과 인플레이션 타게팅' 참조).

6 글로벌 금융위기와 통화정책 전략을 위한 교훈

앞의 장들에서 이루어진 글로벌 금융위기 동안 발생한 사건들에 대한 논의는 경제학자들과 정책 담당자들을 위해 경제가 어떻게 작동하는지에 관한 4가지 교훈을 제시한다.[4)]

1. **금융 부문의 변화는 이전에 인식했던 것보다 경제활동게 훨씬 더 큰 영향을 미친다.** 글로벌 금융위기 이전에 경제학자들과 정책 담당자들은 일반적으로 금융마찰(financial frictions)은 제9장에서 살펴본 것처럼 경기변동 과정에서 중요한 역할을 할 수 있다고 인식했지만, 글로벌 금융위기는 금융 붕괴가 경제활동에 미치는 부정적인 영향이 처음에 예상했던 것보다 훨씬 더 나쁠 수 있다는 사실을 매우 분명하게 보여주었다.
2. **이자율의 제로 하한 문제는 심각한 문제일 수 있다.** 제16장에서 살펴본 것처럼, 이자율의 제로 하한 문제는 Fed로 하여금 글로벌 금융위기 동안뿐만 아니라 2003~2006년 기간 동안 비전통적 통화정책수단을 사용하도록 만들었다. 이러한

4) 통화정책 전략을 위한 글로벌 금융위기의 교훈들에 대한 보다 더 상세한 논의를 위해서는 Frederic S. Mishkin, "Monetary Policy Strategy: Lessons from the Crisis," in Marek Jarociński, Frank Smets, and Christian Thimann, eds., *Monetary Policy Revisited: Lessons from the Crisis*, Sixth ECB Central Banking Conference (Frankfurt, European Central Bank, 2011), pp. 67-118 참조.

비전통적 통화정책수단은 경제를 진작시키는 데 도움을 줄 수 있지만, 이러한 수단은 전통적 통화정책수단보다 사용하는 데 더 복잡하고 이러한 수단이 경제에 미치는 효과는 더 불확실하다. 따라서 비전통적 통화정책수단은 효과적으로 사용하기가 더 어려울 수 있다.

3. **금융위기 후에 금융위기 해결을 위한 비용이 매우 크다.** 제9장에서 살펴본 것처럼 금융위기 후에 깊은 경기침체가 오게 된다. 그러나 이에 더해 금융위기로부터의 회복은 매우 느리다. 피터슨 국제경제연구원(Peterson Institute of International Economics)의 카르멘 레인하트(Carmen Reinhart)와 아메리카 기업연구원(American Enterprise Institute)의 빈센트 레인하트(Vincent Reinhart)는 금융위기 후 10년 동안에 경제성장률은 현저하게 더 낮고 실업률은 지속적으로 더 높다는 사실을 제시했다. 이에 더해, 금융위기 후에 정부 부채는 거의 항상 급속히 증가하고 정부부채의 채무불이행을 발생시킬 수 있다. 이것은 금융위기 후에 유럽의 중요한 우려사항이 되고 있다.[5)]
4. **물가안정과 생산량 안정이 금융안정을 보장하지 않는다.** 최근에 발생한 금융위기 이전에, 학계와 중앙은행 모두의 일반적인 견해는 물가안정과 생산량 안정을 달성하는 것이 금융안정을 촉진시킬 것이라는 것이었다. 그러나 2007년 이전에 중앙은행들이 인플레이션을 안정화시키고 경기변동의 변동성을 감소시키는 데 성공했다는 것(이것은 대완화(Great Moderation)로 알려져 있음)이 금융불안정으로부터 경제를 보호하지 못했다. 실제로 그것이 금융불안정을 촉진시켰을 수 있다. 인플레이션과 생산량 변동의 낮은 변동성은 시장 참여자들을 안심시켜서 경제시스템에 실제보다 위험이 적다고 생각하게 하고 글로벌 금융위기를 촉발시키는 데 기여했을 수 있는 과도한 위험을 선택하게 만들었을 수 있다.

이러한 교훈들은 통화정책 전략에 어떠한 시사점을 제공하는가? 먼저 이러한 교훈들이 인플레이션 타게팅에 관한 견해에 어떻게 영향을 미칠 수 있는지를 살펴보고 이어서 다음 절에서 중앙은행들이 자산 가격 버블에 어떻게 대응해야 하는지를 살펴보도록 하자.

6.1 인플레이션 타게팅을 위한 시사점

이 장의 앞부분에서 인플레이션 타게팅을 지지하는 논거들을 개관했고 위에서 제시된

---

5) Carmen M. Reinhart and Vincent R. Reinhart, "After the Fall," *Macroeconomic Challenges: The Decade Ahead*, Federal Reserve Bank of Kansas City Economic Symposium, 2010, manuscript available at http://www.kansascityfed.org; and Carmen M. Reinhart and Kenneth S. Rogoff, *This Time Is Different: Eight Centuries of Financial Folly* (Princeton, NJ: Princeton University Press, 2009) 참조.

교훈 중 어느 것도 이러한 논거와 모순되지 않는다. 인플레이션 타게팅에 대한 지지가 글로벌 금융위기로부터 얻은 교훈들에 의해 약화되지는 않지만, 이러한 교훈들은 인플레이션 타게팅이 보다 더 신축적이 되고 몇 가지 차원에서 수정될 필요가 있다는 점을 제시한다. 먼저 이러한 교훈들이 인플레이션율 목표 수준에 어떤 의미를 가질 수 있는지를 살펴보자.

인플레이션율 목표 수준 이 장의 앞부분에서 논의한 것처럼 중앙은행들은 일반적으로 2% 수준에서 인플레이션율 목표를 설정하고 있다. 제로 하한 문제의 심각성은 이러한 목표 수준이 너무 낮은 것이 아닌가 하는 의문을 제기한다. IMF의 선임연구원을 포함한 연구원들에 의해 저술된 논란의 여지가 있는 논문은 인플레이션율 목표는 2% 수준으로부터 4% 수준으로 높아질 수 있다고 제시한다.[6] 이 논문은 이러한 인플레이션율 목표에 연계돼 있는 인플레이션율에 대한 예상하에서 명목이자율을 제로 수준으로 낮춤으로써 실질 이자율, 즉 $i_r = i - \pi^e$은 2%의 인플레이션율 목표하에서 실질 이자율 수준인 -2% $(= 0 - 2\%)$가 아니라 $-4\%(= 0 - 4\%)$로 더 낮게 인하될 수 있다고 주장한다. 명목 정책이자율을 조정하는 전통적 통화정책은 이자율이 제로 하한으로 하락했을 때 더 낮은 인플레이션율 목표하에서 보다 더 확장적이 될 수 있다. 이것을 다른 방식으로 표현하면, 정책 이자율의 제로 하한은 더 높은 인플레이션율 목표하에서 보다 덜 제약적이 된다는 것이다.

이러한 주장은 이론적으로 견고하고 인플레이션율 목표를 높이는 것이 이익을 발생시키지만, 이에 따른 비용도 살펴봐야 한다. 더 높은 인플레이션율 목표의 이익은 제로 하한 문제가 발생할 때에만 생긴다. 제로 하한 문제는 글로벌 금융위기 동안에 중요한 문제였지만, 글로벌 금융위기는 자주 발생하지는 않는다. 만일 제로 하한 문제가 아주 드물게 발생한다면, 더 높은 인플레이션율 목표의 이익은 아주 드물게 얻을 수 있는 것이기 때문에 매우 크지 않다. 그러나 경제에 발생시키는 왜곡에 기초해 평가해보면, 이 장의 앞부분에서 지적한 더 높은 인플레이션율 목표의 비용은 지속적으로 발생한다. 따라서 이러한 비용은 주어진 한 해에 그렇게 크지 않을 수 있지만, 이러한 비용은 축적되고 제로 하한 문제가 발생할 때 간헐적으로 발생하는 더 높은 인플레이션율 목표의 이익을 초과할 수 있다.

더 높은 인플레이션율 목표가 가지는 또 다른 문제점은 인플레이션의 역사가 인플레이션율을 2% 수준에서 보다 4% 수준에서 안정시키는 것이 더 어렵다는 점을 제시하고 있

---

6) Olivier Blanchard, Giovanni Dell'Ariccia, and Pablo Mauro, "Rethinking Monetary Policy," *Journal of Money, Credit and Banking*, vol. 42, Issue Supplement S1 (September 2010): 199–217 참조.

다는 것이다. 일단 인플레이션율이 목표 수준보다 높게 상승하기 시작하면, 민간은 물가안정은 더 이상 신뢰할 만한 중앙은행의 목표가 아니라고 믿을 가능성이 크고 이어서 '4% 수준의 인플레이션율이 괜찮다면, 왜 6% 수준의 인플레이션율 또는 8% 수준의 인플레이션율은 왜 안 되는가' 와 같은 질문이 제기된다. 실제로 이러한 일이 노벨 경제학상 수상자들이었던 MIT의 폴 사무엘슨(Paul Samuelson)과 로버트 솔로우(Robert Solow)가 정책 당국자들은 4~5% 범위의 더 높은 인플레이션율을 기꺼이 수용해야 한다고 주장했던 1960년대에 발생했던 것으로 보인다. 그러나 인플레이션율이 그 수준으로 상승했을 때, 정책 당국은 그 수준에서 인플레이션율을 억제할 수 없었고 인플레이션율은 1980년 초에 이르러 두 자리 숫자까지로 계속 상승했다. 전 연준 이사회 의장이었던 볼커가 재임했던 기간 동안 인플레이션율을 다시 하락시키는 것은 비용이 매우 많이 드는 일이었다. 어느 중앙은행 관리들도 이러한 과정을 다시 겪기를 원하지 않고 있으며 이것이 중앙은행 관리들이 IMF 연구원들의 제안에 대해 매우 적대적인 이유이다.

인플레이션 타게팅의 신축성 실제로 실행되는 인플레이션 타게팅은 '신축적 인플레이션 타게팅'(flexible inflation targeting)으로 더 잘 표현된다는 것을 이미 살펴봤다. 그러나 글로벌 금융위기 이전에 이러한 신축성은 물가안정뿐만 아니라 생산량 안정을 촉진하기 위해서 인플레이션율 목표로부터의 단기적 이탈을 허용한다는 것이었다. 글로벌 금융위기로부터 얻은 2가지 교훈, 즉 금융불안정이 경제를 황폐화시킬 수 있고 물가안정과 생산량 안정을 달성하는 것이 금융안정을 보장하지 않는다는 교훈은 중앙은행이 인플레이션 타게팅을 설계하는 데 있어서뿐만 아니라 Fed의 '상황 대응 전략'과 같은 통화정책 틀을 만드는 데 있어서 금융안정에 보다 더 관심을 가질 필요가 있다는 점을 인식시켰다. 특히 다음 절에서 논의되는 중앙은행이 자산 가격 버블에 어떻게 대응해야 하는가에 관한 쟁점은 이러한 측면에서 중요하다.

7 중앙은행은 자산 가격 버블에 어떻게 대응해야 하는가?

수 세기 동안 경제는 간헐적으로 **자산 가격 버블**(asset-price bubble)에 직면해왔다. 자산 가격 버블은 내재가치로부터 이탈하는 자산 가격의 현저한 상승을 의미하며 궁극적으로 요란하게 터진다. 제9장에서 논의했던 글로벌 금융위기에 관한 내용은 이러한 버블이 얼마나 큰 비용이 될 수 있는지를 제시해준다. 주택시장에서 자산 가격 버블의 붕괴는 금융시스템을 파괴시키고 경기후퇴, 실업 증가, 지역사회 붕괴, 압류로 인해 그들의 주택으로부터 떠나야 했던 가족들의 직접적 곤경을 발생시켰다. 자산 가격 버블의 높은 비용은 다음과 같은 질문을 제기한다. 중앙은행은 자산 가격 버블에 대해 어떻게 대응해야 하는가? 자산 가격은 통화정책이 경제에 영향을 미치는 데 있어서 핵심적 요소(제26장에서 논의되는 통화정책의 전달 경로)이기 때문에, 통화정책은 분명히 인플레이션과 생산량 기준으로 좋은 성과를 얻기 위해서 자산 가격에 대응할 필요가 있다. 따라서 통화정책이 자산 가격의 변화에 어떻게 대응할 수 있는가에 관한 쟁점은 통화정책이 일단 대응해야 한다는 것이 아니라 인플레이션과 고용을 안정시키는 목표와 관련해 요구되는 수준 이상으로 대응해야 하느냐 하는 것이다. 이러한 쟁점을 정의하는 또 하나의 방식은 통화정책이 자산 가격 버블이 터졌을 때 경제에 미치는 영향을 최소화하기 위해서 잠재적 자산 가격 버블이 팽창하는 것을 터지게 해야 하느냐 지연시켜야 하느냐 하는 것이다. 이와는 달리, 통화당국은 잠재적 자산 가격 버블에 직접적으로 대응하기보다 생산량과 인플레이션을 안정시키기 위해서 버블이 터진 후에 자산 가격 하락에만 대응해야 하는가? 이렇게 서로 상반되는 입장은 자산 가격 버블에 사전 대응하는 것과 버블이 꺼진 후에 발생하는 문제를 사후 처리하는 것으로 구분되며 이에 따라 자산 가격 버블에 대해 어떻게 할 것인가에 관한 논쟁은 '사전 대응 대 사후 처리'(lean versus cleaning) 논쟁이라는 이름이 붙여졌다.

7.1 '그린스펀 독트린' : 왜 중앙은행은 자산 가격 버블에 사전 대응해서는 안 되고 자산 가격 버블이 꺼진 후에 사후 처리만 해야 하는가?

앨런 그린스펀 의장하에서 연방준비제도는 버블에 사전 대응해서는 안 된다는 입장을 취했고 이것이 '그린스펀 독트린'(Greenspan doctrine)으로 알려지게 됐다. 그린스펀 독트린은 다음과 같은 5가지 논거에 기초하고 있다.

1. 자산 가격 버블은 식별이 거의 불가능하다. 만일 중앙은행이나 정부 관리가 버블이 진행 중에 있다는 것을 안다면, 시장 참여자는 왜 그것을 모르겠는가? 만일 그렇다면, 시장 참여자가 자산 가격이 내재가치로부터 벗어나고 있다는 것을 알기 때문에 버블은 진행될 가능성이 없을 것이다. 중앙은행이나 정부 관리가 시장 참여자보다 더 똑똑하지 않다면, 특히 재능 있고 돈을 잘 버는 시장 참여자의 분별력을 감안하면 이러한 상황은 발생하지 않을 것이고 그들은 이러한 유형의 버블이 언제 발생하는지를 식별할 수 없을 것이다. 이것이 의심되는 버블에 대해 사전 대응해서는 안 된다는 강력한 논거이다.
2. 일부 경제 분석은 이자율 인상이 자산 가격 상승을 감소시킬 수 있다고 제시하지만, 시장 참여자가 버블이 진행되는 자산을 매입하면서 높은 수익률을 기대하기 때문에

이자율 인상이 버블을 제어하는 데 매우 효과적이지 못할 수 있다. 이에 더해, 이자율 인상은 종종 버블이 더 심각하게 꺼지도록 만들어서 경제에 미치는 손상을 증가시키는 것으로 알려져 있다. 이것을 다른 방식으로 말하면 버블은 정상적인 행태로부터의 이탈이고, 통상적인 통화정책수단이 비정상적인 상황에서 효과적일 것이라고 기대하는 것은 비현실적이다.

3. 많은 서로 다른 자산 가격이 존재하고 어느 시점에 버블은 이러한 자산의 일부에서만 존재할 수 있다. 통화정책조치들은 이러한 경우에 매우 어리석은 일이 될 수 있다. 왜냐하면 이러한 조치들은 버블을 경험하고 있는 특정 자산에 대해서보다는 자산 가격들에 일반적으로 영향을 미칠 가능성이 크기 때문이다.
4. 버블을 꺼지게 하기 위한 통화정책조치들은 경제 전체에 해로운 영향을 미칠 수 있다. 만일 이자율이 버블을 없애기 위해 크게 인상되면 경제는 둔화될 것이고 사람들은 일자리를 잃을 것이며 인플레이션율은 바람직한 수준 아래로 하락할 수 있다. 실제로 2와 3의 논거들이 제시하는 것처럼, 버블을 꺼지게 하기 위해 필요한 이자율 인상이 근로자와 경제가 큰 비용을 지불하게 할 정도로 매우 높을 수 있다. 이것은 통화정책이 자산 가격 자체에 대해 대응해서는 안 된다고 말하는 것이 아니다. (제26장에서 논의하는 것처럼) 자산 가격의 수준은 총수요와 결과적으로 경제의 진행과정에 영향을 미친다. 통화정책은 자산 가격이 인플레이션과 경제활동에 영향을 주는 만큼 자산 가격의 변동에 대응해야 한다.
5. 정책 담당자들이 자산 가격 버블이 꺼진 후에 공격적으로 완화적 통화정책을 수행함으로써 시의적절하게 대응한다면, 버블이 꺼진 후의 해로운 영향은 관리할 수 있는 수준으로 통제될 수 있다. 실제로 그린스펀하에서 Fed는 1987년 주식시장 붕괴와 2000년 주식시장의 기술주 버블 붕괴 후에 정확하게 이러한 방식으로 행동했다. 1987년과 2000년에 주식시장 버블이 꺼진 후 이루어진 공격적인 완화적 통화정책은 매우 성공적이었다. 1987년 주식시장 붕괴 후에 경제는 경기후퇴로 진입하지 않았고 2000 기술주 버블 붕괴 후에 발생한 경기후퇴는 매우 가벼운 정도였다.

7.2 자산 가격 버블의 2가지 유형

그린스펀 독트린에 의한 대응을 이해하기 위해서, 먼저 서로 다른 대응을 요구하는 서로 다른 종류의 버블이 존재하는지를 질문해볼 필요가 있다. 2가지 유형의 자산 가격 버블, 즉 신용에 의해 촉발되는 버블과 과도하게 낙관적인 기대에 의해 촉발되는 버블(앨런 그린스펀이 '비합리적인 과열'(irrational exuberance)이라고 언급했던 버블)이 존재한다.

신용에 의해 촉발되는 버블 신용 붐이 시작될 때, 그것이 자산 가격 버블을 만들어낼 수 있다. 조건이 더 완화된 신용은 특정 자산을 매입하기 의해 사용되고 이에 따라 특정 자산의 가격을 상승시킬 수 있다. 자산 가격의 상승은 이어서 이러한 자산을 매입하기 위한 추가적인 대출이 이루어지게 만들 수 있다. 왜냐하면 자산 가격의 상승은 담보가치를 증가시키고 이것이 차입을 더 용이하게 만들거나 금융기관들이 보유하고 있는 자본의 가치를 증가시켜 금융기관들에게 더 많은 대출 여력을 제공해주기 때문이다. 이러한 자산을 매입하기 위한 대출은 추가적으로 이러한 자산에 대한 수요를 증가시키고 이에 따라 자산의 가격을 더욱더 상승시킬 수 있다. 신용 붐이 자산 가격을 더 상승시키고 이어서 신용 붐을 추가적으로 더욱 진행되게 하며 자산 가격을 더욱 상승시키는 반응 순환 고리(feedback loop)는 자산 가격을 자산의 내재가치 이상으로 크게 상승시키는 버블을 생성시킬 수 있다.

최근의 글로벌 금융위기가 보여주는 것처럼, 신용에 의해 촉발되는 버블은 특히 위험하다. 자산 가격이 크게 하락하면서 버블이 꺼질 때, 자산 가격의 급락은 대출을 크게 증가시켰던 반응 순환 고리의 반전을 발생시킨다. 금융기관들은 신용공급을 축소하며, 이에 따라 자산에 대한 수요는 더욱 감소하고 자산 가격은 더 크게 하락한다. 이러한 과정이 정확히 글로벌 금융위기 동안 주택시장에서 진행된 상황이었다. 서브프라임 모기지에 대한 대출에서 발생한 신용 붐에 의해 촉발돼 주택 가격은 내재가치보다 더 높게 치솟았다. 그러나 주택 가격이 붕괴됐을 때, 신용은 말라버렸고 주택 가격은 크게 하락했다.

이에 따라 서브프라임 대출과 증권에 발생한 손실은 금융기관들의 대차대조표를 크게 악화시켰고 디레버리징(deleveraging), 기업 및 가계 지출의 급격한 감소, 이에 따른 경제 활동의 급격한 축소를 발생시켰다. 글로벌 금융위기 동안에 경험한 것처럼, 주택 가격 버블의 붕괴 후에 발생한 주택가격과 금융기관 건전성 간의 상호작용은 금융시스템 전체의 작동을 위험에 빠뜨렸고 경제에 비참한 결과를 발생시켰다

비합리적인 과열에 의해 촉발되는 버블 신용 붐과는 관련 없이 과도하게 낙관적인 기대에 의해 촉발되는 버블은 금융시스템에 훨씬 더 적은 위험을 부과한다. 예를 들어 제7장에서 설명한 1990년대 후반에 발생했던 기술 충격 버블은 신용에 의해 촉발된 것은 아니었고 기술 충격 버블의 붕괴가 금융기관들의 대차대조표 악화로 이어지지 않았다. 따라서 기술 충격 버블의 붕괴는 경제에 매우 심각한 영향을 미치지 않았고 이어진 경기후퇴는 매우 가벼웠다. 따라서 비합리적인 과열에 의해 촉발되는 버블은 신용 붐에 의해 촉발되는 버블보다 훨씬 덜 위험하다.

7.3 사전 대응 대 사후 처리

최근의 글로벌 금융위기는 신용에 의해 촉발되는 버블의 붕괴는 매우 높은 비용을 지불하게 할 뿐만 아니라 사후 처리하기도 매우 어렵다는 것을 명백하게 보여주었다. 이에 더해, 신용에 의해 촉발되는 버블은 이러한 버블로 진행되는 시기에 물가안정과 생산량 안정이 이루어지고 있다 하더라도 발생할 수 있다. 실제로, 이미 살펴본 것처럼 물가안정과 생산량 안정은 시장 참여자가 경제에 존재하는 위험 수준을 과소추정하게 만들기 때문에 실제로 신용에 의해 촉발되는 버블이 발생할 수 있게 만들 수 있다. 따라서 글로벌 금융위기는 버블이 꺼진 후에 사후 처리하기보다는 잠재적 버블에 대해 사전 대응하는 것이 더 좋을 수 있다는 매우 강력한 예였다.

2가지 유형의 버블 중 하나인 신용에 의해 촉발되는 버블은 다른 유형의 버블인 비합리적인 과열에 의한 버블보다 훨씬 더 높은 비용 지불을 요구한다. 그러나 2가지 유형의 버블을 구별하는 것이 사전 대응 대 사후 처리 논쟁이 잘못된 것일 수 있다는 점을 제시한다. 신용에 의해 촉발되는 버블과 비합리적인 과열에 의해 촉발되는 버블 모두를 포함하는 잠재적 자산 가격 버블에 대응하기보다는 비합리적인 과열에 의해 촉발되는 버블이 아닌 신용에 의해 촉발되는 버블에만 사전 대응하는 것을 찬성하는 주장이 훨씬 더 강하다. 이에 더해, 자산 가격 버블보다 신용에 의해 촉발되는 버블을 식별하는 것이 훨씬 더 쉽다. 신용이 붐을 이루는 동시에 자산 가격 버블이 급속히 팽창할 때, 신용조건의 완화가 자산 가격의 상승을 부추기기 때문에 자산 가격이 내재가치로부터 이탈할 가능성이 더 크다. 이 경우에 중앙은행이나 정부 관리들이 신용 붐이 진행되고 있다는 것을 식별할 가능성이 더 높다. 이것이 실제로 미국의 주택시장 버블이 진행되는 기간 동안에 발생했던 경우였다. 이 경우에 중앙은행이나 정부 관리들은 대부자들이 대출조건을 완화시켰고 모기지 시장에서 신용 확대가 비정상적으로 높게 증가하고 있었다는 정보를 가지고 있었다.

신용에 의해 촉발되는 버블에 대한 사전 대응을 찬성하는 논거는 강력해 보인다. 어떤 정책이 이러한 버블을 억제하는 데 가장 효과적인가?

7.4 신용에 의해 촉발되는 버블에 대응한 거시건전성 정책

첫째, 신용 붐에 대응하는 효과적인 정책을 디자인하는 데 있어서 고려해야 하는 핵심적인 원칙은 과도한 위험 선택을 억제하는 것이라는 점을 인식하는 것이 중요하다. 위험 선택이 과도할 때에만 신용 붐이 발생할 가능성이 있고 이에 따라 신용 붐을 억제하기 위해 건전성 규제 조치에 의존하는 것은 자연스러운 일이다. 신용시장 전체에서 발생하는 현상에 영향을 미치기 위한 규제정책, 즉 소위 **거시건전성 규제**(macroprudential regulation)가 신용에 의해 촉발되는 버블을 통제하기 위한 적정한 수단인 것으로 보인다.

제12장에서 설명했던 것처럼, 중앙은행이나 다른 정부기관들에 의해 수행되는 금융규제와 감독도 건전성 규제 및 감독 시스템이 가지고 있는 통상적인 요소를 가지고 있어서 신용 붐을 가속화시키고 이에 따라 자산 가격 버블을 발생시키는 과도한 위험 선택을 막을 수 있다. 이러한 요소에는 적정한 공시, 자기자본규제, 신속교정조치, 금융기관의 리스크 관리 과정에 대한 면밀한 감시, 규제 준수를 위한 면밀한 감독 등이 포함된다. 보다 더 일반적으로 말하면, 규제는 레버리지의 급격한 변동을 막는 데 초점을 맞춰야 한다. 글로벌 금융위기가 보여준 것처럼, 신용 붐과 함께 이루어진 자산 가격의 상승은 금융기관에게 더 많은 완충자본(capital buffer)을 발생시켰고 자기자본규제가 변화하지 않는 상황에서 계속적으로 자산 가격의 상승을 발생시키는 추가적인 대출을 가능하게 만들었다. 경기역행적, 즉 경기호황기 동안에는 상향으로 조정되고 경기침체기 동안에는 하향으로 조정되는 자기자본규제가 신용에 의해 촉발되는 버블을 발생시키는 해로운 반응 순환 고리를 제거하는 데 도움을 줄 수 있다.

신용 붐과 함께 이루어지는 자산 가격의 급등은 시장실패나 부실한 금융 규제와 감독이 버블 형성을 야기시키고 있다는 신호를 보낸다. 중앙은행과 기타 정부규제기관은 신용의 증가를 직접적으로 통제하기 위한 정책들의 실행을 고려하거나 신용조건을 충분히 높이는 조치들을 실행할 수 있다.

7.5 신용에 의해 촉발되는 버블에 대응한 통화정책

2002년부터 2005년까지 Fed의 저이자율 정책이 과도한 위험 선택으로 이어졌다는 사실은 제9장에서 논의했던 것처럼 과도하게 완화된 통화정책은 금융불안정을 촉발할 수 있다는 점을 제시한다. Fed가 1차적으로 주택 버블 발생에 대해 비난받아야 한다는 것은 분명하지는 않지만, 연구 결과는 저이자율은 과도한 위험 선택을 권장할 수 있다는 점을 제시한다. 이것을 소위 '통화정책의 위험 선택 경로'(risk-taking channel of monetary policy)라고 부른다. 저이자율은 금융기관의 자산 관리자가 고수익률을 찾아야 하고 이에 따라 위험 선택을 증가시키는 인센티브를 조장할 수 있다. 또한 저이자율은 자산에 대한 수요를 증가시키고 이것이 자산 가격을 상승시키며 담보가치를 증가시킬 수 있다. 이러한 담보가치의 증가는 대부자가 더 위험스러운 차입자에게 대출하도록 만든다.

통화정책의 위험 선택 경로는 통화정책이 신용 붐에 대응하기 위해 사용돼야 한다는 점을 제시한다. 그러나 그린스펀 독트린에 기초해 버블을 꺼지게 하기 위한 통화정책을 사용하는 것을 반대하는 논거들은 여전히 타당하기 때문에 통화정책은 물가안정과 생산량 안정에 초점을 맞추도록 하고 신용 붐을 억제하기 위해서 거시건전성 감독을 사용하는 것이 더 좋지 않은가?

거시건전성 정책이 이러한 일을 수행할 수 있다면 이러한 주장은 매우 강력한 것이 될 것이다. 그러나 이러한 점에 대해 의구심이 존재한다. 건전성 감독은 금융기관의 순이익에 보다 더 직접적으로 영향을 미치기 때문에 통화정책보다 더 정치적인 압력에 직면할 수 있다. 따라서 금융기관은 특히 가장 크게 돈을 버는 신용 붐의 시기 동안에 신용 붐을 제어하는 거시건전성 정책을 좌절시키기 위해 정치가를 대상으로 로비해야 하는 더 큰 인센티브를 가진다. 이에 더해, 제13장에서 살펴봤던 것처럼, 금융기관은 규제를 피하기 위해 법적으로 빠져나갈 방도를 발견하는 데 매우 능숙하고 이에 따라 거시건전성 감독이 효과적이지 못할 수 있다. 거시건전성 정책이 신용 붐을 억제할 수 있을 정도로 충분히 잘 실행되지 못할 수 있기 때문에 그 대신에 통화정책이 사용돼야 한다고 말할 수 있다.

글로벌 금융위기로부터 얻은 한 가지 중요한 교훈은 중앙은행과 기타 규제 당국이 자유방임적 태도를 가져서는 안 되며 신용에 의해 촉발되는 버블에 대해 아무런 사전 대응 없이 내버려두어서도 안 된다는 것이다. 그러나 이러한 일을 잘하는 것은 정말로 어렵다.

8 통화정책의 전술 : 정책수단의 선택

이제 통화정책 전략들을 이해했으므로 통화정책이 매일매일 어떻게 수행되는지 살펴보도록 하자. 중앙은행은 직접적으로 통화정책의 수단, 즉 공개시장조작, 지준의무, 재할인 대출정책, 지준에 대한 이자지급을 통제하고 있다. 그러나 통화정책을 수행하기 위한 수단과 전략을 안다는 것이 통화정책이 확장적인지 긴축적인지를 말해주지는 않는다. **정책수단**(policy instrument, **운용수단**(operating instrument)이라고도 부름)은 중앙은행의 통화정책수단에 반응하는 변수이고 통화정책의 입장(확장 또는 긴축)을 나타낸다. Fed와 같은 중앙은행은 2가지 기본적인 정책수단, 즉 지준량(총지준, 비차입지준, 본원통화, 비차입 본원통화)과 이자율(페더럴펀드 이자율, 기타 단기이자율)을 조정할 권한을 가지고 있다. (소규모 국가들의 중앙은행은 또 다른 정책수단으로 환율을 선택할 수 있으나 이에 대한 논의는 제19장에서 이루어진다.) 정책수단은 M2와 같은 통화량 또는 장기이자율과 같은 **중간목표**(intermediate target)와 연계돼 있을 수 있다. 중간목표는 정책수단과 통화정책목표(이를테면 물가안정, 경제성장 등)의 사이에 위치해 있다. 중간목표는 통화정책수단에 의해 직접적으로 영향을 받지 않으나 통화정책목표와 더 가깝게 연계돼 있을 수 있다. [그림 2]는 통화정책수단, 정책수단, 중간목표, 통화정책목표 간의 연계를 정리한 것이다.

예를 들어 중앙은행의 고용과 인플레이션율 목표가 5%의 명목 GDP 성장률에 의해 달

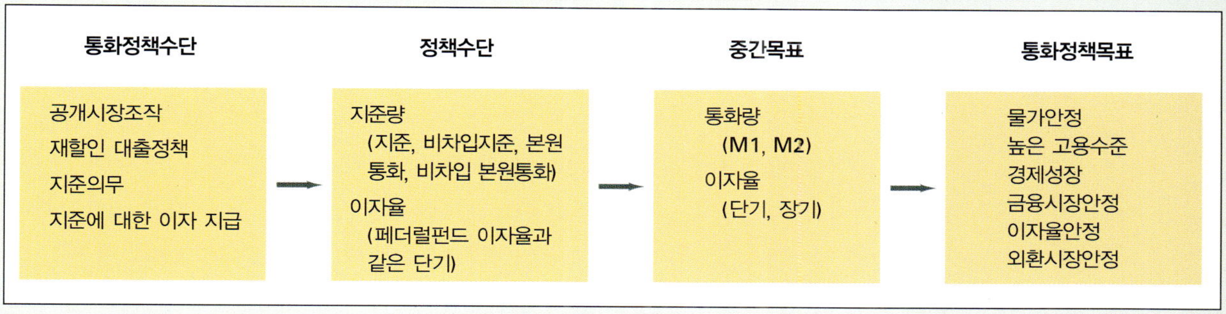

그림 2 중앙은행 통화정책수단, 정책수단, 중간목표, 통화정책목표 간의 연계

중앙은행의 통화정책수단은 중간목표와 이어서 통화정책목표의 달성을 위해 정책수단을 변화시키기 위해 사용된다.

성된다고 하자. 중앙은행이 5%의 명목 GDP 성장률은 4%의 M2 증가율(중간목표)에 의해 달성될 것이고, 4%의 M2 증가율은 3%의 비차입지준 증가율(정책수단)에 의해 달성될 수 있다고 믿을 수 있다. 이와는 달리, 중앙은행은 자신의 목표를 달성하기 위한 최선의 방법은 페더럴펀드 이자율(정책수단)을 4%로 설정하는 것이라고 믿을 수 있다. 중앙

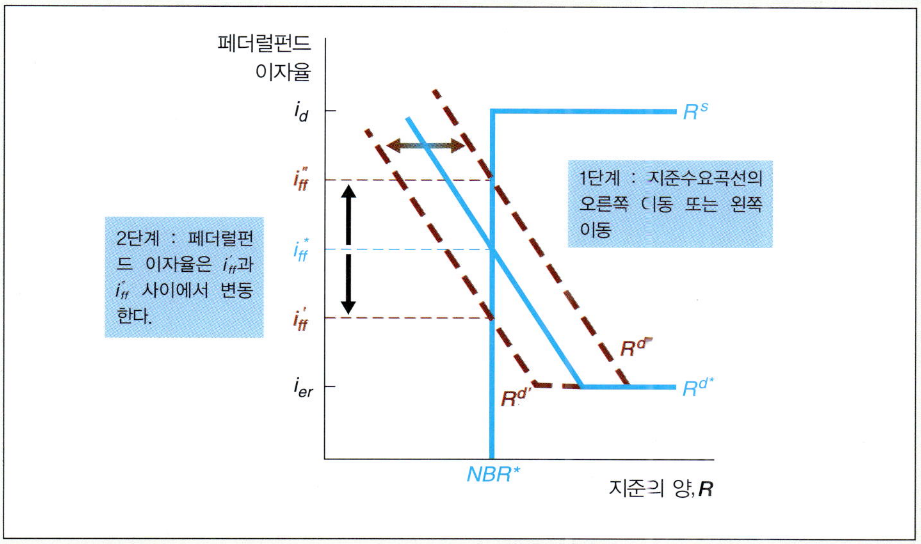

그림 3 비차입지준 목표의 결과

지준에 대한 수요가 $R^{d'}$과 $R^{d''}$ 사이에서 변동하기 때문에 NBR^*의 비차입지준 목표는 페더럴펀드 이자율이 i'_{ff}과 i''_{ff} 사이에서 변동하게 만든다.

은행은 비차입지준 정책수단과 페더럴펀드 이자율 정책수단 모두를 동시에 목표로 선택할 수 있는가? 그 대답은 '아니요'이다. 제16장에서 제시된 지준시장에 대한 수요와 공급 분석은 중앙은행이 두 정책수단 중 하나만을 선택해야 하는 이유를 설명해준다.

먼저 지준량 목표를 선택하는 것이 왜 이자율에 대한 통제를 상실하는 것인가를 살펴보자. [그림 3]에는 지준시장의 수요곡선과 공급곡선이 그려져 있다. 중앙은행은 지준의 수요곡선이 R^{d*}에 있기를 기대하지만, 예상치 않은 예금의 변동(이에 따른 필요지준의 변동)과 은행이 원하는 초과지준 보유량의 변화 때문에 지준의 수요곡선은 $R^{d'}$과 $R^{d''}$ 사이에서 변동한다. 만일 중앙은행이 (4%의 통화공급 증가율 목표를 가지고 있어서) NBR^*의 비차입지준 목표를 가지고 있으면, 처음에 페더럴펀드 이자율은 i_{ff}^*가 될 것이다. 그러나 [그림 3]에서 보는 것처럼 지준의 수요곡선이 $R^{d'}$과 $R^{d''}$ 사이에서 변동하면 페더럴펀드 이자율은 i_{ff}'과 i_{ff}'' 사이에서 변동하게 될 것이다. 지준량 목표를 추구한다는 것은 이자율이 변동한다는 것을 의미한다.

[그림 4]에 그려져 있는 지준의 수요곡선과 공급곡선은 이자율 목표를 i_{ff}^*로 설정할 때 발생하는 결과를 보여준다. 중앙은행은 지준의 수요곡선이 R^{d*}에 있기를 기대하나, 예상

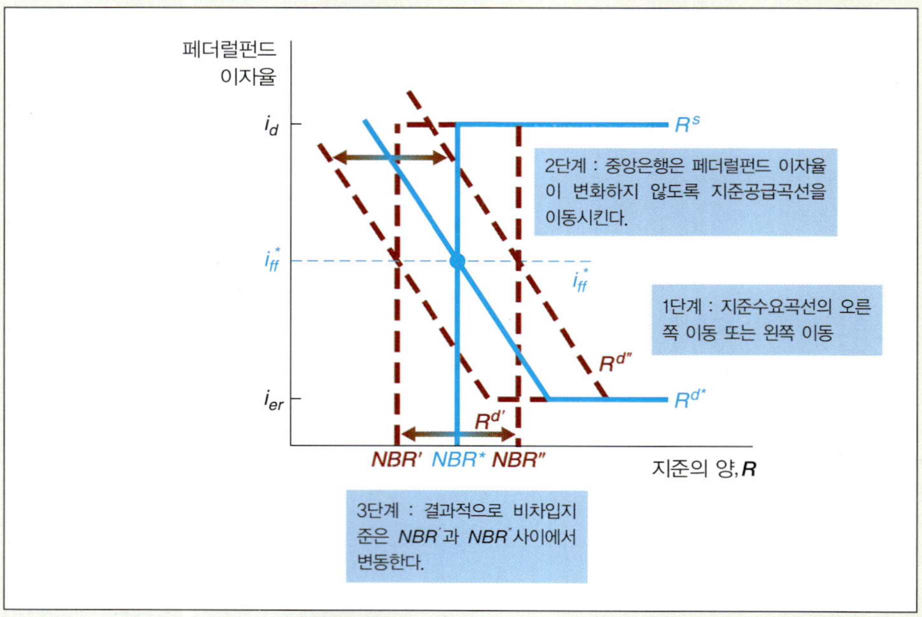

그림 4 페더럴펀드 이자율 목표의 결과

지준에 대한 수요가 $R^{d'}$과 $R^{d''}$ 사이에서 변동하기 때문에, i_{ff}^*의 페더럴펀드 이자율 목표는 비차입지준의 변동을 발생시킨다.

치 않은 예금의 변화 또는 은행이 원하는 초과지준 보유량의 변화 때문에 지준의 수요곡선은 $R^{d'}$과 $R^{d''}$ 사이에서 변동한다. 만일 지준의 수요곡선이 $R^{d''}$으로 이동하면 페더럴펀드 이자율은 i^*_{ff}보다 높게 상승하기 시작할 것이다. 중앙은행은 비차입지준의 공급량을 NBR''로 증가시킬 때까지 공개시장매입에 참여하고 이에 따라 균형 페더럴펀드 이자율은 다시 i^*_{ff}가 된다. 이와 반대로, 만일 지준의 수요곡선이 $R^{d'}$으로 이동하면 페더럴펀드 이자율은 i^*_{ff}보다 낮게 하락하기 시작할 것이다. 중앙은행은 비차입지준의 공급량이 NBR'으로 감소할 때까지 공개시장매도에 참여하고 이에 따라 균형 페더럴펀드 이자율은 다시 i^*_{ff}가 된다. 따라서 중앙은행이 이자율 목표를 준수하는 것은 비차입지준의 양과 화폐공급량을 변동시킨다는 것을 의미한다.

이러한 지준에 대한 수요와 공급 분석으로부터 얻게 되는 결론은 이자율 목표와 지준량 목표(통화량 목표)는 양립불가하다는 것이다. 중앙은행은 2가지 목표를 동시에 달성할 수 없고, 2가지 목표 중 어느 하나의 목표만을 달성할 수 있다. 2가지 목표 중 어느 하나의 목표만을 선택해야 하기 때문에, 이제 정책수단을 선택하기 위해 어떤 기준들이 사용돼야 하는지를 살펴볼 필요가 있다.

8.1 정책수단의 선택 기준

정책수단을 선택할 때 3가지 기준이 적용된다. 정책수단은 관측될 수 있고 측정될 수 있어야 한다. 정책수단은 중앙은행에 의해 통제될 수 있어야 하며, 통화정책 목표에 예측 가능한 효과를 미쳐야 한다.

관측성과 측정성 정책수단은 통화정책의 입장에 관한 신호를 신속하게 보낼 때에만 유용하기 때문에 정책수단을 신속하게 관측하고 정확하게 측정하는 것이 필요하다. 비차입지준과 같은 지준량은 측정하는 것이 간단하나 여전히 지준량을 보고하는 데 약간의 시간 지연(2주의 지연)이 존재한다. 이와는 달리 페더럴펀드 이자율과 같은 단기이자율은 측정하는 것이 용이할 뿐만 아니라 즉각적으로 관측될 수 있다. 따라서 이자율이 지준량보다 더 용이하게 관측되고 측정될 수 있기 때문에 더 좋은 정책수단인 것처럼 보인다.

그러나 제4장에서 살펴본 것처럼, 측정하고 관측하는 것이 가장 쉬운 이자율은 명목 이자율이다. 명목 이자율은 일반적으로 실질 GDP에 어떤 일이 발생할 것인지를 더 확실하게 제시해주는 차입의 실질비용을 정확하게 측정하는 지표가 아니다. 차입의 실질비용은 실질 이자율, 즉 기대 인플레이션에 대해 조정된 명목 이자율($i_r = i - \pi^e$)에 의해 더 정확하게 측정된다. 불행하게도 기대 인플레이션을 측정하는 직접적인 방법이 없기 때문에 실질 이자율은 측정하기가 매우 어렵다. 이자율과 지준량 모두는 관측성과 측정성의 문제를 가지고 있기 때문에, 어느 변수가 정책수단으로서 선호돼야 하는지는 분명하지 않다.

통제 가능성 어느 변수가 유용한 정책수단으로 기능하려면, 중앙은행은 이 변수에 대한 통제력을 효과적으로 발휘할 수 있어야 한다. 만일 중앙은행이 정책수단을 통제할 수 없으면, 중앙은행이 정책수단을 궤도상으로 복귀시키는 방법을 가지고 있지 않기 때문에 정책수단이 궤도를 벗어났다는 것을 아는 게 아무런 소용이 없다.

현금통화로의 유입과 현금통화로부터의 유출 때문에 비차입지준과 같은 지준량은 완전히 통제될 수 없다. 이와는 달리 Fed는 페더럴펀드 이자율과 같은 단기이자율을 매우 엄격하게 통제할 수 있다. 따라서 통제성의 기준에서 보면 단기이자율이 지준량보다 더 우월한 것처럼 보일 수 있다. 그러나 중앙은행은 기대 인플레이션에 대한 통제력을 가지고 있지 않기 때문에 단기 실질 이자율을 결정할 수 없다. 따라서 단기이자율이 정책수단으로서 지준량보다 더 선호될 수 있다고 분명하게 말하기는 어렵다.

통화정책목표에 대한 효과의 예측성 정책수단의 가장 중요한 특성은 정책수단은 통화정책목표에 예측 가능한 효과를 가져야 한다는 것이다. 중앙은행이 중국의 차(tea) 가격을 정확하고 신속하게 측정할 수 있으며 완전히 통제할 수 있다 해도 그것이 무슨 유익이 되겠는가? 중앙은행은 자국의 실업률 또는 물가 수준에 영향을 주기 위해 중국의 차 가격을 사용할 수 없다. 정책수단이 통화정책목표에 영향을 주는 정도는 정책수단의 유용성을 평가하는 데 매우 중요하기 때문에 지준량 또는 통화량이 통화정책목표(경제성장, 고용 수준, 물가 수준)와 얼마나 밀접한 관계를 가지고 있는가, 이자율이 통화정책목표와 얼마나 밀접한 관계를 가지고 있는가는 많은 연구와 논란이 있는 문제이다. 최근에 대부분의 중앙은행은 이자율과 인플레이션율 간의 연계가 지준량과 인플레이션율 간의 연계보다 더 밀접하다고 결론 내리고 있다. 이러한 이유로 전 세계의 중앙은행은 현재 일반적으로 정책수단으로 단기이자율을 사용하고 있다.

9 통화정책의 전술 : 테일러 준칙

앞에서 살펴본 것처럼 현재 Fed와 대부분의 중앙은행은 페더럴펀드 이자율과 같은 단기이자율 목표를 설정하는 방식으로 통화정책을 수행하고 있다. 그러나 이러한 단기이자율 목표는 어떻게 결정돼야 하는가?

스탠퍼드 대학교의 존 테일러(John Taylor) 교수는 이에 대한 하나의 해결책으로 소위 **테일러 준칙**(Taylor rule)을 제안했다. 테일러 준칙은 페더럴펀드 이자율은 인플레이션율과 '균형' 실질 페더럴펀드 이자율(장기적으로 완전고용을 달성시키는 실질 페더럴펀드 이자율)을 더한 값에다 (1) 인플레이션 갭(inflation gap, 현재 인플레이션율에서 목표 인플레이션율을 뺀 것)과 (2) 산출량 갭(output gap, 완전고용을 달성시키는 잠재 실질 GDP(잠재산출량)의 추정치로부터 실질 GDP의 퍼센트 이탈 정도)의 가중 평균을 추가한 값으로 설정돼야 한다고 제시한다.[7] 테일러 준칙은 다음과 같이 나타낼 수 있다.

$$\text{페더럴펀드 이자율 목표} = \text{인플레이션율} + \text{균형 실질 페더럴펀드 이자율} + \frac{1}{2}(\text{인플레이션 갭}) + \frac{1}{2}(\text{산출량 갭})$$

테일러는 균형 실질 페더럴펀드 이자율은 2%이고 적정한 인플레이션율 목표는 2%, 인플레이션 갭과 산출량 갭의 가중치는 각각 1/2이라고 가정했다. 실제에서 사용되는 테일러 준칙의 예를 들어보기 위해, 현재의 인플레이션율은 3%이고 실질 GDP는 잠재 실질 GDP보다 1% 높다고 하자. 이 경우 인플레이션 갭은 1%(=3%−2%)이고 산출량 갭은 잠재 실질 GDP보다 1% 높다. 따라서 테일러 준칙은 페더럴펀드 이자율 목표는 6%(=3%의 인플레이션율+2%의 균형 실질 페더럴펀드 이자율+1/2(1%의 인플레이션 갭)+1/2(1%의 산출량 갭))로 설정돼야 한다고 제시한다.

테일러 준칙의 중요한 특성은 인플레이션 갭의 계수는 1/2로 양이라는 점이다. 만일 인플레이션율이 1% 포인트 상승하면 페더럴펀드 이자율 목표는 1.5% 포인트, 즉 1:1 이상 인상된다. 달리 말하면, 1% 포인트의 인플레이션율 상승은 1/2% 포인트의 실질 페더럴펀드 이자율 상승을 발생시킨다. 통화 당국이 인플레이션율이 상승한 것보다 더 크게 명목 이자율을 상승시켜야 한다는 원칙은 소위 **테일러 원칙**(Taylor principle)이라고 부르며 이는 통화정책의 성공에 중요하다. 인플레이션율이 상승할 때, 테일러 원칙이 준수되지 않고 명목 이자율이 인플레이션율보다 적게 상승해 결과적으로 실질 이자율이 하락한다고 하자. 인플레이션율의 상승은 실질적으로 통화정책의 완화를 발생시킬 것이기 때문에 심각한 불안정성을 발생시킬 것이고 이어서 미래에 더 높은 인플레이션율을 발생시킬 것이다. 실제로 이것이 1970년대 통화정책의 특징이었고 명목기준지표의 상실과 인플레이션율이 두 자리 숫자 수준으로 상승했던 소위 '대인플레이션'(Great Inflation)의 시대를 발생시켰다. 다행스럽게도 1979년 이후 테일러 원칙은 인플레이션과 총생산 모두에 훨씬 더 좋은 결과를 가져오면서 통화정책의 특징이 됐다.

테일러 준칙에서 산출량 갭 항이 존재하는 것은 Fed가 인플레이션을 지속적으로 통제

---

7) 테일러 준칙의 처음 공식은 John B. Taylor, "Discretion Versus Policy Rules in Practice," *Carnegie-Rochester Conference Series on Public Policy* 39 (1993): 195–214에 제시돼 있다. 그러나 역사적 관점에서 보다 더 직관적인 논의를 위해서는 John B. Taylor, "A Historical Analysis of Monetary Policy Rules," in *Monetary Policy Rules*, ed. John B. Taylor (Chicago: University of Chicago Press, 1999), pp. 319–341를 참조하라.

하는 것뿐만 아니라 잠재산출량 주위에서 발생하는 생산량의 경기변동을 최소화하는 것에 대해서도 우려해야 한다는 것을 의미한다. 인플레이션과 생산량 변동 모두에 대한 우려는 인플레이션을 통제하고 실질생산량을 안정화시키는 것이 Fed의 중요한 관심사항이라는 연방준비제도 관리들의 언급과 일치한다.

테일러 준칙에 생산량 갭 항이 존재하는 것에 대한 또 다른 해석은 **필립스 곡선 이론**(Phillips curve theory)이 제시하는 것처럼 생산량 갭은 미래 인플레이션의 지표라는 것이다. 필립스 곡선 이론은 인플레이션율의 변화는 기타 요인뿐만 아니라 경제의 생산능력에 대한 상대적인 경제 상태에 의해서도 영향을 받는다고 설명한다. 이러한 경제의 생산능력은 잠재 GDP로 측정될 수 있다. 잠재 GDP는 완전고용하에서 발생하는 실업률을 의미하는 자연실업률의 함수이다. 이와 관련된 개념이 인플레이션율이 변화할 가능성이 존재하지 않는 상태의 실업률인 **NAIRU**(nonaccelerating inflation rate of unemploy-

Fed 심층분석 Fed의 테일러 준칙 사용

왜 연방준비제도는 페더럴펀드 이자율이 컴퓨터에 의해 작동되는 테일러 준칙 자동항법장치에 의해 조정되도록 하지 않는가? Fed가 이러한 과감한 조치를 하지 않는 몇 가지 이유가 있다. 첫째이자 가장 중요한 이유는 완전한 경제 모형은 존재하지 않으므로 최고이자 가장 머리가 좋은 경제학자라도 어느 주어진 시점에 현재 인플레이션율과 생산량 갭을 확실히 알지 못하기 때문이다. 경제는 항상 변화하고 있기 때문에 테일러 준칙의 계수들은 여하튼 간에 상수로 유지될 수 없다.

테일러 준칙에서 사용되는 변수들의 값을 확실하게 결정할 수 있다 하더라도, 통화정책은 경제에 영향을 미치는 데 긴 시간이 걸리기 때문에 필연적으로 미래 지향적 활동이다. 좋은 통화정책은 Fed가 인플레이션과 경제활동이 미래에 어떻게 될 것인가를 예측하고 이에 따라 정책수단을 조정할 것을 요구한다. 따라서 Fed는 정책을 설정하는 데 있어서 테일러 준칙를 사용할 때 살펴보는 현재 인플레이션율과 산출량 갭만이 아니라 훨씬 더 광범위한 정보를 살펴본다. 달리 말하면, 통화정책의 수행은 신중한 분석과 인간의 판단을 요구한다는 점에서 과학이면서도 예술이다. 테일러 준칙은 모든 예술적 요소를 배제하고 있기 때문에 최선의 통화정책 결과를 만들어낼 수 없다. 예를 들어 신용 스프레드(신용 위험이 있는 증권의 이자율과 신용 위험이 없는 증권의 이자율 차이)의 변화가 페더럴펀드 이자율이 투자 의사결정과 이에 따라 경제활동에 영향을 미치는 방식을 변화시킬 수 있기 때문에, 2007~2009년 기간 동안에 발생했던 것과 같은 금융위기는 복잡한 통화정책조치들을 요구한다.

요점은 통화정책을 고정된 계수들을 가지고 있는 테일러 준칙을 장착한 자동항법장치에 맡긴다는 것은 잘못된 생각이라는 것이다. 그러나 테일러 준칙은 통화정책의 안내자로서 유용하다. 만일 정책수단의 설정이 테일러 준칙이 제시하는 것과 매우 다르면, 정책 담당자들은 테일러 준칙으로부터 이탈할 만한 좋은 이유가 있는지를 물어봐야 한다. 만일 정책 담당자들이 그런 이유를 가지고 있지 않다면, 1970년대 연방준비제도 이사회 의장이었던 번스(Burns) 시대 동안에 발생했던 것처럼 그들은 실수를 범하고 있을 수 있다. 실제로 FOMC는 페더럴펀드 이자율 목표에 관한 의사결정을 하는 데 테일러 준칙에 의한 추정치를 참고 정보로 활용하는 방식으로 사용한다.*

* FOMC가 정책심의를 하는 데 있어서 실제로 테일러 준칙을 사용하는 방식에 관한 상세한 논의를 위해서는 Pier Francesco Asso, George A. Khan, and Robert Leeson, "The Taylor Rule and the Practice of Central Banking," Federal Reserve Bank of Kansas City Working Paper RWP 10-05 (February 2010)을 참조하라.

ment, **인플레이션을 가속화시키지 않는 실업률**)이다. 간단히 말해 이 이론은 실질생산량이 잠재산출량보다 낮은 상태에서 실업률이 NAIRU보다 높으면 인플레이션율은 하락할 것이나, 실질생산량이 잠재산출량보다 높은 상태에서 실업률이 NAIRU보다 낮으면 인플레이션율은 상승할 것이라고 설명한다. 1995년 이전에 NAIRU는 약 6%인 것으로 여겨졌다. 그러나 1990년대 후반에 실업률은 약 4% 수준으로 하락하고 인플레이션율도 약간 하락함에 따라 일부 비판자들은 필립스 곡선 이론의 가치에 의문을 제기했다. 그들은 필립스 곡선 이론은 더 이상 작동하지 않는다고 주장하거나 분명하지 않은 이유들 때문에 5% 이하로 하락했을 수도 있는 NAIRU의 수준에 상당한 불확실성이 존재한다고 생각했다. 현재 필립스 곡선 이론은 논란의 여지가 많고 비판자들은 필립스 곡선 이론이 통화정책의 수행을 위한 지침으로 사용돼야 하는가에 대해 의문을 제기하고 있다.

[그림 5]가 보여주는 것처럼, 테일러 준칙은 연준 이사회 전 의장이었던 앨런 그린스펀과 현 의장인 버냉키하에서 Fed가 설정한 페더럴펀드 이자율의 움직임을 잘 설명해준다. (테일러 준칙은 1970년대에 잘 작동하지 않았다. 이것은 테일러 원칙이 준수되지 않았다는 사실을 반영한다. 이것이 통화정책 결과가 매우 불량했던 이유를 설명해준다.) 이것이 Fed가 자신이 고용한 모든 경제학자를 해고시키고 페더럴펀드 이자율을 설정하는 테일러 준칙 계산을 책임지는 컴퓨터 1대를 설치해야 한다는 것을 의미하는가? 이것은 분명히 납세자들의 돈을 많이 절약하게 만들 것이다. Fed는 그렇게 하지는 않지만, 통화정책을 수행하는 방법을 고려하는 데 있어서 테일러 준칙을 사용한다([Fed 심층분석] 'Fed의

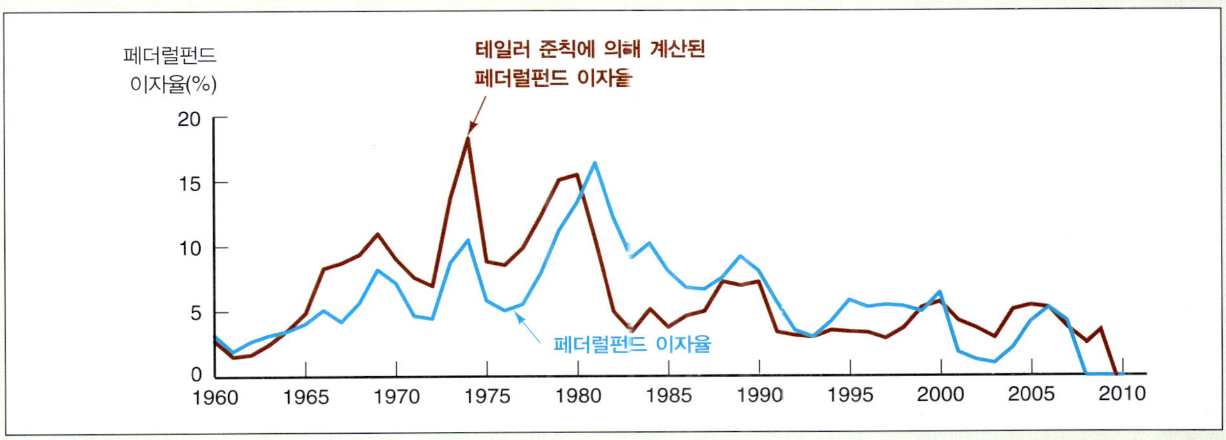

그림 5 테일러 준칙에 의한 페더럴펀드 이자율과 실제의 페더럴펀드 이자율, 1960~2011년

테일러 준칙은 그린스펀 의장과 버냉키 의장하에서 Fed가 설정한 페더럴펀드 이자율 목표의 움직임을 잘 설명하고 있다.

자료 : Federal Reserve; www.federalreserve.gov/releases and author's calculations.

Fed 심층분석 Fed 활동의 감시자

지금까지 살펴본 것처럼, 미국의 화폐공급과 이자율을 결정하는 데 가장 중요한 참여자는 연방준비제도이다. Fed는 은행시스템에 지준을 투입하기 원할 때, 적어도 단기적으로 채권의 가격을 상승시키고 이자율을 하락시키는 공개시장매입을 수행한다. 만일 Fed가 은행시스템으로부터 지준을 회수하기 원하면, Fed는 채권을 매입해 채권의 가격을 하락시키며 이자율을 상승시킨다. 장기적 관점에서 보면, 만일 Fed가 통화증가율을 증가시켜 확장적 통화정책을 추구하면, 인플레이션율은 상승할 것이고, 제5장에서 살펴본 것처럼, 이자율도 물론 상승할 것이다. 긴축적 통화정책은 장기적으로 인플레이션율을 하락시키고, 이자율도 하락시킬 가능성이 있다.

Fed가 어떤 조치를 취할 것인지를 아는 것은 투자자들과 금융기관들이 미래의 이자율 변화를 보다 정확하게 예측하는 데 도움을 줄 수 있다. 이미 살펴본 것처럼, 이자율의 변화는 투자자들과 금융기관들의 수익에 큰 영향을 주기 때문에, 투자자들과 금융기관들은 특히 Fed의 행동에 주목한다. 금융기관들은 이러한 일을 하는 것을 돕기 위해 소위 Fed 감시자들(Fed watchers)을 고용한다. Fed 감시자들은 연방준비제도에서 일한 적이 있어서 연방준비제도의 운영에 대해 내부자와 같이 잘 아는 연방준비제도의 행동에 관한 전문가들이다. 통화정책의 경로를 정확히 예측할 수 있는 Fed 감시자는 매우 가치 있는 존재이다. 성공적인 Fed 감시자는 종종 수십만 달러 이상의 고액 연봉을 받는다.

테일러 준칙 사용' 참조). 앞에서 제시한 이유들을 생각해보면, [그림 5]에서 테일러 준칙이 페더럴펀드 이자율의 모든 움직임을 설명하지 못한다는 것은 놀라운 일이 아니다. 이러한 이유로 금융기관들은 [Fed 심층분석] 'Fed 활동의 감시자' 에서 설명하는 것처럼 Fed 활동의 감시자를 고용한다.

요 약

SUMMARY

1 통화정책의 6대 기본적인 목표는 물가안정(1차적 목표), 높은 고용 수준과 생산량 안정, 경제성장, 금융시장의 안정, 이자율 안정, 외환시장의 안정이다.

2 강력한 명목기준지표를 가지는 것은 성공적인 통화정책의 핵심 요소다. 명목기준지표는 인플레이션 기대를 끌어내리고 동태적 비일관성 문제를 제한함으로써 물가안정을 촉진시키는 데 도움을 준다. 동태적 비일관성 문제는 통화정책 담당자들이 단기적 목표에 초점을 맞추고 불량한 장기적 결과를 발생시키는 재량적 방식으로 통화정책을 수행할 때 발생한다.

3 인플레이션 타게팅은 다음과 같은 장점을 가지고 있다. (1) 인플레이션 타게팅은 통화정책이 국내 상황에 초점을 맞출 수 있게 한다. (2) 인플레이션 타게팅은 민간에 의해 쉽게 이해되며 매우 투명하다. (3) 인플레이션 타게팅은 중앙은행의 책임성을 증가시킨다. (4) 인플레이션 타게팅은 인플레이션 유발적 충격의 효과를 완화시킨다. 그러나 인플레이션 타게팅은 다음과 같은 단점도 가지고 있다. (1) 인플레이션은 통화 당국에 의해 쉽게 통제되지 않기 때문에 인플레이션율 목표는 민간과 시장 모두에게 즉각적인 신호를 보낼 수 없다. (2) 인플레이션 타게팅은 실제의 경우는 없었지만, 정책 당국에게 엄격한 준칙을 부과할 수 있다. (3) 실제의 경우는 없었지만, 인플레이션에만 초점을 맞추는 것은 보다 더 큰 생산량 변동을 발생시킬 수 있다.

4 최근에 연방준비제도는 명시적이 아닌 암묵적 명목기준지표를 가지는 전략을 따르고 있다. 이러한 전략은 다음과 같은 장점을 가지고 있다. (1) 이 전략은 통화정책이 국내 상황에 초점을 맞출 수 있게 해준다. (2) 이 전략은 안정적인 통화량과 인플레이션율 간의 관계에 의존하지 않는다. (3) 이 전략은 미국 역사상 최장기의 경기확장기 동안 낮은 인플레이션율을 달성할 수 있게 할 만큼 성공적이었다. 그러나 암묵적 명목기준지표 전략은 다음과 같은 단점을 가지고 있다. (1) 이 전략은 투명성 부족의 문제를 가진다. (2) 이 전략은 중앙은행과 정부에서 근무하는 개인들의 선호, 능력, 신뢰도에 크게 의존한다. (3) 이 전략은 중앙은행이 높은 책임성을 가지고 있지 않기 때문에, 민주주의 원리와 부합하지 않는 요소를 가지고 있다.

5 글로벌 금융위기로부터 4가지 교훈을 배울 수 있다. (1) 금융 부문의 변화는 이전에 인식했던 것보다 경제활동에 훨씬 더 큰 영향을 미친다. (2) 이자율의 제로 하한은 심각한 문제일 수 있다. (3) 금융위기 후에 금융위기 해결을 위한 비용이 매우 크다. (4) 물가안정과 생산량 안정이 금융안정을 보장하지 않는다.

6 금융위기로부터 얻은 교훈들은 가능한 한 더 높은 인플레이션율 목표를 가지면서 보다 더 신축적인 인플레이션 타게팅을 지지하는 논거가 될 수 있다. 이러한 교훈들은 또한 자산 가격 버블이 아닌 신용 붐에 대응하는 통화정책을 지지하는 경우가 존재한다는 점을 제시한다.

7 이자율 정책수단과 지준량 정책수단은 양립할 수 없기 때문에 중앙은행은 3가지의 기준, 즉 측정성, 통제 가능성, 정책목표변수에 미치는 효과에 대한 예측 가능성에 기초해 이자율 정책수단과 지준량정책수단 중 하나를 선택해야 한다. 중앙은행들은 현재 일반적으로 단기이자율을 정책수단으로 사용한다.

8 테일러 준칙은 페더럴펀드 이자율은 인플레이션율, '균형' 실질 피더럴펀드 이자율과 2가지 갭의 가중 평균, 즉 (1) 인플레이션 갭(현재의 인플레이션율에서 목표 인플레이션율을 뺀 것)과 (2) 산출량 갭(완전고용을 달성하는 잠재 실질 GDP 추정치로부터 실질 GDP의 퍼센트 이탈 정도)의 가중 평균을 합한 값으로 설정돼야 한다고 제시한다. 테일러 준칙에 있는 산출량 갭은 필립스 곡선 이론이 제시하는 것처럼 미래 인플레이션의 지표를 나타낼 수 있다. 그러나 최근에 잠재산출량에 비해 상대적으로 높은 생산량이 보다 더 높은 인플레이션율을 발생시키지 않는 것으로 보이기 때문에 이 이론은 논란이 되고 있다.

주요 용어 *KEY TERMS*

국제적 정책조정(international policy coordination)
거시건전성 규제(macroprudential regulation)
동태적 비일관성 문제(time-inconsistency problem)
명목기준지표(nominal anchor)
물가안정(price stability)
복수 책무(dual mandate)
순차적 책무(hierarchical mandate)
운용수단(operating instrument)
인플레이션을 가속화시키지 않는 실업률(NAIRU)
인플레이션 타게팅(inflation targeting)
자산 가격 버블(asset-price bubble)
자연산출량(natural rate of output)
자연실업률(natural rate of unemployment)
잠재산출량(potential output)
정책수단(policy instrument)
중간목표(intermediate target)
진성어음주의(real bills doctrine)
테일러 원칙(Taylor principle)
테일러 준칙(Taylor rule)
필립스 곡선 이론(Phillips curve theory)

연습문제

QUESTIONS

1 통화정책의 수행을 위해서 명목기준지표를 사용하는 것의 이익은 무엇인가?

2 어떤 인센티브들이 중앙은행이 과도하게 확장적 통화정책을 추진하는 동태적 비일관성 함정에 빠지게 하는가?

3 왜 중앙은행이 경제성장률 극대화를 1차적 목표로 설정하는 것이 문제인가?

4 "금융위기는 경제에 심각한 손상을 미치기 때문에, 중앙은행의 1차적 목표는 금융시장의 안정을 확보하는 것이어야 한다." 이 진술은 참인가, 거짓인가, 또는 불확실한가? 설명하라.

5 "복수 책무를 채택하고 있는 중앙은행은 물가안정이 우선권을 가지는 순차적 책무를 채택하고 있는 중앙은행보다 장기적으로 더 낮은 실업률을 달성할 것이다." 이 진술은 참인가, 거짓인가, 또는 불확실한가?

6 왜 민간에게 수치로 나타낸 인플레이션율 목표를 공표하는 것이 인플레이션 타게팅을 하는 중앙은행의 성공에 중요한가?

7 인플레이션 타게팅은 재량적 정책의 동태적 비일관성 문제를 감소시키는 데 어떻게 도움을 주는가?

8 인플레이션 타게팅을 하는 중앙은행은 민간과의 의사소통을 증가시키고 통화정책 수행의 투명성을 증가시키기 위해 어떤 방법을 사용하는가?

9 왜 인플레이션 타게팅은 통화정책을 수행하는 중앙은행의 독립성에 대한 지지를 강화시킬 수 있는가?

10 "인플레이션 타게팅은 인플레이션율 목표를 달성하는 데 초점을 맞추고 있기 때문에 과도한 생산량 변동을 발생시킨다." 이 진술은 참인가, 거짓인가, 또는 불확실한가? 설명하라.

11 앨런 그린스펀과 벤 버냉키하의 연방준비제도에서 사용됐던 암묵적 명목기준지표를 가지는 통화정책 전략의 주요 장점과 단점은 무엇인가?

12 "중앙은행은 중기이자율과 장기이자율을 낮추기 위해서 양적 완화를 사용할 수 있기 때문에, 단기이자율의 제로 하한은 문제가 아니다." 이 진술은 참인가, 거짓인가, 또는 불확실한가? 설명하라.

13 만일 더 높은 인플레이션율이 나쁘다면, 왜 제로에 가까운 더 낮은 인플레이션율 목표보다 더 높은 인플레이션율 목표를 가지는 것이 이익이 될 수 있는가?

14 왜 대부분의 중앙은행은 자산 가격 버블을 없애기 위해서 통화정책을 사용하는 것에 대해 보다 더 적극적이지 않은가?

15 왜 신용에 의해 촉발된 버블에는 대응하고 다른 유형의 자산 버블에는 버블 붕괴 후에 청소하는 것이 더 좋은가?

16 그린스펀 독트린에 의하면 어떤 조건하에서 중앙은행이 인지된 주식시장 버블에 대해 대응할 수 있는가?

17 다음의 각 변수를 정책수단 또는 중간목표로 분류하고 그 이유를 설명하라.

a. 10년 만기 재무부 채권 이자율

b. 본원통화

c. M1

d. 페더럴펀드 이자율

18 "만일 지준에 대한 수요가 변동하지 않으면, Fed는 지준량 목표와 이자율 목표를 동시에 추구할 수 있다." 이 진술은 참인가, 거짓인가, 또는 불확실한가? 설명하라.

19 Fed는 페더럴펀드 이자율을 통제하기 위해 어떤 과정을 사용할 수 있는가? 왜 페더럴펀드 이자율의 통제가 Fed가 비차입지준에 대한 통제를 상실한다는 것을 의미하는가?

20 통제 가능성과 측정성에 기초해 본원통화와 M1을 비교하라. 여러분은 중간목표로 어느 변수를 선호하는가? 그 이유는 무엇인가?

21 "이자율은 지준량보다 더 정확하고 보다 더 신속하게 측정될 수 있다. 따라서 정책수단으로 이자율이 지준량보다 더 선호된다." 여러분은 이 진술에 동의하는가, 동의하지 않는가? 설명하라.

22 은행의 행위와 Fed의 행위는 어떻게 화폐공급의 증가

율이 경기순응적(경기호황 시 화폐공급 증가율의 증가와 경기침체 시 화폐공급 증가율의 감소)이게 만들 수 있는가?

23 테일러 준칙은 다음과 같은 상황에서 정책 담당자들이 페더럴펀드 이자율에 대해 무엇을 해야 한다고 제시하는가?

a. 실업률이 경기후퇴로 인해 상승한다.

b. 유가충격이 인플레이션율을 1% 상승시키고 생산량을 1% 감소시킨다.

c. 경제가 실제 생산량 증가율은 변화하지 않지만 생산성 증가율의 지속적 증가를 경험하고 있다.

d. 실질생산량은 변화하지 않지만 잠재산출량은 감소하고 있다.

e. Fed가 암묵적 인플레이션율 목표를 낮춘다.

응용문제 *APPLIED PROBLEMS*

24 만일 Fed가 이자율 목표를 가지고 있으면, 왜 지준에 대한 수요의 증가가 화폐공급을 증가시키는가? 이것을 설명하기 위해서 지준시장에 대한 그림을 사용하라.

25 페더럴펀드 이자율을 통한 통화정책의 변화는 시차를 가지고 영향을 미치기 때문에, 정책 담당자들은 통상 현재 인플레이션율보다는 예상되는 인플레이션율에 더 관심을 가지고 있다. 이러한 측면을 감안하면서, 통화정책 담당자들이 페더럴펀드 이자율을 설정하기 위해서 인플레이션 갭이 기대 인플레이션과 목표 인플레이션율 간의 차이로 정의되는 테일러 준칙을 사용한다고 하자. 인플레이션 갭과 산출량 갭의 가중치는 각각 1/2이고, 균형 실질 페더럴펀드 이자율은 2%이며, 목표 인플레이션율은 2%이고 산출량 갭은 1%라고 가정하라.

a. 만일 기대인플레이션율이 4%면, 테일러 준칙에 의하면 페더럴펀드 이자율은 얼마로 설정돼야 하는가?

b. Fed의 경제학자 중 반은 인플레이션율이 3%가 될 것이라고 예측하고 나머지 반은 인플레이션율이 5%가 될 것이라고 예측한다고 하자. 만일 Fed가 이러한 2개의 예측치 평균을 기대 인플레이션의 추정치로 사용한다면, 테일러 준칙에 의하면 페더럴펀드 이자율은 얼마로 설정돼야 하는가?

c. 이제 Fed의 경제학자 중 반은 인플레이션율이 0%가 될 것이라고 예측하고 나머지 반은 인플레이션율이 8%가 될 것이라고 예측한다고 하자. 만일 Fed가 이러한 2개의 예측치 평균을 기대 인플레이션의 추정치로 사용한다면, 테일러 준칙에 의하면 페더럴펀드 이자율은 얼마로 설정돼야 하는가?

d. a~c에 대한 여러분의 답이 주어져 있을 때, 여러분은 통화정책 담당자들이 정책을 설정하는 기반으로서 테일러 준칙의 엄격한 해석을 사용하는 것이 좋은 견해라고 생각하는가? 그렇다면 그 이유는 무엇인가? 그렇지 않다면 그 이유는 무엇인가?

웹 연습문제 *WEB EXERCISES*

1 연방공개시장위원회(FOMC)는 경제의 상태를 평가하고 중앙은행이 어떤 조치를 취해야 하는지를 결정하기 위해 약 6주마다 회의를 개최한다. 이 회의의 회의록은 3주 후에 발표된다. 그러나 개략적인 보도 자료가 즉각적으로 제공된다. www.federalreserve.gov/fomc/에서 회의 일정, 회의록, 보도 자료를 찾아보라.

a. FOMC의 지난 회의는 언제 개최됐는가? 차기 회의는 언제 개최되는가?

b. 지난 회의의 보도 자료를 검토하라. FOMC는 단기 이자율에 대해서 무엇을 하기로 결정했는가?

c. 가장 최근에 발표된 회의록을 검토하라. FOMC 위원들은 경제의 어떤 분야에 대해 가장 큰 관심을 가

지고 있는 것으로 보이는가?

2 다른 국가들의 중앙은행 구조를 배우기 위해, 다른 국가들의 중앙은행 웹사이트에 접속하는 것이 가능하다. 한 예가 유럽중앙은행(ECB)이다. www.ecb.int/index.html에 들어가보라. ECB의 홈페이지에서 ECB의 통화정책에 관한 정보를 찾아보라.

3 많은 국가가 통화정책에 책임을 지는 중앙은행을 가지고 있다. www.bis.org/cbanks.htm에 들어가서 중앙은행 중 하나(예를 들어 노르웨이중앙은행)를 선택하라. 통화정책 수행에 관한 이 은행의 정책을 알아보기 위해 이 은행의 웹사이트를 살펴보라. 이 은행의 정책과 Fed의 정책을 비교해보라.

참고 웹사이트 WEB REFERENCES

www.federalreserve.gov/pf/pf.htm

연방준비제도의 주요 목표와 기능에 대한 개관이 소개돼 있다.

www.economagic.com/

다양한 주요 경제통계와 그래프를 제공하는 사이트의 목록을 제공한다.

www.federalreserve.gov/releases/H3

예금취급기관들의 총지준과 본원통화에 대한 과거 및 현재 데이터를 제공한다.

www.federalreserve.gov/aboutthefed/relatedWebSites.htm

연방준비제도는 다른 중앙은행의 웹페이지와의 링크 서비스를 제공한다.

웹 부록 WEB APPENDICES

이 책의 웹사이트 www.pearsonglobaleditions.com/mishkin에 들어가 제17장의 웹 부록 Appendix: Monetary Targeting을 읽어라.

부록 17

Fed 통화정책의 역사적 고찰

"좋은 의도 자체는 좋은 행동이 뒤따르지 않으면 가치가 없다"(The road to hell is paved with good intentions)는 격언은 인간에게 적용되는 만큼 연방준비제도에게도 적용된다. 중앙은행의 목표와 중앙은행이 목표를 달성하기 위해 사용할 수 있는 전략을 이해한다고 해서 통화정책이 실제로 어떻게 수행되는지를 알 수 있는 것은 아니다. 이론적인 기초 원리의 실제적인 결과를 이해하기 위해, Fed가 실제로 과거에 어떻게 정책을 수행했는지를 살펴봐야 한다. 이러한 역사적 고찰은 미국의 중앙은행인 Fed가 어떻게 자신의 의무를 수행했는지를 보여줄 뿐만 아니라 Fed의 활동들을 해석하고 미국의 통화정책이 미래에 어느 방향으로 나아갈 것인지를 이해하는 데 도움을 줄 것이다.

A1 초창기 : 1차적 통화정책수단으로서의 재할인 정책

Fed가 창설됐을 때, 재할인율의 변화는 통화정책의 1차적 수단이었다. Fed는 공개시장조작이 화폐공급에 영향을 주는 보다 강력한 수단이라는 것을 아직 발견하지 못했고 연방준비제도법(Federal Reserve Act)에는 지준율의 변화에 관한 조항이 없었다. 이 당시 통화정책 수행의 지침이 되는 원리는 대출이 생산을 위해 이루어지는 한, 즉 대출이 재화와 서비스의 생산을 지원하기 위해 이루어지는 한 이러한 대출을 위해 은행시스템에 지준을 공급하는 것은 인플레이션을 유발하지 않을 것이라는 것이었다. 이 이론은 현재 전혀 믿지 않게 됐으며 **진성어음주의**(real bills doctrine)로 알려져 있다. 진성어음주의는 회원 상업은행이 재화와 서비스의 생산과 판매를 촉진시키기 위해 **적격어음**(eligible paper)을 가지고 재할인 창구에 나타나면 Fed가 회원 상업은행에게 대출해준다는 것을 의미했다. (1920년대 이후 Fed는 이러한 방식으로 재할인 정책을 수행하지 않았다.) 회원 상업은행에 대한 Fed의 대출 활동은 처음에 **재할인**(rediscounting)이라고 불렸다. 왜냐하면 기업에 대해 이루어진 최초의 은행대출이 대출의 액면가를 할인한 형태로 이루어졌고, Fed가 이와 같이 할인된 은행대출을 다시 할인했기 때문이었다. (시간이 흐름에 따라 적격어음에 대한 Fed의 강조가 약해졌다. 이에 따라 은행들에 대한 Fed의 대출은 **할인대출**(discounts)이라고 부르고, 이러한 대출에 부과되는 이자율은 **할인율**(discount rate)이라고 부르게 됐다.) (현재 이러한 대출에 부과되는 이자율을 영어로 discount rate라고 나타내고 있지만 이 책에서는 중앙은행의 대출에 대한 이자율이라는 점을 강조하기 위해 과거의 관행에 따라 재할인율이라고 번역함 – 역주)

제1차 세계대전이 종료될 때까지 진성어음을 재할인하고 전쟁에 필요한 재무부의 자금 조달을 돕기 위해 이자율을 낮게 유지한 Fed의 정책은 심한 인플레이션을 발생시켰다. 1919~1920년의 평균 인플레이션율은 14%였다. 진성어음주의는 물가안정목표와 서로 맞지 않기 때문에, Fed는 진성어음주의에 기초한 수동적 정책을 더 이상 따를 수 없다고 결정하고 경제에 영향을 주는 적극적인 역할을 수행하기 시작했다. 1920년 1월, Fed는 역사상 가장 큰 폭으로 재할인율을 4.75%에서 6%로 인상시켰고, 궁극적으로 1920년 6월에 재할인율을 7%까지 인상시켰다. 이와 같이 인상된 재할인율은 거의 1년 동안 유지됐다. 이러한 정책의 결과로 화폐공급이 급격히 감소했고 1920~1921년의 급속한 경기침체가 발생했다. 이러한 심각한 경기침체의 책임을 분명히 Fed의 탓으로 돌릴 수 있지만, 어떤 의미에서 Fed의 정책은 매우 성공적이었다. 물가 수준이 처음에 감소한 후, 인플레이션율은 0에 이르기까지 하락했고 이러한 인플레이션율의 하락은 번영의 1920년대를 위한 초석이 됐다.

A2 공개시장조작의 발견

1920년대 초에 매우 중요한 사건이 발생했다. Fed는 우연히 공개시장조작을 발견했다. Fed가 창설됐을 때 Fed의 수입은 전적으로 Fed가 회원 상업은행에게 제공한 재할인 대출로부터 받는 이자였다. 1920~1921년의 경기침체 후 재할인 대출의 규모는 급격히 축소됐고 Fed는 수입 감소에 따른 압박을 받았다. Fed는 수입을 발생시키는 증권들을 매입함으로써 이 문제를 해결했다. 이때 Fed는 은행시스템의 지준이 증가하고 은행대출과 예금의 승수적 증가가 이루어진다는 사실을 알게 됐다. 오늘날 이러한 결과는 명백한 것이지만(제15장에서 승수적 예금창출 과정을 논의했음), 그 당시 Fed에게는 뜻밖의 발견이었다. 새로운 정책수단이 탄생했고, 1920년대 말에 이르러서 공개시장조작은 Fed의 정책수단 중에서 가장 중요한 것이 됐다.

A3 대공황

1928~1929년의 주식시장 활황은 Fed를 궁지에 빠뜨렸다. Fed는 재할인율을 인상시켜 주식시장 활황을 진정시키길 원했으나 재할인율의 인상을 주저했다. 왜냐하면 재할인율의 인상은 적정한 신용 수요를 가지고 있던 기업과 개인에게 부과되는 이자율의 상승을 의미했기 때문이었다. 마침내 1929년 8월에 Fed는 재할인율을 인상했으나 너무 늦었다. 과도한 투기적 성격의 주식시장 활황이 이미 발생했고, Fed의 조치는 주식시장 붕괴를 가속화시키면서 경제를 침체 국면으로 밀어넣었다.

특히 농업 부문의 경기가 침체됨에 따라 밀턴 프리드먼과 안나 슈바르츠가 이름을 붙인 '두려움의 전이'(contagion of fear)가 발생했다. 이러한 두려움의 전이는 은행예금의 인출을 촉발시켰고, 1930년 11월과 12월에 전반적인 패닉 상태가 발생했다. 그 후로 2년 동안, 즉 새로운 대통령인 프랭클린 루스벨트가 은행 휴일을 선언했던 1933년 3월에 은행 패닉이 계속 발생하면서 금융패닉이 정점에 이르는 동안 Fed는 아무 일도 하지 않았다. (Fed가 이 기간 동안 최종대부자의 역할을 하지 못한 이유가 [Fed 심층분석] '1930~1933년의 은행 패닉 : Fed는 왜 은행 패닉이 발생하도록 내버려두었는가?'에서 논의된다.) 1930년부터 1933년까지 발생한 은행 패닉은 미국 역사상 가장 심각한 것이었다. 루스벨트 대통령은 "우리가 두려워해야 하는 유일한 것은 두려움 그 자체다."라고 언급해 이 문제를 적절하게 요약했다. 1933년 3월 은행 패닉이 끝날 때까지, 미국에 있는 상업은행의 1/3 이상이 도산했다.

제15장에서 이 기간 동안에 발생한 은행 패닉이 어떻게 화폐공급을 25% 이상 감소시켰는지 살펴봤다. 많은 경제학자들, 특히 통화주의자들은 이 기간 동안에 발생한 전례 없는 화폐공급의 감소가 대공황을 전무후무할 정도로 극심하게 만드는 데 기여한 주요한 요인이었다고 생각한다.

A4 통화정책수단으로서의 지준율

1933년의 농업조정법에 대한 토마스 수정조항(Thomas Amendment to the Agricultural Adjustment Act of 1933)은 연방준비제도 이사회에게 미국 대통령의 승인

Fed 심층분석 1930~1933년의 은행 패닉 : Fed는 왜 은행 패닉이 발생하도록 내버려두었는가?

연방준비제도는 대공황기 동안에 은행 패닉이 발생하는 동안 완전히 수동적이었고, 은행 패닉을 막기 위한 최종대부자의 역할을 수행하지 않았다. 돌이켜보면, Fed의 행위는 매우 예외적인 것처럼 보이나 사후적인 판단은 항상 사전적인 예상보다 더 명백한 법이다.

Fed가 아무런 조치를 취하지 않은 주요한 이유는 연방준비제도 관리들이 은행도산이 화폐공급과 경제활동에 미칠 수 있는 부정적인 영향을 이해하지 못했기 때문이었다. 프리드만과 슈와르츠는 연방준비제도 관리들이 "은행도산은 은행의 부실 경영 또는 은행의 나쁜 관행의 결과 또는 이전에 이루어진 과도한 투기행위에 대한 불가피한 결과라고 여기고 그 결과로 은행도산이 금융과 경제의 붕괴 원인이라고는 여기는 경향이 있었다"는 점을 지적했다. 이에 덧붙여 그들은 은행 패닉 초기단계에서 발생한 은행도산은 "소형 은행들에 집중돼 있었고, 은행업계에서 가장 영향력 있는 인사들은 소형은행들의 존재를 달갑지 않게 여기는 대형 도시은행의 은행가들이었기 때문에, 소형은행들의 도산은 만족스러울 수 있는 일이라고 여겨졌을 수 있다."*고 언급했다.

프리드만과 슈와르츠는 또한 연방준비제도 내부의 정치적 투쟁이 이 기간 동안 Fed가 수동적일 수밖에 없게 만든 원인일 수 있다고 지적했다. 1928년까지 연방준비제도에서 지배적인 힘을 가졌던 뉴욕 연방준비은행은 은행 패닉 기간 동안 은행시스템에 지준을 공급하기 위한 적극적인 공개시장매입을 강하게 지지했다. 그러나 연방준비제도 내의 다른 권력가들은 뉴욕 연방준비은행의 입장에 반대했고, 뉴욕 연방준비은행의 제안은 다수의 지지를 얻지 못했다. (이 기간 동안 연방준비제도의 정치적 흥정에 대한 프리드만과 슈와르츠의 논의는 재미있는 읽을거리를 제공한다. 여러분은 매우 일독할 만한 가치가 있는 그들의 책을 즐길 수 있을 것이다.)

* Milton Friedman Anna Jacobson Schwartz, *A Monetary History of the United States*, 1867~1960 (Princeton University Press, 1963), p. 358.

하에 지준율을 변경할 수 있는 긴급 권한을 부여했다. 1935년의 은행법에서 이러한 긴급 권한은 Fed가 미국 대통령의 승인 없이 지준율을 변경할 수 있도록 확대됐다.

통화량 통제의 수단으로 지준율을 처음 사용한 것이 1930년대 초의 은행 패닉 동안 연방준비제도가 저질렀던 실수를 더 강화시킬 수 있다는 것을 보여주었다. 1935년 말에 이르기까지 은행들은 전례 없는 수준으로 초과지준의 보유량을 증가시켰다. 은행들은 1930~1933년의 기간 동안에 발생한 사태로부터 Fed가 최종대부자의 역할을 수행하지 않을 것임을 알았다. 이러한 사실을 고려하면, 은행들의 조치는 현명한 전략이었다. 이제 은행들은 상당한 수준의 초과지준을 보유함으로써 예금인출 사태로부터 자기 자신을 보호해야만 한다는 것을 알게 됐다. Fed는 통화량의 통제를 어렵게 만드는 이러한 초과지준을 불필요한 것으로 여겼다. 특히 Fed는 이러한 초과지준은 대출돼나갈 수 있고 '미래에 통제할 수 없는 신용의 팽창을 발생시킬 것' 이라고 우려했다.[1)]

통화량에 대한 통제를 개선하기 위해 Fed는 1936년 8월, 1937년 1월과 5월 세 차례에

1) Milton Friedman and Anna Jacobson Schwartz, *A Monetary History of the United States, 1867–1960* (Princeton, NJ: Princeton University Press, 1963), p. 358.

걸쳐 지준율을 인상시켰다. 화폐공급 모형으로부터 예상할 수 있는 것처럼, 이러한 조치의 결과로 1936년 말에 이르면서 통화량 증가율이 둔화됐고, 1937년에 통화량은 실제로 감소했다. 1937년 5월에 시작된 1937~1938년의 경기침체는 매우 심했고 경기침체 출발 시점에서도 실업률이 용인할 수 없을 정도로 높아 미국인들을 매우 혼란에 빠뜨렸다. 1929~1933년의 대공황기 동안에도 경기침체의 심각성을 잘못 판단하는 과오를 범한 Fed가 설상가상으로 그 이후의 경기회복을 방해하는 잘못을 저질렀다. 지준율을 변화시키면서 이와 같이 재앙적인 경험을 한 Fed는 그 이후 이 정책수단을 사용하는 데 있어서 매우 신중하게 됐다.

A5 전비 조달과 이자율의 고정 : 1942~1951년

1941년에 미국이 뒤늦게 제2차 세계대전에 참전함에 따라 정부 지출이 급격히 증가했고 재무부는 정부지출에 필요한 자금을 조달하기 위해 막대한 양의 채권을 발행했다. Fed는 전쟁 이전의 낮은 수준으로 이자율을 고정시킴으로써 재무부가 전비를 싸게 조달하는 것을 돕는 데 동의했다. 재무부 단기 증권의 이자율은 0.375%였고, 재무부 장기채권의 이자율은 2.5%였다. 이자율이 이와 같이 고정된 수준 이상으로 상승하고 채권가격이 하락하기 시작할 때마다, Fed는 공개시장매입을 수행해 채권의 가격을 끌어올리고 이자율을 다시 하락시켰다. 이에 따라 본원통화와 화폐공급이 급속히 증가했다. 결과적으로 Fed는 정부의 전비 조달 수요를 충족시키기 위해 통화정책에 대한 통제력을 실제로 포기했다.

제2차 세계대전이 종료됐을 때, Fed는 계속해서 이자율을 고정시켰고 이자율의 상승 압력이 없었기 때문에 이러한 정책은 화폐공급의 폭발적인 증가를 발생시키지 않았다. 그러나 1950년에 한국전쟁이 발발했을 때 이자율은 상승하기 시작했고 Fed는 급속하게 본원통화를 팽창시켜야 했다. 인플레이션율이 크게 상승하기 시작했기 때문에(소비자물가지수는 1950~1951년 사이에 8% 상승했음) Fed는 이자율 고정정책을 포기하고 통화정책에 대한 통제력을 다시 확보할 때가 됐다고 결정했다. 이자비용과 이자율을 낮은 수준에서 계속 고정시키기를 선호했던 재무부와 Fed 간에 심한 마찰이 빚어졌다. 그리고 1951년 3월, Fed와 재무부는 이자율 고정정책은 포기하되 Fed가 이자율을 급속하게 상승시키지 않기로 합의했다. 아이젠하워가 1952년에 대통령으로 당선된 후, Fed는 통화정책의 목표를 추구할 수 있는 완전한 자유를 얻게 됐다.

A6 단기 금융시장 상황 타게팅 : 1950년대와 1960년대

통화정책을 자유롭게 수행할 수 있는 권한을 회복함에 따라 연방준비제도는 윌리엄 마틴(William McChesney Martin Jr.) 의장하에서 통화정책은 단기 금융시장에 대한 직관적인 판단에 기초해 이루어져야 한다는 견해를 채택했다. 이러한 통화정책은 단기 금융시장 상황, 특히 이자율 목표를 가지는 통화정책이라고 할 수 있다.

이러한 정책의 가장 중요한 특성은 경제가 확장하고 있을 때 화폐공급의 급속한 증가가 발생하고 경제가 침체 상태에 있을 때 화폐공급의 증가가 둔화된다는 것이다. 소위 **경기순응적 통화정책**(procyclical monetary policy, 경기변동과 화폐공급 간에 양(+)의 관계가 존재하는 통화정책)은 다음과 같이 단계적으로 설명될 수 있다. 제5장에서 배운 것처럼, 국민소득의 증가($Y\uparrow$)는 시장이자율의 상승($i\uparrow$)을 발생시킨다. 이자율이 상승함에 따라 Fed는 채권가격을 상승시키기 위해 채권을 매입하고 이자율을 목표 수준으로 하락시킨다. 결과적으로 발생하는 본원통화의 증가는 화폐공급을 증가시키고 경기확장이 보다 높은 통화량 증가율을 동반하게 만든다. 요약하면 다음과 같다.

$$Y\uparrow \Rightarrow i\uparrow \Rightarrow MB\uparrow \Rightarrow M\uparrow$$

경기침체기에는 반대 방향으로 사건들이 발생할 것이고, 국민소득의 감소는 통화량 증가율을 둔화시킬 것이다($Y\downarrow \Rightarrow M\downarrow$).

이자율을 1차적 정책수단으로 사용하는 데 따른 또 한 가지 문제점은 이러한 정책이 통제할 수 없는 인플레이션의 악순환을 발생시킬 수 있다는 것이다. 제5장에서 살펴본 것처럼 인플레이션율과 기대 인플레이션이 상승할 때, 명목 이자율은 피셔 효과(Fisher effect)를 통해 상승한다. 만일 Fed가 이러한 이자율의 상승을 채권 매입을 통해 막으려 한다면, 이러한 조치는 또한 본원통화와 화폐공급의 증가를 발생시킬 것이다.

$$\pi\uparrow \Rightarrow \pi^e\uparrow \Rightarrow i\uparrow \Rightarrow MB\uparrow \Rightarrow M\uparrow$$

따라서 인플레이션율의 상승은 화폐공급의 증가를 발생시킬 수 있고, 화폐공급의 증가는 인플레이션 압력을 더 크게 증가시키는 결과를 초래할 수 있다.

1960년대 말에 이르러서, 밀턴 프리드먼, 칼 브루너(Karl Brunner), 앨런 멜처(Allan Meltzer)와 같은 유명한 통화주의 경제학자들에 의한 경기순응적 통화정책에 대한 비판이 고조되고 인플레이션에 대한 우려가 증가함에 따라, 마침내 Fed는 단기 금융시장 상황에 초점을 맞추는 통화정책을 포기했다.

A7 통화량 타게팅 : 1970년대

1970년에 아서 번스(Arthur Burns)가 연방준비제도 이사회의 의장으로 임명된 후, Fed는 통화량을 중간목표로 사용할 것이라고 천명했다. 통화정책은 더 이상 경기순응적이지 않게 됐는가? 제1장에 있는 [그림 4]를 보면 통화정책은 1950년대와 1960년대에서처럼 1970년대에도 경기순응적이었다. 무엇이 잘못된 것인가? 왜 통화정책의 수행이 개선되지 않았는가? 이러한 질문들에 대한 답변은 이 기간 동안 실제로 이루어진 Fed의 운영 방식에서 찾을 수 있다. 이 기간 동안 통화량 타게팅에 대한 Fed의 수행 의지는 별로 강하지 않았다.

6주에 한 번씩 연방공개시장위원회(FOMC)는 다양한 통화량의 증가율 목표 범위를 설정하고 이 목표들에 상응한다고 여겨지는 페더럴펀드 이자율을 결정했다. 통화량의 증가율 목표 범위는 매우 넓었다. M1의 증가율 범위는 3~6% 사이였고, M2 증가율의 목표 범위는 4~7% 사이였다. 반면 페더럴펀드 이자율의 범위는 7.5~8.25% 사이의 좁은 범위였다. 뉴욕 연방준비은행의 거래 부서는 통화량 목표와 페더럴펀드 이자율 목표를 동시에 충족시켜야 한다는 지시를 받았으나, 앞에서 살펴본 것처럼 이자율 목표와 통화량 목표는 동시에 달성될 수 없다. 만일 이자율 목표와 통화량 목표가 양립할 수 없다면, 예를 들어 M1이 매우 급속하게 증가하고 있을 때 페더럴펀드 이자율이 목표 범위의 상한보다 더 높게 상승하기 시작하면 거래 부서는 페더럴펀드 이자율 목표에 우선권을 부여하도록 지시를 받았다. 방금 설명한 상황에서, 이것은 M1의 증가율이 매우 높지만 거래 부서는 페더럴펀드 이자율을 목표 범위 안에서 유지하기 위해 공개시장매입을 한다는 것을 의미한다.

Fed는 실제로 정책수단으로 페더럴펀드 이자율을 사용했다. FOMC 회의들이 열리는 사이의 6주 동안, (페더럴펀드 이자율을 목표 범위의 상한에 이르게 할 수 있는) 예기치 않은 국민소득의 증가는 공개시장매입과 급속한 화폐공급의 증가를 발생시켰을 것이다. FOMC 회의가 다시 열렸을 때, FOMC는 페더럴펀드 이자율의 목표 범위를 올림으로써 통화량 증가율을 정상적인 궤도로 복귀시키려 했을 것이다. 그러나 실질소득이 계속해서 예기치 않게 상승하면 화폐공급의 증가는 다시 과도해질 것이다. 이것이 정확히 경제가 예기치 않게 호황을 누렸던 1972년 6월에서 1973년 6월까지 발생했던 상황이다. 이때 M1의 증가율은 거의 8%로 증가하면서 통화량 증가율의 목표를 초과했고, 페더럴펀드 이자율은 4.5%에서 8.5%로 상승했다. 경제는 과열됐고 인플레이션 압력은 가중되기 시작했다.

이와 반대되는 일련의 사건이 경기침체가 예측한 것보다 훨씬 심각했던 1974년 말에 발생했다. 페더럴펀드 이자율은 12% 이상의 수준에서 5%로 극적으로 하락했고 페더럴펀드 이자율의 목표 범위 하한으로 떨어졌다. 공개시장조작을 담당하는 거래 부서는 페더럴펀드 이자율이 하락하는 것을 막기 위해 공개시장매도를 수행했고, 통화량 증가율은 1975년 초에 이르러서 실제로 음(−)이 될 정도로 크게 하락했다. 미국이 전후에 최악의 경기침체를 경험하고 있을 때, 이와 같이 통화량 증가율을 급격히 하락시킨 것은 심각한 실책이었다.

Fed가 통화량 목표를 추구한다고 천명했음에도 불구하고 정책수단으로 페더럴펀드 이자율을 사용한 것이 경기순응적 통화정책을 조장했다. 만일 연방준비제도가 진정으로 통화량 목표를 추구했다면, Fed가 지준량이 아닌 이자율을 정책수단으로 선택했다는 것은 이상한 일이다. Fed가 정책수단으로 이자율을 선택한 것은 Fed가 여전히 이자율의 안정에 관심을 가지고 있었고, 이자율 변화에 대한 Fed의 통제력을 포기하고 싶어 하지 않았다는 것을 의미한다. 통화량을 목표로 삼겠다는 Fed의 천명과 실제로 다르게 이루어지는 Fed의 통화정책이 양립할 수 없다는 사실이 1979년 10월에 이르러서 명백해지자 Fed는 과감하게 통화정책을 수정했다.

A8 새로운 정책수단의 선택 : 1979년 10월~1982년 10월

폴 볼커(Paul Volcker)가 연방준비제도 이사회의 의장이 된 2개월 후인 1979년 10월에 Fed는 마침내 페더럴펀드 이자율의 목표 범위를 5배 이상 확대시킴으로써 정책수단으로서 페더럴펀드 이자율을 중시하지 않게 됐다. 전형적인 페더럴펀드 이자율의 목표 범위는 10~15%까지였다. Fed가 은행들이 차입할 재할인 대출 규모를 추정한 후에 설정되는 비차입지준이 1차적 정책수단이 됐다. 페더럴펀드 이자율이 정책수단으로서 중요하게 여겨지지 않게 되자 훨씬 더 심하게 변동했다는 사실은 놀라운 일이 아니다. 그러나 놀라운 것은 페더럴펀드 이자율 목표를 중시하지 않게 된 것이 화폐공급의 통제를 개선시키지 못했다는 사실이다. 1979년 10월 이후 통화량 증가율의 변동은 예상한 것처럼 감소하기보다는 증가했다. 게다가 1979~1982년의 3년 동안, Fed는 M1 증가율의 목표 범위를 지키지 못했다.

이러한 통화량 증가율의 목표범위를 지키지 못했던 것에 대한 설득력 있는 이유는 볼커는 통화량을 통제하는 데 관심을 가지고 있지 않았고, 그것보다는 인플레이션율을 낮추는 데 필요한 높은 이자율 때문에 비난받는 것을 피하기를 원했기 때문이라는 것이다.

이 기간 동안 이자율의 움직임은 Fed의 전략에 대한 이러한 해석을 지지한다. 1979년 10월의 공표 이후, 단기이자율은 거의 5% 상승해 1980년 3월에 15%를 초과했다. 1980년 3월에 신용통제가 실시되고 1980년 2분기에 실질 GDP의 급속한 감소가 발생함에 따라, Fed는 정책을 완화시켰고 이자율이 급속히 하락하는 것을 허용했다. 1980년 7월에 경기회복이 시작됐을 때 인플레이션율은 10% 이상에서 유지됐다 인플레이션과의 싸움에서 아직 이기지 못했기 때문에, Fed는 다시 나사를 조이고 단기이자율이 두 번째로 15% 수준 이상이 되게 만들었다. 1981~1982년의 경기침체, 국민소득의 급속한 감소, 높은 실업 수준이 인플레이션율을 하락시키기 시작했다. 인플레이션 기대심리가 붕괴된 것이 명백해지자 이자율의 하락이 허용됐다.

1979년 10월~1982년 10월의 기간 동안에 이루어진 Fed의 인플레이션 억제 전략은 통화량을 완만하게 증가시킬 의도도 없었고 또한 그렇게 할 가능성도 없었다. 사실 금융혁신과 더불어 발생한 이자율과 경기변동의 큰 변동은 통화량 증가율을 심하게 변동시키는 데 일조했다.

A9 통화량의 포기 : 1982년 10월~1990년대 초

인플레이션이 진정되자, 1982년 10월 Fed는 이자율을 안정시키는 정책으로 복귀했다. Fed는 정책수단으로 통화량 목표를 중요하게 여기지 않고 차입지준(재할인 대출 차입)을 채택했다. 차입지준 목표가 어떻게 이자율을 안정시키는지 살펴보기 위해, 경기가 확장해($Y\uparrow$) 이자율이 상승할 때 어떤 일이 발생하는지 생각해보자. 이자율의 상승($i\uparrow$)은 은행이 Fed로부터 보다 많이 차입할 인센티브를 증가시키고, 이에 따라 차입지준이 증가한다($DL\uparrow$). 차입지준이 목표 수준을 초과하는 것을 막기 위해 Fed는 공개시장매입을 통해 채권가격을 상승시킴으로써 이자율을 하락시켜야 한다. 차입지준을 정책수단으로 선택한 결과는 Fed가 이자율의 상승을 막는다는 것이다. 그러나 이러한 일을 수행할 때, Fed의 공개시장매입은 본원통화를 증가시키고($MB\uparrow$) 화폐공급을 증가시킨다($M\uparrow$). 이에 따라 화폐공급과 국민소득 간에 양(+)의 관계가 발생한다($Y\uparrow \Rightarrow M\uparrow$). 이러한 과정을 체계적으로 정리하면 다음과 같다.

$$Y\uparrow \Rightarrow i\uparrow \Rightarrow DL\uparrow \Rightarrow MB\uparrow \Rightarrow M\uparrow$$

경기침체는 반대 방향의 사건들을 발생시킨다. 차입지준 목표는 이자율이 하락하는 것을 막아주고 본원통화의 감소를 발생시키며 화폐공급의 감소를 발생시킨다($Y\downarrow \Rightarrow M\downarrow$).

통화량을 중시하지 않고 차입지준 목표로 전환한 것이 1982년 10월 이후 훨씬 더 적은 페더럴펀드 이자율의 변동을 발생시켰으나, 계속적으로 통화공급 증가율의 큰 변동을 발생시켰다. 마침내 1987년 2월에 Fed는 M1 목표를 더 이상 설정하지 않을 것이라고 공표했다. M1 목표의 포기는 2가지 이유로 정당화됐다. 첫째는 금융 혁신과 금융 부문의 규제 완화가 급속히 진행되면서 통화량의 정의와 측정이 매우 어렵게 됐다는 것이다. 둘째는 M1과 경제활동 간의 안정적인 관계가 붕괴됐다는 것이다. 이러한 두 주장은 M1과 같은 통화량이 더 이상 통화정책을 위한 신뢰할 만한 지표가 될 수 없다는 점을 제시했다. 결과적으로 Fed는 경제활동과 보다 안정적인 관계를 가지는 것으로 여겨지는 광의의 통화량인 M2로 초점을 이동시켰다. 그러나 1990년대 초에 M2와 경제활동의 안정적인 관계도 붕괴됐다. 1993년 7월에 연방준비제도 이사회 의장인 앨런 그린스펀은 의회에서 Fed는 통화정책 수행을 위한 지표로 M2를 포함한 통화량 목표를 더 이상 사용하지 않을 것이라고 증언했다. 마침내 2000년에 Fed는 연방준비제도법을 수정하면서 통화량 목표 범위를 의회에 보고해야 한다는 요구 조항을 삭제했다.

A10 페더럴펀드 이자율 타게팅 : 1990년대 초 이후

통화정책을 위한 지표로 통화량을 포기한 후 연방준비제도는 1990년대 초에 페더럴펀드 이자율 목표로 복귀했다. 1994년 2월에 Fed는 새로운 정책 방식을 채택했다. 과거에 했던 것처럼 목표 페더럴펀드 이자율을 비밀로 하는 대신 Fed는 페더럴펀드 이자율 목표의 변화를 공표했다. 제14장에서 언급한 것처럼, FOMC 회의가 종료된 후 오후 2시 15분경에 Fed는 목표 페더럴펀드 이자율이 인상됐는지, 인하됐는지, 동결됐는지를 공표한다. 이러한 공표의 결과로 FOMC 회의의 결과는 이제 커다란 뉴스이고 언론들은 FOMC 회의에 훨씬 더 관심을 가진다. 왜냐하면 공표되는 페더럴펀드 이자율 목표의 변화는 소비자와 기업에게 영향을 미치는 기타 이자율들의 변화를 발생시키기 때문이다.

A11 인플레이션에 대한 선제적 공격

통화정책이 보다 더 미래 지향적일 필요가 있다는 인식이 Fed를 보다 더 선제적이게 만들었다. 경제가 급속하게 성장하는 상황으로 복귀했으나 실업률은 6% 이상으로 여전히 높았던 1994년 2월부터 Fed는 페더럴펀드 이자율을 단계적으로 3%로부터 1995년

2월에 6%까지 인상시킴으로써 미래에 발생할 인플레이션 압력을 제거하기 위한 선제적 공격을 시작했다. 이러한 인플레이션에 대한 선제적 공격은 매우 성공적이었다. 인플레이션율은 실제로 약 3%에서 2% 수준으로 하락했다.

1999년에 경제가 강하게 성장해 인플레이션에 대한 우려가 고조됨에 따라 Fed는 페더럴펀드 이자율을 1999년 6월의 4.75%로부터 2000년 5월의 6.5%까지 인상시키기 시작했다. 이 경우에 Fed는 너무 늦게 선제적 공격을 했고 인플레이션율은 약 2%로부터 2000년에 3% 이상으로 상승했다.

2001년의 경기후퇴 이후 경제가 지속적인 성장으로 복귀한 뒤 Fed는 페더럴펀드 이자율을 매 FOMC마다 25 베이시스 포인트씩 2004년 6월의 매우 낮은 1% 수준으로부터 2006년 6월의 5.25%까지 다시 인상했다. 실업률이 5% 이상으로 높을 때 Fed가 행동하기 시작했지만, 페더럴펀드 이자율의 인상 속도는 Fed가 상황을 뒤따라가게 만들었다. 인플레이션율은 약 2%로부터 3% 수준으로 상승했고 이어서 2008년에 에너지와 기타 1차 상품 가격들이 상승함에 따라 5%까지 크게 상승했다.

1970년대와 1980년대의 기준으로 보면, Fed의 선제적 공격은 인플레이션율을 적정하게 좁은 범위 내에서 유지시키는 데 매우 양호하게 작동했다. 그럼에도 불구하고 종종 인플레이션에 대한 선제적 공격은 충분히 선제적이지 못했다.

A12 경기 둔화와 금융 붕괴에 대한 선제적 공격 : LTCM, 엔론, 글로벌 금융위기

Fed는 또한 총수요에 대한 부정적 충격, 특히 금융 붕괴와 연관된 부정적 충격에 대해 선제적으로 행동했다. Fed는 경제가 둔화될 가능성을 해결하기 위해 1996년 초에 페더럴펀드 이자율을 인하했고 이어서 LTCM(Long Term Capital Management)의 파산이 금융시스템의 건전성에 관한 우려를 발생시켰을 때 1998년 9월 하순과 10월 중순에 페더럴펀드 이자율을 0.75% 인하하는 극적인 조치를 취했다. 이에 따라 금융시장은 냉정을 되찾았고 경제는 계속해서 확장했다.

2001년 3월의 경기후퇴가 시작되기 직전인 2001년 1월에 경제가 약화됨에 따라, Fed는 경기후퇴가 시작되기 전에 페더럴펀드 이자율을 6%로부터 5%로 1% 포인트 인하시키면서 공격적으로 통화정책을 완화하기 시작했다. 이어서 Fed는 2003년 6월까지 페더럴펀드 이자율을 1%로 인하했다. 그 결과 실업률이 6% 이상으로 높아지지 않은 매우 완만한 경기후퇴가 발생했다.

2007년 8월에 글로벌 금융위기가 시작되면서, Fed는 2007년 3사분기에 3% 이상의 경제성장률, 5% 미만의 실업률을 가진 강력한 경제에 직면해 있고 에너지 가격의 상승 때문에 인플레이션율이 상승하고 있는 상태에서 정책을 완화시키기 시작했다. 금융 붕괴가 경제를 약화시키고 신용시장이 악화되고 이어서 이것이 경제활동을 약화시키고 이어서 신용시장이 더욱 악화되는 불리한 반응 순환 고리를 만들어낼 가능성 때문에, Fed는 2007년 9월에 0.5% 포인트 페더럴펀드 이자율을 인하시키는 선제적 행동을 취했다. 동시에 Fed는 신용시장이 다시 작동되도록 하기 위해 신용시장에 대규모 유동성 투입을 실행했다. 불행하게도 2008년 10월에 이르러 글로벌 금융위기는 뚜렷하게 경제를 약화시키면서 더 나쁜 단계에 이르렀다. 계속적인 통화정책의 완화로 페더럴펀드 이자율은 2008년 12월에는 제로 수준까지 인하됐고 Fed는 제16장에서 설명한 비전통적 통화정책을 수행했다.

총수요에 대한 부정적 충격에 대응하기 위한 이러한 선제적 공격들은 경기변동을 매우 완만하게 만들면서 그린스펀 시대 동안 특히 성공적이었다. 1991년부터 2001년까지의 경기확장은 미국 역사상 가장 장기의 경기확장이었고 2001년에 이어진 경기후퇴는 매우 완만했다. 그러나 글로벌 금융위기 동안 금융 붕괴의 규모는 매우 커서 Fed에 의한 선제적 조치들은 금융위기를 저지하기에 충분하지 못했고 이에 따라 경제는 병이 들었다.

A13 Fed 통화정책의 국제적 측면

최근 국제 무역이 미국 경제에 점점 더 중요해지면서 연방준비제도의 정책 입안 과정에서 국제적 측면의 고려사항들이 전면에 대두됐다. 1985년까지는 달러의 강세가 외국 기업에 대한 미국 기업의 경쟁력을 약화시킨 원인이었다. 공식적인 발표를 통해 볼커 연방준비제도 이사회 의장과 Fed의 관리들은 달러의 가치가 너무 높은 상태여서 하락시켜야 한다는 입장을 분명히 했다. 제18장에서 살펴보는 것처럼, 확장적 통화정책은 달러의 가치를 하락시키는 한 가지 방법이기 때문에 1985년과 1986년에 Fed가 통화량 증가율을 증가시켰던 것과 이에 따라 달러의 가치가 하락했던 것은 놀라운 일이 아니다. 1987년에 이르러서, Fed의 정책 담당자들은 달러의 가치가 충분히 하락했다는 점에 동의했고, 이에 따라 미국의 통화량 증가율은 둔화됐다. 이러한 Fed의 통화정책조치들은 다수의 국가가 정책을 협조적으로 수행할 것에 합의하는 **국제적 정책조정**(international policy coordination)에 의해 권장됐다.

1998년 가을에 Fed는 국제적 고려사항들 때문에 페더럴펀드 이자율을 0.75% 포인트 인하시켰다. 그 당시 러시아 금융시스템이 붕괴되고 특히 아시아 지역의 경제들이 약화되면서 촉발된 전 세계적 금융위기의 가능성에 대한 우려가 Fed로 하여금 시장을 진정시키기 위한 극적 조치를 취하게 만들었다. 국제적 고려사항들은 연방준비제도의 1차적 관심사항은 아니지만, 미래에 미국의 통화정책을 수행하는 데 있어서 하나의 중요한 요인이 될 가능성이 크다.

PART 5

국제금융과 통화정책

위기와 대응 : 외환시장 혼란과 IMF

2002년부터 2008년까지 미국 달러의 가치는 지속적으로 다른 통화들과 비교해 상대적으로 하락했다. 실제로 정책 담당자들의 주요 우려는 달러의 가치가 급락해 경제활동과 인플레이션 모두에 부정적 영향을 미칠 수 있다는 것이었다. 2008년 9월과 10월에 신용시장이 얼어붙으면서, 리먼 브라더스(Lehman Brothers)가 파산한 후에 놀라운 일이 발생했다. 달러의 가치는 계속해서 하락하는 대신 급격히 상승했다. 투자자들로 하여금 미국 재무부 증권을 매입하게 만들었던 '안전자산 선호 현상'(flight to quality)은 그들로 하여금 미국 달러를 더 많이 보유하도록 만들었고 이것이 달러의 가치를 상승시켰다.

달러 가치의 상승은 평면 스크린 텔레비전으로부터 와인에 이르는 수입재의 가격을 더 싸게 만들고 해외여행을 더 가능하게 만들었다. 그러나 이러한 미국 달러의 좋은 뉴스는 종종 다른 통화에게는 나쁜 뉴스였다. 남미와 동유럽의 많은 통화의 가치가 자유 낙하하는 상황이 발생했다. 국제통화기금(International Monetary Fund, IMF)은 이러한 상황에 뛰어들어서 IMF의 이전 대출 프로그램들보다 더 완화된 조건으로 신용경색으로 어려움을 겪는 국가에게 대출해주기 위한 새로운 대출 신용제도를 만들었다. IMF는 수십억 달러의 거액을 대출해주기 시작했다. 글로벌 금융위기가 전 세계로 확산됨에 따라 방관자처럼 보였던 IMF는 이제 전면과 중심으로 이행하고 있다.

글로벌 금융위기는 미국에서 시작된 사건들이 전 세계적인 파급효과를 미친다는 것과 국제금융시스템이 계속적으로 잘 작동하게 하기 위해서는 IMF와 같은 국제금융기관의 대응이 중요한 역할을 한다는 것을 보여주었다. 제18장에서는 외환시장이 어떻게 작동하고 서로 다른 국가의 통화들 간 환율이 어떻게 결정되는지를 간략히 논의한다. 제19장에서는 국제금융시스템이 어떻게 작동되고 통화정책에 어떻게 영향을 미치는지를 논의한다.

18 외환시장

PREVIEW

1980년대 중반에 미국 기업의 경쟁력은 외국의 상대 기업들과 비교해 낮았다. 그 이후 1990년대와 2000년대에 미국 기업의 경쟁력은 높아졌다. 이러한 미국 기업의 경쟁력 변동은 주로 미국 경영자들이 1980년대에 경영을 못했고, 그 이후 다시 경영을 잘했기 때문에 발생했는가? 그렇지 않다. 미국 달러의 가치가 외국 통화에 비해 상대적으로 높게 상승해 미국 재화를 외국 재화에 비해 비싸게 만들었기 때문에 미국 기업의 경쟁력은 1980년대에 낮아졌다. 1990년대와 2000년대에 이르러 미국 달러의 가치는 1980년대 중반의 정점에 비해 상당히 하락했으며, 이것이 미국 재화를 더 싸게 만들었고 미국 기업을 더 경쟁적으로 만들었다.

다른 국가 통화로 나타낸 한 국가 통화의 가격을 *환율*(exchange rate)이라고 부른다. [그림 1]에서 보는 것처럼 환율은 매우 심하게 변동한다. 미국 달러가 외국 통화에 비해 상대적으로 더 가치 있게 될 때, 외국 재화는 미국인에게 더 싸지고 미국 재화는 외국인에게 더 비싸지기 때문에 환율은 경제와 일상생활에 영향을 준다. 미국 달러의 가치가 하락할 때 외국 재화는 미국인에게 더 비싸지고 미국 재화는 외국인에게 더 싸진다.

환율의 변동은 또한 인플레이션과 생산량 모두에 영향을 미치고 이에 따라 통화정책 담당자들에게 중요한 관심 대상이다. 미국 달러의 가치가 하락할 때, 이에 따른 수입재의 가격 상승은 직접적으로 물가 수준의 상승, 즉 인플레이션율의 상승을 발생시킨다. 이와 동시에 미국 달러의 가치 하락은 외국인에게 미국 재화를 더 싸게 만들어 미국 재화에 대한 수요를 증가시키고 미국의 생산 수준과 생산량을 증가시킨다.

먼저 환율이 결정되는 금융시장인 *외환시장*(foreign exchange market)을 살펴보면서 국제금융에 대한 논의를 시작하도록 하자.

1 외환시장

세계 대부분의 국가는 자신의 통화를 가지고 있다. 미국은 달러를 가지고 있고 유럽통화동맹(EMU)은 유로를 가지고 있다. 브라질은 헤알(real)을 가지고 있고 중국은 위안

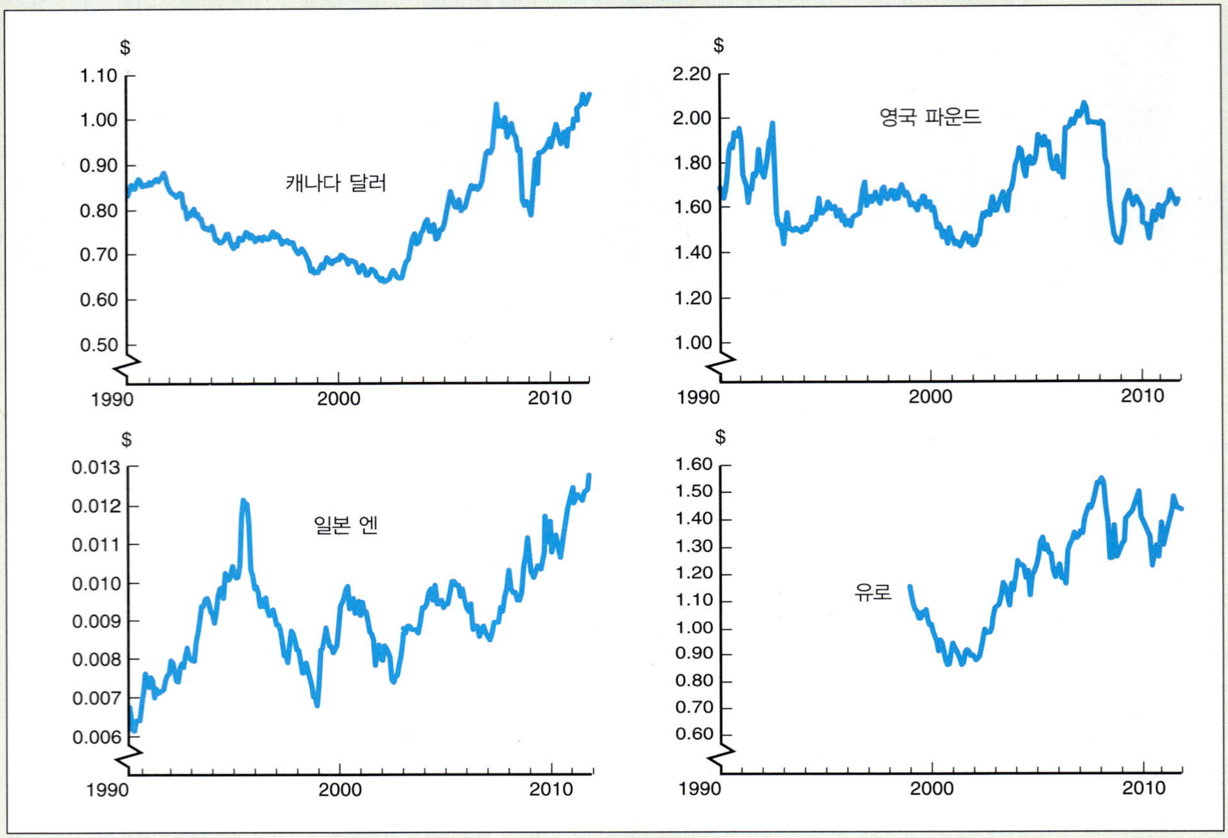

그림 1 환율의 변화 추이, 1990~2011년

환율은 매우 심하게 변동한다. 환율은 외국 통화당 달러로 호가되기 때문에 그림에서 그려진 선의 상승은 외국 통화의 강세(미국 달러의 약세)를 의미한다.

자료 : Federal Reserve; www.federalreserve.gov/releases/h10/hist

(yuan)을 가지고 있다. 국가 간의 무역은 서로 다른 통화의 상호 교환을 수반한다(또는 보다 일반적으로, 다른 통화로 표시된 은행예금의 상호 교환을 수반한다). 예를 들어 한 미국 기업이 외국 재화, 서비스 또는 금융자산을 구매할 때 미국 달러(미국 달러로 표시된 은행예금)가 외국 통화(외국 통화로 표시된 은행예금)와 교환돼야 한다.

현금 통화와 특정한 통화로 표시된 은행예금의 거래는 외환시장에서 이루어진다. 외환시장에서 이루어지는 거래는 통화들이 교환되는 비율을 결정하고, 이것이 외국 재화와 금융자산의 구매비용을 결정한다.

금융뉴스 환율

환율은 신문과 www.finance.yahoo.com과 같은 인터넷 사이트에 매일 발표된다. 유로와 같은 통화의 환율은 2가지 방식, 즉 국내 통화당 미국 달러 또는 미국 달러당 국내 통화로 호가된다. 예를 들면 2011년 8월 9일에 유로 환율은 유로당 1.42달러와 달러당 0.70유로로 호가됐다. 미국인은 일반적으로 유로 환율을 유로당 1.42달러로 여기는 반면 유럽인은 유로 환율을 달러당 0.70유로로 여긴다.

환율은 일반적으로 현물거래를 위한 환율(현물환율)과 1개월, 3개월, 6개월 후의 미래에 발생하는 선도거래를 위한 환율(선도환율)로 호가된다.

1.1 환율은 무엇인가?

두 종류의 외환거래가 존재한다. 주로 이루어지는 외환거래인 **현물거래**(spot transactions)는 은행예금의 즉각적인(2영업일이 걸리는) 교환을 수반한다. **선도거래**(forward transactions)는 특정한 미래 시점, 즉 일반적으로 1개월, 3개월, 6개월, 12개월 후 시점에 은행예금의 교환을 수반한다. **현물환율**(spot exchange rate)은 현물거래를 위한 환율이고 **선도환율**(forward exchange rate)은 선도거래를 위한 환율이다.

한 통화의 가치가 상승할 때, 이 통화는 **절상**(appreciation)한다고 말한다. 한 통화의 가치가 하락할 때 이 통화는 **절하**(depreciation)한다고 말한다. 예를 들어 1999년 초에 유로의 가치는 1.18달러였다. [금융뉴스] '환율'에 제시돼 있는 것처럼, 2011년 8월 9일에 유로의 가치는 1.42달러였다. 이 기간 동안 유로는 미국 달러에 대해 20%((1.42 − 1.18)/1.18 = 0.20 = 20%) 절상했다. 같은 의미로 미국 달러의 가치는 1999년 초에 달러당 0.85유로에서 2011년 8월 9일에 달러당 0.70유로로 17%((0.70 − 0.85)/0.85 = −0.17 = −17%) 절하했다.

1.2 환율은 왜 중요한가?

환율은 국내 재화와 외국 재화 간의 상대가격에 영향을 주기 때문에 중요하다. 프랑스 재화의 달러 가격은 2가지 요인, 즉 프랑스 재화의 유로 가격과 유로/달러 환율의 상호작용에 의해 결정된다.

미국인 완다 더 와인테이스터(Wanda the Winetaster)가 그녀의 와인 셀러(포도주 저장고)를 채우기 위해 1961년산 샤또 라휘뜨 로스칠드(Château Lafite Rothschild) 한 병을 구매하기로 결정한다고 하자. 만일 프랑스에서 이 포도주의 가격이 1,000유로이고 환율이 유로당 1.42달러이면, 이 포도주는 완다에게 1,420달러(= 1,000유로 × 유로당 1.42달러)의 비용을 부과할 것이다. 이제 완다가 두 달 동안 이 포도주의 구매를 지연시킨다고 하자. 두 달 후에 유로는 유로당 1.70달러로 절상했다. 만일 샤또 라휘뜨 로스칠드 한

병의 국내 가격(프랑스에서의 가격)이 1,000유로로 유지되고 있다면, 이 포도주의 달러 비용은 1,420달러에서 1,700달러로 증가할 것이다.

그러나 이러한 유로의 절상은 프랑스에서 외국 재화의 가격을 더 싸게 만든다. 유로당 1.42달러의 환율에서, 가격이 2,000달러인 델 컴퓨터는 피에르 더 프로그래머(Pierre the Programmer)에게 1,408유로의 비용을 부과한다. 만일 환율이 유로당 1.70달러로 상승하면 이 컴퓨터의 유로 비용은 1,176유로가 될 것이다.

유로의 절하는 미국에서 프랑스 재화의 가격을 하락시키나 프랑스에서 미국 재화의 가격을 상승시킨다. 만일 유로의 가치가 유로당 1.00달러로 하락하면, 샤또 라휘뜨 로스칠드 한 병은 완다에게 1,420달러 대신 1,000달러의 비용을 부과할 것이고, 델 컴퓨터는 피에르에게 1,408유로 대신 2,000유로의 비용을 부과할 것이다.

다음과 같은 결론이 얻어진다. 한 국가의 통화가 절상할 때(한 국가의 통화가치가 다른 국가 통화에 비해 상대적으로 상승할 때), 이 국가 재화는 해외에서 더 비싸지고 외국 재화는 이 국가에서 더 싸진다(두 국가에서 재화의 국내 가격이 일정하다고 가정할 때). 이와 반대로, 한 국가의 통화가 절하할 때 이 국가 재화는 해외에서 더 싸지고 외국 재화는 이 국가에서 더 비싸진다.

국내 통화의 절하는 국내 제조업자들이 그들의 재화를 해외에서 판매하는 것을 더 쉽게 만들고, 국내시장에서 외국 재화의 경쟁력을 감소시킨다. 2002년부터 2011년까지, 달러의 절하는 미국 기업이 더 많은 재화를 판매하는 데 도움을 주었으나 외국 재화가 더 비싸졌기 때문에 미국인 소비자에게 손해를 입혔다. 프랑스산 와인과 치즈 가격, 해외여행 비용 모두 달러의 약세에 따른 결과로 상승했다.

1.3 외환은 어떻게 거래되는가?

환율이 어떻게 결정되는지를 살펴보기 위해 거래소 같은 장소에 갈 필요는 없다. 통화들은 뉴욕증권거래소(New York Stock Exchange)와 같은 거래소에서 거래되지 않는다. 그 대신 외환시장은 수백 명의 딜러(대부분 은행)가 외국 통화로 표시된 예금을 사고파는 장외시장(over-the-counter market)의 형태로 조직돼 있다. 이 딜러들은 항상 전화와 컴퓨터로 접속하고 있기 때문에 외환시장은 매우 경쟁적이다. 결과적으로 외환시장은 거래가 집중되는 시장과 별반 다르지 않게 기능한다.

한 가지 주목할 점은 은행, 기업, 정부가 외환시장에서 통화들을 사고판다고 말할 때, 그들은 영국 파운드 표시 단기증권을 사기 위해 한 움큼의 달러를 팔지 않는다는 것이다. 대부분의 거래는 다른 통화로 표시된 은행예금의 구매와 판매를 수반한다. 따라서 한 은행이 외환시장에서 달러를 산다는 것은 달러 표시 예금(deposits denominated in dollars)을 산다는 것을 의미한다. 외환시장의 거래 규모는 하루에 4조 달러가 넘을 정도로 어마어마하게 크다.

외환시장에서 이루어지는 거래는 주로 100만 달러를 초과하는 것들이다. [금융뉴스] '환율'에 제시돼 있는 환율을 결정하는 시장은 개인들이 해외여행을 위해 외국 통화를 사는 시장이 아니다. 그 대신 개인들은 소매시장에서 아메리칸 익스프레스와 같은 딜러나 은행으로부터 외국 통화를 산다. 소매 환율은 도매 환율보다 높기 때문에 개인들은 외환을 살 때 [금융뉴스] '환율'에 제시돼 있는 환율보다 높은 환율을 지급하며 이에 따라 달러당 더 적은 단위의 외국 통화를 받는다.

2 장기 환율

거래가 자유로운 시장에서 결정되는 재화나 자산의 가격처럼, 환율도 수요와 공급의 상호작용에 의해 결정된다. 거래가 자유로운 시장에서 결정되는 환율에 관한 분석을 단순화하기 위해 두 부분으로 나누어 살펴보자. 먼저 환율이 장기적으로 어떻게 결정되는지를 살펴보고, 이어서 환율이 단기적으로 어떻게 결정되는지를 이해하는 데 도움을 주는 장기 환율의 결정 요인에 대해 살펴보도록 하자.

2.1 일물일가의 법칙

환율이 어떻게 결정되는지를 이해하기 위한 출발점은 소위 **일물일가의 법칙**(law of one price)이라는 간단한 개념이다. 만일 두 국가가 하나의 동일한 재화를 생산하고 수송비용과 무역장벽이 매우 낮으면, 이 재화의 가격은 어느 국가가 이 재화를 생산하는가에 관계없이 전 세계 어느 곳에서도 같아야 한다. 미국산 철강이 톤당 100달러이고 동일한 일본산 철강이 톤당 1만 엔이라고 하자. 일물일가의 법칙이 성립하려면 미국산 철강 1톤이 일본에서 1만 엔(일본산 철강 가격)에 팔리고 일본산 철강 1톤이 미국에서 100달러(미국산 철강 가격)에 팔리기 위해 엔과 달러 간의 환율은 달러당 100엔(엔당 0.01달러)이어야 한다. 만일 환율이 달러당 200엔이면, 일본산 철강은 미국에서 미국산 철강 가격의 반인 톤당 50달러에 팔릴 것이고, 미국산 철강은 일본에서 일본산 철강 가격의 2배인 톤당 2만 엔에 팔릴 것이다. 두 국가에서 미국산 철강은 일본산 철강보다 더 비싼 데다 미국산 철강은 일본산 철강과 동일하기 때문에, 미국산 철강에 대한 수요는 0이 될 것이다. 미국산 철강의 달러 가격이 고정돼 있는 경우, 결과적으로 발생되는 미국산 철강의 초과공급은 미국산 철강과 일본산 철강의 가격이 두 국가에서 같아지도록 환율이 달러당 100엔으로 하락할 때에만 해소될 것이다.

2.2 구매력 평가이론

환율이 장기적으로 어떻게 결정되는가를 설명하는 가장 유명한 이론 중 하나는 **구매력 평가이론**(theory of purchasing power parity(PPP))이다. 구매력 평가이론은 두 통화 간의 환율은 두 국가의 물가 수준 변화를 반영하도록 조정된다고 설명한다. PPP이론은 단순히 일물일가의 법칙을 개별 가격이 아닌 물가 수준에 적용한 것이다. 일본산 철강의 엔 가격이 미국산 철강의 달러 가격(미국산 철강의 달러 가격은 100달러에서 변화하지 않는다고 가정할 때)에 비해 상대적으로 10% 상승한다(일본산 철강의 엔 가격이 1만 1,000엔으로 상승한다)고 하자. 일물일가의 법칙이 성립하려면 환율은 달러당 110엔으로 상승해야 한다. 이것은 달러의 10% 절상을 의미한다. 일물일가의 법칙을 두 국가의 물가 수준에 적용하면 구매력 평가이론이 만들어진다. 구매력 평가이론은 일본의 물가 수준이 미국의 물가 수준에 비해 상대적으로 10% 상승하면 달러는 10% 절상할 것이라고 설명한다.

구매력 평가이론에 대해 생각해보는 또 다른 방법은 소위 **실질환율**(real exchange rate)의 개념을 도입하는 것이다. 실질환율은 국내 재화가 외국 재화와 교환되는 비율을 의미한다. 실제로 실질환율은 국내 통화로 표시한 외국 재화의 가격과 비교한 국내 재화의 상대가격이다. 예를 들어 뉴욕의 재화 바스켓 비용이 50달러인 반면 도쿄의 동일한 재화 바스켓 비용이 달러로 표시할 때 75달러(엔화 표시로는 7,500엔이나 환율이 달러당 100엔이기 때문에 달러 표시로는 75달러이다)이면, 실질환율은 0.66(=$50/$75)이다. 실질환율이 1.0보다 낮다. 이것은 재화 바스켓을 일본에서보다 미국에서 구매하는 것이 더 싸다는 것을 의미한다. 현재 미국 달러의 실질환율은 많은 다른 통화에 대해 낮고 이것이 뉴욕에서 쇼핑하는 많은 외국인 관광객으로 넘쳐나는 것을 보게 되는 이유이다. 한 통화가 상대적으로 싼지 싸지 않은지를 제시해주는 것이 실질환율이다. PPP이론을 설명하는 또 다른 방법은 PPP이론은 달러의 구매력이 엔이나 유로와 같은 다른 통화의 구매력과 같아지도록 실질환율이 항상 1.0이라고 예측한다는 것이다.

미국과 일본의 예가 보여주는 것처럼, PPP이론은 한 국가의 물가 수준이 다른 국가의 물가 수준에 비해 상대적으로 상승하면 이 국가의 통화는 절하돼야 한다(다른 국가의 통화는 절상돼야 한다)고 제시한다. [그림 2]에서 보는 것처럼 이러한 예측은 장기적으로 어느 정도 성립하는 것으로 보인다. 1973년부터 2011년까지 영국의 물가 수준은 미국의 물가 수준에 비해 상대적으로 94% 상승했고, 달러는 파운드에 대해 PPP이론에 의해 예측되는 94%보다 낮기는 하지만 53% 절상했다.

그러나 [그림 2]가 보여주는 것처럼, PPP이론은 종종 단기에서는 예측력이 없다. 예를 들어 1985년 초부터 1987년 말까지 영국의 물가 수준은 미국의 물가 수준에 비해 상대적으로 상승했다. 미국 달러는 PPP이론이 예측하는 것처럼 절상하지 않았고, 실제로는

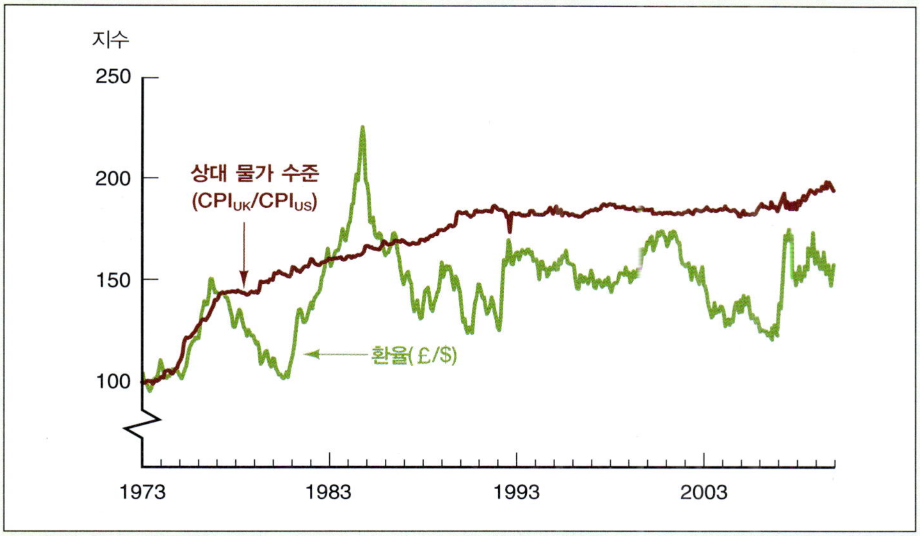

그림 2 구매력 평가, 미국/영국, 1973~2011년 (지수 : 1973년 3월=100)

전체 기간 동안, 미국 물가 수준에 비해 상대적인 영국 물가 수준의 상승은 PPP이론이 예측하는 대로 달러 가치의 상승과 관련돼 있다. 그러나 이러한 PPP와 환율의 관계는 단기는 성립되지 않는다.

자료 : ftp.bls.gov/pub/special/requests/cpi/cpiai.txt

파운드에 대해 40%나 절하했다. 따라서 PPP이론은 환율의 장기적 변화에 대해서 약간의 정보를 제공하지만, 그것도 완전한 것은 아니다. 특히 단기에서 PPP이론은 예측력이 없다. PPP이론은 왜 환율을 잘 예측하지 못하는가?

2.3 구매력 평가이론은 왜 환율의 변화를 충분히 설명할 수 없는가?

환율이 상대적인 물가 수준의 변화에 의해서만 결정된다는 PPP이론은 모든 재화가 두 국가에서 동일하고 수송비용과 무역장벽이 매우 낮다는 가정에 의존한다. 이 가정이 성립할 때, 일물일가의 법칙은 모든 재화의 상대가격(즉 두 국가 간 상대 물가 수준)이 환율을 결정한다고 설명한다. 재화가 동일하다는 가정은 미국산 철강과 일본산 철강에 대해서는 그럴듯한 가정으로 보이나, 미국산 자동차와 일본산 자동차에 대해서도 그럴듯한 가정일까? 토요타 자동차가 쉐보레(Chevrolet) 자동차와 같은가?

토요타 자동차와 쉐보레 자동차는 분명히 동일하지 않기 때문에, 이들 자동차 가격은 같을 필요가 없다. 토요타 자동차는 쉐보레 자동차에 비해 상대적으로 더 비쌀 수 있으나 미국인과 일본인은 여전히 토요타 자동차를 구매할 것이다. 일물일가의 법칙이 모든 재화에 대해 성립하지 않기 때문에, 토요타 자동차 가격이 쉐보레 자동차 가격에 비해 상대적으로 상승한다는 것이 반드시 엔이 같은 크기만큼 절하해야 한다는 것을 의미하지 않는다.

더욱이 PPP이론은 많은 재화와 서비스(이들 재화와 서비스의 가격은 한 국가의 물가 수준을 측정하는 데 포함된다)는 국경을 넘어서 교역되지 않는다는 점을 고려하지 못하고 있다. 주택, 토지, 식당 음식, 이발, 골프 레슨 같은 서비스는 교역되지 않는 재화이다. 따라서 이들 재화와 서비스의 가격 상승이 다른 국가의 물가 수준에 비해 상대적으로 한 국가의 물가 수준을 상승시킬지라도, 환율은 직접적인 영향을 받지 않는다.

2.4 장기 환율에 영향을 주는 요인

장기적으로 4가지 주요 요인이 환율에 영향을 준다. 4가지 주요 요인은 상대 물가 수준, 무역장벽, 국내 재화와 외국 재화 간의 선호, 생산성이다. 다른 요인이 일정하다고 가정하고, 각 요인이 환율에 어떻게 영향을 주는지 살펴보자.

기본적인 추론이 다음과 같은 방식으로 이루어진다. 외국 교역재에 비해 국내에서 생산되는 교역재에 대한 수요를 상대적으로 증가시키는 요인은 국내 통화를 절상시키는 경향이 있다. 왜냐하면 국내 통화의 가치가 상승하더라도 국내 재화가 계속해서 잘 판매될 것이기 때문이다. 이와 유사하게, 국내 교역재에 비해 외국 교역재에 대한 수요를 상대적으로 증가시키는 요인은 국내 통화를 절하시키는 경향이 있다. 왜냐하면 국내 통화의 가치가 하락할 때에만 국내 교역재는 계속해서 잘 판매될 것이기 때문이다. 달리 말하면, 만일 어느 요인이 외국 재화에 비해 국내 재화에 대한 수요를 증가시키면 국내 통화는 절상한다. 만일 어느 요인이 외국 재화에 비해 국내 재화에 대한 수요를 감소시키면 국내 통화는 절하한다.

상대 물가 수준 PPP이론에 따르면, 미국 재화의 가격이 상승할 때(외국 재화의 가격은 일정하다고 가정할 때), 미국 재화에 대한 수요는 감소하고 미국 재화가 계속해서 잘 팔릴 수 있도록 달러는 절하되는 경향이 있다. 이와는 달리, 일본 재화의 가격이 상승해 미국 재화의 상대가격이 하락하면 미국 재화에 대한 수요는 증가하고 달러는 절상되는 경향이 있다. 왜냐하면 달러의 가치가 상승할지라도 미국 재화는 계속해서 잘 팔릴 것이기 때문이다. 장기적으로, 외국 물가 수준에 비해 한 국가의 물가 수준의 상대적인 상승은 이 국가의 통화를 절하시키고 이 국가 물가 수준의 상대적인 하락은 이 국가의 통화를 절상시킨다.

무역장벽 **관세**(tariff, 수입되는 재화에 부과되는 세금)와 **쿼터**(quota, 수입될 수 있는 외국 재화의 양에 대한 제한) 같은 무역장벽은 환율에 영향을 줄 수 있다. 미국이 일본산 철강에 대한 관세를 인상하거나 쿼터를 낮춘다고 하자. 이와 같이 무역장벽이 높아지는 것은 미국산 철강에 대한 수요를 증가시키고 미국산 철강이 달러의 가치가 상승할지라도 잘 팔릴 것이기 때문에 달러는 절상하는 경향이 있다. 무역장벽을 높이는 것은 이 국가의 통화를 장기적으로 절상시킨다.

국내 재화와 외국 재화 간의 선호 만일 일본인이 플로리다 오렌지와 미국 영화 같은 미국 재화를 선호하게 되면, 이에 따른 미국 재화에 대한 수요 증가는 달러를 절상시키는 경향이 있다. 왜냐하면 달러의 가치가 상승하더라도 미국 재화는 계속해서 잘 팔릴 것이기 때문이다. 이와 유사하게, 만일 미국인이 미국산 자동차보다 일본산 자동차를 선호하면, 이에 따른 일본 재화의 수요 증가는 달러를 절하시키는 경향이 있다. 한 국가 재화에 대한 수출 수요의 증가는 이 국가의 통화를 장기적으로 절상시킨다. 이와 반대로, 외국 재화에 대한 수입 수요의 증가는 이 국가의 통화를 장기적으로 절하시킨다.

생산성 한 국가의 생산성이 증가할 때, 비교역재보다 교역재를 생산하는 국내 부문에서 생산성이 증가하는 경향이 있다. 따라서 생산성의 증가는 외국 교역재에 비해 국내에서 생산되는 교역재 가격의 하락과 연계돼 있다. 그 결과, 국내 교역재에 대한 수요는 증가하고 국내 통화는 절상하는 경향이 있다. 그러나 만일 한 국가의 생산성이 다른 국가보다 낮으면, 이 국가의 교역재는 상대적으로 더 비싸지고 이 국가의 통화는 절하되는 경향이 있다. 장기적으로 한 국가가 다른 국가들에 비해 더 생산적이 되면, 이 국가의 통화는 절상한다.[1)]

앞에서 논의한 환율의 장기 이론이 [요약표 1]에 정리돼 있다. 한 통화의 절상이 환율의 상승을 의미하도록 환율 E를 나타내는 방식이 사용된다. 미국의 경우, 이것은 환율을 달러당 외국 통화의 단위로 나타낸다는 것(말하자면 달러당 유로)을 의미한다.[2)]

1) 규모가 작은 국가의 경우, 생산성의 변화 또는 국내 재화나 외국 재화에 대한 선호의 변화가 외국 재화와 비교한 국내 재화의 상대가격에 영향을 주지 않을 수 있다. 이 경우, 생산성의 변화 또는 국내 재화나 외국 재화에 대한 선호의 변화는 이 국가의 소득에 영향을 주나 반드시 이 국가의 통화 가치에 영향을 주지 않을 수 있다. 그러나 본문에서는 이러한 요인들이 상대가격에 영향을 줄 수 있고, 결과적으로 환율에 영향을 줄 수 있다고 가정한다.

2) 환율은 국내 통화당 외국 통화 단위 수 또는 외국 통화당 국내 통화 단위 수로 나타낼 수 있다. 전문적인 저술에서, 많은 경제학자들은 국내 통화의 절상이 환율의 하락으로 표시되도록 환율을 외국 통화당 국내 통화 단위 수로 나타낸다. 본문에서는 국내 통화의 절상을 환율의 상승으로 생각하는 것이 보다 직관적으로 이해하기 쉽기 때문에, 환율을 국내 통화당 외국 통화 단위 수로 나타내는 방식이 사용된다.

요약표 1 장기 환율에 영향을 주는 요인

요인	요인의 변화	환율 E^*의 변화
국내 물가 수준†	↑	↓
무역장벽†	↑	↑
수입 수요	↑	↓
수출 수요	↑	↑
생산성†	↑	↑

* 달러당 외국 통화 단위 수 : ↑는 국내 통화의 절상을 의미한다. ↓는 국내 통화의 절하를 의미한다.
†는 다른 국가들에 비해 상대적인 변화를 나타낸다.
주 : 요인들의 증가(↑)만이 표시돼 있다. 이러한 요인들의 감소가 환율에 미치는 효과는 환율의 변화에 표시된 화살표 방향과 반대 방향이다.

3 단기 환율 : 수요와 공급 분석

지금까지 장기 환율 이론을 살펴보았다. 그러나 환율의 장기 변화를 발생시키는 요인은 시간이 흐름에 따라 완만하게 변화하기 때문에, 환율이 왜 매일매일 크게(종종 2~3%나) 변화하는지를 이해하려면 현재 환율(현물환율)이 단기에서 어떻게 결정되는지를 설명해 주는 수요와 공급 분석 방법을 개발해야 한다.

환율의 단기적 움직임을 이해하기 위한 열쇠는 환율이 외국 자산(외국 통화로 표시된 은행예금, 채권, 주식 등)의 가격 기준으로 나타낸 국내 자산(국내 통화로 표시된 은행예금, 채권, 주식 등)의 가격이라는 것을 이해하는 것이다. 환율은 다른 자산의 가격을 기준으로 나타낸 한 자산의 가격이기 때문에, 단기에서 환율의 결정 과정을 살펴보는 자연스러운 방법은 제5장에서 제시된 자산수요이론에 크게 의존하는 자산시장 접근법(asset market approach)을 사용하는 수요와 공급 분석이다. 그러나 곧 알게 되겠지만 방금 논의한 환율의 장기적 결정 요인은 단기적 자산시장 접근법에서도 중요한 역할을 한다.

과거에는 환율 결정을 위한 수요와 공급 분석 방법들은 수입 수요와 수출 수요의 역할을 강조했다. 여기서 사용되는 보다 최신의 자산시장 접근법은 짧은 기간 동안에 발생하는 수출과 수입의 흐름보다 자산 스톡을 강조한다. 왜냐하면 수출과 수입의 거래 규모는 어느 주어진 시점에 국내 자산과 외국 자산의 스톡에 비해 상대적으로 매우 작기 때문이다. 예를 들어 매년 미국의 외환거래는 미국의 수출과 수입 금액의 25배 이상 크다. 따라서 단기 동안, 국내 자산 또는 외국 자산을 보유하기 위한 의사결정이 수출과 수입 수요보다 환율을 결정하는 데 있어 훨씬 더 큰 역할을 한다.

3.1 국내 자산의 공급곡선

국내 자산의 공급곡선에 대한 논의부터 시작해보자. 이 분석에서는 미국을 자국이라고 취급하고 이에 따라 국내 자산의 가격은 달러로 표시된다. 논의를 간단하게 하기 위해 외국 통화를 대표해 유로가 사용되며, 이에 따라 외국 자산의 가격은 유로로 표시된다.

공급되는 달러 자산의 양(달러 금액)은 주로 미국에 있는 은행예금, 채권, 주식의 양이고 전적으로 실용적인 목적을 위해서 이 양은 환율에 관계없이 고정돼 있다고 간주할 수 있다. 임의의 환율에서 공급되는 국내 자산의 양은 동일하다. 이에 따라 [그림 3]에서 보는 것처럼 국내 자산의 공급곡선은 수직선이다.

3.2 국내 자산의 수요곡선

국내 자산의 수요곡선은 특히 미래의 예상 환율을 포함해 다른 모든 것이 일정한 경우 주어진 현재 환율에서 달러 자산에 대한 수요량을 나타낸다. 현재 환율(현물환율)을 E_t로 나타내고 다음 기의 예상 환율을 E^e_{t+1}로 나타내도록 하자. 자산수요이론이 제시하는 것처럼, 국내 (달러) 자산 수요량의 가장 중요한 결정 요인은 국내 자산의 상대적 기대수익률이다. 현재 환율 E_t가 하락함에 따라 어떤 일이 발생하는지를 살펴보자.

현재 환율이 E_A를 나타내는 [그림 3]의 점A에서 논의를 시작하도록 하자. 미래의 예상 환율이 E^e_{t+1}로 일정한 경우, 현재 환율이 E^*로 낮아진다는 것은 달러 가치가 상승할 가능성이 더 커진다는 것, 즉 달러가 절상될 가능성이 더 커진다는 것을 의미한다. 예상되는 달러의 절상이 크면 클수록, 달러 자산(국내 자산)의 상대적 기대수익률은 더 높아진다. 자산수요이론은 이제 달러 자산이 보다 더 보유할 만한 자산이 되기 때문에 [그림 3]의 점B로 나타낸 것처럼 달러 자산의 수요량은 증가할 것이라고 제시한다. 만일 현재 환율이 E_C로 훨씬 더 하락하면, 예상되는 달러의 절상은 더욱 커질 것이다. 이에 따라 달러 자산의 상대적 기대수익률은 더욱더 높아지고 이에 따라 달러 자산에 대한 수요량은 더욱 더 커진다. 이것이 [그림 3]의 점C로 표시돼 있다. 이러한 점들을 연결하는 자산의 수요곡선 D는 우하향의 기울기를 가지며, 이는 다른 모든 것이 일정하다면 달러의 현재 가치가 하락하면 할수록 달러 자산에 대한 수요량은 더 증가한다는 것을 의미한다.

3.3 외환시장의 균형

통상적인 수요와 공급 분석에서처럼, 달러 자산의 수요량이 달러 자산의 공급량과 일치할 때 시장의 균형이 이루어진다. [그림 3]에서 수요곡선과 공급곡선의 교차점인 점B에서 균형이 이루어진다. 점B에서 환율은 E^*이다.

환율이 균형 환율 E^*보다 더 높은 E_A라고 하자. [그림 3]에서 보는 것처럼 달러 자산의

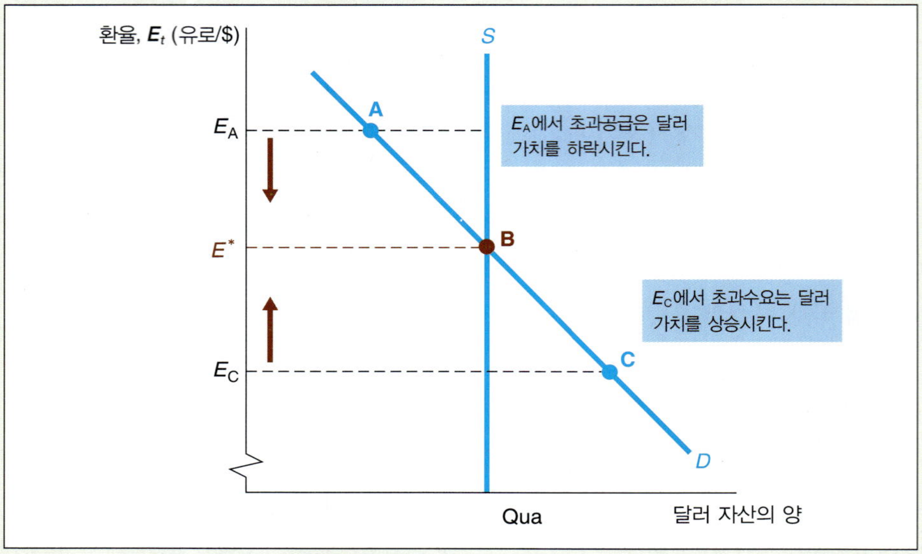

그림 3 외환시장의 균형

외환시장의 균형은 수요곡선 D와 공급곡선 S의 교차점인 점B에서 이루어진다. 이때 균형환율은 E^*이다.

공급량은 달러 자산의 수요량보다 더 크다. 즉 초과공급 상황이 발생한다. 더 많은 사람들이 달러 자산을 구매하기보다 판매하기를 원한다면, 달러의 가치는 하락할 것이다. 환율이 균형 환율보다 높은 수준에 있는 한 계속해서 달러 자산의 초과공급이 존재할 것이고 달러의 가치는 환율이 균형 환율 E^*에 이를 때까지 하락할 것이다.

이와 유사하게, 환율이 균형 환율 E^*보다 낮은 E_C이면, 달러 자산의 수요량은 달러 자산의 공급량을 초과하고 이에 따라 초과수요의 상황이 발생한다. 더 많은 사람들이 달러 자산을 판매하기보다 구매하기를 원한다면, 달러의 가치는 초과수요가 사라질 때까지 상승할 것이고 달러의 가치는 다시 균형 환율 E^*가 된다.

4 환율의 변동 설명하기

외환시장의 수요와 공급 분석은 환율이 어떻게 변화하고 왜 변화하는지를 보여준다.[3] 달러 자산의 양이 고정돼 있다고 가정하면서 외환시장의 수요와 공급 분석을 단순화시킬 수 있다. 달러 자산의 공급곡선은 주어진 달러 자산의 양에서 수직선이고 이동하지 않는다. 이러한 가정하에서, 환율이 시간이 흐름에 따라 어떻게 변동하는지 설명하기 위해서는 달러 자산의 수요곡선을 이동시키는 요인을 살펴볼 필요가 있다.

4.1 국내 자산에 대한 수요의 이동

이미 살펴본 것처럼, 국내 자산(달러 자산)의 수요량은 국내 자산의 상대적 기대수익률에 의해 결정된다. 국내 자산의 수요곡선이 어떻게 이동하는지를 이해하기 위해, 현재 환율 E_t가 일정한 상태에서 다른 요인이 변화할 때 국내 자산에 대한 수요량이 어떻게 변화하는지를 살펴볼 필요가 있다.

국내 자산의 수요곡선이 어느 방향으로 이동하는지를 직관적으로 이해하기 위해서, 여러분이 자금을 국내 자산(달러 자산)에 투입하기를 고려하는 투자자라고 하자. 한 요인이 변화할 때, 다른 모든 것이 일정하다면, 주어진 현재 환율 수준에서 외국 자산에 대한 국내 자산의 상대적 기대수익률이 더 높아지는지 더 낮아지는지를 결정해보라. 이러한 결정은 여러분이 더 많은 달러 자산을 보유하기 원하는지 더 적은 달러 자산을 보유하기 원하는지와 이에 따라 달러 자산에 대한 수요량이 각 환율 수준에서 증가하는지 감소하는지를 말해준다. 각 환율 수준에서 달러 자산의 수요량 변화 방향을 아는 것은 달러 자산의 수요곡선이 어느 방향으로 이동하는지를 말해준다. 달리 말하면, 만일 현재 환율이 일정한 상태에서 달러 자산의 상대적 기대수익률이 상승하면 달러 자산의 수요곡선은 오른쪽으로 이동한다. 만약 달러 자산의 상대적 기대수익률이 하락하면 달러 자산의 수요곡선은 왼쪽으로 이동한다.

국내 이자율 i^D의 변화 달러 자산에 대한 국내 이자율이 i^D라고 하자. 달러 자산에 대한 국내 이자율 i^D가 상승할 때, 현재 환율 E_t와 다른 모든 것이 일정하다면 달러 자산의 수익률은 외국 자산의 수익률과 비교해 상대적으로 높아지고 이에 따라 사람들은 더 많은 달러 자산을 보유하기 원할 것이다. [그림 4]에서 보는 것처럼 수요곡선은 D_1으로부터 D_2로 오른쪽으로 이동하고 달러 자산에 대한 수요량은 모든 환율 수준에서 증가한다. 새로운 균형은 D_2와 S의 교차점인 점2에서 이루어지고 균형 환율은 E_1으로부터 E_2로 상승한다. 국내 이자율 i^D의 상승은 국내 자산의 수요곡선 D를 오른쪽으로 이동시키고 국내 통화를 절상시킨다($E\uparrow$).

---

3) 환율이 어떻게 변화하고 왜 변화하는지를 이해하기 위한 또 다른 방법은 국제금융의 중요한 개념인 국내 이자율, 외국 이자율, 예상되는 국내 통화의 절상률 간의 관계를 보여주는 이자율 평형조건(interest parity condition)을 사용하는 것이다. 이 장의 부록에서 이자율 평형조건과 이것이 환율의 결정을 어떻게 설명하는지에 관한 논의가 이루어져 있다.

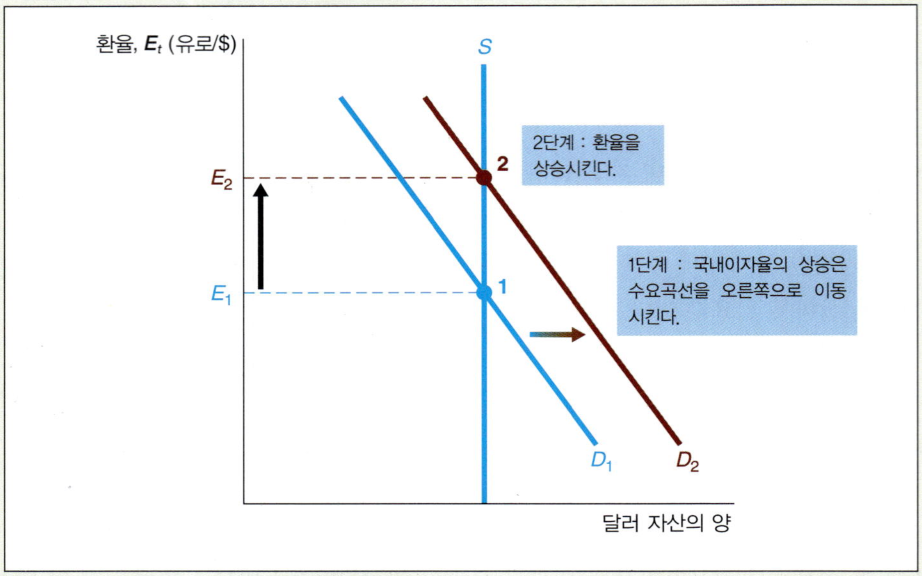

그림 4 국내 이자율 i^D의 상승에 대한 환율의 반응
국내 이자율 i^D가 상승할 때, 국내 자산(달러 자산)의 상대적 기대수익률은 상승하고 국내 자산의 수요곡선은 오른쪽으로 이동한다. 균형 환율은 E_1으로부터 E_2로 상승한다.

이와 반대로, 만일 i^D가 하락하면, 달러 자산의 상대적 기대수익률은 하락하고 달러 자산의 수요곡선은 왼쪽으로 이동하며 환율은 하락한다. 국내 이자율 i^D의 하락은 국내 자산에 대한 수요곡선 D를 왼쪽으로 이동시키고 국내 통화를 절하시킨다($E\downarrow$).

외국 이자율 i^F의 변화 외국 자산에 대한 이자율이 i^F라고 하자. 외국 이자율 i^F가 상승할 때, 현재 환율과 다른 모든 것이 일정하다면 외국 자산에 대한 수익률은 달러 자산의 수익률과 비교해 상대적으로 상승한다. 이제 사람들은 더 적은 달러 자산을 보유하기 원하고 이에 따라 달러 자산에 대한 수요량은 모든 환율 수준에서 감소한다. 이러한 시나리오는 [그림 5]에서 달러 자산의 수요곡선이 D_1으로부터 D_2로 왼쪽으로 이동하는 것으로 표시된다. 달러의 가치는 하락하고 새로운 균형은 점2에서 달성된다. 이와 반대로, i^F의 하락은 달러 자산의 상대적 기대수익률을 상승시키고 환율을 상승시킨다. 요약하면, 외국 이자율 i^F의 상승은 달러 자산의 수요곡선 D를 왼쪽으로 이동시키고 국내 통화를 절하시킨다. 외국 이자율 i^F의 하락은 달러 자산의 수요곡선 D를 오른쪽으로 이동시키고 국내 통화를 절상시킨다.

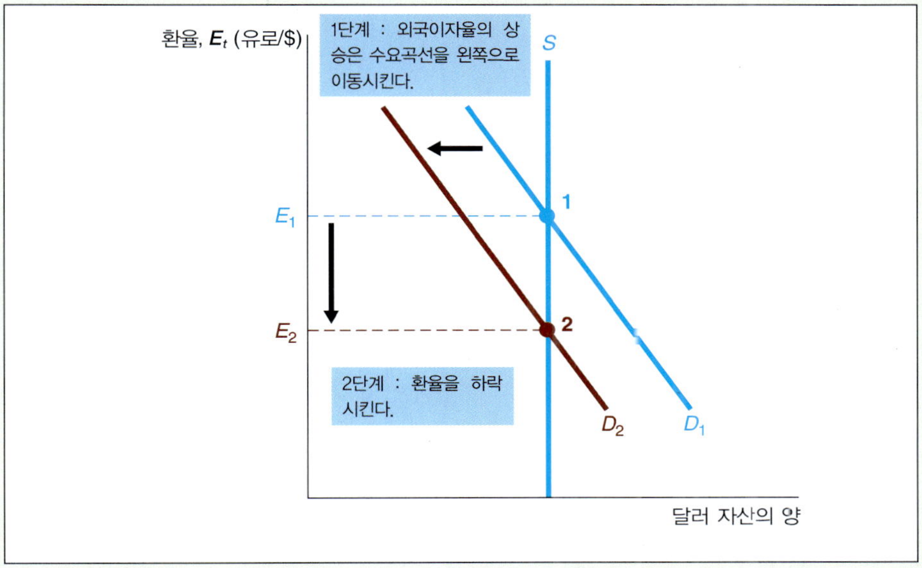

그림 5 외국 이자율 i^F의 상승에 대한 환율의 반응

외국 이자율 i^F가 상승할 때, 국내 자산(달러 자산)의 상대적 기대수익률은 하락하고 국내 자산의 수요곡선은 왼쪽으로 이동한다. 균형 환율은 E_1으로부터 E_2로 하락한다.

미래 예상 환율 E^e_{t+1}의 변화 내구재에 대한 수요처럼, 국내 자산에 대한 수요는 미래의 재판매 가격에 의해 결정되기 때문에, 미래 환율에 대한 예상은 달러 자산의 수요곡선을 이동시키는 데 중요한 역할을 한다. 미래 예상 환율 E^e_{t+1}를 상승시키는 요인은 예상되는 달러의 절상을 증가시킨다. 그 결과로 달러 자산의 상대적 기대수익률은 상승하고 모든 환율 수준에서 달러 자산에 대한 수요는 증가하며 [그림 6]에서 보는 것처럼 달러 자산의 수요곡선은 D_1으로부터 D_2로 오른쪽으로 이동한다. 균형 환율은 D_2와 S의 교차점인 점2로 상승한다. 미래 예상 환율 E^e_{t+1}의 상승은 달러 자산의 수요곡선을 오른쪽으로 이동시키고 국내 통화를 절상시킨다. 동일한 논리를 적용하면, 미래 예상 환율 E^e_{t+1}의 하락은 달러 자산의 수요곡선을 왼쪽으로 이동시키고 국내 통화를 절하시킨다.

이 장의 앞부분에서 장기 환율의 결정 요인, 즉 상대 물가 수준, 무역장벽, 수입과 수출 수요, 생산성에 대해 논의했다([요약표 1] 참조). 이러한 4가지 요인은 미래 예상 환율에 영향을 미친다. 구매력 평가이론은 만일 외국 물가 수준과 비교해 상대적으로 미국 물가 수준이 더 높게 지속될 것으로 예상되면, 달러는 장기적으로 절하할 것이라고 제시한다. 따라서 이러한 미국의 상대 물가 수준은 E^e_{t+1}를 하락시키고 달러 자산에 대한 상대적 기대수익률을 하락시키며 달러 자산의 수요곡선을 왼쪽으로 이동시키고 현재 환율을 하락

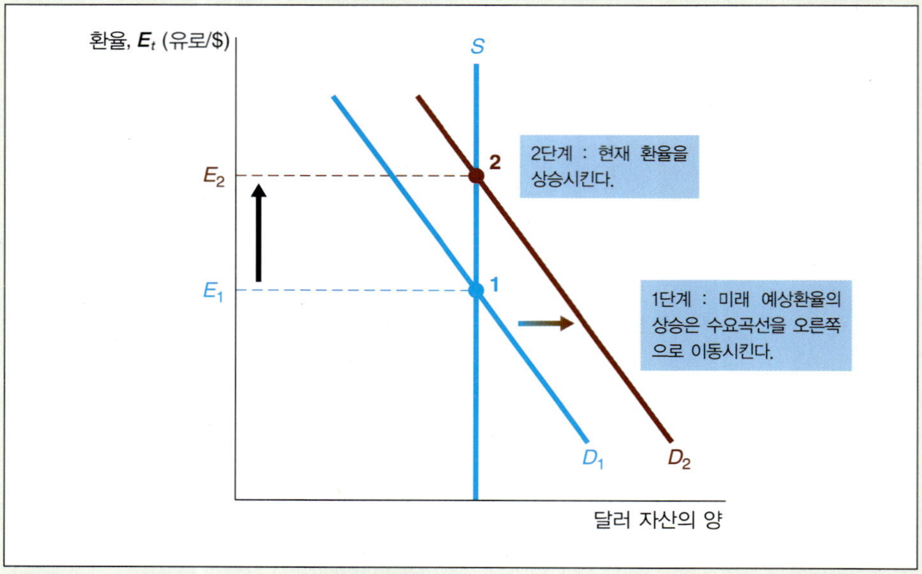

그림 6 미래 예상 환율 E^e_{t+1}의 상승에 대한 환율의 반응

미래 예상 환율이 상승할 때, 국내 자산(달러 자산)의 상대적 기대수익률이 상승하고 달러 자산의 수요곡선은 오른쪽으로 이동한다. 균형 환율은 E_1으로부터 E_2로 상승한다.

시킨다.

이와 유사하게, 장기 환율의 다른 결정 요인도 달러 자산의 상대적 기대수익률과 현재 환율에 영향을 미칠 수 있다. 간략히 정리하면, 다음과 같은 변화는 미래 예상 환율 E^e_{t+1}를 상승시킴으로써 모두 외국 자산과 비교해 상대적으로 국내 자산에 대한 수요를 증가시킨다.

1. 예상되는 외국 물가 수준과 비교해 상대적인 미국 물가 수준의 하락
2. 예상되는 외국 무역장벽과 비교해 상대적인 미국 무역장벽의 강화
3. 예상되는 미국의 수입 수요 감소
4. 예상되는 미국 수출재에 대한 외국 수요의 증가
5. 예상되는 외국 생산성과 비교해 상대적인 미국 생산성의 증가

이러한 모든 변화는 E^e_{t+1}를 상승시킴으로써 달러 자산의 상대적 기대수익률을 상승시키고 달러 자산의 수요곡선을 오른쪽으로 이동시키며 국내 통화를 절상시킨다.

4.2 요약 : 환율을 변동시키는 요인

[요약표 2]는 국내 자산의 수요곡선을 이동시키고 이에 따라 환율을 변화시키는 모든 요인을 요약 정리하고 있다. 현재 환율을 포함해 다른 모든 것이 일정하면, 한 요인이 변화할 때 국내 자산에 대한 수요곡선이 이동한다. 자산수요이론은 예상되는 달러 자산의 상대적 기대수익률이 국내 자산의 수요곡선을 이동시키는 원천이라고 제시한다.

[요약표 2]에 제시된 7가지 요인 중 각 요인이 변화할 때 어떤 일이 발생하는지를 복습해보자. 국내 자산의 수요곡선이 어느 방향으로 이동하는지를 이해하기 위해서 주어진 요인이 변화할 때 국내 자산(달러 자산)의 상대적 기대수익률에 어떤 일이 발생하는지를 생각해보라. 만일 국내 자산의 상대적 기대수익률이 상승하면, 현재 환율이 일정한 경우에 국내 자산의 수요곡선은 오른쪽으로 이동한다. 만일 국내 자산의 상대적 기대수익률이 하락하면, 현재 환율이 일정한 경우에 국내 자산의 수요곡선은 왼쪽으로 이동한다.

1. 국내 자산의 이자율 i^D가 상승할 때, 각 환율 수준에서 달러 자산의 상대적 기대수익률은 상승하고 이에 따라 국내 자산의 수요량은 증가한다. 따라서 [요약표 2]의 첫 번째 행에서 보는 것처럼, 국내 자산의 수요곡선은 오른쪽으로 이동하고 균형 환율은 상승한다.
2. 외국 이자율 i^F가 상승할 때, 외국 자산의 상대적 기대수익률은 상승하고 이에 따라 달러 자산의 상대적 기대수익률은 하락한다. 따라서 [요약표 2]의 두 번째 행에서 보는 것처럼, 국내 자산의 수요량은 감소하고 국내 자산의 수요곡선은 왼쪽으로 이동하며 균형 환율은 하락한다.
3. 예상되는 상대 국내 물가 수준이 더 높을 때, 장기 환율의 결정 요인에 대한 분석은 달러의 가치는 미래에 하락할 것이라고 제시한다. [요약표 2]의 세 번째 행에서 보는 것처럼, 달러 자산의 상대적 기대수익률은 하락하고 이에 따라 국내 자산의 수요량은 감소하며 국내 자산의 수요곡선은 왼쪽으로 이동하고 균형 환율은 하락한다.
4. 국내 무역장벽의 강화가 예상되면, 달러의 가치는 장기적으로 더 높아지고 달러 자산의 상대적 기대수익률은 더 높아진다. [요약표 2]의 네 번째 행에서 보는 것처럼, 달러 자산의 수요량은 증가하고 이에 따라 국내 자산의 수요곡선은 오른쪽으로 이동하며 균형 환율은 상승한다.
5. 수입 수요의 증가가 예상될 때, 환율은 장기적으로 절하될 것으로 예상되고 달러 자산의 상대적 기대수익률은 하락한다. [요약표 2]의 다섯 번째 행에서 보는 것처럼, 각 환율 수준에서 달러 자산의 수요량은 감소하고 이에 따라 국내 자산의 수요곡선은 왼쪽으로 이동하며 균형 환율은 하락한다.

요약표 2 국내 자산의 수요곡선을 이동시켜 환율에 영향을 미치는 요인

요인	요인의 변화	각 환율 수준에서 국내 자산의 수요량 변화	환율 E_t의 변화	
국내 이자율 i^D	↑	↑	↑	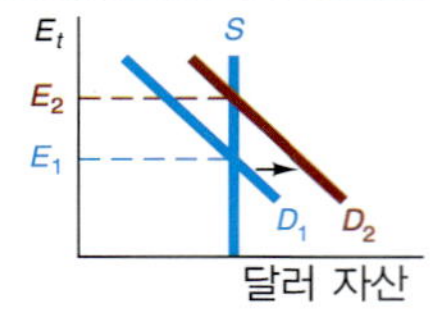
외국 이자율 i^F	↑	↓	↓	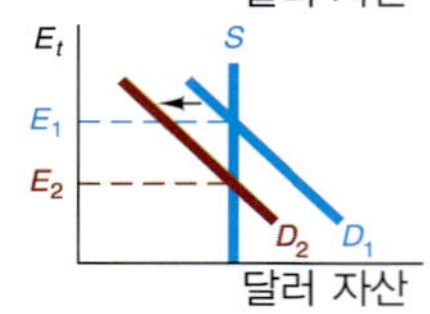
예상되는 국내 물가 수준*	↑	↓	↓	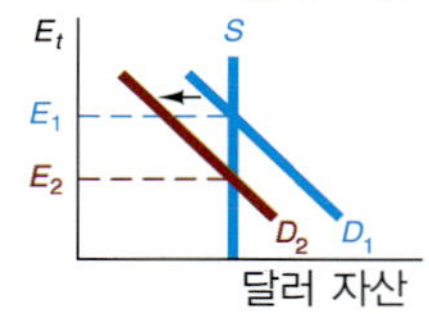
예상되는 무역장벽*	↑	↑	↑	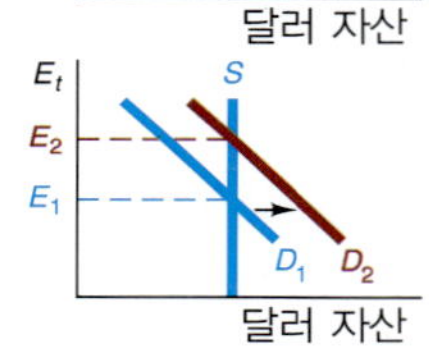
예상되는 수입 수요	↑	↓	↓	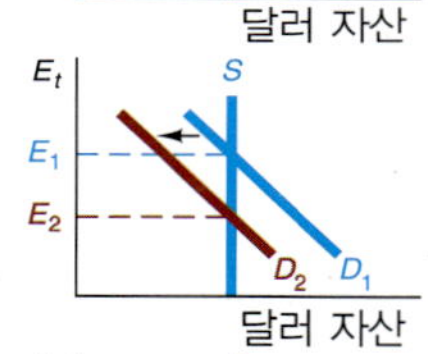
예상되는 수출 수요	↑	↑	↑	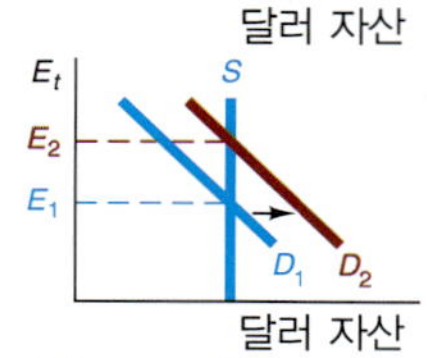
예상되는 생산성*	↑	↑	↑	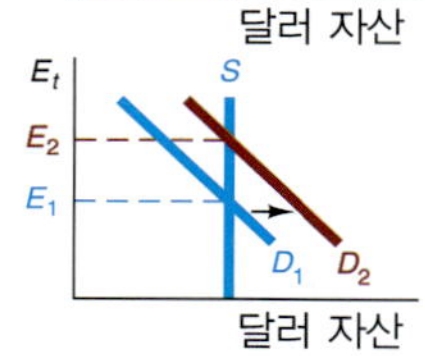

* 다른 국가들과 비교한 상대적 변화를 나타냄.

주 : 요인들의 증가(↑)만이 표시돼 있다. 이러한 요인들의 감소가 환율에 미치는 효과는 환율의 변화에 표시돼 있는 화살표 방향과 반대 방향이다.

6. 수출 수요의 증가가 예상될 때, 환율은 장기적으로 절상될 것으로 예상된다. [요약표 2]의 여섯 번째 행에서 보는 것처럼, 달러 자산의 상대적 기대수익률이 증가하고 이에 따라 국내 자산의 수요곡선은 오른쪽으로 이동하며 균형 환율은 상승한다.
7. 국내 생산성의 증가가 예상될 때, 환율은 장기적으로 절상될 것으로 예상되고 이에 따라 국내 자산의 상대적 기대수익률은 상승한다. [요약표 2]의 일곱 번째 행에서 보는 것처럼, 각 환율 수준에서 달러 자산의 수요량은 증가하고, 이에 따라 국내 자산의 수요곡선은 오른쪽으로 이동하며 균형 환율은 상승한다.

응용 이자율의 변화가 균형 환율에 미치는 효과

앞의 분석에서 균형 환율에 영향을 주는 요인을 살펴보았다 이제 이자율의 변화에 대한 환율의 반응을 자세히 살펴보기 위해 앞에서 배운 환율에 대한 분석 방법을 사용해보자.

국내 이자율 i^D의 변화는 종종 환율에 영향을 주는 주요 요인으로 여겨진다. 예를 들어 금융 언론에서 '이자율이 상승함에 따라 달러의 가치가 회복되고 있다'와 같은 기사의 제목을 보곤 한다. 그러나 이러한 기사의 표제가 제시하는 견해가 항상 옳은가?

이자율 변화의 효과를 분석할 때, 이자율 변화의 원천을 주의 깊게 구별해야 하기 때문에 이러한 기사의 제목이 제시하는 견해는 반드시 옳다고 할 수 없다. 피셔 방정식(제4장 참조)은 i^D와 같은 명목 이자율은 실질 이자율과 기대 인플레이션의 합과 같다, 즉 $i = i_r + \pi^e$라고 설명한다. 따라서 피셔 방정식은 이자율 i^D는 2가지 이유로 변화할 수 있다고 제시한다. 실질 이자율 또는 기대 인플레이션이 변화할 때 이자율 i^D는 변화할 수 있다. 이러한 2가지 요인 중 어느 것이 명목 이자율을 변화시켰는가에 따라서 환율에 미치는 효과는 매우 다르다.

기대 인플레이션은 변화하지 않으나 국내 실질 이자율이 상승해 명목 이자율 i^D가 상승한다고 하자. 이 경우 기대 인플레이션이 변화하지 않기 때문에 달러의 예상 절상률은 변화하지 않는다고 가정하는 것이 합리적이다. 이 경우 i^D의 상승은 달러 자산의 상대적 기대수익률을 증가시키고 각 환율 수준에서 달러 자산에 대한 수요량을 증가시키며 달러 자산의 수요곡선을 오른쪽으로 이동시킨다. 다른 모든 것이 일정하다고 가정하면, i^D의 상승은 [그림 4]에서 나타낸 상황으로 마무리된다. 환율시장 모형은 다음과 같은 결과를 제시한다. 국내 실질 이자율이 상승할 때, 국내 통화는 절상한다.

기대 인플레이션의 상승 때문에 명목 이자율이 상승하면, [그림 4]에서 제시된 것과 다른 결과가 얻어진다. 국내 기대 인플레이션의 상승은 달러의 예상 절상률을 감소시키고, 이 경우에 달러의 예상 절상률은 일반적으로 국내 이자율 i^D의 상승보다 더 크게 감소한다. 그 결과 주어진 환율 수준에서 국내 자산의 상대적 기대수익률은 하락하고, 국내 자산의 수요곡선은 왼쪽으로 이동하며 환율은 [그림 7]에서 보는 것처럼 E_1으로부터 E_2로 하락한다. 이상의 분석으로부터 다음과 같은 결론이 도출된다. **기대 인플레이션의 상승 때문에 국내 이자율이 상승하면, 국내 통화는 절하한다.**

이와 같은 결론은 실질 이자율의 상승으로 국내 이자율이 상승할 때 얻어지는 결론과 완전히 다르기 때문에, 이자율이 환율에 미치는 효과를 분석할 대 항상 실질변수 변화와 명목변수 변화를 구별해야 한다.

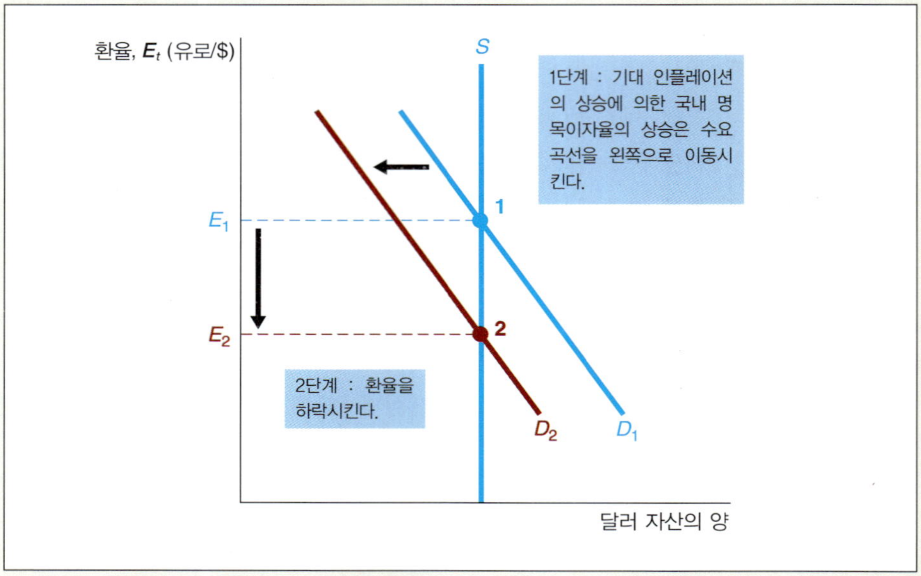

그림 7 기대 인플레이션의 상승에 의한 국내 이자율의 상승 효과

국내 기대 인플레이션의 상승은 국내 이자율을 상승시키는 것보다 더 크게 달러의 예상 절상률을 감소시키기 때문에, 국내 자산의 상대적 기대수익률은 하락한다. 국내 자산의 수요곡선은 왼쪽으로 이동하고 균형 환율은 E_1으로부터 E_2로 하락한다.

응용 왜 환율은 크게 변동하는가?

환율의 심한 변동성은 많은 사람들을 놀라게 한다. 30년 전에, 경제학자들은 일반적으로 환율은 자유시장에서 결정되도록 허용되면 크게 변동하지 않을 것이라고 믿었다. 최근 경험은 그들이 틀렸다는 것을 보여주었다. [그림 1]로 돌아가보면, 1990~2011년 기간 동안에 환율은 크게 변동했다.

이 장에서 간략하게 살펴본 환율 결정에 관한 자산시장 접근법은 환율이 심하게 변동하는 이유에 대해 간단한 설명을 제시한다. 국내 통화의 예상 절상률은 국내 자산의 기대수익률에 영향을 미치기 때문에 물가 수준, 인플레이션, 무역장벽, 생산성, 수입 수요, 수출 수요, 화폐공급에 대한 예상은 환율을 결정하는 데 중요한 역할을 한다. 이러한 변수 중 어느 한 변수에 대한 예상이 변화할 때, 앞에서 논의했던 환율시장 모형은 국내 자산의 기대수익률과 결과적으로 환율은 즉각적으로 영향을 받는다고 제시한다. 이러한 변수 모두에 대한 예상은 이와 관련된 뉴스들 하나하나에 반응하면서 변화하기 때문에, 환율이 심하게 변동하는 것은 놀라운 일이 아니다. 초기의 환율 결정 모형들은 자산시장보다는 재화시장에 초점을 맞추고 있었기 때문에 환율 변화의 원천으로서 예상의 변화를 강조하지 않았고 이에 따라 환율의 심한 변동을 예측할 수 없었다. 초기의 환율 결정 모형들이 환율의 변동성을 설명하지 못했던 것이 이 모형들이 더 이상 널리 활용되지 못하고 있는 한 가지 이유이다. 이 장에서 제시된 최신의 접근법은 미래에 대한 예상이 중요하다는 점에서 외환시장은 다른 자산시장과 같다는 점을 강조한다. 주식시장 같은 다른 자산시장과 마찬가지로, 외환시장은 심한 가격 변동성을 보여주고 있다.

응용 달러와 이자율

이 장의 시작부분에서 달러는 1970년대 말에 약세였으나 1980년부터 1985년까지 가치가 상승했다가 그 이후에 하락했다는 것을 지적했다. 환율의 변화 추이를 이해하고 1980년대 초의 달러 가치 상승과 그 이후 달러 가치 하락을 설명하는 데 도움을 주기 위해 앞에서 이루어진 외환시장에 관한 분석을 사용할 수 있다.

달러 가치의 변화에 관한 약간의 중요한 정보가 실질 이자율, 명목 이자율, 외국 통화로 구성된 바스켓에 대해 나타낸 달러 가치(**실효환율지수**(effective exchange rate index))의 변화 추이를 그린 [그림 8]에 제시돼 있다. [그림 8]에서 달러의 가치와 실질 이자율은 함께 상승하고 하락하는 경향이 있다는 것을 살펴볼 수 있다. 1970년대 말에 실질 이자율은 낮은 수준이었고 달러의 가치도 낮았다. 그러나 1980년이 시작되면서 미국의 실질 이자율은 급속히 상승하기 시작했고 동시에 달러의 가치도 급속히 상승하기 시작했다. 1984년 이후 실질 이자율은 크게 하락했고 달러의 가치도 크게 하락했다.

앞에서 제시한 환율결정 모형은 달러의 가치가 1980년대 초에 상승하고 그 이후에 하락한 것을 설명하는 데 도움을 준다. [그림 4]에서 살펴본 것처럼, 미국의 실질 이자율 상승은 달러 자산의 상대적 기대수익률을 증가시키고 이에 따라 달러 자산의 매입을 증가시키며 환율(달러의 가치)을 상승시킨다. 이것이 정확하게 1980~1984년 기간 동안에 발생했던 일이다. 그 이후 미국의 실질 이자율 하락은 달러 자산의 상대적 기대수익률을 감소시켰고 이에 따라 달러 자산에 대한 수요를 감소시켰으며 환율(달러의 가치)을 하락시켰다.

[그림 8]에 그려져 있는 **명목** 이자율의 변화 추이는 명목 이자율의 변화 추이와 환율의 변화 추이 간 근접성은 실질 이자율의 변화와 환율의 변화 추이 간 근접성만큼 가깝지 않다는 점을 보여준다. 이것도 정확하게 앞에서 제시한 분석이 예측하는 것과 같다. 1970년대 말 명목 이자율의 상승은 이에 상응한 달러 가치의 상승으로 반영되지 않았다. 실제로 달러의 가치는 1970년대 말에 하락했다. [그림 8]은 1970년대 말에 명목 이자율의 상승이 달러의 가치를 상승시키지 못했던 이유를 설명해준다. 1970년대 말 실질 이자율과 명목 이자율을 비교해보면, 명목 이자율의 상승은 실질 이자율의 상승이 아니라 기대 인플레이션의 상승을 반영한 것이었다. [그림 7]의 분석이 보여주는 것처럼, 기대 인플레이션의 상승에 기인해 이루어진 명목 이자율의 상승은 달러의 가치를 하락시켜야 하며 이것이 정확하게 발생했던 일이다.

만일 이것이 제시하는 교훈이 있다면, 그것은 실질 이자율과 명목 이자율을 구분하지 못하는 것이 환율 변화에 대한 불량한 예측을 발생시킬 수 있다는 점이다. 1970년 말의 달러 약세와 1980년대 초의 달러 강세는 명목 이자율의 변화에 의해서가 아니라 실질 이자율의 변화에 의해서 설명될 수 있다.

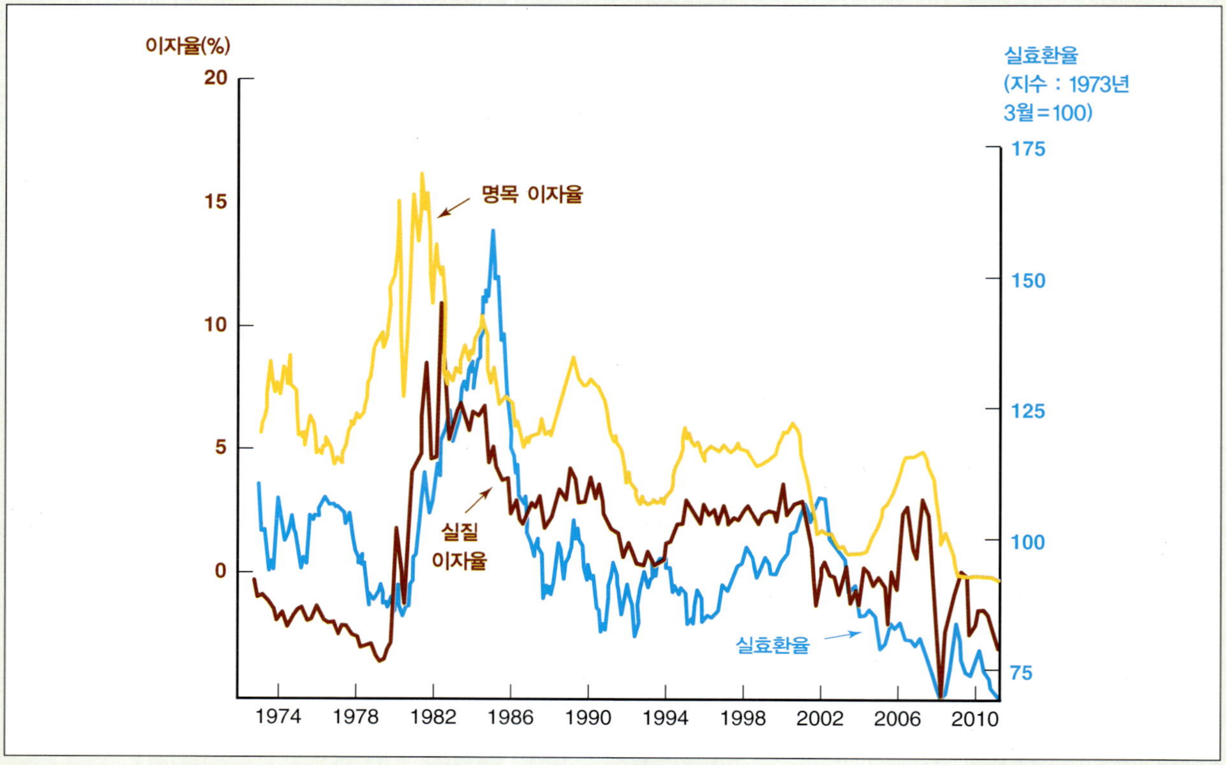

그림 8 달러의 가치와 이자율의 변화 추이, 1973~2010년

명목 이자율의 변화 추이와 환율의 변화 추이 간 근접성은 실질 이자율의 변화와 환율의 변화 추이 간 근접성만큼 가깝지 않다.

자료 : Federal Reserve; www.federalreserve.gov/releases/h10/summary/index_m.txt; 제4장의 [그림 1]에서 사용된 실질 이자율.

응용 글로벌 금융위기와 달러

2007년 8월에 글로벌 금융위기가 시작되면서 달러의 가치는 가속적으로 하락하기 시작했고 2008년 7월 중순에 유로에 대해 9%, 더 넓은 통화바스켓에 대해 6% 하락했다. 달러의 가치는 2008년 7월 11일에 유로에 대해 최저 수준으로 하락한 후에 갑자기 2008년 10월 말에는 유로에 대해 20% 이상, 더 넓은 통화바스켓에 대해 15%나 상승했다. 글로벌 금융위기와 이러한 달러 가치의 심한 변동 간에 어떤 관계가 있는 것인가?

2007년 동안, 글로벌 금융위기가 경제활동에 미친 부정적 효과는 대부분 미국에 한정돼 있었다. Fed는 이러한 글로벌 금융위기의 경기위축 효과에 대응하기 위해 2007년 9월부터 2008년 4월까지 페더럴펀드 이자율 목표를 325 베이시스 포인트 인하시키면서 공격적으로 이자율을 하락시켰다. 이와는 달리, ECB와 같은 다른 중앙은행은 특히 에너지 가격이 인플레이션율을 상승시켰기 때문에 이자율을 인하시켜야 할 필요성을 느끼지 못했다. 따라서 달러의 상대적 기대수익률은 하락했고, [그림 5]에서 보는 것처럼 달러 자산의 수요곡선은 왼쪽으로 이동했으며 이에 따라 균형 환율은 하락했다. 앞에서 제시한 환율시장의 분석은 글로벌 금융위기의 초기 단계에서 달러의 가치가 하락했던 이유를 설명해준다.

이제 달러 가치의 상승에 대해 살펴보자. 2008년 여름부터 글로벌 금융위기가 경제활동에 미친 효과가 전 세계적으로 보다 더 광범위하게 확산되기 시작했다. 외국 중앙은행들은 실제로 그랬던 것처럼, 추가적인 인하가 있을 것이라고 예상하면서 이자율을 인하시키기 시작했다. 예상되는 외국 이자율 인하는 달러 자산의 상대적 기대수익률을 증가시켰고 [그림 4]에서 보는 것처럼 달러 자산의 수요곡선은 오른쪽으로 이동했으며 이에 따라 달러의 가치는 상승했다. 달러의 가치를 상승시킨 또 다른 요인은 글로벌 금융위기가 2008년 9월과 10월에 악화되는 단계에 이르렀을 때 발생한 '안전자산 선호 현상'(flight to quality)이었다. 미국인과 외국인 모두는 그들의 돈을 가능한 한 가장 안전한 자산인 미국 재무부 증권에 투자하기를 원했다. 이러한 결과로 발생된 달러 자산에 대한 수요의 증가가 달러 자산의 수요곡선을 오른쪽으로 이동시키고 이에 따라 달러의 급속한 절상을 발생시켰던 또 다른 하나의 이유가 됐다.

요 약 SUMMARY

1 환율(다른 국가의 통화 기준으로 나타낸 한 국가 통화의 가격)은 외국에서 판매되는 국내 재화의 가격과 국내에서 구매되는 외국 재화의 가격에 영향을 주기 때문에 중요하다.

2 구매력 평가이론은 두 국가 간 환율의 장기적 변화는 두 국가의 상대 물가 수준의 변화에 의해 결정된다고 설명한다. 장기적으로 환율에 영향을 주는 다른 요인은 관세와 쿼터, 수입 수요, 수출 수요, 생산성이다.

3 환율은 단기적으로 국내 자산의 수요곡선을 이동시키는 국내 자산의 상대적 기대수익률 변화에 의해서 결정된다. 국내 자산의 상대적 기대수익률을 변화시키는 요인은 환율의 변화를 발생시킨다. 이러한 요인으로는 장기 환율과 이에 따라 미래 예상 환율에 영향을 미치는 요인의 변화뿐만 아니라 국내 이자율과 외국 이자율의 변화가 있다.

4 환율결정에 대한 자산시장 접근법은 환율의 변동성, 1980~1984년의 달러 가치 상승과 그 이후의 달러 가치 하락, 글로벌 금융위기 동안의 달러 가치의 변화를 설명할 수 있다.

주요 용어 KEY TERMS

관세(tariff)
구매력 평가이론(theory of purchasing power parity (PPP))
선도거래(forward transaction)
선도환율(forward exchange rate)
실질환율(real exchange rate)
실효환율지수(effective exchange rate index)
외환시장(foreign exchange market)
이자율 평형조건(interest parity condition)
일물일가의 법칙(law of one price)
자본이동성(capital mobility)
절상(appreciation)
절하(depreciation)
쿼터(quota)
현물거래(spot transaction)
현물환율(spot exchange rate)
환율(exchange rate)

연습문제 QUESTIONS

1 유로가 절상할 때, 미국인은 캘리포니아산 와인 또는 프랑스산 와인 중 어느 것을 더 많이 마실 가능성이 있는가?

2 "한 국가의 통화가 약세일 때(한 국가 통화의 가치가 하락할 때), 이 국가는 항상 더 나빠진다." 이 진술은 참인가, 거짓인가, 또는 불확실한가? 설명하라.

3 미국 달러가 절하할 때 미국의 수출과 수입에 어떤 일이 발생하는가?

4 만일 일본의 물가 수준이 미국의 물가 수준에 비해 상대적으로 5% 상승하면, 구매력 평가이론은 달러 기준으로 나타낸 일본 엔의 가치에 어떤 일이 발생한다고 예측하는가?

5 만일 수입 관세가 인상되는 동시에 수출 수요가 하락하면, 이 국가의 통화는 장기적으로 절상하는 경향이 있는가 절하하는 경향이 있는가?

6 연방준비제도가 확장적 통화정책을 수행할 때 화폐공급에는 어떤 일이 발생하는가? 이것은 달러 자산의 공급에 어떻게 영향을 미치는가?

7 2009년부터 2011년까지 호주와 스위스의 경제는 글로벌 금융위기로부터 상대적으로 약하게 영향을 받았다. 동시에 유럽 지역의 많은 국가는 실업이 크게 증가하는 큰 타격을 입었고 지속 가능하지 못한 높은 정부부채의 부담을 안게 됐다. 이것이 유로/스위스 프랑 환율과 유로/호주 달러 환율에 어떻게 영향을 미치는가?

8 1970년대 중반에서 후반까지 일본의 인플레이션율이 미국의 인플레이션율보다 높았음에도 불구하고 엔은 달러에 대해 상대적으로 절상했다. 이러한 상황은 미국 기업의 생산성 대비 일본 기업의 상대적 생산성 증가에 의해 어떻게 설명될 수 있는가?

9 미국 대통령이 새로운 반 인플레이션 프로그램을 포함하는 새로운 개혁 조치들을 발표한다고 하자. 민간이 이러한 대통령의 발표를 믿는다면, 미국 달러의 환율에 어떤 일이 발생하는가?

10 만일 영국중앙은행이 실업을 감소시키기 위해서 이자율을 인하한다면, 파운드의 가치에 단기적, 장기적으로 어떤 일이 발생하는가?

11 만일 인도 정부가 예기치 않게 지금부터 1년간 외국 재화에 대해 보다 더 높은 관세를 부과할 것이라고 공표하면, 현재 시점에 인도 루피(rupee)의 가치에 어떤 일이 발생하는가?

12 만일 미국의 명목 이자율은 상승하나 미국의 실질 이자율이 하락하면, 미국 달러의 환율에 어떤 일이 발생하

는지 예측하라.

13 만일 미국의 자동차 회사들이 자동차 기술의 비약적 발전을 이룩해 갤런당 200마일을 달리는 자동차를 생산할 수 있다면, 미국 달러의 환율에 어떤 일이 발생하는가?

14 만일 멕시코인들이 흥청망청 돈을 쓰면서 프랑스산 향수, 한국산 TV, 영국산 스웨터, 스위스산 시계, 이탈리아산 와인을 지금보다 2배 더 산다면, 멕시코 페소의 가치에 어떤 일이 발생하는가?

15 2008년 여름에서 가을까지 글로벌 금융위기가 영향을 미치게 되면서 국제금융기관들과 국부펀드(sovereign wealth funds)는 안전투자자산으로 미국 재무부 증권 매입을 크게 증가시켰다. 이것이 미국 달러 환율에 어떻게 영향을 미치는가?

16 2009년 3월에 연방준비제도는 중 · 장기 이자율을 인하시키기 위해 고안된 양적 완화 프로그램을 시행하겠다고 발표했다. 이것이 달러/유로 환율에 어떻게 영향을 미치는가?

응용문제 APPLIED PROBLEMS

17 독일산 스포츠카가 7만 유로에 판매되고 있다. 만일 환율이 달러당 0.90유로라면, 미국에서 독일산 스포츠카의 달러 가격은 얼마인가?

18 만일 미국 달러에 대한 캐나다 달러의 환율이 1.28이고 미국 달러에 대한 영국 파운드 환율이 0.62이면, 영국 파운드에 대한 캐나다 달러의 환율은 얼마여야 하는가?

19 미국 달러에 대한 뉴질랜드 달러의 환율은 1.36이고 미국 달러에 대한 영국 파운드 환율은 0.62이다. 만일 여러분이 뉴질랜드 달러에 대한 영국 파운드 환율이 0.49라는 것을 안다면, 여러분은 무위험 이윤을 얻기 위해서 무엇을 해야 하는가?

20 1999년에 유로는 유로당 0.90달러로 거래되고 있었다. 만일 유로가 현재 유로당 1.16달러로 거래되고 있다면, 유로의 가치는 몇 % 변화한 것인가? 이것은 절상인가 절하인가?

21 멕시코 페소가 달러당 10페소로 거래되고 있다. 만일 다음 해 동안 미국의 기대 인플레이션은 2%이고 멕시코의 기대 인플레이션은 23%라면, PPP이론에 의하면 1년 후에 예상되는 환율은 얼마인가?

22 만일 물가 수준이 최근에 영국에서 20% 상승한 반면 미국에서 5% 하락했다면, PPP에 의하면 환율은 얼마나 변화해야 하는가? 현재 환율은 달러당 0.55파운드라고 가정하라.

23~25번 문제에서, 각 문제의 효과를 나타내기 위해 달러를 위한 외환시장 그래프를 사용하라.

23 만일 유럽에서 기대 인플레이션이 하락해 이자율이 하락한다면, 미국 달러의 환율에 어떤 일이 발생하는지 예측하라.

24 만일 유럽중앙은행(ECB)이 인플레이션에 대항하기 위해 긴축적 통화정책을 수행하기로 결정한다면, 미국 달러의 가치에 어떤 일이 발생하는가?

25 만일 프랑스에서 파업이 발생해 프랑스산 재화를 구매하는 것을 어렵게 만든다면, 미국 달러의 가치에 어떤 일이 발생하는가?

웹 연습문제 WEB EXERCISES

1 연방준비제도는 미국 달러와 다른 국가 통화들 간의 환율을 게재하는 웹사이트를 가지고 있다. www.newyorkfed.org/markets/foreignex.html에 들어가서 1999년 이후의 환율 데이터에서 유로를 찾아라.

a. 유로/달러 환율은 유로가 도입된 시점부터 현재까지 몇 % 변화했는가?

b. 유로가 도입된 이후 유로/달러 환율은 매년 연간 몇 % 변화했는가?

2 국제 여행객이나 기업인은 자주 한 국가의 통화를 다른 국가의 통화로 바꿀 필요가 있다. 미국 달러를 다른 국가 통화로 전환하기 위해 필요한 환율을 알아내는 것은 쉬운 일이다. 미국이 아닌 두 국가 통화 간의 환율을 알아내는 것은 더 어려운 일일 수 있다. www.xe.com/ucc/full/에 들어가라. 이 사이트는 어느 한 통화를 다른 나라 통화로 전환하는 것을 도와준다. 1칠레 페소(peso)로 리투아니아 리타(lita)를 얼마나 살 수 있는가?

참고 웹사이트 WEB REFERENCES

www.newyorkfed.org/markets/foreignex.html

미국의 외환시장에 관한 상세한 정보를 제공한다.

http://quotes.ino.com/chart/

주요 세계 통화에 대한 달러의 환율과 변화 추이를 나타내는 차트를 얻기 위해, 이 웹사이트에 들어가서 'Exchange List'를 클릭해보라.

http://www.oecd.org/department/0,3355,en_2649_34357_1_1_1_1_1,00.html

구매력 평가 홈페이지에는 PPP 프로그램 개관, 통계, 연구, 발간물, PPP에 관한 OECD 회의들에 관한 내용이 포함돼 있다.

www.federalreserve.gov/releases/

Fed는 많은 국가의 현재와 과거 환율을 제공한다.

http://fx.sauder.ubc.ca

브리티시컬럼비아 대학교의 사우더 경영대학원(Sauder School of Business)에 있는 Pacific Exchange Rate Service는 시장 상황이 환율에 어떻게 영향을 미치는지에 관한 정보를 제공하고 쉽게 환율 데이터 그리기를 할 수 있게 해준다.

부록

18 이자율 평형조건

이 장의 모든 결과는 국제금융에서 널리 사용되는 하나의 개념을 가지고 도출될 수 있다. 이자율 평형조건(interest parity condition)은 국내 이자율, 외국 이자율, 국내 통화의 예상 절상률 간의 관계를 보여준다. 이 조건을 도출하기 위해서 국내 자산과 외국 자산의 기대수익률을 어떻게 비교할 수 있는지를 살펴보아야 한다.

A1 국내 자산과 해외 자산의 기대수익률 비교

이 장에서 미국은 자국으로 간주되고 있기 때문에, 국내 자산은 달러로 표시된다. 논의를 단순화하기 위해 외국 통화로 유로가 사용되며 이에 따라 외국 자산은 유로로 표시된다. 달러 자산의 이자율은 i^D이고 달러로 나타낸 달러 자산의 기대수익률이 i^D가 되도록 자본이득의 가능성이 없다고 하자. 이와 유사하게, 외국 자산의 이자율은 i^F이고 외국 통화인 유로로 나타낸 외국 자산의 기대수익률은 i^F이다. 달러 자산의 기대수익률과 외국 자산의 기대수익률을 비교하기 위해서 투자자들은 그들이 사용하는 통화단위로 기대수익률을 전환시켜야 한다.

우선 프랑소와 더 포리너(François the Foreigner)가 어떻게 달러로 나타낸 달러 자산의 기대수익률과 유로로 나타낸 외국 자산의 기대수익률을 비교할 수 있는지를 살펴보자. 그는 유로로 나타낸 달러 자산의 기대수익률은 i^D가 아니라는 것을 알고 있다. 유로로 나타낸 달러 자산의 기대수익률은 달러의 예상 절상률 또는 예상 절하율에 의해 조정돼야 한다. 예를 들어 만일 프랑소와가 달러가 3%만큼 절상될 것이라고 예상하면, 달러의 가치는 유로로 나타내면 3%만큼 더 상승할 것으로 예상되기 때문에 유로로 나타낸 달러 자산의 기대수익률은 i^D보다 3%만큼 더 높을 것이다. 따라서 만일 달러 자산의 이자율이 4%이고 달러의 예상 절상률이 3%이면, 유로로 나타낸 달러 자산의 기대수익률은 4%의 이자율과 3%의 달러의 예상절상률의 합인 7%가 될 것이다. 이와 반대로, 만일 달러가 1년 동안 3%만큼 절하될 것으로 예상되면, 유로로 나타낸 달러 자산의 기대수익률은 4%의 이자율과 −3%의 달러의 예상절상률의 합인 1%가 될 것이다.

현재 환율(현물환율)을 E_t로 나타내고 다음 기의 예상 환율을 E^e_{t+1}로 나타내면, 달러의 예상 절상률은 $(E^e_{t+1} - E_t)/E_t$로 나타낼 수 있다. 이에 따라 외국 통화로 나타낸 달러 자산의 기대수익률 R^D는 달러 자산의 이자율과 예상되는 달러 절상률의 합으로 다음과 같이 나타낼 수 있다.[1)]

$$R^D(\text{유로 기준}) = i^D + \frac{E^e_{t+1} - E_t}{E_t}$$

그러나 유로로 나타낸 외국 자산의 기대수익률 R^F는 i^F이다. 따라서 유로로 나타낸 달러 자산의 상대적 기대수익률(즉 유로로 나타낸 달러 자산의 기대수익률과 유로로 나타낸 유로 자산의 기대수익률의 차이)은 유로로 나타낸 달러 자산의 기대수익률에서 i^F를 빼서 다음과 같이 계산된다.

$$(\text{상대적})R^D = i^D - i^F + \frac{E^e_{t+1} - E_t}{E_t} \quad (1)$$

유로로 나타낸 달러 자산의 상대적 기대수익률이 상승함에 따라, 외국인들은 달러 자산을 더 많이 보유하고 외국 자산을 더 적게 보유하기를 원할 것이다.

다음으로 미국인인 알 디 아메리칸(Al the American)의 관점에서 달러 자산과 유로 자산을 보유하기 위한 의사결정을 살펴보자. 프랑소와의 의사결정을 살펴보기 위해 사용했

---

1) 이 식은 실제로 유로로 나타낸 달러 자산의 기대수익률에 대한 근사치이다. 유로로 나타낸 달러 자산의 기대수익률은 외국인이 어떻게 달러 자산에 투자하는지를 생각해보면 보다 더 정확하게 계산될 수 있다. 프랑소와가 1유로로 달러 자산을 매입하기로 결정한다고 하자. 먼저, 그는 $1/E_t$ 단위의 달러 자산을 매입하고(달러와 유로 간의 환율인 E_t는 달러당 유로 단위 수이다) 투자 기간의 말에 $(1 + i^D)(1/E_t)$ 달러를 지급받는다. 이 금액을 투자 기간의 말에 받을 것으로 예상되는 유로 금액으로 전환하기 위해, 그는 이 금액과 E^e_{t+1}를 곱한다. 따라서 처음에 1 유로를 투자해서 얻는 프랑소와의 기대수익률은 $(1 + i^D)(E^e_{t+1}/E_t)$에서 처음의 투자금액인 1유로를 뺀 것으로 다음과 같이 나타낼 수 있다.

$$(1 + i^D)\left(\frac{E^e_{t+1}}{E_t}\right) - 1$$

이 식은 다음과 같이 다시 나타낼 수 있다.

$$i^D\left(\frac{E^e_{t+1}}{E_t}\right) + \frac{E^e_{t+1} - E_t}{E_t}$$

E^e_{t+1}/E_t는 일반적으로 1에 가깝기 때문에, 이 식은 근사적으로 본문에 있는 식과 같다. 이것을 이해하기 위해서, $i^D = 0.04$, $(E^e_{t+1} - E_t)/E_t = 0.03$인 본문의 예를 생각해보자. 따라서 $E^e_{t+1}/E_t = 1.03$이다. 프랑소와가 매입한 달러 자산의 기대수익률은 본문에서 제시된 7%가 아니라 $(0.04 \times 1.03) + 0.03 = 0.0712 = 7.12\%$이다.

던 것과 같은 방법을 사용하면, 달러로 나타낸 외국 자산의 기대수익률 R^F는 외국 자산의 이자율 i^F와 외국 통화의 예상 절상률을 합한 것과 같다. 즉 달러로 나타낸 외국 자산의 기대수익률 R^F는 다음과 같이 외국 자산의 이자율 i^F에서 달러의 예상 절상률 $(E^e_{t+1} - E_t)/E_t$를 뺀 것과 같다(유로의 예상 절상률은 달러의 예상 절하율과 같다−역주).

$$R^F(\text{달러 기준}) = i^F - \frac{E^e_{t+1} - E_t}{E_t}$$

예를 들어 만일 유로 자산의 이자율이 5%이고 달러는 3%만큼 절상될 것으로 예상되면, 달러로 나타낸 유로 자산의 기대수익률은 2%이다. 알은 5%의 이자율을 벌지만, 달러의 절상 때문에 달러로 나타낸 유로의 가치가 3%만큼 감소해 3%를 잃게 될 것으로 예상된다.

달러로 나타낸 달러 자산의 기대수익률 R^D는 i^D이다. 따라서 달러로 나타낸 달러 자산의 상대적 기대수익률은 달러 자산의 이자율 i^D에서 달러로 나타낸 유로 자산의 기대수익률을 빼서 다음과 같이 계산된다.

$$(\text{상대적})\ R^D = i^D - \left(i^F - \frac{E^e_{t+1} - E_t}{E_t}\right) = i^D - i^F + \frac{E^e_{t+1} - E_t}{E_t}$$

이 식은 유로로 나타낸 달러 자산의 상대적 기대수익률을 나타내는 식(1)과 같다. 여기에서 핵심적인 요점은 달러 자산의 상대적 기대수익률은 프랑소와가 유로 기준으로 계산하든 알이 달러 기준으로 계산하든 같다는 것이다. 따라서 달러 자산의 상대적 기대수익률이 상승함에 따라, 외국인과 내국인 모두는 정확하게 같은 방식으로 반응한다. 외국인과 내국인 모두는 더 많은 달러 자산이나 더 적은 외국 자산을 보유하기를 원한다.

A2 이자율 평형조건

우리는 현재 **자본이동성**(capital mobility)이 존재하는 세상에서 살고 있다. 외국인은 미국 자산을 쉽게 구매할 수 있고 미국인은 외국 자산을 쉽게 구매할 수 있다. 만일 자본이동에 대한 장애 요인이 존재하지 않고 유사한 위험과 유동성을 가지는 자산들, 말하자면, 외국 은행예금과 미국 은행예금을 구매 대상으로 고려하고 있다면, 두 자산은 완전대체재라고 가정할 수 있다. 자본이 이동할 수 있고 자산들이 완전 대체재일 때, 만일 달러 자산의 기대수익률이 외국 자산의 기대수익률보다 더 높으면 외국인과 미국인 모두는 달러 자산만을 보유하기를 원하고 외국 자산을 보유하기를 원하지 않을 것이다. 이와 반대로, 만일 외국 자산의 기대수익률이 달러 자산의 기대수익률보다 더 높으면, 외국인과 미국인 모두는 달러 자산을 보유하기를 원하지 않고 외국 자산만을 보유하기를 원할 것이다. 현재 존재하는 달러 자산 공급량과 외국 자산 공급량이 누군가에 의해 보유되기 위해서는 두 자산의 기대수익률 간에 차이가 없어야 한다. 즉 식(1)의 상대적 기대수익률이 0이어야 한다. 이러한 조건은 다음과 같이 나타낼 수 있다.

$$i^D = i^F - \frac{E^e_{t+1} - E_t}{E_t} \tag{2}$$

이 식은 **이자율 평형조건**(interest parity condition)이라고 부르며 국내 이자율은 외국 이자율에서 국내 통화의 예상 절상률을 뺀 것과 같다고 설명한다. 이 조건은 보다 더 직관적인 방법으로 설명될 수 있다. 국내 이자율은 외국 이자율과 외국 통화의 예상 절상률의 합과 같다. 만일 국내 이자율이 외국 이자율보다 더 높으면, 더 낮은 외국 이자율을 보상해주는 플러스의 외국 통화의 예상 절상률이 존재한다는 것을 의미한다. 예를 들어 국내 이자율이 5%이고 외국 이자율이 3%라면, 외국 통화의 예상 절상률은 2%여야 한다(달리 말하면, 달러의 예상 절하율이 2%여야 한다)는 것을 의미한다.

이자율 평형조건을 여러 가지 방법으로 살펴볼 수 있다. 첫째, 이자율 평형조건은 단순히 동일한 통화 기준으로 나타낸 달러 자산의 기대수익률과 외국 자산의 기대수익률이 같다는 것을 의미한다. 이것을 이해하기 위해서, 이자율 평형조건을 나타내는 식(2)의 왼쪽 부분은 달러 자산의 기대수익률이고 오른쪽 부분은 외국 자산의 기대수익률이라는 점에 주목하라. 이때 두 기대수익률은 동일한 통화로 나타낸 것이다. 국내 자산과 외국 자산이 완전 대체재라고 가정하면, 이자율 평형조건은 외환시장의 균형조건이 된다. 환율이 국내 자산의 기대수익률과 외국 자산의 기대수익률을 같게 만드는 환율 수준일 때, 즉 이자율 평형조건이 성립할 때 투자자들은 국내 자산과 외국 자산 모두를 기꺼이 보유하고자 할 것이다.

수식을 약간 조정하면, 식(2)의 이자율 평형조건은 다음과 같이 다시 쓸 수 있다.

$$E_t = \frac{E^e_{t+1}}{i^F - i^D + 1}$$

이 식은 본문의 수요와 공급 분석에서 도출한 것과 정확히 동일한 결과이다. 만일 i^D가 상승하면, 식의 분모는 감소하고 이에 따라 E_t는 상승한다. 만일 i^F가 상승하면, 식의 분모가 증가하고 이에 따라 E_t는 하락한다. 만일 E^e_{t+1}가 상승하면, 식의 분자가 증가하고 이에 따라 E_t는 상승한다.

19 국제금융시스템

PREVIEW

세계 경제의 상호 의존성이 증가함에 따라, 한 국가의 통화정책은 더 이상 국제적 측면을 고려하지 않고 수행될 수 없다. 이 장에서는 국제금융거래와 국제금융시스템 구조가 어떻게 통화정책에 영향을 미치는지를 살펴본다. 또한 과거 반세기 동안의 국제금융시스템 변천 과정을 살펴보고, 국제금융시스템이 미래에 어떤 방향으로 나아갈 것인지도 생각해본다.

1 외환시장 개입

제18장에서 모든 시장 압력에 대해 반응하는 완전히 자유로운 시장인 것처럼 외환시장을 분석했다. 그러나 많은 다른 시장들처럼, 외환시장은 정부 개입으로부터 자유롭지 못하다. 중앙은행은 환율에 영향을 주기 위해 **외환시장 개입**(foreign exchange intervention)이라고 부르는 국제금융거래에 참여한다. 현재의 국제 경제 환경에서, 환율은 매일매일 변동하지만, 중앙은행은 통화를 매입하고 매도함으로써 자국 통화의 환율에 영향을 미친다. 이제 제18장에서 제시한 환율 분석 방법을 사용하면서 중앙은행의 외환시장 개입이 외환시장에 미치는 영향을 살펴보자.

1.1 외환시장 개입과 화폐공급

중앙은행의 외환시장 개입이 어떻게 환율에 영향을 미치는지를 이해하는 첫 단계는 중앙은행이 보유하고 있는 외국 통화 표시 자산, 즉 **대외지급준비자산**(international reserves, 외환보유액이라고도 부름-역주)의 일부를 외환시장에 매도할 때 이것이 본원통화에 미치는 영향을 살펴보는 것이다. Fed가 10억 달러의 미국 통화를 매입하기 위해 자신이 보유하고 있는 10억 달러의 외화 자산을 매도하기로 결정한다고 하자. (이러한 거래는 뉴욕 연방준비은행의 외환거래 부서에서 이루어진다. [Fed 심층분석] '뉴욕 연방준

Fed 심층분석 뉴욕 연방준비은행 외환거래 부서의 하루

미국 재무부는 외환정책에 대해 일차적인 책임을 가지고 있지만, 외환시장 개입에 관한 결정은 미국 재무부와 Fed의 연방공개시장위원회(FOMC)에 의해 공동으로 이루어진다. 외환시장 개입의 실제 수행은 뉴욕 연방준비은행에 있는 외환거래 부서의 책임이다. 뉴욕 연방준비은행의 외환거래 부서는 공개시장조작 거래부서의 바로 옆에 위치해 있다.

뉴욕 연방준비은행의 외환시장조작 책임자는 외환시장의 동향을 추적하는 거래자들과 분석가들을 감독한다. 그의 참모로 있는 한 거래자는 매일 이른 아침인 7시 30분에 뉴욕 연방준비은행에 도착해 미국 재무부에 있는 외환담당자들과 전화로 대화하고, 해외 금융 및 외환시장들에서 하룻밤 사이에 발생한 상황에 관한 최신 정보를 제공한다. 늦은 아침인 9시 30분에 책임자와 그의 참모진은 워싱턴에 있는 연방준비제도 이사회의 수석 참모와 화상회의를 개최한다. 오후 2시 30분에 그들은 연방준비제도 이사회와 재무부 관리들의 공동 브리핑인 두 번째 화상회의를 가진다. 법적으로 재무부는 외환정책을 결정하는 데 주도적인 권한을 가지고 있지만, 재무부는 세 참여자, 즉 재무부, 연방준비제도 이사회, 뉴욕 연방준비은행 간에 합의를 도출하려고 노력한다. 미국에서 외환시장 개입 없이 1년이 지나갈 수 있기 때문에 예외적인 일이긴 하지만 어느 날 그들이 외환시장 개입이 필요하다고 결정하면, 외환거래 부서의 책임자는 그와 함께 일하는 거래자들에게 합의된 외국 통화의 매입 또는 매도를 수행하도록 지시한다. 외환시장 개입을 위한 자금(외환안정기금(Exchange Stabilization Fund)의 형태로 보유)은 재무부와 연방준비제도에 의해 따로 보유되기 때문에, 책임자와 그의 참모진은 뉴욕 연방준비은행의 자금을 거래하지 않는다. 그 대신, 그들은 이러한 거래를 수행하는 데 있어서 재무부와 FOMC의 대리인으로 활동한다.

모든 FOMC 회의가 개최되기 전에, 이 참모진은 FOMC의 위원들, 기타 지역연방준비은행 총재들, 재무부 관리들을 위해 많은 데이터를 포함하고 있는 페이지 수가 많은 문서를 준비하는 것을 돕는다. 이 문서는 FOMC 회의가 개최되기 직전 5주 또는 6주 동안에 발생한 국내 및 해외의 외환시장 동향을 담고 있다. 이 일 때문에, FOMC 회의가 개최되기 직전에 그들은 매우 바쁘다.

비은행 외환거래 부서의 하루' 참조). 이러한 Fed의 달러 매입은 2가지 효과를 가진다. 첫째, Fed의 달러 매입은 Fed가 보유한 대외지급준비자산을 10억 달러 감소시킨다. 둘째, Fed의 달러 매입은 민간이 보유한 현금통화를 10억 달러 감소시킨다. 이러한 거래의 결과는 Fed의 T-계정을 사용해 다음과 같이 정리될 수 있다.

연방준비제도

자산		부채	
외화 자산 (대외지급준비자산)	−10억 달러	현금통화	−10억 달러

본원통화는 현금통화와 지준의 합이기 때문에, 현금통화의 감소는 본원통화가 10억 달러 감소한다는 것을 의미한다.

만일 Fed가 매도한 외화 자산을 매입한 사람들이 현금통화로 지불하지 않고 국내 은행에서 발행된 수표로 지불하면, Fed는 Fed에 있는 국내 은행의 지준예금으로부터 10억 달러를 감소시킨다. 그 결과 다음의 T-계정에서 보는 것처럼 Fed에 예치된 예금(지준)이 10억 달러 감소한다.

연방준비제도

자산		부채	
외화 자산 (대외지급준비자산)	−10억 달러	Fed에 예치된 예금 (지준)	−10억 달러

이 경우, Fed의 외화 자산 매도와 달러 예금 매입의 결과로 지준이 10억 달러 감소하고, 지준은 본원통화의 한 구성 요소이기 때문에 본원통화가 10억 달러 감소한다.

중앙은행이 국내 은행예금이나 국내 현금통화를 매입하기 위해 외화 자산을 매도할 때, 2가지 경우 모두 본원통화에 미치는 효과는 정확히 같다. 이것이 중앙은행이 국내 현금통화를 매입했다고 말할 때, 중앙은행이 실제로 현금통화를 매입한 것과 국내 통화로 표시된 은행예금을 구입한 것을 구별할 필요가 없는 이유이다. 따라서 다음과 같은 중요한 결론이 얻어진다. 외환시장에서, 중앙은행의 국내 통화 매입과 이에 상응한 외화 자산 매도는 중앙은행의 대외지급준비자산과 본원통화를 같은 크기만큼 감소시킨다.

보다 직접적인 방법에 의해서도 동일한 결론을 얻을 수 있다. 중앙은행의 외화 자산 매도는 국채의 공개시장 매도와 다르지 않다. 화폐공급 과정에 관한 논의에서 배운 것처럼, 공개시장 매도는 본원통화를 같은 크기만큼 감소시킨다. 다라서 중앙은행의 외화 자산 매도도 본원통화를 같은 크기만큼 감소시킨다. 마찬가지로 국내 통화를 매도하는 방식으로 이루어지는 중앙은행의 외화 자산 매입은 공개시장 매입과 같이 본원통화를 같은 크기만큼 증가시킨다. 따라서 다음과 같은 결론이 얻어진다. 외환시장에서 외화 자산을 매입하기 위한 중앙은행의 국내 통화 매도는 대외지급준비자산과 본원통화를 같은 크기만큼 증가시킨다.

중앙은행이 국내 통화의 매입이나 매도를 통해 본원통화에 영향을 미치고자 하는 외환시장 개입을 **태화 외환시장 개입**(unsterilized foreign exchange intervention)이라고 부른다. 그러나 중앙은행이 본원통화에 영향을 주는 국내 통화의 매입이나 매도를 원치 않으면 어떤 일이 발생할까? 이때 중앙은행은 국채시장에서 상쇄적 공개시장조작(off-setting open market operation)을 수행함으로써 외환시장 개입의 효과가 발생하지 않게 해야 한다. 예를 들어 앞에서 살펴본 것처럼 Fed가 10억 달러의 현금통화를 매입하고 10억 달러의 외화 자산을 매도하면, 본원통화가 10억 달러 감소한다. 이 경우 Fed는 본원통화를 10억 달러 증가시키기 위해 10억 달러의 국채를 매입하는 공개시장 매입을 수행할 수 있다. 동시에 이루어지는 외환시장 개입과 상쇄적 공개시장조작은 본원통화를 변화시키지 않는다. 결과적으로 나타나는 T-계정은 다음과 같다.

연방준비제도

자산		부채	
외화 자산 (대외지급준비자산)	−10억 달러	본원통화	0
국채	+10억 달러		

본원통화를 변화시키지 않는 상쇄적 공개시장조작과 동시에 이루어지는 외환시장 개입은 **불태화 외환시장 개입**(sterilized foreign exchange intervention)이라고 부른다.

이제 2가지 형태의 외환시장 개입, 즉 태화 외환시장 개입과 불태화 외환시장 개입을 이해했으므로 각각의 외환시장 개입이 어떻게 환율에 영향을 주는지 살펴보자.

1.2 태화 외환시장 개입

여러분은 직관적으로 중앙은행이 국내 통화의 가치를 하락시키고자 할 때, 외환시장에서 국내 통화를 매도하고 외화 자산을 매입할 것이라고 생각할 수 있다. 사실 이러한 직관은 태화 외환시장 개입의 경우에 맞다.

태화 외환시장 개입에서, Fed가 외환시장에서 달러를 매입하고 외화 자산을 매도하기로 결정하면 이것은 본원통화를 감소시키기 위한 채권의 공개시장 매도와 같은 방식으로 작동한다. 따라서 달러의 매입은 화폐공급을 감소시키고, 이것은 국내 이자율을 상승시키고 달러 자산의 상대적 기대수익률을 증가시킨다. 그 결과로 [그림 1]에서 달러 자산의 수요곡선은 D_1에서 D_2로 오른쪽으로 이동하고 환율은 E_1에서 E_2로 상승한다.[1)]

이러한 분석은 태화 외환시장 개입에 대해 다음과 같은 결론을 제시한다. 국내 통화를 매입하고 외화 자산을 매도하는 태화 외환시장 개입은 대외지급준비자산의 감소, 화폐공급의 감소, 국내 통화의 절상을 발생시킨다.

국내 통화를 매도하고 외화 자산을 매입하는 태화 외환시장 개입의 경우에는 반대의 결과가 발생한다. 국내 통화의 매도와 외화 자산의 매입(대외지급준비자산의 증가)은 본원통화와 화폐공급을 증가시키는 공개시장 매입과 같은 방식으로 작동한다. 화폐공급의 증가는 달러 자산의 이자율을 하락시킨다. 결과적으로 달러 자산의 상대적 기대수익률은 하락하고 사람들이 보다 적은 달러 자산을 매입하고자 한다. 이에 따라 달러 자산의 수요

1) Fed가 달러를 매입하는 태화 외환시장 개입은 민간이 보유하고 있는 국채의 양을 변화시키지 않지만 본원통화를 감소시키기 때문에 달러 자산의 공급량을 약간 감소시킨다. 따라서 달러 자산의 공급곡선은 약간 왼쪽으로 이동하고 이것이 환율을 상승시킨다. 이러한 결론은 [그림 1]에서 도출된 결론과 같다. 그러나 이러한 과정에서 발생하는 본원통화의 감소는 총 달러 자산의 잔고 중 매우 작은 부분이기 때문에, 달러 자산의 공급곡선은 거의 감지할 수 없을 정도로 아주 조금만 이동할 것이다. 이것이 [그림 1]에서 달러 자산의 공급곡선이 변화하지 않은 것으로 그려진 이유이다.

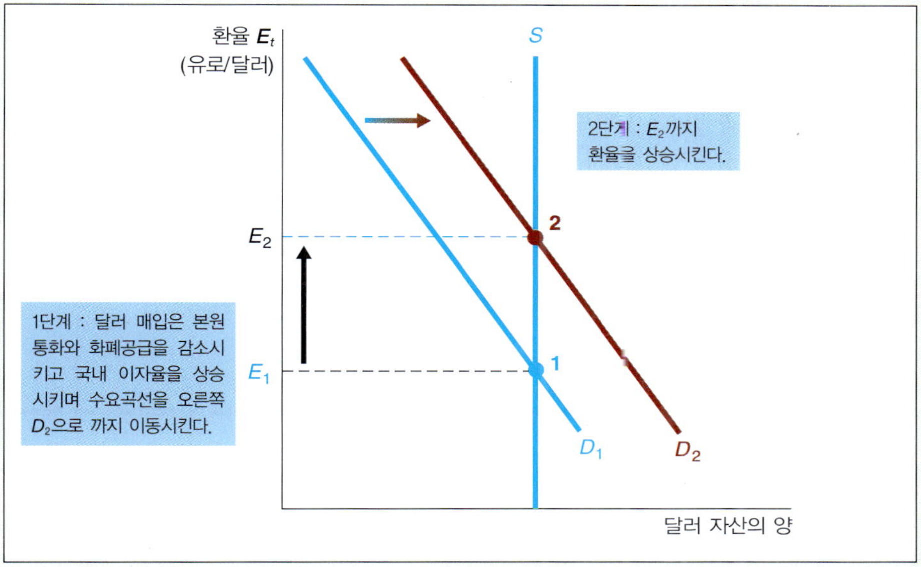

그림 1 태화 달러 매입과 외화 자산 매도의 효과

달러 매입을 위한 외화 자산의 공개시장 매도는 본원통화와 화폐공급을 감소시킨다. 이에 따른 화폐공급의 감소는 국내 이자율을 상승시키고 달러 자산의 상대적 기대수익률을 증가시킨다. 달러 자산의 수요곡선은 D_1에서 D_2로 오른쪽으로 이동하고 균형 환율은 E_1에서 E_2로 상승한다.

곡선이 왼쪽으로 이동하고 환율은 하락한다. 국내 통화를 매도하고 외화 자산을 매입하는 태화 외환시장 개입은 대외지급준비자산의 증가, 화폐공급의 증가, 국내 통화의 절하를 발생시킨다.

1.3 불태화 외환시장 개입

불태화 외환시장 개입에 대해 기억해야 할 핵심 요점은 중앙은행이 본원통화와 화폐공급에 아무런 영향을 미치지 않도록 상쇄적 공개시장조작에 참여한다는 것이다. 환율결정모형을 이용해서 불태화 외환시장 개입이 환율에 아무런 영향을 미치지 않는다는 것을 보이는 것은 매우 간단한 일이다. 불태화 외환시장 개입은 화폐공급을 변화시키지 않기 때문에 이자율에 직접적으로 영향을 주지 못한다.[2] 달러 자산의 상대적 기대수익률은 영

2) 불태화 외환시장 개입은 민간이 보유하는 국내 증권과 비교한 외화 증권의 상대적 보유량을 변화시키는 소위 포트폴리오 잔고 효과(portfolio balance effect)를 발생시킨다. 이러한 효과를 통해 중앙은행은 국내 자산과 외국 자산 간의 이자율 차에 영향을 줄 수 있고, 이것이 결과적으로 국내 자산의 상대적 기대수익률에 영향을 미칠 수 있다. 실증적 증거는 이러한 포트폴리오 잔고 효과가 상당하다는 것을 제시하지 못했다. 그러나 불태화 외환시장 개입은 중앙은행이 미래 환율에 어떤 일이 발생하기를 원하는지를 알려줄 수 있고 이에 따라 미래의 통화

향을 받지 않기 때문에, 달러 자산의 수요곡선은 [그림 1]에서 D_1에 그대로 머물러 있게 되고 환율은 E_1에서 변화하지 않는다.

불태화되는 중앙은행의 국내 통화 매입이나 매도가 환율의 변화를 발생시키지 않는다는 점은 처음에는 이해하기 어려울 수 있다. 불태화되는 중앙은행의 국내 통화 매입은 환율을 상승시킬 수 없다. 왜냐하면 국내의 화폐공급 또는 이자율에 미치는 효과 없이 환율이 상승한다는 것은 달러 자산의 초과공급이 발생하게 된다는 것을 의미하기 때문이다. 더 많은 사람들이 달러 자산을 매입하기보다는 매도하기를 원하면, 환율은 달러 자산의 수요곡선과 공급곡선이 교차하는 처음의 균형 수준으로 다시 하락할 것이다.

2 국제수지

외환시장 개입과 같은 국제금융거래는 통화정책에 상당한 영향을 미치기 때문에 이러한 거래가 어떻게 측정되는지를 알아야 한다. **국제수지**(balance of payment)는 한 국가와 다른 국가들 간의 자금 이동을 수반하는 모든 수취와 지급(민간 부문과 정부)을 기록하기 위한 회계 시스템이다. 여기서는 여러분이 종종 언론에서 듣는 국제수지의 주요 항목을 살펴보자.

경상수지(current account)는 주어진 기간 동안 생산된 재화와 서비스를 수반하는 국제거래를 정리한 것이다. 상품 수출과 수입의 차이, 즉 상품 무역으로부터 발생하는 순수취(net receipts)는 **무역수지**(trade balance)라 부른다. 상품 수입이 상품 수출보다 클 때 무역수지 적자(미국의 무역수지 적자는 2010년에 1,187억 달러였다)가 발생한다. 상품 수출이 상품 수입보다 클 때 무역수지 흑자가 발생한다.

경상수지에 포함되는 추가적인 항목은 3가지 범주, 즉 투자소득, 서비스 거래, 일방적 이전(증여, 연금, 해외 원조)에서 발생되는 순 수취이다. 예를 들어 2010년에 미국인들은 해외에 지급한 것보다 해외로부터 더 많은 투자소득을 수취했기 때문에 미국의 순 투자소득은 1,709억 달러였다. 미국인들은 외국인들이 미국인들로부터 구매한 것보다 더 적게 외국인들로부터 서비스를 구매했기 때문에 순 서비스 수취는 2010년에 1,421억 달러였다. 미국인들은 외국인들이 미국에 제공한 일방적 이전보다 더 많이 해외 국가에게 일

정책에 대한 시그널을 줄 수 있다. 이러한 방식으로 불태화 외환시장 개입은 국내 자산의 수요곡선을 이동시키고 궁극적으로 환율에 영향을 미칠 수 있다. 그러나 불태화 외환시장 개입이 아닌 미래의 통화정책 변화는 환율 변화의 원천이다. 불태화 외환시장 개입의 시그널 효과, 포트폴리오 잔고 효과, 기타 효과에 대한 추가적인 논의를 위해서는 Paul Krugman, Maurice Obstfeld, and Mark Melitz, *International Economics: Theory and Policy*, 9th ed. (Boston: Addison-Wesley, 2012)를 참조하라.

방적 이전을 했기 때문에 순 일방적 이전은 2010년에 −334억 달러였다. 이러한 3가지 항목의 순 수취와 무역수지의 합이 경상수지이다. 2010년에 미국의 경상수지는 1,609억 달러의 적자(−1,187억 달러+1,709억 달러+1,421억 달러 − 334억 달러 = −1,609억 달러)를 기록했다.

또 하나의 중요한 국제수지 항목은 자본거래(예를 들면 주식, 채권, 은행 대출 등의 매입)로부터 발생하는 순 수취를 나타내는 **자본수지**(capital account)이다. 2010년에 미국의 자본수지는 거의 제로였는데 이것은 미국에서 빠져나간 자본이 미국으로 들어온 자본과 균형을 이루었다는 것을 의미한다.[3] 경상수지와 자본수지의 합은 **공적 대외지급준비자산수지**(official reserve transaction balance, 대외지급준비자산의 순 변화)와 일치한다. 2010년에 미국의 공적대외지급준비자산수지는 −1,609억 달러(−1,609억 달러+0= −1,609억 달러)였다. 경제학자들이 말하는 국제수지의 흑자 또는 적자는 실제로는 공적 대외지급준비자산수지의 흑자 또는 적자를 의미한다.

국제수지는 균형을 이루어야 하기 때문에, 경상수지와 자본수지의 합과 일치하는 공적 대외지급준비자산수지는 국제거래를 지원하기 위해 정부(정부를 대표해 중앙은행) 간에 이동해야 하는 순 대외지급준비자산이다.

경상수지 + 자본수지 = 대외지급준비자산의 순 변화

이 식은 경제학자와 언론이 경상수지에 많은 관심을 가지는 이유를 보여준다. 경상수지는 해외 부에 대한 미국의 청구권이 증가하고 있는지 감소하고 있는지를 말해준다. 경상수지 흑자는 해외 부에 대한 미국의 청구권이 증가하고 있고 이에 따라 미국의 외화 자산 보유가 증가하고 있다는 것을 의미한다. 경상수지 적자는 해외 부에 대한 미국의 청구권이 감소하고 있고 이에 따라 미국의 외화 자산 보유가 감소하고 있다는 것을 의미한다.[4] 미국의 경상수지 적자는 2010년 1,500억 달러를 초과했다. 이러한 대규모 경상수지 적자가 미국 경제에 부정적 영향을 미칠 수 있다는 심각한 우려를 제기하고 있다([글로벌] '경제학자들은 왜 미국의 대규모 경상수지적자를 우려하는가?' 참조).

---

3) 여기서 보고돼 있는 자본수지 수치에는 밀수와 기타 자본 흐름 등의 기록되지 않은 거래들 때문에 발생하는 오차를 나타내는 통계적 불일치(statistical discrepancy)항목이 포함돼 있다. 많은 전문가들은 국제수지를 균형으로 만드는 통계적 불일치 항목은 주로 대규모의 파악되지 않는 자본 흐름의 결과로 발생하며, 이것이 자본수지에 포함되는 이유라고 생각한다.

4) 또한 경상수지는 미국에서 총저축이 민간 부문과 정부의 투자를 초과하는 금액을 나타낸다. 미국의 총저축은 미국의 민간 부문과 정부가 보유하는 총부의 증가분과 일치한다. 총투자는 미국의 자본 스톡(미국의 실물자본)이 증가한 크기와 일치한다. 총저축과 총투자의 차이는 해외 부에 대한 미국의 청구권이 증가한 크기이다.

글로벌 경제학자들은 왜 미국의 대규모 경상수지적자를 우려하는가?

경제학자들은 다음과 같은 이유들 때문에 2010년에 GDP의 10%였던 최근 미국의 대규모 경상수지 적자를 우려하고 있다. 첫째, 미국의 대규모 경상수지 적자가 존재하고 있다는 것은 현재의 환율에서 미국산 수출재에 대한 외국인들의 수요가 외국산 수입재에 대한 미국인들의 수요보다 훨씬 적다는 것을 의미한다. 제18장에서 살펴본 것처럼, 미국산 수출재에 대한 외국인들의 수요가 적고 외국산 수입재에 대한 미국인들의 수요가 많다는 것은 미래의 미국 달러 가치를 하락시킬 수 있다. 일부 경제학자들은 미국 달러가 50%만큼 크게 절하할 정도로 달러 가치의 하락이 매우 클 것이라고 추정하고 있다.

둘째, 현재 경상수지 적자는 미국 자산에 대한 외국인들의 청구권이 증가하고 있고 이러한 청구권은 미래의 어느 시점에 상환돼야 한다는 것을 의미한다. 미국인들은 그들의 미래를 외국인들에게 저당잡혀 있는 것이다. 청구권의 만기가 되면 미국인들은 더 가난해질 것이다. 이에 더해, 만일 미국인들이 달러 자산에 대해 가지는 선호가 외국인들이 달러 자산에 대해 가지는 선호보다 더 크다면, 시간이 흐름에 따라 외국인들로 미국 부의 이동은 달러 자산에 대한 수요를 감소시키고 달러를 절하시킬 수 있다.

소망스러운 것은 대규모 미국 경상수지 적자로부터 발생되는 달러 가치의 궁극적인 하락이 수년에 걸쳐 점진적으로 발생하는 것이다. 그러나 만일 달러 가치의 하락이 급속히 가파르게 이루어지면, 이것이 금융시장을 붕괴시키고 미국 경제를 해칠 가능성이 있다.

3 국제금융시스템의 환율제도

국제금융시스템의 환율제도는 2가지 기본적인 유형, 즉 고정환율제도와 변동환율제도로 분류된다. **고정환율제도**(fixed exchange rate regime)에서는 통화의 가치가 다른 통화 기준으로 고정되도록 다른 통화(**기준통화**(anchor currency)라고 부름)의 가치에 상대적으로 연동돼 있다. **변동환율제도**(floating exchange rate regime)에서 통화의 가치는 모든 다른 통화에 대해 자유롭게 변동하도록 허용돼 있다. 한 국가가 외화 자산을 매입하고 매도해 자국 통화의 환율에 영향을 주기 위해 외환시장에 개입하는 환율제도는 **관리변동환율제도**(managed float regime, dirty float)라고 부른다.

과거의 환율제도를 살펴보기 위해 먼저 19세기 말과 20세기 초의 금본위 제도를 논의하도록 하자.

3.1 금본위 제도

제1차 세계대전 이전의 세계 경제는 **금본위 제도**(gold standard)하에서 작동됐다. 금본위 제도는 대부분 국가의 통화가 고정된 비율로 금으로 직접 전환될 수 있고 이에 따라 통화들 간의 환율이 고정돼 있는 고정환율제도이다. 예를 들어 1달러짜리 미국 달러 지폐는 미국 재무부에 제시하는 경우 약 1/20온스의 금으로 교환될 수 있었다. 같은 방식으로, 영국 재무부는 1파운드 스털링을 1/4온스의 금으로 교환해주었다. 미국인은 20달러를 1온스의 금으로 전환해 4파운드를 살 수 있었기 때문에, 파운드와 달러의 환율은 실제로 파운드당 5달러로 고정돼 있었다. 금본위 제도하에서 고정환율은 환율이 변동할 때 발생하는 불확실성을 제거함으로써 세계 무역을 촉진하는 중요한 장점을 가지고 있었다.

국가들이 금본위 제도를 채택하고 그들의 통화를 금으로 전환할 수 있도록 허용하는 한, 이들 국가들 간 환율은 고정된다. 그러나 금본위 제도를 채택한다는 것은 한 국가의 화폐공급이 국가들 간에 이루어지는 금의 이동에 의해 결정되기 때문에 이 국가가 통화정책에 관한 통제력을 가지지 못한다는 것을 의미했다. 이에 더해, 전 세계의 통화정책은 금의 생산량과 금광의 발견에 의해 크게 영향을 받았다. 금의 생산량이 1870년대와 1880년대에 낮았을 때, 전 세계의 화폐공급은 완만하게 증가했고 세계 경제의 성장과 보조를 맞추지 못했다. 그 결과로 디플레이션(물가 수준의 하락)이 발생했다. 1890년대 알래스카와 남아프리카에서의 금광 발견은 금의 생산량을 크게 증가시켰다. 이것이 제1차 세계대전까지 화폐공급을 급속히 증가시켰고 물가 수준을 상승시켰다.

3.2 브레튼 우즈 시스템

제2차 세계대전 직후에 승전국들은 1944년에 협상이 이루어졌던 미국 뉴햄프셔 주의 한 도시 이름을 붙여서 **브레튼 우즈 시스템**(Bretton Woods system)이라고 알려진 고정환율 시스템을 만들었다. 브레튼 우즈 시스템은 1971년까지 효과적으로 유지됐다.

브레튼 우즈 합의에 따라 **국제통화기금**(International Monetary Fund, IMF)이 창설됐다. IMF는 워싱턴 DC에 본부를 두고 있으며, 1945년 30개의 최초 회원국에서 현재는 180개 이상의 회원국을 가지고 있다. IMF는 고정환율을 유지하기 위한 준칙을 설정하고 국제수지의 어려움을 겪고 있는 국가들에게 대출함으로써 세계 무역의 성장을 촉진시키는 임무를 부여받았다. IMF가 설정한 준칙을 회원국들이 준수하는지를 감시하기 위해 IMF는 국제경제 통계자료를 수집하고 표준화하는 일도 수행했다.

또한 브레튼 우즈 합의에 따라 일반적으로 **세계은행**(World Bank)이라고 부르는 국제부흥개발은행(International Bank for Reconstruction and Development)이 창설됐다. 세계은행은 워싱턴 DC에 본부를 두고 있으며, 개발도상국에 댐, 도로, 기타 실물자본 건설을 위한 장기 대출을 제공한다. 이러한 장기 대출을 위한 자금은 선진국의 자본시장에서 매도되는 세계은행 채권을 발행해 조달된다. 이에 더해, 스위스의 제네바에 본부를 두고 있는 관세와 무역에 관한 일반 협정(General Agreement on Tariffs and Trade, GATT)이 국가 간 무역 행위를 위한 규칙(관세와 쿼터)을 감시하기 위해서 창설됐다.

글로벌 달러에 대한 유로의 도전

1999년에 유럽통화시스템(European Monetary System)과 유로가 탄생함에 따라, 국제금융거래에서 중심적인 지급준비통화로서 주도적 지위를 누리고 있는 미국 달러는 중대한 도전을 받고 있다. 유로의 도입은 미국의 금융시장과 경쟁할 수 있는 유럽의 금융시장 통합을 가속화시키고 있다. 이에 따라 금융시장에서 유로의 사용이 증가하면서 국제거래가 유로로 수행될 가능성도 높아질 것이다. 유럽연합(EU)의 경제력은 미국의 경제력에 버금간다. 유럽연합과 미국은 거의 비슷한 세계 GDP 비중(약 20%)과 세계 수출 비중(약 15%)을 가지고 있다. 만일 유럽중앙은행(European Central Bank)이 유로가 견실한 통화가 되도록 인플레이션율을 낮게 유지할 것이라는 점을 확신시킬 수 있다면, 이것은 유로에게 매우 좋은 징조임에 틀림없다.

그러나 유로가 지급준비통화로서 달러의 지위를 잠식하기 위해서는 유럽연합이 세계무대에 영향력을 행사할 수 있는 응집력 있는 정치적 실체로서 기능해야 한다. 특히 2005년에 프랑스와 네덜란드가 유럽헌법에 대한 투표를 거부하고 최근에 그리스와 유럽연합의 다른 국가들에서 재정 문제가 발생함에 따라, 이 점에 대해 심각한 의구심이 제기되고 있다. 대부분의 분석가들은 유로가 국제금융거래에서 달러와 싸워 이기려면 상당한 시간이 걸릴 것이라고 생각한다.

GATT는 그 이후 **세계무역기구**(World Trade Organization, WTO)로 전환됐다.

제2차 세계대전 이후 미국이 전 세계 제조업 생산능력의 반 이상과 전 세계 금의 상당부분을 보유한 세계 최대의 경제력을 가진 국가로 등장했기 때문에, 고정환율제도를 가지고 있는 브레튼 우즈 시스템은 1온스당 35달러로 이루어지는 미국 달러의 태환성(convertibility)에 기초한 것이었다(이러한 미국 달러의 태환성은 외국 정부 및 중앙은행에게만 허용됐다). 고정환율은 미국을 제외한 나머지 국가의 중앙은행이 대외지급준비자산으로 보유하는 달러를 매입하고 매도하는 외환시장 개입에 참여함으로써 유지됐다. 많은 국가가 대외지급준비자산으로 보유한 자산의 가치를 나타내기 위해 사용하는 미국 달러는 **지급준비통화**(reserve currency)라고 부른다. 따라서 브레튼 우즈 시스템의 중요한 특성 중 하나는 미국이 지급준비통화 국가라는 점이다.

브레튼 우즈 시스템은 1971년에 붕괴됐으나 고정환율은 1973년에 포기됐다. 그러나 1979년부터 1990년까지 유럽연합(EU)은 회원국 간에 자신의 고정환율제도인 유럽통화시스템(European Monetary System, EMS)을 도입했다. EMS의 환율조정제도(exchange rate mechanism, ERM)에서 회원국 중 임의의 두 국가 통화 간의 환율은 소위 '스네이크'(snake)라는 좁은 범위 안에서 변동되도록 돼 있었다. 실제로 EMS의 모든 회원 국가는 그들의 통화가치를 독일 마르크의 가치에 연동시켰다.

브레튼 우즈 시스템이 붕괴된 후에도 미국 달러는 대부분의 국제금융거래를 수행하는 지급준비통화로서의 지위를 유지했다. 그러나 1999년에 유로가 탄생하면서 미국 달러의 지배력은 중대한 도전에 직면하게 됐다([글로벌] '달러에 대한 유로의 도전' 참조).

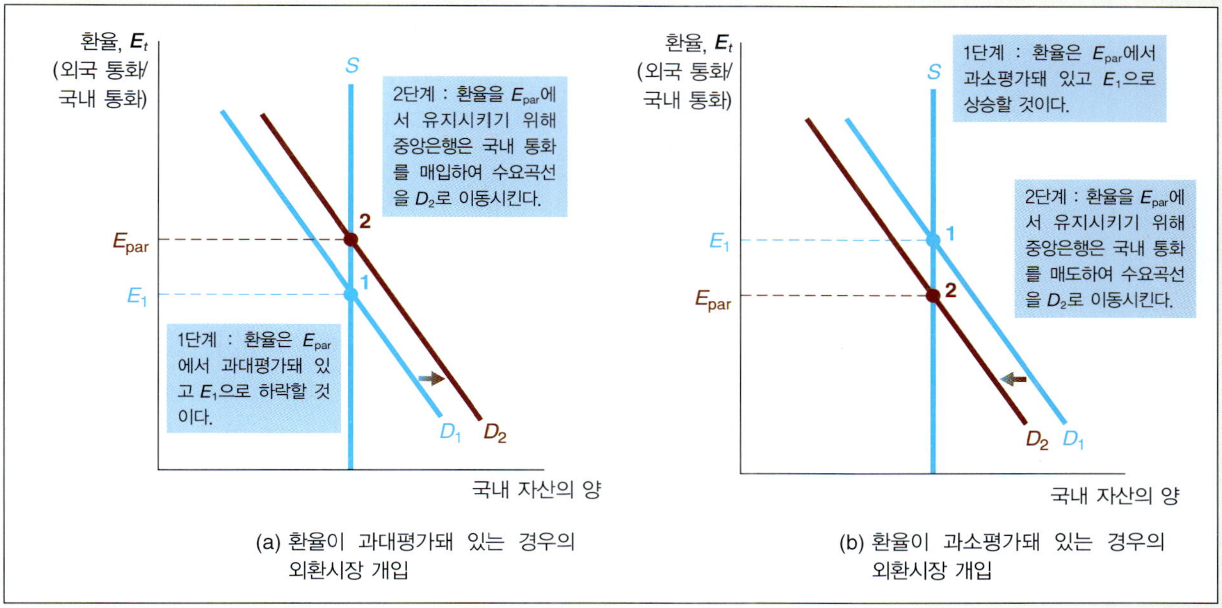

그림 2 고정환율제도하에서의 외환시장 개입

패널 (a)에서 E_{par}의 환율은 과대평가돼 있다. 환율을 E_{par}(점2)에서 유지하려면, 중앙은행은 국내 자산의 수요곡선을 D_2로 이동시키기 위해서 국내 통화를 매입해야 한다. 패널 (b)에서 E_{par}의 환율은 과소평가돼 있다. 따라서 국내 자산의 수요곡선을 D_2까지 이동시키고 환율을 E_{par}(점2)에서 유지하려면, 중앙은행은 국내 통화를 매도해야 한다.

3.3 고정환율제도는 어떻게 작동하는가?

[그림 2]는 제18장에서 배운 외환시장의 수요와 공급 분석을 사용하면서 고정환율제도가 실제로 어떻게 작동하는지를 보여준다. 패널 (a)는 국내 통화의 가치가 E_{par}에서 기준 통화의 가치에 고정돼 있는 한편 외국 이자율의 상승이 국내 자산의 상대적 기대수익률을 하락시켜 국내 자산의 수요곡선이 D_1으로 왼쪽으로 이동하는 상황을 나타내고 있다. E_{par}에서 환율은 이제 과대평가(overvalued)된다. 국내 자산의 수요곡선 D_1은 고정환율 E_{par}보다 낮은 환율 수준인 E_1에서 국내 자산의 공급곡선과 교차한다. 환율을 E_{par}에서 유지시키려면 중앙은행은 외화 자산을 매도해 국내 통화를 매입하기 위해 외환시장에 개입해야 한다. 공개시장 매도와 마찬가지로 이러한 조치는 본원통화와 화폐공급을 감소시키고 국내 자산의 이자율 를 상승시킨다.[5] 이러한 국내 이자율의 상승은 국내 자산의 상대적 기대수익률을 상승시키고 이에 따라 국내 자산의 수요곡선을 오른쪽으로 이동시킨다.

5) 환율은 계속해서 E_{par}에서 유지될 것이기 때문에, 미래 예상 환율은 변화하지 않고 이에 따라 분석에서 고려해야 할 필요가 없다.

중앙은행은 국내 자산의 수요곡선이 D_2에 도달할 때까지 국내 통화의 매입을 계속할 것이고 이에 따라 균형 환율은 패널 (a)의 점2로 나타낸 E_{par}가 된다.

따라서 다음과 같은 결론이 도출된다. 국내 통화가 과대평가돼 있을 때, 중앙은행은 환율을 고정시키기 위해 국내 통화를 매입해야 한다. 그러나 그 결과로 중앙은행의 대외지급준비자산은 감소한다.

[그림 2]의 패널 (b)는 국내 자산의 상대적 기대수익률이 상승해 국내 자산의 수요곡선이 D_1으로 오른쪽으로 이동하고 이에 따라 환율이 과소평가(undervalued)되는 상황을 나타내고 있다. 국내 자산의 수요곡선 D_1은 E_{par}보다 높은 환율 수준인 E_1에서 국내 자산의 공급곡선과 교차한다. 이러한 상황에서 환율을 E_{par}에서 고정시키기 위해서는 중앙은행은 국내 통화를 매도하고 외화 자산을 매입해야 한다. 이러한 조치는 국내 화폐공급을 증가시키고 국내 자산의 이자율 i^D를 하락시키는 공개시장 매입처럼 작동한다. 중앙은행은 국내 자산의 수요곡선을 D_2까지 이동시켜서 균형 환율이 E_{par}가 되도록 계속해서 국내 통화를 매도해 국내 자산의 이자율 i^D를 인하시켜야 한다. 이러한 분석은 다음과 같은 결론을 제시해준다. 국내 통화가 과소평가돼 있을 때, 환율을 고정시키기 위해서 중앙은행은 국내통화를 매도해야 한다. 그러나 중앙은행의 대외지급준비자산은 증가한다.

평가절하와 평가절상 앞에서 살펴본 것처럼, 만일 한 국가의 평가환율(par exchange rate)이 과대평가돼 있으면, 이 국가의 통화가 절하하는 것을 막기 위한 외환시장 개입은 중앙은행의 대외지급준비자산을 감소시킨다. 만일 중앙은행이 대외지급준비자산을 모두 소진하면, 중앙은행은 이 국가의 통화가 절하하는 것을 막을 수 없고 **평가절하**(devaluation)가 이루어져야 한다. 평가절하는 평가환율이 현재보다 더 낮은 수준에서 재설정되는 것을 의미한다.

이와 반대로, 만일 한 국가의 평가환율이 과소평가돼 있으면 이 국가의 통화가 절상되는 것을 막기 위한 외환시장 개입은 중앙은행의 대외지급준비자산을 증가시킨다. 중앙은행은 이러한 대외지급준비자산의 증가를 원치 않고 평가환율을 현재보다 더 높은 수준에서 재설정하기 원할 수 있다. (평가환율을 현재보다 더 높은 수준에서 재설정하는 것을 **평가절상**(revaluation)이라고 한다.)

완전한 자본이동성 만일 완전한 자본이동성이 존재하면, 즉 자국인이 외화 자산을 매입하거나 외국인이 국내 자산을 매입하는 데 아무런 장애 요인이 존재하지 않으면, 불태화 외환시장 개입은 환율을 E_{par}에서 유지시킬 수 없다. 왜냐하면 이 장의 앞부분에서 살펴본 것처럼, 이 경우에 국내 자산의 상대적 기대수익률은 영향을 받지 않기 때문이다. 예를 들어 만일 환율이 과대평가돼 있으면 국내 통화의 불태화 매입은 국내 자산의 상대적 기대수익률과 국내 자산의 수요곡선에 영향을 미치지 못하고, 이에 따라 국내 통화의 절하 압력은 제거되지 않는다. 만일 중앙은행이 계속해서 국내 통화를 매입하면서 불태화 정책을 고수하면, 마침내 중앙은행의 대외지급준비자산은 모두 소진되고 중앙은행은 국내 통화의 가치를 현재 평가환율보다 더 낮은 수준에서 재설정하지 않을 수 없게 된다.

정책 트릴레마 이러한 분석은 환율을 보다 더 큰 국가의 기준통화에 고정시킨 국가는 통화정책에 대한 통제력을 상실한다는 점을 제시한다. 만일 브다 더 큰 국가가 긴축적 통화정책(contractionary monetary policy)을 수행해 그 국가의 화폐공급을 감소시키면, 보다 더 큰 국가의 기대인플레이션은 하락하고 이에 따라 보다 더 큰 국가의 통화는 절상되며 보다 더 작은 국가의 통화는 절하된다. 이 경우 보다 더 큰 국가의 통화에 환율을 고정시킨 보다 더 작은 국가는 자국의 통화가 과대평가돼 있는 것을 발견하게 된다. 따라서 보다 더 작은 국가는 자국의 통화가 절하되는 것을 막기 위해 보다 더 큰 국가의 통화를 매도하고 자국의 통화를 매입해야 한다. 이러한 외환시장 개입의 결과로 보다 더 작은 국가의 대외지급준비자산은 감소하고, 이 국가의 본원통화와 화폐공급도 감소한다. 이러한 외환시장 개입을 불태화시키는 것도 보다 더 작은 국가가 평가절하할 때까지 계속적으로 대외지급준비자산을 감소시키기 때문에 하나의 정책옵션이 되지 못한다. 보다 더 작은 국가의 화폐공급 변화는 보다 더 큰 국가의 화폐공급 변화에 의해 완전히 결정되기 때문에, 보다 더 작은 국가는 더 이상 자국의 통화정책을 통제하지 못한다.

따라서 이러한 분석은 한 국가(또는 유로존과 같은 통화동맹)는 다음과 같은 3가지 정책, 즉 (1) 완전한 자본이동성, (2) 고정환율, (3) 독립적인 통화정책을 동시에 추구할 수 없다. 경제학자들은 이러한 결과를 **정책 트릴레마**(policy trilemma, 또는 보다 더 시각적으로 말하면 **삼자 동시선택 불가능성**(impossible trinity))이라고 부른다. [그림 3]은 정책 트릴레마를 보여준다. 한 국가는 삼각형의 각 변으로 표시돼 있는 3가지 정책 중에서 2가지만을 선택할 수 있다. 옵션 1에서 한 국가(또는 통화동맹)는 완전한 자본이동성과 독립적인 통화정책을 선택하나 고정환율을 선택하지 못한다. 유로존과 미국은 이러한 선택을 했다. 홍콩과 브라질은 완전한 자본이동성과 고정환율이 존재하는 옵션 2를 선택했다. 따라서 이러한 국가는 독립적인 통화정책을 수행할 수 없다. 중국과 같은 다른 국가들은 고정환율과 독립적인 통화정책을 가지는 옵션 3을 선택했다. 이러한 국가는 국제 간 자본의 자유로운 이동에 대한 제한조치, 즉 **자본통제**(capital control)를 시행하고 이에 따라 완전한 자본이동성을 가지지 못한다.

따라서 정정책의 트릴레마는 국가로 하여금 어려운 선택을 하게 만든다. 한 국가는 환율 변동성(옵션 1)을 선택하거나 또는 고정환율을 선택하는 경우, 독립적인 통화정책(옵션 2)을 포기하거나 자본이동성(옵션 3)을 제한해야 한다.

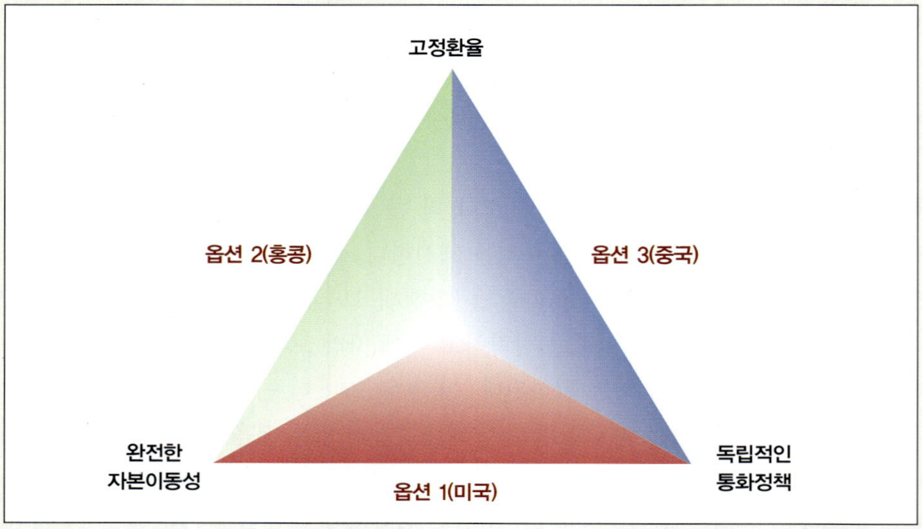

그림 3 정책 트릴레마

한 국가(또는 통화동맹)는 다음과 같은 3가지 정책, 즉 (1) 완전한 자본이동성, (2) 고정환율, (3) 독립적인 통화정책을 동시에 추구할 수 없다. 그 대신 한 국가(또는 통화동맹)는 삼각형의 각 변을 따라서 3가지 정책 중에서 2가지 정책을 선택해야 한다.

응용 중국은 어떻게 3조 달러 이상의 대외지급준비자산을 축적했는가?

2011년에 이르러 중국은 3조 달러 이상의 대외지급준비자산을 축적했다. 중국은 이러한 방대한 외화 자산을 어떻게 확보했는가? 중국은 아직 부유한 국가가 아니다.

이 질문에 대한 답은 중국이 1994년에 1위안당 12센트의 고정환율로 자신의 환율을 미국 달러에 고정시켰다는 것이다. 중국의 생산성이 급속히 증가하고 인플레이션율이 미국보다 낮았기 때문에, 장기적으로 위안의 가치는 상승했고 이것이 위안 자산의 상대적 기대수익률을 상승시켰으며 위안 자산의 수요곡선을 오른쪽으로 이동시켰다. 그 결과 중국은 위안이 과소평가돼 있는 상황, 즉 [그림 2]의 패널 (b)로 나타낸 상황에 직면하게 됐다. [그림 2]의 패널 (b)에서 위안이 E_{par}보다 높은 E_1으로 절상되는 것을 막기 위해서 중국 중앙은행인 중국인민은행은 대규모 미국 달러 자산의 매입에 참여하고 있다. 현재 중국 정부는 전 세계에서 미국 국채를 가장 많이 보유하고 있다.

위안을 미국 달러에 고정시킨 것이 중국 당국에게 몇 가지 문제점을 제기했다. 첫째, 현재 중국은 미국 자산, 특히 수익률이 매우 낮은 미국 재무부 증권을 많이 보유하고 있다. 둘째, 위안의 과소평가는 중국산 재화들이 해외에서 너무 싸서 중국 정부가 위안의 절상을 허용하지 않으면 많은 국가가 중국산 재화에 대해 무역장벽을 높일 것이라고 위협할 수 있다는 것을 의미한다. 셋째, 이 장의 앞부분에서 배운 것처럼, 중국의 달러 자산 매입은 중국의 본원통화와 화폐공급을 크게 증가시켰다. 이것이 미래에 중국의 인플레이션율을 상승시킬 가능성이 있다. 중국 당국은 자본 이동성을 봉쇄하는 조치들을 취하고 있기 때문에 고정환율을 유지시키면서 외환시장 개입을 불태화시킬 수 있었다. 그럼에도 불구하고 중국 당국은 여전히 인플레이션 압력을 우려하고 있다. 2005년 7월에 중국은 마침내 위안의 가치를 2.1% 절상시켜 자신의 고정환율제도를 좀 더 신축적이게 만들었고 점진적인 속도로 위안이 절상하는 것을 허용했다. 또한 중국 중앙은행은 위안을 미국 달러에 더 이상 고정시키지 않고 통화 바스켓에 위안의 상대적 가치를 유지시킬 것이라고 말했다. 그러나 글로벌 금융위기 동안인 2008년에 중국은 미국 달러에 위안의 가치를 고정시켰다가 2010년 6월에 그것을 포기했다.

왜 중국 당국은 이러한 문제점이 있음에도 불구하고 고정환율제도를 유지했는가? 이에 대한 한 가지 답은 중국 당국은 수출재 가격을 낮게 유지시켜 수출 부문이 계속적으로 잘 나가게 하기를 원했다는 것이다. 또 다른 답은 중국 당국은 미래 시점에 위안에 대한 투기적 공격이 발생하는 경우에 위안을 매입하기 위해 매도할 수 있는 대규모의 대외지급준비자산을 '비상자금'으로 축적하기를 원했다는 것이다. 미국과 유럽의 정부 관리들로부터 중국 정부에게 추가적으로 위안을 절상하라는 압력이 가해지고 있다는 점을 감안하면, 중국의 환율정책은 미래에 더 조정될 가능성이 있다.

브레튼 우즈 시스템은 어떻게 작동했는가? 브레튼 우즈 시스템하에서는 한 국가가 국제수지의 '기초적 불균형'(fundamental disequillibrium), 즉 국제수지의 지속적인 대규모 적자 또는 흑자를 경험하고 있을 때에만 환율이 변경될 수 있도록 돼 있었다. 회원 국가가 국제수지의 적자에 직면해 대외지급준비자산을 감소시키고 있을 때 IMF는 고정환율을 유지시키기 위해 다른 회원 국가가 공급하는 대외지급준비자산을 국제수지 적자 국가에게 대출해주었다. 차입 국가에게 대출의 조건을 요구할 수 있는 권한을 활용해서 IMF는 국제수지 적자 국가가 자국의 통화를 강세화시키거나 자국의 국제수지 적자를 해소시키기 위해 긴축적 통화정책을 추진할 것을 권장할 수 있었다. 만일 IMF 대출이 한 국가 통화의 절하를 막기에 충분하지 않으면, 새로운 더 낮은 수준에서 환율을 재설정하는 방식으로 이 국가의 통화를 평가절하시키는 것이 허용됐다.

브레튼 우즈 시스템의 주목할 만한 약점은 IMF가 대외지급준비자산을 감소시키는 국제수지 적자 국가에게 자국의 통화를 평가절하하거나 긴축적 정책을 추진하도록 압력을 가할 수 있으나, 국제수지 흑자 국가에게 자국의 환율을 보다 더 높은 수준으로 수정하거나 확장적 정책을 추진하도록 강요할 수 없다는 것이었다. 특히 브레튼 우즈 시스템하에서 지급준비통화 국가인 미국은 달러가 과대평가돼 있을 때조차 달러를 평가절하시킬 수 없었다. 미국이 1960년대에 인플레이션 유발적 통화정책(inflationary monetary policy)을 추진해 국내 실업을 감소시키려고 했을 때, 과대평가된 달러 때문에 기초적 불균형이 발생했다. 국제수지 흑자 국가들이 그들의 환율을 보다 더 높은 수준으로 조정하고 싶어

하지 않았기 때문에 브레튼 우즈 시스템의 조정은 이루어지지 못했고 결국 이 시스템은 1971년에 붕괴됐다. 1971년 12월에 스미소니언 합의(Smithsonian Agreement)에서 브레튼 우즈 시스템을 조정하고자 하는 시도는 실패로 끝났다. 미국과 미국의 무역상대국들이 1973년까지 환율을 변동시키는 것에 동의했다.

3.4 관리변동환율제도

대부분의 환율은 현재 시장 상황에 반응해 매일 변동하도록 허용돼 있지만, 중앙은행들은 외환시장에 개입하는 것을 포기하지 않고 있다. 큰 환율의 변동을 막는 것은 해외에서 재화를 구매하거나 판매하는 기업과 개인이 미래의 계획을 세우는 것을 보다 용이하게 만든다. 이에 더해, 국제수지 흑자 국가는 자국 통화가 자주 절상되는 것을 원하지 않는다. 왜냐하면 자국 통화의 절상은 해외에서 자국 재화를 더 비싸게 만드는 반면 국내에서 외국 재화를 더 싸게 만들기 때문이다. 국내 통화의 절상은 국내 기업의 매출을 저해하고 실업을 증가시킬 수 있기 때문에, 국제수지 흑자 국가들은 종종 외환시장에서 그들의 통화를 매도하고 대외지급준비자산을 증가시킨다.

국제수지 적자 국가들은 그들의 통화가치가 하락하는 것을 원치 않는다. 왜냐하면 국내 통화의 가치 하락은 외국 재화를 국내 소비자에게 더 비싸게 만들고 인플레이션을 자극할 수 있기 때문이다. 국내 통화의 가치를 높게 유지하기 위해 국제수지 적자 국가들은 종종 외환시장에서 그들의 통화를 매입하고 대외지급준비자산을 감소시킨다.

현재의 국제금융시스템은 고정환율제도와 변동환율제도의 혼합형이다. 환율은 시장 상황에 반응해 변동하지만 시장 상황에 의해서만 결정되지 않는다. 이에 더해 유로가 도입되기 전 유럽통화시스템(EMS)의 경우처럼 많은 국가가 그들의 통화 가치를 다른 통화들에 계속해서 고정시키고 있다.

현재 국제금융시스템의 또 다른 중요한 특성 중 하나는 국제금융거래에서 더 이상 금이 중요하지 않다는 점이다. 미국은 해외의 중앙은행이 달러를 금으로 태환할 수 있도록 허용하는 것을 중지시켰다. 1970년 이후 IMF는 금을 대체하는 **특별인출권**(special drawing rights, SDR)이라고 부르는 증서를 발행하고 있다. 브레튼 우즈 시스템의 금처럼, SDR은 대외지급준비자산으로 기능한다. 금의 양이 금광의 발견과 생산량에 의해 결정되는 것과는 달리, IMF가 세계무역과 경제성장 촉진을 위해 대외지급준비자산이 더 필요하다고 판단하면 SDR이 IMF에 의해 추가적으로 발행될 수 있다.

IMF가 1975년에 공식적인 금의 가격을 폐지하고 미국 재무부와 IMF가 금의 화폐 기능을 없애기 위해 민간 투자자에게 금을 매각하면서 국제거래에서 금의 사용을 더욱 중요시하지 않게 됐다. 현재 금의 가격은 금이 거래되는 자유시장에서 결정된다. 금으로 투기하고자 하는 투자자는 사업상 금을 사용하는 보석상과 치과의사처럼 원하는 만큼 금을 사고팔 수 있다.

3.5 유럽통화시스템

1979년 3월에, 유럽경제공동체(European Economic Community)의 8개 회원국가(독일, 프랑스, 이탈리아, 네덜란드, 벨기에, 룩셈부르크, 덴마크, 아일랜드)는 유럽통화시스템(EMS)을 창설했다. 유럽통화시스템하에서 유럽경제공동체의 회원국은 서로에 대한 환율을 고정시키고 미국의 달러에 대해 공동으로 환율을 변동시키기로 합의했다. 스페인은 1989년 6월에 EMS에 가입했고, 영국은 1990년 10월에 가입했으며, 포르투갈은 1992년 4월에 가입했다. EMS는 새로운 통화 단위인 유럽통화단위(European Currency Unit, ECU)를 만들었다. ECU의 가치는 유럽 통화들로 구성된 바스켓에 고정돼 있었다.

유럽통화시스템의 환율조정제도(ERM)는 다음과 같이 작동했다. EMS 참여 국가의 모든 2국가 통화 간 환율은 고정환율을 중심으로 만들어진 좁은 범위 내에서만 변동하도록 허용됐다. (환율 변동 허용 범위는 일반적으로 고정환율을 중심으로 ±2.25%였으나 1993년 8월에 ±15%로 확대됐다.) 2국가 통화 간 환율이 환율 변동 허용 범위 밖으로 움직이면 해당 국가의 중앙은행은 외환시장에 개입해야 했다. 예를 들어 만일 프랑스 프랑이 독일 마르크에 대해 환율 변동 허용 범위 하한선 아래로 절하하면, 프랑스은행은 프랑스 프랑을 매입하고 독일 마르크를 매도해 대외지급준비자산을 감소시켜야 했다. 이와 유사하게, 독일 분데스방크도 독일 마르크를 매도하고 프랑스 프랑을 매입해 대외지급준비자산을 증가시키기 위해 외환시장에 개입해야 했다. 따라서 EMS는 한 통화가 환율 변동 허용 범위 하한선 아래로 하락할 때 대칭적인 외환시장 개입을 요구했다. 약세 통화를 가진 중앙은행은 대외지급준비자산을 감소시켰고 강세 통화를 가진 중앙은행은 대외지급준비자산을 증가시켰다. 중앙은행의 외환시장 개입은 또한 환율이 환율 변동 허용 범위 이내에 있을 때에도 매우 자주 이루어졌다. 그러나 이 경우, 한 중앙은행이 외환시장에 개입하면 다른 국가의 중앙은행도 외환시장에 개입하도록 요구되지 않았다.

브레튼 우즈 시스템 또는 유럽통화시스템과 같은 고정환율제도의 한 가지 심각한 단점은 한 통화에 대한 '투기적 공격'(speculative attack), 즉 환율의 급격한 변동을 발생시키는 약세 통화의 대규모 매도 또는 강세 통화의 대규모 매입으로 외환위기가 발생할 수 있다는 것이다. [응용] '1992년 9월의 외환위기'에서 유럽통화시스템을 강타한 1992년 9월의 외환위기가 어떻게 발생했는지를 이해하기 위해 환율결정 모형을 사용해보도록 하자.

응용

1992년 9월의 외환위기

1990년 10월에 독일이 재통일된 후, 인플레이션율이 1990년의 3% 미만에서 1992년의 약 5%로 급상승하면서 독일 중앙은행인 분데스방크(Bundesbank)는 인플레이션 상승 압력에 직면했다. 통화량 증가율을 통제하고 인플레이션을 진정시키기 위해 분데스방크는 독일 이자율을 거의 두 자릿수 수준으로 인상시켰다. [그림 4]는 분데스방크가 취한 조치가 외환시장에서 파운드 스털링에 미친 영향을 보여준다. 그림에서 파운드는 국내 통화이고 독일 마르크(도이체 마르크(DM)로 1999년에 유로가 도입되기 전 독일의 통화 단위)가 외국 통화라는 것에 주목하라.

독일 이자율 i^F의 상승은 영국 파운드 자산의 상대적 기대수익률을 하락시키고 [그림 4]에서 영국 파운드 자산의 수요곡선을 D_2로 이동시켰다. 파운드 자산의 수요곡선과 공급곡선의 교차점(점2)에서 결정되는 환율 수준은 이제 그 당시 환율변동의 하한선(파운드당 2.778마르크이고 E_{par}로 표시돼 있음)보다 더 낮았다. 마르크에 대한 파운드의 상대가치를 증가시키고 마르크/파운드 환율을 환율조정제도의 변동 범위 내로 회복시키기 위해서는 2가지 조치 중 하나가 이루어져야 한다. 영국은행은 파운드 자산의 수요곡선을 D_1으로 복귀시키기에 충분하도록 긴축적 통화정책을 추진해서 균형 환율이 점1, 즉 E_{par}에서 결정되도록 영국 이자율을 상승시켜야 할 것이다. 이와는 달리, 분데스방크는 독일 이자율을 하락시키기 위해서 확장적 통화정책을 추구해야만 할 것이다. 이러한 독일 이자율의 인하는 영국 파운드 자산의 상대적 기대수익률을 상승시키고 환율이 E_{par}가 되도록 파운드 자산의 수요곡선을 D_1으로 다시 이동시킬 것이다.

이러한 상황에서 인플레이션과 싸우는 것이 1차적 목표였던 분데스방크는 확장적 통화정책을 추진하지 않으려 했고, 전후 최악의 경기침체에 직면하고 있었던 영국도 파운드의 가치를 지지하기 위해 긴축적 통화정책을 추진하지 않으려 했다. 이런 진퇴양난의 상황이 분명해진 것은 스칸디나비안 국가들의 통화에 대한 투기적 공격이 이루어진 후인 9월 14일에 EMS의 다른 회원국들의 압력에 반응해 분데스방크가 대출 이자율을 소폭 하락시키고자 했을 때였다. 가까운 미래에 파운드의 가치가 점2로 하락할 판이었다. 그러자 투기자들이 파운드의 절하가 임박해 있다는 것을 알게 됐다. 이에 따라 파운드 자산의 상대적 기대수익률은 급속히 하락했고, 이것이 파운드 자산의 수요곡선을 [그림 4]의 D_3까지 왼쪽으로 이동시켰다.

파운드 자산의 수요곡선이 왼쪽으로 크게 이동한 결과 고정환율 E_{par}에서 파운드 자산의 대규모 초과공급이 존재하게 됐고 이것이 투기자들에 의한 대규모 파운드의 매도를 발생시켰다. 영국은행이 파운드의 가치를 상승시키기 위해 개입해야 할 필요성은 훨씬 더 크게 됐고 영국 이자율의 상당한 인상이 요구됐다. 영국은행의 개입이 이루어진 후에 영국의 대출이자율은 10%로부터 15%로 상승했으나 이것은 여전히 충분하지 않았고 영국은 마침내 9월 16일에 이러한 노력을 포기하지 않을 수 없었다. 영국은 파운드가 마르크에 대해 10% 절하하도록 허용하면서 ERM으로부터 영구히 탈퇴했다.

다른 통화들에 대한 투기적 공격은 스페인 페세타(peseta)를 5% 평가절하시켰고, 이탈리아 리라(lira)를 15% 평가절하시켰다. 스웨덴 중앙은행은 자국 통화의 가치를 방어하기 위해

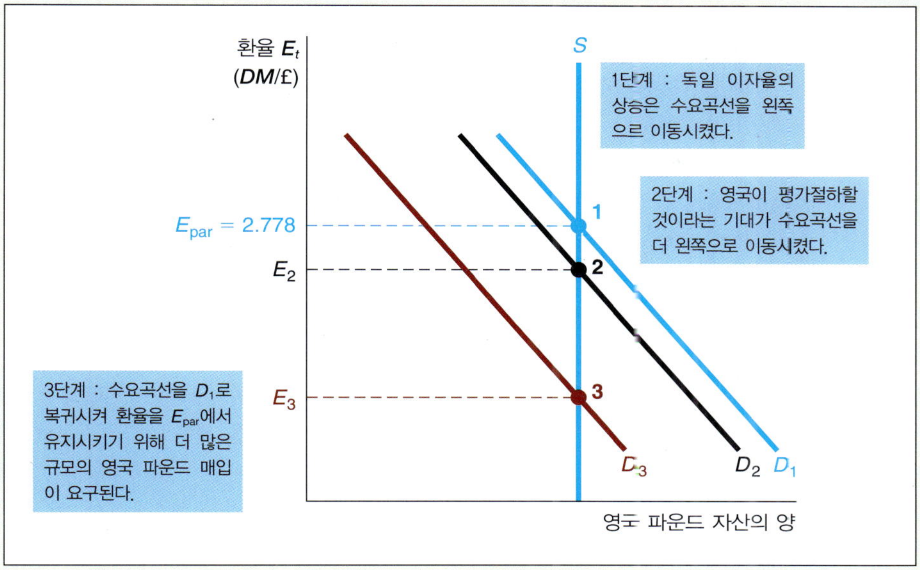

그림 4 1992년 영국 파운드의 외환시장

영국이 가까운 장래에 파운드를 평가절하할 것이라는 투기자들의 인식은 파운드 자산의 상대적 기대수익률을 하락시키고 파운드 자산의 수요곡선을 D_2로부터 D_3까지 왼쪽으로 이동시켰다. 그 결과 파운드 자산의 수요곡선을 D_1으로 복귀시키고 환율을 파운드당 2.778 독일 마르크 수준인 E_{par}에서 유지시키기 위해서 영국은행은 파운드를 훨씬 더 많이 매입해 영국 이자율을 인상시킬 필요가 있었다.

1일 만기 대출 이자율을 천문학적 수준인 500%로 인상시켜야만 했다. 이러한 외환위기가 끝날 때까지 영국, 프랑스, 이탈리아, 스페인, 스웨덴 중앙은행의 외환시장 개입 규모는 무려 1,000억 달러에 이르렀다. 분데스방크 혼자서만 외환시장 개입을 위해 500억 달러를 쏟아부었다. 외환위기는 중앙은행의 대외지급준비자산 보유량을 크게 변화시키고 이에 따라 국제수지의 공적 지급준비자산에 영향을 주기 때문에, 이러한 위기는 **국제수지위기**(balance-of-payments crisis)라고도 부른다.

유럽통화시스템은 중앙은행들에게 값비싼 대가를 요구했다. 외환위기 동안 중앙은행들이 외환시장 개입으로 입은 손실 규모는 40~60억 달러인 것으로 추정된다. 중앙은행들은 손실을 입었고, 투기자들은 이익을 얻었다. 조지 소로스(George Soros)가 운영하는 투기 자금은 외환위기 동안 10억 달러의 이윤을 얻었고, 씨티뱅크 거래자들은 2억 달러를 번 것으로 보고되고 있다. 외환위기가 발생할 때, 환율 투기자들의 삶은 확실히 달콤할 수 있다.

응용 신흥시장국의 최근 외환위기 : 1994년 멕시코, 1997년 동아시아, 1999년 브라질, 2002년 아르헨티나

최근 신흥시장국의 외환위기가 잇달아 발생했다. 1994년 멕시코, 1997년 동아시아, 1999년 브라질, 2002년 아르헨티나의 외환위기에서 발생한 일련의 사건을 이해하기 위해서 [그림 4]를 사용할 수 있다. 이러한 분석 과정에서 달러는 외국 통화인 반면 국내 통화는 페소(peso), 바트(baht) 또는 헤알(real)이다. (수직축은 국내 통화당 달러로 표시한 환율을 나타내고, 수평축은 페소와 같은 국내 자산의 양을 나타낸다.)

1994년 3월에 멕시코에서 발생한 정치적 불안정(여당 대통령 후보의 암살)은 페소가 절하할 수 있다는 투자자의 우려에 불을 붙였다. 그 결과 페소 자산의 상대적 기대수익률은 하락했고, 이에 따라 페소 자산의 수요곡선은 [그림 4]에서 D_1으로부터 D_2로 이동했다. 1997년 5월 태국의 경우에는 대규모의 경상수지 적자와 태국 금융시스템의 취약성이 바트의 절하에 대한 우려를 낳았고, 이것이 마찬가지로 바트 자산의 수요곡선을 왼쪽으로 이동시켰다. 1998년 말 브라질과 2001년 아르헨티나의 경우에는 재정적자를 메우기 위해 화폐를 발행함으로써 인플레이션율을 증가시킬 수 있다는 재정 상황에 대한 우려가 페소와 헤알이 절하될 가능성을 제기했다. 이러한 우려는 국내 자산의 상대적 기대수익률을 하락시켰고 국내 자산의 수요곡선을 D_1으로부터 D_2로 이동시켰다. 이러한 모든 경우에서, 결과적으로 국내 자산의 수요곡선과 공급곡선은 국내 통화의 고정환율인 E_{par}보다 낮은 수준에서 교차했다.

국내 통화의 가치가 E_{par} 아래로 하락하는 것을 막기 위해, 이들 국가의 중앙은행은 국내 통화를 매입하고 달러를 매도해 이자율을 상승시키고 국내 자산의 수요곡선을 오른쪽으로 이동시킬 필요가 있었다. 이러한 과정에서 중앙은행들이 보유한 대외지급준비자산은 감소했다. 처음에 중앙은행들은 투기적 공격을 봉쇄하는 데 성공적이었다. 그러나 더 나쁜 뉴스들이 터지자 투기자들은 이들 국가가 더 이상 그들의 통화가치를 방어할 수 없을 것임을 더욱 확신했다. (나쁜 뉴스는 도처에서 발생했다. 멕시코에서는 치아파스 지역에서 폭동이 일어났고 은행시스템의 문제점들이 드러났다. 태국에서는 한 대형 금융기관이 도산했다. 브라질에서는 재정 상황이 더욱 악화됐으며 한 주지사가 자기 주의 부채에 대해 채무불이행 하겠다고 위협했다. 아르헨티나에서는 전면적인 은행 패닉과 정부부채에 대한 채무불이행이 발생했다.) 그 결과 국내 자산의 상대적 기대수익률은 더욱 하락했고, 국내 자산의 수요곡선은 D_3까지 더 많이 왼쪽으로 이동했으며 중앙은행의 대외지급준비자산도 더 많이 감소했다. 이자율의 상승과 대외지급준비자산의 감소로부터 경제에 가해지는 압력 때문에, 마침내 통화당국들은 더 이상 통화가치를 방어할 수 없었고, 통화가치의 방어를 포기하면서 그들의 통화를 절하시켰다. 이러한 일이 1994년 12월에 멕시코, 1997년 7월에 태국, 1999년 1월에 브라질, 2002년 1월에 아르헨티나에서 발생했다.

다른 국가들에서 이와 유사한 문제들에 대한 우려가 그들의 통화에 대한 투기적 공격을 촉발시켰다. 멕시코 위기(멋 부려서 '테킬라 효과'(Tequila effect)라고 부름) 이후, 이러한 전염 현상은 나머지 남미 통화들에 대한 투기적 공격 형태로 발생했으나 더 이상의 통화가치의 붕괴는 없었다. 그러나 동아시아의 경우, 통화가치의 절하에 대한 두려움이 전 지역으로 퍼지면서 [그림 4]에서 설명한 것과 비슷한 일련의 상황이 발생했다. 결과적으로 인도네시아, 말레이시아, 한국, 필리핀의 통화들이 차례차례 급격히 절하돼야만 했다. 홍콩, 싱가포르, 대만의 통화도 투기적 공격을 받았지만, 이 국가들은 건전한 금융시스템을 가지고 있었기 때문에 투기적 공격을 성공적으로 막아냈다.

제10장에서 살펴본 것처럼 멕시코, 동아시아, 아르헨티나에서 일어난 급격한 통화가치 절하는 이 국가들의 경제를 심각하게 손상시킨 전면적인 금융위기를 발생시켰다. 1992년 9월에 유럽통화시스템을 강타했던 외환위기는 중앙은행들에게 상당히 큰 손실을 입혔지만 유럽 국가들의 민간인들에게는 심각한 영향을 미치지 않았다. 이와는 달리 멕시코, 아르헨티나, 동아시아 위기 국가들의 민간인들은 운이 없게도 심각한 영향을 받았다. 투기적 공격에 의해 촉발된 통화가치의 붕괴는 제10장에서 설명한 금융위기를 발생시켰고, 이에 따라 발생한 심각한 경기침체는 경제적 어려움과 정치적 불안정을 초래했다.

4 자본통제

자본 이동은 멕시코와 동아시아에서 발생한 외환위기의 중요한 요소였기 때문에, 정치가들과 일부 경제학자들은 신흥시장국이 금융불안정을 피하기 위해서는 자본통제를 통해 자본 이동을 제한해야 한다고 주장한다. 자본통제는 좋은 아이디어인가?

4.1 자본 유출에 대한 통제

자국민과 외국인이 그들의 자본을 한 국가의 밖으로 유출시키면 이 국가의 통화가 절하돼야 하기 때문에 자본 유출은 신흥시장국의 금융불안정을 촉발시킬 수 있다. 이것이 최근 신흥시장국의 일부 정치가들이 자본통제를 특별히 매력적이라고 여겼던 이유이다. 예를 들어 말레이시아의 마하티르(Mahathir) 총리는 동아시아 위기 직후인 1998년에 자본 유출을 제한하기 위해 자본통제를 시행했다.

자본통제는 좋은 아이디어인 것처럼 보이지만, 몇 가지 단점을 가지고 있다. 첫째, 실증적 증거에 의하면 자본 유출에 대한 통제는 위기가 진행되는 동안에 결코 효과적이지 못하다. 왜냐하면 민간 부문이 자본통제를 피하기 위해 교묘한 방법을 찾아내 자금을 국가 밖으로 이동시키는 것은 어려운 일이 아니기 때문이다. 둘째, 실증적 증거가 제시하는 것처럼 자본통제는 정부에 대한 신뢰를 약화시키기 때문에 자본통제가 실시된 후에 자본도피(capital flight)가 더욱 증가할 수 있다. 셋째, 자본 유출에 대한 통제는 종종 부패를 발생시킨다. 왜냐하면 정부 관리들은 자국민들이 자금을 해외로 이동시키고자 할 때 다른 가능한 방법을 찾아주고 보상을 받기 때문이다. 넷째, 자본 유출에 대한 통제는 정부가 금융위기를 해결하기 위해 금융시스템을 개혁하는 조치를 취할 필요가 없다고 생각하게 만들어 경제의 기능을 개선시킬 기회를 상실하는 결과가 초래될 수 있다.

4.2 자본 유입에 대한 통제

대부분의 경제학자들은 자본 유출 통제에 대해 반대하는 논거가 설득력이 있다고 생각하지만 자본 유입에 대한 통제는 더 많은 지지를 받는다. 자본 유입에 대한 통제를 지지하는 사람들은 투기자본이 유입될 수 없으면 투기자본이 갑자기 유출돼 위기를 발생시키는 일도 없다고 생각한다. 제10장에서 이루어진 동아시아 금융위기에 관한 분석은 자본 유입이 대출의 급격한 증가와 은행의 과도한 위험 선택을 발생시켜 금융위기를 촉발시킬 수 있다는 점을 제시하면서 이러한 견해를 지지한다.

그러나 자본 유입에 대한 통제는 생산적 투자기회에 사용될 자금이 한 국가로 유입되는 것을 봉쇄할 수 있는 바람직하지 못한 특성을 가지고 있다. 자본 유입에 대한 통제는 자본 이동을 통한 대출의 급격한 증가를 지원하는 자원을 제한할 수 있지만, 가계와 기업이 자본 유입에 대한 통제를 교묘히 피하려 하기 때문에 동태적으로 상당히 왜곡되고 잘못된 자원 배분을 발생시킬 수 있다. 실제로 자본 유출에 대한 통제와 마찬가지로 자본 유입에 대한 통제도 부패를 발생시킬 수 있다. 무역이 개방돼 있고 자본통제를 용이하게 피할 수 있는 많은 금융상품이 존재하는 오늘날의 경제 환경에서 자본통제가 효과적일 수 있느냐에 대한 심각한 의구심이 존재한다.

다른 한편, 자본 유입이 대출의 급격한 증가를 만들고 은행의 과다한 위험 선택을 조장하지 않도록 은행 규제와 은행 감독을 개선해야 한다는 강한 주장이 있다. 예를 들어 은행 차입의 속도를 제한하는 것은 자본 유입을 상당히 제약하는 효과를 가질 수 있다. 금융 취약성의 징후가 아닌 원인에 초점을 맞추는 감독 차원의 통제는 금융시스템의 효율성을 저해하기보다는 오히려 증대시킬 수 있다.

5 IMF의 최종대부자 역할

국제통화기금(IMF)은 처음에 회원 국가들의 국제수지 문제를 해결하는 것과 국제수지 적자 국가들에게 대출해 고정환율을 유지시키는 것을 돕기 위해 브레튼 우즈 시스템하에서 창설됐다. 1971년에 고정환율제도를 가진 브레튼 우즈 시스템이 붕괴함에 따라 IMF는 새로운 역할을 담당하게 됐다.

IMF는 계속해서 데이터 수집기관으로 기능하고, 회원국에게 기술적인 지원을 제공하고 있다. IMF는 더 이상 고정환율을 장려하기 위한 시도를 하지 않지만, 국제 대부자로서 IMF의 역할은 최근에 더 중요해졌다. 이러한 IMF의 최종대부자 역할은 제3세계 부채위기가 발생한 1980년대에 처음으로 전면에 등장했다. 저3세계 부채위기가 발생하자 IMF는 개도국의 대출상환을 지원했다. 1994~1995년의 멕시코 금융위기와 1997~1998년의 동아시아 금융위기가 발생했을 때 IMF는 위기에 직면한 국가들과 영향을 받은 국가들이 금융위기로부터 회복하는 것을 돕고 금융위기가 다른 국가로 확산되는 것을 막기 위해 대규모 대출을 시행했다. 이어서 2010년부터 IMF는 정부부채에 대한 채무불이행을 피하는 것을 돕기 위해 그리스, 아일랜드, 포르투갈에 대규모 대출을 시행했다. IMF가 금융불안정을 극복하기 위해 국제적 최종대부자로서 활동하는 것에 대해 많은 논란이 제기되고 있다.

5.1 IMF가 국제적 최종대부자여야 하나?

제16장에서 살펴본 것처럼, 선진국에서 금융위기가 발생하고 금융시스템이 붕괴될 위험에 처할 때, 중앙은행은 은행시스템의 불안정성을 해결하기 위한 최종대부자의 역할을 수행함으로써 문제를 해결해나갈 수 있다. 그러나 중앙은행이 인플레이션 대항자로서 신뢰를 얻지 못하고 있고, 부채 계약들이 주로 단기이며 외국 통화로 표시돼 있는 신흥시장국에서, 중앙은행의 최종대부자 역할은 금융위기를 완화시킬 가능성과 악화시킬 가능성을 모두 가지고 있는 양날의 칼과 같다. 예를 들어 1987년 주식시장 붕괴, 2001년 세계무역센터에 대한 테러리스트 공격 직후와 글로벌 금융위기 동안 Fed가 최종대부자의 역할을 수행했을 때(제16장 참조), 시장에는 미래에 인플레이션율이 크게 상승할 것이라는 인식이 거의 없었다. 그러나 인플레이션에 대항하는 데 있어서 Fed보다 신뢰성을 구축하지 못한 중앙은행이 최종대부자로서 금융위기에 처해 있는 금융시스템에 대출하는 것은 통제할 수 없는 인플레이션을 발생시킬 것이라는 우려를 야기할 수 있으며, 이에 따라 상당한 수준의 통화가치 절하와 국제수지 악화를 발생시킬 수 있다. 제9장에서 논의한 것처럼, 그 결과로 발생하는 금융시장 내의 도덕적 해이 문제와 역선택 문제의 증가는 금융위기를 더욱더 악화시킬 수 있다.

따라서 신흥시장국의 중앙은행은 최종대부자로서의 역할을 매우 제한적으로 수행할 수밖에 없다. 그러나 국제적 최종대부자에 의해 제공되는 유동성은 이러한 바람직하지 않은 결과들을 발생시키지 않고, 국내 통화 가치를 안정시키는 데 도움을 줌으로써 국제수지를 개선시킨다. 더욱이 국제적 최종대부자는 한 신흥시장국의 통화에 대한 성공적인 투기적 공격이 다른 신흥시장국의 통화들에 대한 투기적 공격을 발생시켜 금융 및 경제 붕괴를 확산시키는 상황, 즉 위기의 전염 현상을 막을 수 있다. 신흥시장국을 위한 최종대부자가 종종 필요하나 이러한 최종대부자가 이들 국가에는 존재하지 않는다. 이것이 이러한 역할을 수행할 국제기관이 존재해야 한다는 강력한 논거이다. 실제로 1994년의 멕시코 금융위기 이후 국제통화기금과 다른 국제기관들이 이러한 최종대부자 역할을 수행했고, 금융불안정으로 위협받고 있는 국가들에게 긴급 대출을 해줬다.

그러나 국제적 최종대부자의 지원은 그 자체로서 위험하다. 특히 국제적 최종대부자가 언제든 구제해줄 것이라는 믿음 때문에 무책임한 금융기관들이 금융위기의 발생 가능성을 높이는 위험한 선택을 할 수 있다. 멕시코와 동아시아 금융위기에서, 위기 국가들은 은행의 예금자와 기타 채권자를 보호하기 위해 IMF의 지원을 사용했다. 이러한 안전망은 잘 알려져 있는 도덕적 해이 문제를 발생시킨다. 왜냐하면 이러한 안전망은 예금자와 기타 채권자가 은행을 감시하고 은행이 너무 과도한 위험을 선택할 때 그들의 예금을 인출할 인센티브를 가지지 못하게 만들기 때문이다. 결과적으로 이러한 상황에서 은행들이 과도한 위험을 선택하도록 권장될 수 있다. 국제적 최종대부자는 이러한 도덕적 해이 문제를 제한할 방법을 찾아야만 한다. 그렇지 않으면 국제적 최종대부자는 상황을 더욱 악화시킬 수 있다. 국제적 최종대부자는 과도한 위험 선택을 막기 위한 적정한 조치를 취하는 정부들에게만 유동성을 제공할 것이라는 점을 명백히 할 수 있다. 이에 더해, 국제적 최종대부자는 국내 금융기관들의 주주와 거액의 무보험 채권자들을 구제하는 정부의 능력을 제한함으로써 위험 선택에 대한 인센티브를 감소시킬 수 있다. IMF의 일부 비판자들은 IMF가 도덕적 해이 문제를 막기 위해 IMF가 대출하는 정부들에게 충분한 압력을 가하지 않는다고 주장한다.

국제적 최종대부자 역할을 수행하는 IMF와 같은 국제기관에게 발생하는 한 가지 문제점은 그들이 구제하지 않으면 신흥시장국은 극심한 어려움과 정치적 불안정을 겪을 것이라는 사실이다. 위기 국가의 정치가들은 이러한 우려를 이용해 국제적 최종대부자와 양보 없는 게임(game of chicken)을 할 수 있다. 그들은 IMF가 굴복하기를 바라면서 필요한 개혁에 저항한다. 이러한 양보 없는 게임의 요소들이 1994년의 멕시코 위기에서 나타났고, 동아시아 위기 동안 이루어진 IMF와 인도네시아의 협상에서도 확연하게 나타났다.

5.2 IMF는 어떻게 운용돼야 하는가?

IMF가 이러한 게임을 하지 않을 것이라고 명백히 했다면 더 좋은 결과를 얻을 수 있었을 것이다. 행실이 나쁜 아이들에게 굴복하는 것은 단기적으로 쉬운 해결 방법일 수 있지만 장기적으로 잘못된 행실을 지원하는 결과를 발생시키는 것처럼, 일부 비판자들은 IMF가 단기적인 인도주의에 직면할 때 충분히 강하지 못할 수 있다고 걱정한다. 예를 들어 일부 비판자들은 특히 IMF가 금융시스템을 안정화시키기 위한 적정한 개혁을 거부한 러시아 정부에게 대출해준 것을 비판했다.

또한 IMF는 아시아 국가들에게 위기를 발생시킨 금융 부문의 문제를 고치기 위한 미시경제정책보다는 엄격한 거시경제정책에 초점을 맞춘 소위 내핍적 프로그램(austerity programs)을 강요한 것에 대해 비판을 받고 있다. 이러한 내핍적 프로그램은 특히 신흥시장국에서 IMF의 권고에 대한 저항을 증가시킬 가능성이 있다. 내핍적 프로그램은 정치가들이 IMF가 성장을 반대하는 기관이라는 주장을 하게 해 민간인들로 하여금 IMF에 반감을 가지게 만들고, 위기 국가의 금융시스템을 개혁하기 위해 정말 필요한 일을 하지 못하게 만들 수 있다. 그 대신 금융 부문의 개혁에 초점을 갖춘 IMF 프로그램은 IMF가 보다 효율적인 금융시스템을 구축하는 일을 돕는 기관이라는 인식을 증가시킬 수 있다.

역사적으로 보면, 성공적인 최종대부자의 역할을 수행하는 데 있어서 중요한 한 가지 요소는 대출이 빠르게 이루어지면 이루어질수록 실제로 대출하는 금액은 더 적어진다는 것이다. Fed가 참여한 훌륭한 예가 1987년 10월 19일의 주식시장 붕괴 직후에 발생했다(제16장 참조). 그날 영업이 종료되는 시점에, 증권회사들은 고객에게 서비스를 지원하고 질서 있는 거래를 유지시키기 위해 수십억 달러를 차입할 필요가 있었다. 그러나 전례 없는 사태가 발생하자 은행들은 증권회사들에게 추가적인 대출을 매우 꺼렸다. 이러한 사실을 알자마자 Fed는 증권회사들에게 대출을 하는 은행들에게 유동성을 공급할 것이라는 점을 분명히 하면서 최종대부자의 역할을 즉각적으로 수행했다. 이러한 사건에서 놀라운 사실은 Fed의 신속한 개입은 주식시장 붕괴가 경제에 미치는 영향을 거의 없게 만들었을 뿐만 아니라, Fed가 공급할 필요가 있었던 유동성 금액도 매우 크지 않았다는 것이다.

주식시장 붕괴로 금융시스템에 상당한 충격이 가해지자마자 Fed가 1일 이내에 최종대부자의 역할을 수행한 것은 최근 신흥시장국의 위기에서 IMF가 유동성을 공급하기 위해 걸렸던 시간과 극명한 대조를 이룬다. IMF의 대출제도는 원래 국제수지 위기를 겪고 있는 국가들에게 자금을 제공하기 위해 설계됐으며, 대출조건도 협상을 통해 결정돼야 하기 때문에 IMF가 자금을 대출하는 데는 수개월이 걸린다. 이러한 시간적 지체 때문에 금융위기는 더욱 악화되고, 금융위기를 극복하기 위한 자금 규모는 IMF의 자원을 소진시킬 만큼 훨씬 더 많아진다. 중앙은행이 IMF보다 훨씬 더 신속하게 대출할 수 있는 이유는 사전에 합의된 조건으로 대출하기 위한 절차가 미리 만들어져 있기 때문이다. 대출자금의 규모를 관리할 수 있는 수준으로 유지시키면서 신속하게 유동성을 제공해야 할 필요성이 제기되자, 차입 국가가 자국의 은행들을 적정히 감독하거나 예산 적자 규모를 낮은 수준으로 유지하는 것과 같은 조건들을 충족시키는 경우에만 국제적 최종대부자의 역할을 수행하는 기관이 자금을 신속하게 제공하는 신용제도를 가져야 한다는 주장이 제기됐다.

앞에서 논의한 IMF 대출 프로그램의 단점들은 최근에 IMF로부터 차입하는 것을 피하

글로벌 글로벌 금융위기와 IMF

신흥시장국들의 금융기관들은 서브프라임 모기지에 제한적으로만 노출돼 있었기 때문에, 글로벌 금융위기의 초기 단계는 그들의 경제에 거의 영향을 미치지 않았다. 그러나 글로벌 금융위기가 2008년 10월에 더 악화돼 확산됨에 따라, 아이슬란드와 이전의 공산주의 국가들뿐만 아니라 수많은 신흥시장국들은 국내 은행들을 어려움에 처하게 할 뿐만 아니라 그들의 통화들을 급격히 절하시키면서 외국인들이 그들의 금융시스템으로부터 자금을 빼어나가는 것을 발견했다.

국제적 최종대부자로서 IMF의 역할이 전면에 부상했다. 10월 말경에 IMF는 헝가리에게 250억 달러, 우크라이나에게 165억 달러, 아이슬란드에 20억 달러를 대출했다. 이러한 대출은 대출받은 국가들이 그들의 재무상황이 좋아지도록 허리띠를 졸라매야 한다고 요구했다.

그러나 IMF의 총재인 도미니크 스트라우스 칸(Dominique Strauss-Kahn)이 언급한 것처럼, IMF는 '비상시기는 비상한 방법의 대응을 요구한다'는 것과 위기 동안 IMF로부터 차입하기를 꺼리는 것을 감소시키기 위해 새로운 형태의 대출 프로그램이 필요하다는 것을 인식하고 있었다. IMF는 2008년 10월 말에 1,000억 달러의 자금으로 소위 단기 유동성 대출제도(Short-Term Liquidity Facility)라는 새로운 대출 프로그램을 만들었다. 이 대출제도는 IMF가 판단하기에 그들의 경제가 기본적으로는 건전하나 어려움을 겪고 있는 국가들에게 3개월 만기 대출을 제공한다. 이러한 조건이 없는 대출은 매우 신속하게 지급될 수 있었다. 이에 더해, 이 대출은 내핍적 프로그램들을 부과하지 않았기 때문에 잠재적 차입국가들에게 훨씬 더 매력적이었다.

1999년에 IMF는 소위 조건부 신용 한도(Contingent Credit Line)라는 유사한 신용대출제도를 실행했으나 IMF의 사전 승인을 요구했기 때문에 성공하지 못했다. 잠재적 차입국가들은 이러한 대출을 신청하는 것이 그들이 어려움에 빠질 가능성이 크다는 점을 제시하기 때문에 이러한 대출을 신청하는 것에 주저했다. 새로운 단기 유동성 대출제도는 잠재적 차입국가들이 이러한 대출을 신청하는 것을 요구하지 않는다. IMF는 어느 국가가 대출받을 수 있는지를 결정하고 필요하다면 대출을 시행할 수 있다. 이러한 새로운 대출제도가 이전의 IMF 대출 프로그램들을 반대하는 비판들을 극복할 것인지를 판단하기에는 시기상조이다. 그러나 이러한 대출제도는 올바른 방향으로 한 걸음 내디딘 것으로 보인다.

는 국가들이 나타나게 만들었다. 이 국가들은 엄격한 내핍적 프로그램을 따르기 원하지 않았고 위기가 진행되는 동안 자금을 지급하는 데 IMF가 지체하는 것에 대해 불만이 있었다. IMF에 의존하는 대신 이 국가들은 그들 스스로 국제수지 문제에 대응하기 위해 상당한 대외지급준비자산을 축적했다. 따라서 IMF의 대출은 매우 낮은 수준으로 축소됐고 IMF가 대출해 더 이상 소득을 벌지 못하게 됨에 따라 운영에 필요한 수입의 부족이 발생했다. IMF는 글로벌 금융위기가 발생할 때까지 쓸모없는 국제기관이 될 수 있는 위험에 처하게 됐다. [글로벌] '글로벌 금융위기와 IMF'에서 논의하는 것처럼, 글로벌 금융위기가 발생하면서 국제적 최종대부자로서 IMF의 역할이 복원됐다.

IMF가 국제적 최종대부자의 역할을 수행하는 것이 세계를 더 좋은 상태로 만들 수 있느냐에 관한 논란이 현재 활발하게 이루어지고 있다. IMF가 국제적 최종대부자의 역할을 효과적으로 수행할 수 있게 만드는 방법에 많은 관심이 집중되고 있으며, 국제적 금융불안정을 감소시키는 데 도움이 되는 새로운 국제 금융시스템을 만들기 위한 제안들의 중심에 IMF의 재구축 문제가 있다.

6 통화정책의 국제적 고려사항

이 장에서 지금까지 통화정책이 국제적 문제에 의해 영향을 받을 수 있는 여러 가지 측면을 살펴보았다. 국제적 문제가 통화정책에 미치는 영향에 대한 인식이 통화정책이 수행되는 방식에 대해 중요한 시사점을 제시해줄 수 있다.

6.1 외환시장이 화폐공급에 미치는 직접 효과

중앙은행은 외환시장에 개입할 때 대외지급준비자산을 매입하거나 매도해 본원통화에 영향을 미친다. 중앙은행은 외환시장에 개입할 때 화폐공급에 대한 통제력의 일부를 포기한다. 예를 들어 1970년대 초에 독일 중앙은행은 어려운 상황에 직면했다. 독일 마르크가 미국 달러에 대해 너무 과도하게 절상되는 것을 막기 위해 독일 중앙은행은 많은 양의 대외지급준비자산을 매입했으나, 이에 따른 화폐공급의 증가가 인플레이션을 유발하는 상황이 발생했다.

분데스방크는 외환시장의 개입을 중단하고 화폐공급에 대한 통제력을 다시 확보함으로써 통화량 증가율의 증가를 멈추게 할 수도 있었다. 중앙은행이 자국의 통화가 절상되는 것을 허용해서는 안 된다는 압력에 직면해 있을 때, 이러한 전략은 중요한 단점을 가진다. 자국 통화의 절상 때문에 발생하는 수입재 가격의 하락과 수출재 가격의 상승은 국내 생산자를 손상시키고 실업을 증가시킨다.

미국 달러는 지급준비통화이기 때문에, 미국의 본원통화와 화폐공급은 외환시장에서 발생하는 사건들의 영향을 덜 받는다. Fed가 아닌 외국의 중앙은행이 달러의 가치가 변동하는 것을 막기 위해 외환시장에 개입하는 경우, 미국의 대외지급준비자산 보유량은 영향을 받지 않는다. 한 국가의 통화가 지급준비통화일 때, 이 국가가 통화정책을 수행하는 것이 일반적으로 더 쉽다.[6)]

6.2 국제수지 고려사항

브레튼 우즈 시스템하에서 국제수지 고려사항은 현재의 관리변동환율제도하에서보다 더 중요했다. 지급준비통화가 아닌 통화를 가지고 있는 국가가 국제수지 적자를 발생시킬 때, 이 국가의 대외지급준비자산은 반드시 감소한다. 이와 같이 대외지급준비자산이 소진되는 것을 막기 위해 브레튼 우즈 시스템하에서 이 국가는 자국 통화를 강세화시키

6) 그러나 지급준비통화 국가의 중앙은행은 자국 통화가 대외지급준비자산으로 사용되지 못하게 되는 것을 우려해야 한다.

기 위한 긴축적 통화정책을 시행해야만 했다. 이것이 정확히 1967년에 파운드의 평가절하가 있기 전에 영국에서 발생한 상황이었다. 확장적 정책이 수행됐을 때 국제수지는 악화됐다. 이에 따라 영국은 긴축적 통화정책으로 국제수지가 악화되는 것을 막아야만 했다. 영국의 통화정책은 국제수지가 개선되면 다시 확장적 정책이 됐다가 국제수지가 악화되면 긴축정책으로 다시 돌아갔다. 이와 같이 어떤 정책을 추진하는 것과 추진하지 않는 것을 반복하는 정책을 '스톱–고 정책'(stop-go policy)이라 하며, 이러한 스톱–고 정책은 국내 불안정을 발생시켰다는 이유로 신랄하게 비판받았다.

미국은 지급준비통화를 가지고 있는 국가이기 때문에 대규모의 대외지급준비자산 감소 없이 대규모의 국제수지 적자를 발생시킬 수 있다. 그러나 이것이 연방준비제도가 미국의 국제수지 상황에 의해 영향을 받지 않는다는 것을 의미하지 않는다. 미국의 경상수지 적자는 달러의 가치가 너무 높기 때문에 미국 기업이 경쟁력의 일부를 잃고 있다는 것을 의미한다. 이에 더해, 미국의 대규모 국제수지 적자는 다른 국가들의 국제수지 흑자를 발생시킨다. 다른 국가들의 국제수지 흑자는 그들의 대외지급준비자산 보유량을 크게 증가시킬 수 있다(이러한 일들이 특히 브레튼 우즈 시스템하에서 발생했다). 다른 국가들의 대외지급준비자산 보유량 증가는 국제금융시스템에 긴장을 발생시키고 세계적으로 인플레이션을 자극할 수 있기 때문에 Fed는 미국의 국제수지와 경상수지 적자에 대해 우려한다. 이러한 경상수지 적자의 감소를 돕기 위해 Fed는 보다 더 긴축적인 통화정책을 추진할 수 있다.

6.3 환율 고려사항

현재의 관리변동환율제도하에서는 국제수지 고려사항이 덜 중요하게 된 반면, 환율 고려사항이 통화정책을 수행하는 데 있어서 더 큰 역할을 하고 있다. 만일 중앙은행이 자국통화의 가치가 하락하는 것을 원하지 않으면, 중앙은행은 국내 이자율을 상승시켜 자국통화를 강세화시키기 위해 화폐공급을 감소시키는 보다 더 긴축적인 통화정책을 추진할 수 있다. 이와 유사하게, 만일 한 국가가 자국 통화의 절상을 경험하고 있으면 국내 산업은 경쟁력을 잃어 어려움을 겪을 수 있다. 이러한 경우 중앙은행은 환율을 낮추기 위해 확장적 통화정책을 수행하도록 압력을 받을 수 있다.

환율 조정에 대한 압력은 미국보다 다른 국가들의 중앙은행에게 더 큰 것 같다. 그러나 Fed도 환율 조정에 대한 압력으로부터 완전히 자유로운 것은 아니다. 1980년에서 1985년 초까지 달러의 강세 때문에 외국 기업에 대한 미국 기업의 경쟁력이 약화되면서 보호주의 경향이 증대됐고, 이에 자극을 받은 의회의 비판자들은 Fed가 달러의 가치를 낮추기 위해 보다 더 확장적인 통화정책을 수행해야 한다고 요구했다. 제17장에서 살펴본 것처럼, Fed는 통화량 증가율을 매우 크게 증가시켰다. 달러의 가치를 하락시키기 위한 정책이 1985년 9월 플라자 합의에 의해 확정됐다. 자유세계에서 가장 중요한 5대 선진국(미국, 일본, 서독, 영국, 프랑스)의 재무장관은 플라자 합의에서 달러 가치를 하락시키기 위해 외환시장에 개입할 것에 합의했다. 플라자 합의 이후 달러의 가치는 급속히 하락했고, Fed는 화폐공급을 급속히 증가시켜 달러의 가치를 하락시키는 데 중요한 역할을 담당했다.

7 통화정책 전략으로서의 환율 타게팅

제17장에서 물가안정을 달성하기 위해서 추구할 수 있는 2가지 통화정책 전략, 즉 인플레이션 타게팅과 Fed의 '상황 대응' 전략에 대해 논의했다. 다른 하나의 전략은 물가안정을 달성하기 위해 강력한 명목기준지표, 즉 **환율 타게팅**(exchange rate targeting, 종종 **환율고정**(exchange rate peg)이라고 지칭됨)을 사용하는 것이다.

환율 타게팅은 오랜 역사를 가지고 있는 통화정책 전략이다. 이러한 통화정책 전략은 이 장의 앞부분에서 논의한 금본위 제도의 핵심적인 특징과 같이 금과 같은 1차 상품에 국내 통화의 가치를 고정시키는 형태를 취할 수 있다. 최근에 고정환율제도는 미국처럼 대국이고 낮은 인플레이션을 가지고 있는 국가(지표국가(anchor country))의 통화에 국내 통화의 가치를 고정시킨다. 다른 형태의 고정환율제도는 환율을 고정시키는 국가의 인플레이션율이 지표국가의 인플레이션율보다 더 높을 수 있도록 한 국가 통화가 완만한 속도로 절하되도록 허용하는 크롤링 페그(crawling peg)를 채택하는 것이다.

7.1 환율 타게팅의 장점

환율 타게팅은 다음과 같은 몇 가지 장점을 가지고 있다. 첫째, 환율 목표를 가지는 명목기준지표는 국제적으로 교역되는 재화들의 인플레이션율을 지표국가의 인플레이션율에 연계시킴으로써 인플레이션을 통제하는 데 직접적으로 기여한다. 국제적으로 교역되는 재화들의 해외 가격은 세계시장에서 결정되는 반면 이러한 재화들의 국내 가격은 환율 목표에 의해 고정되기 때문에 환율 타게팅은 이러한 일을 하게 된다. 예를 들어 2002년까지 아르헨티나 페소의 환율은 미국 달러당 정확히 1페소였다. 따라서 5달러에 국제적으로 교역되는 밀 1부셸의 가격은 5페소로 결정됐다. 만일 환율 목표가 신뢰할 만한 것이면(말하자면, 환율 목표가 유지될 것으로 예상되면), 환율 목표는 기대 인플레이션을 지표국가의 인플레이션율에 연결시키는 추가적인 이익을 창출한다.

둘째, 환율 목표는 제17장에서 설명한 동태적 비일관성 문제를 완화시키는 데 도움을 주는 통화정책의 수행을 위한 자동 준칙(automatic rule)을 제공한다. 이 장의 앞부분에서 살펴본 것처럼 환율 목표는 국내 통화가 절하하는 경향을 보일 때 긴축적 통화정책의 수행을 요구하고 국내 통화가 절상하는 경향을 보일 때 확장적 통화정책의 수행을 요구한다. 이에 따라 재량적 통화정책이 선택될 여지가 적어진다. 따라서 중앙은행은 과도하게 확장적 통화정책을 추진해 단기적으로 생산량과 고용을 증가시키고자 하는 동태적 비일관성 함정에 빠지는 것으로부터 벗어날 수 있게 된다.

셋째, 환율 목표는 단순하고 명료하기 때문에 민간인들이 쉽게 이해할 수 있다. '강한 통화'(sound currency)는 이해하기 쉬운 통화정책의 명분이다. 예를 들어 이러한 측면은 과거에 프랑스에서 중요했다. 프랑스에서 '강한 프랑' 에 대한 요구가 긴축적 통화정책을 정당화하기 위해 종종 사용됐다.

이러한 장점을 감안하면 환율 타게팅이 선진국에서 인플레이션을 통제하기 위해 성공적으로 사용됐다는 것은 놀라운 일이 아니다. 예를 들어 프랑스와 영국은 자국 통화의 가치를 독일 마르크에 고정시킴으로써 인플레이션율을 낮추기 위해 환율 타게팅을 성공적으로 사용했다. 1987년에 프랑스가 처음으로 자신의 환율을 독일 마르크에 고정시켰을 때, 프랑스의 인플레이션율은 독일의 인플레이션율보다 2% 포인트 높은 3%였다. 1992년에 이르러 프랑스의 인플레이션율은 물가안정을 달성한 것으로 여겨질 수 있는 2% 수준으로 하락해 독일의 인플레이션율보다 낮아졌다. 1996년에 이르러서 프랑스와 독일의 인플레이션율은 2%보다 약간 낮은 수준으로 수렴했다. 이와 유사하게, 영국은 1990년에 독일 마르크에 자국 통화의 가치를 고정시킨 후 인플레이션율을 10%에서 환율조정제도(ERM)를 탈퇴해야 했던 1992년에 3%로 낮출 수 있었다.

환율 타게팅은 또한 신흥시장국에서 인플레이션율을 신속히 하락시키는 효과적인 수단이었다. 예를 들어 1994년에 멕시코 페소의 절하가 발생하기 전에, 환율 목표는 멕시코의 인플레이션율을 1988년의 100% 수준에서 1994년의 10% 미만까지 하락시켰다.

7.2 환율 타게팅의 단점

환율 타게팅의 본질적인 장점들이 있음에도 불구하고, 이러한 전략에 대한 몇 가지 심각한 비판이 존재한다. 이 장의 앞부분에서 살펴본 것처럼 자본 이동성이 존재하는 경우 환율 타게팅을 사용하는 국가는 더 이상 독립적인 통화정책을 수행할 수 없으며, 지표국가에 타격을 주는 충격들과는 독립적인 국내 충격들에 대응하기 위해 통화정책을 사용할 수 없다. 이와 더불어 환율 목표를 가진다는 것은 지표국가의 이자율 변화가 환율 타게팅을 사용하는 국가의 이자율 변화를 발생시키기 때문에 지표국가의 충격이 환율 타게팅을 사용하는 국가로 직접적으로 이전된다는 것을 의미한다.

이러한 문제점을 극명하게 드러낸 예가 독일이 1990년에 재통일됐을 때 발생했다. 독일 재통일로부터 발생하는 인플레이션 압력과 동독의 재건을 위해 요구되는 대규모 재정 확장에 대한 우려 때문에 독일의 장기이자율은 1991년 2월까지 상승했고 단기이자율은 1991년 12월까지 상승했다. 환율조정제도(ERM)하에서 이와 같이 지표국가에서 발생한 충격은 그들의 통화가치를 독일 마르크에 고정시켰던 다른 국가들로 이전됐고, 이들 국가의 이자율은 독일의 이자율에 발맞춰 상승했다. 환율 목표를 계속해서 유지시킨 것이 ERM에 참여하면서 고정환율을 유지했던 프랑스와 같은 국가에서 경제성장을 둔화시켰고 실업을 증가시켰다.

두 번째 문제점은 환율 목표를 사용하는 국가들의 통화가 투기적 공격에 노출될 수 있다는 것이다. 실제로 독일 재통일의 여파로 1992년 9월에 외환위기가 발생했다. 이 장의 앞부분에서 살펴본 것처럼 독일 재통일 이후 독일에서 실시된 긴축적 통화정책은 ERM에 참여하고 있는 국가들이 경제성장을 둔화시키고 실업을 증가시키는 부정적 수요충격에 직면하게 만들었다. 이러한 상황에서도 이 국가들은 자국의 환율을 마르크에 고정시킬 수 있으나 투기자들은 환율 고정에 대한 이 국가들의 약속이 약화될 것이라고 의심하기 시작했다. 투기자들은 이 국가들이 그들의 통화에 대한 트기적 공격을 방어하기에 충분할 만큼 이자율을 높게 유지할 때 발생하는 실업의 증가를 용인하지 않을 것이라고 생각했다.

이 단계에서 프랑스, 스페인, 스웨덴, 이탈리아, 영국과 같은 국가들의 통화가치가 한쪽 방향으로만 변화돼 마르크에 대해 절하될 수 있기 때문에 투기자들은 이와 같이 한쪽 방향으로 환율이 변화하는 것에 내기를 걸게 됐다. 예상되는 통화가치의 절하가 발생하기 전에 이들 국가의 통화를 매도하는 것이 투기자들에게 높은 기대수익률을 얻을 수 있는 매력적인 이윤창출 기회를 제공했다. 그 결과로 1992년 9월 투기적 공격이 발생했다. 프랑스만 고정환율을 유지할 것이라고 강하게 약속했기 때문에 프랑스 프랑은 절하되지 않았다. 다른 국가들은 어떤 대가를 지불하더라도 그들의 통화가치를 방어하려 하지 않았고, 궁극적으로 그들의 통화가치가 하락하는 것을 허용했다.

1992년 9월 외환위기가 발생한 후 프랑스와 영국이 보여준 서로 다른 대응은 환율 목표의 잠재적 비용을 보여준다. 프랑스 프랑의 가치를 계속해서 마르크에 고정시킴에 따라 국내 상황에 대응한 통화정책을 사용할 수 없었던 프랑스에서는 1992년 이후 경제성장률이 낮아지고 실업률이 증가했다. 한편, ERM 환율 고정으로부터 탈퇴하고 인플레이션 타게팅을 채택했던 영국은 훨씬 더 좋은 경제적 성과를 이룩했다. 영국에서 경제성장률은 높아졌고, 실업률은 하락했으며, 인플레이션율은 프랑스보다 크게 더 높아지지 않았다.

선진국들과 달리 (동유럽의 시장경제전환국을 포함한) 신흥시장국은 환율 타게팅을 채택할 때 독립적인 통화정책을 포기한다고 해도 많은 것을 잃지 않을 수 있다. 신흥시장국은 재량적 통화정책을 성공적으로 사용할 수 있는 정치기관이나 통화당국을 가지고 있지 못하기 때문에 독립적인 통화정책으로부터 거의 아무것도 얻지 못할 수 있고, 오히려 많은 것을 잃을 수도 있다. 따라서 신흥시장국은 실제로 자기 자신의 독립적인 통화정책을 추구하기보다는 환율 타게팅을 통해 미국과 같은 지표국가의 통화정책을 채택하는 것이 더 좋을 수 있다. 이것이 많은 신흥시장국이 환율 타게팅을 채택한 이유 중 하나이다.

그럼에도 불구하고 환율 타게팅은 신흥시장국에게 매우 위험하다. 왜냐하면 환율 타게팅은 선진국보다 신흥시장국의 경제에 훨씬 더 심각한 결과를 초래할 수 있는 투기적 공격에 신흥시장국을 노출시킬 수 있기 때문이다. 1994년의 멕시코, 1997년의 동아시아, 2002년의 아르헨티나에서 발생한 투기적 공격의 성공은 그들의 경제를 황폐화시켰던 전면적인 금융위기로 몰아넣었다.

추가적인 환율 목표의 단점은 특히 신흥시장국에서 정책당국의 책임성을 약화시킬 수 있다는 것이다. 환율 타게팅은 환율을 고정시키기 때문에 통화정책이 지나치게 확장적이 되는 것을 제어하고 동태적 비일관성 문제를 제한하는 데 도움을 줄 수 있는 중요한 신호를 제거한다. 선진국, 특히 미국에서 채권시장은 통화정책의 입장에 관한 중요한 신호를 제공한다. 과도하게 확장적인 통화정책이나 이러한 정책을 추진하게 만드는 강한 정치적 압력은 인플레이션 공포를 발생시킨다. 이러한 인플레이션 공포가 존재하는 경우 기대 인플레이션은 급상승하고, 이자율은 피셔 효과 때문에 상승하며(제5장 참조), 장기채권의 가격은 급격히 하락한다. 중앙은행과 정치인 모두는 이러한 상황을 회피하고자 하기 때문에 과도하게 확장적인 통화정책은 추진될 가능성이 없다.

많은 국가, 특히 신흥시장국에서 장기채권시장은 실제로 존재하지 않는다. 그러나 변동환율제도하에서 통화정책이 지나치게 확장적이면 환율은 절하한다. 이들 국가에서 환율의 일일 변동은 미국의 채권시장처럼 통화정책이 지나치게 확장적이라는 조기경보 신호를 제공할 수 있다. 채권시장에서 발생하는 인플레이션 공포가 중앙은행이 과도하게 확장적인 통화정책을 추진하지 못하게 하고 정치인들이 과도하게 확장적인 통화정책을 수행하도록 중앙은행에 압력을 가하지 못하게 하는 것처럼, 환율 절하의 두려움은 과도하게 확장적인 통화정책과 동태적 비일관성 문제가 발생하지 못하게 만들 수 있다.

외환시장이 신호를 제공해야 하는 필요성은 신흥시장국에게 더욱 중요할 수 있다. 왜냐하면 신흥시장국에서 중앙은행의 대차대조표와 활동은 선진국에서만큼 투명하지 않기 때문이다. 환율 타게팅은 중앙은행의 정책조치들을 확인하는 것을 더욱 어렵게 만들 수 있다. 민간인은 중앙은행과 중앙은행에 압력을 가하는 정치인을 지속적으로 감시할 수 없고, 이것이 통화정책을 지나치게 확장적이게 만들 수 있다.

7.3 선진국에게 환율 타게팅은 언제 필요한가?

앞에서 언급한 환율 타게팅의 단점들을 감안할 때, 선진국에게 환율 타게팅은 언제 필요한가? 선진국에게 부과하는 환율 타게팅의 최대 비용은 국내 상황에 대응하기 위한 독립적인 통화정책의 상실이다. 1992년 이후 프랑스와 영국의 경험에서 알 수 있듯이 독립적인 통화정책 상실은 심각한 비용이 될 수 있다. 그러나 중앙은행이 독립적이지 않거나 중앙은행에 대한 정치적 압력이 통화정책의 인플레이션 편의를 발생시키기 때문에 모든 선진국이 자신의 통화정책을 성공적으로 수행할 수 있는 것은 아니다. 이러한 경우 국내 통화정책에 대한 독립적인 통제력 상실이 큰 손실이 아닐 수 있는 반면 보다 성과가 좋은 지표국가의 중앙은행에 의해 통화정책이 결정되는 데서 발생하는 이익이 상당할 수 있다.

이탈리아가 한 예이다. 이탈리아인이 유럽의 모든 국가 중에서 유럽통화동맹(EMU)에 가장 우호적인 태도를 가졌다는 것은 우연한 일이 아니었다. 과거 이탈리아의 통화정책은 좋지 못했다. 이탈리아인은 보다 책임 있는 외부의 통화당국에 의해 통제되는 통화정책을 가지는 것이 통화정책을 국내 상황에 초점을 맞추게 하는 능력을 상실하는 데 따른 비용을 훨씬 능가하는 이익을 발생시킨다고 생각했다.

선진국에게 환율 타게팅이 유용하다고 생각할 수 있는 두 번째 이유는 환율 타게팅이 국내 경제와 이웃 국가 경제의 통합을 촉진시킨다는 것이다. 분명히 이것이 오스트리아와 네덜란드 같은 국가가 그들의 환율을 도이치 마르크에 오랜 기간 고정시키고 유럽통화동맹 이전에 고정환율제도를 채택했던 이유였다.

요약하면, (1) 국내 통화당국과 정치기관이 좋은 통화정책을 수행하는 데 도움이 되지 않거나 (2) 환율 목표가 통화정책과 관련이 없는 다른 중요한 이익을 가지고 있지 않으면, 선진국에게 환율 타게팅은 전체 경제를 통제하기 위한 최선의 통화정책 전략이 아닐 수 있다.

7.4 신흥시장국에게 환율 타게팅은 언제 필요한가?

정치기관과 통화당국이 특히 약하고, 이에 따라 체제전환국을 포함해 많은 신흥시장국의 경우처럼 계속적으로 하이퍼인플레이션을 경험하고 있는 국가들에서 환율 타게팅은 인플레이션 심리를 진정시키고 경제를 안정시키는 유일한 방법일 수 있다. 이러한 상황에서 환율 타게팅은 최종적으로 기댈 수 있는 안정화 정책이다. 그러나 만일 신흥시장국의 환율 타게팅 제도가 투명하지 않다면, 이 제도는 붕괴될 가능성이 높고, 종종 파멸적인 금융위기를 발생시킬 수 있다.

신흥시장국에서 환율제도의 붕괴 가능성을 감소시키는 환율 전략이 존재하는가? 이와 관련해 최근 점차 관심을 끌고 있는 2가지 환율 전략이 바로 통화위원회와 달러화이다.

7.5 통화위원회

환율 목표의 투명성과 정책 의지의 부족 문제를 해결하는 한 가지 방법은 **통화위원회**(currency board)를 채택하는 것이다. 통화위원회하에서 국내 통화는 외국 통화(말하자면 달러)에 의해 100% 지원되고 중앙은행 또는 정부와 같은 화폐 발행 당국은 외국 통화에 대해 고정환율을 설정하며 민간인이 요청할 때 설정된 고정환율로 국내 통화를 외국 통화로 교환해준다. 통화위원회는 변형된 고정환율 목표이다. 통화위원회하에서 통화정책의 수행은 실제로 중앙은행과 정부의 통제로부터 완전히 벗어나 자동 조종되기 때문에 고정환율에 대한 강한 약속은 매우 강력한 것이 된다. 이와 대조적으로, 전형적인 고정환율제도 또는 페그환율제도는 통화 당국에게 통화정책을 수행하는 데 있어서 약간의 재량을 허용한다. 왜냐하면 통화 당국은 여전히 이자율을 조정하거나 화폐를 발행할 수 있기 때문이다.

따라서 통화위원회제도는 환율 목표만을 사용하는 통화정책 전략보다 중요한 장점을 가지고 있다. 첫째, 화폐공급은 외국 통화가 중앙은행에서 국내 통화로 교환될 때에만 증가할 수 있다. 따라서 국내 통화의 증가는 같은 크기만큼 대외지급준비자산의 증가를 수반한다. 중앙은행은 더 이상 화폐를 발행해 인플레이션을 발생시키는 능력을 가지고 있지 않다. 둘째, 통화위원회는 고정환율을 유지하고자 하는 중앙은행의 강한 약속을 나타내고 이에 따라 인플레이션율을 신속하게 하락시키며 자국 통화에 대한 투기적 공격의 성공 가능성을 감소시키는 데 효과적일 수 있다.

통화위원회는 환율 목표 제도에 본질적으로 내재돼 있는 투명성과 강한 약속 문제를 해결해주지만 몇 가지 단점을 가지고 있다. 통화위원회의 단점은 독립적인 통화정책의 상실, 지표국가에서 발생한 충격에 대한 경제의 노출도 증가, 화폐를 발행하고 최종대부자로 활동하는 중앙은행의 능력 상실이다. 따라서 잠재적 은행위기를 극복하기 위해 다른 수단이 사용돼야 한다. 이에 더해, 만일 통화위원회에 대한 투기적 공격이 발생하면 국내 통화가 외국 통화로 교환되면서 경제에 크게 해를 끼칠 수 있는 화폐공급의 급격한 감소가 발생할 수 있다.

통화위원회는 홍콩(1983), 아르헨티나(1991), 에스토니아(1992), 리투아니아(1994), 불가리아(1997), 보스니아(1998)와 같은 국가들에서 창설됐다. 1991년부터 2002년까지 운영됐고 중앙은행이 1:1의 고정환율로 미국 달러와 새로운 페소를 교환해주도록 규정했던 아르헨티나의 통화위원회는 가장 흥미로운 통화위원회이다. 이에 대한 추가적인 논의를 위해서는 [글로벌] '아르헨티나의 통화위원회'를 참조하라.

글로벌 아르헨티나의 통화위원회

아르헨티나는 인플레이션율이 극적으로 변동하고 때로는 연간 1,000% 이상 급등하는 통화 불안정(monetary instability)의 긴 역사를 가지고 있다. 이러한 인플레이션율 급등의 순환을 종식시키기 위해, 아르헨티나는 1991년 4월에 통화위원회를 도입하기로 결정했다. 아르헨티나의 통화위원회는 다음과 같이 작동했다. 아르헨티나의 환전법하에서, 페소/달러 환율은 1 : 1로 고정됐고, 민간인은 어느 때든지 아르헨티나 중앙은행에 가서 페소를 달러로, 또는 달러를 페소로 바꿀 수 있었다.

아르헨티나의 통화위원회는 초기에 놀라울 정도로 성공적인 것으로 보였다. 1990년에 연간 800%에 이르던 인플레이션율은 1994년 말에 이르러서 5% 미만까지 하락했고, 경제성장률은 1991년에서 1994년까지 연간 약 8%로 급속히 증가했다. 그러나 멕시코 페소 위기의 여파로, 아르헨티나 경제의 건전도에 대한 우려가 민간인들이 은행으로부터 돈을 인출해(예금이 18% 감소했음) 페소를 달러로 교환하는 결과를 발생시켰다. 이에 따라 아르헨티나의 화폐공급이 감소했다. 그 결과 아르헨티나의 경제활동은 실질 GDP가 1995년에 5% 이상 감소하고 실업률이 15% 이상으로 치솟을 정도로 급격히 위축됐다. 1996년에서야 경제가 회복되기 시작했다.

아르헨티나 중앙은행은 통화위원회하에서 통화정책에 대한 통제력을 가지고 있지 않았기 때문에, 민간인들의 행위로부터 발생한 긴축적 통화정책에 대항하는 데 상대적으로 무기력했다. 더욱이 통화위원회는 아르헨티나 중앙은행이 페소를 발행해 은행들에게 대출하는 것을 허용하지 않았기 때문에, 아르헨티나 중앙은행은 최종대부자로 행동할 능력을 가지지 못했다. 아르헨티나의 은행시스템을 지원하기 위해 1995년에 50억 달러 이상을 대출했던 IMF, 세계은행, 미주개발은행 같은 국제기관들의 도움을 받아서, 통화위원회가 유지됐다.

그러나 1998년에 아르헨티나는 심각하고 매우 오랫동안 지속된 경기침체로 진입했다. 2001년 말에 이르러서, 실업률은 1930년대에 대공황기 동안 미국이 경험한 수준에 비견할 만한 20%에 이르렀다. 그 결과로, 시민 소요, 선거로 선출된 정부의 중도 하차, 심각한 은행위기, 거의 1,500억 달러에 이르는 정부 부채에 대한 채무불이행이 발생했다. 아르헨티나 중앙은행은 통화위원회하에서 통화정책에 대한 통제력을 가지지 못했기 때문에, 경기를 진작시켜 경기침체로부터 벗어나기 위한 통화정책을 사용할 수 없었다. 더욱이 통화위원회는 아르헨티나 중앙은행이 페소를 발행해 은행들에게 대출하는 것을 허용하지 않았기 때문에, 아르헨티나 중앙은행은 최종대부자로 행동할 수 없었다. 2002년 1월에, 통화위원회는 마침내 붕괴됐고 페소의 가치는 70% 이상 절하됐다. 그 결과, 인플레이션율은 급격히 치솟았고 극심한 경기침체가 발생했으며, 제9장에서 설명한 전면적인 금융위기가 발생했다. 분명한 것은 아르헨티나인들은 예전처럼 통화위원회에 매료돼 있지 않다는 것이다.

7.6 달러화

환율 목표의 투명성과 강한 약속의 부족으로 발생하는 문제들을 해결하기 위한 또 다른 방법은 **달러화**(dollarization)이다. 달러화는 달러와 같이 건전한 통화를 한 국가의 통화로 채택하는 것이다. 사실 달러화는 통화위원회보다 더 강력한 약속을 가진 또 하나의 변형된 고정환율 목표이다. 통화위원회는 통화가치의 변화를 허용하면서 폐기될 수 있지만, 달러화가 이루어지면 통화가치의 변화는 불가능하다. 1달러 지폐는 미국 내에서나 미국 밖에서 항상 1달러의 가치를 가진다.

달러화는 신흥시장국의 통화정책 전략으로 지지를 받았다 달러화는 1999년 1월에 발생한 브라질 헤알의 평가절하 여파로 아르헨티나 관리들에 의해 활발하게 논의됐고,

2000년 3월에 에콰도르에 의해 채택됐다. 달러화의 핵심 장점은 (국내 통화가 존재하지 않기 때문에) 국내 통화에 대한 투기적 공격 가능성을 완전히 피할 수 있다는 것이다. (국내 통화에 대한 투기적 공격은 통화위원회하에서도 여전히 위험요소이다.)

달러화도 환율 목표의 일반적인 단점(독립적인 통화정책의 상실, 지표국가에서 발생한 충격에 대한 경제의 노출도 증가, 화폐를 발행하고 최종대부자로 활동하는 중앙은행의 능력 상실)을 가진다. 달러화는 추가적으로 통화위원회 또는 다른 환율 목표 제도가 가지고 있지 않은 단점을 가지고 있다. 달러화를 채택하는 국가는 더 이상 자국의 통화를 가지고 있지 않기 때문에 **시뇨리지**(seignorage, 발권차익)라고 부르는 화폐 발행에 의해 정부가 얻게 되는 수입을 상실한다. 정부 또는 중앙은행은 자국 통화에 대해 이자를 지급할 필요가 없기 때문에, 채권과 같은 소득을 발생시키는 자산을 매입하기 위해 자국 통화를 사용함으로써 수입을 얻는다. 미국 연방준비제도의 경우 이러한 수입이 통상 연간 300억 달러 이상에 이른다. 만일 한 신흥시장국이 달러화를 채택하고 자국 통화를 포기하면, 이 국가는 다른 방법으로 이러한 수입의 상실을 보충해야 할 필요가 있다. 그러나 이러한 일은 가난한 국가에게 항상 쉬운 일이 아니다.

요 약 SUMMARY

1 외화 자산을 매입하기 위해 국내통화를 매도하는 중앙은행의 태화 외환시장 개입은 대외지급준비자산의 증가, 화폐공급의 증가, 국내 통화의 절하를 발생시킨다. 그러나 실증적 증거에 의하면 중앙은행의 불태화 외환시장 개입은 장기적으로 환율에 영향을 미치지 않는다.

2 국제수지는 한 국가와 해외 국가 간에 자금의 이동을 직접적으로 발생시키는 모든 지급을 기록하는 회계 방식이다. 공적 대외지급준비자산수지는 경상수지와 자본수지의 합이다. 공적 대외지급준비자산수지는 국제거래에 필요한 자금을 지원하기 위해 국가 간에 이동되는 대외지급준비자산의 양을 나타낸다.

3 제1차 세계대전 이전에 금본위 제도는 지배적인 국제금융시스템이었다. 통화들은 금으로 태환될 수 있었고 따라서 국가들 간 환율은 고정돼 있었다. 제2차 세계대전 이후, 브레튼 우즈 시스템과 IMF는 미국 달러가 금으로 태환될 수 있는 고정환율제도를 촉진하기 위해 창설됐다. 브레튼 우즈 시스템은 1971년에 붕괴됐다. 현재의 국제금융시스템은 관리변동환율제도와 고정환율제도의 요소들을 가지고 있다. 중앙은행들이 외환시장에 개입하지만, 일부 환율은 매일매일 변동하는 한편 다른 환율은 고정돼 있다.

4 자본 유출에 대한 통제는 위기 동안 자국민과 외국인이 자본을 국외로 유출시키는 것을 막고, 자국 통화가 (평가)절하되지 않게 만들기 때문에 지지를 받는다. 자본 유입에 대한 통제는 투기자본이 유입될 수 없으면 투기자본이 갑자기 유출돼 위기를 발생시킬 수 있는 일도 없다는 이론이 성립하는 경우에만 의미를 가진다. 그러나 자본통제는 몇 가지 단점을 가지고 있다. 자본통제는 결코 실효성이 없고, 부패를 발생시키며, 정부가 금융위기를 해결하기 위해 금융시스템을 개혁하는 데 필요한 조치들을 취하는 것을 회피하게 만들 수 있다.

5 IMF는 최근 국제적 최종대부자의 역할을 담당했다. 신흥시장국의 중앙은행은 최종대부자의 역할을 성공적으로 수행할 수 없기 때문에, IMF와 같은 국제적 최종대부

자가 금융불안정을 막기 위해 필요하다. 그러나 국제적 최종대부자로서 IMF의 역할은 과도한 위험 선택을 권장하고 금융위기의 발생 가능성을 증가시킬 수 있으나, 대출을 거부하는 것이 정치적으로 어려울 수 있는 심각한 도덕적 해이 문제를 발생시킨다. 이에 더해 IMF는 국제적 최종대부자로서 대출자금을 관리할 수 있는 수준으로 유지하기 위해 위기 동안 신속하게 유동성을 공급할 수 있어야 한다.

6 3가지의 국제적 고려사항, 즉 통화정책에 미치는 외환시장의 직접 효과, 국제수지 고려사항, 환율 고려사항은 통화정책의 수행에 영향을 미친다. 미국은 제2차 세계대전 이후 지급준비통화 국가였기 때문에, 미국의 통화정책은 다른 국가들에 비해 외환시장과 국제수지의 상황에 영향을 덜 받았다. 그러나 최근에 환율 고려사항은 미국의 통화정책에 보다 두드러진 영향을 미치고 있다.

7 환율 타게팅은 통화정책 전략으로서 다음과 같은 장점을 가지고 있다. (1) 환율 타게팅은 국제적으로 교역되는 재화들의 인플레이션율을 자국 통화의 가치가 고정되는 지표국가의 인플레이션율에 연계시킴으로써 직접적으로 인플레이션을 통제한다. (2) 환율 타게팅은 동태적 비일관성 문제를 완화시키는 데 도움을 주는 통화정책 수행을 위한 자동준칙을 제공한다. (3) 환율 타게팅은 단순하고 명료하다. 환율 타게팅은 또한 다음과 같은 심각한 단점을 가지고 있다. (1) 환율 타게팅은 독립적인 통화정책의 상실을 발생시킨다. (2) 환율 타게팅은 자국 통화를 투기적 공격에 노출시킨다. (3) 환율 타게팅은 환율 변화가 제공하는 신호를 없애기 때문에 정책당국의 책임성을 약화시킬 수 있다. 환율제도가 붕괴하지 않도록 만드는 2가지 전략은 통화위원회와 달러화이다. 통화위원회에서는 중앙은행이 고정된 환율로 자국 통화를 외국 통화와 자동으로 교환해준다. 달러화에서는 미국 달러와 같은 건전한 통화가 한 국가의 통화로 채택된다.

주요 용어 KEY TERMS

경상수지(current account)
고정환율제도(fixed exchange rate regime)
공적 대외지급준비자산수지(official reserve transactions balance)
관리변동환율제도(managed float regime, dirty float)
국제수지(balance of payments)
국제수지 위기(balance of payments crisis)
국제통화기금(International Monetary Fund, IMF)
금본위 제도(gold standard)
기준통화(anchor currency)
달러화(dollarization)
대외지급준비자산(international reserves)
무역수지(trade balance)
변동환율제도(floating exchange rate regime)
불태화 외환시장 개입(sterilized foreign exchange intervention)
브레튼 우즈 시스템(Bretton Woods system)
삼자 동시선택 불가능성(impossible trinity)
세계무역기구(World Trade Organization, WTO)
세계은행(World Bank)
시뇨리지(seinorage)
외환시장 개입(foreign exchange interventions)
자본수지(capital account)
자본통제(capital control)
정책 트릴레마(policy trilemma)
지급준비통화(reserve currency)
태화 외환시장 개입(unsterilized foreign exchange intervention)
통화위원회(currency board)
특별인출권(special drawing rights, SDRs)
평가절상(revaluation)
평가절하(devaluation)
환율고정(exchangerate peg)
환율 타게팅(exchange rate targeting)

연습문제

QUESTIONS

1 만일 Fed가 외환시장에서 달러를 매입하는 동시에 외환시장 개입을 불태화시키기 위해 상쇄적 공개시장조작을 수행하면, 이러한 정책은 대외지급준비자산, 화폐공급, 환율에 어떤 영향을 미치는가?

2 만일 Fed가 외환시장에서 달러를 매입하지만 외환시장 개입을 불태화시키지 않으면, 이러한 정책은 대외지급준비자산, 화폐공급, 환율에 어떤 영향을 미치는가?

3 다음의 각 항목은 국제수지 계정의 어느 부분(경상수지, 자본수지, 대외지급준비자산의 순 변화)에 나타나는지와 수취 또는 지급인지를 구별하라.

a. 한 영국인의 존슨 앤드 존슨(Johnson & Johnson) 주식 1주 구매

b. 한 미국인의 에어 프랑스(Air France) 항공 티켓 1장 구매

c. 스위스 정부의 미국 재무부 단기 증권 매입

d. 한 일본인의 캘리포니아 오렌지 구매

e. 온두라스에 제공된 5,000만 달러의 해외원조

f. 멕시코에 대한 한 미국 은행의 대출

g. 한 미국 은행의 유로달러 차입

4 왜 미국의 국제수지 적자가 미국의 대외지급준비자산에 미치는 효과가 네덜란드의 국제수지 적자가 네덜란드의 대외지급준비자산에 미치는 효과와 다른가?

5 대규모 국제수지 흑자는 이 국가의 인플레이션율에 어떻게 영향을 미칠 수 있는가?

6 국제수지 적자가 발생하면 왜 일부 국가는 긴축적 통화정책을 수행해야만 하는가?

7 금본위 제도하에서, 만일 영국이 미국에 비해 상대적으로 더 생산적이 되면 두 국가의 화폐공급에 어떤 일이 발생하는가? 왜 화폐공급의 변화가 미국과 영국 간의 고정환율을 유지시키는 데 도움을 주는가?

8 만일 1달러가 1/20온스의 금으로 태환될 수 있고 1스위스 프랑이 1/40온스의 금으로 태환될 수 있다면, 달러와 스위스 프랑 간의 환율은 얼마인가?

9 "금본위 제도하에서는 인플레이션이 발생할 수 없다." 이 진술은 참인가, 거짓인가, 또는 불확실한가? 설명하라.

10 중국이 위안을 달러에 고정시키는 데 따른 몇 가지 단점은 무엇인가?

11 만일 한 국가의 평가환율이 브레튼 우즈 고정환율제도하에서 과소평가돼 있다면, 이 국가의 중앙은행은 어떤 종류의 외환시장 개입을 해야 하며, 이러한 외환시장 개입은 이 국가의 대외지급준비자산과 화폐공급에 어떤 영향을 주는가?

12 "1973년 이후 고정환율제도의 포기로 많은 국가가 보다 더 독립적인 통화정책을 수행하게 됐다." 이 진술은 참인가, 거짓인가, 또는 불확실한가? 설명하라.

13 "만일 한 국가가 환율이 변동하는 것을 막기 원하면, 이 국가는 자국의 화폐공급에 대한 일부의 통제력을 포기해야 한다." 이 진술은 참인가, 거짓인가, 또는 불확실한가? 설명하라.

14 순수한 변동환율제도에서 왜 외환시장은 화폐공급에 직접적인 영향을 미치지 못하는가? 이것은 외환시장이 통화정책에 아무런 영향을 주지 못한다는 것을 의미하는가?

15 왜 환율고정은 독일의 재통일이 이루어졌을 때 ERM에 참여한 국가에게 어려움을 발생시켰는가?

16 환율 타게팅은 어떻게 한 통화에 대한 투기적 공격을 발생시킬 수 있는가?

17 IMF가 국제적 최종대부자가 되는 것의 장점과 단점은 무엇인가?

18 장기채권시장은 어떻게 통화정책의 동태적 비일관성 문제를 감소시키는 데 도움을 줄 수 있는가? 외환시장도 이러한 역할을 수행할 수 있는가?

19 "국제수지 적자는 항상 한 국가의 대외지급준비자산을 감소시킨다." 이 진술은 참인가, 거짓인가, 또는 불확실한가? 설명하라.

20 지속적인 미국의 국제수지 적자는 어떻게 세계적 인플레이션을 자극할 수 있는가?

21 통화정책 전략으로서 환율 타게팅의 핵심 장점은 무엇인가?

22 환율 타게팅은 언제 선진국에게 바람직한 전략이 될 수 있는가? 환율 타게팅은 언제 신흥시장국에게 바람직한 전략이 될 수 있는가?

23 통화위원회와 달러화가 환율 목표만을 사용하는 통화정책과 비교해 가지는 장점과 단점은 무엇인가?

응용문제 APPLIED PROBLEMS

24 Fed가 100만 달러의 외국 자산을 매입한다고 하자.

a. 만일 Fed가 현금으로 100만 달러의 외국 자산을 매입한다면, T-계정을 사용해 이러한 공개시장조작의 효과를 나타내라. 본원통화에는 어떤 일이 발생하는가?

b. 만일 Fed가 100만 달러의 재무부 단기 증권을 매도해 100만 달러의 외국 자산을 매입한다면, T-계정을 사용해 이러한 공개시장조작의 효과를 나타내라. 본원통화에는 어떤 일이 발생하는가?

25 멕시코 중앙은행이 페소를 미국 달러에 고정시키기로 하고 페소/달러 고정환율을 지킨다는 강한 약속을 한다고 하자. 단일 미국 경제의 충격이 Fed로 하여금 긴축적 통화정책을 수행하도록 만든다면 이러한 환율 고정이 어떻게 유지돼야 하는지를 설명하기 위해 페소 자산 시장(외환시장)의 그래프를 사용하라. 이것은 고정환율을 유지하면서 국내 경제 문제에 대응하는 중앙은행의 능력에 대해 무엇을 말해주는가?

웹 연습문제 WEB EXERCISES

1 연방준비제도는 외환시장의 동향을 설명하는 정보를 온라인으로 발표한다. 이러한 발표 자료를 www.ny.frb.org/education/addpub/usfxm에서 찾을 수 있다. 목차를 살펴보고 국제금융시스템의 변천에 관한 제11장을 열어라. 이 장을 읽고 왜 각 통화제도가 다음의 통화제도로 이행하기 위해 폐지됐는지를 논의하는 1쪽 분량의 요약문을 작성하라.

2 국제통화기금은 외환위기에 직면한 국가를 도울 준비가 돼 있다. www.imf.org에 들어가서 'About the IMF' 라고 표시된 곳을 클릭하라. IMF의 목적은 무엇인가? 얼마나 많은 국가가 참여하고 있으며, IMF는 언제 창설됐는가?

참고 웹사이트 WEB REFERENCES

http://research.stlouisfed.org/fred2

환율, 국제수지, 무역 통계를 제공한다.

www.imf.org/external/np/exr/facts/sdr.htm

특별인출권, 배분, 가치, SDR의 사용자 가이드에 관한 정보를 제공한다.

http://users.erols.com/kurrency/intro.htm

통화위원회의 역사, 목적, 기능에 관한 상세한 논의를 제공한다.

PART 6

화폐이론

위기와 대응 : 2007~2009년의 퍼펙트 스톰

2007년과 2008년 미국 경제는 퍼펙트 스톰(perfect storm)에 휩싸였다. 유가는 2007년 초에 배럴당 60달러에서 2007년 말에 배럴당 100달러로 올랐으며 2008년 7월에는 140달러로 최고치에 달했다. 유가충격은 경기후퇴와 인플레이션을 동시에 불러왔다. 그 결과 높은 인플레이션과 실업이 발생했고, 주유소에서 운전자들은 불만을 토로했다.

이러한 공급충격으로는 충분하지 않았는지 글로벌 금융위기가 2007년 8월 들어 경제를 강타했고, 가계와 기업의 지출을 감소시켰다. 이 충격은 더 높은 실업의 증가와 함께 미래 인플레이션 압력을 약화시켰다.

엄청난 충격의 결과 대공황 이후 가장 극심한 경기수축을 경험해, 실업률이 2006년과 2007년의 4.6% 수준에서 2009년 말 10% 수준으로 상승했다. 인플레이션 역시 2006년의 2.5%에서 2008년 중반 5% 이상으로 상승했지만, 실업률의 증가와 2008년 가을 원유 및 상품의 가격 하락으로 인플레이션은 다시 급속히 떨어졌다.

연준의 공격적인 통화정책이 경제의 수축을 막기 위해 집중됐음에도 의회는 추가 조치를 원했다. 미국 의회는 2008년 2월과 2009년 2월에 각각 1,500억 달러와 2009년에 7,870억 달러의 경기부양책을 통과시켰다. 그러나 이들 경기부양책이 GDP를 끌어올리는 데 기여했음에도 불구하고 금융위기가 계속 악화돼 경기부양책이 무력화됐고, 결국 경제는 급격히 추락했다.

부정적인 충격이 경제에 심대한 영향을 미침에 따라 통화정책과 여타 정부정책이 인플레이션과 국민소득에 어떤 영향을 미치는지 이해할 필요가 있다. 제20장에서는 화폐수량설이 어떻게 장기적으로 인플레이션을 설명하는가를 논의하며 화폐수요이론의 발전 과정을 다룬다. 제21~24장에서는 통화정책이 국민소득과 인플레이션에 미치는 영향을 학습할 수 있는 기본 분석도구로서 총수요와 총공급 분석을 제시한다. 제25장에서는 통화정책이 어떻게 국민소득과 인플레이션을 안정시키는지를 이해하기 위해 총수요과 총공급 모형을 자세히 설명한다. 제26장은 통화정책이 거시경제에 미치는 영향의 파급경로를 요약한다.

20 화폐수량설, 인플레이션 및 화폐수요

PREVIEW

앞에서 화폐공급(money supply)이 무엇이고 그 크기가 어떻게 결정되는지 분석했다. 그리고 화폐공급에 있어서 연방준비제도(연준)의 역할에 대해 살펴봤다. 이 장에서는 화폐공급과 통화정책이 한 나라의 재화 및 서비스의 총생산(총산출)인 명목GDP와 인플레이션을 결정하는 데 어떤 역할을 하는지 알아볼 것이다. 화폐와 통화정책이 경제에 미치는 영향을 연구하는 분야를 *화폐이론*(monetary theory)이라 하는데, 제6부의 각 장들은 이러한 경제학의 분야를 살펴볼 것이다.

경제학에서 *공급*(supply)이라는 개념을 다룰 때는 반드시 *수요*(demand)라는 개념이 따라 나오는데, 화폐이론에서도 예외가 아니다. 통화정책이 경제에 미치는 영향을 이해하는 데 있어서 화폐공급은 필수 개념이다. 왜냐하면 화폐공급이론은 한 나라의 통화량(화폐량)의 크기에 영향을 미치는 요소들을 알려주기 때문이다. 그리고 화폐수요(demand for money)이론은 화폐이론을 구성하는 또 하나의 필수적인 부분이다.

먼저 화폐수량설, 화폐수량설과 화폐수요와의 연계성 등을 살펴본 후 화폐수요를 결정하는 요인들을 심층 분석할 것이다. 화폐이론에 있어서 가장 중요한 이슈는 화폐수요가 이자율 변동에 얼마만큼 영향을 받는가 하는 것이다. 이러한 문제는 화폐가 경제활동에 미치는 영향을 가늠하는 매우 중요한 요소이기 때문에 화폐수요이론에서는 이자율의 역할에 초점을 맞추고 있다.

1 화폐수량설

19세기와 20세기 초 고전학파(classical) 경제학자들에 의해 발전된 화폐수량설은 명목 GDP의 크기가 어떻게 결정되는지 연구하는 이론이다. 또한 이 이론은 명목국민소득이 주어져 있을 때 얼마나 많은 통화량을 보유해야 하는지 알려주기 때문에, 화폐수량설은 화폐수요이론의 하나이다. 이 이론의 가장 중요한 특징은 이자율이 화폐수요에 아무런 영향을 미치지 않는다는 것이다.

1.1 화폐유통속도와 교환방정식

화폐수량설에 관한 가장 명확한 설명은 미국의 경제학자인 어빙 피셔(Irving Fisher)의 1911년 저서 『화폐의 구매력(The Purchasing Power of Money)』에 제시돼 있다. 피셔는 통화량(화폐공급) M과 그 경제에서 생산되는 모든 최종 재화와 서비스에 대한 총지출(명목GDP) $P \times Y$(P는 물가, Y는 실질국민소득(실질GDP 또는 총산출))의 관계를 분석하고자 했다. M과 $P \times Y$를 연결해주는 개념이 **화폐유통속도**(velocity of money, 또는 **유통속도**)이다. 이는 1년 동안 그 경제에서 생산되는 모든 재화와 서비스를 구입하는 데 화폐가 평균적으로 몇 번 사용됐는가를 나타내는 평균거래횟수, 즉 화폐의 회전율(turnover) 개념이다. 화폐유통속도 V는 총지출 $P \times Y$를 M으로 나누어 구할 수 있다.

$$V = \frac{P \times Y}{M} \tag{1}$$

예를 들어 명목GDP($P \times Y$)가 연간 10조 달러이고 통화량이 2조 달러라면, 유통속도는 다음과 같이 구할 수 있다.

$$V = \frac{10\text{조 달러}}{2\text{조 달러}} = 5$$

유통속도가 5라는 것은 경제에서 생산되는 최종 재화와 서비스를 구입하는 데 화폐가 평균 5번 사용됐다는 것을 의미한다.

식(1)의 양변에 M을 곱하면 명목GDP, 통화량, 유통속도 간의 관계를 나타내는 **교환방정식**(equation of exchange)을 얻을 수 있다.

$$M \times V = P \times Y \tag{2}$$

교환방정식은 통화량과 화폐의 평균거래횟수(유통속도)의 곱이 명목GDP와 반드시 일치해야 한다는 것을 규정하고 있다.[1)]

식(2) 그 자체는 단순히 항등식에 불과하며, 정의상 항상 성립하는 관계식이다. 따라서

---

1) 피셔가 처음 교환방정식을 세울 때는 명목GDP인 PY 대신에 명목총거래액인 PT를 사용했다.

$$MV_T = PT$$

여기서 P = 거래당 평균가격, T = 1년간 총거래량, $V_T = PT/M$ = 거래유통속도(transactions velocity of money)이다. 총거래량 T는 측정하기 어렵기 때문에 화폐수량설에서는 다음과 같은 가정하에 총거래량 대신에 실질GDP Y를 사용한다. 즉 T가 Y와 비례한다고 가정하면 $T = vY$(v는 상수)가 성립하고 이를 T에 대입하면 $MV_T = vPY$가 성립한다. 여기서 $V = V_T/v$로 놓으면 이 식은 본문의 식(2)와 같아진다.

교환방정식은 화폐공급 M이 변동할 경우 명목GDP($P \times Y$)도 반드시 같은 방향으로 변동한다는 것을 의미하지는 않는다. 예를 들어 화폐공급 M이 변동할 때 유통속도 V가 서로 완전히 상쇄되는 방향으로 움직여서 $M \times V$(또는 $P \times Y$)를 일정하게 유지시킬 수도 있다. '항등식'(identity)인 교환방정식을 명목GDP를 결정하는 '이론'(theory)으로 해석하기 위해서는 우선 유통속도의 결정요인을 알아야 한다.

유통속도의 결정요인 피셔는 유통속도가 개인의 거래관습과 관련된 제도에 의해 결정된다고 생각했다. 만약 사람들이 거래 과정에서 현재와 같이 가능한 한 직불카드나 신용카드를 사용하고 결과적으로 화폐를 덜 사용한다면, 명목GDP 거래를 수행하는 데 있어서 화폐가 덜 필요해지고(M 감소, $P \times Y$ 일정) 이에 따라 유통속도 $(P \times Y)/M$는 증가한다. 반대로 거래 과정에서 현금, 수표, 직불카드(3가지 모두 화폐임)를 지급하는 것이 더 편리하다면 더 많은 화폐가 명목GDP 거래를 수행하는 데 사용되고(M 증가, $P \times Y$ 일정) 이에 따라 유통속도는 하락한다. 피셔는 경제제도와 기술 변화가 유통속도에 미치는 영향은 장기간에 걸쳐 서서히 나타나기 때문에 단기적으로 유통속도는 일정하다고 가정하는 것이 타당하다고 봤다.

화폐수요 피셔의 화폐수량설을 해석하는 다른 방법은 **화폐수요**(demand for money)의 관점에서 파악하는 것이다. 화폐수요란 사람들이 보유하고자 하는 화폐량을 의미한다.

화폐수량설은 명목GDP가 주어져 있을 때 보유해야 할 화폐량을 알려주기 때문에 화폐수요이론으로 해석할 수 있다. 이를 설명하기 위해 교환방정식 (2)의 양변을 V로 나누면 다음의 식을 얻을 수 있다.

$$M = \frac{1}{V} \times PY$$

화폐공급(M)과 화폐수요(M^d)가 일치해 화폐시장이 균형을 이룬다면, M을 M^d로 대체할 수 있다. 또한 화폐유통속도가 일정하다고 가정했기 때문에 $1/V$을 상수 k로 대체할 수 있다. 위의 식에서 M 대신 M^d로 대입하고 $1/V$ 대신 k로 대입하면 교환방정식은 다음과 같이 표시된다.

$$M^d = k \times PY \tag{3}$$

식(3)에서 k가 일정하기 때문에 명목GDP에 의해 결정되는 거래규모 PY가 화폐수요 M^d를 결정한다. 그러므로 피셔의 화폐수량설은 화폐수요가 오직 국민소득에 의해 결정되

며, 이자율은 화폐수요에 아무런 영향을 미치지 못한다는 것을 시사한다.[2)]

1.2 교환방정식과 화폐수량설

유통속도가 단기에 일정하다($V=\overline{V}$)는 피셔의 견해로부터 교환방정식은 **화폐수량설**(quantity theory of money)로 해석될 수 있다. 화폐수량설은 명목GDP가 오직 통화량에 의해 결정된다고 설명한다.

$$P \times Y = M \times \overline{V} \tag{4}$$

화폐수량방정식(교환방정식) (4)는 통화량 M이 2배가 될 때, $M \times \overline{V}$도 2배가 되고 $P \times Y$도 2배가 됨을 나타낸다. 예컨대 유통속도가 5, 명목GDP가 10조 달러, 화폐공급이 2조 달러라고 가정해보자. 이제 화폐공급이 4조 달러로 2배가 될 경우, 화폐수량설에 의하면 명목GDP도 20조 달러(= 5 × 4조 달러)로 2배가 될 것이다.

1.3 화폐수량설과 물가수준

피셔를 포함한 고전학파는 임금과 가격이 완전히 신축적이라고 가정했기 때문에 정상적인 경제에서 실질GDP(Y)는 완전고용 수준에 머무를 것이라고 봤다. 따라서 교환방정식(4)에서 Y는 단기에 일정하다고 볼 수 있어 $\overline{Y}$로 대체할 수 있다. 식(4)의 양변을 $\overline{Y}$로 나누면 물가수준(P)을 다음의 식으로 나타낼 수 있다.

$$P = \frac{M \times \overline{V}}{\overline{Y}} \tag{5}$$

식(5)로 나타낸 화폐수량설은 M이 2배가 될 경우 단기에 $\overline{V}$와 $\overline{Y}$가 일정하기 때문에 P도 2배가 됨을 나타낸다. 앞의 예에서 실질GDP가 10조 달러, 유통속도가 5, 화폐공급이 2조 달러라면, 물가수준은 1이 된다.

$$P = 1 = \frac{2\text{조 달러} \times 5}{10\text{조 달러}} = \frac{10\text{조 달러}}{10\text{조 달러}}$$

이때 화폐공급이 4조 달러로 2배가 되면, 물가수준도 2로 2배가 된다.

$$P = 2 = \frac{4\text{조 달러} \times 5}{10\text{조 달러}} = \frac{20\text{조 달러}}{10\text{조 달러}}$$

2) 피셔가 화폐수량설을 이용해 화폐수요이론을 발전시킨 반면, 마샬, 피구 등 영국 케임브리지(Cambridge)의 고전학파들은 다른 접근방법으로 유사한 결론에 이르고 있다. 즉 그들은 교환의 매개와 가치의 저장수단이라는 화폐의 2가지 기능에 주목해 본문의 식(3)을 도출했다.

고전학파는 화폐수량설에 의거해 물가수준의 움직임을 설명한다. 그들에 의하면 통화량의 변동은 비례적으로 물가수준의 변동을 가져온다.

1.4 화폐수량설과 인플레이션

이제 화폐수량설로부터 인플레이션 이론을 도출해보자. 두 변수 곱의 증가율은 개별 변수의 증가율의 합이라는 수식을 상기해보자. 즉

$$(x \times y)\text{의 증가율} = x\text{의 증가율} + y\text{의 증가율}$$

이러한 관계를 교환방정식에 적용하면 다음과 같다.

$$M\text{의 증가율} + V\text{의 증가율} = P\text{의 증가율} + Y\text{의 증가율}$$

위 식을 P의 증가율에 대해 정리하고 P의 증가율이 인플레이션율(π)로 정의된다는 사실을 고려하면 다음의 식을 얻을 수 있다.

$$\pi = P\text{의 증가율} = M\text{의 증가율} + V\text{의 증가율} - Y\text{의 증가율}$$

유통속도가 일정해 V의 증가율이 0이 된다고 가정했기 때문에 화폐수량설은 또한 인플레이션 이론이 된다.

$$\pi = M\text{의 증가율} - Y\text{의 증가율} \tag{6}$$

이 방정식의 의미는 다음과 같다. 화폐수량설에 의하면 인플레이션율은 통화증가율에서 실질GDP의 증가율(경제성장률)을 차감한 것이다. 예를 들어 실질GDP가 연 3%로 증가하고 통화증가율이 5%라면 인플레이션율은 2%(=5%−3%)가 된다. 연준이 통화증가율을 10%로 늘린 경우 인플레이션에 관한 화폐수량설인 식(6)에 의하면, 인플레이션율은 7%(=10%−3%)로 상승할 것이다.

응용 화폐수량설에 대한 실증적 검정

지금까지 화폐수량설의 이론적 내용을 자세히 살펴봤기 때문에 이제 실제 데이터를 이용해 이 이론을 장기와 단기에 걸쳐 실증적으로 검정을 해보자.

장기에 있어서 화폐수량설

화폐수량설은 임금과 가격이 신축적이라는 가정에 근거하기 때문에 인플레이션에 대한 장기이론을 제공한다. [그림 1]의 (a)는 1870~2000년대 중 미국의 10년 평균 인플레이션율과 10년 평균 M2 증가율을 그래프로 나타낸 것이다. 10년 동안 실질GDP의 증가율은 별로 변하지 않았기 때문에 식(6)은 10년 평균 인플레이션율이 10년 평균 M2 증가율에서 상수(실질GDP의 증가율)를 차감한 것과 같다는 것을 나타낸다. 따라서 인플레이션과 통화증가율 간에는 강한 양의 상관관계가 존재한다. 이러한 관계가 [그림 1]의 (a)에 나타나 있다.

화폐수량설은 장기 인플레이션율이 국가 간에 차이가 나는 것을 설명하는가? [그림 1]의 (b)는 2000~2010년 중 각국의 10년 평균 인플레이션율과 10년 평균 통화증가율을 그래프로 나타낸 것이다. 터키, 우크라이나, 잠비아 등 통화증가율이 높은 국가가 인플레이션도 높다는 사실에 주목하자.

단기에 있어서 화폐수량설

화폐수량설은 인플레이션의 단기 변동도 잘 설명하고 있는가? [그림 2]는 1965~2010년 중 미국의 연간 인플레이션율과 연간 M2 증가율의 그래프인데, 통화증가율과 인플레이션의 단기 관계에 대한 증거를 제시한다. (통화증가율이 인플레이션에 미치는 데 걸리는 시간을 고려해 화폐공급은 2년 전의 데이터를 이용한다.) 연간 인플레이션과 통화증가율 간의 상관관계는 전혀 강하지 않다. 1963~1967년, 1983~1985년, 2003~2005년, 2008~2009년과 같이 통화증가율은 높고 인플레이션은 낮은 연도가 많다. 확실히 [그림 2]에서 통화증가율과 인플레이션 간의 양의 상관관계를 확인하기는 어렵다.

이러한 실증적 증거로부터 다음과 같은 결론을 내릴 수 있다. 화폐수량설은 장기적으로는 인플레이션을 잘 설명하는 이론이지만, 단기적으로는 인플레이션을 잘 설명하지 못한다. 이러한 결론의 또 다른 시사점은 "인플레이션은 언제 어디서나 화폐적 현상이다"(제1장에서 언급)라는 프리드만의 명제가 장기적으로는 맞지만, 단기적으로는 데이터에 의해 지지되지 않는다는 점이다. 이러한 결론은 임금과 가격이 완전히 신축적이라는 고전학파의 가정이 인플레이션과 실질GDP의 단기 변동을 설명하는 데는 적절하지 않다는 것을 시사한다. 이런 이유로 앞으로 나오는 여러 장에서 인플레이션과 실질GDP의 단기 변동에 관한 모형을 전개할 때, 이러한 가정은 완화될 것이다.

그림 1 인플레이션과 통화증가율의 관계

(a)에서 높은 통화증가율의 시기(1910년대, 1940년대, 1970년대)에는 높은 평균 인플레이션율을 보였다. 이러한 관계는 2000~2010년 중 각국의 10년 평균 인플레이션율과 10년 평균 통화증가율을 그래프로 나타낸 (b)에서도 성립한다.

자료 : (a)에 관해서는 Milton Friedman and Anna Schwartz, *Monetary Trends in the United States and th United Kingdom: Their Relation to Income, Prices, and Interest Rates, 1867-1975*, Federal Reserve Economic Database(FRED), Federal Reserve Bank of St. Louis, http://research.stlouisfed.org/fred2/categories/25, Bureau of Labor Statistics at http://data.bls.gov/cgi-bin/surveymost?cu. (b)에 관해서는 International Financial Statistics. International Monetary Fund, www.imfstatistics.org/imf/

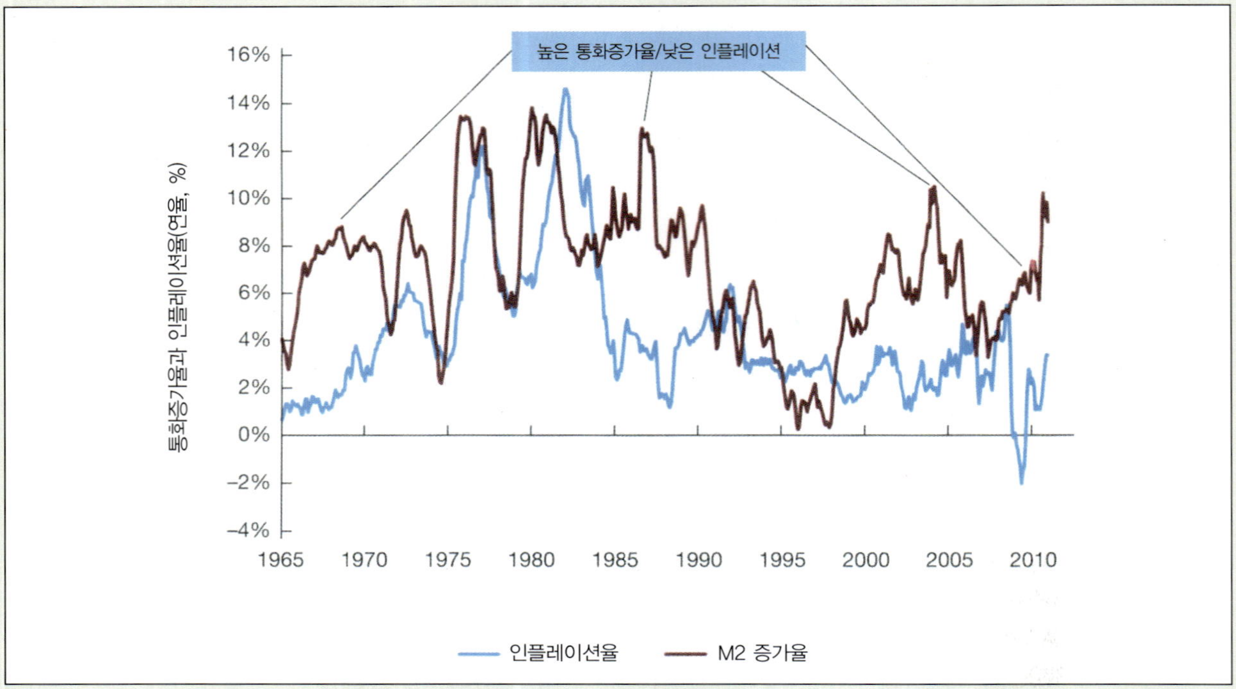

그림 2 미국의 연간 인플레이션율과 통화증가율, 1965~2010년

미국의 연간 인플레이션과 통화증가율(통화증가율이 인플레이션에 미치는 효과의 시차를 고려해 화폐공급은 2년 전의 데이터를 이용)의 그래프는 인플레이션과 통화증가율 간의 단기적 상관관계를 지지하지 않는다. 통화증가율은 높고 인플레이션은 낮은 연도(1963~1967년, 1983~1985년, 2003~2005년)가 많다.

자료 : FRED, Federal Reserve Economic Data, Federal Reserve Bank of St. Louis; Bureau of Labor Statistics, http://research.stlouisfed.org/fred2/categories/25; 2009. 9. 30

2 재정적자와 인플레이션

재정적자는 인플레이션 유발적인 통화정책의 중요한 요인이 될 수 있다. 이를 알아보기 위해 정부가 재정적자를 어떻게 충당하는지 살펴볼 필요가 있다.

2.1 정부의 예산제약식

정부도 일반 국민과 같이 대금을 지불해야 하기 때문에 예산제약이 있다. 일반 국민은 2가지 방법으로 대금을 지불할 수 있다. 즉 일을 해서 수입을 올리는 방법과 차입(빚)을 하는 방법이다. 정부도 세금을 부과해 수입을 올리거나 국채를 발행해 차입하는 2가지 방법을 갖는다. 그러나 정부는 일반 국민과 달리 세 번째 방법을 갖는다. 즉 정부는 화폐를 발행해 재화와 서비스의 구입대금을 지불하는 데 사용할 수 있다.

정부지출에 필요한 대금을 충당하는 방법은 다음과 같이 **정부의 예산제약식**(government budget constraint)이라 불리는 수식으로 설명할 수 있다. 즉 정부의 재정적자 DEF(=정부지출(G)−조세(T))는 본원통화(monetary base) 증가분(ΔMB)과 민간이 보유한 국채 증가분(ΔB)의 합과 같아야 한다. 이를 수식으로 표시하면 다음과 같다.

$$DEF = G - T = \Delta MB + \Delta B \tag{7}$$

정부의 예산제약식이 실제로 어떤 의미를 갖는지 알아보기 위해, 정부가 오직 1억 달러의 슈퍼컴퓨터만 구입하는 경우를 상정해보자. 정부가 이런 컴퓨터를 구입할 가치가 있다는 것을 유권자에 확신시킨다면, 정부는 대금의 지불을 위해 1억 달러의 세금을 걷을 것이고 재정적자는 0이 될 것이다. 이 경우 정부예산이 균형을 이루기 때문에 정부의 예산제약식은 슈퍼컴퓨터의 대금을 지불하기 위해 화폐나 국채를 발행할 필요가 없음을 알려준다. 슈퍼컴퓨터가 너무 비싸다고 생각해 납세자가 이를 위한 세금납부를 거부한다면, 정부의 예산제약식은 슈퍼컴퓨터의 대금을 지불하기 위해 1억 달러의 신규 국채를 민간에게 판매하거나 1억 달러의 화폐를 발행해야 한다는 것을 나타낸다. 어느 경우에나 정부의 예산제약식을 만족한다. 1억 달러의 재정적자는 민간 보유 국채의 증가(ΔB=1억 달러)나 본원통화의 증가(ΔMB=1억 달러)에 의해 보전된다.

정부의 예산제약식은 2가지 중요한 사실을 알려준다. 재정적자가 민간 보유 국채를 증가시켜 보전된다면 본원통화나 화폐공급에는 영향을 미치지 않는다. 그러나 재정적자가 민간 보유 국채의 증가에 의해 보전되지 않는다면 본원통화나 화폐공급은 증가한다.

민간 보유 국채가 증가하지 않을 경우 재정적자가 왜 본원통화를 증가시키는지 이해하는 방법에는 몇 가지가 있다. 가장 단순한 경우는 재무부가 재정적자를 보전하기 위해 화폐를 발행하는 법적 권한을 갖는 것이다. 이 경우 재정적자를 보전하는 방법은 매우 간단하다. 즉 정부는 조세수입을 초과하는 정부지출 대금을 신규로 발행된 화폐로 지불하면 된다. 이런 화폐발행액은 본원통화에 직접 포함되기 때문에 본원통화가 증가하고 제15장에서와 같이 승수적 신용창조 과정을 통해 화폐공급이 증가한다.

그러나 미국과 대부분의 국가에서 정부는 지출에 사용할 화폐의 발행 권한이 없다. 이 경우 정부는 지출에 사용할 추가적인 자금을 얻기 위해 먼저 민간에게 채권을 발행함으로써 적자를 보전해야 한다. 그러나 이러한 국채가 민간에 의해 매입되지 않는다면 다른 유일한 대안은 중앙은행이 매입하는 것이다. 민간이 매입하지 않는 국채에 대해 중앙은행은 공개시장매입을 행해야 한다. 제15장에서 본 바와 같이 공개시장매입은 본원통화와 화폐공급을 증가시킨다. 이러한 정부지출의 자금조달 방법을 **채무의 화폐화**(monetizing the debt)라고 부른다. 왜냐하면 앞서 설명한 2단계 과정이 나타내는 바와 같이, 정부지출 자금을 조달하기 위해 발행된 국채는 민간의 보유로부터 떠나서 본원통화로 대체된다. 이러한 자금조달 방법이나 정부가 직접 화폐를 발행하는 방법은 또한 이 과정에서 본원통화가 창출되기 때문에 **화폐발행**(printing money)이라고 부른다. 여기서 발행(printing)이라는 용어의 사용은 오해의 소지가 있다. 왜냐하면 정부지출 대금의 이러한 조달 방법의 핵심은 많은 화폐가 유통될 때처럼 중앙은행이 공개시장매입으로 본원통화가 늘어난다는 것이기 때문이다.

따라서 재정적자가 본원통화의 창출로 보전될 경우 화폐공급의 증가를 가져올 것이다. 그러나 화폐수량설은 단지 장기적으로만 인플레이션을 설명하기 때문에, 인플레이션을 발생시키려면 재정적자가 상당 기간 지속적이어야 한다. 이러한 논의의 결과 다음과 같은 결론에 도달한다. 통화창출에 의해 지속적인 재정적자를 보전한다면 지속적인 인플레이션이 초래될 것이다.

2.2 하이퍼인플레이션

지금까지의 논의는 월간 50%를 초과하는 지극히 높은 인플레이션인 **하이퍼인플레이션**(hyperinflation)을 설명하는 데 사용될 수 있다. 빈곤국가나 선진국 모두 많은 경제에서 지난 세기에 하이퍼인플레이션을 경험했다. 그러나 미국은 이러한 시련을 면했다. 세계 역사상 가장 극심한 하이퍼인플레이션 중 하나가 2000년대에 짐바브웨에서 발생했다. 다음의 '응용'에서 이에 대해 살펴보도록 하자.

응용 짐바브웨의 하이퍼인플레이션

지금까지의 분석을 이용해 2000년대 초에 시작된 짐바브웨의 하이퍼인플레이션을 설명해보자.

농지가 몰수돼 무가베 대통령의 지지자에게 재분배된 후에 농업생산은 급락했고 이에 따라 조세수입도 급감했다. 그 결과 정부지출은 조세수입을 엄청나게 초과했다. 정부는 지출자금을 충당하기 위해 증세로 조세수입을 획득할 수도 있었다. 그러나 침체된 경제상황에서 증세로 조세수입을 얻는 것은 실행하기도 어려웠고 정치적으로도 인기가 없었을 것이다. 또는 정부는 민간에게 차입해서 지출 자금을 충당하려고 했을 것이다. 그러나 정부에 대한 불신 때문에 이것도 대안이 되지 못했다. 오직 하나의 방법이 남았는데 그것은 화폐를 발행하는 것이었다. 정부는 화폐를 발행(화폐공급의 증가)해 개인이나 기업에게 지불하는 데 사용함으로써 지출 자금을 충당할 수 있다. 이것이 바로 짐바브웨 정부가 취했던 방법이고 그 결과 화폐공급이 급격히 증가했다.

화폐수량설이 예측한 바와 같이 화폐공급의 급증은 물가수준의 급격한 상승을 초래했다. 2007년 2월에 중앙은행인 짐바브웨 준비은행은 많은 상품의 가격 인상을 불법화했다. 이러한 전술은 이전에 하이퍼인플레이션을 경험한 국가들의 정부에 의해 시도됐었지만 효과가 없었다. 즉 중앙은행이 화폐발행을 지속할 경우 가격 인상을 불법화하는 것으로는 인플레이션을 막을 수 없다. 2007년 3월에는 인플레이션율이 1,500%를 넘는 최고치를 기록했다. 2008년까지 짐바브웨의 인플레이션율은 공식 통계로는 200만% 이상이었고 비공식 통계로는 1,000만% 이상으로 치솟았다. 2008년 7월에 짐바브웨 중앙은행은 1,000억 달러짜리 지폐를 발행했고, 얼마 안 있어 최고의 액면가를 기록한 100조 달러짜리 지폐를 발행했다. 지폐에 많은 동그라미가 있지만 너무 감동하지 말라. 이런 고액권 한 장만 갖고 있어도 억만장자가 될 수 있었지만 이 돈으로 맥주 한 병도 살 수 없었다. 짐바브웨의 화폐는 화장실 휴지의 가치만도 못했다.

2009년에 짐바브웨 정부는 모든 거래에 미국 달러 등 외국 화폐의 사용을 허용했으나 경제는 이미 손상을 입었다. 하이퍼인플레이션은 경제를 황폐화시켰고 최빈국인 짐바브웨는 더욱 가난해졌다.

3 케인즈의 화폐수요이론

1936년 존 메이너드 케인즈(John Maynard Keynes)는 『고용, 이자 및 화폐에 관한 일반이론(The General Theory of Employment, Interest, and Money)』에서 유통속도가 일정하다는 고전학파의 견해를 포기하고 이자율의 역할을 강조하는 화폐수요이론을 발전시켰다. **유동성선호이론**(liquidity preference theory)이라고 불리는 화폐수요이론에서 케인즈는 화폐수요의 배후에 있는 3가지 동기를 제시했는데 이는 거래적 동기(transactions motive), 예비적 동기(precautionary motive), 투기적 동기(speculative motive)이다.

3.1 거래적 동기의 화폐수요

화폐수량설은 화폐가 일상적인 거래에 사용되는 교환의 매개수단이기 때문에 사람들이 화폐를 보유한다고 가정한다. 케인즈는 처음에 거래적 동기의 화폐수요가 국민소득에 비례한다는 화폐수량설의 견해를 받아들였다. 그 이후 케인즈와 다른 경제학자들은 **결제기술**(payment technology)이라 불리는 새로운 결제수단이 화폐수요에 영향을 미친다는 것을 인식했다. 예를 들어 신용카드는 소비자가 현금을 보유하지 않더라도 소액 구매를 할 수 있게 만들었다. 투자자 계정에서 이루어지는 전자결제도 화폐수요를 줄일 수 있다. 결제기술이 진보함에 따라 이러한 화폐수요는 국민소득에 비해 상대적으로 감소할 것이다.

3.2 예비적 동기의 화폐수요

케인즈는 또한 사람들이 예상치 못한 지출에 대비하기 위해 화폐를 보유한다는 것을 인식했다. 여러분이 닌텐도의 새로운 게임기 Wii를 구입하고자 하는데 지금 25% 세일한다고 가정해보자. 이러한 예상치 못한 지출에 대비해 화폐를 보유하고 있다면 그것을 당장 살 것이다. 케인즈는 사람들이 보유하고자 하는 예비적 동기의 화폐수요의 크기도 또한 국민소득에 비례한다고 주장했다.

3.3 투기적 동기의 화폐수요

케인즈는 또한 사람들이 재산의 축적수단으로 화폐를 보유한다고 생각했다. 이것을 투기적 동기의 화폐수요라 불렀다. 케인즈의 화폐의 정의에는 현금(이자율이 0%)과 당좌예금(이자율이 거의 0%)이 포함되기 때문에 화폐에는 이자가 붙지 않는다고 가정했다. 따라서 채권 등 여타 자산보유에 대비한 화폐수요의 기회비용은 채권의 명목이자율 i가 된다. 명목이자율 i가 상승하면 화폐수요의 기회비용이 상승함으로써(채권에 비해 화폐보유의 비용이 올라감으로써) 투기적 동기의 화폐수요는 감소한다.

3.4 화폐수요의 3가지 동기 : 종합

화폐수요의 3가지 동기를 종합해 화폐수요함수를 설정할 때 케인즈는 명목변수와 실질변수의 차이에 주의를 기울였다. 그는 화폐를 그것으로 살 수 있는 재화에 대한 구매력으로 표시했다. 예를 들어 모든 가격이 2배가 된다면 종전의 화폐로 살 수 있는 구매력은 반으로 줄 것이다. 따라서 케인즈는 사람들이 **실질화폐잔액**(real money balance)을 보유하고자 하는 것으로 보았다. 3가지 동기의 화폐수요를 결합해 실질화폐잔액에 대한 하나의 수요함수를 만들면 케인즈에 의해 명명된 유동성선호함수(liquidity preference function)를 다음과 같이 얻을 수 있다.

$$\frac{M^d}{P} = L(\underset{-}{i}, \underset{+}{Y}) \tag{8}$$

식(8)은 실질화폐수요가 명목이자율과 반대방향으로 움직이며 실질국민소득과 같은 방향으로 움직인다는 것을 나타낸다.

이후 노벨경제학상을 수상한 토빈 등 케인즈학파는 케인즈의 분석을 확장해 화폐수요에서 이자율이 역할이 케인즈가 생각했던 것보다 더 중요하다는 것을 보였다. 그들은 거래적 화폐수요와 예비적 화폐수요도 이자율과 음의 관계를 갖는다는 사실을 설명했다.[3)]

케인즈 화폐수요이론의 중요한 시사점은 유통속도가 일정하지 않고 이자율의 변동에 따라 변한다는 것이다. 이를 설명하기 위해 유동성선호함수를 다음과 같이 표시해보자.

$$\frac{P}{M^d} = \frac{1}{L(i, Y)}$$

위 식의 양변에 Y를 곱하고 화폐시장의 균형으로부터 M^d를 M으로 바꾸면 유동성선호함수는 유통속도에 관한 식으로 변형된다.

$$V = \frac{PY}{M} = \frac{Y}{L(i, Y)} \tag{9}$$

화폐수요는 이자율과 반대방향으로 움직이기 때문에 이자율 i가 상승하면 $L(i, Y)$가 하락하며, 이에 따라 유통속도는 증가한다. 이자율은 변동이 심하기 때문에 케인즈의 화폐수요이론은 유통속도도 변동이 심하다고 설명한다. 따라서 케인즈의 이론은 명목국민소득이 주로 통화량에 의해 결정된다는 고전학파의 견해에 의문을 제기한다.

4 화폐수요의 자산선택이론

케인즈의 화폐수요이론과 관련된 이론으로서 소위 화폐수요의 자산선택이론이 있다. 이 이론에서 사람들은 전체 자산의 일부로서 화폐를 얼마나 많이 보유할지를 결정한다.[4)]

---

3) 케인즈의 화폐수요를 발전시킨 3편의 유명한 논문은 다음과 같다. Wil iam J. Baumol, "The Transactions Demand for Cash: An Inventory Theoretic Approach," *Quarterly Journal of Economics* 66 (1952): pp. 545–556; James Tobin, "The Interest Elasticity of the Transactions Demand for Cash," *Review of Economics and Statistics* 38 (1956): pp. 241–247; James Tobin, "Liquidity Preference as Behavior Towards Risk," *Review of Economic Studies* 25 (1958): pp. 65–86. 이들 논문에 관한 보다 자세한 논의를 위해서는 www.pearsonglobaleditions.com/mishkin에 있는 Companion Web Site에서 제20장의 Appendix 1을 참조하라.

4) 이 접근방법은 프리드만의 유명한 논문에 제시돼 있다. Milton Friedman, "The Quantity Theory of Money: A Restatement," in *Studies in the Quantity Theory of Money*, ed. Milton Friedman (Chicago: University of Chicago Press, 1956), pp. 3–21.

4.1 자산선택이론과 케인즈의 유동성선호

제5장에서 자산선택이론을 제시했다. 이 이론에 의하면 자산의 수요는 재산, 상대적 기대수익률, 상대적 유동성과 양의 관계를 갖는 반면, 상대적 위험과 음의 관계를 갖는다. 자산선택이론은 실질화폐수요가 실질국민소득과 양의 관계를 갖고 명목이자율과 음의 관계를 갖는다는 유동성선호함수의 결론을 정당화할 수 있다.

소득과 재산은 같은 방향으로 움직이는 경향이 있기 때문에 소득이 높으면 재산도 많아질 것이다. 높은 소득은 많은 재산을 의미하므로 이에 따라 자산선택이론은 화폐자산에 대한 수요가 증가하고 실질화폐수요도 증가한다고 설명한다.

이자율이 상승할 경우 화폐의 기대수익률은 변하지 않는다. 그러나 대체자산인 채권의 수익률은 상승한다. 따라서 화폐의 절대적 기대수익률은 변하지 않지만 채권에 대한 화폐의 상대적 기대수익률은 하락한다. 다시 말해 자산선택이론이 설명한 바와 같이 이자율이 높을 때 화폐를 보유하는 것은 바람직하지 않기 때문에 실질화폐수요는 감소한다.

4.2 화폐수요에 영향을 미치는 여타 요인

자산선택이론은 국민소득과 명목이자율 이외의 여타 요인도 화폐수요에 영향을 미친다고 설명한다. 각각의 요인을 살펴보자.

재산 자산선택이론은 재산이 증가하면 투자자가 자산을 매입할 자금이 많아져서 화폐수요도 증가한다고 상정한다. 그러나 소득이 일정하다면 재산의 증가가 화폐수요에 미치는 영향은 미미하다. 일반적으로 투자자는 자산구성에서 화폐는 적게 보유하고, 위험도나 유동성이 화폐와 유사하고 이자가 발생하는 MMF와 같은 자산을 선호한다. MMF는 M1과 같은 통화량에는 포함되지 않는다. 투자자는 높은 이자를 지급하고 화폐처럼 안전하다고 생각되는 여타 자산을 보유할 수 있기 때문에, 현금과 수표발행 예금은 종종 **열위자산**(dominated asset)이라 불린다.

위험 화폐보다 위험이 낮은 자산을 찾기는 어렵다. 혁명이 발생해 새 정부가 이전 정부의 화폐를 거부하지 않는다면 화폐는 항상 받아들여진다. 그리고 예금보험이 존재하는 한 은행예금은 안전하다. 그러나 자산선택이론에서 위험은 항상 여타 자산에 대비해 상대적으로 측정된다. 따라서 주식시장의 변동이 심할 경우 화폐는 주식에 비해 상대적으로 위험이 낮게 돼 화폐수요는 증가할 것이다. 한편 화폐는 비록 명목가치로는 지극히 안전할지라도, 인플레이션의 변동이 심할 경우 화폐의 실질수익률(명목수익률 − 기대 인플레이션)도 변동이 심해진다. 화폐의 실질수익률의 변동이 심해지면 화폐수요가 줄어든다. 왜냐하면 사람들은 인플레이션이 변동할 때 실질수익률이 화폐보다 덜 영향을 받는 대체자산으로 이행하기 때문이다. 이러한 자산을 **인플레이션 헤지 자산**(inflation hedge)이라 한다. 인기 있는 인플레이션 헤지 자산으로는 TIPS(Treasury Inflation Protected Security), 금, 부동산 등이 있다.

여타 자산의 유동성 최근의 금융혁신으로 MMF이나 주택담보 신용공여 등 새로운 유동자산이 출현했다. 주택담보 신용공여는 가계로 하여금 주택을 담보로 해 수표를 발행할 수 있게 해준다. 이러한 대체자산이 더욱 유동적이 될수록 화폐의 유동성은 상대적으로 낮아져 화폐수요는 감소할 것이다.

4.3 요약

케인즈의 이론과 자산선택이론을 이용해 화폐수요를 분석한 결과 다음의 7가지 요인이 화폐수요에 영향을 미친다는 것을 알 수 있었다. 즉 이자율, 국민소득, 결제기술, 재산, 여타 자산의 위험성, 인플레이션 위험, 여타 자산의 유동성이다. [요약표 1]에는 각각의 요인의 변동에 대한 화폐수요의 반응과 각각의 반응의 이유가 간략히 표시돼 있다.

요약표 1 화폐수요를 결정하는 요인

변수	변수의 변동	화폐수요의 반응	이유
이자율	↑	↓	화폐수요의 기회비용 증가
국민소득	↑	↑	거래규모의 증가
결제기술	↑	↓	거래에서 화폐의 필요성 감소
재산	↑	↑	화폐로 보유할 자금 증가
여타 자산의 위험성	↑	↑	화폐가 상대적으로 덜 위험해져서 화폐보유가 바람직해짐
인플레이션 위험	↑	↓	화폐가 상대적으로 더 위험해져서 화폐보유가 바람직하지 않음
여타 자산의 유동성	↑	↓	화폐가 상대적으로 덜 유동적이 돼 화폐보유가 바람직하지 않음

5 화폐수요에 대한 실증적 증거

여기서는 여러 화폐수요이론을 차별화하고 통화량이 명목GDP에 주된 결정 요인인지의 여부를 가늠하는 2가지 중요한 이슈에 대해 그 실증분석 결과를 다룰 것이다. 화폐수요는 이자율의 변동에 민감하게 반응하는가? 화폐수요함수는 시간이 흐름에 따라 안정적인가?[5)]

5.1 이자율과 화폐수요

이자율이 화폐수요에 영향을 주지 않는다면 유통속도는 일정하거나 적어도 예측 가능하기 때문에, 통화량이 명목GDP의 주된 결정요인이라는 화폐수량설의 견해는 타당하다고 볼 수 있다. 그러나 화폐수요가 이자율에 민감할수록 유통속도는 더욱 예측 불가능해지고 통화량과 명목GDP의 관계도 더욱 모호해질 것이다. 화폐수요가 이자율에 매우 민감한 경우인 소위 **유동성함정**(liquidity trap)이라는 극단적인 경우, 화폐공급의 변동이 이자율에 영향을 주지 못하므로 통화정책은 명목GDP에 아무런 영향을 미치지 못한다.[6)]

화폐수요의 이자율 민감성(탄력성)에 대한 실증분석 결과는 매우 일관성이 있다. 화폐수요가 이자율에 전혀 영향을 받지 않는다는 것과 매우 크게 영향을 받는다는 2가지 극단적인 경우는 모두 지지되지 않고 있다. 결국 명목이자율이 0%가 아닌 경우 화폐수요는 이자율에 어느 정도 민감하기 때문에 유동성함정이 존재한다는 증거는 희박하다. 그러나 이자율이 0%로 떨어진다면 이자율이 더 이상 하락하는 것은 불가능하다. 이런 경우 화폐수요곡선이 수평이 되기 때문에 유동성함정이 발생한다. 최근에 미국에서 실제로 유동성함정이 발생했다. 이러한 이유로 연준은 전통적이지 않은 통화정책에 의존할 수밖에 없었다.

5.2 화폐수요의 안정성

케인즈가 생각한 바와 같이 식(8)의 화폐수요함수가 불안정하고 예상치 못한 방향으로 이동한다면, 유통속도도 예측 불가능할 것이고 화폐수량설의 주장과 달리 통화량은 명목GDP와 밀접한 관계를 갖지 못할 것이다. 화폐수요함수의 안정성은 연준이 이자율과 통화량 중 어느 것을 통화정책의 목표로 선택할 것인가라는 문제에 있어서 주된 결정요인이 된다. 화폐수요함수가 불안정해 화폐공급이 명목GDP와 밀접히 연관돼 있지 않다면, 연준이 정하는 이자율이 통화량보다 통화정책 방향에 대한 정보를 더 많이 제공할 것이다.

1970년대 초까지 화폐수요함수의 안정성을 지지하는 연구 결과가 많았다. 그러나 1973년 이후 금융혁신이 빠르게 진행돼 새로운 금융상품이 통화량에 편입됨에 따라 화폐수요함수는 매우 불안정하게 추정됐다. 화폐수요함수의 불안정성은 화폐수요이론과

---

5) 화폐수요에 관한 보다 자세한 실증분석 결과에 관심이 있다면 www.pearsonglobaleditions.com/mishkin에 있는 Companion Web Site에서 제20장의 Appendix 2를 참조하라.

6) 화폐수요가 이자율에 매우 민감하다면 이자율의 미세한 변동에 화폐수요는 매우 크게 증가한다. 이 경우 제5장의 화폐수요곡선은 수평선이 된다. 그러므로 화폐공급을 증가 또는 감소시켜 화폐공급곡선을 오른쪽 또는 왼쪽으로 이동시킬 경우 화폐공급곡선은 동일한 이자율 수준에서 수평선의 화폐수요곡선과 교차한다.

실증분석 결과에 대해 의문을 제기하는 계기가 됐다. 통화당국에 가이드라인을 제공해주던 화폐수요함수의 유용성에 의문이 제기되자 통화량을 중심으로 하는 통화정책의 수행방식도 재고하게 됐다. 특히 화폐수요함수가 불안정하기 때문에 유통속도를 예측하기가 더욱 어려워졌다. 통화당국은 화폐공급이 더 이상 경제전망에 대해 신뢰할 만한 정보를 제공하지 못한다는 것을 알았기 때문에 이자율을 중심으로 하는 통화정척을 고려하게 됐다. 화폐수요가 불안정해짐에 따라 통화당국은 통화정책의 수행에 있어서 화폐공급에 덜 주목하게 됐다.

요 약

SUMMARY

1 교환방정식 $M \times V = P \times Y$로 표시되는 화폐수량설은 명목 GDP가 오직 통화량에 의해 결정된다고 설명한다. 화폐수량설은 첫째, $P = (M \times \overline{V})/\overline{Y}$이기 때문에 통화량이 변동하면 물가수준도 비례적으로 변동하고, 둘째, 인플레이션율은 통화증가율에서 실질GDP의 증가율(경제성장률)을 차감한 것이다($\pi = M$의 증가율$-Y$의 증가율). 이러한 화폐수량설의 시사점은 장기적으로는 데이터의 지지를 받지만, 단기적으로는 그렇지 않다.

2 정부의 예산제약식은 재정적자가 발생할 경우 이러한 적자는 화폐발행이나 국채발행으로 보전돼야 한다는 것을 나타낸다. 즉 $DEF = G - T = \Delta MB + \Delta B$이다. 이러한 사실과 화폐수량설을 결합하면 지속적인 재정적자를 화폐발행으로 보전한다면 인플레이션이 지속될 것임을 알려준다. 이러한 분석은 막대한 재정적자 때문에 인플레이션과 통화증가율이 극심하게 치솟는 하이퍼인플레이션을 설명하는 데 유용하다.

3 케인즈는 화폐보유의 3가지 동기를 제시했다. 즉 거래적 동기, 예비적 동기, 투기적 동기이다. 그의 유동성선호이론은 거래적 · 예비적 화폐수요가 소득에 비례하지만, 투기적 화폐수요는 현재이자율과 미래의 예상이자율에 영향을 받는다고 했다. 따라서 이 이론은 유통속도가 불안정해 일정한 값을 갖지 못한다는 결론을 내린다.

4 화폐수요의 자산선택이론은 화폐수요가 케인즈의 분석과 같이 이자율, 국민소득, 결제기술뿐만 아니라 재산, 여타 자산의 위험성, 인플레이션 위험, 여타 자산의 유동성에 의해서 결정된다.

5 화폐수요에 관한 실증분석 결과로부터 2가지 결론을 얻을 수 있다. 즉 화폐수요는 이자율에 어느 정도 민감하지만, 화폐수요가 이자율에 극심하게 민감한 경우(유동성함정)가 존재한다는 증거는 희박하다. 1973년 이후 화폐수요가 불안정해졌는데 이러한 불안정의 가장 주된 원인은 급속히 진행된 금융혁신이었다. 화폐수요함수가 불안정하고 이자율에 민감하기 때문에 유통속도는 일정하다고 볼 수 없고 예측하기가 어렵다. 이러한 이유로 통화당국은 통화정책의 수행에 있어서 화폐공급에 덜 주목하게 된 반면, 이자율에 더욱 주목하게 됐다.

주요 용어 KEY TERMS

교환방정식(equation of exchange)
결제기술(payment technology)
실질화폐잔액(real money balance)
열위자산(dominated asset)
유동성함정(liquidity trap)
유동성선호이론(liquidity preference theory)
인플레이션 헤지 자산(inflation hedge)
정부의 예산제약식(governemnt budget constraint)
채무의 화폐화(monetizing the debt)
하이퍼인플레이션(hyperinflation)
화폐발행(printing money)
화폐수량설(quantity theory of money)
화폐수요(demand for money)
화폐유통속도(velocity of money)
화폐이론(monetary theory)

연습문제 QUESTIONS

1 유통속도는 경기변동 과정에서 전형적으로 어떻게 움직이는가?

2 고전학파에서와 같이 유통속도와 실질GDP가 일정하다면 화폐공급을 1조 달러에서 4조 달러로 증가시킬 때 물가에는 어떤 변동이 생기겠는가?

3 신용카드가 의회의 입법으로 불법화된다면 유통속도에 어떤 변동이 생기겠는가?

4 "명목GDP가 증가하면 유통속도도 상승한다." 이 진술은 참인가, 거짓인가, 또는 불확실한가? 설명하라.

5 중앙은행이 지속적이고 장기적인 재정적자를 염려하는 이유는 무엇인가?

6 "지속적인 재정적자는 항상 높은 인플레이션을 초래한다." 이 진술은 참인가, 거짓인가, 또는 불확실한가? 설명하라.

7 새 '결제기술'에 의해 미국 재무부 채권이 결제에 사용된다고 상정해보자(예컨대 결제 필요시 미국 재무부 채권이 즉시 현금화돼 거래 상대방에게 이체되는 경우). 이러한 결제기술은 거래적 화폐수요에 어떤 영향을 미치는가?

8 결제기술의 사용에는 인프라스트럭처(예컨대 상인은 신용카드 인식기가 필요함)가 요구된다. 대부분의 개발도상국에 이러한 인프라스트럭처는 존재하지 않거나 비용이 많이 든다. 다른 조건이 일정하다면 개발도상국의 거래적 화폐수요가 선진국보다 많을 것인가 아니면 적을 것인가?

9 실질화폐수요에 대한 유동성선호이론에서 케인즈는 화폐보유의 3가지 동기를 무엇이라고 생각했는가? 3가지 동기에 근거해 케인즈는 화폐수요가 어떤 변수에 의해 결정된다고 봤는가?

10 많은 국가에서 사람들은 보험시장에서 일반적으로 보장되지 않는 여러 가지 가능한 사태(예컨대 금융위기, 자연재해, 건강문제, 실업 등)에서 발생하는 예상치 못한 지출에 대비하기 위해 화폐를 보유한다. 이러한 행위가 예비적 화폐수요에 미치는 효과를 설명하라.

11 투기적 화폐수요에 대한 케인즈의 분석에서 사람들이 갑자기 정상이자율이 하락할 것으로 예상한다면 화폐수요는 어떻게 변동하겠는가? 그 이유는 무엇인가?

12 유통속도가 심하게 변동해 일정한 값을 갖지 않는다는 케인즈의 견해에 있어서 투기적 화폐수요에 대한 분석이 왜 중요한가?

13 자산선택이론에 의하면 화폐수요를 결정하는 4가지 요인은 무엇인가? 이들 요인의 어떤 변동이 화폐수요를 증가시키는가?

14 자산선택이론에 의하면 다음의 사건은 화폐수요에 어

떤 영향을 미치는지 설명하라.

a. 경제가 경기수축국면에 처한다.

b. 수수료가 인하돼 채권거래의 비용이 떨어진다.

c. 주식시장이 붕괴된다(힌트 : 주식시장의 붕괴로 주가의 변동성이 증가되거나 주식 보유자의 재산이 감소되는 경우를 고려하라).

15 어떤 국가가 오랫동안 낮고 안정적인 인플레이션을 보이다가 인플레이션이 치솟아 과거 10년 동안 높고 예측 불가능한 인플레이션을 보인다고 상정해보자. 화폐수요의 자산선택이론에 의하면 이러한 새로운 인플레이션적인 환경은 화폐수요에 어떤 영향을 미치는가? 정부가 인플레이션 방어적인 증권을 발행한다면 어떤 일이 벌어지는가?

16 화폐수요의 자산선택이론을 고려해보자. 화폐수요는 하이퍼인플레이션(예컨대 50%를 초과하는 월간 인플레이션율) 동안 어떤 영향을 받는다고 생각되는가?

17 화폐수요에 대한 자산선택이론과 케인즈의 이론에서 화폐의 상대적 기대수익률이 하락하면 화폐수요는 감소한다. 그렇다면 자산선택이론은 왜 화폐수요가 이자율에 영향을 받지 않는다고 한 반면, 케인즈는 왜 화폐수요가 이자율에 영향을 받는다고 했는가?

18 화폐수요이론에서 케인즈는 왜 유통속도가 예측 불가능하다고 했는가?

19 화폐수요함수의 안정성을 평가하는 데 어떤 실증적 증거가 사용되는가? 실증적 증거는 화폐수요함수의 안정성에 대해 어떤 시사점을 제공하고 있으며, 이는 통화정책 수형에 어떤 영향을 미치는가?

20 과거 40년간 어떤 국가의 M2와 명목GDP의 그래프에 의하면 두 변수가 매우 밀접하다는 것을 보여준다고 상정해보자. 특히 두 변수의 비율(명목GDP/M2)은 매우 안정적이고 예측하기 쉬운 값을 갖는다. 이러한 증거를 근거로 이 국가의 통화당국에게 이자율 대신 통화량에 초점을 맞춘 통화정책을 권유할 수 있는가? 설명하라.

응용문제 APPLIED PROBLEMS

21 화폐공급 M이 연간 10% 증가하고 명목GDP PY가 연간 20% 증가한다면 다음 자료를 이용해 연도별 유통속도와 유통속도의 증가율을 구하라.

	2010	2011	2012
M	100	110	121
PY	1,000	1,200	1,440

22 유통속도가 5로 일정할 때 화폐공급이 2,000억 달러에서 3,000억 달러로 증가한다면 명목GDP는 얼마에서 얼마로 변동하겠는가?

23 화폐공급이 20% 증가하고 유통속도가 30% 하락한다면 명목GDP는 몇 % 변동하겠는가?

24 유통속도가 5이고 실질GDP가 1조 달러라 하자. 화폐공급이 4,000억 달러에서 3,000억 달러로 감소한다면 물가에는 어떤 변동이 생기겠는가?

25 유동성선호함수가 $L(i, Y) = \frac{Y}{8} - 1000i$로 주어져 있다. 화폐수요함수와 다음의 표를 이용해 각각의 기간에 대해 유통속도를 계산하라.

	1기	2기	3기	4기	5기	6기	7기
국민소득 (Y, 10억)	12,000	12,500	12,250	12,500	12,800	13,000	13,200
이자율(i)	0.05	0.07	0.03	0.05	0.07	0.04	0.06

웹 연습문제 WEB EXERCISES

1 유통속도는 명목GDP/M1로 구한다. www.research.stlouisfed.org/fred2에서 명목GDP의 자료를 구하고, www.federalreserve.gov/Releases/h6/Current/에서 M1 자료를 구하라. 최근의 유통속도를 계산해 2002년도의 유통속도와 비교해보라. 유통속도가 증가했는가 아니면 감소했는가? 그리고 2002년 이후 유통속도가 변동한 이유를 설명하라.

2 케인즈는 가장 유명한 경제학자 중 한 사람이다. http://www.newschool.edu/nssr/het/profiles/keynes.htm에 들어가서 그의 생애와 업적을 요약하라.

참고 웹사이트 WEB REFERENCES

www.usagold.com/gildedopinion/puplava/20020614.html

유통속도에 영향을 미치는 여러 요인에 대한 요약

http://www.newschool.edu/nssr/het/profiles/keynes.htm

케인즈에 대한 이력 및 경력

웹 부록 WEB APPENDICES

www.pearsonglobaleditions.com/mishkin에 들어가서 제20장의 웹 부록, Appendix 1: The Baumol-Tobin and the Tobin Mean-Variance Models of the Demand for Money, Appendix 2: Empirical Evidence for the Demand for Moeny을 읽어라.

21 *IS*곡선

PREVIEW

1930년대 대공황 기간 중 국민소득(총산출(aggregate output))은 가파르게 30% 하락했고 실업률은 25%로 상승했다. 2007~2009년의 경기후퇴는 그리 심각하지 않았지만 실업률을 10% 이상으로 끌어올렸다. 경기수축의 발생 원인을 이해하기 위해 경제학자는 *총수요*(aggregate demand)라는 개념을 사용한다. 총수요는 경제의 총산출에 대한 수요를 의미한다. 이 개념은 1936년에 출판된 케인즈의 혁명적인 저서 『고용, 이자 및 화폐에 관한 일반이론』에서 제시됐다. 이 저서에서 케인즈는 대공황 기간 중 국민소득 감소와 같은 국민소득의 단기변동은 총수요의 변동에 의해 결정된다고 주장했다. 총수요의 개념은 *총수요*(aggregate demand)−*총공급*(aggregate supply) *모형*(*AD−AS* 모형)의 핵심요소이다. *AD−AS* 모형은 국민소득의 단기변동을 설명하는 기본적인 거시경제모형이다.

이 장에서는 총수요를 이해하는 첫 번째 단계인 *IS곡선*을 제시한다. *IS*곡선은 상품과 서비스가 거래되는 *재화시장*(goods market)이 균형일 때 실질이자율과 국민소득의 관계를 나타낸다. 먼저 *IS*곡선을 도출하고 이어서 *IS*곡선의 이동요인에 대해 설명한다. *IS*곡선에 대해 이해한다면 왜 경기변동이 일어나며 2009년의 재정부양책이 어떻게 경제에 영향을 미치는지 설명할 수 있을 것이다. 그리고 이후의 장에서 경기변동 과정에서 수행되는 통화정책의 역할을 이해하는 데 IS곡선을 이용한다.

1 의도된 지출과 총수요

의도된 지출(planned expenditure)의 개념을 설명하는 것으로 논의를 시작해보자. 의도된 지출이란 가계, 기업, 정부, 외국인이 국내에서 생산된 상품과 서비스에 대해 지출하려고 하는 총액을 말한다. 이에 비해 실제 지출(actual expenditure)은 그들이 실제로 지출한 총액인데, 이는 경제에서 생산된 산출물의 총액과 일치한다. 이 장의 모든 분석은 실질 개념의 지출을 대상으로 한다는 것에 주목하자. 실질 개념이란 실제로 상품과 서비스의 실물적인 양으로 측정하는 개념이다. 케인즈는 경제의 총산출에 대한 수요인 **총수요**(aggregate demand)를 의도된 지출과 같다고 간주했다. 재화시장이 균형일 때, 즉 상품과 서비스에 대한 총수요가 상품과 서비스의 실제 생산량과 일치할 때, 의도된 지출인 총수요는 총산출의 수준을 설명한다.

총수요(의도된 지출)의 총액은 4가지 지출의 합계이다.

1. **소비지출**(consumer expenditure, C) : 재화와 서비스(햄버거, 아이팟, 록음악 공연, 의료 등)에 대한 소비자의 수요
2. **의도된 투자지출**(planned investment spending, I) : 새로운 실물자본(기계, 컴퓨터, 공장 등)에 대한 기업의 의도된 지출과 신규 주택에 대한 의도된 지출
3. **정부지출**(government spending, G) : 재화와 서비스(항공기, 공무원, 정부문서 등)에 대한 모든 형태의 정부의 지출, 이전지출은 제외
4. **순수출**(net export, NX) : 국내 재화와 서비스에 대한 외국인의 순지출로서, 수출에서 수입을 차감

총수요(Y^{ad})는 다음의 식으로 표시된다.

$$Y^{ad} = C + I + G + NX \tag{1}$$

2 총수요의 구성요소

총수요(의도된 총지출)를 결정하는 요소를 이해하기 위해 각각의 요소를 자세히 살펴보자.

2.1 소비지출

소비자가 재화와 서비스에 대한 지출규모를 결정할 때 무엇을 고려하는가? 소득이 가장 중요한 요인이다. 왜냐하면 소득이 증가하면 소비지출을 더 많이 하려고 하기 때문이다. 이런 추론에 의해 케인즈는 소비지출이 국민소득(총산출)에서 조세를 차감한 **가처분소득**(disposable income, $Y-T$)에 의해 결정된다고 봤다.[1)]

1) 정확히 말하면 조세 T는 조세에서 이전지출(정부가 가계와 기업에 지불하는 사실상 음의 조세)을 차감한 것이다. 이전지출의 예는 사회보장(Social Security) 지출이나 실업보험급여 등이다.

소비함수 케인즈는 가처분소득 Y_D와 소비지출 C 간의 관계를 **소비함수**(consumption function)라 했는데, 이를 수식으로 표시하면 다음과 같다.

$$C = \overline{C} + mpc \times Y_D \tag{2}$$

또는

$$C = \overline{C} + mpc \times (Y - T) \tag{3}$$

우변의 첫째 항 $\overline{C}$는 **독립적 소비지출**(autonomous consumer expenditure)을 나타낸다. 이는 가처분소득에 의존하지 않는 **외생적인**(exogenous) 항목이다. 미래 소득과 재산에 대한 소비자의 전망이 낙관적이라면 독립적 소비는 증가한다.

한계소비성향(marginal propensity to consume)인 mpc는 가처분소득이 추가적으로 1단위 증가할 때 소비지출은 몇 단위 증가하는지 나타내는 개념이다. 케인즈는 mpc가 0과 1 사이의 값을 갖는다고 가정했다. 예를 들어 가처분소득이 1달러 증가할 때 소비가 0.6달러 증가하면 $mpc = 0.6$이 된다.

2.2 의도된 투자지출

투자지출은 총지출의 또 하나의 주요 요소이다. 투자지출에는 고정(fixed)투자와 재고(inventory)투자의 2가지 유형이 있다. (경제학에서 사용하는 투자라는 용어는 아래 [FYI]의 설명과 같이 일상적인 용법과 다르다.)

고정투자 **고정투자**(fixed investment)는 기업의 설비(기계, 컴퓨터, 항공기) 및 시설(공장, 사무실 건물, 쇼핑센터)에 대한 지출과 신규 주택에 대한 의도된 지출로 구성된다.

재고투자 **재고투자**(inventory investment)는 기업이 원료, 부품, 최종재를 추가적으로 보유하기 위해 행한 지출이다. 즉 일정 기간(예컨대 1년) 동안 이러한 항목 보유분의 변동을 재고투자로 측정한다.

FYI 투자라는 용어의 의미

경제학에서는 일반 사람이 사용하는 의미와는 다소 다르게 *투자*라는 용어를 사용한다. 사람들이 투자를 했다고 할 때 보통은 주식이나 채권을 구입한 것을 가리킨다. 이것은 새로이 생산된 재화와 서비스를 구입했다는 것을 의미하지 않는다. 그러나 경제학에서 투자지출이라고 할 때 이는 새 기계나 신규 주택 같은 새로이 생산된 실물자산을 구입했다는 의미이다. 이것은 총수요를 증가시키는 구매행위이다.

재고투자가 고정투자에 비해 규모가 매우 작음에도 불구하고 여기서 재고투자를 상세히 논의하는 이유는 재고투자가 국민소득을 결정하는 데 중요한 역할을 하기 때문이다. 다음의 시나리오를 고려해보자.

1. 자동차 생산업체인 포드(Ford)가 2013년 12월 31일 현재 딜러에게 판매할 예정인 10만 대를 공장 부지에 보관하고 있다고 가정해보자. 자동차 한 대의 도매가격이 2만 달러라면 포드는 20억 달러의 재고를 갖는다. 그리고 2014년 12월 31일 현재 자동차의 재고가 15만 대가 되어 30억 달러로 상승했다면, 2014년 중 재고투자는 1년 동안 재고의 변동(30억 달러−20억 달러)인 10억 달러가 된다.
2. 이제 2014년 12월 31일 현재 포드의 자동차 재고가 5만 대가 되어 10억 달러로 하락했다고 가정해보자. 2014년 중 재고투자는 1년 동안 재고의 변동(10억 달러−20억 달러)인 −10억 달러가 된다.
3. 포드가 자동차를 생산하기 위해 보유한 원료와 부품이 1년 동안 증가한다면 재고투자도 증가할 것이다. 2013년 12월 31일 현재 자동차 생산에 사용되는 5,000만 달러어치의 철강을 보유하고 있고 2014년 12월 31일 현재 1억 달러어치의 철강을 보유하고 있다면, 포드는 2014년 중 5,000만 달러의 재고투자를 추가하게 된다.

항상 의도된 지출인 고정투자와는 달리 재고투자의 중요한 특징은 의도되지 않은 경우에도 발생할 수 있다는 것이다. 2014년 12월 31일 현재 포드가 추가로 10억 달러어치의 자동차 재고를 보유하게 된 이유가 예상했던 것보다 2014년 중에 10억 달러어치의 자동차를 덜 팔았기 때문이라고 가정해보자. 이 경우 2014년 중에 발생한 10억 달러어치의 재고투자는 의도되지 않은 것이다. 포드는 판매할 수 있는 것보다 많은 자동차를 생산한 결과가 되어, 결국 판매되지 않는 재고가 쌓이는 것을 막기 위해 생산을 줄일 것이다. 의도되지 않은 재고투자를 없애기 위해 생산을 조절하는 것은 국민소득을 결정하는 데 주된 역할을 한다.

의도된 투자지출과 실질이자율 총수요 Y^{ad}의 구성요소인 의도된 투자지출은 의도된 고정투자와 의도된 재고투자의 합이다. 케인즈는 차입의 실질비용이 의도된 투자지출의 주요 결정요인이라고 생각했다.

케인즈의 추론을 이해하려면 기업이 투자에 충당하기 위한 대출의 이자비용보다 실물자본으로부터 얻는 기대수익이 클 경우 실물자본(기계와 공장)에 투자한다는 사실을 알아야 한다. 차입의 실질이자율이 가령 10%로 높을 때, 10%의 차입비용보다 높은 수익을 가져다주는 실물자본의 투자기회는 거의 없을 것이다. 따라서 의도된 투자지출은 낮아질 것이다. 반면에 대출의 실질이자율이 가령 1%로 낮을 때, 1%의 차입비용보다 높은 수익을 가져다주는 실물자본의 투자기회는 많을 것이다. 그러드로 대출의 실질이자율, 즉 차입비용이 낮을 때 기업은 실물자본에 더 많이 투자함으로서 의도된 투자지출은 증가할 것이다.

기업이 여유자금을 갖고 있어 실물자본에 투자하기 위한 차입의 필요성이 없을지라도, 기업의 의도된 투자지출은 채권의 실질이자율에 영향을 받는다. 기업은 실물자본에 투자하는 대신 채권을 매입할 수 있다. 채권의 실질이자율이 가령 10%로 높을 경우 투자의 기회비용(포기한 이자수입)도 높을 것이다. 기업은 10%의 높은 수익을 주는 채권의 매입을 실물자본의 투자보다 선호할 것이기 때문에 의도된 투자지출은 낮아질 것이다. 반면에 실질이자율과 투자의 기회비용이 가령 1%로 낮아지면 기업은 실물자본의 투자를 1%의 매우 낮은 수익을 주는 채권의 매입보다 선호할 것이기 때문에 의도된 투자지출은 증가할 것이다.

의도된 투자지출과 기업의 전망 케인즈는 의도된 투자지출이 기업의 미래에 대한 전망에도 영향을 받는다고 생각했다. 미래의 이윤기회를 낙관적으로 전망하는 기업은 투자지출을 늘릴 것이고, 비관적으로 전망하는 기업은 투자지출을 줄일 것이다. 따라서 케인즈는 **독립투자**(autonomous investment, $\bar{I}$)라 불리는 이러한 의도된 투자지출을 상정했다. 독립투자는 완전히 외생적이어서 국민소득이나 이자율 같은 모형에 포함된 변수에 의해 설명되지 않는 변수이다.

케인즈는 독립투자의 변동이 의도된 투자지출의 이러한 불안정한 외생적 변동에 좌우된다고 생각했다. 불안정한 외생적 변동은 낙관론과 비관론이 교차하는 심리적 요인에 영향을 받는다. 케인즈는 이를 **동물적 감각**(animal spirits)이라 명명했다. 대공황기 동안 투자지출의 붕괴 현상이 케인즈의 견해에 영향을 미쳤다. 그는 투자지출의 붕괴를 경기수축의 주된 원인이라고 보았다.

투자함수 투자를 결정하는 케인즈의 2가지 요인을 결합하면 투자함수를 얻을 수 있다. 투자함수는 의도된 투자지출이 어떻게 독립투자와 차입의 실질이자비용과 관련돼 있는지 나타낸다. 이를 식으로 표시하면 다음과 같다.

$$I = \bar{I} - dr_c \qquad (4)$$

여기서 d는 투자가 차입의 실질이자비용(r_c)에 얼마나 반응하는지 나타내는 계수이다.

그러나 제9장에서 본 바와 같이 차입의 실질비용에는 채무불이행 위험이 없는 채권(default-free debt instrument)의 실질이자율(r)뿐만 아니라 정보의 비대칭성 때문에 차입의 실질비용에 추가되는 금융마찰(financial friction, $\bar{f}$)도 반영돼 있다. 따라서 차입의 실질비용은 다음과 같이 표시된다.

$$r_c = r + \bar{f} \quad (5)$$

식(5)의 차입의 실질비용을 식(4)에 대입하면 다음과 같다.

$$I = \bar{I} - d(r + \bar{f}) \quad (6)$$

식(6)에 의하면 투자는 기업의 낙관적 전망인 독립투자와 양의 관계를 갖고, 실질이자율 및 금융마찰과 음의 관계를 갖는다.

2.3 순수출

의도된 투자지출과 같이 순수출도 독립적 순수출(autonomous net export)과 이자율에 영향을 받는 순수출의 두 요소로 구성된다.

실질이자율과 순수출 실질이자율은 **환율**(exchange rate)을 통해 순수출에 영향을 미친다. 환율이란 예를 들어 유로로 표시한 달러의 가격이다.[2] 제18장에서 환율과 실질이자율의 관계를 설명하는 모형을 살펴봤으나 여기서는 직관적인 내용만 간략히 설명한다. 미국의 실질이자율이 상승하면 미국달러표시 자산은 외국화폐표시 자산보다 높은 수익을 가져다줄 것이다. 그러면 사람들은 달러를 더 많이 보유하려고 함으로써 외국화폐에 비해 달러 가치가 상승할 것이다. 따라서 미국의 실질이자율이 상승하면 달러 가치가 올라갈 것이다.

달러 가치가 상승하면 외국화폐로 표시한 미국 수출품의 가격이 비싸져서 외국인은 미국 상품을 덜 구매하게 될 것이고 이에 따라 순수출이 감소할 것이다. 또한 달러로 표시한 외국상품의 가격은 싸져서 미국의 수입이 늘어나고 이에 따라 순수출이 감소할 것이다. 그러므로 실질이자율이 상승하면 달러 가치가 올라가고, 이것은 다시 순수출을 감소시킬 것이다.

독립적 순수출 수출은 국내상품에 대한 외국인의 수요에 영향을 받는 반면, 수입은 외국상품에 대한 내국인의 수요에 영향을 받는다. 예를 들어 중국에 흉년이 들어 미국산 밀

---

2) 정부가 고정환율제도(fixed exchange rate regime)(제19장 참조)하에서 환율을 다른 통화에 고정시킨다면, 실질이자율은 순수출에 직접적으로 영향을 미치지 않으므로 식(7)에서 $NX = \overline{NX}$ 가 된다. 또한 국민소득이 증가하면 수입이 늘어나 순수출이 감소한다. 국민소득 Y에 대한 순수출의 반응을 추가하고 실질이자율에 대한 순수출의 반응을 제거할 경우에도 이 장의 기본적 분석은 달라지지 않으나 다음 절의 식(12)가 약간 변형된다.

을 더 많이 구매하기 원한다면 미국의 수출은 증가할 것이다. 미국 소비자가 칠레산 와인이 좋아서 더 많이 구매하기 원한다면 미국의 수입은 증가할 것이다. 따라서 순수출은 실질이자율뿐만 아니라 **독립적 순수출**(autonomous net export, $\overline{NX}$)에 의해서도 결정된다. 독립적 순수출은 외생적으로 (모형 밖에서) 결정되는 순수출의 구성요소이다.

순수출함수 순수출의 2가지 요소를 결합하면 다음의 순수출함수를 도출할 수 있다.

$$NX = \overline{NX} - xr \tag{7}$$

여기서 x는 순수출이 실질이자율에 얼마나 반응하는지를 나타내는 계수이다. 식(7)에 의하면 순수출은 독립적 순수출과 양의 관계를 갖고, 실질이자율과 음의 관계를 갖는다.

2.4 정부지출과 조세

이제 정부 부문을 도입해보자. 정부는 정부지출과 조세의 2가지 방법으로 총수요에 영향을 미친다.

정부지출 총수요함수인 식(1)에서와 같이 정부지출은 총수요에 직접적으로 추가된다. 여기서는 정부지출이 외생적이라고 가정해 다음의 식과 같이 일정한 값에 고정시킨다.

$$G = \overline{G} \tag{8}$$

조세 앞서 설명한 것처럼 소득에서 조세를 차감한 가처분소득($Y-T$)은 소비에 영향을 미치기 때문에 정부는 조세를 통해 민간지출에 영향을 미친다. 높은 조세는 주어진 소득에서 가처분소득을 감소시킴으로써 소비지출을 감소시킨다. 미국과 같은 국가의 세법은 매우 복잡하기 때문에 모형의 단순화를 위해 조세가 다음의 식과 같이 고정된 $\overline{T}$에서 외생적이라 가정한다.[3)]

$$T = \overline{T} \tag{9}$$

3) 단순화를 위해 조세는 소득과 관련이 없다고 가정한다. 그러나 조세는 소득과 같은 방향으로 움직이기 때문에 현실적인 조세함수를 $T=\overline{T}+tY$로 나타낼 수 있다. 다음 절의 식(12)를 도출하는 데 식(9) 대신 이 식을 이용한다면 식(12)의 mpc는 $mpc(1-t)$로 대체된다.

3 재화시장의 균형

케인즈는 총산출(aggregate output, Y)이 의도된 지출인 총수요(Y^{ad})와 일치할 때 경제에 균형이 달성된다고 했다.

$$Y = Y^{ad} \tag{10}$$

이 균형조건이 만족될 때 상품과 서비스에 대한 의도된 지출이 총산출(총공급)과 일치한다. 생산자는 산출물을 모두 판매할 수 있어서 생산규모를 변경시킬 이유가 없다. 왜냐하면 의도하지 않은 재고투자가 없기 때문이다. 이 분석은 의도된 지출의 각각의 구성요소에 영향을 주는 요인을 살펴봄으로써 국민소득이 어느 수준에 결정되는지를 설명한다.

3.1 재화시장의 균형

총수요의 구성요소를 이해했다면 총수요함수인 식(1)을 균형조건인 식(10)에 대입하여 다음의 식을 얻을 수 있다.

$$Y = C + I + G + NX \tag{11}$$

총산출 = 소비지출 + 의도된 투자지출 + 정부지출 + 순수출

이제 소비에 대한 식(3), 투자에 대한 식(6), 순수출에 대한 식(7)과 함께 식(8), 식(9)를 이용해 국민소득을 결정해보자. 이 모든 식을 균형조건인 식(11)에 대입하면 다음과 같은 식을 얻을 수 있다.

$$Y = \overline{C} + mpc \times (Y - \overline{T}) + \overline{I} - d(r + \overline{f}) + \overline{G} + \overline{NX} - xr$$

항들을 정리하면 위 식은 다음과 같이 나타낼 수 있다.

$$Y = \overline{C} + \overline{I} - d\overline{f} + \overline{G} + \overline{NX} + mpc \times Y - mpc \times \overline{T} - (d + x)r$$

우변의 $mpc \times Y$를 좌변으로 이항하면 다음과 같다.

$$Y - mpc \times Y = Y(1 - mpc) = \overline{C} + \overline{I} - d\overline{f} + \overline{G} + \overline{NX} - mpc \times \overline{T} - (d + x)r$$

마지막으로 양변을 $(1 - mpc)$로 나누면 재화시장이 균형일 때 국민소득이 어떻게 결정되는지 알려주는 식을 얻을 수 있다.[4)]

$$Y = [\overline{C} + \overline{I} - d\overline{f} + \overline{G} + \overline{NX} - mpc \times \overline{T}] \times \frac{1}{1-mpc} - \frac{d+x}{1-mpc} \times r \qquad (12)$$

3.2 *IS*곡선의 도출

식(12)를 ***IS*곡선**(*IS* curve)이라 한다. *IS*곡선은 재화시장이 균형일 때 국민소득과 실질이자율 간의 관계를 나타낸다. 식(12)는 2개의 항으로 구성돼 있다. *mpc*는 0과 1 사이의 값을 갖기 때문에 1/(1−*mpc*)는 양수이다. 따라서 첫째 항에 의하면 독립적인 소비, 투자, 정부지출, 순수출의 증가나 조세, 금융마찰의 감소는 주어진 실질이자율에서 국민소득을 증가시킨다. 다시 말해 첫째 항은 *IS*곡선의 이동과 관련이 있다. 둘째 항에 의하면 실질이자율의 상승은 국민소득의 감소를 초래한다. 이는 *IS*곡선상의 움직임으로 나타난다.

4 *IS*곡선 이해하기

*IS*곡선을 심도 있게 이해하기 위해 몇 가지 단계로 논의를 진행해보자. 우선 *IS*곡선의 배후에 있는 직관적인 의미를 살펴본 다음, 수리적 예를 들어 설명해보자. 다음에는 *IS*곡선을 이동시키는 요인들을 살펴보도록 한다.

4.1 *IS*곡선의 직관적 이해

*IS*곡선은 재화시장을 균형시키는 점들의 궤적이다. *IS*곡선은 주어진 이자율 수준에서 재화시장을 균형시키기 위한 국민소득(총산출) 수준을 알려주고 있다. 이자율이 상승하면 의도된 투자지출과 순수출이 감소하고, 이것은 다시 총수요의 감소를 초래한다. 따라서 총수요의 감소에 대응해 재화시장의 균형을 만족시키려면 총산출도 감소해야 한다. 따라서 *IS*곡선은 우하향한다.

4.2 *IS*곡선의 수리적 예

다음의 수리적인 예를 통해서도 *IS*곡선이 무엇을 말해주는지 알 수 있다. 식(12)의 외생변수들과 계수들에 특정한 값을 부여한다.

$\overline{C}$ = 1.4조 달러

4) $\overline{G}$에 곱해져 있는 계수 $1/(1-mpc)$를 지출승수라 하고, $\overline{T}$에 곱해져 있는 계수 $-mpc/(1-mpc)$를 조세승수라 한다. $mpc<1$이기 때문에 조세승수의 절대치는 지출승수보다 작다.

$$\bar{I} = 1.2\text{조 달러}$$
$$\bar{G} = 3.0\text{조 달러}$$
$$\bar{T} = 3.0\text{조 달러}$$
$$\overline{NX} = 1.3\text{조 달러}$$
$$\bar{f} = 1$$
$$mpc = 0.6$$
$$d = 0.3$$
$$x = 0.1$$

이들 수치를 이용하여 식(12)를 표시하면 다음과 같다.

$$Y = [1.4 + 1.2 - 0.3 + 3.0 + 1.3 - 0.6 \times 3.0] \times \frac{1}{1-0.6} - \frac{0.3+0.1}{1-0.6} \times r$$

위 식을 정리하면 다음과 같이 [그림 1]의 *IS*곡선을 얻을 수 있다.

$$Y = \frac{4.8}{0.4} - \frac{0.4}{0.4} \times r = 12 - r \tag{13}$$

실질이자율이 $r=3\%$일 때 균형국민소득은 $Y=12-3=9$조 달러가 된다. 이러한 실질이자율과 균형국민소득의 조합은 [그림 1]에서 점*A*로 나타나 있다. 실질이자율이 $r=1\%$일 때 균형국민소득은 $Y=12-1=11$조 달러가 된다. 이는 점*B*로 나타나 있다. 이 두 점을 연결한 선이 *IS*곡선인데, 보다시피 *IS*곡선은 우하향한다.

4.3 경제는 왜 균형으로 향하는가?

균형이라는 개념은 경제가 거기에 머무는 경향이 있을 때만 유용하다. 우선 경제가 *IS*곡선의 오른쪽(오렌지색 영역)에 놓여 있을 때 무슨 일이 벌어지는지 살펴보자. 이 영역에서는 재화의 초과공급이 존재한다. [그림 1]의 점*G*에서 실제 총산출은 총수요를 초과하고, 기업은 팔리지 않은 재고를 떠안게 된다. 재고가 쌓이는 것을 막기 위해 기업은 생산을 계속 감축할 것이다, 생산이 균형수준보다 많은 한 총산출은 총수요를 초과해 기업은 생산을 계속 감축할 것이다. 그 결과 국민소득(총산출)은 [그림 1]의 점*G*에서 점*A*로 왼쪽을 향하는 화살표 방향으로 균형을 향해 갈 것이다. 경제가 *IS*곡선상의 점*A*로 이행한다면 총산출은 더 이상 변동하지 않을 것이다.

총산출이 균형국민소득보다 적을 경우(*IS*곡선의 왼쪽인 푸른색 영역) 무슨 일이 벌어지는가? 이 영역에서는 재화의 초과수요가 존재한다. [그림 1]의 점*H*에서 실제 총산출은 총수요보다 적어서 재고가 기업이 원하는 수준보다 감소하기 때문에 기업은 생산을 늘리려 할 것이다. 그 경우 총산출은 오른쪽 화살표 방향으로 증가할 것이다. 경제가 *IS*곡선

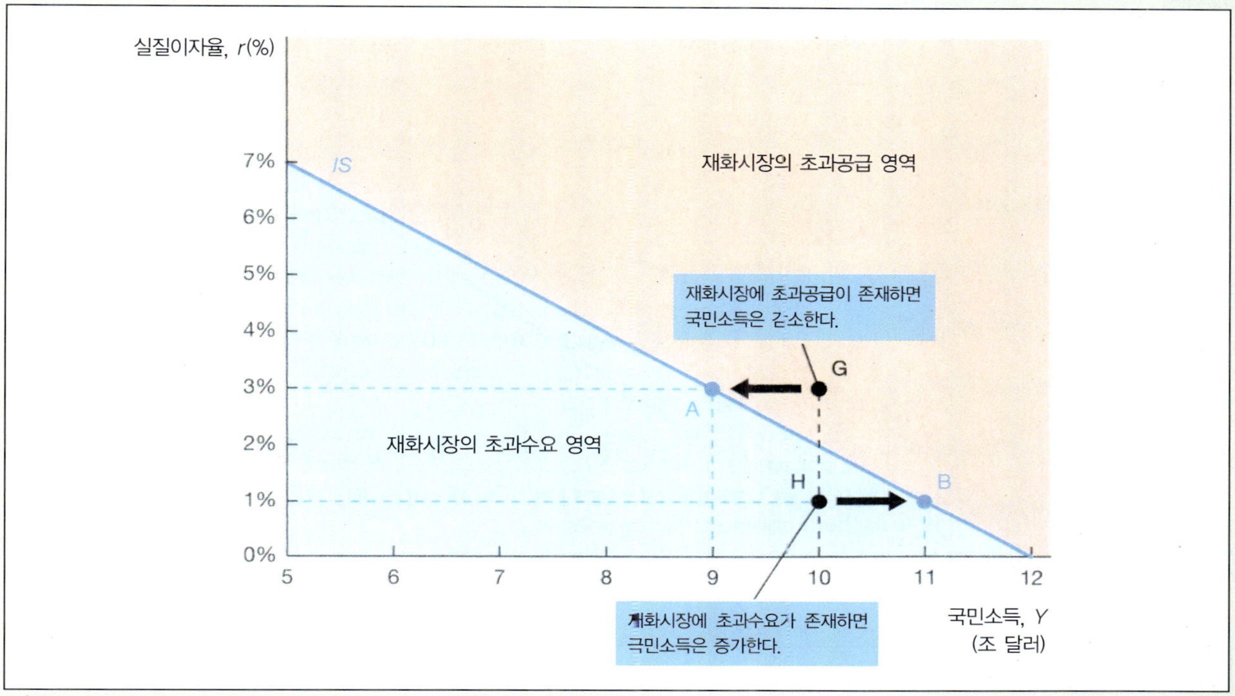

그림 1 *IS*곡선

우하향의 *IS*곡선은 재화시장을 균형시키는 점들(예컨대 점*A*와 점*B*)의 조합이다. 국민소득의 변동이 균형을 향하는 것에 주목하자. 예를 들어 오렌지색 영역의 점*G*에서는 재화시장의 초과공급이 존재해 기업은 생산을 줄일 것이다. 그 결과 총산출은 균형국민소득인 점*A*로 감소할 것이다. 푸른색 영역의 점*H*에서는 재화시장의 초과수요가 존재해 기업은 생산을 늘릴 것이다. 그 결과 총산출은 균형국민소득인 점*B*로 증가할 것이다.

상의 점*B*로 이행한다면 총산출은 또한 더 이상 변동하지 않을 것이다.

5 *IS*곡선의 이동요인

여러분은 *IS*곡선이 재화시장에서 실질이자율과 균형국민소득의 조합인 균형점들을 나타낸다는 것을 학습했다. *IS*곡선은 (국민소득과 실질이자율에 의해서 영향을 받지 않는) 독립적 요인에 의해서 이동된다. 균형국민소득에 영향을 미치는 실질이자율이 변동할 경우 이는 단지 *IS*곡선상의 움직임(movement)으로 나타난다. 이에 비해 *IS*곡선의 이동(shift)은 주어진 실질이자율에서 균형국민소득이 변동할 때 발생한다.

식(12)에서 총수요를 변동시켜 균형국민소득에 영향을 주는 6가지 독립적 요인을 확인했다. 식(12)는 이들 요인이 *IS*곡선을 어떻게 이동시키는지 직접적으로 알려주지만, 이러한 이동에 대한 직관적인 설명을 해보자.

5.1 정부지출의 변동

정부지출이 3조 달러에서 4조 달러로 증가할 때 무슨 일이 벌어지는지 [그림 2]에서 살펴보자. IS_1은 [그림 1]에 표시된 *IS*곡선과 같다. 식(12)에 $\overline{G}=4$조 달러를 대입하여 IS_2의 식을 다음과 같이 결정한다.

$$Y = [1.4 + 1.2 - 0.3 + 4.0 + 1.3 - 0.6 \times 3.0] \times \frac{1}{1-0.6} - r = \frac{5.8}{0.4} - r = 14.5 - r$$

이러한 결과에 근거해 실질이자율이 $r=3\%$일 때 균형국민소득은 $Y=14.5-3=11.5$조 달러가 된다. 이 조합은 [그림 2]에서 점*C*로 나타나 있다. 실질이자율이 $r=1\%$일 때 균형국민소득은 $Y=14.5-1=13.5$조 달러가 된다. 이는 점*D*로 나타나 있다. 그러므로 정부지출의 증가는 *IS*곡선을 IS_1에서 IS_2로 오른쪽으로 이동시킨다.

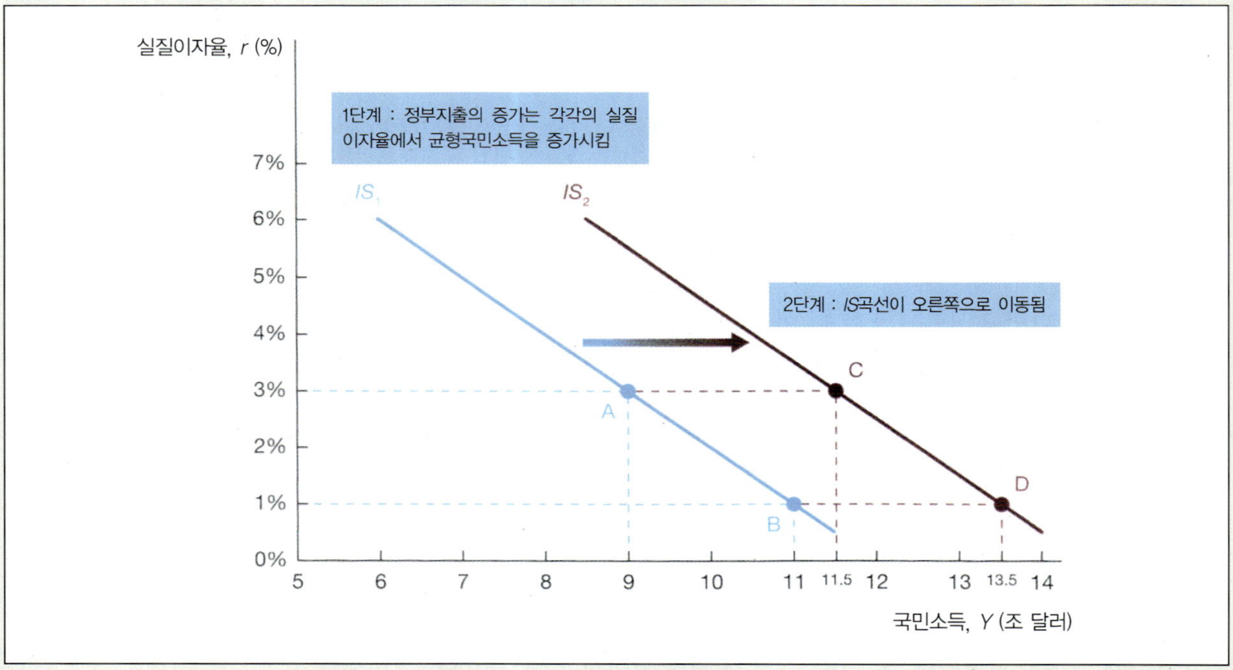

그림 2 정부지출 증가로 인한 *IS*곡선의 이동

IS_1은 [그림 1]에 표시된 *IS*곡선과 같다. IS_2는 정부지출의 1조 달러 증가를 나타낸다. 정부지출의 증가는 *IS*곡선을 IS_1에서 IS_2로 2.5조 달러만큼 오른쪽으로 이동시킴으로써 국민소득을 증가시킨다.

정부지출의 증가가 *IS*곡선을 오른쪽으로 이동시키는 이유를 직관적으로 이해하는 방법은 정부지출의 증가가 주어진 실질이자율에서 총수요를 증가시킨다는 것을 인식하는 것이다. 재화시장이 균형일 때 총산출(총공급)은 총수요와 같기 때문에, 총수요를 증가시키는 정부지출의 증가는 균형국민소득을 증가시킴으로써 *IS*곡선을 오른쪽으로 이동시킨다. 반대로 총수요의 감소는 주어진 실질이자율에서 총수요를 감소시킴으로써 *IS*곡선을 왼쪽으로 이동시킨다.

응용 베트남 전쟁에서의 병력증강 : 1964~1969년

베트남에 대한 미국의 개입은 1960년대 초에 확대되기 시작했다. 1964년 이후 미국은 전면전을 펼쳤다. 그 결과 1965년을 기점으로 군사비 지출이 증가했고 이것은 정부지출을 증가시켰다. 정부지출이 급속히 증가하는 시기에는 대체로 중앙은행이 경제가 과열되는 것을 막기 위해 실질이자율을 올린다. 그러나 베트남 전쟁 기간에 연방준비제도(연준)는 실질이자율을 일정하게 유지하는 이례적인 결정을 했다. 따라서 이 시기는 정책당국이 정책을 알

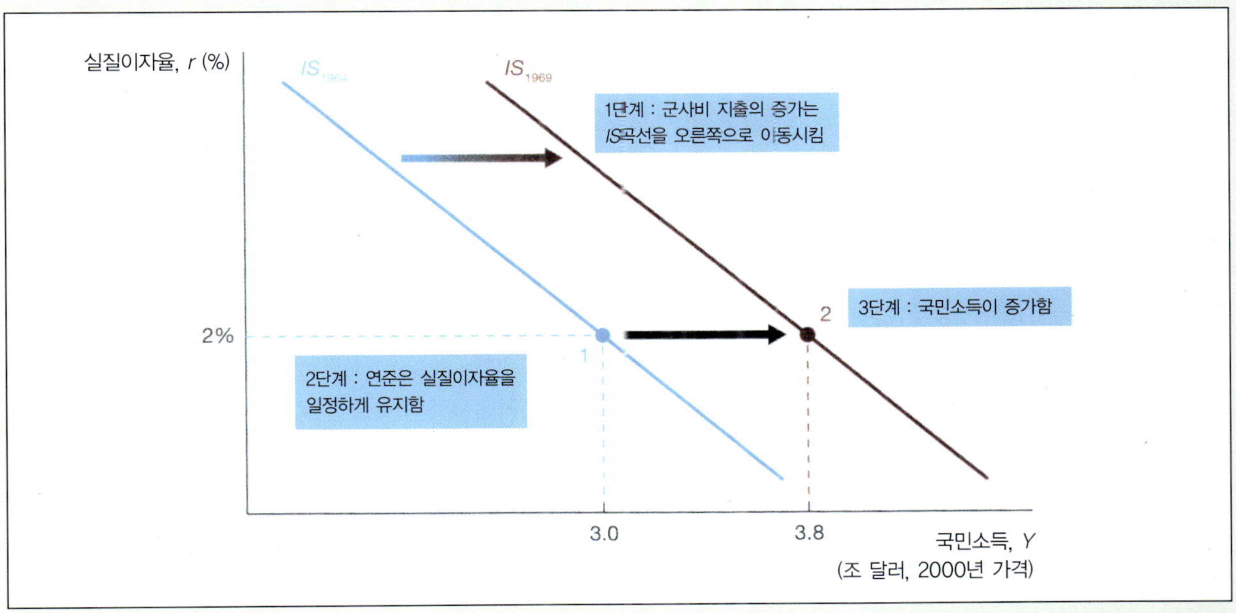

그림 3 베트남 전쟁에서의 병력증강

1965년을 기점으로 한 군사비 지출의 증가는 *IS*곡선을 IS_{1964}에서 IS_{1969}로 오른쪽으로 이동시켰다. 연준은 이 시기에 실질이자율을 2%로 유지했기 때문에 균형국민소득은 1964년의 3조 달러(2000년 가격 기준)에서 1969년의 3.8조 달러로 증가했으며, 인플레이션이 상승되는 단계로 접어들었다.

리는 데 어떻게 IS곡선의 분석을 이용했는지에 대한 탁월한 예를 제공한다.

정부지출의 증가는 [그림 3]에서 IS곡선을 IS_{1964}에서 IS_{1969}로 오른쪽으로 이동시킬 것이다. 연준은 이 시기에 실질이자율을 2%로 유지했기 때문에 균형국민소득은 1964년의 3조 달러(2000년 가격 기준)에서 1969년의 3.8조 달러로 증가했으며, 실업률은 1964년의 5%에서 1969년의 3.4%로 하락했다. 그러나 경제의 모든 면이 나아진 것은 아니었다. 실질이자율을 일정하게 유지하면서 정부지출을 증가시킨 결과 경제는 과열됐고 궁극적으로 높은 인플레이션이 발생했다. (이하의 몇몇 장에서 경제의 과열과 인플레이션의 관계를 살펴볼 것이다.)

5.2 조세의 변동

정부가 조세를 3조 달러에서 4조 달러로 증가시킬 때 무슨 일이 벌어지는지 [그림 4]에서 살펴보자. IS_1은 [그림 1]에 표시된 IS곡선과 같다. 식(12)에 $\overline{T}=4$조 달러를 대입해 IS_2의 식을 다음과 같이 결정한다.

$$
\begin{aligned}
Y &= [1.4 + 1.2 - 0.3 + 3.0 + 1.3 - 0.6 \times 4.0] \times \frac{1}{1-0.6} - r = \frac{4.2}{0.4} - r \\
&= 10.5 - r
\end{aligned}
$$

실질이자율이 $r=3\%$일 때 균형국민소득은 $Y=10.5-3=7.5$조 달러가 된다. 이 조합은 [그림 4]에서 점E로 나타나 있다. 이 이자율 수준에서 균형국민소득은 왼쪽 화살표와 같이 점A에서 점E로 감소한다. 마찬가지로 실질이자율이 $r=1\%$일 때 균형국민소득은 $Y=10.5-1=9.5$조 달러가 된다. 이는 점B에서 점F로 왼쪽 이동을 발생시킨다. 조세의 증가는 IS곡선을 IS_1에서 IS_2로 왼쪽으로 이동시킨다.

그러므로 다음과 같은 결론을 얻을 수 있다. 실질이자율이 주어졌을 때 조세의 증가는 총수요와 균형국민소득을 감소시킴으로써 IS곡선을 왼쪽으로 이동시킨다. 반대로 주어진 실질이자율에서 조세의 감소는 가처분소득의 증가를 가져와 총수요와 균형국민소득을 증가시킴으로써 IS곡선을 오른쪽으로 이동시킨다.

경제가 후퇴할 때 정책당국은 다음의 [응용]에서와 같이 경기를 부양하기 위해 조세와 정부지출을 모두 사용한다.

응용 2009년의 재정부양책

2008년 가을에 미국 경제는 위기에 처했다. 오바마 정부가 취임할 때 실업률은 2007년 12월에 시작된 경기후퇴 직전의 4.7%에서 2009년 1월에는 7.6%로 상승했다. 경기부양을 위해 오바마 정부는 재정부양책을 제안해 의회에서 통과됐다. 이 재정부양책에는 가계와 기업에 대한 2,880억 달러의 감세와 4,990억 달러의 이전지출을 포함한 정부지출의 증가가 포함돼있다. *IS*곡선의 분석에 의하면 이 경우 경제에는 어떤 일이 벌어지는가?

[그림 2]와 [그림 4]에서의 분석과 같이 이러한 감세와 정부지출의 증가는 총수요를 증가시킴으로써 주어진 실질이자율에서 균형국민소득이 증가해 *IS*곡선이 오른쪽으로 이동한다. 불행히도 오바마 정부가 의도한 대로 일이 풀리지 않았다. 정부지출 증가의 대부분은 2010년이 돼서야 시작됐으나 독립적인 소비와 투자의 감소는 예상보다 컸다. 소비와 투자의 감소는 재정부양을 상쇄하고도 남았다. 그 결과 총수요는 증가하는 대신 오히려 감소해 기대했던 것처럼 *IS*곡선이 오른쪽으로 이동하지 않았다. 재정부양책의 좋은 의도에도 불구하고 실업률은 2009년에 10% 이상으로 상승했다. 그러나 재정부양책이 없었더라면 *IS*곡선이 왼쪽으로 더 많이 이동함으로써 실업률은 더욱 높아졌을 것이다.

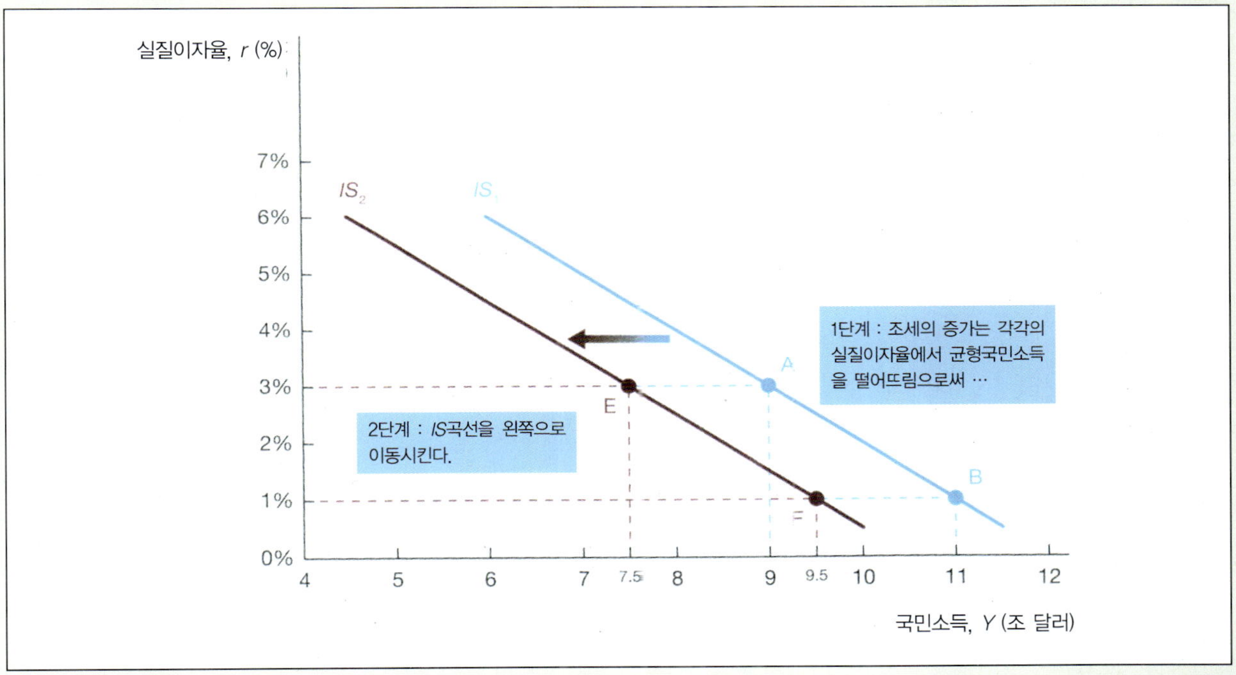

그림 4 조세 증가로 인한 *IS*곡선의 이동

IS_1은 [그림 1]에서 도출한 *IS*곡선이다. IS_2는 1조 달러의 조세 증가를 반영한다. 조세의 증가는 균형국민소득을 1.5조 달러만큼 감소시켜 *IS*곡선을 IS_1에서 IS_2로 왼쪽으로 이동시킨다.

5.3 독립적 지출의 변동

식(12)에서 알 수 있듯이 독립적인 소비 $\overline{C}$, 투자 $\overline{I}$, 순수출 $\overline{NX}$는 $\overline{G}$와 같이 $1/(1-mpc)$ 항이 곱해져 있다. 따라서 이들 변수 각각의 증가는 정부지출의 증가가 *IS*곡선에 미치는 효과와 동일하다. 이런 이유로 이들 세 변수를 묶어서 **독립적 지출**(autonomous spending)이라 할 수 있다. 독립적 지출은 외생적이어서 국민소득이나 실질이자율 같은 모형에 포함된 변수와 관련이 없는 변수이다. 이들 변수의 변동이 각각 *IS*곡선에 어떻게 영향을 미치는지를 직관적으로 살펴보자.

독립적 소비 주식시장이 호황이거나 또는 양의 생산성 충격으로 소비자가 미래를 낙관하여 그들의 재산이 증가했다고 상정해보자. 이들 사건은 실질이자율에 영향을 받지 않는다는 의미에서 독립적이다. 독립적 소비가 증가하면 주어진 실질이자율에서 총수요와 균형국민소득을 증가시킴으로써 *IS*곡선을 오른쪽으로 이동시킨다. 반대로 독립적 소비의 감소는 총수요와 균형국민소득을 감소시켜 *IS*곡선을 왼쪽으로 이동시킨다.

독립투자 이전 장에서 실질이자율의 변동은 의도된 투자지출에 영향을 미침으로써 균형국민소득을 변동시킨다는 것을 학습했다. 실질이자율 변동에 의한 투자지출의 변동은 *IS*곡선상의 움직임으로 나타나며, *IS*곡선의 이동을 발생시키지 않는다. 의도된 투자지출의 독립적 증가는 총수요를 증가시킨다. 이런 실질이자율과 관련이 없는 독립투자의 증가는 예컨대 주식시장이 호황이어서 기업이 투자의 수익성을 높게 확신하기 때문에 발생한다. 그러므로 독립투자의 증가는 주어진 실질이자율에서 균형국민소득을 증가시킴으로써 *IS*곡선을 오른쪽으로 이동시킨다. 반대로 독립투자의 감소는 총수요와 균형국민소득을 감소시켜 *IS*곡선을 왼쪽으로 이동시킨다.

독립적 순수출 실질이자율과 관련이 없는 독립적 순수출의 증가는 총수요를 증가시킨다. 이런 독립적 순수출의 증가는 예컨대 미국산 핸드백이 프랑스산 핸드백보다 세련되거나 외국들이 호황이어서 미국 상품을 더 많이 구입하기 때문에 발생한다. 독립적 순수출의 증가는 주어진 실질이자율에서 균형국민소득을 증가시킴으로써 *IS*곡선을 오른쪽으로 이동시킨다. 반대로 독립적 순수출의 감소는 총수요와 균형국민소득을 감소시켜 *IS*곡선을 왼쪽으로 이동시킨다.

5.4 금융마찰의 변동

2007～2009년의 금융위기 동안에 발생한 금융마찰의 증가는 기업에게 차입의 실질비

요약표 1 독립적 지출($\overline{C}, \overline{I}, \overline{G}, \overline{T}, \overline{NX}, \overline{f}$)의 변동에 따른 *IS*곡선의 이동

이동요인	이동요인의 변동	*IS*곡선의 이동	이동의 이유
독립적 소비, $\overline{C}$	↑	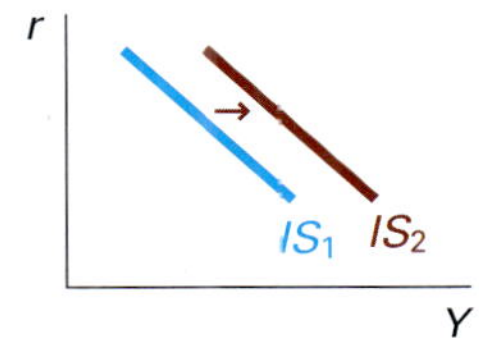	$C\uparrow \quad Y\uparrow$
독립투자, $\overline{I}$	↑	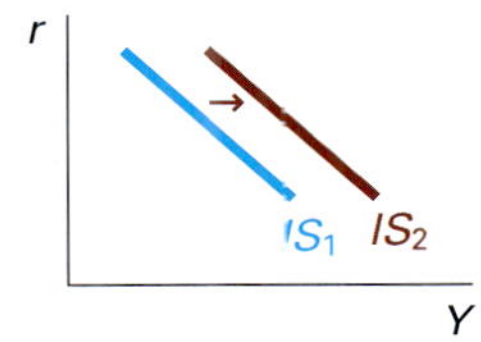	$I\uparrow \quad Y\uparrow$
정부지출, $\overline{G}$	↑	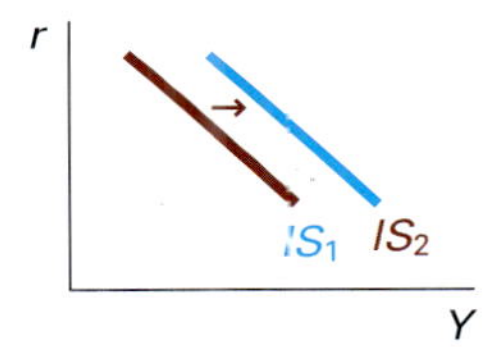	$G\uparrow \quad Y\uparrow$
조세, $\overline{T}$	↑	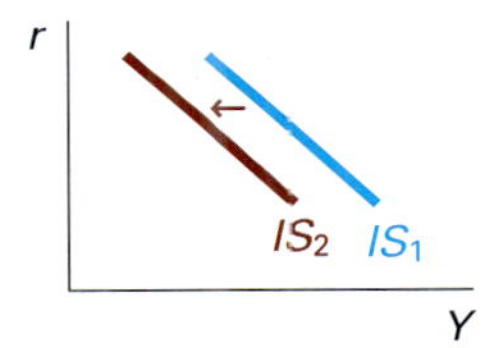	$T\uparrow \Rightarrow C\downarrow \quad Y\downarrow$
독립적 순수출, $\overline{NX}$	↑	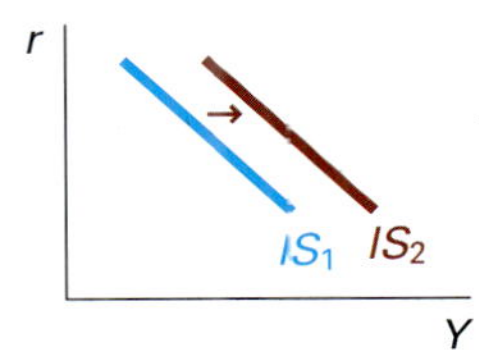	$\overline{NX}\uparrow \quad Y\uparrow$
금융마찰, $\overline{f}$	↑	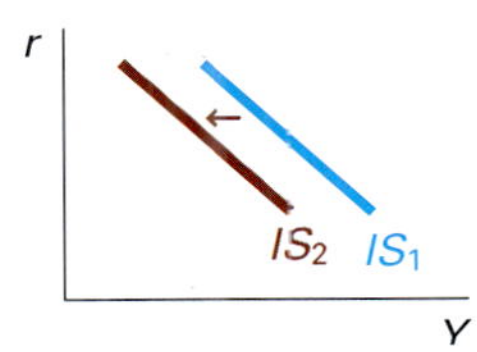	$I\downarrow \quad Y\downarrow$

주 : 이동요인이 증가(↑)할 경우만 나타냈다. 이동변수의 감소효과는 'IS곡선의 이동' 열과 '이동의 이유' 열에 표시된 효과와 반대다.

용을 상승시킴으로써 투자와 총수요를 감소시킨다. 금융마찰의 증가는 주어진 실질이자율에서 균형국민소득을 감소시킴으로써 *IS*곡선을 왼쪽으로 이동시킨다. 반대로 금융마찰의 감소는 총수요와 균형국민소득을 증가시켜 *IS*곡선을 오른쪽으로 이동시킨다.

5.5 요약 : *IS*곡선의 이동요인

학습도구로서 [요약표 1]에는 이들 이동요인의 변동이 *IS*곡선을 어떤 방향으로 이동시키는지 나타나있으며, 이동의 이유도 설명돼 있다. 이제 *IS*곡선을 충분히 학습했기 때문에 다음 장에서는 이 기본모형을 이용해 통화정책과 총수요곡선의 관계를 분석해보자.

요 약 SUMMARY

1 경제에서 수요되는 재화의 총량인 의도된 지출은 총수요와 같다. 총수요는 4가지 형태의 지출, 즉 소비지출, 의도된 투자지출, 정부지출, 순수출의 합이다. 식(1)과 같이 총수요(Y^{ad})는 $Y^{ad} = C + I + G + NX$로 나타낸다.

2 소비지출은 소비함수로 표시되며 이 함수에서 소비지출은 가처분소득과 같은 방향으로 움직인다. 의도된 지출과 총수요는 실질이자율과 음의 관계에 있다. 왜냐하면 실질이자율의 상승은 의도된 투자지출과 순수출을 감소시키기 때문이다. 금융마찰의 증가는 차입의 실질비용을 상승시킴으로써 투자와 총수요를 감소시킨다. 정부는 총수요에 직접적으로 영향을 주는 정부지출이나, 간접적으로 영향을 주는 조세를 통해 의도된 지출에 영향을 미친다. 조세는 가처분소득이나 소비에 영향을 미침으로써 총수요에 간접적으로 영향을 미친다.

3 재화시장이 균형일 때 국민소득은 총산출과 총수요가 일치하는 조건에서 결정된다.

4 *IS*곡선은 재화시장이 균형일 때 실질이자율과 국민소득의 조합들의 궤적이다. 높은 실질이자율은 의도된 투자지출과 순수출을 감소시켜 균형국민소득을 낮추기 때문에 *IS*곡선은 우하향한다.

5 *IS*곡선은 독립적 소비지출의 증가, 독립투자의 증가, 정부지출의 증가, 독립적 순수출의 증가, 조세의 감소, 금융마찰의 감소에 의해 오른쪽으로 이동한다. 이러한 6개 이동요인의 반대방향의 변동은 *IS*곡선을 왼쪽으로 이동시킨다.

주요 용어 KEY TERMS

가처분소득(disposable income)
고정투자(fixed investment)
독립적 소비지출(autonomous consumer expenditure)
독립적 순수출(autonomous net export)
독립적 지출(autonomous spending)
독립투자(autonomous investment)
동물적 감각(animal spirits)
소비지출(consumer expenditure)
소비함수(consumption function)
순수출(net export)
외생적(exogenous)
의도된 지출(planned expenditure)
의도된 투자지출(planned investment spending)
정부지출(government purchase)

재고투자(inventory investment)
총수요(aggregate demand)
한계소비성향(marginal propensity to consume)
환율(exchange rate)
*IS*곡선(*IS* curve)

연습문제

QUESTIONS

1 "주식시장이 호황일 때 투자가 증가한다." 이 진술은 참인가, 거짓인가, 또는 불확실한가? 설명하라.

2 재고는 실제로 최종소비자에게 팔리지 않았는데도, 재고투자가 총지출에 포함되는 이유는 무엇인가?

3 "재고는 비용이 들기 때문에 기업의 의도된 재고투자는 항상 0이어야 하고, 오직 의도되지 않은 재고를 통해서만 재고를 쌓아야 한다." 이 진술은 참인가, 거짓인가, 또는 불확실한가? 설명하라.

4 2007~2009년의 금융위기 동안과 직후에 실질이자율이 크게 하락했음에도 불구하고 의도된 투자는 상당히 감소했다. 투자함수의 어떤 변수가 이런 상황을 설명할 수 있는가?

5 가계와 기업이 미래에 경기후퇴가 발생할 것으로 믿는다면 필연적으로 경기후퇴가 야기될 것인가, 또는 국민소득에 영향을 미칠 것인가?

6 실질이자율의 상승이 순수출의 하락을 가져오는 이유는 무엇인가? 그리고 반대의 경우는 어떠한가?

7 한계소비성향의 상승이 균형국민소득을 증가시키는 이유는 무엇인가?

8 기업이 투자의 수익성에 대해 낙관적으로 전망해 의도된 투자지출을 1,000억 달러 증가시키고 가계는 비관적으로 전망해 독립적 소비지출을 1,000억 달러 감소시킨다면, 국민소득은 어떻게 변동하겠는가?

9 아래의 각각의 경우에 균형국민소득은 어떻게 변동하겠는가? 이것이 의도된 지출의 구성요소에 어떤 영향을 미치는지 간략히 설명하라.
 a. 실질이자율의 상승
 b. 한계소비성향의 하락
 c. 금융마찰의 증가
 d. 독립적 소비의 감소
 e. 조세와 정부지출의 동일한 금액의 감소
 f. 순수출의 실질이자율에 대한 반응도의 감소
 g. 기업의 연구개발 프로그램에 대한 정부의 세제지원

10 독립적 소비지출의 증가가 동일한 금액의 조세 증가와 결합된다면 국민소득은 증가하겠는가 아니면 감소하겠는가?

11 이자율의 변동이 의도된 투자지출이나 순수출에 영향을 주지 않는다면 *IS*곡선의 기울기는 어떻게 되는가?

12 의도되지 않은 재고투자가 0보다 클 경우 기업은 왜 생산을 줄이는가? 기업이 생산을 줄이지 않는다면 기업의 이윤에 어떤 영향을 미치는가?

13 "의도된 투자가 실제 투자보다 적으면 기업은 생산을 늘릴 것이다." 이 진술은 참인가, 거짓인가, 또는 불확실한가? 설명하라.

14 아래의 각각의 경우에 *IS*곡선이 어느 방향으로 이동하는지, 이동하지 않는지, 아니면 방향을 정할 수 없는지 설명하라.
 a. 실질이자율의 상승
 b. 한계소비성향의 하락
 c. 금융마찰의 증가
 d. 독립적 소비의 감소
 e. 조세와 정부지출의 동일한 금액의 감소
 f. 순수출의 실질이자율에 대한 반응도의 감소
 g. 기업의 연구개발 프로그램에 대한 정부의 세제지원

15 "2009년의 재정부양책은 정책이 시행된 후에 국민소득이 감소하고 실업이 늘었기 때문에 *IS*곡선을 왼쪽으로 이동시켰다." 이 진술은 참인가, 거짓인가, 또는 불확실한가? 설명하라.

16 연준이 정책 이자율을 낮추면 *IS*곡선에 어떤 영향을 미치는가? 간략히 설명하라.

17 2010년 2월 18일 월스트리트저널은 다음과 같이 보도했다. "달러가 강세이고… 다우지수가 40.43, 즉 0.4% 상승했다."

a. 달러 강세는 *IS*곡선에 어떤 영향을 미치는가?

b. 주가의 상승은 *IS*곡선에 어떤 영향을 미치는가?

c. 두 사건을 결합하면 *IS*곡선에 어떤 영향을 미치는가?

응용문제 APPLIED PROBLEMS

18 소비함수를 이용해 독립적 소비=300, 조세=200, *mpc*=0.9일 때 아래의 표에서 각각의 가처분소득에 대한 소비를 구하라.

소득 Y	가처분소득 Y_D	소비 C
0		
100		
200		
300		
400		
500		
600		

19 독립적 소비가 1조 6,250억 달러이고 가처분소득이 1조 1,500억 달러라고 가정하자. 1,000달러의 가처분소득 증가가 750달러의 소비 증가를 가져온다면 소비지출은 얼마가 되는가?

20 2012년 12월 31일에 Dell은 상인에게 출고할 준비가 된 20,000대의 컴퓨터를 창고에 보관하고 있다(컴퓨터의 가격은 500달러다). 2013년 12월 31일에 Dell은 출고 준비된 25,000대의 컴퓨터를 갖고 있는데, 컴퓨터의 가격은 450달러다.

a. 2012년 12월 31일에 Dell의 재고는 얼마인가?

b. 2013년 12월 31일에 Dell의 재고투자는 얼마인가?

c. 경기후퇴의 초기 단계에 재고투자는 어떻게 변동하는가?

21 소비함수가 $C=100+0.75Y_D$이고 투자가 $I=100$, 정부지출이 $G=200$, 순수출이 $NX=0$일 때 균형국민소득은 얼마인가? 정부지출이 100만큼 증가하면 국민소득에는 어떤 일이 벌어지는가?

22 한계소비성향이 0.75일 때 1조 달러만큼 국민소득을 증가시키려면 정부지출을 얼마나 늘려야 하는가?

23 조세와 정부지출이 동일한 금액으로 증가된다고 가정하고 균형국민소득에 미치는 효과를 수식으로 표시하라.

24 경제에 대한 다음의 정보를 이용하여 물음에 답하라.

$\bar{C}$ = 3.25조 달러
$\bar{I}$ = 1.3조 달러
$\bar{G}$ = 3.5조 달러
$\bar{T}$ = 3.0조 달러
$\overline{NX}$ = −1.0조 달러
$\bar{f}$ = 1
mpc = 0.75
d = 0.3
x = 0.1

a. 소비함수, 투자함수, 순수출함수를 표시하라.

b. *IS*곡선을 수식으로 표시하라.

c. 실질이자율이 $r=2$일 때 균형국민소득은 얼마인가? 그리고 실질이자율이 $r=5$일 때 균형국민소득은 얼마인가?

d. *IS*곡선을 그래프로 그리고 문제 c의 답을 그래프에 표시하라.

e. 정부지출이 4.2조 달러로 증가한다면 $r=2$일 때 균형국민소득은 얼마인가? 그리고 실 질이자율이 $r=5$일 때 균형국민소득은 얼마인가? 정부지출 증가의 효과를 문제 d의 그래프에 나타내라.

25 경제에 대한 다음의 정보를 이용하여 물음에 답하라.

$\bar{C}$ = 4.0조 달러

$\bar{I}$ = 1.5조 달러

$\bar{G}$ = 3.0조 달러

$\bar{T}$ = 3.0조 달러

$\overline{NX}$ = 1.0조 달러

$\bar{f} = 0$

$mpc = 0.8$

$d = 0.35$

$x = 0.15$

a. *IS*곡선을 수식으로 표시하라.

b. 연준이 이자율을 $r=4$로 설정한다고 가정하자. 균형 국민소득은 얼마인가?

c. 금융위기가 시작돼 금융마찰이 $\bar{f}=3$으로 증가됐다고 해보자. 국민소득은 어떻게 변동하겠는가? 연준이 이자율을 설정할 수 있다면, 국민소득의 변동을 막기 위해 이자율은 얼마로 설정돼야 하는가?

d. 금융위기의 결과로 문제 c와 같은 $\bar{f}$ 의 증가와 더불어 의도된 독립투자가 $\bar{I}=1.1$조 달러가 됐다고 해보자. 연준에 의한 이자율 변동은 국민소득을 안정화시키는 데 효과적인가? 그렇지 않다면 문제 b에서 구한 원래의 균형국민소득으로 안정시키기 위해서는 추가적으로 어떤 통화정책이나 재정정책을 시행해야 하는가?

웹 연습문제 WEB EXERCISES

1 www.eurmacro.unisg.ch/Tutor/islm.html에 들어가서 $G=80$, $t=0.20$, $c=0.75$, $b=40$으로 설정하라. 이제 정부지출 G를 80에서 160으로 증가시켜라. *IS*곡선은 오른쪽 수평방향으로 얼마나 이동하는가? 한계소비성향 c를 0.75에서 0.9로 증가시켜라. *IS*곡선은 어느 방향으로 이동하고, 그 이유는 무엇인가? *IS*곡선은 얼마나 이동하는가? 세율 t를 0.20에서 0.28로 증가시켜라. *IS*곡선은 어느 방향으로 이동하고, 그 이유는 무엇인가? *IS*곡선은 얼마나 이동하는가?

2 www.eurmacro.unisg.ch/Tutor/islm.html에 들어가서 $G=80$, $t=0.20$, $c=0.75$, $b=40$으로 설정하라. 이제 투자의 이자율 민감도(탄력성) b를 40에서 80으로 증가시켜라. *IS*곡선의 기울기는 어떻게 바뀌는가? 그 이유는 무엇인가?

웹 부록 WEB APPENDICES

http://research.stlouisfed.org/fred2/

이 장에서 사용된 거시경제변수에 대한 정보

22 통화정책과 총수요곡선

PREVIEW

2008년 12월 금융위기의 정점에서 연방준비제도(연준)의 연방공개시장위원회는 경제를 충격에 빠뜨린 놀랍고도 대담한 정책을 발표했다. 연방공개시장위원회는 은행 간 1일물 대출 이자율인 페더럴펀드 이자율을 75 베이시스 포인트(0.75% 포인트)만큼 인하했다. 그리하여 페더럴펀드 이자율은 거의 0%에 가까웠다.

이와 같은 통화정책이 경제에 어떤 영향을 미치는지 알려면 통화정책이 어떻게 총수요에 영향을 미치는지 분석할 필요가 있다. 먼저 인플레이션이 상승할 때 통화당국이 이자율을 인상하는 이유를 설명하고자 한다. 이와 같이 실질이자율과 인플레이션의 양의 관계를 소위 *통화정책곡선*(monetary policy(*MP*) curve)이라 한다. 이전 장에서 설명한 *IS*곡선과 함께 *MP*곡선을 이용하여 총수요곡선을 도출한다. *총수요곡선*(aggregate demand curve)은 이후의 장에서 단기적 경기변동의 설명을 위해 사용되는 총수요-총공급 모형의 주요 부분이다.

1 연준과 통화정책

전 세계적으로 중앙은행은 초단기이자율을 주요 정책수단으로 사용한다. 미국에서 연준은 페더럴펀드 이자율의 결정을 통해 통화정책을 수행한다.

제16장에서와 같이 연준은 은행시스템에 제공하는 지급준비금(지준)을 변동시킴으로써 페더럴펀드 이자율을 조정한다. 연준이 은행에 지준을 많이 공급하면 은행들은 상호 간에 대출할 자금이 많아지고, 이에 따른 유동성의 과잉은 페더럴펀드 이자율을 하락시킨다. 반대로 연준이 은행시스템으로부터 지준을 환수하면 은행들은 대출할 자금이 줄어들고, 이에 다른 유동성의 부족은 페더럴펀드 이자율을 상승시킨다.

페더럴펀드 이자율은 명목(nominal)이자율이다. 그러나 이전 장에서 순수출과 투자지출에 영향을 주고 균형국민소득을 결정하는 이자율은 실질(real)이자율이라는 것을 학습했다. 페더럴펀드 이자율을 조정하는 연준은 어떤 방식으로 실질이자율에 영향을 미치는가? 통화정책은 실질이자율을 통해 경제에 영향을 미친다.

제4장에서와 같이 실질이자율 r은 명목이자율 i에서 기대인플레이션 π^e을 차감해 구한다.

$$r = i - \pi^e$$

명목이자율의 변동은 실제 인플레이션과 기대 인플레이션이 단기에 변동이 없을 경우에만 실질이자율을 원하는 만큼 변동시킬 수 있다. 가격은 경직적으로(sticky) 서서히 움직이기 때문에 통화정책은 실제 인플레이션과 기대 인플레이션에 즉각적인 영향을 미치지 않는다. 그 결과 연준이 페더럴펀드 이자율을 인하할 경우 실질이자율은 떨어지고, 페더럴펀드 이자율을 인상할 경우 실질이자율은 올라간다.

2 통화정책곡선

지금까지 단기적으로 연준이 어떻게 실질이자율을 원하는 수준으로 유지하는지 살펴봤다. 다음 단계는 통화정책이 인플레이션에 어떻게 반응하는지 분석하는 것이다. **통화정책곡선**(monetary policy(*MP*) curve)은 중앙은행이 명목이자율을 통해 조정하는 실질이자율과 인플레이션율의 관계를 나타낸다. 통화정책곡선은 다음과 같이 표시된다.

$$r = \bar{r} + \lambda\pi \tag{1}$$

$\bar{r}$는 실질이자율에 포함돼 있는 독립적 요소인데, 이는 인플레이션의 현재 수준과는 무관하게 결정된다. λ는 실질이자율이 인플레이션율에 반응하는 정도를 나타낸다.

통화정책곡선을 구체적으로 설명하기 위해 [그림 1]은 $\bar{r}=1.0$, $\lambda=0.5$일 경우 통화정책곡선의 예를 보여준다.

$$r = 1.0 + 0.5\pi \tag{2}$$

인플레이션율이 1%인 점*A*에서 연준은 실질이자율을 1.5%로 유지하고, 인플레이션율이 2%인 점*B*에서 연준은 실질이자율을 2%로 유지한다. 그리고 인플레이션율이 3%인 점*C*에서 연준은 실질이자율을 2.5%로 유지한다. 점*A*, 점*B*, 점*C*를 연결한 선이 통화정책곡선 *MP*이다. *MP*곡선은 우상향하는데, 이는 인플레이션이 상승할 때 통화당국이 명목이자율을 통해 실질이자율을 상승시킨다는 것을 나타낸다.

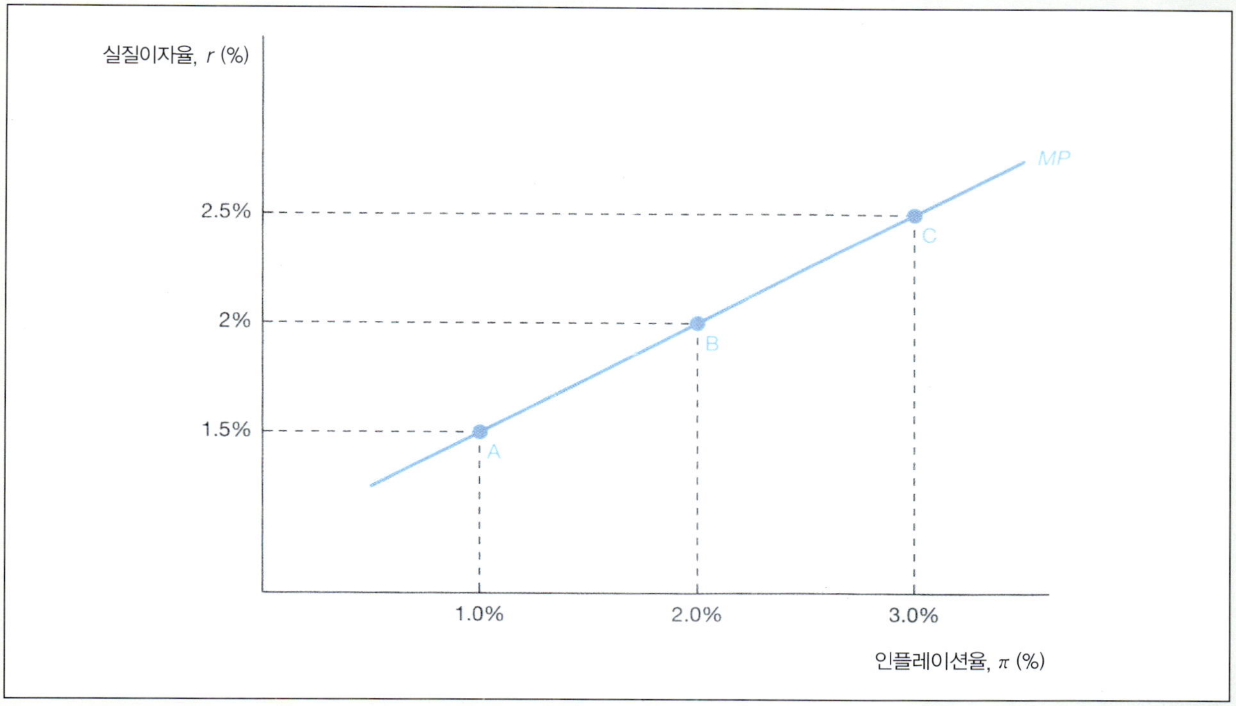

그림 1 통화정책곡선
*MP*곡선은 우상향하는데, 이는 인플레이션이 상승할 때 테일러 원칙을 따르는 통화당국이 실질이자율을 올린다는 것을 의미한다.

2.1 테일러 원칙 : 통화정책곡선이 우상향하는 이유

*MP*곡선이 왜 우상향하는지 알기 위해서는 중앙은행이 인플레이션의 안정을 추구한다는 것을 인식할 필요가 있다. 인플레이션을 진정시키기 위해 중앙은행은 **테일러 원칙**(Taylor principle)을 따른다. 테일러 원칙은 스탠퍼드 대학의 존 테일러(John Taylor)의 이름을 따서 명명한 것이다. 테일러 원칙에 의하면 기대 인플레이션이 상승할 경우 통화당국은 명목이자율을 기대 인플레이션 이상으로 올려야 한다는 것을 나타낸다. 따라서 *MP*곡선이 제시하는 바와 같이 인플레이션이 상승할 경우 실질이자율이 상승한다.[1] 테일러와 많은 경제학자는 통화당국이 실제로 테일러 원칙을 따르는 경향이 있다는 것을 발견했다.

통화당국이 테일러 원칙(높은 인플레이션은 높은 실질이자율을 초래함)을 따르는 이유

1) 테일러 원칙은 제17장에서 설명한 테일러 준칙과는 다르다. 왜냐하면 테일러 준칙은 통화정책이 경제상황에 어떻게 반응해야 하는지에 관한 준칙을 제공하지만, 테일러 원칙은 그렇지 않기 때문이다.

를 알기 위해, 인플레이션이 상승할 때 통화당국이 실질이자율을 오히려 낮게 유지할 경우 경제에 어떤 일이 벌어지는지 고려해보자. 이 경우 인플레이션의 상승은 실질이자율의 하락을 초래함으로써 국민소득이 증가하고 이는 다시 인플레이션을 더 상승시킨다. 그 결과 실질이자율이 더 하락해 국민소득이 더 증가한다. 이를 도식화하면 다음과 같다.

$$\pi\uparrow \Rightarrow r\downarrow \Rightarrow Y\uparrow \Rightarrow \pi\uparrow \Rightarrow r\downarrow \Rightarrow Y\uparrow \Rightarrow \pi\uparrow$$

그 결과 인플레이션은 지속적으로 상승해 통제 불능의 상태가 된다. 정말로 이러한 경우가 바로 1970년대에 발생했다. 그 당시 연준은 인플레이션이 상승할 때 명목이자율을 그 이상으로 올리지 않아서 실질이자율이 떨어졌다. 인플레이션은 10% 이상으로 가속화됐다.[2]

2.2 *MP*곡선의 이동

연준이 실질이자율을 높게 유지할 때는 흔히 통화정책이 긴축적이라 하고, 실질이자율을 낮게 유지할 때는 통화정책이 완화됐다고 한다. 그러나 *MP*곡선을 이동시키는 통화정책의 변동(독립적 변동)과 *MP*곡선상의 움직임을 나타내는 테일러 원칙에 의한 통화정책의 변동(이자율의 자동적 조절)을 구별하는 것이 중요하다.

중앙은행은 여러 가지 이유로 통화정책의 독립적 변동을 시행한다. 중앙은행은 현행 인플레이션율의 변동을 원할 수 있다. 예를 들어 중앙은행은 인플레이션을 낮추기 위해 $\bar{r}$를 1% 포인트 올릴 수 있다. 이 경우 주어진 인플레이션율에서 실질이자율이 올라가는데, 이를 **통화정책의 독립적 긴축**(autonomous tightening of monetary policy)이라 한다. 이러한 독립적 통화긴축은 [그림 2]에서 *MP*곡선을 MP_1에서 MP_2로 위쪽으로 1% 포인트 이동시킨다. 그 결과 경기수축과 인플레이션의 하락이 발생한다. 반대로 은행은 인플레이션에 대한 정보 이외에 좋은 경제적 성과를 얻기 위해 이자율이 어떻게 조정돼야 하는지에 대한 정보를 가질 수 있다. 예를 들어 경기가 후퇴하면 통화당국은 경기를 부양하고 인플레이션의 하락을 막기 위해 주어진 인플레이션에서 실질이자율을 낮추려 할 것이다. 이를 **통화정책의 독립적 완화**(autonomous easing of monetary policy)라 한다. 이러한 독립적 통화완화는 [그림 2]에서 *MP*곡선을 MP_1에서 MP_3로 아래쪽으로 1% 포인트 이동시킨다.

이러한 독립적 변동에 대비되는 테일러 원칙에 의한 자동적 변동은 인플레이션의 상승에 따라 실질이자율을 올리는 중앙은행의 정상적이고 내생적인 반응이다. 이러한 이자율

2) 제23장의 웹 부록은 중앙은행이 테일러 원칙을 따르지 않을 경우 발생하는 인플레이션의 불안정성을 정식으로 다루고 있다.

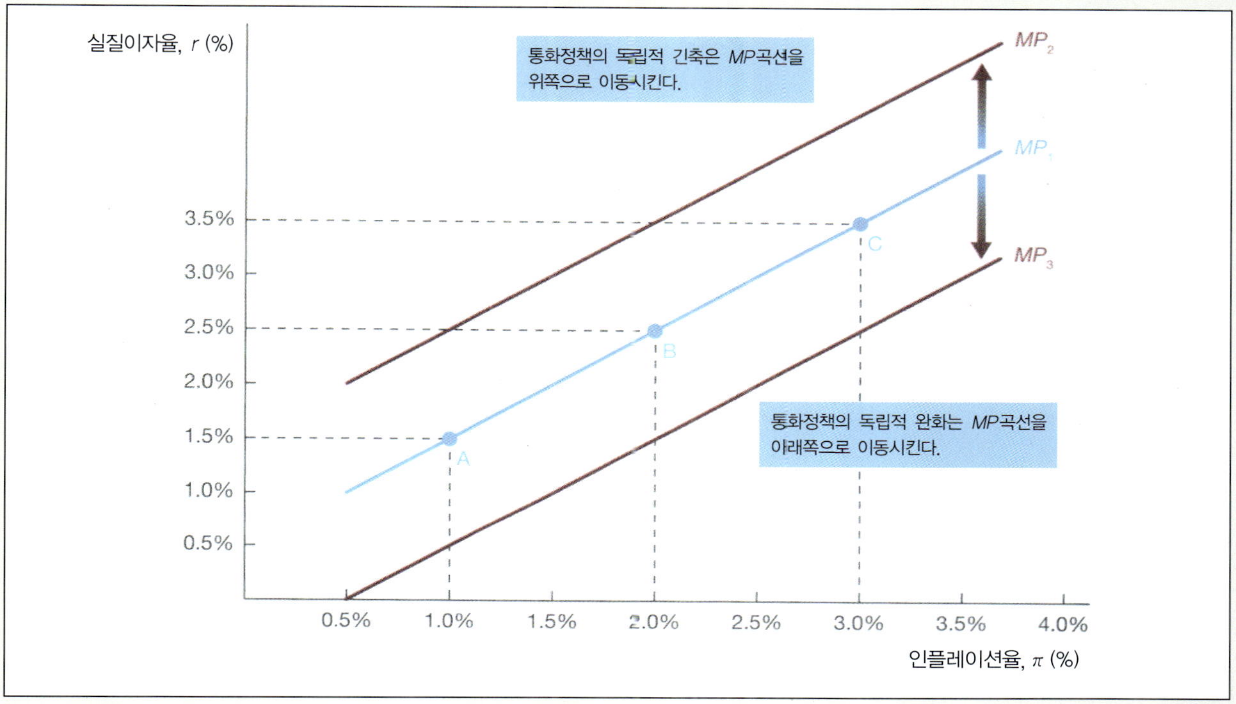

그림 2 통화정책곡선의 이동

주어진 인플레이션율에서 실질이자율을 올리는 것과 같은 통화정책의 독립적 변동은 *MP*곡선을 이동시킨다. 실질이자율을 올리는 통화정책의 독립적 긴축은 *MP*곡선을 MP_2로 위쪽으로 이동시킨다. 반면에 실질이자율을 내리는 통화정책의 독립적 완화는 *MP*곡선을 MP_3로 아래쪽으로 이동시킨다.

의 반응은 *MP*곡선을 이동시키지 않기 때문에 통화정책의 독립적 긴축이나 독립적 완화라 할 수 없다. 테일러 원칙에 의한 자동적 변동은 *MP*곡선상의 움직임으로 나타난다.

2007~2009년의 금융위기가 시작된 2007년 가을에 연준이 취했던 통화정책의 실례를 통해 독립적 통화정책의 변동과 *MP*곡선상의 움직임을 구별해보자.

응용 2007~2009년 금융위기 초기의 통화정책의 독립적 완화

2007년 8월에 금융위기가 시작됐을 당시 인플레이션은 상승했고 경제성장률은 높았다. 그러나 연준은 [그림 3]과 같이 페더럴펀드 이자율을 낮추는 공격적인 완화정책을 시행했다. 이러한 정책은 *MP*곡선에 어떤 영향을 미치는가?

이 정책이 *MP*곡선상의 움직임이라면 인플레이션이 상승할 때 연준은 이자율을 계속 올려야 한다는 것을 의미한다. 그러나 연준은 반대의 조치를 취했다. 연준은 *MP*곡선을 [그림 2]와 같이 MP_1에서 MP_3로 아래쪽으로 이동시켰다. 그 당시 높은 인플레이션에도 불구하고 금융시장의 붕괴(제9장에서 논의)에 따른 음의 경제충격은 가까운 장래에 경제악화와 인플레이션의 하락을 초래할 것이기 때문에 연준은 통화정책의 독립적 완화를 추구했다. 정말로 이런 현상이 정확히 발생해 경기가 2007년 12월에 후퇴했고 인플레이션이 2008년 7월 이후 급속히 떨어졌다.

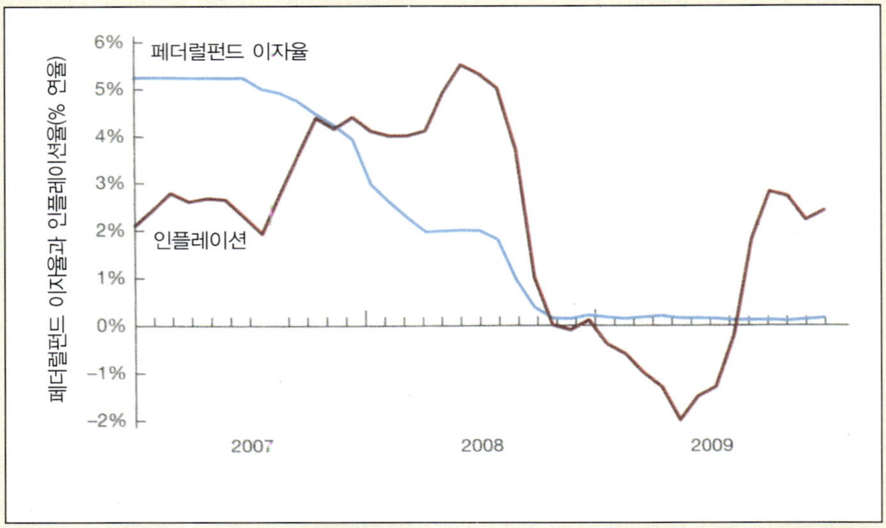

그림 3 인플레이션율과 페더럴펀드 이자율, 2007~2009년

연준은 2007년 9월에 공격적인 통화정책의 독립적 완화를 시행해 지속적인 높은 인플레이션에도 불구하고 정책이자율인 페더럴펀드 이자율을 낮췄다.

3 총수요곡선

이제 재화시장이 균형일 때 인플레이션율과 국민소득의 관계인 **총수요곡선**(aggregate demand curve)을 도출해보자. *MP*곡선은 인플레이션율의 변동에 대해 중앙은행이 테일러 원칙에 의거해 실질이자율을 통해 어떻게 반응할 것인지를 보여준다. 제21장의 *IS*곡선은 실질이자율의 변동이 균형국민소득에 영향을 준다는 것을 나타낸다. 두 곡선을 결합하면 주어진 기대 인플레이션과 통화정책의 방향하에서 총수요와 인플레이션율의 관계를 얻을 수 있다. 총수요극선은 다음 장에 나오는 총수요–총공급 모형의 주요 부분이다. 총수요–총공급 모형은 국민소득과 인플레이션의 단기적 변동을 설명한다.

3.1 그래프에 의한 총수요곡선의 도출

식(2)의 가상적인 MP곡선($r=1.0+0.5\pi$)에서 인플레이션율이 1%, 2%, 3%로 상승할 때 실질이자율은 각각 1.5%, 2%, 2.5%로 상승한다는 것을 알 수 있다. 이 점들을 연결해 [그림 4]의 (a)에 MP곡선을 나타낸다. [그림 4]의 (b)는 제21장의 식(13)으로 나타낸 IS곡선($Y=12-r$)의 그래프이다. 실질이자율이 1.5%, 2%, 2.5%로 상승하면 균형점이 각각 점1, 점2, 점3으로 움직이고 국민소득은 10.5조 달러, 10조 달러, 9.5조 달러로 감소한다. 다시 말해 실질이자율이 상승할 때 투자와 순수출은 줄어들어 총수요를 감소시킨다. [그림 4]의 (a)와 (b)는 인플레이션율이 각각 1%, 2%, 3%로 상승할 때 (c)에서 균형점이 각각 점1, 점2, 점3으로 움직이고 국민소득은 각각 10.5조 달러, 10조 달러, 9.5조 달러로 감소된다는 것을 나타낸다.

[그림 4]의 (c)에서 세 균형점을 연결한 선이 총수요곡선 AD이다. AD곡선은 주어진 인플레이션율에서 재화시장을 균형시키는 실질이자율에 상응하는 국민소득의 수준을 나타낸다. 높은 인플레이션율은 중앙은행으로 하여금 실질이자율을 높게 유지하도록 해 의도된 지출을 감소시키고 균형국민소득을 떨어뜨리기 때문에 총수요곡선은 우하향한다.

가상적인 수식을 이용해 [그림 4]의 총수요곡선을 나타내면 다음과 같다([FYI] '수식에 의한 총수요곡선의 도출' 참조).

$$Y=11-0.5\pi \tag{3}$$

FYI 수식에 의한 총수요곡선의 도출

AD곡선을 도출하기 위해 IS곡선을 제21장에서 수치로 예시한 식(13)으로 설정한다.

$$Y = 12 - r$$

식(2)의 가상적인 MP곡선 $r = 1.0 + 0.5\pi$에서 r을 IS곡선에 대입하면 본문의 식을 얻을 수 있다.

$$\begin{aligned} Y &= 12 - (1.0 + 0.5\pi) \\ &= (12 - 1) - 0.5\pi \\ &= 11 - 0.5\pi \end{aligned}$$

마찬가지로 제21장의 식(12)로부터 일반적 형태의 AD곡선을 도출할 수 있다.

$$Y = [\bar{C} + \bar{I} - d\bar{f} + \bar{G} + \overline{NX} - mpc \times \bar{T}] \times \frac{1}{1-mpc} - \frac{d+x}{1-mpc} \times r$$

식(1)의 MP곡선 $r = \bar{r} + \lambda\pi$에서 r을 IS곡선에 대입하면 일반적 형태의 AD곡선을 얻을 수 있다.

$$Y = [\bar{C} + \bar{I} - d\bar{f} + \bar{G} + \overline{NX} - mpc \times \bar{T}] \times \frac{1}{1-mpc} - \frac{d+x}{1-mpc} \times (\bar{r} + \lambda\pi) \tag{4}$$

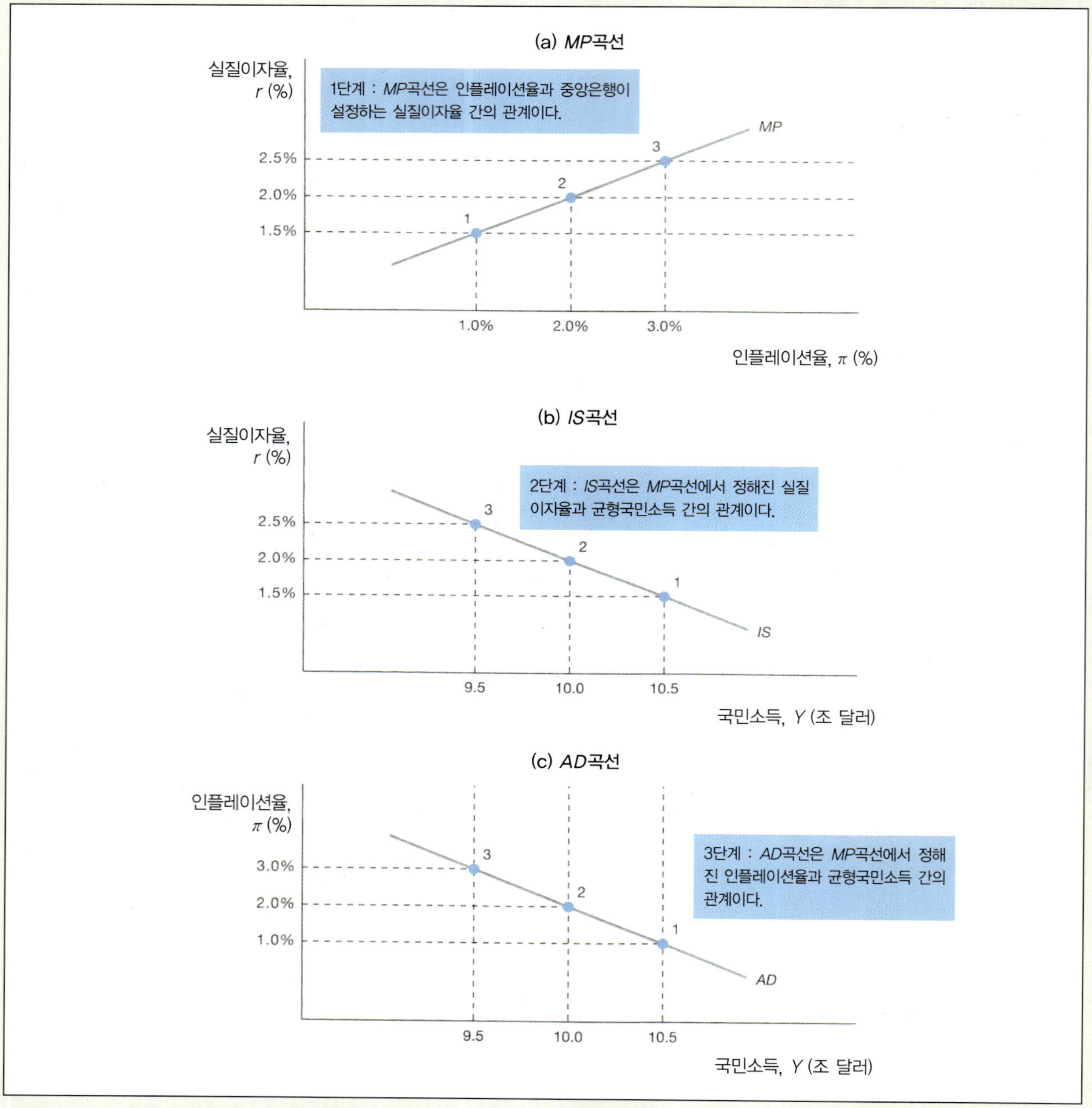

그림 4 *AD*곡선의 도출

(a)의 *MP*곡선은 인플레이션율이 1%, 2%, 3%로 상승할 때 실질이자율은 각각 1.5%, 2%, 2.5%로 상승한다는 것을 보여준다. (b)의 *IS*곡선은 높은 실질이자율이 의도된 투자지출을 낮춤으로써 국민소득이 각각 10.5조 달러, 10조 달러, 9.5조 달러로 감소한다는 것을 나타낸다. 마지막으로 (c)는 3개의 인플레이션율에 상응하는 3개의 균형국민소득을 나타내고 있다. 이런 3개의 점을 연결한 선이 *AD*곡선이고 이 *AD*곡선은 우하향한다.

3.2 총수요곡선의 이동요인

총수요곡선상의 움직임은 인플레이션율이 변동할 때 균형국민소득이 어떻게 변동하는지 나타낸다. 그러나 인플레이션율 이외의 요인이 변동할 경우 총수요곡선은 이동한다. 먼저 *IS*곡선의 이동요인을 다시 살펴보고 *AD*곡선을 이동시키는 그 밖의 요인을 고려해보자.

***IS*곡선의 이동요인** 이전의 장에서 *IS*곡선을 이동시키는 6가지 요인을 살펴봤다. 이러한 6가지 요인은 총수요곡선을 이동시킨다.

1. 독립적 소비
2. 독립투자
3. 정부지출
4. 조세
5. 독립적 순수출
6. 금융마찰

이러한 요인이 총수요곡선을 어떻게 이동시키는지 [그림 5]에서 살펴보자.

[그림 5]의 (a)에서 인플레이션이 2%일 때 실질이자율은 2%가 된다. 이 경우 [그림 5]의 (b)에서 IS_1곡선은 균형국민소득이 점A_1에서 10조 달러임을 나타낸다. 이는 [그림 5]의 (c)에서 AD_1곡선상의 점A_1에서 10조 달러의 균형국민소득과 일치한다. 이제 예를 들어 정부지출이 1조 달러 증가한다고 상정해보자. 이 경우 [그림 5]의 (b)에서 인플레이션과 실질이자율이 모두 2%로 일정할 때, 균형점이 점A_1에서 점A_2로 이행해 균형국민소득이 12.5조 달러로 증가함으로써[3] *IS*곡선이 IS_1에서 IS_2로 오른쪽으로 이동한다. 12.5조 달러로 국민소득이 증가한다는 것은 인플레이션과 실질이자율이 일정할 때 [그림 5]의 (c)에서 균형점이 점A_1에서 점A_2로 이행해 *AD*곡선이 AD_1이서 AD_2로 오른쪽으로 이동함을 의미한다.

[그림 5]에 의하면 *IS*곡선을 이동시키는 모든 요인은 *AD*곡선을 같은 방향으로 이동시킨다. 그러므로 독립적 소비지출이나 의도된 투자지출을 증가시키는 '동물적 감각', 정부지출의 증가, 독립적 순수출의 증가, 조세의 감소, 금융마찰의 감소 등은 *IS*곡선과 *AD*곡선을 오른쪽으로 이동시킨다. 반대로 독립적 소비지출의 감소, 의도된 투자지출의 감소, 정부

3) 제21장에서와 같이 1조 달러의 정부지출 증가는 주어진 실질이자율에서 균형국민소득을 2.5조 달러 증가시킨다. 이런 이유로 실질이자율이 2%일 때 균형국민소득은 10조 달러에서 12.5조 달러로 증가하게 된다.

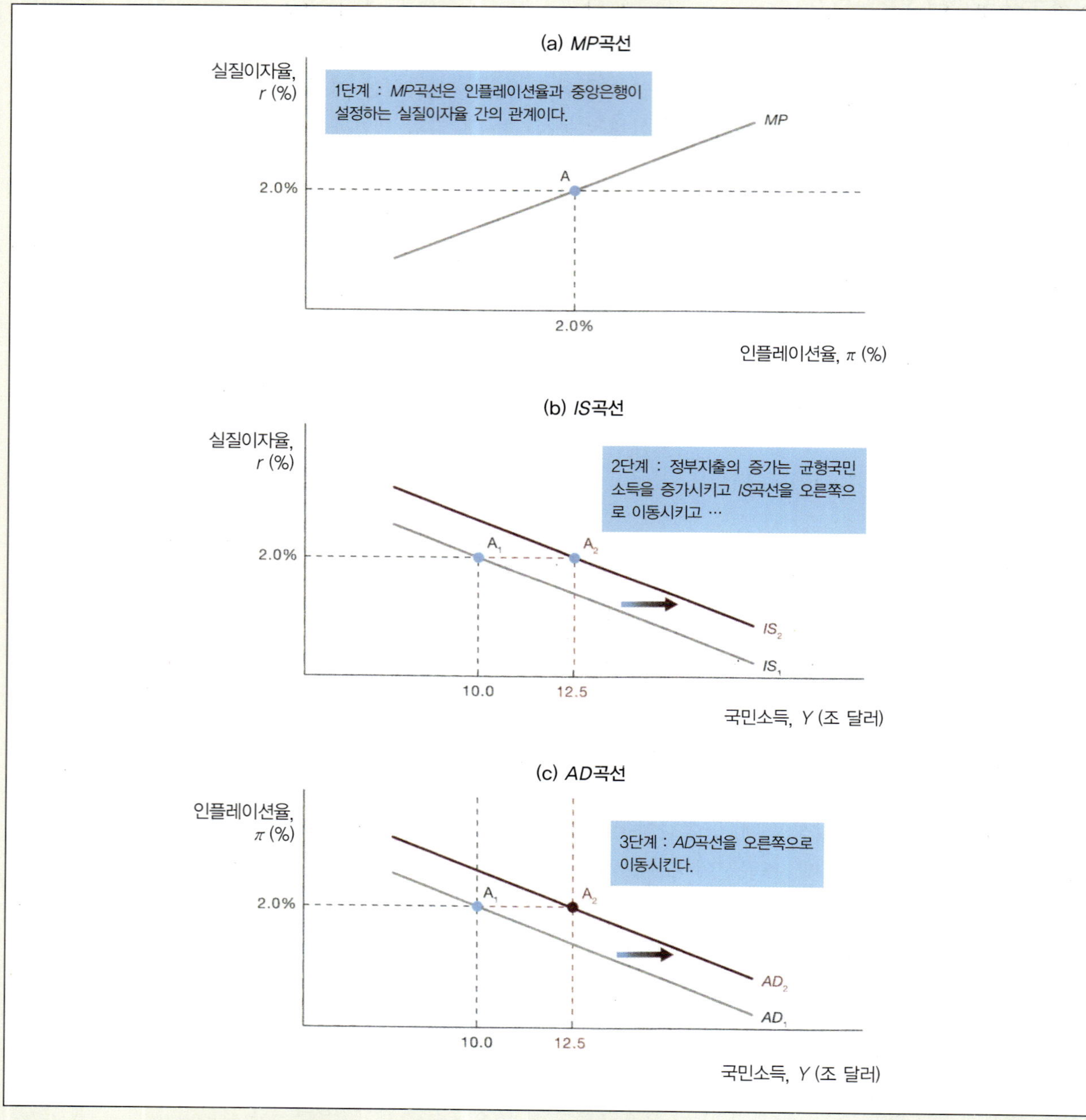

그림 5 *IS*곡선의 이동으로부터 도출한 *AD*곡선의 이동

(a)에서 2%의 인플레이션율에서 통화정책곡선은 실질이자율이 2%임을 보여준다. (b)에서 정부지출의 증가는 *IS*곡선을 오른쪽으로 이동시킨다. 인플레이션율과 실질이자율이 모두 2%로 주어졌을 때 (c)에서 점A_1에서 점A_2로 이행한 것처럼 균형국민소득은 10조 달러에서 12.5조 달러로 증가한다. 그 결과 총수요곡선이 AD_1에서 AD_2로 오른쪽으로 이동한다. *IS*곡선을 이동시키는 모든 요인은 *AD*곡선을 같은 방향으로 이동시킨다.

지출의 감소, 독립적 순수출의 감소, 조세의 증가, 금융마찰의 증가 등은 *IS*곡선과 *AD*곡선을 왼쪽으로 이동시킨다.

MP곡선의 이동요인 이제 *MP*곡선이 이동할 때 총수요곡선에는 어떤 일이 벌어지는지 살펴보자. 경제가 과열되는 것을 염려해 연준이 주어진 인플레이션에서 실질이자율을 1% 포인트 높이는 통화정책의 독립적 긴축을 결정했다고 상정해보자. [그림 6]과 같이 2%의 인플레이션에서 실질이자율은 2%에서 3%로 올라간다. 이 경우 [그림 6]의 (a)에서 *MP*곡선이 MP_1에서 MP_2로 위쪽으로 이동한다. [그림 6]의 (b)는 2%의 인플레이션에서, 높아진 실질이자율로 인해 *IS*곡선상의 균형점이 점A_1에서 점A_2로 움직임으로써 균형국민소득이 10조 달러에서 9조 달러로 감소한다는 것을 나타낸다. 높은 실질이자율은 투자와 순수출을 감소시켜 총수요를 떨어뜨리기 때문에 국민소득이 9조 달러로 감소한다. 9조 달러로 감소한 국민소득은 [그림 6]의 (c)에서 균형국민소득을 점A_1에서 점A_2로 감소시킴으로써 *AD*곡선을 AD_1에서 AD_2로 왼쪽으로 이동시킨다.

[그림 6]으로부터의 결론은 다음과 같다. 주어진 인플레이션율에서 실질이자율을 높이는 통화정책의 독립적 긴축은 *AD*곡선을 왼쪽으로 이동시킨다. 반대로 주어진 인플레이션율에서 실질이자율을 낮추는 통화정책의 독립적 완화는 *AD*곡선을 오른쪽으로 이동시킨다.

지금까지 총수요곡선을 도출해 분석했다. 총수요곡선은 다음 장에서 살펴볼 총수요-총공급 모형의 주요 부분이다. 앞으로 국민소득과 인플레이션을 동시에 결정하고 이들 변수의 변동을 초래하는 사건들을 살펴보기 위해 이와 같은 총수요곡선을 이용할 것이다.

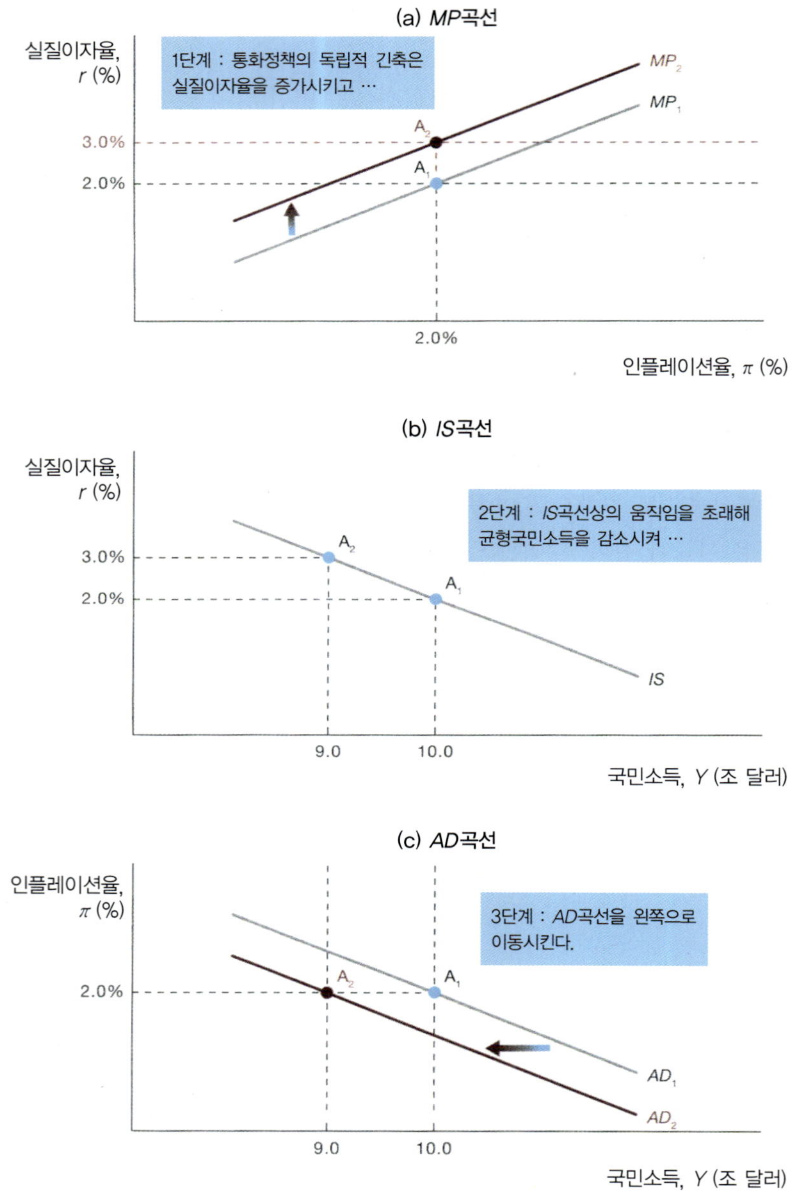

그림 6 통화정책의 독립적 긴축으로부터 도출한 *AD*곡선의 이동

주어진 인플레이션율에서 실질이자율을 1% 포인트 올리는 통화정책의 독립적 긴축은 (a)에서 *MP*곡선을 MP_1에서 MP_2로 위쪽으로 이동시킨다. 2%의 인플레이션율에서 실질이자율이 3%로 높아진 것은 *IS*곡선에서 점A_1에서 점A_2로 움직이는 것으로 나타나며, 그 결과 균형국민소득은 10조 달러에서 9조 달러로 감소한다. 이러한 균형국민소득의 감소는 (c)에서 점A_1에서 점A_2로 이행한 것으로 나타나며 총수요곡선을 AD_1에서 AD_2로 왼쪽으로 이동시킨다.

요 약

SUMMARY

1 연준이 은행시스템에 유동성을 공급함으로써 페더럴펀드 이자율을 낮출 때 단기적으로 실질이자율이 떨어진다. 그리고 연준이 은행시스템에 유동성을 환수함으로써 페더럴펀드 이자율을 높일 때 단기적으로 실질이자율이 올라간다.

2 통화당국의 정책이 반영된 통화정책곡선(*MP*곡선)은 인플레이션율과 실질이자율의 관계를 나타낸다. 통화당국은 높은 인플레이션이 높은 실질이자율을 야기하는 테일러 원칙을 따른다. 이는 통화정책곡선상의 움직임으로 나타난다. 통화당국이 주어진 인플레이션율에서 실질이자율을 올릴 때 통화정책의 독립적 긴축이 발생한다. 이 경우 통화정책곡선은 위쪽으로 이동한다. 통화당국이 주어진 인플레이션율에서 실질이자율을 낮출 때 통화정책의 독립적 완화와 통화정책곡선의 아래쪽 이동이 발생한다.

3 총수요곡선은 주어진 인플레이션율에서 균형국민소득(수요되는 산출의 총량과 일치)의 수준을 나타낸다. 높은 인플레이션은 중앙은행으로 하여금 실질이자율을 높게 유지해 균형국민소득을 감소시키기 때문에 총수요곡선은 우하향한다. 총수요곡선은 *IS*곡선과 같은 방향으로 이동한다. 따라서 정부지출의 증가, 조세의 감소, 독립적 소비지출의 증가, 독립투자의 증가, 독립적 순수출의 증가, 금융마찰의 감소에 의해서 총수요곡선은 오른쪽으로 이동한다. 한편 주어진 인플레이션율에서 실질이자율을 높이는 통화정책의 독립적 긴축은 총수요를 감소시켜 *AD*곡선을 왼쪽으로 이동시킨다.

주요 용어

KEY TERMS

총수요곡선(aggregate demand curve)
테일러 원칙(Tayolr principle)
통화정책곡선(monetary policy(MP) curve)
통화정책의 독립적 긴축(autonomous tightening of monetary policy)
통화정책의 독립적 완화(autonomous easing of monetary policy)

연습문제

QUESTIONS

1 인플레이션율이 상승할 때 페더럴펀드 이자율은 어떻게 변동하는가? 연준은 페더럴펀드 이자율을 실제 운용상 어떻게 조정하는가?

2 연준이 실질이자율을 원하는 수준으로 유지하는 능력의 배후에는 어떤 주요 가정이 있는가?

3 *MP*곡선이 우상향하려면 어떤 가정이 필요한가?

4 $\lambda=0$일 경우 명목이자율과 인플레이션율의 관계에는 어떤 시사점을 제공하는가?

5 연준이 시행하는 통화정책의 독립적 긴축이나 독립적 완화는 *MP*곡선에 어떤 영향을 미치는가?

6 통화정책의 독립적 긴축이나 독립적 완화에 의한 실질이자율의 변동은 현재 인플레이션의 변동에 기인한 실질이자율의 변동과 어떻게 구별되는가?

7 새로 임명된 연준 의장의 통화정책 방향이 다음과 같은 진술로 요약된다고 해보자. "나는 오직 고용의 증대에만 관심이 있다. 인플레이션은 상당 기간 낮은 수준을 보였다. 나의 우선적 정책은 고용증대를 위한 통화정책의 완화이다." 이 경우 *MP*곡선에는 어떤 영향이 있겠는가?

8 "연준은 2007년 말에 인플레이션이 상승함에도 불구하

고 페더럴펀드 이자율을 인하했다. 이것은 테일러 원칙에 어긋난다." 이 진술은 참인가, 거짓인가, 또는 불확실한가? 설명하라.

9 총수요곡선의 기울기에 영향을 주는 요인은 무엇인가?

10 "독립적 통화정책은 λ가 큰 값을 가질 때 국민소득을 변동시키는 데 더 효과적이다." 이 진술은 참인가, 거짓인가, 또는 불확실한가? 설명하라.

11 순수출이 실질이자율의 변동에 민감하지 않다면 통화정책은 국민소득을 변동시키는 데 효과가 크겠는가 아니면 작겠는가?

12 통화정책의 독립적 긴축이나 독립적 완화는 총수요곡선에 어떤 영향을 미치는가?

13 아래의 각각의 경우는 *IS*곡선, *MP*곡선, *AD*곡선에 어떤 영향을 미치는가?

a. 금융마찰의 감소

b. 조세의 증가와 통화정책의 독립적 완화

c. 현재 인플레이션율의 증가

d. 독립적 소비의 감소

e. 미래에 대한 기업의 낙관적 전망

f. 신임 연준 의장이 인플레이션 억제에 관심이 많음

14 미국 순수출의 증가는 총수요곡선에 어떤 영향을 미치는가? 순수출의 증가는 통화정책곡선에 어떤 영향을 미치는가? 그 이유를 설명하라.

15 '동물적 감각'이 변할 경우 총수요곡선은 왜 이동하는가?

16 정부지출이 증가하고 조세가 증가해 균형재정을 이룬다면 총수요곡선에 어떤 영향을 미치는가?

17 정부지출의 증가와 통화정책의 독립적 긴축이 동시에 발생한다고 해보자. 총수요곡선의 위치에는 어떤 영향을 미치는가?

18 "$\bar{f}$가 증가하면 연준은 금융마찰과 같은 크기로 실질이자율을 낮춰 국민소득을 일정하게 유지할 수 있다." 이 진술은 참인가, 거짓인가, 또는 불확실한가? 설명하라.

응용문제 APPLIED PROBLEMS

19 통화정책곡선이 $r = 1.5 + 0.75\pi$로 주어져 있다.

a. 인플레이션율이 2%, 3%, 4%일 때 실질이자율은 각각 얼마인가?

b. *MP*곡선을 그래프로 나타내고 문제 a에서 구한 값을 *MP*곡선상의 점으로 표시하라.

c. 통화정책곡선이 $r = 2.5 + 0.75\pi$로 새롭게 주어진다면, 이는 통화정책의 독립적 긴축을 나타내는가 아니면 독립적 완화를 나타내는가?

d. 인플레이션율이 각각 2%, 3%, 4%일 때 문제 c에서 실질이자율은 얼마인가? 문제 b의 *MP*곡선에서 이동한 새로운 *MP*곡선을 그래프로 나타내라.

20 *IS*곡선과 *MP*곡선을 이용해 *AD*곡선의 그래프를 도출하라.

21 통화정책곡선이 $r = 1.5 + 0.75\pi$, *IS*곡선이 $Y = 13 - r$로 주어져 있다.

a. 총수요곡선을 도출하라.

b. 인플레이션율이 2%, 3%, 4%일 때 실질이자율과 균형국민소득은 각각 얼마인가?

c. *IS*곡선, *MP*곡선, *AD*곡선을 그래프로 나타내고 문제 b에서 구한 값을 *IS*곡선, *MP*곡선, *AD*곡선상의 점으로 표시하라.

22 경제에 대한 다음의 정보를 이용해 물음에 답하라.

$\bar{C}$ = 4조 달러

$\bar{I}$ = 1.5조 달러

$\bar{G}$ = 3.0조 달러

$\bar{T}$ = 3.0조 달러

$\overline{NX}$ = 1.0조 달러

$\bar{f} = 0$

$mpc = 0.8$

$d = 0.35$

$x = 0.15$

$\lambda = 0.5$

$\bar{r} = 2$

a. *MP*곡선과 *AD*곡선을 도출하라.

b. 인플레이션율이 π=2와 π=4일 때 실질이자율과 균형국민소득은 각각 얼마인가?

c. *MP*곡선과 *AD*곡선을 그래프로 나타내고 문제 b에서 구한 값을 *MP*곡선과 *AD*곡선상의 점으로 표시하라.

23 경제에 대한 다음의 정보를 이용해 물음에 답하라.

$\bar{C}$ = 3.25조 달러

$\bar{I}$ = 1.3조 달러

$\bar{G}$ = 3.5조 달러

$\bar{T}$ = 3.0조 달러

$\overline{NX}$ = −1.0조 달러

$\bar{f} = 1$

$mpc = 0.75$

$d = 0.3$

$x = 0.1$

$\lambda = 1$

$\bar{r} = 1$

a. *MP*곡선과 *AD*곡선을 도출하라.

b. 인플레이션율이 π=1일 때 실질이자율, 균형국민소득, 소비, 의도된 투자, 순수출은 각각 얼마인가?

c. 연준이 실질이자율을 $\bar{r}$=2로 올린다고 해보자. 실질이자율, 균형국민소득, 소비, 의도된 투자, 순수출은 각각 얼마가 되는가?

d. 국민소득, 소비, 의도된 투자, 순수출이 모두 감소할 때 연준은 왜 $\bar{r}$를 올리려 하는가?

24 문제 23과 동일한 경제에 대한 정보를 이용해 물음에 답하라.

a. *MP*곡선과 *AD*곡선을 도출하라.

b. 인플레이션율이 π=2일 때 실질이자율과 균형국민소득은 각각 얼마인가?

c. 정부지출이 4조 달러로 증가할 때 균형국민소득은 얼마가 되는가?

d. 연준이 국민소득을 일정하게 유지하길 원한다면 통화정책은 어떤 방향으로 운용돼야 하는가?

25 *MP*곡선이 $r = 2 + \pi$, *IS*곡선이 $Y = 20 - 2r$로 주어져 있다.

a. *AD*곡선을 도출하고 인플레이션율이 각각 π=0, π=4, π=8일 때 *AD*곡선상의 점으로 표시하라.

b. λ가 λ=2로 증가할 때 새로운 *AD*곡선을 도출하고 이를 문제 a의 그래프에 나타내라.

c. 문제 b의 답에 의하면 중앙은행의 인플레이션에 대한 혐오도(λ)와 *AD*곡선의 기울기 간에는 어떤 관계가 있는가?

웹 연습문제 WEB EXERCISES

1 www.federalreserve.gov/pf/pdf/pf_2.pdf에 들어가라. 연준이 통화정책의 목표에 대해 어떤 언급을 하는지 논평하라. 이러한 언급이 테일러 원칙에 부합하는 이유를 설명하라.

2 www.federalreserve.gov/fomc에 들어가라. 최근의 FOMC 성명서와 의사록을 읽어보라. 성명서와 의사록의 논의는 테일러 원칙과 부합하는가? 연준이 통화정책의 목표에 대해 어떤 언급을 하는지 논평하라. 이러한 언급이 테일러 원칙에 부합하는 이유를 설명하라.

참고 웹사이트 WEB REFERENCES

www.federalreserve.gov/pf/pf.htm

연준의 목적과 기능을 설명하고 통화정책 수행의 이론적 근거를 제시한다.

www.federalreserve.gov/fomc

발표문과 회의록 등 FOMC의 모든 정보를 수록한다.

23 총수요와 총공급 분석

PREVIEW

통화정책이 구입 상품의 가격과 일자리의 수에 영향을 미침으로써 일상생활과 관계를 맺고 있기 때문에 앞에서는 주로 통화정책에 초점을 맞췄다. 이 장에서는 총수요와 총공급 분석이라는 기본적 도구를 다룬다. 이 분석을 통해 통화정책이 국민소득과 인플레이션에 어떤 영향을 미치는가를 배울 수 있다. *총수요*(aggregate demand)는 각각의 상이한 인플레이션율에서 수요되는 산출의 총량이다. 그리고 *총공급*(aggregate supply)은 각각의 상이한 인플레이션율에서 기업이 판매하고자 하는 산출의 총량이다. 이전 경제학 과목에서 다룬 수요와 공급 분석과 같이 총수요곡선과 총공급곡선이 교차할 때 균형이 발생한다.

총수요와 총공급 분석은 국민소득과 인플레이션이 어떻게 결정되는지를 분석할 수 있게 해준다. ([금융뉴스]에서는 국민소득과 인플레이션율에 대한 데이터가 언제 공표되는지 알려준다.) 총수요와 총공급 분석은 경기변동의 과거 상황뿐만 아니라 2007~2009년의 극심한 경기침체와 같은 최근의 상황을 해석하는 데 도움을 준다.

1 총수요

총수요와 총공급 분석의 첫 번째 기본요소는 **총수요곡선**(aggregate demand curve)이다. 총수요곡선은 다른 조건이 일정할 때 총수요와 인플레이션율 간의 관계를 나타낸다.

총수요는 4가지 요소로 구성돼 있다. 즉 재화와 서비스에 대한 소비자의 총수요인 **소비지출**(consumer expenditure), 새 기계, 공장, 기타 투입요소에 대한 기업의 의도된 총지출과 신규 주택에 대한 의도된 지출인 **의도된 투자지출**(planned investment spending)[1], 재화와 서비스(문서철, 컴퓨터, 컴퓨터 프로그래밍, 미사일, 공무원 등)에 대

1) 경제학자는 투자라는 용어의 사용을 새 기계나 신규 주택과 같은 새로운 물적 자본의 구입으로 한정한다는 것을 상기하자. 이러한 구입은 새롭게 생산된 상품과 서비스에 대한 지출에 포함된다. 이러한 의미의 투자는 일반인들이 주식이나 채권의 매입이라는 의미로 사용하는 투자라는 용어와 구별된다. 주식 및 채권에 대한 투자는 반

금융뉴스 국민소득, 실업, 인플레이션

신문과 인터넷은 정기적으로 국민소득, 실업, 물가에 대한 데이터를 제공한다. 아래는 관련 데이터, 편제 주기, 공표시기에 대한 일람표다.

국민소득과 실업

- *실질GDP* : 분기별(1~3월, 4~6월, 7~9월, 10~12월). 분기 말 3~4주 후에 공표됨.
- *산업생산* : 월별. 산업생산은 제조업 생산만을 측정하기 때문에 실질GDP와 같이 국민소득에 대한 포괄적인 통계는 아님. 전월의 추정치가 이번 달 중순에 공표됨.
- *실업률* : 월별. 통상적으로 전월의 통계치가 이번 달 첫째 주 금요일에 공표됨.

인플레이션율

몇 가지 상이한 인플레이션율이 물가지수로부터 구해진다.

- *GDP 디플레이터* : 분기별. 포괄적인 물가지수(제1장 부록에 설명)로서 실질GDP의 공표 시기와 같음.
- *소비자물가지수(CPI)* : 월별. CPI는 소비자가격에 대해 측정함(제1장 부록에 설명). 전월의 통계치가 이번 달 셋째나 넷째 주에 공표됨.
- *PCE 디플레이터* : 분기별. 소비자의 물가를 측정하는 또 하나의 지표임. GDP 디플레이터와 유사한 방법으로 측정되나, GDP의 민간소비지출(personal consumption expenditure) 항목만을 대상으로 함. 실질GDP의 공표시기와 같음.
- *생산자물가지수(PPI)* : 월별. PPI는 생산자가 부과하는 도매가격의 평균 수준을 측정함. 산업생산의 공표시기와 같음.

한 중앙정부와 지방정부 등 모든 수준의 정부의 지출인 **정부지출**(government spending), 국내 재화와 서비스에 대한 외국인의 지출인 수출에서 외국 재화와 서비스에 대한 내국인의 지출인 수입을 차감한 **순수출**(net export)이 총수요의 4가지 구성요소이다. 소비지출을 C, 의도된 투자지출을 I, 정부지출을 G, 순수출을 NX라 하면 총수요 Y^{ad}는 다음과 같이 나타낼 수 있다.

$$Y^{ad} = C + I + G + NX \tag{1}$$

1.1 총수요곡선의 도출

총수요곡선을 도출하는 첫 단계는 인플레이션율이 상승($\pi\uparrow$)할 때 통화당국은 걷잡을 수 없이 치솟는 인플레이션을 막기 위해 실질이자율을 상승($r\uparrow$)시킨다는 것을 인식하는 것이다. 다음으로는 높아진 실질이자율이 총수요의 개별 요소에 미치는 영향을 살펴보는 것이다. 새로운 물적 자본을 구입하기 위한 자금 조달비용이 상승하면 투자의 수익성이 낮아지기 때문에 의도된 투자지출이 감소($I\downarrow$)된다. 식(1)과 같이 의도된 투자지출은 총수요에 포함되기 때문에 의도된 투자지출의 감소는 총수요를 감소($Y^{ad}\downarrow$)시킨다. 그러므

드시 새로이 생산된 재화 및 서비스와 관련이 있는 것은 아니다. 그러나 경제학에서 투자지출이라고 할 때 이는 새 기계나 신규 주택 같은 새로이 생산된 실물자산을 구입했다는 의미다. 이것은 총수요를 증가시키는 구매행위다.

로 인플레이션이 상승하면 총수요는 감소($\pi\uparrow \Rightarrow Y^{ad}\downarrow$)한다. 그 결과 [그림 1]과 같이 총수요곡선은 우하향한다. 지금까지 설명한 메커니즘을 다음과 같이 체계적으로 나타낼 수 있다.[2)]

$$\pi\uparrow \quad \Rightarrow \quad r\uparrow \quad \Rightarrow \quad I\downarrow \quad \Rightarrow \quad Y^{ad}\downarrow$$

1.2 총수요곡선의 이동

수요충격(demand shock)이라고 하는 7가지 기본적 요인이 총수요곡선을 이동시킨다. 7가지 기본적 요인은 (1) 독립적 통화정책, (2) 정부지출, (3) 조세, (4) 순수출, (5) 독립적 소비지출, (6) 독립투자, (7) 금융마찰이다. 주어진 인플레이션율에서 각각의 이동요인이 변동할 때 총수요곡선에 어떤 영향을 주는지 살펴본다. 학습도구로서 [요약표 1]에는 7가지 이동요인의 변동에 따른 총수요곡선의 이동 방향이 각각 표시돼있다.

1. **독립적 통화정책** : 현재 인플레이션이 상승하면 중앙은행은 걷잡을 수 없이 치솟는 인플레이션을 막기 위해 실질이자율을 상승시킨다는 것을 알았다. 그러나 현재 인플레이션율 등 모형에 포함된 변수들과 무관하게 중앙은행이 움직이는 독립적인 실질이자율($\bar{r}$)의 변동도 있다. 연방준비제도(연준)가 실질이자율의 독립적 요소($\bar{r}$)를 올릴 때 주어진 인플레이션에서 높은 실질이자율은 투자자금의 조달비용을 상승시킨다. 이에 따라 다음과 같이 투자지출과 총수요가 감소한다.

$$\bar{r}\uparrow \quad \Rightarrow \quad I\downarrow \quad \Rightarrow \quad Y^{ad}\downarrow$$

그러므로 [그림 1]과 같이 주어진 인플레이션율에서 총수요가 감소함으로써 총수요곡선이 왼쪽으로 이동한다.

2. **정부지출** : 주어진 인플레이션에서 정부지출의 증가는 총수요를 직접적으로 증가시킨다.

$$\bar{G}\uparrow \quad \Rightarrow \quad Y^{ad}\uparrow$$

그러므로 [그림 2]와 같이 주어진 인플레이션율에서 총수요가 증가함으로써 총수요곡선이 오른쪽으로 이동한다.

3. **조세** : 주어진 인플레이션에서 조세의 증가는 가처분소득과 소비지출을 감소시킴으로써 총수요를 떨어뜨린다.

2) 총수요곡선에 대한 이러한 논의는 바로 제21장과 제22장에서 분석한 내용의 반복이다. 제21장과 제22장에서 논의한 것처럼 순수출을 통해 추가적으로 총수요곡선이 우하향하는 이유가 설명된다는 것에 주목하자.

요약표 1 총수요곡선의 이동요인

이동요인	이동변수의 변동	총수요곡선의 이동
독립적 통화정책, $\bar{r}$	↑	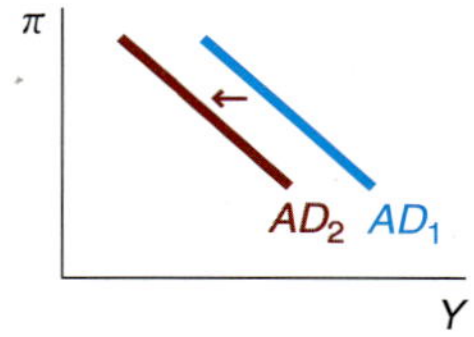
정부지출, $\bar{G}$	↑	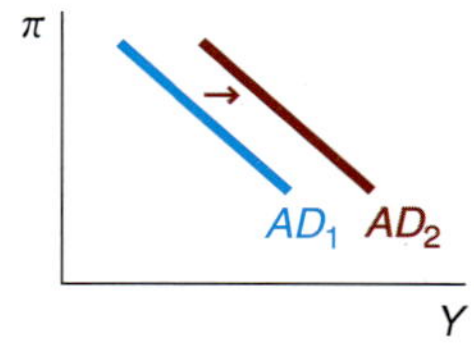
조세, $\bar{T}$	↑	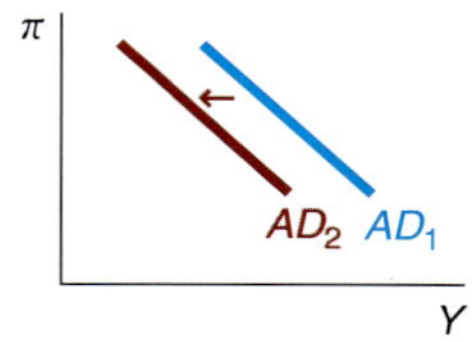
순수출, $\overline{NX}$	↑	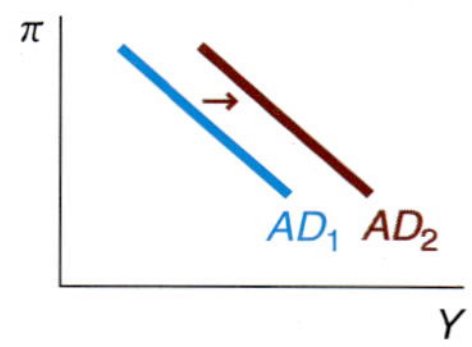
독립적 소비지출, $\bar{C}$	↑	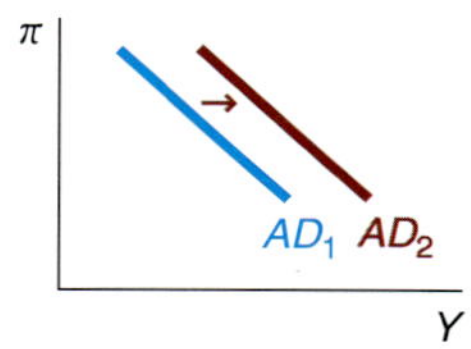
독립투자, $\bar{I}$	↑	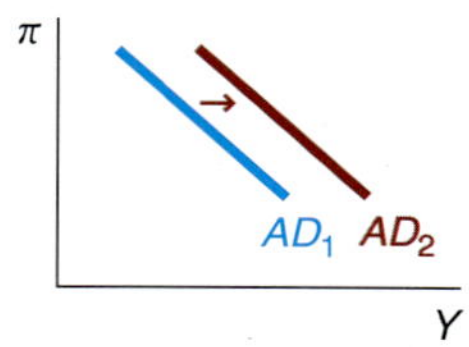
금융마찰, $\bar{f}$	↑	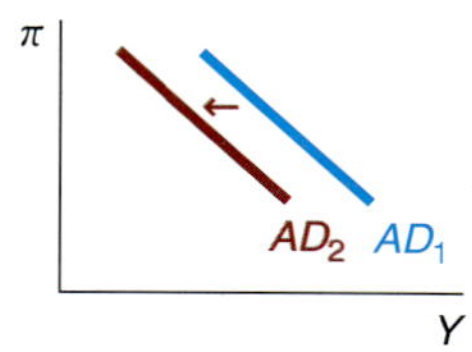

주 : 이동요인이 증가(↑)할 경우만 나타냈다. 이동변수의 감소효과는 '총수요곡선의 이동' 열에 표시된 효과와 반대다.

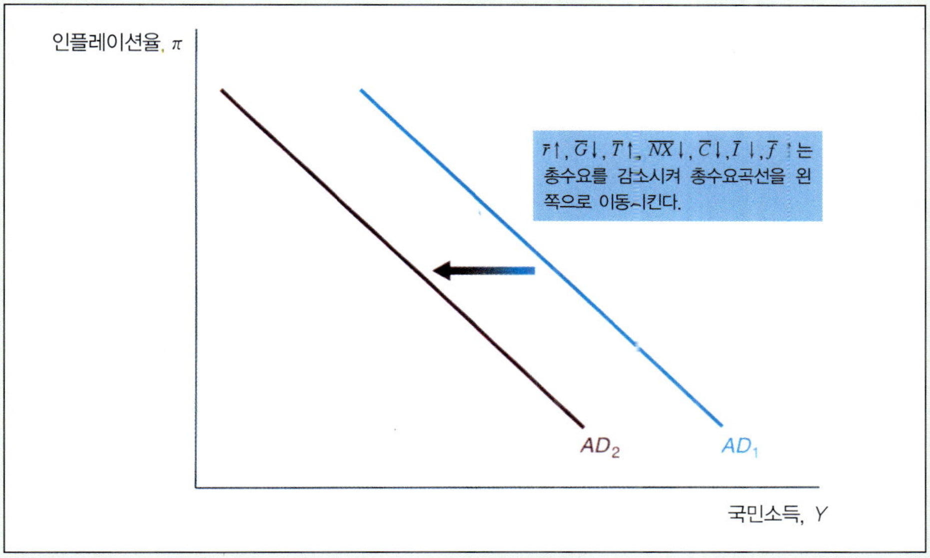

그림 1 총수요곡선의 왼쪽 이동

통화정책의 독립적 긴축($\bar{r}\uparrow$), 정부지출의 감소($\bar{G}\downarrow$), 조세의 증가($\bar{T}\uparrow$), 순수출의 감소($\overline{NX}\downarrow$), 독립적 소비지출의 감소($\bar{C}\downarrow$), 독립투자의 감소($\bar{I}\downarrow$), 금융마찰의 증가($\bar{f}\uparrow$)는 모두 총수요곡선을 AD_1에서 AD_2로 왼쪽으로 이동시킨다.

$$\bar{T}\uparrow \quad \Rightarrow \quad \bar{C}\downarrow \quad \Rightarrow \quad Y^{ad}\downarrow$$

그러므로 [그림 1]과 같이 주어진 인플레이션율에서 총수요가 감소함으로써 총수요곡선이 왼쪽으로 이동한다.

4. **독립적 순수출** : 주어진 인플레이션에서 순수출의 증가는 총수요를 직접적으로 증가시킨다.

$$\overline{NX}\uparrow \quad \Rightarrow \quad Y^{ad}\uparrow$$

그러므로 [그림 2]와 같이 주어진 인플레이션율에서 총수요가 증가함으로써 총수요곡선이 오른쪽으로 이동한다.

5. **독립적 소비지출** : 소비자가 낙관적일 때 주어진 인플레이션율에서 더 많이 지출해 독립적 소비지출이 증가한다. 그러므로 총수요가 증가한다.

$$\bar{C}\uparrow \quad \Rightarrow \quad Y^{ad}\uparrow$$

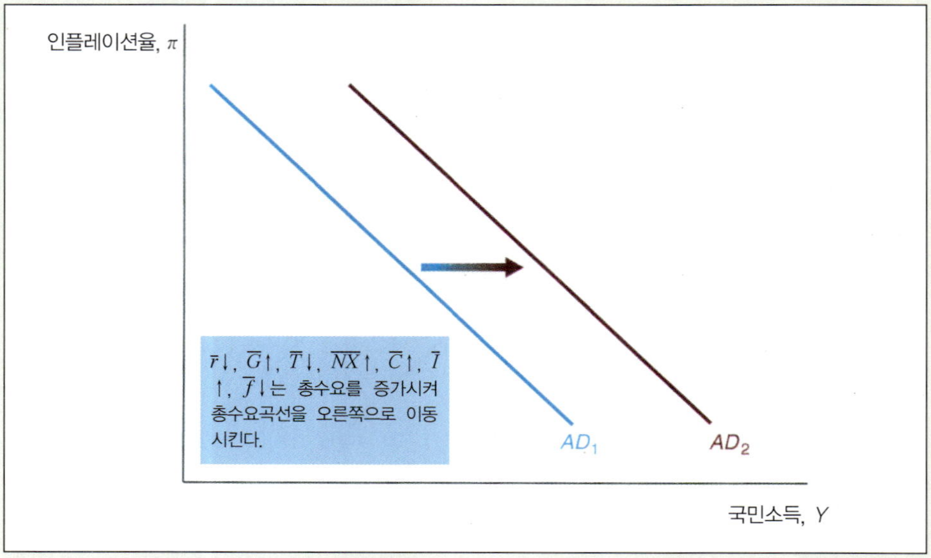

그림 2 총수요곡선의 오른쪽 이동

통화정책의 독립적 완화($\bar{r}\downarrow$), 정부지출의 증가($\bar{G}\uparrow$), 조세의 감소($\bar{T}\downarrow$), 순수출의 증가($\overline{NX}\uparrow$), 독립적 소비지출의 증가($\bar{C}\uparrow$), 독립투자의 증가($\bar{I}\uparrow$), 금융마찰의 감소($\bar{f}\downarrow$)는 모두 총수요곡선을 AD_1에서 AD_2로 오른쪽으로 이동시킨다.

그러므로 [그림 2]와 같이 주어진 인플레이션율에서 총수요가 증가함으로써 총수요곡선이 오른쪽으로 이동한다.

6. **독립투자** : 기업이 낙관적일 때 주어진 인플레이션율에서 더 많이 지출해 독립투자가 증가한다. 이에 따라 의도된 투자가 증가하고 총수요가 증가한다.

$$\bar{I}\uparrow \quad \Rightarrow \quad Y^{ad}\uparrow$$

그러므로 [그림 2]와 같이 주어진 인플레이션율에서 총수요가 증가함으로써 총수요곡선이 오른쪽으로 이동한다.

7. **금융마찰** : 차입의 실질비용에는 채무불이행 위험이 없는 채권의 실질이자율(r)뿐만 아니라 금융시장에서 발생하는 정보의 비대칭성(제8장 참조) 때문에 차입의 실질비용에 추가되는 금융마찰($\bar{f}$)도 반영돼있다. 금융마찰이 증가하면 차입의 실질비용이 상승해 주어진 인플레이션율에서 의도된 투자지출이 감소함으로써 총수요가 하락한다.

$$\bar{f}\uparrow \quad \Rightarrow \quad Y^{ad}\downarrow$$

그러므로 [그림 1]과 같이 주어진 인플레이션율에서 총수요가 감소함으로써 총수요곡선이 왼쪽으로 이동한다.

이러한 분석의 결론은 다음과 같다. (1) 통화정책의 독립적 완화($\bar{r}\downarrow$), (2) 정부지출의 증가($\bar{G}\uparrow$), (3) 조세의 감소($\bar{T}\downarrow$), (4) 순수출의 증가($\overline{NX}\uparrow$), (5) 독립적 소비지출의 증가($\bar{C}\uparrow$), (6) 독립투자의 증가($\bar{I}\uparrow$), (7) 금융마찰의 감소($\bar{f}\downarrow$)가 발생할 경우, 주어진 인플레이션율에서 총수요가 증가하고 총수요곡선이 오른쪽으로 이동한다.

2 총공급

분석의 완결을 위해 총공급과 인플레이션 간의 관계를 나타내는 **총공급곡선**(aggregate supply curve)을 도출할 필요가 있다. 전형적인 수요와 공급 분석에서는 하나의 공급곡선이 존재하나, 가격과 임금이 장기 수준으로 도달하는 데 시간이 걸리기 때문에 단기 총공급곡선은 장기 총공급곡선과 다르다. 먼저 장기 총공급곡선을 살펴본 후 단기 총공급곡선을 도출한다. 그리고 경제가 단기에서 장기로 이행할 대 단기 총공급곡선이 시간이 지남에 따라 어떻게 이동하는지 살펴볼 것이다.

2.1 장기 총공급곡선

장기에 생산 가능한 산출량은 자본량, 완전고용 수준에서 공급되는 노동량, 이용가능한 기술에 의해 결정된다. 제17장에서 논의한 바와 같이 마찰적 실업이나 구조적 실업은 없앨 수 없다. 따라서 완전고용 수준에서 실업은 0이 아니고 노동수요와 노동공급이 일치하는 수준에서 0보다 큰 값을 갖는다. 경제는 장기에 이와 같은 **자연실업률**(natural rate of unemployment)에 도달한다. 많은 경제학자는 자연실업률이 현재 약 5%라고 추정한다.

자연실업률에 상응하는 국민소득을 **자연산출량**(natural rate of output) 또는 **잠재산출량**(potential output)이라 하는데, 경제는 장기적으로 모든 인플레이션율에서 자연산출량에 머문다. 따라서 장기 총공급곡선(*LRAS*)은 [그림 3]과 같이 잠재산출량 Y^P에서 수직선이 된다.

2.2 단기 총공급곡선

단기 총공급곡선은 다음의 3가지 요인이 인플레이션을 초래한다는 직관적인 설명에

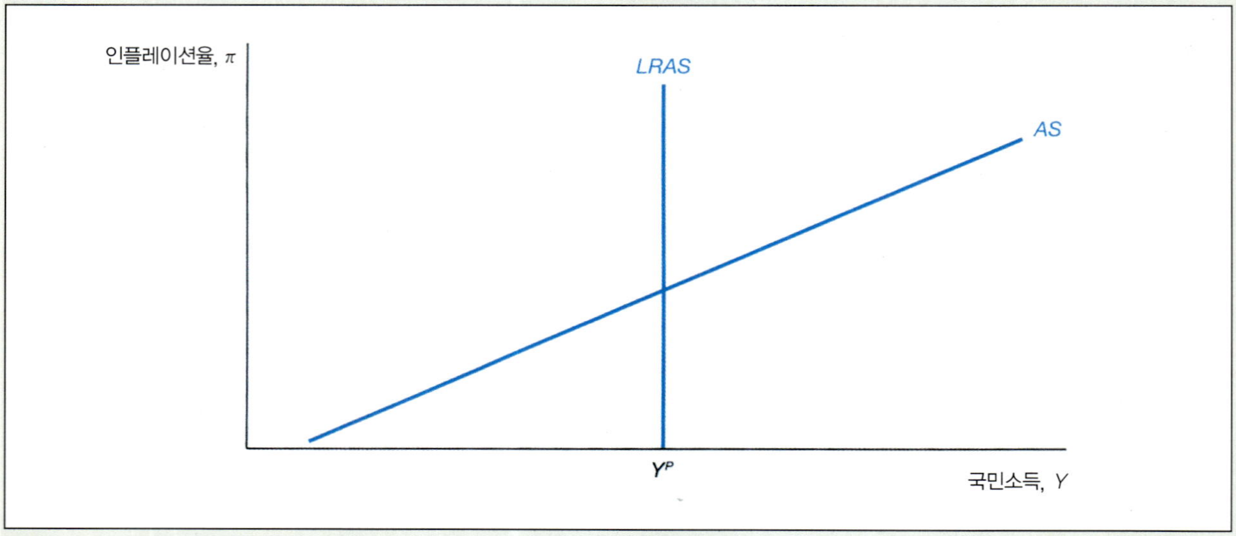

그림 3 장기 총공급곡선과 단기 총공급곡선

주어진 인플레이션율에서 총공급은 장기적으로 잠재산출량에 머문다. 따라서 장기 총공급곡선 *LRAS*은 Y^P에서 수직선이 된다. *Y*가 Y^P보다 높아지면 노동시장의 공급이 부족해 인플레이션이 상승하기 때문에 단기 총공급곡선 *AS*는 우상향한다.

기초한다. 3가지 요인은 (1) 기대 인플레이션, (2) 산출 갭, (3) 물가(공급)충격이다.

기대 인플레이션, π^e 노동자와 기업은 실질임금에 관심을 갖는다. 즉 임금으로 살 수 있는 재화와 서비스의 양에 관심이 높다. 기대 인플레이션의 상승이 예상될 때 노동자는 기대 인플레이션의 상승만큼 1:1의 비율로 명목임금을 올림으로써 실질임금을 일정하게 유지하려 할 것이다. 임금은 가장 주된 상품과 서비스의 생산비용이기 때문에 전반적인 인플레이션도 기대 인플레이션의 상승과 함께 1:1의 비율로 상승할 것이다.

산출 갭 **산출 갭**(output gap)은 국민소득(총산출)과 잠재산출량의 차이인 $Y-Y^P$로 정의된다. 국민소득이 잠재수준을 초과해 산출 갭이 양의 값을 가지면 경제의 공급 과잉이 거의 없어져 노동자는 높은 임금을 요구할 것이고 기업은 가격인상의 기회를 얻을 것이다. 그 결과 인플레이션이 높아진다. 반대로 산출 갭이 음의 값을 가지면 공급 과잉 상태가 돼 노동자는 낮은 임금인상을 받아들이고 기업은 상품을 팔기 위해 가격을 낮출 것이다. 그 결과 인플레이션이 낮아진다. 그러므로 높은 총산출에서는 산출 갭이 커지고 경제의 공급 과잉이 줄어들어 인플레이션이 높아지기 때문에, [그림 3]과 같이 단기 총공급곡선은 우상향한다.

물가(공급)충격 경제에서 생산되는 상품과 서비스의 공급에 충격이 가해지면 **공급충격**(supply shock)이 발생한다. 이 공급충격은 **물가충격**(price shock)으로 옮겨지는데, 물가충격이란 경제의 공급 과잉이나 기대 인플레이션과 무관하게 발생하는 인플레이션의 변동이다. 예를 들어 중동 전쟁으로 몇 번 발생한 원유의 공급 제한으로 유가가 상승하면 기업은 생산비용의 상승에 대처하기 위해 가격을 올리려 할 것이다. 따라서 인플레이션이 상승한다. 에너지 가격의 충격은 2007~2008년 중국의 수요증가에 의해서도 발생했는데, 이에 따라 인플레이션이 상승했다. 물가충격은 수입가격의 상승이나 **비용인상 충격**(cost-push shock)에 의해서도 발생한다. 이 경우 노동자는 생산성보다 높은 임금인상을 요구함으로써 비용이 올라가고 인플레이션이 높아진다.

단기 총공급곡선 지금까지의 논의를 종합하면 단기 총공급곡선을 다음과 같이 나타낼 수 있다.[3)]

$$\pi = \pi^e + \gamma(Y - Y^P) + \rho \tag{2}$$

인플레이션 = 기대 인플레이션 + γ × 산출 갭 + 물가충격

여기서

π = 인플레이션

π^e = 기대 인플레이션

$Y - Y^P$ = 산출 갭

γ = 인플레이션의 산출 갭에 대한 민감도

ρ = 물가충격

식(2)의 단기 총공급곡선에 의하면 인플레이션은 (1) 기대 인플레이션, (2) 산출 갭, (3) 물가충격의 3가지 요인에 의해 영향을 받는다. 또한 식(2)에 의하면 높은 국민소득(Y)은 높은 산출 갭($Y - Y^P$)을 의미하고 이는 인플레이션을 높이기 때문에, 단기 총공급곡선은 [그림 3]과 같이 우상향한다.

가격 경직성과 단기 총공급곡선 식(2)의 단기 총공급곡선은 임금과 가격이 경직적임을 시사한다. 경직적이라는 것은 물가수준이 시간이 지남에 따라 서서히 조정됨을 의미한다. 임금과 가격이 신축적이라면 임금, 가격, 인플레이션이 산출 갭에 더 많이 반응할 것이다. 즉 임금과 가격이 신축적일수록 γ의 절대치가 커지고, 이는 단기 총공급곡선의 기

3) 실업과 인플레이션의 관계인 필립스곡선(Phillips curve)에 근거한 단기 총공급곡선의 자세한 도출 과정은 이 장의 부록에 수록돼 있다.

울기를 더 가파르게 한다. 만약 임금과 가격이 완전히 신축적일 경우 γ는 매우 커져 단기 총공급곡선이 수직에 가까워진다. 이 경우 단기 총공급곡선은 장기 총공급곡선과 일치하게 된다.

3 총공급곡선의 이동

지금까지 장기 총공급곡선과 단기 총공급곡선을 분석해봤다. 이제 장기 총공급곡선과 단기 총공급곡선의 이동요인을 살펴보자.

3.1 장기 총공급곡선의 이동

총공급은 장기적으로 잠재산출량을 변동시키고 장기 총공급곡선을 이동시키는 3가지 요인에 의해 결정된다. 즉 (1) 자본의 총량, (2) 노동공급의 총량, (3) 자본과 노동을 결합시켜 상품과 서비스를 생산하는 방식인 기술이다. 이들 요인이 증가하면 [그림 4]와 같이 잠재산출량은 예컨대 Y_1^P에서 Y_2^P로 증가해 장기 총공급곡선이 $LRAS_1$에서 $LRAS_2$로 오른쪽으로 이동한다.

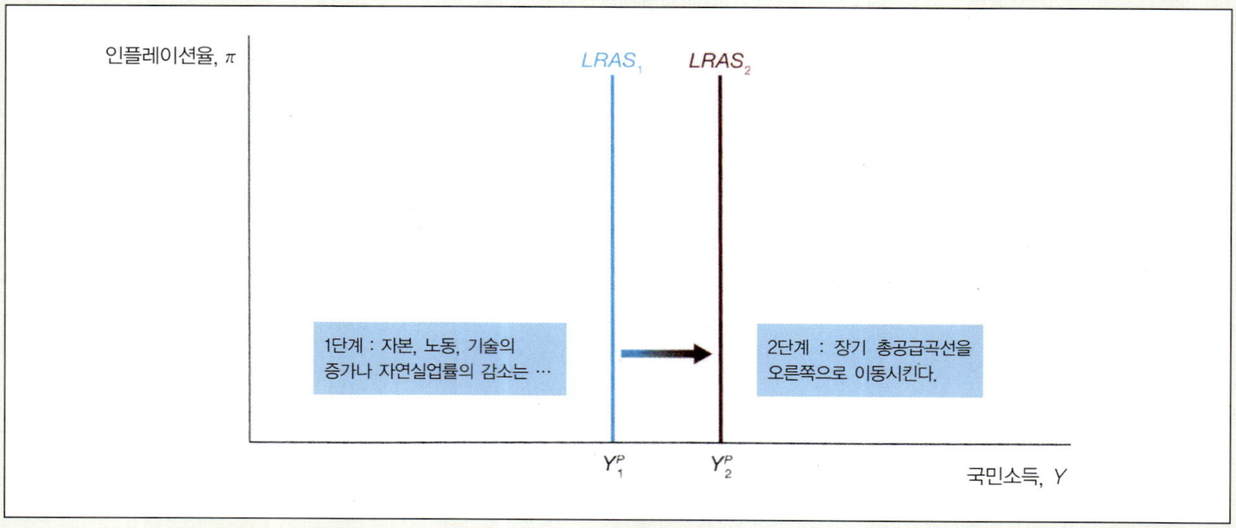

그림 4 장기 총공급곡선의 이동

(1) 자본 총량의 증가, (2) 노동공급 총량의 증가, (3) 기술의 진보, (4) 자연실업률의 하락이 발생할 경우 장기 총공급곡선이 $LRAS_1$에서 $LRAS_2$로 오른쪽으로 이동한다. 이들 변수가 반대로 움직일 때 $LRAS$는 왼쪽으로 이동한다.

이들 요인은 일반적으로 시간이 흐름에 따라 매우 느리게 증가하기 때문에 Y^P와 장기 총공급곡선은 서서히 오른쪽으로 이동할 것이다. 이 장과 이후의 장에서 그래프를 단순화하기 위해 Y^P가 서서히 증가할 때 Y^P와 장기 총공급곡선은 고정된 것으로 간주한다.

장기 총공급곡선의 또 다른 이동요인은 자연실업률의 변동이다. 자연실업률이 떨어지면 노동이 과도하게 사용돼 잠재산출량이 증가할 것이다. 따라서 자연실업률의 하락은 [그림 4]와 같이 장기 총공급곡선을 $LRAS_1$에서 $LRAS_2$로 오른쪽으로 이동시킬 것이다. 자연실업률의 상승은 반대의 효과를 가져와 장기 총공급곡선을 왼쪽으로 이동시킬 것이다.

이러한 분석의 결론은 다음과 같다. (1) 자본 총량의 증가, (2) 노동공급 총량의 증가, (3) 기술의 진보, (4) 자연실업률의 하락이 발생할 경우 장기 총공급곡선이 오른쪽으로 이동한다. 이들 변수가 반대로 움직일 때 *LRAS*는 왼쪽으로 이동한다.

3.2 단기 총공급곡선의 이동

단기 총공급곡선인 식(2)의 우변에 있는 3개의 항은 (1) 기대 인플레이션, (2) 물가충격, (3) 지속적인 산출 갭이 단기 총공급곡선을 이동시킨다는 것을 알려준다. 학습도구로서 [요약표 2]에는 3가지 이동요인의 변동에 따른 단기 총공급곡선의 이동 방향이 각각

요약표 2 단기 총공급곡선의 이동요인

이동요인	이동변수의 변동	총공급곡선의 이동
기대 인플레이션, π^e	↑	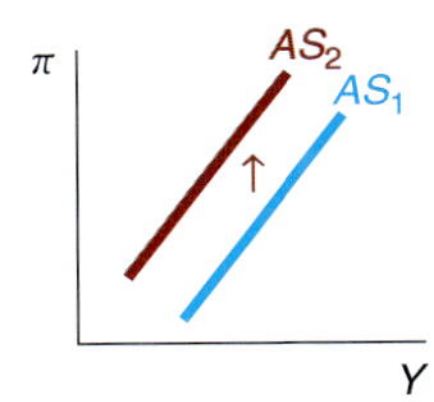
물가충격, ρ	↑	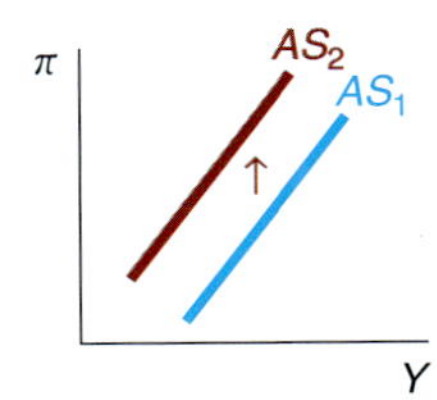
산출 갭, $Y - Y^P$	↑	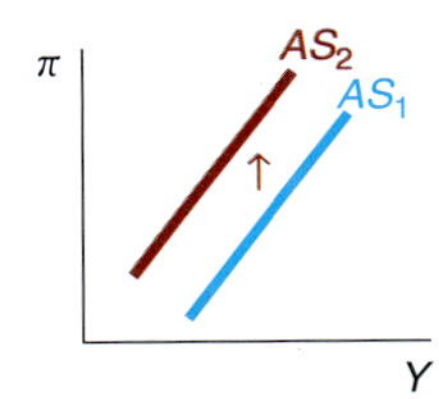

주 : 이동요인이 증가(↑)할 경우만 나타냈다. 이동변수의 감소효과는 '총공급곡선의 이동' 옅에 표시된 효과와 반대다.

표시돼 있다.

기대 인플레이션 새롭게 임명된 연준 의장이 인플레이션의 비용을 낮게 보고 2% 포인트 높은 인플레이션을 허용한다면 무슨 일이 벌어질까? 가계와 기업은 연준이 앞으로 인플레이션을 2% 포인트 상승시키는 정책을 추구할 것으로 예상해, 임금과 가격을 동일한 비율로 올리려 할 것이다. 이러한 상황에서 기대 인플레이션은 2% 포인트 높아질 것이고 단기 총공급곡선은 [그림 5]와 같이 AS_1에서 AS_2로 위쪽으로, 즉 왼쪽으로 이동할 것이다. 기대 인플레이션의 상승은 단기 총공급곡선을 위쪽으로, 즉 왼쪽으로 이동시킨다. 반대로 기대 인플레이션의 하락은 단기 총공급곡선을 아래쪽으로, 즉 오른쪽으로 이동시킨다. 기대 인플레이션의 변동 폭이 클수록 단기 총공급곡선의 이동 폭도 커진다.

물가충격 테러집단이 유전을 파괴해 유가가 갑자기 치솟았다고 상정해보자. 음의 공급충격인 공급의 감축은 식(2)의 물가충격 항의 값이 커져서 단기 총공급곡선은 [그림 5]와 같이 AS_1에서 AS_2로 위쪽으로, 즉 왼쪽으로 이동할 것이다. 가격을 낮추는 양의 공급충격은 반대의 효과를 나타내어 단기 총공급곡선이 아래쪽으로, 즉 오른쪽으로 이동시킬 것이다. 가격을 올리는 음의 공급충격은 단기 총공급곡선을 위쪽으로, 즉 왼쪽으로 이동시킨다.

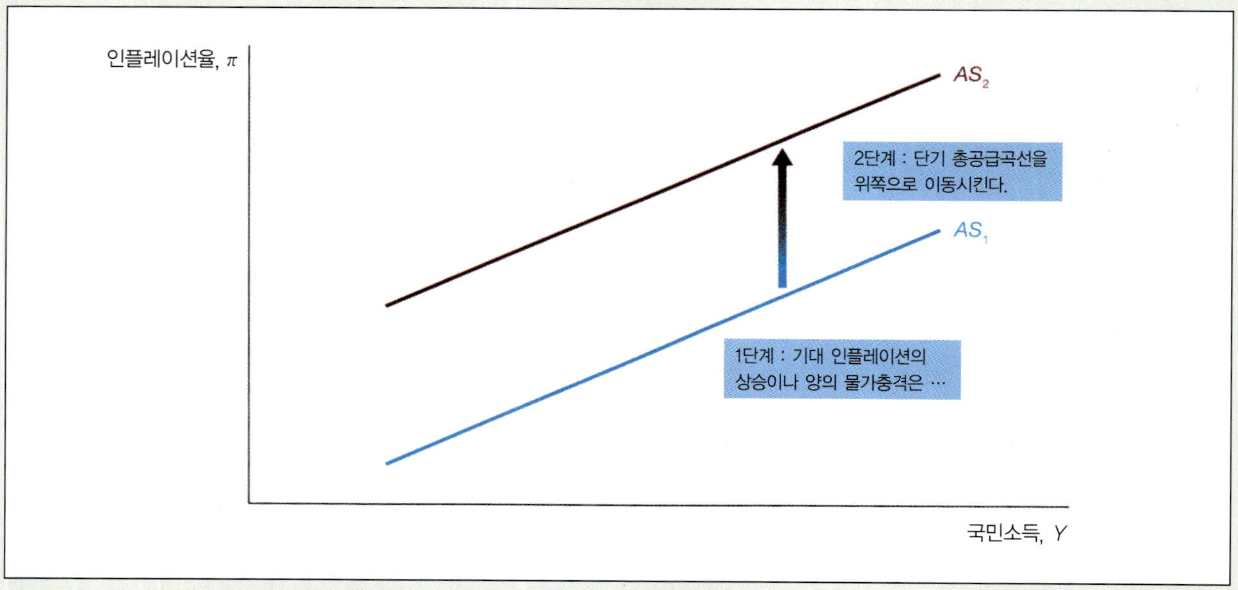

그림 5 기대 인플레이션과 물가충격에 의한 단기 총공급곡선의 이동

기대 인플레이션의 상승이나 양의 물가충격은 단기 총공급곡선을 AS_1에서 AS_2로 위쪽으로 이동시킨다. (기대 인플레이션의 하락이나 음의 물가충격은 단기 총공급곡선을 아래쪽으로 이동시킨다.)

반대로 가격을 낮추는 양의 공급충격은 단기 총공급곡선을 아래쪽으로, 즉 오른쪽으로 이동시킨다.

지속적인 산출 갭 앞에서 산출 갭이 커지면 인플레이션이 높아지고, 이것은 단기 총공급곡선상의 움직임으로 나타난다는 것을 알았다. 이는 [그림 6]과 같이 단기 총공급곡선 AS_1상의 점1에서 점2로 움직이는 것으로 나타난다. 그러나 산출 갭이 지속되면 기대 인플레이션에 영향을 미쳐 단기 총공급곡선을 이동시킨다. 이를 알아보기 위해 국민소득이 잠재산출량보다 높고($Y>Y^P$), 산출 갭이 최초의 단기 총공급곡선 AS_1상의 점2에서 지속적으로 양의 값을 가질 때 무슨 일이 벌어지는지 살펴보자. 이 경우 인플레이션이 π_2로 상승하기 때문에 다음 기에 기대 인플레이션이 상승해 단기 총공급곡선이 AS_2로 위쪽으로 이동할 것이다. 국민소득이 점3에서 잠재산출량보다 높게 머문다면 인플레이션은 π_3로 더욱 상승할 것이다. 이 경우 단기 총공급곡선은 다음 기에 화살표 방향이 가리키는 대로 AS_3로 위쪽으로 이동할 것이다.

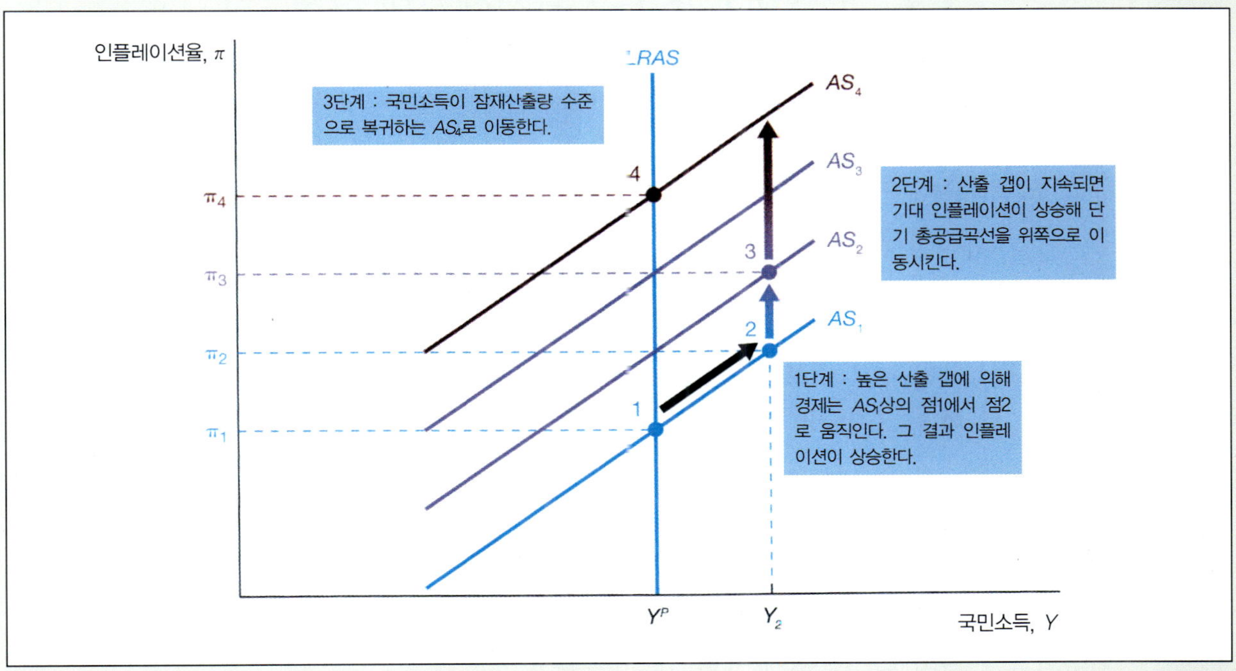

그림 6 지속적인 산출 갭에 의한 단기 총공급곡선의 이동

국민소득이 잠재산출량보다 높다면 경제는 AS_1상의 점1에서 점2로 움직이고, 인플레이션은 π_2로 상승한다. 국민소득이 잠재산출량보다 높은 수준(양의 산출 갭)에서 계속 머물러 있다면 단기 총공급곡선은 AS_2, 그리고 AS_3로 위쪽으로 이동할 것이다. 경제가 단기 총공급곡선 AS_4상의 점 4로 복귀할 때 산출 갭이 0이 돼 단기 총공급곡선의 위쪽 이동은 멈추게 된다.

단기 총공급곡선은 언제 이동을 멈출까? 단기 총공급곡선은 국민소득이 잠재산출량 수준으로 복귀해 산출 갭이 사라질 때 이동을 멈출 것이다. 이러한 멈춤이 인플레이션이 π_4이고 국민소득이 $Y=Y^P$에서 일어났다고 상정해보자. 이 경우 산출 갭이 0이어서 인플레이션과 기대 인플레이션이 상승을 멈추기 때문에 점4를 통과하는 총공급곡선 AS_4는 더 이상 이동할 이유가 없다.

동일한 논리로 국민소득이 잠재산출량보다 낮을 때($Y<Y^P$) 단기 총공급곡선은 아래쪽으로, 즉 오른쪽으로 이동할 것이다. 국민소득이 잠재산출량 수준으로 복귀해 경제가 다시 장기 총공급곡선으로 돌아올 때 이러한 총공급곡선의 아래쪽 이동은 멈출 것이다.

이러한 분석의 결론은 다음과 같다. 국민소득이 잠재산출량보다 높아서 지속적인 산출 갭이 존재할 경우 단기 총공급곡선은 위쪽으로, 즉 왼쪽으로 이동할 것이다. 반대로 국민소득이 잠재산출량보다 낮을 경우 단기 총공급곡선은 아래로, 즉 오른쪽으로 이동할 것이다. 국민소득이 잠재산출량 수준으로 복귀할 때 단기 총공급곡선의 이동은 멈춘다.

4 총수요와 총공급 분석에서의 균형

이제 총수요곡선과 총공급곡선을 결합해 모든 시장이 총수요와 총공급이 일치하는 균형점에 머무는 경제의 **일반균형**(general equilibrium)을 설명해보자. 일반균형은 그래프상에서 총수요곡선과 총공급곡선이 교차하는 점에서 이루어진다. 그러나 총공급곡선은 단기 총공급곡선과 장기 총공급곡선으로 나뉜다는 점에 주목하자. 결과적으로 총수요와 총공급 분석에서는 단기균형과 장기균형이 존재한다. 여기서는 단기균형과 장기균형을 설명하고 이후에는 균형을 변동시키는 총수요충격과 총공급충격에 대해 살펴본다.

4.1 단기균형

[그림 7]은 총수요와 총공급이 일치하는 단기균형을 나타낸다. 즉 총수요곡선 AD와 단기 총공급곡선 AS가 점E에서 교차하고 있다. 균형국민소득은 Y^*이고 균형인플레이션율은 π^*이다.

4.2 단기균형에서 장기균형으로의 이행

일반적인 수요와 공급 분석에서 수요와 공급이 일치하는 균형을 발견하기만 하면 추가적인 논의는 필요가 없다. 그러나 총수요와 총공급 분석에서는 그렇지 않다. 총수요곡선과 단기 총공급곡선이 교차해 총수요와 총공급이 일치할 경우에도, 국민소득이 잠재산출

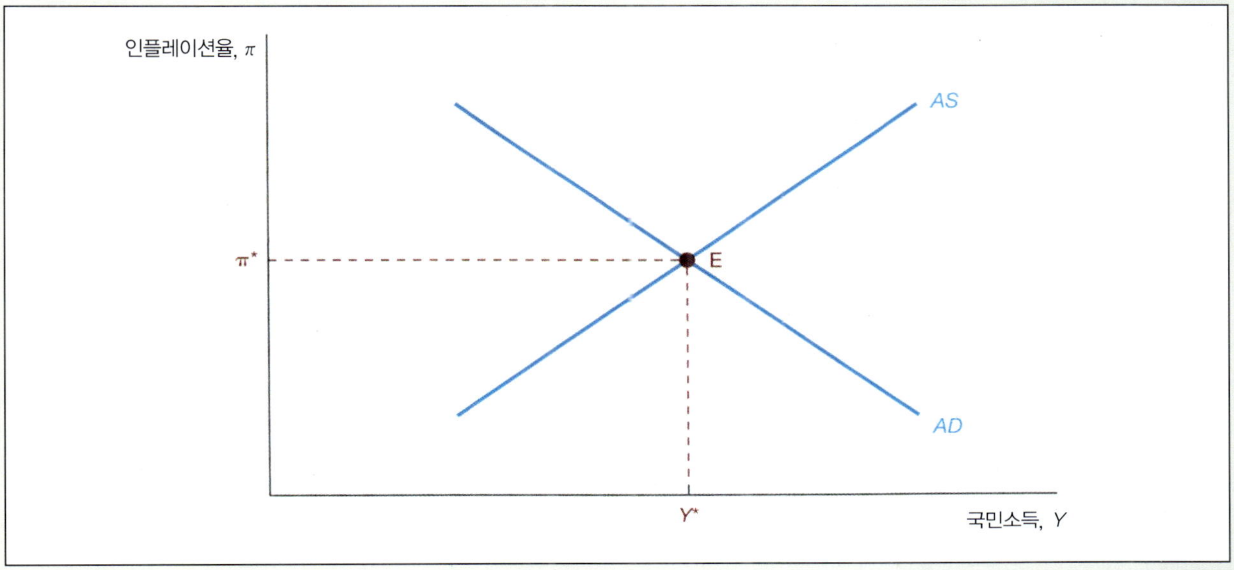

그림 7 단기균형
단기균형은 총수요곡선 *AD*와 단기 총공급곡선 *AS*가 교차하는 점*E*에서 발생한다.

량과 다르면($Y^* \neq Y^P$) 단기균형은 시간이 지남에 따라 움직인다. 이를 이해하기 위해 현재 인플레이션이 최초의 수준에서 변동하면 임금과 가격이 새로운 기대 인플레이션에 적응하려 하기 때문에 단기 총공급곡선이 이동한다는 점에 주목하자.

이제 단기균형이 시간이 지남에 따라 어떻게 변동하는지를 알기 위해 단기균형이 최초의 잠재산출량(자연산출량)보다 높거나 또는 낮은 2가지 경우에 대해 살펴보자.

[그림 8]의 (a)에서 최초의 균형은 총수요곡선 *AD*와 최초의 단기 총공급곡선 AS_1이 교차하는 점1에서 발생한다. 이 경우 균형국민소득 Y_1이 잠재산출량 Y^P보다 높기 때문에 노동시장에는 과도한 공급 부족이 발생한다. 따라서 Y_1에서 양의 산출 갭은 임금을 높이고 기업으로 하여금 가격을 빠른 속도로 올리게 함으로써 인플레이션은 최초의 수준인 π_1보다 높아진다. 다음 기에 기업과 가계는 그들의 기대를 조정해 기대 인플레이션이 높아진다. 그러면 임금과 가격이 더욱 빠르게 상승해 총공급곡선이 AS_1에서 AS_2로 위쪽, 즉 왼쪽으로 이동한다.

총수요곡선상의 점1에서 새로운 단기균형인 점2로 움직이면 국민소득이 Y_2로 하락한다. 그러나 국민소득 Y_2는 여전히 잠재산출량 Y^P보다 높아 임금과 가격이 더욱 높게 올라감으로써 인플레이션은 이전 기의 수준보다 높아진다. 기대 인플레이션은 더욱 높아져

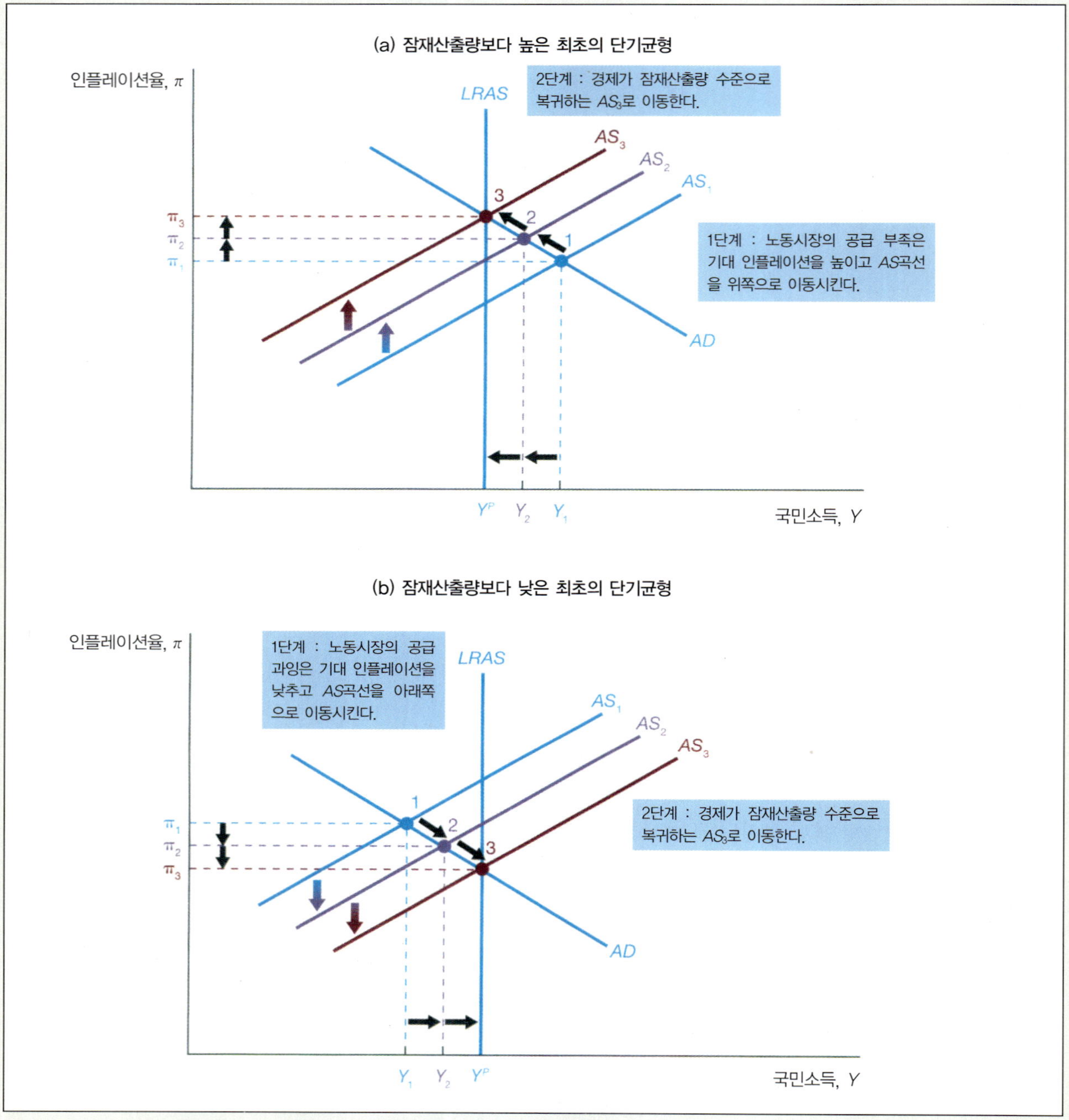

그림 8 총수요와 총공급 분석에서 장기균형으로의 조정

(a)와 (b) 모두 최초의 단기균형은 *AD*와 AS_1이 교차하는 점1이다. (a)에서 최초의 단기균형은 잠재산출량(장기균형)보다 높아서 단기 총공급곡선이 위쪽으로 이동한다. 이러한 이동은 단기 총공급곡선이 AS_3에 도달할 때까지 계속된다. AS_3에서 국민소득은 Y^P로 복귀한다. (b)에서 최초의 단기균형은 잠재산출량(장기균형)보다 낮아서 단기 총공급곡선이 아래쪽으로 이동한다. 이러한 이동은 국민소득이 Y^P로 복귀할 때까지 계속된다. (a)와 (b) 모두 경제의 자동교정적 메커니즘은 경제를 잠재산출량 수준으로 복귀시킨다.

궁극적으로 총공급곡선이 AS_3로 위쪽, 즉 왼쪽으로 이동한다. 경제는 Y^P에서 수직인 장기 총공급곡선(*LRAS*)상의 점3에서 장기균형에 도달한다. 이 경우 국민소득이 잠재산출량 수준으로 복귀해 인플레이션의 상승압력이 없어지기 때문에 총공급곡선은 더 이상 이동하지 않는다.

[그림 8]의 (a)의 움직임에 의하면 경제는 잠재산출량보다 높은 국민소득 수준에 계속 머물지는 않는다. 이 경우 단기 총공급곡선이 왼쪽으로 이동해 인플레이션율이 상승함으로써 경제의 균형은 잠재산출량 Y^P을 통과하는 장기 총공급곡선(*LRAS*)상의 점에 머물 때까지 총수요곡선을 따라 위쪽으로 움직인다.

[그림 8]의 (b)에서 최초의 균형인 점1에서 국민소득 Y_1은 잠재산출량보다 낮다. 실업이 자연실업률보다 높기 때문에 노동시장의 공급 과잉이 발생한다. Y_1에서 공급 과잉이 발생하면 인플레이션이 낮아지고, 이는 다음 기에 기대 인플레이션을 떨어뜨리고 단기 총공급곡선을 AS_2로 아래쪽, 즉 오른쪽으로 이동시킨다.

이제 균형은 점2로 이행하고 국민소득은 Y_2로 증가한다. 그러나 국민소득 Y_2는 여전히 잠재산출량 Y^P보다 낮기 때문에 인플레이션이 전기보다 낮아진다. 따라서 총공급곡선이 AS_3까지 이동한다. 경제의 균형은 총수요곡선(*AD*)과 장기 총공급곡선(*LRAS*)이 Y^P에서 교차하는 점3의 장기균형점에 도달할 때까지 총수요곡선을 따라 아래쪽으로 움직인다. 이 경우 (a)와 같이 국민소득이 잠재산출량으로 복귀하면 경지는 그곳에 머물게 된다.

4.3 자동조절 메커니즘

[그림 8]의 (a)와 (b)에서 최초의 국민소득이 어디에 있든지 간에 결국은 잠재산출량으로 복귀하는데, 이를 **자기교정적 메커니즘**(self-correcting mechanism)이라 한다. 단기 총공급곡선이 위아래로 이동해 경제를 완전고용의 장기균형(잠재산출량)으로 복귀시키기 때문에 자기교정적 메커니즘이 작동한다.

5 균형의 변동 : 총수요충격

단기균형과 장기균형의 차이를 염두에 두고 총수요곡선을 이동시키는 총수요충격이 발생할 경우 어떤 일이 벌어지는지 분석해보자. [그림 9]는 다음과 같은 양의 수요충격으로 인해 총수요곡선이 오른쪽으로 이동하는 것을 나타내고 있다.

- 통화정책의 독립적 완화($\bar{r}\downarrow$, 주어진 인플레이션율에서 실질이자율을 낮춤)

- 정부지출의 증가($\bar{G}\uparrow$)
- 조세의 감소($\bar{T}\downarrow$)
- 순수출의 증가($\overline{NX}\uparrow$)
- 독립적 소비지출의 증가($\bar{C}\uparrow$)
- 독립투자의 증가($\bar{I}\uparrow$)
- 금융마찰의 감소($\bar{f}\downarrow$)

[그림 9]에서 경제는 최초에 총수요곡선 AD_1과 단기 총공급곡선 AS_1이 교차하는 점1에서 장기균형에 놓여 있다. 점1에서 국민소득은 Y^P이고 인플레이션율은 π_1이다. 미래를 낙관하는 소비자와 기업에 의해 발생하는 독립적 소비와 독립투자의 증가는 총수요곡선을 AD_2로 오른쪽으로 이동시키는 양의 총수요충격을 의미한다. 경제는 총공급곡선 AS_1을 따라 점2로 이행함으로써 국민소득과 인플레이션이 각각 Y_2와 π_2로 증가한다. 그러나 Y_2의 국민소득은 잠재산출량보다 높기 때문에 경제는 장기적으로 점2에 머물지 않을 것이다. 이 경우 기대 인플레이션이 상승하고 단기 총수요곡선은 결국 AS_3로 위쪽으로 이

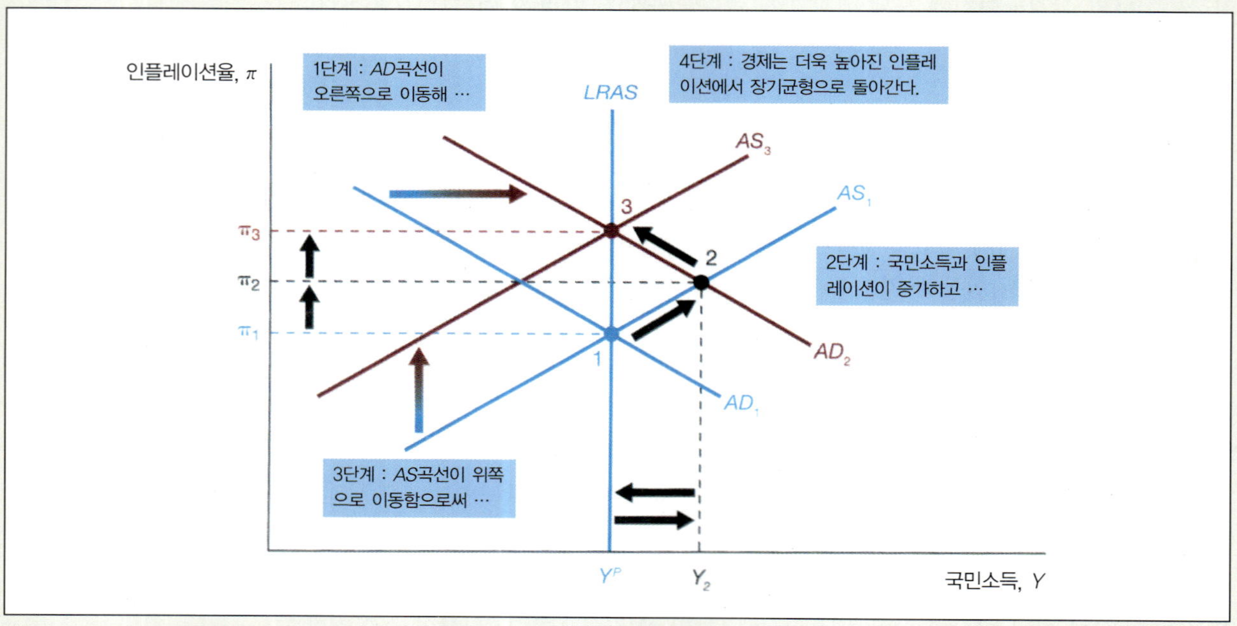

그림 9 양의 수요충격

양의 수요충격은 총수요곡선을 AD_1에서 AD_2로 위쪽으로 이동시킴으로써 경제는 점1에서 점2로 움직인다. 점2에서 높아진 인플레이션은 π_2이고 증가된 국민소득은 Y_2이다. 이 경우 국민소득이 잠재산출량보다 높아 기대 인플레이션이 상승하기 때문에, 단기 총공급곡선이 계속 위쪽으로 이동해 결국 AS_3에 도달한다. 점3에서 경제는 국민소득이 Y^P이고 인플레이션율이 π_3로 상승한 장기균형으로 돌아간다.

동할 것이다. 따라서 경제의 균형은 점2에서 점3으로 총수요곡선을 따라 움직인다. 점3은 인플레이션이 π_3이고 국민소득이 Y^P로 복귀하는 장기균형점이다. 총수요곡선이 오른쪽으로 이동할 경우 인플레이션과 국민소득이 모두 증가하는 단기효과가 나타난다. 그러나 궁극적으로 국민소득이 최초의 Y^P로 복귀하기 때문에 장기효과로서 인플레이션은 상승만이 나타난다.[4)]

이제 총수요와 총공급 모형을 총수요충격의 사례들에 적용해보자. 이하에서는 과거 40년간 미국과 외국에서 발생한 여러 가지 경기변동 사례에 총수요와 총공급 분석을 적용해본다. 분석의 단순화를 위해 모든 사례에서 국민소득은 최초에 항상 잠재산출량 수준에 머문다고 가정한다.

응용 1980~1986년 중 볼커의 디스인플레이션

폴 볼커(Paul Volcker)가 1979년 8월에 연준 의장으로 취임했을 때 인플레이션은 치솟아 인플레이션율이 10%를 초과했다. 볼커는 인플레이션을 낮추기로 결정했다. 1981년 초까지 연준은 페더럴펀드 이자율을 20% 이상으로 인상했다. 그 결과 실질이자율이 급격히 올랐다. 볼커는 실제로 [그림 10]의 (b)와 같이 1980년의 13.5%에서 1986년의 1.9%로 인플레이션을 낮추는 데 성공했다. 인플레이션의 하락은 높은 대가를 치르게 했다. 즉 경제는 제2차 세계대전 이후 최악의 경기후퇴를 경험했다. 1982년에 실업률은 평균 9.7%였다.

이러한 결과는 바로 총수요와 총공급 분석이 예측하는 것과 일치한다. 통화정책의 독립적 긴축은 총수요를 하락시켜 [그림 10]의 (a)와 같이 총수요곡선을 AD_1에서 AD_2로 왼쪽으로 이동시킨다. 이 경우 경제는 실업이 증가하고 인플레이션이 떨어지는 점2로 이행한다. 실업이 자연실업률보다 높고 국민소득이 잠재산출량보다 낮기 때문에 단기 총공급곡선은 AS_3로 아래쪽, 즉 오른쪽으로 이동할 것이다. 경제가 장기균형점인 점3으로 이행하면서 인플레이션은 계속 떨어지고 국민소득은 다시 잠재산출량으로 증가하고 실업률은 자연실업률로 복귀한다. [그림 10]의 (b)는 총수요와 총공급 분석이 예측한 것처럼 1986년까지 실업률이 7%로 감소하고 인플레이션율이 1.9%로 하락한 것을 보여준다.

다음으로 분석할 2001~2004년의 사례는 3가지 음의 수요충격이 동시에 발생한 경우다.

4) 이러한 분석은 개별 양의 총수요충격이 다른 조건이 일정할 때(ceteris paribus) 발생한다고 가정한다. 이 가정은 수요와 공급 분석에서 표준적인 가정이다. 특히 이 가정은 중앙은행이 수요충격에 반응하지 않는다는 것을 의미한다. 다음 장에서는 이 가정을 완화해 통화당국이 수요충격에 반응한다고 가정한다. 통화당국이 양의 수요충격으로 인한 인플레이션의 상승을 막으려면 독립적 통화 긴축으로 반응할 것이다.

(a) 총수요와 총공급 분석

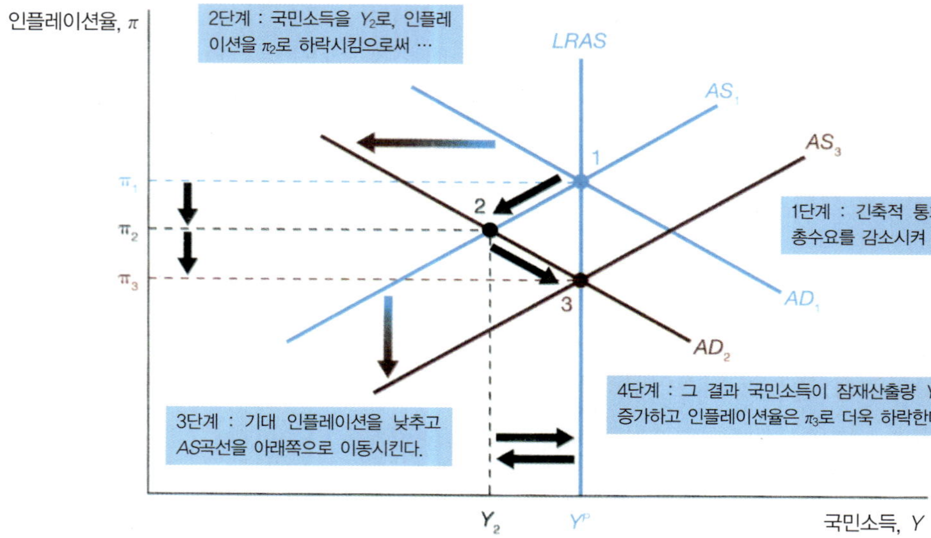

(b) 1980~1986년 중 실업률과 인플레이션

연도	실업률(%)	인플레이션(연, %)
1980	7.1	13.5
1981	7.6	10.3
1982	9.7	6.2
1983	9.6	3.2
1984	7.5	4.3
1985	7.2	3.6
1986	7.0	1.9

그림 10 볼커의 인플레이션 억제정책

(a)는 볼커 연준 의장의 인플레이션 억제정책이 성공적이었으나 대가가 컸음을 보여준다. 통화정책의 독립적 긴축은 음의 수요충격을 발생시켜 총수요와 인플레이션을 하락시키고 결과적으로 실업률을 치솟게 했다. (b)의 데이터는 이러한 분석을 지지한다. 인플레이션율이 1980년의 13.5%에서 1986년의 1.9%로 하락한 반면, 실업률은 1982년에 9.7%로 높아졌다.

자료 : *Economic Report of the President*.

응용 2001~2004년 중 음의 수요충격

2000년의 경기호황 후에 미국 경제는 일련의 음의 총수요충격을 경험했다.

1. 2000년 3월에 '기술 거품'(tech bubble)이 커지고 주식시장이 급격히 무너졌다.
2. 2001년 9월 11일의 테러공격은 소비와 기업의 심리를 약화시켰다.
3. 2001년 말 엔론(Enron)의 도산과 2002년에 다른 기업의 회계 부정 사건으로 기업의 재무제표를 신뢰할 수 없게 됐다. 그 결과 회사채의 위험도가 높아져 이자율이 상승했다. 이로 인해 기업이 투자자금을 조달하는 비용은 더 비싸졌다.

이러한 음의 수요충격은 가계와 기업의 지출을 줄임으로써 총수요를 떨어뜨리고 [그림 11]의 (a)와 같이 총수요곡선을 AD_1에서 AD_2로 왼쪽으로 이동시킨다. 총수요와 총공급 분석이 예측한 것처럼 점2에서 실업률은 올라가고 인플레이션은 하락한다. [그림 11]의 (b)에서 실업률은 2000년의 4%에서 2003년의 6%로 상승했고 연간 인플레이션율은 2000년의 3.4%에서 2002년의 1.6%로 하락했다. 실업률이 자연실업률(약 5%로 추정)보다 높고 국민소득이 잠재산출량보다 낮기 때문에 [그림 11]의 (a)와 같이 단기 총공급곡선은 AS_3로 아래쪽으로 이동할 것이다. 경제가 장기균형점인 점3으로 이행하면서 인플레이션은 떨어지고 국민소득은 다시 잠재산출량으로 증가하고 실업률은 자연실업률로 복귀한다. 2004년까지 총수요와 총공급 모형의 자기교정적 메커니즘이 작동하기 시작해 실업률은 다시 5.5%로 떨어졌다([그림 11]의 (b) 참조).

6 균형의 변동 : 총공급(물가)충격

일시적 공급(물가)충격은 장기 총공급곡선을 이동시키지 않고 단기 총공급곡선만 이동시킨다. 반면에 영구적 공급충격은 장기 총공급곡선을 이동시킨다. 이제 2가지 종류의 공급충격을 차례로 살펴보자.

6.1 일시적 공급충격

앞서 단기 총공급곡선에 대한 논의에서 물가를 올리는 원유의 감산과 같은 일시적인 공급충격이 있을 때, 인플레이션은 노동시장의 공급 부족이나 기대 인플레이션의 상승과 무관하게 높아질 수 있음을 보였다. 일시적인 공급충격이 공급제한과 관련이 있다면 이러한 공급충격을 음의(불리한) 공급충격(negative supply shock)이라 하고, 이는 결과적으로 상품가격의 상승을 초래한다. 일시적인 음의 공급충격의 사례는 원유의 감산, 통화가치 하락에 의한 수입물가의 상승, 노동자들의 생산성 증가율보다 높은 임금인상 요구에

(a) 총수요와 총공급 분석

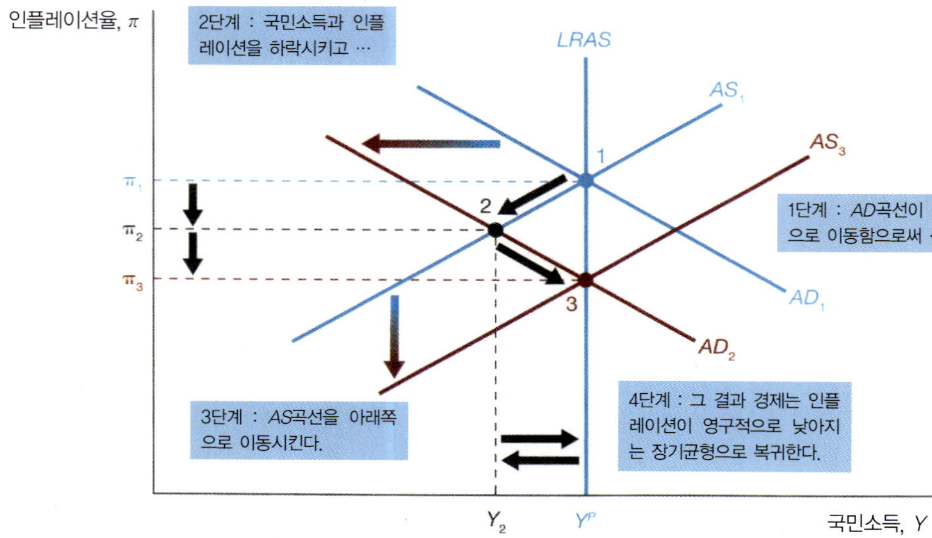

(b) 2000~2004년 중 실업률과 인플레이션

연도	실업률(%)	인플레이션(연, %)
2000	4.0	3.4
2001	4.7	2.8
2002	5.8	1.6
2003	6.0	2.3
2004	5.5	2.7

그림 11 음의 수요충격, 2001~2004년

(a)는 2001~2004년에 음의 수요충격이 소비지출과 투자를 감소시켜 총수요곡선을 AD_1에서 AD_2로 왼쪽으로 이동시켰음을 보여준다. 이 경우 경제는 점2로 이행한다. 점2에서 국민소득은 감소하며 실업은 증가하고 인플레이션은 하락한다. 국민소득이 잠재산출량보다 낮아 음의 산출 갭이 커지면 단기 총공급곡선은 AS_3로 아래쪽으로 이동할 것이다. 그 결과 경제는 국민소득이 잠재산출량으로 복귀하는 점3으로 이행함으로써 인플레이션이 π_3로 더욱 하락하고 실업률은 약 5% 수준의 자연실업률로 복귀할 것이다. (b)의 데이터는 이러한 분석을 지지한다. 2004년에 인플레이션율은 2.7%로 하락했고 실업률은 5.5%로 다시 떨어졌다.

자료 : *Economic Report of the President*.

따른 비용상승 충격 등이며, 이것들은 비용과 인플레이션을 상승시킨다. 반면에 일시적인 공급충격이 공급증가와 관련이 있다면 이러한 공급충격을 양의(유리한) 공급충격(positive supply shock)이라 한다. 일시적인 양의 공급충격은 특히 풍년이나 수입물가의 하락에 의해 발생한다.

일시적인 공급충격이 경제에 어떤 영향을 미치는지를 알기 위해 총수요와 총공급 분석을 사용한다. 먼저 국민소득이 잠재산출량 수준 Y^P이고 인플레이션이 π_1인 [그림 12]의 점1에 경제가 놓여 있다고 가정하자. 중동전쟁으로 일시적인 음의 공급충격이 발생했다고 해보자. 음의 공급충격이 경제를 강타해 유가가 상승할 때 식(2)에서 물가충격인 ρ는 인플레이션을 π_1보다 상승시켜 단기 총공급곡선을 AS_1에서 AS_2로 위쪽, 즉 왼쪽으로 이동시킨다.

경제가 총수요곡선을 따라 점1에서 점2로 움직임에 따라 인플레이션은 π_1보다 높게 상승하나 국민소득은 Y^P보다 낮게 감소한다. [그림 12]에서 인플레이션은 상승하나 국민소득이 감소하는 상황을 **스태그플레이션**(stagflation, 경기침체(stagnation)와 인플레이션(inflation)의 합성어)이라 한다. 이 경우 공급충격은 일시적이기 때문에 경제의 생산능력

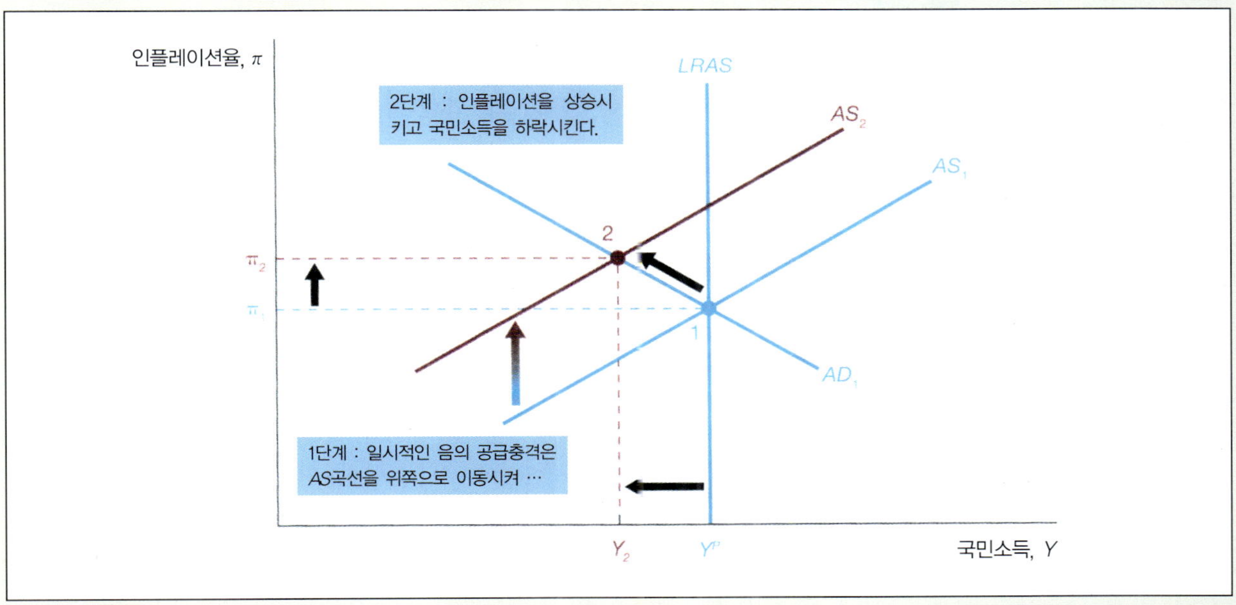

그림 12 일시적인 음의 공급충격

일시적인 음의 공급충격은 단기 총공급곡선을 AS_1에서 AS_2로 이동시킴으로써 경제가 점1에서 점2로 움직인다. 이에 따라 인플레이션이 π_2로 상승하고 국민소득이 Y_2로 감소한다. 점2에서 국민소득이 Y^P보다 낮기 때문에 음의 산출 갭은 인플레이션을 하락시키고 단기 총공급곡선을 다시 원래의 AS_1으로 이동시킨다. 결국 경제는 다시 점1의 장기균형으로 돌아간다.

이 영향을 받지 않아서 Y^P와 장기 총공급곡선 *LRAS*도 변하지 않는다. 그러므로 점2에서 국민소득이 Y^P보다 낮은 Y_2가 됨에 따라 인플레이션이 하락함으로써 총공급곡선이 다시 원래의 AS_1으로 이동한다. 경제의 균형은 총수요곡선 AD_1(총수요곡선은 동일한 위치에 있다고 가정)을 따라 아래로 움직여서 다시 점1의 장기균형으로 돌아간다. 장기균형에서 국민소득은 Y^P이고 인플레이션은 π_1이다.

일시적인 음의 공급충격은 단기 총공급곡선을 위쪽, 즉 왼쪽으로 이동시킴으로써 단기적으로 인플레이션이 상승하고 국민소득이 감소하지만, 장기적으로는 국민소득과 인플레이션이 변동하지 않는다(총수요곡선이 불변인 경우).

유리한(양의) 공급충격은 [그림 12]의 모든 곡선을 반대방향으로 이동시킴으로써 효과도 모두 반대방향이 된다. 일시적인 양의 공급충격은 단기 총공급곡선을 아래쪽, 즉 오른쪽으로 이동시킴으로써 단기적으로 인플레이션이 하락하고 국민소득이 증가한다. 그러나 장기적으로 국민소득과 인플레이션이 변동하지 않는다(총수요곡선이 불변인 경우).

이제 총수요와 총공급 분석을 일시적인 공급충격에 적용해보자. 1973~1975년과 1978~1980년의 음의 공급충격을 살펴보자.

응용 1973~1975년과 1978~1980년의 음의 공급충격

1973년 미국 경제에 일련의 음의 공급충격이 강타했다.

1. 아랍과 이스라엘의 1973년 전쟁으로 인한 석유 수출 봉쇄의 결과 석유수출기구(Organization of Petroleum Exporting Countries, OPEC)는 석유 생산을 제한해 유가를 4배로 인상했다.
2. 전 세계적인 흉작으로 식품가격이 폭등했다.
3. 1973년과 1974년의 임금과 가격 통제의 해제 조치로 노동자는 통제에 의해 억제됐던 임금상승을 요구하기 시작했다.

이러한 3가지 사건의 강타는 [그림 13]의 (a)와 같이 단기 총공급곡선을 급격히 위쪽, 즉 왼쪽으로 AS_1에서 AS_2로 이동시켰으며, 경제는 점2로 이행했다. [그림 13]의 총수요와 총공급곡선이 예측하는 바와 같이 인플레이션과 실업이 모두 증가했다([그림 13]의 (b)와 같이 인플레이션의 약 3% 포인트 상승과 실업률의 3.5% 포인트 상승).

1978~1980년의 시기에는 1973~1975년에 발생한 공급충격을 거의 동일하게 재현했다. 경제는 1973~1976년의 공급충격으로부터 1978년까지 거의 회복했으나, 1979년에 흉작과 유가의 2배 인상(이란 국왕의 하야의 결과)으로 총공급곡선이 다시 위쪽, 즉 왼쪽으로 급격히 이동했다. [그림 13]이 예측한 양상이 재연돼 인플레이션과 실업은 모두 증가했다.

(a) 총수요와 총공급 분석

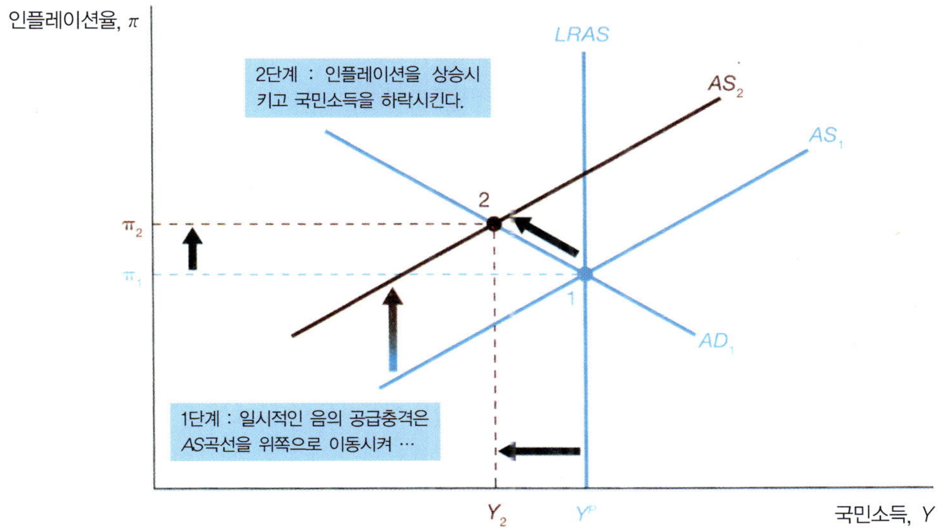

(b) 실업과 인플레이션, 1973~1975년과 1978~1980년

연도	실업률(%)	인플레이션(연, %)
1973	4.8	6.2
1974	5.5	11.0
1975	8.3	9.1
1978	6.0	7.6
1979	5.8	11.3
1980	7.1	13.5

그림 13 음의 공급충격, 1973~1975년과 1978~1980년

(a)는 1973년과 1979년에 발생한 일시적인 음의 공급충격이 단기 총공급곡선을 AS_1에서 AS_2로 이동시켰음을 보여준다. 경제는 국민소득이 감소하고 실업과 인플레이션이 상승하는 점2로 움직인다. (b)의 데이터는 이러한 분석을 지지한다. 인플레이션율은 1973년의 6.2%에서 1975년의 9.1%로 상승했고 실업률은 1973년의 4.8%에서 1975년의 8.3%로 상승했다. 1978~1980년의 충격에서 인플레이션율은 1978년의 7.6%에서 1980년의 13.5%로 상승했고 실업률은 1978년의 6.0%에서 1980년의 7.1%로 상승했다.

자료 : *Economic Report of the President*.

6.2 영구적 공급충격과 실물적 경기변동이론

공급충격이 일시적이 아니면 어떤 일이 벌어질까? 경제의 효율성을 떨어뜨리는 무분별한 규제강화 등 영구적인 음의 공급충격은 [그림 14]와 같이 잠재산출량을 Y_1^P에서 Y_2^P

로 감소시키고 장기 총공급곡선을 $LRAS_1$에서 $LRAS_2$로 왼쪽으로 이동시킨다.

영구적인 공급충격은 높은 물가를 초래하기 때문에 인플레이션이 즉각적으로 상승해 단기 총공급곡선을 AS_1에서 AS_2로 위쪽, 즉 왼쪽으로 이동시킨다. 점2에서 국민소득은 Y_2로 감소하지만 여전히 Y_2^P보다 높다. 이에 따른 양의 산출 갭은 단기 총공급곡선을 위쪽, 즉 왼쪽으로 이동시킨다는 것을 의미한다. 이러한 이동은 총수요곡선 AD와 장기 총공급곡선 $LRAS_2$가 교차하는 AS_3까지 계속된다. 이제 국민소득이 점3에서 Y_2^P에 있기 때문에 산출 갭은 0이 되고 인플레이션은 π_3에서 더 이상의 인플레이션 압력을 받지 않는다.

애리조나 주립대학의 에드워드 프레스컷(Edward Prescott)이 이끄는 경제학자 그룹은 경기변동이 영구적 공급충격에 의해 발생한다고 생각했다. 경기변동에 관한 그들의 이론을 **실물적 경기변동이론**(real business cycle theory)이라 한다. 이 이론에서 총공급충격은 잠재산출량 Y^P에 영향을 미친다. 실물적 경기변동이론은 선호(노동자의 근로의사)와 기술(생산성)에 대한 충격을 단기적인 경기변동의 주요 요인으로 간주한다. 왜냐하면 이러한 충격은 Y^P에 상당히 큰 단기적 변동을 가져오기 때문이다. 반면 통화정책 변경으로 인한 총수요곡선의 이동은 국민소득 변동의 주요 요인으로 간주하지 않는다. 실물적 경기변동이론은 대부분의 경기변동을 잠재산출량 수준의 변동에 기인한다고 보기 때문에 높은 실업률을 제거하기 위한 정책의 필요성을 크게 느끼지 않는다. 실물적 경기변동이론은 매우 논란의 여지가 있으며, 앞으로 더욱 심도 있게 연구해야 할 분야이다.

[그림 14]는 총수요곡선이 불변일 때 다음과 같은 결론을 내린다. 영구적인 음의 공급충격은 국민소득을 낮추고 인플레이션을 높인다. 그러나 일시적인 충격과는 달리 잠재산출량을 감소시키는 영구적인 음의 공급충격은 장기적으로 국민소득의 영구적 감소와 인플레이션의 영구적 상승을 초래한다.[5)]

생산성을 높이는 신기술의 개발과 같은 양의 공급충격이 발생하면 정반대의 결론이 도출된다. 영구적인 양의 공급충격은 단기적으로 그리고 장기적으로 인플레이션을 낮추고 국민소득을 증가시킨다.

지금까지 잠재산출량 Y^P와 장기 총공급곡선이 주어져 있다고 가정했다. 그러나 시간이 지남에 따라 경제성장의 결과로 잠재산출량은 증가한다. 예를 들어 경제의 생산능력이 연간 3%만큼 증가한다면 매년 Y^P가 3%만큼 증가할 것이며 장기 총공급곡선이 Y^P에서 오른쪽으로 3%만큼 이동할 것이다. 분석의 단순화를 위해 Y^P가 일정한 비율로 증가할 경우 총수요와 총공급 분석에서 Y^P와 장기 총공급곡선은 불변인 것으로 간주한다. 그러나 이 그래프에 표시된 국민소득은 현실적으로 정상적인 증가(추세)에 대한 상대적인 국민소득

---

5) 이러한 영구적인 공급충격의 효과는 통화정책이 불변이어서 총수요곡선이 이동하지 않는다는 가정에 기초한다. 그러나 통화당국은 인플레이션을 이전의 수준으로 유지하기 위해 총수요곡선을 이동시킬 수도 있다. 다음 장을 참조하라.

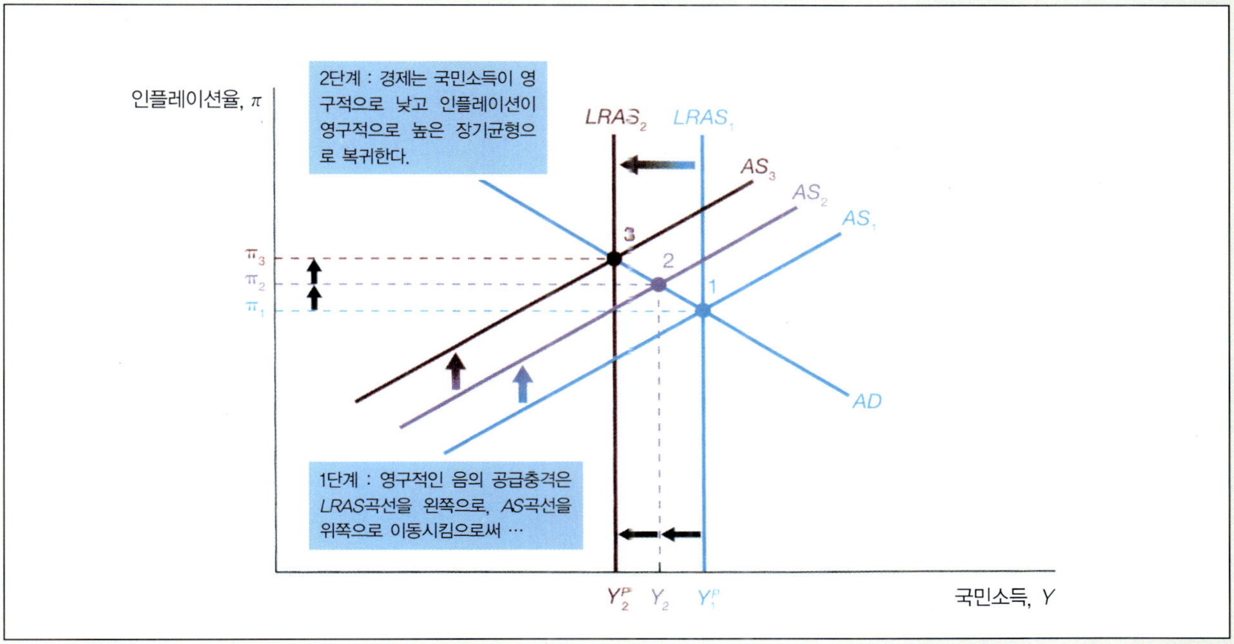

그림 14 영구적인 음의 공급충격

영구적인 음의 공급충격은 국민소득을 낮추고 인플레이션을 높인다. 이는 장기적으로 점3과 같이 국민소득의 영구적 감소와 인플레이션의 영구적 상승을 초래한다. 점3에서 인플레이션은 π_3로 상승하고 국민소득은 Y_2^P로 감소한다.

이라고 간주하는 것이 최선이다.

1995~1999년의 기간은 다음의 [응용]에서와 같이 영구적인 양의 공급충격에 대한 사례를 제공한다.

응용 1995~1999년의 양의 공급충격

연준은 1994년 2월에 이자율을 올리기 시작했다. 연준은 경제가 1995년에 잠재산출량과 자연실업률에 도달할 것이고 그 이후에는 경제가 잠재산출량을 상회한 국민소득의 증가와 인플레이션의 상승으로 인해 과열될 것으로 예상했다. [그림 15]의 (b)와 같이 1997년에 경제는 계속 성장했고 실업률이 5% 이하로 하락했다. 그러나 인플레이션은 계속 하락해 1998년에 1.6%가 됐다.

총수요와 총공급 분석이 이러한 현상을 설명할 수 있을까? 1990년대 말에 2가지 영구적인 양의 공급충격이 경제에 닥쳐왔다.

1. 건강보존기구(Health Maintenance Organization, HMO)의 출현 등 건강관리 산업의 변화가 다른 재화와 서비스에 비해 의료비용을 상당히 감소시켰다.

2. 컴퓨터 혁명은 마침내 생산성에 유리한 영향을 미치기 시작해 경제의 잠재성장력을 증대시켰다(언론에서는 이를 '신경제'(new economy)라 불렀음).

또한 실업의 가능성이 적은 나이 든 노동자의 상대적 증가와 같은 인구학적 요인들이 자연실업률을 낮춘다. 이들 요인은 [그림 15]의 (a)와 같이 장기 총공급곡선을 $LRAS_2$로 오른쪽으로 이동시키고 단기 총공급곡선을 AS_1에서 AS_2로 아래쪽, 즉 오른쪽으로 이동시킨다. 그 결과 국민소득은 증가하고 실업은 감소한 반면, 인플레이션은 하락했다.

(a) 총수요와 총공급 분석

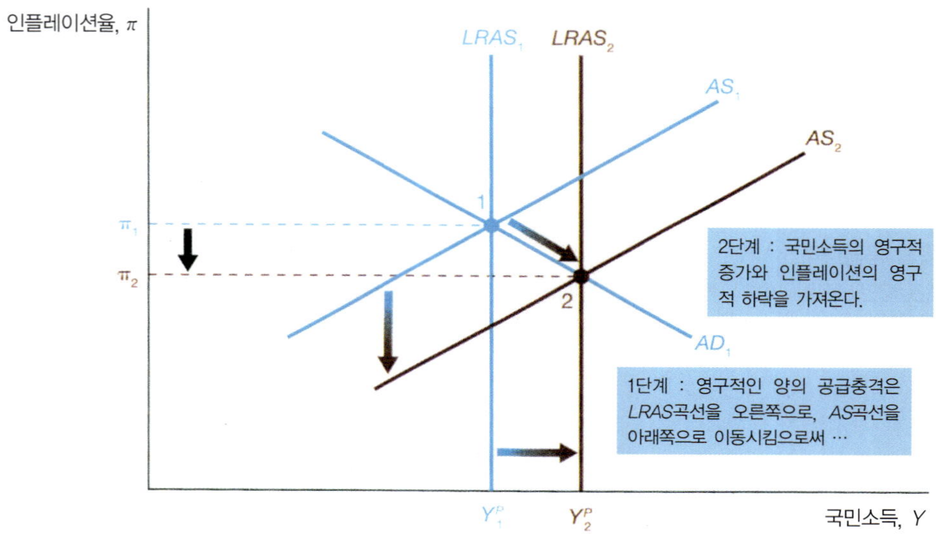

(b) 실업률과 인플레이션, 1995~1999년

연도	실업률(%)	인플레이션(연, %)
1995	5.6	2.8
1996	5.4	3.0
1997	4.9	2.3
1998	4.5	1.6
1999	4.2	2.2

그림 15 양의 공급충격, 1995~1999년

(a)는 의료비용의 절감과 컴퓨터 혁명에 의한 생산성 향상으로부터 발생한 양의 공급충격이 장기 총공급곡선을 오른쪽으로 $LRAS_1$에서 $LRAS_2$로 이동시키고 단기 총공급곡선을 아래쪽으로 AS_1에서 AS_2로 이동시켰음을 보여준다. 경제는 국민소득이 증가하고 실업과 인플레이션이 하락하는 점2로 움직인다. (b)의 데이터는 이러한 분석을 지지한다. 실업률은 1995년의 5.6%에서 1999년의 4.2%로 떨어졌고 인플레이션율은 1995년의 2.8%에서 1999년의 2.2%로 하락했다.

자료 : *Economic Report of the President*.

6.3 결론

총수요와 총공급 분석으로부터 다음과 같은 결론을 얻을 수 있다.[6)]

1. 독립적 통화정책(주어진 인플레이션에서 실질이자율의 변동), 정부지출, 조세, 독립적 순수출, 독립적 소비지출, 독립투자 등의 변동에 의한 총수요곡선의 이동은 국민소득에 단기적으로는 영향을 미치나 장기적으로는 영향을 주지 않는다. 더구나 단기 총공급곡선이 완전히 조정될 경우 최초에 인플레이션의 단기적 변동은 인플레이션의 장기적 변동보다 작다.
2. 일시적인 공급충격은 단기적으로는 국민소득과 인플레이션에 영향을 미치나 장기적으로는 영향을 주지 않는다(총수요곡선이 불변인 경우).
3. 영구적인 공급충격은 단기적으로 그리고 장기적으로 국민소득과 인플레이션에 영향을 미친다.
4. 경제는 자기교정적 메커니즘을 갖고 있다. 이는 경제를 시간이 지남에 따라 잠재산출량과 자연실업률로 돌아가게 한다.

이제 총수요충격과 총공급충격이 동시에 발생한 2007~2009년의 금융위기를 다룬 [응용]을 살펴보자.

응용 음의 공급 및 수요충격과 2007~2009년의 금융위기

2007년 초에 중국, 인도와 같은 급속히 성장하는 국가의 높은 석유 수요와 멕시코, 러시아, 나이지리아의 석유 감축은 유가를 배럴당 약 60달러로 치솟게 했다. 2007년 말에 유가는 배럴당 100달러로 올랐고 2008년 7월에는 140달러 이상으로 최고조에 달했다. 유가와 다른 상품가격의 급등은 [그림 16]의 (a)와 같이 단기 총공급곡선을 급격히 위쪽으로 AS_1에서 AS_2로 이동시키는 음의 공급충격을 발생시켰다. 설상가상으로 2007년 8월에 금융위기가 경제를 강타했다. 그 결과 금융마찰이 증가해 가계와 기업의 지출이 감소했다(제9장에서 논의함). 이러한 음의 수요충격은 [그림 16]의 (a)와 같이 총수요곡선을 왼쪽으로 AD_1에서 AD_2로 이동시키고 경제를 점2로 움직이게 했다. 이들 충격은 점2에서와 같이 실업률의 상승, 인플레이션의 상승, 국민소득의 감소를 초래했다. 총수요와 총공급 분석이 예측한 것처럼 음의 충격의 결과 2007년 12월부터 경기후퇴가 시작됐다. 실업은 2006~2007년 4.6%에서 2008년 6월 5.5%로 증가했다. 그리고 인플레이션은 2006년의 2.5%에서 2008년 6월의 5.0%로 상승했다([그림 16]의 (b) 참조).

2008년 7월 이후 유가가 급속히 하락함으로써 단기 총공급곡선이 다시 아래쪽으로 이동해 AS_1으로 복귀했다. 그러나 2008년 가을에 리먼 브라더스의 파산 이후 금융위기가 치명

---

6) 총수요와 총공급 분석은 거시경제적 충격이 자산가격에 미치는 영향을 이해하게 해준다. 이러한 분석은 www.pearsonglobaleditions.com/mishkin에 있는 Companion Web Site에서 제23장의 Appendix 1을 참조하라.

적인 단계에 접어들어 총수요가 AD_3로 감소했다. 그 결과 경제는 점3으로 이행했다. 점3에서 실업률은 2009년 말까지 10%로 상승했고 인플레이션율은 2.8%로 하락했다([그림 16]의 (b) 참조).

(a) 총수요와 총공급 분석

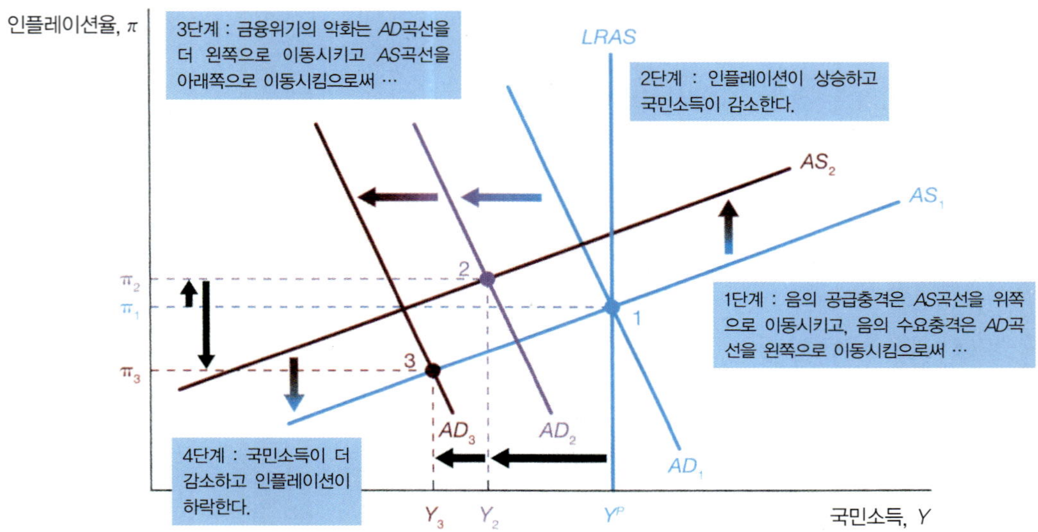

(b) 실업률과 인플레이션, 2007~2009년

연도	실업률(%)	인플레이션(연, %)
2006	4.6	2.5
2007	4.6	4.1
2008.6	5.5	5.0
2008.12	7.2	0.1
2009.6	9.5	−1.2
2009.12	10.0	2.8

그림 16 음의 공급 및 수요충격과 2007~2009년의 금융위기

(a)는 유가상승으로 인한 음의 공급(가격)충격이 단기 총공급곡선을 위쪽으로 AS_1에서 AS_2로 이동시키고, 금융위기로 인한 음의 수요충격이 지출의 급격한 감소를 가져와 총수요곡선을 왼쪽으로 AD_1에서 AD_2로 이동시켰음을 보여준다. 따라서 경제는 점2로 이행한다. 점2에서 국민소득은 Y_2로 감소하고 실업은 증가하며 인플레이션은 π_2로 상승한다. 유가의 하락은 단기 총공급곡선을 아래쪽으로 AS_1으로 이동시키고, 금융위기의 심화는 총수요곡선을 AD_3로 이동시킨다. 그 결과 경제는 점3으로 이행한다. 점3에서 인플레이션은 π_3로 떨어지고 국민소득은 Y_3로 감소한다. (b)의 데이터는 이러한 분석을 지지한다. 실업률은 2006년의 4.6%에서 2008년 6월의 5.5%로 상승했고 인플레이션은 2006년의 2.5%에서 2008년 6월의 5.0%로 상승했다. 그 이후 금융위기와 유가하락의 결과로 2009년 말에 실업률은 10%로 상승했고 인플레이션은 2.8%로 떨어졌다.

자료 : *Economic Report of the President*.

7 외국 경기변동 사례의 *AD*–*AS* 분석

총수요와 총공급 분석은 외국의 경기변동 사례를 이해하게 해준다. 여기서는 2007~2009년의 금융위기 중 영국의 경기변동 경험과 동 기간 중 중국의 색다른 경험을 살펴보자.

응용 영국과 2007~2009년의 금융위기

미국과 마찬가지로 2007년의 유가상승은 영국에 음의 공급충격을 가져왔다. [그림 17]의 (a)에서 영국의 단기 총공급곡선은 위쪽으로 AS_1에서 AS_2로 이동했다. 금융위기는 처음에는 지출에 큰 영향을 미치지 않았기 때문에 총수요곡선이 이동하지 않아서 경제의 균형점이 총수요곡선 AD_1을 따라 점1에서 점2로 움직였다. 총수요와 총공급 분석에 의하면 인플레이션은 상승했다([그림 17]의 (b)에서 인플레이션율이 2007년의 2.3%에서 2008년 12월의 3.9%로 상승한 것을 참조). 국민소득이 잠재산출량보다 낮아지고 유가가 2008년 7월 이후 떨어짐에 따라 단기 총공급곡선이 아래쪽으로 AS_1으로 이동했다. 동시에 리만 브라더스의 파산 이후 금융위기는 전 세계적으로 지출에 영향을 미침으로써 총수요곡선을 왼쪽으로 AD_2로 이동시키는 음의 수요충격을 야기했다. 경제는 이제 점3으로 이행했다. 점3에서 국민소득은 더욱 감소했고 실업은 증가했으며 인플레이션은 하락했다. 총수요와 총공급 분석이 예측한 것처럼 영국의 실업률은 2009년 말까지 7.8%로 상승했고 인플레이션율은 2.1%로 하락했다.

(a) 총수요와 총공급 분석

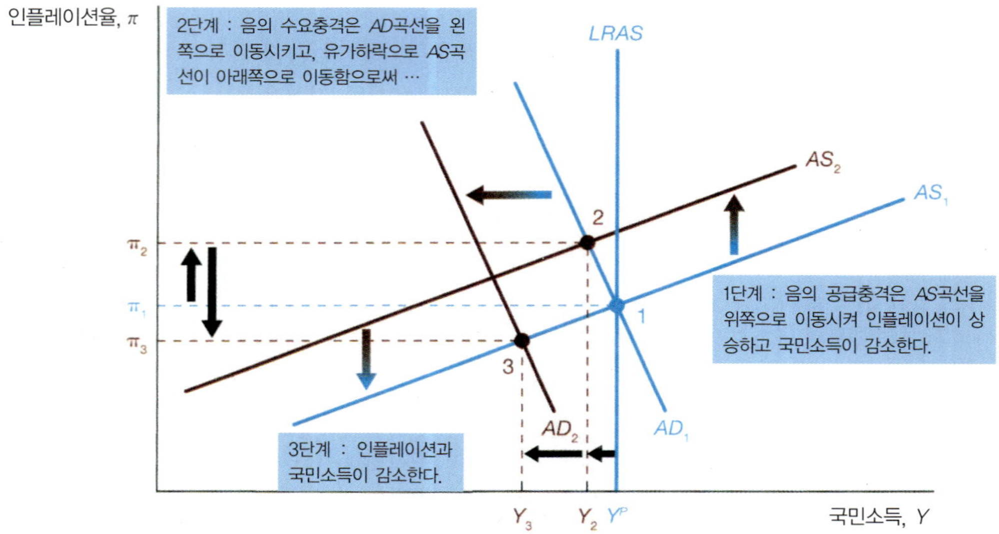

(b) 실업률과 인플레이션, 2006~2009년

연도	실업률(%)	인플레이션(연, %)
2006	5.4	2.3
2007	5.3	2.3
2008.6	5.3	3.4
2008.12	6.4	3.9
2009.6	7.8	2.1
2009.12	7.8	2.1

그림 17 영국의 금융위기, 2007~2009년

(a)는 유가상승으로 인한 2007년의 공급충격이 영국의 단기 총공급곡선을 AS_1에서 AS_2로 위쪽, 즉 왼쪽으로 이동시켰음을 보여준다. 경제는 점2로 이행했다. 국민소득이 잠재산출량보다 낮고 2008년 7월 이후 유가가 하락함에 따라 단기 총공급곡선은 아래쪽으로 AS_1으로 이동했다. 리만 브라더스의 파산 이후 금융위기의 심화로 발생한 음의 수요충격은 총수요곡선을 왼쪽으로 AD_2로 이동시켰다. 경제는 이제 점3으로 이행했다. 점3에서 국민소득은 Y_3로 감소하고 실업은 상승했으며 인플레이션은 π_3로 떨어졌다. (b)의 데이터는 이러한 분석을 지지한다. 실업률은 2006년의 5.4%에서 2009년 12월의 7.8%로 상승했고 인플레이션은 2006년의 2.3%에서 3.9%로 상승했다가 그 이후 2009년 12월 2.1%로 하락했다.

자료 : Office of National Statistics, UK. www.statistics.gov.uk/statbase/tsdtimezone.asp

응용 중국과 2007~2009년의 금융위기

2007년 8월에 시작된 금융위기는 처음에는 중국에 별 영향을 미치지 않았다.[7] 리만 브라더스의 파산으로 2008년 가을 미국에서 금융위기가 증폭됐을 때 모든 사정이 변했다. 중국 경제는 매우 높은 수출의 증가에 의해 주도됐는데, 2008년 9월에는 연간 20%를 넘는 성장률을 보였다. 그러나 2008년 10월부터 중국의 수출은 급감해 2009년 8월까지 연간 약 20% 감소했다.

수출 급감으로 인한 음의 수요충격은 총수요를 떨어뜨려 [그림 18]의 (a)와 같이 총수요곡선을 AD_2로 이동시키고 경제를 점1에서 점2로 이행하게 했다. 총수요와 총공급 분석이 예측한 것처럼 중국의 경제상장률은 2008년 상반기의 11% 이상에서 하반기의 5% 이하로 둔화됐고 인플레이션율은 7.9%에서 3.9%로 하락했고 그 이후는 마이너스가 됐다([그림 18]의 (b) 참조).

경제의 자기교정적 메커니즘에만 의존하는 대신 중국 정부는 2008년에 5,800억 달러의 대규모 재정부양책을 제안했다. 이 제안의 규모는 GDP 대비 12.5%로서 미국의 GDP 대비 재정부양책의 규모보다 3배나 컸다. 더구나 중국의 중앙은행인 중국인민은행은 통화정책의 독립적 완화조치를 취하기 시작했다. 이런 과감한 조치는 총수요곡선을 다시 AD_1으로 이동시킴으로써 중국 경제는 매우 빠르게 다시 점1로 복귀했다. 따라서 중국 경제는 금융위기를 대단히 훌륭하게 극복해 국민소득이 2009년에 급속히 증가하고 인플레이션이 이후에 양의 값을 보였다.

7) 세계의 다른 국가와 마찬가지로 중국도 처음에 단기 총공급곡선을 위쪽으로 이동시키는 에너지 가격의 상승을 경험했다. 따라서 2007년에 영국처럼 중국 경제는 인플레이션의 상승과 성장의 둔화를 경험했다. 이러한 현상은 [그림 17]에 나타나있지만, 분석의 단순화를 위해 [그림 18]에는 생략됐다.

(a) 총수요와 총공급 분석

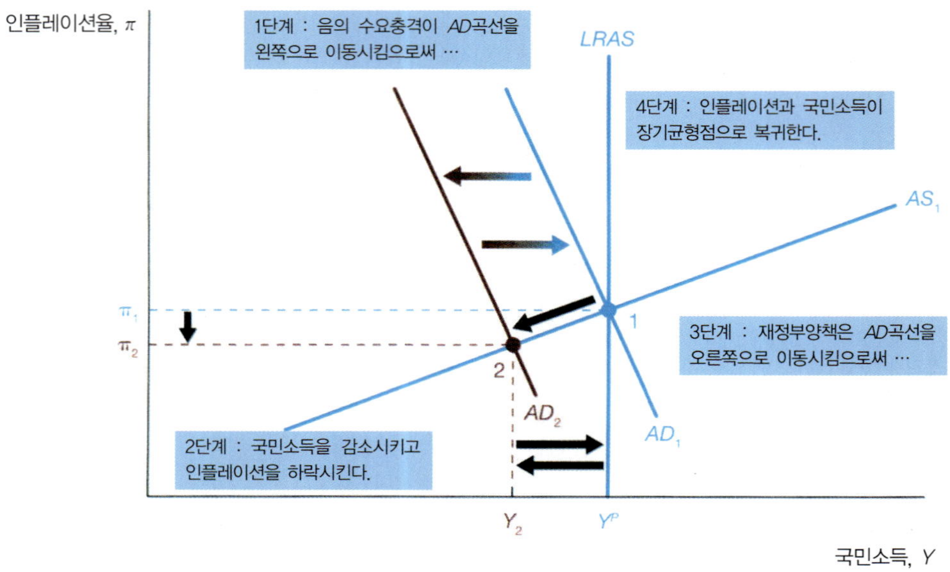

(b) 중국의 경제성장률과 인플레이션, 2006~2009년

연도	실업률(%)	인플레이션(연, %)
2006	11.8	1.5
2007	12.4	4.8
2008.6	11.2	7.9
2008.12	4.4	3.9
2009.6	11.1	−1.1
2009.12	10.4	−0.3

그림 18 중국과 금융위기, 2007~2009년

(a)는 2008년부터 시작된 중국의 수출 급감이 총수요곡선을 AD_2로 이동시키고 경제를 점2로 이행하게 하는 음의 수요충격을 야기했음을 보여준다. 점2에서 국민소득은 잠재산출량 이하로 감소했고 인플레이션은 하락했다. 대규모 재정부양책과 통화정책의 독립적 완화는 총수요곡선을 다시 AD_1으로 이동시킴으로써 경제는 매우 빠르게 다시 장기균형인 점1로 복귀했다. (b)의 데이터는 이러한 분석을 지지한다. 경제성장률은 둔화됐다가 다시 이전 수준으로 증가했고 인플레이션은 덜 빠른 율로 하락하기 시작했다.

자료 : IMF, 2000. International Financial Statistics. Country Tables, February.
http://www.imfstatistics.org/IMF/imfbrowser.aspx?doclist=pdfs&path=ct%2f20100201%2fct_pdf%2f20100121_CHN.pdf

요 약 SUMMARY

1 총수요곡선은 각각의 인플레이션에서 수요되는 국민소득을 나타내고 있으며 이 곡선은 우하향한다. 총수요곡선의 주요 이동요인은 (1) 독립적 통화정책, (2) 정부지출, (3) 조세, (4) 순수출, (5) 독립적 소비지출, (6) 독립투자, (7) 금융마찰이다.

2 장기 총공급곡선은 잠재산출량에서 수직이다. 장기 총공급곡선은 기술의 변동, 노동과 자본의 장기적 변동, 자연실업률의 변동 등에 의해 이동한다. 단기 총공급곡선은 우상향한다. 왜냐하면 국민소득이 상대적으로 잠재산출량보다 높을 경우 인플레이션이 상승하기 때문이다. 단기 총공급곡선은 물가충격, 기대 인플레이션의 변동, 지속적인 산출 갭 등에 의해 이동한다.

3 총수요곡선과 단기 총공급곡선이 교차하는 점에서 단기균형이 발생한다. 경제는 일시적으로 단기균형을 향해 움직이지만, 자기교정적 메커니즘을 갖고 있어 항구적으로는 국민소득이 잠재산출량이 되는 장기균형에 머물게 된다. 총수요곡선이나 단기 총공급곡선의 이동은 국민소득과 인플레이션의 변동을 가져온다.

4 양의 수요충격은 총수요곡선을 오른쪽으로 이동시켜 최초에 국민소득과 인플레이션의 증가를 가져온다. 그러나 장기적으로는 국민소득이 최초의 Y^P로 복귀하기 때문에 양의 수요충격은 단지 인플레이션의 상승만을 초래한다.

5 일시적인 양의 공급충격은 단기 총공급곡선을 아래쪽, 즉 오른쪽으로 이동시켜 최초에 인플레이션을 하락시키고 국민소득을 증가시킨다. 그러나 장기적으로는 국민소득과 인플레이션이 변동하지 않는다. 영구적인 양의 공급충격은 최초에 국민소득의 증가와 인플레이션의 하락을 가져온다. 그러나 일시적인 공급충격과는 달리 장기적으로 잠재산출량을 증가시키는 영구적인 양의 공급충격은 국민소득이 영구적 증가와 인플레이션의 영구적 하락을 가져온다.

6 총수요와 총공급 분석은 국내의 경기변동 사례를 분석하는 데 유용한 것처럼 외국의 경기변동 사례를 분석하는 데도 유용하다.

주요 용어 KEY TERMS

공급충격(supply shock)
물가충격(price shock)
비용인상 충격(cost-push shock)
산출 갭(output gap)
소비지출(consumption expenditure)
수요충격(demand shock)
순수출(net export)
실물적 경기변동이론(real business cycle theory)
스태그플레이션(stagflation)
오쿤의 법칙(Okun's law)
의도된 투자지출(planned investment spending)
일반균형(general equilibrium)
자기교정적 메커니즘(self-correcting mechanism)
자연산출량(natural rate of output)
자연실업률(natural rate of unemployment)
잠재산출량(potential output)
정부지출(government purchase)
총공급곡선(aggregate supply curve)
총수요곡선(aggregate demand curve)

연습문제 QUESTIONS

1 총수요곡선은 우하향하고 단기 총공급곡선은 우상향하는 이유를 설명하라.

2 총수요곡선을 오른쪽으로 이동시키는 3가지 요인의 변동을 식별하고, 왼쪽으로 이동시키는 3가지 요인의 변동을 식별하라.

3 "2008년 12월부터 2009년 12월까지 달러의 약세는 미국의 총수요곡선에 양의 영향을 미친다." 이 진술은 참인가, 거짓인가, 또는 불확실한가? 설명하라.

4 국민소득이 잠재산출량 수준에 있을 때 무엇이 실업률을 결정하는가?

5 노동생산성이 시간이 지남에 따라 더 높아졌을 경우 장기 총공급곡선에 어떤 영향을 미치는가?

6 중앙은행은 왜 기대 인플레이션에 관심을 갖는가?

7 "가격과 임금이 완전히 신축적이라면 $\gamma=0$이고 총수요의 변동이 국민소득에 미치는 영향은 작다." 이 진술은 참인가, 거짓인가, 또는 불확실한가? 설명하라.

8 단기 총공급곡선을 이동시키는 요인은 무엇인가? 이들 요인은 장기 총공급곡선을 이동시키는가? 이유를 설명하라.

9 재정적자의 막대한 증가로 미래에 인플레이션이 높아질 것으로 예상한다면 재정적자가 증가할 때 단기 총공급곡선에는 어떤 일이 발생하겠는가?

10 이력서를 올릴 수 있는 인터넷 사이트는 직업탐색의 비용을 감소시킨다. 인터넷은 자연실업률에 어떤 영향을 미칠 것으로 생각하는가?

11 국민소득이 자연산출량보다 낮을 때 총수요곡선이 불변이라면 시간이 지남에 따라 인플레이션에는 어떤 일이 발생하겠는가?

12 새롭게 공표된 인플레이션 억제정책이 효과가 있어 기대 인플레이션이 하락할 것으로 믿는다고 해보자. 단기에 국민소득과 인플레이션율에는 어떤 일이 발생하겠는가?

13 실업률이 자연실업률보다 높을 경우 다른 요인들이 불변이라면 인플레이션과 국민소득에 어떤 일이 발생하겠는가?

14 정부지출이 증가할 경우 단기에 그리고 장기에 인플레이션과 국민소득에 어떤 일이 발생하겠는가?

15 1990년대에 실업률과 인플레이션율의 동시 하락을 초래한 요인은 무엇인가?

16 '양호한' 공급충격이 존재하는가?

17 1980년대 초에 연준은 태생적으로 왜 경기후퇴 정책을 추구했는가?

18 볼커의 인플레이션 억제정책은 어떤 면에서 성공적이었는가? 이 정책의 부정적인 측면은 무엇인가?

19 2007~2009년의 금융위기에 왜 중국은 미국과 영국보다 잘 대처했는가?

응용문제 APPLIED PROBLEMS

20 다음과 같은 경제충격의 단기효과와 장기효과를 총수요곡선과 총공급곡선을 이용해 나타내고 이를 설명하라.
   a. 일시적인 음의 공급충격
   b. 영구적인 음의 공급충격

21 2009년 1월 부양책에 의해 충당된 많은 자금이 신기술에 대한 R&D 투자(연료절감 자동차, 풍력, 태양력)와 인프라스트럭처 투자(도로, 교량, 교통네트워크)를 증가시켰다. 이러한 정책이 미국의 생산성을 증대시킨다는 가정하에 총수요와 총공급 분석은 인플레이션과 국민소득을 어떻게 예측하는가?

22 판매세의 도입을 주장하는 제안서가 의회에 제출됐다. 이러한 조세가 총수요과 총공급곡선에 어떤 영향을 미치는지 예측해보라. 국민소득과 인플레이션에 어떤 영향을 미치는지 보여라. 총수요과 총공급곡선의 그래프

를 이용하라.

23 인플레이션율이 상대적으로 일정하면서 국민소득은 감소하고 실업률이 상승한다고 상정해보자. 총수요와 총공급곡선의 그래프를 이용해 이러한 현상이 어떻게 가능한지 보여라.

24 다음의 사건이 각각 수요충격인지 공급충격인지 구분하라. 그래프를 이용해 인플레이션과 국민소득에 미치는 단기효과와 장기효과를 보여라.

a. 금융마찰이 증가한다.

b. 가계와 기업이 경제에 대해 더 낙관적이 된다.

c. 양호한 기상조건이 중서부에서 밀과 옥수수의 기록적인 풍작을 가져온다.

d. 철강노동자가 4주 동안 파업을 한다.

25 2010년 상반기에 연준은 기대 인플레이션의 상승을 막기 위한 방법으로서 이자율 인상의 가능성을 논의했다. 민간이 앞으로 높은 인플레이션율을 예상한다면 단기 총공급곡선에 미치는 효과는 무엇이겠는가? 총수요과 총공급곡선의 그래프를 이용해 답하라.

웹 연습문제 WEB EXERCISES

1 2007~2009년의 금융위기는 미국 경제를 제2차 세계대전 이후 최악의 경기후퇴로 접어들게 했다. 실업률은 10% 이상으로 상승했다. research.stlouisfed.org/fred2/categories/12에 들어가 Series ID 열에 있는 'UNRATE' (Civilian Unemployment Rate)를 클릭하라. [그림 16]에 표시된 실업률 통계 이후에 실업률은 어떻게 변했는가?

2 2009년 초 연방공개시장위원회(FOMC)는 2009년 1월 28일 성명서에서 "인플레이션이 경제성장을 촉진하고 장기에 걸쳐 물가안정을 기할 수 있는 수준보다 당분간 낮아질 위험이 있다"고 경고했다. research.stlouisfed.org/fred2/categories/12에 들어가 Series ID 열에 있는 'CPIAUCSL'(Consumer Price Index for All Urban Consumers: All Items-SA)를 클릭하라. 그리고 '% Chg. From Yr. Ago'를 클릭하라. [그림 16]에 표시된 인플레이션 통계 이후에 인플레이션은 어떻게 변했는가?

참고 웹사이트 WEB REFERENCES

www.bls.gov

미국 노동통계국의 홈페이지는 실업과 물가에 대한 정보가 수록돼 있다.

www.census.gov/compendia/statab/

알기 쉬운 형태로 된 미국 경제통계

www.research.stlouisfed.org/fred2/

세인트루이스 지역연방준비은행(FRB of St. Louis)이 주관하는 미국 경제의 데이터베이스

웹 부록 WEB APPENDICES

www.pearsonglobaleditions.com/mishkin에 들어가서 제23장의 웹 부록, Appendix 1 : Effects of Macroeconomic Shocks on Asset Prices, Appendix 2 : Aggregate Demand and Supply : A Numerical Example, Appendix 3 : The Algebra of the Aggregate Demand and Supply Moded, Appendix 4 : The Taylor Principle and Inflation Stability를 읽어라.

부록

23 필립스곡선과 단기 총공급곡선

여기서는 실업과 인플레이션의 관계를 설명하는 필립스곡선에 대해 살펴본다. 그리고 이 장에서 논의한 단기 총공급곡선을 도출하는 데 필립스곡선이 어떻게 사용되는지 설명한다.

A1 필립스곡선

1958년에 뉴질랜드 경제학자인 필립스(A. W. Phillips)는 영국의 실업과 임금상승률의 관계를 실증분석한 연구한 논문을 발표했다.[1] 1861~1957년 중 필립스는 낮은 실업의 기간에는 급속한 임금상승이 연관돼 있는 반면, 높은 실업의 기간에는 낮은 임금상승이 연관돼 있다는 것을 발견했다. 다른 경제학자들은 곧이어 필립스의 논문을 여러 나라에 적용했다. 인플레이션이 거시경제학적 이슈에서 임금상승률보다 더 중요하기 때문에 그들은 실업과 인플레이션의 관계를 추정했다. 그들이 많은 국가에서 발견한 실업과 인플레이션 간의 음의 관계는 자연스럽게 필립스곡선(Phillips curve)으로 알려졌다.

필립스곡선의 배후에 있는 아이디어는 매우 직관적이다. 실업률이 낮아서 노동시장이 공급 부족일 때 기업은 자질 있는 노동자를 채용하는 것도 어렵고 현재 고용된 직원을 유지하기도 어렵다. 노동시장의 공급 부족 때문에 기업은 필요한 노동자를 끌어들이기 위해 임금을 올릴 것이고 그들의 상품가격을 급속히 인상할 것이다.

1) A. W. Phillips, "The Relationship Between Unemployment and the Rate of Change of Money Wages in the United Kingdom, 1861–1957," *Economica* 25 (November 1958), pp. 283–299.

A1.1 1960년대의 필립스곡선 이론

임금 인플레이션은 직접적으로 전반적인 인플레이션으로 반영되기 때문에 1960년대에 필립스곡선은 데이터와 잘 부합돼 인플레이션의 변동을 설명하는 이론으로서 매우 인기가 높았다. 1950~1969년 중 미국의 인플레이션율과 실업률을 나타낸 [그림 1]의 (a)와 같이 실업률과 인플레이션율 간에는 매우 명확한 음의 관계가 존재한다. 이 기간의 필립

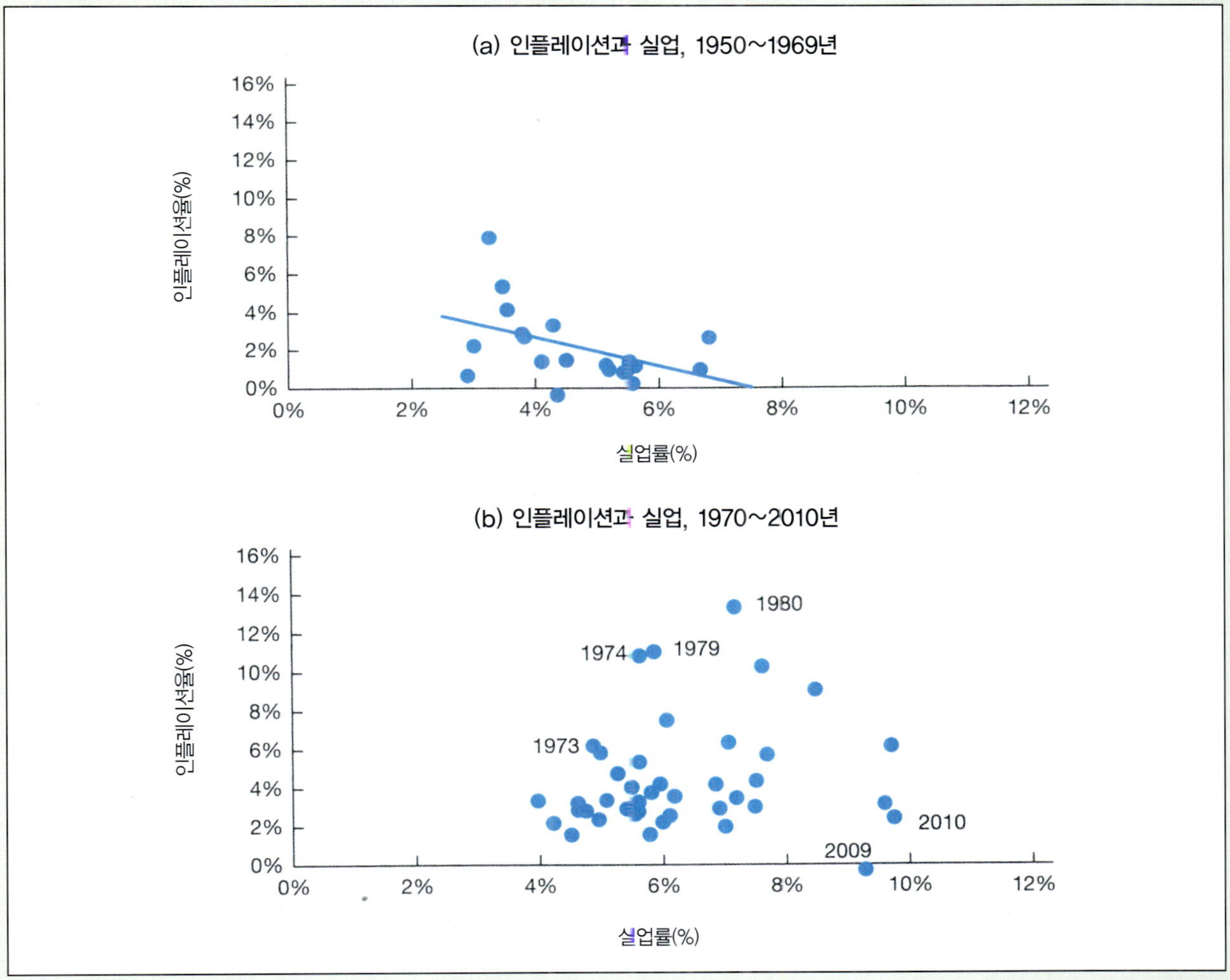

그림 1 미국의 인플레이션과 실업, 1950~1969년과 1970~2010년

1950~1969년 중 인플레이션과 실업의 그래프인 (a)는 일반적으로 높은 인플레이션이 낮은 실업률과 관련돼 있다는 것을 보여준다. (b)는 1970년 이후 인플레이션과 실업의 역의 관계는 사라졌음을 보여준다.

자료 : *Economic Report of the President*, www.gpoaccess.gov/eop/

FYI 필립스곡선의 상충관계와 1960년대의 거시경제정책

1960년에 폴 사무엘슨과 로버트 솔로우는 정책당국이 필립스곡선의 상충관계를 이용하는 방법에 관한 논문을 발표했다. 정책당국은 2가지 상충되는 목표인 인플레이션과 실업 중 하나를 선택할 수 있다. 그들은 낮은 실업률을 유지하기 위해 얼마나 높은 인플레이션율을 수용할 수 있는지를 결정할 수 있다.[2] 사무엘슨과 솔로우는 정말로 정책당국이 용인할 수 있는 연간 4~5%의 인플레이션율에서 '비완벽주의자'(nonperfectionist)의 실업률 목표인 3%를 달성할 수 있다고 말했다. 이러한 사고는 케네디 정부와 존슨 정부에 영향력이 컸으며 1960년대 중반에 경기를 부양해 실업률을 낮추는 정책을 채택하는 데 기여했다. 처음에는 높은 인플레이션에 낮은 실업률이 수반됐기 때문에 이러한 정책이 성공한 듯 보였다. 그러나 좋은 시절은 오래가지 않았다. 1960년대 말부터 1970년대까지 인플레이션은 가속화됐고 실업률도 완고히 높은 수준에 머물렀다.

스곡선은 실업률과 인플레이션율 간에 장기적인 상충관계가 있음을 시사한다. 즉 정책당국은 높은 인플레이션을 발생시키는 정책을 선택해 실업을 지속적으로 낮출 수 있다. 1960년대에 이런 명백한 상충관계는 [FYI] '필립스곡선의 상충관계와 1960년대의 거시경제정책'에서 보듯이 정책당국에 매우 영향력이 있었다.

A1.2 프리드만-펠프스의 필립스곡선 이론

1967년과 1968년에 밀턴 프리드만과 에드먼드 펠프스는 필립스곡선 이론에 심각한 결함이 있음을 지적했다.[3] 필립스곡선 이론은 노동자와 기업이 명목임금이 아니라 실질임금에 관심을 갖는다는 견해와 부합하지 않는다. 실질임금이란 임금으로 구매할 수 있는 상품과 서비스의 실질적인 수량을 의미한다. 따라서 노동자와 기업이 물가상승을 예상한다면 그들은 명목임금을 올려서 실질임금이 떨어지지 않도록 할 것이다. 다시 말해 임금 인플레이션과 전반적 인플레이션은 기대 인플레이션의 상승과 1:1의 비율로 상승하며, 노동시장의 공급 부족에 반응할 것이다. 더구나 프리드만-펠프스의 이론은 장기적으로 경제가 임금과 가격이 신축적일 때의 실업률 수준인 자연실업률에 도달할 것임을 시사한다.[4] 임금과 가격이 신축적이라도 여전히 약간의 실업이 존재하기 때문에 자연실업

---

2) Paul A. Samuelson and Robert M. Solow, "Analytical Aspects of Anti-Inflation Policy," *American Economic Review* 50 (May 1960, Paper and Proceedings), pp. 177–194.

3) 밀턴 프리드만은 1967년에 미국경제학회(American Economic Association)의 회장 연설에서 다음의 논문을 통해 필립스곡선에 대한 비판을 간략히 설명했다. Milton Friedman, "The Role of Monetary Policy," *American Economic Review* 58 (1968), pp. 1–17. 펠프스는 다음 논문에서 필립스곡선 이론에 대해 재조명했다. Edmund Phelps, "Money-Wage Dynamics and Labor-Market Equilibrium," *Journal of Political Economy* 76 (July/August 1968, Part 2), pp. 687–711.

4) 제14장에서 논의한 것처럼 노동자가 구직활동을 하기 때문에 발생하는 마찰적 실업과 일자리와 기술의 불일치로부터 발생하는 구조적 실업은 항상 존재한다. 구조적 실업은 노동시장의 구조적인 특징이다. 따라서 임금과 가격이 완전히 신축적이라도 자연실업률은 0보다 높다.

률은 완전고용 수준의 실업률이라 할 수 있다.

프리드만-펠프스의 추론에 의하면 필립스곡선은 다음과 같이 나타낼 수 있다.

$$\pi = \pi^e - \omega(U - U_n) \quad (1)$$

여기서 π는 인플레이션, π^e는 기대 인플레이션, U는 실업률, U_n은 자연실업률, ω는 인플레이션의 $U-U_n$에 대한 민감도를 나타낸다. 식(1)은 또한 π^e항의 존재로 인해 기대가 첨가된 필립스곡선(expectations-augmented Phillips curve)이라 한다. 식(1)은 인플레이션이 실업률과 자연실업률의 차이인 $U-U_n$과 음의 관계에 있음을 나타낸다. $U-U_n$은 노동시장의 공급 부족의 정도를 나타내는 지표로서 실업 갭(unemployment gap)이라 한다.

기대가 첨가된 필립스곡선은 프리드만과 펠프스가 이론화한 것같이 장기적으로 실업은 자연실업률 수준에 머물 것임을 시사한다. 장기적으로 기대 인플레이션은 실제 인플레이션에 접근하기 때문에 식(1)에서 U는 U_n과 일치한다.

프리드만-펠프스의 기대가 첨가된 필립스곡선은 장기적으로 실업과 인플레이션 간의 상충관계가 사라짐을 나타낸다. 이를 위해 [그림 2]에는 기대가 첨가된 필립스곡선 PC_1이 표시돼 있다. PC_1에서 기대 인플레이션은 2%이고 자연실업률은 5%이다. (식(1)에서 $\pi=\pi^e=2\%$일 때 $U=U_n=5\%$이고 기울기는 $-\omega$이기 때문에 PC_1은 점1을 통과한다.) 경제가 실업률과 자연실업률이 5%로 같은 점1에 있었는데 경기를 부양하는 정부정책으로 실업률이 자연실업률보다 낮은 4%가 됐다고 해보자. 그러면 경제가 PC_1을 따라 점2로 이행할 것이다. 점2에서 인플레이션은 2%보다 높은 3.5%로 상승한다. 기대 인플레이션 또한 상승해 기대가 첨가된 필립스곡선이 위쪽으로 PC_1에서 PC_2로 이동한다. 경기를 부양하고 실업률을 자연실업률보다 낮은 4%로 유지하려는 지속적인 노력으로 실제 인플레이션과 기대 인플레이션이 상승함으로써 기대가 첨가된 필립스곡선이 지속적으로 위쪽으로 이동한다.

기대가 첨가된 필립스곡선은 언제 이동을 멈추는가? 실업률이 자연실업률 수준으로 복귀할 때($U=U_n=5\%$) 기대가 첨가된 필립스곡선은 이동을 멈출 것이다. 이러한 현상이 10%의 인플레이션에서 발생했다고 해보자. 그러면 [그림 2]의 기대가 첨가된 필립스곡선 PC_3와 같이 인플레이션이 10%에 머물기 때문에 기대 인플레이션도 10%가 될 것이다. 경제는 이제 $\pi=\pi^e=10\%$이고 $U=U_n=5\%$인 점4로 이행할 것이다. 따라서 장기적으로 기대가 첨가된 필립스곡선이 더 이상 이동하지 않을 때 경제는 점1과 점4에 머물 것이다. 이 점들을 연결한 곡선이 [그림 2]의 $LRPC$와 같은 장기 필립스곡선이다.

[그림 2]는 3가지 중요한 결론을 알려준다.

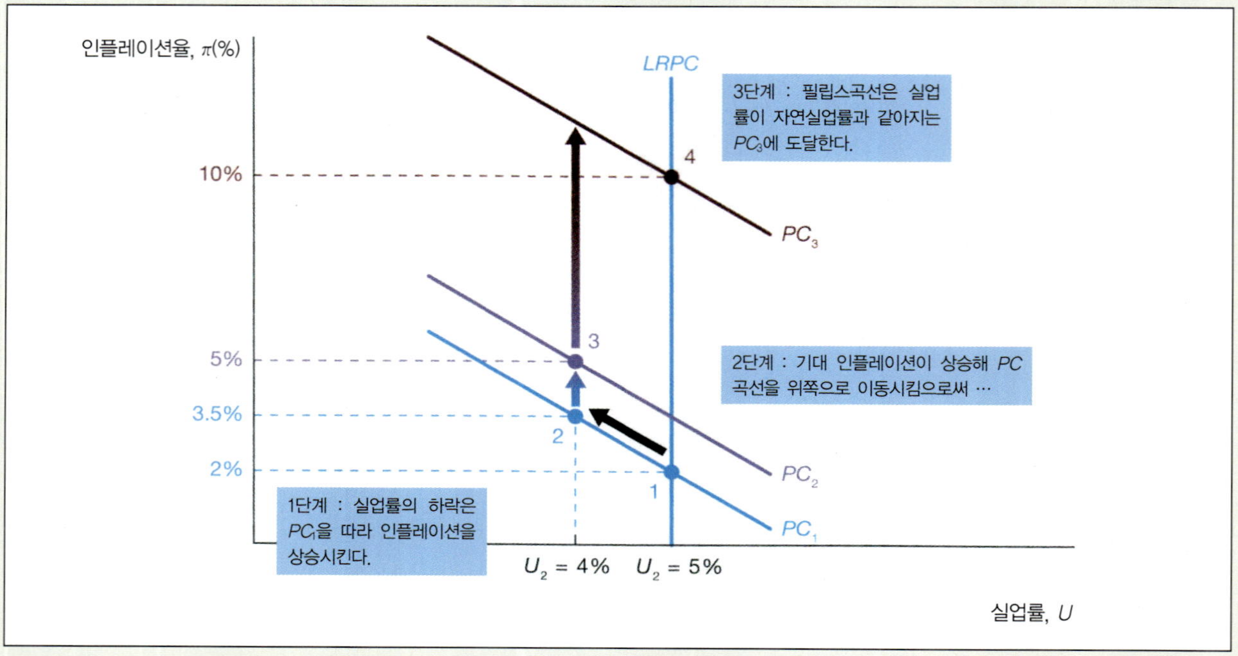

그림 2 단기 필립스곡선과 장기 필립스곡선

낮은 실업률은 주어진 기대 인플레이션에서 높은 인플레이션을 초래하기 때문에 기대가 첨가된 필립스곡선은 우하향한다. 실업률의 하락으로 인해 경제가 PC_1을 따라 점1에서 점2로 이행하면 인플레이션이 상승한다. 실업률이 4%에 머문다면 인플레이션은 더 상승해 기대가 첨가된 단기 필립스곡선은 위쪽으로 PC_2로 이동해 점3으로 이행한다. 결국 경제가 $\pi = \pi^e = 10\%$인 점4에 도달하면 실업률이 자연실업률이 되기 때문에 기대가 첨가된 필립스곡선은 PC_3에서 이동을 멈춘다. 점1과 점4를 연결한 선이 장기 필립스곡선인 *LRPC*이며, 주어진 인플레이션율에서 장기 실업률이 자연실업률 수준에 있다는 것을 보여준다.

1. 장기적으로 실업률과 인플레이션율 간에 상충관계가 사라진다. 왜냐하면 수직의 장기 필립스곡선과 같이 높은 장기 인플레이션율은 낮은 실업률과 관련이 없기 때문이다.
2. 단기적으로 실업률과 인플레이션율 간에 상충관계가 존재한다. 왜냐하면 [그림 2]의 점2와 같이 정책당국은 주어진 기대 인플레이션에서 다소 높은 인플레이션을 대가로 낮은 실업률을 달성할 수 있기 때문이다.
3. 필립스곡선에는 단기 필립스곡선과 장기 필립스곡선의 2가지 형태가 있다. PC_1, PC_2, PC_3 등의 기대가 첨가된 필립스곡선은 실제로 단기 필립스곡선이다. 단기 필립스곡선은 주어진 기대 인플레이션에서 그려지며, 실업률과 자연실업률의 차이가 인플레이션과 기대 인플레이션을 변동시킨다면 단기 필립스곡선은 이동할 것이다.

A1.3 1960년대 이후의 필립스곡선

[그림 2]와 같이 기대가 첨가된 필립스곡선은 상당 기간 실업률이 자연실업률 이하에 머물 때 실업률과 인플레이션율 간의 상충관계가 붕괴됨을 보여준다. 프리드만과 펠프스 이론의 이러한 예측은 정확히 옳았다. 실업률이 매우 낮은 시기 이후 [그림 1]의 (b)와 같이 1970년대를 시작으로 실업률과 인플레이션율 간의 상충관계가 사라졌다. 이러한 상충관계는 1950년대와 1960년대에 뚜렷한 현상이었다. 프리드만과 펠프스의 훌륭한 논문을 보면 그들이 노벨상을 수상한 것은 놀랄 일이 아니다.

A1.4 현대적 필립스곡선

1973년과 1979년의 유가 급등으로 인플레이션이 급격히 상승함에 따라([그림 1]의 (b) 참조), 필립스곡선 이론가들은 기대가 첨가된 필립스곡선에 또 하나의 항목을 추가해야 한다는 것을 인식했다. 공급충격이란 경제가 동일한 자본과 노동으로 생산할 수 있는 GDP에 변동을 초래하는 공급에 대한 충격이다. 이러한 공급충격은 물가충격, 즉 노동시장의 공급 부족이나 기대 인플레이션과는 독립적인 인플레이션의 변동으로 전이된다. 예를 들어 1973년 아랍 국가들과 이스라엘의 전쟁 이후와 같이 석유의 공급이 제한됐을 때 유가는 4배가 됐으며, 기업은 생산비용의 상승을 반영해 상품가격을 올려야만 했기 때문에 인플레이션이 상승했다. 물가충격(ρ)을 기대가 첨가된 필립스곡선에 추가하면 다음과 같이 현대적 단기 필립스곡선을 얻을 수 있다.

$$\pi = \pi^e - \omega(U - U_n) + \rho \tag{2}$$

현대적 단기 필립스곡선은 임금과 가격이 경직적임을 시사한다. 임금과 가격이 신축적일수록 그것들과 인플레이션은 실업률과 자연실업률의 차이에 더 많이 반응한다. 즉 임금과 가격이 신축적일수록 ω의 절대치가 커짐으로써 단기 필립스곡선이 가파르다는 것을 시사한다. 임금과 가격이 완전히 신축적이면 ω가 매우 커짐으로 인해 단기 필립스곡선이 수직이 되고, 이는 장기 필립스곡선과 같아진다. 이 경우 실업률과 인플레이션율 간에 단기적 또는 장기적 상충관계가 없어진다.

A1.5 현대적 필립스곡선과 적응적(과거지향적) 기대

필립스곡선의 분석을 완결하기 위해 기업과 가계가 어떻게 인플레이션에 대한 기대를 형성하는지 이해할 필요가 있다. 기업과 가계의 인플레이션에 대한 기대형성 방식을 고려하는 간단한 방법 중 하나는 그들이 과거의 인플레이션을 고려해 기대를 형성한다고 보는 것이다.

$$\pi^e = \pi_{-1}$$

여기서 π_{-1}는 전기의 인플레이션이다. 이러한 기대형성의 방식을 적응적 기대(adaptive expectation) 또는 과거지향적 기대(backward-looking expectation)라 한다. 왜냐하면 기대가 과거를 보고 형성돼 시간이 지남에 따라 서서히 변하기 때문이다.[5)] π_{-1}을 식(2)의 π^e에 대입하면 다음과 같이 단기 필립스곡선을 얻을 수 있다.

$$\pi \quad = \quad \pi_{-1} \quad - \omega(U-U_n) \quad + \rho \tag{3}$$

인플레이션 = 기대 인플레이션 − ω × 실업 갭 + 물가충격

이러한 형태의 필립스곡선은 일반적인 형태인 식(2)에 비해 2가지 장점이 있다. 첫째, 이 식은 매우 간단한 수식의 형태를 보여 다루기가 편리하다. 둘째, 이 식은 인플레이션이 경직적인 2가지 현실적인 이유를 제공한다. 하나의 이유는 과거 인플레이션이 변동할 때 기대 인플레이션이 이에 단지 서서히 적응하기 때문이라는 견해에 근거한다. 그러므로 기대 인플레이션은 경직적이고 이는 인플레이션의 경직성을 초래한다. 또 다른 이유는 필립스곡선에서 과거 인플레이션의 존재는 임금계약과 가격결정이 과거지향적이라는 사실을 반영하기 때문이다. 즉 임금계약과 가격결정이 과거 인플레이션에 연계돼 있음으로써 인플레이션이 기대 인플레이션의 변동에 단기적으로 완전히 적응하지 못하기 때문이다.

그러나 적응적 기대 방식의 필립스곡선인 식(3)은 중요한 단점이 있다. 이 식은 인플레이션의 기대형성에 대해 매우 기계적인 견해를 보인다. 기대형성 방식의 보다 정교한 분석은 거시경제적 정책 수행에 중요한 시사점을 제공하는데, 이는 제25장에서 논의할 것이다. 당분간 π_{-1}이 기대 인플레이션을 나타낸다는 사실을 염두에 두고 적응적 기대 방식의 단순한 형태의 필립스곡선을 사용하도록 하자.

적응적 기대 방식의 필립스곡선을 파악하는 또 하나의 편리한 방법이 있다. π_{-1}을 식(3)의 양변에서 빼주면 다음의 식을 얻는다.

$$\Delta\pi = \pi - \pi_{-1} = -\omega(U - U_n) + \rho \tag{4}$$

이런 형태로 식을 표시하면 필립스곡선은 음의 실업 갭(노동시장의 공급 부족)이 인플레이션율을 상승, 즉 가속화시킨다는 것을 나타낸다. 이러한 관계는 식(4)의 형태의 필립스곡선을 **가속주의자의 필립스곡선**(accelerationist Phillips curve)이라 부르는 이유이다.

---

5) 최신의 기대형성 방식은 합리적 기대라는 개념을 사용한다. 합리적 기대는 이용가능한 모든 정보를 활용해 기대를 형성하며 새로운 정보에 신속히 반응한다. 제25장에서 합리적 기대와 거시경제 분석에서 합리적 기대의 역할을 논의한다.

여기서 U_n항에 대해 또 다른 해석이 가능하다. 실업률이 U_n일 때 인플레이션의 가속화(변동)가 멈추기 때문에 U_n을 또한 인플레이션을 가속화시키지 않는 실업률(non-accelerating inflation rate of unemployment, NAIRU)이라 하기도 한다.

A2 단기 총공급곡선

총수요와 총공급 모형을 완성하기 위해 필립스곡선을 이용해 단기 총공급곡선을 도출할 필요가 있다. 단기 총공급곡선은 기업이 생산하고자 하는 총산출과 인플레이션율의 관계를 나타낸다.

국민소득과 잠재산출량의 차이인 산출 갭($Y-Y^P$)을 실업 갭($U-U_n$)에 대입하면 현대적 필립스곡선을 단기 총공급곡선으로 변형할 수 있다. 이를 위해 경제자문위원회(Council of Economic Advisors)의 의장이었고 이후에 브루킹스 연구소(Brookings Institution)의 경제전문가였던 아서 오쿤(Arthur Okun)이 발견한 실업과 국민소득의 관계를 이용할 필요가 있다.[6] **오쿤의 법칙**(Okun's law)은 실업 갭과 산출 갭 간의 역의 관계를 나타낸다.

오쿤의 법칙 [그림 3]은 실업 갭과 산출 갭의 그래프에서 오쿤의 법칙을 보여준다. 두 변수 간에는 밀접한 역의 관계가 존재한다. 국민소득이 잠재산출량보다 높아서 산출 갭이 양의 값을 가지면 실업률은 자연실업률보다 낮아진다. 즉 실업 갭이 음의 값을 갖는다. [그림 3]에서 데이터를 관통하는 선이 이러한 역의 관계를 나타낸다. 이를 수식으로 표시하면 다음과 같다.[7]

$$U - U_n = -0.5 \times (Y - Y^P) \tag{5}$$

오쿤의 법칙은 국민소득이 잠재산출량보다 1% 포인트 높을 경우 실업률은 자연실업률보다 0.5% 포인트 낮다는 것을 나타낸다. 또는 실업률이 자연실업률보다 1% 포인트 높을

6) Arthur M. Okun, "Potential GNP: Its Measurement and Significance," in *Proceedings of the Business and Economics Section: American Statistics Association* (Washington, D.C : American Statistical Association, 1962), pp. 98–103; Arthur M. Okun, *The Political Economy of Prosperity* (Washington, D.C.: Brookings Institution, 1970). pp. 132–145에 재수록.

7) 오쿤의 법칙에서 산출 갭인 $Y-Y^P$는 증가율로 표시되는 것이 정확하다. 다라서 Y와 Y^P는 르그 형태가 될 것이다. 그러나 이 장과 이후의 장에서 수식을 단순화하기 위해 오쿤의 법칙과 단기 총공급곡선에서 Y와 Y^P를 로그가 아닌 수준변수로 취급한다.

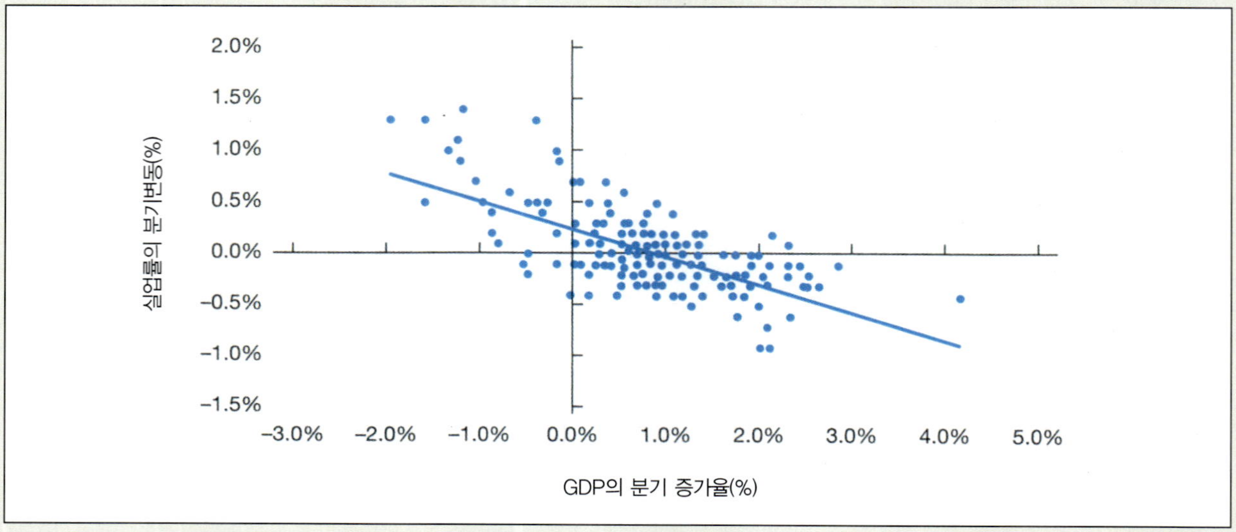

그림 3 오쿤의 법칙, 1960~2010년

실업 갭과 산출 갭의 그래프는 기울기가 −0.5인 실선으로 표시된 선형관계를 나타낸다.

자료 : 실업률, 1960~2010년의 분기 데이터, 실질GDP 성장률, 1960~2010년의 분기 데이터. Bureau of Labor Statistics, Bureau of Economic Analysis.

경우 국민소득은 잠재산출량보다 2% 포인트 낮다는 것을 나타낸다.

오쿤의 법칙을 파악하는 또 다른 방법은 국민소득 증가율의 1% 포인트 증가가 실업률 증가율의 0.5% 포인트 감소를 가져온다는 것이다.[8] 왜 실업률의 감소는 국민소득의 증가의 절반에 불과할까? 국민소득이 증가할 때 기업은 국민소득 증가에 비례해 고용을 증가시키지 않는다. 이러한 현상을 노동의 퇴장(labor hoarding)이라 한다. 대신에 기업은 근로시간을 늘림으로써 직원들이 더 열심히 일하도록 한다. 더구나 경기가 확장될 때 취업의 전망이 나아져 많은 사람이 노동력(경제활동인구)에 편입됨에 따라 실업률은 고용의

8) 이를 수식으로 알아보기 위해 U_n이 불변이라는 가정(자연실업률은 시간이 지남에 따라 매우 느리게 변동하기 때문에 타당한 가정)에서 식(5)를 차분해보자.

$$\%\Delta U = -0.5 \times (\%\Delta Y - \%\Delta Y^P)$$

여기서 %Δ는 증가율을 나타낸다. 잠재산출량은 연간 약 3%의 일정한 비율로 증가하기 때문에 오쿤의 법칙을 다음과 같이 나타낼 수 있다.

$$\%\Delta U = -0.5 \times (\%\Delta Y - 3)$$

또는

$$\%\Delta Y = 3 - 2.0 \times \%\Delta U$$

따라서 오쿤의 법칙을 다음과 같이 설명할 수 있다. 국민소득(실질GDP) 증가율의 1% 포인트 증가가 실업률 증가율의 0.5% 포인트 감소를 가져온다. 또는 실업률 증가율의 1% 포인트 증가가 국민소득(실질GDP) 증가율의 2% 포인트 감소를 가져온다.

증가만큼 떨어지지 않기 때문이다.

단기 총공급곡선의 도출 오쿤의 법칙을 이용해 단기 필립스곡선인 식(2)의 $U-U_n$에 식(5)의 우변을 대입하면 다음과 같다.

$$\pi = \pi^e + 0.5\omega(Y - Y^P) + \rho$$

0.5ω를 인플레이션의 산출 갭에 대한 민감도인 γ로 대체하면 본문 식(2)에서 살펴본 단기 필립스곡선을 얻을 수 있다.

$$\begin{array}{ccccccccc} \pi & = & \pi^e & + & \gamma(Y-Y^P) & + & \rho \\ \text{인플레이션} & = & \text{기대 인플레이션} & + & \gamma \times \text{산출 갭} & + & \text{물가충격} \end{array}$$

24 통화정책이론

PREVIEW

2007년 9월과 2008년 12월 사이 연방준비제도(연준)는 정책이자율인 페더럴펀드 이자율 목표를 5.25%에서 거의 0%로 낮추고, 이후 수년 동안 그 수준을 유지했다. 연준은 왜 공격적으로 이자율을 낮춰서 그렇게 낮은 수준을 계속 유지했는가?

이러한 통화정책의 완화는 바람직하지 않은 인플레이션을 촉발시켰는가? 미디어의 많은 평론가들은 그렇게 생각했다. 인플레이션율이 1~2%를 맴돌던 1960년대 초부터 경제는 높고 변동이 심한 인플레이션율로 어려움을 겪었다. 1960년대 말까지 인플레이션율은 5% 이상으로 올랐으며, 1974년에는 인플레이션율이 두 자리 숫자에 도달했다. 1975~1978년에 인플레이션율이 약간 진정된 후 1979~1980년에 다시 10% 이상으로 치솟았다. 그리고 1982~1999년 중 약 5%로 둔화됐으며 1990년대 후반에 더 하락해 약 2%가 됐고, 2008년에는 5% 이상으로 상승했다. 인플레이션은 정치인과 일반 사람들의 주요 관심사가 됐으며 인플레이션을 어떻게 억제할 것인가가 종종 경제정책에 관한 주된 논의의 대상이 됐다.

이 장에서는 제23장에서 다룬 총수요(*AD*)와 총공급(*AS*) 모형을 이용해 통화정책이론을 발전시킨다. 특히 인플레이션을 야기하기도 하고 경제를 안정시키기도 하는 통화정책의 역할에 대해 살펴보도록 한다. 통화정책이론을 이용해 3가지 중요한 질문에 답하고자 한다. 인플레이션의 근원은 무엇인가? 인플레이션을 안정시키면 국민소득도 안정되는가? *개입주의자*(activist)와 *비개입주의자*(nonactivist)의 정책 가운데 어떤 정책을 시행해야 하는가?

1 충격에 대한 통화정책의 대응

제17장에서 본 바와 같이 중앙은행의 주요 목표는 물가안정이다. 즉 중앙은행은 인플레이션(π)을 목표 인플레이션(π^T)으로 유지하려 한다. 목표 인플레이션을 **인플레이션 타겟**(inflation target)이라고 하는데, 이것은 0보다는 약간 높은 값을 갖는다. 대부분의 중앙은행은 π^T를 1~3%로 설정한다. 중앙은행이 물가안정을 추구한다는 것은 인플레이션

과 인플레이션 타겟의 차이($\pi - \pi^T$)인 **인플레이션 갭**(inflation gap)을 최소화하는 것으로도 이해할 수 있다.

제17장에서는 중앙은행이 또한 경제활동(국민소득)의 안정화에도 관심을 갖는다고 배웠다. 국민소득은 잠재산출량 수준에서 머무는 경향이 있기 때문에, 통화당국은 국민소득을 잠재산출량 Y^P에 접근시키는 것으로서 통화정책의 목표를 설정할 수 있다. 다시 말해 중앙은행은 국민소득과 잠재산출량의 차이($Y - Y^P$)인 산출 갭(output gap)을 최소화한다는 것이다. 제23장의 총수요와 총공급 분석에서는 수요충격, 일시적 공급충격, 영구적 공급충격의 3가지 경제충격과 각각의 충격이 인플레이션과 국민소득에 미치는 영향을 살펴봤다. 여기서는 중앙은행의 목표가 주어졌을 때 각각의 충격에 대한 중앙은행의 정책대응을 설명한다. 수요충격과 영구적 공급충격의 경우 정책당국은 단기적으로도 인플레이션의 안정과 국민소득의 안정을 동시에 추구할 수 있다. 그러나 일시적 공급충격의 경우 정책당국은 단기적으로 인플레이션의 안정만을 달성하거나 혹은 국민소득의 안정만을 달성할 수 있으나, 동시에 2가지를 모두 달성할 수는 없다. 이러한 상충관계 때문에 2가지 목표를 갖는 중앙은행은 심각한 딜레마에 직면한다.

1.1 총수요충격에 대한 대응

먼저 총수요충격의 영향을 살펴보자. 총수요충격의 사례로서 금융마찰을 증가시키고 소비자와 기업의 지출을 감소시킨 2007년 8월의 금융시장 붕괴를 들 수 있다. [그림 1]에서 경제는 최초에 점1에 놓여 있다. 점1에서 국민소득은 Y^P이고 인플레이션은 π^T이다. 음의 수요충격은 총수요를 감소시켜 총수요곡선을 AD_1에서 AD_2로 왼쪽으로 이동시킨다. 정책당국은 이러한 총수요충격에 대해 2가지 방식으로 대응할 수 있다.

정책대응이 없는 경우 중앙은행이 독립적 통화정책을 시행해 대응하지 않았기 때문에 총수요곡선은 AD_2에 머물러 있어 경제는 AS_1과 AD_2의 교차점으로 이행한다. 그러면 국민소득은 잠재산출량 Y^P보다 낮은 Y_2로 떨어지고, 인플레이션은 인플레이션 타겟 π^T보다 낮은 π_2로 하락한다. 국민소득이 잠재산출량보다 낮기 때문에 노동시장과 재화시장에서 공급과잉이 발생하고, 이에 따라 인플레이션이 하락한다. 그 결과 단기 총공급곡선은 AS_3로 아래쪽, 즉 오른쪽으로 이동함으로써 경제는 점3으로 이행할 것이다. 국민소득은 잠재산출량 수준으로 복귀하고 인플레이션은 π_3의 낮은 수준으로 하락할 것이다. 언뜻 보기에 인플레이션이 하락하고 국민소득이 잠재산출량으로 복귀하는 이러한 결과는 바람직한 것처럼 보인다. 그러나 국민소득이 상당 기간 잠재산출량보다 낮은 수준에 머물렀을 것이고, 인플레이션이 최초에 목표 수준에 있었다면 인플레이션의 하락은 제9장과 제17장에서 설명한 이유 때문에 바람직하지 않다.

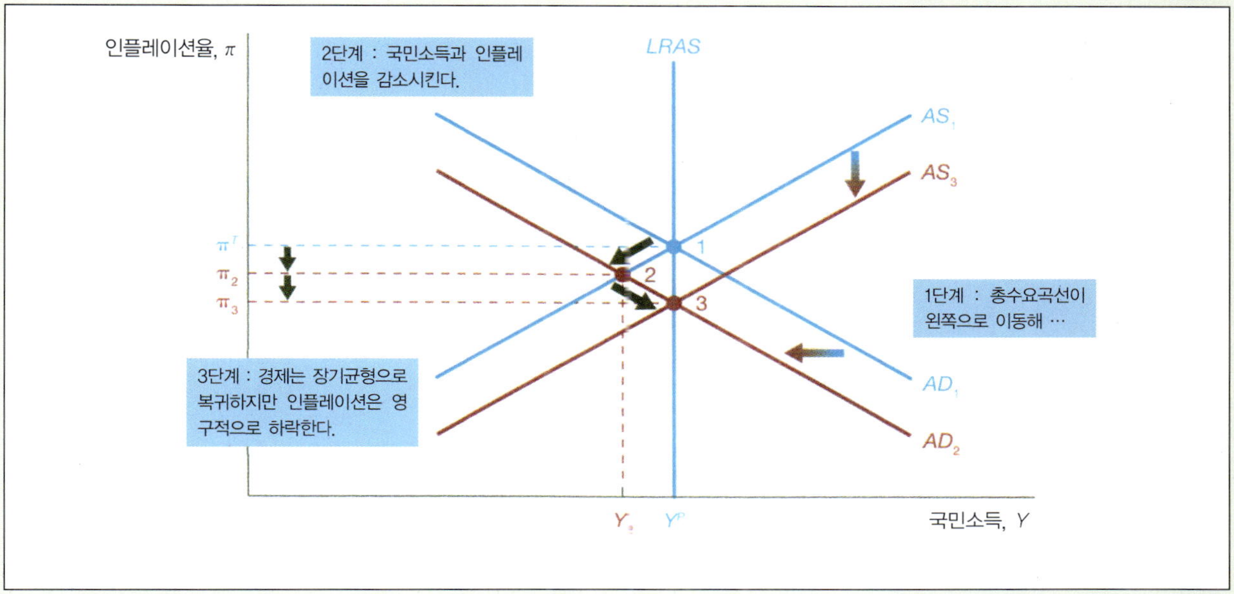

그림 1 총수요충격 : 정책대응이 없는 경우

총수요충격은 총수요곡선을 AD_1에서 AD_2로 왼쪽으로 이동시키고 경제를 점1에서 점2로 이행하게 한다. 점2에서 국민소득은 Y_2로 떨어지고, 인플레이션은 π_2로 하락한다. 국민소득이 잠재산출량보다 낮기 때문에 단기 총공급곡선은 AS_3로 아래쪽으로 이동함으로써 경제는 점3으로 이행할 것이다. 점3에서 국민소득은 Y^P로 복귀하지만 인플레이션은 π_3로 하락한다.

정책이 단기적으로 국민소득과 인플레이션을 안정시키는 경우 정책당국은 총수요를 최초의 수준까지 증가시켜 경제를 충격 이전의 상태로 복귀시키는 정책을 추구함으로써 단기적으로 산출 갭과 인플레이션 갭을 동시에 없앨 수 있다. 중앙은행은 주어진 인플레이션율에서 실질이자율을 낮추는 통화정책의 독립적 완화로써 이를 달성할 수 있다. 이러한 정책조치는 투자지출을 자극해 주어진 인플레이션율에서 총수요를 증가시킴으로써 AD곡선을 오른쪽으로 이동시킨다. 그 결과 [그림 2]에서 총수요곡선이 AD_2에서 다시 AD_1으로 이동하고, 경제는 점1로 복귀한다. (연준은 2007년 9월부터 15개월 이상 동안 페더럴펀드 이자율을 5%에서 0.25%로, 그리고 0%로 낮춤으로써 이러한 단계를 정확히 밟았다.)

이러한 통화정책의 대응에 대한 분석에 의하면 총수요충격의 경우 인플레이션 안정의 추구와 국민소득 안정의 추구 사이에는 상충관계가 존재하지 않는다. 즉 인플레이션을 안정시키는 데 초점을 맞춘 통화정책은 바로 국민소득을 안정시키는 통화정책이기도 하다. 이 경우 인플레이션 안정과 국민소득 안정의 2가지 목표 사이에는 갈등이 존재하지 않는다. 올리비에 블랑샤르(Olivier Blanchard, 전 MIT 교수이며 현재는 IMF 소속)는 이러한 현

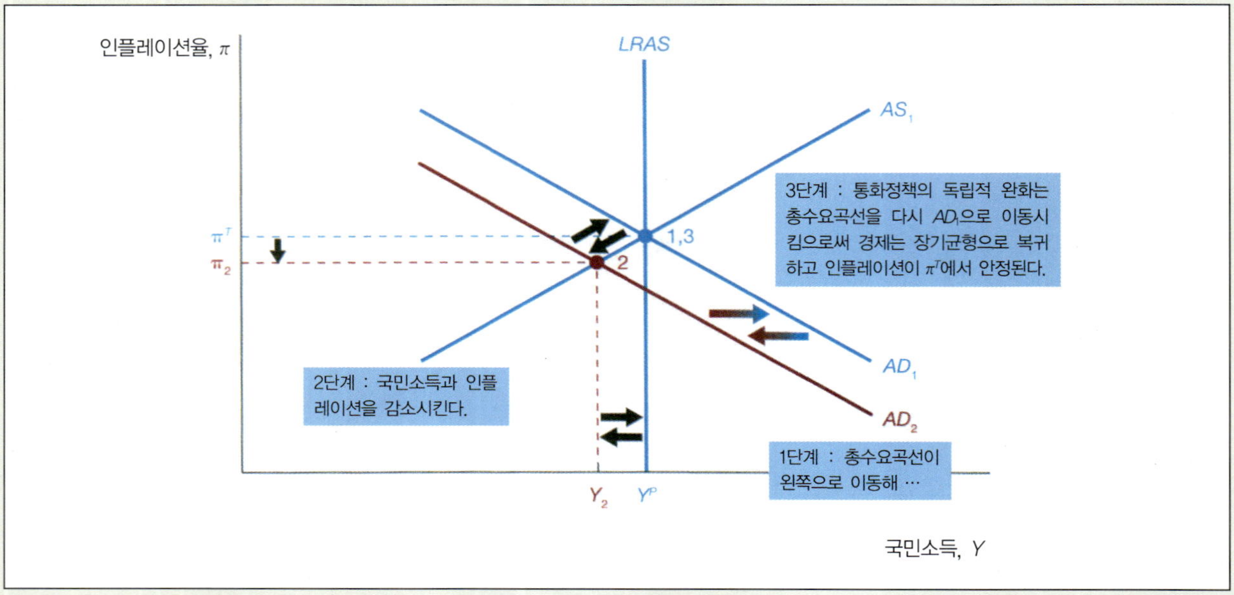

그림 2 총수요충격 : 정책이 단기적으로 국민소득과 인플레이션을 안정시키는 경우

총수요충격은 총수요곡선을 AD_1에서 AD_2로 왼쪽으로 이동시키고 경제를 점1에서 점2로 이행하게 한다. 점2에서 국민소득은 Y_2로 떨어지고, 인플레이션은 π_2로 하락한다. 통화정책의 독립적 완화는 주어진 인플레이션율에서 실질이자율을 낮춤으로써 총수요곡선을 다시 AD_1으로 이동시킨다. 국민소득은 점1에서 잠재산출량으로 복귀하고 인플레이션은 목표 수준으로 돌아간다.

상을 **천상의 일치**(divine coincidence)라고 불렀다.

응용 글로벌 금융위기에 대한 대응 : 양적 완화

지금까지 통화당국은 총수요충격에 대응해 실질이자율을 낮춤으로써 국민소득과 인플레이션을 안정시킬 수 있음을 알았다. 그러나 2008년 말 리먼 브라더스가 파산한 것처럼 음의 총수요충격이 너무 클 경우, 명목이자율이 이미 0%에 접근해 있다면 중앙은행은 어느 시점에서 실질이자율을 더 이상 낮출 수 없다. 이러한 0%의 문제가 발생할 경우 중앙은행은 제16장에서 논의한 비전통적 통화정책에 의존할 수밖에 없다. 이러한 비전통적 통화정책수단은 유동성 공급 및 자산 매입과 관련돼 있어 중앙은행의 대차대조표상의 금액을 증가시키기 때문에 일반적으로 양적 완화(quantitative easing)라고 부르지만, 보다 정확히 말하면 신용완화(credit easing)이다. 글로벌 금융위기 동안에 양적 완화는 국민소득과 인플레이션을 안정화시키는 데 어떻게 작용했는가?

제9장에서와 같이 리먼 브라더스의 파산 이후 금융마찰이 극적으로 상승($\bar{f}\uparrow$)했기 때문에 가계와 기업의 실질차입비용은 올라갔다. 높은 실질차입비용은 소비지출과 의도된 투자지출을 감소시켜 총수요를 급격히 떨어뜨리고 [그림 2]와 같이 총수요곡선을 AD_2로 왼쪽으

로 이동시켰다. 연준이 독립적으로 페더럴펀드 이자율을 0% 가까이 낮췄지만, 이러한 정책은 총수요곡선을 AD_1으로 이동시키기에는 충분하지 않았다. 견준은 자산 매입과 유동성 공급으로 금융마찰을 감소($\bar{f}\downarrow$)시키고 가계와 기업의 실질차입비용을 낮출 수 있었다. 그 결과 총수요곡선이 [그림 2]와 같이 오른쪽으로 이동함으로써 디플레이션을 방지하고 경제활동을 자극해 경제가 1930년대와 같은 불황으로 진입하지 않게 됐다. 그러나 글로벌 금융위기로 발생한 음의 총수요충격이 너무 컸기 때문에 연준의 양적(신용) 완화는 이를 극복하기에 충분하지 않았다. 그 결과 연준은 총수요곡선을 다시 AD_1으로 이동시킬 수 없었다. 연준의 노력에도 불구하고 인플레이션이 2% 이하로 하락했고 경제는 여전히 극심한 경기후퇴로 고통을 받았다.

1.2 영구적 공급충격에 대한 대응

영구적 공급충격의 경우는 [그림 3]에 나타나 있다. 경제는 국민소득이 잠재산출량 Y_1^P에 있고 인플레이션이 π^T에 있는 점1에 놓여 있다. 규제 강화가 잠재산출량 수준을 영구적으로 감소시켜 경제가 영구적 음의 공급충격에 직면했다고 해보자. 그러면 잠재산출량은 Y_1^P에서 Y_3^P로 떨어져 장기 총공급곡선이 $LRAS_1$에서 $LRAS_3$로 왼쪽으로 이동한다. 영구적 공급충격은 단기 총공급곡선을 AS_1에서 AS_2로 위쪽으로 이동시키는 물가충격을 야기한다. 이러한 영구적 공급충격에 대해 2가지 정책대응이 가능하다.

정책대응이 없는 경우 정책당국이 독립적 통화정책을 시행하지 않는다면 [그림 3]에서 경제는 인플레이션이 π_2로 상승하고 국민소득이 Y_2로 감소하는 점2로 이행할 것이다. 이러한 국민소득 수준은 여전히 잠재산출량 Y_3^P보다 높기 때문에 단기 총공급곡선은 계속 위쪽, 즉 왼쪽으로 이동해 AS_3에 도달할 것이다. AS_3는 $LRAS_3$상에서 AD_1과 교차한다. 경제는 점3으로 이행해 산출 갭은 없어지지만 인플레이션은 π_3로 높아지고, 국민소득은 Y_3^P로 낮아진다.

정책이 인플레이션을 안정시키는 경우 [그림 4]에 의하면 통화당국은 총수요를 감소시킴으로써 인플레이션을 목표 인플레이션으로 유지해 인플레이션을 안정시킬 수 있다. 이러한 목표를 달성시키기 위해 총수요곡선을 왼쪽으로 AD_3로 이동시킨다. AD_3는 인플레이션 타겟 π^T에서 장기 총공급곡선 $LRAS_3$와 교차한다. 총수요곡선을 AD_3로 이동시키기 위해 통화당국은 주어진 인플레이션율에서 실질이자율을 올림으로써 통화정책의 독립적 긴축을 시행할 것이다. 그 결과 투자지출이 감소하고 주어진 인플레이션율에서 총수요가 감소한다. 따라서 경제는 산출 갭이 0이고 인플레이션이 인플레이션 타겟 π^T에 있는 점3으로 이행한다.

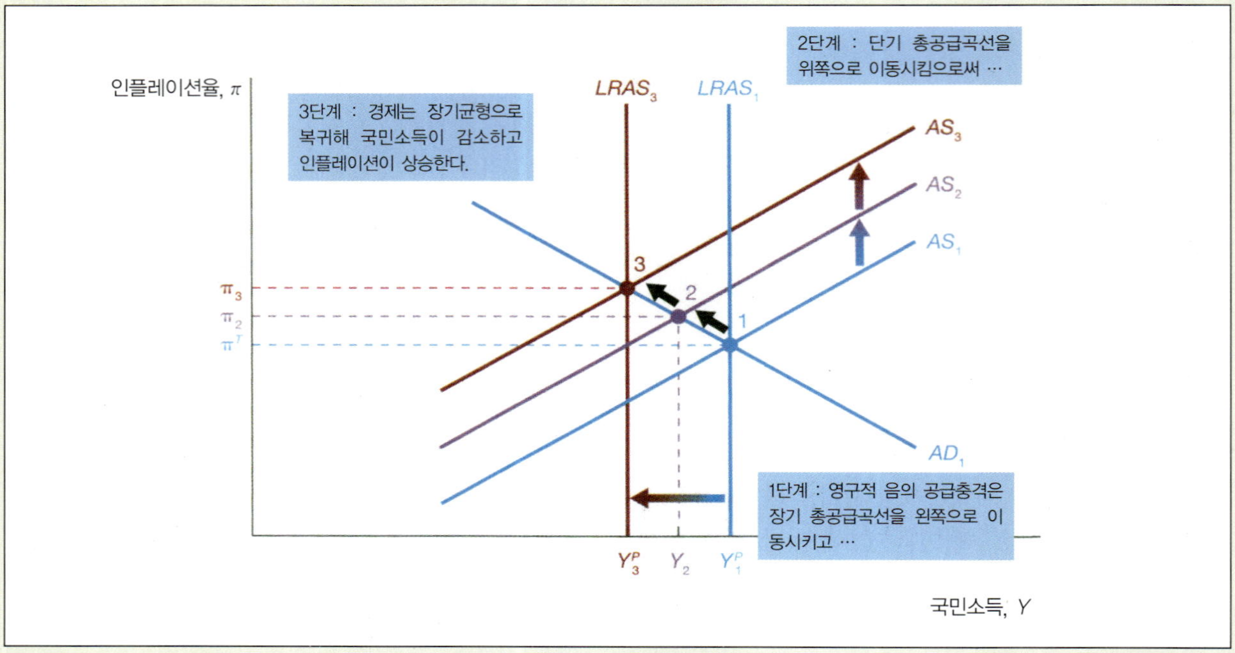

그림 3 영구적 공급충격 : 정책대응이 없는 경우

영구적 음의 공급충격은 잠재산출량을 Y_1^P에서 Y_3^P로 감소시킨다. 그 결과 장기 총공급곡선은 $LRAS_1$에서 $LRAS_3$로 왼쪽으로 이동하고 단기 총공급곡선은 AS_1에서 AS_2로 위쪽으로 이동한다. 경제는 인플레이션이 π_2로 상승하고 국민소득이 Y_2로 감소하는 점2로 이행할 것이다. 이러한 국민소득 수준은 여전히 잠재산출량보다 높기 때문에 단기 총공급곡선은 계속 위쪽으로 이동해 산출 갭이 0이 되는 AS_3에 도달할 것이다. 경제는 인플레이션이 π_3로 높아지고, 국민소득이 Y_3^P로 낮아진 점3으로 이행한다.

여기서 인플레이션 갭을 0이 되게 하는 정책은 산출 갭도 0이 되게 함으로써 인플레이션을 안정시키는 정책이 국민소득도 안정시킨다. 영구적 공급충격이 발생할 경우 여전히 신성한 일치가 성립한다. 즉 인플레이션 안정과 국민소득 안정의 2가지 목표 사이에는 상충관계가 존재하지 않는다.

1.3 일시적 공급충격에 대한 대응

중동의 정치적 불안에 의한 유가 상승이나 플로리다에 발생한 허리케인과 같이 공급충격이 일시적일 경우 신성한 일치가 항상 성립하지는 않는다. 정책당국은 인플레이션 안정과 국민소득 안정 사이에 단기적인 상충관계에 직면한다. 이제 경제는 [그림 5]와 같이 국민소득이 잠재산출량 Y^P에 있고 인플레이션이 π^T인 점1에 놓여 있다고 해보자. 유가 상승과 같은 음의 공급충격은 단기 총공급곡선을 AS_1에서 AS_2로 위쪽, 즉 왼쪽으로 이동시킨다. 그러나 공급충격이 일시적이므로 장기 총공급곡선은 이동하지 않는다. 경제는

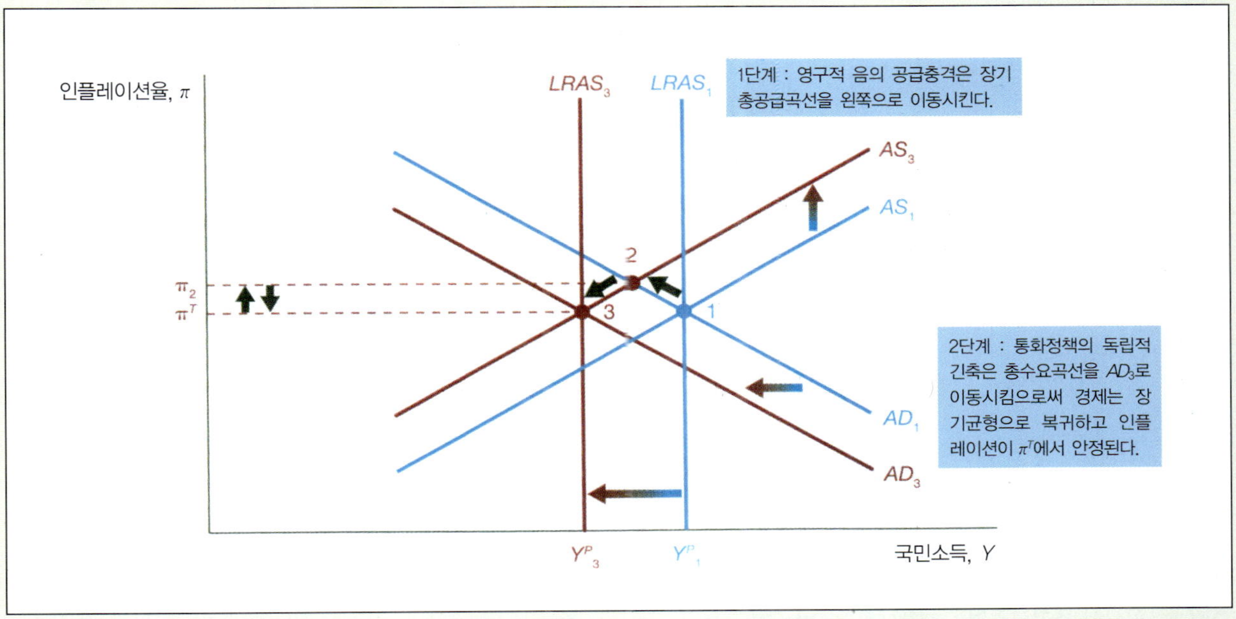

그림 4 영구적 공급충격: 정책이 인플레이션을 안정시키는 경우

영구적 음의 공급충격은 잠재산출량을 Y_1^P에서 Y_3^P로 감소시킨다. 그 결과 장기 총공급곡선은 왼쪽으로 $LRAS_1$에서 $LRAS_3$로 이동하고 단기 총공급곡선은 위쪽으로 AS_1에서 AS_3로 이동한다. 통화정책의 독립적 긴축은 총수요곡선을 왼쪽으로 AD_3로 이동시킴으로써 경제는 장기균형으로 복귀하고 인플레이션이 점3의 π^T에서 안정된다.

인플레이션이 π_2로 상승하고, 국민소득이 Y_2로 하락하는 점2로 이행한다. 정책당국은 3가지 방식으로 일시적 공급충격에 대응할 수 있다.

정책대응이 없는 경우 첫 번째 정책대안은 독립적 통화정책을 시행하지 않는 것이다. 따라서 총수요곡선은 이동하지 않는다. 국민소득은 잠재산출량 Y^P보다 낮기 때문에 궁극적으로 단기 총공급곡선은 아래쪽, 즉 오른쪽으로 이동해 AS_1으로 복귀할 것이다. [그림 5]와 같이 국민소득과 인플레이션이 각각 최초의 수준인 Y^P와 π^T로 복귀하기 때문에 경제는 점1로 복귀해 산출 갭과 인플레이션 갭이 사라질 것이다. 인플레이션과 국민소득은 시간이 지남에 따라 안정된다. 장기적으로 2가지 목표 사이에 상충관계가 존재하지 않고 신성한 일치가 성립한다. 그러나 장기적으로 신성한 일치가 성립되기까지 경제는 국민소득 감소와 인플레이션 상승의 고통스러운 시기를 겪게 될 것이다. 이러한 경우 통화당국은 단기적으로 국민소득의 안정을 추구하거나 아니면 인플레이션의 안정을 추구하는 통화정책의 선택적 대안을 추구할 수 있다.

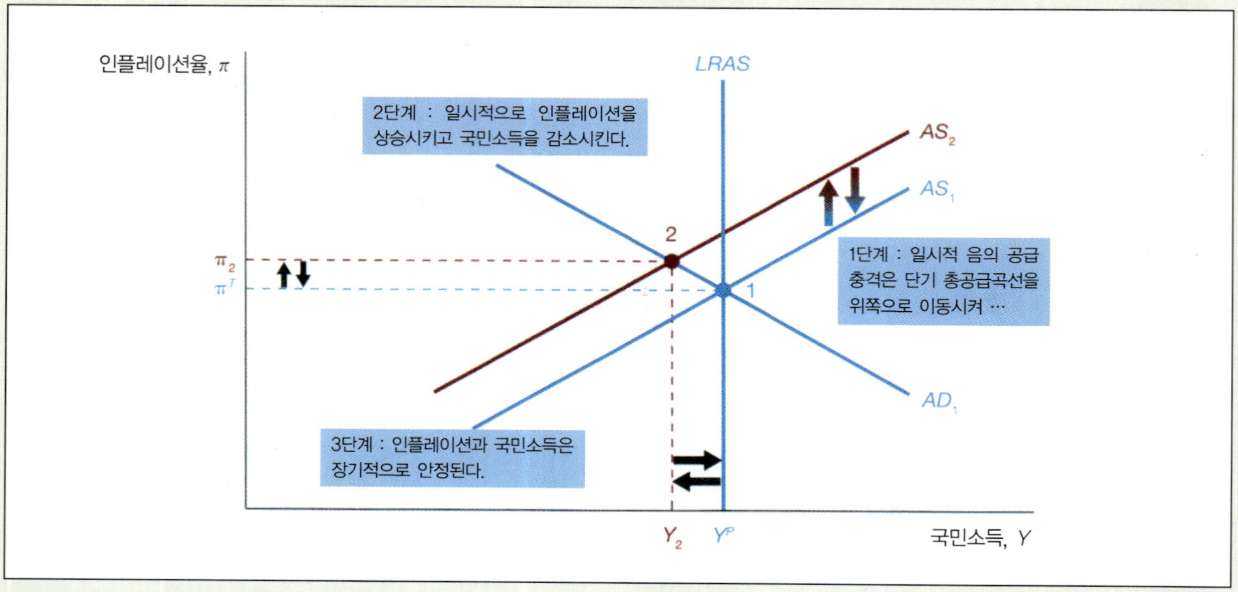

그림 5 일시적 총공급충격 : 정책대응이 없는 경우

일시적 음의 공급충격은 단기 총공급곡선을 AS_1에서 AS_2로 위쪽으로 이동시키고 경제를 점1에서 점2로 이행하게 한다. 점2에서 인플레이션은 π_2로 상승하고 국민소득은 Y_2로 떨어진다. 독립적 통화정책을 시행하지 않는다면 단기 총공급곡선은 장기적으로 아래쪽, 즉 오른쪽으로 AS_1으로 이동함으로써 경제는 다시 점1로 이행할 것이다.

정책이 단기적으로 인플레이션을 안정시키는 경우 두 번째 정책대안은 통화정책의 독립적 긴축으로 주어진 인플레이션율에서 실질이자율을 높임으로써 단기적으로 인플레이션을 인플레이션 타겟 π^T로 유지하는 것이다. 그 결과 각각의 인플레이션율에서 투자지출과 총수요가 감소함으로써 [그림 6]과 같이 총수요곡선이 왼쪽으로 AD_3로 이동한다. 이제 경제는 총수요곡선 AD_3가 인플레이션율 π^T에서 단기 총공급곡선 AS_2와 교차하는 점3으로 이행한다. 점3에서 국민소득이 잠재산출량보다 낮기 때문에 경제의 공급과잉은 단기 총공급곡선을 다시 아래쪽으로 AS_1으로 이동시킨다. 인플레이션을 π^T로 유지하기 위해 통화당국은 통화정책의 독립적 완화로 총수요곡선을 다시 AD_1으로 이동시킬 필요가 있다. 그 결과 경제는 점1로 복귀한다.

[그림 6]과 같이 인플레이션을 안정시킨 결과 단기적으로 국민소득이 Y_3로 감소한다. 그리고 시간이 지남에 따라 국민소득은 잠재산출량 Y^P로 복귀한다. 일시적 공급충격에 대해 인플레이션을 안정시킬 경우 국민소득이 잠재산출량보다 낮게 많이 벗어나기 때문에 이러한 정책은 국민소득을 안정시키지 못한다.

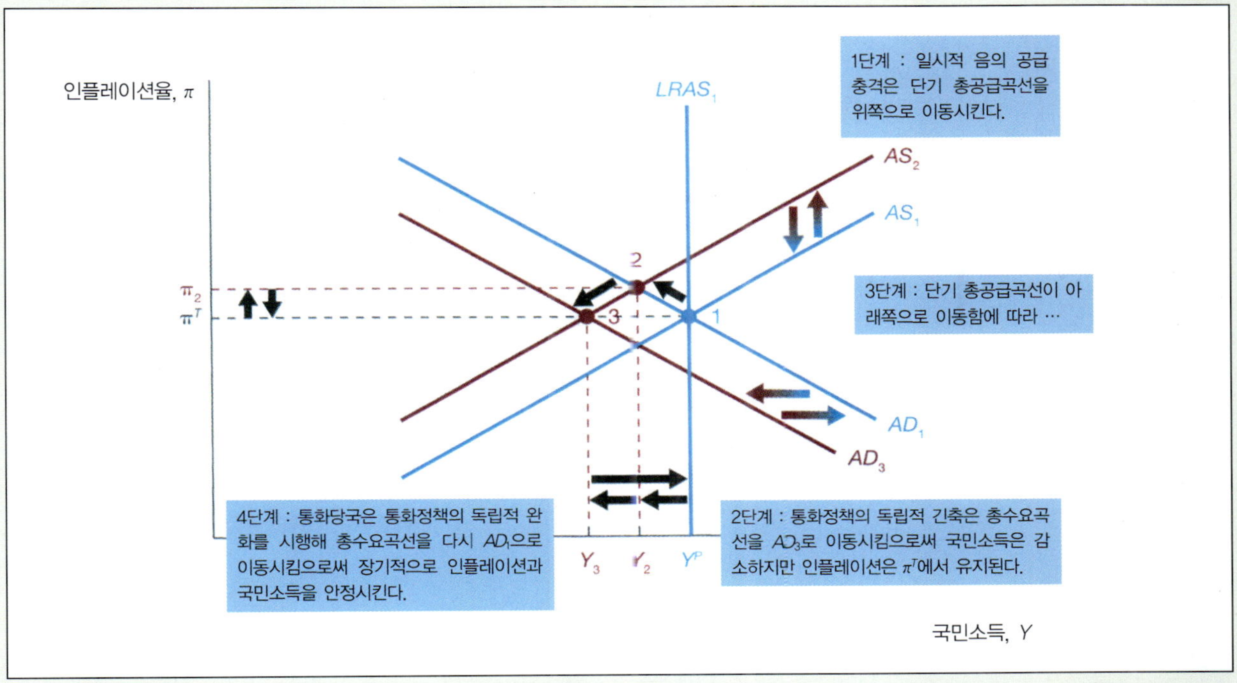

그림 6 일시적 공급충격 : 정책이 단기적으로 인플레이션을 안정시키는 경우

일시적 음의 공급충격은 단기 총공급곡선을 AS_1에서 AS_2로 위쪽으로 이동시키고 경제를 점1에서 점2로 이행하게 한다. 점2에서 인플레이션은 π_2로 상승하고 국민소득은 Y_2로 떨어진다. 통화정책의 독립적 긴축은 총수요곡선을 왼쪽으로 AD_3로 이동시킴으로써 경제는 인플레이션이 π^T가 되는 점3으로 이행한다. 점3에서 국민소득이 잠재산출량보다 낮기 때문에 단기 총공급곡선은 다시 AS_1으로 이동된다. 이때 인플레이션을 π^T로 유지하기 위해 통화당국은 통화정책의 독립적 완화로 총수요곡선을 다시 AD_1으로 이동시킴으로써 경제는 점1로 복귀한다.

정책이 단기적으로 국민소득을 안정시키는 경우 세 번째 정책대안은 총수요를 증가시킴으로써 단기적으로 인플레이션 대신 국민소득을 안정시키는 것이다. [그림 7]과 같이 정책당국은 이제 총수요곡선을 AD_3로 오른쪽으로 이동시킨다. AD_3는 점3에서 단기 총공급곡선 AS_2와 장기총공급곡선 $LRAS$와 교차한다. 이를 위해 통화당국은 주어진 인플레이션율에서 실질이자율을 낮춤으로써 통화정책의 독립적 완화를 추구할 것이다. 점3에서 산출 갭은 다시 0이 돼 통화정책은 국민소득을 안정시키게 된다. 그러나 인플레이션은 π^T보다 높은 π_3로 상승해 인플레이션은 안정되지 않는다. 일시적 공급충격에 대해 국민소득을 안정시킬 경우 인플레이션의 상승을 초래하기 때문에 이러한 정책은 인플레이션을 안정시키지 못한다.

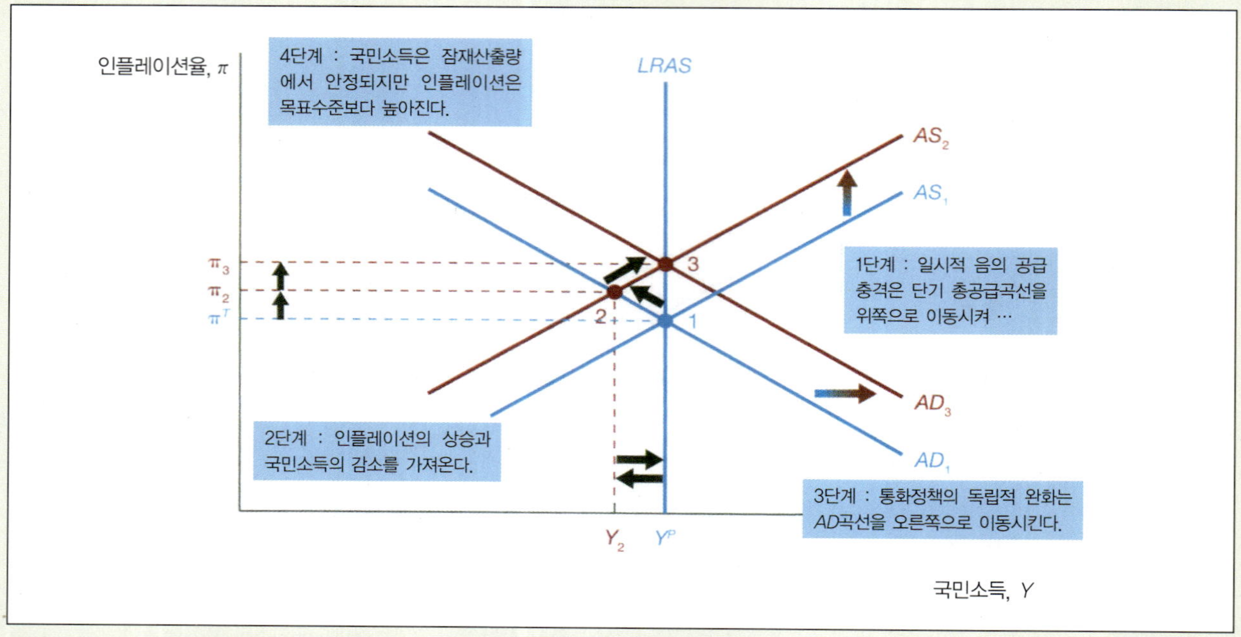

그림 7 일시적 공급충격 : 정책이 단기적으로 국민소득을 안정시키는 경우

일시적 음의 공급충격은 단기 총공급곡선을 위쪽으로 AS_1에서 AS_2로 이동시키고 경제를 점1에서 점2로 이행하게 한다. 점2에서 인플레이션은 π_2로 상승하고 국민소득은 Y_2로 떨어진다. 국민소득을 안정시키기 위한 통화정책의 독립적 완화는 총수요곡선을 왼쪽으로 AD_3로 이동시킨다. 점3에서 통화정책은 국민소득을 안정시켰지만 인플레이션은 π^T보다 높은 π_3가 된다.

1.4 요약 : 인플레이션 안정과 국민소득 안정 사이의 관계

이러한 분석으로부터 다음과 같은 결론을 얻을 수 있다.

1. 경제충격이 총수요충격이거나 영구적 총공급충격일 경우 인플레이션을 안정시키는 정책은 단기적으로도 국민소득을 안정시킨다.
2. 경제충격이 일시적 총공급충격일 경우 중앙은행은 단기적으로 2가지 안정화 목표 가운데 하나를 선택해야 한다.
3. 경제충격이 발생할 경우 장기적으로 인플레이션 안정과 국민소득 안정 사이에는 상충관계가 존재하지 않는다.

2 정책당국은 국민소득의 안정을 위해 얼마나 개입주의적이어야 하는가?

모든 경제학자는 고용증대와 물가안정이라는 동일한 목표를 갖고 있지만 이러한 목표를 달성하는 최선의 접근방법에 대해 서로 의견이 다르다. 정책당국이 국민소득을 감소시키는 음의 수요나 공급충격에 의해 높은 실업에 직면했다고 해보자. **비개입주의자**(nonactivist)는 임금과 가격이 매우 신축적이어서 자기교정적 메커니즘이 매우 빠르게 작동한다고 생각한다. 비개입주의자는 단기 총공급곡선이 아래쪽으로 이동해 경제를 완전고용 수준으로 빠른 속도로 복귀시킨다고 주장한다. 따라서 그들은 실업을 없애기 위한 정부정책이 불필요하다고 생각한다. 반면에 **개입주의자**(activist)는 임금과 가격이 경직적이기 때문에 임금과 가격의 조정을 통한 자기교정적 메커니즘이 매우 느리게 작동한다고 생각한다. 개입주의자는 대부분 케인즈를 따르기 때문에 **케인지안**(Keynesian)이라고 한다. 그 결과 개입주의자는 경제가 장기에 도달하는 데 매우 오랜 시간이 걸린다고 생각해 다음과 같은 케인즈의 유명한 명제에 동의한다. "장기적으로 우리는 모두 죽는다(In the long-run, we are all dead)." 그러므로 그들은 높은 실업을 없애기 위해 정부는 개입주의자의 정책을 추구할 필요가 있다고 본다.

2.1 시차와 정책의 집행

정책당국이 총수요곡선을 즉각적으로 이동시킬 수 있다면 앞에서 살펴본 바와 같이 개입주의자의 정책을 사용해 경제를 즉시 완전고용 수준으로 이행시킬 수 있다. 그러나 몇 가지 종류의 시차 때문에 이러한 즉각적인 이동은 발생하지 않는다. 그리고 통화정책과 재정정책에 있어서 이러한 시차의 기간에는 차이가 있다.

1. **자료시차**(data lag)는 정책당국이 경제의 상태를 알려주는 데이터를 얻는 데 걸리는 시간이다. 예를 들어 GDP의 정확한 데이터는 해당 분기가 끝난 후 몇 개월이 지나서야 이용가능하다.
2. **인식시차**(recognition lag)는 정책당국이 미래의 경제상황에 대해 데이터가 보내는 신호를 확인하는 데 걸리는 시간이다. 예를 들어 오차를 최소화하기 위해 경기변동의 공식통계를 편제하는 사설기관인 NBER(National Bureau of Economic Research)은 경기후퇴가 시작됐다고 판단한 후 최소한 6개월이 지나서야 경제가 경기후퇴에 진입했다고 선언한다.

3. **입법시차**(legislative lag)는 특정 정책을 실행하기 위한 법률을 통과시키는 데 걸리는 시간이다. 이자율의 인하와 같은 대부분의 통화정책에는 입법시차가 존재하지 않는다. 그러나 조세나 정부지출을 변동시키는 법률을 통과시키는 데 6개월에서 1년이 걸린다면 입법시차는 재정정책을 실행하는 데 영향을 미친다.
4. **집행시차**(implementation lag)는 정책당국이 새로운 정책의 결정에 의해 정책수단을 변경하는 데 걸리는 시간이다. 연준은 정책이자율을 즉각적으로 변동시킬 수 있기 때문에 통화정책의 수행에 있어 집행시차도 재정정책보다 덜 중요하다. 그러나 재정정책을 실제로 집행하는 데는 상당한 시간이 걸린다. 예를 들어 세율표를 변경하는 데 시간이 걸리는 것처럼 정부기관이 그들의 지출행태를 변경하는 데는 시간이 걸린다.
5. **효과시차**(effectiveness lag)는 정책이 실제로 경제에 영향을 미치는 데 걸리는 시간이다. 효과시차는 길기도 하고(종종 1년 이상) 가변적이다(효과시차의 기간에는 상당한 불확실성이 존재).

이러한 시차의 존재 때문에 정책당국의 업무는 더욱 어려워지고 개입주의자의 정책을 옹호하는 주장의 설득력이 약화된다. 실업이 높을 때 경제를 완전고용 수준으로 회복시키기 위해 총수요곡선을 오른쪽으로 이동시키는 개입주의자의 정책은 바람직한 결과를 낳지 못할 수도 있다. 실제로 앞에서 설명한 정책시차들이 매우 길다면 총수요곡선이 오른쪽으로 이동한 시점에서 자기교정적 메커니즘은 벌써 경제를 완전고용 수준으로 복귀시켰을 수도 있다. 따라서 개입주의자 정책의 효과가 나타나기 시작할 때, 이 정책은 국민소득을 잠재산출량보다 높게 증가시켜 인플레이션의 상승을 초래할 수도 있다. 정책시차가 자기교정적 메커니즘이 작동하는 데 걸리는 시간보다 더 길다면 오히려 비개입주의자의 정책이 좋은 결과를 가져올 수도 있다.

오바마 정부가 집권 초기인 2009년에 재정부양책을 주장했을 때 개입주의자와 비개입주의자의 논쟁이 전면에 부각됐다([FYI] '오바마 정부의 재정부양책에 대한 개입주의자와 비개입주의자의 논쟁' 참조). 제25장에서 통화정책에 대한 기대의 역할을 살펴볼 때 정책이 얼마나 개입주의적이어야 하는가에 대한 이슈를 다룰 것이다.

FYI 오바마 정부의 재정부양책에 대한 개입주의자와 비개입주의자의 논쟁

2009년 1월 오바마 대통령이 취임했을 때 실업이 7% 이상으로 급속히 상승하는 등 매우 심각한 경기후퇴에 직면했다. 정책당국이 경제를 안정시키기 위해 통화정책을 공격적으로 사용했지만 많은 개입주의자들은 정부가 대규모 재정부양책을 집행함으로써 그 이상의 정책을 사용해야 한다고 주장했다. 그들은 통화정책이 이미 페더럴펀드 이자율을 0% 가까이 인하해 명목이자율을 더 이상 낮출 수 없기 때문에 통화정책으로는 총수요를 완전고용 수준으로 증가시킬 수 없다고 주장했다. 반면에 비개입주의자는 긴 집행시차 때문에 재정확대의 효과가 나타나는 데 오랜 시간이 걸린다고 주장하면서 재정부양책에 반대했다. 그들은 경제가 이미 회복된 후에 재정부양책의 효과가 나타난다면 인플레이션과 국민소득의 변동이 확대될 것이라고 경고했다.

경제학자들은 재정부양의 타당성에 대해 의견이 갈렸다. 재정부양을 지지하는 약 200명의 경제학자는 2009년 1월 28일 *월스트리트저널*과 *뉴욕타임스*에 실린 청원서에 서명했다. 재정부양을 반대하는 청원서도 약 200명의 경제학자가 서명해 2월 8일 신문에 실렸다. 오바마 정부는 당당히 개입주의자의 편에 서서 2009년의 경기회복과 투자촉진법(American Recovery and Reinvestment Act of 2009)을 제출했다. 이 법안은 7,870억 달러 규모의 경기부양책으로 2009년 2월 13일 의회를 통과했다. 하원에서 투표한 결과는 246 대 183이었으며, 법안에 반대한 의원이 공화당은 176명이고 민주당은 7명이었다. 상원에서 투표한 결과는 60 대 38이었으며, 법안에 찬성한 의원이 민주당은 전체였고 공화당은 3명이었다. 법안 통과 이후에도 2009년의 경기부양책은 뜨거운 논쟁거리였다. 어떤 사람들은 경기부양책이 경제안정에 도움이 됐다고 말하고, 다른 사람들은 경기부양책이 효과가 없었다고 생각한다.

3 인플레이션 : 언제 어디서나 화폐적 현상

밀턴 프리드만은 다음과 같은 명제로 유명하다. "인플레이션은 언제 어디서나 화폐적 현상이다." 여기서는 이러한 명제가 총수요와 총공급 분석에 의해 지지되고 있음을 보일 것이다. 왜냐하면 총수요와 총공급 분석은 정책당국이 독립적 통화정책을 통해 총수요곡선을 이동시킴으로써 장기적으로 어떠한 인플레이션율도 독표로 할 수 있음을 보여주기 때문이다. [그림 8]에서 경제는 국민소득이 잠재산출량 Y^P에 있고 인플레이션이 최초에 인플레이션 타겟 π_1^T에 있는 점1에 놓여 있다.

중앙은행이 이러한 인플레이션 타겟이 너무 낮다고 생각해 인플레이션을 π_3^T로 올린다고 해보자. 중앙은행은 주어진 인플레이션율에서 실질이자율을 낮춤으로써 통화정책의 독립적 완화를 시행한다. 따라서 투자지출과 총수요가 증가한다. [그림 8]에서 총수요곡선은 AD_3로 이동한다. 그러면 경제는 AD_3와 AS_1이 교차하는 점2로 이행히 인플레이션이

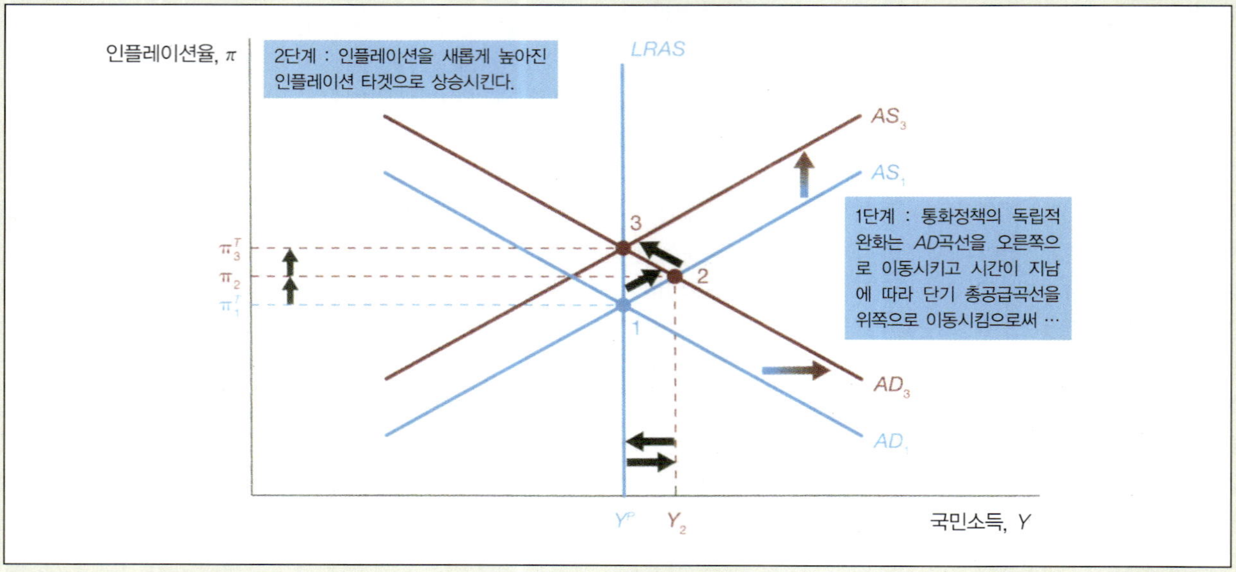

그림 8 인플레이션 타겟의 상승

인플레이션 타겟을 π_3^T로 올리기 위해 중앙은행은 주어진 인플레이션율에서 실질이자율을 낮춤으로써 통화정책의 독립적 완화를 시행한다. 경제는 점1에서 점2로 이행하고 단기 총공급곡선은 AS_3로 위쪽, 즉 왼쪽으로 이동한다. 그 결과 경제는 점3으로 이행해 산출 갭이 0이 되고 인플레이션은 π_3^T가 된다.

π_2로 상승한다. 국민소득이 잠재산출량보다 높기 때문에($Y_2 > Y^P$) 단기 총공급곡선이 AS_3로 위쪽, 즉 왼쪽으로 이동한다. 그 결과 경제는 인플레이션이 상승해 π_3^T가 되고 산출 갭이 다시 0이 되는 점3으로 이행한다.

[그림 8]의 분석으로부터 다음과 같은 결론을 내릴 수 있다.

1. 통화당국은 독립적 통화정책에 의해 장기적으로 어떠한 인플레이션율도 달성할 수 있다.
2. 장기적으로 생산되는 산출의 양인 잠재산출량은 통화정책과 무관하다.

4 인플레이션 유발적인 통화정책의 원인

높은 인플레이션이 경제에 해롭다고 모두가 동의한다면 우리는 왜 높은 인플레이션을 경험하는가? 정부는 의도적으로 인플레이션 유발적인 통화정책을 추구하는가? 통화당국이 장기적으로 인플레이션율을 정할 수 있기 때문에 정부가 다른 목표를 추구할 경우 결과적으로 확대통화정책과 높은 인플레이션이 야기될 수 있다. 여기서는 인플레이션의 가장 일반적인 원인인 정부정책에 대해 살펴보자.

4.1 고용증대 목표와 인플레이션

대다수 정부의 주요 목표는 고용증대이며 이러한 목표를 추구할 경우 높은 인플레이션이 발생한다. 미국 정부는 법률(1946년의 고용법과 1978년의 험프리-홉킨스 법)에 의해 고용증대를 추구하는 개입주의자의 정책을 집행할 의무가 있다. 두 법률은 안정적인 인플레이션에 부합하는 고용증대를 추구하도록 요구한다. 그러나 실제로 미국 정부와 연준은 종종 고용증대를 추구하면서도 이러한 정책이 야기하는 인플레이션에 대해 관심을 덜 갖는다. 특히 이러한 경향은 정부와 연준이 실업을 안정시키기 위해 개입주의자의 역할을 수행했던 1960년대 중반과 1970년대에 해당된다.

두 종류의 인플레이션이 고용증대를 추구하는 개입주의자의 안정화정책으로부터 초래된다.

1. **비용인상 인플레이션**(cost-push inflation)은 일시적인 음의 공급충격이나 생산성을 초과하는 노동자의 임금인상 요구로 인해 발생한다.
2. **수요견인 인플레이션**(demand-pull inflation)은 정책당국이 총수요를 증가시키는 정책을 추구할 때 발생한다.

이제 총수요와 총공급 분석을 이용해 고용증대 목표를 추구하는 정책이 두 종류의 인플레이션에 어떤 영향을 미치는지 살펴보자.

비용인상 인플레이션 [그림 9]와 같이 경제는 최초에 총수요곡선 AD_1과 단기 총공급곡선 AS_1이 교차하는 점1에 놓여 있다. 노동자가 실질임금(구입할 수 있는 재화와 서비스의 양)을 생산성보다 높이려 하거나 인플레이션이 높아질 것으로 예상해 임금을 기대인플레이션에 맞춰 높이려 하기 때문에 임금인상의 시도가 성공했다고 해보자. 일시적인 음의 공급충격인 이러한 비용인상충격은 인플레이션율을 상승시키고 단기 총공급곡선을 AS_2로 위쪽, 즉 왼쪽으로 이동시킨다. 중앙은행이 균형이자율을 변동시키는 조치를 취하지 않아서 통화정책곡선이 이동하지 않는다면 경제는 새로운 단기 총공급곡선 AS_2와 총수요곡선 AD_1이 교차하는 점2′으로 이행할 것이다. 그 결과 국민소득은 잠재산출량보다 낮은 Y'으로 감소하고 인플레이션은 $\pi_{2'}$으로 상승함으로써 실업의 증가를 초래할 것이다.

이에 반해 고용증대 목표를 갖는 개입주의적인 정책당국은 조세의 감소, 정부지출의 증가, 통화정책의 독립적 완화와 같은 정책을 수행할 것이다. 이러한 정책은 [그림 9]와

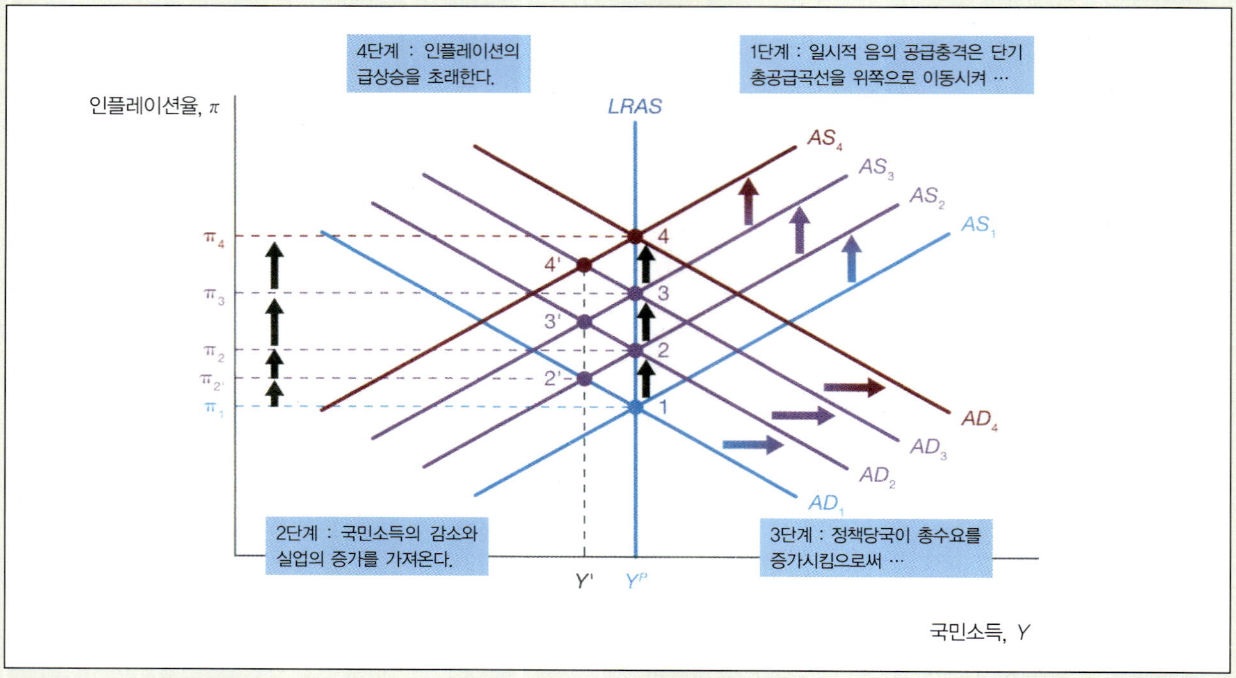

그림 9 비용인상 인플레이션

일시적인 음의 공급충격인 비용인상 충격은 단기 총공급곡선을 AS_2로 위쪽, 즉 왼쪽으로 이동시켜 경제는 점2′으로 이행한다. 국민소득을 Y^P에 유지하고 실업률을 낮추기 위해 정책당국은 총수요곡선을 AD_2로 이동시킨다. 경제는 점2에서 잠재산출량 Y^P와 인플레이션율 π_2로 빠르게 복귀한다. 단기 총공급곡선이 AS_3 등으로 위쪽, 즉 왼쪽으로 이동하는 과정이 계속되면 정책당국은 총수요를 계속 증가시켜 인플레이션의 증가가 지속되는 비용인상 인플레이션이 초래될 것이다.

같이 총수요곡선을 AD_2로 이동시킴으로써 경제를 잠재산출량 수준인 점2로 빠르게 복귀시키고 인플레이션율을 π_2로 상승시킬 것이다. 노동자의 시도는 높은 임금과 실업을 억제하는 정부의 보호를 획득함으로써 성공적이었다.

이러한 성공에 고무돼 노동자들은 더 높은 임금을 요구할 수도 있다. 또한 다른 노동자들은 그들의 임금이 동료보다 낮다는 것을 알아서 임금인상을 요구할 수도 있다. 그 결과 또 하나의 일시적인 음의 공급충격이 발생해 [그림 9]와 같이 단기 총공급곡선을 AS_3로 다시 한 번 위쪽, 즉 왼쪽으로 이동시킬 것이다. 경제가 점3′으로 이행할 경우 실업이 다시 발생함으로써 개입주의적인 정책은 다시 한 번 총수요곡선을 오른쪽으로 AD_3로 이동시키게 된다. 그 결과 경제는 π_3로 높아진 인플레이션율에서 완전고용으로 복귀할 것이다. 이러한 과정이 계속된다면 인플레이션의 증가가 지속되는 비용인상 인플레이션이 초래될 것이다.

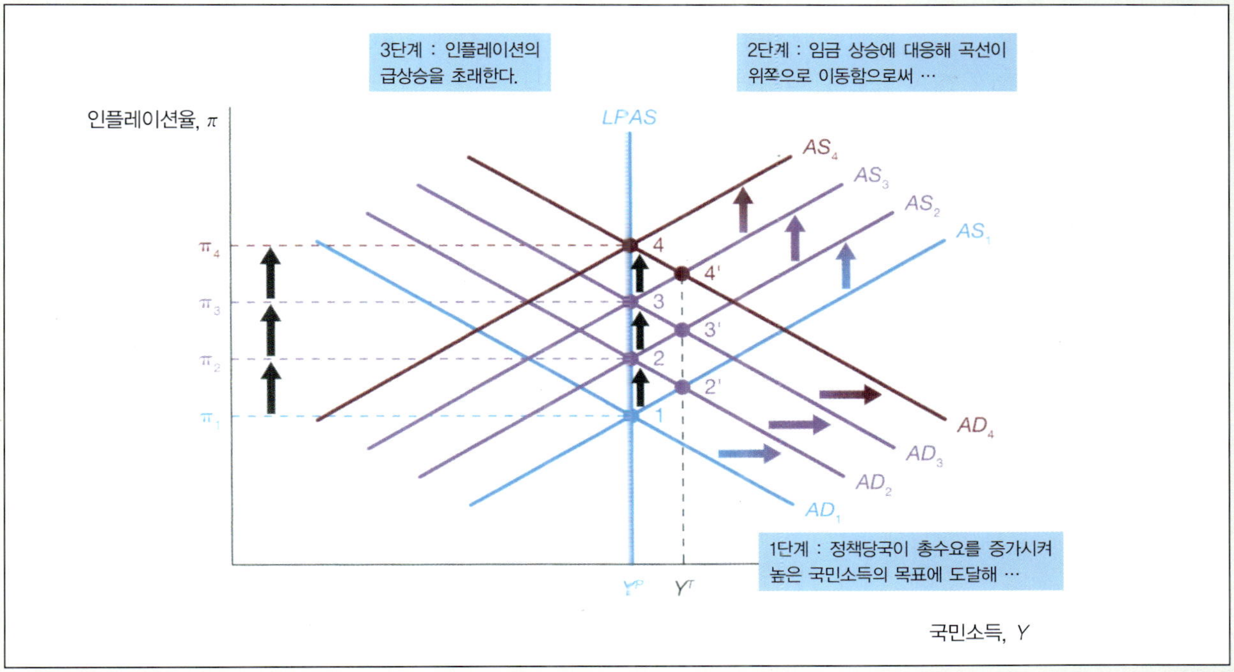

그림 10 수요견인 인플레이션

목표실업률이 너무 낮다면(국민소득의 목표 Y^T가 너무 높다면) 정부는 총수요를 증가시켜 총수요곡선을 오른쪽으로 AD_1, AD_2, AD_3 등으로 이동시킬 것이다. 목표실업률이 자연실업률보다 낮기 때문에 임금이 상승하고 이는 단기 총공급곡선을 AS_1, AS_2, AS_3 등으로 위쪽, 즉 왼쪽으로 이동시킬 것이다. 그 결과 인플레이션의 증가가 지속되는 수요견인 인플레이션이 초래될 것이다.

수요견인 인플레이션 고용증대 목표는 또 다른 방식으로 인플레이션 유발적인 재정정책과 통화정책을 발생시킬 수 있다. 완전고용(자연실업률) 상태에서도 약간의 실업은 항상 존재한다. 왜냐하면 노동시장에서 구직자와 고용주 사이의 연결을 복잡하게 만드는 노동시장의 마찰 때문이다. 결과적으로 완전고용 수준의 실업률은 0보다 크다. 정책당국이 자연실업률을 잘못 과소평가해 목표실업률을 너무 낮게 설정한다면(즉 자연실업률보다 낮게 설정) 정책당국은 인플레이션을 유발하는 확대통화정책의 단계로 접어든 셈이다.

[그림 10]은 총수요와 총공급 분석을 이용해 이러한 시나리오가 어떻게 전개되는지 보여준다. 정책당국이 목표실업률을 5%의 자연실업률보다 낮게 4%로 설정한다면 국민소득의 목표는 잠재산출량보다 높게 설정될 것이다. 이러한 국민소득의 목표는 [그림 10]에서 Y^T로 표시돼 있다. 경제가 최초에 자연산출량 수준에 있으나 국민소득의 목표인 Y^T보다 낮은 점1에 놓여 있다고 해보자. 4%의 목표실업률을 달성하기 위해 정책당국은 총수요를 증가시키기 위해 확대재정정책이나 통화정책의 독립적 완화와 같은 정책을 시행할

것이다. [그림 10]과 같이 총수요곡선은 오른쪽으로 이동해 AD_2에 도달하고 경제는 점2′으로 이행할 것이다. 점2′에서 국민소득은 Y^T에 있고 정책당국은 4%의 목표실업률을 달성하게 된다. 그러나 여기서 끝나는 것은 아니다. Y^T에서 4%의 실업률은 자연실업률보다 낮고 국민소득은 잠재산출량보다 높아서 임금의 상승을 야기한다. 그 결과 단기 총공급곡선이 AS_2로 위쪽, 즉 왼쪽으로 이동함으로써 경제는 점2′에서 점2로 이동한다. 점2에서 경제는 다시 자연산출량으로 복귀하나 인플레이션율은 π_2로 높아진다. 경제는 점2에서 멈출 수 있으나 실업률이 목표수준보다 높기 때문에 정책당국은 한 번 더 총수요곡선을 AD_3로 오른쪽으로 이동시켜 점3′에서 국민소득의 목표를 달성한다. 그리고 이 모든 과정은 경제를 점3과 그 이상으로 이행시킬 때까지 계속된다. 그 결과 인플레이션율은 지속적으로 상승한다.

목표실업률을 너무 낮게 설정하거나, 즉 국민소득의 목표를 너무 높게 설정한다면 인플레이션 유발적인 통화정책이나 재정정책을 초래한다. 정책당국은 2가지 측면에서 실패하게 된다. 정책당국은 목표실업률을 달성하지 못하고 높은 인플레이션을 유발시킨다. 그러나 목표실업률이 자연실업률보다 낮다면 [그림 10]의 과정은 정책당국이 그들의 잘못을 인식할 때까지 계속될 것이다.

비용인상 인플레이션과 수요견인 인플레이션 인플레이션이 발생했을 때 그것이 수요견인 인플레이션인지 비용인상 인플레이션인지 어떻게 알 수 있을까? 일반적으로 실업률이 자연실업률보다 낮으면 수요견인 인플레이션으로 간주되고 실업률이 자연실업률보다 높으면 비용인상 인플레이션으로 간주된다. 불행히도 경제학자와 정책당국은 여전히 자연실업률을 측정하는 데 어려움을 겪는다. 상황을 더욱 악화시키는 것은 비용인상 인플레이션이 수요견인 인플레이션에 의해 촉발돼 양자의 구분을 흐리게 하는 것이다. 수요견인 인플레이션이 높은 인플레이션율을 야기할 때 기대 인플레이션이 상승함으로써 노동자는 그들의 실질임금이 하락하지 않도록 임금인상(비용인상 인플레이션)을 요구할 것이다. 마지막으로 확장적 통화정책과 재정정책은 두 종류의 인플레이션을 모두 유발시키기 때문에 지금까지의 분석에 의해 이들 인플레이션을 구별할 수 없다.

다음의 [응용]에서와 같이 미국에서 인플레이션 유발적인 정책의 주된 이유는 정책당국이 고용증대 목표에 집착하기 때문이다. 제20장에서와 같이 높은 인플레이션은 또한 지속적인 재정적자 때문에 발생한다.

응용 대인플레이션

지금까지 인플레이션 유발적인 통화정책의 근원을 살펴봤기 때문에 1965~1982년 중 미국의 인플레이션 상승의 원인을 분석해보자. 이 시기를 '대인플레이션'(Great Inflation)이라 부른다.

[그림 11]의 (a)는 이 기간 동안 인플레이션의 상승을 보여준다. 대인플레이션이 시작되기 전에는 인플레이션율이 연간 2% 이하였다. 그러나 1970년대 말에 인플레이션율은 평균 약 8%였고 1979년의 유가충격으로 인해 1980년에는 14% 이상으로 최고조에 달했다. [그림 11]의 (b)는 실제 실업률과 자연실업률의 추정치를 비교하고 있다. 1960~1973년에 1개 연도를 제외하고는 음영으로 표시된 것처럼 실업률이 자연실업률보다 낮았다. 이는 1965~1973년에 미국 경제가 [그림 10]에서 설명한 수요견인 인플레이션을 경험했음을 시사한다. 즉 정책당국은 통화정책의 독립적 완화를 추구해 총수요곡선을 오른쪽으로 이동시킴으로써 너무 높은 국민소득의 목표를 달성하려고 했다. 그 결과 인플레이션이 상승했다. 정책당국, 경제학자, 정치인들은 1960년대 중반에 물가안정과 부합하는 실업률 수준이라고 생각되는 4%의 목표실업률을 추구했다. 돌이켜보면 오늘날 대부분의 경제학자들은 자연실업률이 1960년대와 1970년대에 [그림 11]의 (b)와 같이 5~6% 사이로 매우 높다는 데 동의한다. 부적절한 4%의 목표실업률은 미국의 역사에서 대부분의 지속적인 인플레이션 시기를 촉발시켰다.

[그림 11]의 (b)는 1975년 이후 실업률이 자연실업률보다 높게 머물렀음을 보여준다(음영 부분을 참조). 그러나 [그림 11]의 (a)와 같이 인플레이션은 지속됐다. 이러한 현상은 [그림 9]에서 설명한 비용인상 인플레이션이 발생했음을 나타낸다(이전의 수요견인 인플레이션이 촉발). 정부정책이 고용증대를 목표로 한다는 민간의 인식이 인플레이션의 지속성을 설명한다. 수요견인 인플레이션으로부터 유발되는 기대인플레이션의 상승은 [그림 9]와 같이 단기 총공급곡선을 위쪽, 즉 왼쪽으로 이동시킴으로써 높은 실업을 야기한다. 정책당국은 통화정책의 독립적 완화를 추구해 총수요곡선을 오른쪽으로 이동시킴으로써 실업을 없애려 할 것이다. 그 결과 인플레이션의 상승이 지속된다.

폴 볼커(Paul Volcker) 의장 재임 당시 연준이 페더럴펀드 이자율을 20% 수준으로 올리는 인플레이션 억제적인 통화정책을 수행한 후에야 인플레이션이 하락해 대인플레이션 시대가 종식됐다.

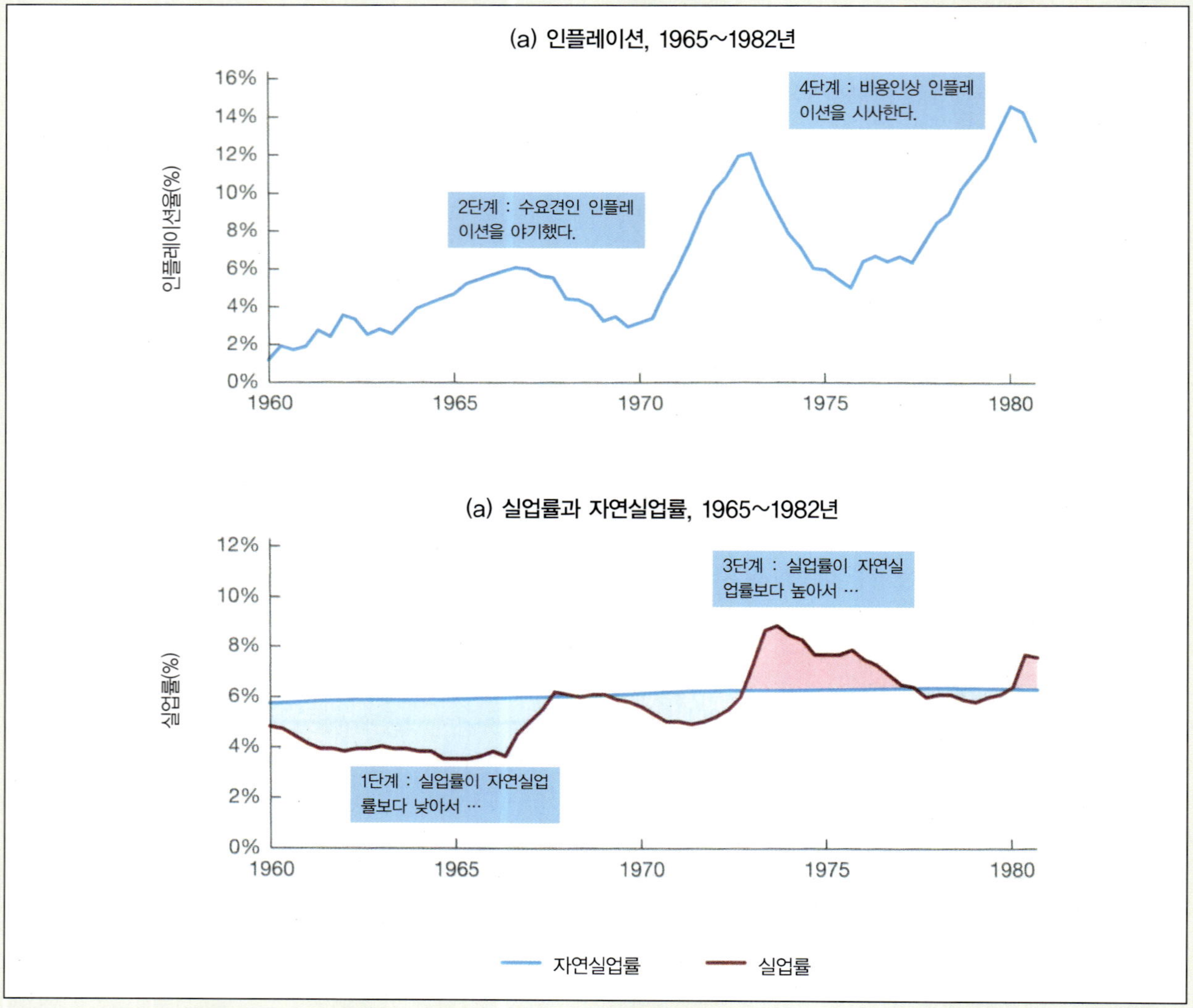

그림 11 인플레이션과 실업, 1965~1982년

(a)에서 CPI 인플레이션율은 1960년대 초에 연간 2% 이하였다. 그러나 1970년대 말에 인플레이션율은 평균 약 8%였고 1979년의 유가충격 후에 1980년에는 14% 이상으로 최고조에 달했다. (b)에서 1960~1973년에 1개 연도를 제외하고는 실업률이 자연실업률보다 낮았다. 이는 [그림 10]에서 설명한 수요견인 인플레이션을 시사한다. 1975년 이후 실업률은 자연실업률보다 높았다. 이는 [그림 9]에서 설명한 비용인상 인플레이션을 시사한다.

요 약 SUMMARY

1 총수요충격과 영구적 공급충격일 경우 인플레이션 안정과 국민소득 안정의 목표는 양립할 수 있다. 즉 인플레이션의 안정은 단기적으로도 국민소득을 안정시킨다. 그러나 경제충격이 일시적 공급충격일 경우 단기적으로 인플레이션 안정과 국민소득 안정 사이에 상충관계가 존재한다. 그러나 장기적으로 인플레이션 안정과 국민소득 안정 사이에는 상충관계가 존재하지 않는다.

2 개입주의자는 임금과 가격의 조정을 통한 자기교정적 메커니즘이 매우 느리게 작동한다고 생각한다. 따라서 개입주의자는 높은 실업을 없애기 위해 정부가 개입주의자의 수용적 정책을 추구할 필요가 있다고 본다. 반면에 비개입주의자는 자기교정적 메커니즘이 매우 빠르게 작동한다고 생각해 정부는 실업을 없애기 위한 개입주의자의 정책을 추구하지 말아야 한다고 생각한다.

3 장기적으로 인플레이션은 언제 어디서나 화폐적 현상이라는 밀턴 프리드만의 견해는 총수요와 총공급 분석에 의해 지지되고 있다. 총수요와 총공급 분석은 정책당국이 독립적 통화정책을 통해 장기적으로 어떠한 인플레이션율도 목표로 할 수 있음을 보여준다. 독립적 통화정책은 총수요를 변동시키기 위해 정책수단인 페더럴펀드 이자율을 사용해 균형 실질이자율을 조정한다.

4 두 종류의 인플레이션이 고용증대를 추구하는 개입주의자의 안정화정책으로부터 발생한다. 비용인상 인플레이션은 음의 공급충격이나 생산성을 초과하는 노동자의 임금인상 요구로 인해 발생한다. 수요견인 인플레이션은 정책당국이 총수요를 증가시키는 정책을 통해 높은 국민소득과 고용을 추구할 때 발생한다. 수요견인 인플레이션과 비용인상 인플레이션은 1965~1982년의 대인플레이션을 초래했다.

주요 용어 KEY TERMS

개입주의자(activist)
비개입주의자(nonactivist)
비용인상 인플레이션(cost-push inflation)
수요견인 인플레이션(demand-pull inflation)
인식시차(recognition lag)
인플레이션 갭(inflation gap)
인플레이션 타겟(inflation target)
입법시차(legislative lag)
자료시차(data lag)
집행시차(implementation lag)
천상의 일치(divine coincidence)
케인지안(Keynesian)
효과시차(effectiveness lag)

연습문제 QUESTIONS

1 인플레이션 갭이 음의 값을 것은 무슨 의미인가?

2 "독립적 지출이 감소한다면 중앙은행은 인플레이션을 안정시키기 위해 인플레이션 타겟을 낮출 것이다." 이 진술은 참인가, 거짓인가, 또는 불확실한가? 설명하라.

3 다음과 같은 각각의 충격에 대해 통화당국은 국민소득을 안정시키기 위해 어떻게 대응하는가? 경제는 장기균형에 있다고 가정한다.

a. 독립적 소비의 감소
b. 금융마찰의 감소
c. 정부지출의 증가

d. 조세의 증가

e. 자국화폐의 강세

4 글로벌 금융위기 동안 연준은 금융마찰의 급속한 증가를 상쇄시키는 데 이자율을 더 이상 낮추지 않고 어떤 방법으로 기여했는가? 이러한 정책이 효과가 있었는가?

5 '신성한 일치'가 정책입안의 업무를 단순화시키는 이유는 무엇인가?

6 음의 공급충격이 정책당국을 딜레마에 빠지게 하는 이유는 무엇인가?

7 영구적 음의 공급충격은 어떤 점에서 일시적 음의 공급충격보다 더 나쁜가?

8 세 국가가 동일한 음의 공급충격을 받았다고 해보자. A국가에서 최초에 인플레이션이 상승했고 국민소득은 감소했다. 그 후 인플레이션은 더 상승했고 국민소득은 증가했다. B국가에서 최초에 인플레이션이 상승했고 국민소득은 감소했다. 그 후 인플레이션과 국민소득이 모두 감소했다. C국가에서 최초에 인플레이션이 상승했고 국민소득은 감소했다. 그 후 인플레이션은 하락했고 국민소득은 증가했다. 각국은 어떤 안정화의 접근법을 채택했는가?

9 "정책당국은 일시적인 양의 공급충격을 안정시킴으로써 대응하지 않을 것이다." 이 진술은 참인가, 거짓인가, 또는 불확실한가? 설명하라.

10 기업이 새 공장과 장비를 설치하는 데 긴 시간이 걸린다는 사실은 정책시차 문제의 어떤 개념의 사례인가?

11 어떤 사람이 "하원과 상원은 전화 부스 밖에서는 투표할 수 없다."라고 말한다면 이는 어떤 정책시차를 일컫는 것인가?

12 안정화정책은 통화정책과 재정정책 중 어느 정책으로 잘 수행되는가? 그 이유는 무엇인가?

13 "자료시차와 인식시차를 줄일 수 있다면 개입주의자의 정책은 경제에 더 유익할 것이다." 이 진술은 참인가, 거짓인가, 또는 불확실한가? 설명하라.

14 개입주의자는 왜 자기교정적 메커니즘이 느리게 작동된다고 생각하는가?

15 경제의 자기교정적 메커니즘이 느리게 작동된다면 정부는 실업을 없애기 위해 재량정책을 추구해야 하는가? 그 이유는 무엇인가?

16 국민소득과 실업의 변동을 제거함으로써 도출되는 후생의 이득을 측정할 수 있다고 해보자. 이러한 이득이 평균적인 개인에게 상대적으로 작다면 개입주의자와 비개입주의자의 논쟁에 어떤 영향을 미칠 것으로 생각되는가?

17 상대적으로 가파른 단기 총공급곡선과 상대적으로 완만한 단기 총공급곡선이 주어졌을 때 어느 곡선이 비개입주의자의 정책을 지지하는가? 그 이유는 무엇인가?

18 "정책당국은 인플레이션이 바람직하다고 보지 않기 때문에 그들의 정책은 인플레이션의 원인이 될 수 없다." 이 진술은 참인가, 거짓인가, 또는 불확실한가? 설명하라.

19 통화당국은 어떻게 그들이 원하는 어떠한 수준의 인플레이션율도 목표로 할 수 있는가?

20 자연실업률이 실제로 5%일 경우 정책당국이 자연실업률을 7%로 잘못 파악해 안정화정책을 추구한다면 무슨 일이 벌어지는가?

21 수요견인 인플레이션은 어떻게 비용인상 인플레이션을 발생시키는가?

응용문제 APPLIED PROBLEMS

22 현 정부가 재정적자를 줄이는 방법으로 정부지출의 감축을 결정했다고 해보자.

a. 총수요와 총공급곡선을 이용해 단기적으로 어떤 효과가 발생하는지 보여라. 인플레이션과 국민소득에 미치는 영향을 설명하라.

b. 연준이 인플레이션을 안정시키기로 결정했다면 이

러한 정책은 실질이자율, 인플레이션율, 국민소득에 어떤 영향을 미치는가?

23 총수요와 총공급곡선을 이용해 정책시차가 어떻게 국민소득과 인플레이션의 바람직하지 않은 변동을 초래하는지 보여라.

24 정책당국이 인플레이션 안정에 더 관심이 있어 총수요곡선의 기울기가 완만해졌다. 경제에 음의 공급충격이 발생했을 때 이러한 총수요곡선 기울기의 변동은 어떻게 인플레이션을 안정시키는 데 도움이 되는가? 국민소득에 어떤 영향을 주는가? 총수요와 총공급곡선을 이용해 보여라.

25 많은 개발도상국은 뇌물과 고질적인 부패를 경험하고 있다. 이러한 사실은 어떻게 해당 국가가 높은 인플레이션과 경기침체를 보이는 이유에 대한 설명에 도움을 주는가? 총수요와 총공급곡선을 이용해 보여라.

웹 연습문제 WEB EXERCISES

1 이 장에서는 1965~1982년의 대인플레이션에 대해 살펴봤다. ftp://ftp.bls.gov/pub/special.requests/cpi/cpiai.txt에 들어가라. 제1장의 끝부분에서 설명한 방법을 이용해 통계자료를 엑셀로 옮겨보라. 첫 번째 열과 마지막 열(Year 열과 Annual Avg. 열)만 남기고 모두 삭제하라. 이 통계자료를 그래프로 그려서 [그림 11]과 비교해보라.

a. 1982년 이후 인플레이션은 증가했는가 아니면 감소했는가?

b. 인플레이션은 언제 가장 높았는가?

c. 인플레이션은 언제 가장 낮았는가?

d. 디플레이션의 시기가 있었는가? 있었다면 언제인가?

e. 하이퍼인플레이션의 시기가 있었는가? 있었다면 언제인가?

2 상이한 시기에 달러의 구매력을 비교해보는 것은 흥미로운 과제일 것이다. www.bls.gov/cpi에 들어가라. 그리고 아래로 내려가서 'Inflation Calculator'로 링크해 보자. 이 계산기를 사용해 다음을 계산하라.

a. 2011년에 새 주택가격이 12만 5,000달러라면 1950년에는 이 가격이 얼마였겠는가?

b. 2011년에 가계의 평균소득은 4만 달러였다. 1945년에는 이 소득이 얼마였겠는가?

c. 2011년에 새 자동차의 평균가격이 약 2만 달러였다. 1945년에는 이 가격이 얼마였겠는가?

d. 문제 b와 문제 c의 답을 이용해 가계의 평균소득에서 자동차의 구입비용이 차지하는 비중이 2011년이 1945년보다 높았는가 아니면 낮았는가?

참고 웹사이트 WEB REFERENCES

www.bls.gov/cpi/

인플레이션 통계를 공표하는 노동통계국의 홈페이지

ftp://ftp.bls.gov/pub/special.requests/cpi/cpiai.txt

1913년부터 인플레이션 통계를 다운로드하라. 이 데이터는 제1장에서 설명한 절차를 이용해 엑셀로 쉽게 이동시킬 수 있다.

http://www.gpoaccess.gov/eop

*Economic Report of the President*는 부채, GDP 및 기타 많은 경제통계를 수록하고 있다.

25 통화정책에 있어서 기대의 역할

PREVIEW

제2차 세계대전 후 경제학자들은 제21~24장에서 설명한 모혼을 이용해 재량정책이 인플레이션을 야기하지 않으면서 경기변동의 진폭을 줄일 수 있다고 생각했다. 1960년대와 1970년대에 이들 경제학자들은 자신의 정책을 실행에 옮길 기회를 가졌다. 그러나 결과는 그들이 예상한 것과 달랐다. 그 기간에 경제적 성과는 만족스럽지 않았다. 즉 실업은 1950년대보다 악화된 반면 인플레이션은 종종 10% 이상으로 상승했다.[1)]

1970년대와 1980년대에 시카고 대학의 노벨상 수상자인 로버트 루카스(Robert Lucas)와 뉴욕 대학의 토마스 사전트(Thomas Sargent)를 포함하는 경제학자들은 제7장에서 논의한 합리적 기대이론을 이용해 재량정책이 왜 성과가 나쁜지를 분석했다. 그들의 분석은 거시경제모형이 정책의 잠재적 효과를 평가하는 데 사용될 수 있는가에 의문을 제기했다. 또한 민간이 정책이 시행될 것이라고 예상할 때 정책이 과연 효과적인지에 대해서도 분석했다. 루카스와 사전트의 분석은 정책수행 방식에 대해 강한 시사점을 제공하기 때문에 이를 *합리적 기대혁명*(rational expectations revolution)이라고 부른다.[2)]

이 장에서는 합리적 기대혁명과 관련된 분석 내용을 살펴본다. 먼저 경제행위에 있어서 기대요인이 중요하기 때문에 재량정책의 효과를 예측하기는 매우 어렵다고 한 루카스의 비판을 살펴본다. 그다음에 합리적 기대가 제23장의 총수요와 총공급 분석데 미치는 효과를 논의하고자 한다. 그리고 이론적으로 획기적인 이러한 성과가 어떻게 현행 정책결정에 관한 모형과 논쟁을 형성했는지 살펴볼 것이다.

---

1) 이러한 악화는 1973~1975년과 1978~1980년의 공급충격에 일부 기인했다고 할 수 있다.

2) 합리적 기대혁명을 적극적으로 진전시킨 다른 경제학자로는 하버드 대학의 로버트 배로(Robert Barro), 카네기-멜론 대학의 베넷 맥컬럼(Bennett McCallum), 노벨상 수상자인 애리조나 주립대학의 에드워드 프레스컷(Edward Prescott), 펜실베니아 주립대학의 네일 왈라스(Neil Wallace)를 들 수 있다.

1 정책평가에 대한 루카스의 비판

경제학자들은 경제활동을 예측하고 정책대안들의 잠재적 효과를 평가하기 위해 **거시경제계량모형**(macroeconometric model)을 오랫동안 사용해왔다. 본질적으로 이 모형은 많은 경제변수 사이에 통계적 관계를 나타내는 연립방정식의 체계다. 경제학자들은 이러한 모형에 데이터를 입력함으로써 예측치를 만들어낸다.

루카스는 그의 유명한 논문 "Econometric Policy Evaluation: A Critique"에서 정책평가에 있어서 거시경제계량모형을 사용하는 것에 반대하는 충격적인 주장을 함으로써 합리적 기대혁명을 촉발시켰다.[3]

1.1 계량경제적 정책평가

루카스의 주장을 이해하기 위해 먼저 계량경제적 정책평가가 어떻게 이루어지는지를 이해해야 한다. 예를 들어 연준이 페더럴펀드 이자율을 현행 5%에서 변경시키는 정책의 잠재적 효과를 평가하려 한다고 해보자. 연준의 경제학자들은 전통적인 모형을 이용해 가령 4%나 6%의 상이한 페더럴펀드 이자율을 컴퓨터 프로그램화된 모형에 입력할 것이다. 모형은 상이한 시나리오에서 실업과 인플레이션이 어떻게 변동하는지를 예측해준다. 그러면 정책당국은 가장 바람직한 결과를 보여주는 정책을 선택할 것이다.

그 당시 정책당국이 사용한 거시경제계량모형에서와 같이 모형이 합리적 기대를 반영하지 않을 경우, 루카스는 합리적 기대이론에 의거해 이러한 접근에 따른 논증에 오류가 있음을 발견했다. 정책이 변하면 민간의 기대도 변한다. 예를 들어 연준이 페더럴펀드 이자율을 6%로 올린다면 이러한 조치는 이자율의 미래 수준에 대한 민간의 기대형성 방식도 변경시킨다. 이러한 기대의 변경은 경제활동과 결과에도 실질적인 영향을 미칠 수 있다. 그러나 합리적 기대를 반영하지 않는 거시경제계량모형은 기대변경의 효과를 무시하기 때문에 정책대안들에 대한 거시경제계량모형의 평가는 신뢰할 수 없다.

응용 이자율의 기간구조

이제 루카스의 비판을 계량경제모형에서 일반적으로 발견되는 단일 방정식의 구체적인 예로서 기간구조 방정식에 적용시켜보자. 이 방정식은 장기이자율과 현재와 과거의 단기이자율 간의 관계를 규정한다. 단기이자율이 아닌 장기이자율이 총수요에 큰 영향을 미친다고

3) *Carnegie–Rochester Conference Series on Public Policy* 1 (1976): pp. 19–46.

생각되기 때문에 이 방정식은 거시계량경제모형에서 가장 중요한 방정식 중 하나이다.

제6장에서 장기이자율은 미래의 예상 단기이자율의 평균이라는 것을 알았다. 과거에 단기이자율이 상승했다가 다시 즉시 하락했다고 해보자. 합리적 기대이론에 의하면 단기이자율의 상승이 단지 일시적이라고 예상될 경우, 이러한 상승은 미래의 예상 단기이자율의 평균에 최소한의 영향밖에 미치지 않을 것이다. 단기이자율의 일시적 상승은 장기이자율을 무시할 정도만큼 상승시킬 것이다. 과거 데이터를 이용해 추정된 기간구조의 관계는 단기이자율의 변동이 장기이자율에 단지 미약한 영향을 미친다는 것을 보여주고 있다.

연준이 단기이자율을 현재의 3% 수준에서 5% 수준으로 영구히 인상하는 정책을 추구할 경우 경제에 어떤 일이 발생하는지 평가한다고 해보자. 과거 데이터를 이용해 추정된 기간구조 방정식은 장기이자율의 아주 작은 변동만을 나타낼 것이다. 그러나 민간이 단기이자율의 상승을 영구적이라고 인식한다면 합리적 기대이론은 단기이자율의 상승을 더 이상 일시적이라고 예상하지 않을 것이다. 따라서 이자율이 5%로 인상된다면 미래의 예상 단기이자율의 평균은 더 많이 상승할 것으로 예상할 수 있다. 즉 장기이자율은 추정된 기간구조 방정식이 시사하는 바와 같이 최소한의 상승에 그치는 것이 아니라, 상당히 높게 상승할 것이다. 계량경제모형을 통해 정부정책의 결과를 평가하는 것은 매우 잘못된 결론에 이를 수 있음을 알 수 있다.

기간구조의 적용 예는 루카스 비판의 또 다른 측면을 나타내고 있다. 특정 정책의 효과는 정책에 대한 민간의 기대에 결정적으로 의존하고 있다. 민간이 단기이자율의 상승을 단지 일시적이라고 예상한다면 장기이자율의 반응은 앞에서 본 바와 같이 미약할 것이다. 그러나 민간이 단기이자율의 상승을 영구적이라고 예상한다면 장기이자율의 반응은 매우 클 것이다. 루카스 비판은 전통적인 계량경제모형을 정책평가에 사용해서는 안 된다는 것을 보여줄 뿐만 아니라 정책에 대한 민간의 기대가 달라지면 정책에 대한 반응도 달라진다는 것을 보여준다.

여기서 논의한 기간구조 방정식은 루카스의 비판이 적용되는 계량경제모형의 여러 방정식 중 하나다. 실제로 루카스는 그의 논문에서 소비와 투자 방정식의 예를 사용했다. 기간구조에 대한 예시의 장점은 합리적 기대를 지지하는 이론과 경험적 증거가 매우 강력한 부문인 금융시장에서 기대를 다룬다는 점이다. 그러나 루카스의 비판은 합리적 기대이론에 논란이 많은 경제 부문에도 적용될 수 있다. 왜냐하면 루카스 비판의 기본 원리는 기대가 항상 합리적으로 형성된다는 것이 아니라 예측대상 변수가 변하면 기대형성도 변한다는 것이기 때문이다. 이런 덜 엄격한 원리는 금융시장 이외의 여타 경제 부문의 증거에 의해 지지를 받고 있다.

2 정책의 수행 : 준칙과 재량

루카스의 비판은 합리적 기대이론의 통찰력을 반영하는 새로운 정책모형의 필요성을 제시했다. 이제 루카스의 비판이 경제학자들 사이의 오랜 논쟁에 주는 시사점을 살펴보자. 통화당국은 그들의 정책을 변화된 상황에 적응시키는 신축성을 가져야 하는가? 아니면 통화당국이 **준칙**(rule)을 받아들여야 하는가? 준칙이란 정책이 어떻게 실업과 인플레이션과 같은 특정 데이터에 대응할 것인가를 규정한 구속력이 있는 계획이다.

2.1 재량과 동태적 비일관성의 문제

정책당국의 미래의 정책조치에 대해 미리 약속을 하지 않고 어떤 상황에 대해 그 시점에서 그들의 정책조치가 올바른 정책결정이라 믿을 경우, 정책당국은 **재량**(discretion)을 가지고 정책을 운영한다고 한다. 그때그때 봐가며 정책을 만드는 권한을 가진 정책당국은 사태를 복잡하게 만든다. 제17장에서 논의한 동태적 비일관성의 문제(time-inconsistency problem)는 재량정책의 한계점을 나타낸다. 동태적 비일관성의 문제는 단기결정을 내릴 때 바람직한 장기계획으로부터 이탈하려는 경향이라는 것을 상기하자. 정책당국은 항상 기업이나 사람들이 생각한 것보다 더 확장적인 정책을 추구하려 한다. 왜냐하면 이러한 정책이 단기적으로 국민소득을 증가시키고 실업을 낮추기 때문이다. 그러나 임금과 가격의 결정에는 노동자와 기업의 정책에 대한 기대가 반영되기 때문에 확장적 정책의 추구는 최선의 정책이 아니다(합리적 기대혁명의 시사점). 예를 들어 중앙은행이 확장적 재량정책을 추구한다면 노동자와 기업은 미래에 인플레이션이 상승할 것으로 인식할 것이다. 그러므로 그들은 인플레이션에 대한 기대를 상승시킴으로써 임금과 가격이 올라가게 된다. 임금과 가격의 상승은 높은 인플레이션을 야기하지만 평균적으로 높은 국민소득을 가져오지는 않는다.

정책당국이 예상치 못한 확장적 정책으로 사람들을 놀라게 하지 않고 인플레이션을 계속 통제한다면 장기적으로 인플레이션의 성과가 더 좋을 것이다. 이를 위한 방법의 하나는 정책결정에 있어 재량을 포기하고 준칙을 채택하는 것이다.

2.2 준칙의 종류

재량과는 대조적으로 준칙은 본질적으로 자동적인 측면이 있다. 유명한 준칙의 하나는 밀턴 프리드만과 그의 추종자인 **통화주의자**(monetarist)가 제안한 것으로서 화폐공급을 경기상황과 무관하게 계속 일정한 율로 증가시키는 **일정한 통화증가율 준칙**(constant-money-growth-rate rule)이다. 베넷 맥컬럼(Bennett McCallum)과 앨런 멜처(Alan Meltzer)와 같은 다른 통화주의자는 화폐공급 증가율이 단기적으로 종종 불안정한 유통속도의 변동에 조정되도록 하는 변형된 준칙을 제안했다. 이러한 종류의 준칙은 경제활동에 반응하지 않기 때문에 비개입주의자의 준칙이다. 통화주의자는 이러한 종류의 준칙을 주장했다. 왜냐하면 통화주의자는 화폐가 총수요 변동의 유일한 원인이고, 개입주의자의 정책이 실업에 대응할 경우 통화정책 효과의 길고 가변적인 시차가 국민소득과 인플레이션의 커다란 변동성을 초래한다고 믿기 때문이다(제24장에서 논의).

반면에 개입주의자의 준칙은 통화정책이 국민소득과 인플레이션의 수준에 대응해야 한다고 규정한다. 이러한 종류의 준칙 중 가장 유명한 준칙은 제17장에서 논의한 테일러 준칙(Taylor rule)이다. 테일러 준칙은 연준이 산출 갭($Y-Y^P$)과 인플레이션 갭($\pi-\pi^T$)을 모두 고려한 공식에 의해 페더럴펀드 이자율을 설정해야 한다는 것을 규정하고 있다.

2.3 준칙을 지지하는 견해

동태적 비일관성의 문제가 제시하는 것처럼 재량적 통화정책은 좋지 못한 경제적 성과를 가져올 수 있다. 통화당국이 재량을 가지고 정책을 운영한다면 단기적으로 고용을 증대시키기 위해 확장적 통화정책을 추구할 것이지만 장기적으로는 높은 인플레이션(그리고 증대되지 않은 고용)을 낳을 것이다. 테일러 준칙이나 일정한 통화증가율 준칙과 같은 준칙에 따를 것을 미리 약속하는 정책은 동태적 비일관성의 문제를 해결한다. 왜냐하면 정책당국은 재량을 발휘해 인플레이션과 고용의 단기적인 관계를 활용하려는 것을 허용하지 않는 정해진 계획에 따라야 하기 때문이다. 정책당국은 준칙으로 그들의 손을 묶음으로써 바람직한 장기적 성과를 얻을 수 있다.

준칙을 지지하는 또 다른 견해는 정책당국과 정치인은 신뢰할 수 없다는 사실에 근거한다. 프리드만과 안나 슈바르츠(Anna Schwartz)의 기념비적인 저서인 『미국 화폐의 역사(A Monetary History of the United States)』[4]에는 연준이 심각하게 범한 정책적 오류의 여러 가지 사례가 수록돼 있다. 가장 심각한 정책적 오류는 연준이 수수방관해 금융시스템과 경제를 붕괴시킨 대공황기에 발생했다(제9장과 제15장은 대공황기에 연준의 정책조치에 대해 논의함). 재정정책을 입안하는 정치인들은 드한 차기 선거에 당선되도록 하는 정책을 추구하려는 강한 동기를 갖기 때문에 신뢰할 수 없다. 그러므로 그들은 단기적으로 고용증대에 더 관심을 가지며, 그들의 행동이 장래에 높은 인플레이션을 야기할지도 모른다는 우려는 하지 않는다. 확장적 정책을 지지하는 정치인들의 주장은 소위 **정**

4) Milton Friedman and Anna Jacobson Schwartz, *A Monetary History of the United States, 1867–1960* (Princeton, NJ : Princeton University Press, 1963).

FYI 정치적 경기변동과 리처드 닉슨

리처드 닉슨과 그의 보좌관들은 1972년 대선에서 압승을 하기 위해 워터게이트 호텔에 있는 상대 정당의 사무실에 침입하는 것과 같은 이례적인 조치를 취했다. 선거를 앞두고 취해진 유사한 경제적 조치는 덜 알려졌다. 닉슨 정부는 임금과 가격의 통제조치를 시행해 선거 전에 인플레이션율을 일시적으로 낮췄다. 선거 후에 이러한 조치는 인플레이션의 급상승을 초래했다. 닉슨은 또한 감세조치로 확장적 재정정책을 추구했다. 아서 번즈(Arthur Burns) 연준 의장은 선거일까지 낮은 이자율을 유지하라는 닉슨의 직접적인 압력에 굴복했다는 소문도 돌았다. 결과는 참혹했다. 경제는 과열돼 인플레이션이 1970년 말까지 10% 이상으로 상승했다. 이러한 상승은 이 기간 중 음의 공급충격에 기인했다(제23장 참조).

닉슨의 사례는 경제학자와 정치학자로 하여금 정치인들이 선거기간 동안 잘 보이기 위해 정책조치를 취한다는 것을 이론화하게 했다. 특히 정치인들은 선거 전에 경기를 부양해 경기호황과 낮은 실업을 발생시키는 등 선출 확률을 높이는 정책조치를 취하려 할 것이다. 불행히도 이러한 정책조치의 결과는 장래의 높은 인플레이션일 것이다. 그러면 인플레이션을 통제하기 위해 긴축적 정책이 요구돼 미래에 경기후퇴를 초래할 것이다. 이러한 경기의 상승과 하락은 정치적 고려의 결과이기 때문에 정치적 경기변동이라 한다. 닉슨의 사례는 정치적 경기변동의 존재를 지지하지만 많은 연구들은 이러한 현상이 일반적인지에 대한 명확한 답에 도달하지 못했다.*

* 정치적 경기변동에 대한 연구를 촉발시킨 논문은 William Nordhaus, "The Political Business Cycle," *Review of Economic Studies* 42(1975), pp. 169-190.

치적 경기변동(political business cycle)을 초래한다. 정치적 경기변동에서 재정정책과 통화정책은 선거 직전에 확장적이 되고 그 이후에는 높은 인플레이션이 수반된다. (예를 들어 [FYI] '정치적 경기변동과 리처드 닉슨' 참조.)

2.4 재량을 지지하는 견해

준칙에는 중요한 장점이 있지만 심각한 단점도 있다. 첫째, 준칙이 모든 상황을 예견할 수 없기 때문에 너무 경직적일 수 있다. 예를 들어 금융시스템의 작은 부분인 서브프라임 모기지 대출이 70년 후에 경제에 막대한 영향을 주는 최악의 금융위기를 초래할 것이라고는 거의 아무도 예측하지 못할 것이다. 이러한 위기 동안 경기불황을 막기 위해 연준이 취한 전례없는 조치(제9장과 제16장에서 설명)는 사전에 준칙으로 규정될 수는 없었을 것이다. 따라서 재량을 사용해 신축적으로 행동하는 것이 성공적인 통화정책의 비결이 될 수 있다.

준칙의 두 번째 문제는 상황 판단의 사용을 쉽게 포함시킬 수 없다는 점이다. 통화정책은 과학인 동시에 예술이다. 통화당국은 통화정책의 최적의 경로를 결정하기 위해 광범위한 정보를 살펴볼 필요가 있는데, 어떤 정보는 계량화하기가 쉽지 않다. 따라서 상황 판단은 성공적인 통화정책에 핵심요소가 되는데, 이는 준칙으로 규정하기가 매우 어렵다. 통화정책에 상황 판단을 가미할 수 있는 것은 오직 재량정책뿐이다.

글로벌 스위스에서 통화량 타게팅의 종말

1975년에 중앙은행인 스위스 국립은행(Swiss National Bank)은 M1의 통화량에 대해 증가율 목표를 공표하는 통화량 타게팅을 채택했다. 1980년 이후 스위스는 증가율 목표를 협의의 통화량인 본원통화로 변경했다. 스위스에서 수년간 성공적이었던 통화량 타게팅은 새로운 은행 간 결제시스템인 Swiss Interbank Clearing(SIC)의 도입과 1988년 은행의 필요지급준비금에 관한 광범위한 개정으로 심각한 문제에 직면했다. 이러한 구조적 변동은 은행이 스위스 국립은행에 예치한 예금보유액의 심각한 감소를 초래했다. 이러한 예금보유액은 본원통화의 주요 구성요소이다. 이제 본원통화는 총지출에 비해 상대적으로 적은 양이 소요되는 것처럼 양자의 관계가 변함에 따라, 본원통화의 증가율 목표인 2%는 너무 확장적인 정책이 됐다. 이후에 인플레이션이 5% 이상으로 상승했는데, 이는 다른 유럽 국가보다 훨씬 높은 수준이었다.

높은 인플레이션율은 여타 유럽 국가가 그렇지 않을 때도 낮은 인플레이션의 환경을 유지하는 것에 항상 자부심을 갖고 있었던 스위스 사람들에게 두려움을 갖게 했다. 이러한 문제로 인해 스위스는 1990년대에 통화량 타게팅을 포기하고 통화정책의 수행에서 보다 더 신축적인 틀을 채택했다.*

* 스위스의 통화량 타게팅에 대한 자세한 논의는 Ben S. Bernanke, Thomas Laubach, Frederic S. Mishkin, and Adam S. Posen, *Inflation Targeting: Lessons from the International Experience* (Princeton, NJ: Princeton University Press, 1999)를 참조.

셋째, 실제로 경제에 관한 진정한 모형은 아무도 모른다. 따라서 특정 모형에 근거한 준칙은 모형이 부정확하다면 잘못될 수 있다. 준칙을 도출하는 데 사용한 모형이 부정확하다면 재량의 사용으로 잘못된 정책에 가두어놓는 구속을 회피할 수 있다.

넷째, 모형이 정확할지라도 경제의 구조가 변하면 모형의 계수도 변할 수 있다. 정책의 변동이 거시경제계량모형의 계수를 변동시킬 수 있다는 점을 지적한 루카스의 비판은 바로 하나의 예시다. 또 다른 예는 M1, M2와 같은 통화량과 총지출의 관계가 1980년대에 금융혁신의 결과로 붕괴됐다는 것이다. 이러한 통화량 중 하나에 대해 일정한 증가율에 기초한 준칙을 따르는 것은 좋지 않은 결과를 초래할 수도 있다. 실제로 이러한 결과가 1980년대 말과 1990년대 초에 스위스에서 발생했다. 그 당시 통화량의 증가율을 사용한 준칙에 집착한 결과 높은 인플레이션이 초래됐다([글로벌] '스위스에서 통화량 타게팅의 종말'에서 논의). 경제가 구조적 변동을 경험할 때 재량은 정책당국으로 하여금 정책을 변경할 수 있게 해준다.

2.5 제약적 재량

준칙과 재량의 구분은 수십 년 동안 통화정책에 관한 논쟁에 강력한 영향을 미쳤다. 그러나 양자의 구분은 너무 냉혹하다. 알다시피 준칙과 재량은 모두 문제점을 갖고 있어서 준칙과 재량을 양분하는 것은 너무 단순해 거시경제를 담당하는 정책당국이 직면한 현실을 포착할 수 없을지도 모른다. 재량은 정도의 문제일 수 있다. 재량은 정책당국의 개인적인 견해나 정치적 향방에 따라 좌우되는 정책을 낳는 비교적 규율되지 않는 접근방법이다. 아니면 재량은 정책당국의 일반적 목표와 전술이 사전에 약속된 매우 명확히 규정된 틀에서 운영될 수도 있다. 현재 연준 의장인 벤 버냉키(Ben Bernanke)는 이 책의 저자인 미쉬킨과 함께 이러한 형태의 재량을 **제약적 재량**(constrained discretion)이라 명명했다.[5] 제약적 재량은 정책당국에게 개념적 구조와 본래적인 규율을 부여하지만 모든 신축성을 제거하지는 않는다. 제약적 재량은 준칙의 일부 장점과 재량의 일부 장점을 결합한 방식이다.

3 신뢰성의 역할과 명목기준지표

제17장에서 논의한 바와 같이 재량을 제약하는 중요한 방법은 명목기준지표(nominal anchor)를 지키도록 약속하는 것이다. 명목기준지표란 물가안정을 달성하기 위해 물가수준이나 인플레이션을 묶어두는 인플레이션율, 화폐공급, 환율 등 명목변수를 말한다. 예를 들어 중앙은행이 가령 인플레이션 타겟이 2%이고 이 목표를 달성하기 위해 정책조치를 취한다면 인플레이션 타겟이 명목기준지표가 된다. 그렇지 않으면 정부는 자국화폐와 달러와 같은 건전화폐 사이의 고정환율을 지켜 이를 명목기준지표로 사용할 수 있다. 명목기준지표를 지키는 것에 사람들이 믿는 **신뢰성**(credibility)이 있다면 명목기준지표는 중요한 이점이 있다.

3.1 신뢰성이 있는 명목기준지표의 이점

첫째, 신뢰성이 있는 명목기준지표는 행동 준칙의 요소가 있다. 준칙이 육아에서 아기에게 굴복하는 재량정책을 추구하지 못하게 해서 동태적 비일관성의 문제를 방지하는 데 도움을 주는 것처럼, 명목기준지표는 재량정책에 예상된 제약을 가함으로써 동태적 비일관성의 문제를 극복하는 데 도움을 줄 수 있다. 예를 들어 통화당국이 가령 2%의 특정 인플레이션 목표를 달성하도록 하는 명목기준지표를 지킨다고 약속한다면, 통화당국이 이 목표를 달성하지 못하거나 너무 낮은 이자율 타겟과 같이 이 목표와 명백히 부합하지 않는 정책을 추구할 경우 사람들의 감시와 비판에 직면할 것이라는 점을 인식할 것이다. 통화당국은 곤란함과 있을지도 모를 처벌을 피하기 위해 명목기준지표를 지킨다는 약속에 부합하지 않는 확장적 재량정책을 단기적으로 추구하지 않을 것이다.

---

5) Ben S. Bernanke and Frederic S. Mishkin, "Inflation Targeting: A New Framework for Monetary Policy?" *Journal of Economic Perspectives* 11 (Spring 1997) : pp. 97–116.

둘째, 명목기준지표를 지킨다는 신뢰성이 있는 약속은 기대 인플레이션을 묶어두는 데 도움을 줌으로써 인플레이션의 변동성을 줄일 것이다. 따라서 이것은 물가안정에 기여하며 국민소득을 안정시키는 데도 도움을 줄 것이다. 그러므로 명목기준지표를 지키는 신뢰성은 통화정책이 인플레이션의 안정과 국민소득의 안정이라는 두 목표를 달성하도록 하는 주요 요소이다. 다시 말해 명목기준지표의 신뢰성은 통화정책을 더 효율적으로 만든다.

앞으로 총수요와 총공급 분석을 이용해 신뢰성이 있는 명목기준지표가 왜 이러한 바람직한 결과를 가져오는지를 분석적으로 밝혀보도록 한다. 먼저 안정화정책이 총수요충격에 대응할 경우의 효과를 살펴볼 것이고, 다음에 안정화정책이 총공급충격에 대응할 경우의 효과를 살펴볼 것이다. 또한 인플레이션 억제정책에 있어서 신뢰성의 이점을 살펴볼 것이다.

3.2 신뢰성과 총수요충격

이제 양의 수요충격과 음의 수요충격이 존재할 때 단기적으로 신뢰성의 중요성을 살펴보자.

양의 총수요충격 양의 수요충격이 발생할 때 단기적으로 무슨 일이 벌어지는지 살펴보자. 예를 들어 기업이 미래에 대해 더 낙관적이 되도록 하는 새로운 정보를 갑자기 얻어서 투자지출을 늘렸다고 해보자. 이러한 양의 수요충격의 결과 [그림 1]의 (a)에서 총수요곡선은 오른쪽으로 AD_1에서 AD_2로 이동해 경제는 점1에서 점2로 이행한다. 국민소득은 Y_2로 증가하고 인플레이션은 인플레이션 타겟인 π^T보다 높은 π_2로 상승한다. 제24장에서와 같이 인플레이션과 국민소득을 안정시키기 위한 적절한 대응은 통화정책의 긴축을 시행해 총수요곡선을 다시 왼쪽으로 AD_1으로 이동시킴으로써 경제를 점1로 복귀하도록 하는 것이다. 그러나 통화정책이 총수요에 영향을 주기까지 긴 시차가 있기 때문에 총수요곡선이 다시 AD_1으로 이동할 때까지 어느 정도 시간이 걸릴 것이다.

이제 단기 총공급곡선에 무슨 일이 벌어지는지 살펴보자. 제23장에서 살펴본 단기 총공급곡선은 다음과 같다.

$$\pi \quad = \quad \pi^e \quad + \gamma(Y - Y^P) \quad + \quad \rho$$

인플레이션율 = 기대 인플레이션 + γ × 산출 갭 + 물가충격

명목기준지표를 지킨다는 약속이 신뢰성이 있다면 민간의 기대 인플레이션 π^e는 변하지 않을 것이고 단기 총공급곡선도 AS_1에 머물 것이다. 그러므로 인플레이션은 π_2보다

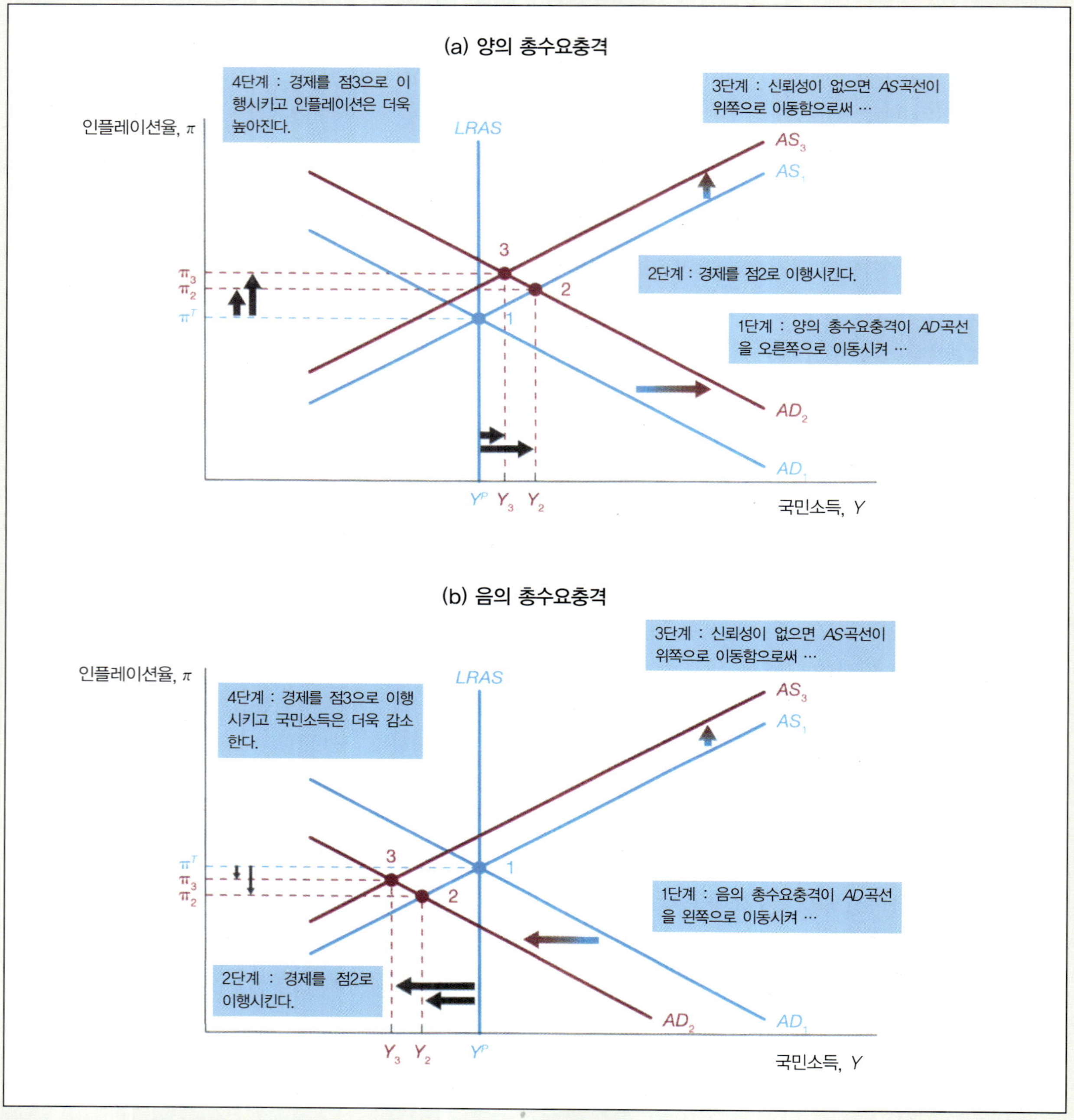

그림 1 신뢰성과 총수요충격

(a)에서 양의 총수요충격은 총수요곡선을 오른쪽으로 AD_1에서 AD_2로 이동시켜 경제를 점1에서 점2로 이행시킨다. 통화정책이 신뢰성을 잃으면 기대 인플레이션이 상승해 단기 총공급곡선을 왼쪽으로 AS_3로 이동시킴으로써 경제를 점3으로 이행시킨다. 점3에서 인플레이션은 π_3로 더욱 높아진다. (b)에서 음의 총수요충격은 총수요곡선을 왼쪽으로 AD_1에서 AD_2로 이동시켜 경제를 점2로 이행시킨다. 통화정책이 신뢰성을 잃으면 기대 인플레이션이 상승해 단기 총공급곡선을 왼쪽으로 AS_3로 이동시킴으로써 경제를 점3으로 이행시킨다. 점3에서 국민소득은 Y_3로 더욱 감소한다.

높지 않으며 시간이 지남에 따라 총수요곡선이 다시 왼쪽으로 AD_1으로 이동함에 따라 인플레이션이 인플레이션 타겟인 π^T로 돌아올 것이다.

그러나 통화정책에 신뢰성이 없다면 무슨 일이 벌어질까? 민간은 통화당국이 π^T보다 높은 인플레이션을 받아들이고 총수요곡선을 신속히 다시 AD_1으로 이동시키지 않을 것으로 우려할 것이다. 이 경우에 통화당국의 낮은 신뢰성은 기대 인플레이션 π^e를 상승시켜 단기 총공급곡선을 AS_1에서 AS_3로 이동시킴으로써 경제를 단기적으로 점3으로 이행시킨다. 점3에서 인플레이션은 π_3로 더욱 상승한다. 통화당국이 통화정책의 긴축을 시행해 총수요곡선을 AD_1으로 복귀시킬지라도 경제는 이미 손상을 입었다. 즉 인플레이션이 중앙은행이 신뢰성을 가질 경우보다 높게 상승했다. 따라서 총수요와 총공급 분석으로부터 다음과 같은 결론을 얻을 수 있다. 통화정책의 신뢰성은 양의 수요충격에 직면했을 때 단기적으로 인플레이션을 안정시키는 이점이 있다.

음의 총수요충격 [그림 1]의 (b)는 음의 수요충격을 나타낸다. 예를 들어 소비자의 신뢰가 떨어져서 소비지출이 감소했다고 해보자. 총수요곡선은 왼쪽으로 AD_1에서 AD_2로 이동해 경제는 단기적으로 점2로 이행한다. 점2에서 국민소득은 잠재산출량인 Y^P보다 낮은 Y_2로 감소하고 인플레이션은 인플레이션 타겟인 π^T보다 낮은 π_2로 하락한다. 국민소득과 인플레이션을 안정시키기 위해 중앙은행은 통화정책의 완화를 시행해 총수요곡선을 다시 AD_1으로 이동시킬 것이다. 중앙은행이 높은 신뢰성을 갖는다면 기대 인플레이션은 변하지 않을 것이고 단기 총공급곡선도 AS_1에 머물 것이다. 그러면 경제는 점1로 복귀할 것이다.

그러나 중앙은행의 신뢰성이 낮다면 무슨 일이 벌어질까? 통화정책의 완화가 시행되면 민간은 중앙은행이 명목기준지표를 지키는 약속을 파기해 미래에 인플레이션 유발적인 정책을 추구할 것으로 우려할 것이다. 이 경우 기대 인플레이션이 상승해 단기 총공급곡선을 AS_3로 이동시킴으로써 경제를 점3으로 이행시킨다. 점3에서 국민소득은 Y_3로 더욱 감소한다. 낮은 신뢰성으로 인해 음의 수요충격은 단기적으로 국민소득의 커다란 감소를 가져온다. 그러므로 다음과 같은 추가적인 결론을 얻을 수 있다. 통화정책의 신뢰성은 음의 수요충격에 직면했을 때 단기적으로 국민소득을 안정시키는 이점이 있다.

3.3 신뢰성과 총공급충격

이제 [그림 2]에서 음의 총공급충격이 발생할 때 무슨 일이 벌어지는지 살펴보자. 에너지 가격이 상승한다면 단기 총공급곡선이 위쪽, 즉 왼쪽으로 이동한다. 그러나 단기 총공급곡선이 얼마나 이동할 것인가는 통화당국이 갖고 있는 신뢰성의 크기에 달려 있다. 명목기준지표의 신뢰성이 높다면 기대 인플레이션은 상승하지 않아서 단기 총공급곡선은

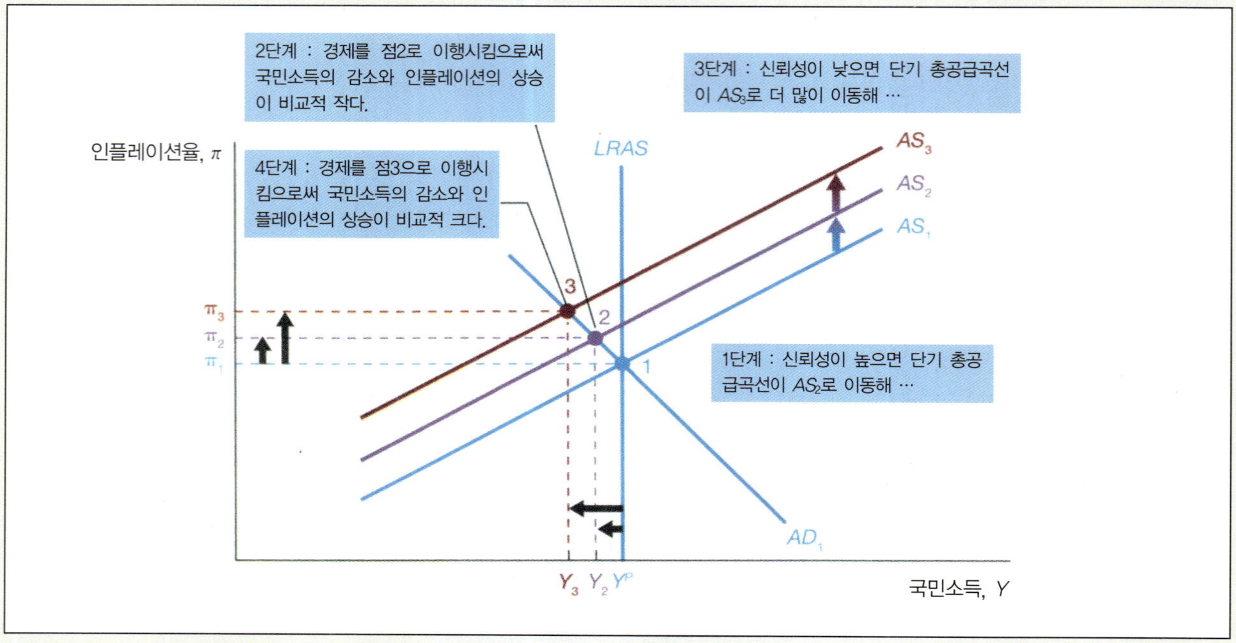

그림 2 신뢰성과 총공급충격

통화정책의 신뢰성이 높으면 음의 총공급충격은 단기 총공급곡선을 단지 AS_2로 이동시켜 경제를 점2로 이행시킨다. 점2에서 인플레이션은 π_2로 비교적 적게 상승하고 국민소득은 Y_2로 비교적 적게 하락한다. 통화정책의 신뢰성이 낮으면 기대 인플레이션이 크게 상승함으로써 단기 총공급곡선은 위쪽으로 AS_3로 많이 이동한다. 경제는 점3으로 이행해 인플레이션은 π_3로 더 높게 되고 국민소득은 Y_3로 더 낮게 되어 인플레이션과 국민소득 모두에 좋지 않은 결과를 가져온다.

AS_2로 위쪽, 즉 왼쪽으로 적게 이동할 것이다. 경제가 단기적으로 점2로 이행할 때 인플레이션은 π_2로 적게 상승할 것이고 국민소득은 Y_2로 적게 감소할 것이다. 반면에 중앙은행이 명목기준지표를 지키는 약속이 약화된다면 기대 인플레이션이 상당히 상승해 단기 총공급곡선은 AS_3로 위쪽, 즉 왼쪽으로 많이 이동할 것이다. 이제 경제는 단기적으로 점3으로 이행해 인플레이션은 π_3로 더 높아지고 국민소득은 Y_3로 더 감소함으로써 인플레이션과 국민소득 모두에 더 나쁜 결과를 초래할 것이다. 따라서 다음과 같은 결론을 얻을 수 있다. 통화정책의 신뢰성은 음의 공급충격에 직면했을 때 단기적으로 인플레이션과 국민소득 모두에 더 좋은 결과를 낳게 하는 이점이 있다.

경제가 음의 공급충격에 직면했을 때 신뢰성의 이점은 다음의 [응용]이 예시하는 바와 같이 데이터에서 바로 확인할 수 있다.

응용 3가지 유가충격의 사례

1973년, 1979년, 2007년에 유가가 급속히 상승했을 때 미국 경제는 3가지 중요한 음의 공급충격에 직면했다. [그림 3]의 (a)와 같이 처음 두 사례에서는 인플레이션이 급속히 상승한 반면 최근의 사례에서는 인플레이션의 상승이 덜했다. 처음 두 사례의 경우 통화정책의 신뢰성은 매우 낮았다. 왜냐하면 연준은 인플레이션을 통제하지 못해 높은 인플레이션을 초래했기 때문이다. 반면에 세 번째 유가충격이 2007~2008년에 닥쳤을 때 인플레이션은 꽤 오랫동안 낮고 안정적이었다. 따라서 연준은 신뢰성이 높아져 인플레이션을 통제할 수 있었다. 최근의 사례에서 마지막 유가충격이 인플레이션에 비교적 작은 영향을 미쳤던 이유 중 하나는 통화정책이 높은 신뢰성을 보였기 때문이다. 총수요와 총공급 분석은 이러한 견해에 대한 타당한 이유를 제공한다.

명목기준지표를 지킨다는 약속과 신뢰성이 낮았던 처음의 두 사례에서 유가충격은 높은 기대 인플레이션을 야기함으로써 [그림 2]와 같이 단기 총공급곡선을 AS_3로 위쪽, 즉 왼쪽으로 많이 이동시켰다. 따라서 총수요와 총공급 분석은 경제에 심각한 경기수축과 인플레이션의 급속한 상승이 발생했음을 예측하고 있다. 이러한 사실은 바로 [그림 3]의 (a)와 (b)에서 보는 것과 일치한다. 경기수축은 매우 심각해 실업률이 1973년과 1979년의 유가충격의 결과 8% 이상으로 상승했다. 또한 인플레이션은 두 자리 숫자로 치솟았다.

2007~2008년의 사례에서 결과는 사뭇 달랐다. 수년간 형성된 높은 신뢰성을 바탕으로 기대 인플레이션은 유가충격이 발생했을 때 낮은 수준을 유지했다. 그 결과 단기 총공급곡선은 [그림 2]와 같이 단지 AS_2로 위쪽, 즉 왼쪽으로 비교적 적게 이동했다. 총수요와 총공급 분석에 의하면 음의 공급충격에 의해 인플레이션은 비교적 적게 상승했으며 국민소득은 비교적 적게 감소했다. 이러한 현상은 글로벌 금융위기가 2008년 가을에 악화된 국면으로 접어들 때까지 지속됐다. 인플레이션은 이전의 사례보다 낮은 폭으로 상승한 반면 금융위기가 2008년 10월에 재앙이 될 때까지 경제는 꽤 잘 견뎌냈다(제9장 참조). 그 이후 경기가 불황에 빠졌으나 그러한 현상은 확실히 음의 공급충격의 결과는 아니다. 인플레이션은 실제로 극적으로 떨어졌는데, 이는 대규모 음의 수요충격이 급속한 경기수축의 원인임을 나타내고 있다.

3.4 신뢰성과 인플레이션 억제정책

지금까지 경제가 수요와 공급충격을 당했을 때 정책의 신뢰성이 갖는 이점에 대해 살펴봤다. 1970년대 말까지 10% 이상의 높은 인플레이션으로 인해 정책당국의 주요 관심사가 인플레이션의 억제로 바뀌었다. 인플레이션 억제정책의 효과에 있어서 신뢰성은 어떤 역할을 하는가? [그림 4]의 총수요와 총공급곡선은 이러한 질문에 답해준다.

경제가 점1에서 10%의 인플레이션율을 보인다고 해보자. 점1에서 총수요곡선 AD_1은 단기 총공급곡선 AS_1과 교차한다. 이제 연준의 신임 의장이 임명돼 인플레이션을 억제하기로 결정했다고 해보자. 연준 의장은 FOMC에게 통화정책의 긴축을 주장해 총수요곡선

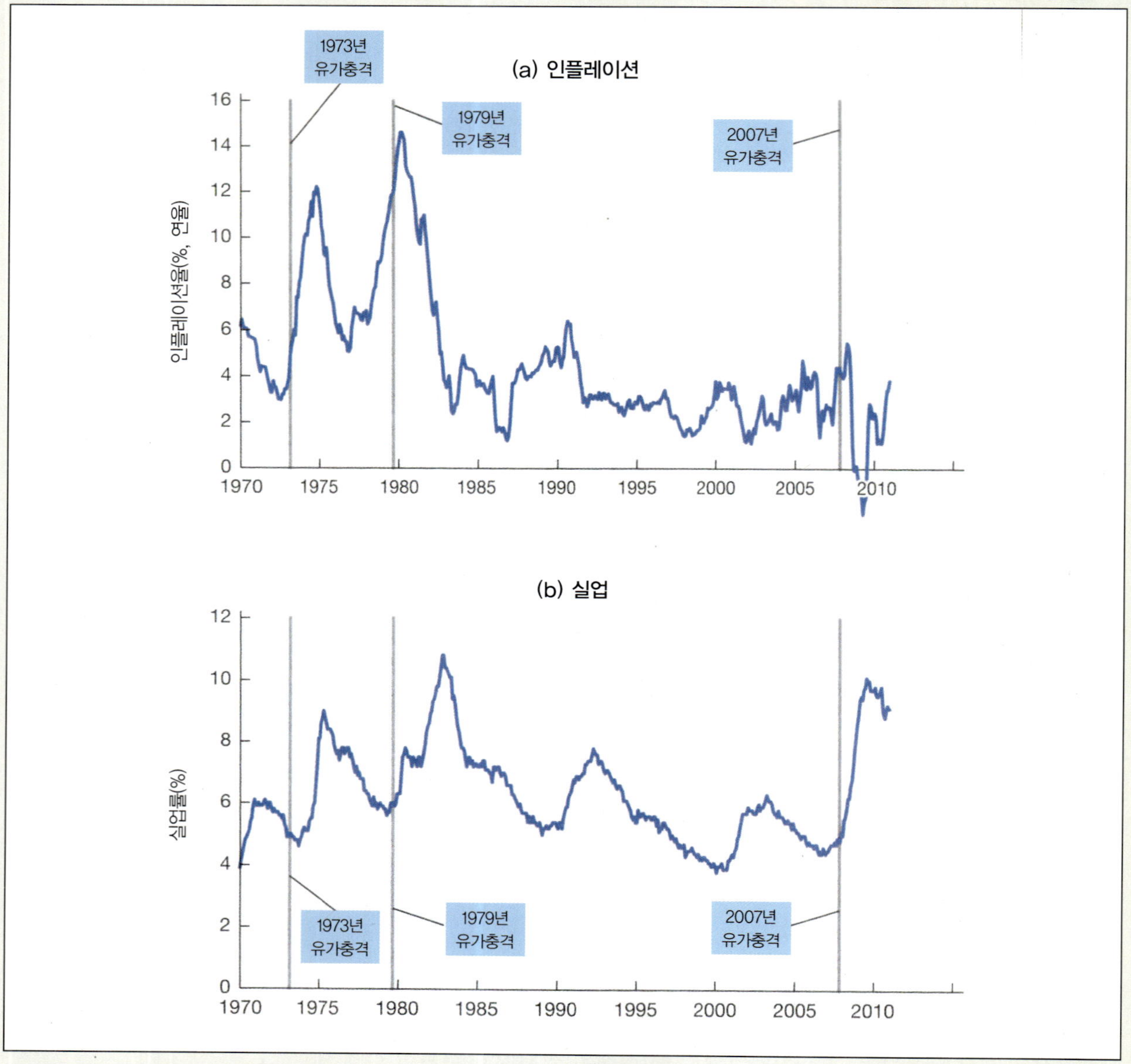

그림 3 인플레이션과 실업, 1970~2010년

1973년과 1979년의 유가충격 사례에서 인플레이션은 최초에 높았고 명목기준지표를 지킨다는 연준의 약속은 약했다. 반면에 2007년의 사례에서 인플레이션은 최초에 낮았고 연준의 신뢰성은 높았다. 그 결과 처음의 두 사례에서 인플레이션과 실업은 마지막 사례보다 높게 상승했다. 세 번째 사례에서 실업은 2007~2009년의 금융위기가 2008년 10월에 재앙이 된 후에야 급격히 상승했다.

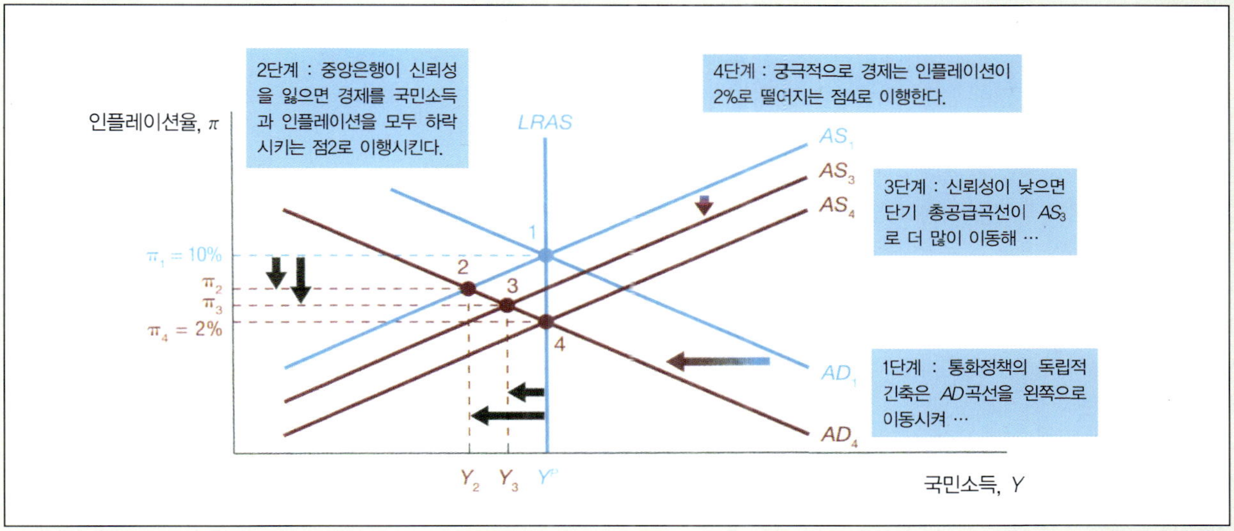

그림 4 신뢰성과 인플레이션 억제정책

인플레이션 억제정책은 총수요곡선을 왼쪽으로 AD_1에서 AD_4로 이동시킨다. 중앙은행이 신뢰성을 잃으면 단기 총공급곡선은 AS_1에 머물러 경제를 점2로 이행시킨다. 점2에서 국민소득은 Y_2로 감소하고 인플레이션은 π_2로 하락한다. 중앙은행이 신뢰성을 가지면 기대 인플레이션이 하락함으로써 단기 총공급곡선은 AS_3로 아래쪽으로 이동할 것이다. 경제를 점3으로 이행해 국민소득은 Y_3로 비교적 작게 감소하고 인플레이션은 π_3로 비교적 크게 하락한다. 궁극적으로 경제는 점4로 이행한다. 그러나 신뢰성이 있다면 인플레이션 억제정책은 국민소득의 감소라는 비용을 덜 치르면서 인플레이션을 빠르게 하락시킬 것이다.

을 왼쪽으로 AD_4로 이동시켰다. 그러면 경제는 장기적으로 점4로 이동해 인플레이션이 2%의 목표 인플레이션으로 둔화될 것이다.

중앙은행이 매우 낮은 신뢰성을 갖는다면 민간은 중앙은행이 인플레이션을 감소시킨다는 확신이 없을 것이며, 따라서 민간은 기대 인플레이션을 10%에서 수정하지 않을 것이다. 그 결과 단기 총공급곡선은 AS_1에 머물 것이며 경제는 점2로 이행할 것이다. 인플레이션이 π_2로 하락했지만 국민소득도 Y_2로 감소했다.

그러나 중앙은행이 높은 신뢰성을 갖고 있어 민간은 중앙은행이 인플레이션을 낮추기 위해 모든 조치를 할 것으로 믿는다면 무슨 일이 벌어질까? 이 경우에 기대 인플레이션은 떨어지고 단기 총공급곡선은 AS_3로 이동할 것이다. 그 결과 경제는 점3으로 이행한다. 점3에서 인플레이션은 π_3로 더 하락하고 국민소득은 Y_3로 덜 감소할 것이다. 중앙은행이 완전한 신뢰성을 갖는 극단적인 경우에는 기대 인플레이션이 즉각적으로 2% 수준으로 떨어지고 단기 총공급곡선이 AS_4로 아래쪽으로 이동할 가능성도 있다. 이 경우 경제는 즉각적으로 점4로 이행할 것이다. 점4에서 인플레이션은 목표 인플레이션인 2%로 하락하고 국민소득은 Y^P에 머물 것이다. 이러한 극단적인 경우에 인플레이션 억제정책은 국민

글로벌 볼리비아 하이퍼인플레이션의 종식–성공적인 인플레이션 억제정책

최근에 가장 주목할 만한 인플레이션 억제정책은 볼리비아에서 시행됐다. 1985년 상반기에 볼리비아의 인플레이션율은 2만%로 계속 치솟았다. 실제로 인플레이션율이 너무 높아서 사람들이 영화 티켓을 사려고 줄을 서는 동안에도 요금이 올랐다. 1985년 8월 새로 선출된 볼리비아의 대통령은 새로운 경제정책(New Economic Policy)이라는 인플레이션 억제정책을 공표했다. 새 정부는 통화증가를 억제하고 정책의 신뢰성을 얻기 위해 재정적자를 감축하기 위한 과감한 정책조치를 취했는데 여기에는 국영 기업체의 매각, 정부 보조금의 철폐, 공공부문 봉급의 동결, 새로운 부유세의 징수가 포함됐다. 재무성은 매일매일의 재정을 균형시키는 새로운 기반 위에 놓이게 됐다. 즉 재무장관은 전날 징수한 조세수입을 초과하는 정부지출을 승인하지 않았다. 볼리비아의 인플레이션은 한 달 만에 종식됐고, 국민소득의 손실은 GDP의 5%에 불과했다.

제2차 세계대전 전의 하이퍼인플레이션도 역시 볼리비아와 유사한 정책을 사용함으로써 국민소득의 적은 손실만으로 종식시킬 수 있었다.* 그리고 상당한 재정적자의 감축을 단행한 보다 최근의 이스라엘의 인플레이션 억제정책도 국민소득의 별다른 손실 없이 인플레이션을 급격히 감소시켰다. 의심의 여지 없이 신뢰성 있는 인플레이션 억제정책은 인플레이션을 퇴치하는 데 매우 성공적이었다.

* 1920년대에 4가지 하이퍼인플레이션의 종식에 대해 논의한 뛰어난 논문으로는 Thomas Sargent, "The Ends of Four Big Inflations," in *Inflation: Causes and Consequences*, ed. Robert E. Hall (Chicago: University of Chicago Press, 1982), pp. 41-98을 참조.

소득의 손실이 없기 때문에 비용이 들지 않을 것이다. 마지막 경우는 현실성이 없지만 다음과 같은 결론을 얻게 해준다. 인플레이션 억제자로서 중앙은행의 신뢰성이 높을수록 인플레이션은 더 빨리 하락하고 목표 인플레이션을 달성하기 위한 국민소득의 감소는 더 적을 것이다.

정책의 신뢰성이 성공적인 인플레이션 억제정책에 중요한 역할을 한다는 증거로서 1985년 볼리비아의 하이퍼인플레이션의 극적인 종식을 들 수 있다([글로벌] 참조). 그러나 신뢰성을 얻는 것은 말하기는 쉽지만 실천하기는 어렵다. 인플레이션 억제정책을 추구한다고 하는 연준 정책당국의 공표는 성공적이라고 기대할 수 있다. 따라서 민간은 이러한 정책을 예상해 그에 따라 행동할 것이다. 그러나 이러한 결론은 민간이 정책당국의 발표를 믿는다는 것에 근거한다. 그러나 불행히도 현실은 그렇게 움직이지 않는다.

연준의 정책결정 역사는 연준이 항상 계획한 대로 행동하지는 않았음을 시사한다. 1970년대에 연준 의장인 아서 번스(Arthur Burns)는 연준이 강력한 인플레이션 억제정책을 추구한다고 반복적으로 공표했으나, 인플레이션이 상승했을 때 실질이자율을 올리는 대신 실제로는 실질이자율을 낮췄다. 이러한 사례는 [그림 4]와 같이 민간의 입장에서 볼 때 연준의 신뢰성을 떨어뜨렸다. 신뢰성의 상실은 심각한 결과를 초래했다. 1981~1984년에 발생한 인플레이션의 하락은 높은 대가를 치러야 했다. 인플레이션율을 하락시켰던 1981~1982년의 경기후퇴는 제2차 세계대전 이후 가장 극심한 경기후퇴 중 하나였다.

응용 신뢰성과 레이건 정부의 재정적자

레이건(Reagan) 정부는 1980년대 초 조세의 감축으로 막대한 재정적자를 초래했다고 강력히 비판을 받았다. 총수요와 총공급 분석에서 조세의 감소는 일반적으로 총수요를 자극하고 국민소득을 증가시킨다고 간주된다. 연준이 인플레이션 억제정책을 계획할 때 대규모 재정적자에 대한 예상은 1981~1982년의 극심한 경기침체를 초래하는 데 기여했는가?

[그림 4]를 이용해 그렇다는 경제학자들도 있다. 연준이 인플레이션 억제정책을 시행할 의도를 공표할 때 대규모 재정적자에 대한 전망 때문에 민간이 그러한 정책이 실제로 시행된다고 믿기가 어려웠다. 결과적으로 [그림 4]와 같이 단기 총공급곡선은 AS_3로 이동하지 않고 AS_1에 머물렀다. 그 결과 경제는 점3이 아니라 점2로 이행했다. [그림 4]와 같이 연준의 인플레이션 억제정책의 결과 인플레이션율은 1982년 말까지 5% 이하로 둔화됐으나 많은 비용을 치렀다. 즉 실업이 10.7%로 최고조에 달했다.

레이건 정부가 감세로 재정적자를 증가시키는 대신 적극적으로 감소시키려 했다면 인플레이션 억제정책은 어떤 결과를 가져왔을까? 경제가 점2로 이동하는 대신 점3으로 이동함으로써 인플레이션의 급속한 하락과 국민소득의 적은 손실을 가져왔을 것이다.

인플레이션 억제정책을 채택한 시기에 대규모 재정적자를 보인 국가수반은 레이건 대통령만이 아니다. 영국의 마거릿 대처(Margaret Thatcher) 수상도 레이건 행정부의 전례를 따랐다. 사전트 등 경제학자들은 대처 수상의 정책에 대한 대가는 역사상 유례없는 높은 수준의 실업이라고 주장했다.

연준의 인플레이션 억제정책은 특히 시행 초기에 신뢰성이 결여됐다는 데 많은 경제학자들이 동의하지만, 레이건 행정부의 재정적자가 신뢰성 결여의 원인이라는 데 모두가 동의하는 것은 아니다. 레이건 행정부의 재정적자가 1981~1982년의 심각한 경기침체를 초래하는 데 기여했다는 결론은 논란의 여지가 있다.

미국 정부는 인플레이션 억제정책의 신뢰성을 얻는 데 중요한 역할을 할 수 있다. 앞에서 살펴본 바와 같이 대규모 재정적자는 인플레이션 유발적인 통화정책을 야기할 수 있다. 그리고 정부와 연준이 엄격한 인플레이션 억제정책을 추구한다고 공표할 경우 연방정부가 재정적 책임성을 보여주지 않는 한 민간이 그렇게 믿기는 어려울 것이다. 이러한 현상을 이르는 또 다른 방법은 "말보다 행동이 중요하다(Actions speak louder than words)"는 속담을 사용하는 것이다. 정부가 연준이 인플레이션 억제정책을 고수하도록 하는 정책조치를 취할 경우 정책의 신뢰성은 더욱 높아질 것이다. 불행히도 이러한 교훈은 종종 미국과 다른 국가의 정치인들에 의해 무시되고 있다.

4 중앙은행이 신뢰성을 획득하는 접근법

지금까지의 분석에 의하면 기대 인플레이션을 묶어두는 신뢰성 있는 명목기준지표는 성공적인 통화정책의 주요 요소이다. 그러나 이러한 신뢰성을 어떻게 얻을 수 있을까? 이전의 장에서 몇 가지 방법에 대해 논의했다. 제17장에서 논의한 첫 번째 접근법은 여러 가지 정책조치의 협력을 통해 인플레이션을 성공적으로 통제하는 것이다. 앞서의 '응용'과 제17장의 논의는 이러한 접근법이 그린스펀(Greenspan)과 버냉키(Bernanke)의 재임 동안 연준에 있어서 성공적이었음을 보여준다. 최근 들어 관심이 높아지고 있는 접근법은 제17장에서 논의한 인플레이션 타게팅(inflation targeting)이다. 인플레이션 타게팅은 인플레이션에 대한 중기 목표의 수치를 공표하고 그것을 지키도록 하는 약속이다. 다른 국가에서 인플레이션을 통제하기 위해 성공적으로 사용된 또 하나의 명목기준지표는 이미 강력한 명목기준지표를 보유한 국가에게 환율을 고정시키는 것이다. 이러한 전략은 제19장에서와 같이 환율 타게팅(exchange-rate targeting)이라고 부른다. 중앙은행이 신뢰성을 높이는 또 다른 접근법은 제14장에서와 같이 중앙은행이 정치적 과정으로부터 독립성을 획득하는 것이다. 이전 장에서 논의되지 않았지만 다음에 살펴볼 또 하나의 접근법은 '보수적'(conservative) 중앙은행 총재를 임명하는 것이다.

4.1 '보수적' 중앙은행 총재의 임명

하버드 대학의 케네스 로고프(Kenneth Rogoff)는 중앙은행이 독립성을 획득하는 또 하나의 접근법으로 정부가 인플레이션을 지극히 혐오하는 중앙은행 총재를 임명하는 것을 제시했다. 로고프는 이러한 중앙은행 총재를 '보수적'(conservative)이라고 표현했지만 더 좋은 표현은 '강인한'(tough) 또는 '인플레이션에 매파적인'(hawkish on inflation)이다. ([Fed 심층분석] '인플레이션에 매파적인 폴 볼커의 임명' 참조.)

민간이 '보수적' 중앙은행 총재의 임명을 경험한다면 중앙은행 총재가 인플레이션과 실업 간의 단기적 상충관계를 이용하기 위해 확장적 통화정책을 추구하지 않고 인플레이션을 통제하기 위해 여러 가지 조치를 취할 것으로 기대할 것이다. 그 결과 기대 인플레이션과 실제 인플레이션은 더욱 안정될 것이고 이것은 앞에서 설명한 신뢰성의 이점일 것이다.

신뢰성의 문제를 해결하는 이 접근법의 문제점은 이러한 중앙은행 총재의 임명이 시간이 지남에 따라 계속될지가 불확실하다는 점이다. 중앙은행 총재가 민간보다 더욱 보수적인 성향이라면 민간은 왜 그들의 선호에 부합하는 중앙은행 총재의 임명을 요구할 수 없겠는가? 결국 민주주의 사회에서 정부 관료는 민간의 의사를 대변한다고 볼 수 있다.

Fed 심층분석 인플레이션에 매파적인 폴 볼커의 임명

1979년 8월에 지미 카터(Jimmy Carter) 대통령은 폴 볼커(Paul Volcker)를 연준 의장으로 임명했다. 그 이전에 인플레이션은 계속 상승했으며 1979년 8월에 연간 CPI 인플레이션율은 11.8%에 달했다. 볼커는 전형적인 보수적 중앙은행 총재였다. 그는 인플레이션을 떠맡아 경제시스템에서 추방시킬 것을 대통령에게 확신시킨 유명한 인플레이션 매파였다. 1979년 10월 볼커가 연준 의장으로 취임한 직후 FOMC는 이자율을 극적으로 올리기 시작했다. 페더럴펀드 이자율은 8% 포인트 이상 인상돼 1980년 4월까지 거의 20%에 달했다. 그러나 1980년 1월에 시작된 경기침체로 인해 볼커는 경제가 회복하기 시작한 7월까지 페더럴펀드 이자율을 10% 수준으로 하락시켰다. 불행히도 이러한 처방은 성공하지 못했다. CPI 인플레이션은 여전히 13% 이상으로 매우 높은 수준에 머물렀다. 볼커는 인플레이션 억제적인 매파적인 기질을 나타냈다. 즉 연준은 페더럴펀드 이자율을 1981년 1월까지 20% 수준으로 인상해 7월까지 유지했다. 1981년 7월에 시작된 제2차 세계대전 이후 가장 심각한 경기침체에 직면해 연준은 실업률이 10% 가까이 상승함에도 불구하고 페더럴펀드 이자율을 1982년 7월까지 약 15% 수준으로 유지했다. 결국 7월부터 인플레이션율이 떨어지기 시작한 이후에야 연준은 페더럴펀드 이자율을 인하하기 시작했다.

볼커의 인플레이션 억제정책의 신뢰성은 확고해졌으며 1983년까지 인플레이션은 4% 이하로 떨어져 1987년 볼커의 재임기간 동안 그 수준에서 유지됐다. 볼커는 인플레이션 억제자로서 신뢰성을 다시 얻게 됐다. 그 결과 기대 인플레이션이 안정되고 '대인플레이션'이라고 알려진 미국 역사상 높은 인플레이션 시기가 종식됐다. 볼커는 통화정책의 영웅이 됐으며 역사상 가장 위대한 중앙은행 총재의 한 명으로서 칭송받았다. 볼커는 연준을 떠난 후에도 정책 논의에서 계속 탁월한 역할을 수행했다. 예를 들어 그는 오바마 대통령 직속의 경제자문위원회에서 활동했으며 제12장에서 논의한 소위 '볼커 준칙'(Volcker rule)을 제시했다. 볼커 준칙이란 은행의 거래를 그들이 보유한 현금으로 제한하는 준칙이다.

요 약

SUMMARY

1 예측대상 변수가 변동하면 기대형성의 방식도 변한다는 (합리적 기대이론으로부터 도출된) 간단한 원리로부터 계량경제적 정책평가에 대한 루카스의 비판이 나왔다. 루카스는 정책이 변하면 기대형성도 변하고, 이에 따라 계량경제모형 변수 간의 관계도 변할 것이라고 주장했다. 과거 데이터를 이용해 추정된 계량경제모형은 더 이상 이러한 정책 변화의 효과를 평가하는 올바른 모형이 될 수 없으며, 계량경제모형은 결과적으로 잘못된 결론을 내릴 수 있다. 루카스의 비판은 또한 특정 정책의 효과가 정책에 대한 민간의 기대에 결정적으로 의존한다는 것을 지적하고 있다.

2 통화정책 수행에서 준칙을 옹호하는 사람들은 준칙이 동태적 비일관성의 문제를 해결할 수 있다고 생각한다. 왜냐하면 정책당국은 계획을 고수해 바람직한 장기적 성과를 얻도록 하는 정해진 계획을 따라야 하기 때문이다. 재량을 옹호하는 사람들은 준칙이 모든 상황을 예견할 수 없고 상황판단의 사용을 허용하지 않기 때문에 너무 경직적이라고 생각한다. 제약적 재량은 정책당국에게 개념적 구조와 본래적인 규율을 부여하지만 모든 신축성을 제거하지는 않는다. 따라서 제약적 재량은 준칙의 일부 장점과 재량의 일부 장점을 결합한 방식이다.

3 재량을 제약하는 중요한 방법은 신뢰성 있는 명목기준지표를 지키도록 약속하는 것이다. 명목기준지표란 물가안정을 달성하기 위해 물가수준이나 인플레이션을 묶어두는 인플레이션율, 화폐공급, 환율 등 명목변수를 말한다. 신뢰성 있는 명목기준지표는 동태적 비일관성의 문제를 해결하고 기대 인플레이션을 묶어두는 데 도

움을 준다. 정책의 신뢰성은 국민소득과 인플레이션의 변동을 안정시키는 이점이 있으며, 인플레이션 억제정책이 국민소득의 적은 손실을 대가로 인플레이션을 낮출 수 있도록 해준다.

4 신뢰성을 얻는 접근법에는 실제로 인플레이션을 낮추는 정책의 시행, 인플레이션 타게팅, 환율 타게팅, 중앙은행 독립성의 제고 등이 있다. 중앙은행이 신뢰성을 획득하는 또 다른 접근법은 폴 볼커와 같이 인플레이션 억제에 매파적인 보수적 중앙은행 총재를 임명하는 것이다.

주요 용어 KEY TERMS

거시경제계량모형(macroeconometric model)
신뢰성(credibility)
일정한 통화증가율 준칙(constant-money-growth-rate rule)
재량(discretion)
정치적 경기변동(political business cycle)
제약적 재량(constrained discretion)
준칙(rule)
통화주의자(monetarist)

연습문제 QUESTIONS

1 루카스의 비판은 경제의 운행방식에 대한 우리의 이해에 대해 어떤 한계점을 말하는가?

2 "루카스의 비판은 재량적 안정화정책이 유익할 것이라는 데 의문을 제기한다." 이 진술은 참인가, 거짓인가, 또는 불확실한가? 설명하라.

3 과거 데이터에 근거한 계량경제모형은 연준이 페더럴펀드 이자율을 인상할 때 국내투자가 적게 감소할 것으로 예측한다고 해보자. 그리고 연준은 인플레이션을 억제해 투자와 경제성장을 촉진시키는 낮은 인플레이션의 환경을 도모하고자 페더럴펀드 이자율 목표의 인상을 고려한다고 해보자.

a. 사람들이 페더럴펀드 이자율 목표의 인상을 연준이 장기적으로 인플레이션을 낮게 유지하려는 신호로 해석할 경우, 이는 계량경제모형의 예측에 어떤 시사점을 제공하는지 설명하라.

b. 이러한 계량경제모형에 대한 루카스의 비판은 무엇인가?

4 연준이 단기이자율을 영구적으로 12%로 올리는 정책을 추구할 것으로 민간이 예상하지만 연준이 이러한 정책 변경을 관철하지 않는다면, 장기이자율에는 어떤 일이 벌어지겠는가?

5 어떤 의미에서 높은 중앙은행의 독립성이 동태적 비일관성의 문제를 악화시키는가?

6 준칙을 찬성하는 주장과 반대하는 주장은 각각 무엇인가?

7 인플레이션 유발적인 정책을 추구할 것으로 생각되는 정당이 선거에서 승리했다면 취임하기 전에도 국민소득과 인플레이션에 무슨 일이 벌어질지 예측하라.

8 많은 경제학자들은 대규모 재정적자가 미래에 인플레이션 유발적인 통화정책을 초래할 것으로 우려한다. 이러한 재정적자는 현재의 인플레이션율에 영향을 미치는가?

9 일부 국가에서는 대통령이 중앙은행 총재를 임명한다. 그리고 대통령이 중앙은행 총재를 경질하고 언제든지 다른 사람으로 교체할 수 있다. 이러한 상황이 통화정책 수행에 대해 갖는 시사점은 무엇인가? 이 경우 중앙은행은 통화정책에서 준칙을 따를 것으로 보는가, 아니면 재량정책을 시행할 것으로 보는가?

10 다음의 각각의 경우에 준칙을 고수하는 데 따르는 이득과 비용은 무엇인가? 각각의 경우는 어떻게 통화정책과 관련이 되는가?

a. 다이어트 b. 육아

11 스위스의 통화량 타게팅 전략은 어떤 면에서 통화정책 준칙에 반하는 경우인가?

12 통화정책에서 제약적 재량은 어떻게 재량과 다른가? 이들의 성과는 서로 어떻게 다른가?

13 일반적으로 신뢰성이 있는 경우와 없는 경우에 총공급곡선에는 어떤 영향을 미치는가?

14 글로벌 금융위기에 대한 대응의 일부로서 연준은 페더럴펀드 이자율 목표를 2008년 12월까지 거의 0%로 낮춰 2008~2011년에 본원통화가 거의 3배가 됐다. 이는 통화정책의 커다란 완화를 의미한다. 그러나 5년이나 10년 후의 기대 인플레이션에 대한 설문조사 수치는 대부분의 기간 중 낮게 나왔다. 인플레이션을 억제하는 데 있어서 연준의 신뢰성에 대해 논평하라.

15 "인플레이션 억제정책을 추구하는 정책당국이 높은 신뢰성을 가질수록 정책이 더 성공적일 수 있다." 이 진술은 참인가, 거짓인가, 또는 불확실한가? 설명하라.

16 1970년대의 유가충격이 경제에 미친 영향은 왜 2007년의 유가충격과는 달랐는가?

17 인플레이션 타게팅을 수행하는 중앙은행은 통상적으로 인플레이션 타겟과 이 목표가 적용될 기간을 공표한다. 또한 중앙은행은 그들의 정책조치에 대해 책임을 진다(예컨대 목표가 달성되지 못하면 중앙은행 총재는 경질됨). 이러한 사실은 민간에게 알려진 정보이다. 투명성이 인플레이션 타게팅의 근본적인 구성요소인 이유를 설명하라.

18 어떤 국가의 통계기관이 인플레이션을 잘못 측정해 수개월간의 인플레이션율을 연율 4%로 공표했지만 실제 인플레이션율은 약 2.5%였다고 해보자. 중앙은행이 인플레이션 타게팅을 수행해 목표치가 2±0.5%라면 중앙은행의 신뢰성에는 어떤 일이 벌어질 것인가?

19 인플레이션 타게팅의 목적은 무엇이며 이러한 통화정책 전략은 이 목적을 어떻게 달성하는가?

20 환율 타게팅은 어떻게 인플레이션 안정에 대한 성과가 저조한 국가에게 신뢰성을 얻게 해주는가?

21 '보수적' 중앙은행 총재가 된다는 것은 무엇을 의미하는가?

응용문제 APPLIED PROBLEMS

22 중앙은행이 일정한 통화증가율 준칙을 따르고 있고 경제는 심각한 침체에 빠졌다고 해보자. 총수요와 총공급곡선을 이용해 가능한 효과가 무엇인지 보여라. 중앙은행이 통화증가율 준칙을 유지한다면 이러한 상황은 어떻게 중앙은행의 신뢰성에 반영되는가? 중앙은행이 경기침체에 대응하기 위해 통화증가율 준칙을 포기한다면 이러한 상황은 어떻게 중앙은행의 신뢰성에 반영되는가?

23 A국가에는 신뢰성이 높은 중앙은행이 있고 B국가에는 신뢰성이 없는 중앙은행이 있다고 해보자. 각 국가의 신뢰성은 어떻게 총공급곡선이 정책공표에 반응하는 속도에 영향을 미치는가? 총수요와 총공급곡선을 이용해 설명하라.

24 두 국가가 동일한 총수요곡선, 동일한 잠재산출량, 동일한 γ를 갖고 있다고 해보자. 그리고 2013년에 두 국가는 동일한 음의 공급충격에 직면했다고 해보자. 각 국가의 인플레이션에 대한 다음의 표가 주어졌을 때 각 국가 중앙은행의 신뢰성에는 어떤 평가를 내릴 수 있는가?

	A국가	B국가
2012	3.0%	3.0%
2013	3.8%	5.5%
2014	3.5%	5.0%
2015	3.2%	4.3%
2016	3.0%	3.8%

25 신뢰성 있는 명목기준지표는 양의 총수요충격에 대해 어떻게 경제적 성과를 향상시킬 수 있는가? 음의 총공급충격이 발생할 경우 신뢰성 있는 명목기준지표는 어떻게 경제적 성과를 향상시킬 수 있는가? 총수요와 총공급곡선을 이용해 설명하라.

웹 연습문제 WEB EXERCISES

1 루카스는 노벨 경제학상을 수상했다. nobelprize.org/nobel_prizes/economics/에 들어가 All Prizes in Economic Sciences를 클릭하라. Robert E. Lucas Jr.를 찾아 클릭한 후 링크된 Press Release(보도자료)를 찾아보라. 루카스가 경제학상을 수상한 이유는 무엇인가? 루카스는 언제 노벨 경제학상을 수상했는가?

참고 웹사이트 WEB REFERENCES

http://www.newschool.edu/nssr/het/
출판물을 포함한 루카스의 약력

26 통화정책의 파급경로

PREVIEW

1980년 이후 미국 경제는 국민소득, 실업, 인플레이션이 심하게 변동해 마치 롤러코스터 위에 놓여 있는 듯했다. 1980년대를 시작하는 시점에 인플레이션은 두 자리 숫자를 보였으며 1980년의 경기침체 후에는 기록상 가장 짧은 경기확장이 뒤따랐다. 1년 후 경제는 1981~1982년의 경기침체로 들어갔다. 이 경기침체기에 실업률은 10%가 넘었으며 단지 인플레이션이 5% 이하 수준으로 떨어졌을 뿐이다. 1981~1982년의 경기침체 후에는 1987~1990년에 실업률이 6% 이하로 떨어졌던 장기간의 경기확장이 뒤따랐다. 1990년 후반 이라크의 쿠웨이트 침공과 유가의 상승으로 경제는 다시 경기침체로 들어갔다. 이후의 경제성장은 처음에는 느리게 진행됐으나 결국에는 속도가 빨라져서 1990년대 후반에 실업률이 5% 이하로 떨어졌다. 2001년 3월에 경제는 실업률이 약 6%로 상승하는 경기침체로 들어갔다. 2007년까지 경기회복으로 실업률은 5% 이하로 떨어졌으나 글로벌 금융위기의 시작으로 2007년 12월에 경기후퇴에 진입해 실업률이 10%로 상승했다. 2007~2009년의 경기후퇴는 제2차 세계대전 이후 최장의 경기후퇴였으며 2009년 7월에 가서야 경기가 회복되기 시작했다. 국민소득(또는 실업)과 인플레이션의 커다란 변동, 그리고 이에 따른 경제의 불안정성에 비추어보면 정책당국자는 다음의 딜레마에 직면하게 된다. 즉 미래에 국민소득과 인플레이션의 변동을 줄이기 위해 어떤 정책을 시행해야 하는가?

이 질문에 답하기 위해 통화당국은 정책 시행의 시기와 그들의 정책이 경제에 미치는 영향에 대해 정확한 평가를 내려야 한다. 이러한 평가를 하기 위해 정책당국은 통화정책이 경제에 미치는 경로를 이해할 필요가 있다. 이 장에서는 통화정책의 파급경로를 살펴보고, 통화정책이 경제에 미치는 효과를 이해하기 위해 통화정책의 파급경로에 대한 실증적 증거를 평가해보고자 한다. 이러한 통화정책의 파급경로에서는 제1~3부의 주제인 금융시스템과 제6부의 주제인 화폐이론과의 연계성이 강조된다는 것을 알게 될 것이다.

1 통화정책의 파급경로

이 절에서는 통화정책이 총수요와 경제에 미치는 경로를 살펴본다. 이러한 경로를 **통**

화정책의 파급경로(transmission mechanism of monetary policy)라 한다. 우선 이자율 경로부터 시작하도록 한다. 왜냐하면 이자율 경로는 제21∼23장에서 살펴본 *AD*−*AS*모형에서 통화정책의 중요한 파급경로이며 제24∼25장에서 살펴본 통화정책에 응용할 수 있기 때문이다.

1.1 전통적 이자율 경로

통화정책의 파급경로에 대한 전통적 견해는 실질이자율을 낮추는 통화정책의 완화 효과를 보여주는 다음의 도식으로 나타낼 수 있다.

$$r\downarrow \quad \Rightarrow \quad I\uparrow \quad \Rightarrow \quad Y^{ad}\uparrow \tag{1}$$

여기서 통화정책의 완화는 실질이자율의 하락($r\downarrow$)을 가져오며, 이는 다시 차입의 실질 비용을 낮춰 투자지출을 증가($I\uparrow$)시킴으로써 총수요를 증가($Y^{ad}\uparrow$)시킨다.

케인즈는 원래 이자율 경로가 투자지출에 관한 기업의 결정 과정에 작용한다고 강조했지만 통화정책의 새로운 파급경로에 대한 연구는 주택과 **내구소비재 지출**(consumer durable expenditure, 자동차와 냉장고와 같은 내구재에 대한 소비자의 지출)에 대한 소비자의 결정 또한 투자결정이라는 사실에 주목했다. 따라서 식(1)에 표시한 통화정책의 이자율 경로는 소비지출에 대해서도 똑같이 적용된다. 여기서 I는 주택이나 내구소비재 지출을 나타낸다.

이자율 경로의 중요한 특징은 소비자와 기업가의 결정에 영향을 주는 이자율로서 명목이자율 대신 실질이자율을 강조하는 것이다. 더구나 지출에 영향을 주는 것은 종종 실질 단기이자율이 아니라 실질 장기이자율이다. 중앙은행에 의해 유도되는 단기 명목이자율의 변동이 그에 상응하는 단기채권과 장기채권의 실질이자율의 변동을 가져오는 이유는 무엇일까? 알다시피 해답의 열쇠는 경직적인 가격(sticky price)이라는 현상이다. 이 현상은 물가가 시간이 지남에 따라 서서히 조정됨으로써 단기 명목이자율을 낮추는 확장적 통화정책이 또한 단기 실질이자율도 떨어뜨린다는 것을 의미한다. 제6장에서 설명한 바와 같이 장기이자율을 미래의 예상 단기이자율의 평균으로 설명하는 기간구조에 관한 기대이론은 실질 단기이자율이 떨어지면 실질 장기이자율도 떨어진다고 설명한다. 그렇다면 낮은 실질이자율은 기업의 고정투자, 주택투자, 재고투자, 내구소비재 지출을 증가시키며, 이것들은 모두 국민소득의 증가를 가져온다.

비록 명목이자율(i)이 디플레이션 시기에 0% 이하로 떨어지지는 못하지만 지출에 영향을 미치는 것이 명목이자율이 아니라 실질이자율이라는 사실은 통화정책이 어떻게 경제를 부양시키는가에 대한 중요한 경로를 제공해준다. 명목이자율이 0%에 있을 때 확장적 통화정책은 기대 인플레이션을 상승($\pi^e\uparrow$)시킨다. 이에 따라 명목이자율이 0%로 고정돼 있을 때에도 실질이자율을 하락($r=i-\pi^e\downarrow$)시키고 다음과 같은 이자율 경로를 통해 지출을 자극한다.

$$\pi^e\uparrow \quad\Rightarrow\quad r\downarrow \quad\Rightarrow\quad I\uparrow \quad\Rightarrow\quad Y^{ad}\uparrow \qquad (2)$$

따라서 이 경로는 통화당국에 의해 명목이자율이 0%까지 떨어질 때에도 통화정책은 여전히 효과적일 수 있다는 것을 보여준다. 실제로 이 경로는 연준이 왜 2008년 12월 상당기간 동안 페더럴펀드 이자율을 0%로 유지하는 비전통적 통화정책에 의존했는가를 설명해준다. 그렇게 함으로써 연준은 경기부양을 위해 실질이자율이 낮은 수준을 유지할 수 있도록 기대 인플레이션이 떨어지는 것을 막으려 했다. 상당 기간 동안 이자율을 낮게 유지하는 것은 장기이자율을 낮춤으로써 지출의 증가를 가져왔다.

스탠퍼드 대학의 존 테일러(John Taylor)와 같은 경제학자는 차입의 실질비용을 통한 소비 및 투자지출에 대한 이자율 효과가 강력하다는 실증적 증거가 있다고 주장한다. 이는 통화정책의 이자율 경로를 강화시킨다. 그의 입장은 매우 논란의 여지가 있으며, 현재 연준 의장인 벤 버냉키(Ben Bernanke)와 뉴욕 대학의 마크 거틀러(Mark Gertler)를 포함한 많은 경제학자는 실증적 증거가 차입의 실질비용을 통한 강력한 이자율 효과를 지지하지 않는다고 믿고 있다.[1] 실제로 이들은 통화정책의 파급경로에 대한 전통적 이자율 경로가 실증적으로 기각된 것이 통화정책의 다른 파급경로를 연구하는 자극제로 작용한 것으로 보고 있다.

통화정책의 다른 파급경로는 2가지 범주로 구분된다. 즉 이자율 이외의 자산가격을 통한 파급경로와 신용시장에 대한 정보의 비대칭 효과를 통한 파급경로(**신용견해**(credit view))이다. (모든 파급경로는 [그림 1]의 도표로 요약돼 있다.)

1.2 여타 자산가격 경로

이전 장들에서 살펴본 총수요 분석의 단점은 여타 자산가격 대신 이자율이라는 하나의 자산가격에만 초점을 맞춘다는 것이다. 채권가격 이외에 2가지 자산가격인 환율과 주가가 통화정책의 파급경로로서 주목을 받고 있다.

순수출에 대한 환율효과 전 세계적으로 경제의 국제화가 진전되고 변동환율제도가 도입됨에 따라 통화정책이 순수출과 국민소득에 영향을 주는 환율에 어떻게 영향을 미치는

1) John Taylor, "The Monetary Transmission Mechanism: An Empirical Framework," *Journal of Economic Perspectives* 9 (Fall 1995): pp. 11–26; Ben Bernanke and Mark Gertler, "Inside the Black Box: The Credit Channel of Monetary Policy Transmission," *Journal of Economic Perspectives* 9 (Fall 1995): pp. 27-48 참조.

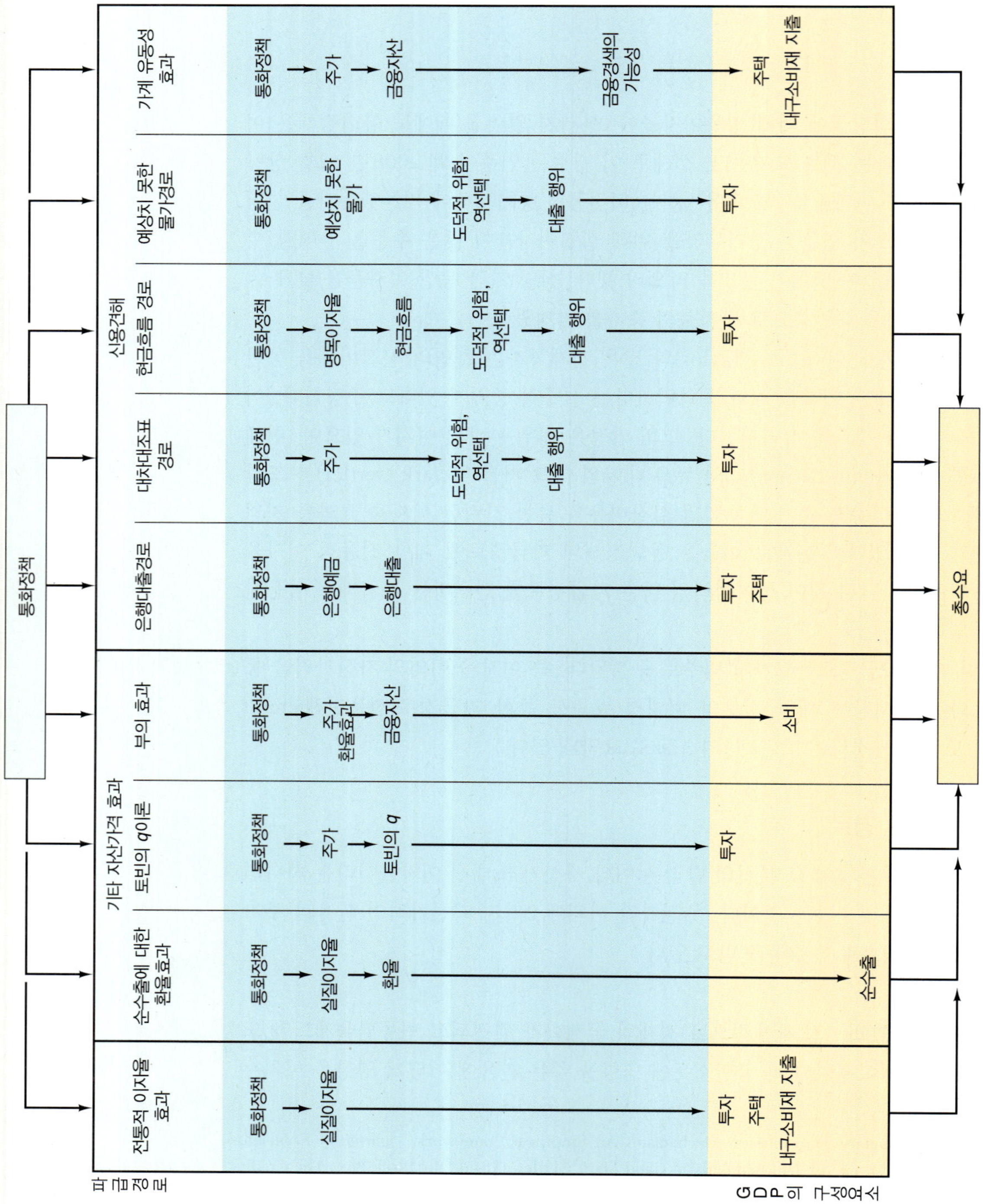

그림 1 통화정책과 총수요 간의 연계 : 통화정책의 파급경로

이 도표는 통화정책이 총수요에 영향을 미치는 다양한 경로를 보여준다.

지에 더 많은 관심을 갖게 됐다.

이 경로는 또한 이자율 효과와 관련돼 있다. 왜냐하면 제18장에서 본 바와 같이 국내 실질이자율이 떨어질 때 국내 달러표시 예금이 외화표시 예금에 비해 대력이 떨어지기 때문이다. 그 결과 외화표시 예금에 비해 달러표시 예금의 상대적 가치가 떨어지고 달러가 약세가 된다($E\downarrow$). 국내 화폐가치의 하락으로 국내상품은 외국상품보다 값이 싸져서 순수출이 증가($NX\uparrow$)하고 따라서 총수요가 증가($Y^{ad}\uparrow$)한다. 환율을 통한 통화정책의 파급경로는 다음의 도표와 같다.

$$r\downarrow \;\Rightarrow\; E\downarrow \;\Rightarrow\; NX\uparrow \;\Rightarrow\; Y^{ad}\uparrow \tag{3}$$

토빈의 q이론 노벨경제학상을 수상한 제임스 토빈(James Tobin)은 토빈의 q이론(Tobin's q Theory)이라는 이론을 발전시켰다. 이 이론은 통화정책이 주식의 가치평가에 대한 효과를 통해 어떻게 경제에 영향을 미치는지를 설명한다. 토빈은 기업의 시장가치를 자본의 대체비용으로 나눈 값으로 q값을 정의했다. q값이 높으면 기업의 시장가치가 자본의 대체비용에 비해 높으며, 새로운 설비자본의 구입비용이 기업의 시장가치에 비해 싸다. 그러면 기업은 높은 가격으로 주식을 발행해 시설과 설비의 구입비용을 충당하는 것이 이득이 된다. 그러므로 기업이 적은 양의 주식 발행으로 많은 새로운 투자재를 구입할 수 있기 때문에 투자지출이 증가한다.

반대로 q값이 낮으면 기업의 시장가치가 자본비용에 비해 낮기 때문에 기업은 새로운 자본재를 구입하지 않을 것이다. q값이 낮을 때 기업이 자본을 획득하기 원한다면 차라리 다른 기업을 싸게 매수해 중고자본을 구입할 수 있다. 그러면 새로운 투자재의 구입인 투자지출은 매우 적을 것이다. 토빈의 q이론은 대공황기에 투자율이 극히 낮은 이유를 잘 설명한다. 1993년의 주가는 1929년 말의 주가에 단지 10%밖에 되지 않았다. q값은 유례없이 떨어졌다.

이 논의의 핵심은 토빈의 q와 투자지출 간에 연계성이 존재한다는 것이다. 그러나 통화정책이 어떻게 주가에 영향을 미치는가? 단순히 보면 채권의 실질이자율이 낮다는 것은 주식에 비해 채권의 기대수익률이 떨어진다는 것을 의미 한다. 이는 주식을 채권에 비해 더욱 매력적이 되게 함으로써 주식의 수요를 증가시키고 주가를 상승시킨다.[2] 이러한 사실과 함께 높은 주가(P_s)가 높은 q값과 높은 투자지출(I)을 초래한다는 사실을 결합하면

2) 이러한 파급경로를 살펴보는 다른 방법은 제7장에서 논의한 모형을 이용하는 것이다. 이 모형에서는 실질이자율의 하락이 주식투자의 필요수익률을 떨어뜨려 주가를 상승시킨다. 주식수익률이 하락할수록 주식발행을 통한 투자지출의 자금 조달비용을 감소시킨다. 주가와 투자지출 간의 연계성을 살펴보는 이런 방법은 토빈의 q이론과 동일한 내용이다.

다음과 같은 통화정책의 파급경로가 도출된다.

$$r\downarrow \Rightarrow P_s\uparrow \Rightarrow q\uparrow \Rightarrow I\uparrow \Rightarrow Y^{ad}\uparrow \qquad (4)$$

부의 효과(재산효과) 통화정책의 새로운 파급경로에 대한 연구에서 경제학자들은 또한 소비자의 대차대조표가 어떻게 그들의 지출 결정에 영향을 미치는지 살펴봤다. 프랑코 모딜리아니(Franco Modigliani)는 그의 유명한 소비의 생애주기가설(life cycle hypothesis)을 이용해 처음으로 이러한 방향의 연구를 수행했다. **소비**(consumption)는 비내구재 및 서비스에 대한 소비자의 지출을 의미한다.[3] 소비는 내구소비재에 대한 지출을 포함하지 않는다는 점에서 소비자 지출(consumer expenditure)과 다르다. 모딜리아니 이론의 기본 전제는 소비자가 일정 기간에 걸쳐 소비를 고르게 한다는 것이다. 그러므로 소비지출(consumption spending)을 결정하는 것은 단지 현재소득이 아니라 소비자의 생애 총자원(lifetime resource)이다.

소비자의 생애 총자원의 주요 구성요소는 그들의 금융자산이며, 금융자산의 주요 부분은 주식이다. 주가가 오를 때 금융자산의 가치가 증가하며 그것에 의해 소비자의 생애 총자원이 증가하고 소비도 증가한다. 앞에서 살펴본 바와 같이 통화정책의 완화가 주가를 상승시킨다는 점을 고려하면 이제 또 하나의 통화정책의 파급경로를 얻을 수 있다.

$$r\downarrow \Rightarrow P_s\uparrow \Rightarrow \text{재산}\uparrow \Rightarrow \text{소비}\uparrow \Rightarrow Y^{ad}\uparrow \qquad (5)$$

모딜리아니의 연구는 이 관계가 통화정책의 유효성을 상당히 강화시키는 경로라는 것을 밝혔다.

재산 경로와 토빈의 q경로는 주식의 정의를 일반화시켰다. 따라서 주택을 일종의 주식으로 보면 토빈의 q이론은 주택시장에도 적용할 수 있다. 주택가격이 상승해 주택가격이 대체비용에 비해 높다면 주택시장에서 토빈의 q값은 상승할 것이고 그것에 의해 주택의 건설이 촉진될 것이다. 마찬가지로 주택과 토지 가격은 재산의 주요 구성요소여서 이들 가격의 상승은 재산을 증가시키고 그것에 의해서 소비가 촉진된다. 따라서 토빈의 q 경로와 재산 경로를 통해 토지와 주택의 가격을 상승시키는 확장적 통화정책은 총수요의 증가를 가져온다.

1.3 신용견해

이자율 효과에 의해 통화정책이 내구재 지출에 미치는 효과를 설명하는 것이 만족스럽

3) 소비는 또한 주택과 내구소비재의 소유로부터 소비자가 누리는 서비스를 포함한다. 서비스 소비는 소비의 또 하나의 작은 구성요소이다.

지 못한 상황에서, 금융시장에 있어서 금융마찰을 야기하는 정보의 비대칭성 문제(제8장 참조)에 근거한 새로운 설명이 등장했다. 이른바 신용견해credit view)라고 하는 이 설명은 신용시장에서 금융마찰의 결과로서 2가지 형태의 통화정책 파급경로가 발생한다고 제시한다. 즉 은행대출에 대한 효과를 통해 작용하는 경로와 기업과 가계의 대차대조표에 대한 효과를 통해 작용하는 경로이다.

은행대출 경로 은행대출 경로는 제8장의 분석에 근거한다. 제8장의 분석에서는 은행이 신용시장에서 정보의 비대칭성 문제를 해결하기에 특히 적합하기 때문에 금융시스템에서 특수한 역할을 한다고 설명했다. 은행의 특수한 역할 대문에 어떤 차입자는 은행으로부터 차입하지 않는다면 신용시장에 접근할 수 없을 것이다. 소매은행의 예금과 다른 자금의 원천 간에 완전한 대체관계가 없는 한 통화정책의 은행대출 경로는 다음과 같이 작동한다. 은행지준(지급준비금)과 은행예금을 증가시키는 확장적 통화정책은 이용 가능한 은행대출의 규모를 증가시킨다. 많은 차입자가 그들의 활동자금을 조달하기 위해 은행대출에 의존하기 때문에 이러한 대출의 확대는 투자지출과 소비지출을 증가시킨다. 통화정책의 효과는 다음의 도식과 같다.

$$\text{은행지준}\uparrow \;\Rightarrow\; \text{은행예금}\uparrow \;\Rightarrow\; \text{은행대출}\uparrow \;\Rightarrow\; I\uparrow \;\Rightarrow\; Y^{ad}\uparrow \qquad (6)$$

신용견해의 중요한 시사점은 통화정책이 (오직 은행을 통하지 않더라도) 직접 주식시장과 채권시장을 통해 신용시장에 접근할 수 있는 대기업보다 은행대출어 더 많이 의존하는 중소기업의 지출에 더 큰 영향을 미친다는 것이다.

이러한 결과는 연구자들에 의해 확증됐을지라도 은행대출 경로에 대한 의구심은 문헌에서 제기돼왔다. 그리고 미국의 은행대출 경로가 과거보다 강력하지 않다고 생각하는 데는 몇 가지 이유가 있다. 첫째, 현행 미국의 규제제도는 더 이상 은행의 자금 조달능력을 가로막는 제약을 가하지 않는다는 점이다(제13장 참조). 1980년대 중반 이전 양도성 예금증서(certificates of deposit, CD)는 지준 부과와 레귤레이션 Q(Regulation Q)의 예금이자율 상한의 대상이었다. 이러한 규제 때문에 은행은 통화긴축기에 은행제도를 빠져나가는 예금을 대체하는 데 어려움을 겪었다. 이러한 규제가 철폐됨에 따라 은행은 필요지준을 쌓을 의무가 없는 CD를 시장이자율로 발행함으로써 은행지준과 소액 예금의 감소에 대응하기가 보다 쉬워졌다. 둘째, 은행의 전통적 대출업무가 전 세계적으로 축소됨에 따라(제13장 참조) 은행대출 경로는 더욱 약화됐다. 그럼에도 불구하고 많은 경제학자들은 은행대출 경로가 2007~2009년의 경기후퇴로부터 경제를 회복시키는 데 중요한 역할을 했다고 보고 있다.

대차대조표 경로 은행대출 경로는 그 중요성이 떨어지고 있지만 그렇다고 이것이 대차대조표 경로와 같은 다른 신용경로를 지지하는 것이라고 말할 수 없다. 은행대출 경로와 마찬가지로 대차대조표 경로 역시 신용시장에서 금융마찰 때문에 발생한다. 제8장에서 기업의 순자산가치가 하락할수록 이러한 기업에 대한 대출 과정에서 역선택과 도덕적 위험(도덕적 해이) 문제가 심각해진다. 순자산가치가 낮다는 것은 대부자가 사실상 기업에 대한 대출에서 담보를 충분히 확보할 수 없다는 것을 의미한다. 따라서 역선택에 의한 잠재적 손실 가능성이 더 커진다. 그러므로 역선택의 문제를 야기하는 순자산가치의 하락은 투자지출의 자금을 조달하기 위한 대출의 감소를 초래한다. 기업의 순자산가치 하락은 또한 도덕적 위험 문제를 증대시킨다. 왜냐하면 기업주는 기업의 순자산가치가 하락하면 기업에 대한 지분 보유분이 낮아져 더욱더 위험사업에 투자할 유인이 커지기 때문이다. 위험사업에 투자한다는 것은 대부자가 자금을 상환받지 못할 가능성이 커진다는 것을 의미하기 때문에 기업의 순자산가치 하락은 대출의 감소를 초래하고 따라서 투자지출이 감소한다.

통화정책은 기업의 대차대조표에 몇 가지 방법으로 영향을 미친다. 앞에서 설명한 바와 같이 주가를 상승($P_s\uparrow$)시키는 통화정책의 완화($M\uparrow$)는 기업의 순자산가치를 증대시킴으로써 투자의 증가($I\uparrow$)와 총수요의 증가($Y^{ad}\uparrow$)를 가져온다. 왜냐하면 이 경우 역선택과 도덕적 위험 문제가 감소되기 때문이다. 통화정책의 대차대조표 경로 중 하나에 대한 도식은 다음과 같다.

$$r\downarrow \;\Rightarrow\; P_s\uparrow \;\Rightarrow\; \text{기업의 순자산}\uparrow \;\Rightarrow\; \text{역선택}\downarrow,$$
$$\text{도덕적 위험}\downarrow \;\Rightarrow\; \text{대출}\uparrow \Rightarrow I\uparrow \Rightarrow Y^{ad}\uparrow \qquad (7)$$

현금흐름 경로 또 하나의 대차대조표 경로는 현금수입과 현금지출의 차이인 현금흐름(cash flow)을 통해서 작용한다. 명목이자율(i)을 낮추는 통화정책의 완화는 또한 현금흐름을 증가시키기 때문에 기업의 대차대조표 구조를 개선시킨다. 현금흐름의 증가는 기업과 가계의 유동성을 증가시킴으로써 기업이나 가계가 상환능력이 있는지 대부자가 쉽게 알 수 있게 해준다. 그 결과 역선택과 도덕적 위험 문제가 덜 심각해져서 대출이 증가되고 경제활동이 확대된다. 다음의 도식은 추가적인 대차대조표 경로를 나타낸다.

$$i\downarrow \;\Rightarrow\; \text{기업의 현금흐름}\uparrow \;\Rightarrow\; \text{역선택}\downarrow,$$
$$\text{도덕적 위험}\downarrow \;\Rightarrow\; \text{대출}\uparrow \Rightarrow I\uparrow \Rightarrow Y^{ad}\uparrow \qquad (8)$$

이 파급경로의 중요한 특징은 기업의 현금흐름에 영향을 주는 것이 명목이자율이라는 것이다. 따라서 이 이자율 경로는 앞에서 논의한 전통적 이자율 경로와 다르다. 전통적 이자율 경로에 의하면 투자에 영향을 주는 것은 실질이자율이다. 더구나 가계와 기업의 현금흐름에 전형적으로 가장 큰 영향을 미치는 것은 장기부채가 아니라 단기부채에 대한 이자 상환이기 때문에 단기이자율이 현금흐름 경로에서 특별한 역할을 한다.

이자율을 낮추고 총수요를 자극시키는 확장적 통화정책을 통한 경로는 역선택의 문제와 관련돼 있으며, 또한 신용할당(credit rationing) 현상과도 관련돼 있다. 제11장에서 논의한 바와 같이 신용할당은 차입자가 높은 이자율을 지급할 의사가 있음에도 불구하고 대출을 거부당한 경우에 발생한다. 이것은 가장 위험한 사업에 투자하는 개인과 기업이 바로 가장 높은 이자를 지급할 의사가 있는 사람들이기 때문이다. 왜냐하면 고위험 사업이 성공할 경우 가장 먼저 혜택을 받는 사람은 바로 그들이기 때문이다. 따라서 이자율이 높을수록 역선택의 문제는 강화되고 이자율이 낮을수록 역선택의 문제가 약화된다. 확장적 통화정책으로 이자율이 낮아질 때에는 위험을 선호하는 차입자가 대출 신청자의 적은 부분을 차지하게 될 것이다. 그리하여 대부자는 대출을 더욱 늘리게 되고 식(8)과 같이 투자와 총수요가 증가할 것이다.

예상치 못한 물가경로 세 번째 대차대조표 경로는 일반 물가수준에 대한 통화정책의 효과를 통해 작용한다. 산업화된 국가에서 채무상환은 계약상 명목금액으로 고정돼 있기 때문에 예상치 못한 물가의 상승은 기업 부채의 실질가치를 떨어뜨리나(채무부담의 감소) 기업자산의 실질가치는 떨어뜨리지 않는다. 인플레이션과 예상치 못한 물가상승을 야기하는 통화정책의 완화는 실질 순자산을 증가시켜 역선택과 도덕적 위험 문제를 완화시킨다. 이에 따라 다음과 같이 투자지출과 총수요가 증가한다.

$$r\downarrow \;\Rightarrow\; \pi\uparrow \;\Rightarrow\; \text{예상치 못한 물가 } P\uparrow \;\Rightarrow\; \text{기업의 실질 순자산}\uparrow$$
$$\Rightarrow\; \text{역선택}\downarrow,\ \text{도덕적 위험}\downarrow \;\Rightarrow\; \text{대출}\uparrow \;\Rightarrow\; I\uparrow \;\Rightarrow\; Y^{ad}\uparrow \tag{9}$$

예상치 못한 물가수준의 변동이 총수요에 영향을 미친다는 견해는 경제학의 오랜 전통이다. 이것이 제9장에서 다룬 대공황에 대한 채무-디플레이션 견해의 중요한 특징이 된다.

가계 유동성효과 대부분의 신용견해에 관한 연구들이 기업의 지출에 초점을 맞추고 있지만 신용견해는 특히 내구소비재와 주택에 대한 소비지출에도 똑같이 적용된다. 통화긴축에 의해 야기되는 은행대출의 감소는 다른 자금 조달수단에 접근할 수 없는 소비자의 내구재와 주택 구입을 감소시킨다. 마찬가지로 이자율의 상승은 소비자의 현금흐름에 불리한 영향을 미치기 때문에 가계의 대차대조표 구조를 악화시킨다.

대차대조표 경로가 소비자를 통해 어떻게 작용하는지 살펴보는 또 하나의 방법은 내구소비재와 주택 지출에 대한 유동성효과를 고려하는 것이다. 이 효과는 대공황기를 특징

FYI 소비자의 대차대조표와 대공황

1929년부터 1933년까지 미국은 역사상 소비자의 대차대조표 구조가 가장 악화된 것을 경험했다. 1933년까지 지속된 경기침체를 야기한 1929년의 주식시장 붕괴는 소비자의 자산가치를 7,370억 달러(2000년 가격)만큼 감소시켰다. 그리고 예상대로 소비가 1,000억 달러 이상 급격히 감소했다. 그 기간에 물가의 하락으로 소비자의 실질 채무는 20% 이상 급격히 증가했다. 그 결과 부채 금액 대비 금융자산의 가치는 급격히 감소해 금융경색을 겪을 가능성이 커졌다. 내구소비재와 주택 구입에 대한 지출이 급격히 떨어진 것은 놀라운 일이 아니다. 1929년부터 1933년까지 내구소비재는 50% 이상 감소했고 주택 구입에 대한 지출은 80% 이상 감소했다.*

* 대공황기에 소비자의 대차대조표 구조가 지출에 미치는 효과에 대한 보다 자세한 내용은 Frederic S. Mishkin, "The Household Balance Sheet and the Great Depression," *Journal of Economic History* 38 (1978): pp. 918-937 참조.

짓는 중요한 요인이었다([FYI] '소비자의 대차대조표와 대공황' 참조). 유동성효과의 견해에서 대차대조표 효과는 대부자의 대출 의사가 아니라 소비자의 지출 의사에 영향을 미침으로써 작용한다. 내구소비재와 주택의 품질에 관한 정보의 비대칭성 때문에 내구소비재와 주택은 매우 유동성이 낮은 자산이다. 소득 감소의 충격으로 자금조달을 위해 소비자가 내구소비재나 주택을 팔아야 한다면 투매로 제값을 받을 수 없기 때문에 큰 손실이 예상된다. (이 경우가 바로 제8장에서 설명한 레몬 문제(lemons problem)의 경우이다.) 반면 소비자가 금융자산(은행예금, 주식, 채권)을 보유하고 있다면 금융자산을 제값에 신속히 팔아 현금을 조달할 수 있을 것이다. 따라서 소비자가 금융경색을 겪을 가능성이 높아진다면 유동성이 떨어지는 내구소비재와 주택 보유를 줄이는 대신 유동성이 높은 금융자산의 보유를 늘릴 것이다.

소비자의 대차대조표 구조는 소비자가 금융경색을 겪을 가능성에 대한 예측에 중요한 영향을 미친다. 특히 소비자가 채무에 비해 금융자산을 많이 보유하고 있다면 금융경색을 겪을 가능성이 낮아지고, 이에 따라 내구소비재나 주택을 구입할 의사가 더 생길 것이다. 주가가 상승할 때 금융자산의 가치도 올라간다. 소비자는 더욱 안전한 금융포지션을 갖게 되고 자금 사정이 악화될 가능성이 낮아지기 때문에 내구소비재 지출도 증가할 것이다. 화폐와 주가 간의 연계성을 통해 작용하는 또 하나의 통화정책 파급경로는 다음과 같다.

$$r\downarrow \;\Rightarrow\; P_s\uparrow \;\Rightarrow\; \text{가계의 금융자산가치}\uparrow \;\Rightarrow\; \text{금융경색의 가능성}\downarrow$$
$$\Rightarrow\; \text{내구소비재와 주택에 대한 지출}\uparrow \;\Rightarrow\; Y^{ad}\uparrow \qquad (10)$$

내구소비재와 주택의 유동성이 낮다는 것은 이자율을 떨어뜨리고 소비자의 현금흐름을 증가시키는 통화정책의 완화가 왜 내구소비재와 주택에 대한 지출을 증가시키는지에 대한 또 하나의 이유를 제공한다. 소비자의 현금흐름 증가는 금융경색을 겪을 가능성을 낮춤으로써 내구소비재와 주택을 보유할 의사를 증대시킨다. 따라서 내구소비재와 주택에 대한 지출이 증가돼 국민소득이 증가된다. 이 현금흐름 효과의 견해와 식(8)의 견해의 차이는 단지 지출을 증가시키는 것이 대부자의 대부 의사가 아니라 소비자의 지출 의사라는 것이다.

1.4 신용경로는 왜 중요한가?

신용경로가 통화정책의 파급경로에서 중요한 이유는 3가지다. 첫째, 개별기업의 행위에 대한 많은 증거에 의하면 신용경로의 작동에 중요한 요소인 일종의 금융마찰이 기업의 고용과 지출 결정에 영향을 미친다는 견해가 지지를 받고 있다. 둘째, 신용제약을 받는 중소기업은 신용제약을 받지 않는 대기업보다 긴축적 통화정책에 의해 더 많은 고통을 받는다는 증거가 있다. 셋째, 아마도 가장 강력한 이유로서, 신용시장 분석의 밑바탕이 되는 금융마찰에 대한 정보의 비대칭성 견해는 다른 많은 중요한 현상을 설명하는 데 유용한 이론이다. 즉 이 견해는 여러 금융기관이 왜 존재하는지, 금융제도가 왜 현 상태로 유지되는지, 금융위기가 왜 경제에 충격을 주는지를 설명하고 있다(이 모든 주제는 제8장과 제9장에서 논의했음). 이 이론은 많은 분야에 유용하게 적용되고 있다는 점에서 많은 지지를 얻고 있다. 이러한 기준으로 정보의 비대칭성 이론은 중요한 통화정책의 파급경로로서 신용경로의 존재를 지지한다.

응용 대침체(Great Recession)

2007년 여름에 금융위기가 닥쳤을 때 연준은 매우 공격적으로 통화정책의 완화를 시행했다. 연준은 페더럴펀드 이자율 목표를 2007년 9월에서 2008년 12월까지 15개월 동안 5.25%에서 0.25%로, 그리고 0%로 낮췄다. 처음에는 연준의 조치가 성장률의 둔화를 완화하고 경기침체를 막는 듯했다. 그러나 경제는 연준과 민간 예측자들이 기대했던 것보다 악화돼 2007년 12월부터 제2차 세계대전 이후 가장 극심한 경기후퇴가 발생했다. 연준이 정책수단인 이자율을 이례적으로 낮췄음에도 불구하고 경제는 왜 악화됐을까?

서브프라임 붕괴가 앞서 설명한 여러 경로를 통해 경제에 부정적인 영향을 미쳤다. 서브프라임 모기지의 채무불이행 건수가 많아짐에 따라 모기지를 담보로 발행된 증권과 CDO(Collateralized Debt Obligation, 채무담보부 유동화증권)의 가치가 하락함으로써 금융기관의 대차대조표상에 많은 손실을 초래했다. 재무제표의 건전성이 악화되자 금융기관은 부채를 줄이고 대출 규모를 축소했다. 어느 누구도 정보를 수집하고 대출을 해주지 않자, 신용시장에서 역선택과 도덕적 위험 문제와 이에 따른 금융마찰이 증가해 경기를 둔화시켰다. 또한 많은 금융시장의 붕괴로 불확실성이 증가함으로써 신용 스프레드가 최고조에 달했다. 주가와 주택가격의 하락으로 가계의 재산가치가 하락함으로써 경제를 약화시켰다. 그 결과 토빈의 q값이 하락함에 따라 가계의 재산가치가 떨어져서 소비지출이 감소했고 투자는 위축됐다.

이러한 여러 경로가 작용함으로써 연준이 페더럴펀드 이자율을 공격적으로 낮췄음에도 불구하고 경제는 여전히 타격을 입었다.

2 통화정책에 대한 교훈

이 장의 분석으로부터 중앙은행의 통화정책 수행에 대해 어떠한 유용한 시사점을 끌어낼 수 있을까? 여기에는 4가지 기본적인 교훈을 들 수 있다.

1. 확장적 통화정책이나 긴축적 통화정책을 항상 단기 명목이자율의 하락이나 상승과 연관짓는 것은 위험하다. 대부분의 중앙은행은 단기 명목이자율(일반적으로 은행간 대출이자율)을 통화정책의 주요 운용수단으로 사용하기 때문에 중앙은행과 일반 국민이 통화정책 방향의 지표로서 단기 명목이자율에 과도하게 초점을 맞추는 것은 위험하다. 실로 통화정책의 긴축을 은행 간 대출 이자율의 상승과 관련짓고, 통화정책의 완화를 은행 간 대출 이자율의 하락과 관련짓는 설명을 접하는 것은 흔한 일이다. 이 책에서는 통화정책의 완화나 긴축을 명목이자율이 아닌 실질이자율과 관련졌기 때문에 이러한 오류를 범하지 않았다.
2. 단기 채권가격 이외의 여타 자산가격도 다양한 통화정책 파급경로에 있어서 중요한 요소이기 때문에 이들 가격은 통화정책 방향에 대한 중요한 정보를 포함하고 있다. 이 장에서 본 바와 같이 경제학자들은 이자율 이외의 여타 자산가격도 총수요에 중요한 영향을 미친다는 사실을 이해하게 됐다. [그림 1]에서와 같이 주가, 환율, 주택가격과 같은 자산가격은 통화정책 파급경로에서 중요한 역할을 하고 있다. 더구나 환율, 토빈의 q, 부의 효과를 통한 추가적 파급경로에 대한 논의는 여타 자산가격이 통화정책 파급경로에서 중요한 역할을 하는 또 다른 이유를 제공한다. 통화정책의 파급경로 중 어떤 경로가 가장 중요한지는 경제학자들 사이에서 논란이 되고 있지만, 통화정책이 경제에 영향을 미치는 과정에서 여타 자산가격이 중요한 역할을 한다는 것에는 모두 동의하고 있다.

   단기이자율 이외의 여타 자산가격이 중요하다는 견해는 통화정책에 대한 중요한 시사점을 제공한다. 통화정책의 방향을 평가할 때 단기이자율 이외의 여타 자산가격을 살펴보는 것이 중요하다. 예를 들어 단기이자율이 낮거나 0%일 때에도 주가가 낮고 지가도 낮으며 국내 통화가치가 높다면 통화정책은 확실히 완화가 아니라 긴축이다.

3. 단기이자율이 0%에 가까울지라도 통화정책은 침체된 경제를 회복시키는 데 매우 효과적일 수 있다. 우리는 이제 인플레이션이 항상 당연시되지 않는 세계로 접어들었다. 예를 들어 일본은 물가가 떨어지는 디플레이션을 경험했다. 미국에서 페더럴펀드 이자율은 2008년 말까지 0%에 도달했다. 중앙은행이 단기 명목이자율을 0% 가까이 떨어뜨릴 경우 경제를 부양시키기 위해 통화정책은 더 이상 할 일이 없다는 것이 일반적인 견해이다. 지금까지 설명한 통화정책의 파급경로에 의하면 이러한 견해는 옳지 않다. 제15장의 본원통화에 영향을 주는 요인들에 대한 논의에서 지적한 바와 같이 경제의 유동성을 증가시키는 확장적 통화정책은 공개시장매입을 통해 수행된다. 여기서 공개시장 대상 증권이 반드시 단기국채일 필요는 없다. 예를 들어 연준이 2009년에 수행한 회사채의 매입은 신용 스프레드를 낮추고 투자지출을 자극함으로써 금융마찰을 줄일 수 있다. 또한 확장적 통화정책은 기대 인플레이션을 상승시키고 여타 자산가격을 상승시킴으로써 앞에서 설명한 경로를 통해 총수요를 자극해 경제에 활력을 되찾게 해준다. 이러한 형태의 정책은 제16장에서 다룬 비전통적 통화정책이다. 비전통적 통화정책은 디플레이션에 처해 있고 단기이자율이 0%에 가까운 경제를 회복시키는 원동력이 될 수 있다. 실제로 제9장에서와 같이 최근의 금융위기 동안 공격적인 비전통적 통화정책은 대침체가 대공황으로 발전하는 것을 막는 데 도움이 됐다. 그리고 비전통적 통화정책은 대공황기에 발생한 것처럼 경제가 디플레이션 시기로 진입하는 것을 막는 데도 도움이 됐다.

4. 예상치 못한 물가변동을 제거하는 것이 통화정책의 중요한 목표이다. 따라서 이는 통화정책의 1차적인 장기목표가 물가안정이라는 주장에 이론적 근거를 제시해준다. 제17장에서 본 바와 같이 최근 중앙은행은 통화정책의 1차적인 장기목표로서 물가안정을 더욱 강조하고 있다. 여기에는 몇 가지 이론적 근거가 제시되기도 했다. 즉 이들 이론적 근거에는 미래 물가에 대한 불확실성이 기업의 의사결정과 생산성에 미치는 바람직하지 못한 영향, 명목계약과 조세제도가 인플레이션과 관련되어 나타나는 왜곡 현상, 인플레이션에 의한 사회적 갈등의 증대가 포함된다. 통화정책의 파급경로에 대한 논의는 물가안정이 왜 그렇게 중요한지에 대한 또 다른 이유를 제공한다. 앞에서 본 바와 같이 예상치 못한 물가의 움직임은 예상치 못한 국민소득의 변동을 초래한다. 이것은 바람직하지 못한 결과이다. 이 점에 대해서는 제9장에서 본 바와 같이 디플레이션이 대공황과 같은 금융위기를 지속시키는 중요한 요인일 수 있다는 사실을 인식하는 것이 특히 중요하다. 따라서 물가안정은 미래 물가 수준에 대한 불확실성을 감소시키기 때문에 통화정책의 파급경로에 대한 이해는 확실히 물가안정 목표

가 바람직하다는 사실을 알려준다. 따라서 물가안정 목표는 음의 인플레이션율이 적어도 너무 높은 인플레이션과 마찬가지로 바람직하지 않다는 것을 시사한다. 중앙은행은 금융위기의 위협 때문에 디플레이션을 막기 위한 많은 노력을 기울여야 할 것이다.

응용 통화정책에 대한 교훈 : 일본의 경우

1990년까지 일본은 1인당 국민소득에서 미국을 앞서가는 듯했다. 그러나 그 이후 일본 경제는 침체에 빠져 디플레이션과 낮은 성장을 기록했다. 그 결과 일본의 생활수준은 미국보다 많이 뒤떨어지게 됐다. 많은 경제학자는 일본의 통화정책이 경제상황의 악화에 부분적으로 책임이 있다는 견해를 보였다. 앞에서 설명한 4가지 교훈이 일본 통화정책 수행의 효율성을 높이는 데 도움이 될 수 있을까?

첫 번째 교훈은 이자율의 하락을 항상 통화완화정책으로 해석하는 것은 위험하다는 것이다. 1990년대 중반 단기이자율이 하락하기 시작해 1990년대 후반부터 2000년대 초반에 0%까지 떨어졌을 때 일본의 통화당국은 통화정책이 충분히 확장적이었다는 견해를 갖고 있었다. 그러나 지금은 그러한 견해가 옳지 않다는 것이 널리 인식되고 있다. 왜냐하면 일본의 경우 인플레이션이 하락해 음의 값을 갖는다는 것은 실질이자율이 실제로 꽤 높아 통화정책이 확장적이 아니라 긴축적이라는 것을 의미하기 때문이다. 일본의 통화당국이 첫 번째 교훈의 충고에 따랐다면 경제를 부양시킬 수 있는 보다 확장적인 통화정책을 추구했을 것이다.

두 번째 교훈은 통화당국이 통화정책의 방향을 평가하는 데 여타 자산가격에도 주의를 기울여야 한다는 것이다. 일본의 경우 이자율이 떨어짐과 동시에 주가와 부동산 가격이 붕괴됐다는 사실은 일본의 통화정책이 확장적이 아니었다는 것을 나타내는 또 하나의 증거다. 두 번째 교훈을 인식했더라면 일본의 통화당국은 더욱더 확장적 통화정책이 필요하다는 것을 빨리 깨달았을 것이다.

세 번째 교훈은 단기이자율이 0%에 가까울지라도 통화정책이 여전히 유효할 수 있다는 것이다. 일본은행의 관리들은 단기이자율이 0% 가까이 떨어졌기 때문에 경기를 부양하는데 속수무책이라는 주장을 자주 하곤 했다. 이자율이 0%에 가까울 때에도 통화정책이 여전히 유효할 수 있다는 것을 인식했다면 여타 자산가격과 기대 인플레이션을 상승시킴으로써 총수요를 자극시키는 통화정책 조치를 취하는 데 도움이 됐을 것이다.

네 번째 교훈은 예상치 못한 물가의 변동은 막아야 한다는 것이다. 일본의 통화당국이 이러한 교훈에 충실했다면 디플레이션을 허용하는 것은 경제에 매우 해롭고 물가안정 목표와 양립할 수 없다는 것을 인식했을 것이다. 실제로 일본은행에 대한 비판가들은 일본은행이 물가안정 목표를 달성하기 위해 인플레이션 목표치를 공표해야 한다고 제안했다. 그러나 일본은행은 이 제안을 받아들이지 않았다.

앞에서 설명한 4가지 교훈에 주의를 기울였다면 최근 일본의 통화정책은 보다 성공적으로 수행됐을 것이다.

요 약 SUMMARY

1 통화정책의 파급경로에는 차입의 실질비용을 통해 투자에 영향을 미치는 전통적 이자율 경로; 환율효과, 토빈의 q이론, 부의 효과 등 여타 자산가격 경로; 은행대출 경로, 대차대조표 경로, 현금흐름 경로, 예상치 못한 물가경로, 가계 유동성효 등 신용경로가 있다.

2 이 장에서 도출한 통화정책에 대한 4가지 교훈은 다음과 같다. (a) 확장적 통화정책이나 긴축적 통화정책을 단기 명목이자율의 하락이나 상승과 항상 연관 짓는 것은 위험하다. (b) 단기 채권가격 이외의 여타 자산가격도 다양한 통화정책 파급경로에 있어서 중요한 요소이기 때문에 이들 가격은 통화정책 방향에 대한 중요한 정보를 포함하고 있다. (c) 단기이자율이 0%에 가까울지라도 통화정책은 침체된 경제를 회복시키는 데 매우 효과적일 수 있다. (d) 예상치 못한 물가변동을 제거하는 것이 통화정책의 중요한 목표다. 따라서 이는 통화정책의 1차적인 장기목표가 물가안정이라는 주장에 이론적 근거를 제시해준다.

주요 용어 KEY TERMS

내구소비재 지출(consumer durable expenditure)
소비(consumption)
신용견해(credit view)
통화정책의 파급경로(transmission mechanism of monetary policy)

연습문제 QUESTIONS

1 이자율이 최저 수준이었던 글로벌 금융위기에 미국 정부는 2009년에 '중고차 현금환급'(cash for clunkers) 프로그램과 '가전제품 현금환급'(cash for appliances) 프로그램을 도입했다. 두 리베이트 프로그램은 자동차와 주요 가전제품에 대한 신규 지출을 늘리기 위해 고안됐다. 그 당시 이 제도는 이자율 경로의 건전성에 관해 어떤 견해를 보이는가?

2 "소비가 GDP의 약 2/3라는 것을 고려하면 이자율 경로, 부의 효과, 가계 유동성효과가 미국 통화정책의 파급경로에서 가장 중요하다." 이 진술은 참인가, 거짓인가, 또는 불확실한가? 설명하라.

3 단기 명목이자율이 0%일 때 이자율 경로는 어떻게 여전히 작동될 수 있는가?

4 스웨덴 중앙은행의 부총재인 라스 스벤슨(Lars Svensson)은 경제가 디플레이션에 빠질 위험에 처했을 때 중앙은행은 통화팽창에 대해 '책임감 있게 무책임해야'(responsibly irresponsible) 한다고 주장했다. 이 말은 무슨 의미이며 통화정책의 파급경로와 어떻게 관련되는가?

5 통화정책이 여러 다양한 파급경로를 갖는 사실에 대해 장점과 단점을 설명하라.

6 "모든 국가가 고정환율을 채택하면 통화정책의 환율경로는 존재하지 않는다." 이 진술은 참인가, 거짓인가, 또는 불확실한가? 설명하라.

7 2007~2009년의 경기후퇴에서 주식의 실질가치는 50% 하락했다. 이러한 주가의 하락은 어떻게 총수요에 영향을 미쳐 경기후퇴를 더욱 심화시키는가? 주가 하락이 경제에 미치는 경로에 대해 구체적으로 설명하라.

8 "투자자금의 조달비용은 오직 이자율과 관련돼 있다. 그러므로 통화정책이 투자지출에 미치는 경로는 오직

이자율을 통한 경로이다." 이 진술은 참인가, 거짓인가, 또는 불확실 한가? 설명하라.

9 통화정책이 완화되면 주가에 어떤 일이 발생할 것인지 예측해보라. 여러분의 예측에 대한 이유를 설명하라.

10 2008년 중반기와 2009년 초에 이자율이 낮거나 떨어짐에도 불구하고 다우지수는 약 50% 하락했다. 이러한 현상으로 인해 투자에는 어떤 일이 벌어지겠는가?

11 모딜리아니는 가장 중요한 통화정책의 파급경로는 소비지출과 관련됐음을 발견했다. 이러한 경로가 어떻게 작동하는지 적어도 2가지로 설명하라.

12 1990년대 말에 주가는 급속히 상승했고 경제는 성장했으며 연준은 이자율을 비교적 낮게 유지했다. 이러한 정책기조가 토빈의 q와 관련해 어떻게 경제에 영향을 미치는지 설명하라.

13 글로벌 금융위기 동안과 그 이후 연준은 페더럴펀드 이자율을 거의 0%로 낮췄다. 동시에 주가는 급락했고 주택가격도 급격히 하락했다. 재산 효과를 통해 이 기간 중 통화정책의 유효성에 대해 설명하라.

14 글로벌 금융위기 동안과 그 이후 연준은 은행에게 대규모의 유동성을 공급했다. 은행의 초과지준은 급격히 증가한 반면 가계와 기업에 제공된 신용은 급격히 감소했다. 이 기간 중 은행대출 경로의 유효성에 대해 설명하라.

15 신용견해는 왜 통화정책이 대기업보다 중소기업에 더 큰 영향을 미친다고 하는가?

16 은행대출 경로는 왜 이전보다 덜 효과적인가?

17 글로벌 금융위기의 대표적인 특징 중 하나는 리만 브라더스나 베어 스턴스, AIG와 같은 유명한 투자은행과 금융회사의 파산이다. 이러한 회사는 위험자산의 보유로 대차대조표 가치의 급격한 감소를 경험했다. 이러한 현상이 대차대조표 경로와 관련해 어떻게 경제에 영향을 미치는지 설명하라.

18 역선택과 도덕적 위험이 증가하면 어떻게 경기하락에 대한 통화정책의 대응능력에 영향을 미치는가?

19 대공황은 어떻게 예상치 못한 물가경로를 나타내는가?

20 재산 효과와 가계의 유동성효과는 어떤 점에서 서로 유사한가? 그리고 어떤 점에서 서로 상이한가?

21 글로벌 금융위기 이후에 모기지 이자율은 2011년에 사상 최저를 기록했다.

a. 가계의 유동성효과에 따르면 이러한 현상은 어떤 효과를 갖는가?

b. 같은 기간 동안 대부분의 은행은 신용평가 기준을 크게 올림으로써 주택대출을 받거나 대출을 연장하기가 더 어려워졌다. 이러한 현상은 (a)의 답을 어떻게 변경시키는가?

22 통화정책에 관한 신용견해를 지지하는 증거는 무엇인가?

23 "단기 명목이자율의 하락은 반드시 통화정책의 완화를 의미한다." 이 진술은 참인가, 거짓인가, 또는 불확실 한가? 설명하라.

24 일본의 경우는 어떻게 통화정책의 4가지 교훈을 지지하는가?

응용문제 APPLIED PROBLEMS

25 경기가 후퇴해 통화당국이 경제를 안정시키기 위해 이자율을 낮춘다고 해보자. 총수요와 총공급곡선을 이용해 통화정책의 파급경로가 정상적으로 작동할 경우 통화정책 완화의 효과를 보여라. 그리고 심각한 경기침체 동안이나 커다란 금융마찰이 존재할 때처럼 통화정책의 파급경로가 약할 경우 통화정책 완화의 효과를 보여라.

웹 연습문제 WEB EXERCISES

1 [그림 1]은 실질이자율의 추정치와 명목이자율 간의 관계를 보여주고 있다. www.martincapital.com/에 들어가서 'U.S. Financial Data'와 'U.S. Financial Charts'를 클릭한 후 'Fed Funds Target'을 클릭하면 실질이자율과 명목이자율의 데이터를 볼 수 있다. 명목이자율과 실질이자율은 언제 통화정책의 긴축에 대해 서로 다른 정보를 주는가? 정책당국이 모든 관심을 명목이자율에만 둔다면 이는 어떻게 정책당국이 오류를 범하게 하는가?

2 www.econlib.org/library/Enc1/Recessions.html에 들어가서 경기후퇴에 관한 기사를 살펴보라.
   a. 경기후퇴의 공식적인 정의는 무엇인가?
   b. 이 정의의 문제점은 무엇인가?
   c. 경기후퇴를 정의하는 데 있어서 NBER에서 사용하는 3개의 D는 각각 무엇인가?
   d. Chart 1을 살펴보라. 경기후퇴의 기간에 어떤 분명한 추세가 있는가?

참고 웹사이트 WEB REFERENCES

www.martincapital.com/

'U.S. Financial Data'와 'U.S. Financial Charts'를 클릭한 후 'Fed Funds Target'를 클릭하면 실질이자율과 명목이자율 간의 스프레드를 보여주는 최신 데이터를 볼 수 있다.

www.conference-board.org/economics/bci

경기변동을 정의하는 여러 요인의 포괄적인 데이터가 수록된 사이트

웹 부록 WEB APPENDICES

www.pearsonglobaleditions.com/mishkin에 들어가서 제26장의 웹 부록, Appendix : Evaluating Empirical Evidence : The Debate over the Importance of Money in Economic Fluctuations를 읽어라.

출처

이미지 출처

연준 문장 : Nomad_Soul/Shutterstock

자료 출처

5쪽 Federal Reserve Bulletin; www.federalreserve.gov/releases/H15/data.htm.

6쪽 Based on Dow Jones Indexes: http://nance.yahoo.com/?u.

10쪽 Based on Federal Reserve Bulletin, p. A4, Table 1.10; www.federalreserve.gov/releases/h6/hist/h6hist1.txt.

11쪽 Based on www.stls.frb.org/fred/data/gdp/gdpdef; www.federalreserve.gov/releases/h6/hist/h6hist10.txt.

12쪽 Based on International Financial Statistics. www.imfstatistics.org/imf.

13쪽 Based on Federal Reserve Bulletin, p. A4, Table 1.10; www.federalreserve.gov/releases/h6/hist/h6hist1.txt.

14쪽 www.gpoaccess.gov/usbudget/fy06/sheets/hist01z2.xls.

16쪽 Federal Reserve: www.federalreserve.gov/releases/H10/summary/indexbc_m.txt/.

40쪽 Based on Federal Reserve Flow of Funds Accounts; Federal Reserve Bulletin. 2008, 3rd Quarter.

51쪽 Federal Reserve Flow of Funds Accounts: www.federalreserve.gov/releases/Z1/.

72쪽 www.federalreserve.gov/releases/h6/hist.

74쪽 Federal Reserve Economic Database (FRED), Federal Reserve Bank of Saint Louis, http://research.stlouisfed.org/fred2/categories/25.

101쪽 Nominal rates from www.federalreserve.gov/releases/H15. The real rate is constructed using the procedure outlined in Frederic S. Mishkin, "The Real Interest Rate: An Empirical Investigation," *Carnegie-Rochester Conference Series on Public Policy 15* (1981): 151–200. This procedure involves estimating expected inflation as a function of past interest rates, inflation, and time trends and then subtracting the expected inflation measure from the nominal interest rate.

122쪽 Expected inflation calculated using procedures outlined in Frederic S. Mishkin, "The Real Interest Rate: An Empirical Investigation," *Carnegie-Rochester Conference Series on Public Policy 15* (1981): 151–200. These procedures involve estimating expected inflation as a function of past interest rates inflation, and time trends.

124쪽 Federal Reserve: www.federalreserve.gov/releases/H15/data.htm.

136쪽 Federal Reserve: www.federalreserve.gov/releases/h6/hist/h6hist1.txt.

142쪽 Board of Governors of the Federal Reserve System, Banking and Monetary Statistics, 1941–1970; Federal Reserve: www.federalreserve.gov/releases/h15/data.htm.

152쪽 Federal Reserve: www.federalreserve.gov/releases/h15/data.htm.

164쪽 Federal Reserve Bank of St. Louis; U.S. Financial Data, various issues; Wall Street Journal, various dates.

198쪽 Andreas Hackethal and Reinhard H. Schmidt, "Financing Patterns: Measurement Concepts and Empirical Results,"Johann Wolfgang Goethe-Universitat Working Paper No. 125, January 2004. The data are from 1970–2000 and are gross flows, as percentage of the total, not including trade and other credit data, which are not available.

227쪽 Fig. 1: "Sequence of Events in Financial Crises in Advanced Economies" from *Macroeconomics: Policy and Practice*, 1st Edition by Frederic S. Mishkin. Copyright © 2012 by Frederic S. Mishkin. Printed and Electronically reproduced by permission of Pearson Education, Inc., Upper Saddle River, New Jersey.

231쪽 Fig. 2 "Stock Price Data During the Great Depression Period" from *Macroeconomics: Policy and Practice*, 1st Edition by Frederic S. Mishkin. Copyright © 2012 by Frederic S. Mishkin. Printed and Electronically reproduced by permission of Pearson Education, Inc., Upper Saddle River, New Jersey.

232쪽 Fig. 3 "Credit Spreads During the Great Depression" from *Macroeconomics: Policy and Practice*, 1st Edition by Frederic S. Mishkin. Copyright © 2012 by Frederic S. Mishkin. Printed and Electronically reproduced by permission of Pearson Education, Inc., Upper Saddle River, New Jersey.

236쪽 Fig. 4 "Housing Prices and the Financial Crisis of 2007–2009" from *Macroeconomics: Policy and Practice*, 1st Edition by Frederic S. Mishkin. Copyright © 2012 by Frederic S. Mishkin. Printed and Electronically reproduced by permission of Pearson Education, Inc., Upper Saddle River, New Jersey.

239쪽 Fig. 5 "Stock Prices and the Financial Crisis of 2007–2009" from *Macroeconomics: Policy and Practice*, 1st Edition by Frederic S. Mishkin. Copyright © 2012 by Frederic S. Mishkin. Printed and Electronically reproduced by permission of Pearson Education, Inc., Upper Saddle River, New Jersey.

241쪽 Fig. 6 "Credit Spreads and the 2007–2009 Financial Crisis" from *Macroeconomics: Policy and Practice*, 1st Edition by Frederic S. Mishkin. Copyright © 2012 by Frederic S. Mishkin. Printed and Electronically reproduced by permission of Pearson Education, Inc., Upper Saddle River, New Jersey.

254쪽 Fig. 2 "Inflation, South Korea, 1995–1999" from *Macroeconomics: Policy and Practice*, 1st Edition by Frederic S. Mishkin. Copyright © 2012 by Frederic S. Mishkin. Printed and Electronically reproduced by permission of Pearson Education, Inc., Upper Saddle River, New Jersey.

255쪽 Fig. 3 "Real GDP Growth, South Korea, 1995–1999" from *Macroeconomics: Policy and Practice*, 1st Edition by Frederic S. Mishkin. Copyright © 2012 by Frederic S. Mishkin. Printed and Electronically reproduced by permission of Pearson Education, Inc., Upper Saddle River, New Jersey.

255쪽 Fig. 4 "Unemployment, South Korea, 1995–1999" from *Macroeconomics: Policy and Practice*, 1st Edition by Frederic S. Mishkin. Copyright © 2012 by Frederic S. Mishkin. Printed and Electronically reproduced by permission of Pearson Education, Inc., Upper Saddle River, New Jersey.

258쪽 Fig. 5 "Stock Market Index, South Korea, 1995–1999" from *Macroeconomics: Policy and Practice*, 1st Edition by Frederic S. Mishkin. Copyright © 2012 by Frederic S. Mishkin. Printed and Electronically reproduced by permission of Pearson Education, Inc., Upper Saddle River, New Jersey.

259쪽 Fig. 6 "Value of Korean Currency, 1995–1999" from *Macroeconomics: Policy and Practice*, 1st Edition by Frederic S. Mishkin. Copyright © 2012 by Frederic S. Mishkin. Printed and Electronically reproduced by permission of Pearson Education, Inc., Upper Saddle River, New Jersey.

260쪽 Fig. 7 "Interest Rates, South Korea, 1995–1999" from *Macroeconomics: Policy and Practice*, 1st Edition by Frederic S. Mishkin. Copyright © 2012 by Frederic S. Mishkin. Printed and Electronically reproduced by permission of Pearson Education, Inc., Upper Saddle River, New Jersey.

262쪽 Fig. 8 "Inflation, Argentina, 1998–2004" from *Macroeconomics: Policy and Practice*, 1st Edition by Frederic S. Mishkin. Copyright © 2012 by Frederic S. Mishkin. Printed and Electronically reproduced by permission of Pearson Education, Inc., Upper Saddle River, New Jersey.

262쪽 Fig. 9 "Real GDP Growth, Argentina, 1998–2004" from *Macroeconomics: Policy and Practice*, 1st Edition by Frederic S. Mishkin. Copyright © 2012 by Frederic S. Mishkin. Printed and Electronically reproduced by permission of Pearson Education, Inc., Upper Saddle River, New Jersey.

263쪽 Fig. 10 "Unemployment Rate, Argentina, 1998–2004" from *Macroeconomics: Policy and Practice*, 1st Edition by Frederic S. Mishkin. Copyright © 2012 by Frederic S. Mishkin. Printed and Electronically reproduced by permission of Pearson Education, Inc., Upper Saddle River, New Jersey.

264쪽 Fig. 11 "Argentine Peso, 1998–2004" from *Macroeconomics: Policy and Practice*, 1st Edition by Frederic S. Mishkin. Copyright © 2012 by Frederic S. Mishkin. Printed and Electronically reproduced by permission of Pearson Education, Inc., Upper Saddle River, New Jersey.

265쪽 Fig. 12 "Interest Rates, Argentina, 1998–2004" from *Macroeconomics: Policy and Practice*, 1st Edition by Frederic S. Mishkin. Copyright © 2012 by Frederic S. Mishkin. Printed and Electronically reproduced by permission of Pearson Education, Inc., Upper Saddle River, New Jersey.

272쪽 www.federalreserve.gov/releases/h8/current/.

326쪽 www.fdic.gov/bank/historical/bank/index.html.

328쪽 Data from Gerard Caprio and Daniela Klingebiel, "Episodes of Systemic and Borderline Financial Crises" mimeo., World Bank, October 1999; Luc Laeven and Fabian Valencia, "Resolution of Banking Crises: The Good, the Bad and the Ugly," *IMF Working Paper No. WP/10/46* (June 2010) and Luc Laeven, Banking Crisis Database at http://www.luclaeven.com/Data.htm.

329쪽 Luc Laeven and Fabian Valencia, "Resolution of Banking Crises: The Good, the Bad and the Ugly," *IMF Working Paper No. WP/10/46* (June 2010) and Luc Laeven, Banking Crisis Database at http://www.luclaeven.com/Data.htm.

351쪽 Federal Reserve Flow of Funds Accounts; Federal Reserve Bulletin.

354쪽 www2.fdic.gov/qbp/2008sep/cb4.html.

355쪽 www.federalreserve.gov/releases/h8/20081229.

357쪽 www2.fdic.gov/qbp/qbpSelect.asp?menuitem=STAT.

369쪽 http://topforeignstocks.com/2008/07/25/the-top-10-banks-in-the-world-2008/.

377쪽 Fig. 1 "Federal Reserve System" Federal Reserve Bulletin.

391쪽 Fig. 2 "The European System of Central Banks (ESCB)" Facts Presentation. ECB, January 2009, S 1&2. Copyright © European Central Bank, Frankfurt am Main, Germany.

433쪽 Milton Friedman and Anna Jacobson Schwartz, *A Monetary History of the United States*, 1867–1960 (Princeton, NJ: Princeton University Press, 1963), p. 309.

435쪽 Federal Reserve Bulletin; Milton Friedman and Anna Jacobson Schwartz, *A Monetary History of the United States, 1867–1960* (Princeton, NJ: Princeton University Press, 1963), p. 333.

436쪽 Milton Friedman and Anna Jacobson Schwartz, *A Monetary History of the United States, 1867–1960* (Princeton, NJ: Princeton University Press, 1963), p. 333.

제14장 웹 부록 1 Table 1 Federal Reserve: www.federalreserve.gov/releases and author's calculations.

제14장 웹 부록 1 Summary Table 2 Federal Reserve Bulletin.

제14장 웹 부록 3 Figure 1 Federal Reserve Bulletin and Banking and Monetary Statistics. www.federalreserve.gov/releases/h6/hist/h6hist1.txt

482쪽 Ben S. Bernanke, Thomas Laubach, Frederic S. Mishkin, and Adam S. Poson, *Inflation Targeting: Lessons from the International Experience* (Princeton: Princeton University Press, 1999), updates from the same sources, and www.rbnz.govt.nz/statistics/econind/a3/ha3.xls.

507쪽 Federal Reserve: www.federalreserve.gov/releases and author's calculations.

530쪽 Federal Reserve: www.federalreserve.gov/releases/h10/hist.

535쪽 ftp.bls.gov/pub/special/requests/cpi/cpiai.txt.

550쪽 Federal Reserve: www.federalreserve.gov/releases/h10/ summary/indexn_m.txt; real interest rate from Figure 1 in Chapter 4.

632쪽 Fig. 2 "Shift in the IS Curve from an Increase in Government Purchases" from *Macroeconomics: Policy and Practice*, 1st Edition by Frederic S. Mishkin. Copyright © 2012 by Frederic S. Mishkin. Printed and Electronically reproduced by permission of Pearson Education, Inc., Upper Saddle River, New Jersey.

633쪽 Fig. 3 "Vietnam War Build Up" from *Macroeconomics: Policy and Practice*, 1st Edition by Frederic S. Mishkin. Copyright © 2012 by Frederic S. Mishkin. Printed and Electronically reproduced by permission of Pearson Education, Inc., Upper Saddle River, New Jersey.

635쪽 Fig. 4 "Shift in the IS Curve from an Increase in Taxes" from *Macroeconomics: Policy and Practice*, 1st Edition by Frederic S. Mishkin. Copyright © 2012 by Frederic S. Mishkin. Printed and Electronically reproduced by permission of Pearson Education, Inc., Upper Saddle River, New Jersey.

645쪽 Fig. 1 "Monetary Policy Curve" from *Macroeconomics: Policy and Practice*, 1st Edition by Frederic S. Mishkin. Copyright © 2012 by Frederic S. Mishkin. Printed and Electronically reproduced by permission of Pearson Education, Inc., Upper Saddle River, New Jersey.

647쪽 Fig. 2 "Shifts in the Monetary Policy Curve" from *Macroeconomics: Policy and Practice*, 1st Edition by Frederic S. Mishkin. Copyright © 2012 by Frederic S. Mishkin. Printed and Electronically reproduced by permission of Pearson Education, Inc., Upper Saddle River, New Jersey.

648쪽 Fig. 3 "The Inflation Rate and the Federal Funds Rates, 2007–2010" from *Macroeconomics: Policy and Practice*, 1st Edition by Frederic S. Mishkin. Copyright © 2012 by Frederic S. Mishkin. Printed and Electronically reproduced by permission of Pearson Education, Inc., Upper Saddle River, New Jersey.

650쪽 Fig. 4 "Deriving the AD Curve" from *Macroeconomics: Policy and Practice*, 1st Edition by Frederic S. Mishkin. Copyright © 2012 by Frederic S. Mishkin. Printed and Electronically reproduced by permission of Pearson Education, Inc., Upper Saddle River, New Jersey.

652쪽 Fig. 5 "Shifts in the AD Curve from Shifts in the IS Curve" from *Macroeconomics: Policy and Practice*, 1st Edition by Frederic S. Mishkin. Copyright © 2012 by Frederic S. Mishkin. Printed and Electronically reproduced by permission of Pearson Education, Inc., Upper Saddle River, New Jersey.

654쪽 Fig. 6 "Shift in the AD Curve from Autonomous Monetary Policy Tightening" from *Macroeconomics: Policy and Practice*, 1st Edition by Frederic S. Mishkin. Copyright © 2012 by Frederic S. Mishkin. Printed and Electronically reproduced by permission of Pearson Education, Inc., Upper Saddle River, New Jersey.

666쪽 Fig. 3 "Long-Run and Short-Run Aggregate Supply Curve" from *Macroeconomics: Policy and Practice*, 1st Edition by Frederic S. Mishkin. Copyright © 2012 by Frederic S. Mishkin. Printed and Electronically reproduced by permission of Pearson Education, Inc., Upper Saddle River, New Jersey.

668쪽 Fig. 4 "Shift in the Long-Run Aggregate Supply Curve" from *Macroeconomics: Policy and Practice*, 1st Edition by Frederic S. Mishkin. Copyright © 2012 by Frederic S. Mishkin. Printed and Electronically reproduced by permission of Pearson Education, Inc., Upper Saddle River, New Jersey.

670쪽 Fig. 5 "Shift in the Short-Run Aggregate Supply Curve from Changes in Expected Inflation and Price Shocks" from *Macroeconomics: Policy and Practice*, 1st Edition by Frederic S. Mishkin. Copyright © 2012 by Frederic S. Mishkin. Printed and Electronically reproduced by permission of Pearson Education, Inc., Upper Saddle River, New Jersey.

671쪽 Fig. 6 "Shift in the Short-Run Aggregate Supply Curve from a Persistent Positive Output Gap" from *Macroeconomics: Policy and Practice*, 1st Edition by Frederic S. Mishkin. Copyright © 2012 by Frederic S. Mishkin. Printed and Electronically reproduced by permission of Pearson Education, Inc., Upper Saddle River, New Jersey.

673쪽 Fig. 7 "7 Short-Run Equilibrium" from *Macroeconomics: Policy and Practice*, 1st Edition by Frederic S. Mishkin. Copyright © 2012 by Frederic S. Mishkin. Printed and Electronically reproduced by permission of Pearson Education, Inc., Upper Saddle River, New Jersey.

674쪽 Fig. 8 "Adjustment to Long-Run Equilibrium in Aggregate Supply and Demand Analysis" from *Macroeconomics:*

Policy and Practice, 1st Edition by Frederic S. Mishkin. Copyright © 2012 by Frederic S. Mishkin. Printed and Electronically reproduced by permission of Pearson Education, Inc., Upper Saddle River, New Jersey.

676쪽 Fig. 9 "Positive Demand Shock" from *Macroeconomics: Policy and Practice*, 1st Edition by Frederic S. Mishkin. Copyright © 2012 by Frederic S. Mishkin. Printed and Electronically reproduced by permission of Pearson Education, Inc., Upper Saddle River, New Jersey.

678쪽 Fig. 10 "The Volcker Disinflation" from *Macroeconomics: Policy and Practice*, 1st Edition by Frederic S. Mishkin. Copyright © 2012 by Frederic S. Mishkin. Printed and Electronically reproduced by permission of Pearson Education, Inc., Upper Saddle River, New Jersey.

680쪽 Fig. 11 "Negative Demand Shocks, 2001–2004" from *Macroeconomics: Policy and Practice*, 1st Edition by Frederic S. Mishkin. Copyright © 2012 by Frederic S. Mishkin. Printed and Electronically reproduced by permission of Pearson Education, Inc., Upper Saddle River, New Jersey.

681쪽 Fig. 12 "Temporary Negative Supply Shocks" from *Macroeconomics: Policy and Practice*, 1st Edition by Frederic S. Mishkin. Copyright © 2012 by Frederic S. Mishkin. Printed and Electronically reproduced by permission of Pearson Education, Inc., Upper Saddle River, New Jersey.

683쪽 · Fig. 13 "Negative Supply Shocks, 1973–1975 and 1978–1980" from *Macroeconomics: Policy and Practice*, 1st Edition by Frederic S. Mishkin. Copyright © 2012 by Frederic S. Mishkin. Printed and Electronically reproduced by permission of Pearson Education, Inc., Upper Saddle River, New Jersey.

685쪽 Fig. 14 "Permanent Negative Supply Shock" from *Macroeconomics: Policy and Practice*, 1st Edition by Frederic S. Mishkin. Copyright © 2012 by Frederic S. Mishkin. Printed and Electronically reproduced by permission of Pearson Education, Inc., Upper Saddle River, New Jersey.

686쪽 Fig. 15 "Positive Supply Shocks, 1995–1999" from *Macroeconomics: Policy and Practice*, 1st Edition by Frederic S. Mishkin. Copyright © 2012 by Frederic S. Mishkin. Printed and Electronically reproduced by permission of Pearson Education, Inc., Upper Saddle River, New Jersey.

688쪽 Fig. 16 "Negative Supply and Demand Shocks and the 2007–2009 Crisis" from *Macroeconomics: Policy and Practice*, 1st Edition by Frederic S. Mishkin. Copyright © 2012 by Frederic S. Mishkin. Printed and Electronically reproduced by permission of Pearson Education, Inc., Upper Saddle River, New Jersey.

690쪽 Fig. 17 "UK Financial Crisis, 2007–2009" from *Macroeconomics: Policy and Practice*, 1st Edition by Frederic S. Mishkin. Copyright © 2012 by Frederic S. Mishkin. Printed and Electronically reproduced by permission of Pearson Education, Inc., Upper Saddle River, New Jersey.

692쪽 Fig. 18 "China and the Financial Crisis 2007–2009" from *Macroeconomics: Policy and Practice*, 1st Edition by Frederic S. Mishkin. Copyright © 2012 by Frederic S. Mishkin. Printed and Electronically reproduced by permission of Pearson Education, Inc., Upper Saddle River, New Jersey.

697쪽 Fig. 1 "Inflation and Unemployment in the United States, 1950–1969 and 1970–2009" from *Macroeconomics: Policy and Practice*, 1st Edition by Frederic S. Mishkin. Copyright © 2012 by Frederic S. Mishkin. Printed and Electronically reproduced by permission of Pearson Education, Inc., Upper Saddle River, New Jersey.

700쪽 Fig. 2 "The Short and Long-Run Phillips Curve" from *Macroeconomics: Policy and Practice*, 1st Edition by Frederic S. Mishkin. Copyright © 2012 by Frederic S. Mishkin. Printed and Electronically reproduced by permission of Pearson Education, Inc., Upper Saddle River, New Jersey.

제22장 웹 부록 1 Fig. 12.3 "Positive Demand Shock" from *Macroeconomics: Policy and Practice*, 1st Edition by Frederic S. Mishkin. Copyright © 2012 by Frederic S. Mishkin. Printed and Electronically reproduced by permission of Pearson Education, Inc., Upper Saddle River, New Jersey.

제22장 웹 부록 1 Fig. 12A2.1 "Response to an Autonomous Monetary Easing" from *Macroeconomics: Policy and Practice*, 1st Edition by Frederic S. Mishkin. Copyright © 2012 by Frederic S. Mishkin. Printed and Electronically reproduced by permission of Pearson Education, Inc., Upper Saddle River, New Jersey.

제22장 웹 부록 1 Fig. 12A2.2 "Response to a Positive Spending Shock" from *Macroeconomics: Policy and Practice*, 1st Edition by Frederic S. Mishkin. Copyright © 2012 by Frederic S. Mishkin. Printed and Electronically reproduced by permission of Pearson Education, Inc., Upper Saddle River, New Jersey.

제22장 웹 부록 1 Fig. 12A2.3 "Response to a Negative Supply Shock" from *Macroeconomics: Policy and Practice*, 1st Edition by Frederic S. Mishkin. Copyright © 2012 by Frederic S. Mishkin. Printed and Electronically reproduced by permission of Pearson Education, Inc., Upper Saddle River, New Jersey.

제22장 웹 부록 1 Fig. 12A2.4 "Response to a Permanent Negative Supply Shock" from *Macroeconomics: Policy and Practice*, 1st Edition by Frederic S. Mishkin. Copyright © 2012 by Frederic S. Mishkin. Printed and Electronically reproduced by permission of Pearson Education, Inc., Upper Saddle River, New Jersey.

제22장 웹 부록 2 Fig. 12.3 "Response to a Shift in Aggregate Demand" from *Macroeconomics: Policy and Practice*, 1st Edition by Frederic S. Mishkin. Copyright © 2012 by Frederic S. Mishkin. Printed and Electronically reproduced by permission of Pearson Education, Inc., Upper Saddle River, New Jersey.

제22장 웹 부록 4 Fig. 12A1.1 "Not Following the Taylor Principle Leads to Unstable Inflation" from *Macroeconomics: Policy and Practice*, 1st Edition by Frederic S. Mishkin.

Copyright © 2012 by Frederic S. Mishkin. Printed and Electronically reproduced by permission of Pearson Education, Inc., Upper Saddle River, New Jersey.

709쪽 Fig. 1 "Aggregate Demand Shock: No Policy Response" from *Macroeconomics: Policy and Practice*, 1st Edition by Frederic S. Mishkin. Copyright © 2012 by Frederic S. Mishkin. Printed and Electronically reproduced by permission of Pearson Education, Inc., Upper Saddle River, New Jersey.

710쪽 Fig. 2 "Aggregate Demand Shock: Policy Stabilizes Output and Inflation in the Short Run" from *Macroeconomics: Policy and Practice*, 1st Edition by Frederic S. Mishkin. Copyright © 2012 by Frederic S. Mishkin. Printed and Electronically reproduced by permission of Pearson Education, Inc., Upper Saddle River, New Jersey.

712쪽 Fig. 3 "Permanent Supply Shock: No Policy Response" from *Macroeconomics: Policy and Practice*, 1st Edition by Frederic S. Mishkin. Copyright © 2012 by Frederic S. Mishkin. Printed and Electronically reproduced by permission of Pearson Education, Inc., Upper Saddle River, New Jersey.

713쪽 Fig. 4 "Permanent Supply Shock: Policy Stabilizes Inflation" from *Macroeconomics: Policy and Practice*, 1st Edition by Frederic S. Mishkin. Copyright © 2012 by Frederic S. Mishkin. Printed and Electronically reproduced by permission of Pearson Education, Inc., Upper Saddle River, New Jersey.

714쪽 Fig. 5 "Response to a Temporary Aggregate Supply Shock: No Policy Response" from *Macroeconomics: Policy and Practice*, 1st Edition by Frederic S. Mishkin. Copyright © 2012 by Frederic S. Mishkin. Printed and Electronically reproduced by permission of Pearson Education, Inc., Upper Saddle River, New Jersey.

715쪽 Fig. 6 "Response to a Temporary Aggregate Supply Shock: Short-Run Inflation Stabilization" from *Macroeconomics: Policy and Practice*, 1st Edition by Frederic S. Mishkin. Copyright © 2012 by Frederic S. Mishkin. Printed and Electronically reproduced by permission of Pearson Education, Inc., Upper Saddle River, New Jersey.

716쪽 Fig. 7 "Response to a Temporary Aggregate Supply Shock: Short-Run Output Stabilization" from *Macroeconomics: Policy and Practice*, 1st Edition by Frederic S. Mishkin. Copyright © 2012 by Frederic S. Mishkin. Printed and Electronically reproduced by permission of Pearson Education, Inc., Upper Saddle River, New Jersey.

720쪽 Fig. 8 "A Rise in the Inflation Target" from *Macroeconomics: Policy and Practice*, 1st Edition by Frederic S. Mishkin. Copyright © 2012 by Frederic S. Mishkin. Printed and Electronically reproduced by permission of Pearson Education, Inc., Upper Saddle River, New Jersey.

722쪽 Fig. 9 "Cost-Push Inflation" from *Macroeconomics: Policy and Practice*, 1st Edition by Frederic S. Mishkin. Copyright © 2012 by Frederic S. Mishkin. Printed and Electronically reproduced by permission of Pearson Education, Inc., Upper Saddle River, New Jersey.

723쪽 Fig. 10 "Demand-Pull Inflation" from *Macroeconomics: Policy and Practice*, 1st Edition by Frederic S. Mishkin. Copyright © 2012 by Frederic S. Mishkin. Printed and Electronically reproduced by permission of Pearson Education, Inc., Upper Saddle River, New Jersey.

726쪽 Fig. 11 "Inflation and Unemployment" from *Macroeconomics: Policy and Practice*, 1st Edition by Frederic S. Mishkin. Copyright © 2012 by Frederic S. Mishkin. Printed and Electronically reproduced by permission of Pearson Education, Inc., Upper Saddle River, New Jersey.

740쪽 Fig. 1 "Credibility and Aggregate Demand Shocks" from *Macroeconomics: Policy and Practice*, 1st Edition by Frederic S. Mishkin. Copyright © 2012 by Frederic S. Mishkin. Printed and Electronically reproduced by permission of Pearson Education, Inc., Upper Saddle River, New Jersey.

742쪽 Fig. 2 "Credibility and Aggregate Supply Shocks" from *Macroeconomics: Policy and Practice*, 1st Edition by Frederic S. Mishkin. Copyright © 2012 by Frederic S. Mishkin. Printed and Electronically reproduced by permission of Pearson Education, Inc., Upper Saddle River, New Jersey.

744쪽 Fig. 3 "Inflation and Unemployment 1970–2010" from *Macroeconomics: Policy and Practice*, 1st Edition by Frederic S. Mishkin. Copyright © 2012 by Frederic S. Mishkin. Printed and Electronically reproduced by permission of Pearson Education, Inc., Upper Saddle River, New Jersey.

745쪽 Fig. 4 "Credibility and Anti-Inflation Policy" from *Macroeconomics: Policy and Practice*, 1st Edition by Frederic S. Mishkin. Copyright © 2012 by Frederic S. Mishkin. Printed and Electronically reproduced by permission of Pearson Education, Inc., Upper Saddle River, New Jersey.

제25장 웹 부록 1 Nominal rates from www.federalreserve.gov/releases/h15/update/. The real rate is constructed using the procedure outlined in Frederic S. Mishkin, "The Real Interest Rate: An Empirical Investigation," *Carnegie-Rochester Conference Series on Public Policy 15* (1981): 151–200.

찾아보기

ㅂ

ㅅ

ㅇ

ㅈ

기타

금융뉴스

응용

글로벌

FYI

Fed 심층분석